Grands arrêts du droit de la concurrence

2004 – 2019

Volume IV

Grands arrêts de la régulation

ISBN 979-10-94201-23-7

Livres Concurrences

Mélanges

Eleanor Fox – Liber Amicorum, *Nicolas Charbit, Sonia Ahmad (ed.), 2021*

Richard Whish – Liber Amicorum, *Nicolas Charbit, Sonia Ahmad (ed.), 2020*

Frédéric Jenny – Standing Up for Convergence and Relevance in Antitrust, Vol. I & II, *Nicolas Charbit, Sonia Ahmad (ed.), 2019*

Herbert Hovenkamp – Liber Amicorum, *Nicolas Charbit, Sonia Ahmad (ed.), 2019*

Albert Foer – Liber Amicorum, *Nicolas Charbit, Sonia Ahmad (ed.), 2019*

Wang Xiaoye – The Pioneer Of Competition Law in China, *Adrian Emch, Wendy Ng (ed.), 2019*

Douglas H. Ginsburg – An Antitrust Professor on the Bench, Vol. I & II, *Nicolas Charbit, Ellie Yang (ed.), 2018*

Ian S. Forrester – A Scot Without Borders, Vol. I & II, *Assimakis Komninos et al. (ed.), 2015*

William E. Kovacic: An Antitrust Tribute, Vol. I & II, *Nicolas Charbit et al. (ed.), 2013 & 2014*

Pratiques

Competition Digest – A Synthesis of EU and National Leading Cases, 4th ed., *Frédéric Jenny (ed.), 2020*

Competition Women, Vol. I & II, *Kristina Nordlander & Evelina Kurgonaite (ed.), 2019*

Gun Jumping in Merger Control, A Jurisdictional Guide, *Catriona Hatton, Yves Comtois et Andrea Hamilton (ed.), 2019*

La réparation des préjudices causés par les pratiques anticoncurrentielles, *Rafael Amaro, Jean-François Laborde, 2019*

Les inspections de concurrence des autorités françaises, *Nathalie Jalabert-Doury, 2019*

Competition Law Inquiries in the EU – A Practitioner's Guide, *Nathalie Jalabert-Doury, 2019*

Grands arrêts du droit de la concurrence – Régulations, Vol. IV, *Francesco Martucci (ed.), 2019*

Grands arrêts du droit de la concurrence – Distribution & Pratiques commerciales déloyales, Vol. III, *Nicolas Ferrier & Frédéric Buy (ed.), 2019*

Petit manuel (irrévérencieux) d'économie, *Emmanuel Combe, 2018*

EU Law and Life Science, *Peter Bogaert, Damien Geradin (ed.), 2014*

Choice – A New Standard for Competition Analysis?, *Paul Nihoul et al., 2016*

Grands arrêts du droit de la concurrence – Ententes, Abus & Aides d'Etat – Concentrations, Vol. I & II, *Laurence Idot (ed.), 2016*

A quoi sert la concurrence ?, *Martine Behar-Touchais et al. (ed.), 2014*

Thèses

The Role of Media Pluralism in the Enforcement of EU Competition Law, *Konstantina Bania, 2019*

Les accords de report d'entrée *(Pay-for-delay)*, *Walid Chaiehloudj, 2019*

Buyer Power in EU Competition Law, *Ignacio Herrera Anchustegui, 2017*

Google, la presse et les journalistes, *Guillaume Sire, 2015*

L'Union européenne et le droit international des subventions, *Loïc Wagner, 2015*

La version électronique de ces ouvrages est disponible sur le site concurrences.com.

Sommaire

5.3 Autorité

Note des éditeurs

Ce quatrième volume des Grands arrêts du droit de la concurrence réunit plus de 180 commentaires de jurisprudence parus principalement dans les Chroniques Régulations dans la revue Concurrences de 2004 à 2019 sous la direction du Professeur Laurence Idot. Ce volume a été dirigé par les Professeurs Hubert Delzangles et Francesco Martucci. Les commentaires des 25 contributeurs accompagnent cette sélection de grands arrêts et décisions. Leurs présentations biographiques apparaissent en fin d'ouvrage. L'intégralité des arrêts et décisions commentés dans cet ouvrage est accessible sur le site de la revue Concurrences. Le lecteur peut par ailleurs approfondir la recherche de la doctrine en consultant les commentaires suggérés sous les principaux textes commentés. Ces commentaires additionnels signalés par le cartouche ci-dessous sont accessibles dans le cadre de l'abonnement Concurrences+.

Nicolas Charbit – Fanny Méjane

Préface

15 ans des plus importants arrêts ou décision dans le domaine du droit de la concurrence invitent à un regard rétrospectif ; qui ne peut être que fasciné par l'ampleur, la profondeur, l'imprévisibilité et la solidité des évolutions.

L'installation dans le paysage institutionnel français, qu'on pourrait par ailleurs croire figé à l'époque napoléonienne, d'acteurs désormais reconnus et pérennes, que sont les autorités publiques indépendantes de régulation, est le signe le plus fort des évolutions que les pages qui suivent illustrent. Les préventions, au parlement, n'ont pas entièrement disparu, comme en témoigne la loi du 20 janvier 2017, qui, à d'utiles harmonisations et rationalisations, qui pourraient encore être améliorées, alliait une suspicion que la réalité du fonctionnement ne confirmait pourtant guère : plus que jamais, les régulateurs savent que le parlement a la clef de leurs pouvoirs et de leur rôle, n'ont jamais cherché un rôle politique ou placé sur le terrain idéologique leur action, ne tirant que de leur farouche indépendance vis à vis des acteurs du marché, leur compétence technique, leur respect des lois, et la constance de la poursuite des objectifs tracés par l'Europe, une légitimité peu à peu reconnue.

La place centrale des juges dans l'évolution n'était sans doute pas anticipée à sa juste hauteur. On craignait souvent, il y a quinze ans encore, soit l'effacement du juge, supplanté par des autorités au statut incertain, réduisant la place du droit et de ses garanties, soit des interventions juridictionnelles désordonnées, marquées par l'incompétence technique, le formalisme et la rivalité entre ordres. L'équilibre qui s'est trouvé, tant dans le contrôle a priori que dans le contentieux des décisions de règlement de différends ou de sanction, a montré que chacun avait trouvé et sa place, et son style. La guerre des ordres n'a pas eu lieu, et tout au contraire, les pages qui suivent en témoignent, une convergence des cours suprêmes s'est opérée, et un dialogue des juges qui n'est pas qu'un vœu s'est noué. Le juge a pris des risques, souvent, inventant (un nouveau droit souple) entrant dans la technique quand il le pouvait. Il a rappelé des autorités parfois trop enclines à faire de leur indépendance un affranchissement de tout formalisme aux exigences de l'équité et des droits fondamentaux. On verra sans doute à l'avenir se stabiliser un processualisme spécifique, qui réalisera le meilleur compromis entre les exigences du procès et celles de la régulation.

Le grand absent, on le verra par défaut en lisant ces chroniques qui sur ce point comme d'autres restent d'actualité, est l'État classique. Hors son activité (souvent abusivement frénétique) normative, qui n'est pas que le reflet des exigences européennes – les trois paquets énergétiques ne demandaient pas les centaines de lois et décrets régissant l'énergie, et le contenu des premières n'est pas le fondement des palinodies qui affectent les seconds –, l'État n'a toujours pas conceptualisé son propre rôle, au-delà des dérisoires guerres de frontières ou un bureau tente encore de retenir un lambeau de compétences, fabriquant alors des régulations déséquilibrées que le meilleur des régulateurs aura le plus grand mal à faire vivre, comme l'ARJEL et l'ARAFER ont pu le montrer. La situation est ici préoccupante : vidé de ses compétences techniques, ne maîtrisant plus la compréhension des évolutions du marché, il peine à proposer au parlement des orientations structurantes, et plus encore à proposer et faire partager, à nos partenaires, et à Bruxelles, des visions, des ambitions et des objectifs, comme il a pu le faire avec succès, dans des domaines très variés, comme la santé, la recherche… Il y a là un champ politique neuf, que la recherche académique doit défricher.

Car penser l'État d'après le succès de la régulation de la concurrence – succès institutionnel, du moins, on verra, a posteriori, si le même peut être constaté quant aux résultats, même si, d'ores et déjà, les communications électroniques, l'évolution des droits des consommateurs, la sortie ordonnée quoique lente des monopoles, est à mettre à leur actif – c'est penser l'Europe d'après la réalisation de ses premières visées, celles que le marché unique a incarné. Les naïves idées initiales prétendant à des convergences politiques sous la pression de celles réalisées au plan économiques, se sont dissipées sous nos yeux comme nuées. Mais l'Europe existe, et la manière de l'habiter et de l'administrer reste à concevoir : non avec les outils d'hier, la pensée politique européenne d'avant l'ère des révolutions, mais ceux de demain, qui restent à inventer.

Peut être le principal acquis, à cet égard, pour l'Europe, est-il qu'elle a été la créatrice d'infrastructures immatérielles d'une robustesse inespérées, et d'une valeur inattendue : on citera en exemple les garanties du droit, par lesquelles elle a fait fructifier, au-delà des états, son héritage des lumières, mais aussi, plus adaptées encore à l'âge, la création d'un espace numérique sûr centré sur le citoyen, combinant un RGPD devenu dès son entrée en vigueur norme mondiale (dans quel secteur la domination intellectuelle passe-t-elle outre la domination économique, sinon celui là ?) avec un original réseau de régulation qui traverse la question du fédéralisme et le débat de l'intégration par des processus originaux de décisions collectives. Peut être d'autres infrastructures immatérielles méritent-elles d'être reconnues – qu'on pense au réseau universitaire et à la recherche, ou à la manière dont pour le médicament, les électrons ou l'audiovisuel, on n'a pas renoncé à construire une Europe, mais essayé de la faire vivre sur le terrain qui pouvait être le sien. Là encore, la régulation offre un laboratoire exceptionnel, une alternative aux chimères rétrogrades des politiques (de subvention) industrielles.

La très grande variété des auteurs dont on lira avec profit les contributions toujours critiques, informées et originales, illustre enfin, pour en revenir à la scène française, ce qui peut apparaître comme un effet marginal mais qu'on croit en réalité essentiel dans la maturation de la régulation de la concurrence sous toutes ses formes. Il n'y a pas (en dehors de la recherche médicale) de secteur de l'action publique dans lequel les entreprises, l'État, le professions libérales, et l'université coopèrent de manière aussi intime, et, on le verra, aussi féconde. A la morgue administrative, opposant ses experts aux chercheurs qu'on trouve mais qui ne trouvent pas, à l'œillère idéologiques d'élus partisans opposant leur délégation de souveraineté aux élucubrations d'intellectuels, à la fermeture de laboratoires entièrement tournés vers l'analyse des arrêts du XIXe siècle, à l'indifférence de professions pensant seules détenir la seule vérité, a enfin succédé une saine émulation reposant sur un intense dialogue, grâce auxquels la décision publique et l'action des entreprises et des professionnels, se nourrissent de la recherche, y contribuent, y quêtent sens, évaluation, imagination. La principale modernisation du pays, dira peut être un manuel d'histoire dans cent ans, aura résulté de cette osmose, qui est aussi celles des hommes et des femmes, peu nombreux comme toute avant garde, qui se sont livrés à cette exploration intellectuelle si nouvelle, et ont commencé à dessiner de nouvelles cartes, plutôt que d'être des poteaux indicateurs d'une seule direction. C'est cette aventure, aussi, que racontent ces pages.

Thierry TUOT
Conseiller d'Etat
Président adjoint de la Section de l'intérieur
Président du CoRDiS de la CRE

Avant-propos

Dès ses débuts en 2004, la Revue *Concurrences* a fait le choix de consacrer une chronique au thème de la régulation. Cela ne relevait pas de l'évidence, tant certains ont pu penser que la régulation sectorielle n'avait qu'une vocation temporaire, visant à accompagner l'ouverture à la concurrence de secteurs en réseaux. Ce que l'on aurait pu désigner comme une "transition concurrentielle" s'est accompagnée d'une institutionnalisation puisque la régulation sectorielle a, conformément au droit dérivé de l'Union ou spontanément par choix du législateur national, impliqué la création d'autorités en charge de cette régulation.

L'ouverture à la concurrence est un processus progressif au terme duquel on aurait pu croire que le droit de la concurrence – que l'on pourrait dire commun – a vocation à succéder à la régulation sectorielle et, institutionnellement, l'Autorité de la concurrence à l'autorité de régulation sectorielle. La pratique montre cependant que la transition ne s'est faite que partiellement de sorte que la régulation sectorielle s'est pérennisée.

Les raisons de cette pérennisation sont bien connues et résident dans le rapport complexe qu'entretiennent le politique et la technique en matière de régulation. L'approche sectorielle résiste ainsi, tout d'abord, parce que la régulation varie dans ses objectifs selon les secteurs. L'énergie ou les communications électroniques, par exemple, sont des domaines dans lesquels l'ordre concurrentiel interagit avec d'autres considérations d'intérêt général que les institutions doivent pleinement prendre en compte. La régulation désigne aussi cet art consistant à concilier les exigences de la concurrence avec d'autres impératifs d'intérêt général, lesquels se déclinent sectoriellement. La régulation demeure sectorielle également parce qu'il faut prendre en compte une dimension technique incontournable. Là encore, selon les secteurs, l'expertise requise pour réguler correctement varie de sorte qu'il n'est guère aisé de faire fi d'un droit spécial de la régulation ou, plutôt, de droits spéciaux de la régulation. Si le législateur fixe les grands équilibres, conformément au droit de l'Union, de l'ouverture à la concurrence des secteurs, les distorsions de concurrence peuvent surgir dans les recoins les plus techniques – un sillon, une fréquence, une transaction, etc. – dont la complexité est telle qu'il serait illusoire que d'en laisser la seule appréciation à l'autorité de la concurrence ou au juge. Néanmoins, celui-ci a acquis une relative expertise dans le contrôle croissant qu'il opère des actes adoptés par les autorités sectorielles, n'hésitant désormais plus à se saisir de ceux des actes dont la normativité est relative.

C'est cette institutionnalisation qui a guidé le choix éditorial de la revue pour tracer les frontières de la chronique. En effet, l'existence d'une autorité de régulation sectorielle a constitué le prisme par lequel les auteurs ont sélectionné et analysé, tout au long de ces quinze années, les décisions relevant des différentes rubriques de la chronique. Le choix a dès lors été opéré d'une approche sectorielle distinguant ainsi : Audiovisuel et presse, Communications électroniques et services postaux, Energie et Transport. Y est ajoutée une rubrique transversale intitulée Principes généraux. Le présent ouvrage constitue une sélection des décisions retenues comme étant les plus importantes pour la régulation de ces quelques dernières années. Ces commentaires sont le fruit d'un travail d'équipe puisque la chronique a été alimentée tant par des praticiens que par des universitaires.

Que l'ensemble des auteurs soit ici remercié pour le travail accompli tout au long de ces années, faisant avancer un droit de la régulation qui ne cesse d'évoluer à mesure que le marché se développe dans une subtile articulation avec l'autorité. Le droit de la régulation révèle en effet toute la force d'une action publique interagissant avec le marché pour parvenir à un équilibre entre la concurrence et les autres objectifs de l'intérêt général.

Hubert Delzangles
Professeur à l'Institut d'Etudes Politiques de Bordeaux

Francesco Martucci
Professeur à l'Université Paris II Panthéon-Assas

Chapitre 1

PRINCIPES GÉNÉRAUX

1.1 La nature des autorités de régulation

1.1.1 Régulation et concurrence

CE, 28 sept. 2018, Eveler, n° 411454

Le Conseil d'État considère, au visa de l'article L. 341-3 du Code de l'énergie, que la fixation des tarifs des prestations annexes par la Commission de régulation de l'énergie ne saurait faire obstacle à l'exercice d'une activité économique par une entreprise, ni, dès lors, porter atteinte à la liberté du commerce et de l'industrie si les prestations en cause (i) sont annexes aux missions de service public confiées aux entreprises ayant la qualité de gestionnaire de réseau et (ii) qu'elles ne sont pas susceptibles d'être proposées par des entreprises n'ayant pas cette qualité

Les gestionnaires de réseaux publics de distribution d'électricité ("GRD") sont en charge de l'acheminement de l'électricité sur les réseaux publics de distribution jusqu'aux consommateurs. Ils facturent cet acheminement aux utilisateurs du réseau, en application des tarifs d'utilisation des réseaux publics de distribution fixés par la Commission de régulation de l'énergie ("CRE"), tels que le TURPE.

Le cadre juridique

En complément de la tarification de l'acheminement, il existe des prestations annexes aux missions du GRD, lesquelles sont réalisées à la demande principalement des fournisseurs et des consommateurs. Ces prestations annexes sont rassemblées, pour chaque GRD, dans un catalogue de prestations publié sur leur site Internet ou par tout autre moyen approprié.

L'article L. 341-3 du Code de l'énergie dispose, à cet égard, que la "*Commission de régulation de l'énergie fixe (...) les méthodes utilisées pour établir les tarifs des prestations annexes réalisées à titre exclusif*" par les GRD d'électricité et se prononce sur les évolutions de ces tarifs.

En outre, aux termes des dispositions de l'article L. 134-1 du même code, la CRE a compétence pour préciser "*les règles concernant : / 1° Les missions des gestionnaires de réseaux publics de transport et de distribution d'électricité en matière d'exploitation et de développement des réseaux ; / 2° Les conditions de raccordement aux réseaux publics de transport et de distribution d'électricité ; / 3° Les conditions d'accès aux réseaux et de leur utilisation y compris la méthodologie de calcul des tarifs d'utilisation des réseaux et les évolutions de ces tarifs* (...)".

Sur ces fondements, la CRE a fixé les tarifs des prestations annexes réalisées à titre exclusif par les gestionnaires des réseaux d'électricité (GRD) d'électricité par une délibération en date du 16 novembre 2016 *portant décision sur la tarification des prestations annexes réalisées à titre exclusif par les gestionnaires de réseaux de distribution d'électricité.*

Le contexte et la solution au litige

La société *Eveler*, qui propose des services de télérelève de compteurs électriques, a formé un recours pour excès de pouvoir devant le Conseil d'État tendant à l'annulation de la délibération précitée en tant qu'elle prévoit, aux paragraphes 3.3.18 et 3.3.27, des prestations annexes d'accès aux données de comptage et de transmission de courbes de mesure au pas de 10 minutes.

En parallèle de son recours, la société *Eveler* avait sollicité le renvoi au Conseil constitutionnel d'une question prioritaire de constitutionnalité relative à la conformité aux droits et libertés garantis par la Constitution de l'article L. 341-3 du Code de l'énergie.

Par une décision du 28 juillet 2017, le Conseil d'État avait considéré qu'il n'y avait pas lieu à renvoi au Conseil constitutionnel aux motifs que la question soulevée n'était ni nouvelle, ni sérieuse. Le Conseil d'État avait ainsi précisé que :

- la notion de "*prestations annexes réalisées à titre exclusif par les gestionnaires de* (...) *réseaux*" ne saurait inclure des prestations susceptibles d'être proposées par des entreprises n'ayant pas le statut de gestionnaire de réseau ni, par suite, faire obstacle à l'exercice par ces entreprises d'une activité économique. De sorte que le grief tiré de ce que les dispositions de l'article L. 341-3 du Code de l'énergie méconnaîtraient la liberté d'entreprendre n'est pas fondé ;

- si la CRE est compétente, en vertu des articles L. 134-1 et L. 341-3 du Code de l'énergie, non seulement pour fixer les tarifs des prestations annexes réalisées à titre exclusif par les gestionnaires de réseaux mais également pour décrire le contenu de ces prestations annexes, il résulte de l'article L. 341-3 du Code de l'énergie que le législateur a entendu exclure du champ des prestations fournies à titre exclusif par les gestionnaires de réseaux les prestations susceptibles d'être proposées par des entreprises n'ayant pas cette qualité. En encadrant ainsi l'habilitation consentie à la CRE, le législateur n'a pas méconnu l'étendue de sa propre compétence dans des conditions affectant la liberté d'entreprendre.

Aux termes de la décision ici commentée du 28 septembre 2018, le Conseil d'État a tout d'abord considéré, au titre de la légalité externe, que *(i)* l'absence de mention, dans le document soumis à la consultation des acteurs du marché, du réseau HTB n'était pas de nature à faire regarder cette consultation comme ayant été insuffisante et de nature à affecter, en conséquence, la régularité de la délibération attaquée, et que *(ii)* l'absence d'une telle mention dans le rapport présenté par la CRE au Conseil supérieur de l'énergie n'était pas davantage de nature à entacher d'illégalité la décision attaquée.

Sur le fond, le Conseil d'État a jugé qu'"*il résulte des dispositions* (...) *de l'article L. 341-3 du Code de l'énergie que la Commission de régulation de l'énergie, lorsqu'elle fixe, en application de ces dispositions, la méthodologie utilisée pour établir les tarifs des prestations annexes réalisées à titre exclusif par les gestionnaires des réseaux publics de transport et de distribution d'électricité ne confère pas un droit exclusif à ces derniers mais se borne à encadrer la tarification de prestations dont elle constate, sous le contrôle du juge, d'une part, qu'elles sont annexes aux missions de service public confiées aux entreprises ayant la qualité de gestionnaire de réseau, d'autre part, qu'elles ne sont pas susceptibles d'être proposées par des entreprises n'ayant pas cette qualité. Dans ces conditions, la fixation des tarifs des prestations annexes ne saurait faire obstacle à l'exercice d'une activité économique par une entreprise, ni, dès lors, porter atteinte à la liberté du commerce et de l'industrie.*

Par suite et en tout état de cause, le moyen tiré de ce que la délibération attaquée méconnaitrait les dispositions des articles 102 et 106 du traité sur le fonctionnement de l'Union européenne ne peut qu'être écarté".

Faisant application de la solution ainsi dégagée, le Conseil d'État a estimé "*que les prestations en litige, qui portent sur l'accès des utilisateurs à des données de comptage*", "*constituent des prestations annexes aux missions de service public confiées aux gestionnaires de réseaux*", mais également que dans la mesure où elles "*découlent des évolutions technologiques affectant les appareils de comptage*", elles "*ne sont (...) pas susceptibles d'être proposées par des entreprises n'ayant pas la qualité de gestionnaires de réseau*".

Ce faisant, le Conseil d'État a affiné la ligne jurisprudentielle qui était la sienne depuis sa première décision rendue en la matière le 25 septembre 2015 aux termes de laquelle il avait jugé que la prestation annexe intitulée "*accompagnement multi-raccordement*" visant à apporter un service d'étude et de conseil aux utilisateurs ayant plusieurs points à raccorder au réseau, fût-ce à titre expérimental pour une durée de deux ans, ne relevait pas des missions de service public des GRD, de sorte que la CRE avait porté une atteinte illégale à la liberté d'entreprendre ainsi qu'à la liberté du commerce et de l'industrie (CE, 25 sept. 2015, *Le Caloch Consultant*, n° 386.077).

Le Conseil d'État a ainsi clairement défini les limites du champ des prestations annexes qui peuvent être réalisées à titre exclusif par les gestionnaires de réseaux de distribution d'électricité: d'une part, ces prestations annexes doivent relever des missions de service public exercées par les GRD; d'autre part, ces prestations annexes ne doivent pas pouvoir être susceptibles d'être exercées par des opérateurs économiques actifs sur le marché concurrentiel.

Ce n'est que sous cette double condition que le monopole dévolu à ces opérateurs ne sera pas illégalement étendu à des activités qui sont déjà proposées sur le marché concurrentiel, méconnaissant ainsi le principe constitutionnel de la liberté d'entreprendre et le principe général du droit de la liberté du commerce et de l'industrie.

E. Guillaume, M. Perche

Concurrences N° 4-2018 pp. 179-180

Trib. UE, 29 mars 2012, Telefónica et Telefónica de España c/ Commission, aff. T-336/07

Le tribunal de l'UE confirme les rapports qu'entretiennent droit de la concurrence et droit de la régulation européens

Le Tribunal confirme que la Commission reste compétente pour constater une infraction au titre de l'article 102 TFUE alors même qu'une autorité nationale de régulation aurait pu examiner préalablement la compatibilité des pratiques avec ce même article.

Dans le cadre d'une affaire portant sur une pratique de compression de marges par la société Telefónica (qui fera l'objet d'un prochain commentaire sur le volet concurrence dans un prochain numéro de cette Revue), le Tribunal de l'UE a eu l'occasion de se prononcer sur la distinction entre Autorité de régulation nationale (ARN) et Autorité nationale de la concurrence (pts 301 et s.). Ainsi, le Tribunal amène une nouvelle fois sa contribution au débat doctrinal tentant de départir régulation et concurrence dans un marché en voie de libéralisation (voir TPICE, 10 avril 2008, Deutsche Telekom c/ Commission (aff. T-271/03 ayant fait l'objet d'un pourvoi devant la Cour: aff. C-280/08 ci-dessous)).

Les requérants reprochaient à la Commission d'avoir excédé ses pouvoirs et violé le principe de subsidiarité en se prononçant sur une situation qui avait prétendument déjà été appréhendée par la Commission du marché des télécommunications espagnole (CMT). Le Tribunal y répond en précisant de façon très didactique la répartition des champs de la régulation et de la concurrence.

Le Tribunal précise tout d'abord que l'article 102 TFUE s'applique même sur un marché régulé. Il spécifie ensuite que les règles relatives à la concurrence du Traité "complètent, par l'exercice d'un contrôle ex post, le cadre réglementaire adopté par le législateur de l'Union en vue de réguler ex ante les marchés des télécommunications" en se fondant sur l'arrêt de la Cour du 14 octobre 2010, Deutsche Telekom c/ Commission (aff. C-280/08, pt 92). Droit de la concurrence et droit de la régulation ne sont donc pas exclusifs mais bien complémentaires. Enfin, selon le Tribunal, la CMT n'est pas une autorité de concurrence mais une autorité de régulation. Quoi qu'il en soit, alors même qu'une telle autorité aurait pu examiner la compatibilité de pratiques avec l'article 82 du TFUE, le Tribunal estime que la Commission reste compétente a posteriori pour constater une infraction sur le même fondement. Il confirme ainsi la solution de l'arrêt Deutsche Telekom c/ Commission du 10 avril 2008 (aff. T-271/03 ayant fait l'objet d'un pourvoi: aff. C-280/08 précitée) selon lequel la Commission ne saurait être liée par une décision rendue par une autorité nationale en vertu de l'article 102. Pour terminer, l'argument des requérants visant à dire que la Commission ne serait compétente pour examiner l'action des ARN que s'il était démontré que celles-ci n'avaient pas agi dans le cadre de leurs compétences ou de façon manifestement erronée est rejeté. Par là-même, le Tribunal conclut à l'absence de violation du principe de subsidiarité et reste dans la droite ligne de la jurisprudence européenne sur les rapports qu'entretiennent régulation et concurrence ainsi que les autorités chargées de les mettre en œuvre.

H. Delzangles, S. Martin
Concurrences N° 2-2012 p. 151

Concurrences +

Anne-Lise Sibony, Ciseau tarifaire: La Cour de justice de l'Union européenne maintient sa jurisprudence Telefonica (Telefonica), 17 juillet 2014, Concurrences N° 4-2014, Art. N° 69870, pp. 130-132.

Alexandre Lacresse, Protection juridictionnelle effective: La Cour de justice de l'Union européenne rappelle l'exigence de clarté et de précision que doivent respecter les pourvois et poursuit son travail d'explication concernant les limites du contrôle juridictionnel opéré par le Tribunal sur les décisions de la Commission européenne (Telefonica), 10 juillet 2014, Concurrences N° 4-2014, Art. N° 69998, pp. 204-206.

Alain Ronzano, Compression de marges: La Cour de justice de l'Union Européenne confirme le caractère abusif de la pratique mise en œuvre par l'opérateur télécom historique espagnol (Telefónica), 10 juillet 2014, Concurrences N° 4-2014, Art. N° 70259.

Anne-Lise Sibony, Amendes: L'avocat général Wahtelet propose de renvoyer une affaire d'abus de position dominante au Tribunal pour que le calcul de l'amende fasse l'objet d'un examen approfondi (Telefonica), 26 septembre 2013, Concurrences N° 1-2014, Art. N° 63632, pp. 66-67.

Alain Ronzano, Compétence de pleine juridiction: L'avocat général Wathelet rend ses conclusions contre l'examen de la décision Telefónica de la Commission par le Tribunal qui n'aurait pas exercé sa compétence de pleine juridiction (Telefónica et Telefónica de España), 26 septembre 2013, Concurrences N° 4-2013, Art. N° 59627.

Anne-Lise Sibony, Frédéric Marty, Ciseau tarifaire - Compression de marges : Le Tribunal de l'UE donne des précisions sur la mise en œuvre du critère du concurrent aussi efficient en matière de ciseau tarifaire (Telefónica), 29 mars 2012, Concurrences N° 3-2012, Art. N° 48341, pp. 105-110.

Alain Ronzano, Ciseau tarifaire : Le Tribunal de l'Union applique scrupuleusement la jurisprudence de la Cour en matière de pratique de ciseau tarifaire à l'opérateur historique (Telefónica), 29 mars 2012, Concurrences N° 2-2012, Art. N° 55813.

Laurent Flochel, Ciseau tarifaire : La Commission européenne inflige une amende de 151 millions d'euros pour des pratiques d'exclusion sur le marché de l'accès à Internet haut débit (Wanadoo Espana/Telefonica), 4 juillet 2007, Concurrences N° 4-2007, Art. N° 14475, pp. 76-78.

Loi n° 2006-1537 du 7 déc. 2006 relative au secteur de l'énergie, JORF n° 284 du 8 déc. 2006 p. 18531 ; Cons. const., déc. n° 2006-543 DC du 30 nov. 2006, Loi relative au secteur de l'énergie

Le Conseil constitutionnel censure les dispositions législatives qui maintiennent en permanence des tarifs réglementés et oppose une réserve interprétative à la possibilité de privatiser Gaz de France

La décision du Conseil constitutionnel n° 2006-543 DC du 30 novembre concernant la loi relative au secteur de l'énergie fera date à n'en pas douter. Si l'on pouvait s'y attendre au regard de la question qui était soumise au Conseil, les raisons qui fondent l'importance de cette décision ne sont pas nécessairement celles que les observateurs avaient anticipées.

En effet, pour beaucoup, le projet de loi relatif au secteur de l'énergie débattu devant le Parlement n'avait pour seule raison d'être que d'autoriser la privatisation de Gaz de France afin de permettre le futur rapprochement de cette dernière avec Suez.

Le Conseil constitutionnel n'était d'ailleurs initialement invité par les 60 députés et 60 sénateurs qui l'avaient saisi qu'à vérifier la constitutionnalité de cette mesure, figurant à l'article 39 de la loi finalement adoptée par le Parlement.

Cependant, le Conseil constitutionnel, lorsqu'il est saisi, se réserve le droit d'examiner d'office des dispositions qui ne sont pas soumises à sa censure ou de soulever des moyens qui ne figurent pas parmi ceux qui sont invoqués dans la ou les requêtes.

Dans le cas d'espèce, le Conseil constitutionnel a pris en compte le fait que cette loi avait également pour objet d'assurer (enfin !) la transposition complète en droit interne des directives sur la libéralisation des marchés du gaz et de l'électricité (directive 2003/54/CE du Parlement européen et du Conseil du 26 juin 2003 concernant les règles communes pour le marché intérieur de l'électricité et directive 2003/55/CE du Parlement européen et du Conseil du 26 juin 2003 concernant les règles communes pour le marché intérieur du gaz naturel). Sur cette base, le Conseil Constitutionnel a saisi l'occasion pour rappeler au législateur les obligations qui incombent à ce dernier en pareille occasion.

Rappelons que depuis la décision n° 2004-496 DC du 10 juin 2004 et surtout depuis sa décision n° 2006-540 du 27 juillet 2006, le Conseil Constitutionnel a posé pour principe qu'il est tenu de vérifier que le législateur a effectivement accompli sa mission de transposition.

Le Conseil Constitutionnel fonde cette exigence sur le premier alinéa de l'article 88-1 de la Constitution selon lequel "La République participe aux Communautés européennes et à l'Union européenne, constituées d'États qui ont choisi librement, en vertu des traités qui les ont instituées, d'exercer en commun certaines de leurs compétences" (considérant n° 4 de la décision). Le Conseil en déduit que "la transposition en droit interne d'une directive communautaire résulte d'une exigence constitutionnelle" et, partant, qu'il lui appartient, lorsqu'il est saisi d'une loi de transposition, de s'assurer du respect de cette règle.

Pour autant, le contrôle du Conseil ne saurait être absolu. Ainsi que le Conseil l'indique lui-même dans sa décision, "il ne saurait [...] déclarer non conforme à l'article 88-1 de la Constitution qu'une disposition manifestement incompatible avec la directive qu'elle a pour objet de transposer". Cette limitation au contrôle de l'incompatibilité manifeste est justifiée par des raisons pratiques. En effet, étant donné les délais que le Conseil se doit de respecter pour rendre sa décision (1 mois à compter de sa saisine par application de l'article 61 de la Constitution), il ne lui est pas possible de saisir la Cour de justice des Communautés européennes d'une question préjudicielle. On rappellera que lorsqu'elle est saisie à titre préjudiciel, la Cour doit informer la Commission et tous les États membres, afin de leur permettre de présenter leurs observations sur les réponses à apporter aux questions posées. Cette seule circonstance interdit toute réponse dans des délais compatibles avec le calendrier du Conseil constitutionnel. La conséquence, expliquée dans les "Cahiers du Conseil constitutionnel" (Cahier n° 22, en ligne sur le site Internet du Conseil constitutionnel), est importante : puisque le Conseil constitutionnel ne peut déclarer non conformes à la Constitution que les dispositions manifestement non conformes aux directives communautaires, le fait qu'il demeure silencieux sur d'autres dispositions ne saurait leur conférer un quelconque brevet de conformité aux obligations communautaires. Comme l'indique le Conseil constitutionnel, ses décisions sont "sans préjudice de la position des juridictions nationales et de celle de la CJCE quant à la conformité de la loi examinée au droit communautaire originaire et dérivé".

Notons que le Conseil prévoit une seconde limite à son contrôle : l'incompatibilité manifeste d'une disposition législative avec une directive ne serait pas sanctionnée si la transposition conforme de la directive devait aller "à l'encontre d'une règle ou d'un principe inhérent à l'identité constitutionnelle de la France, sauf à ce que le constituant y ait consenti".

Le maintien de tarifs réglementés permanents

Sur la base de ces principes, dégagés dans des décisions antérieures et rappelés dans la présente décision de façon très pédagogique, le Conseil Constitutionnel a été amené à se saisir d'office de la non-conformité manifeste aux directives précitées de plusieurs des dispositions de l'article 17 de la loi déférée.

L'article 17, tel qu'il avait été voté par les parlementaires, visait notamment, au travers de la modification de l'article 66 de la loi n° 2005-781 du 13 juillet 2005 fixant les orientations de politique énergétique et de l'insertion dans cette même loi d'un article 66-1, à définir les conditions dans lesquelles les consommateurs domestiques et non domestiques pouvaient continuer à bénéficier des tarifs réglementés, aussi bien dans le domaine du gaz que dans celui de l'électricité.

À ce stade, il n'est pas inutile de rappeler qu'en application du cadre réglementaire français, coexistent deux systèmes de tarification : d'un côté, les contrats aux prix de marché, de l'autre les contrats à tarifs réglementés, ces derniers étant réservés aux consommateurs non éligibles et, par rattachement, aux clients éligibles ayant choisi de ne pas exercer leur éligibilité.

D'après les textes communautaires, au 1er juillet 2007, tous les consommateurs – y compris les consommateurs domestiques – deviendront clients éligibles, de sorte que les tarifs réglementés devraient disparaître, sous réserve du sort à réserver aux contrats en cours.

Dans le contexte actuel de hausse généralisée des prix de l'énergie, le fait de pouvoir continuer à bénéficier des tarifs réglementés constitue un intérêt tout particulier, ces tarifs fixés par les pouvoirs publics se situant à un niveau inférieur aux prix de marché. Aussi, le législateur entendait-il, dans le cadre de la loi sur le secteur de l'énergie, adopter de nouvelles dispositions permettant à certaines catégories de clients de bénéficier de manière pérenne des tarifs réglementés.

En particulier, il avait prévu que les consommateurs domestiques pourraient bénéficier d'un contrat à tarif réglementé pour tout site pour lequel ils n'avaient pas fait eux-mêmes usage de leur éligibilité. Dans la pratique, cela signifiait que dès lors qu'il déménageait, un particulier se voyait à nouveau offrir une option pour souscrire un contrat à tarif réglementé, quand bien même il aurait exercé son éligibilité sur son précédent logement ou quand bien même le précédent occupant aurait exercé son éligibilité dans le site où le nouvel arrivant emménageait (II des articles 66 et 66-1). En outre, pour ces consommateurs ainsi que pour les consommateurs non domestiques de faible taille (PME souscrivant une puissance électrique inférieure à 36 kilovoltampères pour l'électricité ou consommant moins de 30 000 kilowattheures par an s'agissant du gaz), le législateur avait adopté un mécanisme leur octroyant en permanence le bénéfice d'une fourniture à tarif réglementé pour un nouveau site de consommation. En outre, le tarif réglementé était réputé applicable à tout client des anciens monopoles (EDF, GDF et les distributeurs non nationalisés) dès lors que ce client n'y avait pas renoncé expressément (III des articles 66 et 66-1).

L'ensemble de ce dispositif conduisait, d'une part, à maintenir le système des tarifs réglementés sans limite de temps et, d'autre part, à permettre aux opérateurs historiques (éventuellement dans des conditions peu favorables pour ces derniers) de conserver une partie substantielle de leur clientèle, empêchant de ce fait l'entrée sur le marché de nouveaux opérateurs.

Il était déjà possible de s'interroger sur la conformité au droit communautaire du dispositif existant avant même l'adoption de la présente loi (tel était d'ailleurs l'avis exprimé par la Commission européenne dans les lettres de mise en demeure qu'elle avait adressé à la France au mois d'avril 2006 – cf. Concurrences n° 2-2006, p. 151). Le Conseil Constitutionnel, pour sa part, a jugé que les dispositions concernées de l'article 17 étaient contraires, dans le cas du gaz comme dans celui de l'électricité, à l'article 3 de la directive respectivement en cause. En effet, dans ces deux textes, bâtis sur le même modèle, l'article 3 pose pour principe la réalisation d'un marché concurrentiel, les États membres devant s'abstenir de toute discrimination s'agissant des droits et obligations des entreprises du secteur du gaz et de l'électricité. Certes, notamment sur le plan tarifaire, ce même article autorise les États membres à imposer des obligations de service public mais celles-ci doivent être clairement définies, transparentes, non discriminatoires, contrôlables et doivent garantir à toutes les entreprises d'électricité et de gaz de l'Union européenne un égal accès aux consommateurs.

En l'espèce, en réservant la fourniture des contrats à tarifs réglementés aux opérateurs historiques sur le territoire français, la loi crée une discrimination. En outre, sur la base des critères posés par la Commission dans les lettres de mise en demeure adressées au Gouvernement français (grille d'analyse d'ailleurs reprise dans le commentaire de la décision en cause figurant au sein des "cahiers constitutionnels"), l'obligation de fourniture au tarif réglementé ne saurait être qualifiée d'obligation de service public car:

- Cette obligation est définie trop largement quant au champ de ses bénéficiaires et de manière non limitée dans le temps;
- Les conditions de détermination du tarif réglementé sont par trop décorrélées des coûts supportés et des prix de marché;
- Les opérateurs en charge de cette obligation ont été choisis en dehors de toute procédure de mise en concurrence.

On notera que la motivation retenue par le Conseil constitutionnel se réfère expressément à la volonté d'assurer toute son effectivité au mouvement d'ouverture des marchés du gaz et de l'électricité engagé par les directives.

Néanmoins, eu égard au contenu du texte finalement promulgué, on peut s'interroger sur le point de savoir si l'objectif est tout à fait atteint.

En effet, sur la base du texte finalement promulgué, un consommateur peut désormais bénéficier d'une fourniture électrique ou gazière à tarif réglementé sur un site donné à la condition que ni lui, ni les occupants précédents n'aient exercé leur éligibilité pour le site en question.

Pour autant, l'ouverture des marchés français du gaz et de l'électricité risque encore de rester longtemps théorique, puisque le bénéfice des tarifs réglementés subsistera pour tous les sites où le droit à l'éligibilité n'aura pas été exercé. Certes, les nouveaux sites de consommation ne pourront pas en bénéficier. Mais la disparition des tarifs réglementés pour les sites existants des abonnés domestiques et des ménages pourrait n'intervenir qu'à un horizon fort éloigné si les consommateurs éligibles n'ayant pas exercé leur éligibilité décident de jouer le statu quo, ce qui paraît probable aussi longtemps que les prix de marché resteront supérieurs aux tarifs réglementés.

Dans ce contexte, on relèvera une curiosité dans la décision du Conseil constitutionnel. Elle indique expressément que l'inconstitutionnalité relevée résulte du fait que les dispositions censurées sont étrangères aux tarifs sociaux et "ne se bornent pas à appliquer les tarifs réglementés aux contrats en cours". Le Conseil constitutionnel en conclut qu'elles édictent des obligations "permanentes, générales et étrangères à la poursuite d'objectifs de service public". Dans la logique de ce raisonnement, le Conseil constitutionnel aurait dû censurer tout ce qui va au-delà de la poursuite des contrats en cours. C'est d'ailleurs ce qui est expliqué dans le commentaire figurant aux Cahiers du Conseil constitutionnel: "Il y avait donc lieu de censurer, comme manifestement incompatibles avec les directives "énergie", les dispositions de l'article 17 de la loi déférée qui imposaient une obligation de tarif réglementé non limitée à la continuation des contrats en cours au 1er juillet 2007 et non justifiée par la poursuite d'un objectif de service public précis". Or, la loi finalement adoptée ne protège pas seulement les contrats en cours. En effet, le Conseil constitutionnel a maintenu la disposition qui prévoit qu'un consommateur, individuel ou non, peut renoncer à l'éligibilité – donc conserver le bénéfice des tarifs réglementés – à condition que l'éligibilité n'ait pas été exercée "pour ce site", par ce consommateur ou par une autre personne. En d'autres termes, chaque fois qu'un abonné déménagera dans un site où l'éligibilité n'aura pas été exercée, il pourra bénéficier des tarifs réglementés pour ce site. Pourtant, à l'occasion d'un emménagement, un nouveau contrat est nécessairement conclu, puisque l'abonné n'est plus le même. Dès lors, le bénéfice des tarifs réglementés va se trouver préservé même en cas de nouveau contrat, si le consommateur précédent n'avait pas exercé son droit à l'éligibilité pour le site en question. Des situations curieuses pourraient en résulter. Ainsi un consommateur ayant exercé son éligibilité qui viendrait à déménager pourrait bénéficier à nouveau des tarifs réglementés pour son nouveau logement, si le précédent occupant se fournissait selon un tarif réglementé. À l'inverse, un consommateur bénéficiant des tarifs réglementés pourrait perdre ce bénéfice s'il venait à s'installer sur un nouveau site ou sur un site pour lequel l'éligibilité a déjà été exercée.

Ajoutons que les opérateurs historiques restant les seuls à pouvoir servir les contrats à tarifs réglementés, il en résultera un indéniable effet de forclusion. Dès lors, la question de la mise en extinction des tarifs réglementés (appelée de ses vœux par la CRE) continue de se poser. Seule une telle extinction interdirait la signature de nouveaux contrats à tarifs réglementés. En conséquence tout déménagement entraînerait nécessairement l'exercice de l'éligibilité pour le site concerné, de sorte que le maintien des tarifs réglementés serait effectivement temporaire, ainsi que l'a souhaité le Conseil constitutionnel.

Finalement, la question de la conformité avec le droit communautaire du dispositif français des tarifs réglementés semble donc continuer de se poser, même pour ceux qui n'ont pas été considérés comme "manifestement" incompatibles. Il en va de même du "tarif de retour", lequel n'est pas non plus considéré comme manifestement incompatible, puisqu'il est temporaire. Le Conseil ne tranche pas ces questions et prend soin de préciser, dans sa décision, qu'étant donné la nature de son contrôle, "il revient aux autorités juridictionnelles nationales, le cas échéant de saisir la Cour de justice des Communautés européennes à titre préjudiciel" dans l'hypothèse où la conformité au droit communautaire de certaines dispositions nationales ferait débat.

Ajoutons qu'en adoptant une telle décision et en l'explicitant avec de tels commentaires, le Conseil constitutionnel complique singulièrement la tâche du gouvernement français qui, semble-t-il, envisage de continuer à plaider dans le cadre de la procédure d'infraction ouverte par la Commission européenne que le maintien à titre permanent des tarifs réglementés est compatible avec les dispositions des directives "gaz" et "électricité". Le moins que l'on puisse dire est qu'il ne bénéficie, dans son argumentation, que d'un soutien très faible de la part de sa juridiction suprême. Tout au plus pourrait-il exciper du fait que certains de ces tarifs sont transitoires ou destinés à préserver les contrats en cours, mais cela réduirait sérieusement l'étendue de sa ligne de défense.

La privatisation de Gaz de France

La décision du Conseil constitutionnel est également particulièrement importante par ce qu'elle révèle du contenu de la notion de service public et de ses conséquences sur la possibilité de privatiser ou non une entreprise qui en est chargée. La confusion est trop souvent entretenue entre ouverture à la concurrence régulée de secteurs antérieurement monopolistique et privatisation – qui n'entretiennent aucun rapport de nécessité ou de causalité – pour qu'une telle clarification ne soit bienvenue, dans un secteur où par surcroît les partenaires sociaux ont tendance, comme les partis politiques, à abuser de l'invocation de la notion, qui a pourtant un contenu précis.

La question posée était celle de la constitutionnalité d'une perte par l'État de la majorité dans le capital de Gaz de France, par suite de la dilution de ses parts après l'opération de fusion envisagée avec Suez. Le 9ème alinéa du préambule de la Constitution de 1946, auquel le Conseil constitutionnel reconnaît la même valeur qu'au texte constitutionnel lui même, interdit en effet, en obligeant à les nationaliser, que soient privées les entreprises qui constituent un monopole de fait ou sont chargées d'un service public national.

Les juges constitutionnels n'ont pas eu à longuement s'interroger sur la question du monopole de fait, chacun sachant bien que GDF a déjà un concurrent sérieux en la personne de Total, et que sur aucun des segments d'activité – transport, stockage, distribution, fournitures, services annexes – GDF n'a ni en fait ni en droit un monopole. Le raisonnement tenu n'est marqué par aucune innovation au regard des décisions précédentes en matière de privatisation, ni n'est d'ailleurs sérieusement contestable au vu des faits.

Beaucoup plus novatrice est la position prise en matière de service public. Le Conseil a distingué, au fil de l'élaboration de sa jurisprudence, deux types de service public national. Le premier est la catégorie des services publics "constitutionnels", dont l'existence est prévue par la constitution elle même. Il n'existe pas encore d'illustration positive de l'existence de tels services – les décisions en mentionnent l'existence de principe, mais pour en exclure, au gré des textes, les banques (86-207 DC du 26 juin 1986), la communication audiovisuelle (86-217 DC du 18 septembre 1986), les télécommunications (96-380 DC du 23 juillet 1996) ou l'électricité et le gaz (2004-501 DC du 5 août 2004). En effet, un service public national est constitutionnel quand la Constitution a fait de son existence un principe constitutionnel (86-207 DC du 26 juin 1986): il en va ainsi, peut-on penser, du service public de la justice, ou de celui de l'enseignement public. Aucun texte de valeur constitutionnelle n'ayant fait de l'industrie du gaz un service public constitutionnel, ce ne pouvait être au nom de cette catégorie que le Conseil pouvait juger contraire à la Constitution la privatisation de GDF.

L'autre catégorie de service public national a fait l'objet d'une définition jurisprudentielle qui est très voisine de celle donnée par la jurisprudence du Conseil d'État (en dernier lieu 27 septembre 2006, Bayrou et autres, n° 290716, sur la privatisation des autoroutes): le service public doit avoir été confié 1) par le législateur, 2) à une seule entreprise, 3) au niveau national, pour être regardé comme un service public national au sens de la Constitution.

C'est d'ailleurs en faisant application de ces critères que le Conseil constitutionnel avait expressément qualifié de service public national les entreprises EDF et GDF dans sa décision de 2004 précitée. Il s'est donc en l'espèce livré à la vérification de la persistance de ces trois conditions.

Il a constaté que, au fur et à mesure de la transposition des directives communautaires, le service public antérieurement confié à une seule entreprise, a désormais été transformé en obligations faites à toutes les entreprise du secteur. De la même manière que, dans les télécoms, la partie service public des misions a été imposée au secteur (avec un système un peu différent, le service public était assuré par un seul opérateur choisi sur appel d'offre mais financé par tous), tous les intervenants sont désormais débiteurs d'obligations de service public envers les consommateurs – du droit d'accès au réseau au tarif social en passant par le droit d'accès aux stockages. Dès lors, deux au moins des conditions posées par la définition ne sont plus remplies: d'une part, plusieurs, et non une seule, entreprises sont chargés des éléments de service public; et par suite, celui-ci n'est plus national, chaque gestionnaire de réseau ou fournisseur en étant chargé. Le législateur continue à le définir, mais le service public ne peut donc plus être considéré comme national.

Toutefois, le Conseil constitutionnel a constaté qu'au moins une mission de service public demeurait nationale, celle de fourniture du gaz aux ménages, réservé à Gaz de France jusqu'au premier juillet 2007. Il a donc décidé de tenir compte de cette persistance temporelle du service public malgré sa condamnation à terme. En effet, alors que le Conseil constitutionnel admet qu'un monopole doit être durable pour être regardé comme un monopole de fait (ainsi la privatisation d'un monopole national est possible si le marché est ouvert à la concurrence simultanément), il n'y a pas matière à tenir le même raisonnement pour le service public, en raison de son caractère légal et non factuel: il y a, ou pas, choix législatif d'ériger une activité en service public. On aurait pu s'attendre à ce que le juge en déduise que le service existant à la date où la loi était votée, il ne pouvait y avoir privatisation (ou, de façon plus audacieuse, que la décision de mettre fin au caractère national du service public étant prise, il était loisible au législateur d'en anticiper les effets en préparant la privatisation dès maintenant). Il a choisi une position plus originale, en estimant que la loi allait devenir constitutionnelle, au 1er juillet 2007: elle ne l'est pas quand il statue, mais il aurait sans doute été plus délicat pour le Conseil de s'opposer platement à la privatisation, et, du reste, un peu vainement, puisqu'il aurait suffi au législateur de revenir avec le même texte au 1er juillet 2007; elle va le devenir, donc n'est constitutionnelle qu'en perspective. L'invention technique est étonnante, qui est celle d'une sorte de sursis à l'entrée en vigueur des lois jusqu'à ce que les circonstances juridiques les rendent conformes à la Constitution. On ne peut s'empêcher de s'interroger sur les impasses logiques auxquelles cette conception aventurée pourrait se heurter: si demain la loi renonçait à abroger le service public national, quel serait l'état du droit, le Conseil ayant par avance autorisé une privatisation qui pourtant demeurerait inconstitutionnelle? On voit que si le Conseil prend part au mouvement amorcé par les juridictions suprêmes en matière de différé d'effet des décisions jurisprudentielles, c'est avec une audace plus marquée. Or, ce n'est pas impunément qu'un juge joue avec le temps...

Les enseignements à tirer pour les secteurs des industries de réseau régulées sont cependant intéressants. Il est clair, en premier lieu, qu'il sera toujours possible – on n'en pouvait douter depuis 2004 – au législateur de privatiser EDF comme GDF, dès lors qu'il retirera à ces entreprise leur qualification de service public national – ce qui ne veut pas dire supprimer le service public, mais décider de le gérer différemment. En deuxième lieu, si l'on veut maintenir un service public national, en milieu concurrentiel, il faut définir autrement que par le monopole ses caractéristiques. Une fois de plus, la libéralisation constitue un aiguillon particulièrement acéré pour contraindre les défenseurs du service public à la française à quitter l'invocation des principes pour descendre dans l'arènes des réalisations concrètes: contour, missions, privilèges et financement du service doivent être refondus. En troisième lieu, la possibilité de la privatisation d'EDF en tant que producteur ou que fournisseur ne fait aucun doute, comme celle du gestionnaire du réseau de distribution; il est permis d'être plus interrogatif sur le cas de RTE, qui combine apparemment les deux critères de monopole (durable) de fait et de service public national. La définition nouvelle – qui devrait être une refondation et non une défense d'arrière garde – pourrait partir de ces constats: un réseau de transport public, des moyens de production de sécurité nécessaire à son fonctionnement, des réseaux de distribution partiellement privés incités à l'efficacité et à la qualité dans le respect des règles de sécurité, d'accès et de tarification, un secteur de production réorganisé à l'échelle européenne... Il serait heureux que la décision si originale du Conseil constitutionnel ait pu avoir cet effet de dynamisation de la réflexion et du débat.

J.-P. Tran Thiet, T. Tuot, V. Jaunet
Concurrences N° 1-2007, pp. 153-156

Concurrences +

Bertrand du Marais, Ouverture du marché énergétique : Le Conseil constitutionnel invalide le maintien des tarifs réglementés de l'électricité et du gaz en raison de leur incompatibilité avec le droit communautaire (GDF), 30 novembre 2006, Concurrences N° 1-2007, Art. N° 12918, pp. 172-174.

Alain Ronzano, Énergie - Tarifs réglementés: Le Conseil Constitutionnel juge que le transfert au secteur privé de Gaz de France n'est pas contraire à la Constitution, mais sa prise d'effet est repoussée à la date à laquelle GDF, perdant l'exclusivité de la fourniture des ménages, cessera d'être un service public national, 30 novembre 2006, Concurrences N° 1-2007, Art. N° 54796

CE, 13 févr. 2006, Société Fiducial informatique et Société Fiducial expertise, n° 279180

Le Conseil d'État limite les exigences de respect du caractère contradictoire de la procédure lorsqu'une autorité de régulation est saisie pour avis par le juge

Du contradictoire devant les autorités de régulation: Point trop n'en faut, le Conseil d'État limite les exigences de respect du caractère contradictoire de la procédure lorsqu'une autorité de régulation est saisie pour avis par le juge.

L'arrêt du Conseil d'État ci-dessus mentionné suscitera sans doute des commentaires sur son contenu, comme il en avait déjà provoqué par le jugement avant dire droit qui l'avait précédé, qui avait montré toute la valeur qu'attribue la juridiction administrative à un contrôle indépendant des concentrations, plutôt qu'à son exercice toujours suspect de complaisance par le ministre de l'économie. Saisi du projet de prise de contrôle dans le secteur de l'informatique comptable, le ministre avait statué sur le projet sans avis du conseil de la concurrence, et sur la requête de concurrents s'estimant menacés par cette concentration, le Conseil d'État avait, par une décision du 20 juillet 2005, sèchement fait comprendre au ministre qu'une consultation du conseil de la concurrence s'imposait, en le saisissant lui même (CE, 20 Juillet 2005, n° 279180, société Fiducial Informatique et société Fiducial expertise, qui sera publiée au recueil). Ayant reçu l'avis du conseil favorable à la concentration et écartant toute critique sur ses effets, le Conseil statuait à nouveau, le 13 février dernier. Le moyen qui retient ici l'attention est celui qu'ont opposé les adversaires de la concentration à la régularité de l'avis du conseil de la concurrence, au motif qu'il aurait été élaboré en méconnaissance du caractère contradictoire de la procédure.

On a déjà eu l'occasion de dire à quel point la concurrence que se sont livrés la Cour de cassation et le Conseil d'État, eux mêmes en rivalité avec la CEDH, pour appliquer toutes les garanties procédurales de l'article 6§1 de la convention européenne des droits de l'homme aux procédures suivies par les régulateurs méconnaissait les nécessités de leur action et entravait leur action au point de menacer même l'exercice utile de leur compétence (et, à terme, de paralyser le fonctionnement de tout organe tranchant un différent, en exigeant que ses membres ne sachent rien ni du secteur ni de ses acteurs...). On n'en pourra que mieux saluer ici la façon qu'a en l'espèce eu le Conseil d'État d'écarter l'application du contradictoire à la procédure suivie par le conseil de la concurrence lorsqu'il est saisi pour avis par une juridiction.

Les requérants se plaignaient en effet que l'avis – qui leur avait été communiqué par le juge au titre de l'instruction dès que lui même l'avait reçu – avait été élaboré sans qu'elles aient communication des conclusions du rapporteur, ni aient pu assister à la totalité de la séance durant laquelle l'avis a été élaboré. Elles avaient d'ailleurs déjà tenté de faire juger la nécessité de ces mesures par un recours en interprétation (rejeté par une décision du Conseil d'État du 19 octobre 2005, n° 285 648). Elles pouvaient se fonder sur un principe bien ancré, selon lequel le contradictoire devant le juge régit aussi l'action de ceux qu'il associe à l'instruction, qu'il s'agisse des experts ou d'une enquête (CE, 23 mars 1956, sieur Louis, Rec. Leb., p.136; et 17 avril 1985, département de la Moselle, n° 50438 et 55866, Rec. Leb., T.p.732). L'arrêt prend soin de rappeler que ces principes demeurent en vigueur.

Mais le Conseil a d'abord remarqué qu'en confiant une mission au conseil de la concurrence, il lui demande d'exercer ses compétences dans le cadre procédural qui lui est propre – afin qu'il y dispose des pouvoirs d'investigation que la loi lui reconnaît, mais aussi des garanties procédurales usuelles, pour lesquelles le législateur a réalisé une conciliation équilibrée entre le contradictoire et le secret des affaires, comme devant tous les régulateurs de la concurrence européens ou américains. En l'espèce, lors d'une procédure de concentration, les tiers n'ont jamais accès aux informations sensibles, notamment les parts de marché, pour éviter que par une prétendue opposition ils ne se livrent en réalité à une opération d'espionnage économique. Ce n'est pas parce que l'avis s'inscrit dans une procédure juridictionnelle que son processus d'élaboration et les garanties qu'il offre devraient changer.

L'arrêt a ensuite considéré que la convention européenne des droits de l'homme ne s'appliquait pas au cas d'espèce, dans la mesure où aucune contestation sur un droit de caractère civile n'est ici tranchée. Notons au passage, ainsi que le relevait le commissaire du gouvernement, E Glaser, que la CEDH n'a elle-même jamais considéré que le contradictoire était une valeur absolue s'étendant à la procédure suivie devant les auxiliaires du procès, et admet qu'il soit limité pour protéger le secret, médical par exemple (18 mars 1997, époux Montovanelli c/ France, p. 436).

Le Conseil recherche alors, au titre des règles générales de procédure, si l'équité du procès a pu être viciée par les conditions dans lesquelles l'avis a été émis. On voit ainsi se dessiner une évolution dont il est permis d'espérer la poursuite, par laquelle le juge s'attache moins au respect de garanties purement formelles que des résultats obtenus quant à la qualité de la procédure. Il note ici que l'avis du conseil de la concurrence est toujours élaboré ainsi, qu'il soit saisi par le juge ou par le ministre, que son avis très documenté a été longuement discuté par les parties devant le juge, et qu'ainsi l'équité du procès n'a pas été atteinte, notamment dans la répartition de la charge de la preuve.

Cet arrêt, sur ce point, peut être regardé comme d'application générale, et devrait donc aussi s'appliquer lorsque, comme cela lui est permis, le juge saisit la CRE ou l'ARCEP d'une demande d'avis : cet avis sera élaboré selon les procédures applicables à l'organisme lorsqu'il exerce ce type d'activité, c'est-à-dire sans qu'il soit nécessairement recouru à un contradictoire systématique si d'ordinaire il n'est pas procédé ainsi, et sous réserve de l'examen de l'effet de cet avis et de ces conditions d'élaboration sur l'équité d'ensemble du procès. Il ramène à des proportions raisonnables l'impact des garanties de procédures, considérées par leurs fins plus que dans leur forme. Il devrait inciter à un recours plus fréquent à ce type de demande d'avis, qui réalise une heureuse combinaison de compétences, plus intéressantes que les stériles oppositions entre juges et régulateurs qui appartiennent désormais, veut-on croire, au passé.

T. Tuot

Concurrences N° 2-2006, pp. 154-155

Concurrences +

Jérôme Philippe, Rapprochement de deux leaders de marché : Le Conseil d'Etat autorise la fusion CEGID/CCMX, 13 février 2006, Concurrences N° 2-2006, Art. N° 721, pp. 111-113.

Alain Ronzano, Autorisation de concentration: Le Conseil d'État valide l'analyse du ministre dans une affaire de concentration dans le secteur du conseil aux entreprises sans même opérer une substitution de motifs (CEGID/CCMX), 13 février 2006, Concurrences N° 2-2006, Art. N° 55313.

Alain Ronzano, Autorisation: Le commissaire du Gouvernement Glaser se prononce en faveur de l'autorisation de la concentration entre deux éditeurs informatiques (CEGID/CCMX), 7 février 2006, Concurrences N° 2-2006, Art. N° 55303.

Alain Ronzano, Avis favorable concernant une concentration: Le Conseil de la concurrence émet un avis favorable concernant une concentration dans le secteur des progiciels de gestion à destination de la profession comptable (CCMX/Cegid), 14 décembre 2005, Concurrences N° 2-2006, Art. N° 55342.

Jérôme Philippe, Suspension: Le Conseil d'État saisit pour la première fois le Conseil de la concurrence et bouleverse le contrôle interne des concentrations (CCMX/Cegid), 20 juillet 2005, Concurrences N° 3-2005, Art. N° 1095, pp. 93-95.

Alain Ronzano, Projet de concentration: Le Conseil d'Etat saisit pour la première fois le Conseil de la Concurrence pour avis sur un projet de concentration (Cegid), 20 juillet 2005, Concurrences N°4-2005, Art. N°61342.

Alain Ronzano, Suspension d'autorisation: Le Conseil d'État suspend en référé une décision du ministre de l'économie autorisant une concentration (CCMX/Cegid), 19 mai 2005, Concurrences N° 3-2005, Art. N°63083.

Jérôme Philippe, Effets compensateurs: Le ministre de l'Economie autorise la concentration entre les deux premiers acteurs sur le marché en raison des effets compensateurs (CEGID/CCMX), 19 octobre 2004, Concurrences N° 2-2005, Art. N° 1272, pp. 74-75.

1.1.2 Statut et compétence

Cass. com., 22 févr. 2005, Société Sinerg c/ Electricité de France, n° 04-12.618 ; CA Paris, 1ère ch. H, 8 mars 2005, EDF c/ Société Pouchon Cogen, RG 2004/12606

La Cour de cassation considère que l'autorité de régulation, qui n'est pas une partie dans une procédure de règlement de différends, n'a pas non plus les compétences usuelles d'une autorité administrative en cas de recours contre sa décision

L'autorité de régulation, qui n'est pas une partie dans une procédure de règlement de différends, n'a pas non plus les compétences usuelles d'une autorité administrative en cas de recours contre sa décision

L'affaire qui a donné lieu à l'arrêt de la Cour de cassation du 22 février 2005, le premier intervenu dans le contentieux des décisions de règlement de différends prises par des autorités de régulation, comporte une face visible et une face immergée. L'apport de cet arrêt est clair quoique susceptible d'être controversé quant à la place de l'autorité de régulation dans le débat judiciaire auquel peut donner lieu, en cas de recours, l'une de ses décisions de règlement de différend. Il en sera fait mention et discuté dans un premier temps. Il est en effet rappelé par la Cour de cassation que l'autorité de régulation est une autorité administrative, mais elle n'est pourtant pas traitée comme telle mais plutôt comme le serait un juge, ce qui peut paraître paradoxal. Mais l'affaire soulevait par ailleurs des questions de droit autrement plus importantes, qui n'affleurent pas dans l'arrêt, sans doute parce que nul n'avait plus intérêt à les évoquer à ce stade. Dans la mesure où elles demeurent et risquent de se poser à nouveau en d'autres occasions, il faudra les rappeler dans un deuxième temps, avec leurs prolongements possibles.

La face visible

Tant le chapitre II du décret du 11 septembre 2000 relatif aux recours devant la cour d'appel de Paris formés contre les décisions de la CRE que les articles R-11-2 et suivants du code des postes et télécommunications, devenu code des postes et communications électroniques, prévoient que l'autorité de régulation peut présenter des observations devant la cour concernant les recours formés contre ses décisions de règlement de différend. La cour d'appel de Paris n'y a jamais fait obstacle en soi, s'agissant tant du dépôt d'observations écrites que de la présentation d'observations orales lors de l'audience, après les parties, mais naturellement avant les conclusions de l'avocat général. Une ordonnance rendue sur une demande de France Télécom, qui s'opposait à la présence de l'ART, a même expressément admis que celle-ci pouvait participer pleinement à une procédure d'expertise ordonnée par un arrêt du 26 février 2002 dans une affaire France Telecom c / 9 Télécom Réseau (DA 2002 comm. n° 75). Pourtant, si la Cour avait jugé cette possibilité contraire aux exigences de l'article 6 § 1 de la Convention européenne des droits de l'homme, elle aurait eu tout loisir de faire prévaloir celle-ci sur les dispositions de la loi, a fortiori sur celles d'un décret. On sait que la Cour de cassation n'a pas hésité à écarter les dispositions de l'ordonnance du 1er décembre 1986 à l'époque où celles-ci prévoyaient la présence du rapporteur au délibéré devant le Conseil de la concurrence (Cass. com. 5 octobre 1999, SNC Campenon Bernard, Petites Affiches, 1999 n° 206, p. 4 note

C. Ducouloux-Favard), ces dispositions ayant d'ailleurs ensuite disparu lors de leur codification dans le Code de commerce. En l'espèce, on ne voit pas cependant en quoi le fait, pour une autorité administrative, de pouvoir présenter des observations sur un recours contre une décision dont elle est l'auteur méconnaîtrait en soi la Convention européenne des droits de l'homme, sauf à en déduire implicitement que toute la procédure administrative contentieuse, en France comme ailleurs, serait contraire à ces exigences...

La face immergée

Si ces observations sont prévues par les textes et sont d'ailleurs consacrées aujourd'hui par une pratique bien établie, le juge rappelle cependant régulièrement que les mêmes textes prévoient que l'autorité de régulation n'est pas une partie à la procédure. Il en déduit certaines conséquences dont les unes sont logiques tandis que d'autres peuvent apparaître déroutantes.

Il est tout d'abord naturel que l'autorité de régulation, qui doit motiver ses décisions, ne puisse profiter du recours exercé devant la cour d'appel de Paris pour ajouter de nouveaux motifs qui seraient demeurés cachés jusqu'alors. Cependant, ainsi que le rappelait tout récemment la cour d'appel de Paris dans son arrêt du 8 mars 2005, elle "peut présenter à la cour tous éléments de nature à l'éclairer sur les circonstances de la cause et les données techniques du litige, même en exprimant de nouveaux arguments, pour répondre aux prétentions de l'une ou l'autre des parties ou critiquer leurs affirmations devant la cour, dés lors que ces éléments de fait ou de droit sont soumis utilement à la contradiction des parties".

L'examen de l'affaire devant la cour n'est pas une sorte de session de rattrapage

En revanche, l'examen de l'affaire devant la cour n'est pas une sorte de session de rattrapage, ni pour l'autorité de régulation dans l'hypothèse où elle aurait omis de motiver sa décision de façon circonstanciée, ni d'ailleurs pour les parties. C'est ainsi que la cour a récemment rappelé qu'elle ne peut être saisie, dans ce cadre, que des demandes initiales des parties devant l'autorité de régulation. Celles-ci ne peuvent profiter du recours devant la CA de Paris pour introduire des demandes nouvelles (CA Paris, 7 décembre 2004, SA Moebius et France Telecom, DA 2005, comm. n° 44, M. De Monsembernard). La Cour d'appel de Paris avait tiré des conséquences particulièrement radicales de ce que le Conseil de la concurrence, avait, à l'occasion de ses observations devant la Cour, ajouté des éléments qui ne figuraient pas dans sa décision elle-même. Elle avait en effet relevé que, dans un tel cas, "l'égalité des armes est rompue en ce que les sociétés requérantes se trouvent confrontées devant la cour non seulement au ministre qui avait saisi le conseil, mais aussi au conseil lui-même, aggravant les données qu'il avait retenues dans sa décision dans le cadre de ses observations devant la cour" de sorte que "la procédure de recours est irrémédiablement viciée, et que par voie de conséquence, les sociétés requérantes se trouvant dans l'impossibilité d'introduire un recours, la décision contestée sera également annulée" (CA Paris, 9 avril 2002, Sté Geodis Oversaes BOCCRF, 24 juin 2002 p. 387). Il est cependant aujourd'hui clairement jugé, tant en ce qui concerne la CRE (CA Paris, 24 février 2004, EDF c/ Sinerg,DA 2004, comm. n° 69, M. De Monsembernard; CA Paris, 8 mars 2005, précité) que l'ART (CA Paris, France Télécom c/ Iliad, DA 2004, comm. n°117, M. De Monsembernard), que l'exercice de la faculté qu'a l'autorité de régulation de présenter des observations, quand bien même celles-ci comporteraient des "prétentions nouvelles" ou "de nouveaux arguments pour répondre aux prétentions de l'une ou l'autre des parties", n'est pas de nature à vicier la procédure, ni devant la cour, ni devant l'autorité administrative, dés lors que les parties en ont eu connaissance et ont eu la faculté de répliquer.

Une solution naturelle

Cette solution parait d'autant plus naturelle que la Cour de cassation semble se montrer particulièrement compréhensive, quant à elle, face à d'éventuelles obscurités contenues dans les arrêts de la cour d'appel de Paris. Dans son pourvoi, la société Sinerg faisait en effet valoir que l'arrêt du 24 février 2004 était entaché d'un défaut de motifs, en ce qu'il fondait la solution sur les propositions tarifaires faites par EDF elle-même, énoncées dans une lettre du 17 juillet 1998, alors même que celle-ci avait ultérieurement diminué le prix de la prestation par une autre lettre du 3 décembre 1999. Le pourvoi est rejeté au motif, sur ce moyen, que "le dispositif se référant à la lettre du 17 juillet 1998, dont les motifs de l'arrêt constatent qu'elle a été modifiée, peut...donner lieu à requête en interprétation". L'autorité administrative n'a pas, semble-t-il, la même latitude que le juge de corriger ainsi après coup la part d'éventuelle obscurité de ses décisions...

Il est vrai que le juge pourrait précisément corriger lui-même ce manque de clarté, voire une éventuelle contradiction dans les motifs retenus par l'autorité de régulation, en usant de son pouvoir de réformation. La cour d'appel rappelait en effet dans son arrêt précité du 8 mars 2005 qu'elle dispose par là d'un pouvoir de substitution de motifs: "la cour, saisie d'un contentieux de pleine juridiction d'une décision prise par la Commission dans l'exercice de ses pouvoirs de régulation, a une entière liberté, pour motiver sa propre décision, de procéder à toute substitution de motifs qui lui apparaît convenable". Elle ajoutait que la "suggestion" que pourrait lui faire l'autorité de régulation "d'exercer cette faculté, si besoin était, ne constitue pas une demande", à laquelle EDF pourrait opposer une irrecevabilité.

Une conséquence étonnante

Une conséquence beaucoup plus étonnante tirée par la cour d'appel de Paris de ce que l'autorité de régulation n'est pas une "partie", au sens des textes précités, est que l'autorité administrative ne peut pas opposer elle-même une fin de non recevoir si l'une des parties elles-mêmes ne l'a pas reprise à son compte. La Cour de cassation confirme pourtant cette analyse en jugeant que "la CRE, autorité administrative indépendante dont émane la décision critiquée, n'est pas en droit de se substituer aux parties pour formuler des demandes ou fins de non recevoir qu'elles n'ont pas introduites dans le débat". Cela peut paraître de simple bon sens. Pourtant cela signifie en clair que l'autorité administrative dont émane la décision critiquée ne peut pas faire valoir, par exemple, que le recours a été exercé hors délai, si elle est la seule à s'en rendre compte.

Certes, il n'est pas d'usage qu'un juge de première instance aille devant la Cour d'appel pour opposer à un plaideur mécontent le fait que son appel serait en tout état de cause tardif. Mais, précisément, l'autorité de régulation n'est pas un juge et le recours n'est pas un appel. Cette solution témoigne pour le moins d'une ambiguïté quant à la conception qu'a le juge judiciaire du rôle de l'autorité administrative, alors même qu'il la fonde précisément sur le fait qu'elle n'est qu'une autorité administrative.

Les parties doivent prendre l'habitude de demander systématiquement le bénéfice des observations présentées par l'autorité

Concrètement, cela pourrait impliquer simplement que les parties au recours doivent prendre l'habitude de demander systématiquement le bénéfice des observations présentées par l'autorité de régulation, puisque c'est l'absence d'une telle demande qui est opposée à Sinerg. Il faut être conscient en effet qu'il existe une forte dissymétrie devant la Cour entre France Télécom et EDF ou RTE, d'une part, qui sont toujours présents, parce qu'ils sont les opérateurs historiques, et les autres parties, qui ne sont pas nécessairement aussi familières de ces procédures. Les observations de l'autorité de régulation peuvent utilement rééquilibrer le débat. Il serait préjudiciable, du point de vue de cet équilibre des débats, de la condamner à se taire, ou plutôt que la Cour se condamne elle-même à ne pas l'écouter.

Cette ambiguïté explique aussi, sans doute, un autre aspect étonnant de l'arrêt de la Cour de cassation, qui juge qu' "aucun texte ou principe n'habilite la CRE à présenter des observations sur le pourvoi formé contre l'arrêt rendu à la suite du recours formé contre l'une de ses décisions". La Cour de cassation interprète ici de façon stricte, voire restrictive, les textes autorisant les autorités de régulation à présenter des observations dans le cadre de la procédure de recours. L'absence de mention expresse de la possibilité de présenter des observations sur un pourvoi contre un arrêt de la cour d'appel de Paris vaudrait dénégation de ce droit. Apparemment la Cour de cassation s'en tient à une lecture littérale des décrets précisant que l'autorité administrative n'est pas une "partie" et décide qu'elle ne doit donc pas bénéficier du principe du contradictoire, alors même qu'elle est l'auteur de la décision contestée. Il semble probable que le juge administratif aurait ici une lecture plus compréhensive des exigences d'un débat contradictoire entre toutes les personnes intéressées au maintien ou à l'annulation de la décision.

Cette remarque renvoie à la face immergée de l'affaire Sinerg, tenant aux difficultés susceptibles de naître de ce que, dans certains cas, le contrat à propos duquel un différend est soumis à la CRE est relatif à des branchements qui ont le caractère de travaux publics. Alors que EDF soutenait initialement que ce litige relevait de la compétence du seul juge administratif du fait du caractère de travaux publics de la réalisation des ouvrages, la Cour d'appel de Paris a, par son arrêt du 24 février 2004, légitimement écarté cette irrecevabilité au motif que la loi du 10 février 2000 n'a pas porté atteinte aux dispositions de la loi du 28 pluviôse an VIII, mais organisé une compétence complémentaire, celle de la CRE, qui peut s'exercer concurremment à celle du tribunal administratif saisi par ailleurs. Cette question n'a naturellement pas été soulevée à nouveau à l'occasion du pourvoi, puisque celui-ci a été formé par Sinerg, à la suite de l'annulation de la décision de la CRE pour méconnaissance du principe du contradictoire, et non par EDF. Or cette question n'est réellement délicate ici qu'en raison du risque de hiatus qui peut apparaître dès lors entre les deux ordres de juridictions, alors qu'elle ne soulèverait pas les mêmes difficultés si le Conseil d'État pouvait exercer ici son rôle de régulateur suprême.

Elle conduit à poser à nouveau la question de l'opportunité de la généralisation de la compétence de la cour d'appel de Paris comme juge des recours contre les décisions administratives de règlement de différend. Le Conseil constitutionnel soulignait dans sa décision n°96- 378 DC du 23 juillet 1996 que les décisions de l'ART en matière de règlement de différends, "constituent des décisions exécutoires prises dans l'exercice de prérogatives de puissance publique". Ces décisions tranchent cependant des litiges qui, en matière de télécommunications, concernent essentiellement les conditions d'interconnexion et sont donc relatifs à la négociation ou l'exécution de conventions de droit privé. Le Conseil constitutionnel relevait ainsi dans la même décision que les parties pouvant, à propos de ces litiges, saisir soit l'autorité administrative, soit le juge du contrat, en l'occurrence le juge judiciaire, il était conforme à une bonne administration de la justice d'unifier l'ensemble du contentieux sous le contrôle de la Cour de cassation. Lorsque des pouvoirs similaires ont été donnés à la CRE pour les contrats relatifs à l'accès aux réseaux de transport et autres ouvrages et installations de distribution de l'électricité et du gaz, de la même façon la compétence pour connaître des recours contre les décisions de règlement de différends a été donnée par la loi à la cour d'appel de Paris sous le contrôle de la Cour de cassation, sans égard au fait qu'il peut s'agir ici de contrats relatifs à des travaux publics relevant du juge administratif. Il est d'autant plus possible de s'interroger sur le bien-fondé de ce mimétisme que le juge judiciaire est alors matériellement un juge administratif parfois embarrassé face à la spécificité irréductible de cette autorité administrative, qui n'est ni une partie, ni un juge.

M. Lombard
Concurrences N° 2-2005, pp. 96-98

Loi organique n° 2017-54 du 20 janv. 2017 relative aux autorités administratives indépendantes et autorités publiques indépendantes, JORF n° 0018 du 21 janv. 2017 ; Loi n° 2017-55 du 20 janv. 2017 portant statut général des autorités administratives indépendantes et des autorités publiques indépendantes, JORF n° 0018 du 21 janv. 2017

Le législateur français pose un cadre général pour les autorités administratives indépendantes et les autorités publiques indépendantes

Le législateur, par l'adoption d'une loi organique (Loi organique n° 2017-54 du 20 janvier 2017 relative aux autorités administratives indépendantes et autorités publiques indépendantes, JORF n° 0018 du 21 janvier 2017) et d'une loi ordinaire (Loi n° 2017-55 du 20 janvier 2017 portant statut général des autorités administratives indépendantes et des autorités publiques indépendantes, JORF n° 0018 du 21 janvier 2017, est venu poser un cadre pour la catégorie d'institutions administratives apparue en 1978, avec la création de la Commission nationale de l'informatique et des libertés (CNIL).

Cette démarche récente, qui concerne un nombre d'autorités indépendantes dont l'annexe de la loi ordinaire en fixe la liste (Agence française de lutte contre le dopage, Autorité de contrôle des nuisances sonores aéroportuaires, Autorité de régulation des communications électroniques et des postes, Autorité de la concurrence, Autorité de régulation de la distribution de la presse, Autorité de régulation des activités ferroviaires et routières, Autorité de régulation des jeux en ligne, Autorité des marchés financiers, Autorité de sûreté nucléaire, Comité d'indemnisation des victimes des essais nucléaires, Commission d'accès aux documents administratifs, Commission du secret de la défense nationale, Contrôleur général des lieux de privation de liberté, Commission nationale des comptes de campagne et des financements politiques, Commission nationale de contrôle des techniques de renseignement, Commission nationale du débat public, Commission nationale de l'informatique et des libertés, Commission de régulation de l'énergie, Conseil supérieur de l'audiovisuel, Défenseur des droits, Haute Autorité de santé, Haut Conseil de l'évaluation de la recherche et de l'enseignement supérieur, Haut Conseil du commissariat aux comptes, Haute Autorité pour la diffusion des œuvres et la protection des droits sur internet, Haute Autorité pour la transparence de la vie publique, Médiateur national de l'énergie), a été initiée à la suite de la remise des travaux de la commission d'enquête sénatoriale sur les autorités administratives indépendantes le 28 octobre 2015 et dont l'intitulé, "Canaliser la prolifération des autorités administratives indépendantes pour mieux les contrôler", ne laisse guère de doute quant à l'objectif recherché. Par ce cadre juridique, en se référant aux dispositions de l'article 1er de la loi organique, le législateur a entendu, en premier lieu, affirmer sa compétence pour créer une AAI ou une API, en deuxième lieu, poser un certain nombre de règles relatives à leur composition et à leurs attributions ainsi qu'en troisième lieu, établir différents principes relatifs à l'organisation et au fonctionnement de ces autorités.

La compétence législative pour créer des autorités de régulation indépendantes

En vertu de l'article 1er de la loi organique, "*Toute autorité administrative indépendante ou autorité publique indépendante est instituée par la loi*". Si l'on recherche l'explication à cette première disposition, le sénateur Jacques Mézard la donne dans son rapport fait au nom de la commission d'enquête sur le bilan et le contrôle de la création, de l'organisation, de l'activité et de la gestion des autorités administratives indépendantes. "*Cette disposition mettra fin à une dérive constatée ces dernières années, qui nuit à la lisibilité du dispositif adopté. Certes, la création d'une autorité administrative indépendante ne se fait plus par voie réglementaire mais le texte législatif ne caractérise pas toujours l'autorité ainsi créée. Pire, dans un second temps et par analogie, le procédé est parfois reproduit dans un autre secteur à l'égard d'un organisme similaire, sans jamais qu'il soit précisé par la loi qu'il s'agit d'une autorité administrative*"(Rapport n° 126 "Un État dans l'État: canaliser la prolifération des autorités administratives indépendantes pour mieux les contrôler", (2015-2016) de M. Jacques Mézard, fait au nom de la CE Autorités administratives indépendantes, déposé le 28 octobre 2015 p. 67 http://www.senat.fr/rap/r15-126-1/r15-126-11.pdf).

Le fait de réserver au seul législateur la compétence pour créer des autorités de régulation a suscité des interrogations. En effet, l'article 34 de la Constitution française – tout en énumérant de manière limitative les règles et les principes fondamentaux dont la fixation relève de la loi – limite par là même la compétence du législateur. Si l'on se réfère à l'article 37 de la Constitution française, "*Les matières autres que celles qui sont du domaine de la loi ont un caractère réglementaire*". Le Conseil constitutionnel, lors de l'examen de cette loi organique dans sa décision n° 2017-746 DC du 19 janvier 2017, a néanmoins jugé que cette mesure n'était pas contraire à la Constitution. Pour le Conseil, dans la mesure où le vingt-deuxième alinéa de l'article 34 permet que ses dispositions puissent être complétées par une loi organique, "*le législateur organique peut réserver à la loi la création des autorités administratives indépendantes et des autorités publiques indépendantes, la fixation des règles relatives à leur composition et leurs attributions ainsi que la détermination des principes fondamentaux de leur organisation et de leur fonctionnement*".

Avant d'étudier ces règles relatives à la composition et aux attributions des autorités de régulation ainsi que les principes fondamentaux de leur organisation et de leur fonctionnement, précisons que la jurisprudence constitutionnelle avait déjà reconnu au législateur la compétence pour confier à une autorité de l'État autre que le Premier ministre des pouvoirs réglementaire ou de sanction à condition que cela soit déterminé strictement par la loi. En effet, dans sa décision n° 86-217 DC du 18 septembre 1986 sur la Loi relative à la liberté de communication, selon le Conseil constitutionnel affirme que l'article 21 de la Constitution ne fait pas "*obstacle à ce que le législateur confie à une autorité de l'État autre que le Premier ministre le soin de fixer, dans un domaine déterminé et dans le cadre défini par les lois et règlements, des normes permettant de mettre en œuvre une loi*". De même, le Conseil a eu l'occasion de considérer "*que la loi peut, (...), sans qu'il soit porté atteinte au principe de la séparation des pouvoirs, doter l'autorité indépendante chargée de garantir l'exercice de la liberté de communication audiovisuelle de pouvoirs de sanction dans la limite nécessaire à l'accomplissement de sa mission*" dans la décision n° 88-248 DC du 17 janvier 1989 sur la Loi modifiant la loi n° 86-1067 du 30 septembre 1986 relative à la liberté de communication.

Les règles relatives à la composition et aux attributions des autorités de régulation

L'encadrement général, pour ce qui concerne la composition et les attributions des autorités de régulation, reconnaît en faveur des autorités qualifiées d'API la personnalité morale, et fixe les règles relatives au mandat de membre d'une autorité indépendante.

La personnalité morale des API

Selon l'article 2 de la loi ordinaire, "*Les autorités publiques indépendantes disposent de la personnalité morale*". Cette disposition ne saurait étonner. En effet, l'octroi de la personnalité juridique à des autorités administratives est devenu, depuis 1996, une pratique relativement courante puisqu'il n'y a pas moins de six autorités publiques indépendantes. L'Autorité des marchés financiers dite AMF qui, à la suite de la fusion de la commission des opérations de bourse dite COB, du conseil des marchés financiers dit CMF et du conseil de discipline de la gestion financière dit CDGF, a été qualifiée d'autorité publique indépendante et dotée de la personnalité morale selon l'article 2 de la loi n° 2003-706 du 1er août 2003 de sécurité financière modifiant l'article L. 621-1 du Code monétaire et financier. Quelques mois après, lors de sa création, la Haute autorité de santé dite HAS a également été qualifiée d'autorité publique indépendante et dotée de la personnalité morale par l'article 35 de la loi n° 2004-810 du 13 août 2004 relative à l'assurance maladie codifié à l'article L. 161-37 du Code de la sécurité sociale. Ensuite, c'est l'Agence française de lutte contre le dopage dite ALFD, autorité remplaçant le Conseil de prévention et de lutte contre le dopage dite CPLD, qui a, elle aussi, reçu cette qualification d'autorité publique indépendante à travers l'article 2 de la loi n° 2006-405 du 5 avril 2006 relative à la lutte contre le dopage et à la protection de la santé des sportifs codifié à l'article L. 3612-1 du Code de la santé publique puis transféré par l'article 5 de l'ordonnance n° 2006-596 du 23 mai 2006 à l'article L. 232-5 du Code du sport. Puis c'est le Haut conseil du commissariat aux comptes dit H3C qui a été doté de la personnalité morale grâce à l'article 86 de la loi n° 2007-1822 du 24 décembre 2007 de finances pour 2008 codifié à l'article L. 821-1 du Code de commerce. Enfin, en 2009, ce sont deux institutions qui ont été qualifiées d'autorité publique indépendante avec, d'une part, la Haute autorité pour la diffusion des œuvres et la protection des droits sur Internet dite HADOPI en application de l'article 5 de la loi n° 2009-669 du 12 juin 2009 favorisant la diffusion et la protection de la création sur Internet codifié à l'article L. 331-12 du Code de la propriété intellectuelle et, d'autre part, l'Autorité de régulation des activités ferroviaires dite ARAF en application de l'article 11 de la loi n° 2009-1503 du 8 décembre 2009, relative à l'organisation et à la régulation des transports ferroviaires et portant diverses dispositions relatives aux transports, codifié à l'article L. 2131-1 du Code des transports. Le législateur est venu en dernier lieu conférer la personnalité morale au Conseil supérieur de l'audiovisuel à travers l'article 1er de la loi n° 2013-1028 du 15 novembre 2013 relative à l'indépendance de l'audiovisuel public.

En revanche, l'octroi de la personnalité juridique à des autorités administratives soulève un certain nombre de questionnements mais dans le cadre de cette étude, nous nous contenterons d'aborder la problématique liée à l'indépendance des autorités qui en sont dotée. Lors du travail parlementaire qui a précédé l'adoption de la loi qui a conféré la personnalité juridique au Conseil supérieur de l'audiovisuel, c'est son rapporteur, M. Marcel Rogemont, qui a suggéré de lui conférer la personnalité juridique et le statut d'autorité publique indépendante qui l'accompagne. Pour lui, le "*statut d'autorité publique indépendante offrirait encore plus de garanties d'indépendance, et le fonctionnement administratif de l'institution s'en trouverait simplifié et mieux adapté*" (Rapport fait au nom de la commission des affaires culturelles et de l'éducation sur le projet de loi relatif à l'indépendance de l'audiovisuel public, enregistré à la Présidence de l'Assemblée nationale le 17 juillet 2013). Ainsi, dans cette perspective, la personnalité morale serait donc un élément permettant à l'autorité qui la possède d'accomplir ses missions de manière plus indépendante que celle qui n'en bénéficie pas.

Cela appelle certaines remarques. Premièrement, une relative perplexité prédomine puisque l'octroi de la personnalité morale aux autorités publiques indépendantes n'est pas rationnel. On peut s'interroger en effet de sur le point de savoir pourquoi le législateur a réservé cette personnalité morale aux seules autorités publiques indépendantes si cela offre notamment une plus grande autonomie aux autorités de régulation. Deuxièmement, l'étude des législations qui ont développé le statut des autorités publiques indépendantes ne démontre pas de corrélation entre indépendance et personnalité morale. En effet, l'indépendance des autorités publiques indépendantes ne dépend pas de la personnalité morale car elle relève en réalité de caractères qui sont étrangers aux droits qui sont attachés à la personnalité juridique. D'ailleurs, les autorités administratives indépendantes ne possèdent pas la personnalité morale mais n'en sont pas moins indépendantes. En vérité, les vecteurs de l'indépendance apparaissent dans les éléments organisant la structure administrative et son fonctionnement, ou, en d'autres termes, dans la composition et le fonctionnement de l'autorité.

L'encadrement du mandat de membre d'une autorité de régulation

Un travail particulièrement important a été réalisé par le législateur en ce qui concerne le mandat de membre, ou de président, d'une autorité de régulation. Comme l'a montré la doctrine et notamment H. Delzangles dans sa thèse relative à *L'indépendance des autorités de régulation sectorielles*, l'encadrement des mandats se révèle être d'une grande importance puisqu'il assure l'indépendance des membres, élément nécessaire et primordial pour assurer l'indépendance de l'autorité à laquelle ils appartiennent.

Parmi les caractéristiques les plus importantes du mandat, on retrouve, avant toute autre chose, l'irrévocabilité sauf motif légitime. En vertu de l'article 6 de la loi ordinaire, "*Le mandat de membre d'une autorité administrative indépendante ou d'une autorité publique indépendante n'est pas révocable*". Cet article précise qu'"*Il ne peut être mis fin aux fonctions d'un membre du collège que dans les formes prévues pour sa nomination soit en cas de démission, soit, sur proposition du président ou d'un tiers des membres du collège, après délibération, à la majorité des trois quarts des autres membres du collège que l'intéressé, constatant un manquement grave à ses obligations légales ou une incapacité définitive empêchant la poursuite de son mandat. Cette délibération ne peut intervenir qu'après que l'intéressé a été en mesure de produire ses observations dans un délai qui ne peut être inférieur à une semaine*". Enfin, il est prévu que, trente jours à compter de sa nomination ou de son élection, le membre d'une autorité administrative indépendante ou d'une autorité publique indépendante qui se trouve dans une situation d'incompatibilité sans y avoir mis fin est déclaré démissionnaire par le président de l'autorité indépendante, ou un tiers au moins des membres du collège lorsque l'incompatibilité concerne le président.

Un autre élément important concerne la durée du mandat. À cet égard, l'article 5 prévoit que "*La durée du mandat des membres d'une autorité administrative indépendante ou d'une autorité publique indépendante est comprise entre trois et six ans*". L'article 7, quant à lui, autorise à ce qu'un "*mandat de membre d'une autorité administrative indépendante ou d'une autorité publique indépendante [puisse être] renouvelable une fois*". Il faut noter que l'indépendance est mieux garantie lorsque le mandat est long, sans rapport avec celui de l'autorité de nomination et qu'il n'est pas renouvelable, car cela permet à la personne désignée de ne pas avoir à plaire pour continuer sa mission. On peut donc considérer que le législateur, en offrant une telle souplesse, a peut-être quelque peu perdu de vue l'objectif d'indépendance des autorités de régulation.

Pour terminer, diverses dispositions des lois organique et ordinaire touchent aux questions d'incompatibilités (article 2 de la loi organique et articles 8 et 10 de la loi ordinaire) et de cumul (article 8 de la loi ordinaire). Sur les incompatibilités, on retiendra que le mandat de membre d'une autorité administrative indépendante ou d'une autorité publique indépendante est incompatible avec diverses fonctions exécutives locales, à l'exception des membres désignés en tant que députés et sénateurs (article 10 : "*Le mandat de membre d'une autorité administrative indépendante ou d'une autorité publique indépendante est incompatible avec les fonctions de maire, de président d'un établissement public de coopération intercommunale, de président de conseil départemental, de président de la métropole de Lyon, de président de conseil régional, de président d'un syndicat mixte, de président du conseil exécutif de Corse et de président de l'Assemblée de Corse, de président de l'assemblée de Guyane ou de l'assemblée de Martinique et de président du conseil exécutif de Martinique, de président de l'organe délibérant de toute autre collectivité territoriale créée par la loi ou de président de l'Assemblée des Français de l'étranger. Il est également incompatible avec les fonctions de maire d'arrondissement, de maire délégué et d'adjoint au maire, de vice-président de l'organe délibérant ou de membre de l'organe exécutif d'une collectivité territoriale, de vice-président d'un établissement public de coopération intercommunale ou d'un syndicat mixte ou de membre du bureau de l'Assemblée des Français de l'étranger et de vice-président de conseil consulaire.*"). Le mandat de membre d'une autorité de régulation est également incompatible, sous certaines conditions, avec les "*fonctions de chef d'entreprise, de gérant de société, de président ou membre d'un organe de gestion, d'administration, de direction ou de surveillance ou une nouvelle activité professionnelle au sein d'une personne morale ou d'une société qu'elle contrôle*" (article 10 de la loi ordinaire). Enfin, "*le mandat de membre d'une autorité administrative indépendante ou d'une autorité publique indépendante est incompatible avec l'exercice par les membres de l'autorité d'une activité professionnelle ou d'un emploi public*" (article 10 de la loi ordinaire). Sur les règles de non cumul, le législateur a prévu que "*Nul ne peut être membre de plusieurs autorités administratives indépendantes ou autorités publiques indépendantes. Toutefois, lorsque la loi prévoit qu'une de ces autorités est représentée au sein d'une autre de ces autorités ou qu'elle en désigne un des membres, elle peut désigner ce représentant ou ce membre parmi ses propres membres*" (article 10 de la loi ordinaire).

Ces dispositions n'appellent que peu de commentaires. Les missions confiées aux membres d'une autorité de régulation ne peuvent être exercées en toute indépendance que s'ils s'y consacrent en toute exclusivité. C'est pourquoi le législateur a entendu dresser une liste particulièrement exhaustive de ces incompatibilités, ce qui n'empêche pas des dispositions spécifiques plus contraignantes (voir infra).

Les principes relatifs à l'organisation et au fonctionnement des autorités de régulation

La loi organique et la loi ordinaire ont essentiellement posé, pour ce qui concerne l'organisation et le fonctionnement des autorités de régulation, des principes relatifs à la déontologie au sein de ces autorités, au fonctionnement interne et à leur contrôle.

La déontologie au sein des autorités de régulation

Au titre de l'article 9, "*Les membres des autorités administratives indépendantes et des autorités publiques indépendantes exercent leurs fonctions avec dignité, probité et intégrité et veillent à prévenir ou à faire cesser immédiatement tout conflit d'intérêts*". Cette disposition n'est pas sans rappeler les premiers articles de la loi n° 2016-483 du 20 avril 2016 relative à la déontologie et aux droits et obligations des fonctionnaires (JORF n° 0094 du 21 avril 2016). Il s'agit là des qualités essentielles exigées pour tous ceux qui agissent au nom de l'État. L'article 9 dispose aussi que "*dans l'exercice de leurs attributions, les membres des autorités administratives indépendantes et des autorités publiques indépendantes ne reçoivent ni ne sollicitent d'instruction d'aucune autorité*". On retrouve ici une exigence d'indépendance pour les membres des autorités de régulation qui est essentielle pour garantir l'indépendance de l'institution toute entière.

La loi ordinaire rappelle, à l'article 11, que chaque membre d'une autorité administrative indépendante ou d'une autorité publique indépendante est tenu d'adresser au président de la Haute Autorité pour la transparence de la vie publique une déclaration d'intérêts telle que définie par l'article 4 de la loi n° 2013-907 du 11 octobre 2013 relative à la transparence de la vie publique (JORF n° 0238 du 12 octobre 2013, p. 16829) et que cette dernière "*est mise, de manière permanente, à la disposition des autres membres de l'autorité au sein de laquelle il siège*". On soulignera tout d'abord que loi n° 2013-907 du 11 octobre 2013 relative à la transparence de la vie publique oblige également les membres des autorités de régulation à adresser au président de la Haute Autorité pour la transparence de la vie publique une déclaration de situation patrimoniale mais, on l'aura compris, cette dernière n'est pas mise à disposition des autres membres de l'autorité de régulation. Ensuite, l'existence de cette déclaration d'intérêts emporte certaines conséquences exposées à l'article 12 de la loi ordinaire. En effet, "*aucun membre de l'autorité (...) ne peut siéger ou, le cas échéant, ne peut participer à une délibération, une vérification ou un contrôle si il y a un intérêt (...) ou il y a eu un tel intérêt au cours des trois années précédant la délibération, la vérification ou le contrôle, [s']il exerce des fonctions ou détient des mandats ou, si au cours de la même période, il a exercé des fonctions ou détenu des mandats au sein d'une personne morale concernée par la délibération, la vérification ou le contrôle [ou s']il représente ou, au cours de la même période, a représenté une des parties intéressées*".

Pour terminer sur cette question, il faut souligner que le législateur n'a pas entendu limiter l'application de règles déontologiques aux seuls membres des autorités de régulation indépendantes. Ainsi, l'article 13 de la loi ordinaire impose aux autorités de régulation de "*détermine*[r] *dans son règlement intérieur les règles déontologiques applicables à ses agents et, le cas échéant, à ses collaborateurs ou experts*". Ces éléments nous amènent à étudier les règles générales posées par le législateur sur le fonctionnement interne des autorités indépendantes.

Le fonctionnement interne des autorités de régulation

Premier élément nécessaire au bon fonctionnement interne des autorités de régulation, la question de leur personnel est abordée par l'encadrement général. L'article 16 énonce deux principes importants. D'une part, il précise les possibilités offertes aux autorités pour recruter leur personnel. Sans surprise, le législateur permet que celles-ci puissent employer des fonctionnaires civils et militaires, ainsi que des agents contractuels. D'autre part, il affirme que l'ensemble des services est sous l'autorité du président, sauf en ce qui concerne le personnel affecté aux missions d'instruction ou de traitement des procédures de sanction et de règlement des différends qui relève, le cas échéant, de la commission des sanctions ou de règlement des différends. Ces dispositions sont essentielles pour assurer que les personnels des autorités de régulation bénéficient, tout comme les membres, de garanties d'indépendance.

Le législateur a également prévu, à l'article 14 de la loi ordinaire, que les autorités de régulation adoptent un règlement intérieur. Comme le précise cette disposition, ce règlement intérieur contient "*les règles d'organisation, de fonctionnement et de déontologie au sein de chaque autorité administrative indépendante ou autorité publique indépendante*".

La loi ordinaire contient par ailleurs plusieurs dispositions relatives aux aspects patrimoniaux des autorités de régulation. Pour assurer leur indépendance, le législateur a pris différentes mesures afin de limiter les possibilités de contrôle financier des autorités mais seulement pour celles qui bénéficient de la personnalité morale. Ainsi l'article 19 affirme que "*le budget de l'autorité publique indépendante est arrêté par le collège sur proposition de son président*", tandis que l'article 18 reconnaît que "*le président de l'autorité publique indépendante est ordonnateur des recettes et des dépenses*". En revanche, ce même article 18 limite l'application de la loi du 10 août 1922 relative à l'organisation du contrôle des dépenses engagées en excluant tout à la fois les autorités administratives indépendantes et les autorités publiques indépendantes.

Enfin, même s'il ne s'agit pas à proprement parler d'une question relevant du fonctionnement interne des autorités de régulation, l'article 15 de la loi ordinaire autorise la collaboration entre autorités en prévoyant qu'"*une autorité administrative indépendante ou une autorité publique indépendante peut saisir pour avis une autre autorité de toute question relevant de la compétence de celle-ci*".

Le contrôle des autorités de régulation

Le principe même de l'autorité de régulation indépendante sous-entend la soustraction de celle-ci au pouvoir hiérarchique lequel ne peut plus exercer de contrôle sur elle. Cela ne signifie pas pour autant que l'autorité de régulation indépendante est soustraite à toute forme de contrôle. Bien au contraire, comme le rappellent la loi organique et la loi ordinaire, les autorités indépendantes doivent se soumettre au contrôle du Parlement.

Ce contrôle parlementaire se réalise à divers moments et par différents mécanismes. Certains favorisent l'indépendance de l'autorité tandis que d'autres correspondent davantage à l'idée que l'indépendance des autorités de régulation ne leur interdit pas de rendre des comptes. Tout d'abord, l'article 4 de la loi organique et l'article 51 de la loi ordinaire imposent l'avis des commissions permanentes de chaque assemblée parlementaire compétentes dans le domaine d'intervention de l'autorité dans le cadre de la procédure de désignation du président de l'autorité de régulation par le Président de la République. Cette procédure d'avis garantit que le Président de la République n'ait pas une influence trop importante sur le président de l'autorité de régulation. Ensuite, le contrôle parlementaire peut être réalisé soit lors de la remise du rapport d'activité rendant compte de l'exercice de ses missions et de ses moyens, prévue à l'article 21 de la loi ordinaire, soit, tel que le prévoit l'article 22 de la loi ordinaire, à la demande des commissions permanentes compétentes de l'Assemblée nationale et du Sénat.

Le rapport d'activité mentionné à l'article 21 de la loi ordinaire doit également être remis au gouvernement. Il faut préciser ici qu'il ne s'agit pas d'un élément remettant en cause l'indépendance des autorités de régulation à l'égard de celui-ci. La remise du rapport d'activité au gouvernement est liée à l'obligation prévue à l'article 23 de la loi ordinaire qui pèse sur le gouvernement. Ce dernier est en effet tenu de présenter, en même temps qu'il dépose le projet de loi de finances de l'année, un rapport sur la gestion des autorités administratives indépendantes et des autorités publiques indépendantes. Ce rapport rassemble, par autorité mais aussi de façon consolidée pour l'ensemble des autorités administratives et publiques indépendantes, pour le dernier exercice connu, l'exercice budgétaire en cours d'exécution et l'exercice suivant, "*les montants de leurs dépenses*" et des "*produits des impositions de toutes natures, des subventions budgétaires et des autres ressources dont elles bénéficient*", ainsi que "*le nombre des emplois rémunérés par ces autorités ou mis à disposition par des tiers*". Il comporte également, "*pour chaque autorité publique indépendante, une présentation stratégique avec la définition d'objectifs et d'indicateurs de performance, une présentation des actions et une présentation des dépenses et des emplois avec une justification au premier euro. Elle expose la répartition prévisionnelle des emplois rémunérés par l'autorité et la justification des variations par rapport à la situation existante et comporte une analyse des écarts entre les données prévues et constatées pour les crédits, les ressources et les emplois, ainsi que pour les objectifs, les résultats attendus et obtenus, les indicateurs et les coûts associés*" (article 23 de la loi ordinaire). En réalité, il s'agit là d'un autre élément permettant le contrôle du Parlement sur les autorités de régulation indépendantes. En effet, ce document du gouvernement doit être déposé, aux termes de l'article 23 de la loi ordinaire, "sur le bureau des assemblées parlementaires et distribuée au moins cinq jours francs avant l'examen du projet de loi de finances de l'année qui autorise la perception des impôts, produits et revenus affectés aux organismes divers habilités à les percevoir".

H. Delzangles, S. Martin

Concurrences N°2-2017, pp. 165-169

Loi n° 2004-1485 du 30 déc. 2004 de finances rectificative pour 2004, JORF n° 304 du 31déc. 2004

Le législateur dote la Commission de régulation de l'énergie de la personnalité morale sans lui donner les instruments d'une réelle autonomie financière

Incidemment, par le biais de la loi de finances rectificative pour 2004 du 30 décembre 2004, une évolution considérable vient d'être opérée en ce qui concerne le statut des régulateurs en France. Adopté définitivement par l'Assemblée nationale dès le 22 décembre à partir d'un amendement déposé au Sénat le 20 décembre 2004, sans avoir fait l'objet d'une saisine du Conseil constitutionnel, l'article 117 de la loi du 30 décembre 2004 prévoit que "la Commission de régulation de l'énergie dispose de la personnalité morale et de l'autonomie financière".

Il s'agit pourtant quasiment d'une révolution, au moins aussi importante que celle qu'avait réalisée la loi du 1er août 2003 de sécurité financière en faisant de l'Autorité des marchés financiers une "autorité publique dotée de la personnalité morale". Il existait en effet alors des raisons spécifiques de doter l'AMF, qui succédait notamment au Conseil des marchés financiers, de la personnalité juridique puisqu'il fallait, disait-on avec force, doter la place de Paris d'une institution de régulation dont les garanties d'indépendance soient au moins équivalentes à celles d'autres grandes places financières sur un marché dont la dimension réelle est internationale. Certains commentateurs y avaient pourtant vu un "prototype de la réforme de l'Etat", faisant de l'AMF la première véritable autorité indépendante "de plein exercice" (D. Linotte, G. Simonin AJDA 2004 p. 134). Il n'aura pas été nécessaire d'attendre longtemps pour organiser le passage du prototype sinon à la série, du moins à une situation tellement étrange qu'elle ne peut être que transitoire.

Si cette disposition adoptée quasiment en catimini apparaît potentiellement porteuse de profonds changements, c'est surtout en effet qu'il n'est aucune raison spécifique de doter seulement la CRE de la personnalité morale, plutôt que l'Autorité de régulation des télécommunications, voire le Conseil de la concurrence ou le CSA pour citer d'autres "régulateurs" expressément visés comme tels par le rapporteur général du projet de loi de finances rectificative au Sénat, à l'initiative de l'amendement. Il n'est plus guère de raison que le mouvement s'arrête là, sinon peut-être la lenteur que mettra le gouvernement à préparer le décret en Conseil d'Etat dont l'article 117 prévoit qu'il "fixe les modalités d'application du présent article". D'ores et déjà l'absence de personnalité morale de l'ART, à l'instar de celle dont vient d'être dotée la CRE, apparaît par contraste comme une anomalie dénoncée implicitement par le rapporteur général, qui stigmatisait à tout le moins l'absence des décrets d'application des dispositions de la loi du 26 juillet 1996 qui prévoyaient l'existence de ressources propres pour l'ART.

Il est vrai que la CRE avait fait valoir plus fortement encore que l'ART, et cela dès son premier rapport annuel, en juin 2001, qu'elle ne se satisfaisait pas d'une situation dans laquelle elle dépendait du gouvernement pour que ses demandes de crédits soient inscrites dans le projet de loi de finances et débattues par le Parlement.

A-t-il été remédié à cette difficulté par un texte qui dispose, après avoir conféré la personnalité morale à la CRE, que "son budget est arrêté par le collège sur proposition du directeur général", étant enfin ajouté que "les dispositions de la loi du 10 août 1922 relative à l'organisation du contrôle des dépenses engagées ne lui sont pas applicables"?

En réalité, cette dernière précision n'apporte rien de nouveau par rapport à la législation antérieure et la difficulté que relevait dés sa création le rapport annuel de la CRE reste entière. Sur le terrain fondamental, en pratique, de l'autonomie financière de l'institution, la révolution s'est arrêtée en chemin et n'a pas dépassé le stade de la rhétorique et du symbole. Certes le Sénat avait adopté un texte créant une taxe directement affectée au financement de la CRE, ce qui exigeait alors logiquement qu'elle soit pourvue de la personnalité morale. Mais, à l'occasion des débats au sein de la commission mixte paritaire, la taxe a disparu, à la demande sans doute du gouvernement. Dans ces conditions, l'attribution de la personnalité morale à la CRE n'a plus guère de logique réelle. Elle aboutit essentiellement à lui faire supporter l'éventuelle responsabilité financière de celles de ses décisions qui seraient le cas échéant fautives, ce qui importe finalement assez peu, dés lors que ce sont, en l'état, des ressources provenant du budget général de l'Etat qui seraient en tout état de cause mises à contribution pour y faire face.

Il est pourtant possible, paradoxalement peut-être, de se réjouir de ce refus d'aller plus loin, du moins aussi longtemps que la question du contrôle démocratique des autorités de régulation n'aura pas été résolue de façon passablement satisfaisante. Ainsi que le soulignait le Conseil d'Etat dés son rapport public de 2001, l'une des priorités de l'action normative en la matière devrait être de "renforcer les mécanismes par lesquels les autorités administratives indépendantes rendent compte de leur action et sont contrôlées notamment par le Parlement" (EDCE n° 52 p. 364 et s.). Trois ans plus tard, ces progrès sont toujours attendus, malgré les demandes insistantes de certains parlementaires.

Il est vrai que deux solutions avaient été envisagées par la CRE elle-même, dans son rapport précité (p. 40), pour consolider son indépendance à travers son autonomie financière: "celle de l'affectation d'une ressource propre", "ou celle d'un dialogue direct avec le Parlement pour la fixation du budget". La première voie venant d'être au moins provisoirement fermée par le Parlement, il reste à explorer plus avant la seconde. Ce rapport indiquait d'ailleurs que, "créée par la volonté du législateur, la CRE estime que la présentation de ses demandes budgétaires directement devant la commission compétente de chacune des assemblées parlementaires combinerait heureusement les principes d'indépendance et de responsabilité auxquels elle est particulièrement attachée".

Sans doute la constitutionnalité d'un tel dispositif serait-elle plus que douteuse s'il devait être compris comme allant jusqu'à partager le pouvoir d'initiative en matière budgétaire. En revanche il serait possible de permettre aux autorités de régulation "de discuter plus directement de leur budget devant le Parlement", selon l'une des recommandations faites par le Conseil d'Etat dans son rapport de 2001 (op. cit. p. 371).

La demi-mesure qui vient d'être adoptée a pour principal résultat, sur le plan juridique, de multiplier les personnes morales sui generis, sans réel apport opérationnel à ce stade du point de vue des garanties d'indépendance de la CRE.

Il faut d'ailleurs à tout le moins supposer qu'elle est bien une personne morale de droit public, comme le sont l'AMF et la Banque de France. On sait en effet toutes les difficultés qui peuvent résulter du silence sur ce point du législateur et dont témoigne par exemple l'abondant contentieux suscité par la simple question du juge compétent pour ce qui concerne la Banque de France. Une œuvre législative autrement ambitieuse serait aujourd'hui de définir un statut des régulateurs, conjuguant indépendance, lorsque celle-ci est nécessaire pour telle(s) raison(s) à expliciter précisément, mais aussi plein respect des principes de la démocratie politique, qui s'imposent dans tous les cas. La suppression des trop rares occasions dans lesquelles un contrôle parlementaire s'exerce nécessairement et périodiquement sur les institutions de régulation ne pourrait être sans dommage le prix à payer pour mieux asseoir leur indépendance vis-à-vis des opérateurs sur le marché. Il faudra sans doute y réfléchir avant d'aller plus loin dans la voie symboliquement ouverte par l'attribution de la personnalité morale à la CRE.

M. Lombard
Concurrences N°1-2005, pp. 114-115

Concurrences +

Martine Lombard, Énergie – Calcul des charges imputables : Le législateur modifie le dispositif de calcul des charges imputables aux missions de service public de l'énergie (Loi du 30 décembre 2004), 10 novembre 2004, Concurrences N° 1-2005, Art. N° 1441, pp. 119-120

1.1.3 Indépendance

CJUE, 13 juin 2018, Commission / Pologne, C-530/16

La Cour de justice de l'Union européenne constate le manquement de la Pologne pour ne pas avoir pris les dispositions nécessaires afin d'assurer l'indépendance de l'organisme d'enquête de l'entreprise ferroviaire et du gestionnaire de l'infrastructure ferroviaire

Par un arrêt en date du 13 juin 2018, la Commission européenne a constaté que la Pologne a manqué à ses obligations de droit de l'Union en n'adoptant pas les mesures nécessaires pour garantir l'indépendance organisationnelle et décisionnelle de l'organisme d'enquête, à l'égard de l'entreprise ferroviaire et du gestionnaire de l'infrastructure ferroviaire contrôlés par le ministre chargé des transports.

L'article 21, paragraphe 1, de la directive 2004/49/CE concernant la sécurité des chemins de fer communautaires impose aux États membres de veiller "*à ce que les enquêtes sur les accidents et les incidents visés à l'article 19 soient menées par un organisme permanent, qui comprend au moins un enquêteur capable de remplir la fonction d'enquêteur principal en cas d'accident ou d'incident*" (Directive 2004/49/CE du Parlement européen et du Conseil du 29 avril 2004 concernant la sécurité des chemins de fer communautaires et modifiant la directive 95/18/CE du Conseil concernant les licences des entreprises ferroviaires, ainsi que la directive 2001/14/CE concernant la répartition des capacités d'infrastructure ferroviaire, la tarification de l'infrastructure ferroviaire et la certification en matière de sécurité). La disposition ajoute que cet organisme doit, "*dans son organisation, sa structure juridique et ses décisions*", être "*indépendant de tout gestionnaire de l'infrastructure, entreprise ferroviaire, organisme de tarification, organisme de répartition et organisme notifié, et de toute partie dont les intérêts pourraient être en conflit avec les tâches confiées à l'organisme d'enquête. Il est en outre indépendant fonctionnellement de l'autorité de sécurité et de tout organisme de réglementation des chemins de fer*". Le paragraphe 2 de l'article 2 ajoute que l'organisme d'enquête doit accomplir "ses tâches de manière indépendante [à l'égard] des organismes visés au paragraphe 1 et peut obtenir des ressources suffisantes à cet effet. Les enquêteurs obtiennent un statut leur donnant les garanties d'indépendance nécessaires".

La Cour de justice commence par souligner qu'à défaut de définition par la directive 2004/39, la notion d' "indépendance" doit être prise dans son sens habituel. "*Ainsi, en ce qui concerne les organes publics, l'indépendance désigne normalement un statut qui assure à l'organe concerné la possibilité d'agir en toute liberté par rapport aux organismes à l'égard desquels son indépendance doit être assurée, à l'abri de toute instruction et de toute pression*" (point 67). L'arrêt circonscrit ensuite le problème de droit. Il revenait à la Cour d'examiner si l'organisme d'enquête polonais, qui est établi au sein du ministère chargé des transports, est indépendant, quant à sa structure juridique, son organisation et ses décisions, du gestionnaire de l'infrastructure PKP PLK S.A. et de l'entreprise ferroviaire PKP S.A., dans une situation où le ministre chargé des transports contrôle ce gestionnaire de l'infrastructure et cette entreprise ferroviaire.

La Cour de justice considère qu'en soi, le fait que l'organisme fasse partie du ministère chargé des transports et qu'il ne dispose pas d'une personnalité juridique propre, ne démontre pas, en tant que telle, une absence d'indépendance de cet organisme, quant à sa structure juridique, par rapport au gestionnaire de l'infrastructure PKP PLK S.A. et à l'entreprise ferroviaire PKP S.A. qui sont, quant à eux, dotés d'une personnalité juridique propre et distincte de ce ministère. Rien n'interdit de surcroît que l'organisme soit intégré au sein du ministère chargé des transports.

La Commission reprochait à la Pologne de conférer au ministre chargé des transports un large pouvoir quant à la nomination et à la révocation des membres de l'organisme. Certes, aucune disposition de la directive 2004/49 n'interdit que le ministre chargé des transports puisse nommer et révoquer l'intégralité des membres de l'organisme. En revanche, il est exigé que ce dernier dispose "*d'une indépendance organisationnelle à l'égard notamment de tout gestionnaire de l'infrastructure et de toute entreprise ferroviaire*" de sorte que la directive s'oppose à ce que "*l'autorité qui contrôle un gestionnaire de l'infrastructure et une entreprise ferroviaire puisse nommer et révoquer l'intégralité des membres de l'organisme d'enquête, lorsque ce pouvoir n'est pas régi par la loi de manière stricte, de sorte que cette autorité soit tenue de prendre des décisions sur la base de critères objectifs, clairement et limitativement énumérés, et vérifiables*" (point 86).

En l'espèce, considère la Cour, l'ample liberté de nomination et de révocation reconnue au ministre chargé des transports est, en elle-même, de nature à affecter l'indépendance des membres de l'organisme, à partir du moment où les intérêts du gestionnaire de l'infrastructure ferroviaire et de l'entreprise ferroviaire contrôlés par ce ministre sont en cause. Les seuls critères établis par la loi pour devenir membre de l'organisme ne suffisent pas à garantir l'indépendance, pas plus que les quelques cas d'incompatibilités prévus. Par ailleurs, la Commission reproche également que le président de l'organisme ne peut choisir les membres ad hoc participant aux enquêtes qu'au sein d'une liste arrêtée par le ministre chargé des transports. Cela revient à donner au ministre un large pouvoir discrétionnaire pour désigner les personnes qui sont susceptibles de prendre part, en tant que membre ad hoc de l'organisme, aux enquêtes sur les accidents et incidents ferroviaires ainsi que pour empêcher d'autres personnes d'y participer. Là encore, le problème découle de ce que le ministre contrôle une entreprise ferroviaire et un gestionnaire de l'infrastructure. Cela ne s'avère pas compatible avec l'exigence d'indépendance organisationnelle de l'organisme d'enquête.

Une autre critique tient à la dépendance de l'organisme pour ses besoins humains et financiers, vis-à-vis du ministre chargé des transports. L'analyse des dispositions nationales montre pour la Cour que l'organisme ne dispose pas d'un accès garanti aux ressources financières. La Cour de justice précise que l'indépendance organisationnelle n'impose pas que l'organisme dispose d'une ligne budgétaire autonome. Il suffit aux États membres de "*prévoir que, du point de vue du droit budgétaire, cet organisme relève d'un département ministériel déterminé pour autant que l'accès indépendant dudit organisme aux ressources financières qui doivent lui être reconnues pour l'exercice de ses missions lui est garanti*" (point 100). En l'espèce, parce que l'organisme n'a pas la personnalité juridique et qu'il est structurellement intégré au sein du ministère chargé des transports (dont le ministre responsable constitue en même temps l'autorité qui contrôle un gestionnaire de l'infrastructure et une entreprise ferroviaire, martèle la Cour), "*une telle indépendance quant à l'accès aux ressources financières qui doivent lui être reconnues pour mener à bien ses missions ne peut être garantie qu'en lui attribuant une ligne budgétaire propre*" (point 101).

La Commission reprochait enfin que l'organisme se limite à préparer des projets de décision qu'elle soumettrait pour approbation au ministre chargé des transports. Pour la Cour, la loi polonaise ne prévoit pas expressément une véritable autonomie à l'organisme dans l'accomplissement de ses fonctions. Cela pose problème puisqu'en étant tributaire du ministre, indirectement, l'organisme risque une soumission aux intérêts du gestionnaire de l'infrastructure et de l'entreprise ferroviaire contrôlés par le ministre chargé des transports.

La Cour de justice souligne également que la publication des décisions de l'organisme au Journal officiel doit être approuvée par le ministre chargé des transports. Dans la mesure où cette publicité est déterminante dans la procédure d'enquête menée sur les accidents et incidents ferroviaires, cette circonstance est de nature à nuire à l'indépendance décisionnelle.

F. Martucci
Concurrences N°3-2018, pp. 182-183

CJUE, 19 oct. 2016, Xabier Ormaetxea Garai, Bernardo Lorenzo Almendros, aff. C-424/15

La Cour de justice de l'Union européenne précise les conditions dans lesquelles un État membre peut procéder à une fusion des autorités de réglementation nationales dans le respect du droit de l'Union européenne

Par un arrêt en date du 19 octobre 2016, la Cour de justice a interprété la directive-"cadre" relative aux communications électroniques afin de préciser les conditions dans lesquelles un État membre peut procéder à une fusion des autorités de réglementation nationales (ARN) dans le respect des principes d'indépendance, d'impartialité et de transparence (directive 2002/21/CE du Parlement européen et du Conseil, du 7 mars 2002, relative à un cadre réglementaire commun pour les réseaux et services de communications électroniques, directive "cadre", JOCE L 108, 24 avril 2002, p. 33, modifiée par la directive 2009/140/CE du Parlement européen et du Conseil, du 25 novembre 2009, JOUE L 337, 18 décembre 2009, p. 37).

En l'espèce, le conseiller et le président de la Commission du marché des télécommunications espagnole (Comisión del Mercado de las Telecomunicaciones CMT) ont contesté devant le Tribunal Supremo (Cour suprême, Espagne) les décrets royaux ayant mis fin à leurs mandats. Le congédiement est une conséquence de la réforme par une loi de 2013 visant à rassembler les différents organismes régulateurs en un seul organisme multisectoriel en vue d'optimiser les économies d'échelle et de garantir une approche cohérente de la régulation de toutes les industries de réseau. En conséquence, la CMT a fusionné avec, notamment, la Comisión Nacional de la Competencia (Commission nationale de la concurrence), la Comisión Nacional del Sector Postal (Commission nationale du secteur postal) et la Comisión Nacional de Energía (Commission nationale de l'énergie). À ces autorités a donc succédé la Commission nationale des marchés et de la concurrence (Comisión Nacional de los Mercados y la Competencia). Cette réforme a impliqué que le mandat des membres des anciennes autorités prenne fin de manière anticipée.

La contestation du congédiement conduit le juge espagnol à poser deux séries de questions préjudicielles à la Cour de justice. D'une part, celle-ci a précisé la marge de manœuvre dont les États membres disposent, dans le respect du principe d'autonomie institutionnelle, aux fins d'organiser et de restructurer leurs autorités réglementaires nationales et, en particulier, de procéder à une fusion de celles-ci. D'autre part, la Cour a déterminé la mesure dans laquelle le congédiement du président et d'un conseiller d'une ARN avant l'échéance de leur mandat, à la suite d'une réforme institutionnelle ayant pour effet de fusionner cette ARN avec d'autres autorités de régulation, porte atteinte à la garantie d'indépendance de ladite ARN.

Autonomie institutionnelle et fusion des ARN

La première question posée par le juge espagnol porte sur le point de savoir si la directive-cadre doit être interprétée en ce sens qu'elle s'oppose à une législation nationale qui consiste à fusionner une ARN, au sens de cette directive, avec d'autres autorités de réglementation nationales, telles que celles en charge de la concurrence, du secteur postal et du secteur de l'énergie, afin de créer un organisme de réglementation multisectoriel notamment chargé des tâches dévolues aux ARN, au sens de ladite directive.

Le droit européen de la régulation est une terre d'élection de l'autonomie institutionnelle. Dans les secteurs ouverts à la concurrence par le droit dérivé, les directives consacrent certes des dispositions à la fonction dévolue aux ARN. Si l'harmonisation demeure essentiellement fonctionnelle, quelques exigences communes d'ordre institutionnel sont prévues afin de permettre aux ARN d'exercer au mieux leurs fonctions. La Cour de justice rappelle ainsi au point 28 de son arrêt que, selon l'article 2, sous g), de la directive-cadre, la notion d'ARN désigne l'organisme ou les organismes chargés par un État membre des tâches de réglementation assignées dans la directive-cadre et dans les directives particulières. De jurisprudence constante, le droit dérivé ne désigne pas les organes des États membres auxquels ces derniers doivent confier les tâches de réglementation assignées à leurs ARN (CJUE, 6 octobre 2010, Base, aff. C-389/08, point 23). C'est ainsi l'autonomie institutionnelle des États membres qui est garantie. Celle-ci doit cependant être conciliée avec l'exigence de transposition des directives prévue par l'article 288 TFUE.

C'est pourquoi si "les États membres jouissent d'une autonomie institutionnelle dans l'organisation et la structuration de leurs ARN au sens de l'article 2, sous g), de la directive-cadre, cette autonomie ne peut être exercée que dans le plein respect des objectifs et des obligations fixés par cette directive" (point 30 qui renvoie à CJCE, 6 mars 2008, Comisión del Mercado de las Telecomunicaciones, aff. C-82/07, point 24; CJUE, Base, aff. C-389/08, précité, point 26; CJUE, 17 sept. 2015, KPN, aff. C-85/14, point 53).

Dès lors, l'État membre est libre de procéder à une réforme institutionnelle, notamment afin d'attribuer à un organisme de réglementation multisectoriel les tâches incombant aux ARN en vertu de la directive-cadre et des directives particulières. Le droit de l'Union exige toutefois que l'organisation institutionnelle nationale permette à cet organisme, dans l'exercice de ces tâches, de répondre aux conditions d'organisation et de fonctionnement auxquelles lesdites directives soumettent les ARN (point 31).

Les fonctions des ARN

Il ressort des dispositions de la directive-cadre (article 3, paragraphes 1 à 3) que l'organisme doit être compétent pour accomplir les tâches assignées aux ARN, que sont consacrées des garanties d'indépendances (c'est-à-dire que l'ARN est juridiquement distincte et fonctionnellement indépendante de toutes les organisations assurant la fourniture de réseaux, d'équipements ou de services de communications électroniques). De plus, les ARN sont tenues d'exercer leurs pouvoirs de manière impartiale, transparente et au moment opportun et doivent disposer des ressources financières et humaines nécessaires pour accomplir les tâches qui leur sont assignées (point 32).

La Cour de justice insiste tout particulièrement sur l'article 3, paragraphe 3 bis, de la directive-cadre en vertu duquel l'indépendance implique que les ARN responsables de la régulation du marché ex ante ou du règlement des litiges entre entreprises doivent agir en toute indépendance et ne solliciter ni n'accepter d'instruction d'aucun autre organe en ce qui concerne l'accomplissement des tâches qui leur sont assignées. L'indépendance est également financière ce qui signifie un budget annuel distinct et public de l'ARN, ainsi que des ressources financières et humaines adéquates (point 33). En vertu de l'article 3, paragraphes 4 et 6, de la directive-cadre, les États membres doivent publier les tâches à accomplir par les ARN d'une manière aisément accessible et notifier à la Commission toutes les ARN chargées d'accomplir des tâches en application de la directive-cadre et des directives particulières, ainsi que leurs responsabilités respectives. Enfin, conformément à l'article 4 de la directive-cadre, les décisions des ARN doivent pouvoir faire l'objet de recours effectifs auprès d'un organisme indépendant des parties intéressées (point 35).

Le soin pris par la Cour de justice pour rappeler les dispositions de la directive s'inscrit dans l'esprit de subsidiarité juridictionnelle qui imprègne l'ordre juridique de l'Union. C'est au juge national qu'il revient d'apprécier si l'ARN créée par le législateur espagnol répond aux conditions consacrées par la directive. Concrètement, il s'agit de vérifier si ces conditions sont remplies lorsque la CNMC intervient dans le domaine des communications électroniques en tant qu'ARN (point 37). La Cour de justice, sortant de sa fonction d'interprétation du droit de l'Union, s'essaie, avec la plus grande prudence, à une appréciation de la loi de 2013. Elle souligne en effet "qu'il paraît ressortir de la loi 3/2013 que celle-ci contient les dispositions nécessaires visant à garantir que la CNMC exerce les fonctions attribuées aux ARN par la directive-cadre et les directives particulières, que la CNMC est structurée afin de tenir compte des différentes fonctions qui lui sont attribuées, que ses organes directeurs sont composés de membres dont l'autorité et la compétence professionnelle sont reconnues dans les domaines dont la CNMC est responsable et qu'elle dispose d'un patrimoine propre et indépendant de celui de l'administration générale espagnole ainsi que de l'autonomie suffisante et de la capacité juridique nécessaire à la gestion de ses ressources. Il ressort également des termes de la loi 3/2013 que des voies de recours sont prévues contre les décisions de la CNMC" (point 37). Autrement dit, l'arrêt suggère au juge de renvoi que, de prime abord, la réforme ne méconnaît pas la directive-cadre; toutefois, d'une appréciation plus approfondie, le juge national peut, le cas échéant, conclure à une incompatibilité si les conditions ne s'avèrent finalement pas remplie.

De manière plus générale, l'arrêt confirme que le droit de l'Union, en l'occurrence la directive-cadre, ne s'oppose pas, en principe, à une fusion des ARN. Les États membres peuvent donc décider de confier à un seul organisme de réglementation multisectoriel les fonctions d'ARN. Ils doivent toutefois respecter les conditions de compétence, d'indépendance, d'impartialité et de transparence prévues par la directive-cadre et garantir que les décisions de l'ARN soient susceptibles de faire l'objet de recours effectifs auprès d'un organisme indépendant.

Indépendance des ARN et réforme des ARN

La juridiction de renvoi demande à Cour de justice d'interpréter l'article 3, paragraphe 3 bis, de la directive-cadre afin de savoir si une réforme institutionnelle impliquant une fusion des ANR peut justifier le congédiement de membres des ARN fusionnées avant la fin de leur mandat.

En vertu de l'article 3, paragraphe 3 bis, deuxième alinéa, de la directive-cadre, le chef d'une ARN responsable de la régulation du marché ex ante ou du règlement des litiges entre entreprises ou, le cas échéant, les membres de l'instance collégiale exerçant cette fonction au sein de l'ARN ne peuvent être congédiés que s'ils ne remplissent plus les conditions requises pour exercer leurs fonctions, préalablement définies en droit national. La disposition prévoit également que la décision de congédiement doit être rendue publique et les motifs de ce congédiement doivent être communiqués au chef congédié ou aux membres congédiés de l'instance collégiale exerçant cette fonction, lesquels ont le droit d'en demander la publication si celle-ci n'intervient pas d'office (point 40).

En l'espèce, les deux requérants ont été congédiés non en vertu d'un des motifs prévus par l'article 3, paragraphe 3 bis, deuxième alinéa, de la directive-cadre, mais en raison de la réforme institutionnelle qui a entraîné le remplacement de la CMT par la CNMC. La Cour de justice est dès lors explicite : "au vu du libellé de l'article 3, paragraphe 3 bis, deuxième alinéa, de la directive-cadre, que le congédiement en cause au principal ne répond pas aux conditions posées par cette disposition, dès lors qu'il est intervenu pour un motif autre que le fait, pour lesdits requérants, de ne plus remplir les conditions requises pour exercer leurs fonctions, préalablement définies en droit national" (point 43).

Toutefois, l'arrêt poursuit l'argumentation en se référant aux objectifs visés par la directive-cadre, telle que modifiée par la directive 2009/140. En effet, le juge national se demande si l'autonomie institutionnelle reconnue aux États membres dans l'organisation et la structuration de leurs ARN ne constitue pas un juste motif de congédiement anticipé, ne heurtant pas l'indépendance des ARN telle qu'elle est garantie par la directive-cadre. La Cour de justice insiste sur l'indépendance et l'impartialité des ARN, exigée par la directive-cadre. En effet, en particulier avec la directive 2009/140, le législateur de l'Union a entendu renforcer l'indépendance des ARN afin d'assurer une application plus efficace du cadre réglementaire et d'accroître leur autorité et la prévisibilité de leurs décisions (CJUE, 28 juillet 2016, Autorità per le Garanzie nelle Comunicazioni, aff. C-240/15, points 32 et 34). La référence à la directive 2009/140 s'explique parce que le considérant 13 de ce texte souligne que l'État membre doit "établir préalablement des règles concernant les motifs de congédiement du chef de l'ARN afin de dissiper tout doute raisonnable quant à la neutralité de cet organisme et à son imperméabilité aux facteurs extérieurs" (point 46). Là encore, la Cour de justice est très claire : "cet objectif de renforcement de l'indépendance et de l'impartialité des ARN désormais poursuivi par la directive-cadre, qui trouve son expression dans l'article 3, paragraphe 3 bis, de celle-ci, serait compromis si, du seul fait d'une réforme institutionnelle, telle que celle en cause au principal, il était permis de mettre fin de manière anticipée et immédiate au mandat d'un ou de plusieurs membres de l'instance collégiale dirigeant l'ARN en cause. En effet, si cela était admis, le risque de révocation immédiate, pour un motif autre que ceux préalablement prévus par la loi, auquel même un seul membre d'une telle instance collégiale pourrait ainsi être confronté, serait susceptible de créer un doute raisonnable quant à la neutralité de l'ARN concernée et à son imperméabilité aux facteurs extérieurs et de porter atteinte à son indépendance, à son impartialité et à son autorité" (point 47).

La Cour de justice tempère ensuite la position en revenant sur le principe d'autonomie institutionnelle. Celui-ci doit ainsi être concilié avec la nécessité de respecter l'impartialité et l'indépendance du chef d'une ARN responsable de la régulation du marché ex ante ou du règlement des litiges entre entreprises, ou, le cas échéant, des membres de l'instance collégiale exerçant cette fonction (points 48-50). En soi, l'impartialité et l'indépendance ne sauraient faire obstacle à ce qu'une réforme institutionnelle intervienne lorsque leurs mandats sont encore en cours. La fusion n'est donc pas remise en cause. En revanche, l'article 3, paragraphe 3 bis, de la directive-cadre, implique que le législateur national prévoit des règles garantissant que le congédiement avant l'échéance de leurs mandats ne porte pas atteinte à l'indépendance et à l'impartialité des personnes concernées.

La solution est ainsi celle d'une conciliation entre principe d'autonomie institutionnelle et exigences d'indépendance et d'impartialité. Or, en l'espèce, considère la Cour de justice, le législateur espagnol n'a rien prévu pour encadrer le congédiement. Celui-ci est possible dans le cas d'une réforme institutionnelle alors que le mandat des membres des ARN n'a pas pris fin. Dans l'hypothèse d'une fusion entre plusieurs ARN, l'exigence d'attendre la fin du mandat pourrait constituer un obstacle dirimant à la réforme ; en pratique, la durée des mandats risque fort de varier d'une ARN à l'autre. En revanche, la Cour de justice pose une limite : le congédiement ne doit pas porter atteinte à l'indépendance et à l'impartialité.

La Cour de justice se garde cependant de préciser concrètement comment la conciliation pourrait s'opérer. Elle se cantonne à se référer, au point 42 de l'arrêt, aux mesures transitoires prévues en Espagne par une précédente réforme des ARN en 2011. L'avocat général est plus disert à cet égard et rappelle, à la fin de ses conclusions, le contenu de ces mesures provisoires. Ainsi, en 2011, la réforme avait garanti la durée du mandat des présidents concernés. La désignation de nouveaux présidents devait intervenir à l'échéance du mandat des présidents en poste et les nouveaux conseillers devaient être désignés à partir du moment où le nombre de conseillers dont le mandat était sur le point d'expirer était inférieur à six. Quant aux vice-présidents des conseils des organismes de régulation, ils continueraient d'exercer leur charge jusqu'à l'expiration de leur mandat, après quoi la charge de vice-président de chaque organisme serait supprimée (point 52 des conclusions). L'avocat général propose dès lors une solution : "des dispositions transitoires prévoyant que le mandat du chef de l'ARN ou, le cas échéant, celui des membres de l'instance collégiale exerçant cette fonction en son sein est mené jusqu'à son terme permettraient de garantir l'indépendance de cette ARN" (point 53). Une solution analogue pourrait être retenue pour le conseiller d'une ARN (point 54).

L'arrêt retient une conception rigoureuse des exigences d'indépendance et d'impartialité lorsqu'il s'agit d'apprécier les conditions dans lesquelles il peut être mis fin avant terme au mandat des membres des autorités de régulation. On retrouve ainsi une logique analogue en droit national déployée par exemple par le Conseil d'État (CE, Ass. 10 juillet 1981,

Retail, Rec. p. 302). L'heure serait également prévue d'encadrer le "cooling off", c'est-à-dire la période postérieure au mandat des membres des autorités de régulation, le cadre dans lequel ces derniers peuvent rejoindre des opérateurs n'étant pas toujours clairement défini.

Enfin, l'arrêt s'inscrit dans une jurisprudence classique encadrant l'autonomie institutionnelle par les exigences d'indépendance et d'impartialité consacrées par le droit dérivé de l'Union (voir à propos de mesures de rationalisation de la dépense publique en Italie et l'indépendance de l'autorité de régulation du secteur des télécommunications CJUE, 28 juillet 2016, Autorità per le Garanzie nelle Comunicazioni, C-240/15). Dans la dialectique entre autonomie institutionnelle et garanties du régulateur, se dégage ainsi un modèle d'autorités permettant le maintien d'une diversité nationale (voir V. Delval, Recherche sur un modèle d'autorité de régulation dans l'union européenne dans les secteurs économique et financier, Thèse Lille 2, 2016; H. Delzangles, L'indépendance des autorités de régulation sectorielles : communications électroniques, énergie et postes, Thèse Bordeaux IV, 2008).

F. Martucci
Concurrences N° 1-2017, pp. 193-196

Aut. conc., avis n° 16-A-10 du 3 mai 2016 concernant un projet de décret relatif aux redevances aéroportuaires ; décret n° 2016-825 du 23 juin 2016 relatif aux redevances aéroportuaires et modifiant le code de l'aviation civile, JORF n° 0146 du 24 juin 2016.

L'Autorité de la concurrence obtient le renforcement des garanties d'indépendance de la nouvelle autorité de supervision des redevances aéroportuaires

Saisie pour avis par le ministre de l'Économie, de l'Industrie et du Numérique, l'Autorité de la concurrence était appelée à se prononcer sur un projet de décret en Conseil d'État pris pour la transposition de la directive 2009/12/CE du Parlement européen et du Conseil du 11 mars 2009 sur les redevances aéroportuaires. Cette directive impose la désignation, dans chaque État membre d'une autorité de supervision indépendante (ASI) chargée, au minimum, de régler les désaccords entre les compagnies aériennes et les gestionnaires d'aéroports portant sur les décisions relatives aux redevances aéroportuaires (Art. 6, § 3 de la directive). L'article 11, § 3 de la directive prévoit que "les États membres garantissent l'indépendance de l'autorité de supervision indépendante en veillant à ce qu'elle soit juridiquement distincte et fonctionnellement indépendante de toutes les entités gestionnaires d'aéroports et tous les transporteurs aériens". Dans les États qui conservent la propriété ou le contrôle d'aéroports ou de transporteurs aériens, les fonctions liées à cette propriété ou à ce contrôle ne doivent pas être confiées à l'ASI. En outre, les États doivent veiller "à ce que l'autorité de supervision indépendante exerce ses compétences d'une manière impartiale et transparente". Ces règles s'appliquent aux aéroports de plus de cinq millions de passagers ainsi qu'à l'aéroport enregistrant le plus grand nombre de passagers dans chaque État membre (Art. 1, § 2 de la directive). En France, en 2015, huit aéroports représentant environ 80 % du trafic de passagers total français dépassaient le seuil de cinq millions de passagers et entraient, par conséquent, dans le champ d'application de la directive: Roissy-Charles de Gaulle, Paris-Orly, Nice-Côte d'Azur, Lyon-Saint-Exupéry, Marseille-Provence, Toulouse-Blagnac, Bâle-Mulhouse et Bordeaux-Mérignac.

Le décret n° 2011-1965 du 23 décembre 2011 modifiant certaines dispositions relatives aux redevances pour services rendus sur les aérodromes, qui a transposé la directive en droit interne, a désigné la direction du transport aérien de la direction générale de l'aviation civile (DGAC) en tant qu'ASI, malgré les réserves formulées, à l'époque, par l'Autorité de la concurrence (Aut. conc., avis n° 10-A-04 du 22 février 2010 relatif à une demande d'avis de l'Association pour le maintien de la concurrence sur les réseaux et infrastructures sur les problèmes de concurrence pouvant résulter de la privatisation des aéroports français). Or, le Conseil d'État a jugé, par un arrêt du 29 avril 2015, que la DGAC n'offrait pas les garanties d'indépendance prévues à l'article 11 de la directive. Il a considéré que si les dispositions de l'article 11 de la directive "ne prévoient pas que les États membres doivent constituer l'autorité de supervision indépendante sous une forme juridique particulière et n'interdisent pas, par principe, que ses fonctions soient assumées par une direction relevant d'un ministère, elles imposent en revanche que des garanties soient apportées quant à l'indépendance de cette autorité et, dans le cas où un État membre conserve la propriété ou le contrôle d'aéroports ou d'entités gestionnaires d'aéroports ou de compagnies aériennes, quant au fait que les fonctions liées à cette propriété ou ce contrôle ne sont pas confiées à l'autorité de supervision indépendante" (CE, 29 avril 2015, SCARA, n° 379574; Concurrences n° 3-2015, pp. 170-172, obs. E. Guillaume). Dans la mesure où l'État participe au capital d'une compagnie aérienne (Air France) et de plusieurs sociétés gestionnaires d'aéroports (dont Aéroports de Paris), et qu'il est propriétaire de plusieurs aéroports, le Conseil d'État a considéré que la désignation de la direction du transport aérien de la direction générale de l'aviation civile du ministère chargé des transports comme ASI ne pouvait être compatible avec les objectifs d'indépendance de l'article 11 de la directive que si des garanties suffisantes étaient données pour que soit assurée son indépendance par rapport aux compagnies aériennes et aux gestionnaires d'aéroports et pour que ne puissent pas lui être confiées des tâches liées à la gestion ou au contrôle de compagnies aériennes ou d'aéroports. Il a estimé que les organigrammes et éléments fournis par la ministre de l'Écologie, du Développement durable et de l'Énergie ne démontraient pas de telles garanties, et qu'en particulier, "le fait que la gestion des participations de l'État dans le capital des sociétés soit désormais confiée à l'Agence des participations de l'État ou celle que les fonctions de propriétaire immobilier de l'État soient exercées par le service France domaine, structures relevant du ministère chargé de l'économie et des finances, ne sauraient, à elles seules, constituer des garanties suffisantes à cet égard". Le Conseil d'État a donc enjoint le premier ministre de prendre, dans un délai de huit mois, des mesures réglementaires garantissant la désignation d'une ASI conforme aux exigences d'indépendances vis-à-vis des transporteurs aériens et des gestionnaires d'aéroports formulées par l'article 11 de la directive.

L'autorité de la concurrence formule certaines réserves sur le projet de décret

Le projet de décret soumis pour avis à l'Autorité de la concurrence désignait une nouvelle ASI, sous la forme d'un collège placé auprès du vice-président du Conseil général de l'environnement et du développement durable (CGEDD). Le CGEDD est une instance consultative sous l'autorité du ministre chargé de l'Environnement et du Développement durable qui le préside. Il est composé de personnalités qualifiées nommées pour trois ans par le ministre et de membres permanents, issus de l'administration centrale. Il conseille le Gouvernement dans les domaines de l'environnement, des transports, du bâtiment et des travaux publics, de la mer, de l'aménagement et du développement durables des territoires, du logement, de l'urbanisme, de la politique de la ville et du changement climatique. Le projet de décret prévoyait que la nouvelle ASI était composée de cinq membres désignés pour cinq ans par le ministre. Le président de l'ASI et deux membres devaient être choisis par les membres permanents du CGEDD, tandis que les deux autres membres devaient être désignés en raison de leur expertise de la régulation économique et du transport aérien. Enfin, le projet de décret indiquait que l'ASI "exerce ses compétences de manière impartiale et transparente et arrête librement ses décisions".

Si l'Autorité de la concurrence rappelle que l'article 11 de la directive n'exige pas la création d'une autorité administrative indépendante, elle regrette toutefois que la mission de régulation des redevances aéroportuaires n'ait pas été confiée à l'Autorité de régulation des activités ferroviaires et routières (ARAFER). Surtout, elle souligne les lacunes du projet de décret: d'une part, le CGEDD est présidé par le ministre chargé de l'Environnement et du Développement durable qui est aussi le ministre chargé des Transports; d'autre part, l'ASI ne dispose pas d'un personnel propre et doit s'appuyer sur les services du ministre chargé de l'Aviation civil pour assurer l'instruction des affaires dont elle est saisie. L'Autorité de la concurrence recommande donc de prévoir des garanties d'indépendance supplémentaires. Elle préconise ainsi de modifier le projet de décret afin que les membres de l'ASI ne puissent pas recevoir des directives du Gouvernement, que leur mandat soit irrévocable et renouvelable une seule fois, que l'absence de conflits d'intérêts soit garantie par des règles internes et par des dispositions statutaires interdisant aux membres de l'ASI d'avoir, au cours des trois dernières années, travaillé pour les gestionnaires d'aéroports, les compagnies aériennes, la DGAC ou l'Agence des participations de l'État, que l'ASI soit dotée d'un minimum de moyens matériels (budget et locaux) lui permettant de ne pas être entièrement dépendante de la DGAC et que, lorsqu'ils travaillent pour l'ASI, les personnels de la DGAC le fassent sans recevoir de consignes de la part de leur hiérarchie.

Le décret intègre les recommandations de l'autorité de la concurrence

Le décret n° 2016-825 du 23 juin 2016 relatif aux redevances aéroportuaires et modifiant le code de l'aviation civile intègre la plupart de ces recommandations. L'article R. 224-8 du code de l'aviation civile prévoit désormais que dans l'exercice de ses fonctions, l'ASI, qui est une formation du CGEDD, "ne peut recevoir aucune instruction du ministre chargé de l'Aviation civile. Elle exerce ses compétences d'une manière impartiale et transparente et arrête librement ses décisions selon le règlement intérieur qu'elle adopte. Elle dispose des services du ministre chargé de l'aviation civile, placés sous son autorité fonctionnelle pour l'instruction des affaires dont elle est saisie, selon des modalités précisées par son règlement intérieur. Elle dispose des moyens humains, sur lesquels elle a autorité, financiers et matériels suffisants pour le plein exercice de ses missions". L'article R. 224-9 du code de l'aviation civile ajoute: "Aucun membre de l'autorité de supervision indépendante ne peut exercer de fonction liée à la propriété, au contrôle ou à la direction d'aéroports, d'entités gestionnaires d'aéroports ou de transporteurs aériens. Aucun membre ne peut participer à une décision de supervision indépendante s'il se trouve en situation de conflit d'intérêts (...) à raison d'un intérêt public ou privé détenu au cours des trois années précédant la décision. (...) Il ne peut être mis fin à leurs fonctions avant l'expiration de leur mandat que sur leur demande, en cas d'empêchement permanent, de cessation de leur qualité de membre permanent du Conseil général de l'Environnement et du Développement durable, ou afin de se conformer aux incompatibilités de fonctions mentionnées (...) Leur mandat peut être renouvelé une fois". Surtout, le décret renforce les pouvoirs de l'ASI. Elle est ainsi chargée d'homologuer les tarifs des redevances aéroportuaires pour les aéroports accueillant plus de cinq millions de passagers, le ministre chargé des transports restant compétent pour les autres aéroports de l'État. Par ailleurs, la signature des contrats de régulation économique, qui déterminent les conditions d'évolution des tarifs des redevances aéroportuaires des aéroports de l'État de plus de cinq millions de passagers, est soumise à l'avis conforme de l'ASI (Art. R. 224-10 du code de l'aviation civile).

J.-P. Kovar

Concurrences N° 3-2016, pp. 159-160

Concurrences +

Alain Ronzano, Redevances aéroportuaires : L'Autorité de la concurrence est favorable sous réserves à la désignation de l'autorité de supervision indépendante chargée de réguler les redevances aéroportuaires mais craint que celle-ci ne soit pas en mesure de s'opposer à l'apparition de rentes au cas où le programme de privatisation des aéroports de province devait s'étendre, 3 mai 2016, Concurrences N° 3-2016, Art. N° 81022

CE, 29 avril 2015, Syndicat des compagnies aériennes autonomes, n° 379574

L'Autorité de la concurrence obtient le renforcement des garanties d'indépendance de la nouvelle autorité de supervision des redevances aéroportuaires

Contexte règlementaire et recours du SCARA

La directive 2009/12/CE du 11 mars 2009 sur les redevances aéroportuaires a institué un cadre commun pour la régulation des redevances aéroportuaires dans les aéroports situés au sein de l'Union européenne dont le trafic annuel commercial dépasse 5 millions de passagers (ou enregistrant le plus grand nombre de passager dans l'État membre).

Cette directive régit les relations entre les gestionnaires d'aéroports et les transporteurs aériens. Elle fixe ainsi des mesures destinées à assurer l'égalité des usagers pour la détermination et la fixation des redevances dont s'acquittent les transporteurs aériens en contrepartie de l'utilisation des installations et services aéroportuaires exploités pour les opérations d'atterrissage, de décollage, d'escale ou encore de traitement des bagages.

Pour veiller à la bonne application de ces mesures, l'article 11 de la directive impose aux États membres de désigner, ou de mettre en place, une autorité de supervision indépendante.

C'est l'objet – notamment – du décret n° 2011-1965 du 23 décembre 2011 modifiant certaines dispositions relatives aux redevances pour services rendus sur les aérodromes, codifié à l'article R. 224-3-2 du code de l'aviation. Ce décret a désigné la direction du transport aérien de la direction générale de l'aviation civile (direction relevant au moment du décret du Ministère des transports et aujourd'hui du Ministère de l'écologie, du développement durable et de l'énergie).

Il s'agissait pour le Gouvernement de "*veiller à ce que les exigences du service public soient satisfaites et à ce que toute amélioration de la productivité d'ADP puisse bénéficier aux compagnies aériennes*" (Rép. min. AN. 24 sept. 2013, n° 32921).

Le syndicat des compagnies aériennes autonomes (SCARA), qui regroupe des compagnies aériennes françaises autres qu'Air France, a demandé au Premier ministre l'abrogation du décret précité en ce qu'il désigne la direction du transport aérien de la DGAC comme "*autorité de supervision indépendante*" (ASI). Cette demande a été rejetée. Le SCARA a alors contesté ce refus devant le Conseil d'État et demandé d'enjoindre au Premier ministre d'abroger les dispositions réglementaires et désigner une nouvelle ASI.

Dans la décision commentée (29 avril 2015, n° 379574, *Syndicat des compagnies aériennes autonomes*), le Conseil d'État a fait droit aux demandes du SCARA, en considérant que la désignation de la direction du transport aérien comme ASI n'est pas compatible avec les objectifs de l'article 11 de la directive 2009/12/CE, en l'absence de garanties suffisantes d'indépendance.

L'indépendance de la direction du transport aérien n'était pas suffisamment garantie

L'article 11.3 de la directive 2009/12/CE définit les conditions d'indépendance que doit réunir une entité pour être désignée ASI.

Il doit s'agir, en premier lieu, d'une entité juridiquement distincte des gestionnaires d'aéroports et des transporteurs aériens. La directive n'impose pas que l'ASI dispose d'une personnalité juridique propre, ni, *a fortiori*, qu'elle soit constituée sous une forme juridique particulière.

La direction d'un ministère peut parfaitement assurer la mission de régulation des redevances, ce que confirme l'arrêt commenté. La direction du transport aérien, c'est-à-dire l'État, est juridiquement distincte de l'ensemble des gestionnaires d'aéroports et des transporteurs aériens, constitués le plus souvent sous la forme de sociétés anonymes.

Il s'agit d'ailleurs, selon les travaux de la Commission européenne, du modèle le plus couramment choisi par les États membres qui confient les missions de l'ASI aux administrations existantes en charge de l'aviation civile (Rapport au Parlement européen et au Conseil concernant l'application de la directive sur les redevances aéroportuaires, COM 2014-278). Seuls le Royaume-Uni, l'Irlande et la Belgique dérogent à ce modèle.

La directive impose en second lieu que l'entité désignée ASI soit indépendante fonctionnellement des acteurs économiques régulés. Elle précise à cet égard que, les "*États membres qui conservent la propriété d'aéroports, d'entités gestionnaires d'aéroports ou de transporteurs aériens, ou le contrôle d'entités gestionnaires d'aéroports ou de transporteurs aériens, veillent à ce que les fonctions liées à cette propriété ou à ce contrôle ne soient pas confiées à l'autorité de supervision indépendante*" (article 11.3).

Ainsi, après avoir relevé que l'État participe au capital social d'une compagnie aérienne (*Air France-KLM*) et de plusieurs sociétés gestionnaires d'aéroports (*ADP* notamment), le Conseil d'État a jugé qu'il ne peut être désigné ASI qu'à la condition de donner des garanties d'indépendance fonctionnelle suffisantes par rapport à ces acteurs économiques. En l'occurrence, "*la nature et l'ampleur*" des garanties n'étaient pas suffisantes.

En défense, le Premier ministre objectait que les administrations chargées de la régulation des redevances (DGAC) d'une part, et celles chargées de la gestion des participations au capital des gestionnaires d'aéroports et *d'Air France* (l'Agence des participations de l'État) et de la gestion patrimoniale des aéroports (France domaine) d'autre part, relèvent de deux ministères différents : le ministère chargé des transports pour la première et le ministère de l'économie et des finances pour les secondes.

Mais, aux yeux du juge administratif, cette distinction réelle n'est pas en soi suffisante pour garantir l'indépendance de la direction du transport aérien.

La solution du Conseil d'État fait preuve d'une exigence particulière quant à l'interprétation de l'exigence communautaire d'indépendance. En effet, si la Cour de justice de l'Union européenne a déjà jugé que "*des directions différentes d'une même administration ne sauraient être considérées comme indépendantes l'une de l'autre*" (CJCE, 27 octobre 1993, *Taillandier*, C-92/91), on ne se trouvait pas au cas d'espèce dans la même situation car le ministère en charge des transports et celui de l'économie ne sauraient être présentés comme constituant la même administration.

Le Conseil d'État n'a sans doute pas été insensible à l'appréciation de l'Autorité de la concurrence qui avait remarqué que "*la conformité de ce dispositif avec les exigences d'indépendance juridique et fonctionnelle* (...) *n'est pas évidente, dès lors que l'État conservera par ailleurs la majorité du capital d'ADP*" (avis n° 10-A-04 du 22 février 2010). Au-delà du doute exprimé par cette Autorité, il a estimé que l'indépendance du service de la DGAC par rapport aux intérêts en cause n'était pas suffisamment assurée.

Constatant la non conformité du décret aux objectifs de la directive, le Conseil d'État annule le refus d'abroger et enjoint au Premier ministre de prendre les dispositions réglementaires nécessaires pour s'y conformer dans un délai de huit mois à compter de la décision.

Les garanties d'indépendance fonctionnelle de l'ASI

Un nouveau décret sera donc adopté. Le Gouvernement pourrait envisager la création d'une autorité indépendante de régulation des activités aéroportuaires, solution soutenue par l'Autorité de la concurrence qui considérait par principe que "*l'attribution du rôle de supervision à des directions ministérielles ne permettrait pas de mettre un terme au conflit d'intérêts suscité par la confusion des rôles de l'État régulateur et de l'État actionnaire*" (avis précité).

Il faut toutefois souligner que les missions de l'ASI sont beaucoup plus limitées que celles des autorités administratives indépendantes créées dans le domaine des communications, de l'énergie ou du transport ferroviaire. Elle est essentiellement chargée d'homologuer les tarifs des redevances (article R. 224-3-2 du code de l'aviation civile). Elle "*intervient*" par ailleurs dans l'élaboration des contrats pluriannuels prévus à l'article L. 6325-2 du code des transports conclus avec l'État, qui déterminent les conditions de l'évolution des tarifs des redevances aéroportuaires. À ce titre, l'ASI recueille les observations des parties intéressées et transmet ses propres observations à l'exploitant de l'aéroport (article R. 224-4-II du code de l'aviation civile). Ainsi, l'ASI n'a qu'un pouvoir de décision accessoire – l'homologation ne faisant que garantir le caractère exécutoire des redevances et non leur légalité – et n'a pas de compétence en matière de sanction ni de règlements des différends.

Le Gouvernement pourrait donc être tenté par un remède plus simple consistant à redésigner un service de la DGAC en assortissant cette fois cette désignation de garanties d'indépendance particulières.

On peut ainsi penser, pour les agents de ce service, à l'instauration d'un régime d'incompatibilités temporaires afin de prévenir le risque de conflit d'intérêts avec les transporteurs ou gestionnaires d'aéroports (voir en ce sens les recommandations du rapport d'information n° 2925 du 28 octobre 2010 fait au nom du Comité d'évaluation et de contrôle des politiques publiques de l'Assemblée nationale sur les autorités administratives indépendantes).

Le considérant n° 12 de la directive indique que l'ASI "*devrait disposer de toutes les ressources nécessaires en personnel, en compétences et en moyens financiers*" (considérant n° 12 de la directive). Ceci reste parfaitement compatible avec le maintien de l'intégration de l'ASI au ministère en charge des transports.

E. Guillaume
Concurrences N°3-2015, pp. 170-172

1.1.4 Impartialité

CE, 18 juill. 2018, Fédération des médecins de France, n° 411345

Le Conseil d'État juge que la légalité de la nomination des membres ou du président d'une autorité administrative indépendante ou d'une autorité publique indépendante peut être contestée sur le fondement du principe d'impartialité

La Haute Autorité de Santé (HAS), qui contribue à la régulation du système de santé français, est une autorité publique indépendante, en application de l'article L. 161-37 du Code de la sécurité sociale et des dispositions annexées à la loi n° 2017-55 du 20 janvier 2017 portant statut général des autorités administratives indépendantes (AAI) et des autorités publiques indépendantes (API).

Le cadre juridique

Plusieurs corps de règles visent à assurer l'impartialité des membres et dirigeants de la HAS à l'égard des acteurs des secteurs de la santé publique et de l'industrie pharmaceutique. D'une part, les articles L. 1451-1 et suivants du Code de la santé publique, applicables à toutes les autorités et agences sanitaires, instituent une obligation de déclaration des liens d'intérêts à compter de la prise de fonction de leurs membres et de prévention des conflits d'intérêts. D'autre part, les dispositions de l'article R. 161-86 du Code de la sécurité sociale, spécifiques à la HAS, visent à prévenir les conflits d'intérêts des membres du collège de cette autorité. Enfin, les articles 9 à 12 de loi du 20 janvier 2017, de portée générale, ont pour objet d'assurer l'indépendance et l'impartialité des membres de toutes les AAI et API. Sur le fondement de ces dispositions, la Fédération des médecins de France a saisi le Conseil d'État (compétent pour connaître en premier et dernier ressort des recours dirigés contre les décrets du Président de la République, en application de l'article R. 311-1 du Code de justice administrative) d'une requête tendant à l'annulation du décret du 7 avril 2017 par lequel le chef de l'État a nommé le président et les membres du collège de la HAS. La requérante soutenait que la nomination de l'un des membres de la HAS méconnaissait le principe d'impartialité, du fait des prises de position publiques passées de l'intéressé, des intérêts qu'il détient ou a détenus et des omissions réelles ou supposées des déclarations qu'il a souscrites.

L'opérance du moyen tiré de la méconnaissance du principe d'impartialité

L'apport de la décision commentée réside dans la confirmation de l'opérance du moyen tiré de la méconnaissance du principe d'impartialité à l'encontre d'une décision de nomination du président et des membres d'une AAI ou d'une API. Le Conseil d'État, dont la jurisprudence retient que le principe d'impartialité est un principe général applicable à toutes les juridictions administratives (CE, 6 avril 2001, *Entreprise Razel Frères*, n° 206764 et n° 206.767), avait déjà jugé que le moyen tiré de la méconnaissance du principe d'impartialité est opérant à l'encontre de décisions prises par des AAI (voir par exemple CE, 3 décembre 1999, *Didier*, n° 207.434, retenant que le moyen tiré de la méconnaissance de ce principe est opérant à l'encontre d'une décision de sanction du Conseil des marchés financiers).

Récemment, le Conseil d'État a jugé que le moyen tiré de la méconnaissance du principe d'impartialité est opérant à l'encontre de la décision nommant le président et les membres du Haut conseil des biotechnologies, autorité administrative placée, en application de l'article R. 531-7 du Code de l'environnement, auprès des ministres chargés de l'environnement, de la consommation, de l'agriculture et de la santé et de la recherche (CE, 3 nov. 2011, *Comité de recherche et d'information indépendante sur le génie génétique et Spiroux de Vendomois*, n° 328.326, mentionné aux *Tables* sur ce point).

La décision commentée, quant à elle, présente la particularité de confirmer l'opérance du moyen tiré de la méconnaissance du principe d'impartialité à l'encontre d'une décision de nomination du président et des membres d'une API postérieurement à l'entrée en vigueur du statut général des AAI et API.

Cette précision est bienvenue en ce qu'elle contribue à pallier les lacunes du statut général. En effet, les dispositions des articles 9 à 12 de la loi du 20 janvier 2017 relatives à la prévention des conflits d'intérêts et aux incompatibilités portent sur l'exercice des fonctions de membres d'une AAI ou API, mais non sur leur nomination.

L'appréciation des manquements allégués au principe d'impartialité

La décision commentée apporte par ailleurs d'utiles indications sur l'appréciation par le juge des manquements au principe d'impartialité.

Le Conseil d'État a tout d'abord retenu que les prises de position publiques du membre de la HAS, pouvant être perçues comme hostiles aux médecins généralistes exerçant à titre libéral, ne pouvaient aboutir à considérer sa nomination comme contraire au principe d'impartialité, dès lors que les déclarations de l'intéressé n'étaient pas incompatibles avec le bon fonctionnement de l'autorité.

Il résulte des conclusions du rapporteur public Charles Touboul que le contexte dans lequel la prise de position publique est intervenue est déterminant en vue d'apprécier un éventuel manquement au principe d'impartialité. En l'espèce, le membre de la HAS avait publiquement exprimé ses positions en qualité de représentant d'une association de patients. L'appréciation portée par le juge est souple en de pareilles circonstances, dès lors que "*de telles fonctions supposent de mobiliser l'opinion et les pouvoirs publics par des déclarations fortes et parfois exagérées*" (concl. Charles Touboul sur la décision commentée). En outre, le Rapporteur public a retenu que l'intéressé avait publiquement admis une erreur relative à ses déclarations intervenues six ans avant la date de sa nomination et qu'il avait fait preuve de réserve médiatique depuis lors dans ses prises de position publiques.

Le Conseil d'État a ensuite estimé qu'aucun manquement au principe d'impartialité ne pouvait être caractérisé du fait des intérêts que ce membre détenait avant sa nomination (il participait au conseil d'administration d'une fondation d'entreprise créée par un laboratoire pharmaceutique) dès lors que, là encore, ces intérêts n'étaient pas de nature à perturber le fonctionnement normal de la HAS. À cet égard, la décision précise qu'il "*incombe à l'autorité de nomination de s'assurer que la personne qu'elle envisage de nommer ne se trouve pas dans une situation telle que l'application des règles de déport la conduirait à devoir s'abstenir de participer aux travaux de l'autorité administrative ou publique indépendante à une fréquence telle que le fonctionnement normal de cette autorité en serait entravé*". En l'espèce, il ne résultait pas que l'intéressé serait régulièrement empêché de participer aux travaux du collège de l'autorité.

Enfin, s'agissant du caractère lacunaire des déclarations d'intérêts que la Fédération des médecins de France avait cru déceler, le Conseil d'État a jugé qu'il n'y a rien d'anormal à ce que des déclarations réalisées à l'occasion de colloques organisés par la HAS ne mentionnent que les liens d'intérêts en rapport avec les sujets qui y étaient abordés. En outre, alors même que la déclaration d'intérêts en lien avec la nomination de l'intéressé en tant que membre de la HAS ne mentionnait pas sa qualité de membre du conseil d'administration d'une fondation d'entreprise relevant du secteur de la protection sociale complémentaire ni de président d'une association promouvant l'ouverture des données de santé de l'assurance maladie, le Conseil d'État a relevé que l'article L. 1451-1 du Code de la santé publique ne fait du dépôt de cette déclaration qu'un préalable à la participation aux travaux du collège de l'autorité, et non à la nomination de ses membres.

L'appréciation retenue par le Conseil d'État des manquements au principe d'impartialité, relativement souple, vise donc avant tout à assurer le bon fonctionnement des AAI et API. Elle permet en outre, selon les termes du rapporteur public Charles Touboul, d'éviter d'écarter de trop nombreux membres potentiels au prix d'une interprétation trop stricte de ce principe.

E. Guillaume, R. Roussel
Concurrences N°4-2018, pp. 176-177

Cons. const., déc. n° 2017-675 QPC du 24 nov. 2017, Queen Air

Le Conseil constitutionnel déclare contraires au principe d'impartialité les dispositions relatives à la procédure de sanction devant l'autorité de contrôle des nuisances aéroportuaires

---

Par une décision en date du 24 novembre 2017, le Conseil constitutionnel a déclaré que les dispositions du code des transports régissant la procédure de sanction devant l'Autorité de contrôle des nuisances aéroportuaires sont contraires au principe d'impartialité. Il avait été saisi d'une question prioritaire de constitutionnalité (QPC) transmise par le Conseil d'État après que le moyen de l'inconstitutionnalité des dispositions législatives a été soulevé devant le Tribunal administratif de Paris. En l'espèce, une compagnie aérienne tchèque avait fait l'objet d'une sanction pour violation des règles régissant les horaires d'atterrissage et de décollage applicables à l'aéroport de Nice. Elle avait soulevé une QPC portant sur la méconnaissance par des dispositions de l'article L. 6361-14 du Code des transports, des principes d'impartialité et d'indépendance qui découlent de l'article 16 de la Déclaration des droits de l'homme et du citoyen. En effet, elle alléguait que ne serait pas assurée, dans la procédure de sanction devant l'ACNUSA, la séparation entre, d'une part, les fonctions d'instruction et de poursuite et, d'autre part, celles de jugement.

Une jurisprudence bien établie

Le Conseil constitutionnel commence par rappeler que ni le principe de séparation des pouvoirs ni aucun autre principe ou règle de valeur constitutionnelle "ne font obstacle à ce qu'une autorité administrative indépendante, agissant dans le cadre de prérogatives de puissance publique, puisse exercer un pouvoir de sanction dans la mesure nécessaire à l'accomplissement de sa mission, dès lors que l'exercice de ce pouvoir est assorti par la loi de mesures destinées à assurer la protection des droits et libertés constitutionnellement garantis" (considérant n° 7). À ce titre, les principes d'indépendance et d'impartialité découlant de l'article 16 de la Déclaration de 1789 doivent être respectés. On retrouve ainsi la jurisprudence bien établie en vertu de laquelle le principe d'impartialité implique la séparation effective entre les fonctions de poursuite et d'instruction, d'une part, et le pouvoir de jugement, d'autre part (Cons. const., 2 déc. 2011, Banque populaire Côte d'Azur, déc. n° 2011-200 QPC). En particulier, à propos de l'Autorité de la concurrence, le Conseil constitutionnel a précisé que cela n'implique pas pour autant que le législateur soit tenu d'organiser une séparation organique de ces différentes fonctions; une séparation fonctionnelle suffit (Cons. const., déc. n° 2012-280 QPC du 12 oct. 2012, Groupe Canal Plus et a.). En l'occurrence, la séparation prévue par les articles L. 461-1 et suivants du Code de commerce suffit amplement; les services d'instruction sont dirigés par un rapporteur général qui nomme les autres rapporteurs et qui se voit déléguer par le président de l'Autorité l'ordonnancement des dépenses pour ses services. En revanche, a été déclarée contraire au principe d'impartialité l'exigence que la mise en demeure préalable au prononcé d'une sanction par l'ARCEP soit effectuée par le directeur général des services alors que celui-ci est soumis au pouvoir hiérarchique du président de cette autorité (Cons. const., déc. n° 2013-331 QPC du 5 juillet 2013, Numericable et a.). Alors que le directeur général se voit confier l'exercice des poursuites devant l'ARCEP, il est nommé par le président de cette Autorité, est placé sous son autorité et assiste aux délibérations de l'Autorité. Le Conseil constitutionnel en a déduit que les dispositions contestées du Code des postes et des communications électroniques ne permettaient pas de garantir la séparation au sein de l'Autorité entre, d'une part, les fonctions de poursuite et d'instruction des éventuels manquements et, d'autre part, les fonctions de jugement des mêmes manquements, de sorte que le principe d'impartialité était violé.

Le rôle ambivalent du président de l'autorité de contrôle des nuisances aéroportuaires

Il ne fait guère de doutes que l'Autorité de contrôle des nuisances aéroportuaires constitue une autorité administrative indépendante qui exerce un pouvoir de sanction et peut, à ce titre, prononcer des amendes administratives. Selon l'article L. 6361-11 du Code des transports, l'Autorité dispose de services placés sous l'autorité de son président, lequel nomme par ailleurs le rapporteur permanent et son suppléant. Le Conseil constitutionnel constate que, selon l'article L. 6361-14 du Code des transports, à l'issue de l'instruction assurée par des fonctionnaires et agents autres que ceux ayant constaté le manquement, le rapporteur notifie le dossier à la personne incriminée qui peut présenter ses observations. Au terme de cette phase, il revient au président de l'autorité de décider de classer sans suite la procédure ou, au contraire, de mettre la personne poursuivie en mesure de se présenter devant elle ou de se faire représenter. Ensuite, après avoir entendu le rapporteur et, le cas échéant, la personne en cause ou son représentant, l'autorité délibère hors de leur présence. Pour le Conseil constitutionnel, la violation du principe d'impartialité est dès lors patente. Le point 12 de la décision affirme: "Il résulte de ce qui précède que, dans le cadre d'une procédure de sanction devant l'Autorité de contrôle des nuisances aéroportuaires, son président dispose du pouvoir d'opportunité des poursuites des manquements constatés alors qu'il est également membre de la formation de jugement de ces mêmes manquements". En effet, aucune séparation n'est opérée entre, d'une part, les fonctions de poursuite des éventuels manquements et, d'autre part, les fonctions de jugement de ces mêmes manquements. Le Conseil constitutionnel poursuit ainsi, au gré des QPC qui lui sont posées, l'entreprise de toilettage des dispositifs de sanction des autorités administratives indépendantes en tirant toutes les potentialités du principe d'impartialité. Ayant cependant conscience des "conséquences manifestement excessives" qu'aurait une abrogation immédiate des dispositions contestées, il décide de reporter celle-ci au 30 juin 2018.

F. Martucci
Concurrences N° 1-2018, pp. 181-182

CEDH, 4 mars 2014, Grande Stevens et a. c/ Italie, n° 18640/10, 18647/10, 18663/10, 18668/10 et 18698/10 ; CEDH, 7 juill. 2014, décision rejetant la demande de renvoi de l'Italie

La Cour européenne des droits de l'homme interprète les principes d'impartialité et non bis in idem

Le 18 décembre 2014, la Cour de justice de l'Union européenne a rendu son avis sur l'adhésion de l'Union à la Convention européenne des droits de l'homme (CJ, Ass. plén., 18 décembre 2014, avis 2/2013). Elle a déclaré le projet d'accord d'adhésion incompatible avec le droit de l'Union. Cet avis n'est pas sans poser des difficultés dans le système européen de protection des droits fondamentaux, comme l'illustre l'affaire Grande Stevens c/ Consob jugée par la Cour européenne des droits de l'homme. L'arrêt rendu à propos de l'autorité italienne en charge de la régulation des marchés boursiers (CONSOB) intéresse ainsi l'exercice par les autorités de régulation de leur pouvoir de sanction. Confrontée à des faits constitutifs d'une manifestation de marché, la CONSOB a prononcé une sanction pécuniaire tout en saisissant le parquet. Des poursuites ont été engagées et, au terme de quelques péripéties judiciaires, ont abouti, du moins pour certains des prévenus, à des sanctions pénales. Les intéressés ont engagé une action devant la Cour européenne des droits de l'homme. Celle-ci constate que l'Italie a méconnu les principes d'impartialité (article 6 de la CEDH) et non bis in idem (article 4 du protocole n°7). Le 7 juillet 2014, la demande de renvoi de la décision a été rejetée.

Le principe non bis in idem

En vertu de l'article 4 du protocole n°7, «nul ne peut être poursuivi ou puni pénalement par les juridictions du même État en raison d'une infraction pour laquelle il a déjà été acquitté ou condamné par un jugement définitif conformément à la loi et à la procédure pénale de cet État». Au moment de la ratification, l'Italie a formulé une réserve à l'encontre de cette disposition que la Cour EDH considère comme ne respectant pas les exigences posées par l'article 57 de la CEDH. En effet, le gouvernement Italien indiquait que le principe s'applique uniquement «aux infractions, aux procédures et aux décisions qualifiées de pénales par la loi italienne».

En vertu de la jurisprudence de la Cour EDH, le principe non bis in idem interdit qu'on puisse poursuivre et juger une personne pour une seconde infraction caractérisée par des faits identiques ou qui sont en substance les mêmes que ceux ayant conduit au constat d'une première infraction. Dans l'arrêt Grande Stevens c/ Italie, la Cour EDH ajoute que la première infraction peut correspondre à une sanction administrative si celle-ci a été adoptée dans le cadre d'une procédure relevant d'une "accusation en matière pénale". En conséquence, le cumul des poursuites administratives et pénales peut relever du principe non bis in idem.

Rendue à propos du droit italien, la solution n'est pas poser de question dans l'ordre juridique français. Le Conseil constitutionnel a exclu qu'en droit public français, le principe non bis in idem puisse jouer en cas de cumul entre sanctions pénales et sanctions administratives (Conseil constitutionnel, n° 89-260 DC, 28 juillet 1989). Un encadrement du cumul est cependant prévu (voir G. Eckert, "Vers l'interdiction du cumul des poursuites administratives et pénales", Revue juridique de l'économie publique, n° 724, Novembre 2014, comm. 48). En tout état de cause, la France a formulé une réserve sur l'article 4 du Protocole n°7 de sorte que les moyens fondés sur cette disposition n'ont guère pu prospérer devant le juge national. Dès lors, l'arrêt de la Cour EDH, faisant fi de la réserve italienne, pourrait annoncer une évolution de la jurisprudence nationale. L'affirmation est d'autant plus à prendre au sérieux que la Cour de justice de l'Union européenne a également retenu une interprétation de l'article 50 de la Charte des droits fondamentaux de l'Union telle que le cumul entre sanctions administratives et pénales est possibles (CJUE, GC, 26 févr. 2013, Åkerberg Fransson, aff. C-617/10).

L'impartialité du régulateur

Dans l'affaire Grande Stevens c/ Italie, était également en cause l'article 6, paragraphe 1, de la CEDH. La Cour EDH constate la violation de cette disposition au terme d'une appréciation globale du droit italien. En premier lieu, elle relève deux difficultés. On peut regretter l'absence de publicité de la procédure devant la CONSOB. On doit souligner le caractère apparent de la séparation des fonctions de poursuite, d'instruction et de jugement puisque ces fonctions sont exercées par des branches distinctes d'un même organe administratif, agissant sous l'autorité et la supervision d'un même président.

Toutefois, la Cour EDH relève que «les constats qui précèdent, relatifs au manquement d'impartialité objective de la CONSOB et à la non-conformité de la procédure devant elle avec les principes du procès équitable ne suffisent pourtant pas pour conclure à la violation de l'article 6 en l'espèce» (point 138). En effet, les exigences du procès équitable doivent être appréciées en tenant compte de l'organisation des recours juridictionnels prévus à l'encontre des décisions contestées. Il est en effet admis que toutes les exigences du procès équitable ne doivent pas totalement respectées dès lors que la décision administrative est susceptible d'un recours juridictionnel effectif (CEDH, 27 sept. 2011, Menarini Diagnostics SARL c/ Italie, n° 43509/08). Encore faut-il que le juge saisi dispose du pouvoir de réformer "en tous points, en fait comme en droit, la décision entreprise" (point 139). Tel n'est pas le cas lorsque la voie de recours prévue s'épuise en un pourvoi en cassation, comme c'est le cas en l'espèce, ce qui n'est sans rappeler la jurisprudence Dubus SA c/ France (CEDH, 11 juin 2009, n° 5242/04). En droit français, si l'exigence d'impartialité est bien prise en compte, toutes les conséquences ne sont pas encore tirées en ce qui concerne l'étendue des pouvoirs du juge des régulateurs.

F. Martucci

Concurrences N° 1-2015, pp. 204-205

CE, 9 oct. 2013, n° 359161 ; CE, 29 octobre 2013, n° 356108

Le Conseil d'État applique l'article 6 de la CEDH à la Commission des sanctions de l'autorité des marchés financiers et à l'Autorité de contrôle prudentiel

L'affaire Grande Stevens et autres c. Italie, sur laquelle s'est prononcée la Cour européenne des droits de l'homme le 4 mars 2014, fait actuellement l'objet d'une demande de renvoi devant la Grande Chambre, demande qui constitue une illustration supplémentaire des enjeux majeurs soulevés par cette affaire.

La Cour se trouvait en effet confrontée à nouveau à la question du contrôle juridictionnel des sanctions infligées par une autorité de régulation italienne, en l'occurrence la Commission nationale des sociétés et de la Bourse (CONSOB). Or la portée de cet arrêt dépasse à l'évidence le seul cadre juridique italien, et pourrait emporter d'importantes conséquences en droit français.

En l'espèce, les requérants se sont vus infliger par la CONSOB des sanctions administratives, et notamment de lourdes amendes, pour une manipulation du marché, consistant en la dissimulation de la renégociation d'un contrat d'equity swap, dans le cadre d'une opération financière impliquant le constructeur automobile Fiat. La Cour d'appel de Turin, saisie d'un recours, a réduit l'ampleur de certaines sanctions. Le pourvoi en cassation des requérants a quant à lui été rejeté. Des poursuites pénales ont parallèlement été ouvertes pour l'infraction de diffusion de fausses informations susceptibles de modifier sensiblement la valeur d'instruments financiers.

Les requérants allèguent devant la Cour de Strasbourg la violation des articles 6, § 1 et 6, § 3 a) etc.) de la Convention, ainsi que l'article 1 du protocole n° 1 et l'article 4 du protocole n° 7.

S'agissant du droit d'être informé de l'accusation dans le plus court délai, et du droit à l'assistance d'un avocat, les juges aboutissent à un constat de non-violation. Il en va de même s'agissant du droit au respect des biens. Selon la Cour en effet, les sanctions infligées étaient prévues par la loi, justifiées par un objectif d'intérêt général, à savoir la préservation de l'intégrité des marchés financiers et la confiance du public dans la sécurité des transactions, et proportionnées. Il est intéressant de relever que le constat de violation de l'article 6, § 1 dans cette affaire ne suffit ainsi pas à emporter la violation de l'article 1 du protocole n° 1.

Les juges ont en effet unanimement conclu à la violation du droit à un procès équitable. Conformément à sa jurisprudence, parmi laquelle plusieurs arrêts concernaient des autorités de régulation françaises (Voir par exemple, s'agissant de la commission des sanctions de l'Autorité des marchés financiers, C.E.D.H., décision Messier c. France du 19 mai 2009, n° 25041/07), la Cour juge que les sanctions en cause en l'espèce relèvent de la matière pénale, compte-tenu de leur sévérité, et ce malgré leur qualification de sanctions administratives en droit interne. La juridiction strasbourgeoise considère ensuite que la procédure devant la CONSOB ne satisfait pas à toutes les exigences de l'article 6, § 1, du fait notamment de l'absence d'audience publique. Les garanties d'indépendance de la CONSOB sont quant à elles jugées suffisantes, mais l'impartialité objective de l'autorité de régulation est mise en cause. En effet, s'il existe bien au sein de la CONSOB une certaine séparation entre l'organe d'enquête et l'organe de sanction, l'autorité administrative n'en cumule pas moins des fonctions d'enquête et de jugement, ce qui s'avère en principe incompatible avec l'article 6, § 1 de la Convention. Néanmoins, le respect de cette disposition peut être assuré si les décisions de l'autorité font par la suite l'objet d'un contrôle de la part d'un "organe judiciaire de pleine juridiction" (§ 139 de l'arrêt). La Cour d'appel de Turin relève bien de cette notion, cependant aucune audience publique n'a eu lieu devant elle, et la Cour de cassation italienne ne constitue pas un organe de pleine juridiction, puisqu'elle ne se prononce pas sur le fond. En conséquence, le contrôle juridictionnel n'a pas couvert les irrégularités de la procédure administrative au regard de l'article 6, § 1. Il y a donc eu violation du droit à un procès équitable.

Enfin, s'agissant de la violation alléguée du principe ne bis in idem, la réserve formulée par l'État défendeur en vue de restreindre l'application des articles 2 à 4 du protocole n° 7 aux seules procédures qualifiées de pénales par le droit national, ne lui sera d'aucun secours : la réserve est en effet invalidée par les juges, principalement pour son caractère trop général.

Sur le fond, la Cour rappelle alors sa jurisprudence Zolotoukhine c. Russie (C.E.D.H., GC, arrêt Sergueï Zolotoukhine c. Russie du 10 février 2009, req. n° 14939/03, § 82), en vertu de laquelle l'article 4 du protocole n° 7 interdit de poursuivre et de juger une personne pour une seconde infraction ayant pour origine des faits qui sont en substance les mêmes. Or en l'espèce, les faits ayant donné lieu aux poursuites pénales sont bien les mêmes que ceux ayant conduit à l'infliction de sanctions par la CONSOB, ce qui entraîne un constat de violation.

Finalement, la Cour enjoint à l'Italie de veiller à ce que les procédures pénales engagées à l'encontre des requérants soient clôturées, et leur accorde une satisfaction équitable.

Cette condamnation de l'Italie sonne comme un avertissement à l'égard de la France, qui pourrait être contrainte de revoir sa position quant au cumul des sanctions administratives et pénales.

F. Martucci, J. Rondu

Concurrences N°3-2014, pp. 195-196

Cons. const., 13 déc. 2013, déc. n° 2013-359 QPC, Société Sud Radio Services

Le Conseil constitutionnel considère que la mise en demeure du Conseil supérieur de l'audiovisuel n'est pas une sanction

Le dernier trimestre 2013 a été marqué par une décision QPC en date du 13 décembre 2013 (décision n° 2013-359 QPC, *Société Sud Radio Services et autre*) relative à la question classique, mais encore ouverte, de l'application des exigences inhérentes à un procès équitable aux autorités de régulation. Ces exigences sont à la croisée des systèmes de garantie de sorte que l'équivalence des protections est recherchée par les juges dans l'espace européen des droits fondamentaux. Formellement, le droit à un procès équitable est consacré par des sources distinctes : l'article 6 de la Convention européenne des droits de l'homme, l'article 47 de la Charte des droits fondamentaux de l'Union européenne et l'article 16 de la Déclaration des droits de l'homme et du citoyen de 1789. Substantiellement, l'interprétation retenue de ces dispositions a vocation à favoriser une équivalence des protections. L'attention est dès lors portée sur le juge que celui-ci soit national ou européen. Une difficulté tient à ce qu'en France, le Conseil constitutionnel, juge de la Constitution, n'est ni juge de l'Union ni juge de la Convention. À l'inverse, le juge ordinaire est juge, à la fois, de la Constitution, de l'Union et de la Convention. Il revient au Conseil constitutionnel la délicate tâche de retenir une interprétation de l'article 16 de la Déclaration de 1789 "eurocompatible". La décision QPC en date du 13 décembre 2013 en constitue une illustration; elle retient d'autant plus l'attention qu'elle s'inscrit dans un courant jurisprudentiel entamé par une décision QPC en date du 2 décembre 2011 relative à la Commission bancaire (Décision n° 2011-200 QPC du 2 décembre 2011, *Banque populaire Côte d'Azur*) et poursuivi par les décisions QPC concernant l'ARCEP et l'Autorité de la concurrence (décision n° 2013-331 QPC du 5 juillet 2013, Société Numéricâble SAS et autre,; décision n° 2012-280 QPC du 12 octobre 2012, Société Groupe Canal Plus et autre). Si on se permet de renvoyer pour une analyse de cette jurisprudence à notre étude publiée dans la rubrique Doctrine de ce numéro de *Concurrences*, il convient de rappeler que, selon cette jurisprudence, les autorités de régulation sont tenues de respecter le principe d'impartialité lorsqu'elles exercent leur pouvoir de sanction.

La décision QPC en date du 13 décembre 2013 met en évidence toute la difficulté qu'il peut parfois y avoir à déterminer si l'autorité de régulation met en œuvre son pouvoir de sanction. Le Conseil constitutionnel a déclaré conforme à la Constitution l'article 42 de la loi n° 86-1067 du 30 septembre 1986 relative à la liberté de communication. Cette disposition prévoit que le Conseil supérieur de l'audiovisuel (CSA) peut mettre en demeure les éditeurs et distributeurs de services de communication audiovisuelle ainsi que les opérateurs de réseaux satellitaires de respecter les obligations qui leur sont imposées. Le Conseil constitutionnel a considéré inopérants les griefs tenant à ce que le CSA exercerait son pouvoir de mise en demeure en violation du principe d'impartialité tel qu'il découle de l'article 16 de la Déclaration de 1789. En effet, la mise en demeure prévue par l'article 42 de la loi de 1986 ne constitue pas une sanction de sorte que le principe d'impartialité est inapplicable. Le Conseil constitutionnel parvient à cette conclusion au terme d'un raisonnement laconique; le commentaire "autorisé" du Conseil constitutionnel, bien plus disert, permet de comprendre la motivation du juge constitutionnel avec des arguments que nous exposons dans l'étude Doctrine précitée. En tout état de cause, le CSA a fait l'objet d'une réforme renforçant l'impartialité de l'ensemble des procédures, spécialement celles aboutissant au prononcé d'une sanction (voir H. Delzangles et S. Martin dans cette chronique). On retiendra ici que pour le Conseil constitutionnel, l'impartialité est exigée à l'encontre des juridictions, d'une part et des autorités administratives indépendantes uniquement lorsqu'elles exercent un pouvoir de sanction, d'autre pArt. La difficulté consiste à déterminer à partir de quel moment l'autorité de régulation exerce un pouvoir de sanction. La mission de régulation peut comporter des fonctions distinctes qui, au prisme du droit public français, sont matérialisées soit par des mesures préventives (police administrative) soit par des mesures répressives (sanctions). Ainsi, dans la décision QPC du 5 juillet 2013, le Conseil constitutionnel a estimé que l'ARCEP exerçait bien un pouvoir de sanction, tandis que, dans la décision QPC du 13 décembre 2013, il parvient à la conclusion inverse : la mise en demeure décidée par le CSA ne constitue pas une sanction. La décision QPC relative au CSA permet de tempérer les ardeurs contentieuses des requérants qui, sur le fondement du principe d'impartialité, en viendrait à contester toute décision adoptée par les autorités de régulation. Certes, d'un côté, le Conseil constitutionnel étend à ces autorités de régulation l'application du principe d'impartialité, néanmoins, de l'autre, il leur dénie la qualité de juridiction. Afin d'éviter que le principe d'impartialité soit invoqué tous azimuts, il est bienvenu de limiter son invocabilité aux hypothèses dans lesquelles l'autorité de régulation exerce son pouvoir de sanction. La décision du 13 décembre 2013 montre une nouvelle fois que la gageure à relever est alors de déterminer si la procédure au terme de laquelle la mesure contestée est prise correspond à l'exercice d'un pouvoir de sanction. Dans le cas des autorités de régulation, l'appréciation n'est pas aisée tant le "métissage" des mesures de police économique et de sanction est fort ainsi que le montre l'affaire *Canal plus* à propos du contrôle des concentrations (v. l'analyse faite par les commentateurs du Conseil d'État, X. Domino, A. Bretonneau, "Concentrations: affaires Canal plus, décodage", *AJDA*, 2013, p. 215). Le pouvoir de sanction constitue ainsi, pour l'article 16 de la Déclaration de 1789, le pendant de l'accusation en matière pénale de l'article 6 de la Convention européenne des droits de l'homme qui a donné lieu à des décisions du juge administratif en matière de régulation financière.

F. Martucci

Concurrences N°1-2014, pp. 208-209

Cons. const., 5 juillet 2013, déc. n° 2013-331 QPC, Numericable e.a.

Le Conseil constitutionnel estime que la procédure de sanction suivie devant l'ARCEP ne respecte pas le principe d'impartialité

La procédure relative au pouvoir de sanction de l'Autorité de régulation des communications électroniques et des postes (ARCEP) est établie depuis la loi de 1996 mais a subi, au fil des évolutions législatives et de l'influence de la jurisprudence européenne, divers changements. Toutefois, le législateur n'est pas allé jusqu'à créer, comme pour la Commission de régulation de l'énergie (CRE), l'Autorité des marchés financiers (AMF) ou l'Autorité de régulation des jeux en ligne (ARJEL), un comité spécifiquement dédié aux fonctions d'édicter des sanctions et, le cas échéant, de régler les différends distinct des autorités d'exécution que sont le Président de l'Autorité et ses services.

Selon l'article L. 36.11 du code des postes et communications électroniques (CPCE), en cas de manquement aux dispositions législatives et réglementaires ou aux décisions prises pour en assurer la mise en œuvre, certains pouvoirs peuvent être exercés d'office ou à la demande du ministre compétent, d'une organisation professionnelle, d'une association agréée d'utilisateurs ou d'une personne physique ou morale concernée. Il s'agit: du pouvoir de mise en demeure, détenu par le directeur général de l'ARCEP, de se conformer aux règles ou prescriptions en matière d'attribution ou d'assignation de fréquences; en l'absence de respect d'une décision de règlement des différends ou d'une mise en demeure, du pouvoir d'adresser des sanctions de suspension des services ou attributions de fréquence ou, hors infraction pénale, des sanctions pécuniaires; sans mise en demeure préalable de la possibilité d'imposer des mesures conservatoires; lorsqu'un manquement constaté peut entraîner un préjudice grave, de l'opportunité pour le Président de l'ARCEP de saisir le Conseil d'État en référé.

Répondant à une question prioritaire de constitutionnalité posée par la société Numericable, le Conseil constitutionnel a estimé, le 5 juillet 2013, que la procédure de sanction devant l'ARCEP ne respectait pas le principe d'impartialité découlant de l'article 16 de la déclaration de 1789. Néanmoins, avant d'arriver à cette conclusion, le Conseil a du se pencher sur diverses questions relatives à sa compétence.

Les questions de compétence

En premier lieu, le Conseil Constitutionnel a dû se poser la question de la version des textes applicables à l'espèce. En effet, le Conseil d'État ne précisait pas quelle rédaction de l'article L. 36-11 du CPCE était renvoyée au Conseil Constitutionnel. L'article L. 36-11 du CPCE a été modifié plusieurs fois ces dernières années, notamment par la loi n° 2004-669 du 9 juillet 2004 relative aux communications électroniques et aux services de communications audiovisuelle et par l'ordonnance n° 2011-1012 du 24 août 2011 relative aux communications électroniques. Le dernier texte modifiant certaines dispositions du CPCE est la loi n° 2012-1270 du 20 novembre 2012 relative à la régulation économique outre-mer et portant diverses dispositions relatives aux outre-mer. Or, le litige en cause porte sur une procédure engagée le 20 octobre 2011 qui a abouti à une sanction de l'ARCEP en date du 21 décembre 2011. Selon le Conseil Constitutionnel la version de l'article L. 36-11 applicable au litige est celle résultant de l'ordonnance du 24 août 2011, ce qui pose un second problème procédural.

En effet, en deuxième lieu, se pose la question de savoir si le Conseil Constitutionnel peut porter son appréciation sur une ordonnance qui, comme en l'espèce, n'a pas été ratifiée par le législateur. On le sait, depuis la modification de l'article 38 de la Constitution par la loi constitutionnelle du 23 juillet 2008 les ordonnances ne peuvent être ratifiées que de manière expresse. Comme le constate le Conseil dans le deuxième considérant, ni cette loi ni aucune autre disposition législative n'a procédé à la ratification de l'ordonnance. Dès lors, les modifications apportées par l'ordonnance n'ont pas de nature législative. Le Conseil Constitutionnel ne pouvant statuer que sur les dispositions de nature législative applicables au litige qui lui sont renvoyées ne les examine pas si elles résultent d'un texte réglementaire ou d'une ordonnance non ratifiée (v., Décision n° 2011-219 QPC du 10 février 2012, M. Patrick E.). En l'espèce, les juges de la rue Montpensier ont affiné, dans une optique téléologique, leur jurisprudence sur ce point : "lorsqu'il est saisi de dispositions législatives partiellement modifiées par une ordonnance non ratifiée et que ces modifications ne sont pas séparables des autres dispositions, il revient au Conseil constitutionnel de se prononcer sur celles de ces dispositions qui revêtent une nature législative au sens de l'article 61-1 de la Constitution, en prenant en compte l'ensemble des dispositions qui lui sont renvoyées". Le Conseil va donc uniquement contrôler la conformité aux droits et libertés garantis par la Constitution des dispositions législatives de l'article L. 36-11 du CPCE tout en prenant en compte, et en citant d'ailleurs, la rédaction issue de l'ordonnance du 24 août 2011. Si à l'occasion de cette QPC et au regard des modifications limitées de l'ordonnance en cause cette interprétation ne pose pas problème il n'est pas certain que dans d'autres cas il en soit toujours ainsi.

En troisième lieu, il convient de rappeler que pour que le Conseil Constitutionnel puisse se prononcer sur une QPC il convient, entre autres, que la disposition n'ait pas déjà été déclarée conforme à la Constitution dans les motifs et le dispositif d'une décision du Conseil, constitutionnel, sauf changement des circonstances. Le Secrétariat général du Gouvernement tout comme l'ARCEP, soutenait qu'en l'absence de changement des circonstances depuis la décision du 23 juillet 1996 (n° 96-378 DC, Loi de réglementation des télécommunications) et d'autant plus que le Conseil s'était prononcé à l'époque sur la compatibilité des dispositions en cause face à l'article 16 de la DDHC (sur la séparation des pouvoirs), le Conseil n'avait pas à statuer sur cette question. En effet, ce dernier a spécialement examiné les dispositions de l'article L. 36-11 dans la décision de 1996 et les a déclarées conformes à la Constitution. Le Conseil s'appuie donc sur la théorie du changement des circonstances de fait. Il précise, d'une part, que l'article L. 36-11 a été modifié à plusieurs reprises, en particulier par la loi du 9 juillet 2004 qui a, notamment, confié au directeur des services la mise en demeure éventuelle de l'exploitant ou du fournisseur. D'autre part, il estime de façon tout à fait intéressante que sa propre jurisprudence constitue aussi un changement de circonstances de fait. Il souligne pour appuyer cette idée qu'il a jugé que "lorsqu'elles prononcent des sanctions ayant le caractère d'une punition, les autorités administratives indépendantes doivent respecter notamment le principe d'impartialité découlant de l'article 16 de la Déclaration de 1789" dans sa décision du 12 octobre 2012 (décision n° 2012-280 QPC, Société Groupe Canal + et autres, cons. 8). Il aurait aussi pu citer sa décision du 2 décembre 2011 relative au pouvoir de décision de la Commission bancaire dans laquelle il a appliqué le même principe (Décision n° 2011-200, Banque Populaire Côte d'Azur). Ces éléments étant précisés, le Conseil a ensuite porté son attention sur le fond de la question.

L'impartialité de la procédure

La procédure de sanction devant les autorités administratives indépendantes dotées de ce pouvoir dépend souvent de la méconnaissance des dispositions législatives en cause (obligation, respect d'une décision de règlement des différends, etc.) et est donc assez protéiforme. Elle se divise substantiellement en trois étapes: le pouvoir de poursuite dans lequel on inclue la mise en demeure, le pouvoir d'instruction de l'affaire, puis en dernier lieu le jugement même des faits aboutissant ou non au prononcé de la sanction. Le Conseil avait donc à statuer sur la compatibilité de cette procédure avec le principe d'impartialité du juge qu'il tire de l'article 16 de la DDHC depuis sa décision du 28 décembre 2006 (Décision n° 2006-545 DC, Loi pour le développement de la participation et de l'actionnariat salarié et portant diverses dispositions d'ordre économique et social). Les requérants avançaient globalement deux idées. Ils estimaient d'une part que les dispositions en cause n'assuraient pas la séparation des fonctions de poursuite, d'instruction et de jugement au sein de l'ARCEP dans la mesure où l'exposé des faits et des griefs sont notifiés par le directeur des affaires juridiques de l'ARCEP placé sous l'autorité du directeur des services lui-même soumis au Président de l'institution. Ils évoquaient d'autre part le fait que le pouvoir d'auto-saisine de l'ARCEP méconnaissait les mêmes principes dans la mesure où l'exercice successif d'un règlement des différends prévu à l'article L. 36-8 du CPCE puis d'une sanction pour méconnaissance de la première décision amenait l'ARCEP à sanctionner le respect de ses propres décisions. Le Conseil Constitutionnel ne s'est pas prononcé sur cette dernière question. En effet, le Conseil d'État ne l'a saisi que de l'article L. 36-11 du CPCE dans la mesure où c'est le seul qui s'appliquait à l'espèce.

Avant toute chose, il convient de revenir sur la jurisprudence antérieure du Conseil Constitutionnel dont la décision du 5 juillet 2013 n'est que l'aboutissement. D'une part, dans la décision précitée du 2 décembre 2011, le Conseil avait estimé, à propos du pouvoir disciplinaire de la Commission bancaire, que la séparation des fonctions de poursuite et de jugement s'imposait aux autorités administratives indépendantes exerçant des fonctions que la loi qualifie de juridictionnelles. Plus récemment, le Conseil s'est penché sur les pouvoirs de sanction de l'Autorité de la concurrence (Aut. conc.) dans sa décision du 12 octobre 2012. Il relève que le collège de l'AdC, doté de garanties d'indépendance satisfaisantes, exerce le pouvoir de sanction. Or, si l'AdC dispose de services pour instruire les dossiers de sanctions dirigés par un rapporteur général qui nomme lui-même les rapporteurs adjoints, le premier est nommé par arrêté du ministre. Dès lors, selon le Conseil, ces dispositions ont pour objet de garantir l'indépendance du rapporteur général et de ses services à l'égard des formations de l'AdC compétentes pour prononcer des sanctions. Par voie de conséquence, le Conseil considère que la capacité de l'AdC de se saisir d'office de certaines pratiques résultant d'une proposition du rapporteur général ne conduit pas à préjuger de la réalité des manquements à réaliser, d'autant plus que le rapporteur ne participe pas au délibéré devant le collège de l'Autorité. La procédure respecte donc le principe d'impartialité. Il en résulte que la séparation des fonctions doit être fonctionnelle et non organique pour satisfaire le principe en cause qui est, selon la même décision, "indissociable de l'exercice de pouvoirs de sanction par une autorité administrative indépendante".

Les données sont un peu différentes dans le cadre de la procédure de sanction de l'ARCEP. Selon le 1° de l'article L. 36-11 le directeur des services (devenu directeur général avec l'ordonnance du 24 août 2011) détient le pouvoir de mise en demeure et celui d'apprécier s'il y a lieu de donner suite à une demande de sanction ou de prononcer un non-lieu à poursuivre. L'introduction par le législateur en 2004 du directeur des services dans cette procédure ainsi que l'adaptation à partir de 2006 du règlement intérieur de l'ARCEP (Décisions n°06-0044, 2007-0556, 2007-0705) furent des mesures préventives face aux exigences découlant de l'article 6, § 1 de la Convention européenne des droits de l'homme (en ce sens Lettre de l'ARCEP, mars-avril 2006, p. 15) et de la jurisprudence du Conseil d'État et de la Cour de Cassation sur le sujet (voir respectivement CE, Ass., 3 décembre 1999, Didier, Cass. Ass. plén., 5 février 1999, COB c/ Oury). Dès lors, comme l'admet le Conseil Constitutionnel, ce que l'on qualifie communément de "pouvoir de poursuite" est entre les mains du directeur général. Par ailleurs, même si la décision ne l'évoque pas, le pouvoir d'instruction est assuré par un rapporteur ou un rapporteur adjoint. Or, comme le relève le juge (considérant n° 12), selon l'alinéa premier de l'article L. 132 du CPCE les services de l'ARCEP sont placés sous l'autorité de son Président. Selon l'article D. 292 du même code, le directeur général est nommé par le Président de l'Autorité et est placé sous son autorité. Il convient donc de noter que le pouvoir de poursuite (directeur général) et le pouvoir d'instruction (rapporteur) sont tous les deux exercés sous l'autorité directe du Président de l'ARCEP. Or, il se trouve, comme le souligne le Conseil, que le directeur général assiste aussi aux délibérations de l'Autorité lorsqu'elle juge de l'attribution d'une sanction. Le Conseil Constitutionnel en conclue que "alors même que la décision de mise en demeure relève du directeur général, les dispositions des douze premiers alinéas de l'article L. 36-11 du CPCE, qui n'assurent pas la séparation au sein de l'Autorité entre, d'une part, les fonctions de poursuite et d'instruction des éventuels manquements et, d'autre part, les fonctions de jugement des mêmes manquements, méconnaissent le principe d'impartialité".

Le Conseil estime donc que les dispositions qui sont de nature législative doivent être déclarées contraires à la Constitution. Par ailleurs, il fixe la date de la décision d'inconstitutionnalité, donc de l'abrogation des dispositions en cause, à compter de la publication de la décision. Ainsi, la décision est applicable à toutes les procédures en cours devant l'ARCEP et à toutes les instances non définitivement jugées à cette date. Le requérant a eu gain de cause et la sanction de 5 millions d'euros adressée à Numericable devra être annulée par le Conseil d'État pour vice de procédure. Cependant, l'ARCEP n'a plus de pouvoir de sanction depuis le 7 juillet 2013, comme cela a aussi pu se passer pendant une période pour l'AMF et plus récemment pour le CSA. Il convient d'espérer que le législateur se saisira rapidement de cette question comme le ministère a semblé l'annoncer (Communiqué de presse du ministre du Redressement productif du 5 juillet 2013, n° 578).

La question se pose donc de savoir quelle voie le législateur va emprunter pour se conformer à la décision du Conseil Constitutionnel. Il serait possible de prendre appui sur le précédent de la décision du 12 octobre 2012 relative à l'AdC et de modifier les formes de nomination du directeur des services ou du rapporteur, tout en interdisant aux deux d'assister au délibéré de la sanction. Néanmoins, il convient de ne pas oublier la jurisprudence de la Cour européenne des droits de l'homme à ce sujet. Il résulte en effet de l'arrêt Dubus relatif à la Commission bancaire (CEDH, 11 juin 2009, req., n° 5242/04), assez difficile à analyser au demeurant, que "si le cumul des fonctions d'instruction et de jugement peut être compatible avec le respect de l'impartialité garanti par l'article 6, § 1 de la Convention, où était en cause la participation du rapporteur au délibéré du jugement (...), ce cumul est subordonné à la nature et l'étendue des tâches du rapporteur durant la phase d'instruction, et notamment à l'absence d'accomplissement d'acte d'accusation de sa part". La Cour a rappelé à cette occasion que "le simple fait, pour un juge, d'avoir déjà pris des décisions avant le procès ne peut passer pour justifier en soi des appréhensions relativement à son impartialité. Ce qui compte est l'étendue des mesures adoptées par le juge avant le procès". Par conséquent, si la Cour n'exige pas expressément la séparation des trois fonctions de poursuite, d'instruction et de jugement, elle vérifie quand même une certaine étanchéité afin qu'il n'y ait aucun préjugement de l'affaire. Il conviendrait donc probablement d'opter pour la solution a priori la plus compatible avec le principe d'impartialité et déjà connue et adoptée par le législateur pour la CRE, l'AMF ou l'ARJE : créer une Comité des sanctions et, le cas échéant, de règlement des différends composé de conseillers d'État, de conseillers à la Cour de cassation et de membres nommés à raison de leur compétence professionnelle bénéficiant des plus hautes garanties d'indépendance. Cette mesure permettrait de séparer les fonctions de poursuite et d'instruction de celles de jugement. Par ailleurs, il faudrait garantir l'indépendance des rapporteurs chargés de l'instruction face à l'entité en charge de la poursuite afin d'aller encore plus loin dans les garanties d'impartialité que ce qui peut se déduire des décisions françaises et européennes. À la différence de ce qui se passe devant la CRE, où le rapporteur est désigné par le Comité de règlement des différends et des sanctions parmi les agents de la Commission, un membre du Comité ou un agent spécifique rattaché au Comité pourrait se charger d'instruire l'affaire sans participer ensuite au délibéré.

H. Delzangles, S. Martin
Concurrences N° 4-2013, p. 156

Concurrences +

Hubert Delzangles, Sebastien Martin, ARCEP - Procédure : Le Gouvernement adopte l'ordonnance relative à l'économie numérique et réforme la procédure de sanction devant l'ARCEP, 12 mars 2014, Concurrences N° 2-2014, Art. N° 66029, pp. 178-179

Hubert Delzangles, Sebastien Martin, Audiovisuel : Le législateur réforme une nouvelle fois le statut et les compétences du Conseil Supérieur de l'Audiovisuel, 15 novembre 2013, Concurrences N° 1-2014, Art. N° 63248, pp. 206-208

CE, 11 avril 2012, Banque Populaire Côte d'Azur, n° 336839

Le Conseil d'État se prononce sur le pouvoir disciplinaire et l'impartialité de l'autorité de régulation

Le Conseil d'État a annulé la décision de la Commission bancaire prononçant un blâme et infligeant une sanction pécuniaire à une banque. Il s'est agi pour la haute juridiction administrative de tirer les conséquences de la décision QPC rendue par le Conseil constitutionnel le 2 décembre 2011 (décision n° 2011-200 QPC, Banque populaire Côte d'Azur). Le juge constitutionnel avait en effet déclaré inconstitutionnel l'ensemble des dispositions du code monétaire et financier organisant le pouvoir disciplinaire de la Commission bancaire. Celle-ci était organisée sans qu'une séparation soit prévue par le législateur entre "d'une part, les fonctions de poursuite des éventuels manquements des établissements de crédit aux dispositions législatives et réglementaires qui les régissent et, d'autre part, les fonctions de jugement des mêmes manquements, qui peuvent faire l'objet de sanctions disciplinaires". En conséquence, était méconnu le principe d'impartialité des juridictions, étant précisé que, parallèlement, dans une autre affaire, la CEDH avait également constaté l'inconventionnalité des mêmes dispositions pour violation de l'article 6 de la Convention européenne des droits de l'homme (Cour EDH, 11 juin 2009, Dubus SA c/ France, n° 5242/04). Dans la mesure où la décision du Conseil constitutionnel est applicable à toutes les instances non définitivement jugées à la date de sa publication, il revenait au Conseil d'État d'annuler les sanctions disciplinaires infligées à la requérante. À l'avenir, le problème ne se posera plus puisque le pouvoir disciplinaire reconnu à l'Autorité de contrôle prudentiel, qui a succédé à la Commission bancaire, est organisé par l'ordonnance n° 2010-76 du 21 janvier 2010 de façon à respecter les exigences constitutionnelles et conventionnelles.

F. Martucci

Concurrences N° 3-2012 p. 221

1.2 Les pouvoirs des autorités de régulation

1.2.1 Décision

CE, 2 avril 2010, Société Mediaserv, n°319816

Le Conseil d'État reconnaît à l'ARCEP le droit d'imposer l'itinérance sur les fréquences exploitées en 2 G au bénéfice de nouveaux entrants qui ne disposent d'autorisation que dans la bande 2,1 GHz, exploitée en norme 3G, si cela est nécessaire pour assurer une concurrence efficace et loyale, mais confirme l'ARCEP qui a refusé d'utiliser ce pouvoir dans les départements d'outre-mer en 2008

L'entrée de nouveaux opérateurs de réseau mobile sur le marché est soumise, outre les obstacles économiques divers, à d'importantes contraintes dues à la rareté des ressources en fréquences. La possibilité d'imposer l'itinérance sur les réseaux des opérateurs en place peut être une réponse à cette contrainte.

L'arrêt qui vient d'être rendu le 2 avril 2010 par le Conseil d'État a le mérite de préciser clairement dans quel cas le régulateur peut imposer une telle contrainte aux opérateurs déjà titulaires d'autorisations d'utilisation de fréquences. Ce faisant, le Conseil d'État vient de conforter doublement le régulateur des communications électroniques, d'une part en lui reconnaissant le pouvoir d'imposer cette itinérance, sous certaines conditions, de l'autre en rejetant la requête d'un opérateur qui contestait l'une de ses décisions refusant de mettre en œuvre un tel pouvoir.

Les faits

Quelques jours avant le 30 janvier 2008, date à laquelle l'ARCEP ouvrait, dans les quatre départements d'outre-mer de Guadeloupe, de Martinique, de la Réunion et de la Guyane la bande 2,1 GHz afin d'y délivrer des autorisations d'utilisation de cette fréquence aux opérateurs aux fins d'exploiter un réseau mobile de 3ème génération (3G), la société Mediaserv, opérateur de communications électroniques de réseau fixe dans les quatre départements d'outre-mer en cause, avait sollicité l'ARCEP afin qu'elle impose aux opérateurs exploitant un réseau mobile de 3ème génération (3G) déjà actifs en matière de réseau mobile 2ème génération (2G) (réseaux "GSM") de fournir un service d'itinérance aux opérateurs 3G nouveaux entrants.

À la date de la demande de Mediaserv, la consultation publique pour l'attribution des autorisations de fréquences 3G dans la bande 2,1 GHz pour les territoires d'outre-mer, était terminée, et Mediaserv n'avait pas exprimé une telle revendication dans le cadre de cette consultation.

L'ARCEP, qui, au vu de la consultation publique, avait décidé de retenir la procédure d'attribution des autorisations de fréquences dans la bande 2,1 GHz, dite "au fil de l'eau", avait donc refusé, par sa lettre du 20 février 2008, confirmée implicitement après recours gracieux formé 14 avril 2008, de faire droit à la demande de Mediaserv, pour deux motifs.

Elle indiquait d'une part que, dès lors qu'elle avait retenu une attribution sur le fondement de l'article L. 42-1 du Code des postes et des communications électroniques (CPCE), c'est-à-dire la procédure de droit commun, (l'article L 42-2 du même Code ne lui imposant de recourir à une procédure de sélection que *"lorsque la bonne utilisation des fréquences l'exige"*, c'est-à-dire dans l'hypothèse de rareté des fréquences à attribuer), et que cet article ne lui permettait de refuser l'attribution de telles fréquences que dans des cas limitativement énoncés ("I. L'Autorité de régulation des communications électroniques et des postes attribue les autorisations d'utilisation des fréquences radioélectriques dans des conditions objectives, transparentes et non discriminatoires tenant compte des besoins d'aménagement du territoire. Ces autorisations ne peuvent être refusées par l'Autorité de régulation des communications électroniques et des postes que pour l'un des motifs suivants: / 1° La sauvegarde de l'ordre public, les besoins de la défense nationale ou de la sécurité publique; / 2° La bonne utilisation des fréquences; / 3° L'incapacité technique ou financière du demandeur à faire face durablement aux obligations résultant des conditions d'exercice de son activité; / 4° La condamnation du demandeur à l'une des sanctions mentionnées aux articles L. 36-11, L. 39, L. 39-1 et L. 39-4. [...]"), et de énonçait également limitativement les conditions d'utilisation desdites fréquences qu'elle pouvait imposer et au nombre desquels ne figurait pas l'obligation d'itinérance ("II. L'autorisation précise les conditions d'utilisation de la fréquence ou de la bande de fréquences qui portent sur: /1° La nature et les caractéristiques techniques des équipements, réseaux et services qui peuvent utiliser la fréquence ou la bande de fréquences ainsi que leurs conditions de permanence, de qualité et de disponibilité et, le cas échéant, leur calendrier de déploiement et leur zone de couverture; / 2° La durée de l'autorisation, qui ne peut être supérieure à vingt ans, ainsi que le délai minimal dans lequel sont notifiés au titulaire les conditions de renouvellement de l'autorisation et les motifs d'un refus de renouvellement; ce délai doit être proportionné à la durée de l'autorisation et prendre en compte le niveau d'investissement requis pour l'exploitation efficace de la fréquence ou de la bande de fréquences attribuée; / 3° Les redevances dues par le titulaire de l'autorisation, lorsque celles-ci n'ont pas été fixées par décret; / 4° Les conditions techniques nécessaires pour éviter les brouillages préjudiciables et pour limiter l'exposition du public aux champs électromagnétiques; / 5° Les obligations résultant d'accords internationaux ayant trait à l'utilisation des fréquences; / 6° Les engagements pris par le titulaire dans le cadre de l'appel à candidatures prévu à l'article L. 42-2."), elle ne pouvait pas introduire une telle obligation dans les autorisations des acteurs qui demanderaient une autorisation 3G, en étant déjà antérieurement titulaires d'autorisations 2G. D'autre part, elle indiquait qu'une telle obligation risquait de ne pas être proportionnée à la situation spécifique des départements d'outre-mer où des fréquences restaient disponibles pour tout acteur qui souhaiterait déployer un réseau 2G.

La requête de Mediaserv invoquait essentiellement, outre le moyen de légalité externe tiré de l'incompétence du Président de l'ARCEP, signataire de la lettre attaquée, deux moyens de légalité interne, le premier tiré de l'incompétence négative de l'Autorité qui n'avait pas recouru aux pouvoirs réglementaires qu'elle tire de l'article L. 6-6 ("L'article L. 36-6 est relatif au pouvoir règlementaire subordonné de l'ARCEP. Il dispose notamment que l'ARCEP "précise les règles concernant: [...] 3° Les conditions d'utilisation des fréquences et bandes de fréquences mentionnées à l'article L. 42.") du CPCE pour imposer l'itinérance réclamée par la requérante, l'autre sur celui que les décisions attaquées méconnaîtraient les principes d'égalité, de non discrimination et de concurrence effective et loyale, en soulignant que, pour ces motifs, l'ARCEP avait, lors de l'introduction de la 3G en métropole, imposé une obligation d'itinérance à l'ensemble des opérateurs 2G/3G.

Dans l'arrêt rendu par le Conseil d'État sur la requête de Mediaserv, on ne s'attardera pas sur le fait qu'il a écarté, conformément à sa jurisprudence (Dans son arrêt du 30 juin 2006, Société Neuf Telecom SA, dans une hypothèse similaire (rejet par une lettre signée du président de l'ARCEP d'un recours gracieux relatif à une attribution de fréquences), le Conseil d'Etat avait écarté le moyen tiré de l'incompétence du président, en retenant qu'il était réputé agir au nom de l'Autorité dès lors qu'il répondait à une demande adressée à l'Autorité dans un domaine où celle-ci était compétente), le grief tiré de l'incompétence du Président de l'ARCEP à prendre la décision attaquée, dès lors que cette décision avait été prise après examen de la question par le collège de l'Autorité, qui avait estimé que la situation de ce marché dans les départements d'outre-mer, ne justifiait pas qu'une prestation d'itinérance soit imposée aux opérateurs exploitant un réseau 2G au bénéfice des nouveaux entrants de la bande 2,1 GHz.

Une compétence étendue reconnue au régulateur

La portée de l'arrêt réside dans l'affirmation du principe selon lequel les dispositions des articles L. 42-1 et L. 42-2 du CPCE, applicables aux attributions de fréquences, "*ne font pas obstacle à ce que l'Autorité use du pouvoir qu'elle tire des articles L. 36-6 et L. 36-7* (L'article L. 36-7 précise notamment que l'ARCEP veille à la bonne utilisation des fréquences qu'elle assigne) *du même Code pour imposer à certains opérateurs disposant d'autorisations d'utilisation de fréquences dans les bandes 900 MHz ou 1800 MHz, exploitées en norme 2G, ainsi que dans la bande 2100 MHz, exploitée en norme 3G, de permettre aux nouveaux opérateurs qui ne disposent d'autorisation d'utilisation des fréquences que dans cette dernière bande d'utiliser les fréquences exploitées en norme 2G dans les bandes 900 MHz et 1800 MHz (prestation dite d'itinérance) ; qu'elle ne peut toutefois le faire que s'il ressort de l'analyse du fonctionnement du marché qu'une telle obligation est nécessaire pour assurer une concurrence efficace et loyale entre les différentes catégories d'opérateurs, et proportionnée à cet objectif*".

Cette reconnaissance expresse est fondée sur une interprétation téléologique des textes, fondée sur les objectifs auxquels doit veiller le régulateur, en vertu de l'article L. 32-1 et notamment la concurrence loyale et efficace.

Elle devrait permettre au régulateur de pallier, en se fondant sur les objectifs généraux de régulation, les limites des pouvoirs qui lui sont reconnus dans le cadre de procédures d'attribution de fréquences fondées sur l'article L. 42-1. En effet, il n'est pas exclu que l'attribution d'autorisations dans une certaine bande de fréquences n'impose pas le recours à la procédure complexe de sélection prévue par l'article L. 42-2, qui n'est applicable qu'en cas de rareté de la fréquence à attribuer, mais que les nouveaux titulaires d'autorisation aient besoin, pour offrir le service, d'itinérance sur des bandes attribuées antérieurement et saturées à la date d'attribution des fréquences sur la bande nouvellement ouverte.

Au cas d'espèce, rejet de la requête de mediaserv

Toutefois, en l'espèce, le Conseil d'État a validé l'analyse de l'ARCEP en se fondant, pour admettre la différence de traitement des nouveaux opérateurs en norme 3G résultant du refus de l'ARCEP d'imposer, dans les départements d'outre-mer, des dispositions analogues à celles en vigueur en France métropolitaine, sur les différences de situation entre les départements d'outre-mer, à la date de la décision attaquée, dans lesquels des fréquences restaient disponibles "*dans les bandes 1800 MHz à la Réunion, en Martinique et en Guadeloupe, et dans les bandes 900 MHz en Guyane, susceptibles d'être utilisées pour compléter, le cas échéant, le déploiement d'un réseau 3G dans la bande 2100 MHz*", et celles de la France métropolitaine, en décembre 2001 (Dans un cadre réglementaire applicable à l'attribution des autorisations de fréquences qui était alors différent), quand elle avait pris la décision, précisée ultérieurement, de proposer au ministre chargé des télécommunications les modalités et les conditions d'attribution pour l'introduction sur ce territoire des systèmes mobiles 3G, en prévoyant la possibilité pour tout nouvel opérateur 3G de bénéficier d'un accord d'itinérance avec l'un des opérateurs 3G disposant également d'une autorisation d'exploiter un réseau en norme 2G dans les bandes 900 et 1800 MHz, et celles des départements d'outre-mer, puisque, dans cette situation "*cette obligation trouv[ait] sa justification dans la saturation des bandes de fréquences susceptibles d'être utilisées pour l'exploitation d'un réseau en norme 2G sur le territoire de la France métropolitaine*".

Le Conseil d'État conclut qu'en l'espèce, en 2008 "il n'était pas nécessaire, au regard de la situation du marché, d'imposer la prestation réclamée par la société requérante pour assurer une concurrence loyale et efficace ou atteindre les autres objectifs fixés par l'article L. 32-1 du Code des postes et communications électroniques".

La reconnaissance, par le juge administratif, d'une latitude certaine laissée au régulateur pour l'exercice de son pouvoir réglementaire, devrait être favorable à son action concurrentielle.

J. Adda
Concurrences N°2-2010, pp. 148-149

CE, 25 avril 2007, Société Free, n° 287486

Le Conseil d'État considère qu'une redevance qui n'est pas proportionnelle au service rendu est une taxe que seul le législateur peut créer

Le pouvoir de tarification de l'utilisation des infrastructures essentielles ou de fixation du prix des ressources rares sur un marché est un instrument majeur dans l'arsenal de tout régulateur. L'absence, en France, de réflexion théorique sur la place de la régulation dans l'action publique, et, par suite, d'adaptation des outils et procédures à cette conception nouvelle de l'organisation et des modes d'action de l'État vient d'être à nouveau illustrée par un arrêt du Conseil d'État rendu à la requête de la société Free.

On sait que parmi les numéros de téléphones, certains, par leur brièveté, ont une valeur supérieure pour les opérateurs – qu'il s'agisse d'un chiffre, de deux ou de quatre, faciles à retenir et donnant accès rapide à des services qui deviennent ainsi attractif pour ce motif. Dans le plan de numérotation, dont la gestion est confiée à l'ARCEP par le Code des postes et communications électroniques, l'attribution de ce type de numéro à divers opérateurs suscite évidemment des convoitises. C'est pourquoi le deuxième "paquet telecom", centré autour de la directive 2002/20/CE, prévoyait que les États membres pouvaient accorder au régulateur sectoriel le droit de percevoir une redevance pour l'attribution de ces numéros, afin, selon la directive, d'encourager l'utilisation et la gestion efficace des ressources (directive "autorisation", JOUE n° L. 108 du 24 avril 2002, p. 21-32). Par efficacité, il faut entendre utilisation effective, dans le sens de la saine concurrence entre opérateurs. Sur la base de cette orientation, les articles R. 20-44-27 et suivants du Code des postes et des communications électroniques, prévoyaient une redevance, fondée sur la valeur de base d'un coefficient a, représentant le prix à payer pour un opérateur réservant un numéro à dix chiffres, les numéros à six chiffres donnant lieu à paiement (annuel) de 2 millions de a, ceux à un chiffre de 20 millions de a (a ne peut être inférieur à 2,3 centimes d'euros).

On comprend parfaitement la logique de la tarification ainsi opérée, parfaitement en phase avec les orientations de la directive européenne : valoriser les ressources réservées par les opérateurs en fonction de l'usage et des profits qu'ils en retirent, pour équilibrer la concurrence et contraindre à utiliser la ressource, qui, vu son prix, ne peut être réservée sans être effectivement utilisée, comme pourrait y songer un opérateur ayant des visées prédatrices...

C'est sans compter avec le droit commun des redevances : elles ne peuvent être perçues qu'afin de rémunérer le service rendu par l'État, aux termes de la loi organique sur les lois de finances. Il va de soi que gérer un numéro à un chiffre ne coûte pas 20 millions de fois plus cher a à l'ARCEP que gérer un numéro à 10 chiffres. La redevance, étant fixée au regard de l'avantage pour l'utilisateur, et non du coût concret du service, n'était par suite pas une redevance. Elle ne pouvait être qu'une taxe – ce qu'avant même que le Conseil d'État ne statue le législateur avait bien perçu, la loi de finances rectificative pour 2006 ayant modifié à cette fin le Code des postes et des communications électroniques pour reprendre les mêmes dispositions à l'article L. 44 du code. Dès lors, le pouvoir réglementaire était incompétent pour créer cette redevance qui n'en était pas une, et le conseil d'État a annulé les dispositions critiquées.

La solution est difficilement contestable – rappelant le principe classique selon lequel l'existence d'un impératif ou d'une habilitation communautaire est sans conséquence sur la répartition nationale des compétences entre pouvoir législatif et pouvoir réglementaire. La difficulté est que le droit français est, à ce jour, incapable de penser les fonctions de régulation autrement qu'en plaquant les schémas traditionnels de séparation des pouvoirs ou de typologie des ressources étatiques. L'esquisse d'évolution sur le droit des redevances, en particulier, que le Conseil d'État appelait de ses vœux dans une étude de 2002, et qu'il a amorcé dans la limite de son pouvoir jurisprudentiel pour les redevances domaniales, qui doivent aussi être fixées en fonction de l'avantage qu'en retire l'occupant du domaine (CE, 21 mars 2003, SIPPEREC, n° 249852, Rec. Leb. p. 144 et CE, 11 octobre 2004, Prouvoyeur, n° 254236 T. p. 687) n'a pour l'instant pas reçu, comme le relevait avec regret le commissaire du gouvernement, E. Prada Bordenave, de traduction normative.

Il est donc souhaitable que cet arrêt soit lu aussi comme une nouvelle incitation à repenser la place globale de la régulation dans les normes et les structures de l'État : on ne pourra tirer profit des autorités de régulation que pour autant que les pouvoirs nécessaires à leur efficacité leurs sont donnés, dans un cadre démocratique d'ensemble. Il y a là, en matière de réflexion sur nos institutions, des enjeux autrement important que ceux faisant l'ordinaire des révisions constitutionnelles devenues si fréquentes. Penser les recettes, prélèvements et tarifs nécessaires au fonctionnement du marché comme des leviers d'action sur le marché et non seulement des sources de recettes de l'État ; penser l'instance de régulation comme une nouvelle figure de pouvoir, dont le statut démocratique et l'insertion dans la hiérarchie des normes ne peut plus se limiter au rôle supplétif que lui assignait le Conseil constitutionnel, penser le contrôle du juge sur une instance qui n'est pas une juridiction sans être un acteur administratif classique, sont autant des voies de réflexion à emprunter.

T. Tuot

Concurrences N° 3-2007, pp. 158-159

CA Paris, 1ère ch. H, 25 janvier 2005, Cerestar c/ RTE, RG 04/12111

La Cour d'Appel de Paris considère que la Commission de régulation de l'énergie n'a pas le pouvoir d'adresser à un utilisateur du réseau une injonction de conclure un contrat

L'arrêt de la cour d'appel dans l'affaire Cerestar suscite quelques interrogations sur la place et le rôle de l' "autorité de règlement de différend" (en l'espèce la Commission de régulation de l'énergie) dans l'organisation de la libéralisation du marché de l'énergie opérée par la loi du 10 février 2000.

Les faits sont en l'espèce de peu d'importance: la société Cerestar refusait de signer un contrat d'accès au réseau dans les termes que RTE lui proposait, s'opposant à lui tant sur la délimitation de la frontière du réseau que sur les conditions tarifaires applicables. RTE ayant fini par saisir la CRE d'une demande de règlement de différend, la CRE a, d'une part, estimé que la société Cerestar devait une somme représentant les coûts d'utilisation du réseau conformément aux conditions tarifaires que RTE estimait applicables, et d'autre part, devait, sous trente jour, conclure avec RTE le contrat que celui-ci lui proposait. A défaut, RTE pourrait déconnecter l'installation de Cerestar – la CRE lui rappelant que le gestionnaire du réseau avait ce pouvoir et refusant de le décider elle-même. Cerestar a saisi la cour d'appel de Paris et celle-ci a annulé la décision de la CRE avant de confirmer intégralement le raisonnement qu'elle avait tenu, sur tous les points. La seule différence est que d'une part, Cerestar est reconnue redevable de la somme et non tenue de la verser, et que Cerestar n'est plus tenue de signer un contrat, mais RTE en droit de suspendre son accès au réseau si elle ne l'a pas signé sous trente jours. Gageons que les profanes auront un peu de mal à comprendre la différence, qui est pourtant de taille.

Une différence fondamentale dans la conception du rôle du régulateur

Elle repose toute entière sur une vision très différente, entre la CRE et la cour d'appel, de la mission du régulateur en tant qu'autorité de règlement de différend. L'article 38 de la loi de 2000 lui demande de donner une solution technique et financière au différend et, pour crédibiliser ce pouvoir, l'article 40 de la même loi assortit le non respect de la décision de sanctions, prononcées par la CRE et contestables devant le juge administratif. Donner une solution, pour le régulateur, est, manifestement, faire qu'après sa décision il n'y ait plus de différend, sauf à en renouveler le débat en cour d'appel. C'est d'ailleurs précisément ce que demandent les directives communautaires en la matière. Que ce règlement assigne à chacun des obligations de faire – et donc se traduise par des injonctions, va, pour la CRE, de soi, et c'est sans doute l'une des façons d'interpréter les intentions du législateur: la sanction du non respect des décisions n'a de sens que si celles-ci ont un contenu tel qu'il est possible de se mettre en infraction avec leur dispositif (ne pas faire ce qu'elle ordonne de faire, ne pas verser ce qu'elle impose de verser). La cour d'appel en a une vision totalement différente: il n'appartient pas au régulateur, mais seulement au juge du contrat, de décider qu'une somme est due, et l'avoir décidé est contraire à "la mission de régulation" de la CRE; il n'appartient pas plus au régulateur d'intimer à la société de conclure un contrat, puisque, d'une part, celle-ci peut vouloir ne pas le faire et alors s'exposer à la sanction de la déconnexion de ses installations par RTE et que, d'autre part, la CRE n'a pas ce pouvoir.

Ces dernières affirmations posent plusieurs questions. En premier lieu, comment les concilier avec la loi ? La CRE doit donner une solution, comme, à sa suite, la cour d'appel si elle annule sa décision. Or la cour d'appel a adopté un dispositif qui donne moins une solution que des éléments pour y parvenir : elle reconnaît que Cerestar doit une somme, mais il faudra que RTE entame une procédure nouvelle pour l'obtenir ; elle estime que Cerestar devrait signer un contrat, mais ne l'y oblige pas. Après sa décision, les parties doivent continuer à entreprendre des procédures ou des actions, entretenir le différend, rechercher des voies d'exécution : le droit est dit, mais est-ce complètement sous la forme d'une solution ?

Pourquoi la cour d'appel fait-elle ce choix ?

Parce que la cour d'appel estime que la mission de régulation ne permet pas d'exercer ces pouvoirs d'injonction. De quelle mission de régulation parle la cour ? Il n'en existe aucune définition, et, en l'espèce, il ne peut s'agir que de la mission de règlement de différends de l'article 38. On a vu que le lire comme interdisant de donner une solution comportant des injonctions peut être considéré comme privant d'effet pratique certaines intentions du législateur, dont le sens est confirmé par l'attribution d'un pouvoir de sanctions. Si la CRE avait rendu la décision que la cour d'appel adopte, à quel titre aurait-elle pu exercer ce pouvoir de sanction ? Le non paiement de la somme relève d'une contestation devant le juge (comment, d'ailleurs, violer une décision indiquant qu'on est redevable d'une somme ?), la non conclusion du contrat relève de la sanction par RTE. Si le dispositif n'est pas susceptible de donner lieu à sanction, c'est qu'il ne donne pas de solution.

Une motivation en pointillé de la cour

C'est que la cour d'appel a une autre motivation, qu'elle laisse transparaître : la CRE ne saurait avoir des pouvoirs supérieurs, ni même identiques, à ceux du juge du contrat. Cette limitation ne figure pas dans la loi, et il est permis de s'interroger sur les conditions dans lesquelles on peut la concilier avec la logique du texte, ainsi que des directives qu'il transpose. Bien entendu, les parties à un litige d'accès au réseau ont toute liberté pour saisir tel juge qu'elles estiment compétent pour telle ou telle fraction du litige (un dommage de travaux publics, une inexécution contractuelle, un règlement de prix...). Dans ce cas, et sur ces points portés devant un juge, la CRE ne peut que s'incliner devant l'autorité de chose jugée.

Une voie parallèle précontentieuse

Mais il y a aussi une voie parallèle, précontentieuse, celle du règlement de différend, global, opéré par le garant de l'exercice du droit d'accès au réseau. Et la CRE peut être regardée, dans ce cadre, comme n'étant pas tenue, ni par un texte ni par nature, par les limitations du pouvoir du juge du contrat. Elle n'est pas une juridiction, mais une autorité administrative. On peut comprendre que la cour d'appel soit rétive, au regard des contentieux dont elle connaît d'ordinaire, à reconnaître qu'une autorité administrative ait plus de pouvoir qu'un juge, mais c'est pourtant là une situation fréquente. Réduire la CRE à une fonction juridictionnelle est non seulement contraire à la loi, mais rend son existence comme autorité de règlement des différends inutile, puisqu'il vaut mieux alors saisir directement un juge. N'est-ce pas, peut-être, le principal message de la cour d'appel ?

Pourquoi invoquer, par un motif surabondant, la liberté contractuelle pour annuler la décision?

Il ne fait pas de doute que s'il s'agissait de relations entre personnes privées divergeant sur les conditions d'une prestation, cette injonction de conclure, même si elle était opportune, serait une atteinte à la liberté contractuelle. Mais, en l'espèce, une autre lecture du litige semblait possible. L'intention de Cerestar était claire: la société voulait accéder au réseau. Or, la loi de 2000, en son article 23, fait de la conclusion d'un contrat d'accès une condition légale de l'exercice de ce droit. La contestation ne portait pas et ne pouvait légalement porter sur la nécessité ou pas de conclure un contrat, qui ne peut être débattue en aucune manière, ni devant la CRE, ni devant un juge, nécessité que d'ailleurs Cerestar ne contestait pas, mais uniquement sur le point de savoir ce que devait être le contenu de ce contrat sur les points en débat entre RTE et Cerestar.

La CRE ne s'est pas contredite

La décision de la CRE, dans cette optique, n'était donc pas une injonction de conclure un contrat au mépris de la liberté contractuelle, mais l'injonction faite à une société exerçant son droit d'accès au réseau d'en respecter la condition légale (la signature d'un contrat) dans les termes que voulait voir appliquer RTE, et non dans ceux souhaités par Cerestar. La liberté contractuelle a sur ce point été mise en cause par le législateur – elle ne trouve pas à s'exercer en matière d'accès au réseau autrement que dans les conditions qu'il a fixées – et la CRE se bornait à en tirer les conséquences. Dans cette optique, à rebours de ce qu'énonce la cour d'appel, il n'y a aucune liberté de ne pas conclure – la sanction de déconnexion a précisément pour objet de confirmer l'absence de choix en la matière. La liberté s'exerce en amont, c'est celle d'exercer ou pas le droit d'accès au réseau. Il n'y avait donc aucune contradiction dans la décision de la CRE à rappeler le pouvoir de sanction de RTE, qui en aucune manière ne constitue la contrepartie de la liberté de ne pas conclure un contrat, mais au contraire marque l'absence de liberté sur ce point.

Telle n'est cependant pas la solution donnée, qui estime qu'une injonction de conclure le contrat (qu'une incise: "si Cerestar veut accéder au réseau", aurait sauvée) est contraire à la liberté contractuelle. Ce ne sera sans doute pas la dernière fois qu'on observera, entre le régulateur et son juge judiciaire, une divergence d'approche, le premier plaçant le règlement de différend au sein de sa mission de régulation comme un outil parmi d'autres, le second attaché à la pureté d'un doit qu'il est dans sa mission de défendre. L'habitude finira peut-être par créer assez de proximité pour rapprocher les points de vue; à défaut, la question du choix de l'ordre de juridiction compétent pour connaître de ces décisions de règlement de différend pourrait à nouveau être débattue.

T. Tuot
Concurrences N° 2-2005, pp. 98-100

CE Sect., 25 février 2005, France Télécom, n° 247866

Le Conseil d'Etat considère que l'Autorité de régulation des Télécommunications était tenue de rendre publique sa méthode de tarification

Décision de l'Autorité de Régulation des Télécommunications imposant une baisse des tarifs: L'ART était tenue de rendre publique sa méthode de tarification, avant de la mettre en application dans sa décision; l'impact manifestement excessif susceptible de résulter d'une annulation de la décision de l'ART, justifie d'en différer l'effet.

L'arrêt du Conseil d'État du 25 février dernier présente un double intérêt. En premier lieu, tout en annulant la décision de l'ART, il confirme que l'autorité disposait, en application de l'article 3 du règlement (CE) 2887/2000 du 18 décembre 2000 et de l'article D. 99-24 du Code des Postes et Télécommunications, du pouvoir d'exiger de France Télécom une baisse du prix imposé aux autres opérateurs pour accéder à la boucle locale (partie du réseau qui va du poste de l'abonné au répartiteur). Et si l'arrêt reproche à l'ART d'avoir manqué à son obligation de transparence, en modifiant, sans procéder à une nouvelle consultation des opérateurs concernés, la méthode de calcul des coûts moyens incrémentaux de long terme qui doivent servir de référence aux tarifs du dégroupage, il ne récuse pas la décision de l'ART d'effectuer, pour déterminer lesdits coûts, une pondération entre les lignes qui ont vocation à être dégroupées rapidement et celles qui, compte tenu de la faible densité de la population desservie, ne pourront l'être qu'à terme.

Il prend même soin de préciser, après avoir identifié l'unique moyen d'annulation retenu, que "les autres moyens d'annulation ne sont pas fondés», indiquant ainsi au régulateur qu'il lui suffira de satisfaire à l'obligation de transparence, par une communication préalable de sa méthode de calcul, pour sécuriser sa décision.

En second lieu, l'arrêt limite dans le temps les effets de l'annulation. Étendant les conditions d'application de sa jurisprudence «Association AC !» (CE, Ass., 11 mai 2004), le Conseil d'État a considéré que l'annulation pure et simple de la décision, par définition rétroactive, «porterait une atteinte manifestement excessive à l'intérêt qui s'attache au respect du droit communautaire et au développement de la concurrence sur les marchés des nouveaux services de télécommunications». En effet, l'annulation pure et simple aurait pour effet de faire revivre des tarifs antérieurs qui, par nature, ne seraient pas orientés vers les coûts, en violation du règlement communautaire du 18 décembre 2000, et par là même conférerait à France Telecom un avantage économique indu au détriment de ses concurrents. Par conséquent, il a décidé que l'annulation ne prendra effet qu'à l'expiration d'un délai de deux mois à dater de la notification de l'arrêt.

J.-P. Tran Thiet

Concurrences N° 2-2005, p. 102

Concurrences+

Alain Ronzano, Télécommunication - Accès: Le Conseil d'État sauvegarde l'ouverture de la boucle locale en écartant l'effet rétroactif attaché à l'annulation par ailleurs prononcée d'une décision de l'ART fixant les tarifs de l'opérateur téléphonique historique pour l'accès à la boucle locale (France Télécom), 25 février 2005, Concurrences N° 2-2005, Art. N° 61970.

1.2.2 Sanction

CE, 11 avril 2018, M. A. B., n° 413349

Le Conseil d'État annule une décision de sanction prise par l'Agence française de lutte contre le dopage en application de l'article L. 232-22 du Code du sport, mais considère qu'il ne lui appartient pas de se substituer à cette agence pour apprécier s'il y a lieu d'infliger à l'intéressé une sanction à raison des faits qui lui sont reprochés

Aux termes de l'article L. 232-22-3° du Code du sport, l'Agence française de lutte contre le dopage (AFLD) peut, de sa propre initiative, se saisir des décisions de sanction disciplinaire prises par les fédérations sportives en cas de manquement aux règles prohibant la détention ou l'usage de produits dopants (prévues à l'article L. 232-9 du code précité) et les réformer.

L'AFLD, en application de ces dispositions, s'est saisie d'office d'une décision par laquelle la Fédération française d'équitation (FFE) avait infligé une sanction disciplinaire à l'un de ses licenciés en raison de l'usage par ce dernier de substances dopantes au sens de l'article L. 232-9 du Code du sport. Par une décision n° D. 2017-54 du 6 juillet 2017, l'AFLD a annulé la décision prise par la FFE et prononcé une sanction d'interdiction de participer pendant deux ans aux manifestations sportives organisées ou autorisées par cette fédération (alors que la décision annulée prévoyait une interdiction de trois mois), étendue aux compétitions organisées par plusieurs autres organisations.

Le licencié de la FFE sanctionné par l'AFLD a alors formé un recours de pleine juridiction tendant à l'annulation de la décision de l'agence (en application de l'article L. 232-24 du Code du sport), à l'appui de laquelle il a posé une question prioritaire de constitutionnalité portant sur le 3° de l'article L. 232-22 du Code du sport. Par une décision du 6 novembre 2017 (req. n° 413.349), le Conseil d'État, compétent en premier et dernier ressort pour connaître des recours dirigés contre les décisions de sanction prises par l'AFLD en application de l'article R. 311-1 du Code de justice administrative, a jugé que le moyen tiré de ce que les dispositions précitées portent atteinte aux principes d'indépendance et d'impartialité découlant de l'article 16 de la Déclaration des droits de l'Homme et du citoyen présente un caractère sérieux. Il a dès lors transmis la question prioritaire de constitutionnalité au Conseil constitutionnel.

Ce dernier, par une décision du 2 février 2018 (n° 2017-688 QPC) a déclaré l'article L. 232-22-3° du Code du sport contraire au principe d'impartialité découlant de l'article 16 de la Déclaration de 1789, au motif qu'aucune séparation n'est opérée au sein de l'AFLD entre les fonctions de poursuite des éventuels manquements ayant fait l'objet d'une décision d'une fédération sportive en application de l'article L. 232-21 et les fonctions de jugement de ces mêmes manquements. En application de l'article 62 de la Constitution, le Conseil constitutionnel a modulé les effets de la déclaration d'inconstitutionnalité dans le temps. Afin de préserver le rôle de régulateur confié par le législateur à l'AFLD, le Conseil a jugé que jusqu'à l'entrée en vigueur d'une nouvelle loi, ou au plus tard jusqu'au 1er septembre 2018, l'agence est saisie de toutes les décisions rendues en application de l'article L. 232-21 du Code du sport postérieurement à la décision du 2 février 2018 et de toutes les décisions rendues antérieurement à cette décision dont elle ne s'est pas encore saisie dans les délais légaux. En outre, le Conseil constitutionnel a estimé que la déclaration d'inconstitutionnalité peut être invoquée dans toutes les instances non définitivement jugées relatives à une décision rendue par une fédération sportive sur le fondement de l'article L. 232-21 du Code du sport dont l'AFLD s'est saisie.

L'annulation par le conseil d'Etat de la décision de sanction de l'AFLD

L'instance relative à la légalité de la décision rendue le 6 juillet 2017 par l'AFLD n'ayant pas été définitivement jugée par le Conseil d'État à la date où le Conseil constitutionnel a rendu sa décision, le licencié de la FFE sanctionné par l'AFLD a pu invoquer la déclaration d'inconstitutionnalité afin de demander l'annulation de la décision litigieuse.

Le Conseil d'État a fait droit à cette demande et a annulé la décision de sanction de l'AFLD. Ainsi qu'il résulte du commentaire de la décision du Conseil constitutionnel, l'AFLD, en se saisissant de la décision de sanction de la FFE en application du 3° de l'article L. 232-22 du Code du sport, a rendu une décision à la suite d'une procédure inconstitutionnelle. En toute logique, le licencié de la FFE sanctionné par l'AFLD devait donc pouvoir obtenir l'annulation de la décision litigieuse devant le Conseil d'État.

L'absence de substitution du juge de plein contentieux à l'AFLD

Se posait ensuite la question de savoir si le Conseil d'État devait se substituer à l'AFLD pour apprécier s'il y a lieu d'infliger au licencié de la FFE une sanction à raison des faits qui lui sont reprochés.

C'est en ce sens qu'argumentait l'AFLD, sur le fondement de la décision ATOM (CE, 16 février 2009, req. n° 274.000), par laquelle le Conseil d'État a jugé "qu'il appartient au juge du fond, saisi d'une contestation portant sur une sanction que l'administration inflige à un administré, de prendre une décision qui se substitue à celle de l'administration et, le cas échéant, de faire application d'une loi nouvelle plus douce entrée en vigueur entre la date à laquelle l'infraction a été commise et celle à laquelle il statue".

En l'espèce, le Conseil d'État a jugé qu'il ne lui appartient pas d'apprécier les faits reprochés à l'intéressé en lieu et place de l'AFLD et de prendre une décision se substituant à celle de l'agence.

Deux fondements justifient cette solution. D'une part, il résulte de la lettre même de la décision du Conseil constitutionnel et de son commentaire que le Conseil d'État ne pouvait prononcer qu'une annulation "sèche" de la décision de l'AFLD, sans possibilité de se substituer à l'Agence.

D'autre part, il résulte des conclusions du rapporteur public Xavier Domino que, d'une façon générale, "lorsque le juge de plein contentieux censure une décision de sanction pour motif d'irrégularité qui remet en cause l'existence même de l'engagement même de la procédure répressive, il ne lui appartient pas de prononcer de lui-même une nouvelle sanction". Le Conseil d'État n'aurait pu substituer son appréciation à celle du régulateur que si la procédure de sanction avait été valablement initiée. Or, en l'espèce, l'irrégularité de procédure dont était viciée la décision de l'AFLD était d'une gravité telle que la procédure répressive n'aurait pas dû être engagée. Dans ces circonstances, le juge du plein contentieux ne pouvait donc logiquement pas substituer son appréciation à celle de l'agence.

La solution retenue fait ainsi un lointain écho à la décision Habib Bank (CE, 20 octobre 2000, req. n° 180.122). Par cette décision, le Conseil d'État avait annulé une décision de sanction de la Commission bancaire, au motif que cette dernière avait méconnu le principe d'impartialité en présentant pour établi les faits dont elle faisait état et en prenant parti sur leur qualification d'infractions à différentes dispositions législatives et réglementaires. Le Conseil d'État avait ensuite jugé que les conditions irrégulières dans lesquelles la Commission bancaire s'était saisie des manquements imputés à la société irrégulièrement sanctionnée l'empêchaient de statuer à nouveau sur l'affaire et qu'il n'y avait dès lors pas lieu à la lui renvoyer.

E. Guillaume, R. Roussel
Concurrences N° 3-2018, pp. 183-184

Cass. com., 14 févr. 2018, n° 16-10.636

La Cour de cassation considère que l'article L. 2134-2 C. trans. – aujourd'hui codifié à l'article L. 1263-2 du même code – confère à l'Autorité de régulation des activités ferroviaires et routières un pouvoir réglementaire lorsqu'elle est saisie d'une demande de règlement de différend, lequel lui permet, lorsque cela est nécessaire, de "fixer, de manière objective, transparente, non discriminatoire et proportionnée, les modalités d'accès au réseau et ses conditions d'utilisation et les imposer au gestionnaire de réseau"

L'Arafer dispose, pour l'exercice des missions qui lui sont confiées par les articles L. 2131-1 et suivants C. trans., d'un pouvoir règlementaire qualifié de "supplétif", lui permettant de préciser les conditions d'accès au réseau ferroviaire et aux infrastructures de services par des textes devant être homologués par le ministre chargé des transports.

Sur le fondement de l'article L. 2132-5 C. trans., l'Arafer peut ainsi préciser, "en tant que de besoin, (...) les règles concernant : 1° Les conditions de raccordement au réseau ferroviaire ; 2° Les conditions techniques et administratives d'accès au réseau et de son utilisation ; 3° Les conditions d'accès aux services présentant un caractère de facilités essentielles et leurs conditions d'utilisation ; 4° Les périmètres de chacune des activités comptablement séparées, désignées aux articles L. 2122-4, L. 2123-1, L. 2144-1 et L. 2144-2, les règles d'imputation comptable qui leur sont appliquées ainsi que les principes déterminant les relations financières entre ces activités. / Les règles formulées en application du présent article sont transmises pour homologation au ministre chargé des transports, qui se prononce dans les deux mois. L'absence de notification dans ce délai d'une opposition par le ministre vaut homologation. Le refus d'homologation doit être motivé. Les règles homologuées sont publiées au Journal officiel".

La particularité de l'Arafer est que celle-ci dispose également d'un pouvoir réglementaire spécifique, qu'elle peut mettre en œuvre dans le cadre des règlements de différends entre gestionnaires d'infrastructures et exploitants d'installations de service.

L'article L. 1263-2 C. trans. confie en effet à l'Arafer, dans le cadre du pouvoir de règlement des différends dont elle dispose, de fixer, "de manière objective, transparente, non discriminatoire et proportionnée, les modalités d'accès au réseau et ses conditions d'utilisation et prend les mesures appropriées pour corriger toute discrimination ou toute distorsion de concurrence (...)".

L'Arafer est ainsi autorisée par la loi à prendre des dispositions à caractère général à l'occasion d'un litige particulier, lorsque la fixation de telles dispositions est indispensable à la solution du différend qui lui est soumis.

Le contexte et la solution au litige

La réalité du pouvoir réglementaire ainsi confié à l'Arafer par l'article L. 2134-2 C. trans., en dehors de toute homologation ministérielle, a été contesté par le gestionnaire d'infrastructure SNCF Réseau dans le cadre de quatre pourvois devant la Cour de cassation.

Dans le cadre du pourvoi n° 16-10.636, SNCF Réseau faisait valoir, en substance, que:

- le pouvoir normatif dérivé soumis à homologation ministérielle, prévu à l'article L. 2132-5 C. trans., rendait nécessairement inopérant l'existence et l'usage de son pouvoir de fixer, dans le cadre du règlement d'un différend et conformément à l'article L. 2134-2 (devenu l'article L. 1263-2 C. trans.), les modalités d'accès au réseau et ses conditions d'utilisation;
- la Cour d'appel de Paris a en outre violé l'article 21 de la Constitution en jugeant que le pouvoir réglementaire de l'Autorité pouvait s'exercer non seulement dans le cadre de l'article L. 2131-7 ancien C. trans. (devenu l'article L. 2132-5 C. trans.) mais aussi sans homologation dans le cadre d'un règlement de différend selon des modalités définies à l'article L. 2134-2 du même code (devenu l'article L. 1263-2 C. trans.).

Dans un premier temps, et c'est là l'apport essentiel de l'arrêt commenté, la Cour de cassation a rejeté l'argumentation de SNCF Réseau et ainsi conforté le pouvoir réglementaire spécifique détenu par l'Arafer dans le cadre de sa mission de règlement des différends.

La Cour de cassation a jugé que "c'est sans méconnaître l'étendue des pouvoirs de l'Autorité dans le cadre de la procédure de règlement des différends que la cour d'appel a retenu qu'elle avait pu, pour régler le différend dont elle était saisie, enjoindre à RFF d'adopter un système incitatif conforme aux lignes directrices qu'elle avait jugées nécessaires", aux motifs adoptés par les juges d'appel tirés de ce que:

- conformément aux dispositions de l'article L. 2134-2 C. trans., l'Arafer peut non seulement préciser les conditions d'accès au réseau offertes par SNCF Réseau mais également, lorsque cela est nécessaire, fixer, de manière objective, transparente, non discriminatoire et proportionnée, les modalités d'accès au réseau et ses conditions d'utilisation et les imposer au gestionnaire de réseau;
- qu'il résulte des travaux parlementaires que le législateur a voulu que l'Arafer puisse régler les problèmes de refus d'accès au réseau en toute indépendance, sans homologation ministérielle, au besoin en contraignant le gestionnaire de réseau à prendre une décision donnée et que cette analyse est conforme à l'article 56 de la directive 2012/34/CE précitée, dont il résulte que l'organisme de contrôle peut enjoindre au gestionnaire de l'infrastructure de modifier une décision dans les secteurs qu'il énumère, conformément aux lignes directrices qu'il fixe lui-même;

- que la circonstance que l'Autorité soit également titulaire d'un pouvoir normatif dérivé soumis à homologation ministérielle, prévu à l'article L. 2131-7 C. trans., est sans incidence sur le pouvoir qu'elle détient dans le cadre de l'article L. 2134-2 du même code.

Dans un second temps, la Cour de cassation a naturellement rejeté la seconde partie de l'argumentation de SNCF Réseau en considérant que "l'inconstitutionnalité de l'attribution à l'Autorité d'un pouvoir réglementaire, sans homologation, n'est pas recevable devant la Cour de cassation".

Certes, le Conseil constitutionnel a précisé que si les dispositions de l'article 21 de la Constitution ne font "pas obstacle à ce que le législateur confie à une autorité autre que le Premier ministre le soin de fixer (...) des normes permettant de mettre en œuvre une loi", ce n'est qu'à la condition que ce soit "dans un domaine déterminé et dans le cadre défini par les lois et règlements" (Cons. const., 18 septembre 1986, déc. n° 86-217 DC) et que ce pouvoir concerne "des mesures de portée limitée tant par leur champ d'application que par leur contenu" (Cons. const., 17 janvier 1989, déc. n° 88-248 DC). Il est toutefois de jurisprudence constante qu'il n'appartient pas au juge judiciaire d'apprécier la conformité d'une disposition législative à la Constitution, sauf à être saisie d'une question prioritaire de constitutionnalité sur ce point.

Aux termes de l'arrêt commenté, la Cour de cassation confirme donc une spécificité de l'Arafer: celle-ci dispose non seulement d'un pouvoir règlementaire "supplétif" lui permettant de préciser les conditions d'accès au réseau ferroviaire et aux infrastructures de services, après homologation ministérielle, mais également d'un pouvoir règlementaire spécifique lui permettant, dans le cadre des procédures de règlement des différends, de fixer, concurremment à l'exercice de son pouvoir supplétif, des règles générales relatives aux modalités d'accès au réseau et à ses conditions d'utilisation.

E. Guillaume, M. Perche
Concurrences N° 3-2018, pp. 179-180

CE, 19 mai 2017, Global Patrimoine Investissement, n° 401804

Le Conseil d'État affine sa jurisprudence en matière de publication des sanctions prononcées par les autorités administratives indépendantes et retient en particulier qu'une telle sanction complémentaire est excessive lorsque l'autorité omet de fixer la durée pendant laquelle la publication de la décision restera accessible sur son site de manière non anonyme

---

La société Global Patrimoine Investissement (GPI) proposait deux produits à des investisseurs potentiels, dont l'un figurait sur la liste des instruments financiers dressée par l'article L. 211-1 du code monétaire et financier.

Le litige au fond

Par une décision du 7 juin 2016, la commission des sanctions de l'AMF a prononcé à l'encontre de la société GPI, et de son président, des sanctions pécuniaires de 500 000 euros et 30 000 euros respectivement, ainsi que des interdictions d'exercer l'activité de conseiller en investissements financiers pendant une durée de trois ans. La commission a estimé que la société GPI, pour la commercialisation du produit ne figurant pas sur la liste des instruments financiers, a violé l'obligation de fournir une information exacte, claire et non trompeuse, dont elle était tenue en vertu des dispositions du règlement général de l'AMF. Elle a par ailleurs retenu que le président de la société GPI aurait dû s'assurer de ce que la société qu'il dirigeait se conformait aux dispositions légales et réglementaires la concernant. À titre complémentaire, la commission des sanctions a ordonné la publication de sa décision sur le site de l'AMF, sans indication de la durée pendant laquelle elle devait être accessible en ligne de manière non anonyme.

Saisi d'un recours en annulation, le Conseil d'État a validé le raisonnement de la commission des sanctions de l'AMF sur le fond. Il a retenu que les sanctions prononcées à titre principal contre la société GPI et son dirigeant étaient justifiées dans leur principe et proportionnées.

Le Conseil d'État s'est ensuite prononcé sur la question de la sanction complémentaire de publication de la décision.

Sur la publication d'une décision de sanction qui n'est pas devenue définitive

L'un des moyens des requérants consistait à soutenir que la publication d'une décision de sanction, qui peut encore faire l'objet d'un recours, méconnaît le principe de la présomption d'innocence, le droit au respect de la vie privée et le droit à un procès équitable.

Le Conseil d'État a écarté ce moyen. Il a estimé que la publication de la décision ne méconnaît ni le principe de la présomption d'innocence, ni celui du droit au respect de la vie privée, au motif que "lorsqu'elle prononce la sanction complémentaire de publication de sa décision, la commission des sanctions de l'Autorité des marchés financiers doit être regardée comme ayant légalement admis les manquements qui la fondent et que, dans l'hypothèse où la sanction serait ultérieurement jugée illégale, les personnes sanctionnées pourraient obtenir, outre son annulation, l'indemnisation du préjudice né de sa publication antérieurement à la décision d'annulation".

Le Conseil d'État réaffirme ainsi une solution bien établie. Il s'était déjà prononcé en ce sens s'agissant de la publication d'une décision prise par la commission des sanctions de l'AMF (CE, 13 juil. 2011, Edelweiss Gestion et autres, n° 327980). Cette position avait été réaffirmée concernant la publication d'une décision de sanction prise par la formation restreinte de la CNIL sur le site internet de cette dernière (CE, 28 sept. 2016, Théâtre national de Bretagne, n° 389448). Ainsi que l'expliquait le rapporteur public Aurélie Bretonneau dans ses conclusions sur la décision Théâtre national de Bretagne, cette solution est justifiée par le fait que le prononcé des sanctions administratives, en raison de leur caractère exécutoire, vaut reconnaissance de culpabilité. La publication d'une éventuelle annulation de la sanction et l'indemnisation du préjudice né de l'atteinte à la réputation de la personne illégalement sanctionnée garantissent le respect du principe de présomption d'innocence. C'est sur ce même fondement que le Conseil d'État estime que la publication de la décision de sanction ne porte pas atteinte au droit au respect de la prive privée et au principe du procès équitable.

Sur la proportionnalité de la sanction de publication

En revanche, le Conseil d'État fait droit au moyen tenant au caractère excessif de la sanction complémentaire prononcée par la commission.

La sanction de publication est soumise au principe de proportionnalité, même si la loi ne le prévoit pas expressément (CE, 9 nov. 2007, Bourse Direct, n° 298911). Afin d'apprécier le caractère proportionné de cette sanction complémentaire, le juge met en balance les objectifs poursuivis (en l'espèce, "garantir l'effectivité des interdictions d'exercer prononcées" et dissuader les tiers de commettre les faits reprochés à la société GPI et à son dirigeant) avec l'atteinte portée à la réputation des personnes sanctionnées.

En l'espèce, le Conseil d'État estime que la sanction est justifiée en son principe: les pratiques mises en œuvre par la société l'ont conduite à violer les règles déontologiques régissant la profession de conseiller en investissements financiers. En outre, son dirigeant a manqué à son devoir de vérification du respect des normes en vigueur. La publication des sanctions était dès lors adaptée à la gravité des faits et pouvait compléter utilement l'interdiction temporaire d'activité des fautifs, afin d'alerter le public à cet égard.

Le Conseil d'État se livre ici à une appréciation raisonnable du caractère justifié de la publication. Il a pu admettre en d'autres occasions des justifications moins convaincantes pour apprécier le bien-fondé d'une sanction complémentaire de publication. Dans le cas de la dénonciation spontanée, par un opérateur de télécommunications, d'une intrusion illicite sur le serveur du sous-traitant d'un de ses prestataires de services, alors même qu'il n'en était résulté aucune atteinte effective à des données personnelles, le Conseil d'État a néanmoins validé le motif de publication invoqué par la CNIL, à savoir les moyens humains et financiers dont disposait l'opérateur pour prévenir les manquements constatés (CE, 30 déc. 2015, Orange, n° 385019). Un motif de ce type, fondé sur la seule taille de l'entreprise, apparaît peu regardant et serait de nature à justifier la publication systématique de toute sanction infligée à une grande entreprise. L'appréciation du caractère justifié de la publication dans la décision Société Global Patrimoine Investissement se fonde heureusement sur des éléments plus appropriés.

Le Conseil d'État juge cependant que la sanction complémentaire de publication est disproportionnée. En effet, la commission des sanctions de l'AMF a omis de préciser la durée pendant laquelle la décision demeurerait accessible sur le site internet de l'Autorité de manière non anonyme. En raison de cette omission, la sanction complémentaire devenait perpétuelle, les internautes pouvant prendre connaissance de l'identité des personnes sanctionnées sans limitation de durée. Dès lors, la publication ordonnée par la commission constituait une atteinte excessive à la réputation de la société GPI et de son dirigeant.

En censurant l'absence de limitation de la durée de publication de la sanction de manière non anonyme, la décision du Conseil d'État s'inscrit dans la ligne de sa jurisprudence récente (CE, 28 sept. 2016, Théâtre national de Bretagne, n° 389448). Il rappelle par ailleurs à l'AMF qu'elle suggérait elle-même dans son rapport sur le prononcé et l'exécution de la sanction et le post-sentenciel (2013) de limiter à cinq ans la durée de publication non anonyme des sanctions sur son site (pp. 33-34).

Le Conseil d'État réforme enfin la sanction de publication infligée à la société GPI et à son dirigeant, et décide "qu'il y a lieu, dans les circonstances de l'espèce, de fixer à quatre ans à compter de la date de la décision de la commission des sanctions la durée de son maintien en ligne de manière non anonyme".

E. Guillaume

Concurrences N° 3-2017, pp. 157-158

Cons. const., 18 mars 2015, déc. n° 2014-453/454 QPC et 2015-462 QPC, M. John L.

Le Conseil constitutionnel déclare inconstitutionnel le cumul de poursuites pour un délit pénal et pour un manquement administratif

Le 18 mars 2015, le Conseil constitutionnel a rendu une décision qui détermine les conditions dans lesquelles des mêmes faits peuvent faire l'objet de poursuites pénales par le juge judiciaire et de poursuites administratives par une autorité de régulation. En l'espèce, étaient en cause des dispositions du code monétaire et financier prévoyant, d'une part, une répression pénale du délit d'initié et, d'autre part, une sanction administrative du manquement d'initié. En application de l'article 61-1 de la Constitution, le Conseil constitutionnel a répondu à trois questions prioritaires de constitutionnalité posées par la Cour de cassation. Celle-ci a exprimé des doutes quant à la conformité à la Constitution de l'article 6 du code de procédure pénale ainsi que des articles L. 465-1, L. 466-1, L. 621-15, L. 621-15-1, L. 621-16 et L. 621-16-1 du code monétaire et financier. Eu égard à la similitude des questions posées, le Conseil constitutionnel a décidé de joindre les trois renvois.

Dans les trois affaires, des personnes faisaient l'objet à la fois de poursuites devant le juge pénal pour délit d'initié et d'une procédure devant l'Autorité des marchés financiers pour manquement d'initié. Devant le juge judiciaire, ils ont contesté la conformité d'un tel cumul de poursuites, essentiellement avec les principes *non bis in idem*, de nécessité des délits et des peines et de proportionnalité des peines. Quelques mois après que la Cour européenne des droits de l'homme a précisé dans son arrêt *Grande Stevens et autres* c/ Italie (CEDH, 4 mars 2014, 18649/10, 18647/10, 18663/10, 18668/10, 18698/10), les conditions dans lesquelles le cumul de poursuites respecte l'article 4 du Protocole n° 7 annexé à la Convention européenne des droits de l'homme, le Conseil constitutionnel rend, sur le fondement du seul droit constitutionnel français, une décision particulièrement attendue.

Rappel du contexte européen

La décision s'inscrit en effet dans un contexte européen qu'il convient de rappeler. Dans l'affaire *Grande Stevens*, la Cour européenne des droits de l'homme a interprété le principe *non bis in idem*, tel que consacré par l'article 4 du Protocole n° 7, comme s'appliquant aux poursuites visant des faits identiques ou qui sont en substance les mêmes, quelle que soit la qualification qui a pu leur être successivement donnée et quelle que soit la nature de l'organe ayant statué sur les poursuites. Aussi la Cour est-elle passée outre la réserve formulée par l'Italie en vertu de laquelle "seules les infractions relevant en droit français de la compétence des tribunaux en matière pénale doivent être regardées comme des infractions" au sens de l'article 4 du Protocole n° 7.

Or, la France a posé une réserve qui s'avère rédigée en des termes analogues. De surcroît, l'affaire *Grande Stevens* concernant un cumul de poursuites par le juge pénal et l'autorité de régulation financière. Aussi pouvait-on douter de la compatibilité du droit français avec le droit de la Convention. Toutefois, le Conseil constitutionnel n'est pas juge de la conventionalité des lois de sorte qu'il ne lui appartient pas d'apprécier la compatibilité d'une disposition législative avec le droit de la Convention européenne des droits de l'homme. Dans le système intégré de protection équivalente des droits fondamentaux, il suffit – et la tâche est généralement aisée – d'identifier la norme constitutionnelle dont la substance est analogue au droit consacré par l'article 4 du Protocole n° 7.

Constitutionnalité de l'article 6 du code de procédure pénale

Les requérants ont contesté la constitutionnalité de l'article 6 du code de procédure pénale. Ils ont allégué qu'en ne reconnaissant pas l'autorité de la chose jugée à une décision définitive de la commission des sanctions de l'Autorité des marchés financiers, ces dispositions portent atteinte au principe d'égalité devant la loi pénale et aux principes de nécessité et de proportionnalité des peines.

Il convient de rappeler que l'article 6 du code de procédure pénale fixe la liste des causes éteignant l'action publique, que celle-ci ait été ou non mise en mouvement lors de la survenance de l'une de ces causes, causes au nombre desquelles figure la "chose jugée". Le Conseil constitutionnel tire toutefois d'une jurisprudence constante de la Cour de cassation que seule une décision définitive rendue par une juridiction répressive statuant sur l'action publique a l'autorité de la chose jugée en matière pénale. En conséquence, la décision définitive d'une autorité administrative prononçant une sanction ayant le caractère d'une punition ne constitue pas une cause d'extinction de l'action publique.

C'est pourquoi, estime le Conseil constitutionnel les dispositions figurant au premier alinéa de l'article 6 du code de procédure pénale ne méconnaissent en elles-mêmes aucun autre droit ou liberté que la Constitution garantit et doivent être déclarés conformes à la Constitution.

Cumul de sanctions et principe de proportionnalité

Depuis une décision de 1982 (Cons. const., 30 juillet 1982, 82-143 DC), le Conseil constitutionnel considère que, en matière de cumul de peines, l'adage *non bis in idem* n'a pas valeur constitutionnelle de sorte qu'il peut y être dérogé par la loi. Il se fonde en revanche sur le principe de proportionnalité des peines consacré par l'article 8 de la Déclaration des droits de l'homme et du citoyen de 1789 pour que, en cas de cumul de sanctions, "le montant global des sanctions éventuellement prononcées ne dépasse le montant le plus élevé de l'une des sanctions encourues" (Cons. const., 28 juillet 1989, 89-260 DC). Dans le respect de cette condition, un cumul de sanctions, en soi, n'est pas inconstitutionnel (Cons. const., 24 octobre 2014, 2014-423 QPC).

Cette solution peut être rapprochée de la jurisprudence de la Cour de justice de l'UE qui, dans un arrêt de principe en date du 26 février 2013 (CJUE, 26 février 2013, *Hans Åkerberg Fransson*, C-617/10), a estimé un cumul de sanctions pénales et fiscales compatible avec l'article 50 de la Charte des droits fondamentaux, dont la rédaction est analogue à celle de l'article 4 du Protocole n° 7. Toutefois, la Cour a précisé que les sanctions restantes, en cas de cumul, doivent être "effectives, proportionnées et dissuasives".

Quatre conditions du cumul des poursuites

Le Conseil constitutionnel précise les conditions dans lesquelles un cumul de poursuites engagées à l'encontre de mêmes faits est conforme à la Constitution. Depuis 1989, le Conseil constitutionnel considère que des mêmes faits puissent faire l'objet de poursuites différentes (Cons. const., 28 juillet 1989, 89-260 DC). Il a ensuite affiné sa jurisprudence dans des questions prioritaires de constitutionnalité (Cons. const., 17 janvier 2013,

2012-289 QPC; 24 octobre 2014, 2014-423 QPC). Le considérant n° 19 de la décision du 18 mars 2015 parachève l'œuvre jurisprudentielle en consacrant, sous la forme d'une solution de principe, les quatre conditions à remplir pour respecter l'article 8 de la déclaration de 1789: "Considérant qu'aux termes de l'article 8 de la Déclaration des droits de l'homme et du citoyen de 1789: 'La loi ne doit établir que des peines strictement et évidemment nécessaires, et nul ne peut être puni qu'en vertu d'une loi établie et promulguée antérieurement au délit, et légalement appliquée'; que les principes ainsi énoncés ne concernent pas seulement les peines prononcées par les juridictions pénales mais s'étendent à toute sanction ayant le caractère d'une punition; que le principe de nécessité des délits et des peines ne fait pas obstacle à ce que les mêmes faits commis par une même personne puissent faire l'objet de poursuites différentes aux fins de sanctions de nature administrative ou pénale en application de corps de règles distincts devant leur propre ordre de juridiction; que, si l'éventualité que soient engagées deux procédures peut conduire à un cumul de sanctions, le principe de proportionnalité implique qu'en tout état de cause le montant global des sanctions éventuellement prononcées ne dépasse pas le montant le plus élevé de l'une des sanctions encourues".

Contrôle des quatre conditions

Le Conseil constitutionnel contrôle si les dispositions du code monétaire et financier contestées respectent ces quatre conditions. Il ne laisse aucun doute à cet égard; sa position est tranchée.

Premièrement, le délit d'initié et le manquement d'initié répriment des faits qualifiés de manière identique.

Deuxièmement, ils protègent les mêmes intérêts sociaux, en l'occurrence le bon fonctionnement et l'intégration des marchés financiers en permettant la répression d'atteintes portées à l'"ordre public économique" commises tant par des professionnels que par des particuliers.

Troisièmement, les deux répressions aboutissent au prononcé de sanctions de même nature. La conclusion surprend de prime abord puisque le délit d'initié est puni de deux ans d'emprisonnement et d'une amende de 1 500 000 euros alors que l'AMF prononce, en cas de manquement d'initié, une sanction pécuniaire d'une particulière sévérité puisqu'elle peut atteindre jusqu'à six fois celle encourue devant la juridiction pénale. Pour le Conseil constitutionnel, ainsi que le souligne le commentaire publié après la décision, "les sanctions encourues ne sont pas de nature différente, mais le fait que chaque 'ordre sanctionnateur' dispose de sanctions qui, quoique différentes, peuvent être regardées comme d'une sévérité équivalente" (Commentaire, p. 23).

Quatrièmement, les sanctions encourues en cas d'un manquement d'initié ou d'un délit d'initié relèvent toutes deux des juridictions de l'ordre judiciaire.

En conséquence, ces sanctions ne peuvent être regardées comme de nature différente en application de corps de règles distinctes devant leur propre ordre de juridiction. Les dispositions contestées méconnaissent dès lors le principe de nécessité des délits et des peines et sont contraires à l'article 8 de la Déclaration.

Effets dans le temps de l'abrogation reportés

En vertu de l'article 62, deuxième alinéa, de la Constitution, une disposition législative déclarée inconstitutionnelle sur le fondement de l'article 61-1 de la Constitution doit être abrogée soit à compter de la publication de la décision du Conseil constitutionnel, soit à une date ultérieure fixée par la décision d'inconstitutionnalité.

Le Conseil constitutionnel souligne que l'abrogation, à compter de la publication de sa décision, des dispositions du code monétaire et financier en cause, empêcherait toute poursuite et mettrait fin à celles engagées à l'encontre des personnes ayant commis des faits qualifiés de délit ou de manquement d'initié. L'abrogation aurait un effet *erga omnes* puisqu'elle concernerait les poursuites pénales de tout opérateur que celui-ci ait ou non fait l'objet de poursuites devant la commission des sanctions de l'Autorité des marchés financiers et, inversement, les poursuites administratives de tout opérateur que celui-ci ait ou non fait l'objet de poursuites devant le juge pénal. C'est pourquoi le Conseil constitutionnel décide néanmoins de reporter l'abrogation des dispositions au 1er septembre 2016.

Au considérant n° 36, le Conseil constitutionnel précise qu'il entend néanmoins faire cesser l'inconstitutionnalité constatée à compter de la publication de sa décision. En conséquence, si des personnes font l'objet de poursuites pénales pour délit d'initié, elles ne pourront faire l'objet de poursuites administratives pour manquement d'initié et, inversement, aucune poursuite pénale n'est possible si les personnes sont déjà poursuivies par l'Autorité des marchés financiers.

F. Martucci

Concurrences N°2-2015, pp. 182-184

TC, 8 décembre 2014, n° C3974

Le Tribunal des conflits reconnaît la compétence du juge judiciaire pour connaître d'une action en responsabilité intentée du fait d'une mise en œuvre par une autorité de régulation de l'article 40 du code de procédure pénale

---

Par une lettre en date du 29 janvier 1992, le secrétaire général de la commission bancaire avait, en application de l'article 40 du code de procédure pénale, signalé au procureur de la République, des faits révélés par une enquête réalisée pour le compte de cette autorité administrative. Le requérant, président d'une banque, faisait en effet l'objet d'une procédure de contrôle au titre de la surveillance des établissements de crédit. On rappelle qu'en vertu de l'article 40 du code de procédure pénale, "toute autorité constituée, tout officier public ou fonctionnaire qui, dans l'exercice de ses fonctions, acquiert la connaissance d'un crime ou d'un délit est tenu d'en donner avis sans délai au procureur de la République et de transmettre à ce magistrat tous les renseignements, procès-verbaux et actes qui y sont relatifs". À la suite de ce signalement par la commission bancaire, le requérant avait été inculpé d'une série de délits financiers. En 2013, le juge d'instruction a finalement prononcé une ordonnance de non-lieu, en l'absence de charges suffisantes, ordonnance à l'encontre de laquelle l'appel et le pourvoi en cassation ont été rejetés.

Le requérant a demandé au Tribunal administratif de Paris la réparation du préjudice subi du fait de la mise en œuvre par la commission bancaire de l'article 40 du code de procédure pénale. Ce tribunal s'est cependant déclaré incompétent au motif que la demande aurait dû être portée devant l'ordre judiciaire, solution également retenue par la Cour administrative d'appel de Paris. Saisi d'un pourvoi en cassation, le Conseil d'État a décidé de renvoyer au Tribunal des conflits le soin de déterminer l'ordre compétent pour statuer sur l'indemnisation du préjudice que le requérant estime avoir subi du fait de la mise en œuvre par la Commission bancaire de l'article 40 du code de procédure pénale.

Pour le Tribunal des conflits, une action en responsabilité engagée à l'encontre de l'État en raison de dommages imputés à une autorité de régulation relève, sauf dispositions législatives contraires, de la juridiction administrative. En effet, la responsabilité des personnes morales de droit public en raison des dommages imputés à leurs services publics administratifs est soumise à un régime de droit public. Tel n'est cependant pas le cas lorsque l'autorité administrative avise le procureur de la République, en application de l'article 40 du code de procédure. Dans cette hypothèse, l'appréciation de cet avis n'est pas dissociable de celle que peut porter l'autorité judiciaire sur l'acte de poursuite ultérieur.

En conséquence, il appartient à la juridiction judiciaire de connaître d'une demande d'indemnisation des préjudices subis du fait de la mise en œuvre par une autorité de régulation de l'article 40 du code de procédure pénale.

F. Martucci
Concurrences N°1-2015, p. 205

CE, 1er oct. 2012, n° 358564

Le Conseil d'État considère que les dispositions relatives à la procédure à suivre pour demander le réexamen ou le relèvement d'une sanction prononcée à titre définitif par une autorité administrative indépendante ne relève pas du domaine de la loi

Le Conseil d'État a refusé de renvoyer au Conseil constitutionnel une question prioritaire de constitutionnalité relative aux dispositions du III de l'article L. 621-15 et de l'article L. 621-30 du code monétaire et financier. Les requérants contestaient le fait que lesdites dispositions ne prévoient pas, pour une personne frappée d'une interdiction prononcée par la commission des sanctions de l'AMF, d'exercer à titre définitif tout ou partie d'une activité, la procédure permettant de présenter une demande tendant au réexamen ou au relèvement de la sanction prononcée à son encontre. Néanmoins, pour le Conseil d'État, les dispositions relatives à la procédure à suivre pour demander le réexamen ou le relèvement d'une sanction prononcée à titre définitif par une autorité administrative indépendante ne relève pas du domaine de la loi. En conséquence, la question prioritaire de constitutionnalité ne présente pas un caractère sérieux, dans la mesure où la méconnaissance par le législateur de sa propre compétence ne peut être invoquée, au titre de l'article 61-1 de la Constitution, que dans le cas où est affecté un droit ou une liberté que la Constitution garantit.

F. Martucci
Concurrences N° 1-2013

CSA, déc. n°2008-523 du 8 juil. 2008 relative à un différend opposant les sociétés AB Sat et Métropole Télévision

Le CSA rend une décision soulignant la vitalité du principe de non-discrimination

L'entrée en vigueur le 5 août dernier de la loi de modernisation de l'économie confortait le principe de liberté contractuelle en supprimant le délit civil de pratique discriminatoire prévu jusqu'alors par l'ancien article L. 442-6 I 1° du Code de commerce. On aurait néanmoins tort d'en conclure que, désormais, tout un chacun peut traiter différemment ses partenaires économiques situés dans des situations comparables ou, à l'inverse, traiter identiquement ceux placés dans des situations différentes.

D'abord, le droit de la concurrence permet toujours d'appréhender – et de sanctionner – un comportement discriminatoire lorsqu'il traduit l'abus, par un opérateur, d'une position dominante.

Ensuite, dans les secteurs régulés dans lesquels prévalent des considérations d'intérêt général, le principe de non-discrimination a toujours vocation à jouer à plein, ainsi que l'illustre la décision de règlement de différend du CSA ici commentée.

Dans cette affaire, la société AB Sat, distributeur de services audiovisuels, reprochait à la société Métropole Télévision de lui avoir refusé, à l'occasion du lancement, en 2007, de son nouveau bouquet de chaînes baptisé Bis télévision, l'autorisation de diffuser la chaîne M6 qu'elle édite.

La société AB Sat estimait ainsi être victime d'une pratique discriminatoire dans la mesure où tous les distributeurs de bouquets audiovisuels concurrents avaient, quant à eux, obtenu l'autorisation de distribuer la chaîne en cause.

Métropole Télévision considérait, quant à elle, qu'il lui était parfaitement loisible, dans le cadre de la mise en œuvre de sa liberté contractuelle, de "décider, en toute opportunité, d'entrer ou non en relation d'affaires avec un distributeur de services et de choisir ou non d'être repris(e) dans une offre de service".

On passera sur les questions périphériques soulevées par cette affaire (incompétence du CSA pour apprécier un éventuel non-respect d'engagements souscrits dans le cadre d'une procédure de concentration et pour délivrer à un distributeur de services une autorisation de reprise de chaînes) pour s'intéresser à son principal apport, à savoir l'étendue du pouvoir du CSA dans le cadre de sa procédure de règlement de différend.

En effet, au-delà du fait que cette décision constitue l'une des premières adoptées par le CSA dans le cadre de son pouvoir de règlement de différend, elle donne l'occasion au Conseil de préciser la portée des pouvoirs dont il dispose désormais aux termes de l'article 17-1 de la loi modifiée du 30 septembre 1986.

Cet article permet notamment au CSA d'être saisi par un éditeur ou par un distributeur de services en vue de régler "tout différend relatif à la distribution d'un service de radio ou de télévision", en particulier lorsque ce différend "porte sur le caractère objectif, équitable et non discriminatoire des conditions de la mise à disposition du public de l'offre de programmes ou des relations contractuelles entre un éditeur et un distributeur de service".

La question que soulevait donc l'affaire en cause était de déterminer dans quelle mesure et jusqu'à quel point le pouvoir ainsi conféré au CSA lui permettait de s'immiscer dans les relations contractuelles des parties pour faire respecter ces principes.

La décision Voyage du CSA (décision n° 2007-471) du 17 juillet 2007 avait déjà été l'occasion pour celui-ci d'affirmer que les pouvoirs qu'il tient des dispositions précitées lui permettent d'imposer à un distributeur de modifier les conditions (notamment financières) dans lesquelles il propose à un éditeur de distribuer sa chaîne. Cette affaire était cependant différente puisque les parties entendaient bien contracter ensemble mais achoppaient sur les conditions de cet accord.

Dans la présente affaire, la question soumise au Conseil allait donc plus loin puisqu'il s'agissait, pour ce dernier, de déterminer s'il pouvait contraindre un éditeur à contracter avec un distributeur.

Sur ce point, le Conseil précise que "si le Conseil n'est pas compétent pour connaître de la demande de la société AB Sat tendant à ce qu'il ordonne à la société Métropole Télévision de conclure un contrat de distribution de la chaîne M6, il est compétent pour examiner la demande de la société AB Sat tendant à ce que la société Métropole Télévision soit invitée à formuler une proposition commerciale de nature à garantir la reprise du service M6 dans des conditions équitables et non discriminatoires".

Ainsi, en faisant référence aux prérogatives dont disposent les autorités de régulation et aux décisions d'ores et déjà rendues par les juridictions judiciaires, le CSA considère qu'il ne peut ordonner la conclusion d'un contrat dans le cadre de sa procédure de règlement de différend mais qu'il dispose, en revanche, du pouvoir d'enjoindre à une partie de faire une "proposition commerciale" à l'autre.

Dès lors, et après avoir dûment, d'une part, démontré l'attractivité de la chaîne M6 et, partant, la nécessité pour un nouvel entrant sur le marché de la télévision payante de la proposer dans son bouquet pour assurer son développement et, d'autre part, constaté le comportement discriminatoire dont AB Sat était victime (tous ses concurrents distributeurs ayant accès à cette chaîne), le Conseil a alors ordonné à la société Métropole Télévision de faire une proposition commerciale à AB Sat "présentant un caractère objectif, équitable et non-discriminatoire". Cette solution appelle plusieurs commentaires.

Tout d'abord, elle s'inscrit, comme le Conseil le relève, dans le droit fil de la pratique décisionnelle des autorités de régulation dans le cadre de leur mission de règlement des différends.

Dans le secteur des communications électroniques, l'ARCEP a déjà fait usage d'un tel pouvoir.

Ainsi, cette dernière décidait dès 1999, dans sa décision n° 99-822 en date du 30 septembre 1999, que "Dans un délai de huit jours à compter de la notification de la présente décision, France Télécom signera et transmettra à 9 Télécom Réseau un avenant identique à celui qu'elle a proposé pendant l'instruction [...]".

Plus récemment, saisie d'un recours contre la décision n° 03-702 de l'ARCEP par la société Estel, laquelle estimait que l'ARCEP avait bafoué le principe de liberté contractuelle dont elle dispose, la Cour d'appel de Paris avait profité de cette occasion pour réaffirmer fermement, dans un arrêt en date du 20 janvier 2004, que : "Mais considérant que la mission régulatrice que la loi a conféré à l'A.R.T. lui donne notamment le pouvoir d'imposer aux opérateurs relevant de son autorité des prescriptions et des injonctions ayant une incidence sur la conclusion, le contenu ou l'exécution de leurs conventions, et de restreindre ainsi, pour des motifs d'ordre public économique, le principe de la liberté contractuelle dont ils bénéficient".

La même solution trouve à s'appliquer dans le secteur de l'énergie. La Cour d'appel de Paris a ainsi eu l'occasion de préciser, dans un arrêt du 8 mars 2005, que la CRE n'a pas excédé ses pouvoirs en matière de règlement des différends en invitant un opérateur à formuler une proposition commerciale d'accès à un réseau dans la mesure où cette décision "ne contraint pas les parties à signer une convention dont elles peuvent librement négocier les autres modalités et qu'elles restent libres d'accepter ou de refuser".

Il apparaît donc heureux qu'une cohérence existe entre les pratiques décisionnelles des différentes autorités de régulation, chacune ayant la charge de faire primer les principes d'intérêt général (ici l'interopérabilité des réseaux, là le pluralisme des médias ou encore la libre concurrence) qui doivent guider leur action sur les considérations particulières qui peuvent animer les acteurs de ces secteurs.

Ensuite, quand bien même la décision du CSA n'enjoint pas, en elle-même, la conclusion d'un accord de distribution de la chaîne M6 entre AB Sat et Métropole Télévision mais simplement la présentation d'une "proposition commerciale", le civiliste ne pourra que relever que la nuance est ténue. En effet, ce que le Conseil vise sous les termes de "proposition commerciale" n'est rien d'autre qu'une offre de contracter. Dès lors, son acceptation inconditionnelle, par AB Sat, suffira à la conclusion du contrat. Certes, rien ne dit que cette dernière acceptera l'intégralité des stipulations contenues dans cette offre, laquelle pourrait donc nécessiter l'engagement de négociations entre les parties. Pour autant, dès lors que les termes de l'offre en cause ne sauraient être librement définis par Métropole Télévision mais se doivent d'être non-discriminatoires, les marges de manœuvre de cette dernière apparaissent donc réduites, tout comme celles de négociations d'AB Sat au demeurant...

Enfin, à l'heure où l'audiovisuel et les communications électroniques convergent de plus en plus et où les batailles pour l'accès aux contenus sont de plus en plus âpres, cette décision du CSA vient opportunément rappeler que le Conseil pourrait également constituer, à côté du Conseil de la concurrence, un forum à ne pas négliger face à d'éventuels refus de contracter. Tel serait notamment le cas si le CSA devait considérer que l'analyse de l'objectivité d'un refus (et donc son caractère non-discriminatoire) suppose d'apprécier la légitimité d'éventuels engagements d'exclusivité.

J.-P. Tran Thiet, S. Justier

Concurrences N°4-2008, pp. 147-149

CE Sect., 29 déc. 2004, Ministre de l'économie, des finances et de l'industrie c/ S.A. Joseph Perasso et fils, n° 269992

Le Conseil d'Etat considère que les amendes infligées par les régulateurs sont des charges déductibles pour le calcul du bénéfice imposable

Par un avis de sa section du contentieux, du 29 décembre 2004, Ministre d'État, ministre de l'économie, des finances et de l'industrie c/ S.A. Joseph Perasso et ses fils, rendu aux conclusions conformes du commissaire du gouvernement Laurent Olléon, le Conseil d'État a confirmé l'application d'un principe fiscal constant, dit de l' "amoralisme" du droit fiscal, mais a aussi, sur deux points, posé deux orientations de conséquence pour le champ de la régulation.

Depuis un acte dit "loi du 23 février 1942", les amendes intervenues pour sanctionner les infractions à la législation sur les prix ne peuvent légalement être regardées comme des charges déductibles pour le calcul du bénéfice imposable. Qu'en est-il des amendes infligées pour le non respect des règles de concurrence ? La question a été expressément tranchée par la loi NRE du 15 mai 2001, qui a repris la formulation de 1942 pour préciser (au 2. de l'article 39 du Code général des impôts) que ce sont toutes les amendes infligées à raison d'une violation des règles gouvernant les prix, la concurrence, ainsi qu'en matière fiscale, qui ne sont pas déductibles. L'affaire soumise au Conseil d'État portait donc sur des faits antérieurs à 2001 – mais la solution donnée reste d'actualité.

La législation sur la concurrence ne se confond pas avec la législation sur les prix

Le Conseil d'État a en premier lieu jugé que la législation sur la concurrence ne se confondait pas avec la législation sur les prix – assimilation qui aurait donné sa solution à l'affaire, puisque les amendes dans le cadre de la législation sur les prix étaient non déductibles. Il aura été convaincu par les arguments de bon sens de son commissaire qui relevait que si la concurrence passe toujours par les prix, ç'aurait été au prix d'une méconnaissance de la réalité et de la variété des pratiques anticoncurrentielles et de l'histoire de la législation sur les prix (historiquement liée à la gestion administrée de la pénurie) et de celle de la concurrence (organisée autour du bon fonctionnement des mécanismes de marché) qu'une telle confusion aurait été pratiquée. Il y a là un acquis qui relève de l'évidence mais qui est bienvenu.

Les amendes sont – en l'absence de texte contraire – déductibles du bénéfice imposable

En second lieu, rappelant la traditionnelle indifférence du droit fiscal à la morale (en invoquant un "réalisme fiscal" qu'il n'y a pas lieu de discuter ici mais qui paraîtrait mieux avéré s'il n'était aussi souvent clamé), l'avis pose le principe que les amendes encourues le sont dans l'exercice d'une gestion normale de l'entreprise, et, par suite, sont – en l'absence de texte contraire – déductibles du bénéfice imposable. Il n'y a là guère de nouveauté quant au raisonnement de principe, brillamment résumé dans les conclusions : l'administration doit pouvoir taxer tous les revenus, même illicites (et, dans ce sens, force est de reconnaître qu'il y aurait sinon quelque injustice à laisser le fraudeur bénéficier deux fois de la fraude, en s'enrichissant puis en ne payant pas d'impôts), le corollaire étant que les charges elles-mêmes nées de comportements illicites sont déductibles. On voit cependant d'emblée la critique possible du raisonnement : il y a une différence entre taxer équitablement une activité illicite, et admettre la déduction comme charge d'une pratique illicite car, dans ce second cas, le principe aboutit à enrichir deux fois : en réalisant l'acte illicite profitable, et en voyant sa sanction avantagée fiscalement par sa déductibilité. Mais ce type de raisonnement est trop ancien et trop bien établi en jurisprudence, et les rares commissaires à avoir courageusement tenté de le corriger n'y sont pour l'heure pas parvenus.

La portée de cet avis dépasse, on le voit, de beaucoup, le strict champ de la fiscalité et la brève période qu'il concerne, car il ne fait pas de doute que le Conseil d'État a entendu rendre là un avis de principe : ce sont, à l'évidence, toutes les sanctions financières, infligées par toutes les autorités de régulation qui désormais relèveront de ce régime de déductibilité – sauf texte contraire. On peut donc escompter que les pouvoirs publics, attachés qu'ils sont à l'efficacité de la régulation, sont d'ores et déjà en train de préparer le texte de loi qui étendra à toutes les autorités de régulation le principe de non déductibilité des sanctions qu'elles infligent. A défaut, l'instrument des sanctions, même s'il est la plupart du temps d'un maniement rare, perdra beaucoup de sa valeur dissuasive : déjà enserré dans des contraintes procédurales qui protègent parfois mieux les acteurs du marché devant un régulateur que devant un juge pénal, il perdra aussi de son poids en étant déductible.

Le signal adressé aux acteurs de marché est peu satisfaisant

En outre, même si le Conseil d'État, dans le cadre qui lui était assigné, ne pouvait prendre cet aspect en considération, sur un plan plus moral ou théorique, le signal adressé aux acteurs de marché est peu satisfaisant : tenter de violer les règles de la concurrence, notamment celles constituant une protection pour les consommateurs, comme le droit d'accès à un réseau ou le droit à une information sincère, relève (au plan fiscal du moins) du cadre normal de la gestion de l'entreprise. Voudrait-on maintenir la confusion entre libéralisation et marché sans règle livré à l'hubris du grand capital qu'on n'aurait su mieux faire ; alors que l'ouverture régulée à la concurrence est caractérisée par le recours au droit là où le monopole ne connaissait que le pouvoir discrétionnaire, on explique qu'après tout, violer la norme n'est, aux yeux de l'État, que de bonne guerre. Certes, le droit fiscal laisse intact le principe de non déductibilité des sanctions pénales – mais en posant le principe de déductibilité des autres sanctions dans le silence des textes, il ne pourra qu'inciter le législateur à recourir à une pénalisation accrue du droit économique, quand tout l'attrait de la méthode régulatrice est de rechercher des voies différentes, moins radicales, pour administrer la libéralisation.

Poser dans la loi le principe général selon lequel les sanctions des régulateurs ne sont jamais déductibles devient donc une nécessité. La France, qui se plaint souvent des initiatives communautaires, oubliant qu'elle aurait pourtant le droit d'en prendre, serait peut être bien inspirée de proposer à nos partenaires qu'une directive vienne fixer ce principe auquel on ne voit pas que quiconque pourrait être hostile, et dont l'adoption harmoniserait les conditions de régulation comme de concurrence.

T. Tuot

Concurrences N° 2-2005, pp. 100-101

1.2.3 Droit souple

CE, 13 déc. 2017, Bouygues Télécom et Free Mobile, n° 401799, 401830 et 401912

Le Conseil d'État précise les contours du régime contentieux particulier qu'il applique aux actes de droit souple des autorités de régulation

Par sa décision Société Bouygues Télécom et société Free Mobile du 13 décembre 2017, le Conseil d'État a apporté de nouvelles précisions sur le contrôle juridictionnel particulier qu'il exerce sur les "actes de droit souple" des autorités de régulation, c'est-à-dire sur les actes qui ont pour objet de modifier ou d'orienter les comportements de leurs destinataires sans créer de droits ou d'obligations, soit, en d'autres termes, sans produire d'effets juridiques. En l'espèce, les sociétés Bouygues Télécom et Free Mobile ont notamment demandé au Conseil d'État d'annuler pour excès de pouvoir les "lignes directrices" sur le partage de réseaux mobiles publiées par l'Autorité de régulation des communications électroniques et des postes (ARCEP) sur son site internet le 25 mai 2016. C'est l'occasion pour le Conseil d'État d'étendre l'application des critères de recevabilité qu'il a définis dans ses décisions Fairvesta et Numericable (CE, Ass., 21 mars 2016, Fairvesta International et autres, nos 368082, 368083 et 368084; CE, Ass., 21 mars 2016, Numericable, n° 390023) aux recours pour excès de pouvoir contre les "lignes directrices" des autorités de régulation. Les recours en annulation contre les lignes directrices étant en l'espèce jugés recevables, le Conseil d'État a, en outre, précisé les modalités particulières de son contrôle, en fixant une restriction à l'invocabilité des moyens de légalité interne et, lorsqu'il est saisi d'un moyen tiré d'une erreur de fait opérant, en acceptant d'exercer un contrôle entier sur les appréciations contenues dans les lignes directrices.

Cadre juridique: La mise en œuvre par l'arcep de sa nouvelle compétence en matière de régulation des conventions de partage des réseaux radioélectriques

Le partage des réseaux radioélectriques ouverts au public est défini à l'article 32 du Code des postes et des communications électroniques. Il désigne "l'utilisation d'éléments d'un réseau d'accès radioélectrique au bénéfice d'opérateurs de communications électroniques titulaires d'une autorisation d'utilisation de fréquences radioélectriques" et comprend notamment "les prestations d'itinérance ou de mutualisation de réseaux radioélectriques ouverts au public". La loi n° 2015-990 du 6 août 2015 pour la croissance, l'activité et l'égalité des chances économiques, dite "loi Macron", a doté l'ARCEP de nouvelles compétences pour réguler les conventions conclues entre les opérateurs de téléphonie mobile dans cette matière. L'article L. 34-8-1-1 du Code des postes et des communications électroniques, qui est issu de la "loi Macron", prévoit que le partage des réseaux radioélectriques ouverts au public fait l'objet d'une convention de droit privé entre les opérateurs concernés, laquelle doit être communiquée à l'ARCEP dès sa conclusion. Ledit article ajoute que "[l]orsque l'autorité constate que cela est nécessaire à la réalisation des objectifs mentionnés à l'article L. 32-1 ou au respect des engagements souscrits au titre des autorisations d'utilisation de fréquences radioélectriques par les opérateurs parties à la convention, elle demande, après avis de l'Autorité de la concurrence, la modification des conventions déjà conclues, en précisant leur périmètre géographique, leur durée ou les conditions de leur extinction." Ces évolutions législatives sont intervenues dans un contexte où la société Free Mobile a, dans le cadre prévu par la décision de l'ARCEP n° 2010-0043 du 12 janvier 2010, conclu en janvier 2012 un accord d'itinérance avec la société Orange, afin d'accéder à son réseau de téléphonie mobile 2G et 3G. Deux ans plus tard, le 31 janvier 2014, les sociétés SFR et Bouygues Télécom ont conclu un accord de partage de réseaux mobiles ayant pour objet le déploiement d'un réseau mutualisé couvrant 57 % de la population ainsi qu'une prestation temporaire d'itinérance 4G fournie par Bouygues Télécom à SFR. Afin d'éclairer les opérateurs sur la grille d'analyse qu'elle entendait appliquer dans la mise en œuvre de sa nouvelle compétence, l'ARCEP a soumis à consultation publique un projet de lignes directrices sur l'itinérance et la mutualisation des réseaux mobiles de janvier à février 2016. Au terme de cette consultation, elle a publié sur son site internet, le 25 mai 2016, des lignes directrices sur le partage de réseaux mobiles ainsi qu'un communiqué de presse relatif à ces lignes directrices. La société Bouygues Télécom a saisi le Conseil d'État d'un recours pour excès de pouvoir à la fois contre le projet de lignes directrices sur l'itinérance et la mutualisation des réseaux mobiles, contre les lignes directrices relatives au partage de réseaux mobiles et contre le communiqué de presse. La société Free Mobile a également saisi le Conseil d'État d'un recours pour excès de pouvoir contre les lignes directrices et contre le communiqué de presse, sans toutefois demander l'annulation du projet de lignes directrices. De plus, dans un communiqué de presse publié sur son site internet le 30 juin 2016, l'ARCEP a indiqué avoir reçu des avenants relatifs aux deux contrats de partage de réseaux mobiles, respectivement conclus entre Free Mobile et Orange, et entre Bouygues Télécom et SFR. Au regard de ses lignes directrices sur le partage de réseaux mobiles, l'ARCEP "a conclu qu'il n'apparaissait pas nécessaire de demander aux opérateurs de modifier à nouveau leurs contrats". La société Bouygues Télécom a demandé au Conseil d'État d'annuler pour excès de pouvoir ce communiqué.

Conditions de recevabilité du recours pour excès de pouvoir contre les "lignes directrices" du régulateur

Le Conseil d'État a d'abord rejeté sans difficulté la demande en annulation du projet de lignes directrices publié par l'ARCEP dans le cadre d'une consultation publique. Cette demande est en effet irrecevable, dès lors que le projet de lignes directrices ne constitue qu'un document préparatoire qui, à ce titre, est insusceptible de faire grief (cons. 5). La recevabilité des demandes en annulation pour excès de pouvoir des lignes directrices soulevait, en revanche, une question plus épineuse. Les lignes directrices de l'ARCEP sur le partage de réseaux mobiles relèvent de la catégorie bien connue des "directives" ou, selon la terminologie prônée par le Conseil d'État, des lignes directrices (cf. étude annuelle du Conseil d'État sur "Le droit souple", mai 2013, La Documentation française). Cette catégorie d'actes correspond à ceux par lesquels les autorités administratives définissent des orientations générales qu'elles entendent suivre dans l'exercice d'une compétence pour laquelle elles disposent d'un pouvoir d'appréciation, sans toutefois renoncer à exercer ce pouvoir (CE, Sect., 11 déc. 1970, Crédit Foncier de France, n° 78880). Or, selon une jurisprudence bien établie, les lignes directrices peuvent être contestées par voie d'exception à l'occasion d'un recours contre une décision individuelle (CE, 29 juillet 1994, Ministre de l'éducation nationale, n° 147978), mais elles sont insusceptibles d'être contestées par voie d'action dans le cadre d'un recours pour excès de pouvoir (CE, 18 oct. 1991, Union nationale de la propriété immobilière, n° 75831 ; CE, 3 mai 2004, Comité anti-amiante Jussieu et Association nationale de défense des victimes de l'amiante, n° 254961).

Le Conseil d'État juge néanmoins recevable le recours pour excès de pouvoir contre des lignes directrices dans le cas où celles-ci contiennent des dispositions réglementaires (CE, 20 déc. 2000, Conseil des industries françaises de défense, n° 193498, aux T. sur ce point) ; mais, dès lors qu'elles revêtent alors un caractère décisoire, il ne s'agit plus à proprement parler de lignes directrices au sens de la jurisprudence Crédit foncier de France. Le maintien de la jurisprudence rejetant comme irrecevable le recours pour excès de pouvoir contre les lignes directrices était cependant incertain, en ce qui concerne les lignes directrices adoptées par les autorités de régulation, depuis que le Conseil d'État a commencé à admettre des recours contre les actes de droit souple des autorités de régulation. Dans ses décisions Fairvesta et Numericable, le Conseil d'État a, en effet, jugé recevable le recours pour excès de pouvoir contre les "avis, recommandations, mises en garde et prises de position adoptés par les autorités de régulation dans l'exercice des missions dont elles sont investies", dès lors que ces actes, bien que ne modifiant pas l'ordonnancement juridique, sont de nature à produire des effets notables, notamment de nature économique, ou ont pour objet d'influer de manière significative sur les comportements des personnes auxquelles ils s'adressent (CE, Ass., 21 mars 2016, nos 368082, 368083 et 368084, précité, cons. 4 ; CE, Ass., 21 mars 2016, n° 390023, précité, cons. 5). La décision commentée du 13 décembre 2017 étend l'application de ces critères de recevabilité aux recours pour excès de pouvoir contre les lignes directrices adoptées par les autorités de régulation dans le cadre de leur mission. Le Conseil d'État juge ainsi que "les lignes directrices par lesquelles les autorités de régulation définissent, le cas échéant, les conditions dans lesquelles elles entendent mettre en œuvre les prérogatives dont elles sont investies, peuvent faire l'objet d'un recours pour excès de pouvoir, introduit par un requérant justifiant d'un intérêt direct et certain à leur annulation, lorsqu'elles sont de nature à produire des effets notables, notamment de nature économique, ou ont pour objet d'influer de manière significative sur les comportements des personnes auxquelles elles s'adressent ; que, dans ce dernier cas, il appartient au juge, saisi de moyens en ce sens, d'examiner les vices susceptibles d'affecter la légalité de ces actes en tenant compte de leur nature et de leurs caractéristiques, ainsi que du pouvoir d'appréciation dont dispose l'autorité de régulation" (cons. 6 ; nonobstant la précision "dans ce dernier cas", qui résulte vraisemblablement d'une reprise partielle du considérant de principe des décisions Fairvesta [cons. 4] et Numericable [cons. 5], il semble qu'il appartient au juge d'examiner la légalité des lignes directrices dont il est saisi dans le cas où celles-ci ont pour objet d'influer de manière significative sur les comportements des opérateurs et dans le cas où elles sont de nature à produire des effets notables). Ainsi, la solution retenue par le Conseil d'État dans sa décision du 13 décembre 2017 se démarque de sa jurisprudence traditionnelle en matière de contestation des lignes directrices. Elle se justifie par la nouvelle orientation jurisprudentielle dans laquelle elle s'inscrit, initiée par les décisions Fairvesta et Numericable. En ce sens, la portée de cette solution se borne aux lignes directrices adoptées par les autorités de régulation pour mettre en œuvre les prérogatives dont elles sont investies. Le Conseil d'État applique, en l'espèce, les nouveaux critères de recevabilité aux recours pour excès de pouvoir contre les lignes directrices de l'ARCEP. Il considère que ces lignes directrices, qui sont adoptées par l'ARCEP dans le cadre de sa mission de régulation du marché de la téléphonie mobile, "ont pour objet de guider les opérateurs dans la conclusion de leurs accords de partage de réseaux mobiles" et, par suite, ont pour objet d'influer de manière significative sur les comportements des personnes auxquelles elles s'adressent. Les sociétés Bouygues Télécom et Free Mobile sont donc recevables à en demander l'annulation pour excès de pouvoir (cons. 7).

Conditions de recevabilité du recours pour excès de pouvoir contre les "communiqués de presse" du régulateur

Le Conseil d'État était saisi, en outre, de recours pour excès de pouvoir contre deux communiqués de presse publiés par l'ARCEP sur son site internet, l'un ayant pour objet de résumer les lignes directrices sur le partage des réseaux radioélectriques, l'autre ayant pour objet de révéler la décision de l'ARCEP de ne pas demander aux opérateurs de modifier leurs contrats d'itinérance. Ces recours ont connu un sort opposé pour des motifs différents. S'agissant du recours pour excès de pouvoir contre le communiqué de presse relatif aux lignes directrices, le Conseil d'État a considéré que, dès lors que ce communiqué "se borne à informer les opérateurs de la publication des lignes directrices et à résumer le contenu de ce document", il est insusceptible de faire grief et, par conséquent, d'être contesté par la voie du recours pour excès de pouvoir (cons. 8). Le recours pour excès de pouvoir contre le second communiqué de presse a, en revanche, été jugé recevable. La recevabilité de ce recours n'a cependant pas été appréciée au regard des critères définis par le Conseil d'État dans sa jurisprudence Fairvesta et Numericable, qui sont propres aux actes de droit souple. En l'occurrence, la société Bouygues Télécom a contesté le communiqué de presse en tant qu'il révèle la décision de l'ARCEP de ne pas demander la modification du contrat d'itinérance conclu par les sociétés Free Mobile et Orange. Le recours est donc en réalité dirigé, non contre le communiqué de presse, mais contre la décision de l'ARCEP révélée par ce communiqué. Cette décision ne faisant l'objet d'aucune autre mesure de publicité, la société Bouygues Télécom, à laquelle elle est susceptible de faire grief, est recevable à en demander l'annulation pour excès de pouvoir (cons. 9).

Restriction à l'invocabilité des moyens contestant les appréciations du régulateur

Classiquement, lorsqu'un requérant est recevable à former un recours pour excès de pouvoir contre un acte, il peut soulever tout moyen afin d'obtenir son annulation, abstraction faite, d'une part, des règles de recevabilité des moyens résultant de textes spécifiques (par exemple de l'article R. 611-7-1 du Code de justice administrative s'agissant de l'irrecevabilité des moyens nouveaux soulevés au-delà d'une date fixée par le juge), d'autre part, des contraintes de délai découlant des jurisprudences Intercopie limitant la possibilité d'invoquer des causes juridiques distinctes (CE, 20 fév. 1953, n° 9772, Rec.) ou Lamarque sur l'exception d'illégalité des actes non réglementaires (CE, 13 fév. 1980, n° 09807, Rec.). Dans cette logique, l'on pourrait considérer que, dès lors que les conditions de recevabilité du recours pour excès de pouvoir contre un acte de droit souple sont remplies, les requérants peuvent soulever tout moyen pour contester l'acte dans tous ses éléments. Les décisions Fairvesta et Numericable, de même que la décision commentée Bouygues Télécom, ne définissent, d'ailleurs, aucun verrou de principe à l'invocabilité des moyens. Elles énoncent cependant, de manière générale, qu' "il appartient au juge, saisi de moyens en ce sens, d'examiner les vices susceptibles d'affecter la légalité de ces actes en tenant compte de leur nature et de leurs caractéristiques, ainsi que du pouvoir d'appréciation dont dispose l'autorité de régulation". Cette faculté que s'est réservée le juge d'adapter son contrôle est mise en œuvre de manière remarquable dans la décision commentée. Le Conseil d'État écarte ainsi comme inopérantes les erreurs de fait soulevées par la société Bouygues Télécom à l'encontre des appréciations auxquelles s'est livrée l'ARCEP dans la partie "Contexte" de ses lignes directrices. Le Conseil d'État relève que les passages en cause "se bornent à décrire les caractéristiques principales du marché de la téléphonie mobile" et juge que le "moyen, qui n'est pas assorti d'une argumentation dirigée contre la teneur des orientations fixées par les lignes directrices que l'Autorité entend mettre en œuvre pour apprécier la conformité des accords de partage de réseaux mobiles aux objectifs de la régulation, ne peut être utilement soulevé à l'appui d'un recours pour excès de pouvoir contre ces lignes directrices" (cons. 12). Logiquement, il écarte également comme inopérant, et au même motif, le moyen critiquant les passages contenus dans la partie "Contexte" des lignes directrices, mais cette fois soulevé par la société Bouygues Télécom par voie d'exception, à l'appui de son recours pour excès de pouvoir contre la décision de l'ARCEP de ne pas demander la modification du contrat d'itinérance conclu par les sociétés Free Mobile et Orange (cons. 17). Ce faisant, le juge de l'excès de pouvoir entend cadrer les débats contentieux, dans la mesure où ils portent sur les appréciations du régulateur, autour de "la teneur des orientations fixées par les lignes directrices". Or c'est bien parce que les lignes directrices "ont pour objet de guider les opérateurs (...)" (cons. 4) que celles-ci peuvent être déférées au juge de l'excès de pouvoir. En définitive, les effets de l'acte justifient non seulement la recevabilité du recours, mais servent encore, dans une certaine mesure, à canaliser les moyens invocables à l'appui de celui-ci. Le juge de l'excès de pouvoir n'est donc pas loin d'établir ici une liaison, tirée des effets de l'acte, entre la recevabilité du recours contre les lignes directrices et l'invocabilité des moyens critiquant les appréciations qui y sont portées. Les spécificités du recours pour excès de pouvoir en la matière s'étendent ainsi, de manière fort originale, à l'invocabilité des moyens.

L'étendue du contrôle juridictionnel sur les appréciations contenues dans les lignes directrices

Lorsque les moyens contestant les appréciations contenues dans les lignes directrices sont dirigés contre la teneur des orientations qui y sont fixées, ils sont opérants et le juge les examine au fond. Le Conseil d'État précise qu'il exerce alors un contrôle entier sur les appréciations contestées. En l'occurrence, il était soutenu que les lignes directrices de l'ARCEP étaient entachées d'une erreur d'appréciation, en ce que l'ARCEP a relevé que l'itinérance ne pouvait être pérenne que sur une portion limitée du territoire, correspondant aux zones les moins denses où les incitations à investir sont très limitées. Au terme d'un contrôle entier, le Conseil d'État a écarté le moyen (cons. 14). Il serait erroné d'en déduire que le juge de l'excès de pouvoir opère un contrôle entier sur les appréciations portées par les autorités de régulation dans tous les actes de droit souple. Dans ses conclusions sur la décision Fairvesta, Mme Suzanne von Coester préconisait ainsi "un contrôle aussi distancié que possible sur l'appréciation des faits" par le régulateur. D'ailleurs, dans cette décision, le Conseil d'État a exercé un contrôle limité à l'erreur manifeste d'appréciation sur la publication par l'Autorité des marchés financiers d'un communiqué mettant les investisseurs en garde contre les conditions dans lesquelles sont commercialisés certains produits de placement (CE, Ass., nos 368082, 368083 et 368084, précité, cons. 8 et 14). Le juge du droit souple fait donc lui-même preuve de flexibilité, en adaptant son contrôle aux actes dont il est saisi, selon leur nature, leurs caractéristiques propres et le pouvoir d'appréciation dont dispose l'autorité de régulation.

Confirmation des lignes directrices de l'arcep et de sa décision de ne pas demander la modification du contrat d'itinérance conclu par les sociétés free mobile et orange

Jugés recevables, les recours contre les lignes directrices de l'ARCEP et contre sa décision de ne pas demander la modification du contrat d'itinérance conclu par les sociétés Free Mobile et Orange ont néanmoins été rejetés au fond. En confirmant la légalité des lignes directrices, le Conseil d'État a validé les orientations données par l'ARCEP pour réguler les conventions de partage des réseaux radioélectriques ouverts au public. La décision de l'ARCEP de ne pas demander la modification du contrat d'itinérance conclu par les sociétés Free Mobile et Orange, prise au regard de ses lignes directrices, a également été validée par le Conseil d'État. À cet égard, le Conseil d'État a notamment précisé que si l'ARCEP était tenue, en vertu de l'article L. 34-8-1-1 du Code des postes et des communications électroniques, de solliciter l'avis préalable de l'Autorité de la concurrence dans le cas où elle demandait la modification des conventions de partage des réseaux radioélectriques ouverts au public, tel n'était pas le cas lorsqu'elle décidait de ne pas demander aux opérateurs une telle modification (cons. 16). Enfin, le Conseil d'État a considéré que la décision litigieuse, en ce qu'elle autorise la prolongation au moins jusqu'en 2020 de l'itinérance prévue par le contrat entre les sociétés Orange et Free Mobile, ne procurait pas un avantage anticoncurrentiel injustifié à la société Free Mobile (cons. 18).

E. Guillaume, G. Léonard
Concurrences N° 1-2018, pp. 167-170

CE, 13 juil. 2016, GDF Suez, n° 388150

Le Conseil d'État apporte une nouvelle précision quant aux conditions de recevabilité d'un recours pour excès de pouvoir exercé à l'encontre des actes dits "de droit souple" des autorités de régulation et consacre la possibilité de demander l'abrogation de ce genre d'acte

---

Cette décision est l'occasion pour le Conseil d'État de poursuivre la construction jurisprudentielle qu'il a engagée avec ses décisions du 21 mars 2016, *Fairvesta* (n° 368082) et *NC Numericable* (n° 368084) dans lesquelles il a admis la recevabilité, sous certaines conditions, d'un recours exercé à l'encontre des actes de droit souple des autorités de régulation.

Cadre juridique dans lequel s'inscrit le litige

Les fournisseurs d'électricité sont tenus d'offrir à leurs clients la possibilité de conclure un contrat unique portant sur la fourniture et la distribution d'électricité ou de gaz naturel (article L. 224-8 du code de la consommation). Dans le cadre de ce contrat unique, le fournisseur d'électricité facture un tarif unique d'électricité composé d'une part "consommation" qui correspond à son chiffre d'affaires et d'une part "accès au réseau", qui correspond au tarif d'utilisation des réseaux publics d'électricité (TURPE), qu'il reverse ensuite au gestionnaire du réseau.

En parallèle, le gestionnaire de réseau, *ERDF* (aujourd'hui dénommé *Enedis*), conclut avec chaque fournisseur d'électricité, un contrat spécifique appelé contrat

"GRD-fournisseur" ou "GRD-F", qui détermine les conditions d'accès au réseau pour l'exécution des contrats de fourniture conclus (article L. 111-92 du code de l'énergie).

Dans le cadre du contrat "GRD-F" conclu avec *ERDF*, *Direct Energie* s'est plaint de devoir gérer des tâches pour le compte d'*ERDF* sans contrepartie financière (facturation, encaissement, relance et recouvrement du TURPE). Ainsi, en 2012, ces deux sociétés ont conclu un contrat de prestation de services prévoyant que *Direct Energie* serait rémunéré par *ERDF* en contrepartie des prestations précitées, tant que le portefeuille de clients en contrat unique du fournisseur alternatif n'excéderait pas le nombre de 1 750 0000. Avant de signer le contrat, *Direct Energie* a transmis le projet de contrat à la Commission de Régulation de l'Énergie (CRE) pour avis. Par une délibération du 26 juillet 2012 intitulée "*communication relative à la gestion de clients en contrat unique*", la CRE a considéré "*qu'au regard tant des principes généraux du droit de la concurrence que du code de l'énergie*", le contrat de prestation de services pouvait être valablement conclu. La délibération précise également que le projet de contrat de prestation de services "*pourrait être conclu avec d'autres opérateurs (fournisseurs nouveaux entrants) placés dans une situation comparable à la société Poweo Direct Energie*".

En tant que nouvel entrant sur le marché de la fourniture d'électricité, *GDF-Suez*, devenu *Engie*, a souhaité conclure un contrat analogue avec *ERDF*. Son portefeuille de clients en contrat unique dépassait toutefois le seuil de 1 750 000, fixé par la délibération du 26 juillet 2012.

Le 7 octobre 2014, *GDF-Suez* a formé un recours gracieux tendant au retrait de la délibération de la CRE du 26 juillet 2012. Par une délibération du 10 décembre 2014, intitulé "*réponse au recours gracieux*", la CRE a considéré que "*la délibération attaquée est dépourvue de tout caractère décisoire et donc insusceptible de faire grief à la société GDF Suez*". C'est dans ce contexte que, le 19 février 2015, *GDF-Suez* a saisi le Conseil d'État d'un recours pour excès de pouvoir contre les deux délibérations de la CRE du 26 juillet 2012 et du 10 décembre 2014.

La naissance du délai de recours contre les actes de droit souple

Le Conseil d'État fait tout d'abord application des critères qu'il a dégagés dans ses décisions *Fairvesta* et *NC Numericable* pour apprécier si la délibération de la CRE du 26 juillet 2012 constitue un acte faisant grief.

Selon ces jurisprudences, "*les avis, recommandations, mises en garde et prises de position adoptés par les autorités de régulation dans l'exercice des missions dont elles sont investies, peuvent être déférés au juge de l'excès de pouvoir lorsqu'ils revêtent le caractère de dispositions générales et impératives ou lorsqu'ils énoncent des prescriptions individuelles dont ces autorités pourraient ultérieurement censurer la méconnaissance; que ces actes peuvent également faire l'objet d'un tel recours, introduit par un requérant justifiant d'un intérêt direct et certain à leur annulation, lorsqu'ils sont de nature à produire des effets notables, notamment de nature économique, ou ont pour objet d'influer de manière significative sur les comportements des personnes auxquelles ils s'adressent*".

Au cas particulier, le Conseil d'État considère qu'"*en approuvant la conclusion par les fournisseurs d'électricité et les gestionnaires de réseaux de distribution de contrats tels que celui que les sociétés ERDF et Poweo Direct Energie s'apprêtaient à conclure, et en limitant une telle possibilité à certains fournisseurs seulement*", la délibération de la CRE du 26 juillet 2012 a pour objet d'influer de manière significative sur les comportements de ces opérateurs. Cette délibération est également de nature à produire des effets notables, de nature économique, sur les relations concurrentielles entre les fournisseurs d'électricité, ainsi que sur le TURPE "*dès lors que la conclusion de ces contrats conduit à accroître les revenus de certains fournisseurs, sans induire de coûts supplémentaires pour les gestionnaires de réseaux de distribution du fait de leur couverture par le tarif d'utilisation des réseaux*". Il en déduit que la délibération de la CRE du 26 juillet 2012 est un acte faisant grief. La délibération de la CRE du 10 décembre 2014 quant à elle, rejette la demande de *GDF-Suez* tendant au "*retrait*" de la délibération du 26 juillet 2012. Après avoir requalifié la demande de *GDF-Suez* en demande d'abrogation, le Conseil d'État considère que la délibération du 10 décembre 2014 fait également grief à la requérante. Le Conseil d'État détermine ensuite le point de départ du délai de recours, mentionné à l'article R. 421-1 du code de justice administrative, contre ces actes de droit souple. Il juge qu'"*en l'absence de dispositions législatives ou réglementaires prévoyant un autre mode de publication, la mise en ligne d'un acte de la nature de celui que conteste la société GDF Suez sur le site internet de l'autorité de régulation qui l'édicte, dans l'espace consacré à la publication des actes de l'autorité, fait courir, à l'égard des professionnels du secteur dont elle assure la régulation, le délai de recours prévu par ces dispositions*". Le Conseil d'État transpose ici aux actes de droit souple la solution qu'il a appliquée s'agissant du point de départ du délai d'un recours exercé à l'encontre d'une décision de l'ARCEP, opposable aux professionnels du secteur (CE, 25 novembre 2015, *Gibmédia*, n° 383482).

S'agissant de la preuve de la date de mise en ligne de l'acte de droit souple, la charge repose classiquement sur la partie qui invoque la tardiveté, ici l'autorité de régulation. Celle-ci peut l'apporter par tous moyens. En l'espèce, en réponse à une mesure d'instruction, la CRE a transmis une attestation du gestionnaire de son site Internet établissant que la délibération du 26 juillet 2012 avait été mise en ligne le 2 août suivant. Dès lors, le Conseil d'État a constaté l'irrecevabilité de la demande présentée le 19 février 2015 par *GDF-Suez*, soit plus de deux mois après la date de mise en ligne de la délibération du 26 juillet 2012.

La demande d'abrogation d'un acte de droit souple

Le second apport de la décision commentée concerne l'abrogation des actes de droit souple. En effet, le Conseil d'État juge que "*lorsque le justiciable n'a pas contesté cet acte dans ce délai, il lui reste loisible, s'il s'y croit fondé, de demander son abrogation à l'autorité qui l'a adopté et, le cas échéant, de contester devant le juge de l'excès de pouvoir le refus que l'autorité oppose à cette demande*".

En l'espèce, le Conseil d'État a requalifié la demande de "*retrait*" de *GDF-Suez* auprès de la CRE en demande d'abrogation. Dans ses conclusions sur l'affaire, le Rapporteur public, Romain Victor, souligne que "*la notion de retrait* [...] *paraît moins évidente à manier*" en ce qui concerne les actes de droit souple dès lors qu'ils ne produisent des effets ou n'influencent pas les comportements à venir et ne modifient en aucun cas l'ordonnancement juridique. Selon lui, la demande de retrait, par nature rétroactif, serait alors dépourvue d'objet et de conséquence concrète. Il ajoute que "*l'annulation d'un acte de droit souple publié sur le site internet d'un régulateur n'est rien d'autre que l'ordre donné par le juge de faire cesser la diffusion de cet acte à l'avenir*". Le Conseil d'État a suivi les conclusions du Rapporteur public sur ce point.

Le Conseil d'État annule ensuite la délibération de la CRE du 10 décembre 2014. Il considère qu'"*en prévoyant ainsi la souscription par le consommateur d'un 'contrat unique' auprès du fournisseur, qui agit au nom et pour le compte du gestionnaire de réseau de distribution,* [le législateur] *n'a pas entendu modifier les responsabilités respectives de ces opérateurs envers le consommateur d'électricité. Dès lors, les stipulations des contrats conclus entre le gestionnaire de réseau et les fournisseurs d'électricité ne doivent pas laisser à la charge de ces derniers les coûts supportés par eux pour le compte du gestionnaire de réseau*". Par conséquent, la CRE a méconnu l'ancien article L. 121-92 du code de la consommation (aujourd'hui remplacé par l'article L. 224-8 du même code) "*en prévoyant que ce type d'accord ne pouvait être que 'transitoire', et en en réservant le bénéfice à certains fournisseurs*".

E. Guillaume

Concurrences N°4-2016, pp. 175-176

CE, 26 juin 2016, Fédération française des sociétés d'assurance, n° 364297

Le Conseil d'État accepte de contrôler la légalité d'une recommandation de l'Autorité de contrôle prudentiel et de résolution

Le Conseil d'État était saisi par la Fédération française des sociétés d'assurance d'un recours pour excès de pouvoir dirigé contre la recommandation n° 2014-R-01 du 3 juillet 2014 de l'Autorité de contrôle prudentiel et de résolution (ACPR) sur les conventions concernant la distribution des contrats d'assurance vie conclues entre les entreprises d'assurance et les intermédiaires en assurance.

Au titre de sa mission de protection de la clientèle, l'ACPR peut, en application de l'article L. 612-29-1 du code monétaire et financier, constater l'existence de bonnes pratiques professionnelles ou formuler des recommandations de bonnes pratiques. Si la méconnaissance des bonnes pratiques constatées ou recommandées par l'ACPR ne donne pas directement lieu à sanctions disciplinaires, l'Autorité peut, en revanche, prendre des mesures de police administrative (mise en garde individuelle) lorsqu'elle constate qu'une personne contrôlée a des pratiques différentes susceptibles de mettre en danger les intérêts de ses clients. Or, le non-respect d'une mise en garde peut donner lieu à l'ouverture d'une procédure disciplinaire (Art. L. 612-38 et s. du code monétaire et financier).

Ce pouvoir de recommandation est d'autant plus important que l'ACPR ne dispose pas d'un pouvoir réglementaire à la différence de la plupart des autorités de régulation économique et financière. Sur ce fondement, l'Autorité a adopté, à notre connaissance, quatorze recommandations depuis sa création par l'ordonnance n° 2010-76 du 21 janvier 2010 portant fusion des autorités d'agrément et de contrôle de la banque et de l'assurance. La recommandation litigieuse, qui vise à assurer la meilleure information de l'assuré et la délivrance d'un conseil adapté lors de la commercialisation des contrats d'assurance vie, contient un certain nombre de bonnes pratiques à destination des entreprises d'assurance et des intermédiaires d'assurance portant principalement sur la communication à caractère publicitaire et les informations relatives au contrat d'assurance.

L'ACPR soutenait que le recours était irrecevable au motif que la recommandation n'était pas une décision faisant grief. Mais le Conseil d'État tire les conséquences de la nouvelle jurisprudence issue des arrêts Fairvesta International et NC Numericable qui a considérablement élargi la recevabilité du recours pour excès de pouvoir contre les actes de droit souple des autorités de régulation économique et financière (CE, 21 mars 2016, Fairvesta International, n° 368082, 368083 et 368085; Concurrences n° 2-2016, pp. 198-199, obs. F. Martucci; CE, 21 mars 2016, NC Numericable, n° 390023). Il rappelle que "les avis, recommandations, mises en garde et prises de position adoptées par les autorités de régulation dans l'exercice des missions dont elles sont investies, peuvent être déférées au juge de l'excès de pouvoir lorsqu'ils revêtent le caractère de dispositions générales et impératives ou lorsqu'ils énoncent des prescriptions individuelles dont ces autorités pourraient ultérieurement censurer la méconnaissance. Ces actes peuvent également faire l'objet d'un tel recours, introduit par un requérant justifiant d'un intérêt direct et certain à leur annulation, lorsqu'ils sont de nature à produire des effets notables, notamment de nature économique, ou ont pour objet d'influer de manière significative sur les comportements des personnes auxquelles ils s'adressent. Dans ce dernier cas, il appartient au juge, saisie de moyens en ce sens, d'examiner les vices susceptibles d'affecter la légalité de ces actes en tenant compte de leur nature et de leurs caractéristiques, ainsi que du pouvoir d'appréciation dont dispose l'autorité de régulation". Or, le Conseil d'État observe, d'une part, que la recommandation attaquée a pour objet d'inciter les entreprises d'assurance et les intermédiaires, qui en sont les destinataires, à modifier sensiblement leurs relations réciproques et, d'autre part, que la FFSA représente les intérêts des entreprises d'assurance. Celle-ci est, par conséquent, recevable à en demander l'annulation.

Statuant sur le fond, la Haute juridiction rejette toutefois le recours en annulation. Elle considère que l'acte attaqué n'est pas entaché d'incompétence puisque les recommandations formulées par l'ACPR ne présentent pas de caractère impératif et n'ont pas vocation à modifier l'ordonnancement juridique. Le Conseil d'État souligne qu'"en formulant ces recommandations, l'ACPR s'est bornée à inviter les professionnels du secteur concerné à adopter des règles de bonne pratique professionnelle en matière de distribution des contrats d'assurance vie". Partant, "cet acte ne saurait être regardé comme édictant des règles nouvelles relevant du domaine de la loi ou du règlement". Le Conseil d'État juge, par ailleurs, que l'acte litigieux se borne à préconiser les modalités pratiques de mise en œuvre des dispositions réglementaires du code des assurances en matière de communication publicitaire et d'information en pleine conformité avec celles-ci et qu'il ne porte pas atteinte au principe à valeur constitutionnelle de la liberté contractuelle en recommandant simplement aux intermédiaires d'assurance de conclure, entre eux, des conventions, en cas de "chaîne de distribution".

J.-P. Kovar
Concurrences N° 3-2016, p. 164

CE, 21 mars 2016, Fairvesta International e.a., n° 368082 e.a.

Le Conseil d'État contrôle la légalité des communiqués de presse de l'Autorité des marchés financiers

Par un arrêt en date du 21 mars 2016, le Conseil d'État, en sa formation d'Assemblée, a contrôlé la légalité d'un acte de droit souple édicté par l'Autorité des marchés financiers (AMF). En l'espèce, une société avait introduit un recours pour excès de pouvoir à l'encontre de communiqués publiés par l'AMF, du refus de cette dernière de rectifier le contenu desdits communiqués. Elle a également demandé l'indemnisation du préjudice résultant de ces communiqués.

Le contenu des communiqués

À partir de 2009, la société allemande Fairvest International a proposé aux investisseurs français des produits de placements immobiliers, prenant la forme de prises de participation dans des sociétés en commandite simple de droit allemand ayant pour objet l'acquisition, la gestion ou le négoce d'immeubles. En 2011, l'AMF a publié, dans la rubrique "Mise en garde" de son site Internet, un communiqué intitulé "L'Autorité des marchés financiers attire l'attention du public sur les activités de la société Fairvesta". Ce communiqué indiquait que "L'Autorité des marchés financiers (AMF) reçoit de nombreuses questions de la part d'investisseurs particuliers et de professionnels relatives aux activités de la société Fairvesta. Cette société (...) propose des placements immobiliers tels que Mercatus VIII, Lumis, ou encore Chronos avec des perspectives de rendement élevées. Ces placements sont souvent commercialisés en France de manière très active par des personnes tenant des discours parfois déséquilibrés au regard des risques en capital encourus. Ces produits ne relèvent pas de la réglementation applicable aux titres financiers. La société Fairvesta n'est d'ailleurs ni autorisée à fournir en France des services d'investissement ou des conseils en investissement financier ni habilitée à se livrer à une activité de démarchage bancaire ou financier et les placements proposés n'ont pas donné lieu à l'élaboration d'un document d'information visé ou revu par l'AMF". En 2012, un deuxième communiqué a été publié, reprenant en partie le contenu du premier. Un troisième communiqué a été enfin publié attirant cette fois l'attention du public sur le site Internet "Fairvesta". Il était formulé dans des termes quasiment identiques aux deux premiers.

La société allemande a demandé à l'AMF l'indemnisation du préjudice subi du fait de la publication de ces communiqués ainsi que la publication d'un communiqué rectificatif sur son site Internet. Par un courrier du 13 février 2013, l'Autorité des marchés financiers a refusé de faire droit à cette demande. Elle a réitéré ce refus à la suite d'une nouvelle demande de la société. Ce sont ces trois communiqués et ces refus que la société a attaqué devant la juridiction administrative. Doutant de sa compétence, le Conseil d'État avait élevé le conflit. Le 16 novembre 2015, le Tribunal des conflits a déclaré que la juridiction administrative est bien compétente pour connaître du litige né des demandes de la société allemande.

Les effets décisoires du droit souple

L'arrêt du Conseil d'État s'avère en particulier remarquable en ce qu'il reconnaît la production d'effets de droit par des communiqués de l'AMF. La haute juridiction a ainsi répondu à la fin de non-recevoir opposée par l'AMF. Le considérant de principe est ainsi formulé : “les avis, recommandations, mises en garde et prises de position adoptés par les autorités de régulation dans l’exercice des missions dont elles sont investies, peuvent être déférés au juge de l’excès de pouvoir lorsqu’ils revêtent le caractère de dispositions générales et impératives ou lorsqu’ils énoncent des prescriptions individuelles dont ces autorités pourraient ultérieurement censurer la méconnaissance” (considérant n° 4). L’arrêt ajoute que “ces actes peuvent également faire l’objet d’un tel recours, introduit par un requérant justifiant d’un intérêt direct et certain à leur annulation, lorsqu’ils sont de nature à produire des effets notables, notamment de nature économique, ou ont pour objet d’influer de manière significative sur les comportements des personnes auxquelles ils s’adressent” (ibid.). En conséquence, le Conseil d’État accepte de contrôler la légalité des actes “en tenant compte de leur nature et de leurs caractéristiques, ainsi que du pouvoir d’appréciation dont dispose l’autorité de régulation” (ibid.).

L’affirmation marque une avancée significative du contentieux des actes de la régulation économique et financière. Loin de s’en tenir à une appréciation formelle des actes, selon laquelle seuls des actes administratifs en bonne et due forme seraient susceptibles d’un recours pour excès de pouvoir, le Conseil d’État prend pour critère la production par les actes attaqués “d’effets notables”, “notamment de nature économique”, ou qui “ont pour objet d’influer de manière significative sur les comportements des personnes auxquelles ils s’adressent”. Autrement dit, le juge administratif détermine si un acte produit des effets de droit, de sorte qu’il peut être attaqué, en appréciant ses effets concrets sur les comportements des personnes auxquels ils s’adressent. Il lui appartient ainsi d’analyser si un acte, quelle que soit sa forme, a une influence sur le comportement des sujets de droit. Ce prisme comportemental conduit ainsi à conférer des effets juridiques à des actes de droit souple, en estompant les frontières traditionnelles entre le droit et le fait.

Le Conseil d’État s’inscrit ainsi dans un mouvement général, notamment initié par la Cour de justice de l’UE en matière monétaire. À deux reprises, cette dernière a en effet accepté de contrôler des actes de la BCE qui, formellement, ne constituent pas des actes juridiques du droit de l’Union, en vertu de la nomenclature retenue par les Traités. D’une part, le Tribunal a annulé le “cadre de surveillance de l’Eurosystème” qui fixait exigence de localisation au sein d’un État de la zone euro aux contreparties centrales intervenant dans la compensation de titres financiers (Trib. UE, 4 mars 2015, Royaume-Uni c/ BCE, T-496/11, ECLI:EU:T:2015:133). Alors que ce cadre ne constituait qu’une note publiée sur le site Internet de la BCE, le Tribunal a considéré qu’il produisait des effets de droit. Pour ce faire, il a examiné le libellé et le contexte de l’acte, sa substance ainsi que l’intention de son auteur afin d’apprécier la perception de l’acte par les parties intéressées. L’arrêt insiste ensuite sur la rédaction de l’acte afin de déterminer s’il est formulé en termes impératifs. Le Tribunal revient ensuite sur la perception de l’acte par les parties intéressées ; en l’occurrence, il focalise son attention sur la perception par les autorités nationales de régulation. Dans l’arrêt Gauweiler, la Cour de justice a contrôlé la validité du programme OMT en vertu duquel la BCE a planifié, sans les réaliser, des achats de titres souverains émis par des États de la zone euro (CJ, GC, 16 juin 2015, Gauweiler, C-62/14, ECLI:EU:C:2015:400). Ce programme n’avait cependant pas été formellement adopté ; ces “caractéristiques techniques” étaient explicitées par un communiqué de presse publié sur le site Internet de la BCE.

La jurisprudence tant nationale qu’européenne tend ainsi à reconnaître des effets de droit là où il y a des effets de marché. L’évolution doit être saluée en ce qu’un droit du marché ne peut s’encombrer d’un formalisme juridique excessif. Elle était prévisible pour le Conseil d'État qui avait expressément traité de la nécessité de construire "une jurisprudence adaptée au contrôle du droit souple public" dans son étude annuelle de 2013 (CE, Étude annuelle, Le droit souple, Paris, La Documentation française, 2013, p. 14). Il demeure que cette évolution n'est pas sans poser de difficultés, en termes de sécurité juridique. En effet, déterminer les effets de droit d'un acte en vertu de la perception que s'en font les parties intéressées conduit à retenir un critère subjectif de la normativité. Il faudra apprécier au cas par cas si les parties intéressées, préalablement identifiées, ce qui ne sera pas toujours chose aisée, se sentent liées par l'acte contesté. Pour les autorités de régulation, cela implique de procéder à un audit de leur pratique décisionnelle pour déterminer, dans la gamme variée des actes de droit souple que chaque autorité adopte en fonction du secteur à réguler, ceux de ces actes qui produisent des effets de droit.

L'étendue du contrôle

Pour le Conseil d'État, l'AMF a agi dans le cadre de la mission de protection de l'épargne investie dans les instruments financiers qui lui est assignée par l'article L. 621-1 du code monétaire et financier. Selon la même disposition, elle veille notamment à l'information des investisseurs et au bon fonctionnement des marchés d'instruments financiers et d'actifs et apporte son concours à la régulation de ces marchés aux échelons européen et international. L'arrêt précise que la publication de communiqués invitant les épargnants ou investisseurs à faire preuve de vigilance vis-à-vis de certains types de placements ou de pratiques financières risqués fait partie intégrante de ces missions de sorte que l'AMF était bien compétente. Le Conseil d'État ajoute que cette compétence est générale en ce sens qu'elle porte sur tous les placements offerts au public et ne se limite pas aux seuls instruments financiers, définis par l'article L. 211-1 du code monétaire et financier, et aux actifs mentionnés au II de l'article L. 421-1 du même code.

Le Conseil d'État procède ensuite à un contrôle du contenu des communiqués publiés pour conclure que l'AMF n'a pas excédé les limites de sa mission d'information des investisseurs ni commis d'erreur de droit, et n'a pas entaché son appréciation d'erreur manifeste. Le contrôle exercé sur l'AMF s'avère donc restreint quant à la qualification juridique, ce qui n'est guère choquant, eu égard à la technicité de la matière.

Le même jour, l'Assemblée du contentieux a également rendu un arrêt relatif au droit souple produit par l'Autorité de la concurrence (CE, 21 mars 2016, Société NC Numericable, n° 390023).

F. Martucci

Concurrences N° 2-2016, pp. 198-199

1.2.4 Recours

CE, 4 déc. 2017, Twin Jet e.a., n° 404781

Le Conseil d'État rejette les recours formés par des compagnies aériennes contre la décision de l'Autorité de supervision indépendante des redevances aéroportuaires du 1er septembre 2016 homologuant la proposition de tarifs des redevances aéroportuaires d'Aéroports de Paris pour la période tarifaire 2016

La directive 2009/12/CE du 11 mars 2009 sur les redevances aéroportuaires établit des règles communes relatives à la fixation des redevances dont s'acquittent les usagers d'aéroports en contrepartie de l'usage des infrastructures aéroportuaires afférentes à l'exploitation des aéronefs et à la prise en charge des passagers et du fret. Cette directive s'applique aux aéroports situés dans l'Union européenne dont le trafic commercial annuel excède cinq millions de mouvements de passagers (ou à ceux qui enregistrent le plus grand nombre de passagers dans un État membre donné).

Le contexte réglementaire

L'article 11 de la directive du 11 mars 2009 prévoit la création dans chaque État membre d'une autorité de supervision indépendante. Cette dernière veille à la transparence de la procédure de consultation des usagers d'aéroports en vue de l'application du système des redevances aéroportuaires et de la fixation de leur niveau. L'autorité de supervision indépendante peut par ailleurs être chargée de l'approbation du tarif des redevances aéroportuaires.

En droit français, la directive du 11 mars 2009 a été transposée par le décret n° 2011-1965 du 23 décembre 2011, codifié aux articles R. 224-1 et suivants du code de l'aviation civile. L'article R. 223-3-2 du code précité, dans sa version de 2011, désignait la direction du transport aérien de la direction générale de l'aviation civile comme autorité de supervision indépendante, chargée de l'homologation des tarifs des redevances aéroportuaires. Le Conseil d'État, par une décision du 29 avril 2015 (Syndicat des compagnies aériennes autonomes, n° 379574), a retenu que la direction du transport aérien ne présentait pas de garanties d'indépendance fonctionnelle suffisantes par rapport aux compagnies aériennes et aux sociétés gestionnaires d'aéroports pour être désignée autorité de supervision indépendante.

À la suite de cette décision, le décret n° 2016-825 du 23 juin 2016 a institué l'autorité de supervision indépendante des redevances aéroportuaires (ci-après dénommée "ASI"). Le statut et le rôle de cette autorité sont définis aux articles R. 224-7 et suivants du Code de l'aviation civile. Entité non dotée de la personnalité juridique, elle est placée auprès du vice-président du Conseil général de l'environnement et du développement durable (CGEDD), sur lequel le ministre chargé de l'environnement exerce une autorité directe. Aux termes de l'article R. 224-8 du code de l'aviation civile, l'ASI a notamment pour mission d'homologuer les tarifs des redevances aéroportuaires. Les aérodromes relevant de son contrôle sont énumérés à l'article 1er de l'arrêté du 21 novembre 2017.

Les faits et le recours des compagnies Twin Jet, Air Corsica et ASL Airlines

Par une décision en date du 21 janvier 2016, la direction du transport aérien avait, en sa qualité d'autorité de supervision indépendante, homologué la proposition de tarifs des redevances aéroportuaires de la société Aéroports de Paris pour la période tarifaire 2016. Le Conseil d'État, par une décision du 31 mars 2017 (Société Air Corsica et autres, n° 398091), a annulé la décision de la direction du transport aérien. Tirant les conséquences de sa propre décision Syndicat des compagnies aériennes autonomes de 2015, il a jugé que la décision d'homologation du 21 janvier 2016 avait été adoptée aux termes d'une procédure irrégulière.

Sans attendre la décision du Conseil d'État du 31 mars 2017, Aéroports de Paris avait soumis à l'ASI une nouvelle proposition pour la période tarifaire 2016, sur le fondement des dispositions de l'article 11 du décret du 23 juin 2016. L'ASI, par une décision du 2 août 2016, a refusé d'homologuer cette proposition, au motif que l'évolution du tarif de la redevance d'atterrissage ne pouvait être regardée comme modérée pour l'ensemble des usagers. Aéroports de Paris a donc adressé une seconde proposition tarifaire à l'ASI le 1er septembre 2016, homologuée par une décision n° 1601-D2 rendue le même jour.

Les compagnies aériennes Twin Jet, Air Corsica et ASL Airlines ont demandé au Conseil d'État d'annuler pour excès de pouvoir la décision de l'ASI en date du 1er septembre 2016 ainsi que celle d'Aéroports de Paris fixant les tarifs homologués.

En effet, le Conseil d'État est compétent en premier et dernier ressort pour connaître des décisions de l'ASI portant homologation des tarifs des redevances aéroportuaires, sur le fondement des dispositions du 2° de l'article R. 311-1 du Code de justice administrative. D'une part, les décisions d'homologation tarifaire ont, à la différence des actes de tutelle, un caractère règlementaire (voir, s'agissant de décisions ministérielles d'homologation des redevances applicables à un aéroport : CE, 7 mai 2008, Air France, n° 294213 ; CE, 26 déc. 2008, Air France, n° 312426 ; voir également CE, 31 mars 2017, Air Corsica et autres, n° 398091). D'autre part, l'ASI est regardée par le Conseil d'État comme une autorité à compétence nationale.

Les garanties d'indépendance fonctionnelle suffisantes de l'ASI

Les compagnies requérantes soutenaient tout d'abord à l'appui de leurs recours que la nouvelle ASI ne présenterait pas les garanties d'indépendance requises par l'article 11 de la directive du 11 mars 2009.

Cet article impose en effet que l'ASI soit "juridiquement et fonctionnellement indépendante de toutes les entités gestionnaires d'aéroports et de tous les transporteurs aériens". Ainsi, les États membres qui, tels que la France, conservent la propriété ou le contrôle d'entités gestionnaires d'aéroports ou de transporteurs aériens, doivent veiller à ce que les fonctions liées à cette propriété ou ce contrôle ne soient pas confiées à l'ASI. En revanche, la directive ne requiert pas que cette dernière soit constituée sous une forme juridique particulière ni qu'elle dispose de la personnalité juridique.

En l'espèce, le Conseil d'État retient que l'ASI "dispose de garanties suffisantes pour que soit assurée son indépendance par rapport aux compagnies aériennes et aux entités gestionnaires d'aéroports" (considérant 7). À l'instar de la situation préexistant au décret du 23 juin 2016, les administrations chargées de la régulation des redevances aéroportuaires (l'ASI), de la gestion des participations de l'État au capital des sociétés gestionnaires d'aéroports et d'Air France (l'Agence des participations de l'État) et des fonctions de propriétaire immobilier de certains aéroports (France Domaine) relèvent de deux ministères différents. Alors que le CGEDD, auprès duquel l'ASI est placée, est rattaché au ministère chargé de l'environnement et du développement durable, l'APE et France Domaine sont des services dépendant du ministère chargé de l'économie et des finances. Or, il convient de rappeler que cette distinction n'était pas suffisante aux yeux du Conseil d'État pour garantir l'indépendance de la direction du transport aérien (voir CE, 29 avr. 2015, Syndicat des compagnies aériennes autonomes, n° 379574, cons. 4).

Toutefois, contrairement à la direction précitée, l'ASI présente des garanties d'indépendance fonctionnelle suffisantes selon le Conseil d'État. En effet, il résulte de l'article R. 224-8 du Code de l'aviation civile que l'ASI ne peut recevoir aucune instruction du ministre chargé de l'aviation civile dans l'exercice de ses fonctions. Elle est en outre dotée des moyens humains, financiers et matériels suffisants pour le plein exercice de ses missions, et arrête librement ses décisions selon le règlement intérieur qu'elle adopte. Le règlement intérieur de l'ASI prévoit enfin qu'un membre de l'Autorité ne peut connaître de questions concernant une société gestionnaire d'aéroports ou une compagnie aérienne au sein de laquelle il a été en fonction, en relation d'affaires ou dont il a exercé la tutelle, avant l'expiration d'un délai de trois ans à compter de la cessation de ces fonctions ou activités. Par la décision commentée, le Conseil d'État confirme donc que le Gouvernement s'est conformé aux objectifs de la directive du 11 mars 2009 suite à la décision Syndicat des compagnies aériennes autonomes de 2015.

Le cas d'application de la jurisprudence Danthony

En outre, les compagnies aériennes requérantes se prévalaient de la jurisprudence Danthony et arguaient de ce que la méconnaissance par l'ASI de son propre règlement intérieur aurait entaché d'illégalité sa décision d'homologation du 1er septembre 2016.

Il était, d'une part, soutenu qu'en omettant de publier la proposition tarifaire en date du 1er septembre 2016 sur son site internet, l'ASI aurait empêché les parties intéressées de demander à être entendues et les aurait ainsi privées d'une garantie.

Le Conseil d'État écarte ce moyen, au motif que de telles formalités résultent du seul règlement intérieur de l'ASI et ne sont pas prévues par la partie réglementaire du Code de l'aviation civile. Le Conseil d'État relève par ailleurs que les parties intéressées ont déjà pu être entendues dans le cadre de la large consultation menée lors de l'examen de la proposition tarifaire ayant fait l'objet de la décision de refus d'homologation du 2 août 2016 (considérant 13).

Les requérants prétendaient par ailleurs que le défaut de transmission des conclusions du rapporteur et du projet de décision aux membres de l'ASI au moins trois jours ouvrés avant la séance aurait eu une influence sur le sens de la décision prise et privé les intéressés d'une garantie.

Ce moyen est également écarté par le Conseil d'État, au motif que le projet de décision qui n'avait pas été transmis aux membres de l'ASI ne comportait que des changements mineurs (relatifs à la redevance d'atterrissage) par rapport au projet sur lequel l'Autorité s'était prononcée à peine un mois auparavant (considérant 13). Dès lors, le Conseil d'État en conclut que la transmission tardive du projet de décision aux membres de l'ASI n'a ni privé les intéressés d'une garantie, ni influencé le sens de la décision prise.

Le contrôle restreint du caractère modéré de l'évolution des redevances

Les compagnies requérantes critiquaient de plus l'absence de modération de l'évolution des tarifs de la redevance d'atterrissage, en méconnaissance des dispositions du III de l'article 11 du décret du 23 juin 2016.

Le Conseil d'État exerce un contrôle restreint du caractère modéré de l'évolution des redevances aéroportuaires, confirmant ainsi sa jurisprudence en la matière (CE, 19 mars 2010, Syndicat des compagnies aériennes autonomes, n° 305047). Appréciant l'exigence de modération à la lumière de l'ensemble des redevances aéroportuaires (et non de la seule redevance d'atterrissage), le Conseil d'État écarte le moyen : en l'espèce, la hausse des tarifs de la redevance d'atterrissage pour les appareils de faible tonnage était atténuée par la baisse du tarif de la redevance par passager (considérant 18).

L'application rétroactive des nouveaux tarifs homologués

Enfin, les compagnies aériennes requérantes soutenaient que l'application rétroactive des nouveaux tarifs des redevances aéroportuaires homologués par l'ASI méconnaîtrait le principe de sécurité juridique.

Confirmant sa jurisprudence relative à la détermination rétroactive des tarifs des redevances en cas d'annulation du tarif applicable à une année donnée (CE, 19 mars 2010, Syndicat des compagnies aériennes autonomes, n° 305047), le Conseil d'État écarte le moyen. L'annulation, par la décision Air Corsica et autres de 2017, de la décision de la direction du transport aérien homologuant les tarifs des redevances aéroportuaires pour la période tarifaire 2016 n'a pas permis de prolonger l'application des décisions tarifaires applicables pour la période précédente, dans la mesure où les tarifs sont fixés pour une période annuelle. Dès lors, la continuité du fonctionnement du service public aéroportuaire ne pouvait être assurée que par l'application rétroactive des nouveaux tarifs homologués par la décision de l'ASI du 1er septembre 2016, pour la période allant du 1er avril 2016 au 31 mars 2017.

E. Guillaume, R. Roussel
Concurrences N° 1-2018, pp. 182-184

CJUE, 19 mars 2015, E.ON Földgáz Trade c/ Magyar Energetikai és Közmű-szabályozási Hivatal, aff., C-510/13

La Cour de justice de l'Union européenne interprète la directive 2003/55 à la lumière de la Charte des droits fondamentaux sur la question du droit au recours juridictionnel

La société E.ON Földgáz, à l'époque des faits encore filiale du groupe E.ON, était titulaire d'une autorisation de transport de gaz. À ce titre, elle a déposé quatre demandes d'attribution de capacité à long terme au point d'entrée d'importation de l'interconnecteur gazier reliant la Hongrie et l'Autriche au gestionnaire de réseau de transport du gaz hongrois, le FGSZ Földgázszállító Zrt. Au regard des difficultés présentées par la demande, le gestionnaire de réseau a sollicité l'autorité de régulation hongroise pour qu'elle lui indique la position à prendre afin de répondre à la demande. Faisant suite à la demande du gestionnaire de réseau, l'autorité de régulation a adopté une décision le 22 février 2010 (n° 98/2010) venant modifier la décision du 25 janvier 2010 approuvant le code de réseau. Les modifications avaient pour objectif de revenir sur l'ancienne procédure qui, selon l'autorité de régulation hongroise, pouvait porter atteinte au développement de la concurrence et entraver l'entrée de nouveaux acteurs sur le marché. Dès lors, ces modifications tenaient en substance à la réservation, pour l'année gazière 2010/2011, de 80 % de la capacité pour la conclusion de contrats à long terme et 20 % de cette capacité pour la conclusion de contrats annuels se rapportant à l'année gazière.

Mécontente de ces modifications, la société E.ON Földgáz a exercé un recours contre cette décision qui a été rejeté par la Cour de Budapest en première instance puis par la Cour d'appel régionale de Budapest en appel au motif que la société n'avait pas d'intérêt à agir contre le code de réseau, décision administrative de l'autorité de régulation. À l'occasion du pourvoi en cassation, la Cour suprême hongroise a sursis à statuer pour poser plusieurs questions préjudicielles à la Cour de Justice tenant au droit applicable puis à la question du droit au recours juridictionnel effectif.

Le droit applicable au litige

La première série de questions vise à savoir si le droit applicable en l'espèce résulte de la directive 2003/55/CE du Parlement européen et du Conseil, du 26 juin 2003 concernant des règles communes pour le marché intérieur du gaz naturel ou ressort de la directive 2009/73/CE du Parlement européen et du Conseil, du 13 juillet 2009, concernant des règles communes pour le marché intérieur du gaz naturel et abrogeant le texte précédent.

L'enjeu de la détermination du droit applicable était important dans la mesure où la directive 2003/55/CE était assez vague sur la question des recours alors que la directive 2009/73/CE prévoyait plus clairement dans son article 41, § 17 que : "les États membres veillent à ce que des mécanismes appropriés, à l'échelon national, permettent à une partie lésée par une décision d'une autorité de régulation d'exercer un recours auprès d'un organisme indépendant des parties concernées et de tout gouvernement".

La Cour précise toutefois que la directive de 2009 doit être interprétée comme ne visant pas les décisions des autorités de régulation qui ont été édictées avant le 3 mars 2011, date de l'expiration du délai de transposition de cette dernière. Or, la décision n° 98/2010 a été adoptée le 22 février 2010, c'est donc bien le cadre juridique de la directive 2003/55/CE qu'il convient d'apprécier. Ce dernier, comme évoqué précédemment est assez vague. En effet, il ne prévoit pas, comme l'évoque l'Avocat général dans ses conclusions aux points 36 et 37, "de disposition particulière ayant pour effet d'octroyer aux opérateurs un droit de recours juridictionnel contre les décisions de l'autorité de régulation comme peut l'être la décision en cause". Dès lors, la Cour va diviser sa réflexion en deux temps pour répondre aux questions tenant au recours juridictionnel effectif des opérateurs. Elle va d'abord se demander si l'opérateur peut potentiellement être lésé par l'élaboration d'un code de réseau puis aborder la question du droit au recours juridictionnel effectif.

Le recours juridictionnel des opérateurs

Afin de déterminer si un opérateur tel qu'E.ON Földgáz peut être considéré comme potentiellement lésé dans ses droits, la Cour va prendre appui sur le règlement n° 1775/2005 du Parlement européen et du Conseil, du 28 septembre 2005, concernant les conditions d'accès aux réseaux de transport de gaz naturel. Ce règlement, applicable à l'espèce, concerne l'accès des opérateurs, tel que celui en cause, au réseau de transport de gaz naturel et définit des principes harmonisés en ce qui concerne les mécanismes d'attribution de la capacité et la procédure de gestion des interconnexions. Il ressort notamment des articles 1er, 5 et 10 lus à la lumière des considérants 17 et 23 que "lorsqu'une autorité de régulation adopte, comme dans l'affaire au principal, une décision qui modifie les règles du code de réseau relatives à l'attribution de la capacité et à la gestion de la congestion par le gestionnaire de réseau, cette autorité de régulation est tenue de veiller au respect des principes fixés par le règlement n° 1775/2005 (...)". De plus, E.ON Földgáz en sa qualité de bénéficiaire d'une autorisation de transport de gaz sur le réseau doit être considérée comme un utilisateur de ce dernier. Or, il ressort du même règlement des mesures visant à protéger les utilisateurs désirant accéder au réseau qui pourraient donc être susceptibles de leur conférer des droits. Il en résulte, selon la Cour qu'"un opérateur, tel qu'E.ON Földgáz (...) est titulaire de certains droits en vertu de l'article 5 du règlement n° 1775/2005, lu en combinaison avec l'annexe de ce règlement, et doit être considéré comme étant potentiellement lésé dans ces droits par une décision de l'autorité de régulation qui modifie les règles du code de réseau relatives à l'attribution de la capacité et à la gestion de la congestion".

Une fois déterminée l'affectation potentielle de la situation juridique du requérant, reste à savoir comment envisager la garantie d'une protection effective des droits de l'opérateur. De jurisprudence constante, comme le souligne la Cour, les États membres sont libres "de désigner les juridictions compétentes et de régler les modalités procédurales des recours destinés à assurer la sauvegarde des droits que les justiciables tirent du droit de l'Union", tout en étant responsable de la garantie d'une protection effective de ces droits. Ainsi, même s'il appartient au droit national de régler la question de la qualité et de l'intérêt à agir, il ne peut en aucun cas être porté atteinte au droit à une protection juridictionnelle effective tel qu'établi par l'article 47 de la Charte des droits fondamentaux de l'Union européenne. Dès lors, comme en conclut la Cour, "l'article 5 du règlement n° 1775/2005, lu en combinaison avec l'annexe de ce règlement, et l'article 47 de la charte des droits fondamentaux de l'Union européenne doivent être interprétés en ce sens qu'ils s'opposent à une réglementation nationale portant sur l'exercice des recours devant la juridiction compétente pour contrôler la légalité des actes d'une autorité de régulation, qui, dans des circonstances telles que celles en cause au principal, ne permet pas de reconnaître à un opérateur, tel qu'E.ON Földgáz, la qualité pour former un recours contre une décision de cette autorité relative au code de réseau". La solution n'est pas vraiment étonnante avec le recul de l'utilisation croissante de la Charte des droits fondamentaux dans la jurisprudence de la Cour de Justice mais elle permet de dénouer un litige tiré d'un vide législatif qui n'avait peut-être pas été détecté jusqu'alors.

H. Delzangles, S. Martin
Concurrences N°2-2015, pp. 172-173

Autorité de contrôle prudentiel et de résolution, Commission des sanctions, déc. n° 2013-01 du 25 nov. 2013, Caisse d'épargne et de Prévoyance du Languedoc-Roussillon

La Commission des sanctions de l'Autorité de contrôle prudentiel et de résolution peut poser une question préjudicielle à la Cour de justice

On a relevé une intrigante décision de la Commission des sanctions de l'Autorité de contrôle prudentiel en date du 25 novembre 2013 que l'on analysera sans revenir sur le fonds. La Commission des sanctions considère qu'elle est une juridiction au sens de l'article 267 du traité FUE de sorte qu'elle peut poser une question préjudicielle à la Cour de justice. Au titre des questions préalables, la Commission des sanctions a en effet répondu à la demande formulée par la société qu'une question préjudicielle soit posée. La Commission des sanctions ne se dérobe pas: après avoir cité *in extenso* l'article 267 du TFUE, elle se réfère à la jurisprudence de la Cour de justice relative à la définition de juridiction. Pour apprécier si l'organisme de renvoi possède le caractère d'une juridiction au sens de l'article 267, la Cour de justice "*tient compte d'un ensemble d'éléments, tels que l'origine légale de l'organisme, sa permanence, le caractère obligatoire de sa juridiction, la nature contradictoire de la procédure, l'application, par l'organisme, des règles de droit ainsi que son indépendance*". La Commission des sanctions se livre ensuite à un effort d'introspection organique et fonctionnelle pour apprécier si elle répond aux critères de la juridiction au sens de l'article 267 du traité FUE. En se référant à l'ordonnance n° 2010-76 du 21 janvier 2010 portant fusion des autorités d'agrément et de contrôle de la banque et de l'assurance, elle souligne qu'elle "*est seule compétente pour statuer sur les manquements disciplinaires reprochés aux organismes assujettis au contrôle de l'ACPR; que la procédure devant la Commission est contradictoire; qu'elle applique des règles de droit et que des dispositions législatives garantissent son indépendance; qu'elle est donc susceptible d'être qualifiée de juridiction au sens du droit de l'Union européenne bien qu'elle n'ait pas cette qualité en droit interne*". La Commission des sanctions ajoute ensuite que ses décisions peuvent faire l'objet d'un recours de pleine juridiction devant le Conseil d'État. Elle en tire la conclusion que, "*compte tenu des termes précités de l'article 267 du TFUE, et ainsi que l'a jugé le Conseil d'État dans une décision du 1er juin 1994, n° 129727, la Commission n'est en tout état de cause pas tenue de transmettre à la CJUE la question préjudicielle présentée par la CELR*". Il est vrai que dans l'arrêt du 1er juin 1994, le Conseil d'État a affirmé que l'article 267 du TFUE "*fait obligation aux seules 'juridictions nationales dont les décisions ne sont pas susceptibles d'un recours juridictionnel de droit interne' de saisir à titre préjudiciel la Cour de justice des communautés européennes en cas de difficulté sérieuse d'interprétation du traité*". Aussi, il en a déduit "*qu'en s'abstenant de saisir la Cour de justice des communautés européennes de la question de l'interprétation des dispositions* [du traité], *la Cour administrative d'appel de Bordeaux n'a fait qu'exercer la faculté qui lui est reconnue par les stipulations de l'article* [267] *du traité*". La solution retenue par la Commission des sanctions appelle néanmoins trois séries de remarques.

La première est destinée à compléter le raisonnement déployé par la Commission des sanctions qui élude, à juste titre puisqu'était en cause un renvoi en interprétation, l'obligation faite à toutes les juridictions de poser une question préjudicielle lorsqu'elle éprouve un doute sur la validité d'un acte de droit de l'Union (CJCE, 22 octobre 1987, *Fotofrost*, 314/85, Rec. p.4199).

La deuxième remarque tient au fait que la Commission des sanctions fait une application de la théorie de l'acte clair. En l'occurrence, la société requérante a demandé une interprétation des articles 7 et 47 de la Charte des droits fondamentaux, éclairée par les dispositions des articles 6, § 3 et 8 CEDH afin de déterminer si la procédure d'enquête dans les locaux est compatible avec les exigences du procès équitable. Si la Commission des sanctions n'est pas tenue de poser une question préjudicielle lorsqu'elle n'éprouve pas de doutes sur l'interprétation du droit de l'Union, encore faut-il que ce dernier soit applicable au cas d'espèce. Or, en l'occurrence, rien n'est dit sur ce point. Rappelons que les dispositions de la Charte des droits fondamentaux s'adressent aux États membres uniquement lorsque ceux-ci mettent en œuvre le droit de l'Union (article 51, § 1 de la Charte). La Commission des sanctions n'indique pas si, dans le cas d'espèce, le droit de l'Union est mis en œuvre. Toutefois, la Cour de justice retient une acception pour le moins large de la mise en œuvre du droit de l'Union au sens de l'article 51, paragraphe 1, de la Charte. En effet, dans l'arrêt *Åkerberg Fransson* (CJUE, 26 février 2013, C-617/10), elle a considéré que les autorités suédoises mettent en œuvre le droit de l'Union lorsqu'elle sanctionne une fraude fiscale à la TVA, au motif que celle-ci constitue une ressource propre de l'Union. La Charte des droits fondamentaux est donc invocable à l'encontre d'une disposition procédurale de droit fiscal national prévoyant le cumul de sanctions administratives et pénales. On peut aisément trouver l'aspérité sur laquelle prendre appui dans le droit financier national pour établir le rattachement au droit de l'Union ; le droit dérivé régissant les établissements de crédit et des entreprises d'investissement est si diffus qu'il n'est pas difficile de trouver un rattachement au droit de l'Union. On notera qu'en l'espèce, était notamment en cause la lutte contre le blanchiment des capitaux et le financement du terrorisme qui fait l'objet d'une série de directives de l'Union.

La troisième remarque découle de l'affirmation péremptoire de la Commission des sanctions : elle est une juridiction au sens de l'article 267 du TFUE. On sait que la jurisprudence de la Cour de justice relative à la définition de juridiction ne brille ni par sa cohérence ni par sa rigueur. Ainsi que l'a affirmé l'avocat général Jarabo Colomer, il "*résulte une jurisprudence flexible à l'excès et dénuée de la cohérence nécessaire, s'accompagnant d'une absence de sécurité juridique. Les contradictions profondes que l'on relève entre les solutions proposées par les avocats généraux dans leurs conclusions et celles retenues par la Cour dans ses arrêts témoignent de l'absence de signalisation du chemin, avec le risque d'égarement qui en découle. Il s'agit d'une jurisprudence casuistique, très élastique, peu scientifique et présentant des contours si diffus qu'elle autoriserait Sancho Pança à poser une question préjudicielle en sa qualité de gouverneur de l'île de Barataria*" (CJCE, 29 novembre 2001, *De Coster*, C-17/00, *Rec.* p.I-9445, conclusions pt. 14). On ne peut dès lors s'empêcher de penser à la mise en cohérence de la décision de la Commission des sanctions avec l'arrêt *Syfait* (CJCE, 31 mai 2005, *Syfait*, C-53/03, *Rec.* p.I-4609). Dans cette affaire, la Cour de justice a dénié la qualité de juridiction, au sens de l'article 267 du TFUE, à l'autorité de la concurrence grecque (*Epitropi Antagonismou*). En effet, elle a considéré que cette autorité est soumise à la tutelle du ministre du développement prenant la forme d'un contrôle de légalité des décisions de ladite autorité. Pour la Cour, malgré les garanties légales d'indépendance personnelle et fonctionnelle des membres de l'autorité de la concurrence, le système n'est pas de nature à faire obstacle efficacement aux interventions ou pressions indues du pouvoir exécutif à l'égard des membres de l'*Epitropi Antagonismou*. La Cour a ajouté que "*d'une part, le président dudit organisme est chargé de la coordination et de l'orientation générale du secrétariat; d'autre part, il est le chef hiérarchique du personnel de ce même secrétariat et exerce le pouvoir disciplinaire sur ce personnel*" (pt. 32). "*À cet égard, il importe de relever que les Tribunales Económico-Administrativos (Espagne) ont été considérés par la Cour, aux points 39 et 40 de l'arrêt Gabalfrisa e.a., précité, comme des tiers par rapport aux services de l'administration fiscale chargés de la gestion, du recouvrement et de la liquidation de la TVA, notamment en raison de la séparation fonctionnelle existant entre les uns et les autres. Or, l'Epitropi Antagonismou, organe décisionnel, dans la mesure où elle présente un lien fonctionnel avec son secrétariat, organe d'instruction sur proposition duquel elle décide, ne se distingue pas nettement en tant que tiers par rapport à l'organe étatique qui, de par son rôle, peut s'apparenter à une partie dans le cadre d'une procédure en matière de concurrence*" (pt. 33). Enfin, l'arrêt *Syfait* tire les conclusions de l'existence du réseau européen de la concurrence et les relations de collaboration qui nouent au sein de ce réseau les autorités nationales de la concurrence avec la Commission, pouvant notamment aboutir au dessaisissement des premières en faveur de la seconde. Or, "*chaque fois que la Commission dessaisira une autorité nationale de la concurrence telle que l'Epitropi Antagonismou, la procédure engagée devant cette dernière autorité n'aboutira pas à une décision de caractère juridictionnel*" (pt. 36). La Cour de justice déduit de l'ensemble de ces éléments "*appréciés globalement*" (pt. 37) que l'autorité de la concurrence n'est pas une juridiction. La solution retenue par la Commission des sanctions ne contredit pas nécessairement la jurisprudence *Syfait*. Tout d'abord, les membres de la Commission des sanctions de l'Autorité de contrôle prudentiel disposent de toutes les garanties d'indépendance nécessaires. Ensuite, l'architecture institutionnelle de l'ACP garantit une "*séparation fonctionnelle*" entre la Commission des sanctions et l'Autorité de contrôle prudentiel. Enfin, aucun dessaisissement de la Commission de sanctions n'est prévu. Aussi la qualification de juridiction peut-elle être retenue. La question est dès lors celle de la cohérence de la décision de la Commission des sanctions avec la jurisprudence du Conseil constitutionnel. En effet, dans sa décision QPC en date du 12 octobre 2012, (Décision n° 2012-280 QPC, *Société Groupe Canal Plus et autre*), le Conseil constitutionnel a estimé que le principe d'impartialité s'applique à l'Autorité de la concurrence lorsque celle-ci exerce son pouvoir de sanction sans que cette autorité constitue pour autant une juridiction. Il faut néanmoins se garder du sophisme suivant: la Commission des sanctions de l'ACP est une autorité administrative indépendante telle que l'Autorité de la concurrence; si les deux autorités sont soumises au principe d'impartialité lorsqu'elles exercent un pouvoir de sanction, en vertu de l'article 16 de la Déclaration de 1789, on pourrait penser qu'elles constituent toutes les deux une juridiction au sens de l'article 267 du TFUE. Il faut en réalité tirer toutes les conséquences du caractère autonome des notions en cause: une juridiction au sens de l'article 267 du TFUE n'est pas une juridiction ou une autorité de régulation exerçant un pouvoir de sanction au sens de l'article 16 de la Déclaration de 1789 et, faut-il ajouter, un tribunal au sens de l'article 6 de la Convention européenne des droits de l'homme. Dans l'espace européen de garantie des droits fondamentaux, il convient de veiller à une équivalence des protections qui appelle une convergence herméneutique laquelle n'implique pas une uniformité notionnelle.

F. Martucci

Concurrences N°1-2014, pp. 214-215

1.2.5 Données

CE, 21 avril 2017, FM Projet, n° 394606

Le Conseil d'État précise les conditions selon lesquelles une autorité de régulation peut communiquer à des sociétés concurrentes des documents administratifs intéressant une société régulée

Par une décision n° 2011-0668 du 14 juin 2011, l'Autorité de Régulation des Communications Electroniques et des Postes (ARCEP) avait imposé diverses obligations à France Télécom (aujourd'hui Orange) portant sur la boucle locale ainsi que sur les infrastructures de génie civil souterraines et aériennes constitutives de la boucle locale filaire. Ces obligations visaient à garantir l'accès des autres opérateurs tiers aux infrastructures dont France Télécom est propriétaire ou gestionnaire, dans des conditions transparentes et non discriminatoires, afin de leur permettre de réaliser des opérations de montée en débit.

Contexte juridique

La société FM Projet, opérateur concurrent d'Orange, souhaite accéder à ces infrastructures pour réaliser des opérations de montée en débit. Non satisfaite des offres techniques et financières d'Orange, la société FM Projet a demandé à l'ARCEP, le 29 janvier 2014, de lui communiquer la décomposition détaillée des coûts de deux offres de référence proposées par Orange pour l'accès aux infrastructures physiques constitutives de la boucle locale filaire (c'est-à-dire de l'offre d'accès à la sous-boucle locale et de l'offre "NRA-SR" d'accès aux infrastructures de génie civil comprises entre le point d'accès à la boucle locale et le point d'accès à la sous-boucle locale).

Par un courrier du 3 mars 2014, l'ARCEP a considéré que ces documents étaient couverts par le secret en matière industrielle et commerciale et a refusé de les communiquer à la société FM Projet. Cette dernière a alors saisi pour avis la commission d'accès aux documents administratifs (CADA), ce qui constitue un préalable obligatoire à l'exercice d'un recours contentieux, conformément à l'article 20 de la loi n° 78-753 du 17 juillet 1978 portant diverses mesures d'amélioration des relations entre l'administration et le public et diverses dispositions d'ordre administratif, social et fiscal (désormais article L. 342-1 du code des relations entre le public et l'administration). Dans un avis n° 20141070 du 29 avril 2014, la CADA a estimé "que les documents détenus par l'ARCEP lui permettant de s'assurer, dans le cadre de sa mission de régulation économique des marchés de gros de communications électroniques, que la société Orange se conforme à ses obligations sont des documents administratifs relevant du droit d'accès établi par la loi du 17 juillet 1978". Toutefois, elle a émis un avis défavorable à la communication de ces documents "dès lors que la divulgation de ces données serait susceptible de révéler la structure des coûts de l'entreprise qui, sur d'autres marchés, exerce son activité en milieu concurrentiel".

Par un jugement n° 1410192/5-2 du 17 septembre 2015, le tribunal administratif de Paris a rejeté le recours formé par la société FM Projet, après l'avis défavorable de la CADA, contre le refus de l'ARCEP de lui communiquer la décomposition détaillée des coûts des offres de référence d'Orange destinés aux opérateurs de réseaux ouverts au public.

Le tribunal ayant statué en premier et dernier ressort conformément au 2° de l'article R. 811-1 du code de justice administrative, la société FM Projet s'est pourvue en cassation directement contre le jugement du 17 septembre 2015.

La prise en compte de la situation concurrentielle d'orange comme élément d'appréciation du secret industriel et commercial

Dans la décision commentée, le Conseil d'État commence par rappeler les dispositions du II de l'article 6 de la loi n° 78-753 du 17 juillet 1978 (désormais de l'article L. 311-6 du code des relations entre le public et l'administration), aux termes desquelles "Ne sont communicables qu'à l'intéressé les documents administratifs (...) dont la communication porterait atteinte à la protection de la vie privée, au secret médical et au secret en matière commerciale et industrielle".

Tout comme la CADA et le tribunal administratif de Paris, le Conseil d'État considère que la décomposition détaillée des coûts des offres de référence d'Orange dont la société FM Projet demandait la communication constitue bien la composante d'un document administratif au sens de la loi n° 78-753 du 17 juillet 1978.

Ensuite, le Conseil d'État s'appuie sur la décision précitée de l'ARCEP du 14 juin 2011 pour constater qu'Orange possède "la presque totalité de la boucle locale cuivre" ainsi qu'"une part très substantielle des infrastructures de génie civil" (considérant 4). Il considère néanmoins que si les infrastructures d'Orange peuvent être qualifiées d'"infrastructures essentielles", il existe quelques alternatives aux offres d'Orange. Ainsi, le Conseil d'État estime-t-il que le tribunal administratif de Paris n'a pas entaché son jugement d'insuffisance de motivation ni de dénaturation en jugeant "qu'il existait une concurrence marginale dans le domaine concerné par les offres de référence en cause" (considérant 4).

Dès lors, les juges du fond ont pu considérer, sans commettre d'erreur de droit, que le secret en matière commerciale et industrielle s'oppose à la communication à des tiers de documents qui, tout en "se rapportant directement à un secteur dans lequel la concurrence est quasi-inexistante", comportent également "des données relatives au fonctionnement de l'entreprise dans d'autres secteurs d'activité où elle intervient sur un marché concurrentiel" (considérant 5).

Le Rapporteur public, M. Edouard Crépey, soulignait que les documents relatifs à la décomposition des coûts des offres de référence d'Orange "faisaient nécessairement apparaître des coûts d'exploitation, notamment des coûts de personnel, pour partie communs avec d'autres secteurs d'activité plus franchement concurrentiels". Il précise en outre que "l'établissement d'une comptabilité propre au secteur régulé n'est nullement incompatible avec la prise en compte, dans cette comptabilité, d'une fraction des postes de dépenses communs à divers autres secteurs".

Ainsi la décision commentée s'inscrit-t-elle dans le droit fil de la jurisprudence du Conseil d'État selon laquelle il appartient aux juges de vérifier si la communication de documents administratifs à des tiers est susceptible d'affecter la concurrence entre les entreprises intervenant dans un même secteur d'activité et ainsi de porter atteinte au secret commercial et industriel (CE, 30 mars 2016, Bureau européen d'assurance hospitalière, n° 375529, publié au Recueil).

La possibilité d'opposer le secret industriel et commercial en présence d'un monopole ou d'un quasi-monopole

Le Conseil d'État juge par la même occasion qu'"au demeurant, la circonstance qu'une entreprise exerce son activité sur un marché en situation de monopole ou de quasi-monopole n'est pas, par elle-même, de nature à faire obstacle à ce que le secret en matière industrielle et commerciale soit opposé à une demande de communication de documents administratifs relatifs à cette activité" (considérant 5).

En d'autres termes, si la situation concurrentielle d'une entreprise doit être prise en compte pour déterminer si le secret industriel et commercial s'oppose à la communication de documents administratifs y relatifs, la situation de monopole ou de quasi-monopole d'une entreprise ne fait pas obstacle à ce qu'elle refuse de communiquer des documents administratifs l'intéressant sur le fondement du secret industriel et commercial. Cette précision constitue un apport très intéressant de la décision commentée, comme l'illustre son fichage dans les tables du recueil Lebon sur ce point.

Dans ses conclusions sur l'affaire commentée, le Rapporteur public déclarait que "nous ne sommes pas certain qu'ait été nécessaire la précaution qu'a prise le tribunal, qui a estimé devoir s'assurer que le marché était concurrentiel, fût-ce marginalement, pour pouvoir opposer, au profit de l'opérateur concerné par les informations susceptibles d'être divulguées, le secret en matière commerciale et industrielle. La question n'est pas tranchée par la jurisprudence et le dossier ne se prête pas à y apporter une réponse, mais il ne nous paraît pas devoir être exclu par principe qu'une entreprise en situation de monopole puisse néanmoins se réclamer d'un tel secret". En effet, comme il est fait mention dans les conclusions précitées, on peut imaginer que des opérateurs demandent la communication de documents administratifs concernant une entreprise en situation de monopole dans la perspective de remettre en cause ce monopole. Dans ce cas, l'entreprise en situation de monopole devrait pouvoir se prévaloir du secret industriel et commercial, sur le fondement de l'article 311-6 du code des relations entre le public et l'administration, pour s'opposer à la communication des documents en cause.

En revanche, la protection du secret industriel et commercial sera sans doute plus strictement appréciée à l'égard d'une entreprise qui bénéficie d'un monopole légal. Le Rapporteur public relève ainsi qu'"on peut à la rigueur concevoir qu'il n'y ait pas lieu de le protéger [le secret commercial et industriel] lorsque le monopole est protégé par une loi conférant à l'opérateur des droits exclusifs".

Au vu de ce qui précède, le Conseil d'État considère que le tribunal administratif de Paris n'a pas donné une qualification juridique des faits inexacte, en jugeant que la décomposition détaillée des coûts des deux offres de référence proposées par Orange était protégée par le secret industriel et commercial (considérant 6). Le juge de cassation avait déjà eu l'occasion de préciser qu'il opérait un contrôle de la qualification juridique des faits sur le point de savoir si des documents étaient protégés par le secret industriel et commercial, de sorte qu'ils ne puissent être légalement communiqués à des tiers (CE, 28 septembre 2016, Armor Développement, Bonnetterie d'Armor, Fabrica Espanola de confecciones, Argueyrolles et Noël France, n° 390760, mentionné aux tables).

E. Guillaume

Concurrences N° 3-2017, pp. 146-147

Aut. conc., déc. n° 14-MC-02 du 9 sept. 2014 relative à une demande de mesures conservatoires présentée par la société Direct Energie dans les secteurs du gaz et de l'électricité

L'Autorité de la concurrence enjoint à l'opérateur historique d'ouvrir son fichier clients aux fournisseurs alternatifs

Par cette décision du 9 septembre 2014, l'autorité de la concurrence impose à GDF Suez de communiquer à ses concurrents une partie de son fichier clients. GDF Suez a annoncé que le groupe ferait appel de cette décision devant la Cour d'appel de Paris, qui aura un mois pour se prononcer.

L'ouverture à la concurrence du marché gazier a été initiée en France dès 2000. D'abord réservée aux plus gros clients industriels, cette ouverture à la concurrence a été progressivement étendue aux autres clients industriels puis, depuis le 1er juillet 2007, à l'ensemble des consommateurs résidentiels et non résidentiels. Parallèlement, les pouvoirs publics français ont souhaité maintenir un régime de tarifs réglementés de vente du gaz (TRV). Ces tarifs échappent aux mécanismes du marché, en ce qu'ils sont fixés par les ministres chargés de l'énergie et de l'économie après avis de la commission de régulation de l'énergie (CRE). À ce jour, GDF Suez dispose d'un monopole sur la fourniture au TRV auprès de 95 % des consommateurs français, les 5 % restant relevant des entreprises locales de distribution.

Il est soutenu que la coexistence d'un régime de tarifs administrés et d'un régime ouvert a contenu le développement du second. Selon l'observatoire des marchés de la CRE, au 30 juin 2014, les parts de marchés cumulées des fournisseurs alternatifs, exprimées en nombre de sites raccordés, s'élevaient à 15,2 % des sites résidentiels, et à 26,9 % des sites non résidentiels (CRE, 17 sept. 2014, "*Bilan de l'ouverture des marchés de détail de l'énergie - Observatoire des marchés de l'électricité et du gaz naturel*"). Si la place occupée par les fournisseurs alternatifs s'est étendue et consolidée au cours des dernières années, l'Autorité de la concurrence déplore pour sa part "*l'échec de l'ouverture à la concurrence du marché de la fourniture de gaz naturel*". Selon elle, "*le maintien des tarifs réglementés du gaz a une influence défavorable sur le fonctionnement de la concurrence sans pour autant contribuer positivement à la compétitivité des entreprises françaises ni au pouvoir d'achat des ménages*" (Aut. Conc., 18 avr. 2013, communiqué de presse *relatif à la vente de gaz naturel aux consommateurs particuliers et professionnels*).

Le 16 avril 2014, la société Direct Energie a saisi l'Autorité d'une plainte dirigée contre des pratiques mises en œuvre par le groupe GDF Suez dans le secteur de la fourniture de gaz, d'électricité et de services énergétiques. L'entreprise plaignante reproche principalement à GDF Suez d'"*utiliser les informations relatives aux clients bénéficiant d'un TRV qu'il possède en qualité d'ancien monopole légal afin de les cibler et tenter de les convertir à ses offres de marché*", et de maintenir "*une confusion complète des moyens entre certains services fournis dans le cadre de son activité de service public (fourniture de gaz aux TRV) et d'autres fournis en concurrence*". Accessoirement à la saisine au fond, Direct Energie a sollicité le prononcé de mesures conservatoires, sur le fondement de l'article L. 464-1 du code de commerce.

Dans l'attente de la décision au fond, l'Autorité de la concurrence donne raison à Direct Energie et ordonne à GDF Suez de communiquer une partie de son fichier clients aux opérateurs alternatifs.

L'opérateur historique soupçonné d'abus de position dominante

L'Autorité examine si les pratiques dénoncées par la partie plaignante sont susceptibles de constituer un abus de position dominante contraire aux articles L. 420-2 du code de commerce et 102 du TFUE.

Dans un premier temps, l'Autorité identifie la position dominante occupée par GDF Suez sur les différents marchés pertinents. Sur le marché des consommations annuelles inférieures à 30 MWh (offres de marché et TRV), l'Autorité relève qu'"il est probable que la part de marché de GDF Suez, si son niveau exact ne peut être déterminé avec certitude, reste largement supérieure à 50 %, que ce soit pour les consommateurs résidentiels ou les consommateurs non résidentiels". De même, s'agissant du marché des consommations annuelles supérieures à 30 MWh, eu égard à la part de marché de GDF Suez, et à la circonstance que l'opérateur est le seul à pouvoir proposer des offres aux TRV, l'autorité conclue à ce que GDF Suez est "susceptible de détenir une position dominante".

Partant, l'Autorité examine dans un second temps si les pratiques dénoncées par Direct Energie sont constitutives d'un abus. Sur les quatre pratiques dénoncées, l'Autorité décide de renvoyer les trois premières à l'instruction au fond (commercialisation d'une offre couplée gaz au TRV et électricité à un prix de marché, pratiques alléguées de dénigrement, pratiques alléguées de verrouillage), et se concentre exclusivement sur la pratique alléguée d'"utilisation des moyens de l'ancien monopole historique".

Il est reproché à GDF Suez de tirer avantage de sa position dominante sur les marchés des offres réglementées afin de promouvoir ses positions sur les marchés ouverts. Direct Energie faisait notamment valoir que les offres aux TRV et les offres aux prix de marché sont commercialisées par la même entité du groupe, via un site Internet et des conseillers clientèle communs, et à partir d'un fichier client unique hérité de l'époque où GDF Suez était en situation de monopole légal. Sur ce point, l'Autorité donne raison à Direct Energie et considère que "*la confusion des moyens commerciaux entre les offres aux TRV et les offres en concurrence, ainsi que l'utilisation des bases de clientèle des clients aux TRV pour prospecter les clients en offres de marché de gaz et d'électricité, sont susceptibles de constituer des pratiques contraires aux articles L. 420-2 du code de commerce et 102 du TFUE*".

Il ressort de la décision que GDF Suez est en effet détenteur d'un fichier clients extrêmement détaillé, répertoriant la quasi-totalité des sites de consommation français. Ce fichier, constitué durant la période de monopole légal, puis développé après l'ouverture à la concurrence, répertorie près de 11 millions de clients et contient des informations à haute valeur commerciale. Entre autres, figurent dans ce fichier des informations relatives à la surface des locaux, aux types d'équipements utilisés (chauffage, climatisation...), aux données de consommation, voire même à la catégorie socio-professionnelle, au nombre d'occupants et au nombre de pièces du consommateur résidentiel. De telles informations permettent de proposer des offres adaptées aux besoins des différents prospects.

En soi, ce n'est pas la détention, mais plutôt l'utilisation à des fins concurrentielles, compte tenu des possibilités limitées de reproduction d'un tel fichier, qui peut caractériser l'abus de position dominante.

Au sujet de la constitution du fichier clientèle, l'Autorité relève d'abord qu'"*il s'agit d'un héritage de son statut d'ancien monopole du secteur de la fourniture de gaz*", et constate que "*l'utilisation de l'infrastructure commerciale et des fichiers clients apparaît, en l'état de l'instruction, étrangère à une concurrence par les mérites*".

Ensuite, s'agissant de l'utilisation du fichier, l'Autorité constate expressément que "*GDF Suez utilise l'ensemble des moyens issus des activités du service public (équipes commerciales, sites Internet, marques, et fichiers des clients aux TRV) pour commercialiser des offres de marché de gaz et d'électricité*". L'Autorité de la concurrence s'est ici laissée convaincre par les quelques exemples avancés par l'entreprise plaignante. Direct Energie avait en effet joint à sa saisine des exemples de courriers envoyés par GDF Suez à d'anciens clients où figuraient des propositions commerciales pré-remplies leur proposant des offres couplées de gaz et d'électricité. Ainsi que le constate l'Autorité, "*ces propositions commerciales pré-remplies (le client n'a qu'à dater et signer ces propositions) ont été élaborées en utilisant, au moins en partie, les données clientèle au TRV*". Direct Energie faisait également valoir un reportage télévisé, joint au dossier, au cours duquel un directeur commercial de GDF Suez a déclaré: "*ce que l'on voit ici est notre fichier clients, c'est 10 millions de clients. Autant de prospects pour l'électricité. C'est là que l'on va chercher nos futurs clients*".

L'Autorité note enfin qu'il serait extrêmement laborieux pour les fournisseurs alternatifs de reconstituer un fichier clients d'une telle ampleur dans des conditions normales de marché. Cette précision est d'importance. En effet, dès lors que le fichier clients acquis par l'entreprise dominante peut être reproduit par les concurrents dans des conditions financières raisonnables et des délais acceptables, l'utilisation croisée de bases de clientèle n'est pas nécessairement susceptible de constituer un abus de position dominante. Or, dans le cas du marché gazier, il n'existe, semble-t-il, aucune autre base de données exploitable permettant d'identifier les clients consommateurs de gaz. L'entreprise Natural Gas, nouvel entrant sur le marché et intervenant à la procédure, soulignait à ce propos qu'"*entre l'achat des bases de données, le coût du prospecteur téléphonique et le nombre d'appels nécessaires pour récupérer les informations, le coût à la piste détectée est d'environ [150-600] €. Le coût ramené par client signé est bien sûr bien plus important*".

Compte tenu du risque d'abus de position dominante de GDF Suez qu'elle a identifié, l'Autorité examine dans un troisième temps s'il y a lieu d'accéder aux demandes de mesures conservatoires présentées par Direct Energie. En application de l'article L. 464-1 du code de commerce, "ces mesures ne peuvent intervenir que si la pratique dénoncée porte une atteinte grave et immédiate à l'économie générale, à celle du secteur intéressé, à l'intérêt des consommateurs ou à l'entreprise plaignante". L'Autorité estime que ces conditions sont réunies en l'espèce.

Eu égard à la part de marché limitée des fournisseurs alternatifs, mais également à la fin prochaine des TRV pour les consommateurs non-résidentiels, "*les portefeuilles des nouveaux entrants doivent impérativement bénéficier d'une taille critique, sous peine de compromettre leur maintien sur le marché et donc l'existence d'une animation concurrentielle du marché*". En d'autres termes, le marché gazier étant en cours de structuration, il est apparu nécessaire à l'Autorité d'agir rapidement.

En conséquence, l'Autorité enjoint à GDF Suez, à titre conservatoire et dans l'attente d'une décision au fond, d'accorder, à ses frais et avant le 3 novembre 2014 pour les personnes morales et le 15 décembre 2014 pour les personnes physiques, aux fournisseurs alternatifs de gaz qui en feraient la demande, un accès à certaines informations relatives aux clients aux TRV (numéros de point de comptage et d'estimation (PCE), consommations annuelles de référence (CAR), profils de consommation, noms des sociétés titulaires des contrats (pour les personnes morales), noms et prénoms des clients (pour les personnes physiques) et des interlocuteurs (personnes morales), adresses de facturation, de consommation, et numéros de téléphone fixe des interlocuteurs (personnes morales) et des clients (personnes physiques)), dans des conditions objectives, transparentes et non discriminatoires, notamment via des web services accessibles 24h/24h.

En marge de l'aspect concurrentiel, la décision de l'Autorité implique de s'intéresser à la protection des données transférées. Le transfert d'un fichier de 11 millions de coordonnées, faisant état de la catégorie socio-professionnelle de certains consommateurs, ainsi que le risque de démarchage commercial intempestif qu'induit la communication de telles données, nécessite la mise en place d'un régime respectueux de la tranquillité de chacun. À cet égard, on ne peut que saluer le "dialogue des régulateurs" et l'intervention de la CNIL qui, par un avis du 13 juin 2014, est venue sécuriser le processus de transfert des données. Conformément aux prescriptions de la CNIL, qui fait là une application de la loi informatique et libertés, les personnes physiques devront être préalablement informées de la transmission de leurs données aux tiers, et devront être mises en mesure de pouvoir s'opposer au transfert des données les concernant, via l'envoi d'un formulaire papier, ou d'un e-mail.

Une décision qui s'inscrit dans la pratique décisionnelle de l'Autorité

Loin de constituer une nouveauté, la décision du 9 septembre 2014 s'inscrit dans un mouvement propre aux marchés nouvellement ouverts. L'autorité de la concurrence s'emploie à rétablir l'égalité des armes entre l'opérateur historique et les nouveaux entrants, si besoin en ouvrant l'accès aux données stratégique détenues par le premier.

Ce mouvement d'ouverture des données stratégiques de l'opérateur historique a d'abord été initié sur le marché émergent de l'Internet au début des années 2000. Dans une première décision de 1999, le conseil de la concurrence avait enjoint à Wanadoo, fournisseur d'accès internet (FAI) de France Télécom, de suspendre la commercialisation de ses offres ADSL en attendant que France Télécom ait fourni à la concurrence les informations nécessaires à la mise en place de leurs offres d'accès internet (Décision n° 99-MC-06 du 23 juin 1999). En 2002, il avait ensuite été enjoint à Wanadoo de communiquer aux FAI concurrents, via un serveur Extranet, certaines informations relatives à l'éligibilité des lignes téléphoniques à l'ADSL et aux caractéristiques techniques des modems compatibles avec son réseau (Décision 02-MC-03 du 27 février 2002). Dans une période de structuration, le Conseil de la concurrence avait voulu agir promptement, à titre conservatoire, afin d'éviter que France Télécom "ne prenne une avance décisive sur ses concurrents" (décision de 1999 précitée).

Initiée dans le domaine des télécoms, la pratique décisionnelle de l'Autorité en matière d'accès aux données de l'opérateur historique s'est ensuite élargie au marché du photovoltaïque. La méthode d'analyse est constante; "*si les informations détenues par une entreprise dominante ne sont ni accessibles à ses concurrents, ni reproductibles par eux, elles constituent des informations privilégiées, dont l'exploitation est susceptible de produire des effets restrictifs de concurrence*" (Avis n° 10-A-13 du 14 juin 2010 relatif à l'utilisation croisée des bases de clientèle). Dans une décision n° 09-MC-01 du 8 avril 2009, relative à une saisine présentée par la société Solaire Direct, l'autorité de la concurrence avait ainsi distingué, parmi les informations transmises par EDF à sa filiale EDF ENR pour la commercialisation de son offre photovoltaïque, celles qui avaient été collectées au moyen d'une plate-forme téléphonique mise en place par l'entreprise, de celles qui étaient détenues exclusivement par l'opérateur historique, telles que la situation géographique exacte de l'habitation des appelants, leurs habitudes de consommation d'électricité, la superficie de leur habitation, leur mode de chauffage ou le nombre d'appareils électriques installés dans l'habitation, considérées comme non reproductibles par les autres opérateurs. L'Autorité avait considéré que l'utilisation par EDF ENR des données non reproductibles collectées par sa société mère était "*susceptible de représenter un avantage indu, si les informations qu'elle contient sont de nature, directement ou indirectement, à rendre plus crédibles ou plus attractives les offres de cette filiale de l'opérateur historique*", que cette pratique était susceptible de constituer un abus de position dominante, et avait ordonné à titre conservatoire la communication de certaines de ces informations.

Après avoir ouvert les données stratégiques de l'opérateur gazier dominant, plusieurs références invitent à penser que l'Autorité se penchera prochainement sur le marché de l'électricité. Par symétrie, l'Autorité n'exclut pas de transposer le raisonnement au marché voisin de l'électricité, et nombreuses sont les références faites au marché de l'électricité. À cet égard, l'Autorité constate une "organisation symétrique", avec un opérateur historique dominant, détenant le monopole de la commercialisation des TRV sur 95% du territoire français, et des TRV amenés à disparaître au 1er décembre 2016 pour les consommateurs dont la puissance souscrite est supérieure à 36 kVA. Intervenante à la procédure, l'entreprise EDF se serait même montrée "*prête à prendre en faveur des opérateurs alternatifs, compte tenu des échéances prévues, des mesures d'accès aux informations tirées de son fichier*".

E. Guillaume, S. Daboussy
Concurrences N°4-2014, pp. 223-226

Concurrences +

Alain Ronzano, Procédure: La Cour d'appel de Paris prend acte du désistement d'un acteur du secteur de l'énergie de ses recours contre la décision de transaction n° 17-D-06 du 21 mars 2017 et contre la décision d'engagements n° 17-D-20 du 7 septembre 2017 concernant les offres de marché d'un opérateur du marché (Direct Energie/Engie), 8 février 2018, Concurrences N° 2-2018; Art. N° 86480.

Alexandre Lacresse, Confidentialité: La Cour d'appel de Paris consacre le caractère confidentiel des pièces de la procédure de transaction et rejette les demandes de communication formulées par la partie saisissante (Direct Énergie / Engie), 6 juillet 2017, Concurrences N° 4-2017, Art. N° 85063, pp. 159-161.

Alain Ronzano, Mesures conservatoires : La Cour d'appel de Paris rejette le recours d'un fournisseur d'électricité contre les mesures imposées à un producteur, considérant qu'au vu du résultat du test de coût et en l'absence d'élément attestant de l'existence d'un plan visant l'éviction des concurrents du marché des clients résidentiels, le seul consentement à une perte de profit à court terme n'était, en l'espèce, pas de nature à justifier l'octroi de mesures supplémentaires (Direct Energie/Engie), 28 juillet 2016, Concurrences N° 4-2016, Art. N° 82185.

Christophe Lemaire, Simon Naudin, Mesures conservatoires: L'Autorité de la concurrence enjoint à titre conservatoire à un ancien monopole historique de mettre des données de son fichier client à disposition de ses concurrents (Direct Energie), 9 septembre 2014, Concurrences N° 4-2014, Art. N° 70019, pp. 213-217.

Alain Ronzano, Mesures conservatoires: L'Autorité de la concurrence enjoint à l'opérateur gazier historique français de donner aux opérateurs alternatifs accès à certaines des données figurant dans son fichier clients au tarif réglementé de vente de gaz, sous peine de se voir interdire de commercialiser ses offres de marché de gaz, et soupçonne l'opérateur historique de pratiques de couplage, de confusion des moyens et d'utilisation du fichier clients au tarif réglementé de vente de gaz, de dénigrement et de verrouillage (GDF Suez/Direct Énergie), 9 septembre 2014, Concurrences N° 4-2014, Art. N° 70303.

Chapitre 2

AUDIOVISUEL ET PRESSE

2.1 Organisation du marché

2.1.1 Accès au marché

CE, 30 mars 2016, Société Diversité TV, n° 395702

Le Conseil d'État annule la décision du Conseil supérieur de l'audiovisuel abrogeant l'autorisation de diffusion d'une chaîne de télévision

L'automne dernier, le Conseil supérieur de l'audiovisuel avait, pour la première fois, décidé de retirer à la société Diversité TV France son autorisation d'émettre pour la chaîne Numéro 23 (cf. H. Delzangles, S. Martin, "Le Conseil supérieur de l'audiovisuel abroge pour la première fois l'autorisation de diffusion d'une chaîne de télévision (Diversité TV France, Chaîne Numéro 23)", Chronique Régulation, Concurrences n° 1-2016, Art. n° 77540, pp. 201-202). L'interprétation que la Haute juridiction administrative devait adopter sur les pouvoirs du régulateur de l'audiovisuel et le fond de la question étaient très attendus. C'est chose faite. En ne suivant pas le sens des conclusions du rapporteur public Marion, le Conseil d'État a annulé la décision de sanction n° 2015-367 du 14 octobre 2015 du CSA et sa décision du 10 décembre 2015 rejetant le recours gracieux de la société Diversité TV France. Ce faisant, le Conseil d'État prend une nouvelle fois (voir CE, 17 juin 2015, La Chaîne info (LCI), req. n° 384826), mais sur le fond en l'espèce, le contrepied de la position du CSA. Ce dernier fait d'ailleurs un appel au législateur dans le communiqué de presse publié sur son site Internet en prenant "acte du fait qu'au regard des éléments d'appréciation qu'il a retenus, en l'état de la législation, il ne lui est pas possible de remplir pleinement sa mission en sanctionnant les comportements des chaînes contraires à ces objectifs [qui visent à garantir une saine gestion des fréquences et faire en sorte que celles-ci soient attribuées à des opérateurs qui les utilisent conformément à leurs engagements avec rectitude et probité]" (Communiqué de presse, CSA, 30 mars 2016).

En vertu de l'article 22 de la loi n° 86-1067 du 30 septembre 1986 relative à la liberté de communication, le CSA a la compétence pour, d'une part, "autorise[r], dans le respect des traités et accords internationaux signés par la France, l'usage des bandes de fréquences ou des fréquences attribuées ou assignées à des usages de radiodiffusion" et, d'autre part, pour "contrôle[r] leur utilisation". Au titre de l'article 42-3 de cette loi, le législateur a prévu que "l'autorisation peut être retirée, sans mise en demeure préalable, en cas de modification substantielle des données au vu desquelles l'autorisation avait été délivrée, notamment des changements intervenus dans la composition du capital social ou des organes de direction et dans les modalités de financement".

Dans cette affaire, la société Diversité TV France éditrice du service de télévision dénommé Numéro 23 avait obtenu du CSA une autorisation d'émettre sur la TNT à l'issue de l'appel à candidatures du 18 octobre 2011. Dans le cadre de cette procédure, les candidats devaient présenter un dossier répondant à divers objectifs fixés par le régulateur dont le principal était le développement de services dont les thématiques et les cibles étaient susceptibles d'intéresser un large public et ainsi assurer une diversification de l'offre jusqu'alors proposée par les chaines généralistes. Le projet de la chaine Numéro 23 avait été retenu car elle proposait une ligne éditoriale consacrée à la diversité de la société française ainsi qu'à toutes les formes de culture en donnant une place importante à l'information internationale. Néanmoins, l'article 5.2 de la convention définissant les règles particulières applicables au service, conclue le 3 juillet 2012 entre le CSA et la société Diversité TV France, excluait en principe toute modification du contrôle direct de la société pendant deux ans et demi à compter de cette date, soit avant le 3 janvier 2014.

Toutefois, dès mai 2013, soit seulement 6 mois après le lancement effectif de la chaine, la société Diversité TV France a entamé une procédure visant à modifier son organisation. Cette évolution s'est concrétisée, le 21 octobre 2013, par une augmentation de capital intégrant la société PHO, entièrement détenue par le même propriétaire que Diversité TV France et possédant désormais 75,25 % du capital mais aussi la société UTH Russia Limited à hauteur de 15 % et avec laquelle un pacte d'actionnaires avait été conclu (sept actionnaires étaient déjà entrés dans le capital en octobre 2012 à hauteur de 12,75 %). Au printemps 2015, la société Diversité TV France a décidé de céder le contrôle de la chaine Numéro 23 au groupe NextRadio TV. Si les modifications de 2013 étaient restées longtemps ignorées du CSA, la prise de contrôle de l'intégralité du capital et des droits de vote par le groupe NextRadio TV a été notifiée au régulateur, par une lettre du 9 avril 2015, afin d'obtenir l'agrément pour cette opération, conformément aux dispositions de l'article 42-3 de la loi de 1986.

Cette information a eu pour effet de déclencher un contrôle approfondi de la part du CSA. Pour le régulateur, dans la décision du 14 octobre 2015, l'entrée au capital de la chaîne Numéro 23 des sociétés UTH et PHO, la conclusion du pacte d'actionnaires et la demande de cession de l'intégralité du capital au groupe NextRadio TV constituaient "ensemble, une modification substantielle des données au regard desquelles l'autorisation [d'émettre] a été délivrée" à la société Diversité TV France. En d'autres termes, au regard du CSA et même si les opérateurs intéressés le contestaient, la demande d'agrément aurait pu être faite dès l'augmentation de capital de 2013.

Dans sa décision, le Conseil d'État rappelle nombre d'éléments factuels témoignant de la complexité du dossier et de l'asymétrie d'informations au détriment du CSA. En effet, le juge rappelle que le CSA avait demandé à la société Diversité TV France des précisions relatives aux conditions dans lesquelles la société UTH Russia Limited était entrée dans son capital, mais n'avait obtenu communication du pacte d'actionnaires conclu le 21 octobre 2013 entre cette société et la société PHO Holding qu'après deux demandes restées sans réponse. Dès lors, le nouveau rapporteur indépendant du CSA, créé par l'article 6 de la loi n° 2013-1028 du 15 novembre 2013 et chargé d'engager les poursuites et de mener l'instruction, a notifié les griefs tirés de ce que certaines clauses du pacte d'actionnaire étaient susceptibles d'être regardées comme une modification substantielle des données au vu desquelles l'autorisation avait été délivrée. Le CSA, après avoir demandé un supplément d'instruction par une décision du 23 juillet 2015 a d'une part, le 14 octobre 2015, décidé que l'autorisation de la société Diversité TV France serait abrogée à compter du 30 juin 2016 et, d'autre part, constaté qu'il n'y avait plus lieu pour lui de se prononcer sur l'agrément de la cession du capital au groupe NextRadioTV.

Le Conseil d'État relève dans sa décision que le CSA a déduit "de certaines clauses du pacte d'actionnaires, négocié à partir du mois de mai 2013 entre les sociétés PHO Holding et UTH Russia Limited et conclu le 21 octobre suivant, que ces sociétés avaient décidé d'organiser ensemble la cession de l'intégralité du capital de la société Diversité TV France à un tiers dans le courant de l'année 2015". Tout d'abord, le CSA a bien estimé dans sa décision que les objectifs affirmés lors de la candidature n'étaient que très partiellement remplis. Pour justifier cette affirmation, le régulateur souligne en substance que plusieurs rappels, mises en garde et mises en demeure ont été adressés à la société Diversité TV France pour inexécution de ses obligations conventionnelles. Pour le CSA, la société ne pouvait être regardée comme ayant réuni les conditions permettant une exploitation normale du service et les mesures propres à assurer une correcte exécution des obligations qui lui incombaient, contrepartie nécessaire de la délivrance de l'autorisation d'exploiter le service. Ensuite, le régulateur a mis en cause le montant annoncé du projet de cession de la société s'élevant à 88,3 millions d'euros. Selon le CSA, un tel montant est peu en rapport avec la situation financière de la société, ses pertes et son plan d'affaires prévisible. Dès lors, il n'y avait qu'une explication possible selon le régulateur: la valorisation de la société Diversité TV France reposait à titre principal sur la valeur de l'autorisation administrative qui lui avait été attribuée. Le CSA en a déduit que, depuis la conclusion du pacte d'actionnaires en 2013, la société Diversité TV France avait cherché avant tout à valoriser à son profit l'autorisation administrative dont elle bénéficiait et "qu'une telle démarche constitue un abus de droit à caractère frauduleux contraire à la finalité poursuivie par le législateur à travers le principe de gratuité d'occupation du domaine public hertzien, lequel a vocation à permettre la poursuite de l'impératif fondamental de pluralisme [...] et non à asseoir la valeur financière de la personne morale titulaire d'une autorisation".

Le Conseil d'État n'a résolument pas la même interprétation que le régulateur. Il rappelle qu'il incombe au régulateur de démontrer, le cas échéant par un faisceau d'indices, l'existence d'une fraude. D'une part, selon la Haute juridiction, il est loisible au propriétaire d'actions d'une société de céder toute ou partie de ces dernières, "sous réserve que cette session soit effectuée dans le respect des dispositions de la loi du 30 septembre 1986 et, notamment, de son article 42-3". En outre, le juge rappelle naturellement que "la circonstance que l'intéressé cède ses actions à un prix tenant compte du fait que la société dispose d'une autorisation (...) et qu'à cette occasion il réalise une plus-value n'est pas par elle-même de nature à faire regarder l'opération comme illicite". Néanmoins, et il s'agit du point d'achoppement avec le CSA, "le fait de solliciter une autorisation dans le but exclusif de réaliser une telle plus-value, sans avoir réuni les moyens nécessaires pour exploiter le service conformément aux engagements souscrits lors de l'appel aux candidatures, présenterait le caractère d'une fraude".

Le Conseil d'État apprécie ensuite la qualification juridique des faits de l'espèce. Selon lui, la conclusion du pacte d'actionnaire en octobre 2013, même s'il impliquait un engagement ferme de la part de l'actionnaire majoritaire de sortir du capital de la société Diversité TV France en 2015, ne suffit pas à démontrer que l'intéressé ait eu, au moment de la présentation de la candidature ou de la délivrance de l'autorisation, pour seul objectif de réaliser une plus-value à l'occasion de la cession d'actifs sans avoir mis en œuvre les moyens nécessaires pour remplir les engagements faisant l'objet de la convention, et donc à qualifier l'opération d'illicite. Par ailleurs, le juge estime qu'il ne résulte pas de l'instruction que, malgré les diverses mises en demeure et mises en garde du CSA, la société en cause n'ait pas mis en œuvre les moyens nécessaires à l'exploitation du service de télévision. La Haute juridiction souligne à ce titre que le service a obtenu certains résultats en termes de part d'audience pour justifier son appréciation. Elle décide donc qu'il n'y a pas eu démonstration, au regard des éléments disponibles, d'une fraude à la loi de nature à justifier le retrait de l'autorisation.

Face à une telle décision, et dans la mesure du possible, le régulateur sera tenté de renforcer les obligations conventionnelles définissant les règles particulières applicables au service voire d'allonger le délai pendant lequel est en principe exclu toute modification du contrôle direct d'une société. Il convient en outre de souligner que, conformément à l'article 42-9 de la loi du 30 septembre 1986, le Conseil d'État est tenu de statuer dans les trois mois sur le recours formé contre les décisions de retrait prononcées sans mise en demeure préalable. Cette règle, cumulée à l'abrogation à effet différé décidée par le CSA afin de protéger les intérêts dont il a la charge, dans sa décision du14 octobre 2015, permet d'éviter un éventuel engagement de responsabilité du régulateur pour, semble-t-il, défaut de préjudice subi. En effet, depuis la loi du 15 novembre 2013 le CSA est doté de la personnalité juridique et il est donc possible d'engager sa propre responsabilité.

H. Delzangles, S. Martin

Concurrences N° 2-2016, pp. 189-191

CSA, déc. n° 2015-367 du 14 oct. 2015 portant sanction à l'encontre de la société Diversité TV France; CSA, déc. du 9 déc. 2015 rejetant le recours gracieux présenté par la chaîne Numéro 23 demandant au Conseil de revenir sur sa sanction d'abrogation de fréquence à compter du 30 juin 2016

Le Conseil supérieur de l'audiovisuel abroge pour la première fois l'autorisation de diffusion d'une chaîne de télévision

Cet automne, le Conseil supérieur de l'audiovisuel a, pour la première fois, décidé de retirer à la société *Diversité TV France* son autorisation d'émettre pour la chaîne Numéro 23 (cf. décision n° 2015-367 du 14 octobre 2015 portant sanction à l'encontre de la société *Diversité TV France*). Cette décision est intéressante tant au regard des circonstances dans lesquelles celle-ci est intervenue que pour les éléments du contrôle opéré par le CSA et notamment les motivations qui sous-tendent sa décision.

Les circonstances ayant donné lieu a la sanction de la chaîne numéro 23

En vertu de l'article 22 de la loi n° 86-1067 du 30 septembre 1986 relative à la liberté de communication, le CSA a la compétence pour, d'une part, "autorise[r], dans le respect des traités et accords internationaux signés par la France, l'usage des bandes de fréquences ou des fréquences attribuées ou assignées à des usages de radiodiffusion" et, d'autre part, pour "contrôle[r] leur utilisation". Par ailleurs, au titre de l'article 42-3 de cette loi, le législateur a prévu que "l'autorisation peut être retirée, sans mise en demeure préalable, en cas de modification substantielle des données au vu desquelles l'autorisation avait été délivrée, notamment des changements intervenus dans la composition du capital social ou des organes de direction et dans les modalités de financement".

En l'espèce, la société *Diversité TV France* éditrice du service de télévision dénommé Numéro 23 avait obtenu du CSA une autorisation d'émettre sur la TNT à l'issue de l'appel à candidatures du 18 octobre 2011. Dans le cadre de cette procédure, les candidats devaient présenter un dossier répondant à divers objectifs fixés par le régulateur dont le principal était le développement de services dont les thématiques et les cibles étaient susceptibles d'intéresser un large public et ainsi assurer une diversification de l'offre jusqu'alors proposée par les chaines généralistes. Le projet de la chaine Numéro 23 avait été retenu car la chaine proposait une ligne éditoriale consacrée à la diversité de la société française ainsi qu'à toutes les formes de culture et donnant une place importante à l'information internationale.

Toutefois, dès mai 2013, soit seulement 6 mois après le lancement effectif de la chaine, la société*Diversité TV France* a entamé un processus pour modifier son organisation. Cette évolution s'est concrétisée, le 21 octobre 2013, par une augmentation de capital intégrant les sociétés *UTH* et *PHO*, avec lesquelles un pacte d'actionnaires avait également été conclu. Puis, au printemps 2015, la société *Diversité TV France* a décidé de céder le contrôle de la chaine Numéro 23 au groupe *NextRadio TV*. Si les modifications de 2013 étaient restées longtemps ignorées du CSA, la prise de contrôle de l'intégralité du capital et des droits de vote par le groupe *NextRadio TV* a été notifiée au CSA, par une lettre du 9 avril 2015, dans la mesure où les opérateurs ont souhaité obtenir l'agrément pour cette opération, conformément aux dispositions de l'article 42-3 de la loi de 1986.

Cette information a eu pour effet de déclencher le contrôle réalisé par le CSA. Mais celui-ci a porté sur tous les aspects du dossier. En effet, pour le régulateur, l'entrée au capital de la chaîne Numéro 23 des sociétés *UTH* et *PHO*, la conclusion du pacte d'actionnaires et la demande de cession de l'intégralité du capital au groupe *NextRadio TV* "constituent, ensemble, une modification substantielle des données au regard desquelles l'autorisation [d'émettre] a été délivrée" à la société *Diversité TV France*. En d'autres termes, même si les opérateurs intéressés le contestent, la demande d'agrément aurait pu être faite dès l'augmentation de capital de 2013.

Les éléments du contrôle opéré par le régulateur

À titre préliminaire, il convient de souligner que le CSA a, dans la décision de sanction, apporté un certain nombre d'éléments sur la question de ses compétences dans le cadre d'un tel contrôle. Selon le régulateur, il lui appartient "d'apprécier si une modification substantielle n'a pas au vu des principes énoncés aux articles 1er, 3-1 et 29 de la loi du 30 septembre 1986 pour objet ou pour effet de porter atteinte aux intérêts du domaine public dont il est affectataire et à la sauvegarde des intérêts publics sur lesquels il lui revient de veiller". Il ajoute, dans un considérant très important, être compétent pour "déterminer, en prenant en compte les circonstances de fait et de droit qui sont apparues à la date où il se prononce, notamment en ce qui concerne la diversité des opérateurs, si les modifications opérées sans agrément préalable sont de nature à compromettre l'impératif fondamental de pluralisme et l'intérêt public et justifient, par suite, une abrogation de l'autorisation initialement accordée; qu'à ce titre, il lui revient de vérifier si l'objectif poursuivi à travers ces modifications n'est pas contraire aux intentions initialement affirmées par le candidat lors de l'appel aux candidatures et au vu desquelles l'autorisation lui a été attribuée".

Pour rendre sa décision, le régulateur tient compte de différents éléments. Tout d'abord, il relève que les objectifs affirmés lors de la candidature ne sont que très partiellement remplis. À titre de justificatif, il souligne qu'il a adressé à la société *Diversité TV France* plusieurs rappels, mises en garde et mises en demeure pour inexécution de plusieurs de ses obligations conventionnelles. Dès lors, pour le CSA, la société éditrice du service Numéro 23 ne peut être regardée comme ayant réuni les conditions permettant de mettre en œuvre une exploitation normale du service et les mesures propres à assurer une correcte exécution des obligations qui lui incombaient, lesquelles constituent la contrepartie nécessaire de la délivrance de l'autorisation d'exploiter le service Numéro 23.

Ensuite, le régulateur critique le montant annoncé du projet de cession de la société qui s'élève à 88,3 millions d'euros. Pour le CSA, un tel montant est peu en rapport avec la situation financière de la société, ses pertes actuelles et son plan d'affaires prévisible. Dès lors, il n'y a qu'une explication possible: la valorisation de la société *Diversité TV France* repose à titre principal sur la valeur de l'autorisation administrative qui lui a été attribuée. Le conseil en déduit que, depuis la conclusion du pacte d'actionnaires, la société *Diversité TV France* a cherché avant tout à valoriser à son profit l'autorisation administrative dont elle bénéficiait et "qu'une telle démarche constitue un abus de droit à caractère frauduleux contraire à la finalité poursuivie par le législateur à travers le principe de gratuité d'occupation du domaine public hertzien, lequel a vocation à permettre la poursuite de l'impératif fondamental de pluralisme [...] et non à asseoir la valeur financière de la personne morale titulaire d'une autorisation".

Au final, les éléments portés à la connaissance du CSA sont de nature à remettre en cause les choix opérés lors de l'appel à candidatures et puisqu'aucune considération, du point de vue du pluralisme, de l'intérêt du public non plus que de la viabilité des sociétés concernées, ne permet de compenser une telle atteinte dans une mesure suffisante, le régulateur retire l'autorisation d'exploiter la fréquence à compter du 30 juin 2016.

La société *Diversité TV France* a formé un recours gracieux devant le CSA mais celui-ci a été rejeté le 9 décembre 2015 (décision rejetant le recours gracieux présenté par la chaîne Numéro 23 demandant au Conseil de revenir sur sa sanction d'abrogation de fréquence à compter du 30 juin 2016). Elle va donc pouvoir soumettre cette décision au contrôle du Conseil d'État. À n'en pas douter, la solution que le juge adoptera sera attendue. En dehors des attentes légitimes des opérateurs concernés par l'opération de cession de la chaîne, les juristes seront attentifs à l'interprétation que la Haute juridiction administrative rendra sur les pouvoirs du régulateur de l'audiovisuel.

H. Delzangles, S. Martin
Concurrences N°1-2016, pp. 201-202

CE, 31 mai 2013, Syndicat interprofessionnel des radios et télévisions indépendantes (SIRTI), n° 356900

Le Conseil d'État valide le fait que le CSA puisse décider de ne pas délivrer des autorisations d'émettre

La requête déposée par le Syndicat interprofessionnel des radios et télévisions indépendantes (SIRTI) et rejetée le 31 mai 2013 par le Conseil d'État apporte, grâce à une lecture assez souple de la loi du 30 septembre 1986, quelques éléments intéressants sur l'étendue du pouvoir du Conseil supérieur de l'audiovisuel (CSA) dans le cadre d'un appel à candidature.

Le CSA a décidé de lancer, le 26 mars 2008, un appel à candidatures pour l'édition de services de radio multiplexés diffusée par voie hertzienne terrestre en mode numérique à temps complet ou partagé. Le 26 mai 2009, l'autorité indépendante a sélectionné les candidatures retenues pour les zones de Paris, Marseille et Nice, afin de délivrer des autorisations d'émettre. Néanmoins, aucune autorisation n'a été édictée. Face à ce silence, le 21 octobre 2011, le SIRTI a saisi le Conseil supérieur de l'audiovisuel d'une demande tendant à ce que les candidats présélectionnés en 2009 se voient délivrer des autorisations d'émettre. Un refus implicite a été opposé à cette requête, confirmé par le président du Conseil supérieur de l'audiovisuel par une lettre en date du 26 décembre 2011.

Dès lors, le SIRTI demande au Conseil d'État, tout d'abord, l'annulation de la décision implicite par laquelle le CSA a rejeté sa demande tendant à ce que soient délivrées les autorisations d'émettre aux candidats sélectionnés par la décision du 26 mai 2009 dans le cadre de l'appel à candidatures lancé dans les zones de Paris, Nice et Marseille. Le syndicat demande ensuite l'annulation de la décision du 26 décembre 2011 par laquelle l'autorité indépendante a refusé de faire droit à cette demande dans l'attente d'une réponse du Gouvernement sur sa demande de révision de l'arrêté du 3 janvier 2008. Enfin, il demande au juge d'enjoindre au CSA de délivrer les autorisations d'émettre aux candidats sélectionnés par la décision du 26 mai 2009.

Le Conseil d'État s'appuie sur l'article 29-1 de la loi du 30 septembre 1986 qui précise en substance que: "(...) la diffusion de services de radio par voie hertzienne terrestre en mode numérique est soumise aux dispositions qui suivent (...). 1. Pour les zones géographiques et les catégories de services qu'il a préalablement déterminées, le Conseil supérieur de l'audiovisuel publie une liste de fréquences disponibles ainsi qu'un appel aux candidatures. Il fixe le délai dans lequel les déclarations de candidatures doivent être déposées (...). À l'issue du délai (...), le Conseil supérieur de l'audiovisuel arrête la liste des candidats dont le dossier est recevable. Il peut procéder à leur audition publique. 2. Le Conseil supérieur de l'audiovisuel accorde les autorisations d'usage de la ressource radioélectrique aux éditeurs de services en appréciant l'intérêt de chaque projet au regard des impératifs prioritaires mentionnés à l'article 29 et des critères mentionnés aux 1° à 5° du même article".

Alors même que le texte ne laisse qu'une porte ouverte à la possibilité de ne pas accorder les autorisations d'usage en fonction de l'intérêt du projet, au regard des impératifs prioritaires et des critères textuels, le Conseil d'État va estimer que l'autorité indépendante a un pouvoir discrétionnaire de ne pas poursuivre la procédure. En effet, la Haute juridiction estime que les dispositions de la loi du 30 septembre 1986 "ne faisaient pas obstacle à ce que le Conseil supérieur de l'audiovisuel, dans l'exercice du pouvoir de régulation que lui a reconnu la loi, puisse décider légalement, comme il l'a fait par les décisions contestées, de ne pas délivrer des autorisations d'émettre au profit des candidats sélectionnés le 26 mai 2009 pour les zones de Paris, Marseille et Nice, sur la base de l'appel à candidatures ouvert le 26 mars 2008, et d'interrompre la procédure". Cependant, pour justifier ces prérogatives, le juge prend en compte deux éléments factuels. Il s'agit, d'une part, des nouvelles circonstances de fait intervenues entre 2009 et fin 2011 et tenant "à l'importance des changements entraînés, au plan technique et économique, par l'augmentation imprévue, postérieurement à l'appel à la candidature, du volume de fréquences hertziennes disponibles et susceptibles d'être attribuées". Il s'agit, d'autre part, du caractère provisoire de l'interruption. En effet, le CSA a lancé le 21 avril 2012 un nouvel appel à candidatures qui a débouché sur une sélection de nouveaux candidats sur des bases techniques actualisées le 2 octobre 2012. Il est difficile de dire, au-delà d'un faisceau d'indices, si ce type de conditions est nécessaire pour justifier toute interruption, par l'autorité administrative indépendante, d'une procédure entamée de sélection de candidats. En tout état de cause, avec cette lecture assez souple du texte, le Conseil d'État rejette la requête du SIRTI dans toutes ses branches et, ce faisant, valide la procédure en son entier.

H. Delzangles, S. Martin
Concurrences N° 3-2013, p. 165

ARCEP, déc. n° 2012-1137 du 11 sept. 2012 portant sur la définition du marché pertinent de gros des services de diffusion hertzienne terrestre de programmes télévisuels en mode numérique, sur la désignation d'un opérateur exerçant une influence significative sur ce marché et sur les obligations imposées à cet opérateur sur ce marché

L'ARCEP prolonge la régulation ex-ante sur le marché de diffusion hertzienne terrestre de programmes télévisuels numérique

La télévision numérique terrestre (TNT) est un moyen de diffuser, en mode numérique, un bouquet de chaînes françaises gratuites et payantes. Cette diffusion est qualifiée de diffusion hertzienne terrestre dans la mesure où elle est réalisée au moyen d'équipements situés au sol, et recevable, via une simple antenne râteau, par un téléviseur équipé d'un adaptateur. Elle correspond aussi à l'abandon de la télévision analogique terrestre au profit de la numérisation du signal de télévision qui offre plusieurs avantages (meilleure qualité, économie de fréquence notamment).

Aujourd'hui, le réseau métropolitain est organisé en six multiplex (ensemble de chaînes qui utilisent la même fréquence hertzienne pour leur diffusion par un émetteur TNT) qui présentent des profils différents: R1,regroupant la plupart des chaînes de France Télévisions, R4, et R6 sont notamment composés des chaînes historiques de la télévision analogique terrestre gratuite, R2 est composé des nouvelles chaînes de la TNT, R3 est composé de chaînes payantes, et notamment du bouquet Canal+, R5, enfin, est uniquement composé des chaînes diffusées en haute définition. Ce paysage est amené à se renouveler prochainement puisque le CSA a décidé de lancer deux nouveaux multiplex (R7 et R8) pour la fin 2012.

C'est au titre de l'article D. 301 du CPCE que l'Autorité est compétente assurer la régulation ex-ante d'un marché tel que le marché de gros des services de diffusion par voie électronique. À l'origine, cette régulation correspondait à une exigence de droit dérivé (cf. l'article 16, § 4, de la directive 2002/21 du 7 mars 2002 du Parlement européen et du Conseil relative à un cadre réglementaire commun pour les réseaux et services de communications électroniques (directive "cadre") "Lorsqu'une autorité réglementaire nationale détermine qu'un marché pertinent n'est pas effectivement concurrentiel, elle identifie les entreprises puissantes sur ce marché conformément à l'article 14 et impose à ces entreprises les obligations réglementaires spécifiques appropriées visées au paragraphe 2 du présent article ou maintient ou modifie ces obligations si elles sont déjà appliquées"). Cependant ce marché de gros des services de diffusion par voie électronique a été retiré de la liste des marchés pertinents de la nouvelle recommandation de 2007 de la Commission européenne (cf. la recommandation C(2007)5406 du 17 décembre 2007 concernant les marchés pertinents de produits et de services dans le secteur des communications électroniques susceptibles d'être soumis à une réglementation ex ante conformément à la directive "cadre"). Selon cette dernière, un tel changement est justifié en particulier par l'existence des évolutions significatives suivantes: une plus grande concurrence entre plateformes due au passage de l'analogique au numérique; des solutions comme les obligations de diffuser permettant de résoudre les éventuels problèmes d'accès aux plateformes. Ainsi, des mesures de régulation asymétriques ne seraient donc plus toujours nécessaires.

Toutefois, plusieurs autorités de régulation nationales, dont l'ARCEP, ont choisi de maintenir cette régulation après 2007 et ont notifié leurs projets de décision d'analyse du marché pertinent. Dès lors, la précédente décision déclarant le marché pertinent, établissant l'existence d'une influence significative et imposant aux opérateurs des obligations étant arrivée à échéance, l'Autorité en a adopté une nouvelle. Comme cela a été le cas lors des cycles précédents, il lui incombe d'étudier la nécessité d'une régulation ex ante du marché pour pouvoir imposer certaines obligations. Avant d'évoquer ces éléments, il convient d'évoquer rappeler le cadre concurrentiel de ce marché si particulier.

Le cadre concurrentiel du marché de services de diffusion de programmes télévisuels

L'Autorité a distingué dans ses précédentes analyses (cf. notamment la décision n° 2009-0484 du 11 juin 2009 portant sur la définition du marché pertinent de gros des offres de diffusion hertzienne terrestre de programmes télévisuels en mode numérique, sur la désignation d'un opérateur exerçant une influence significative sur ce marché et sur les obligations imposées à cet opérateur sur ce marché), au sein du marché de gros de la diffusion:

- un "marché de gros amont", correspondant au marché de l'accès d'un "diffuseur nouvel entrant" à l'infrastructure d'un "diffuseur historique" et regroupant les offres proposées par un diffuseur à un autre diffuseur;
- un "marché de gros aval", correspondant au marché sur lequel les diffuseurs proposent des offres de diffusion aux éditeurs ou aux opérateurs de multiplex.

Comme l'Autorité l'a analysé, la diffusion hertzienne terrestre de programmes télévisuels vendue aux multiplex combine plusieurs éléments: l'émission du signal suppose l'utilisation d'une antenne et d'un pylône ainsi que d'autres équipements, qui doivent être hébergés sur le terrain alentour. Ainsi, il est possible de distinguer trois situations concrètes:

- si le diffuseur ne dispose d'aucune infrastructure en propre, il achète la prestation globale de diffusion vendue par l'opérateur historique TDF dans laquelle celui-ci mutualise l'ensemble des services nécessaires à la diffusion TNT;
- si le diffuseur dispose de sa propre antenne, il peut acheter à TDF une prestation d'hébergement sur le pylône de TDF;
- si le diffuseur dispose de sa propre antenne et de son propre pylône, il n'a pas recours aux prestations de TDF sur le marché de gros amont.

Pour le régulateur sectoriel français, le réseau TNT présente certaines caractéristiques importantes: couverture presque totale de la population, principale plateforme d'accès aux chaînes télévisées. Mais il note également certaines évolutions comme la diminution de sa part d'utilisation dans les foyers, principalement en raison du succès des offres avec télévision sur ADSL. Néanmoins, malgré l'existence d'une concurrence, la diffusion numérique terrestre de programmes télévisés reste prépondérante. À cet égard, on peut aussi noter que le contre-pouvoir d'achat des chaînes télévisées sur le marché aval est très limité. En effet, il ne leur est pas réellement possible de mettre en concurrence les différentes plateformes technologiques (câble, ADSL, satellite) dans la mesure où elles doivent utiliser la TNT pour desservir l'ensemble des territoires puisque le CSA impose à une chaîne postulant à la TNT désengager à couvrir au moins 95 % de la population par ce biais.

Par ailleurs, l'évolution technologique n'a pas eu d'effet bénéfique sur la concurrence. Si le passage de l'analogique au numérique aurait pu, en théorie, se traduire par un nouveau départ sur le marché de la diffusion hertzienne terrestre de programmes télévisuels, l'opérateur historique de diffusion a pu maintenir son pouvoir de marché. En effet, deux facteurs ont contribué à laisser à TDF certains avantages. D'une part, la coexistence pendant un certain temps des modes de diffusion analogique et numérique a permis de mutualiser les infrastructures de diffusion hertzienne terrestre de programmes télévisuels. D'autre part, en fixant des objectifs de couverture correspondant à la diffusion analogique, le CSA, pour maximiser les chances de succès de la TNT, a favorisé le recours des chaines au réseau historique des sites de TDF. Aujourd'hui, sur le marché de gros aval, TDF a une part de marché (en points de service, c'est-à-dire en fréquence utilisée par un multiplex sur un site de diffusion) de 74,4 % et il capte une part encore supérieure de la valeur sur le marché de gros, puisque 86,4 % des points de service sont diffusés à partir de ses sites. Pour l'avenir, on doit aussi souligner que le changement d'opérateur technique hertzien ne peut s'opérer qu'une fois tous les cinq ans puisque les contrats de diffusion TNT ont habituellement une telle durée. Il est donc difficile d'ouvrir à la concurrence le marché de la diffusion.

En somme, l'Autorité conclue que les freins à la concurrence restent importants sur le marché de la diffusion hertzienne terrestre de programmes télévisuels. La puissance de TDF n'a pas été renversée depuis la dernière décision et c'est pourquoi elle désire prendre une nouvelle décision. Pour cela, encore faut-il démontrer que la régulation ex ante est nécessaire.

La nécessité d'une régulation ex ante sur le marché pertinent de gros des services de diffusion hertzienne terrestre de programmes télévisuels en mode numérique

Préalable à l'imposition d'obligations à l'opérateur dominant sur le marché pertinent, l'analyse de l'Autorité passe par plusieurs étapes : la détermination du marché pertinent (1.), de la pertinence d'une régulation de ce marché (2.) et de la puissance de marché des opérateurs de télédiffusion (3.).

La 1ère étape : La délimitation du marché pertinent

Le but de la détermination d'un marché pertinent est de définir le contour, au regard des produits ou des services et en fonction d'un critère géographique, d'un marché afin de faire une bonne application des règles de la concurrence. En l'occurrence, ici, l'objectif de l'Autorité est de délimiter le marché sur lequel elle pourra mettre en place une régulation ex ante.

Puisque les services de radiodiffusion ou de diffusion de télévision sur les réseaux mobiles sont considérés par l'Autorité comme non substituables aux services de diffusion hertzienne terrestre de programmes télévisuels, il s'agit bien d'un marché pertinent. Par ailleurs, le marché des prestations de transport des signaux audiovisuels est un marché distinct de celui de la diffusion hertzienne terrestre de programmes télévisuels.

La 2ème étape : La pertinence d'une régulation du marché de gros amont de la diffusion par voie hertzienne terrestre de programmes télévisuels

Afin de confirmer la pertinence d'une régulation ex ante sur le marché précédemment identifié, il est nécessaire d'examiner si les trois critères définis par la Commission européenne dans sa recommandation "marchés pertinents" de 2007 sont réunis.

L'existence de "barrières élevées et non provisoires à l'entrée, qu'elles soient de nature structurelle, légale ou réglementaire", de nouveaux concurrents

L'arrivée de nouveaux opérateurs nécessite la création de nouvelles infrastructures. Or il s'avère que, sur un tel marché, une infrastructure est difficilement réplicable, ce qui peut constituer une barrière structurelle et durable à l'entrée sur un marché. Les contraintes économiques et naturelles, les contraintes liées à l'urbanisme, à la protection de l'environnement et à l'octroi d'autorisations domaniales par les collectivités territoriales, les contraintes de localisation des sites alternatifs par rapport aux sites historiques, sont pour l'Autorité autant de d'éléments qui concourent à rendre encore plus délicate, voire impossible, la réplication des sites existants, très majoritairement détenus par TDF.

Une "structure de marché qui ne présage pas d'évolution vers une situation de concurrence effective au cours de la période visée"

L'Autorité a mis en exergue, dans son étude du cadre concurrentiel, que la concurrence entre la plateforme de diffusion hertzienne terrestre et les offres de gros de diffusion audiovisuelle par ADSL, fibre optique, câble et satellite restait très limitée. Il ressort de son analyse que le réseau hertzien terrestre garderait très probablement un rôle prépondérant pour le marché de la diffusion audiovisuelle en France. En conséquence, pour elle, dans le cadre temporel limité de la présente analyse, seule la plateforme hertzienne terrestre apparaît en mesure de garantir à un éditeur de dimension nationale de pouvoir diffuser ses programmes télévisuels au plus grand nombre de téléspectateurs. Au mieux, les plateformes alternatives représentent une complémentarité (et non une substituabilité).

Sur le marché pertinent, si la régulation ex ante mise en place jusqu'alors a permis de faire émerger une concurrence, l'évolution des parts de marché démontre qu'il n'existe pas encore de situation concurrentielle pérenne. De manière plus précise, on peut noter que les parts de marchés de TDF sont 63,9 % sur le réseau principal et de 75,4 % sur le réseau complémentaire. Quant aux nouveaux entrants, dont la part de marché a progressé, pour atteindre 25,6 % en services et 13,6 % en infrastructures, l'Autorité considère que leur croissance démontre qu'ils ont besoin de plus de temps pour atteindre une masse critique. Il ressort de ces constatations qu'une évolution vers une situation de concurrence effective est peu probable.

L'"incapacité du droit de la concurrence à remédier à lui seul à la ou aux défaillances concernées du marché"

La régulation ex ante est encore nécessaire à l'approfondissement de la concurrence insuffisante sur ce marché dans la mesure où l'Autorité estime que la régulation ex post serait insuffisante pour remédier à elle seule aux défaillances du marché. Par exemple, elle estime que le contrôle des obligations tarifaires pesant sur l'opérateur régulé nécessite des moyens dont ne dispose pas une autorité de concurrence généraliste. De plus, elle justifie encore la régulation ex ante en mettant en valeur, tout comme pour les deux cycles de régulation précédents, la "complémentarité d'action entre la régulation sectorielle et l'application des règles du droit de la concurrence".

Les trois critères étant réunis, il y a donc, selon l'Autorité, une nécessité à poursuivre la régulation ex ante du marché de la diffusion hertzienne terrestre.

La 3ème étape : L'analyse de la puissance de marché des opérateurs de télédiffusion

Selon l'article L. 37-1 du CPCE un opérateur est réputé exercer une influence significative lorsqu'il "se trouve dans une situation équivalente à une position dominante lui permettant de se comporter de manière indépendante vis-à-vis de ses concurrents, de ses clients et des consommateurs".

Pour l'Autorité, il apparaît que la diffusion hertzienne terrestre de programmes télévisuels s'effectue à 86,4 % depuis des sites de TDF. Cette part de marché en infrastructures s'élève à 94,3 % pour les sites du réseau principal et à 85,6 % pour les sites du réseau complémentaire. TDF détient 74,4 % des points de service en diffusion. Elle a donc remporté, comme lors du précédent cycle, plus de 70 % des appels d'offres pour la diffusion. À cet égard, un élément notable est que, sur plus de 1 000 sites en France, il y a une absence totale de concurrence puisque TDF diffuse l'intégralité des fréquences hertziennes terrestres. Par ailleurs, l'Autorité note que 99,6 % des points de service des sites définis comme non réplicables demeurent opérés depuis les sites de TDF, sachant qu'il n'y a pas de possibilité, à court terme, de réplication de sites dits non réplicables.

Par ailleurs, présent dans de nombreux pays de l'Union européenne, TDF possède une puissance économique importante (plus de 11 150 sites de diffusion, plus de 4 785 employés dont 2 360 en France). TDF a atteint en 2010-2011 un chiffre d'affaires consolidé de 1,52 milliard d'euros, dont 46 % sont des revenus liés à la diffusion de la télévision et environ 55 % de son chiffre d'affaires est réalisé grâce à son activité en France.

Ainsi, sur le marché de la diffusion hertzienne terrestre de programmes télévisuels, TDF a une taille significativement plus importante que ses concurrents Towercast, Onecast ou Itas Tim.

L'imposition d'obligations à l'opérateur puissant sur le marché

L'Autorité, conformément aux articles L. 38 et L. 38-1 du CPCE, peut imposer aux entreprises exerçant une influence significative sur un marché des obligations spécifiques appropriées. Comme dans sa précédente analyse, elles concernent l'accès à des éléments de réseau et aux ressources qui y sont associées, la non-discrimination, la transparence, la mise en place d'un système de comptabilisation des coûts, la mise en place d'une séparation comptable et le contrôle des prix. Elle a également considéré qu'il conviendrait, premièrement, de renforcer la prévisibilité de la régulation tout en maintenant une pression tarifaire suffisante sur l'opérateur dominant, deuxièmement, de simplifier et de mieux cibler les obligations mises en œuvre sur le marché, et, troisièmement, d'assurer aux diffuseurs un accès plus simple aux ressources nécessaires pour répondre, de manière satisfaisante, aux attentes des multiplex et du CSA.

Pour conclure, on voit que l'ARCEP a su saisir les possibilités offertes par le législateur national en allant au-delà de ce que pouvait attendre la Commission européenne, afin d'accomplir sa mission d'introduction de la concurrence dans le domaine des communications électroniques. On ne peut pas se prononcer sur les conséquences pratiques de cette décision et par là même sur le fait de savoir si le marché des services de diffusion hertzienne terrestre de programmes télévisuels en mode numérique aura encore besoin d'une régulation ex ante lorsque celle-ci sera arrivée à échéance. Toutefois, le maintien à l'encontre de TDF d'obligations spécifiques pourrait être source de contentieux. On peut, en effet, légitimement penser que l'opérateur historique espérait, suite à la décision de la Commission de 2007, qu'il serait déchargé de ces obligations asymétriques. Si contentieux il y a, il devrait permettre de répondre à la question centrale dans le cadre de la régulation ex ante qui est de savoir quelle part du marché doit détenir l'opérateur dominant pour ne plus être soumis à ce cadre juridique particulier (en d'autres termes, à partir de quel moment est-il juridiquement possible de s'en remettre qu'à la seule régulation ex post ?). Quoi qu'il en soit, cette décision avec celles qui l'ont précédée auront sûrement eu un effet positif sur la concurrence et l'on comprend alors combien la régulation ex ante, en complément de la régulation ex post, est un facteur pertinent pour l'ouverture à la concurrence des secteurs anciennement monopolistiques.

H. Delzangles

Concurrences N° 4-2012, pp. 160-163

CSA, Délibération du 24 janv. 2006 relative à la mise en œuvre de l'article 30-3 de la loi du 30 sept. 1986

Le Conseil supérieur de l'audiovisuel adopte une délibération précisant les obligations des opérateurs dans le cadre de la mise en œuvre de l'interopérabilité des décodeurs des chaînes TNT payantes diffusées en mode numérique terrestre

Le Conseil Supérieur de l'Audiovisuel a adopté, le 24 janvier 2006, une délibération dans laquelle il précise son interprétation des articles 30-3 et 95 II de la loi du 30 septembre 1986, modifiée, relative à la communication audiovisuelle. Ces dispositions visent à garantir l'interopérabilité des décodeurs de chaînes payantes diffusées en mode numérique terrestre, c'est-à-dire la possibilité pour l'abonné de recevoir tous les services, quels qu'en soient les éditeurs et/ou les distributeurs, au moyen d'un seul et même terminal.

Elles avaient été introduites dans la loi sur la communication audiovisuelle, par la loi du 1er août 2000. Elles avaient pour but de préparer le cadre législatif approprié pour la commercialisation des offres payantes de la télévision numérique terrestre dont le lancement était initialement prévu pour 2002. Ces dispositions visaient également, voire avant tout, à assurer la transposition en droit interne de la directive 95/47 du Parlement européen et du Conseil, relative à l'utilisation de normes pour la transmission de signaux de télévision, dite "directive normes et signaux". En effet, cette directive aurait dû être transposée avant la fin de l'année 1996 et ce n'est que sous la menace pressante d'une condamnation pour manquement par la CJCE (condamnation qui a d'ailleurs été prononcée dans un arrêt en date du 23 novembre 2000, Commission c/ France, aff. C-319/99, Rec. p. I-10439) que l'État français a entrepris d'en assurer la transposition au travers de la loi du 1er août 2000.

L'article 30-3 de la loi relative à la communication audiovisuelle impose aux éditeurs de services payants sur la TNT la conclusion d'accords avec les exploitants de terminaux de réception (généralement les diffuseurs commerciaux) pour que tout terminal de réception de services payants puisse recevoir toutes les offres (et ce quel que soit le système de cryptage choisi). Cette exigence d'interopérabilité est garantie par l'existence, pour les éditeurs et distributeurs, d'un droit d'accès aux terminaux exploités par leurs concurrents prévu par l'article 95 II de la loi qui dispose que "l'accès à tout parc de terminaux de réception de services de télévision ou de radio mis à disposition du public par voie de signaux numériques est proposé à des conditions équitables, raisonnables et non discriminatoires à tout distributeur ou éditeur de services de télévision ou de radio désirant l'utiliser pour mettre à disposition du public autorisé son offre".

Il convient de noter que les dispositions en cause prévoient que l'accès au décodeur doit être accordé "à des conditions équitables, raisonnables et non discriminatoires". Elles rejoignent ainsi les exigences plus générales du droit de la concurrence. Dans cette perspective, l'article 95 II alinéa 6 de la loi prévoit que les exploitants et fournisseurs de système d'accès conditionnel doivent établir une comptabilité financière séparée retraçant l'intégralité de leurs activités d'exploitation et de fourniture de ces systèmes. En effet, le législateur n'a pas ignoré que ces exploitants seraient en pratique également distributeurs commerciaux de bouquets de services payants. Cette situation n'est pas une spécificité du secteur audiovisuel en général, ni de la télévision numérique terrestre en particulier. La fixation de règles impératives, nécessaires pour assurer une concurrence saine, a déjà été expérimentée dans d'autres cas, où un opérateur sur un marché concurrentiel détient un monopole de droit ou de fait sur l'infrastructure nécessaire à l'exercice d'une telle activité. Elle a, en particulier, été imposée par les règles communautaires et internes régulant les activités libéralisées et dans lesquelles l'opérateur historique conservait un monopole sur le réseau, par exemple dans le secteur des télécommunications, du gaz, de l'électricité, des services postaux et du fret ferroviaire. Cependant, contrairement à ce qui existe dans ces secteurs libéralisés, le législateur n'a pas mis en place, en matière audiovisuelle, de dispositions aussi détaillées pour encadrer l'accès aux infrastructures de diffusion d'offres payantes.

Compte tenu du retard pris dans le calendrier du lancement de la TNT ces dispositions étaient restées lettre morte jusqu'à l'année 2005. La TNT gratuite ayant été lancée en mars 2005 et les premiers diffuseurs d'offres payantes s'étant déclarés auprès du CSA à la fin de l'année 2005, il devenait urgent de préciser la portée et les conditions de mise en œuvre de ces dispositions. C'est pourquoi le CSA, s'inspirant des méthodes utilisées par d'autres autorités de régulation sectorielle, a lancé une consultation publique sur l'élaboration d'un projet de lignes directrices quant à la mise en œuvre de l'interopérabilité des décodeurs et du droit d'accès à ces terminaux (décision adoptée en assemblée plénière du 22 novembre 2005, publiée sur le site Internet du CSA le 3 novembre 2005).

Après avoir recueilli les observations des opérateurs intéressés (éditeurs et distributeurs), le CSA a donc adopté une délibération aux termes de laquelle il considère que l'obligation de conclure ces accords pèse sur tous les éditeurs de services. Il précise toutefois que les éditeurs peuvent donner mandat à leurs distributeurs commerciaux pour conclure de tels accords, ce qui semble mieux correspondre à la réalité technique et économique, dans la mesure où ce sont les distributeurs commerciaux qui ont la maîtrise des équipements terminaux et des systèmes de cryptage. Par ailleurs, le CSA précise bien que l'exigence d'interopérabilité est une obligation et non une faculté, de sorte que tous les éditeurs devront directement ou indirectement conclure des accords avec tous les diffuseurs et ce, dans un délai de deux mois à compter du dépôt, par le diffuseur commercial, de la déclaration de son offre auprès du CSA. À défaut de conclusion d'un tel accord dans les deux mois ou si un opérateur estime que les conditions qui lui sont proposées sont déraisonnables et/ou discriminatoires, le CSA devra trancher le différend et fixer lui-même les conditions techniques et économiques de l'accord.

Certains différends relatifs à l'accès au décodeur pourront également entrer dans le champ d'application des articles L.420-1 et L.420-2 du Code de commerce, réprimant les ententes anticoncurrentielles et les abus de domination, et ce d'autant plus que certains diffuseurs détiendront nécessairement, dans un premier temps tout du moins, une position dominante sur le marché des services techniques relatifs à la télévision payante (marché identifié par la Commission européenne dans sa décision MSG Média Service, aff. IV/M. 469, JOCE n° L. 364 du 31 déc. 1994, p. 15, ainsi que dans sa décision Bertelsmann/Kirch/Premiere, aff. IV/M.993, JOCE n° L. 53 du 27 févr. 1999, p. 1 ; la Commission considère qu'il existe un marché des services techniques relatifs à la télévision payante qui comprend le parc de décodeurs, le contrôle de l'accès et la gestion administrative et financière des abonnements).

En pratique, les opérateurs de télévision numérique terrestre qui seraient mécontents des conditions qui leur seront consenties disposeront donc de différentes voies de droit, alternatives ou complémentaires. Ils pourront saisir le CSA afin qu'il détermine lui-même, les conditions contractuelles des relations entre les parties. Ils pourront également directement saisir le Conseil de la concurrence, sur le fondement du droit national comme du droit communautaire, afin qu'il sanctionne les pratiques susceptibles de constituer des ententes ou des abus de position dominante, sans compter l'action possible en indemnisation devant la juridiction commerciale.

J.-P. Tran Thiet

Concurrences N° 2-2006, pp. 153-154

2.1.2 Passage en diffusion gratuite

CE, Ass., 13 juil. 2016, Paris Première, n° 396476

Le Conseil d'État n'annule pas la décision du CSA refusant le passage en diffusion gratuite d'une chaîne de télévision

Le 13 juillet 2016, le Conseil d'État a rejeté les recours introduits par les sociétés Métropole Télévision et Paris Première à l'encontre du rejet par le CSA de leur demande d'agrément de la modification des modalités de financement du service de télévision hertzienne terrestre. La demande avait été introduite à la suite de l'annulation, le 17 juin 2015, des décisions du CSA refusant le passage en diffusion gratuite de LCI et Paris Première (CE, Ass., 17 juin 2015, LCI, n° 384826; Paris Première, n° 385474; voir les chroniques "Le Conseil supérieur de l'audiovisuel abroge pour la première fois l'autorisation de diffusion d'une chaîne de télévision", Concurrences n° 2016-1; "Le Conseil d'État annule les décisions du Conseil supérieur de l'audiovisuel refusant le passage en diffusion gratuite de deux chaînes", Concurrences n° 2015-4). L'annulation avait été prononcée pour une illégalité externe de sorte que le CSA a pu reprendre une décision rejetant la demande de passage à la diffusion gratuite.

Il convient de rappeler qu'en 2003, le CSA avait autorisé Paris Première à utiliser une ressource radioélectrique pour l'exploitation d'un service de télévision à caractère national, diffusé sous condition d'accès par voie hertzienne terrestre en mode numérique. Selon la convention annexée à l'autorisation, le financement faisait appel à une rémunération des usagers. Si l'autorisation a été prorogée en 2012 par le CSA pour une durée de cinq ans, Paris Première a demandé en 2014 au régulateur d'agréer de nouvelles modalités de financement du service, ne recourant plus à une rémunération versée par les usagers. Le CSA avait refusé par deux décisions du 29 juillet 2014 d'agréer le passage à la diffusion gratuite des deux sociétés requérantes. Après l'annulation par le Conseil d'État, le CSA a rejeté une nouvelle fois la demande le 17 décembre 2015.

L'autorisation et l'agrément du CSA

En vertu de l'article 42-3 de la loi du 30 septembre 1986 relative à la liberté de la communication, l'autorisation relative à un service de communication audiovisuelle "peut être retirée, sans mise en demeure préalable, en cas de modification substantielle des données au vu desquelles l'autorisation avait été délivrée, notamment des changements intervenus dans la composition du capital social ou des organes de direction et dans les modalités de financement". Selon le quatrième alinéa de cet article, introduit par la loi du 15 novembre 2013 relative à l'indépendance de l'audiovisuel public, il appartient au CSA de donner son agrément à une modification des modalités de financement d'un service de communication audiovisuelle lorsqu'elle porte sur le recours ou non à une rémunération de la part des usagers. Le CSA statue par décision motivée, adoptée après une étude d'impact et audition publique du titulaire, les tiers qui le demandent étant entendus.

Il convient de rappeler que l'article 42-3 avait été introduit par amendement en vue d'octroyer au CSA le pouvoir d'autoriser le passage en accès gratuit d'une chaîne de télévision diffusée en accès payant. En effet, les chaînes payantes souffrent de difficultés résultant de la concurrence des chaînes en accès gratuit.

L'impartialité respectée

Un premier moyen soulevé par les requérants tenait à une violation du principe d'impartialité tel que consacré par l'article 5 de la loi du 30 septembre 1986. Cette disposition impose aux membres du CSA de s'abstenir de toute position publique sur des questions en cours d'examen. Le moyen s'avère manifestement mal fondé ; en effet, le Conseil d'État se contente de constater que le président du CSA a certes évoqué la demande de Paris Première, sans toutefois prendre publiquement position sur cette demande. L'impartialité inhérente à l'absence de prise de position n'implique pas toutefois un silence total, d'autant que la demande introduite par l'opérateur fait l'objet d'une audition publique à laquelle des tiers peuvent demander à participer.

Toute demande doit être traitée par le CSA après une étude d'impact. La requérante reprochait au CSA d'avoir retenu dans l'étude d'impact de 2015 des appréciations différentes de celles présentées dans une étude d'impact de 2014. Là encore, le Conseil d'État n'éprouve guère de difficultés à rejeter le moyen. On peut raisonnablement considérer que le propre d'une étude d'impact est de parvenir à des conclusions qui peuvent, selon la période au cours de laquelle elle est conduite, s'avérer différentes. Cela est d'autant plus inévitable que la loi impose au CSA de prendre en compte les équilibres du marché publicitaire des services de télévision hertzienne, lesquels évoluent nécessairement.

La justification de l'évolution du mode de rémunération

En insérant par la loi du 15 novembre 2013 le quatrième alinéa dans l'article 42-3 de la loi de 1986, le législateur a entendu tirer les conséquences d'un constat, celui de l'échec du modèle économique de distribution payante lors du lancement de la télévision numérique terrestre. Le passage au gratuit peut se justifier par l'intérêt qui s'attacherait, au regard de l'impératif fondamental de pluralisme et de l'intérêt du public, à la poursuite de la diffusion d'un service ayant opté pour ce modèle. Il revient ainsi au CSA, saisi d'une demande d'agrément introduite sur le fondement de l'article 42-3, quatrième alinéa, de la loi de 1986, d'apprécier, en tenant compte du risque de disparition du service exploité par le demandeur, des risques qu'une modification de ses conditions de financement ferait peser sur la poursuite de l'exploitation d'autres services et des contributions respectives de ces services au pluralisme du secteur et à la qualité des programmes.

En l'espèce, le CSA a considéré que le maintien en payant du service Paris Première "ne l'exposerait pas à court ni à moyen terme à un risque de disparition, que la diffusion gratuite de ce service fragiliserait deux services gratuits existants, NRJ 12 et Chérie 25, et diminuerait l'attractivité de l'offre de services payants". Il a ajouté que "si Paris Première proposait une programmation pour partie originale, sa contribution au pluralisme et à la qualité des programmes était limitée et ne serait pas suffisamment renforcée par les engagements que la société demanderesse se déclarait disposée à souscrire". En tout état de cause, à la date de la décision du CSA, il n'existait pas de fréquence disponible permettant d'organiser un appel à candidatures pour l'exploitation d'un service gratuit. Ni l'impératif de pluralisme ni l'intérêt public ne justifiaient une mise en œuvre de l'article 42-3, quatrième alinéa.

Le risque de disparition du service : le spectre de l'appréciation

Le requérant a avancé le moyen selon lequel en cas de refus d'agrément, il risquait de disparaître. Il ressort en effet du quatrième alinéa de l'article 42-3 que le CSA doit apprécier si le service est menacé de disparition en cas de maintien de ses modalités de financement. Autrement dit, est-ce que le moyen en payant en refusant l'agrément pour passer en gratuit entraînerait la disparition de Paris Première ? Il convient à cet égard de préciser que Paris Première et que LCI font partie du groupe TF1 et que la seconde a obtenu l'agrément du CSA en vue d'une diffusion gratuite. Pour le CSA, le maintien de la diffusion payante n'implique pas la disparition de Paris Première parce que celle-ci est diffusée non seulement par voie hertzienne terrestre, mais également par câble, par satellite et par les réseaux de télécommunications. Le Conseil d'État considère que le CSA a pu, à bon droit, apprécier le risque de disparition du service non sur la seule télévision numérique terrestre mais sur l'ensemble des réseaux qui en assurent la distribution.

Dans sa décision, le CSA a également évoqué le risque de "fragilisation" des services NRJ 12 et Chérie 25 qui sont diffusés gratuitement par voie hertzienne terrestre et dont l'équilibre économique est particulièrement précaire. Le Conseil d'État apporte à cet égard une précision intéressante. Dans l'hypothèse où Paris Première aurait été exposé à un risque de disparition en raison du maintien de ses modalités de financement, il aurait fallu apprécier si le changement de ces modalités aurait entraîné à son tour la disparition d'un service gratuit existant ; dans ce cas, il aurait fallu déterminer laquelle des chaînes, celle qui aspire à devenir gratuite (ici Paris Première) ou celle qui est déjà gratuite (ici NRJ 12 et Chérie 25) apporte la "plus grande contribution au pluralisme et à l'intérêt du public". Cela signifie que le Conseil d'État reconnaît au régulateur le pouvoir de choisir, en fonction du critère de la plus grande contribution au pluralisme et de l'intérêt du public, qui de deux opérateurs est destiné à disparaître. En l'espèce, la question ne s'est pas posée puisque Paris Première ne risquait pas la disparition du fait de son maintien en payant. Que le CSA ait néanmoins fait mention de la situation de NRJ 12 et Chérie 25 sans en tirer de conséquences, n'entache pas sa décision d'une erreur de droit. Le Conseil d'État ajoute enfin "qu'il ne ressort pas de l'instruction que l'affirmation d'un risque de fragilisation des services NRJ 12 et Chérie 25 résulte d'une erreur d'appréciation" ; cela implique que le juge peut donc contrôler ce risque de fragilisation.

Contribution au pluralisme et intérêt du public

Dans sa décision, le CSA s'est livré à une appréciation de la contribution de Paris Première au pluralisme et à l'intérêt du public. La programmation de soirée présente une originalité relative alors que celle de journée s'avère grevée par nombre de rediffusions ou d'émissions de télé-achat. Le CSA en a déduit la nécessité d'engagements que l'opérateur s'est engagé à souscrire.

Sur ce point, le Conseil d'État saisit l'occasion pour expliciter l'office du CSA saisi d'une demande d'agrément d'une modification des conditions de financement d'un service de télévision. Premièrement, il revient au régulateur de "s'interroger sur l'existence d'un risque de disparition de ce service et sur l'intérêt qui peut s'attacher, au regard de l'impératif fondamental de pluralisme et de l'intérêt du public, à la poursuite de sa diffusion". Deuxièmement, s'il admet l'existence d'un tel risque et d'un tel intérêt, le CSA doit vérifier que la délivrance de l'agrément ne comporterait pas un risque de disparition de services existants dont la contribution au pluralisme et à l'intérêt du public serait plus importante.

F. Martucci
Concurrences N° 4-2016, pp. 187-188

CE, Ass., 13 juil. 2016, BFM TV et NextRadioTV, n° 395824 et 399098

Le Conseil d'État ne censure pas la décision du CSA d'autoriser une chaîne à passer à la diffusion gratuite

Le 13 juillet 2016, le Conseil d'État a rejeté le recours introduit par deux requérants à l'encontre de la décision du CSA d'agréer la modification de financement du service de télévision hertzienne terrestre de LCI. À la différence de Paris Première, le CSA a donc autorisé le passage à la diffusion gratuite de la chaîne d'information continue. La demande avait été introduite par LCI à la suite de l'annulation, le 17 juin 2015, des décisions du CSA refusant le passage en diffusion gratuite de LCI et Paris Première (CE, Ass., 17 juin 2015, LCI, n° 384826; Paris Première, n° 385474). L'annulation avait été prononcée pour une illégalité externe de sorte que le CSA a pu reprendre une décision. En 2003, le CSA a autorisé LCI à utiliser une ressource radioélectrique pour l'exploitation d'un service de télévision à caractère national, diffusé sous condition d'accès par voie hertzienne terrestre en mode numérique. Selon la convention initialement annexée à l'autorisation, la programmation devait être consacrée à l'information et le financement faire appel à une rémunération de la part des usagers. LCI a demandé au CSA d'agréer de nouvelles modalités de financement du service ne recourant plus à une rémunération versée par les usagers. Elle a pris soin d'assortir sa demande d'un ensemble d'engagements, tenant à la part respective des journaux d'information et des magazines dans la grille de programmes de LCI, à la présence d'émissions culturelles et d'émissions consacrées à l'actualité internationale et à la part des femmes intervenant dans les programmes. Le 17 décembre 2015, le CSA a agréé le passage à la diffusion gratuite de LCI, la convention annexée à l'autorisation devant être modifiée afin d'y inclure les engagements présentés. BFM TV et une de ses filiales ont introduit un recours à l'encontre de la décision du CSA.

L'autorisation et l'agrément du CSA

En vertu de l'article 42-3 de la loi du 30 septembre 1986 relative à la liberté de la communication, l'autorisation relative à un service de communication audiovisuelle "peut être retirée, sans mise en demeure préalable, en cas de modification substantielle des données au vu desquelles l'autorisation avait été délivrée, notamment des changements intervenus dans la composition du capital social ou des organes de direction et dans les modalités de financement". Selon le quatrième alinéa de cet article, introduit par la loi du 15 novembre 2013 relative à l'indépendance de l'audiovisuel public, il appartient au CSA de donner son agrément à une modification des modalités de financement d'un service de communication audiovisuelle lorsqu'elle porte sur le recours ou non à une rémunération de la part des usagers. Le CSA statue par décision motivée, adoptée après étude d'impact et audition publique du titulaire, les tiers qui le demandent étant entendus.

La procédure et l'étude d'impact

L'article 42-3, quatrième alinéa, de la loi de 1986 impose au CSA de réaliser une étude d'impact avant d'adopter sa décision relative à l'agrément des modalités de financement. Si le législateur impose au CSA de rendre publique l'étude d'impact afin que les tiers puissent en prendre connaissance, aucune précision n'est donnée quant aux modalités dans lesquelles la publication de l'étude d'impact a lieu. Le Conseil d'État estime, en toute logique, que la publication doit avoir lieu avant la date à laquelle le CSA statue sur la demande: le régulateur doit effectuer cette publication "en temps utile" pour que le demandeur et les autres personnes intéressées puissent faire valoir leurs observations écrites ou demander à être entendus sur les conclusions de l'étude.

En l'espèce, la difficulté tenait au fait que, si l'étude d'impact a été publiée le 25 novembre 2015, LCI a adressé une lettre au CSA afin de modifier ses engagements. Après avoir pris la précaution de souligner que ladite lettre ne soulevait pas de question nouvelle et ne remettait pas en cause les hypothèses générales sur lesquelles l'étude d'impact était fondée. De surcroît, la lettre a été rendue publique de sorte que les tiers ont pu en prendre connaissance et présenter des observations. En conséquence, aucune irrégularité de procédure n'était à regretter.

Directive et procédure

Dans l'arrêt de 2015, le Conseil d'État avait écarté le moyen déployé par des parties intervenantes selon lequel l'article 42-3 de la loi de 1986 aurait été incompatible avec les articles 5, paragraphe 2, deuxième alinéa, de la directive "autorisation" 2002/20/CE du 7 mars 2002 et 4 de la directive "concurrence" 2002/77/CE du 16 septembre 2002. Cette incompatibilité aurait dû entraîner un rejet des demandes d'agrément qui lui étaient présentées puisque l'article 42-3 était contraire au droit de l'Union.

Il convient de rappeler que, selon les dispositions de la directive "autorisation", les procédures d'attribution des fréquences "peuvent, exceptionnellement, ne pas être ouvertes lorsque l'octroi de droits individuels d'utilisation de radiofréquences aux fournisseurs de services de contenus de radio ou de télédiffusion est nécessaire à la réalisation d'un objectif d'intérêt général défini par les États membres conformément à la législation communautaire". Dans l'arrêt de 2015, le Conseil d' État affirme qu'"il appartient au CSA, saisi d'une demande d'agrément, d'apprécier, en tenant compte du risque de disparition du service exploité par le demandeur, des risques qu'une modification de ses conditions de financement ferait peser sur la poursuite de l'exploitation d'autres services et des contributions respectives de ces services au pluralisme du secteur et à la qualité des programmes, si, en raison notamment de l'absence de fréquence disponible, l'impératif de pluralisme et l'intérêt du public justifient de ne pas recourir à une procédure ouverte". Si tel est le cas, alors "la modification de l'autorisation doit être regardée comme nécessaire à la réalisation d'un objectif d'intérêt général et entre ainsi dans le champ des dispositions du paragraphe 2 de l'article 5 de la directive du 7 mars 2002 qui permettent à titre exceptionnel de ne pas recourir à une procédure ouverte".

C'est donc à titre exceptionnel et lorsque cela est nécessaire pour atteindre un objectif d'intérêt général qu'est admise la dérogation au principe du recours à une procédure ouverte pour l'octroi des droits d'utilisation de radiofréquences pour la diffusion de services de télévision. Le Conseil d'État confirme dans son arrêt de 2016 qu'il revient au CSA, saisi d'une demande d'agrément, d'apprécier en tenant compte du risque de disparition du service exploité par le demandeur, des risques qu'une modification de ses conditions de financement ferait peser sur la poursuite de l'exploitation d'autres services et des contributions respectives de ces services au pluralisme du secteur et à la qualité des programmes, si, en raison notamment de l'absence de fréquence disponible, l'impératif de pluralisme et l'intérêt du public justifient de ne pas recourir à une procédure ouverte.

Risque de disparition et concurrence accrue

En l'espèce, pour délivrer l'agrément à LCI, le CSA a tout d'abord constaté l'absence de fréquence disponible permettant d'organiser un appel aux candidatures auquel LCI aurait pu se porter candidate pour l'exploitation d'un service gratuit. Il a ensuite considéré que le maintien d'une diffusion payante comportait un risque sérieux de disparition du service LCI. Quant aux effets d'une diffusion gratuite de LCI sur les autres services, le CSA distingue deux hypothèses. BFM TV ne serait pas affecté par ce passage gratuit car elle présente, même sur le long terme, une viabilité économique. En revanche, iTélé risque de voir sa viabilité économique compromise à moins qu'elle adopte "dans le cadre d'une concurrence accrue, les mesures nécessaires pour se rendre plus attractif aux yeux du public". L'assertion du Conseil d'État intrigue en ce que celui-ci se fait l'apôtre d'une auto-régulation spontanée du secteur en considérant qu'une concurrence accrue devrait avoir pour effet d'aiguiser les ardeurs compétitives des autres opérateurs. Elle surprend d'autant plus que l'arrêt insiste sur le fait que les engagements pris par LCI permettent de faire évoluer la grille de programmes et de proposer un format de chaîne d'information différent de celui des chaînes gratuites existantes d'information continue. Ce faisant, la diffusion gratuite du service LCI permettrait de renforcer le pluralisme et la qualité des programmes. La solution est propre au cas d'espèce; ce ne peut être qu'au regard des faits propres à chaque affaire que l'équilibre peut être trouvée entre concurrence et pluralisme, dont le point d'équilibre détermine la disparition ou la permanence des opérateurs. Le Conseil d'État a ensuite contrôlé le bien-fondé de l'appréciation portée par le CSA sur la situation de LCI.

En premier lieu, il ne peut que constater le cercle vicieux dans lequel LCI s'est engagée à la suite de la baisse de ses recettes publicitaires et de la diminution des redevances versées par les distributeurs: la qualité des programmes a baissé et les pertes d'audience se sont accentuées. Eu égard à l'incertitude pour LCI de trouver un modèle économique viable et pérenne s'elle n'est plus diffusée que par câble, par satellite et par les réseaux de télécommunication, l'absence de changement des modalités de financement du service LCI était bien susceptible de conduire à sa disparition.

En deuxième lieu, le Conseil d'État considère que le CSA n'a pas commis d'erreur d'appréciation en considérant que, d'une part, iTélé serait économiquement affecté par LCI à moins de prendre les mesures qui s'imposent pour faire face à une concurrence accrue et que, d'autre part, la viabilité de BFM TV ne saurait être, même à long terme, remise en cause.

En troisième lieu, eu égard aux engagements que le Conseil d'État prend le soin d'apprécier, aucune erreur d'appréciation n'a été commise par le CSA lorsque celui-ci conclut que "la poursuite de l'activité du service LCI sur la TNT gratuite serait de nature à renforcer le pluralisme des courants d'expression socio-culturels et présenterait un intérêt pour le public".

L'inexistence d'une aide d'état

On ne sera guère surpris de l'occurrence dans cette affaire de l'article 107 du Traité FUE. Les requérants ont allégué que l'agrément décidé par le CSA dans les conditions de l'article 42-3, quatrième alinéa, de la loi 1986 constitue une aide d'État, en l'espèce illégale puisque non notifiée à la Commission. Le Conseil d'État n'a pas de doutes: fait défaut pour la qualification d'aide d'État du critère des ressources publiques. Il est vrai qu'on ne voit pas en quoi un agrément – qui est un droit exclusif – fut-il accordé sans mise en concurrence entraîne un transfert de ressources publiques d'autant plus lorsqu'il s'agit de passer en diffusion gratuite.

F. Martucci
Concurrences N° 4-2016, pp. 188-190

CE, Ass., 17 juin 2015, LCI, n° 384826; Paris Première, n° 385474

Le Conseil d'État annule les décisions du Conseil supérieur de l'audiovisuel refusant le passage en diffusion gratuite de deux chaînes

Par deux arrêts d'assemblée du 17 juin 2015, LCI (n° 384826) et Paris Première (n° 385474), le Conseil d'État a procédé à une lecture audacieuse du quatrième alinéa de l'article 42-3 de la loi 86-1067 du 30 septembre 1986 relative à la liberté de communication tel que modifié par l'article 27 de la loi n° 2013-1028 du 15 novembre 2013 relative à l'indépendance de l'audiovisuel public. Aux termes de cet alinéa, "[S]ous réserve du respect des articles 1er et 3-1, le Conseil supérieur de l'audiovisuel peut, par décision motivée, donner son agrément à une modification des modalités de financement lorsqu'elle porte sur le recours ou non à une rémunération de la part des usagers. Préalablement à sa décision, il procède à une étude d'impact, notamment économique, rendue publique dans le respect du secret des affaires. Il procède aussi à l'audition publique du titulaire et entend les tiers qui le demandent. Cette modification de l'autorisation peut être agréée si les équilibres du marché publicitaire des services de télévision hertzienne terrestre sont pris en compte."

Ce pouvoir a été confié au CSA après que trois chaînes payantes de la TNT, dont LCI et Paris Première, ont demandé au Conseil d'agréer le passage de leur mode de financement du payant au gratuit. En vue de répondre à l'évolution du marché de la TNT en rendant cette procédure plus souple, le Parlement avait procédé à la révision de l'article 42-3 de la loi du 30 septembre 1986. En application de cet article modifié par la loi du 15 novembre 2013, le CSA avait refusé par deux décisions du 29 juillet 2014 d'agréer le passage à la diffusion gratuite des deux sociétés requérantes. Après que le juge des référés du Conseil d'État a rejeté le 23 octobre 2014 (n° 384825) la demande de suspension de la décision du CSA présentée par LCI, le Conseil d'État fait droit, dans ses décisions du 17 juin 2015, à sa demande d'annulation ainsi qu'à celle portée par Paris Première. Cette annulation intervient sur le fondement de la légalité externe, une fois la disposition législative régissant la procédure appliquée par le CSA jugée conforme au droit de l'Union.

Dans un premier temps, le Conseil d'État rejette le moyen développé par des parties intervenantes selon lequel l'article 42-3 de la loi de 1986 serait incompatible avec les articles 5, paragraphe 2, 2e alinéa, de la directive "autorisation" 2002/20/CE du 7 mars 2002 et 4 de la directive "concurrence" 2002/77/CE du 16 septembre 2002. Selon les parties intervenantes, le CSA aurait été obligé de rejeter les demandes d'agrément qui lui étaient présentées puisque l'article 42-3 était contraire au droit de l'Union, ce qu'il revenait au Conseil d'État de constater, mais qu'il refusa de faire.

Tout d'abord, selon les dispositions de la directive "autorisation" visées par les parties intervenantes, les procédures d'attribution des fréquences "peuvent, exceptionnellement, ne pas être ouvertes lorsque l'octroi de droits individuels d'utilisation de radiofréquences aux fournisseurs de services de contenus de radio ou de télédiffusion est nécessaire à la réalisation d'un objectif d'intérêt général défini par les États membres conformément à la législation communautaire". Pour le Conseil d'État, "il appartient au CSA, saisi d'une demande d'agrément, d'apprécier, en tenant compte du risque de disparition du service exploité par le demandeur, des risques qu'une modification de ses conditions de financement ferait peser sur la poursuite de l'exploitation d'autres services et des contributions respectives de ces services au pluralisme du secteur et à la qualité des programmes, si, en raison notamment de l'absence de fréquence disponible, l'impératif de pluralisme et l'intérêt du public justifient de ne pas recourir à une procédure ouverte". Si tel est le cas, alors "la modification de l'autorisation doit être regardée comme nécessaire à la réalisation d'un objectif d'intérêt général et entre ainsi dans le champ des dispositions du paragraphe 2 de l'article 5 de la directive du 7 mars 2002 qui permettent à titre exceptionnel de ne pas recourir à une procédure ouverte".

De la sorte, le Conseil d'État fournit au CSA la liste des exigences qui doivent être remplies pour que les agréments accordés au titre de l'article 42-3 puissent être fournis sans avoir recours à une procédure ouverte au public en conformité avec le droit de l'Union. Toutefois, ce n'est que rétrospectivement, une fois l'agrément accordé dans le respect de ces critères, que le choix initial d'avoir eu recours à une procédure non ouverte devient conforme au droit de l'Union. Jusqu'à l'accord de l'agrément en vue de la réalisation d'un objectif d'intérêt général, la procédure ne répond en rien aux exceptions offertes par les articles 5 de la directive "autorisation" et 4 de la directive "concurrence". Ce problème logique mis à part, il revient à présent au CStA de veiller au respect des critères établis par le Conseil d'État. Si le pluralisme est bien une justification légitime pour déroger aux règles du marché intérieur, un contrôle de proportionnalité doit être opéré au cas par cas.

Ensuite, selon les termes des dispositions visées de la directive "concurrence", "les États membres n'accordent pas de droits exclusifs ou spéciaux d'utilisation des radiofréquences pour la fourniture de services de communications électroniques; l'attribution des radiofréquences pour des services de communications électroniques doit être fondée sur des critères objectifs, transparents, non discriminatoires et proportionnés". Autant d'obligations au regard desquelles le Conseil d'État ne fait qu'affirmer la conformité de l'article 42-3 de la loi du 30 septembre 1986.

Non seulement l'interprétation ainsi faite de la loi française au regard du droit de l'Union est pour le moins constructive, mais peut faire l'objet d'une discussion. Elle s'écarte au demeurant de la solution préconisée par le rapporteur public. Pour ce dernier, "l'unique effet direct de l'agrément est d'autoriser le titulaire de droits initialement obtenus dans le cadre d'un appel à candidatures à en poursuivre l'exploitation dans des conditions différentes" (conclusions présentées par Mme Fabienne Lambolez lors de la séance publique du 29 mai 2015, p. 7). Quand bien même il serait procédé au moyen de l'agrément d'une modification du mode de financement de la chaîne à une modification substantielle de son autorisation, il ne s'agit pas de lui octroyer un nouveau droit d'utilisation. Il s'agit tout au plus "d'une modification des conditions d'exploitation [...] de nature à produire des effets économiques et concurrentiels sur d'autres opérateurs déjà titulaires de droits d'utilisation" (Ibid.). Et le rapporteur de poursuivre en considérant que s'il s'avérait que le changement de mode de financement exigeait une attribution nouvelle de "millièmes" d'un multiplexe, soit d'une ressource en fréquence nouvelle, ce n'est qu'à l'occasion de cette nouvelle attribution qu'une nouvelle autorisation aurait lieu. Toutefois l'agrément n'entraîne pas en lui-même une telle attribution. C'est une autre décision qui le ferait et donc au terme d'une autre procédure, d'attribution cette fois (Ibid., p. 8).

Dans un second temps, une fois la conformité de l'article 42-3 au droit de l'Union assurée, le Conseil d'État fait droit au moyen de légalité externe soulevé par les requérantes. Selon ces dernières et, désormais, selon le Conseil d'État, l'article 42-3 de la loi de 1986 exige que, préalablement à la publication de sa décision sur la demande d'agrément, le CSA procède à une étude d'impact ainsi qu'à des auditions.

Les raisons d'être de l'introduction de cette étude d'impact dans la procédure d'agrément sont claires. Selon M. le sénateur David Assouline, auteur de l'amendement déposé en commission qui a conféré à l'alinéa 4 de l'article 42-3 sa forme actuelle, "[L]'Assemblée nationale a ouvert la possibilité de passer de la TNT payante à la TNT gratuite. Le sujet est important: il a littéralement submergé les auditions. J'ai souhaité encadrer cette possibilité, pour apaiser les craintes. Aussi l'amendement CULT.13 impose-t-il une étude préalable d'impact économique, la prise en compte des principes de liberté de communication et de pluralisme et de la préservation des équilibres des marchés publicitaires. La décision devra obligatoirement être prise après consultation publique et étude d'impact, notamment économique. Cela me semble un bon compromis de nature à lever les doutes et les suspicions" (Sénat, Comptes rendus de la commission de la culture, de l'éducation et de la communication, séance du mardi 17 décembre 2013, discussion sur l'article 6 octies).

Selon le Conseil d'État, "afin d'assurer la transparence de la procédure suivie, le législateur a attendu que la publication de l'étude d'impact intervienne avant la date à laquelle il est statué sur la demande; qu'en l'absence de dispositions réglementaires définissant la procédure applicable, il appartient au CSA d'effectuer cette publication en temps utile pour que le demandeur et les autres personnes intéressées puissent faire valoir leurs observations écrites ou demander à être entendus sur les conclusions de l'étude".

Là encore, la référence aux conclusions du rapporteur public offre une autre interprétation de la loi. Alors que la lecture seule des dispositions en question ne dit pas que la publication de l'étude d'impact doit être préalable à celle de la décision, "les travaux préparatoires ne donnent pas la moindre indication sur la portée que le législateur a entendu donner à la publication de l'étude" (ibid., p. 10). Il ne ressort pas non plus d'une lecture des travaux parlementaires que le législateur ait pu laisser entendre que, dans l'idée qu'il se faisait des choses, l'étude d'impact devait être publiée préalablement à la publication de la décision. Comme l'affirme le rapporteur public, "le législateur ne s'est même pas interrogé sur ce point" (ibid.).

De surcroît, s'il est certain que la publication d'une étude d'impact antérieurement à la publication d'une décision accroît sa portée de manière bénéfique, les effets juridiques d'une telle publication ne sont pas évidents. L'étude d'impact ne pouvant faire l'objet d'un recours ou d'une quelconque contestation formelle indépendamment de la décision une fois adoptée. Et la capacité des personnes intéressées d'adresser des observations écrites ou de demander à être entendues avec des arguments peut-être plus fondés ne va pas jusqu'à imposer au CSA de les prendre en compte.

Enfin, on comprend que l'exigence de publication antérieure de l'étude d'impact vient compenser l'absence d'ouverture de la procédure d'agrément préalablement reconnue conforme au droit de l'Union. Si la procédure d'agrément peut ne pas être ouverte, elle doit être assortie de garanties supplémentaires assurant sa transparence. Mais cette procédure valait-elle toutes ces contorsions ?

F. Martucci, J. Cattan
Concurrences N° 4-2015, pp. 206-208

CE, 17 juin 2015, La Chaîne Info (LCI), n° 384826 ; Métropole Télévision (M6) et Paris Première, n° 385474

Le Conseil d'État annule les décisions du Conseil supérieur de l'audiovisuel refusant le passage de deux chaînes sur la TNT gratuite

Par deux décisions du 17 juin 2015, Société en commandite simple La Chaîne Info (LCI) (req. n° 384826) d'une part, et Société Métropole Télévision (M6) et Société Paris Première (req. n° 385474) d'autre part, le Conseil d'État a annulé les décisions du Conseil supérieur de l'audiovisuel (CSA) qui refusaient à ces chaînes de télévision leur passage sur la télévision numérique terrestre (TNT) gratuite. Le Conseil d'État enjoint également au CSA, pour Paris Première seulement, l'adoption d'une nouvelle décision dans un délai de six mois.

Le contexte de la décision

LCI et Paris Première ont demandé au CSA un agrément modificatif pour passer d'une diffusion de leurs programmes sur la TNT payante à une diffusion sur la TNT gratuite (25 chaînes gratuites actuellement).

Elles fondaient leurs demandes sur les dispositions de l'article 42-3 de la loi n° 86-1067 du 30 septembre 1986, dans leur rédaction issue de la loi n° 2013-1028 du 15 novembre 2013, qui prévoient la possibilité, pour les opérateurs présents sur la TNT payante, de passer à une diffusion gratuite, par dérogation à la procédure classique selon laquelle le CSA doit attribuer une fréquence sur la TNT gratuite au terme d'un appel à candidatures.

Le CSA avait décidé, le 29 juillet 2014, de refuser les deux agréments demandés, au motif que les deux sociétés demanderesses risquaient de porter atteinte au pluralisme des médias audiovisuels, ainsi qu'aux autres chaînes concurrentes présentes sur la TNT gratuite.

Les sociétés LCI et Paris Première ont alors demandé l'annulation des décisions du CSA devant le Conseil d'État.

La société LCI a, en outre, assorti son recours d'un référé suspension qui suppose, pour aboutir, la réunion d'une condition d'urgence à suspendre l'exécution de l'acte attaqué et qu'il existe un doute sérieux sur sa légalité. Le juge des référés du Conseil d'État a rejeté ce recours, faute d'urgence (CE, 23 octobre 2014, n° 384825).

Dans le cadre des deux recours en annulation, les sociétés Next Radio TV et NRJ Group (qui exploitent les chaînes gratuites BFM TV, RMC Découvertes pour la première et NRJ 12 pour la seconde), sont intervenues au soutien des décisions du CSA.

Elles soutenaient que le CSA était tenu de refuser l'agrément leur permettant de passer sur la TNT gratuite au motif que la procédure dérogatoire prévue à l'article 42-3 de la loi du 30 septembre 1986 était contraire au droit de l'Union européenne et demandaient le renvoi d'une question préjudicielle à la Cour de justice de l'Union européenne.

La procédure dérogatoire de l'article 42-3 de la loi du 30 septembre 1986 est conforme au droit de l'Union Européenne

Next Radio TV et NRJ Group, sociétés intervenantes, invoquaient plus particulièrement la méconnaissance des objectifs de la directive 2002/20/CE du 7 mars 2002 relative à l'autorisation de réseaux et de services de communication électroniques (dite "directive Autorisations"), et de la directive 2002/77/CE du 16 septembre 2002 relative à la concurrence dans les marchés des réseaux et des services de communication électroniques (dite "directive Concurrence").

Les procédures d'attribution de fréquence doivent en principe être "ouvertes, transparentes et non discriminatoires". L'organisation d'une procédure d'appel à candidatures permet de satisfaire ces objectifs.

Une procédure particulière est possible pour répondre à un "objectif d'intérêt général" (article 5, § 2 de la directive Autorisation).

Il s'agissait donc d'abord pour le Conseil d'État de juger si la procédure particulière de l'article 42-3 de la loi du 30 septembre 1986, qui ne prévoit pas d'appel à candidatures, répond à un objectif d'intérêt général.

Le Conseil d'État a rejeté l'argumentation des sociétés intervenantes en recherchant les objectifs poursuivis par le législateur dans les travaux préparatoires de la loi du 30 septembre 1986. Le Conseil relève qu'en permettant de passer d'une diffusion payante à une diffusion gratuite, sans appel à candidatures, le législateur a tenu compte en 2013 de "l'échec du modèle de la télévision payante" après le lancement de la TNT gratuite et de "l'intérêt pour le pluralisme et le public" de la poursuite de la diffusion d'une chaine. L'article 42-3 de la loi du 30 septembre 1986 profite donc de l'exception ouverte par l'article 5 § 2 de la directive Autorisations.

Le Conseil d'État a en outre considéré que la procédure d'agrément modificatif présentait un "caractère objectif, transparent, non discriminatoire et proportionnée". La procédure d'agrément sans appel à candidatures est donc autorisée au titre de l'exception pour objectif d'intérêt général prévue par la directive, mais le Conseil d'État juge que la procédure nationale est en tout état de cause conforme aux objectifs du principe d'attribution des fréquences.

Ainsi, en rappelant que la procédure particulière d'agrément repose sur des critères objectifs transparents, non discriminatoires et proportionnés d'une part, et répond à un objectif d'intérêt général d'autre part, le Conseil d'État a doublement motivé son refus de renvoyer une question préjudicielle à la Cour de justice de l'Union européenne.

Les indices de détermination de la procédure applicable

Une fois la conformité au droit de l'Union européenne admise, le Conseil d'État détermine dans quelle mesure la procédure d'agrément modificatif peut être légalement utilisée par le CSA. Il précise les indices qui doivent permettre au CSA de déterminer dans chaque cas d'espèce si la condition d'intérêt général – impératif de pluralisme et intérêt du public – est satisfaite pour échapper à un appel à candidatures.

Il appartient au CSA de faire le bilan entre (i) le risque de disparition du service exploité par le demandeur, (ii) les risques qu'une modification des conditions de financement du demandeur ferait peser sur la poursuite de l'exploitation d'autres chaînes de télévision et (iii) les contributions respectives des différentes chaînes concernées au pluralisme du secteur et à la qualité des programmes.

La chaîne LCI prétendait subir d'importantes difficultés financières et mettait donc sa survie en cause en cas de refus de passage sur la TNT gratuite. Les concurrents de LCI avaient réagi, selon la presse, en proposant au CSA de s'engager à reprendre les salariés de LCI et un débat sur l'opportunité d'une diffusion gratuite d'une troisième chaîne d'informations en continu (en plus de BFM TV et iTélé).

Mais le Conseil d'État n'a pas eu à trancher ce débat dans la mesure où il a annulé les décisions du CSA pour un motif tenant à la procédure d'édiction des décisions du CSA, s'écartant des recommandations du rapporteur public qui n'avait conclu qu'à l'annulation d'une des deux décisions attaquées (le refus opposé à Paris Première) pour un motif de légalité interne.

L'annulation des décisions du CSA pour un motif de légalité externe

L'article 42-3 de la loi du 30 septembre 1986 impose au CSA de réaliser une étude d'impact qui est "rendue publique".

La loi ne dit pas si cette publication doit intervenir avant la décision du CSA, ni, a fortiori, le délai minimum à respecter entre la publication de l'étude d'impact et l'édiction de la décision.

En l'occurrence, les décisions contestées du 29 juillet 2014 ont été publiées le même jour, avec les études d'impact préalablement réalisées.

Le Conseil d'État, aux considérants 10 des décisions commentées, juge qu'"en l'absence de dispositions réglementaires définissant la procédure applicable, il appartient au CSA d'effectuer cette publication en temps utile pour que le demandeur et les autres personnes intéressées puissent faire valoir leurs observations écrites ou demander à être entendues sur les conclusions de l'étude".

Le Conseil d'État fait donc de la consultation préalable du demandeur et du public intéressé une formalité substantielle de la décision du CSA.

Dès lors qu'en l'espèce, le public – et notamment les chaînes concurrentes de la TNT gratuite – n'a pas été mis en mesure de réagir à l'étude d'impact réalisée par le CSA avant l'édiction des décisions, le Conseil d'État annule ces décisions et enjoint au CSA, pour celle qui concerne Paris Première, de reprendre une décision dans les six mois suivant la publication de l'arrêt.

Le Conseil d'État donne une portée utile aux dispositions législatives imprécises sans faire application de sa jurisprudence Danthony (CE, Ass., 23 décembre 2011, n° 335033) qui l'aurait amené à examiner si, au cas d'espèce, la méconnaissance de la procédure avait été de nature à exercer une influence réelle sur la décision du CSA ou privé les intéressés d'une garantie.

On notera également que les autorités administratives indépendantes, telle que le CSA, sont soumises au respect des droits de la défense et au principe du contradictoire lorsqu'elles interviennent pour prononcer une sanction mais non, en principe, lorsqu'il s'agit d'une décision de police administrative comme en l'espèce.

Cette exigence de consultation du public et de quasi contradictoire devra évidemment être respectée par le CSA pour l'édiction de ses prochaines décisions d'agrément modificatif, au premier rang desquelles la décision portant sur Paris Première qu'il a injonction de prendre le 17 décembre 2015 au plus tard. Paris Première et les tiers intéressés devront dans ce délai avoir été mis en mesure de réagir à l'étude d'impact réalisée par le CSA.

Les décisions commentées ne fixent pas de délai ferme mais se réfèrent au standard d'une publication "en temps utile" de l'étude d'impact dont le respect devrait être apprécié au cas par cas.

E. Guillaume, P.-E. Pivois
Concurrences N° 3-2015, pp. 172-174

2.1.3 Prix

Aut. conc., avis n° 12-A-25 du 21 déc. 2012 relatif à la prise en compte des surcoûts historiques dans le système de péréquation entre coopératives de messageries de presse

L'Autorité de la concurrence rend un avis négatif relatif à l'intégration des surcoûts dits historiques dans le système de péréquation entre coopératives de messageries de presse

Saisie par l'Autorité de régulation de la distribution de la presse (ARDP) et par le Conseil supérieur des messageries de presse (CSMP) d'une demande concernant la prise en compte des surcoûts historiques dans le système de péréquation financière mis en place entre coopératives de messageries de presse, l'Autorité de la concurrence a publié son avis le 12 décembre 2012.

À titre liminaire, il doit être précisé que l'Autorité de la concurrence, qui limite son analyse au système de la distribution de la presse par vente au numéro (distribution par des diffuseurs), rappelle que la loi Bichet du 2 avril 1947 offre aux éditeurs la faculté de se regrouper au sein de sociétés coopératives de messageries de presse. Ces sociétés coopératives assurent le groupage et la distribution de la presse quotidienne nationale et de la presse magazine, sur l'ensemble du territoire français. On dénombre la présence de trois sociétés coopératives sur le marché: les Messageries Lyonnaises de Presse (MLP), la Coopérative des quotidiens et la Coopérative des magazines, ces deux dernières détenant Presstalis.

La crise économique du secteur de la presse et l'émergence du système de péréquation financière

La demande d'avis est intervenue dans un contexte économique fragile marqué par les difficultés rencontrées par Presstalis, société qui assure à elle seule la distribution des quotidiens et partage, avec les MLP, la distribution des magazines. L'exercice de ces deux activités, associé à la nature déficitaire de la distribution des quotidiens ont conduit Presstalis à imputer les pertes subies dans le cadre de la presse quotidienne sur les recettes tirées de la presse magazine. En outre, l'importance des déficits a conduit plusieurs éditeurs de presse à quitter Presstalis pour rejoindre les MLP qui bénéficient de barèmes plus attractifs dans la mesure où elles n'assurent pas la distribution de la presse quotidienne, aggravant davantage la situation financière de Presstalis.

Préalablement à cette demande d'avis, le Rapport Lasserre ([*Rapport de M. Bruno Lasserre du 2 juillet 2009 - Propositions pour une réforme du Conseil supérieur des messageries de presse*) - >http://www.csmpresse.fr/images/stories/csmp/rapportlasserre.pdf] et la décision du CSMP du 22 décembre 2011 ont instauré un mécanisme de péréquation financière inter-coopératives, rendu exécutoire par l'ARDP.

Au-delà des seuls coûts spécifiques, la demande d'avis à l'Autorité de la concurrence portait sur l'intégration dans le mécanisme de péréquation des surcoûts historiques.

L'effet anti-concurrentiel d'un mécanisme de péréquation financière inter-coopératives, fondé sur la prise en compte des coûts historiques

La notion de coûts historiques

Les coûts historiques sont définis comme étant des coûts dépourvus de toute justification économique. Ils comprennent notamment les coûts administratifs et logistiques bien souvent liés à des choix opérationnels inefficaces. Ils incluent aussi et surtout les coûts salariaux.

L'analyse concurrentielle de la prise en charge des coûts historiques

Avant de se prononcer sur l'impact concurrentiel d'un tel mécanisme de péréquation, l'Autorité de la concurrence indique qu'il n'existe pas de précédent national ou communautaire portant sur un tel transfert de charges (transfert dépourvu de toute contrepartie) d'un concurrent à un autre.

L'Autorité de la concurrence rappelle qu'elle avait précédemment considéré que la facturation d'un service par un opérateur en position dominante ne pouvait pas inclure de surcoûts salariaux injustifiés (décision du Conseil de la Concurrence n° 03-D-43 du 12 septembre 2003 confirmée par arrêt de la Cour d'appel du 6 avril 2004). Elle fonde également son analyse sur le raisonnement mené par la Commission européenne qui avait sanctionné le financement de tels surcoûts salariaux sur le fondement de la prohibition des aides d'État (décision C43/2006 du 10/10/2007 et décision SA.31479 du 21/03/2012).

L'Autorité de la concurrence déduit de ces décisions qu'un concurrent ne saurait supporter les coûts salariaux anormaux imputables à un autre opérateur sur le marché. Elle souligne les effets anti-concurrentiels d'une telle prise en charge. Du point de vue de l'entreprise aidée (en l'espèce, Presstalis), le transfert de ces surcoûts l'inviterait à une inertie dans la recherche d'une meilleure efficience économique. Du point de vue de l'entreprise sollicitée (en l'espèce, MLP), ce transfert induirait un alourdissement de ses charges susceptible d'entraîner sa sortie volontaire ou forcée du marché.

D'un point de vue plus global, le signal envoyé au marché serait néfaste et contre-productif: il bloquerait toute incitation vers plus d'efficacité et n'inviterait pas les opérateurs de la presse quotidienne à réduire leurs coûts de fonctionnement. Ainsi, il conduirait à ériger artificiellement des barrières à l'entrée du marché, susceptibles de dissuader l'entrée de potentiels concurrents plus efficients sur le marché.

Replacé dans le contexte du monde de la presse, cet avis ne saurait surprendre dans la mesure où l'Autorité de la Concurrence a été plusieurs fois amenée à se prononcer sur ce secteur. On notera ainsi que, quelques mois auparavant, l'Autorité de la concurrence mettait en exergue des pratiques émanant de Presstalis et susceptibles de constituer des abus de position dominante (décision n° 12-D-16 du 12 juillet 2012). On admet donc sans mal que la prise en charge des coûts anormaux d'une entreprise en position dominante sur un marché ne soit pas admissible d'un point de vue concurrentiel.

Si le présent avis de l'Autorité de la concurrence est négatif, la crise actuelle que traverse le secteur de la presse laisse penser que cette proposition de réformes de la distribution de cette filière ne demeurera pas isolée, en témoigne notamment l'avis n° 12-A-24 rendu le même jour et tenant au décroisement des flux de transport (avis n° 12-A-24 du 21 décembre 2012 relatif au décroisement des flux dans le système de distribution de la presse magazine).

J.-P. Tran Thiet
Concurrences N°2-2013, p. 175

2.2 Rôle des Autorités

2.2.1 Statut

Loi du 15 nov. 2013 relative à l'indépendance de l'audiovisuel public, JORF n° 0266 du 16 nov. 2013

Le législateur réforme une nouvelle fois le statut et les compétences du Conseil Supérieur de l'Audiovisuel

Introduction

Le législateur a été saisi, depuis le mois de juin 2013, d'un projet de loi traduisant l'engagement numéro 51 du candidat François Hollande sur la question de la réforme de l'audiovisuel public. Il s'inscrit dans la continuité du rapport de la mission "Acte II de l'exception culturelle: contribution aux politiques culturelles à l'ère numérique" rendu en mai 2013 au président de la République et à la ministre de la Culture et de la Communication par Pierre Lescure. Au-delà du fait que le gouvernement ait décidé de déclarer l'urgence sur le texte, ce dernier a été assez critiqué dans la mesure où, au départ, son périmètre était tout à fait restreint (voir les débats parlementaires des 24 juillet et 31 octobre 2013). Qualifiée de "petite loi", son objet a donc été élargi, à force d'amendements, pour dépasser la mesure phare du rétablissement du droit antérieur à la réforme de 2009 qui consiste à confier de nouveau au Conseil supérieur de l'audiovisuel le pouvoir de nommer les présidents des sociétés de l'audiovisuel public. Désormais, la loi n° 2013-1028 du 15 novembre 2013 relative à l'indépendance de l'audiovisuel public (JORF n° 266 du 16 novembre 2013, précédée par la loi organique n° 2013-1026 du 15 novembre 2013 relative à l'indépendance de l'audiovisuel public), va beaucoup plus loin en modifiant la nature juridique, la composition, le mode de nomination et les pouvoirs du CSA. De la même façon, le législateur s'est adapté à la jurisprudence nationale et européenne sur la séparation des pouvoirs dans le cadre procédural de la sanction administrative. Pour ce qui concerne le système de régulation, le législateur a envisagé tout d'abord un changement de nature du CSA. Le CSA n'est plus une simple autorité administrative indépendante mais devient une autorité publique indépendante (API). En effet, le législateur lui a donné la personnalité juridique ce qui la fait changer de catégorie juridique et rejoindre ainsi la liste désormais assez longue des autorités indépendantes dotées d'une personnalité juridique distincte de celle de l'Etat (AMF, ARAF, etc.). La question se pose toujours de savoir si c'est une règle budgétaire qui justifie la création d'une API ou s'il s'agit d'une volonté affirmée d'afficher qu'il est donné plus d'indépendance à l'autorité. Vu les débats parlementaires, il serait possible d'opter pour la seconde solution. En dehors de cet aspect, le législateur a organisé une modification en profondeur des règles d'organisation de l'autorité indépendante et a prévu une réforme de ses pouvoirs.

La modification de l'organisation du CSA

La loi du 15 novembre 2013 est venue modifier en profondeur l'organisation du CSA. Avant d'évoquer le point le plus urgent de la création d'un rapporteur indépendant, il convient d'aborder les modifications tenant au nombre, aux règles de nomination des membres et aux qualités et incompatibilités des commissaires de l'autorité.

En premier lieu, les règles entourant le statut des commissaires du CSA ont été modifiées pour, selon les débats parlementaires, leur octroyer une plus grande indépendance.

Tout d'abord, le nombre de commissaires a diminué. Faut-il rappeler que l'ancêtre du CSA, la Commission nationale de la communication et des libertés était composée de treize membres ? Le collège actuel du CSA est composé de neuf membres et va descendre à sept membres avec la nouvelle loi. Cette réduction progressive du nombre de membres des autorités de régulation correspond à une tendance actuelle, notamment de restriction des dépenses. Or la collégialité est une garantie d'indépendance. En effet, plus le nombre de commissaires est élevé plus il est difficile de les influencer. Par ailleurs, la collégialité, de façon encore plus prégnante dans le domaine de la protection de l'expression pluraliste des courants d'opinion, est garante de la diversité des idées et des positions. Pour autant, avec sept commissaires, le CSA restera dans la moyenne des autorités de régulation. En effet, seule la Commission de régulation de l'énergie comprend cinq membres, l'ARCEP en comprend aussi sept. En revanche, les autorités administratives indépendantes protégeant des libertés publiques ou fondamentales ont des collèges parfois plus nombreux. Il en va ainsi de l'HADOPI avec neuf membres, de la CNIL avec dix-sept commissaires et une formation restreinte statuant à six membres ou de la CADA avec onze membres.

Ensuite, les règles de nomination des membres ont changées. Auparavant, les commissaires étaient nommés par décret du Président de la République. Trois d'entre eux étaient désignés par ce dernier, trois par le Président de l'Assemblée nationale et le reste par le Président du Sénat. L'article 2 de la loi du 15 novembre 2013 conserve le système du décret du Président de la république mais redistribue le pouvoir de nomination, tout en gardant un renouvellement par tiers tous les deux ans des commissaires (par souci de continuité, le Président garde ses fonctions pour les six ans dès sa nomination). En effet, trois membres sont désignés par le Président de l'Assemblée nationale et trois membres par le Président du Sénat. Le président du CSA est, quant à lui, nommé par le Président de la République pour la durée de ses fonctions de membre du conseil. Néanmoins, il convient de noter que, dans chaque assemblée, les commissaires sont désignés en raison de leurs compétences en matière économique, juridique ou technique ou de leur expérience professionnelle dans le domaine de la communication, notamment dans le secteur audiovisuel ou des communications électroniques. Afin d'éviter toute nomination de convenance, le nouveau système est important. Tout en étant une garantie de la compétence des commissaires, il permet aussi aux éventuels requérants désirant contester la légitimité d'un commissaire de trouver un appui dans le cadre d'un éventuel recours juridictionnel (voir pour la CRE : CE, 16 mars 2001, *Société Coopérative Greenpeace Energy EG et Association de consommateurs Acter*, n° 221255, 221393, *DA*, juin 2001, p. 16 ; pour l'Autorité de sûreté nucléaire : CE, 19 décembre 2007, *Commission de recherche et d'information indépendantes sur la radioactivité*, n° 300451, concl. Aguila, *AJDA* 2008, p. 477 ; *Environnement* n° 2, février 2008, comm. 38, P. Trouilly). Il convient aussi de remarquer avec satisfaction le fait que les nominations au Conseil supérieur de l'audiovisuel concourent à une représentation paritaire des femmes et des hommes. Le législateur se saisit des modifications de composition des collèges comme il l'a fait pour la CRE pour y introduire, parfais avec difficultés (voir loi n° 2013-312 du 15 avril 2013 visant à préparer la transition vers un système énergétique sobre et portant diverses dispositions sur la tarification de l'eau et sur les éoliennes (JORF n° 89 du 16 avril 2013) chronique Régulations, *Concurrences* n° 2-2013), le principe de la parité. Par ailleurs, toujours dans une logique de transparence et de démocratie dans le choix des membres de l'autorité publique indépendante, la nomination des six membres concernés requiert l'avis conforme de la commission permanente chargée des affaires culturelles statuant à bulletin secret à la majorité des trois cinquièmes des suffrages exprimés. Cette disposition permet une forme d'accord entre la majorité et l'opposition pour la désignation des membres du collège et pourrait servir d'exemple pour l'ensemble des autorités de régulation.

Enfin, il convient de noter que le texte en cause renforce aussi les règles d'incompatibilité et de déontologie au sein du CSA. Même si la question se pose de savoir si le cas envisagé n'était pas *de facto*englobé par le texte précédent, il est désormais précisé que les commissaires ne peuvent avoir un contrat de travail dans une entreprise de l'audiovisuel, du cinéma, de l'édition, de la presse, de la publicité ou des communications électroniques. Par ailleurs, il est aussi précisé très utilement dans l'article 3 de la nouvelle loi que "Les membres et anciens membres du conseil sont tenus de respecter le secret des délibérations".

En second lieu, même si les débats parlementaires ne traduisent pas un grand intérêt pour le sujet, l'un des points les plus juridiquement importants de cette réforme tient à la création d'un rapporteur chargé de l'engagement des poursuites et de l'instruction des affaires au sein du CSA. Elle intervient alors même qu'une QPC avait été posée le 7 octobre 2013 au Conseil constitutionnel portant sur la question de savoir si la procédure de mise en demeure devant le CSA garantissait la séparation des pouvoirs de poursuite et d'instruction et des pouvoirs de sanction au sein de l'autorité et pouvaient porter atteinte aux principes d'indépendance et d'impartialité ainsi qu'aux droits de la défense qui découlent de l'article 16 de la Déclaration des droits de l'homme et du citoyen de 1789. Le Conseil constitutionnel, dans sa décision n° 2013-359 du 13 décembre 2013 *Société Sud Radio Services et autres* répond qu'il n'est pas saisi de la procédure de sanction en tant que telle et, en suivant une logique classique du Conseil d'État, que la mise en demeure ne peut être regardée comme l'ouverture de la procédure de sanction. Par conséquent, les griefs tirés de la méconnaissance de l'article 16 de la DDHC sont inopérants et les dispositions contestées sont conformes à la Constitution. Le législateur s'est emparé quant à lui de l'entière procédure de sanction afin de satisfaire les exigences d'impartialité posées par la jurisprudence européenne et nationale. Sans rentrer ici dans le détail, il convient juste de souligner que, d'une part, la Cour EDH considère que "si le cumul des fonctions d'instruction et de jugement peut être compatible avec le respect de l'impartialité garanti par l'article 6, § 1 de la Convention (...), ce cumul est subordonné à la nature et l'étendue des tâches du rapporteur durant la phase d'instruction, et notamment à l'absence d'accomplissement d'acte d'accusation de sa part" (décision relative à la Commission bancaire (CEDH, 11 juin 2009, *Dubus*, req., n° 5242/04). D'autre part, le Conseil constitutionnel a constaté dans une récente QPC (Décision n° 2013-331 QPC du 5 juillet 2013, *Société Numericable SAS et autres*) que le directeur général de l'ARCEP assistait aussi aux délibérations de l'Autorité lorsqu'elle jugeait de l'attribution d'une sanction. Le Conseil Constitutionnel en a conclu qu'"alors même que la décision de mise en demeure relève du directeur général, les dispositions des douze premiers alinéas de l'article L. 36-11 du CPCE, qui n'assurent pas la séparation au sein de l'Autorité entre, d'une part, les fonctions de poursuite et d'instruction des éventuels manquements et, d'autre part, les fonctions de jugement des mêmes manquements, méconnaissent le principe d'impartialité" (Chronique Régulation, *Concurrences* n° 4-2013). La loi du 15 novembre 2013 refond complètement la procédure de sanctions dans son article 6. Il est donc prévu la désignation d'un rapporteur par le vice-président du Conseil d'Etat, après avis du Conseil supérieur de l'audiovisuel, parmi les membres des juridictions administratives en activité, pour une durée de quatre ans renouvelable. Le rapporteur, qui n'est pas chargé de la mise en demeure, peut se saisir de tout fait susceptible de justifier l'engagement d'une procédure de sanction. S'il estime que ces faits sont susceptibles de justifier l'engagement d'une procédure, il notifie les griefs aux personnes concernées. L'instruction est ensuite menée par le rapporteur et, à son terme, le rapport est communiqué au CSA et aux parties. Enfin, le rapporteur expose devant le CSA, lors d'une séance à laquelle assiste la personne mise en cause, son opinion sur les faits dont il a eu connaissance et les griefs notifiés tout en proposant une des sanctions prévues par la loi. Pour finir, le rapporteur n'assiste pas au délibéré. Cette procédure, pensée pour répondre aux exigences jurisprudentielles de l'impartialité, permet de dissocier la phase de la mise en accusation, de l'instruction et du délibéré de la sanction. Il convient de louer cette initiative qui semble conforme à l'état actuel du droit, mais la réforme ne va pas jusqu'au bout de la logique de l'impartialité et de la séparation stricte des fonctions, probablement par économie de moyens humains dédiés à la procédure de sanction. La solution visant à confier au Président de l'autorité de régulation la mise en accusation, à un rapporteur indépendant l'instruction et à un Comité des sanctions composé de magistrats de l'ordre judiciaire et administratif le jugement est, nous semble-t-il, plus en adéquation avec cette séparation stricte des fonctions. Cette dernière idée vaut pour l'ensemble des autorités de régulation indépendantes et certaines d'entre elles tendent à s'en rapprocher (voir par exemple la procédure devant la CRE ou l'AMF).

La loi du 15 novembre 2013 ne s'arrête pas à une modification de l'organisation du CSA mais s'attaque aussi à une réforme de ses pouvoirs.

La réforme des pouvoirs du CSA

De nouveaux pouvoirs ont été confiés au CSA par la loi du 15 novembre 2013.

En premier lieu, il est possible de noter que la loi élargit le champ du règlement des différends au service à la demande de médias audiovisuels alors qu'il n'était auparavant étendu qu'au secteur de la distribution de services de radio et de télévision. Désormais, dans les trois cas, le CSA peut être saisi par des personnes désignées dans le texte, de tout différend relatif à la distribution de ces services y compris aux conditions techniques et financières de mise à disposition du public de ce service, lorsque le différend est susceptible de porter atteinte au caractère pluraliste de l'expression des courants de pensée et d'opinion, à la sauvegarde de l'ordre public, aux exigences de service public à la protection du jeune public, à la dignité de la personne humaine et à la qualité et à la diversité des programmes. Il en va de même lorsque le différend porte sur le caractère objectif, équitable et non discriminatoire des conditions de la mise à disposition du public de l'offre de programmes et de services ou des relations contractuelles entre un éditeur et un distributeur de services.

Le champ du règlement des différends s'étend donc aux médias audiovisuels à la demande, autrement dit aux médias disponibles notamment en ligne sur Internet. Cette idée, préconisée par le Rapport Lescure, doit être mise en œuvre par le CSA avec précaution.

En effet, comme l'ont souligné certains députés pendant les débats parlementaires, il convient de ne pas porter un préjudice disproportionné aux libertés individuelles des personnes utilisant Internet comme source médiatique.

Un nouveau pouvoir de conciliation en matière de circulation des œuvres est aussi créé. L'article 3 de la loi prévoit désormais qu'en cas de litige, le CSA assure une mission de conciliation entre éditeurs de services et producteurs d'œuvres ou de programmes audiovisuels ou leurs mandataires, ou les organisations professionnelles qui les représentent.

En second lieu, le CSA, après l'avoir perdu par la loi n° 2009-258 du 5 mars 2009 relative à la communication audiovisuelle et au nouveau service public de la télévision (JORF n° 56 du 7 mars 2009), récupère son pouvoir de nomination des présidents des sociétés de l'audiovisuel public. Il s'agit donc de la société France Télévisions, de la Société Radio France et de la Société en charge de l'audiovisuel extérieur de la France. À partir du 5 mars 2009, les présidents de ces sociétés ont été nommés par décret du Président de la République après avis conforme du CSA et avis des commissions parlementaires chargées des affaires culturelles conformément à la loi organique du 5 mars 2009. Désormais, on revient à la formule utilisée avant 2009 avec un CSA détenteur du pouvoir de nommer (et de révoquer) à la majorité des membres par une décision motivée. Cette dernière doit se fonder sur des critères de compétence et d'expérience qui n'étaient pas exigés sous l'empire du système précédent. Les candidatures sont présentées au CSA et évaluées par ce dernier sur la base d'un projet stratégique.

Si ce pouvoir est connu puisqu'existant déjà avant la loi de 2009, il n'en est pas moins tout à fait dérogatoire en droit institutionnel de la régulation. En effet, les autorités de régulation n'ont normalement pas, dans le cadre de leurs fonctions, de pouvoir de nomination. D'un côté, il est possible de louer cette procédure puisque, par transitivité, les présidents de ces sociétés bénéficieront de l'indépendance du CSA. En effet, le Conseil constitutionnel considérait dans sa décision du 26 juillet 1989 qu'"afin d'assurer l'indépendance des sociétés nationales de programme chargées de la conception et de la programmation d'émissions de radiodiffusion sonore ou de télévision et de concourir ainsi à la mise en œuvre de la liberté de communication proclamée par l'article 11 de la Déclaration des droits de l'homme et du citoyen, la loi n° 86-1067 du 30 septembre 1986 dispose que les présidents de ces sociétés sont nommés, pour une durée de trois ans, par une autorité administrative indépendante" (décision n° 89-259 DC du 26 juillet 1989, loi modifiant la loi n° 86-1067 du 30 septembre 1986 relative à la liberté de communication). Ces sociétés ont donc une activité qui "touche à l'exercice des libertés publiques" (décision précitée) et se doivent d'agir en toute indépendance intellectuelle, morale et constitutionnelle. L'idée du législateur en revenant au système antérieur a donc été, comme le révèle les débats parlementaires, de lever tout soupçon d'immixtion du pouvoir exécutif dans ce secteur particulièrement important au regard de la préservation de la liberté de communication.

Néanmoins, d'un autre côté, il est possible, en ayant une lecture classique des fonctions du CSA en tant qu'autorité de régulation, d'objecter le mélange des genres entre régulateur et opérateur public. Ce principe de séparation opérateur/régulateur, issu du droit de la concurrence européen, est à l'origine de la création des autorités de régulation indépendantes dans le domaine des communications électroniques, des postes et de l'énergie (voir CJCE, 13 décembre 1991, *RTT c/ GB INNO BM SA*, aff. C-18/88, Concl. M. Darmon, Rec., p. I-5941). La nomination par le CSA des Présidents de sociétés publiques n'est pas satisfaisante à cet égard. Sans conserver le système précédent qui était encore moins satisfaisant, peut-être une autre solution aurait-elle pu être envisagée, comme la nomination par une des chambres sur avis conforme à la majorité des deux tiers de la commission compétente? En tout état de cause, si le système peut prêter le flanc à certaines critiques, son objectif est louable dans la mesure où il traduit une volonté affichée de garantir l'indépendance des sociétés publiques.

H. Delzangles, S. Martin

Concurrences N°1-2014, pp. 206-208

Concurrences +

Hubert Delzangles, Sebastien Martin, ARCEP – Procédure: Le Gouvernement adopte l'ordonnance relative à l'économie numérique et réforme la procédure de sanction devant l'ARCEP, 12 mars 2014, Concurrences N° 2-2014, Art. N° 66029, pp. 178-179.

Hubert Delzangles, Sebastien Martin, Communications électroniques et postes: Le Conseil constitutionnel estime que la procédure de sanction suivie devant l'ARCEP ne respecte pas le principe d'impartialité (Numericable), 5 juillet 2013, Concurrences N° 4-2013, Art. N° 59540, p. 156.

2.2.2 Pouvoirs

CE, 18 juin 2018, C8, n°412071, n°412074, n°414532

Le Conseil d'État annule partiellement les sanctions prononcées par le Conseil supérieur de l'audiovisuel

Après avoir été amené à se prononcer sur la légalité de mises en demeure prononcées par le Conseil supérieur de l'audiovisuel (cf. CE, 4 déc. 2017, C8 [anciennement D8], n° 407463, H. Delzangles, S. Martin, Mise en demeure : Le Conseil d'État valide une mise en demeure prononcée par le Conseil supérieur de l'audiovisuel (C8), 4 décembre 2017, Concurrences n° 1-2018, n° 85964, pp. 174-176), le Conseil d'État a été saisi du contentieux opposant C8 et le régulateur du secteur au sujet de certaines séquences diffusées dans l'émission de Cyril Hanouna "Touche pas à mon poste". Par trois arrêts du même jour, la cour suprême de l'ordre administratif a annulé une sanction prise par le CSA et en a confirmé deux autres.

Avant d'aborder les arrêts en tant que tels, revenons pour commencer sur les trois sanctions prises par le CSA que nous avions commentées dans cette chronique (cf. les décisions n° 2017-297 et n° 2017-298 du 7 juin 2017 ainsi que la décision n° 2017-532 du 26 juillet 2017 portant sanction à l'encontre de la chaîne C8, H. Delzangles, S. Martin, Sanction : Le Conseil supérieur de l'audiovisuel sanctionne une chaîne de télévision pour non-respect de mises en demeure (C8), 7 juin 2017, Concurrences n° 3-2017, n° 84612, pp. 149-151). Par ordre chronologique de diffusion des émissions incriminées, la première sanction concernait l'émission du 3 novembre 2016, au cours de laquelle des séquences mettant en scène l'animateur et des chroniqueurs de l'émission censés avoir été filmés à leur insu. Cette scène montrait une altercation à la suite de laquelle l'animateur et son garde du corps ont ensuite tenté de dissuader le chroniqueur d'appeler la police et de le contraindre à endosser la responsabilité de l'incident qui ne lui était cependant en rien imputable. La deuxième sanction se rapportait à l'émission du 7 décembre 2016, dans laquelle a été diffusée un "jeu" consistant pour l'animateur à faire toucher diverses parties de son corps à une chroniqueuse, pendant qu'elle gardait les yeux fermés. Enfin, la troisième sanction portait sur la diffusion de conversations téléphoniques présentant un caractère homophobe que l'animateur a eues avec des personnes répondant à une fausse petite annonce préalablement publiée sur un site de rencontres.

Constatant que des faits de même nature avaient donné lieu à des mises en demeure préalables, le Conseil supérieur de l'audiovisuel, pour le deux premières sanctions prononcées le même jour, avait décidé d'infliger à la société C8, en sa qualité d'éditeur du service, une sanction d'interdiction de diffuser des séquences publicitaires, pendant une durée de trois semaines au total, au sein de l'émission en cause et pendant les quinze minutes précédant et suivant la diffusion de cette émission. Pour la troisième sanction, l'autorité de régulation a prononcé une sanction pécuniaire plus lourde d'un montant de 3 millions d'euros. La chaîne de télévision a introduit trois recours en annulation.

Si certains enseignements peuvent être tirés de la comparaison des trois solutions (III), il nous faut d'abord voir pourquoi le Conseil d'État donne raison à C8 pour la première sanction (I), alors qu'il rejette les deux autres recours, confirmant ainsi les sanctions prononcées par le Conseil supérieur de l'audiovisuel (II).

Le Conseil d'État, pour annuler la décision du Conseil supérieur de l'audiovisuel, s'appuie sur deux éléments. D'une part, il considère que les faits n'ont pas été correctement caractérisés par le régulateur. D'autre part, il estime que la décision porte atteinte à la liberté d'expression.

Sur les faits, le CSA, dans cette décision relative à l'émission du 3 novembre 2016, avait considéré que les séquences diffusées "montrent aux téléspectateurs l'image d'un chroniqueur dans une situation de détresse et de vulnérabilité manifestes; que ces faits caractérisent un défaut de retenue dans la diffusion d'images susceptibles d'humilier les personnes constitutif d'un manquement grave (...) que le fait que ce chroniqueur, par ailleurs régulièrement moqué dans cette émission, soit apparu comme le seul, parmi l'ensemble des personnes piégées, à n'avoir appris que le lendemain qu'il avait fait l'objet d'une manipulation d'une violence caractérisée, constitue une circonstance aggravante".

Tout au contraire, le juge administratif relève "qu'eu égard à son comportement tout au long de la séquence, [le chroniqueur] n'a pas été montré sous un jour dégradant, humiliant ou attentatoire à sa dignité" précisant également qu'il a consenti à la diffusion et qu'il a lui-même accepté de commenter. Le Conseil d'État en parvient à la conclusion que cette décision du régulateur de l'audiovisuel porte atteinte à la liberté d'expression, protégée par les articles 11 de la Déclaration des droits de l'Homme et du citoyen du 26 août 1789 et 10 de la Convention européenne de sauvegarde des droits de l'Homme et des libertés fondamentales, des producteurs et diffuseurs d'une émission qualifiée par le juge d'humoristique.

Pour apprécier correctement la portée de l'annulation, il faut étudier les deux autres arrêts rendus par le Conseil d'État qui rejettent les recours formés par la chaîne de télévision et qui confirment donc les décisions du CSA.

La confirmation des deux autres sanctions

Pour rejeter les requêtes relatives aux sanctions prononcées à propos des séquences à l'occasion desquelles l'animateur a, d'une part, placé une chroniqueuse dans une situation dégradante et, d'autre part, porté atteinte aux droits de la personne relatifs à la vie privée en diffusant des conversations téléphoniques avec des inconnus, le juge administratif a été dans l'obligation d'écarter différentes séries de moyens. En effet, à l'appui de ses demandes d'annulation, la société C8 a invoqué le respect de l'impartialité, le respect du principe de légalité des délits et des peines, l'erreur dans la qualification juridique des faits ainsi que le choix des sanctions fait par le régulateur.

Sur la question relative au principe d'impartialité, le problème que devait trancher le Conseil d'État portait sur des prises de paroles de plusieurs membres du CSA qui avaient trait à l'émission "Touche pas à mon poste" au moment où le régulateur instruisait les procédures de sanction concernant ce programme. Pour C8, "cette autorité aurait préjugé de la suite à donner à la procédure disciplinaire ayant conduit à la décision attaquée avant même la délibération de celle-ci". Cependant, selon le juge, les propos tenus par le Président de l'autorité de régulation ou par d'autres membres du conseil présentent un caractère très général mais surtout ne révèlent aucun parti-pris à l'égard de l'émission et empêchent, par conséquent, que le juge retienne une violation du principe d'impartialité.

Sur l'application du principe de légalité des délits et des peines, le requérant développait des moyens portant sur les mises en demeures prononcées, préalablement aux sanctions contestées dans le cadre des arrêts du 18 juin 2018. Il faut, pour commencer, rappeler l'importance des mises en demeure prononcées par le CSA. La Haute cour administrative rappelle, à l'occasion de l'examen du recours portant sur la sanction prononcée à propos de la séquence mettant une chroniqueuse dans une situation dégradante, la jurisprudence du Conseil constitutionnel. Ce dernier, "par sa décision n° 88 248 DC du 17 janvier 1989, a estimé que les pouvoirs de sanction conférés par le législateur au CSA ne sont susceptibles de s'exercer qu'après mise en demeure des titulaires d'autorisation pour l'exploitation de services de communication audiovisuelle de respecter les obligations qui leur sont imposées par les textes législatifs et réglementaires, et faute pour les intéressés de respecter ces obligations ou de se conformer aux mises en demeure qui leur ont été adressées; que c'est sous réserve de cette interprétation que les articles en cause ont été déclarés conformes à l'article 8 de la Déclaration des droits de l'homme et du citoyen du 26 août 1789 et à l'article 34 de la Constitution". Dès lors, les moyens développés pour contester les mises en demeure préalables sont pertinents. Toutefois, en l'espèce, ils sont inopérants. En effet, comme le juge le relève, la société C8, alors dénommée D8, a bien été mise en demeure, à chaque fois, de respecter, à l'avenir, les stipulations de la convention conclue entre le régulateur et la chaîne, les mises en demeure ont fondé légalement les griefs retenus par le régulateur pour prononcer les sanctions ultérieures et les mises en demeure ont défini avec suffisamment de précision le comportement que le CSA a regardé comme contraire aux dispositions juridiques pertinentes.

Sur la qualification juridique des faits, l'éditeur considérait à titre principal que les sanctions prises par le Conseil constituaient des atteintes disproportionnées à la liberté d'expression. Cependant, comme le relève le juge administratif pour la sanction prononcées pour la diffusion des conversations téléphoniques, "compte tenu de la nature et de la gravité de ces faits, le CSA a pu légalement estimer qu'ils devaient être regardés, sans qu'y fasse obstacle le caractère humoristique de l'émission, comme une méconnaissance des prescriptions (...) de la convention du service C8 (...) et justifiaient ainsi une sanction".

Sur les sanctions, pour la suspension des programmes publicitaires, la chaîne C8 estime tout d'abord que le législateur a posé un cadre juridique contraignant pour le CSA. Selon elle, il n'aurait la possibilité d'infliger une telle sanction qu'en cas de manquement par un opérateur à ses obligations en matière de publicité. S'appuyant sur l'article 42-1 de la loi de 1986 relative à la liberté de communication, le Conseil d'État estime que le législateur n'a pas entendu limiter de ce point de vue le pouvoir de sanction du régulateur de l'audiovisuel. Rappelons, en effet, que cette disposition législative prévoit que "Si la personne faisant l'objet de la mise en demeure ne se conforme pas à celle-ci, le Conseil supérieur de l'audiovisuel peut prononcer à son encontre, compte tenu de la gravité du manquement, et à la condition que celui-ci repose sur des faits distincts ou couvre une période distincte de ceux ayant déjà fait l'objet d'une mise en demeure, une des sanctions suivantes: la suspension de l'édition, de la diffusion ou de la distribution du ou des services d'une catégorie de programme, d'une partie du programme, ou d'une ou plusieurs séquences publicitaires pour un mois au plus; la réduction de la durée de l'autorisation ou de la convention dans la limite d'une année; une sanction pécuniaire assortie éventuellement d'une suspension de l'édition ou de la distribution du ou des services ou d'une partie du programme; le retrait de l'autorisation ou la résiliation unilatérale de la convention". Pour la sanction pécuniaire, la société requérante contestait principalement son montant. Ici, s'applique l'article 42-2 de la loi de 1986 selon lequel "Le montant de la sanction pécuniaire doit être fonction de la gravité des manquements commis et en relation avec les avantages tirés du manquement, sans pouvoir excéder 3 % du chiffre d'affaires hors taxes, réalisé au cours du dernier exercice clos calculé sur une période de douze mois. Ce maximum est porté à 5 % en cas de nouvelle violation de la même obligation". La sanction prononcée par le CSA est donc régulière car les chiffres d'affaires de la société C8 dépassaient, pour 2016, les 150 000 000 €, et, pour 2017, les 110 000 000 €.

Les enseignements à tirer des solutions rendues par le juge

On le voit, les recours dirigés contre les décisions du CSA reposaient, majoritairement, sur des moyens similaires. L'appréciation par le juge de ces moyens est particulièrement intéressante.

De manière générale, le caractère humoristique d'une émission ne permet pas à l'éditeur de pouvoir diffuser n'importe quoi. Si le respect de la liberté d'expression a pu prospérer dans l'arrêt où le juge a annulé la sanction, l'argument a été rejeté dans les deux autres cas. En d'autres termes, la liberté d'expression va s'apprécier différemment selon les faits. Certains comportements seront d'une gravité telle qu'ils ne pourront pas bénéficier d'une protection. Ainsi, placer des personnes dans une situation dégradante ou risquer de violer les droits des personnes relatifs à leur vie privée sont des comportements qui ne peuvent être justifiés sous couvert de la liberté d'expression.

De manière plus particulière, on constate que les faits, bien que divergents dans les trois espèces, peuvent néanmoins se classer dans deux catégories différentes. D'une part, dans le cadre des affaires ayant conduit au rejet par le juge des requêtes en annulation, les séquences ont été, à la fois, réalisées contre le gré des personnes mises en scène et diffusées sans leur consentement. D'autre part, dans la dernière espèce, bien que la séquence ait été réalisée en caméra cachée, l'animateur "victime" a pu être informé de la réalité des faits avant la diffusion et ainsi exprimer son consentement. De ces éléments, il est possible de mettre en avant une idée qui nous semble avoir une certaine importance. Les prescriptions de la convention que chaque chaîne conclue avec le CSA impose aux éditeurs de maîtriser leur antenne. Pour le régulateur de l'audiovisuel, ceux-ci sont à ce titre responsables de ce qu'ils diffusent et doivent se porter garants des propos tenus à l'antenne. En ce qui concerne la séquence où des conversations ont été enregistrées puis diffusées, on peut penser que le Conseil n'aurait pas fait usage de son pouvoir de sanction de la même manière si les personnes avaient donné leur consentement à leur participation dans l'émission.

En conclusion, on ne peut qu'inviter les éditeurs et diffuseurs de programme audiovisuels à étudier attentivement cette jurisprudence du Conseil d'État pour ne pas risquer, comme l'émission "Touche pas à mon poste", le déferlement des sanctions prononcées par le CSA.

H. Delzangles, S. Martin

Concurrences N° 3-2018, pp. 176-178

Concurrences +

Hubert Delzangles, Sebastien Martin, Mise en demeure: Le Conseil d'État valide une mise en demeure prononcée par le Conseil supérieur de l'audiovisuel (C8), 4 décembre 2017, Concurrences N° 1-2018, Art. N° 85964, pp. 174-176.

CSA, déc. n° 2018-13 du 31 janv. 2018 mettant fin aux fonctions du Président de Radio France

Le Conseil supérieur de l'audiovisuel révoque pour la première fois le mandat d'un président de l'audiovisuel public

Par sa décision 2018-13 du 31 janvier 2018, le Conseil supérieur de l'audiovisuel, réuni en assemblée plénière, a décidé de retirer son mandat de Président de *Radio France* à Mathieu Gallet, estimant, en particulier, que sa condamnation en première instance pour délit de favoritisme mettait à mal l'intérêt général et le bon fonctionnement du service public audiovisuel. Une telle décision est remarquable tant par sa nature exceptionnelle que par le contexte dans lequel elle a été rendue.

Une décision de nature exceptionnelle

La décision du Conseil supérieur de l'audiovisuel est exceptionnelle parce qu'il s'agit de la première fois qu'un régulateur met fin au mandat d'un président d'une entreprise de l'audiovisuel public et qu'elle se fonde, pour partie, sur une condamnation non définitive.

Une sanction se fondant sur une condamnation non définitive

Par un jugement du 15 janvier 2018, la 9e chambre correctionnelle du Tribunal de grande instance (TGI) de Créteil a condamné à une peine d'un an emprisonnement avec sursis ainsi qu'au paiement d'une amende de 20 000 € Mathieu Gallet sur le fondement de l'article 432-14 C. pén. : "*Est puni de deux ans d'emprisonnement et d'une amende de 200 000 €, dont le montant peut être porté au double du produit tiré de l'infraction, le fait par* une *personne dépositaire de l'autorité publique ou chargée d'une mission de service public ou investie d'un mandat électif public ou exerçant les fonctions de représentant, administrateur ou agent de l'État, des collectivités territoriales, des établissements publics, des sociétés d'économie mixte d'intérêt national chargées d'une mission de service public et des sociétés d'économie mixte locales ou par toute personne agissant pour le compte de l'une de celles susmentionnées de procurer ou de tenter de procurer à autrui un avantage injustifié par un acte contraire aux dispositions législatives ou réglementaires ayant pour objet de garantir la liberté d'accès et l'égalité des candidats dans les marchés publics et les contrats de concession*".

Cette condamnation pour "*favoritisme*" vient sanctionner le président de *Radio France* pour des agissements alors qu'il était président du conseil d'administration de l'*Institut national de l'audiovisuel(INA)*. Il lui est ainsi reproché d'avoir communiqué une information utile à une société avant qu'elle ne se porte candidate à un marché, d'avoir instauré un délai limité à cinq jours pour faire acte de candidature à un marché, d'avoir procédé à la passation d'un avenant et d'un marché complémentaire indus et enfin d'avoir opéré à une scission à propos de l'achat de prestations de conseil auprès d'une société en méconnaissance notamment des dispositions de l'ordonnance n° 2005-649 du 6 juin 2005 relative aux marchés passés par certaines personnes publiques ou privées non soumises au Code des marchés publics. Alors que Mathieu Gallet a fait appel de cette décision, celle-ci a déclenché l'intervention du régulateur de l'audiovisuel ce qui a abouti à la sanction commentée.

Une mesure de sanction jamais prononcée jusqu'alors

En vertu de l'article 47-5 de la loi n° 86-1067 du 30 septembre 1986 relative à la liberté de communication tel qu'il a été modifié par la loi n° 2013-1028 du 15 novembre 2013 relative à l'indépendance de l'audiovisuel public, "*le mandat des présidents de la société France Télévisions, de la société Radio France et de la société en charge de l'audiovisuel extérieur de la France peut leur être retiré, par décision motivée, dans les conditions prévues au premier alinéa de l'article 47-4*". Cette référence à la disposition relative à la nomination des présidents est essentielle. Selon l'article 47-4, lui aussi modifié par la loi n° 2013-1028 du 15 novembre 2013, "*Les présidents de la société France Télévisions, de la société Radio France et de la société en charge de l'audiovisuel extérieur de la France sont nommés pour cinq ans par le Conseil supérieur de l'audiovisuel, à la majorité des membres qui le composent. Ces nominations font l'objet d'une décision motivée se fondant sur des critères de compétence et d'expérience. Les candidatures sont présentées au Conseil supérieur de l'audiovisuel et évaluées par ce dernier sur la base d'un projet stratégique*".

Ainsi, on peut lire la loi comme liant les motifs de la révocation aux motifs de la nomination. Néanmoins, ce ne sont pas les compétences managériales de Mathieu Galet qui ont été invoquées pour mettre fin à son mandat. En effet, on peut lire dans le communiqué de presse du régulateur de l'audiovisuel, en date du 31janvier, que : "*Le Conseil a pris sa décision à l'issue d'une procédure respectant le contradictoire. Au terme d'un débat collégial, il a pris en compte l'intérêt général et le bon fonctionnement du service public audiovisuel à l'exclusion de toute autre considération*".

Les premiers motifs de la sanction prise par l'autorité de régulation soulignent que les relations d'échange et de dialogue entre les autorités publiques et les présidents des sociétés telles que *Radio France* qui sont possédées en intégralité par l'État imposent, pour qu'elles puissent s'établir dans de bonnes conditions, un climat de confiance. Dans sa décision, le Conseil met également en évidence l'importance des questions de déontologie, de prévention des conflits d'intérêts et de moralisation de la vie publique. Selon lui, ce sont des préoccupations fortes des citoyens et des pouvoirs publics et elles doivent être prises en compte par l'ensemble des responsables publics.

Pour le Conseil supérieur de l'audiovisuel, le retentissement médiatique du jugement dont a fait l'objet Mathieu Gallet, dans le contexte des annonces de réforme profonde de l'audiovisuel public, a nui à l'intérêt général et au bon fonctionnement du service public. Comme la décision le précise, "*eu égard à la gravité et à l'importance des enjeux qui sont en cause et afin de maintenir, d'une part, une relation de confiance entre les pouvoirs publics et l'entreprise publique qu'est Radio France et, d'autre part, la sérénité et la disponibilité nécessaires au bon fonctionnement et à la poursuites des missions du service public de l'audiovisuel, dont l'indépendance doit à tous égards être assurée,* (...) *il y a lieu, dans l'intérêt général du service public audiovisuel, de mettre fin aux fonctions de M. Gallet*".

Cette première décision de ce genre, qui a pris effet à compter du 1er mars 2018, est d'autant plus particulière qu'elle a été rendue dans un contexte spécifique.

Une décision rendue dans un contexte particulier

Si un premier élément de contexte – la réforme à venir de l'audiovisuel public – est évoqué dans la décision, un second – des déclarations ministérielles – s'est ajouté créant de ce fait un contexte politique qui peut interroger quant à l'indépendance du régulateur.

Le contexte politique

Dans un communiqué de presse, publié le soir du 15 janvier 2018, la ministre de la Culture Françoise Nyssen, s'est exprimée à propos du jugement de Mathieu Gallet. Elle y "*réaffirme son attachement au respect des règles de la commande publique et à l'exemplarité des dirigeants des établissements et des entreprises publiques. Ces exigences sont le fondement indispensable de la confiance de nos concitoyens dans l'action publique*" avant de rappeler que: "*La loi en vigueur donne aujourd'hui au seul Conseil supérieur de l'audiovisuel le pouvoir de nommer et de défaire les mandats des dirigeants des sociétés de l'audiovisuel public*". Par ailleurs, le dimanche précédant l'audition du dirigeant devant le Conseil, la ministre de la Justice Nicole Belloubet sur *RTL* a appelé Mathieu Gallet, au nom de questions éthiques, à s'interroger sur son maintien à la présidence de *Radio France*.

Comme la presse a pu le relever, l'intervention de membres de l'exécutif "*a politisé le dossier*" (cf.http://www.lemonde.fr/actualite-medias/article/2018/01/31/le-csa-demet-mathieu-gallet-de-la-presidence-de-radio-france_5249874_3236.html#ETX1edlBW2f56gwu.99).

De telles interventions, même si elles sont davantage adressées au président de *Radio France* qu'au Conseil supérieur de l'audiovisuel et portent plus sur les aspects déontologiques que juridiques, ont placé le régulateur dans une situation pour le moins inconfortable. On peut donc regretter l'immixtion du politique dans le dossier mais cela amène surtout à s'interroger sur l'indépendance du régulateur de l'audiovisuel.

Les interrogations sur l'indépendance du régulateur

Les interventions politiques sur ce dossier Mathieu Gallet mettent à mal l'indépendance du Conseil supérieur de l'audiovisuel. En effet, dès lors, quelle que soit le sens de la décision prise par le régulateur, il se trouvait exposé à la critique. On a ainsi pu lire: "*En révoquant Mathieu Gallet, le CSA évite de se voir reprocher d'être trop indulgent avec un dirigeant qu'il a lui-même nommé, en 2014, à l'unanimité. Mais il risque d'être accusé de se plier à la volonté du gouvernement*" (cf. http://www.lemonde.fr/actualite-medias/article/2018/01/31/le-csa-demet-mathieu-gallet-de-la-presidence-de-radio-france_5249874_3236.html#uK2pcoZAT7JfwYYz.99).

Par ailleurs, le Gouvernement a laissé entendre que le projet de transformation de l'audiovisuel public, qui a pour objectif de garantir l'indépendance des médias, prévoit l'évolution des modes de nomination et le renforcement de la responsabilité des dirigeants devant leur conseil d'administration.

Tout ceci pose question sur les garanties relatives à l'indépendance des pouvoirs confiés par la loi au régulateur qui ne paraissent pas encore suffisantes, du moins en ce qui concerne les "*interférences médiatiques*" du pouvoir politique.

Mathieu Gallet a annoncé, jeudi 22 février, sur *France Inter* qu'il avait renoncé à contester cette décision de sanction du Conseil supérieur de l'audiovisuel par la procédure d'urgence d'un référé suspension auprès du Conseil d'État (cf. http://www.lemonde.fr/actualite-medias/article/2018/02/22/radio-france-mathieu-gallet-renonce-a-une-procedure-d-urgence-contre-sa-revocation-par-le-csa_5260771_3236.html#RhvEHZlsSmJFpAZC.99). On ne sait pas si une procédure au fond a été intentée devant le Conseil d'État. On peut toutefois l'espérer ne serait-ce que pour permettre au juge administratif de donner son point de vue juridique sur les pouvoirs du régulateur et influence, peut-être, la réforme à venir.

H. Delzangles, S. Martin
Concurrences N°2-2018, pp. 173-175

CSA, déc. n° 2015-159 du 23 avril 2015 portant nomination à la présidence de France Télévisions

Le Conseil supérieur de l'audiovisuel utilise ses pouvoirs de nomination du président du principal groupe audiovisuel public

Pour la première fois depuis l'entrée en vigueur de la réforme de la loi du 30 septembre 1986 relative à la liberté de communication initiée par la loi n° 2013-1028 du 15 novembre 2013 relative à l'indépendance de l'audiovisuel public (JORF n° 0266 du 16 novembre 2013 p. 18622), le Conseil supérieur de l'audiovisuel a utilisé les pouvoirs qui lui sont conférés à l'article 47-4 de la loi pour nommer le prochain président du groupe *France Télévisions*. Réuni en séance plénière le 23 avril 2015, il a nommé à ce poste Mme Delphine Ernotte Cunci, pour une durée de cinq ans à compter du 22 août 2015. Cette décision mérite quelques attentions tant elle a suscité de commentaires et tant le risque contentieux est grand.

En réalité, plus que la décision elle-même, c'est la procédure suivie par le régulateur de l'audiovisuel qui a suscité des remarques. À la lecture de l'article 12 de la loi de 2013, qui a réécrit l'article 47-4 de la loi de 1986, il apparaît que "Les présidents de la société *France Télévisions*, de la société Radio France et de la société en charge de l'audiovisuel extérieur de la France sont nommés pour cinq ans par le Conseil supérieur de l'audiovisuel, à la majorité des membres qui le composent. Ces nominations font l'objet d'une décision motivée se fondant sur des critères de compétence et d'expérience". L'alinéa suivant ajoute, de manière sibylline, "Les candidatures sont présentées au Conseil supérieur de l'audiovisuel et évaluées par ce dernier sur la base d'un projet stratégique". Conscient de ces lacunes, le Conseil, réuni en assemblée plénière le 4 février 2015, a adopté une résolution relative aux modalités de nomination du président de la société *France Télévisions* (cf. Communiqué du 4 février 2015 http://www.csa.fr/Espace-Presse/Communiques-de-presse/Adoption-par-le-CSA-de-la-procedure-de-nomination-a-la-presidence-de-France-Televisions). En d'autres termes, il a décidé, dans un souci de transparence, d'établir une procédure. Au-delà du calendrier, qui fixe les dates à respecter pour déposer les candidatures ainsi que celles de l'ouverture des enveloppes et de la prise de décision, le Conseil a surtout ajouté un certain nombre d'éléments qui n'avaient pas été prévus par le législateur.

Tout d'abord, il a été précisé aux candidats que, "Outre le projet stratégique prescrit par la loi, la déclaration de candidature pourra être accompagnée de tous documents attestant la compétence et l'expérience du candidat". Ensuite, le Conseil a décidé qu'il établirait une liste restreinte de candidats en vue des auditions. Dans le communiqué de presse, il était expliqué que "cette liste [serait] rendue publique à la condition qu'aucun des candidats retenus ne s'y oppose auprès du président". L'un des candidats, au moins, ayant fait valoir cette possibilité, le processus est alors devenu moins transparent, d'autant plus que les auditions n'ont pas été publiques, conformément aux exigences imposées par le Conseil constitutionnel. En effet, dans sa décision n° 2000-433 DC du 27 juillet 2000 "Loi modifiant la loi n° 86-1067 du 30 septembre 1986 relative à la liberté de communication", il avait considéré "que la garantie résultant du mode de nomination retenu ne serait plus effective si l'intégralité des procès-verbaux des auditions et débats du Conseil supérieur de l'audiovisuel devait être rendue publique; qu'en effet, ne serait plus assurée en pareil cas l'entière liberté de parole tant des candidats que des membres du Conseil eux-mêmes, condition nécessaire à l'élaboration d'une décision collégiale éclairée, fondée sur la seule prise en compte de l'intérêt général et du bon fonctionnement du secteur public de l'audiovisuel dans le respect de son indépendance; qu'en outre, la publication intégrale de ces auditions et débats pourrait porter atteinte à la nécessaire sauvegarde du respect de la vie privée des personnes concernées".

Suite à la décision prise conformément à cette procédure, différentes voix se sont élevées pour contester l'ensemble de ce processus et des actions en justice ont été engagées. En réaction, les membres du Conseil ont, à l'unanimité, signé un communiqué de presse, le 4 juin 2015, dans lequel ils répondent à un certain nombre de critiques formulées, en particulier sur la publicité de la procédure de nomination. Il appartient désormais au juge d'apprécier la validité de cette décision de nomination et par là-même la régularité de la procédure suivie par le CSA.

Pour conclure, on soulignera que les membres du CSA ont formulé un certain nombre de propositions pour faire évoluer la procédure (cf. communiqué du 4 juin: "publier le nom de tous les candidats ou seulement de ceux que le Conseil choisirait d'auditionner; rendre public les projets stratégiques de l'ensemble des candidats ou seulement de ceux que le Conseil choisirait d'auditionner; entendre, en séance publique, les représentants des personnels, des sociétés de journalistes, des sociétés de producteurs audiovisuels et d'auteurs, ainsi qu'un panel d'auditeurs ou de téléspectateurs, afin que tous puissent faire valoir leurs attentes; prévoir l'ouverture au public des auditions des candidats). Une chose est sûre, le droit de la régulation, notamment audiovisuelle, est depuis longtemps évolutif. Cet épisode le montre bien et il nous fait dire qu'il évoluera encore.

H. Delzangles, S. Martin

Concurrences N°3-2015, pp. 174-175

Aut. conc., déc. n° 13-D-10 du 6 mai 2013 relative à une demande de mesures conservatoires présentée par les Messageries lyonnaises de presse (MLP)

L'Autorité de la concurrence se déclare incompétente pour statuer sur des décisions adoptées par le régulateur du secteur de la distribution de la presse

---

Par une décision en date du 6 mai 2013, l'Autorité de la concurrence se déclare incompétente pour statuer sur des décisions adoptées par le régulateur du secteur de la distribution de la presse. La décision précise non seulement dans quelle mesure la régulation n'est pas une activité économique, mais également la répartition des rôles entre l'Autorité de la concurrence et le régulateur de la distribution de la presse.

En l'espèce, les Messageries lyonnaises de presse (MLP) ont saisi l'Autorité de la concurrence de pratiques mises en œuvre par Presstalis et le Conseil supérieur des messageries de presse (CSMP) dans le secteur de la distribution de la presse. Étaient tout particulièrement en cause deux décisions adoptées par le CSMP relativement, d'une part, aux modalités encadrant les délais de transfert de titres entre messageries ("décision préavis") et, d'autre part, à la mise en place du système de péréquation tarifaire entre messageries ("décision péréquation").

La régulation du secteur de la distribution de la presse

De façon liminaire, l'Autorité de concurrence présente l'organisation de la régulation du secteur de la presse issue de la loi n° 2011-852 du 20 juillet 2011 relative à la régulation du système de distribution de la presse (JORF n° 167 du 21 juillet 2011 p. 12454) qui a modifié la loi Bichet du 2 avril 1947. Cette modification a permis de tirer les conséquences de la création de l'Autorité de régulation de la distribution de la presse (ARDP) sur les missions du CSMP. La régulation du secteur de la presse est désormais bicéphale. L'ARDP et le CSMP sont ainsi chargés de veiller au respect de la concurrence et des principes de liberté et d'impartialité de la distribution de la presse.

Personne morale de droit privé, le CSMP est composé de vingt professionnels de la distribution de la presse nommés par arrêté du ministre de la communication. Il garantit la distribution optimale de la presse d'information politique et générale, il fixe les règles d'organisation et les missions des dépositaires et de diffuseurs et assure le contrôle comptable des sociétés coopératives de messageries de presse. Lui est également assigné un rôle de médiation dans la résolution des différends susceptibles de survenir entre les opérateurs du secteur de la distribution de la presse. Les décisions de portée générale du CSMP ne deviennent exécutoires qu'après l'intervention de l'ARDP et peuvent faire l'objet d'un recours devant la Cour d'appel de Paris. Ce faisant, rappelle l'Autorité de la concurrence dans sa décision, il s'est agi "de limiter le nombre de contentieux impliquant des acteurs du système de distribution de la presse devant les tribunaux ou devant l'Autorité de la concurrence" (pt. 18). En revanche, les décisions à caractère individuel sont susceptibles d'un recours soit devant le tribunal de grande instance, soit devant le tribunal de commerce.

L'ARDP est composée d'un membre du Conseil d'État, d'un magistrat de la Cour de cassation et d'un magistrat de la Cour des comptes qui sont nommés par arrêté ministériel. Elle exerce un pouvoir de règlement des différends lorsque la conciliation devant le CSMP n'a pas abouti. Elle rend exécutoires les décisions de portée générale adoptées par le CSMP qui s'imposent dès lors à tous les acteurs du système de la distribution.

Les pratiques contestées

Les MLP dénoncent une stratégie d'éviction généralisée de la part de Presstalis, dont l'objectif serait d'entraîner leur sortie du marché. Elles reprochent deux séries de comportement à Presstalis. D'un côté, cette dernière aurait commis un "abus de majorité" du fait de son comportement adopté au sein de l'organe délibérant du CSMP. De l'autre côté, les MLP contestent de la part de Presstalis un dénigrement, un abus du droit d'ester en justice ainsi qu'une discrimination tarifaire, pratiques que l'Autorité de la concurrence estime cependant non établies en l'espèce au terme d'une appréciation des faits sur laquelle nous ne nous attarderons pas. Bien plus intéressante sur le plan juridique, s'avère la première série de critiques qui amènent l'Autorité de la concurrence à se prononcer sur le fonctionnement de la régulation du secteur de distribution de la presse.

D'apparence alambiquée, l'argumentation avancée par les MLP met en cause les rapports parfois incestueux que peuvent nouer, organiquement, régulateur et régulés. L'"abus de majorité" reproché à Presstalis résiderait dans le fait que cette société aurait influencé de façon prépondérante la prise de décision au sein même du CSMP. Celui-ci a ainsi adopté deux décisions que les MLP considèrent bien trop favorables à Presstalis. D'une part, la "décision préavis" fixe la durée de préavis à respecter par les éditeurs retirant la distribution d'un titre de presse à une messagerie de presse ou se retirant d'une société coopérative de messageries de presse dont ils sont associés. D'autre part, la "décision péréquation" vise à faire supporter aux éditeurs de la presse magazine certaines charges liées à la distribution des quotidiens, compte tenu des avantages que cette distribution procure aux magazines. Les deux décisions ont été rendus exécutoires par l'ARDP et font l'objet d'un recours introduit par les MLP devant la Cour d'appel de Paris.

L'Autorité de la concurrence établit que les pratiques alléguées sont susceptibles d'affecter sensiblement le commerce intra-communautaire de sorte que le droit de l'Union est applicable à l'espèce. En se référant aux lignes directrices relatives à la notion d'affectation du commerce figurant aux articles 81 et 82 du traité CE (JOUE C 101 du 27 avril 2004 p. 81), elle vérifie trois éléments. En premier lieu, il existe des échanges entre États membres portant sur les services en cause: tant Presstalis que les MLP exportent et importent depuis et vers l'étranger des centaines de titres de presse. En deuxième lieu, les pratiques en cause couvrent l'ensemble du territoire français, de sorte que le commerce entre États membres est susceptible d'être affecté. En troisième lieu, elles sont susceptibles de dissuader des entrées sur le marché français d'éditeurs établis dans d'autres États membres de sorte que l'affectation est présumée suffisamment sensible.

L'incompétence de l'autorité de la concurrence: présentation générale

L'Autorité de la concurrence déclare la saisine partiellement irrecevable dans la mesure où sont en cause les décisions adoptées par le CSMP dans l'exercice d'une fonction normative. Si la solution ne surprend pas, la décision présente un intérêt éminemment pédagogique. L'Autorité de concurrence prend soin d'expliquer la subtile articulation des voies de droit dans la mise en œuvre du droit de la concurrence et de la régulation de la distribution de la presse.

L'Autorité de la concurrence commence par rappeler que ses fonctions diffèrent de celles dévolues aux juridictions dans la mesure où elle est investie du pouvoir de sanctionner les pratiques anticoncurrentielles aux fins de préserver l'ordre public économique (pt. 90). Des régimes spéciaux peuvent s'appliquer du fait de la volonté de permettre "une régulation spécifique" d'un secteur économique (pt. 92). Cette régulation peut impliquer l'aménagement de voies de recours particulières afin de contester les décisions des autorités de régulation et de régler les différends entre les opérateurs économiques du secteur en cause. Tel est le cas du secteur de la distribution de la presse puisque les décisions du CSMP font l'objet d'une voie de recours spécifique. Pour des raisons de bonne administration de la justice, le législateur a unifié le contentieux du régulateur de la distribution de la presse. Ainsi, les décisions à portée générale du CSMP rendue exécutoires par l'ARDP relèvent de la compétence de la Cour d'appel de Paris. Pour déterminer qui du juge judiciaire ou de l'Autorité de la concurrence est compétente, il convient d'apprécier la nature de l'activité exercée par le CSMP.

L'Autorité de la concurrence considère que le CSMP n'exerce pas une activité économique au sens de l'article L. 410-1 du code de commerce ainsi que des articles 101 et 102 du TFUE. Selon la décision du 6 mai 2013, "il exerce exclusivement, conformément à la mission d'intérêt général dont il est chargé en vertu des dispositions législatives précitées, une activité de régulation et d'organisation du secteur de la distribution de la presse". Aussi "le CSMP ne peut-il donc pas être considéré comme intervenant sur un quelconque marché, que ce soit comme offreur ou comme demandeur de biens ou services, et donc comme exerçant une activité économique" (pt. 105). L'activité de régulation consiste à "édicter les décisions dont l'objet est d'encadrer le fonctionnement du secteur de la distribution de la presse, notamment en imposant des obligations à portée générale aux opérateurs, sous le contrôle de la Cour d'appel de Paris" (pt. 105). Il est indifférent que la régulation de la distribution de la presse ait une nature bicéphale en ce sens que l'ARDP relaie normativement le CSMP. Le fait que ses décisions doivent être rendues exécutoires par l'ARDP ne modifie pas la nature de la fonction dévolue au CSMP. Selon l'Autorité de la concurrence, la nature bicéphale de cette régulation sectorielle implique que l'activité normative du CSMP et de l'ARDP est nécessairement appréhendée "de façon globale" (pt. 107). Ainsi, les deux décisions contestées en l'espèce ressortissent à l'exercice par le CSMP d'une activité normative de sorte qu'elles échappent au champ d'application des règles de concurrence.

L'Autorité de la concurrence prend soin de répondre à une argumentation soulevée par les MLP selon laquelle le contrôle juridictionnel opéré sur les décisions du CSMP exclurait le droit de la concurrence. Si le CSMP est un organisme de droit privé, il est chargé d'une mission d'intérêt général consistant en la régulation du secteur de la distribution de la presse; à ce titre, le législateur l'a investi d'une fonction normative. Dans l'exercice de cette fonction, le CSMP est tenu de respecter le droit de la concurrence. Il appartient en conséquence à la Cour d'appel de Paris de veiller à la conformité des décisions du CSMP avec le droit de la concurrence. Au point 119 de la décision sous commentaire, l'Autorité de la concurrence souligne ainsi que "les juridictions de l'ordre judiciaire compétentes pour connaître des recours contre les décisions du CSMP contrôleront donc la conformité de ces décisions aux principes du droit de la concurrence, comme le fait le juge administratif s'agissant du contrôle de légalité des actes administratifs depuis l'incorporation du droit de la concurrence dans le bloc de légalité dont il fait application".

La décision s'achève par une ultime précision quant à l'articulation des rôles dévolus par le législateur à l'Autorité de la concurrence et au CSMP en matière de règlement des différends. Si elle peut paraître complexe, la procédure présente le mérite de garantir le respect des règles de concurrence. L'article 18-11 de la loi Bichet prévoit qu'avant tout recours contentieux, tout différend relatif au fonctionnement des sociétés coopératives et commerciales de messageries de presse, à l'organisation et au fonctionnement du réseau de distribution de la presse et à l'exécution des contrats des agents de la vente de presse doit être soumis par l'une des parties à une procédure de conciliation devant le CSDP. L'article 18-12-II ajoute que si le différend porte sur des faits susceptibles de constituer des pratiques anticoncurrentielles, l'ARDP saisit l'Autorité de la concurrence. Si celle-ci s'estime compétente, l'ARDP est dessaisie.

L'incompétence de l'autorité de la concurrence : cas d'espèce

L'Autorité de la concurrence a précisé dans quelle mesure les pratiques alléguées échappent à son contrôle.

Selon les MLP, Presstalis aurait commis un "abus de majorité" au sein du CSMP. Est ainsi mis en cause le processus décisionnel de l'organisme de régulation. Ce n'est dès lors pas tant l'organisation même du CSMP telle qu'elle est prévue par la loi qui pose problème aux MLP ; ce qui a été contesté est la façon dont les représentants des coopératives de presse liées à Presstalis ont exercé leur droit de vote au sein de l'organe délibérant du CSMP. Pour l'Autorité de la concurrence néanmoins, l'exercice du droit de vote est nécessairement lié au processus décisionnel lequel n'est pas détachable des décisions adoptées. Autrement dit, l'exercice de son droit de vote par un membre de l'organe délibérant du CSMP fait partie intégrante de l'activité normative accomplie par ledit organisme de régulation. La solution n'est pas nouvelle ; elle s'est déjà posée dans des affaires relatives à des organismes professionnels qui participent à l'adoption d'actes administratifs. En 2007, le Conseil de la concurrence s'est estimé incompétent pour se prononcer sur la régularité des actes ou procédures préparatoires à l'adoption d'une décision administrative traduisant l'exercice de prérogatives de puissance publique (Conseil de la concurrence, décision n° 07-D-10 du 28 mars 2007 relative à une plainte à l'encontre du Comité interprofessionnel du gruyère de Comté). L'Autorité de la concurrence n'est compétente que dans l'hypothèse où l'entreprise, membre de l'organe délibérant d'un organisme professionnel, a adopté un comportement détachable de la délibération à laquelle ont participé les membres représentant la profession au sein dudit organe (Décision n° 06-D-14 du 7 juin 2006 relative à une saisine de la société Pool Presse). Tel n'est cependant pas le cas en l'espèce.

Les MLP ont reproché à Presstalis d'appliquer dans ses contrats de groupage les exigences de la décision "préavis" du CSMP. Rendue exécutoire par l'ARDP, cette décision est obligatoire ; son non-respect constitue un manquement auquel le juge peut ordonner, sous astreinte et/ou avec mesure conservatoire le cas échéant, de mettre un terme. Autrement dit, les MLP contestent les termes d'une décision adoptée par le CSMP dans l'exercice de sa fonction normative. L'Autorité de la concurrence est bien incompétente. Elle parvient à la même conclusion en ce qui concerne la contestation de la décision "péréquation" laquelle posait une difficulté supplémentaire liée à l'articulation des voies de droit. Cette décision a été rendue exécutoire par l'ARDP à l'exception de son point 18 relatif à l'inclusion dans l'assiette des charges donnant lieu à péréquation des surcoûts dits "historiques". L'ARDP avait en effet demandé à l'Autorité de la concurrence un avis conformément à l'article 18-8 de la loi Bichet modifiée (Avis n° 12-A-25 du 21 décembre 2012 relatif à la prise en compte des surcoûts dits historiques dans le système de péréquation entre coopératives de messageries de presse).

La décision "péréquation" a fait l'objet d'un recours introduit par les MLP également devant la Cour d'appel de Paris. L'occasion est dès lors saisie dans la décision du 6 mai 2013 par l'Autorité de la concurrence d'exclure sa compétence à l'encontre de tout recours sur lequel il revient à la Cour d'appel de Paris de statuer, y compris s'il s'agit d'apprécier la conformité de la décision avec le droit de la concurrence. Que l'Autorité de la concurrence se soit prononcé par un avis préalablement sur un point de la décision "péréquation" n'a aucunement pour conséquence de la rendre compétente dans un cadre contentieux. On ne saurait confondre la fonction de consultation par l'Autorité de concurrence avec celle de l'action répressive.

L'activité normative

Il revient à l'Autorité de la concurrence d'apprécier si l'exercice d'une activité économique constitue une pratique anti-concurrentielle. En revanche, elle est incompétente pour contrôler l'exercice d'une activité normative sans que celle-ci bénéficie pour autant d'une immunité concurrentielle. Depuis 1997, le droit de la concurrence fait en effet partie intégrante du bloc de légalité dont le respect s'impose aux actes administratifs (CE, Sect., 3 novembre 1997, Million et Marais, AJDA 1997, p. 1012; RFDA 1998, p. 188). La décision du 6 mai 2013 contribue dès lors au tracé de la frontière contentieuse entre activité économique et activité normative.

La régulation du secteur de distribution n'est pas une activité économique. On pourrait penser qu'il s'agit là d'une évidence. Toutefois, la Cour de justice a pu récemment semer le doute. Dans un arrêt du 28 février 2013, le juge de l'Union a affirmé que l'ordre professionnel des experts comptables portugais "n'exerce pas de prérogatives typiques de puissance publique, mais apparaît plutôt comme l'organe de régulation d'une profession dont l'exercice constitue, par ailleurs, une activité économique" (CJUE, 28 février 2013, Ordem dos Técnicos Oficiais de Contas c/ Autoridade da Concorrência e. a., C-1/12, pt. 46). Le but n'est pas de rouvrir le débat sur la notion de régulation. Il est clair que, du moins au sens où cette chronique l'entend, la régulation est une mission d'intérêt général impliquant l'exercice de la puissance publique.

En ce qui concerne le CSMP, la difficulté résidait dans le fait qu'à une approche strictement fonctionnelle s'est nécessairement ajoutée une lecture organique. Sur ce point, la décision du 6 mai 2013 n'est pas claire, l'Autorité de la concurrence ayant été desservie par l'argumentation confuse des MLP. "Le CSMP exerce une activité normative": ainsi intitulé, le 2) du B du II de la décision introduit les points 93-96 qui justifient l'affirmation. Selon les travaux parlementaires, l'essentiel de l'activité du CSMP est d'exercer un pouvoir normatif qui se manifeste sous la forme dc décisions. Instance d'autorégulation du système de distribution de la presse, le CSMP est chargé "d'une double prérogative de production normative et de règlement des différends", et l'ARDP n'interviendra qu'a posteriori "pour rendre exécutoires ses décisions, exerçant un pouvoir réglementaire qui ne peut être délégué qu'à une autorité indépendante" (pt. 94). Le caractère normatif de cette activité ressort des modalités selon lesquelles le CSMP accomplit ses missions: l'Autorité de la concurrence énumère au point 96 les pouvoirs confiés à cette instance. Elle reformule l'argument des MLP selon lequel Presstalis aurait commis un "abus de majorité" comme signifiant une remise en cause du processus décisionnel au sein du CSMP; or ce processus n'est, en toute logique, rien d'autre que la manifestation institutionnelle du pouvoir normatif.

On peut penser que les MLP ont en réalité entendu contester la dénaturation du pouvoir normatif du CSMP du fait d'une prépondérance de Presstalis dans le processus décisionnel. Aussi, et rien n'est dit à cet égard dans la décision, retrouve-t-on la jurisprudence de la Cour de justice relative aux réglementations étatiques. Selon la formule de principe, "si, par lui-même, l'article 101 TFUE concerne uniquement le comportement des entreprises et ne vise pas des mesures législatives ou réglementaires émanant des États membres, cet article, lu en combinaison avec l'article 4, paragraphe 3, TUE, impose aux États membres de ne pas prendre ou de ne pas maintenir en vigueur des mesures, de nature législative ou réglementaire, susceptibles d'éliminer l'effet utile des règles de concurrence applicables aux entreprises. Tel est le cas lorsqu'un État membre soit impose ou favorise la conclusion d'ententes contraires à l'article 101 TFUE ou renforce les effets de telles ententes, soit retire à sa propre réglementation son caractère étatique en déléguant à des opérateurs privés la responsabilité de prendre des décisions d'intervention en matière économique" (CJCE, 17 novembre 1993, Reiff, C-185/91, Rec. p. I-5801 ; CJCE, 17 novembre 1993, Ohra, C-245/91, Rec. p. I-5851 ; CJCE, 17 novembre 1993, Meng, C-2/91, Rec. p. I-5751 ; 19 février 2002, Arduino, C-35/99, Rec. p. I-1529). En l'espèce, l'argumentation des MLP tenant à l'"abus de majorité" revient à dénier un caractère étatique aux décisions du CSMP ; du fait de l'influence prépondérante exercée par Presstalis au sein de l'organe délibérant du CSMP, l'État aurait délégué la responsabilité de prendre des décisions aux opérateurs économiques. Il est vrai que le CSMP, organe de droit privé, est composé de membres certes nommés par le ministre, mais issus du secteur de la presse. Toutefois, selon la jurisprudence de la Cour de justice, aucune délégation du pouvoir étatique n'est à déplorer lorsque la puissance publique charge un organisme professionnel de déterminer en fonction de critères d'intérêt général en conservant un pouvoir de contrôle et de réformation des décisions prises à cet effet (V. par ex. CJCE, 5 octobre 1995, Centro Servizi Spediporto c/ Spedizioni Marittima del Golfo, C-96/94, Rec. p. I-2883 ; CJCE, 8 juin 1998, Corsica Ferries France, C-266/96, Rec. p. I-3949 ; CJCE, 19 février 2002, Arduino, C-35/99, Rec. p. I-01529). Afin d'affirmer la nature normative de l'activité dévolue au CSMP, l'Autorité de la concurrence insiste sur le fait que l'intervention explicite ou tacite de l'ARDP est requise pour conférer aux décisions à portée générale du CSMP un caractère exécutoire. Aussi pourrait-on penser que cette intervention de l'ARDP – dont les membres sont exclusivement des magistrats désignés par le ministre – garantit à l'État un pouvoir de contrôle sur les décisions du CSMP. L'Autorité de la concurrence se place cependant sur un autre terrain en insistant sur le caractère bicéphale de la régulation. Dans la mesure où "l'activité normative du CSMP doit (...) s'apprécier au regard de l'intervention subséquente de l'ARDP" (pt. 108), le CSMP exerce bien une activité normative de concert avec l'ARDP.

Il n'est pas choquant que l'Autorité de concurrence ne se réfère pas à la jurisprudence de la Cour de justice relative aux réglementations étatiques. Par définition, celles-ci sont le produit d'une activité normative de la puissance publique qui échappe à la compétence de l'Autorité de la concurrence. En revanche, il appartient au juge administratif d'apprécier si une réglementation étatique respecte le droit de la concurrence. Le Conseil d'État se réfère ainsi explicitement à la jurisprudence de la Cour de justice, comme on peut le voir dans un arrêt d'Assemblée (CE, 24 mars 2006, Société KPMG, n° 288460, 288465, 288474, 288485, Rec. Lebon p. 154, AJDA, 2006, p. 841, concl. Y. Aguila, RFDA, 2006, p. 463) ou, plus récemment, dans l'affaire du décret relatif à l'appellation d'origine contrôlée (AOC) Cognac (CE, 23 décembre 2011, n° 333974). Dans le cas de la distribution de la presse, il revient donc au juge judiciaire d'apprécier si les décisions du CSMP rendues exécutoires par l'ADRP sont bien des réglementations étatiques, c'est-à-dire si l'État n'a pas retiré à sa réglementation son caractère étatique en déléguant à des opérateurs privés la responsabilité de prendre des décisions d'intervention en matière économique. Peu importe ici que le contentieux ait été attribué au juge judiciaire ; l'office de la Cour d'appel de Paris est à cet égard analogue à celui du juge administratif, ainsi que l'Autorité de la concurrence le souligne au point 119 de la décision : "les juridictions de l'ordre judiciaire compétentes pour connaître des recours contre les décisions du CSMP contrôleront donc la conformité de ces décisions aux principes du droit de la concurrence, comme le fait le juge administratif s'agissant du contrôle de légalité des actes administratifs depuis l'incorporation du droit de la concurrence dans le bloc de légalité dont il fait application".

F. Martucci
Concurrences N° 4-2013, p. 169

Concurrences +

Alain Ronzano, Recevabilité : L'Autorité de la concurrence rejette la saisine d'un dépositaire de presse à propos de pratiques mises en œuvre par deux acteurs de la distribution de presse (Presstalis), 11 décembre 2017, Concurrences N° 1-2018, Art. N° 85957.

Anne Wachsmann, Nicolas Zacharie, Incompétence : L'Autorité de la concurrence se déclare incompétente pour connaître des décisions prises par le Conseil supérieur des messageries de presse (CSMP) (Demande de mesures conservatoires présentée par les Messageries lyonnaises de presse), 6 mai 2013, Concurrences N° 3-2013, Art. N° 53971, p. 81.

Alain Ronzano, Influence déterminante : L'Autorité de la concurrence se déclare incompétente pour connaître des décisions prises par le Conseil supérieur des messageries de presse (CSMP) et rejette pour le surplus la saisine dénonçant diverses pratiques d'abus mises en oeuvre par une entreprise (Presstalis), 6 mai 2013, Concurrences N° 3-2013, Art. N° 52637.

CE, 4 déc. 2017, C8 [anciennement D8], n° 407463

Le Conseil d'État valide une mise en demeure prononcée par le Conseil supérieur de l'audiovisuel

Dans le cadre du recours qui nous préoccupe (CE, 4 décembre 2017, n° 407463, Société C8 [anciennement D8]), la chaîne de télévision C8 avait saisi le Conseil d'État pour demander l'annulation pour excès de pouvoir de la décision n° 2016-872 du 23 novembre 2016 par laquelle le Conseil supérieur de l'audiovisuel (CSA) l'a mise en demeure de respecter, à l'avenir, les dispositions de l'article 3-1 de la loi n° 86-1067 du 30 septembre 1986 (JORF n° 0296 du 21 décembre 2016). Une telle saisine peut interroger, la mise en demeure n'étant pas, en tant que telle, une sanction. Mais, tout l'intérêt de ce recours est que la mise en demeure est la condition sine qua non préalable à la sanction, comme le rappelle la Haute juridiction administrative française ("le Conseil constitutionnel, par sa décision n° 88-248 DC du 17 janvier 1989, a estimé que les pouvoirs de sanction conférés par le législateur au CSA ne sont susceptibles de s'exercer qu'après mise en demeure des titulaires d'autorisation pour l'exploitation de services de communication audiovisuelle de respecter les obligations qui leur sont imposées par les textes législatifs et réglementaires, et faute pour les intéressés de respecter ces obligations ou de se conformer aux mises en demeure qui leur ont été adressées" – Voir aussi la décision n° 2013-359 QPC du 13 décembre 2013, Société Sud Radio Services et autre sur le fait que le Conseil constitutionnel estime "que la mise en demeure ne peut être regardée, dans ces conditions, comme l'ouverture de la procédure de sanction prévue à l'article 42-1 mais comme son préalable" indispensable ; Francesco Martucci, Audiovisuel – Sanction : Le Conseil constitutionnel considère que la mise en demeure du Conseil supérieur de l'audiovisuel n'est pas une sanction, Concurrences n° 1-2014, Art. n° 63250, pp. 208-209). Or, à la suite de la mise en demeure contestée en l'espèce et sur son fondement, le CSA a, par deux décisions, sanctionné la chaîne C8 (CSA, décisions n° 2017-297 et n° 2017-298 du 7 juin 2017 portant sanction à l'encontre de la chaîne C8 – cf. Hubert Delzangles et Sébastien

Martin, Le Conseil supérieur de l'audiovisuel sanctionne une chaîne de télévision pour non-respect de mises en demeure, Concurrences n° 3-2017, Art. n° 84612, pp. 149-151). Dès lors, obtenir l'annulation de la mise en demeure priverait la procédure ayant abouti à l'une des sanctions prononcées en juin 2017 d'un élément fondamental. Pour ce faire, la chaîne de télévision a développé tant des moyens de légalité externe que de légalité interne.

Les moyens de légalité externe

Le premier moyen développé par la société requérante porte sur le défaut de motivation de la mise en demeure prise par le CSA. En effet, il faut rappeler que les décisions de mise en demeure du régulateur de l'audiovisuel sont pour le moins laconiques. Dans le cas d'espèce, la décision n° 2016-872 du 23 novembre 2016 portant mise en demeure de la société D8 est composée de deux articles rédigés ainsi "Article 1 : La société D8 est mise en demeure de respecter, à l'avenir, sur le service C8, les dispositions précitées de l'article 3-1 de la loi du 30 septembre 1986. Article 2 : La présente décision sera notifiée à la société D8 et publiée au Journal officiel de la République française". Si on peut trouver dans les considérants précédents certains éléments (cf. "Considérant qu'il ressort du compte rendu susvisé que le service C8 a diffusé le 14 octobre 2016 à 1h 12, au cours de l'émission 'Touche pas à mon poste : les 35 heures de Baba', une épreuve à visée humoristique parodiant un fait divers qui mettait en scène l'un des chroniqueurs de l'émission et une figurante invitée à cet effet ; qu'à son issue, l'animateur a vivement encouragé cette dernière à embrasser le chroniqueur, vainqueur de cette épreuve ; qu'en dépit de son refus clairement exprimé à deux reprises, le chroniqueur a tout de même, par surprise, embrassé la poitrine de la figurante ; que l'ensemble de la séquence a été ponctué de commentaires déplacés, émanant en particulier de l'animateur, relatifs au physique de cette figurante, de nature à la réduire au rang d'objet sexuel ; qu'au surplus, lors de l'émission 'Touche pas à mon poste' du 17 octobre 2016, la séquence a été rediffusée à 19h 59 accompagnée de commentaires des personnes présentes sur le plateau, dont certains tendaient à minimiser la portée de ces faits, avant que le chroniqueur présente ses excuses ; que de telles séquences, qui véhiculent des préjugés sexistes et présentent une image dégradante des femmes, méconnaissent les dispositions précitées de l'article 3-1 de la loi du 30 septembre 1986"), il n'y a pas, du point de vue juridique, de réelle motivation.

Cependant, pour le juge administratif, "la mise en demeure n'entre dans aucune des catégories de décisions administratives qui doivent être motivées en application des dispositions de l'article L. 211-2 du code des relations entre le public et l'administration, qu'une telle décision mentionne les faits constatés par le CSA ainsi que les obligations dont il estime qu'elles ont été méconnues et auxquelles il invite l'éditeur, le distributeur ou l'opérateur à se conformer à l'avenir ; que, contrairement à ce que soutient la société requérante, la décision attaquée comporte, sous une forme suffisante, l'ensemble de ces éléments".

Le second moyen présenté par la chaîne C8 porte sur le manque d'impartialité dont aurait fait preuve le président du CSA en intervenant dans les médias avant que la mise en demeure soit prononcée. À cette occasion, le président avait été invité à se prononcer sur les affaires examinées par le CSA, ce que la société requérante considère comme étant l'expression d'"une opinion sur la procédure engagée à [son] encontre" méconnaissant les dispositions de l'article 5 de la loi du 30 septembre 1986, dans sa rédaction applicable à la date de la décision attaquée ("Pendant la durée de leurs fonctions et durant un an à compter de la cessation de leurs fonctions, les membres du conseil sont tenus de s'abstenir de toute prise de position publique sur les questions en cours d'examen. Les membres et anciens membres du conseil sont tenus de respecter le secret des délibérations". Cf. aujourd'hui, mutatis mutandis, l'article 8 : "Les membres et les agents du conseil sont astreints au secret professionnel pour les faits, actes et renseignements dont ils ont pu avoir connaissance en raison de leurs fonctions").

Néanmoins, pour le Conseil d'État, "il ressort des pièces du dossier que les propos tenus par le président du CSA dans une émission de radio la veille de la décision attaquée, qui présentaient un caractère général et constituaient un simple rappel des pouvoirs confiés par la loi à l'instance de régulation, (...) n'ont (...) pas impliqué une méconnaissance de l'obligation de réserve [et] que ces propos ne sont pas de nature à caractériser une atteinte au principe d'impartialité".

Les moyens de légalité interne

Au titre des moyens de légalité interne, la société n commence par invoquer une violation du principe de légalité des délits et des peines protégé par l'article 8 de la Déclaration des droits de l'homme et du citoyen du 24 août 1789 et l'article 34 de la Constitution. Selon elle, les dispositions de l'article 3-1 de la loi du 30 septembre 1986 (cf., en particulier, "Le Conseil supérieur de l'audiovisuel contribue aux actions en faveur de la cohésion sociale et à la lutte contre les discriminations dans le domaine de la communication audiovisuelle. (...) Il assure le respect des droits des femmes dans le domaine de la communication audiovisuelle. À cette fin, il veille, d'une part, à une juste représentation des femmes et des hommes dans les programmes des services de communication audiovisuelle et, d'autre part, à l'image des femmes qui apparaît dans ces programmes, notamment en luttant contre les stéréotypes, les préjugés sexistes, les images dégradantes, les violences faites aux femmes et les violences commises au sein des couples") ne respectent pas les exigences constitutionnelles de précision (On rappellera que depuis la décision n° 84-183 DC du 18 janvier 1985 "Loi relative au redressement et à la liquidation judiciaire des entreprises", le Conseil constitutionnel fait un contrôle très précis de la qualité de la rédaction de la loi et reconnaît une "obligation pour le législateur de fixer les règles concernant la détermination des infractions [et] par voie de conséquence, il doit en définir les éléments constitutifs en des termes clairs et précis").

Néanmoins, dans la mesure où le Conseil constitutionnel a validé la loi conférant les pouvoirs de sanction du CSA dans sa décision n° 88-248 DC du 17 janvier 1989 et où "la mise en demeure litigieuse définit avec précision le comportement que le CSA a regardé comme contraire aux dispositions précitées de l'article 3-1 de la loi du 30 septembre 1986", le Conseil d'État rejette le moyen.

Le dernier moyen soulevé par la société requérante porte sur l'absence de justification légale à la décision du régulateur de l'audiovisuel. Selon la chaîne, la séquence incriminée n'aurait pas dû faire l'objet d'une mise en demeure dans la mesure où il s'agit d'une séquence humoristique diffusée en direct.

Le juge administratif rejette ce dernier moyen car, pour lui, "les éditeurs de service de communication audiovisuelle sont tenus de maîtriser en permanence leur antenne, la circonstance qu'un programme est diffusé en direct devant conduire, à cet égard, à une vigilance particulière ; que le caractère humoristique du programme n'était pas de nature à justifier une séquence qui ne pouvait que banaliser un comportement consistant à embrasser une femme contre sa volonté".

En guise de conclusion, il convient de faire deux remarques. En premier lieu, en n'accueillant aucun des moyens soulevés par le requérant, le Conseil d'État aboutit en conséquence au rejet de la requête. La bataille judiciaire n'en est pas moins toujours ouverte. La prochaine étape sera le recours contre les décisions du CSA n° 2017-297 et n° 2017-298 du 7 juin 2017 portant sanction à l'encontre de la chaîne C8. En second lieu, les moyens soulevés par le requérant ainsi que les réponses apportées par le juge administratif montrent toute l'ambiguïté du point de vue juridictionnel des mises en demeure prononcées par les autorités de régulation. En effet, alors "que la mise en demeure ne peut être regardée (...) comme l'ouverture de la procédure de sanction prévue à l'article 42-1 mais comme son préalable", l'autorité de régulation est soumise a de plus en plus d'obligations, lesquelles ressemblent beaucoup à celles qui pèsent sur le régulateur dans le cadre de la procédure de sanction, tels que, par exemple, le respect des principes d'impartialité, de légalité des délits et des peines. Cependant, le juge accepte qu'il n'y ait pas de motivation au sens strict pour les mises en demeure du CSA. On peut regretter de telles subtilités contentieuses. On notera toutefois que cela confirme que les autorités de régulation ne sont pas des juridictions, mais restent des autorités administratives qui doivent respecter les principes fondamentaux du droit au procès équitable tels qu'ils sont définis par l'article 6 de la Convention européenne de sauvegarde des droits de l'Homme et des libertés fondamentales, sans avoir à tous les respecter (dans ce sens, voir notamment CEDH, 4 mars 2014, Grande Stevens et autres c/ Italie, requêtes nos 18640/10, 18647/10, 18663/10, 18668/10 et 18698/10).

H. Delzangles, S. Martin
Concurrences N° 1-2018, pp. 174-176

Concurrences+

Sebastien Martin, Hubert Delzangles, CSA: Le Conseil d'État annule partiellement les sanctions prononcées par le Conseil supérieur de l'audiovisuel (C8), 18 juin 2018, Concurrences N° 3-2018, Art. N° 87801, pp. 176-178

Aut. conc., déc. n°14-MC-01 du 30 juil. 2014 relative à la demande de mesures conservatoires présentée par la société beIN Sports France dans le secteur de la télévision payante

L'Autorité de la concurrence suspend l'accord conclu entre la Ligue nationale de rugby et un groupe de télévision concernant l'attribution de l'exclusivité des droits de diffusion des matches du Top 14 pour cinq saisons et impose de recourir à une procédure d'appel d'offres pour l'attribution des droits de diffusion de ces matchs pour les saisons à venir

Saisie par beIN Sports d'une plainte assortie d'une demande de mesures conservatoires, l'Autorité de la concurrence a ordonné, par décision n° 14-MC-01 du 30 juillet 2014, la suspension de l'accord conclu le 14 janvier 2014 par lequel la Ligue Nationale de Rugby (LNR) avait attribué au Groupe Canal Plus l'exclusivité des droits de diffusion des matches du championnat de France de rugby de 1ère division (Top 14) pour cinq ans.

Des pratiques d'attribution des droits de diffusion audiovisuels du Top 14 susceptibles de révéler une entente anticoncurrentielle

La LNR et le Groupe Canal Plus ont conclu, en décembre 2011, un accord attribuant à ce dernier l'exclusivité des droits de diffusion audiovisuels du Top 14 pour les saisons 2011/2012 à 2015/2016.

Le 2 décembre 2013, à l'issue d'une négociation de gré à gré infructueuse avec le Groupe Canal Plus sur la revalorisation des droits télévisuels du Top 14, la LNR a décidé de dénoncer, avant son terme, le contrat qui la liait à Canal Plus, en application de l'article 15.2 dudit accord qui permettait de résilier de manière anticipée le contrat à l'issue de la troisième saison (à compter de la saison 2014/2015). La LNR a consécutivement annoncé le lancement d'un appel à concurrence pour l'attribution des droits de diffusion des quatre saisons suivantes (2014/2015 à 2017/2018). L'appel d'offres a été lancé le 4 décembre 2013 pour une remise des offres le 13 janvier 2014.

Le Groupe Canal Plus a, en réponse, introduit plusieurs actions judiciaires contestant la résiliation du contrat et le lancement de l'appel d'offres, et notamment saisi le président du Tribunal de grande instance de Paris en référé, demandant la suspension de l'appel d'offres.

La LNR a alors décidé d'interrompre l'appel d'offres le 10 janvier 2014, sans attendre la décision du tribunal et les négociations de gré à gré ont repris le 11 janvier entre le Groupe Canal Plus et la LNR. Cette dernière a attribué au Groupe Canal Plus, le 14 janvier 2014, l'intégralité des droits en exclusivité pour cinq saisons (2014/2015 à 2018/2019).

Deux mois après la conclusion de l'accord, en mars 2014, beIN Sports a saisi l'Autorité pour dénoncer cet accord et solliciter des mesures provisoires.

En l'état de l'instruction, l'Autorité de la concurrence a considéré que l'accord entre la LNR et le Groupe Canal Plus et les modalités selon lesquelles il a été négocié, puis conclu, étaient susceptibles de révéler une entente anticoncurrentielle.

Dans un premier temps et s'agissant de la procédure d'attribution, l'Autorité a confirmé, conformément à la pratique décisionnelle de la Commission européenne (voir notamment les décisions de la Commission européenne du 23 juillet 2003, COMP/C.2-37.398, Joint Selling of the commercial rights of the UEFA Champions League, du 19 janvier 2005, COMP/C-2/37.214, Joint Selling of the media rights to the German Bundesliga, et du 22 mars 2006, COMP/C-2/38.173, Joint Selling of the media rights to the FA Premier League), que les modes d'attribution des droits par les ligues professionnelles (droits de la Ligue des champions, de la Bundesliga allemande et de la Premier League anglaise) dans le secteur de la commercialisation des droits de diffusion sportifs premium devaient être encadrés. En cela, l'Autorité de la concurrence a précisé que les droits du Top 14 sont des droits particulièrement attractifs pour les chaînes de télévision payante en ce qu'ils suscitent des audiences importantes; par conséquent, ils sont susceptibles de constituer des droits premium.

Compte tenu de leur caractère premium, ces droits devaient être commercialisés selon une procédure de mise en concurrence, de manière à ce que les lots soient ouverts à tous les diffuseurs et pour une durée qui ne soit pas disproportionnée (pt. 208 de la décision de l'Autorité).

En l'espèce, l'Autorité a réuni un faisceau d'éléments jugés suffisants pour considérer que l'accord en cause pouvait être considéré comme étant le support d'une entente anticoncurrentielle, en ce que la LNR et le Groupe Canal Plus ont notamment:

- engagé des négociations de gré à gré à l'automne 2013 pour amender leur contrat conclu en 2011 et prolonger l'exclusivité du Groupe Canal Plus par un nouveau contrat de trois ans portant cette exclusivité à une durée de huit ans (pt. 215);
- repris ces négociations de manière exclusive le 11 janvier 2014 après l'arrêt de l'appel d'offres en reprenant les discussions au point où elles avaient été interrompues le 2 décembre lors de la dénonciation du contrat (pt. 215);
- empêché beIN Sports ou d'autres candidats potentiels de faire une offre ou, à tout le moins, de faire une offre dans des conditions équitables et non discriminatoires; le fait de ne pas pouvoir se porter candidat à l'attribution des droits du Top 14 pouvait être susceptible de compromettre le développement de beIN Sports en particulier (pts. 221-222);
- puis conclu un accord attribuant au Groupe Canal Plus l'intégralité des droits de diffusion du Top 14 pour une durée de cinq années, soit une année de plus que ce que prévoyait le règlement d'appel d'offres. En outre, les modalités de l'accord conclu le 14 janvier 2014 entre le Groupe Canal Plus et la LNR après l'interruption de l'appel d'offres sont plus favorables au Groupe Canal Plus que celles qui étaient prévues dans l'appel d'offres, non seulement en termes de prix mais également en termes de durée du contrat (pt. 216).

L'Autorité de la concurrence a estimé que la durée de cinq ans prévue dans l'accord litigieux apparaît, au regard de l'ensemble de ces éléments et compte tenu des barrières élevées à l'entrée du marché, inhabituelle pour des droits très attractifs et potentiellement excessive en ce qu'elle est susceptible de fermer une partie significative du marché de l'acquisition des droits sportifs premium pour une période trop longue (pt. 225).

L'Autorité de la concurrence est donc parvenue à la conclusion que les conditions dans lesquelles la LNR et le Groupe Canal Plus ont négocié de gré à gré, puis conclu, un accord exclusif attribuant les droits de retransmission du Top 14 pour une durée de cinq années, en excluant tout autre opérateur du processus d'attribution révèlent, en l'état de l'instruction, un objet et/ou un effet anticoncurrentiel susceptible de caractériser une entente contraire aux articles L. 420-1 du code de commerce et 101 du TFUE (pt. 227).

Il s'agissait dans un deuxième temps de s'assurer que les conditions nécessaires à l'adoption de mesures conservatoires étaient remplies.

Les mesures conservatoires pour pallier à l'urgence de la situation

Pour être éligibles à la procédure de mesures conservatoires, les pratiques dénoncées doivent porter une atteinte grave et immédiate à l'un des intérêts protégés par l'article L. 464-1 du code de commerce, à savoir une atteinte portée à l'économie générale, au secteur intéressé, à l'intérêt des consommateurs ou à l'entreprise plaignante. Une atteinte grave et immédiate relevée dans un seul de ces cas suffit à permettre l'attribution de mesures conservatoires. En revanche, les mesures conservatoires prises en vertu de l'article L. 464-1 doivent répondre à une atteinte revêtant de façon cumulative un caractère de gravité et un caractère d'immédiateté. Une mesure conservatoire pourra alors être prononcée s'il existe un lien de causalité entre les faits dénoncés et l'atteinte grave et immédiate constatée.

L'Autorité de la concurrence a considéré qu'il y avait une atteinte grave et immédiate au secteur de la télévision payante, aux consommateurs et à l'entreprise plaignante beIN Sports.

S'agissant de l'atteinte grave et immédiate au secteur de la télévision payante, l'Autorité a rappelé que, sur un marché d'acquisition de droits audiovisuels fonctionnant, pour les droits les plus attractifs, par le biais de procédures de mise en concurrence, toute pratique consistant à réserver l'attribution de droits attractifs à l'opérateur dominant est susceptible de contribuer à fermer le secteur de la télévision payante en France. Une telle pratique doit être considérée comme grave et susceptible d'avoir des effets significatifs, en termes de structuration du secteur, au profit des opérateurs dominants (pt. 230).

L'Autorité a, par ailleurs, précisé que l'atteinte grave au secteur était d'autant plus probable que l'expérience de ces dernières années, avec les échecs successifs de TPS et d'Orange, avait montré qu'aucun opérateur français n'était, à court terme, en mesure de concurrencer le Groupe Canal Plus. Dès lors, beIN Sports était le premier opérateur qui semblait avoir la capacité financière et le modèle économique susceptibles de lui permettre de se maintenir durablement sur le marché, au-delà de deux cycles d'attribution des droits sportifs (pt. 233).

De plus, l'accord litigieux devait entrer en vigueur dès le mois d'août 2014, de sorte que cette atteinte au secteur revêtait un caractère immédiat, le Groupe Canal Plus ayant communiqué dès le mois de janvier 2014 sur sa détention en exclusivité de l'ensemble des droits du Top 14 pour cinq ans, suscitant de nouveaux abonnements et permettant la fidélisation d'abonnés existants. Au surplus, cette exclusivité attribuée pour cinq ans, ce qui constitue une durée longue dans le secteur de la télévision payante, était susceptible d'avoir des effets immédiats et durables sur le secteur si elle n'était pas rapidement et utilement contestée aux yeux des abonnés et des prospects (pt. 241).

S'agissant de l'atteinte grave et immédiate aux intérêts des consommateurs, l'Autorité de la concurrence a considéré que l'attribution pour cinq ans de l'intégralité des droits du Top 14 au Groupe Canal Plus aurait pour effet de réserver les matchs de cette compétition aux consommateurs capables de souscrire un abonnement d'environ 40 euros par mois et d'en priver les consommateurs intéressés par un abonnement de milieu de gamme voisin de 12 euros par mois.

La pérennité d'un nouvel entrant comme beIN Sports sur le marché de la télévision payante dépend de sa capacité à mettre assez rapidement en place une activité rentable, ce qui suppose que le jeu de la concurrence par les mérites soit préservé.

Or, les droits du Top 14 apparaissent, pour beIN Sports, comme un relais de croissance important, susceptible de conforter son statut de chaîne premium capable de continuer à recruter de nouveaux abonnés et de fidéliser les abonnés existants.

Au surplus, ce dommage serait immédiat à compter de la saison 2014/2015 et perdurerait pendant les cinq saisons concernées par l'exécution du contrat.

Enfin, s'agissant de l'atteinte grave et immédiate aux intérêts de beIN Sports, l'Autorité estime que les pratiques pourraient causer un dommage grave à beIN Sports en le privant d'un relais de croissance important, susceptible de conforter son statut de chaîne premium capable de continuer à recruter de nouveaux abonnés et de fidéliser les abonnés existants (pt. 257), peu important à cet égard le dynamisme actuel de beIN Sports (pt. 259).

En conséquence, et dans l'attende de sa décision au fond, l'Autorité de la concurrence a prononcé les mesures conservatoires suivantes :

- l'Autorité a enjoint au Groupe Canal Plus et à la LNR de suspendre leur accord ;
- cette suspension devrait intervenir à l'issue de la saison 2014/2015 afin de ne pas porter une atteinte disproportionnée aux intérêts des clubs, des diffuseurs et des téléspectateurs. L'Autorité a pris le soin de préciser que le calendrier de la procédure ne permettait plus de remédier aux effets du contrat pour la première année mais qu'il restait nécessaire de neutraliser au plus vite ses effets au titre des autres saisons suivantes afin de prévenir une atteinte durable au jeu concurrentiel ;
- les droits pour les saisons suivantes devront faire l'objet d'une nouvelle mise en concurrence par la LNR dans des conditions transparentes et non discriminatoires et pour une durée qui ne soit pas disproportionnée ;
- une nouvelle procédure de mise en concurrence portant sur l'attribution des droits au titre de la saison 2015/2016 et des saisons suivantes devra être organisée par la LNR, dans les meilleurs délais et au plus tard le 31 janvier 2015 ;
- le Groupe Canal Plus doit cesser toute communication, qu'elle soit externe ou dirigée vers ses abonnés, relative à l'attribution exclusive pour les cinq prochaines saisons (soit jusqu'à la saison 2018/2019) des droits du Top 14.

L'Autorité de la concurrence a pris le soin de préciser que ces injonctions étaient conformes au 3ème alinéa de l'article L. 464-1 du code de commerce, en ce que les mesures conservatoires pouvaient comporter la suspension de la pratique concernées, mais également conforme à sa pratique décisionnelle consistant, dans des injonctions, à limiter dans le temps la durée de contrats déjà signés ou à suspendre leur exécution jusqu'à l'intervention de la décision au fond.

La présente décision est conforme à l'avis rendu par le Conseil Supérieur de l'Audiovisuel (CSA) à l'Autorité de la concurrence (avis n° 2014-8 du 21 mai 2014) qui a été rendu public. Dans son avis, le régulateur de l'audiovisuel estime en effet que les droits du championnat du Top 14 constituent bien des droits premium dans la mesure où ils permettent de recruter de nouveaux abonnés et de les fidéliser. Selon le CSA, la négociation de gré à gré entre la LNR et le Groupe Canal Plus a permis, à ce dernier, sans faire face de manière effective à la pression concurrentielle des chaînes beIN Sports, d'acquérir l'ensemble des droits de diffusion du Top 14, les pratiques dénoncées pouvant être assimilées à une préemption de fait de droits particulièrement attractifs. Le régulateur considère que les conditions de prononcé de mesures conservatoires sont susceptibles d'être réunies. D'une part, le CSA constate que le Groupe Canal Plus dispose encore de positions prépondérantes sur les marchés de l'édition de chaînes premium et de la distribution. Or, les chaînes beIN Sports demeurent dans une phase d'entrée sur le marché qui exige notamment un développement important de la base d'abonnés, susceptible d'être négativement affecté par les pratiques en cause. L'urgence à prononcer une suspension de l'accord pourrait également être caractérisée compte tenu de l'importance de la période actuelle pour le développement de la concurrence. Tenant compte des observations de la LNR, le CSA souligne néanmoins qu'il importe de s'assurer que les mesures conservatoires ne fragilisent pas la situation financière des clubs, ne détériorent pas les conditions de diffusion des rencontres, ce qui viendrait pénaliser les téléspectateurs, et que soient prises en compte les contraintes d'organisation du Top 14.

La décision de mesures conservatoires de l'Autorité de la concurrence avait fait l'objet de recours devant la Cour d'appel de Paris. Cette dernière a récemment rejeté les recours concernés (arrêt rendu le 9 octobre 2014, RG 2014/16759) confirmant le régime spécifique d'attribution des droits de diffusion du Top 14 et approuvant les mesures conservatoires décidées par l'Autorité, tout en accordant deux mois supplémentaires à la LNR pour procéder à une nouvelle attribution des droits d'exploitation audiovisuelle du Top 14 au titre de la saison 2015/2016 et des saisons suivantes.

J.-P. Tran Thiet, O. Berg, E. Xueref-Poviac
Concurrences N° 4-2014, pp. 220-223

Concurrences +

Frédéric Marty, Clauses d'exclusivité: L'Autorité de la concurrence suspend au titre de mesures conservatoires un accord d'exclusivité entre l'opérateur dominant de la télévision payante et une ligue sportive (BeIN Sports), 30 juillet 2014, Concurrences N° 4-2014, Art. N° 69880, pp. 139-140.

Christophe Lemaire, Simon Naudin, Mesures conservatoires: L'Autorité de la concurrence suspend l'accord ayant attribué l'exclusivité des droits de diffusion des matches du Top 14 pour cinq saisons (beIN Sports), 30 juillet 2014, Concurrences N° 4-2014, Art. N° 70017, pp. 212-213.

Alain Ronzano, Mesures conservatoires: L'Autorité de la concurrence impose à l'organisateur du championnat de France de rugby de recourir à une procédure d'appel d'offres pour l'attribution des droits de diffusion des matches à compter de la saison 2015/2016 (Ligue nationale de rugby), 30 juillet 2014, Concurrences N° 4-2014, Art. N° 70283.

CE, 31 mars 2014, Société France Télévision, n°356893

Le Conseil d'État annule le règlement du différend rendu par le Conseil supérieur de l'audiovisuel à propos de la numérotation d'une chaîne

Dans l'affaire en cause, la Société France Télévisions a demandé au Conseil d'État d'annuler la décision n° 2011-1294 du 9 novembre 2011, du Conseil supérieur de l'audiovisuel (ci-après CSA), relative à un différend l'opposant à la société Numéricâble sur la question de la numérotation du service France 5 dans le plan de distribution pour l'ensemble des réseaux exploités sous la marque Numéricâble.

Selon la chaîne France Télévisions, le plan de numérotation de Numericable était illégal en ce que les critères mis en œuvre n'étaient pas transparents et vérifiables, autrement dit ne respectaient pas les critères découlant de la loi du 30 septembre 1986 et de la délibération du CSA du 24 juillet 2007. La première dispose en son article 3-1 que: "Le Conseil supérieur de l'audiovisuel (...) veille au caractère équitable, transparent, homogène et non discriminatoire de la numérotation des services de télévision dans les offres de programmes des distributeurs de services". La délibération du CSA précise quant à elle que "pour garantir le caractère homogène, équitable et non discriminatoire de la numérotation, le distributeur doit communiquer les principes d'ordonnancement des services au sein d'une thématique". Sont ensuite précisés par des exemples une liste non exhaustive de critères d'ordonnancement, objectifs et vérifiables, comme l'antériorité du numéro, l'audience ou la langue. Or, Numericable a eu recours à un système de notes fondé en partie sur un critère relatif à la contribution financière ou en nature consentie par l'éditeur au distributeur, ce qu'a contesté France Télévisions dans le cadre d'un règlement de différends devant le CSA puis d'un recours contre le rejet de sa demande devant le Conseil d'État. Ce dernier a donc eu à statuer, en premier lieu, sur la légalité du rejet de la demande de règlement du différend (1.) puis, en second lieu, saisi d'un recours de plein contentieux, sur le règlement du différend lui-même, dans le cadre d'une éventuelle réformation de la décision du CSA (2.).

L'annulation du rejet du csa de demande de règlement de différend

Pour rejeter la demande de règlement du différend demandé par France Télévisions, le CSA a estimé que l'un des trois sous-critères en cause, relatif à la contribution financière ou en nature consentie par l'éditeur au distributeur, n'était pas discriminatoire à partir du moment où il s'appliquait à l'ensemble des éditeurs et que sa mise en œuvre pour France 5 n'était pas incompatible avec ses missions de service public. Par ailleurs, le régulateur a estimé que ce même critère n'était pas inéquitable dans la mesure où une participation à une opération de financement demeurait facultative et que le service de France 5 disposait de moyens financiers importants. En outre, selon le CSA, ce sous-critère était vérifiable "dès lors que Paris Première avait communiqué, lors de l'audience de règlement du différend, le montant qu'elle avait proposé au titre de ce sous-critère et que France Télévisions reconnaissait ne pas avoir formulé d'offre à ce même titre et n'avait pas non plus demandé de précision sur sa mise en œuvre".

Le Conseil d'État prend, dans cette décision, le contre-pied du régulateur. En effet, en toute logique au regard des exemples cités par le CSA dans sa propre délibération, le juge estime "qu'en faisant reposer l'attribution des numéros revendiqués par plusieurs éditeurs de service, au premier chef, sur une contribution financière ou en nature consentie par l'éditeur au distributeur à l'issue d'une négociation dont les termes, couverts par le secret des affaires, demeuraient inconnus des autres éditeurs, la société Numéricâble n'a pas satisfait à l'exigence de transparence mentionnée à l'article 3-1 de la loi du 30 septembre 1986 et ne s'est pas fondée sur un critère présentant un caractère vérifiable au sens de la délibération du 24 juillet 2007". Le juge annule donc la décision du 9 novembre 2011 par laquelle le régulateur a rejeté la demande de France Télévisions de règlement de différend en estimant que les critères en cause ne sont ni transparents ni vérifiables.

Le sursis sur le règlement du différend par le Conseil d'Etat

Selon l'article 48-2 de la loi du 30 septembre 1986, les décisions du CSA prises sur le fondement de l'article 17-1 du même texte peuvent faire l'objet d'un recours de pleine juridiction devant le Conseil d'État. Ce dernier a donc le pouvoir de réformer la décision du régulateur, ce qu'il ne peut faire en l'espèce, faute d'éléments suffisants.

D'une part, le juge revient sur le fait que le sous-critère du "financement de la mise en avant du service de communication audiovisuelle" n'est pas conforme à l'état du droit. Or, une autre demande d'attribution du numéro cinq a été faite par Paris Première. Par conséquent, la demande de règlement du différend présentée par France 5 qui tendrait à lui attribuer le numéro cinq sur le plan de service de Numericable ne peut être réalisée qu'en déterminant quel opérateur est le mieux placé au regard des autres critères pondérés selon la méthode utilisée par le distributeur. Le Conseil d'État estime sur ce point qu'il ne peut résoudre le différend, autrement dit élucider la question de savoir qui de paris Première ou de France 5 est le mieux placé, en l'état du dossier, faute de données actualisées sur chacun des autres critères.

Par conséquent, le juge décide d'ordonner "un supplément d'instruction tendant à la production de tous documents permettant d'établir lequel des deux services de communication audiovisuelle concernés répond le mieux à chacun des autres critères". Les parties ont donc eu deux mois pour produire les documents en cause à compter de la notification de la décision du Conseil d'État. Une fois ces documents reçus, le juge pourra, selon les pouvoirs que lui a octroyé le législateur, déterminer en lieu et place du régulateur quelle chaîne est la plus légitime pour occuper la numérotation en cause.

H. Delzangles, S. Martin

Concurrences N° 3-2014, pp. 190-191

Chapitre 3

COMMUNICATIONS ÉLECTRONIQUES ET POSTALES

3.1 Organisation du marché

3.1.1 Accès au réseau

CJUE, 26 juill. 2017, Europa Way Srl, aff. C-560/15

La Cour de justice de l'Union européenne précise les conditions dans lesquelles la procédure gratuite d'attribution de radiofréquences de diffusion numérique peut être annulée et remplacée par une nouvelle procédure

Par un arrêt en date du 26 juillet 2017, la Cour de justice a explicité les conditions dans lesquelles les autorités nationales peuvent décider de remplacer une procédure de sélection en vue d'attribuer des radiofréquences de diffusion numérique par une nouvelle procédure. Elle procède à cet effet à une interprétation des directives "*Autorisation*", "*Cadre*" et "*Concurrence*" (directive 2002/20/CE du Parlement européen et du Conseil, du 7 mars 2002, relative à l'autorisation de réseaux et de services de communications électroniques, directive "*Autorisation*" ; directive 2002/21/CE du Parlement européen et du Conseil, du 7 mars 2002, relative à un cadre réglementaire commun pour les réseaux et services de communications électroniques, directive "*Cadre*" ; directive 2002/77/CE de la Commission, du 16 septembre 2002, relative à la concurrence dans les marchés des réseaux et des services de communications électroniques, directive "concurrence"). L'affaire intervient dans le contexte de la "transition numérique" en Italie dans les années 2000. Ainsi que le rappelle la Cour, "*la technologie numérique se caractérise par une efficacité de transmission supérieure à celle de la technologie analogique en ce qu'elle permet, à la différence de cette dernière, la transmission simultanée de plusieurs programmes sur une même radiofréquence*" (point 18). Les radiofréquences qui se trouvent ainsi libérées forment ce que l'on désigne comme le "dividende numérique".

Transition numérique et sélection des opérateurs

À la suite de la transition de la télévision analogique vers la télévision numérique, l'État italien a procédé à l'attribution de nouvelles radiofréquences de diffusion numérique. Cependant, la Commission a engagé un recours en manquement en 2006 estimant que l'Italie méconnaissait des directives communautaires en ne permettant qu'aux seuls opérateurs qui diffusaient déjà au moyen de la technique analogique d'accéder au marché de la radio et de la télévision numérique, les soustrayait à la concurrence sur ce marché. L'autorité de régulation sectorielle a fixé les critères de la numérisation intégrale des réseaux terrestres en prévoyant l'attribution de 21 multiplex nationaux. Ces multiplex permettent de regrouper en un flux de données commun différents signaux et de véhiculer plusieurs services de télévision numérique terrestre en même temps. Ils ont été divisés en trois groupes devant être attribués aux opérateurs selon des critères différents.

En ce qui concerne les radiofréquences disponibles provenant du dividende numérique, il était prévu qu'elles soient attribuées gratuitement aux opérateurs remplissant les conditions définies au terme d'une procédure de sélection organisée selon un modèle dit du "concours de beauté". Cette procédure portait sur cinq multiplex regroupés en deux parties. Dans la partie A, trois multiplex étaient réservés aux nouveaux entrants et aux petits opérateurs, en excluant les opérateurs venant de la télévision analogique (*Rai, Mediaset, Telecom Italia Media Broadcasting* devenu *Persidera*). Dans la partie B, deux multiplex ouverts à tous les soumissionnaires, dans la limite d'un seul multiplex pour la *RAI* et *Mediaset*. Après l'appel à candidatures en 2011, *Europa Way* et *Persidera* ont été admises à participer à la procédure du "concours de beauté". Chacune de ces sociétés était le seul soumissionnaire pour, respectivement, un multiplex, étant précisé que *Persidera* avait concouru pour l'attribution de trois multiplex.

Le "concours de beauté" a finalement été annulé et remplacé par une procédure de sélection publique onéreuse, fondée sur un système d'enchères selon les priorités et les critères définis par le régulateur. Il était prévu d'indemniser les opérateurs ayant participé au "concours de beauté". Dans la nouvelle procédure, le nombre de multiplex à attribuer a été réduit à trois et seuls les nouveaux entrants et les petits opérateurs, à l'exclusion des opérateurs qui disposaient déjà d'au moins trois multiplex, pouvaient se porter candidats. L'annulation et le remplacement du "concours de beauté" ont été contestés par*Europa Way* et *Persidera*. Le Conseil d'État a posé une question préjudicielle à la Cour de justice.

Incompatibilité avec le droit de l'union de l'annulation par le législateur d'une procédure organisée par l'ARN

Le Conseil d'État se demande si les dispositions de la directive-cadre s'opposent à l'annulation, par le législateur national, d'une procédure de sélection pour l'attribution des radiofréquences en cours organisée par l'ARN compétente qui a été suspendue par une décision ministérielle. Il ressort explicitement des dispositions de l'article 3, paragraphes 2 et 3, de la directive-cadre que "*les États membres doivent garantir l'indépendance des ARN afin que celles-ci puissent exercer leurs pouvoirs de manière impartiale et transparente ainsi qu'au moment opportun*" (point 51). L'indépendance des ARN a fait l'objet d'une jurisprudence abondante dont la Cour cite quelques références (voir notamment CJUE, 19 octobre 2016, *Ormaetxea Garai et Lorenzo Almendros*, aff. C-424/15, EU:C:2016:780, F. Martucci,*Concurrences* n° 1-2017, pp. 193-196). La Cour rappelle ensuite la révision de la directive-cadre par la directive 2009/140 dont la finalité a été de renforcer l'indépendance des ARN "*afin d'assurer une application plus efficace du cadre réglementaire et d'accroître leur autorité et la prévisibilité de leurs décisions*" (point 51). En charge de la régulation du marché *ex ante* ou du règlement des litiges entre entreprises, l'ARN doit être "*à l'abri de toute intervention extérieure ou pression politique susceptible de compromettre son impartialité dans l'appréciation des questions qui lui sont soumises*" (point 52). Corrélativement, elle est tenue d'agir en toute indépendance et de ne solliciter ni accepter d'instruction d'aucun autre organe en ce qui concerne l'accomplissement des tâches qui leur sont assignées (point 53).

Pour apprécier si l'indépendance du régulateur italien a été respectée en l'espèce, il convient de déterminer si l'organisation du "concours de beauté" en vue de la sélection afin d'attribuer les radiofréquences numériques relève des tâches spécifiques de réglementation réservées aux ARN par la directive "*Cadre*". La Cour de justice n'a guère de doutes : il s'agit bien là de l'exercice d'une tâche de réglementation qui doit être réservée à l'ARN. Dès lors que le ministre puis le législateur italiens ont suspendu et annulé le "concours de beauté", une violation de l'indépendance de l'ARN est caractérisée. L'article 3, paragraphe 3 bis, de la directive-"*Cadre*" s'oppose à l'annulation, par le législateur national, d'une procédure de sélection pour l'attribution des radiofréquences en cours organisée par l'ARN compétente. La solution peut surprendre ceux qui, attachés à la séparation des pouvoirs telle que généralement conçue par les constitutions nationales, admettent certes l'indépendance de l'ARN vis-à-vis du gouvernement, mais la conçoivent plus difficilement à l'égard du Parlement. Pour l'européaniste, l'autonomie institutionnelle nationale est encadrée en vue de garantir l'effectivité du droit de l'Union (concl. J. Kokott, point 68). Le principe d'indépendance est consacré par la directive et, primauté oblige, s'impose aux autorités nationales quelles qu'elles soient. Il demeure que, la question n'ayant nullement été évoquée ni par l'arrêt ni par l'avocat général, la séparation des pouvoirs fait à notre sens partie de l'identité nationale que l'Union est tenue de respecter. Aussi n'est-il pas exclu qu'à l'avenir, l'article 4, paragraphe 2, TUE soit invoqué pour donner de la directive "*Cadre*" une interprétation respectueuse de l'identité nationale.

Remplacement d'une procédure gratuite de sélection par une procédure onéreuse

Le Conseil d'État italien s'est également interrogé sur la compatibilité avec les dispositions des directives "*Cadre*", "*Autorisation*" et "*Concurrence*" du remplacement d'une procédure gratuite de sélection pour l'attribution des radiofréquences, qui avait été lancée pour remédier à l'exclusion illégale de certains opérateurs du marché, par une procédure onéreuse fondée sur un plan remanié d'attribution des radiofréquences après une limitation de leur nombre. La Cour de justice souligne que l'article 8 de la directive "*Cadre*" assigne aux États membres l'obligation de s'assurer que les ARN prennent toutes les mesures raisonnables visant à promouvoir la concurrence dans la fourniture des services de communications électroniques, en veillant à ce que la concurrence ne soit pas faussée ni entravée. En vertu de l'article 4, paragraphe 2, de la directive "*Concurrence*", de l'article 5, paragraphe 2, deuxième alinéa, et de l'article 7, paragraphe 3, de la directive "*Autorisation*" ainsi que de l'article 9, paragraphe 1, de la directive "*Cadre*", "*les droits d'utilisation des radiofréquences doivent être attribués sur la base de critères objectifs, transparents, non discriminatoires et proportionnés. Cette dernière condition implique que ces critères soient propres à garantir la réalisation de l'objectif qu'ils poursuivent et n'aillent pas au-delà de ce qui est nécessaire pour qu'il soit atteint*" (point 63).

La première question est celle du caractère gratuit ou onéreux de la procédure de sélection. La Cour constate qu'aucune disposition n'impose la gratuité de l'attribution des radiofréquences. Les directives se limitent à laisser aux États membres une liberté de choix entre l'instauration de procédures concurrentielles ou comparatives, qu'elles soient gratuites ou onéreuses. L'attribution à titre onéreux peut être justifiée par "*la nécessité d'assurer une gestion efficace des radiofréquences et à l'importante valeur sociale, culturelle et économique de celles-ci, dont les États membres doivent tenir compte en vertu de l'article 9, paragraphe 1, de la directive-cadre, ainsi qu'à la rareté du spectre desdites radiofréquences*" (point 65). Ce qui compte est que la procédure soit fondée sur des critères objectifs, transparents, non discriminatoires et proportionnés. La Cour donne deux précisions à cet égard.

D'une part, la proportionnalité exige que le montant ouvrant droit à l'attribution des radiofréquences soit fixé "*à un niveau adéquat reflétant notamment la valeur de l'utilisation des radiofréquences, ce qui exige une prise en considération de la situation économique, technologique et concurrentielle du marché en cause*" (point 67). À cet égard, la procédure d'enchères peut constituer une méthode appropriée pour déterminer la valeur des radiofréquences dès lors que le prix d'entrée à l'enchère n'est pas fixé à un niveau tel qu'il ait pour effet d'entraver l'accès de nouveaux opérateurs au marché (point 68).

D'autre part, le principe général d'égalité de traitement impose que des situations comparables ne soient pas traitées de manières différentes et que des situations différentes ne soient pas traitées de manière égale à moins qu'un tel traitement ne soit objectivement justifié, le caractère comparable des situations devant, notamment, être déterminé et apprécié à la lumière de l'objet et du but de l'acte qui institue la distinction en cause. La difficulté en l'espèce tenait à la distinction entre les opérateurs présents sur le marché et les nouveaux entrants et les petits opérateurs. En effet, dans le but d'assurer la continuité de l'offre télévisuelle ou de valoriser les investissements effectués par ces opérateurs dans la technologie numérique, les radiofréquences numériques ont été gratuitement attribuées aux opérateurs présents sur le marché. En revanche, les radiofréquences du dividende numérique, destinées en particulier aux nouveaux entrants et aux petits opérateurs, ont été soumises à une procédure de sélection onéreuse. Pour la Cour cependant qui prend appui sur le point 87 des conclusions de l'avocat général, eu égard aux objectifs visés, ces deux catégories d'opérateurs ne se trouvent, en principe, pas dans une situation comparable. Le principe d'égalité de traitement ne s'oppose pas davantage à ce que l'attribution de nouvelles radiofréquences numériques se fasse selon une procédure de sélection onéreuse alors que les radiofréquences analogiques ont été attribuées à titre gratuit.

La seconde question est celle de la limitation du nombre de fréquences attribuées par l'État. Les directives permettent, précise la Cour, de limiter, en raison d'une pénurie de radiofréquences et pour assurer une gestion efficace de ces dernières, le nombre de droits d'utilisation des radiofréquences à octroyer, à la condition toujours que l'octroi des droits d'utilisation soit fondé sur des critères de sélection objectifs, transparents, non discriminatoires et proportionnés (point 73). En l'occurrence, le choix de limiter le nombre de radiofréquences disponibles issues du dividende numérique s'explique par les risques de brouillage préjudiciable, mises en exergue à la suite de concertations dans le cadre de l'Union internationale des télécommunications. De telles justifications sont pleinement pertinentes pour limiter le nombre de radiofréquences. Il demeure qu'en l'espèce, la limitation n'a concerné que les nouveaux opérateurs alors que les opérateurs déjà présents sur le marché de la télévision analogique ont été favorisés dans le cadre de la transition numérique du fait de l'attribution d'un nombre supérieur de radiofréquences à celui qui est nécessaire à la continuité de leurs programmes. La Cour de justice ne pousse cependant pas plus loin son appréciation du cas d'espèce. Elle laisse en effet le soin au Conseil d'État italien de vérifier "*si les conditions fixées par la procédure de sélection onéreuse sont de nature à permettre une entrée effective de nouveaux entrants sur le marché de la télévision numérique sans indûment favoriser les opérateurs déjà présents sur le marché de la télévision analogique ou numérique*" (point 77).

Remplacement des procédures et confiance légitime

Le Conseil d'État se demandait enfin si le principe de confiance légitime s'oppose au remplacement d'une procédure de sélection pour l'attribution des radiofréquences dans la mesure où des opérateurs admis à la première procédure se seraient, en tant que seuls soumissionnaires, vu attribuer des droits d'utilisation de radiofréquences de diffusion numérique terrestre pour la radio et la télévision si ladite procédure n'avait pas été annulée.

La Cour de justice rappelle qu'en tant que principe général du droit de l'Union, la confiance légitime s'impose aux États membres dans la mise en œuvre des dispositions de ce droit. Le principe est invocable par tout justiciable à l'égard duquel une autorité administrative a fait naître des espérances fondées du fait d'assurances précises qu'elle lui aurait fournies. Constituent des assurances susceptibles de faire naître de telles espérances, quelle que soit la forme sous laquelle ils sont communiqués, des renseignements précis, inconditionnels, concordants et émanant de sources autorisées et fiables (point 80).

Sans surprise, la Cour de justice considère que la seule circonstance pour un opérateur de participer à une procédure de sélection ne suffit pas à générer une confiance légitime dans son chef. Elle prend le soin d'ajouter que ce serait le cas même si ledit opérateur participait à la procédure en tant qu'unique soumissionnaire pour l'obtention d'un multiplex (point 82). La solution est logique et respecte l'esprit de la procédure de sélection. On ne peut, d'un côté, organiser une procédure pour sélectionner un opérateur et, de l'autre côté, affirmer que la seule participation à la procédure fait naître dans l'opérateur l'espérance légitime qu'il sera sélectionné; ce serait admettre le caractère artificiel de la procédure de sélection.

F. Martucci

Concurrences N°4-2017, pp. 165-167

ARCEP, déc. n° 2014-0192-RDPI du 13 févr. 2014, Oméa Télécom

L'Autorité de régulation des communications électroniques et des postes se prononce sur un différend entre deux opérateurs de communications électroniques concernant leur accord MVNO

Dans sa décision n° 2014-0192 du 13 février 2014, l'ARCEP se prononce sur une demande de règlement de différend introduite en décembre 2013 par Oméa Télécom. Oméa Télécom est un opérateur de réseau mobile virtuel (MVNO pour Mobile Virtual Network Operator). À la différence des quatre opérateurs de réseau, les MVNO ne possèdent pas leur propre infrastructure de réseau. Ils fournissent leurs services de communications mobiles aux abonnés, sous leur propre marque, à partir du réseau des opérateurs de réseau en leur achetant des minutes de conversation en gros. Oméa Télécom commercialise ainsi en France trois offres mobiles à destination des particuliers, sous les marques suivantes: Virgin Mobile, Télé2 Mobile et Casino Mobile.

Les relations contractuelles entre Oméa Télécom et Orange remontent à 2004. Oméa Télécom et Orange sont aujourd'hui liées par deux contrats "light MVNO" et un contrat "full-MVNO". Le modèle "light-MVNO" se "*caractérise par le fait que le MVNO gère peu de plateformes techniques et achète à son opérateur hôte des prestations d'accès et des appels de bout en bout, incluant le départ, l'acheminement et la terminaison d'appel*" (page 14 de la décision). Un opérateur "full-MVNO" possède des éléments de cœur de réseau, n'achète auprès de son opérateur hôte que des demi-appels (émission ou réception) et fixe ses tarifs de terminaison d'appel, générant ainsi des revenus sur les marchés de gros correspondants. Il bénéficie donc d'une plus grande autonomie technique et commerciale.

Oméa Télécom a saisi l'ARCEP dans le cadre de ses pouvoirs de règlement des différends (article L. 36-8 du CPCE) qui prévoit la compétence du régulateur pour fixer les conditions équitables d'ordre technique et financier dans lesquelles l'interconnexion ou l'accès doivent être assurés. Oméa Telecom demandait une amélioration significative des conditions techniques et tarifaires des contrats d'accès aux réseaux 2G/3G/4G. La plupart des demandes d'Oméa Télécom sont rejetées.

L'ARCEP souligne d'abord que le marché de l'accueil des MVNO sur les réseaux mobiles ne fait pas l'objet d'une régulation ex ante, le régulateur français ayant retiré en 2005 son projet de décision portant analyse du marché de gros de l'accès et du départ d'appel mobile, face aux réticences exprimées par la Commission européenne. Les demandes d'Oméa Télécom sont donc examinées au regard des engagements relatifs à l'accueil de MVNO souscrits par Orange, lors de l'attribution des fréquences 3G et 4G, dans les cahiers des charges annexés aux décisions d'autorisation d'utilisation des fréquences (Décision de l'ARCEP n° 2010-0634 du 8 juin 2010; décision de l'ARCEP n° 2011-1170 du 11 octobre 2011 ; décision de l'ARCEP n° 2012-0038 du 17 janvier 2012), ainsi que des obligations plus générales du CPCE applicables aux opérateurs de réseau ouvert au public.

L'ARCEP déclare d'abord irrecevables certaines demandes d'Omea Télécom estimant que la condition préalable d'échec des négociations n'était pas remplie (demandes relatives au tarif appliqué au trafic light MVNO pour la voix à destination de l'international et à l'accès, sans surcoût, aux débits "H+", permettant de doubler le débit 3G). Les demandes reconventionnelles formulées par Orange sont également rejetées (demandes aux fins d'injonction d'exécution de certaines clauses du contrat full-MVNO et aux fins de constatation du caractère légitime de certaines conditions d'accès appliquées à Oméa Télécom).

La portée des différents engagements d'Orange est ensuite clarifiée par la décision. Les engagements pris par Orange au titre de sa licence 4G s'appliquent aux conditions d'accueil d'Oméa par Orange lorsque celles-ci permettent aux clients d'Oméa d'accéder à la fois aux réseaux 2G/3G/4G d'Orange. Les conditions d'accueil d'Oméa qui n'incluent pas la 4G ne sont appréciées qu'au regard de l'engagement 3G. L'ARCEP indique également que les obligations figurant dans les engagements 3G et 4G ne peuvent se substituer aux remèdes tarifaires qui pourraient être imposés dans le cadre d'une régulation ex ante (orientation des tarifs vers les coûts ou obligation de pratiquer des tarifs de gros permettant la réplicabilité de toute offre de détail commercialisée par l'opérateur hôte).

L'ARCEP rejette l'ensemble des demandes d'Oméa Télécom relatives à l'évolution des conditions tarifaires appliquées aux offres de gros 2G/3G pour 2013, concernant la partie du réseau situé hors réseau zones blanches. L'ARCEP conclut d'abord à l'absence d'effet fidélisant de certaines conditions tarifaires dénoncées par Oméa Télécom (clauses imposant un minimum de facturation, paiement d'un montant d'un montant fixe donnant droit à des tarifs préférentiels et redevance mensuelle par carte SIM au titre de la consommation de données par les clients "full-MVNO"). Le régulateur constate ensuite qu'aucune restriction n'a pu être portée à l'autonomie commerciale d'Oméa Télécom par le dispositif d'options tarifaires appliqué en 2013 ainsi que par la redevance mensuelle par carte SIM précitée. Oméa Télécom demandait également une baisse des tarifs 2G/3G pratiqués par Orange en 2013 dénonçant un effet de ciseau tarifaire et la marge démesurée et inéquitable réalisée par Orange. L'ARCEP estime qu'il n'y a pas lieu d'appliquer un test de ciseau tarifaire pour apprécier les tarifs de gros d'Orange compte tenu de l'absence d'influence significative d'Orange sur le marché de l'accueil des MVNOs. L'ARCEP constate également le dynamisme concurrentiel de ce marché au regard du nombre de contrats signés entre MVNO et opérateurs hôtes et la stabilité des parts de marché des MVNOs depuis 2011 sur le marché de détail mobile. L'ARCEP valide enfin le traitement différencié opéré par Orange selon les origines et les destinations du trafic, que contestait Oméa Télécom.

Les demandes d'Oméa Télécom relatives à l'évolution des conditions tarifaires des offres de gros 2G/3G pour 2014 sont également écartées. Oméa Télécom demandait notamment l'application de tarifs maxima pour les usages voix, SMS et données avec ou sans redevance mensuelle par carte SIM active sans système de droit fixe, options tarifaires et minimum de facturation. Comme pour l'offre 2013 et pour les mêmes raisons (voir précédemment), l'ARCEP écarte comme non pertinent le test de ciseau tarifaire réalisé par Oméa Télécom et conclut au dynamisme concurrentiel du marché concerné en 2014.

Oméa Télécom soulevait ensuite une série de demandes concernant l'offre d'accueil formulée par Orange en septembre 2013 sur son réseau 4G. L'ARCEP estime d'abord qu'il n'est pas illégitime qu'Orange propose une offre d'accueil prévoyant un droit d'accès au réseau et une redevance par carte SIM qui reflètent les coûts principalement fixes supportés par l'opérateur pour le déploiement de la 4G. L'ARCEP rejette donc la demande d'Oméa Télécom visant à obtenir uniquement des tarifs à l'usage. En revanche, pour l'ARCEP, des droits d'accès fondés principalement sur des droits fixes élevés ou des tranches de grande taille peuvent limiter la capacité du MVNO à changer d'opérateur hôte pour faire jouer la concurrence sur le marché de gros. L'ARCEP demande donc à Orange d'adapter le niveau d'engagement en volume et en durée de son offre d'accueil aux besoins exprimés par le MVNO afin qu'il puisse, au choix, privilégier des tarifs plus attractifs ou une autonomie commerciale plus grande. L'ARCEP impose donc à Orange de revoir à la baisse la taille des tranches permettant le calcul des droits fixes d'accès au réseau et leur durée de validité. Les autres demandes d'Oméa Télécom visant à améliorer les conditions tarifaires de l'offre d'accueil de septembre 2013 sont écartées. Oméa Télécom ne démontre pas que les deux composantes fixes de l'offre tarifaire d'Orange auraient pour effet de limiter son autonomie commerciale sur le marché de détail. Oméa Télécom contestait ensuite le niveau tarifaire général proposé par Orange pour 2014 comme constituant une barrière à l'entrée. S'agissant de la tarification à l'usage, l'ARCEP estime que les tests de réplicabilité et de rentabilité produits par Oméa Télécom ne sont pas pertinents puisqu'Orange n'a pas l'obligation de permettre la réplicabilité de toute offre de détail commercialisée par l'opérateur hôte. L'ARCEP souligne qu'en toute hypothèse ces tests n'infirment pas le constat que les tarifs à l'usage proposés par Orange en 2013 et 2014 sont de nature à laisser à un MVNO un espace économique suffisant entre ses coûts de production et les revenus de détail. L'ARCEP estime ensuite qu'Oméa Télécom n'établit pas le caractère déraisonnable des tarifs d'accès au réseau 4G. L'ARCEP rejette également comme mal fondée la demande d'Oméa Télécom concernant les conditions tarifaires de l'offre 2G/3G/4G en light MVNO. Enfin, à l'instar de son appréciation des conditions tarifaires des offres de gros 2G/3G, l'ARCEP estime que la situation concurrentielle des marchés de détail et de gros de l'accueil des MVNO ne peuvent justifier les demandes d'Oméa Télécom.

Enfin, l'ARCEP examine les demandes concernant l'accès aux sites du réseau 2G d'Orange déployés dans les zones blanches. Dans ces zones, la couverture s'effectue soit par le recours à l'itinérance entre les opérateurs de réseau, soit par un partage d'infrastructures passives. Pour un light MVNO dont le trafic est entièrement géré par l'opérateur hôte, l'accès ne pose pas de difficultés a priori, les clients du MVNO pouvant accéder comme les clients de l'opérateur hôte à toutes ces zones. Pour l'ARCEP, l'accès des full-MVNO peut présenter plus de difficultés techniques en raison notamment du fait que les clients d'un full-MVNO sont "vus" par le réseau 2G des opérateurs de réseau comme des clients distincts des leurs. Dès lors, l'ARCEP considère qu'il ne peut être fait droit à la demande d'Oméa Télécom visant à donner accès à ses clients full-MVNO aux différents réseaux des zones blanches compte tenu des problèmes techniques posés dont les solutions devraient être trouvées dans le cadre de travaux multilatéraux en cours. Les mêmes raisons techniques ont conduit l'ARCEP à rejeter la demande d'Oméa de disposer d'une offre full-MVNO ne distinguant pas un tarif spécifique sur les sites du réseau 2G situé en zones blanches. En revanche, l'ARCEP estime que l'application par Orange d'un tarif de gros plus élevé pour le trafic des clients light MVNO d'Oméa Télécom en provenance ou à destination des sites situés sur les zones blanches ne se justifie pas au regard des objectifs de régulation. L'ARCEP fait donc injonction à Orange, pour l'avenir, de proposer à Oméa télécom une offre light MVNO prévoyant un tarif des communications sur les sites des zones blanches identique à celui des communications utilisant les autres sites.

J.-P. Tran Thiet, O. Berg
Concurrences N°3-2014, pp. 175-177

Auto. conc., avis n° 13-A-15 du 14 oct. 2013 ; avis n° 13-A-1 du 14 oct. 2013 ; avis n° 13-A-17 du 14 oct. 2013

L'Autorité de la concurrence rend trois avis à l'Autorité de régulation des communications électroniques et des postes concernant la régulation *ex ante* des terminaisons d'appel vocal fixe et mobile et SMS

Le 14 octobre 2013, l'Autorité de la concurrence a rendu trois avis à l'ARCEP dans le cadre de la procédure d'analyse des marchés de gros des terminaisons d'appel (TA) vocal fixe et mobile et des TA SMS. La TA est la partie terminale du réseau de l'opérateur de l'appelé. Ce dernier facture à l'opérateur de l'appelant une charge correspondant à la prestation d'accès et d'acheminement de l'appel ou du SMS sur la TA de son réseau. Le niveau de TA facturé entre opérateurs sur les marchés de gros a donc un impact sur la concurrence exercée sur les marchés de détail puisque le prix de la TA est un revenu pour l'opérateur de l'appelé et une charge pour l'opérateur de l'appelant. La TA est soumise à une régulation *ex ante*comprenant notamment un encadrement tarifaire pluriannuel des charges de TA, chaque opérateur de réseau, indépendamment de sa taille, étant considéré comme détenant un monopole sur la TA de son réseau.

Les avis de l'Autorité s'inscrivent dans le cadre des troisième et quatrième cycles d'analyse des marchés concernés, l'ARCEP proposant de reconduire les dispositifs de régulation *ex ante* pour la période 2014-2016.

L'Autorité de la concurrence procède à un bilan des principales évolutions intervenues sur les marchés concernés

Dans son avis 13-A-17, l'Autorité relève l'explosion des usages associés aux SMS sur la période 2010-2013. En métropole, une large majorité des clients a accès aux SMS en illimité dans le cadre de forfaits ou d'offres prépayées. Le prix de détail moyen des SMS en illimité a poursuivi sa baisse jusqu'à 1 €, soit le niveau de la TA de gros. La zone Réunion-Mayotte a connu une évolution similaire. En revanche, le développement des usages SMS s'est avéré plus lent dans la zone Antilles-Guyane en raison notamment de la prépondérance du segment prépayé et du lancement plus tardif d'offres SMS illimités. Sur les marchés de gros, l'Autorité note que la généralisation des offres de SMS illimités tous réseaux a fait disparaître les déséquilibres de trafic entre opérateurs. Désormais, un SMS envoyé conduit quasi systématiquement à un SMS en réponse de la part du destinataire, peu importe le réseau concerné.

S'agissant des TA vocal mobile, l'avis 13-A-16 constate que les offres illimitées tous réseaux 24h/24 sont devenus l'un des standards du marché. Le marché de détail a été principalement marqué par l'arrivée de Free Mobile et le lancement d'offres *low cost* qui ont obligé les opérateurs mobiles en place à aligner le prix et les services de leurs propres offres. Le marché de détail de la téléphonie mobile s'est également caractérisé par une plus grande fluidité avec une augmentation du nombre d'abonnés exerçant leur faculté de changer d'opérateur. Si les volumes de trafic continuent à augmenter en métropole, les coûts unitaires sont en baisse constante. En outre-mer, la baisse des tarifs de TA a permis l'émergence récente d'offres d'abondance *all net* (vers tous les réseaux mobiles).

L'avis 13-A-15 procède au bilan des réseaux fixes. La principale évolution est le passage à la technologie IP (Internet Protocol) qui remplace progressivement les architectures téléphoniques commutées traditionnels. Il en résulte une croissance significative des offres de voix sur large bande (VLB) où la téléphonie est un service complémentaire à l'accès à l'Internet haut débit. Le net recul de la téléphonie classique est donc compensé, sur le segment résidentiel, par le développement des offres de VLB. La situation est différente sur le segment non résidentiel (entreprises) où les offres de téléphonies restent parfois incontournables pour des raisons de qualité de service. Les offres de VLB conjugué aux baisses de tarifs de TA fixe et mobile ont permis le développement d'offres d'abondance vers l'international et les réseaux mobiles nationaux. L'Autorité souligne également le développement de la convergence fixe-mobile avec des offres dites "quadruple play" associant au moyen d'une *box* des offres incluant la téléphonie fixe, un forfait mobile ainsi que des services d'accès fixe à l'Internet et de télévision sur IP.

Les trois avis soulignent surtout que la France fait figure de "meilleur élève" parmi les pays de l'UE avec, à ce jour, l'une des TA SMS les plus basses (1 centime €), la TA vocal mobile la plus basse (0,8 centime € par minute en métropole et 1 centime € par minute pour l'outre-mer) et la TA vocal fixe la plus basse (0,08 centime €). L'Autorité estime que cette baisse du niveau de TA a été un facteur favorable dans l'animation concurrentielle des marchés de détail.

L'Autorité de la concurrence est favorable au maintien de la régulation *ex ante* sur les marchés concernés pour la période 2014-2016 et appelle à une harmonisation renforcée en Europe

L'Autorité se prononce pour le maintien d'une régulation *ex ante* sur le marché de gros de la TA SMS qui s'appliquerait également à Free Mobile et l'ensemble des opérateurs mobiles *full MVNO,* jusque- là épargnés. L'avis 13-A-17 juge qu'il serait prématuré de lever des obligations *ex ante* sur ces marchés compte tenu du risque que les opérateurs régulés puissent chercher à réaligner leur TA SMS sur le niveau des opérateurs non régulés, arrivés récemment sur le marché. L'Autorité invite néanmoins l'ARCEP à envisager une levée progressive de la régulation *ex ante* avant la fin du présent cycle d'analyse si les conditions venaient à évoluer. L'avis 13-A-17 se montre réservé sur l'opportunité d'une régulation *ex ante* des services de gros de MMS (Multimedia Message Service) qui permettent d'échanger des photos ou des vidéos sur certains terminaux adaptés. D'une part, leur substituabilité avec d'autres services de messagerie (e-mails mobiles ou messagerie instantanée) n'est pas exclue, et d'autre part, les outils de régulation symétrique dont dispose l'ARCEP (pouvoir de sanction ou de règlement de différends) devraient suffire, selon l'Autorité, à résoudre les éventuels problèmes concurrentiels.

L'Autorité se montre également favorable à la reconduction du dispositif de régulation *ex ante* sur les marchés de gros de la TA vocal mobile et de la TA vocal fixe. On notera qu'Orange se voit imposer l'obligation de proposer certaines solutions de raccordement spécifiques permettant aux opérateurs de petite taille de disposer d'une flexibilité dans les options de déploiement. En vue d'accompagner la migration des réseaux fixes vers le tout IP, Orange doit également proposer une interconnexion équivalente à celle offerte à Orange France en ce qui concerne le trafic voix sur large bande et doit mettre en place, d'ici deux ans, une interconnexion IP permettant de joindre l'ensemble de ses clients sur le réseau téléphonique commuté.

Enfin, s'agissant des TA vocal mobile et fixe, l'Autorité souligne que le régulateur français a été l'un des plus rapides dans l'application du cadre réglementaire communautaire (recommandation de la Commission européenne du 7 mai 2009 sur le traitement réglementaire des tarifs de terminaisons d'appels fixe et mobile dans l'UE). En conséquence, les opérateurs français ont vu leur revenu de TA vocal fixe divisé par plus de 5 entre le 1er janvier 2011 et le 1er janvier 2013 et leur revenu de TA mobile divisé par 4 sur cette même période. Selon l'Autorité, ils se trouvent donc pénalisés vis-à-vis de certains opérateurs étrangers exerçant leur activité dans des pays de l'UE où les régulateurs appliquent avec retard, ou n'appliquent pas du tout, le cadre réglementaire. L'Autorité juge injustifiée de telles différences d'approche réglementaire au niveau national. Elle appelle donc à une harmonisation renforcée du cadre communautaire. Les avis soulignent que les difficultés rencontrées par les opérateurs français sont encore renforcées, à l'échelle internationale, hors UE, en raison de conditions de concurrence déséquilibrées avec des opérateurs non-européens. L'Autorité préconise que des travaux soient menés au niveau communautaire afin d'améliorer les conditions de négociation des opérateurs européens. Ces deux dernières préconisations s'adressent moins à l'ARCEP qu'à la Commission et aux organes politiques de l'UE. Elles s'inscrivent dans l'objectif plus large visant à la construction d'un véritable marché unique des communications électroniques.

J.-P. Tran Thiet
Concurrences N°1-2014

Aut. conc., avis n° 13-A-02 du 21 janv. 2013 relatif à la situation des opérateurs de réseaux mobiles virtuels (MVNO) sur les marchés de la téléphonie mobile

L'Autorité de la concurrence rend un avis sur la situation des opérateurs de réseaux mobiles virtuels sur les marchés de la téléphonie en France

Le 21 janvier 2013, l'Autorité de la concurrence a rendu un avis concernant la situation des opérateurs de réseaux mobiles virtuels (*Mobile Virtual Network Operators*, "MVNO") sur les marchés de la téléphonie mobile en France. Les MVNO ne disposent pas de leur propre réseau mobile. Afin de proposer des offres de téléphonie mobile aux utilisateurs, ils achètent les prestations de gros nécessaires (minutes de communication, SMS, unités de données) auprès des opérateurs de réseau.

L'Autorité a été saisie par l'association Alternative Mobile, regroupant plusieurs MVNO, qui l'a interrogée sur la possibilité pour les MVNO de continuer à animer le marché de la téléphonie mobile, notamment au regard des conditions tarifaires et techniques pratiquées par les opérateurs de réseau qui les hébergent. Cette saisine s'inscrit dans le contexte de profondes mutations que connaît actuellement le marché français de la téléphonie mobile avec, notamment, l'arrivée de Free Mobile et la baisse des prix de détail qui s'en est suivie. Une telle situation est susceptible de fragiliser l'activité des MVNO.

Les évolutions du marché de la téléphonie mobile et leur impact sur les MVNO

L'avis dresse d'abord un état des lieux détaillé du marché mobile métropolitain. Le taux de croissance du marché de détail de la téléphonie mobile est resté relativement soutenu pour la période 2008-2012 avec une croissance annuelle de 5 à 8 %. Jusqu'en 2010, les prix ont faiblement baissé, la concurrence s'étant surtout développée autour d'offres d'abondance permettant des communications illimitées (voix puis SMS) pour un prix forfaitaire. L'avis souligne la rupture constituée par l'arrivée de Free Mobile que les trois opérateurs de réseau en place ont anticipée dès 2010 en lançant notamment des offres à prix bas, commercialisées uniquement sur Internet, sans engagement et sans terminal subventionné (offres dites "SIM nues"). Les offres SIM nues commercialisées par Free Mobile en 2012 ont accentué ce mouvement de baisse des prix. Le marché est également marqué par la très forte croissance des prestations d'échanges de données sur terminaux mobiles (accès aux emails, téléchargement d'applications, vidéos etc.), le développement corrélatif des "smartphones", et l'augmentation constante des débits qui conduit certains opérateurs à envisager le lancement d'offres *premium* donnant accès à des débits ou des volumes de données supérieurs, en contrepartie d'un prix plus élevé.

L'entrée sur le marché des MVNO s'est effectuée de façon progressive depuis 2004, même si certains d'entre eux ont été rachetés par des opérateurs de réseau. L'avis constate l'apparition depuis novembre 2010 de MVNO "étendus" (*full* MVNO) ayant accès à des éléments de réseau et moins dépendants des opérateurs de réseau. L'Autorité estime que les MVNO ont contribué à animer la concurrence sur le marché de détail de la téléphonie mobile en introduisant certaines offres innovantes, comme les forfaits SMS illimités, et en se concentrant sur certains segments de clientèle, avec des prix agressifs. Leur part de marché globale est passée de 5 % en 2008 à 13 % en 2012 mais elle reste limitée en valeur (8 % du total du chiffre d'affaires de la téléphonie mobile) et en volume de trafic (7,4 % du trafic exprimé en minutes de communication). Leur revenu moyen par client est nettement inférieur à celui des opérateurs de réseau en raison de la forte présence des MVNO sur les offres prépayées. De plus, ces offres sont les plus affectées par l'arrivée de Free Mobile avec le développement d'offres post-payées à prix réduit. L'avis note également la quasi-absence des MVNO sur la clientèle entreprise.

Les difficultés rencontrées par les MVNO dans leur relation avec les opérateurs de réseau

L'Autorité rappelle les contraintes pesant sur les MVNO dans leurs relations avec les opérateurs de réseau qui les hébergent et qui sont aussi leurs concurrents sur les marchés de détail. L'offre d'hébergement effective est encore limitée à Orange France, SFR et Bouygues Telecom puisqu'aucun MVNO n'a, à ce jour, souscrit aux offres d'hébergement proposées par Free Mobile, ce que l'Autorité explique par la couverture en propre encore limitée dont dispose ce dernier. Or, si les opérateurs de réseau peuvent trouver un intérêt à accueillir des MVNO, afin notamment d'optimiser l'utilisation de leur réseau, ils ne peuvent écarter le risque que leur base clients ne soit "cannibalisée" par les MVNO.

Dans un précédent avis n° 08-A-16 du 30 juillet 2008, l'Autorité avait déjà préconisé un assouplissement des conditions contractuelles d'hébergement pour déverrouiller les contraintes pesant sur les MVNO. Depuis 2010, les quatre opérateurs de réseau ont également souscrits un certain nombre d'engagements à l'occasion des procédures d'attribution de fréquences allant de l'obligation de faire droit aux demandes raisonnables d'accueil des MVNO jusqu'à l'engagement d'octroyer des conditions économiques "raisonnables". Dans sa saisine, Alternative Mobile estime que ces mesures n'ont pas eu l'effet escompté. En particulier, Alternative Mobile met en avant l'impossibilité pour les MVNO de répliquer au niveau tarifaire et technique les nouvelles offres *low cost* commercialisées depuis 2011 par les trois opérateurs de réseau "historiques".

L'analyse de l'Autorité

L'avis examine, en premier lieu, la réplicabilité tarifaire pour les MVNO des offres proposées par les opérateurs de réseau. S'appuyant sur l'analyse de l'ARCEP, l'Autorité constate que certains MVNO ne sont pas en mesure de répliquer de façon rentable les offres SIM nues proposées par les opérateurs de réseau, compte tenu de l'espace économique insuffisant entre les tarifs d'hébergement facturés à ces MVNO et les tarifs de détail pratiqués par les opérateurs de réseau. L'avis souligne néanmoins les limites de l'exercice puisque un véritable test de ciseau tarifaire ne pourrait être mené que dans le cadre d'une procédure contradictoire contentieuse. On ajoutera que la pratique de "ciseau tarifaire" ne peut être réprimée qu'au titre d'un abus de position dominante qui supposerait la démonstration d'une position dominante individuelle ou collective détenue par un ou plusieurs des opérateurs de réseau mobile sur les marchés concernés. L'Autorité s'interroge ensuite sur un certain nombre de clauses susceptibles de limiter l'autonomie commerciale des MVNO notamment des minimum de facturation annuelle et des engagements contraignants sur les volumes.

L'Autorité relève, en deuxième lieu, que les MVNO rencontrent des difficultés pour répliquer techniquement les services fournis par les opérateurs de réseau, alors que la qualité de service est devenue un élément central du jeu de la concurrence. L'Autorité rappelle d'abord aux opérateurs de réseau qu'ils doivent faire en sorte de rendre accessible aux MVNO la technologie 4G, de façon à ce que les MVNO puissent proposer des offres similaires à celles des opérateurs hôtes, conformément aux engagements pris lors de l'attribution des fréquences. L'Autorité estime également que les MVNO devraient avoir accès, dans le cadre de leur contrat d'hébergement, au dispositif technique des femto-cellules qui permettent d'augmenter la couverture du réseau au niveau local, ainsi qu'aux services de géolocalisation, lorsque ces services sont utilisés par les opérateurs de réseau "hôtes". En revanche, l'accès des MVNO aux *hotspots* Wifi communautaires des opérateurs de réseau, qui permettent aux utilisateurs de se connecter à l'internet fixe *via* des points d'accès répartis sur le territoire, n'est pas jugée nécessaire par l'Autorité en vue de prévenir des distorsions de concurrence. Enfin, l'Autorité de la concurrence renvoie la question du *multiroaming* à l'avis sur les conditions de mutualisation et d'itinérance sur les réseaux mobiles. À l'instar de l'avis n° 08-A-16 du 30 juillet 2008 rendu sur la situation des MVNO, cet avis illustre à nouveau l'utilisation par l'Autorité de la concurrence de la procédure consultative pour des objectifs qui se rapprochent de ceux d'un régulateur sectoriel. Il faut, en effet, rappeler qu'en avril 2005, l'ARCEP avait notifié à la Commission européenne un projet de décision visant à instaurer une régulation *ex ante* sur le marché de gros de l'hébergement de MVNO sur les réseaux des opérateurs de téléphonie mobile. L'ARCEP estimait qu'il existait une situation de collusion tacite entre les trois opérateurs mobiles. Devant les réticences de la Commission européenne notamment sur la réunion des critères permettant d'identifier une "position dominante collective", l'ARCEP a retiré son projet et mis le marché sous surveillance. L'avis du 30 juillet 2008 avait d'ailleurs conclu à la difficulté pour le droit de la concurrence d'appréhender les pratiques constatées sur les marchés concernés. Il avait donc préconisé une intervention du régulateur, voire du législateur. Le présent avis est inspiré par la même orientation puisque le principal "message" adressé aux opérateurs de réseau est de veiller au bon respect des engagements pris dans le cadre des procédures d'attribution de fréquence, ce qui relève au premier chef des attributions de l'ARCEP en tant que régulateur des télécoms, comme l'avis le reconnaît lui-même.

J.-P. Tran Thiet

Concurrences N°2-2013, p. 159

Aut. conc., avis n° 13-A-08 du 11 mars 2013 relatif aux conditions de mutualisation et d'itinérance sur les réseaux mobiles

L'Autorité de la concurrence rend un avis sur les conditions de mutualisation et d'itinérance sur les réseaux mobiles

L'Autorité a été saisie pour avis le 2 novembre 2012 par le ministre du redressement productif et la ministre déléguée chargée des PME, de l'innovation et de l'économie numérique. Il était demandé à l'Autorité de se prononcer d'une part sur l'accord d'itinérance signé entre Free Mobile et Orange France et d'autre part, sur les conditions de mutualisation des réseaux mobiles entre opérateurs.

Dans une partie préliminaire, l'Autorité expose sa philosophie de la régulation du marché de la téléphonie mobile. Elle se prononce en faveur du modèle de la concurrence par les infrastructures dans lequel chaque opérateur est supposé investir et développer son propre réseau de télécommunications, à la différence de la concurrence par les services, fondée sur l'usage d'un réseau déjà en place, dont l'accès est régulé et ouvert aux nouveaux entrants. À juste titre, l'avis souligne que la promotion de la concurrence par les infrastructures est au cœur des objectifs de régulation prévus par la réglementation sectorielle des communications électroniques. Ce modèle de concurrence est en effet le mieux à même de favoriser l'autonomie de chaque opérateur et d'encourager l'innovation et la différenciation des services, tout en stimulant l'emploi et l'investissement qui sont au centre des préoccupations de la demande d'avis ministérielle. Il faut se réjouir de cette priorité donnée à la concurrence par les infrastructures et espérer que cette approche soit appliquée par l'Autorité, dans des conditions équivalentes, sur les autres marchés des communications électroniques.

La concurrence par les infrastructures ayant prévalu jusque-là pour la régulation du marché de la téléphonie mobile, l'Autorité se montre hostile à changer "subrepticement" de modèle après l'arrivée du quatrième opérateur. L'avis s'attache donc à vérifier dans quelle mesure la mutualisation des réseaux mobiles et le recours à l'itinérance sont compatibles avec ce modèle de concurrence par les infrastructures.

L'Autorité rappelle enfin que la demande d'avis des ministres intervient dans un contexte particulier puisque l'arrivée de Free Mobile a bouleversé le secteur. Or, la progression du quatrième opérateur mobile a été favorisée par l'accord d'itinérance nationale 2G et 3G conclu avec Orange, qui lui a rapidement permis de proposer des services reposant sur une couverture élevée, alors que le réseau de Free Mobile en est encore aux premiers stades de son déploiement.

Typologie des accords de partage de réseaux et grille d'analyse

L'avis analyse deux types d'accords de partage de réseaux: la mutualisation et l'itinérance. Les accords de mutualisation peuvent prévoir un partage plus ou moins avancé: mutualisation d'installations passives (mutualisation des sites entre opérateurs), mutualisation plus poussée d'installations actives (partage des sites et d'équipements actifs), voire la mise en commun des fréquences qui est la forme ultime de mutualisation, puisque les clients de chacun des opérateurs associés accèdent à l'ensemble des fréquences concernées. Dans le cas de l'itinérance ou "roaming", un opérateur accueille sur son réseau les clients d'un autre opérateur qui ne dispose pas de fréquences ou n'a pas de sites en propre (par exemple, l'accord d'itinérance entre Free et Orange). À la différence de la mutualisation qui s'inscrit dans le long terme, l'itinérance a vocation à rester temporaire.

L'avis rappelle que le cadre d'analyse de ces deux formes de partage de réseaux mobiles est fourni par les Lignes directrices de la Commission européenne sur les accords de coopération horizontale, en particulier les développements concernant les accords de production. L'analyse doit surtout s'intéresser aux effets de ces accords, qui n'ont pas en principe d'objet anticoncurrentiel, et dont le caractère anticoncurrentiel dépendra de la nature et du contenu des accords en cause, du pouvoir de marché et des caractéristiques structurelles du marché. Les éventuelles restrictions de concurrence générées par ces accords sont susceptibles d'être contrebalancées par la démonstration d'effets favorables sur la base des conditions cumulatives prévues à l'article 101, paragraphe 3 du TFUE.

L'analyse concurrentielle des accords de mutualisation

Dans un premier temps, l'avis expose son analyse générale des accords de mutualisation entre opérateurs mobiles sur la base des critères prévus par les Lignes directrices sur la coopération horizontale. En résumé, on retiendra que les risques concurrentiels dépendent essentiellement de trois facteurs : le pouvoir de marché des parties, le degré de mutualisation et les zones géographiques couvertes par les accords. L'Autorité précise que ces risques sont d'une part, la limitation de la concurrence entre les parties à l'accord, et d'autre part, l'éviction d'opérateurs tiers. L'Autorité considère d'abord que les caractéristiques structurelles des marchés de la téléphonie mobile incitent à la prudence à l'égard de toute forme de coopération. En dépit de l'arrivée d'un quatrième acteur, l'Autorité estime que ces marchés présentent toujours des risques élevés de collusion liés à la concentration du marché et à la transparence sur le marché de détail. Ensuite, s'il est tenu compte de l'augmentation du pouvoir de marché en amont des parties à l'accord, l'avis souligne l'importance de la part de marché contrôlée conjointement par les parties sur le marché de détail pour l'analyse concurrentielle, ce qui est susceptible d'être moins favorable aux accords de partages conclu par Orange qui reste l'opérateur "leader" sur les marchés de détail de la téléphonie mobile. L'avis indique également que les accords de portée nationale comportent des risques concurrentiels plus substantiels que des accords limités géographiquement. L'autonomie financière, technique et commerciale des parties dépendra essentiellement du degré de mutualisation mis en place : plus ce dernier est poussé, plus cette autonomie est susceptible d'être restreinte. Les accords de mutualisation de réseaux emportent nécessairement des échanges d'informations qui, selon l'Autorité, sont susceptibles d'être plus sensibles et stratégiques dans les zones denses où les opérateurs devraient surtout s'informer sur les trafics prévisionnels en vue de gérer les problématiques de capacités. Enfin, l'avis ne prend pas réellement position sur les questions de la nature des coûts mis en commun par les parties et les éventuels gains de débits liés à une meilleure efficacité spectrale. Dans les deux cas, l'analyse est que les éventuels gains d'efficacité peuvent compenser les risques générés par les accords de partage.

Dans un second temps, sur la base de cette analyse générale, l'Autorité formule un certain nombre de recommandations.

Dans les zones peu denses ou dans les zones identifiées par l'ARCEP comme étant de déploiement prioritaires (ZDP), l'Autorité se montre ouverte à l'adoption d'une mutualisation passive ou active dans la mesure où les gains attendus en termes de déploiement territorial des réseaux sont susceptibles de profiter aux consommateurs. Néanmoins, elle émet des réserves en ce qui concerne les accords de partage de fréquences, qui devraient en tout état de cause être validés par l'ARCEP, dont le recours devra être justifié techniquement. Plus généralement, l'avis invite à la prudence en matière d'échange d'informations et préconise la mise en place d'entreprises communes pour gérer la mutualisation en vue d'éviter la remontée d'informations sensibles vers les maisons-mère.

Dans les zones denses où la concurrence par les infrastructures est censée être plus vive, l'Autorité préconise une mutualisation plus encadrée. L'avis distingue les zones dites "semi-denses", où le partage vise à résoudre des problèmes de couverture et les zones "denses ou très denses", où la mutualisation répond à une logique de capacité. On peut néanmoins s'interroger sur le caractère opérationnel de cette délimitation dès lors que l'avis ajoute que la frontière entre les deux types de zones "peut varier au cours du temps". Pour les deux zones, l'Autorité se montre réticente face à un éventuel partage des fréquences, alors qu'à l'inverse, la mutualisation passive comporte peu de risques anticoncurrentiels. Dans certains cas, une mutualisation active, sous forme notamment de "RAN sharing", peut s'avérer pro-concurrentielle soit dans les zones semi-denses, soit pour compenser les difficultés de déploiement de sites rencontrées par un nouvel entrant.

L'analyse concurrentielle des accords d'itinérance

L'Autorité rappelle que l'itinérance se traduit par une forte asymétrie en termes d'investissements. L'itinérance se matérialise en effet par l'utilisation des seules fréquences de l'opérateur d'accueil et s'appuie sur son réseau d'accès et de collecte. Le contrat d'itinérance crée également une dépendance technique et opérationnelle de l'opérateur accueilli vis-à-vis de l'opérateur d'accueil.

L'itinérance locale a été utilisée, dans le cadre de programmes mis en œuvre sous l'égide des pouvoirs publics, pour étendre la couverture des réseaux mobiles en 2G dans les "zones blanches" qui n'étaient couvertes par aucun opérateur. En outre, en raison de son entrée tardive sur le marché, Free Mobile dispose de droits à l'itinérance 2G (droit provisoire de 6 ans à compter de son autorisation couvrant les réseaux des autres opérateurs) et 4G (droit durable limité aux zones de déploiement prioritaires). Enfin, Free Mobile a signé un contrat d'itinérance nationale 2G et 3G avec Orange jusqu'en 2018.

L'avis expose les principaux avantages et inconvénients de l'itinérance du point de vue des parties à l'accord.

Pour l'opérateur accueilli, l'itinérance permet d'abord d'étendre les zones de couverture de ses services, ce qui est un outil de compétitivité important pour un nouvel entrant qui fait face aux taux de couverture élevés des opérateurs en place. Elle permet ensuite au nouvel entrant d'optimiser ses investissements : il peut déployer un réseau sous-dimensionné en termes de capacité et utiliser l'itinérance pour absorber le reste du trafic qui ne peut transiter par son réseau. L'opérateur accueilli réduit donc ses coûts fixes de réseau auxquels il substitue des coûts variables (facturation de l'itinérance selon les volumes ou débits), ce qui est avantageux pour un nouvel entrant disposant de faibles économies d'échelles. L'itinérance permet également à l'opérateur accueilli de sécuriser son réseau tout en limitant les dépenses liées au traitement des problèmes sur son propre réseau puisque, en cas d'incident, les services basculent sur le réseau d'accueil. Enfin, l'itinérance permet de compenser des déséquilibres dans la répartition des fréquences entre opérateurs. En contrepartie, l'itinérance place l'opérateur accueilli en situation de dépendance vis-à-vis de l'opérateur d'accueil en raison notamment de la menace d'une résiliation anticipée ou de non-renouvellement du contrat. Enfin, l'itinérance a un coût financier qui est fondamental dans la décision de l'opérateur accueilli de développer ou non son propre réseau autonome. Pour l'opérateur d'accueil, l'itinérance est favorable dans la mesure où les revenus tirés du contrat excèdent les coûts incrémentaux supportés pour fournir la prestation concernée et qu'ils sont supérieurs à la perte de revenus sur le marché de détail liés à l'activité de l'opérateur accueilli.

L'avis procède ensuite à un rappel de la pratique décisionnelle de la Commission européenne concernant l'accord d'itinérance nationale 3G conclu entre T-Mobile et O2 sur le marché allemand (décision du 16 juillet 2003 COMP/38.369) partiellement validée par le Tribunal de l'Union européenne (2 mai 2006, aff. T-328/03). Il en ressort que l'itinérance a des vertus pro-concurrentielles surtout dans la mesure où elle abaisse les barrières à l'entrée pour un nouvel entrant en permettant de combler un déficit de couverture et/ou de fréquences. Ses risques concurrentiels sont, à l'inverse, d'autant plus forts qu'elle concerne des zones territoriales étendues et un trafic important, que sa durée est longue et que l'opérateur d'accueil occupe des parts de marché élevées. L'Autorité donne des éclairages plus concrets sur cette grille d'analyse. Elle envoie à cette occasion un signal très clair en faveur de l'incitation aux investissements. L'avis souligne ainsi que l'itinérance ne saurait avoir pour objet de pallier les désavantages d'un opérateur qui ne se serait pas donné les moyens financiers d'acquérir suffisamment de fréquences proposées. En d'autres termes, l'itinérance ne doit en aucun cas venir en aide aux opérateurs qui refusent de prendre des risques d'investissements. L'Autorité s'attachera donc à vérifier que dans les zones concernées, l'opérateur accueilli supporte effectivement des handicaps objectifs importants en termes de fréquences justifiant *in concreto* le recours à l'itinérance. Elle tiendra également compte des parts de marché de l'opérateur d'accueil, de l'étendue géographique de l'accord et de sa durée, préconisant une "surveillance" des accords d'itinérance nationale.

L'Autorité formule enfin une série de préconisations concernant le cas particulier de Free mobile.

L'avis examine d'abord le contrat d'itinérance nationale 3G conclu par Free et Orange pour une durée de 6 ans (terme prévu pour 2018 avec possibilité de résiliation anticipée 2 ans avant). L'Autorité reconnaît que cet accord était nécessaire pour permettre à Free d'animer la concurrence en disposant d'un complément de réseau dès son arrivée sur le marché. Elle estime néanmoins que cet accord doit être borné dans le temps. L'avis se livre alors à une comparaison du coût de l'itinérance avec celui du déploiement du réseau en propre. Sa conclusion est que Free Mobile aurait un intérêt économique à demander l'extinction de l'itinérance au terme du contrat signé avec Orange, voire même avant, et de déployer le plus rapidement possible son propre réseau. Néanmoins, l'Autorité considère que cette approche financière est insuffisante à garantir une incitation à déployer son propre réseau sans intervention des autorités de régulation et de concurrence. Elle relève en effet plusieurs incertitudes sur la stratégie de Free Mobile qui pourrait avoir intérêt à perpétuer l'itinérance en raison des bénéfices qualitatifs qui lui sont associés (sécurisation du réseau, garantie de qualité etc.), d'anticiper une baisse des coûts d'itinérance qui pourrait lui permettre d'obtenir des tarifs plus bas lors du renouvellement du contrat, en mettant Orange en concurrence avec les autres opérateurs de réseau ou, encore, d'adopter une stratégie attentiste pour saisir les opportunités qui pourraient résulter d'une évolution du marché (rachat ou fusion avec un concurrent par exemple). L'Autorité préconise donc une régulation du contrat d'itinérance. Une telle analyse soulève des interrogations. Elle aboutit en effet à imposer une régulation de type *ex ante* à un contrat de droit privé, en-dehors de toute infraction au droit de la concurrence, sur la base d'incertitudes concernant la stratégie des acteurs concernés, alors qu'en principe, seule un risque avéré d'atteinte à la concurrence pourrait justifier une telle atteinte à la liberté contractuelle des parties. En conséquence, l'avis estime que le besoin d'une itinérance nationale devrait disparaître si les engagements de couverture de Free Mobile sont respectés, soit au plus tard en 2018, date à laquelle l'opérateur devrait couvrir 90 % de la population et qui correspond également au terme du contrat avec Orange, et que seule une itinérance ciblée géographiquement serait légitime après cette date. L'Autorité suggère que l'ARCEP use, sans attendre, de ses pouvoirs pour vérifier que Free Mobile est sur une trajectoire d'investissement compatible avec les obligations de sa licence. Elle préconise également de définir les modalités d'extinction progressive de l'itinérance nationale en relation avec la trajectoire de couverture de Free. L'avis n'indique pas quelle autorité serait compétente pour mettre en œuvre une telle mesure. L'Autorité se montre ensuite ouverte à une itinérance 2G qui pourrait être maintenue au-delà du droit à l'itinérance accordé à Free jusqu'en 2016. Même si le parc de terminaux 2G est en décroissance, Free Mobile ne peut techniquement accueillir les clients disposant de terminaux 2G exclusif puisqu'il ne détient pas de fréquences 2G. L'avis estime donc que le recours à une itinérance 2G encadrée pourrait permettre à Free Mobile d'adresser ces clients, une migration de ces derniers vers les terminaux 3G ou 4G pouvant s'avérer coûteuse et complexe à mettre en œuvre.

Enfin, l'Autorité se montre réservée sur une itinérance 4G dans les zones denses. L'Autorité rappelle que le handicap dont souffre Free Mobile en fréquences basses, utilisées pour les services 4G, résulte en partie de son arbitrage lors de la mise en enchère des blocs de fréquences concernées. Si l'offre d'acquisition de Free Mobile n'a pas été retenue, c'est qu'elle était la moins-disante sur le plan financier. Il est donc normal que Free Mobile soit exposé à des surcoûts pour déployer un réseau 4G, qui doivent être mis en balance avec les économies réalisées par l'absence de paiement des redevances associées aux fréquences basses. L'Autorité considère qu'il serait préférable qu'un tel handicap soit compensé par une réallocation des fréquences. En revanche, l'Autorité serait prête à considérer une itinérance venant compenser de façon proportionnée un handicap dans les zones peu denses de déploiement prioritaire.

J.-P. Tran Thiet, O. Berg
Concurrences N°2-2013, p. 156

Concurrences +

Alain Ronzano, Secteur de la téléphonie mobile : L'Autorité de la concurrence rappelle son attachement pour une concurrence par les infrastructures dans le secteur de la téléphonie mobile et invite en conséquence l'Arcep à abréger la durée de l'accord d'itinérance qui lie Free à Orange, 11 mars 2013, Concurrences N° 2-2013, Art. N° 52943.

CJUE, 12 juil. 2012, Vodafone España SA, aff. C-55/11, C-57/11 et C-58/11

La Cour de justice de l'UE interprète l'article 13 de la directive "autorisation"

Des municipalités espagnoles ont adopté des ordonnances fiscales assujettissant des opérateurs à une taxe dont le fait générateur est l'"utilisation privative" ou l'"exploitation spéciale" du domaine public municipal afin de fournir des services d'approvisionnement d'intérêt général. Parmi les services assujettis figure la téléphonie mobile. Des opérateurs de télécommunications, Vodafone España et France Telecom España, ont introduit des recours à l'encontre de ces ordonnances fiscales. Les affaires sont parvenues devant le Tribunal Supremo qui, éprouvant un doute quant à l'interprétation de la directive "autorisation" (directive 2002/20/CE du Parlement européen et du Conseil, du 7 mars 2002, relative à l'autorisation de réseaux et de services de communications électroniques), a posé une question préjudicielle à la Cour de justice formulée en ces termes : l'article 13 de la directive "autorisation" doit-il "être interprété en ce sens qu'il s'oppose à une réglementation nationale qui permet d'exiger le paiement d'une redevance pour les droits de mise en place de ressources sur le domaine public municipal aux opérateurs qui, sans être propriétaires du réseau, utilisent celui-ci pour fournir des services de téléphonie mobile ?". La juridiction espagnole demande de surcroît si l'article 13 de la directive "autorisation" est d'effet direct.

La Cour de justice commence par affirmer que les États membres ne peuvent percevoir d'autres taxes ou redevances sur la fourniture de réseaux et de services de communications électroniques que celles prévues par la directive. Autrement dit, celle-ci a procédé à une harmonisation complète en matière de taxes ou de redevances. Cet épuisement du pouvoir fiscal que les États membres peuvent exercer, au titre des procédures d'autorisation, a déjà été affirmé par la Cour de justice à propos de la directive 97/13 du 10 avril 1997 relative à un cadre commun pour les autorisations générales et les licences individuelles dans le secteur des services de télécommunications (CJ, 21 juillet 2011, Telefónica de España, C-284/10). Il ne suffit dès lors plus à la Cour de justice que d'apprécier si les taxes espagnoles correspondent à des taxes ou redevances prévues par l'article 13 de la directive "autorisation". Il résulte de cette disposition que les États membres ont uniquement le choix entre, d'une part, des "taxes administratives destinées à couvrir les coûts administratifs globaux occasionnés par la gestion, le contrôle et l'application du régime général d'autorisation", et, d'autre part, des "redevances sur les droits d'utilisation des radiofréquences ou des numéros ou encore sur les droits de mettre en place des ressources sur ou sous des biens publics ou privés" (pt. 29). Compte tenu des éléments fournis par le juge de renvoi, les taxes espagnoles en cause ne pourraient relever que des redevances sur les "droits de mettre en place des ressources sur ou sous des biens public ou privés". Il convient à cet égard d'insister sur le fait que les taxes espagnoles sont perçues sur des opérateurs qui ne sont pas propriétaires des ressources, mais les utilisent pour la fourniture de services, exploitant uniquement de cette façon le domaine public. Or, la Cour de justice précise que les "droits de mettre en place des ressources sur ou sous des biens public ou privés" sont octroyés à l'entreprise autorisée à fournir des réseaux de communications publics, c'est-à-dire à celle qui est habilitée à mettre en place les ressources nécessaires sur le sol, dans le sous-sol ou dans l'espace situé au-dessus du sol. Par "ressources", précise l'arrêt en renvoyant au point 52 des conclusions de l'avocat général, il faut entendre les infrastructures matérielles permettant la fourniture de réseaux et de services de communications électroniques, tandis que la "mise en place" désigne leur implantation matérielle de ces infrastructures sur la propriété publique ou privée. La Cour de justice en tire la conclusion que la redevance pour les droits de mettre en place des ressources ne peut être perçue que sur le "propriétaire" des ressources installées sur ou sous les biens publics ou privés. Dans le cas d'espèce, la redevance espagnole est imposée aux opérateurs qui utilisent des ressources dont ils ne sont pas propriétaires pour fournir des services en exploitant le domaine public. La Cour de justice en déduit que la directive "autorisation" s'oppose à l'application d'une redevance pour les droits de mise en place de ressources sur ou sous des biens publics ou privés aux opérateurs qui, sans être propriétaires de ces ressources, utilisent celles-ci pour fournir des services de téléphonie mobile. Il convient de se reporter aux conclusions de l'avocat général pour saisir dans quelle mesure la concurrence justifie la solution retenue; en effet, l'article 8, paragraphe 2, sous b), de la directive 97/13 (du 10 avril 1997 relative à un cadre commun pour les autorisations générales et les licences individuelles dans le secteur des services de télécommunications) prévoit que les autorités nationales doivent veiller à ce que "la concurrence ne soit pas faussée ni entravée dans le secteur des communications électroniques", objectif dont le respect implique une "égalité des chances entre les différents opérateurs économiques" (CJ, Telefónica Móviles España, C-85/10, préc., pt. 30). Cette exigence d'égalité explique la différence établie entre le propriétaire des ressources et l'utilisateur de celles-ci. En effet, le propriétaire des ressources peut répercuter la redevance payée sur les droits de mise en place des ressources sur les utilisateurs de celles-ci; si ces utilisateurs, comme dans le cas d'espèce, devaient également s'acquitter de la redevance sur les droits de mise en place, ils subiraient une double charge financière, faussant clairement la concurrence (concl. pt. 63).

F. Martucci
Concurrences N° 4-2012, pp. 157-158

Aut. conc., déc. n° 12-D-18 du 20 sept. 2012

L'Autorité de la concurrence obtient une amélioration de la transparence relative aux activités d'interconnexion à Internet sans remettre en cause le droit à facturer de nouvelles capacités

Pour la première fois, l'Autorité de la concurrence a été amenée à se prononcer dans un cadre contentieux sur la délicate question des relations d'interconnexion entre les acteurs de l'Internet dans un contexte de hausse et de concentration du trafic.

Le contexte de la procédure

Plusieurs acteurs interviennent dans le fonctionnement du marché de l'interconnexion à l'Internet. Les opérateurs de transit permettent aux différents réseaux d'accès dispersés sur toute la planète de s'interconnecter entre eux sans être obligés de passer par une interconnexion bilatérale. Ils fournissent des prestations de "transit" consistant à assurer une connectivité Internet mondiale aux Fournisseurs d'Accès à Internet (FAI) et aux Prestataires de services de la société de l'information (PSI, regroupant les fournisseurs de contenus comme Wikipédia, et les fournisseurs de services comme les sites de messagerie instantanée). Le transit est payant en fonction des capacités utilisées.

Alternativement, des acteurs ayant des profils de trafics similaires peuvent décider d'échanger directement du trafic de façon bilatérale sans passer par le transit. On parle alors d'accords de pair à pair ou peering. En principe, le peering est gratuit puisque le trafic échangé est équilibré de part et d'autre. Une facturation peut néanmoins être prévue en cas d'asymétrie importante entre les deux partenaires. Des accords de peering payant sont récemment apparus, en dehors de toute asymétrie de trafic, le paiement étant alors dû selon les capacités écoulées, comme pour le transit.

Les acteurs de l'Internet ont recours aux différentes modalités d'interconnexion selon leur taille et les réseaux longue distance qu'ils ont pu développer. Les opérateurs de rang 1 qui ont pu investir dans un réseau longue distance, comme Cogent et France Télécom, sont connectés entre eux par des accords de peering. Les opérateurs de taille plus modestes peuvent avoir recours au peering au sein de la même zone géographique et acheter du transit pour accéder à l'Internet mondial (opérateurs de rang 2) ou ne recourir qu'au transit (opérateurs de rang 3).

Le litige entre Cogent et France Telecom

L'activité de transit est affectée par deux types de phénomènes contribuant à modifier l'équilibre des relations d'interconnexion: le choix des grands PSI (Google ou Amazon) de s'interconnecter directement aux FAI sans passer par les opérateurs de transit et la croissance de certains services, comme les flux vidéo, fournis par les PSI qui entraînent pour certains transitaires un risque de déséquilibre important entre les flux entrants et sortants avec les FAI.

Ce contexte éclaire le litige ayant donné lieu à la saisine de l'Autorité de la concurrence. Il opposait Cogent, un opérateur de transit de rang 1, principalement actif sur le marché de gros en Europe, et France Telecom en tant que FAI via "Orange" et opérateurs de transit via "Open Transit". Les deux opérateurs ont conclu des accords de peering gratuit. Le trafic écoulé par Cogent provenait très majoritairement du site MegaUpload, site d'hébergement de fichiers en ligne fermé depuis janvier 2012 par la justice américaine, ce qui entraînait une forte augmentation du trafic vers le réseau de France Télécom et un grand déséquilibre par rapport au trafic envoyé par France Télécom. Cogent se plaignait de l'insuffisance des capacités d'interconnexion mises à disposition par France Télécom (congestion) et du refus de France Télécom d'accroître gratuitement les capacités d'interconnexion de Cogent.

Plus précisément, Cogent critiquait de nombreuses pratiques mises en œuvre par France Telecom, qu'elle qualifiait de refus d'accès à une facilité essentielle et de pratique de vente liée, mettant tout particulièrement en cause la facturation des capacités complémentaires dans le cadre de l'accord de "*peering*", les discriminations créées par rapport aux acteurs de transit et par rapport à Open Transit, la non-propagation des préfixes aux pairs et, enfin, la faiblesse des capacités de "*peering*" gratuit à Paris.

Les préoccupations de concurrence et les engagements pris par France Telecom

S'agissant d'une décision d'engagement, l'Autorité de la concurrence ne tranche pas définitivement la question des marchés pertinents. Elle identifie un marché spécifique des offres d'accès direct ou indirect aux abonnés français d'Orange en tant que FAI. Elle écarte la qualification d'infrastructure essentielle pour les ports d'interconnexion au réseau domestique de France Télécom estimant que les clients d'Orange sont accessibles via les réseaux d'autres opérateurs avec qui France Télécom a été conduite à conclure des accords de peering. L'Autorité considère néanmoins que France Télécom est susceptible de détenir une position dominante sur ce marché, en raison des contraintes de capacités pesant sur les opérateurs de transit concurrents d'Open Transit et des limites au contre-pouvoir des acheteurs vis-à-vis de France Télécom.

Six des griefs soulevés par Cogent sont écartés. Seules les préoccupations de concurrence relatives à d'éventuelles pratiques d'éviction par ciseau tarifaire sont finalement retenues et font l'objet d'engagements de la part de France Télécom. L'Autorité constate, en effet, l'absence d'une facturation interne formalisée entre Orange et Open Transit pour l'accès aux abonnés d'Orange. L'Autorité n'exclut pas qu'en raison d'une telle opacité, Cogent soit victime d'un effet de ciseau tarifaire, compte tenu des tarifs de gros exigés par France Télécom pour acheminer les contenus jusqu'à ses abonnés Orange. Pour répondre à cette préoccupation, France Télécom s'engage à formaliser, par un protocole interne, les relations techniques et commerciales entre Orange et Open Transit.

Du point de vue de la régulation de l'Internet, il doit être observé qu'à l'instar de la position adoptée par l'ARCEP dans son rapport au Parlement et au Gouvernement de septembre 2012 sur la neutralité de l'Internet (voir pages 56 et suivantes), l'Autorité de la concurrence ne considère pas comme illégitimes les pratiques de gestion de trafic d'Orange et le paiement exigé pour l'ouverture de capacités supplémentaires d'interconnexion.

Elle entend néanmoins rester vigilante sur la mise en œuvre de ces pratiques, en s'assurant notamment d'un niveau suffisant de transparence. Une telle approche converge avec la ligne adoptée par l'ARCEP qui rappelle, dans son rapport de septembre 2012, que ces pratiques doivent respecter les principes posés dans ses propositions de septembre 2010 (pertinence, efficacité, proportionnalité, transparence et non-discrimination) sans appeler, à ce stade, à un renforcement du cadre réglementaire existant.

J.-P. Tran Thiet, O. Berg
Concurrences N°4-2012, pp. 159-160

Concurrences+

Anne-Lise Sibony, Accord de peering: La Cour d'appel de Paris confirme qu'un refus d'accroître la capacité disponible au titre d'un accord de peering entre opérateurs internet peut ne pas soulever de préoccupation de concurrence (Cogent), 19 décembre 2013, Concurrences N° 2-2014, Art. N° 65679, pp. 88-89.

Anne-Lise Sibony, Ciseau tarifaire: L'Autorité de la concurrence rend obligatoires les engagements pris par l'opérateur dominant relativement la possibilité de pratiques de ciseau tarifaire sur le marché de la connectivité Internet (Cogent/France Télécom), 20 septembre 2012, Concurrences N° 1-2013, Art. N° 50481, pp. 87-89.

Alain Ronzano, Ciseau tarifaire: L'Autorité de la concurrence accepte et rend obligatoires les engagements de l'opérateur téléphonique historique à propos des risques de ciseau tarifaire apparus dans son activité d'opérateur de transit (France Télécom), 20 septembre 2012, Concurrences N° 4-2012, Art. N° 52879.

Cass. com., 30 mai 2012, La Réunion Numérique, n° 11-14.564

La Cour de cassation rappelle les spécificités des tarifs d'accès fixés dans le cadre d'une délégation de service public et en tire les conséquences quant à la procédure de règlement de différends de l'ARCEP

Le Conseil régional de La Réunion avait confié à la société La Réunion Numérique, dans le cadre d'un contrat de délégation de service public, la réalisation de prestations de raccordement et d'extension, ainsi que l'exploitation commerciale d'un réseau de collecte haut débit destiné à couvrir l'île. Un opérateur local, la société Mobius, a saisi l'ARCEP en règlement de différend, suite au litige survenu sur les conditions techniques et tarifaires des offres haut débit proposées par le délégataire. L'une des questions concernait la possibilité pour l'ARCEP de se prononcer sur les conditions tarifaires d'un service faisant l'objet d'une délégation de service public. La Réunion Numérique faisait valoir qu'en qualité de délégataire, elle n'est pas décisionnaire sur l'évolution des tarifs proposés aux opérateurs tiers qui relèvent de la convention de délégation de service public et dont la modification suppose l'accord du Conseil régional de La Réunion en tant qu'autorité délégante. Dans sa décision n° 2010-0742 du 1er juillet 2010, l'ARCEP a écarté cette objection, s'estimant compétente pour connaître d'un litige entre le délégataire et un autre opérateur sur le fondement notamment de l'article L. 36-8 II du code des postes et communications électroniques (CPCE) et du I et III de l'article L. 1425-1 du code général des collectivités territoriales (CGCT), lesquels lui donnent compétence pour se prononcer sur les différends relatifs à l'établissement et l'exploitation de réseaux de communications électroniques par les collectivités territoriales et leurs groupements. L'ARCEP a souligné qu'il revenait au délégataire de prendre toute mesure utile pour assurer la pleine application de la décision de règlement de différend, en saisissant, le cas échéant, le délégant pour obtenir une révision des tarifs stipulés dans la convention de délégation de service public. La Cour d'appel de Paris a confirmé la position de l'ARCEP dans un arrêt du 24 février 2011. C'est cette décision que la chambre commerciale casse et annule.

L'arrêt est rendu au visa des articles L. 1411-1 et L. 1411-2 du CGCT qui définissent les principes régissant les conventions de délégation de service public, l'article 1134 du code civil et l'article 14 du code de procédure civile qui dispose que “Nulle partie ne peut être jugée sans avoir été entendue ou appelée”. La Cour de cassation rappelle que les tarifs d'accès pratiqués par le délégataire sont fixés par la convention de délégation de service public conclue entre ce dernier et le délégant. Elle reproche à la Cour d'appel de Paris d'avoir imposé au délégataire une modification de ces tarifs hors la présence de l'autorité délégante dans une décision qui serait donc inopposable à cette dernière. Il est vrai que la décision de l'ARCEP imposait à La Réunion Numérique une modification unilatérale des tarifs d'accès. La Cour d'appel de Paris avait estimé que la nature administrative de la décision de règlement de différend rendue par l'ARCEP et les risques de sanctions encourues par La Réunion Numérique pour non-exécution de cette décision faisaient obstacle à ce que l'autorité délégante place le délégataire “dans une situation telle qu'elle serait nécessairement amenée à méconnaître son obligation d'exécuter la décision de l'ARCEP, en l'exposant ainsi à des sanctions de cette autorité”, ce qui revenait à conférer une portée quasi-contraignante à la décision de l'ARCEP à l'égard du Conseil régional de La Réunion. C'est ce raisonnement que semble censurer la Cour de cassation. Reste à savoir si l'opérateur tiers pourrait effectivement obtenir une modification tarifaire en impliquant le délégant dans la procédure de règlement de différend. Cela soulèverait la question de l'articulation entre les principes d'organisation du service public, définis par la Région dans le contrat de service public, dont le contrôle de légalité relève de la compétence du juge administratif, et les pouvoirs d'intervention de l'ARCEP, en “équité”, c'est-à-dire en substituant sa propre appréciation de l'intérêt public à celle d'une collectivité territoriale, pouvoirs dont le contrôle ressortit aux compétences de la Cour d'appel de Paris.

J.-P. Tran Thiet, O. Berg
Concurrences N° 3-2012, pp. 205-206

CE, 12 oct. 2010, Bouygues Telecom e.a., n° 332393 e.a.

Le Conseil d'État rejette les requêtes dirigées contre le décret fixant la part fixe de la redevance due par le quatrième opérateur de réseau de téléphonie mobile ainsi que contre les divers actes de procédures ayant conduit à attribuer à une entreprise de téléphonie mobile l'autorisation d'exploiter en France métropolitaine un réseau 3G ouvert au public

---

Le feuilleton des contentieux relatifs à l'attribution en France métropolitaine des autorisations d'utilisation de fréquences de la bande 2,1GHz permettant d'exploiter un système mobile de troisième génération (3G) n'est pas pleinement terminé, mais a connu un épisode décisif avec le rejet par le Conseil d'État, par la décision commentée, des requêtes présentées par deux des opérateurs de téléphonie mobile contre diverses décisions relatives à la procédure d'attribution de 5 MHz sur les 15 MHz restant disponibles sur cette bande à un quatrième opérateur.

Cette décision a également le mérite d'apporter sa contribution au débat relatif à l'application du principe de non discrimination, pour les redevances d'occupation du domaine public hertzien, lesquelles sont légalement déterminées en fonction de l'avantage procuré au titulaire de l'autorisation par le droit qui lui est concédé, dans un contexte où cet avantage connaît d'importantes fluctuations dues à l'évolution des conditions du marché de la téléphonie mobile.

Le contexte

Il convient de rappeler que la bande 2,1GHz affectée à la téléphonie mobile 3G comportait 60 MHz disponibles permettant l'attribution d'autorisation d'utilisation à quatre opérateurs. Toutefois, le premier appel à candidatures effectué par le ministre, sur proposition de l'Autorité de régulation des télécommunications en 2000 a été partiellement infructueux puisqu'il n'a conduit qu'à l'attribution pour une durée de quinze ans de deux licences 3G, respectivement attribuées aux sociétés SFR et Orange, la part fixe de la redevance d'utilisation du domaine public hertzien pour l'utilisation de ces blocs de fréquences ayant été alors fixée à 4,95 milliards d'euros. Un deuxième appel à candidatures, lancé le 29 décembre 2001, a conduit le ministre à autoriser, le 3 décembre 2002, la société Bouygues Telecom à exploiter un réseau 3G sur un troisième bloc de 15 MHz, la part fixe de sa redevance étant fixée à 619 millions d'euros, et le même jour, la part fixe des redevances des autres opérateurs ayant été ramenée au même montant et la durée de l'ensemble des licences étant portée de quinze à vingt ans. En l'absence d'autres candidatures, la quatrième licence n'a pas été délivrée.

Un nouvel appel à candidatures pour l'attribution du quatrième bloc, lancé en 2007, les conditions financières d'attribution restant inchangées, devait être jugé infructueux par l'Autorité de régulation des communications électroniques et des postes (ARCEP), l'unique candidat, la société Free Mobile, ne s'étant pas engagée à respecter l'obligation d'assurer le versement de la part fixe de la redevance dans les conditions définies par l'article 36 de la loi de finances pour 2001, et le dossier ne permettant pas d'établir la capacité financière de la société "à faire face durablement aux obligations résultant des conditions d'exercice de son activité", exigence résultant des dispositions combinées des articles L. 42-1 et L. 42-2 du CPCE.

Ce nouvel échec a conduit le gouvernement, à la suite d'une consultation publique menée par l'ARCEP en 2008, à présenter un nouveau schéma d'attribution consistant à scinder le bloc restant de 15 MHz en trois lots de 5 MHz chacun, dont l'un serait expressément réservé à un quatrième opérateur de téléphonie mobile.

Le 1er août 2009 était lancé le troisième appel à candidatures par la publication de l'arrêté du ministre du 29 juillet 2009, pris sur proposition de l'ARCEP, en même temps que celle du décret du même jour fixant le montant de la part fixe de la redevance pour ce lot à 240 millions d'euros. Cette procédure a conduit l'ARCEP à retenir, par sa décision du 17 décembre 2009, la candidature de la société Free mobile. Enfin, par sa décision du 12 janvier 2010, l'ARCEP a autorisé cette même société à utiliser ce lot pour établir et exploiter un réseau 3G.

La société Bouygues Telecom et les sociétés Vivendi et SFR ont demandé au Conseil d'État l'annulation de ces deux dernières décisions de l'ARCEP ainsi que celle du décret et de l'arrêté ministériel du 29 juillet 2009.

La décision de rejet du Conseil d'Etat

Sans surprise, le Conseil d'État a rejeté pour irrecevabilité les conclusions tendant à l'annulation de l'arrêté du 29 juillet 2009 par lequel le ministre de l'économie, de l'industrie et de l'emploi ont lancé l'appel à candidatures pour l'attribution de la quatrième licence 3G, au motif qu'il présentait le caractère d'une mesure préparatoire.

S'agissant du décret du 29 juillet 2009 fixant le montant contesté de la redevance, pièce maîtresse des décisions attaquées, le Conseil d'État écarte d'abord rapidement les moyens, tirés d'une méconnaissance des principes de transparence et de confiance légitime, en rappelant que "*la détermination de la redevance pour le quatrième opérateur a, avant l'adoption du décret, d'une part, fait l'objet d'une consultation publique menée à l'été 2008 par l'ARCEP à la demande du Gouvernement, d'autre part, de demandes d'avis auprès de trois organismes, la Commission des participations et des transferts, l'ARCEP et la commission consultative des communications électroniques*" et que "*toutes ces étapes de la procédure ont été portées à la connaissance des parties intéressées, notamment des opérateurs 3G déjà présents sur le marché, qui ont pu faire connaître leurs observations au gouvernement avant que ne soit arrêté le montant défini par le décret attaqué*".

Mais l'intérêt essentiel de l'arrêt tient aux motifs par lesquels le Conseil d'État répond aux moyens sur "*la violation du principe de non discrimination et l'atteinte au droit de la concurrence*".

En effet, tant la directive 97/13/CE du 10 avril 1997 et la décision 128/1999/CE du 14 décembre 1998 relatives à l'utilisation du spectre radioélectrique pour la prestation de services de télécommunications, en vigueur lors des deux premiers appels à candidatures que la directive 2002/20/CE du 7 mars 2002, en vigueur lors de l'adoption du décret attaqué, tout en laissant aux États une marge de manœuvre pour définir les conditions d'utilisation du spectre, prévoient qu'en cas de procédures sélectives d'octroi de licences, ces licences devront être attribuées "*selon des procédures ouvertes, non discriminatoires et transparentes*", et "*sur la base de critères de sélection objectifs, non discriminatoires, transparents, proportionnés et détaillés*". Et l'article L. 42-1 du Code des postes et communications électroniques, transposant ces dispositions, fait obligation à l'ARCEP d'attribuer les autorisations d'utilisation des fréquences radioélectriques "*dans des conditions objectives, transparentes et non discriminatoires*". En outre, l'article L. 32-1 du même code inscrit, parmi les objectifs fixés au ministre en charge des communications électroniques et à l'ARCEP, notamment "*l'absence de discrimination, dans des circonstances analogues, dans le traitement des opérateurs*".

En effet, pour la jurisprudence communautaire, une discrimination consiste dans l'application de règles différentes à des situations comparables ou dans l'application de la même règle à des situations différentes. Le principe de non discrimination impose donc de ne pas traiter de manière identique des situations différentes. En revanche, l'existence de différences objectives de situation permet de ne pas traiter ces situations de manière identique. En effet, les redevances imposées aux différents opérateurs doivent être équivalentes en termes économiques, ce qui implique de "*vérifier la valeur économique des licences concernées en tenant compte, notamment, de l'importance des différents faisceaux de fréquences attribués, du moment de l'accès au marché de chacun des opérateurs concernés et de l'importance de pouvoir présenter une offre complète de systèmes de télécommunications mobiles*".

En l'espèce, l'appréciation de l'existence ou non d'une discrimination dans la fixation de la part fixe de la redevance désormais applicable dans la bande 2,1 GHz était rendue particulièrement complexe pour plusieurs raisons, indépendamment du fait que la quantité de fréquences attribuée était différente de celle attribuée lors des deux premiers appels à candidatures (5 MHz au lieu de 15).

En premier lieu, plusieurs mesures avaient été prévues dès le premier appel à candidatures en 2000 pour prendre en compte le fait que seuls, les trois premiers opérateurs disposaient d'autorisation leur permettant d'exploiter un réseau de téléphonie mobile de deuxième génération (2G) : Il s'agissait de garantir au profit de l'éventuel quatrième opérateur, le droit d'itinérance pendant six ans, c'est-à-dire le droit d'utilisation du réseau de téléphonie mobile 2G des opérateurs existants, du droit de localiser ses équipement 3G sur le site d'un opérateur 3G existant et du droit de se voir attribuer des fréquences dans la bande 900 MHz si les opérateurs existants demandaient à réutiliser une partie de ces fréquences, initialement réservées à leur réseau 2G, pour développer leur réseau en norme 3G.

En deuxième lieu, les conditions du marché de détail de la téléphonie mobile avaient considérablement changé entre 2000 et 2009.

La décision du Conseil d'État est très motivée sur ces points. La Haute juridiction considère, en réponse aux différents moyens, non seulement que la différence de valorisation pouvait être justifiée par la différence de situation, mais aussi que la modulation des conditions financières était proportionnée à la différence de situation avec les trois autres opérateurs.

Pour ce faire, en premier lieu, elle analyse "les droits ainsi accordés au nouvel entrant [mentionnés ci-dessus], qui ont été inscrits dans les autorisations 3G délivrées aux opérateurs existants et qui ouvrent droit à une rémunération par le nouvel opérateur", comme ayant pour objet de "compenser les avantages concurrentiels dont disposaient les trois opérateurs existants vis-à-vis d'un nouvel entrant, compte tenu des réseaux mobiles qu'ils avaient pu constituer et des positions ainsi acquises sur le marché de la téléphonie mobile".

En deuxième lieu, elle considère ces mesures comme insuffisantes "*pour lever toutes les barrières à l'entrée sur le marché*", compte tenu de l'évolution des conditions du marché de détail de la téléphonie mobile depuis 2000 et en conclut que la recherche de solutions alternatives "*susceptibles de permettre à un nouvel opérateur d'entrer et de s'installer durablement sur ce marché*" était justifiée aux motifs tant de "*la circonstance que la différence de situation existant entre les opérateurs s'est accrue au détriment d'un nouvel entrant*" que de "*l'intérêt général qui s'attache à l'ouverture du marché à un quatrième opérateur*".

Puis, après avoir validé le choix qui a été fait de diviser en plusieurs lots la bande restante, le Conseil d'État relève que "le choix, dans les principales études sur lesquelles s'est fondé le gouvernement, de la méthode de la valeur actualisée nette comme méthode centrale lui a permis de s'assurer que la fixation du prix de la redevance n'offrirait pas au nouvel opérateur des avantages concurrentiels injustifiés, tout en tenant compte notamment de l'importance des différents blocs de fréquences attribués, du moment de l'accès au marché de chacun des opérateurs concernés et de la possibilité de présenter une offre complète de systèmes de télécommunications mobiles" et qu'en utilisant cette méthode, nonobstant ses imperfections, ainsi que des comparaisons internationales de prix de licences 3G, ainsi que des études d'indicateurs boursiers, le gouvernement avait pu déterminer "la fourchette de valeurs la plus plausible pour la fixation de la redevance". Il en conclut que "la fixation de la part fixe de la redevance à 240 millions d'euros n'est pas manifestement sous-évaluée et ne porte pas atteinte aux principes de la concurrence, un seul candidat s'étant d'ailleurs présenté pour ce montant". Enfin, il estime que ces conditions financières n'ont "pas constitué en l'espèce une aide d'État au sens du droit de l'Union européenne".

Le prochain épisode

Il appartient à présent à la Commission européenne de se prononcer sur la plainte, de France Telecom (Orange France) au motif que le prix, jugé insuffisant, de la quatrième licence de téléphonie mobile, serait constitutif d'une aide d'État.

Rappelons que le 21 décembre 2006, la Commission avait estimé que l'octroi, à un prix inférieur, de la troisième licence 3G par le gouvernement tchèque en 2005 ne constituait pas une aide d'État au sens du traité CE et que "la baisse de prix par rapport aux licences 3G précédentes ne faisait que refléter le changement spectaculaire des conditions du marché entre 2001 et 2005". Dans cette espèce, alors qu'en 2001, Eurotel et T-Mobile avaient respectivement déboursé 3,5 et 3,9 milliards de couronnes tchèques (105 et 115 millions d'euros à l'époque), Oskar s'était, lui, vu réclamé seulement 2 milliards de couronnes en 2005 (66 millions d'euros).

J. Adda

Concurrences N°4-2010, pp. 215-218

Concurrences +

Bruno Stromsky, Absence d'aide d'État: La Commission européenne considère que l'octroi de la quatrième licence UMTS à un prix inférieur à celui des trois précédentes ne constitue pas un avantage sélectif (Quatrième licence UMTS), 10 mai 2011, Concurrences N° 4-2011, Art. N° 40017, pp. 164-165.

Jean-Paul Tran Thiet, Orion Berg, Télécommunications - Licence de téléphonie mobile: L'ARCEP attribue la quatrième licence de téléphonie mobile de troisième génération et lance une procédure d'infraction contre Orange France et SFR (Orange France; SFR), 17 décembre 2009, Concurrences N° 1-2010, Art. N° 30367, p. 170.

Alain Ronzano, Licence de téléphonie mobile: Le Gouvernement lance l'appel à candidatures pour l'attribution d'une quatrième licence de téléphonie mobile, 16 juillet 2009, Concurrences N° 4-2009, Art. N° 55576.

Alain Ronzano, Réduction des redevances: Le Conseil d'État rejette la requête d'un opérateur mobil concernant les conditions de rétrocession de fréquences en vue de leur réattribution au futur titulaire de la quatrième licence de téléphonie mobile (Bouygues / Orange), 27 avril 2009, Concurrences N° 3-2009, Art. N° 56709.

Jacques Derenne, Réduction du montant des redevances UMTS: La CJCE confirme que, dans le cadre de l'attribution des licences UMTS en France, la réduction du montant des redevances dues par Orange et SFR ne constitue pas une aide d'État (Bouygues Télécom), 2 avril 2009, Concurrences N° 2-2009, Art. N° 26055, pp. 163-164.

Alain Ronzano, Critères constitutifs d'une aide d'État: La Cour de justice confirme que la réduction du montant des redevances dues par des opérateurs suite à la rétrocession de licences UMTS ne constitue pas une aide d' État (Orange / SFR), 2 avril 2009, Concurrences N° 3-2009, Art. N° 56572.

Alain Ronzano, Licence de téléphonie mobile : Le Gouvernement fixe le prix de la quatrième licence de téléphonie mobile, 5 février 2009, Concurrences N° 2-2009, Art. N° 58242.

Alain Ronzano, Attribution des licences de téléphonie mobile : L'avocat général Trstenjak suggère à la Cour de justice de rejeter le pourvoi de d'un opérateur dans une affaire de l'attribution des licences UMTS (Bouygues Télécom), 8 octobre 2008, Concurrences N° 1-2009, Art. N° 53593.

Denis Lescop, Télécommunications : L'ARCEP rejette la candidature de Free Mobiles à la 4ème licence 3G (Système mobile de troisième génération), 9 octobre 2007, Concurrences N° 4-2007, Art. N° 14437, pp. 138-139.

Christophe Giolito, Téléphonie mobile : Le TPICE confirme que la modification rétroactive des redevances n'est pas en l'espèce constitutive d'aide d'État (Bouygues Télécom), 4 juillet 2007, Concurrences N° 4-2007, Art. N° 14331, pp. 106-108.

Alain Ronzano, Téléphonie mobile : Le TPICE rejette les prétentions du troisième opérateur de mobiles français dans une affaire concernant l'attribution des licences de téléphonie mobile (Bouygues Télécom), 4 juillet 2007, Concurrences N° 4-2007, Art. N° 56075.

ARCEP, déc. n° 2009-1106 du 22 déc. 2009 précisant, en application des articles L. 34-8 et L. 34-8-3 du code des postes et des communications électroniques, les modalités de l'accès aux lignes de communications électroniques à très haut débit en fibre optique et les cas dans lesquels le point de mutualisation peut se situer dans les limites de la propriété privée - ARCEP, Recommandation du 23 déc. 2009 relative aux modalités de l'accès aux lignes de communications électroniques à très haut débit en fibre optique

L'ARCEP adopte une décision et une recommandation relatives au déploiement et à l'accès aux lignes à très haut débit en fibre optique

---

La décision et la recommandation interviennent à l'issue d'une première phase de travaux engagés début 2009 comprenant des expérimentations et diverses consultations publiques. Le dispositif s'inscrit dans le processus plus large de régulation des marchés du très haut débit. Celui-ci se décline, d'une part, en une régulation asymétrique des infrastructures de génie civil détenues par France Télécom permettant aux opérateurs concurrents de déployer les réseaux de fibre optique jusqu'aux immeubles ("déploiement horizontal") et d'autre part, en une régulation symétrique du raccordement de ces réseaux aux logements ("déploiement vertical") selon un principe de mutualisation prévu par la loi de modernisation de l'économie ("LME"). C'est ce dernier volet qui est concerné par le dispositif adopté après consultation de l'Autorité de la concurrence (avis 09-A-47 du 22 septembre 2009) et de la Commission européenne (observations du 5 novembre 2009) [1], en application des articles L. 32-1, L. 34-8 I, L. 34-8-3 et L. 36-6 du Code des postes et communications électroniques ("CPCE") donnant compétence à l'ARCEP pour imposer, de sa propre initiative, et préciser, de manière objective, transparente, non discriminatoire et proportionnée, les modalités de l'accès à la fibre optique.

Principes généraux de mutualisation

Ainsi que l'avait rappelé l'Autorité de la concurrence dans son avis 09-A-47, la mutualisation de la partie terminale des réseaux en fibre optique se justifie à plusieurs titres : éviter la succession de travaux d'installation des réseaux dans les immeubles, limiter les coûts pour les zones les moins denses, tout en préservant la liberté de choix des clients en leur laissant la faculté de choisir un opérateur autre que celui qui aura installé la fibre dans l'immeuble.

En principe, chaque opérateur d'immeuble – l'opérateur choisi par la copropriété pour fibrer l'immeuble – devra offrir un accès passif au point de mutualisation jusqu'à la prise terminale optique installée dans le logement. L'idée est de laisser à chaque opérateur tiers la faculté de maîtriser ses équipements actifs et le choix des technologies. Les opérateurs pourront néanmoins fournir une fibre dédiée à l'opérateur demandeur, jusqu'au client [**2**], ou une fibre partagée entre plusieurs opérateurs. L'accès inclut les prestations nécessaires pour la gestion et la maintenance ainsi que les ressources associées.

La mise en œuvre de la mutualisation requiert également que les opérateurs puissent avoir accès à des informations préalables concernant les offres pour opérer un choix pertinent de déploiement. Un décret n° 2009-54 du 15 janvier 2009 prévoit déjà l'obligation pour l'opérateur d'immeuble de transmettre aux autres opérateurs un certain nombre d'informations relatives à l'immeuble (adresse, nombre de logements desservis, etc). La décision de l'ARCEP y ajoute des informations relatives à la localisation du point de mutualisation et aux caractéristiques techniques des équipements installés et processus pour s'y raccorder. Ces informations devront être fournies de façon non discriminatoire dans un délai de prévenance de trois mois avant la mise en service du point de mutualisation. Si un système centralisé chargé de recueillir et de diffuser l'information aux opérateurs concernés avait été envisagé comme garantie optimale contre des comportements collusifs et/ou discriminatoires [**3**], l'information sera en l'état fournie sur une base bilatérale sous le contrôle de l'ARCEP. Tout opérateur d'immeuble devra également publier une offre d'accès aux lignes en fibre optique dans le délai d'un mois après homologation et publication au JO de la décision de l'ARCEP du 22 décembre 2009.

Sans surprise, la tarification mise en œuvre par l'opérateur d'immeuble devra se conformer aux principes de non discrimination, d'objectivité, de pertinence (les coûts doivent être supportés par les opérateurs qui les induisent) et d'efficacité des investissements. Chaque opérateur devra payer une part équitable des coûts partagés par tous les opérateurs et devra assumer l'intégralité des coûts imputables à ses propres choix. Plus spécifiquement, il est à craindre des comportements opportunistes de la part d'opérateurs qui tenteraient de faire porter le risque d'investissement aux premiers opérateurs en ne se manifestant qu'ultérieurement à l'installation des lignes. Pour y répondre, la décision précise que "*lorsque les opérateurs se manifestent ultérieurement à l'installation des lignes, leur contribution au partage des coûts soit déterminée en utilisant un taux de rémunération du capital qui tienne compte du risque encouru et confère une prime à l'opérateur d'immeuble.*" Il sera intéressant de connaître la méthode de détermination d'une telle "prime de risque" qui pourrait inspirer la régulation d'une concurrence par les infrastructures dans d'autres secteurs. Signalons qu'en dépit des observations émises par la Commission européenne à ce sujet, l'ARCEP estime qu'il serait prématuré à ce stade d'imposer une homologation préalable des offres tarifaires mais souligne qu'elle sera amenée à compléter la recommandation sur les modalités de tarification.

Conditions de mutualisation dans les zones les plus denses

Le dispositif prévoit un mécanisme spécifique pour les "zones très denses" où il est économiquement viable pour plusieurs opérateurs de déployer leurs propres fibres à proximité des logements, permettant l'émergence d'une concurrence effective par les infrastructures [**4**].

Le débat s'est focalisé sur l'architecture de déploiement devant être retenue sur ces zones : l'opérateur d'immeuble pose une seule fibre par logement, éventuellement partagée ensuite avec d'autres opérateurs *via* un dispositif de brassage ("architecture mono-fibre") ou il pose plusieurs fibres supplémentaires qui seront ultérieurement dédiées à d'autres opérateurs ("architecture multi-fibres"). Ce dernier schéma avait été vivement contesté par certains acteurs qui pointaient notamment les surcoûts significatifs induits par le déploiement *ab initio* de plusieurs fibres. C'est néanmoins cette architecture "multi-fibres" qui est finalement retenue [**5**] après l'avis favorable de l'Autorité de la concurrence et de la Commission européenne. L'ARCEP justifie ce choix en soulignant la neutralité technologique de ce schéma (faculté pour chaque opérateur de choisir entre un déploiement en point-à-point et en point-à-multipoints ou PON), ses bénéfices pour la concurrence et les consommateurs (notamment la préservation de l'indépendance de chaque opérateur et l'activation rapide des accès très haut débit limitant les coûts de changement d'opérateur) et son caractère raisonnable et proportionné. Sur ce dernier point, si l'ARCEP admet que la pose de fibres supplémentaires conduit à des coûts additionnels, elle estime que ces coûts sont compensés par certaines économies (notamment l'absence de dispositif de brassage au niveau de point de mutualisation).

Les modalités pratiques de mutualisation dans les zones très denses sont détaillées dans la recommandation. Cette dernière prévoit que l'opérateur d'immeuble devra organiser une consultation à l'échelle de la commune, préalablement à l'installation du réseau dans les parties communes, en vue d'identifier les opérateurs souhaitant participer au cofinancement de l'installation des fibres dans l'immeuble et de définir leur mode de déploiement et le mode d'accès de chaque opérateur à la fibre (fibre partagée ou dédiée). Le dispositif de brassage pourra également être installé et utilisé en commun par plusieurs opérateurs afin de partager une fibre. L'ARCEP préconise l'installation systématique de quatre fibres par logement dès lors qu'un opérateur émet la demande d'une fibre supplémentaire. Si la demande excède quatre fibres par logement, les opérateurs demandeurs devraient alors se partager les fibres installées. Enfin, dans l'hypothèse où aucun opérateur ne se manifeste dans le cadre de la consultation préalable mise en place par l'opérateur d'immeuble, ce dernier est autorisé à installer une seule fibre par logement, quitte à fournir ultérieurement un accès en amont dans le réseau.

Localisation du point de mutualisation

La LME a posé le principe que le point de mutualisation soit situé hors des limites de propriété privée, sauf dans les cas définis par l'ARCEP (article L. 34-8-3 du CPCE). L'objectif premier du législateur a été de limiter les interventions dans la propriété privée. L'ARCEP rappelle qu'a priori, la localisation du point de mutualisation dépend du nombre de lignes potentiellement desservies et de la densité de la zone concernée. Ainsi, la rentabilité baisse à mesure que les réseaux sont déployés dans des zones de faible densité. Le point de mutualisation peut donc se localiser à proximité des logements dans les zones très denses mais plus en amont dans les zones moins habitées. D'autres facteurs peuvent également influer sur cette localisation comme les coûts liés à la pénétration des câbles dans l'immeuble ou encore la présence d'un réseau d'assainissement visitable. L'article 6 de la décision de l'ARCEP du 22 décembre 2009 dispose donc que le point de mutualisation "*peut être placé dans ces limites* [dans la propriété privée] *dans le cas des immeubles bâtis des zones très denses qui soit comportent au moins 12 logements ou locaux à usage professionnel, soit sont reliés à un réseau public d'assainissement visitable par une galerie elle-même visitable."*

J.-P. Tran Thiet, O. Berg
Concurrences N°1-2010, pp. 168-170

Concurrences +

Alain Ronzano, Telecommunications - Marché des réseaux de très haut débit en fibre optique : L'Autorité de la concurrence apporte son soutien à l'ARCEP en faveur de la mise en place d'une architecture multi-fibres, 22 septembre 2009, Concurrences N° 4-2009, Art. N° 55799.

Cons. conc., avis n° 08-A-16 du 30 juil. 2008 relatif à la situation des opérateurs de réseaux mobiles virtuels (MVNO) sur le marché français de la téléphonie mobile

Le Conseil de la concurrence rend un avis sur les MVNO

C'est suite à une demande de la ministre de l'économie, de l'industrie et de l'emploi, que le Conseil de la concurrence a rendu le 30 juillet dernier un avis concernant les raisons du développement relativement limité en France des opérateurs de réseaux mobiles virtuels (MVNO, Mobile Virtual Network Operators). Le Conseil était consulté conformément aux dispositions de l'article L. 462-1 du Code de commerce, c'est-à-dire sur des questions de concurrence d'ordre général liées ici au fonctionnement du marché de la téléphonie mobile en France. On remarquera que la question posée est bien plus précise que ces préoccupations d'ordre général : "En particulier, il est demandé au Conseil d'évaluer dans quelles mesures certaines clauses des contrats signés entre les MVNO et leurs opérateurs de réseau sont susceptibles d'entraver leur développement". Cette question suppose notamment une analyse de fond desdits contrats et donc une instruction pouvant aller au-delà du seul exercice de l'avis.

Sur les MVNO

Les MVNO sont des opérateurs virtuels, ne disposant pas de réseau en propre et ne détenant pas de licence mobile. Ils achètent les prestations nécessaires à leurs offres aux opérateurs de réseaux mobiles (Bouygues Télécom, Orange ou SFR). En d'autres termes, ils louent les réseaux des opérateurs mobiles sur le marché de gros pertinent, et gèrent leurs abonnements, leurs cartes SIM et leur bloc de numéros mobiles. Les prestations de gros s'apparentent à un achat de minutes dites de "bout en bout" auprès des opérateurs mobiles : dans ce cas, le MVNO ne paie ni ne perçoit de redevances de terminaisons d'appel. Les licences de marque (comme M6 Mobile by Orange) n'entrent pas dans cette catégorie : l'opérateur de réseau gère l'offre et verse une redevance au titulaire de la marque.

On compte près d'une vingtaine de MVNO en France dont seulement neuf sont indépendants de leurs opérateurs hôtes. Chaque MVNO a sa propre stratégie mais le Conseil distingue trois grandes catégories de MVNO : issus du secteur des communications électroniques, issus du secteur de la grande distribution, spécialisés sur une cible particulière. Les premiers ont l'ambition de proposer des offres de convergence quadruple play

(TV, Internet, Fixe, Mobile). Les deuxièmes désirent fidéliser leur clientèle et s'offrir la possibilité de services innovants (paiements/cartes de fidélité sur téléphone mobile customisé). Les troisièmes proviennent souvent de secteurs connexes (média, radio) et cherchent à renforcer leur marque.

La téléphonie mobile est un marché mature (taux de pénétration de 87,5 %) avec une demande faiblement fluide et essentiellement tournée vers les forfaits (67,5 % du parc total). Les MVNO sont présents sur le marché français depuis 2005 mais restent des acteurs de petite taille: moins de 5 % du parc total, 2,4 % du chiffres d'affaires total de la téléphonie mobile et 1,4 % du trafic total mobile. Contrairement à leurs opérateurs hôtes, leur parc est constitué pour moitié de forfaits de courte ou moyenne durée sans engagement et pour moitié d'offres prépayées. Leur croissance apparaît lente.

Sur le marché de détail de la téléphonie mobile

Le Conseil constate des différences dans les politiques commerciales des MVNO et des opérateurs hôtes. Le cœur de l'offre de ces derniers repose sur la subvention du terminal (en contrepartie d'une durée d'engagement) et les offres dites d'abondance, comportant des appels illimités vers certains opérateurs ou pendant certaines périodes. S'agissant des terminaux, les MVNO ne disposent pas d'un pouvoir de négociation suffisant auprès des équipementiers pour obtenir des remises leur permettant de répliquer les offres des opérateurs hôtes. Cependant, un tel pouvoir de négociation s'obtient soit grâce au développement et surtout la détention d'une base suffisamment large d'abonnés ou de prospects (et donc d'acheteur potentiels de terminal), soit par une prise de risque (un pari) sur les ventes futures. La première stratégie est à la portée d'acteurs issus de la grande distribution. Le marché et la conjoncture actuels paraissent peu propices au second type de stratégie. Le Conseil rappelle, conformément à l'avis n° 05-A-09 du 4 avril 2005 sur l'analyse du marché de gros de l'accès et du départ d'appel sur les réseaux mobiles ouverts en France, que l'utilisation de durée d'engagements de 12 mois, voir de 24 mois, a "tendance à figer les parts de marché et constituent un obstacle à l'entrée de nouveaux opérateurs, dont les MVNO". Par ailleurs, les MVNO ne sont pas présents sur le marché des entreprises.

Ainsi, les MVNO ne semblent pas en mesure de répliquer les offres des opérateurs hôtes, ce qui, selon le Conseil de la concurrence, explique leur faible compétitivité et leur faible performance (notamment un revenu moyen par abonné nettement plus faible que celui des opérateurs hôtes). Le Conseil considère que la concurrence entre MVNO et opérateurs hôtes n'est pas frontal: les offres des uns et des autres apparaissent plutôt complémentaires, les MVNO s'insérant "dans les créneaux les moins attractifs du marché et, de ce fait, délaissés par les opérateurs de réseaux". En ce sens, les MVNO renforcent la diversité des offres, ce qui, en soit, est plutôt satisfaisant pour le consommateur. S'agissant de la concurrence en prix, les MVNO ajoutent à la pression concurrentielle sur le seul segment du prépayé.

Des relations problématiques entre MVNO et opérateurs hôtes...

Le Conseil estime que "la situation [des MVNO] [...] s'explique largement par les conditions d'hébergement proposés par les opérateurs de réseau". Les contrats signés entre MNVO et opérateurs de réseau contraignent soit directement (exclusion de la clientèle professionnelle), soit indirectement (conditions techniques et tarifaires de l'hébergement) le modèle économique et donc la stratégie des MVNO. En ce sens, ces contrats limitent la pression concurrentielle des MVNO sur les opérateurs hôtes.

Après une analyse détaillée des différents contrats, le Conseil conclut sans aucune réserve : "le faible développement des MVNO en France peut donc être directement relié aux conditions contractuelles initialement négociées avec Orange et SFR lors de l'ouverture du marché de gros de l'hébergement sur leur réseau. Ces conditions peuvent être hiérarchisées par ordre décroissant en fonction du degré de contrainte qu'elles exercent : en premier lieu, les stipulations empêchant les MVNO de renégocier les conditions d'hébergement des contrats initiaux en faisant jouer la concurrence entre les opérateurs de réseau : la combinaison des clauses d'exclusivité, de la durée des contrats et des droits de priorité limite toute évolution ; en deuxième lieu, les clauses limitant les possibilités de valorisation de l'activité d'opérateur virtuel et donc les incitations à l'investissement dans cette activité ; en troisième lieu, les conditions tarifaires qui empêchent toute concurrence frontale entre les MVNO et leur opérateur hôte ; en quatrième lieu, la faible autonomie technique des MVNO qui ne peuvent compenser leur absence d'agressivité tarifaire par des innovations sur les services offerts."

Cette conclusion est forte et ne laisse pas de place au doute. Elle est toutefois logique puisqu'elle ne fait que refléter la stratégie mise en place par un opérateur hôte en accueillant un MVNO : augmenter ses canaux de distribution et intensifier l'usage de son réseau tout en limitant la cannibalisation de sa base d'abonnés. En ce sens, le MVNO est conçu non pas comme un concurrent mais comme un partenaire commercial ciblant une clientèle délaissée ou difficile d'accès pour l'opérateur hôte. Ce type de stratégie est à première vue individuellement rationnel, c'est-à-dire qu'elle n'obéit pas à un objectif commun de fermeture du marché. Dit autrement, la conclusion du Conseil est un constat d'un lien fortement probable entre la situation des MVNO et leurs conditions contractuelles d'hébergement. Ce constat ne suffit bien entendu pas à prouver l'existence de pratiques anti-concurrentielles ou de dysfonctionnements non-structurels (stratégiques/intentionnels) du marché de la téléphonie mobile : "le seul constat des fortes contraintes exercées par les contrats existant sur le développement des MVNO ne suffit pas à établir que ces contrats pourraient être jugés contraires aux dispositions du droit national ou européen de la concurrence".

Le Conseil évoque rapidement la possible existence d'un ciseau tarifaire entre les tarifs de gros de l'hébergement et certaines offres de détail des opérateurs hôtes ou d'un couplage anti-concurrentiel (la prestation de gros de bout en bout contient de la terminaison d'appel, de l'accès et du départ d'appel). Seule une instruction approfondie dans un cadre contentieux permettrait de conclure. Les éléments apportés dans l'avis semblent néanmoins peu convaincants.

…et des solutions envisageables pour les résoudre

Le Conseil constate tout d'abord que les conditions contractuelles des MVNO évoluent favorablement : un contrat MVNO récemment signé par Bouygues Télécom offre plus d'autonomie commerciale à Noos en supprimant toute exclusivité en faveur de l'opérateur hôte et en imposant une tarification de type "cost plus".

Le Conseil estime qu'"une intervention directe sur les contrats existants doit, cependant, être envisagée, les conditions contractuelles ayant, en elles-mêmes, un effet de verrouillage sur le marché de gros". Il observe que la régulation sectorielle du marché de gros de l'accès et du départ d'appel sur les réseaux mobiles (hébergement de MVNO) est difficile, voir impossible dans le cadre européen actuel. On notera à ce sujet que ce marché n'appartient plus à la liste des marchés potentiellement régulables (recommandation de la Commission du 17 décembre 2007 concernant les marchés pertinents de produits et de services dans le secteur des communications électroniques susceptibles d'être soumis à une réglementation ex ante conformément à la directive 2002/21/CE du Parlement européen et du Conseil relative à un cadre réglementaire commun pour les réseaux et services de communications électroniques). Au surplus, les conditions actuelles de marché ne semblent pas justifier une intervention directe du régulateur.

Le Conseil plaide également pour un renforcement de la pression concurrentielle par l'attribution de la quatrième licence mobile : un nouvel opérateur hôte serait plus enclin à se développer (à l'instar de ce que Deutsche Telekom a fait au Royaume Uni) par le biais de canaux de distribution comme les MVNO, et donc de proposer des conditions d'hébergement plus favorables. On rappellera toutefois que le cas britannique est difficilement transposable en France. Les conditions d'accueil des MVNO par le plus petit des opérateurs ont été négociées sur un marché en forte évolution, permettant à un MVNO (Virgin) de se développer rapidement. Les conditions du marché français en 2008 paraissent radicalement différentes : le marché est mature, la concurrence semble plus monopolistique (par les marques et la différentiation commerciale) que par les prix, les clients sont fidélisés et captifs.

Le Conseil propose également de lever certaines des contraintes potentiellement anti-concurrentielles pesant actuellement sur les MVNO dans le but de fluidifier le marché de gros de l'hébergement : exclusivités (champs et durées plus limitées) et impossibilité de changer d'opérateur hôtes, clause de préemption et de préférence portant sur la cession d'actifs des MVNO. En contrepartie de ces contraintes, les opérateurs hôtes offrent notamment des remises sur le prix de gros de l'hébergement : elles sont donc objectivement justifiées et facilement réplicables (répliquées même) par les opérateurs hôtes. Par ailleurs, aucun opérateur hôte ne semble mis en difficulté par l'existence de ces contrats MVNO avec exclusivités.

Considérations finales

La question posée dans cet avis peut étonner. On en conviendra : il existe certaines contraintes au développement des MVNO en France. Leur source n'est cependant pas aussi claire : les conditions contractuelles ou l'état de développement du marché ? La seconde (structurelle) compte tout autant que la première (stratégique) : dans un marché à un stade moins avancé de maturité, les MVNO auraient pu trouver plus rapidement leur place, se développer, puis exiger de leurs hôtes des contrats plus favorables. Par ailleurs, comme l'observe très justement le Conseil, l'attribution d'une quatrième licence 3G et l'arrivée d'un nouvel entrant aurait (pourrait) sans aucun doute été favorable aux MVNO.

Cependant, on peut se demander : pourquoi faut-il développer les MVNO ? Sont-ils le garant d'une concurrence plus vive sur le marché ? En fait, la véritable question est de savoir si le marché de la téléphonie mobile est concurrentiel. En effet, s'il l'est, alors l'état de développement des MVNO, leur compétitivité, leur performance importent finalement peu tant du point de vue du droit commun de la concurrence que de celui du droit sectoriel (reste la politique industriel). S'il ne l'est pas ou s'il n'évolue pas vers un état de concurrence effective, alors une action doit être envisagée.

Cependant, il faut d'abord analyser les raisons possibles de ce constat: structurelles (intervention du régulateur) ou stratégiques (intervention des autorités de concurrence). Les contraintes structurelles les plus évidentes sont la présence de lourdes barrières (licences), le nombre d'opérateurs, la taille des opérateurs en place, la maturité du marché. Les barrières stratégiques à l'entrée paraissent plus difficiles à évaluer. Le marché de la téléphonie mobile se caractérise par une concurrence monopolistique par la marque et la différentiation commerciale (offres ciblées, fortes dépenses publicitaires, segmentation fine de la clientèle, subvention et sim-locking des terminaux). Il n'existe pas à proprement parler de concurrence frontale en prix (peu d'offres low cost). Savoir si la concurrence en prix est souhaitable sur un marché renvoie à un problème plus épineux: doit-on forcer les acteurs d'un marché à se concurrencer par les prix? Doit-on condamner ou réguler des acteurs refusant la concurrence en prix et privilégiant d'autres formes de concurrence?

D. Lescop
Concurrences N°4-2008, pp. 139-141

Cons. conc., avis n° 08-A-03 du 31 mars 2008 relatif au fonctionnement des services téléphoniques à valeur ajoutée

Le Conseil de la concurrence se prononce en faveur d'une régulation *ex ante* en matière de services téléphoniques à valeur ajoutée

C'est suite à une saisine le 12 septembre 2007 de l'Association des renseignements pour tous (ADRT) sur le fondement de l'article L. 462-1 du Code de commerce que le Conseil de la concurrence a mené une analyse complète du marché des services téléphoniques à valeur ajoutée (SVA). L'ADRT posait toute une série de questions relatives à des dysfonctionnements observés sur le marché des SVA et à la capacité du seul droit de la concurrence à les corriger.

Sur les relations entre acteurs de la chaîne de valeur

Les services à valeur ajoutée sont des services de données, d'informations, de renseignements ou de divertissements accessibles à tous (abonnés fixes ou mobiles) et reconnaissables notamment dans le plan national de numérotation par des numéros de la forme 08ABPQ, 118XYZ ou 3BPQ. Ils rapportent beaucoup puisqu'ils représentaient un chiffre d'affaires de 2,66 milliards d'euros pur l'année 2006 et de 1,9 milliards d'euros sur les trois premiers trimestres de l'année 2007.

Ces services se caractérisent par deux prestations techniques distinctes fournies conjointement: la communication électronique (appel téléphonique) en direction de la plate-forme technique qui héberge l'éditeur de contenu, et la fourniture d'un contenu par l'éditeur. Ainsi, la chaîne de valeur des SAV se structure autour de trois fonctions et cinq métiers pouvant correspondre le cas échéant à cinq acteurs différents:

- communication: départ de l'appel faisant intervenir l'opérateur de boucle locale (opérateur fixe ou mobile), la collecte (opérateur de collecte) et éventuellement le transit (opérateur de transit) du trafic de la boucle locale vers la plate-forme technique;

- agrégation/fourniture de services: plateforme, prestations techniques, informatique, bases de données mises en place par le fournisseur de services;
- contenu fourni par l'éditeur qui en porte la responsabilité.

Les opérateurs de boucle locale fixe ou mobile (par exemple Orange, SFR, Neuf) contrôlent la partie communication de la chaîne de valeur puisqu'ils fournissent l'accès au réseau. Ils assurent par ailleurs une partie de la commercialisation des SVA (intégration dans l'offre tarifaire, facturation, encaissement, recouvrement et suivi des litiges).

En principe, l'éditeur contracte avec le fournisseur de services (plate-forme/kiosque) qui fait le lien avec la partie communication de la chaîne de valeur et assure ainsi la disponibilité des contenus pour le consommateur de final. En pratique, l'ARCEP (avis n° 2008-0002 du 5 février 2008) souligne que le tarif de détail du SVA est "fixé par l'éditeur de contenu, via son opérateur technique de collecte, parmi les grilles tarifaires, disponibles chez l'opérateur de boucle locale". La grille tarifaire est ainsi discrète, finie et proposée sous forme de paliers tarifaires par l'opérateur de boucle locale: l'éditeur de contenu fait son choix dans ce "menu" de tarifs. Il existe trois types de paliers: à l'appel, à la durée, ou mixte (tarif à la connexion et à la durée). Le contrat entre l'opérateur de boucle locale et l'éditeur de service (ou son intermédiaire) précise également le mécanisme de reversement financier dépendant du palier tarifaire choisi et du partage de la valeur négocié entre les acteurs.

Les renseignements téléphoniques sont un cas particulier de SVA véritablement libéralisés après l'attribution par tirage au sort de numéros à un format identique 118 XYZ le 2 novembre 2005 (Conseil d'État, 24 juin 2004) et la suppression du 12 le 3 avril 2006. On notera qu'aujourd'hui, seul Orange (France Télécom) dispose d'un service de renseignements adossé à son activité d'opérateur de boucle locale.

Des modes de tarification dépendant des réseaux

Sur le marché de détail, les modes de tarifications varient en fonction de l'origine de l'appel: réseaux fixes ou réseaux mobiles.

Les appels au départ des réseaux fixes sont facturés par l'opérateur fixe à l'abonné à un prix englobant communication et service. L'abonné ne peut donc pas distinguer le prix du service du prix de la communication.

À l'opposé, la tarification au départ d'un réseau mobile comprend:

- une composante communication fixée par l'opérateur de boucle locale qui rémunère la prestation de transport de la "communication" (appelé airtime);
- une composante service qui rémunère les prestations liées au SVA (collecte, accès au service et au contenu) et qui est fixée par l'éditeur de service à partir de paliers tarifaires proposés par l'opérateur de boucle locale. Les opérateurs mobiles effectuent également une retenue sur cette composante.

Le mode de tarification "mobile" à l'avantage d'être plus clair pour le consommateur et pour les instances de régulation. Il permet en effet de s'assurer que l'élément communication n'est pas surtaxé par rapport à une communication nationale normale et puisse être à terme inclus dans les forfaits illimités proposés par les opérateurs.

Cependant, il pourrait conduire à des tarifs plus élevés pour les SVA au départ des réseaux mobiles. Le Conseil observe d'ailleurs que "les opérateurs de boucle locale mobile prélèvent une part du chiffre d'affaires généré par les SVA supérieure à celle que récupèrent les opérateurs de boucle locale fixe. À titre d'exemple, un fournisseur de SVA estime que pour un appel d'une durée moyenne passée depuis un téléphone portable au 118 000, les opérateurs de boucle locale récupèrent 30 % de la valeur, contre 12 % pour France Télécom pour un appel au départ de sa boucle locale fixe".

Le dispositif actuel de régulation

La régulation actuelle des SVA repose sur

- un contrôle déontologique: le contenu des SVA est soumis aux règles du Conseil supérieur de la télématique et du Comité de la télématique anonyme relatives notamment à l'information des utilisateurs, à la protection de la jeunesse et à la loyauté des services fournis;
- une régulation symétrique fondée sur les articles L. 34-8 III et D. 99-11 du Code des postes et communications électroniques (CPCE): la décision n° 2007-0213 de l'ARCEP impose deux types obligations symétriques. D'une part, les opérateurs de départ et les exploitants de numéros SAV doivent faire droit à toute demande raisonnable d'accessibilité aux numéros SAV dans des conditions objectives, transparentes et non discriminatoires. D'autre part, les opérateurs départ doivent faire droit aux demandes raisonnables de reversement d'une partie des sommes facturées aux utilisateurs dans des conditions objectives, transparentes et non discriminatoires. S'agissant de ce dernier point, l'ARCEP précise dans son avis n° 2008-0161 que la décision n° 2007-0213 "n'impose [...] en aucun cas un mode de commercialisation à mettre en place pour l'ensemble des éditeurs de SAV. [...] Cette obligation conforte avant tout la liberté de négocier et non une obligation de contrôle tarifaire";
- une régulation asymétrique fondée sur les articles L. 37-1 à L. 37-3 et L. 38 du CPCE: la décision n° 05-0571 de l'ARCEP modifiée par la décision n° 2007-0667 fixe dans le cadre de la régulation du marché de gros du départ d'appel sur réseau fixe deux types d'obligations à France Télécom. D'une part, elle doit fournir des prestations de départ d'appel aux fournisseurs de SVA. D'autre part, l'ARCEP a estimé que l'offre de reversement de France Télécom est "connexe au marché du départ d'appel, sur lequel France Télécom a été déclaré puissant". France Télécom doit donc faire droit aux demandes raisonnables de reversement aux fournisseurs de SAV d'une partie des sommes facturées par elle au titre des SVA, et ce, dans des conditions non discriminatoires, transparentes et à des tarifs non excessifs;
- la loi 2008-3 du 3 janvier 2008 pour le développement de la concurrence au service des consommateurs (loi Châtel): l'article 18 alinéa 2 de cette loi introduit de nouvelles dispositions dans la CPCE (Art. L. 34-8-2) imposant en quelques sortes un système d'interconnexion directe entre fournisseurs de services et opérateurs de boucle locale. Les fournisseurs de services (ou leur intermédiaire) devront s'acquitter d'une prestation d'interconnexion de type départ d'appel. Cette disposition permet aux fournisseurs de services de rendre leur service accessible grâce à un numéro libre appel depuis les réseaux fixes et mobiles. L'article 19 de la loi Châtel impose aux opérateurs mobiles des limites tarifaires à la composante communication des appels aux services de renseignements téléphoniques depuis les réseaux mobiles (inclusion dans le forfait ou le cas échéant, équivalent à une communication nationale). Cet article a ajouté l'article L. 121-84-9 au Code de la consommation.

L'analyse du Conseil

Dans son avis, le Conseil rappelle au point 36 que la régulation actuelle des SAV a été mise en place "sans que soit donné au Conseil la possibilité de se prononcer sur une analyse concurrentielle des marchés concernés". Puis, il ajoute "les questions de l'ADRT relevant manifestement de cette problématique, le Conseil estime nécessaire de les replacer dans une telle analyse".

Le Conseil procède donc à une analyse structurée des marchés des SAV comme s'il s'agissait d'une saisine de l'ARCEP au titre de l'article L. 37-1 du CPCE.

Les marchés concernés

Il s'intéresse d'abord aux caractéristiques structurelles des marchés. Il repère deux éléments ne favorisant pas le jeu de la concurrence:

- une faible élasticité de la demande des SAV en raison notamment de la modicité des sommes en jeu et du caractère occasionnel de la consommation;
- une faible transparence et des tarifs complexes empêchant le consommateur de faire des arbitrages éclairés: "le consommateur ne découvre souvent le coût global du service qu'à réception de la facture émise par l'opérateur de télécommunications".

Le dernier élément entraîne par ailleurs une forte insatisfaction, voire une méfiance, des consommateurs vis-à-vis de ces services.

Le Conseil procède ensuite à une rapide délimitation des marchés de détail des communications à destination des SVA. Il convient de rappeler que la fourniture d'un SVA comporte une partie communication et une partie service. La question est donc ici de savoir si les deux prestations sont sur un même marché de détail ou si chacune d'entre elles constitue un marché pertinent.

Suivant sa jurisprudence constante en la matière, le Conseil sépare tout d'abord les services de téléphonie fixe et les services de téléphonie mobile en raison notamment des différences de prix et des avantages liés à la mobilité. S'agissant des services de téléphonie fixe, il estime que "la commercialisation couplée de ces communications et des services à valeur ajoutée ne permet toutefois pas d'identifier un marché de détail des communications au départ des réseaux fixes vers les SVA". Ensuite constatant une séparation tarifaire des éléments communications et services des SVA au départ des réseaux mobiles, il considère que ces deux prestations sont sur des marchés distincts. Il observe enfin qu'à l'instar du marché des services mobiles dans son ensemble, le marché spécifique des communications mobiles à destination des SVA se caractérise par une faible pression concurrentielle. Le Conseil rappelle à ce stade un principe fondamental de la régulation sectorielle: "Le Conseil a toutefois, à de nombreuses reprises rappelé ses réserves sur une réglementation des tarifs de détail, qui, dans la mesure où elle se substitue au libre jeu de la concurrence, ne peut se justifier que dans des cas exceptionnels où aucune concurrence n'est susceptible de voir le jour". Il estime donc que "doit être privilégiée une régulation appropriée des marchés de gros sous-jacents" aux SAV, c'est-à-dire ceux relatifs aux prestations de départ d'appel sur les réseaux fixes et mobiles.

Les justifications de l'intervention sur les marchés de gros

Le Conseil évalue tout d'abord le dispositif actuel et conclut à son insuffisance. Il constate en premier lieu que seule France Télécom est régulée au titre des prestations de départ d'appel des réseaux fixes (régulation asymétrique). En second lieu, les précisions apportées par l'ARCEP sur la notion de demande raisonnable inscrite dans le dispositif de régulation symétrique des marchés des SAV ne l'ont pas convaincu: "Le Conseil déduit de ces précisions qu'une demande de prestation de départ d'appel ou d'achat de minutes en gros faite par un fournisseur de SAV à un OBL autre que France Télécom ne serait pas considérée par l'ARCEP comme une demande raisonnable d'accès". Il remarque d'ailleurs que les opérateurs mobiles ne proposent toujours pas ce type de prestations: les opérateurs mobiles semblent échapper à ces mesures.

Le Conseil défend dans son analyse la nécessité de la mise en place d'une interconnexion directe entre opérateurs mobiles et fournisseurs de SAV. Il estime d'ailleurs que la mise en place de la gratuité de certains services comme indiqué dans la loi Châtel ne peut se faire que si les opérateurs mobiles recouvrent leurs coûts de communications auprès des fournisseurs de SVA. Au surplus, il rappelle que de telles prestations permettraient d'intensifier la concurrence entre fournisseurs de SVA qui retrouveraient ainsi la maîtrise complète du coût du service pour le consommateur.

Cependant, une telle intervention n'est fondée que si les opérateurs de boucle locale exercent une influence significative sur le marché de gros des départs d'appel. Le point central du raisonnement du Conseil se situe au point 66: "dans la mesure où l'exploitant de SVA doit offrir son service à l'ensemble des utilisateurs, il est tenu de négocier une telle offre [prestation de départ d'appel] avec chaque OBL en particulier". C'est cette nécessaire ubiquité des SAV qui place chaque opérateur mobile en position de monopole sur le marché du départ d'appel de son réseau à destination des SAV. Si cette condition tombait, nous retrouverions le cas MVNO et l'absence d'influence significative de chaque opérateur mobile (avis n° 05-A-09 du 14 avril 2005).

Le Conseil recourt ensuite à l'analyse des trois critères d'appréciation du caractère régulable d'un marché des communications électroniques: existence de barrières élevées et non provisoires sur le marché, absence d'évolution vers une situation de concurrence effective, incapacité du droit de la concurrence à remédier aux défaillances constatées. En l'espèce, il estime les trois critères satisfaits.

Le dispositif de régulation suggéré par le Conseil

Le Conseil estime donc nécessaire d'intervenir ex ante sur les marchés de gros de départ d'appel des réseaux mobiles vers les SVA. Il faudrait dès lors imposer aux opérateurs mobiles une obligation de fourniture d'une prestation de gros de départ d'appel des réseaux mobiles vers les SVA Cependant, le Conseil considère que l'orientation vers les coûts ne se justifie pas pour ce qui concerne des réseaux déployés en concurrence. En effet, il rappelle qu'"une telle contrainte serait [...] de nature à mettre en question les incitations à investir des opérateurs de téléphonie mobile, et particulièrement d'un entrant potentiel". Une obligation de tarifs non excessifs lui semble préférable.

Quelques considérations finales

On saluera à nouveau l'initiative du Conseil dans cet avis et sa contribution à la mise en place de la régulation du secteur des communications électroniques. Cependant, il faut s'interroger sur l'efficacité institutionnelle de ce dispositif: il est regrettable que des fournisseurs de services soient contraints de saisir le Conseil de la concurrence pour en quelque sorte demander une régulation sectorielle, ou du moins être entendus. En l'espèce, l'analyse du Conseil dans cet avis ne peut se substituer au processus d'analyse des marchés tel qu'il est prévu par les directives et par le CPCE. Certains points demandent par ailleurs plus de justifications, en particulier, la nécessaire ubiquité des SAV sur laquelle reposent toute l'analyse et l'homogénéisation des paliers tarifaires entre les opérateurs mobiles. L'ensemble demande plus de consultations publiques et de débat.

Cet avis nous amène à réfléchir à la façon d'organiser le basculement du secteur des communications électroniques vers le droit commun. Il pourrait être envisagé un système institutionnel où le champ de compétence de l'autorité de régulation se réduise à la seule liste des marchés régulables définie par les directives européennes et où le déclenchement de la régulation sectorielle d'un marché non inscrit sur la liste relève de la compétence de l'autorité de concurrence. Les acteurs des marchés non inscrits pourraient ainsi saisir l'autorité de concurrence pour "avis préalable à la mise en place d'une régulation sectorielle" en se fondant sur l'analyse des trois critères maintenant classiques d'appréciation du caractère régulable d'un marché des communications électroniques.

Cette procédure offrirait idéalement la possibilité pour les acteurs concernés de prendre des engagements remédiant aux défaillances constatées, et donc d'ouvrir un tour de consultation publique. Le cas échéant, le dossier serait transféré à l'autorité de régulation qui se chargerait de la mise en œuvre du processus de régulation. Au total, un tel système renforcerait l'intérêt de la procédure d'engagements devant les autorités de concurrence et responsabiliserait les acteurs de la partie non régulée du secteur en leur donnant un rôle plus actif (engagements ou régulation).

D. Lescop

Concurrences N° 2-2008, pp. 166-168

Concurrences +

Alain Ronzano, Réseaux mobiles: Le Conseil de la concurrence se montre favorable à la création et la régulation ex ante d'un marché de gros de prestations d'appels sur les réseaux mobiles, 2 avril 2008, Concurrences N° 3-2008, Art. N° 61330.

ARCEP, 28 nov. 2007, résultats des consultations publiques sur la situation concurrentielle des fourreaux et la mutualisation de la partie terminale des réseaux de boucle locale fibre ; 19 déc. 2007, consultation publique relative à l'analyse des marchés de gros du haut débit et du très haut débit ; Ministère de l'économie, des finances et de l'emploi, 13 déc. 2007, consultation sur des mesures législatives destinées à favoriser le déploiement du très haut débit dans les immeubles d'habitation

L'ARCEP précise les conditions de régulation des réseaux de nouvelle génération

Ainsi que nous le précisions dans l'une de nos précédentes chroniques (voir *Concurrences* n° 4-2007), l'ARCEP a consulté le secteur des communications électroniques à la fin du mois de juillet 2007 concernant le déploiement des réseaux de nouvelles générations (réseaux de boucle locale en fibre optique de type "*Fiber To The Home*") et, plus spécifiquement, la situation concurrentielle des fourreaux de communications électroniques et leur régulation éventuelle, d'une part, et la mutualisation de la partie terminale des réseaux de boucle locale fibre optique de l'autre.

Au travers de ses deux consultations, l'ARCEP entendait collecter des informations quant aux attentes, aux projets et aux difficultés rencontrées, le cas échéant, par les acteurs désireux ou en train de déployer de tels réseaux, ainsi que recueillir leurs commentaires s'agissant des modalités selon lesquelles ces nouveaux réseaux pourraient – ou devraient – être régulés. Ces consultations étaient réalisées dans un cadre purement prospectif, l'ARCEP interrogeant les acteurs sur les fondements juridiques pouvant fonder l'adoption de telles mesures à visée régulatrice.

Cette première étape d'analyse, dont l'Autorité a publié la synthèse le 28 novembre 2007, a ainsi permis de dresser un état des lieux de la situation concurrentielle de ces infrastructures et des mesures susceptibles d'être adoptées pour les réguler. Aujourd'hui, ce sont deux nouvelles consultations publiques qui sont menées, l'une par l'ARCEP, l'autre par le gouvernement, concernant ces mesures.

La première consultation porte sur l'analyse des marchés de gros du haut débit et du très haut débit, et concerne donc, pour partie, les conditions de régulation des réseaux d'accès de nouvelle génération.

Elle s'inscrit dans le cadre du processus d'analyse des marchés pertinents du secteur des communications électroniques prévu par le cadre réglementaire actuel et qui vise à la mise en place d'un dispositif de régulation asymétrique, s'appliquant au(x) seul(s) opérateur(s) disposant d'une position équivalente à une position dominante sur le marché considéré.

Pour mémoire, il s'agit, pour l'Autorité :

- de délimiter, au regard des circonstances nationales et sur la base de ceux identifiés de manière générique par la Commission européenne dans sa recommandation, les marchés pertinents du secteur des communications électroniques susceptibles d'être régulés,
- d'identifier le cas échéant si un ou plusieurs opérateurs disposent d'une influence significative sur ces marchés,

- et de leur imposer le ou les remèdes nécessaires pour que ces marchés tendent vers une situation concurrentielle. Dans la mesure où l'analyse de l'Autorité relative aux offres "haut débit" recouvre peu ou prou le cadre réglementaire actuel, l'ARCEP envisageant, globalement, de reconduire les obligations ex ante imposées à France Télécom en matière de dégroupage (partiel et total) de la boucle locale cuivre et de fourniture d'offres d'accès haut débit activées livrées au niveau infranational, ce sont essentiellement les aspects de son analyse liés au "très haut débit" qui nous intéresseront.

Il est à noter que c'est la première fois que l'Autorité procède à une délimitation de marché pertinent depuis l'adoption, par la Commission européenne le 13 novembre 2007, de sa seconde Recommandation concernant les marchés pertinents du secteur des communications électroniques susceptibles d'être soumis à une régulation ex ante. Au travers de cette nouvelle Recommandation (v. la note consacrée par Denis Lescop à ce texte dans la présente chronique de ce numéro 1-2008), la Commission a souhaité réviser la liste des marchés arrêtée dans le cadre sa Recommandation du 11 février 2003 afin de tenir compte de l'évolution de leur situation concurrentielle. En matière de haut débit, la Commission identifie désormais les deux marchés de gros suivants :

- Marché de gros des infrastructures (physiques) de réseau d'accès (incluant l'accès partiellement et totalement dégroupé) à un point fixe ("*Wholesale (physical) network infrastructure access (including shared or fully unbundled access) at a fixed location*" : marché n° 4) ;

- Marché de gros de l'accès large bande ("*Wholesale broadband access*", marché n° 5).

Dans sa délimitation du marché n° 4, l'Autorité commence, à juste titre, par relever que le marché identifié par la Commission ne se limite pas aux seuls réseaux physiques de boucle locale mais inclut également *"l'accès aux infrastructures de génie civil"* de cette boucle locale. De façon schématique, la définition retenue par la Commission pour ce marché recouvre tout autant le câble qui constitue la boucle locale, qu'elle soit en cuivre ou en fibre optique (voire une autre infrastructure d'accès, en vertu du principe de neutralité technologique) que le fourreau dans lequel elle repose et les autres infrastructures permettant d'y accéder.

Puis, en utilisant, comme le prescrit le cadre réglementaire, les concepts traditionnellement utilisés par le droit de la concurrence pour la délimitation d'un marché pertinent, l'ARCEP conclut que les prestations de dégroupage de la boucle locale (voire de fourniture d'offres passives de fibre optique) seraient substituables aux offres d'accès aux infrastructures de génie civil de boucle locale des opérateurs ou des collectivités et retient en conséquence un marché national unique pour la fourniture de ces prestations.

Au soutien de son argumentation, l'ARCEP fait valoir que, du côté de la demande, un opérateur pourrait, en cas de hausse des prix du dégroupage, se tourner vers une offre de génie civil pour déployer sa propre boucle locale optique. Du côté de l'offre, l'ARCEP considère également qu'une hausse des prix du dégroupage conduirait un opérateur détenant des fourreaux à y déployer un réseau de fibre optique afin de formuler une offre de fourniture de fibre passive. Enfin, elle conclut sur ce point en avançant que les contraintes concurrentielles seraient identiques pour l'accès à la boucle locale et l'accès aux fourreaux, ces deux infrastructures devant être considérées comme "essentielles" au sens du droit de la concurrence.

L'argumentation étonne. En effet, si le développement des réseaux d'accès de nouvelle génération constitue aujourd'hui un enjeu majeur pour la société de l'information, c'est bien parce que les offres de détail proposées au travers de ces nouveaux réseaux d'accès diffèrent sensiblement de celles actuellement fournies au travers de la boucle locale cuivre. Dans ce contexte, il paraît, à ce premier égard, pour le moins surprenant que l'ARCEP puisse considérer que les prestations de gros sont substituables alors même que les services qu'elles visent in fine à offrir sont différents.

Plus encore, et au-delà du fait que les prestations de gros considérées apparaissent très dissemblables techniquement (et financièrement), l'ARCEP ne propose aucun élément qui permettrait d'étayer les conclusions du test du monopoleur hypothétique qu'elle réalise. En particulier, aucune donnée chiffrée n'est avancée concernant le coût de l'accès aux infrastructures de génie civil permettant de considérer que cette prestation pourrait, d'un point de vue tarifaire, être substituable à celle du dégroupage.

Dans ce contexte, l'analyse effectuée par l'Autorité aurait tout autant pu justifier que soient délimités plusieurs marchés pertinents, distinguant les infrastructures de réseaux d'accès en tant que telles des infrastructures de génie civil dans lesquelles elles sont déployées. Plus encore, on aurait pu envisager de délimiter, parmi les infrastructures d'accès, celles permettant la fourniture d'offres haut débit de celles autorisant la fourniture d'offres très haut débit.

De telles délimitations, plus fines, sembleraient davantage en phase avec les principes de droit de la concurrence que l'ARCEP se doit de respecter dans l'exercice de délimitation des marchés. Certes, l'on peut comprendre que l'ARCEP ait entendu "coller" à la définition retenue par la Commission européenne dans sa Recommandation (celle-ci disposant d'ailleurs d'un pouvoir de veto sur les délimitations de marchés retenues par les régulateurs nationaux). Pour autant, rien n'interdisait à l'ARCEP d'adopter une délimitation plus fine que celle, générique, retenue par la Commission. Plus encore, l'Autorité dispose – à la condition que certains critères soient remplis – du pouvoir d'identifier un marché pertinent susceptible d'être régulé non identifié par la Commission. L'Autorité avait d'ailleurs fait usage de cette faculté dans son précédent cycle d'analyse des marchés du haut débit, en identifiant et en régulant temporairement le marché des offres de gros livrées au niveau national.

La Recommandation de la Commission n'apparaissant donc pas en soi comme un obstacle à une telle délimitation, la position de l'Autorité s'explique très probablement par la recherche d'une délimitation lui ouvrant la possibilité d'imposer les mesures ex ante qu'elle envisage de mettre en place. Ainsi, les préventions de l'Autorité quant à une délimitation plus fine de ces marchés (et notamment à l'identification d'un marché des infrastructures de réseaux d'accès permettant la fourniture d'offres très haut débit) pourraient s'expliquer par sa volonté de ne pas imposer, à ce stade, à France Télécom une obligation d'accès à son infrastructure très haut débit. En effet, l'identification d'un tel marché pourrait contraindre l'Autorité, si France Télécom devait disposer d'une influence significative sur celui-ci, à la soumettre à une obligation d'accès. Or, ainsi que l'ARCEP l'avait exprimé dans le cadre de ses consultations de juillet – et le confirme aujourd'hui – elle entend, dans un premier temps, ne réguler que l'accès aux infrastructures de génie civil des réseaux très haut débit, en se réservant la possibilité d'adopter un dispositif de régulation concernant la fibre elle-même si le bilan du très haut débit qu'elle entend réaliser à la fin de l'année 2008 démontre un échec de ces premières mesures.

C'est donc bien cette approche finaliste qui semble justifier l'analyse développée, à ce stade, par l'Autorité. Les contributions des opérateurs (dont certains sont désireux de disposer d'une offre d'accès à la fibre elle-même, fût-ce à titre temporaire), mais également l'avis que le Conseil de la concurrence sera amené à formuler sur cette délimitation de marchés (voire la décision contentieuse qu'il devrait adopter à une date très proche de la rédaction de la présente chronique, suite à la saisine de la société Free), pourraient utilement contribuer au débat sur ce point.

En toute hypothèse, que l'ARCEP identifie un ou plusieurs marchés pertinents, cette situation ne devrait pas remettre en cause les remèdes qu'elle envisage d'adopter dans son document d'analyse puisque, en pratique, il fait peu de doute que France Télécom sera considérée comme disposant d'une influence significative sur le ou les marchés considérés. En effet, comme le souligne l'Autorité, "*France Télécom contrôle la quasi-totalité des accès dégroupés, ainsi que la très grande majorité des infrastructures de génie civil permettant le déploiement d'une boucle locale optique*".

S'agissant des remèdes envisagés pour le "très haut débit", l'ARCEP propose notamment d'imposer à France Télécom une obligation d'accès à ses infrastructures de génie civil (fourreaux et chambres de tirage) de boucle locale afin de permettre aux opérateurs tiers de déployer leur propre réseau d'accès jusqu'au pied des immeubles. Point important (et qui assoit de plus fort la non-substituabilité de cette prestation avec le dégroupage de la boucle locale cuivre), l'ARCEP souligne qu'une demande d'accès pour déployer un réseau de cuivre ne serait pas raisonnable dans la mesure où France Télécom propose parallèlement une offre de dégroupage de sa boucle locale cuivre dont la tarification est orientée vers les coûts. Par ailleurs, et afin de combler un manque de ses offres actuelles, l'ARCEP entend également imposer à France Télécom la fourniture des informations préalables dont elle dispose sur le déploiement de son réseau de génie civil.

Sur un plan technique, l'ARCEP propose que les règles d'ingénierie utilisées par les opérateurs pour le déploiement de ces réseaux soient les mêmes et appelle à la mise en œuvre de principes de déploiement – et de dessaturation le cas échéant – garantissant un accès équitable à ces infrastructures pour tous les opérateurs. S'agissant de la qualité des prestations en cause, l'Autorité souligne la nécessité de mettre en place un mécanisme d'engagements sur des niveaux de qualité de service et propose que ces modalités soient définies par France Télécom. Alors que le mécanisme de pénalités mis en œuvre concernant les prestations de dégroupage s'est avéré largement inopérant, conduisant l'ARCEP à en solliciter la refonte, le fait de déléguer cette mission à l'opérateur historique surprend.

Enfin, au niveau tarifaire, l'ARCEP envisage d'imposer à France Télécom que les tarifs des prestations précitées reflètent les coûts qu'elle encoure pour leur fourniture et précise à cet égard qu'elle arrêtera ultérieurement une décision portant spécifiquement sur la comptabilisation des coûts associés à cette prestation, ainsi qu'une décision portant sur l'obligation de séparation comptable qu'elle devra respecter.

Quant à la seconde consultation publique, réalisée sous l'égide du ministère de l'Économie, dans le cadre des travaux du Comité de pilotage du très haut débit réunissant tous les acteurs, publics ou privés concernés, elle porte sur les mesures législatives susceptibles d'être adoptées pour permettre le déploiement et la mutualisation des nouvelles infrastructures d'accès à l'intérieur des immeubles d'habitation (partie terminale du réseau). Un certain nombre de contraintes opérationnelles et juridiques à ce déploiement ont ainsi été identifiées par ce Comité auxquelles les mesures proposées entendent répondre, en :

- facilitant l'accès des opérateurs aux immeubles existants ;
- encadrant les relations entre les propriétaires d'immeubles et les opérateurs (notamment par l'adoption d'une convention comportant un certain nombre d'éléments prédéfinis) ;
- prévoyant le pré-câblage en fibre optique des logements neufs ;
- imposant aux opérateurs ayant déployé une ligne de communications électroniques à très haut débit à l'intérieure d'une propriété privée de faire droit aux demandes raisonnables d'accès émanant d'autres opérateurs.

Cette dernière disposition se traduirait, ainsi, par l'ajout d'un article L. 34-8-2 au Code des postes et des communications électroniques ("CPCE") qui viendrait poser le principe d'une telle obligation d'accès, applicable à tout opérateur. Cette disposition laisserait le soin à un décret de définir plus précisément les contours de cette obligation (notamment en termes de tarification et de localisation du point d'accès). Enfin, en cas de litige entre opérateurs sur les conditions de cet accès, ce différend pourrait alors être soumis à l'Autorité dans le cadre de la procédure instituée par l'article L. 36-8 de ce même code.

Même si l'on peut s'interroger sur la nécessité d'adopter une telle disposition pour permettre à l'ARCEP d'imposer, ex ante voire ex post, une telle mutualisation (le cadre actuel pouvant, le cas échéant, être interprété comme l'autorisant déjà (cf. les articles L. 34-8 I, L. 34-8 III et L. 36-8 du CPCE), même si le cas d'une intervention ex post en cas de refus d'accès pourrait être discuté), cette mesure présente l'avantage d'assurer un cadre juridique stabilisé aux opérateurs et de permettre l'adoption rapide de ses modalités opérationnelles.

En définitive, ces deux consultations publiques mettent en lumière la volonté, partagée par l'ARCEP et le gouvernement, de conférer rapidement de la visibilité aux opérateurs sur le cadre réglementaire dans lequel ils pourront développer leurs nouveaux réseaux d'accès. Reste que, comme le démontre l'exemple du dégroupage de la boucle locale, ce ne sont souvent pas tant les obligations imposées que leurs modalités concrètes de mise en œuvre qui conditionnent le succès d'une offre régulée. Ainsi, alors que le dégroupage de la boucle locale a été imposé à France Télécom dès le 1er janvier 2001, ce n'est véritablement qu'à compter de l'année 2004 que le dégroupage partiel a connu un véritable essor (et il a même fallu attendre l'année 2005 pour voir s'esquisser le succès du dégroupage total). Cette situation s'explique notamment par la multiplication des procédures contentieuses qui se sont avérées nécessaires afin que ses modalités opérationnelles et ses tarifs répondent aux attentes du secteur. Dans ce contexte, si la très grande implication des acteurs du secteur dans le processus de régulation devrait permettre aux autorités publiques d'adopter rapidement un cadre facilitant le déploiement de ces infrastructures, la vigilance demeurera de mise pour leur application pratique.

J.-P. Tran Thiet, T. Tuot, D. Lescop
Concurrences N°1-2008, pp. 180-182

ARCEP, déc. n° 2007-0862 du 9 oct. 2007 relative au compte rendu et au résultat de la procédure d'attribution d'une autorisation en France Métropolitaine pour un système mobile de troisième génération

L'ARCEP rejette la candidature de Free Mobiles à la 4ème licence 3G

Le 21 février dernier, François Loos, ministre de l'Économie, des Finances et de l'Industrie lançait officiellement l'appel à candidatures pour la quatrième autorisation d'exploitation d'un système mobile de troisième génération en France (voir Concurrences 2-2007, rubrique Régulation). Seule Free Mobiles, détenue à 100 % par Illiad, s'était porté candidate dans le délai imparti (31 juillet 2007 à douze heures). L'ARCEP rappelle que l'instruction de l'appel à candidature comporte deux phases (Décision n° 2007-0177 du 20 février 2007 et Arrêté du 21 février 2007 du ministre de l'Économie, des Finances et de l'Industrie) :

- la qualification des candidats : chaque postulant doit satisfaire à un certain nombre de critères pour être éligible ;
- la sélection : les candidats éligibles participent à une soumission comparative (concours de beauté) et le meilleur d'entre eux obtient la licence. La qualification du candidat requiert la satisfaction d'une série de trois critères :

i) respect des modalités de sélection (remise d'un dossier de candidature, respect du délai, etc.) ;

ii) éligibilité à l'obtention d'une autorisation d'utilisation des fréquences (article L. 42-1 du Code des postes et communications électroniques). Cet article stipule notamment que l'incapacité financière ou technique du demandeur "à faire face durablement aux obligations résultant des conditions d'exercice de son activité" est un motif suffisant de refus de l'autorisation ;

iii) engagement du candidat à respecter les conditions minimales d'autorisation d'utilisation des fréquences.

L'ARCEP a donc procédé à l'analyse de ces critères concernant la candidature de Free Mobiles. Parmi les conditions minimales d'autorisation d'utilisation des fréquences figurent des obligations de couverture, de disponibilité et de qualité de services, de respect des normes et services utilisés et surtout des charges financières liées à la mise à disposition et à l'utilisation des fréquences. Ce dernier point renvoie à l'obligation de s'acquitter du versement de la partie fixe de la redevance d'utilisation des fréquences dédiées à la troisième génération de téléphonie mobile (619 millions d'euros) dès la délivrance de l'autorisation. Or, les éléments de l'instruction du dossier par l'ARCEP montrent que Free Mobiles "ne s'est pas engagée à respecter l'obligation d'assurer le versement de la part fixe de la redevance dans les conditions définies par la loi inscrite dans l'article 36 de la de finances pour 2001". L'ARCEP fait ici référence à la demande faite par Free Mobiles dans son dossier de candidatures de discussion sur l'aménagement des modalités financières de l'autorisation (notamment le paiement annuel de la partie fixe de la redevance).

S'agissant des capacités financières de Free Mobiles à faire face aux obligations résultant des conditions d'exercice de son activité, l'ARCEP concentre son analyse sur la capacité de Free Mobiles à payer la partie fixe de la redevance. En substance, l'ARCEP constate que le dossier de candidature ne comporte aucun plan de financement de la redevance (par un investisseur extérieur, par des banques ou par la maison mère Illiad) et que Free mobile dispose d'un capital social d'un montant limité (40 000 euros). Elle conclut dès lors que Free Mobiles n'a pas fourni "d'éléments suffisants susceptibles [...] d'établir la capacité financière de la société candidate à faire face durablement aux obligations résultant des conditions d'exercice de l'activité". C'est donc très logiquement que l'ARCEP rejette la candidature de Free Mobiles au stade de la qualification (éligibilité à participer à la phase de sélection).

Reste à savoir maintenant si Free Mobiles va réellement porter l'affaire devant le Conseil d'État. On relèvera à ce sujet que les éléments avancés par l'ARCEP sont robustes et difficilement attaquables en l'état actuel du droit. Cependant, sans modifications législatives relatives aux modalités financières des autorisations, la décision de l'ARCEP inscrit dans la durée la structure de la pression concurrentielle sur le marché de la téléphonie mobile : un oligopole à trois et des opérateurs mobiles virtuels sous contrôle constituant une frange concurrentielle plus ou moins active.

D. Lescop
Concurrences N° 4-2007, pp. 138-139

Concurrences +

Bruno Stromsky, Absence d'aide d'État : La Commission européenne considère que l'octroi de la quatrième licence UMTS à un prix inférieur à celui des trois précédentes ne constitue pas un avantage sélectif (Quatrième licence UMTS), 10 mai 2011, Concurrences N° 4-2011, Art. N° 40017, pp. 164-165.

Joelle Adda, Télécommunications - Attribution de la quatrième licence mobile : Le Conseil d'État rejette les requêtes dirigées contre le décret fixant la part fixe de la redevance due par le quatrième opérateur de réseau de téléphonie mobile ainsi que contre les divers actes de procédures ayant conduit à attribuer à une entreprise de téléphonie mobile l'autorisation d'exploiter en France métropolitaine un réseau 3G ouvert au public (Bouygues Telecom), 12 octobre 2010, Concurrences N° 4-2010, Art. N° 33032, pp. 215-218.

Jean-Paul Tran Thiet, Orion Berg, Télécommunications - Licence de téléphonie mobile : L'ARCEP attribue la quatrième licence de téléphonie mobile de troisième génération et lance une procédure d'infraction contre Orange France et SFR (Orange France ; SFR), 17 décembre 2009, Concurrences N° 1-2010, Art. N° 30367, p. 170.

Alain Ronzano, Licence de téléphonie mobile : Le Gouvernement lance l'appel à candidatures pour l'attribution d'une quatrième licence de téléphonie mobile, 16 juillet 2009, Concurrences N° 4-2009, Art. N° 55576.

Alain Ronzano, Réduction des redevances : Le Conseil d'État rejette la requête d'un opérateur mobil concernant les conditions de rétrocession de fréquences en vue de leur réattribution au futur titulaire de la quatrième licence de téléphonie mobile (Bouygues / Orange), 27 avril 2009, Concurrences N° 3-2009, Art. N° 56709.

Jacques Derenne, Réduction du montant des redevances UMTS : La CJCE confirme que, dans le cadre de l'attribution des licences UMTS en France, la réduction du montant des redevances dues par Orange et SFR ne constitue pas une aide d'État (Bouygues Télécom), 2 avril 2009, Concurrences N° 2-2009, Art. N° 26055, pp. 163-164.

Alain Ronzano, Critères constitutifs d'une aide d'État : La Cour de justice confirme que la réduction du montant des redevances dues par des opérateurs suite à la rétrocession de licences UMTS ne constitue pas une aide d' État (Orange / SFR), 2 avril 2009, Concurrences N° 3-2009, Art. N° 56572.

Alain Ronzano, Licence de téléphonie mobile : Le Gouvernement fixe le prix de la quatrième licence de téléphonie mobile, 5 février 2009, Concurrences N° 2-2009, Art. N° 58242.

Alain Ronzano, Attribution des licences de téléphonie mobile : L'avocat général Trstenjak suggère à la Cour de justice de rejeter le pourvoi de d'un opérateur dans une affaire de l'attribution des licences UMTS (Bouygues Télécom), 8 octobre 2008, Concurrences N° 1-2009, Art. N° 53593.

Christophe Giolito, Téléphonie mobile : Le TPICE confirme que la modification rétroactive des redevances n'est pas en l'espèce constitutive d'aide d'État (Bouygues Télécom), 4 juillet 2007, Concurrences N° 4-2007, Art. N° 14331, pp. 106-108.

Alain Ronzano, Téléphonie mobile : Le TPICE rejette les prétentions du troisième opérateur de mobiles français dans une affaire concernant l'attribution des licences de téléphonie mobile (Bouygues Télécom), 4 juillet 2007, Concurrences N° 4-2007, Art. N° 56075.

Cons. conc., avis n° 07-A-05 du 19 juin 2007 relatif à une demande d'avis de l'Autorité de régulation des communications électroniques et des postes (ARCEP) dans le cadre de la procédure d'analyse du marché de gros de la terminaison d'appel vocal sur les réseaux mobiles

Le Conseil de la concurrence rend un avis favorable à une régulation des prix des terminaisons d'appel sur les réseaux mobiles

Le 19 juin dernier, le Conseil de la concurrence a rendu un avis à l'ARCEP concernant l'analyse des marchés de gros de terminaison d'appel sur les réseaux mobiles. Cet avis s'inscrit dans le cadre de la procédure de consultation de l'article L. 37-1 du Code des postes et des communications électroniques (CPCE).

L'actuel cadre réglementaire des communications électroniques impose une analyse fine et argumentée de l'état de la concurrence sur le marché (actuelle et potentielle) avant d'imposer des remèdes ex ante. L'analyse requise va plus loin que la simple constatation de l'exercice d'une puissance significative par un ou plusieurs opérateurs. Plus précisément, le caractère régulable d'un marché s'apprécie au travers de trois critères cumulatifs, recensés dans la recommandation de la Commission du 11 février 2003 (C(2003)497) concernant les marchés pertinents de produits et services dans le secteur des communications électroniques susceptibles d'être soumis à une réglementation ex ante conformément à la directive "cadre" (JOUE n° L. 114 du 8 mai 2003) :

- constatation de l'existence de barrières ou d'entraves au développement de la concurrence sur le marché,
- absence de dynamisme de la concurrence et
- insuffisance du droit de la concurrence pour remédier aux obstacles ou entraves observés.

La procédure comporte plusieurs étapes. L'analyse menée par les autorités de régulation nationale est d'abord soumise à consultation publique, puis pour avis à l'autorité de concurrence compétente. Ensuite, l'autorité de régulation nationale notifie son analyse et son éventuel projet de régulation à la Commission européenne qui dispose, le cas échéant, d'un pouvoir de veto.

Le présent avis entame le deuxième cycle d'analyse des marchés potentiellement régulables prédéfinis par la Commission dans la recommandation du 11 février 2003. Le premier cycle avait duré près de deux ans et demi (du 14 octobre 2004 au 1er février

2007), compté onze demandes d'avis et avis du Conseil de la concurrence et couvert 17 marchés potentiellement régulables.

En substance, le Conseil s'est déclaré favorable à la poursuite de la régulation des marchés de gros de la terminaison d'appel sur les réseaux mobiles. Cependant, son avis comporte une série de remarques et avertissements à l'adresse de l'ARCEP.

Une distinction fixe/mobile de plus en plus ténue: s'agissant de la délimitation des marchés pertinents, le Conseil renvoie en l'absence d'éléments nouveaux à ses précédents avis (Cons. conc., avis n° 04-A-17 du 14 octobre 2004, BOCCRF n° 4 du 26 avril 2005 et avis n° 07-A-01 du 1er février 2007): il existe donc bien un marché de la terminaison d'appel pour chaque réseau mobile (Orange, SFR, Bouygues). Cependant, le Conseil constate que "la frontière entre les services de téléphonie mobile et les services de téléphonie fixe devient de plus en plus poreuse". Deux phénomènes contribuent au renforcement de cette porosité.

D'une part, les offres convergentes fixe/mobile permettent à un consommateur muni d'un terminal adapté d'utiliser un canal Wifi relié à une connexion Internet (donc filaire) dans la zone de réception Wifi (à proximité du domicile ou de l'entreprise), et à l'extérieur de cette zone d'utiliser le réseau mobile. Même si ces offres ne font qu'émerger à l'heure actuelle, la terminaison d'appel en direction de ce type de terminal convergent apparaît tantôt fixe (zone Wifi), tantôt mobile: si ces offres se développaient, à terme, elles remettraient en cause la définition actuelle des marchés de gros de terminaison d'appel vers les réseaux mobiles.

D'autre part, observant que 30 % des appels depuis un mobile sont passés au domicile des utilisateurs, les opérateurs mobiles ont proposé des offres ou options purement mobiles autorisant des appels illimités vers le fixe sous certaines conditions. Ces services concurrencent directement le téléphone fixe et renforcent les pressions concurrentielles s'exerçant entre le marché de la téléphonie fixe et celui de la téléphonie mobile. L'existence de telles pressions pourrait à terme remettre en cause la définition des marchés potentiellement régulables.

La nécessaire approche globale des marchés

La convergence fixe/mobile est clairement mise en avant pas le Conseil dans son avis comme un facteur perturbant la définition des marchés. C'est pourquoi il en appelle, comme dans son tout premier avis, à plus de cohérence et à une vision globale de la régulation du secteur (point 4 de l'avis): "Une approche plus globale du secteur des communications électroniques semble souhaitable pour ce deuxième cycle afin de fonder une réflexion stratégique sur les enjeux concurrentiels du secteur, les objectifs poursuivis et sur l'articulation entre le droit commun de la concurrence et le droit sectoriel, qui doit progressivement s'effacer au profit du premier".

On ne peut qu'abonder dans ce sens. La complexité du secteur ne saurait être appréhendée et résolue par un simple découpage des marchés effectué cinq ans plus tôt. La rapidité de l'innovation, des changements technologiques et par suite la modification des modèles d'affaires des acteurs sont autant d'éléments modifiant en profondeur les pressions concurrentielles à l'œuvre dans le secteur et plus encore le contour des marchés prédéfinis par la Commission.

Toujours au point 4, le Conseil semble rappeler que la régulation n'est pas éternelle. À terme, le droit sectoriel "s'effacera progressivement" au profit du droit commun de la concurrence. Dès lors, il convient de s'interroger sur le rôle que devra jouer le Conseil et ses homologues européens dans ce basculement et ce, d'autant plus, que la réflexion est en cours concernant la révision du cadre réglementaire actuel.

L'évaluation des remèdes précédents

Encore au point 4, le Conseil ajoute: "Cette réflexion pourrait également être utilement alimentée, d'une part par un bilan des analyses du premier cycle et de la mise en œuvre des mesure adoptées, et, d'autre part, par une première évaluation de leur efficacité". Le Conseil invite donc l'ARCEP à l'autoévaluation de ces mesures antérieures afin d'en apprécier l'efficacité et surtout le maintien: on ne saurait poursuivre une régulation qui n'a que peu d'effets sur le marché concerné. L'exercice paraît pourtant difficile: comment distinguer les effets de court terme d'une régulation mise en place depuis trois, des effets de long terme de mesures prises encore plus tôt. Par ailleurs, se pose la question des effets de bord de la régulation d'un marché sur des marchés connexes. Là encore, une approche globale s'impose.

En l'espèce, il s'agit d'évaluer un remède relativement simple: l'orientation vers les coûts et donc la baisse des charges de terminaisons d'appel des opérateurs mobiles. Le Conseil relève un risque de "déséquilibre concurrentiel lié au niveau des terminaisons d'appel" dû à l'asymétrie persistante des parts de marché des opérateurs mobiles. En effet, le développement de politiques commerciales visant à favoriser les appels on net, c'est-à-dire entre abonnés du même opérateur, crée une externalité positive forte pour les plus gros opérateurs, Orange et SFR. Pour répondre à ces offres, Bouygues Telecom, de par sa plus faible position de marché (17 % des abonnés), se doit de proposer des offres illimitées vers tous les opérateurs. Elle supporte alors les charges de terminaison d'appel des deux autres et transmet ainsi une partie de ses recettes aux plus gros opérateurs. Ces transferts pourraient "compromettre la survie du plus petit opérateur et dissuader de nouveaux entrants".

L'effet "club"

Cet argument n'est pas sans rappeler les mesures conservatoires prises par le Conseil dans l'affaire opposant Orange Caraïbe à Bouygues Télécom Caraïbe (Cons. conc., déc. n° 04-MC-02 du 9 décembre 2004, BOCCRF n° 3 du 31 mars 2005): "L'effet de "club" résultant de la différenciation tarifaire pratiquée entre les appels off net et on net sur le réseau d'Orange Caraïbe est directement proportionnel à l'ampleur de cette différenciation. Il est, en outre, considérablement renforcé par le fait qu'il n'existe que deux réseaux et que le plus grand des deux détient une part de marché de plus de 82 %. L'écart de taille entre les réseaux, et non la taille absolue du plus petit réseau, est l'élément crucial de l'espèce car cet écart constitue un levier multipliant l'effet du montant de la différence des tarifs. En outre, cet écart dans la taille des réseaux prive le plus petit de moyens de réplique: même en pratiquant une différenciation élevée entre ses tarifs on net et off net, le petit réseau ne peut proposer des tarifs on net plus attractifs en les finançant par les revenus tirés des terminaisons d'appel" (Voir également Cons. conc., déc. n° 02-D-69 du 26 novembre 2002 relative aux saisines et aux demandes de mesures conservatoires présentées par l'Union fédérale des consommateurs Que Choisir et la Confédération de la consommation, du logement et du cadre de vie, BOCCRF n° 3 du 28 février 2003).

Cependant, il s'agissait en l'espèce d'un duopole fortement dominé par Orange Caraïbe. En métropole, on pourrait imaginer que la concurrence des deux plus gros opérateurs au travers d'offres d'abondance ait comme effet collatéral l'affaiblissement du plus petit membre de l'oligopole : dès lors, ne s'agit-il pas là d'une concurrence par les mérites au détriment du plus petit ? ou alors d'une stratégie conjointe des deux plus gros pour exclure le plus petit de certains pans du marché ?

L'intégration horizontale d'Orange et SFR sur l'ensemble des marchés de détail du secteur des communications électroniques (fixe, mobile, Internet) joue dans le même sens. Elle renforce leur position de marché sans pour autant constituer un abus ou un exercice illicite de leur puissance de marché.

Régler les problèmes sur le marché de détail

Le remède sur les terminaisons d'appels s'est accompagné d'autres ajustements sur le marché de détail de la téléphonie mobile : abandon du bill and keep à l'initiative d'Orange, organisation de la portabilité, travail sur les durées d'engagement, incitation au développement des opérateurs mobiles virtuels. Cet ensemble de mesures a certainement contribué à améliorer la situation concurrentielle du marché de détail de la téléphonie mobile en s'attaquant à ses principaux problèmes : le manque de fluidité de la demande et l'existence de forts coûts de changements d'opérateurs. En ce sens, la régulation des terminaisons d'appel doit être poursuivie mais comme le souligne le Conseil, il convient de renforcer les mesures d'accompagnement, notamment par l'encadrement des modalités d'engagement et de ré-engagement, et la facilitation de l'accès des nouveaux entrants aux principaux canaux de distribution. Ce point renvoie à l'esprit des directives : réguler un marché de gros ne s'impose que pour pallier l'absence de concurrence effective sur les marchés de détails sous-jacents.

Dans cet avis, le Conseil réitère une série de recommandations déjà inscrites dans ses précédents avis : analyse globale du marché, analyse du fonctionnement du marché de détail, justification de la régulation du marché de gros par les problèmes de concurrence observés sur les marchés de détail sous-jacents. Il insiste également sur la nécessité de l'évaluation des remèdes pris antérieurement. Pour donner toute sa robustesse et sa légitimité à la régulation, l'ARCEP suivra probablement ce chemin et s'essaiera, dans ses prochaines analyses, à l'exercice difficile de l'auto-évaluation.

D. Lescop
Concurrences N° 3-2007, pp. 159-161

CE, ord., 13 juin 2005, Société Pages Jaunes, n° 281348

Le Conseil d'Etat rejette la demande des opérateurs de suspension de la décision de l'ART d'attribution des numéros d'appels

Quand la régulation fait appel au hasard pour aménager une concurrence effective par les mérites…

“Le hasard est une force merveilleuse, une force comparable à un Dieu voyageur chargé de documents, de fiches et de dossiers” ; Pierre Mac Orlan aurait pu ajouter : de numéros d'appel aussi. C'est en effet au hasard que l'Autorité de régulation des télécommunications (ART) s'en est remise pour l'attribution de numéros d'appel aux opérateurs de services de renseignements téléphoniques. Ces numéros ne sont vraiment un cadeau du destin que lorsqu'ils sont -suprême grâce- facilement mémorisables. Le '12' l'était, assurément. Précisément un peu trop pour ne pas conférer un avantage indu à France Télécom, qui se l'était d'abord vu attribuer. C'est ce qu'avait jugé le Conseil d'État par sa décision en date du 24 juin 2004 (Société Scoot France et Société Fonecta, n° 249300, AJDA 2004, p. 1702 chr. Landais - Lenica). Réserver à la Sté France Télécom le bénéfice du '12' constituait une discrimination non justifiée, avait-il en effet jugé au terme d'une enquête dite "à la barre", dès lors que les différents fournisseurs de services de renseignements s'adressent aux mêmes utilisateurs et sont dans une même situation au regard des besoins en format de numérotation. Au vu de l'ensemble des contributions techniques apportées par les parties lors de l'enquête, le Conseil d'État avait donc décidé de s'écarter de l'analyse de l'ART concernant l'utilisation du 12 pour ce service et enjoint à celle-ci de "définir dans le délai de six mois à compter de la notification de la présente décision, les conditions de l'attribution de numéros d'un même format à tous les opérateurs offrant des services de renseignements téléphoniques et de la révision du plan de numérotation".

Par une décision du 27 janvier 2005, l'ART a dédié les numéros de la forme 118XYZ pour être utilisés comme numéros d'accès aux services de renseignements téléphoniques et a, par une décision du même jour, publiée le 23 mars 2005 au Journal officiel, organisé la procédure d'attribution initiale des numéros. Dans le but de garantir un accès non discriminatoire des opérateurs, cette procédure prévoyait, après le dépôt des candidatures et la vérification de la recevabilité des dossiers déposés, l'organisation d'un tirage au sort comportant un nombre maximum de dix tours. Chaque tour devant permettre d'attribuer aux candidats qui le souhaitent, et en fonction des numéros disponibles, un numéro supplémentaire. Cette décision précise qu'""afin d'éviter tout abus susceptible de nuire à l'égalité de traitement due à chaque candidat, l'Autorité estime nécessaire d'attribuer initialement un maximum de dix numéros par groupe", cette dernière notion étant définie par référence à l'article L. 233-3 du Code du commerce. L'ART demandait "en conséquence, aux sociétés dont l'intérêt financier justifierait la multiplication des candidatures dans le but d'obtenir plus facilement certains numéros, de regrouper celles-ci".

Puisque le jeu de hasard ainsi organisé par l'ART consistait pour les participants à tenter d'obtenir un ou plusieurs numéros gagnants, sans que le fait de jouer comporte en lui-même un risque, la procédure de tirage au sort devait être conçue, en effet, pour éviter que certains tentent de réduire l'aléa et de forcer le destin en misant un très grand nombre de fois. En d'autres termes, en l'absence d'une telle règle spécifique aux groupes, la loterie aurait pu voir ses résultats faussés par le fait que certains auraient pu disposer, par le jeu de candidatures multiples au sein d'un même groupe, d'un très grand nombre de billets de loterie avec d'autant plus de chances d'obtenir un numéro gagnant, c'est-à-dire un numéro facilement mémorisable du type idéal 118-118 par exemple.

Une requête en référé tendant à obtenir la suspension de cette décision de l'ART a été introduite par la société Pages Jaunes, filiale de France Télécom. Cette demande n'a certes été présentée que deux mois et demi après la publication au JO de la décision contestée, mais dès le lendemain du jour, soit le 7 juin, où la décision d'organiser un tirage au sort, qui devait avoir lieu le 14 juin 2005 à 9 heures, avait été rendue publique. La société requérante faisait alors valoir que la décision à intervenir au fond sur le recours en annulation qu'elle avait intenté ne pourrait pas dans ces conditions intervenir en temps utile. Elle soulignait surtout qu'une fois les numéros attribués, les opérateurs mettraient immédiatement en œuvre les mesures nécessaires à leur ouverture commerciale le 2 novembre 2005 compte tenu des impératifs techniques et des campagnes publicitaires destinées à faire connaître leurs numéros. L'ART, devenue entre-temps l'ARCEP, lui opposait pourtant que la condition d'urgence faisait défaut parce que le préjudice invoqué était éventuel et qu'il était en réalité plus fondamentalement lié à la répartition des numéros qui aurait lieu ultérieurement au sein du groupe. Le Conseil d'État n'a pas eu besoin cependant de se prononcer sur cette question de savoir si cette condition d'urgence était ou non remplie en l'espèce puisque l'autre condition, celle de l'existence d'un moyen de nature à créer un doute sérieux quant à la légalité de la décision, lui est apparue en tout état de cause manquer. Il reste que le Conseil d'État, saisi en référé le 8 juin, s'est prononcé sur la demande de suspension dès le 13 juin, certes la veille seulement du tirage au sort, mais donc finalement en cinq jours, ce qui témoigne bien de ce que les procédures de référé récemment introduites dans la procédure administrative contentieuse ont pleinement familiarisé la juridiction administrative avec la culture de l'urgence.

Le débat sur le ou les moyens de nature à créer un doute sérieux quant à la légalité de la décision a été particulièrement riche. Il est d'ailleurs possible de regretter, une fois de plus, l'extrême brièveté de motivation de la décision du Conseil d'État qui se borne à indiquer, comme dans le cas de toute ordonnance de rejet par ce motif, qu'aucun des moyens ne paraît de nature à créer un doute sérieux quant à la légalité de la décision prise le 27 janvier 2005 par l'ART.

La société Pages Jaunes faisait d'abord valoir que la décision était entachée d'un défaut de motivation en ce qu'elle n'expliquait pas les raisons de fait et de droit justifiant l'adoption d'un système dérogatoire pour les sociétés relevant de la notion de "groupe". L'ARCEP et les autres sociétés intervenant au soutien de la décision répondaient que la décision contestée, étant de nature réglementaire, n'avait pas à être motivée (et qu'elle l'était, au surplus et en tout état de cause, suffisamment).

Le débat portait surtout sur les conditions de concurrence effective entre opérateurs et sur l'existence d'une discrimination : celle-ci résultait-elle de la décision de l'ART, ainsi que le soutenaient les filiales de France Télécom, ou était-elle évitée grâce à la décision de l'ART, selon la position soutenue par le régulateur et les concurrents de France Télécom ?

La société requérante faisait en effet valoir que sa non-participation au tirage au sort pour l'attribution de numéros de la forme 118XYZ au motif de son appartenance à un groupe était une mesure discriminatoire, alors qu'elle est reconnue et enregistrée en tant qu'opérateur indépendamment de France Télécom. En outre, selon elle, le nombre important de numéros à attribuer pour un usage limité aux seuls services de renseignements ne justifiait pas de limiter de façon aussi drastique le nombre de candidats par une telle règle dérogatoire pour les groupes. Elle en déduisait que cette mesure discriminatoire était susceptible d'engendrer un déséquilibre et constituait une rupture manifeste d'égalité en matière de concurrence. Selon l'ARCEP, à l'inverse, sa décision était seule de nature à répondre réellement à l'exigence d'absence de discrimination. La seule limitation à 10 numéros par candidat ne permettait pas en effet de faire obstacle efficacement "à la réservation de numéros à des fins spéculatives ou d'aubaine". Pour atteindre cet objectif, il était nécessaire, selon le régulateur, d'appliquer la même limitation aux groupes définis par référence au Code de commerce. Il était surtout souligné, au soutien de sa décision, que l'obligation de présenter ensemble les candidatures au sein d'un même groupe non seulement ne constituait pas une discrimination injustifiée mais visait bien plutôt à instaurer une concurrence effective entre les opérateurs par une règle objective et proportionnée.

La concurrence par les mérites, qui est en quelque sorte la règle d'or d'une économie de marché, peut-elle s'accommoder du hasard? En aurait-elle même parfois besoin pour jouer équitablement? Et dans ce dernier cas, le hasard doit-il être aménagé pour que l'aléa ne soit précisément pas faussé? Le Conseil d'État semble avoir été convaincu qu'une réponse positive du régulateur à ces trois questions n'était pas contestable, ou en tout cas qu'elle ne l'était pas au point de faire naître un doute sérieux quant à la légalité de sa décision.

On relèvera enfin que la providence a, semble-t-il, été finalement favorable au groupe France Télécom. Le destin, qu'il n'aura certes pas pu forcer par des candidatures multiples, lui aura été en définitive spontanément clément par l'attribution, par le seul fait du hasard, de numéros d'accès tels que le très précieux 008, mais aussi 808, 088, qui, couplés au préfixe 118, pourraient sans doute être de nature à répondre à ses attentes. L'idée même de concurrence par les mérites montre ici ses limites ; il faut aussi un peu de chance pour augmenter ses mérites dans une compétition ...

M. Lombard
Concurrences N° 3-2005, pp. 130-131

CJUE, 5 juin 2019, Skype Communications, C-142/18

La Cour de justice considère que SkypeOuT constitue un service de communications électroniques

Par un arrêt en date du 5 juin 2019, la Cour de justice a estimé que la fourniture, par l'éditeur d'un logiciel, d'une fonctionnalité offrant un service "*Voice over Internet Protocol* (VoIP) [voix sur le protocole Internet (VoIP)], qui permet à l'utilisateur d'appeler un numéro fixe ou mobile d'un plan national de numérotation via le réseau téléphonique public commuté (RTPC) d'un État membre à partir d'un terminal, constitue un "*service de communications électroniques*", au sens de l'article 2, sous c), de la directive 2002/21/CE (directive 2002/21/CE du Parlement européen et du Conseil du 7 mars 2002 relative à un cadre réglementaire commun pour les réseaux et services de communications électroniques (directive cadre), *JOUE* L 108 du 24 avril 2002, p. 33). La question s'est posée à l'occasion d'un renvoi préjudiciel initié par le juge belge. En effet, *Skype Communications Sàrl* avait contesté l'amende administrative que lui avait infligée l'Institut belge des services postaux et des télécommunications (IBPT) pour avoir fourni un service de communications électroniques sans avoir préalablement procédé à la notification requise.

La notion de "*service de communications électroniques*"

Dans la continuité de la jurisprudence (CJUE, 7 novembre 2013, *UPC Nederland*, C 518/11, EU:C:2013:709 ; 30 avril 2014, *UPC DTH*, C 475/12, EU:C:2014:285), la Cour de justice rappelle que la notion de "*service de communications électroniques*" doit être appréhendée dans l'ensemble des secteurs des télécommunications, des médias et des technologies de l'information. Ainsi, l'article 2, sous c), de la directive-cadre définit, premièrement, le service de communications électroniques comme étant "*le service fourni normalement contre rémunération qui consiste entièrement ou principalement en la transmission de signaux sur des réseaux de communications électroniques, y compris les services de télécommunications et les services de transmission sur les réseaux utilisés pour la radiodiffusion*". Il exclut en revanche de cette notion "*les services consistant à fournir des contenus à l'aide de réseaux et de services de communications électroniques ou à exercer une responsabilité éditoriale sur ces contenus*" et ne comprend pas, "*les services de la société de l'information tels que définis à l'article 1er de la* [directive 98/34], *qui ne consistent pas entièrement ou principalement en la transmission de signaux* sur *des réseaux de communications électroniques*" (directive 98/34/CE du Parlement européen et du Conseil du 22 juin 1998 prévoyant une procédure d'information dans le domaine des normes et réglementations techniques, *JOUE* L 204 du 21 juillet 1998, p. 37).

Il ressort de l'interprétation du cadre réglementaire applicable aux services de communications électroniques, en particulier la directive-cadre et la directive 2002/77 de la Commission, du 16 septembre 2002, relative à la concurrence dans les marchés des réseaux et des services de communications électroniques (*JOUE* L 249 du 17 septembre 2002, p. 21) qu'il faut distinguer entre la production des contenus, impliquant une responsabilité éditoriale, et l'acheminement des contenus, exclusif de toute responsabilité éditoriale, les contenus et leur transmission relevant de réglementations séparées poursuivant des objectifs qui leur sont propres. De plus, le service de communications électroniques implique "*la transmission de signaux, étant précisé que la circonstance que la transmission du signal a lieu par le truchement d'une infrastructure qui n'appartient pas au prestataire de services est sans pertinence pour la qualification de la nature du service, puisque seul importe à cet égard le fait que ce prestataire est responsable envers les utilisateurs finals de la transmission du signal qui garantit à ces derniers la fourniture du service auquel ils se sont abonnés*" (point 29).

La qualification du service proposé par *Skype*

Skype constitue un service de téléphonie vocale et de téléconférence, d'appareil à appareil. L'utilisateur peut ajouter la fonctionnalité *SkypeOut* au logiciel *Skype* qui permet à son utilisateur de passer des appels téléphoniques depuis un terminal vers une ligne de téléphone fixe ou mobile, en utilisant l'*Internet Protocol* (IP) [protocole Internet (IP)], à savoir la technique dite "*Voice over IP*" (*VoIP*) ["*voix sur IP*" (VoIP)]. *SkypeOut* est un service dit "*hors offre du fournisseur d'accès à l'Internet*" ("*hors offre FAI*"), c'est-à-dire un service disponible sur Internet sans la participation d'un opérateur de communications traditionnel. Il s'agit d'un service payant soit selon une formule prépayée ou soit selon des abonnements donnant droit à un volume déterminé d'appels téléphoniques par mois pour un prix récurrent. Techniquement, pour utiliser *SkypeOut*, est nécessaire une connexion à Internet, fournie par un fournisseur d'accès à Internet (FAI) et l'intervention de fournisseurs de services de télécommunications dûment autorisés à transmettre et à terminer des appels vers le réseau téléphonique public commuté (RTPC), avec lesquels *Skype Communications* a conclu des accords et dont l'intervention est rémunérée par celle-ci sous la forme d'une charge de terminaison [*fixed termination rate* (*FTR*) ou *mobile termination rate* (*MTR*)].

Dès lors que *SkypeOut* est payant (point 31) et que son utilisation requiert l'intervention de fournisseurs de services de télécommunications (point 32), il "*consiste principalement à transmettre les signaux vocaux émis par l'utilisateur appelant à destination de l'utilisateur appelé sur les réseaux de communications électroniques, à savoir sur Internet tout d'abord puis sur le RTPC ensuite, et, d'autre part, que Skype Communications doit être considérée comme assumant la responsabilité, envers les utilisateurs de la fonctionnalité SkypeOut, qui sont abonnés audit service ou ont prépayé l'utilisation dudit service, de la transmission des signaux vocaux sur le RTPC*" (point 33).

Aussi faut-il en déduire que *SkypeOut* est un "*service de communications électroniques*", au sens de l'article 2, sous c), de la directive-cadre. À cet égard, la Cour de justice estime que la solution n'est pas infirmée par les quatre éléments que le juge de renvoi a fait valoir. Premièrement, l'utilisateur de *SkypeOut* accède au service *VoIP* en utilisant un service d'accès à Internet fourni par un FAI, qui constitue lui-même un service de communications électroniques, n'implique pas que ledit service *VoIP* ne puisse lui-même être qualifié, en tant que tel, de service de communications électroniques (points 37-40). Deuxièmement, peu importe que *SkypeOut* ne constitue qu'une fonctionnalité du logiciel *Skype,* ce dernier pouvant être utilisé sans ladite fonctionnalité (points 41-43). Troisièmement, il ne faut tirer aucune conséquence du fait que *Skype* Communications indique, dans ses conditions générales, qu'elle n'assume pas la responsabilité de la transmission des signaux à l'égard des utilisateurs de la fonctionnalité *SkypeOut* de son logiciel *Skype* (points 44-45). Quatrièmement, que le service *VoIP* rendu par *SkypeOut* relève également de la notion de "*service de la société de l'information*", au sens de la directive 98/34, n'implique nullement qu'il ne puisse être qualifié de "*service de communications électroniques*" (points 46-48).

F. Martucci
Concurrences N° 3-2019, pp. 166

CJUE, 13 juin 2019, Google, C-193/18

La Cour de justice considère qu'un service de messagerie électronique sur Internet ne comprenant pas un accès à Internet ne constitue pas un service de communications électroniques

Par un arrêt en date du 13 juin 2019, la Cour de justice a jugé que le service de messagerie électronique *Gmail* proposé par *Google* ne constitue pas un service de communications électroniques au sens de l'article 2, sous c), de la directive 2002/21/CE du Parlement européen et du Conseil, du 7 mars 2002, relative à un cadre réglementaire commun pour les réseaux et services de communications électroniques (Directive 2002/21/CE du Parlement européen et du Conseil du 7 mars 2002 relative à un cadre réglementaire commun pour les réseaux et services de communications électroniques (directive cadre), *JOUE* L 108 du 24 avril 2002, p. 33). L'Agence fédérale des réseaux pour l'électricité, le gaz, les télécommunications, la poste et les chemins de fer d'Allemagne (BnetzA) avait estimé que *Gmail* constitue un "*service de télécommunications*", au sens du droit allemand, et qu'il était donc soumis à l'obligation de déclaration auprès d'elle. Elle a donc demandé à *Google* de se conformer, sous peine d'astreinte, à l'obligation de déclaration. La décision a été contestée par *Google* devant le juge et l'affaire est parvenue devant un tribunal administratif supérieur qui a posé une question préjudicielle à la Cour de justice.

La notion de "service de communications électroniques"

Google exploite un service de messagerie électronique fonctionnant au moyen d'Internet, dénommé *Gmail* qui a été exploité temporairement en Allemagne sous le nom de *GoogleMail.* Il exploite également, en Allemagne, sa propre infrastructure de réseau, reliée à Internet, et notamment quelques connexions à haut débit reliant des zones métropolitaines. *Gmail* est un service dit "*hors offre du fournisseur d'accès à l'Internet*" (FAI) en ce sens que ce service est disponible sur Internet sans la participation d'un opérateur de communications traditionnel. Le service fourni par *Gmail* consiste à envoyer et recevoir des courriers électroniques ainsi que des données sur Internet. Chaque utilisateur ouvre un compte de messagerie qui lui permet de disposer d'une adresse mail. Il peut ainsi envoyer et recevoir des courriers électroniques et accéder à l'ensemble des services fourni par *Google* (fonctions d'envoi et de réception du courrier, d'édition, d'enregistrement et de classement des courriers électroniques). D'un point de vue technique, *Gmail* fonctionne en fractionnant les courriers et les données en plusieurs paquets de données distincts "*qui sont transmis au destinataire au moyen des protocoles de communications standardisés aux fins des services de messagerie, tels le Transmission Control Protocol – Internet Protocol (protocole de contrôle de transmission – protocole Internet, TCP-IP) et le Simple Mail Transfer Protocol (protocole de transfert de courrier simple SMTP)*" (point 12).

Cela signifie que tant dans son navigateur que dans son logiciel e-Mail client, l'utilisateur élabore le contenu du courrier électronique et détermine le ou les destinataires, puis transmet ce courrier à *Google* en déclenchant la procédure d'envoi. Quant à *Google*, il exploite des serveurs de messagerie électronique, qui opèrent les traitements informatiques nécessaires pour identifier le serveur de destination, au moyen du *Domain Name System* (DNS), et procéder à l'envoi des paquets de données. Ces paquets suivent un itinéraire dans les réseaux partiels de l'Internet, qui sont exploités par des tiers. L'itinéraire est dynamique et peut être constamment modifié, sans que l'utilisateur à l'origine de l'envoi en ait connaissance ou puisse le contrôler. À la réception, un serveur de destination enregistre le courrier électronique et le conserve dans une boîte aux lettres électronique auquel le destinataire peut accéder par divers moyens. Le chemin parcouru par les courriers électroniques sur Internet peut être plus court lorsqu'ils sont acheminés entre des utilisateurs du même fournisseur de services.

La qualification du service *Gmail*

En l'espèce est uniquement en cause le service de messagerie sur Internet qui permet au titulaire d'un compte de messagerie *Gmail* d'envoyer et de recevoir des courriers électroniques soit via un logiciel de navigation sur Internet, en utilisant l'interface web mise à cet effet à sa disposition par *Google,* soit via un logiciel "*e-Mail client*". Concrètement, *Gmail* est fournisseur d'un service de messagerie sur Internet qui réalise une transmission de signaux. Dans le cadre de la fourniture de ce service, *Google* procède, via ses serveurs de messagerie, à l'introduction dans et à la réception de l'Internet ouvert des paquets de données afférents aux courriers électroniques respectivement envoyés et reçus par les titulaires d'un compte de messagerie.

Pour la Cour de justice, à partir du moment où ce service ne consiste pas entièrement ou principalement en la transmission de signaux sur des réseaux de communications électroniques, il ne saurait être qualifié de service de communications électroniques, au sens de l'article 2, sous c), de la directive-cadre (point 35). La transmission des signaux est en effet assurée à la fois par les FAI des expéditeurs et des destinataires de courriers et par les gestionnaires des différents réseaux constituant l'Internet ouvert (point 36).

La Cour de justice prend le soin de préciser que "*le fait que le fournisseur d'un service de messagerie sur Internet intervienne activement dans les opérations d'envoi et de réception des messages n'est pas suffisant pour que ledit service puisse, sur le plan technique, être considéré comme consistant "entièrement ou principalement en la transmission de signaux sur des réseaux de communications électroniques «, au sens de l'article 2, sous c), de la directive-cadre*" (point 37).

L'arrêt ajoute enfin que le service *Gmail* ne saurait "*en l'absence de tout autre élément de nature à établir la responsabilité de Google à l'égard des titulaires d'un compte de messagerie Gmail dans la transmission des signaux nécessaires à son fonctionnement, ce qu'il appartiendra à la juridiction de renvoi de vérifier, être qualifié de "service de communications électroniques «, au sens de l'article 2, sous c), de la directive-cadre*". Il reste donc au juge national de procéder à une ultime vérification.

La solution logique s'inscrit dans la continuité de l'arrêt du 30 avril 2014, UPC DTH (C-475/12, EU:C:2014:285).

F. Martucci

Concurrences N° 3-2019, pp. 167

3.1.2 Prix

CJUE, 20 déc. 2017, Polkomtel sp. z o.o., aff. C-277/16

La Cour de justice de l'Union européenne précise les obligations imposées en matière de prix par l'autorité réglementaire nationale à l'encontre de l'opérateur disposant d'une puissance significative sur un marché

Par un arrêt en date du 20 décembre 2017, la Cour de justice a précisé l'étendue des pouvoirs exercés en matière de prix par l'autorité réglementaire nationale à l'encontre de l'opérateur désigné comme disposant d'une puissance significative en vertu de la directive "Accès" (directive 2002/19/CE du Parlement européen et du Conseil, du 7 mars 2002, relative à l'accès aux réseaux de communications électroniques et aux ressources associées, ainsi qu'à leur interconnexion). En l'espèce, le président de l'autorité polonaise a désigné Polkomtel comme étant une entreprise disposant d'une puissance significative sur le marché des services de terminaison d'appel vocal sur son réseau mobile. À ce titre, il lui a imposé, notamment, l'obligation de fixer ses tarifs d'accès au réseau de communications en fonction des coûts supportés pour fournir ces services. Après que l'entreprise lui a transmis les éléments justifiant le montant des tarifs de terminaison d'appel vocal sur son réseau mobile, le président de l'autorité a considéré ces tarifs irréguliers et a engagé une procédure en vue de vérifier lesdits tarifs et de les adapter. Il a décidé la fixation du tarif de terminaison d'appel mobile sur le réseau de Polkomtel et imposé à cette dernière l'obligation de lui communiquer annuellement les éléments justifiant les tarifs de terminaison d'appel mobile sur son réseau, calculés en fonction des coûts encourus pour fournir ce service. Polkomtel a contesté cette décision et le litige est parvenu en cassation. La Cour suprême polonaise a posé une question préjudicielle à la Cour de justice portant sur trois éléments.

Le prix fixé en dessous des coûts

En vertu de l'article 8, paragraphe 2, de la directive "Accès", lorsqu'un opérateur est désigné comme disposant d'une puissance significative sur un marché donné, les autorités de réglementation nationales (ARN) lui imposent les obligations énumérées aux articles 9 à 13 de la même directive. Parmi ces obligations figurent, selon l'article 13, paragraphe 1, de la directive "Accès", celles concernant "l'orientation des prix en fonction des coûts" lorsque l'autorité considère, en fonction d'une analyse du marché, que l'opérateur concerné pourrait, en l'absence de concurrence efficace, maintenir des prix à un niveau excessivement élevé ou comprimer les prix, au détriment des utilisateurs finals. La Cour de justice se livre à une interprétation combinée des dispositions des articles 8, paragraphe 4, et 13, paragraphe 1, de la directive "Accès". Ainsi, lorsqu'elle désigne un opérateur comme disposant d'une puissance significative sur un marché donné et lui impose à ce titre une obligation de déterminer ses prix en fonction des coûts, l'ARN est en droit, en vue de promouvoir l'efficacité économique et de favoriser une concurrence durable, de fixer les prix des services faisant l'objet d'une telle obligation en dessous des coûts supportés par cet opérateur pour les fournir, si ces coûts sont supérieurs à ceux d'un opérateur efficace.

Une telle interprétation se justifie tout d'abord parce que la notion d'"obligation concernant l'orientation des prix en fonction des coûts" signifie "une obligation d'orienter les prix en fonction des coûts et non pas une obligation de recouvrer tous les coûts" supportés par l'opérateur en vue de la fourniture du service en question (pt. 30). Elle s'explique aussi parce que l'article 13 vise expressément le "contrôle des prix" dont il ressort de la directive qu'il implique pour les ARN une "marge d'appréciation étendue dans le choix des mesures de contrôle des prix à imposer dans un cas particulier" (pt. 32). Par ailleurs, la notion même de "coûts" en fonction desquels les prix doivent être orientés n'est pas définie par la directive. Des indications sont données par cette dernière quant aux modalités de calcul : les ARN apprécient les coûts de la "fourniture d'une prestation efficace" en retenant, le cas échéant, des méthodes distinctes de celles de l'opérateur, en prenant toutefois en compte "une rémunération raisonnable du capital adéquat engagé, compte tenu des risques encourus" (pt. 33). En se référant au considérant 20 de la directive, la Cour ajoute que "la méthode de récupération des coûts devrait être adaptée aux circonstances en tenant compte de la nécessité de promouvoir l'efficacité et une concurrence durable et d'optimaliser les profits pour le consommateur" (pt. 34). C'est également la promotion de l'efficacité économique, la concurrence durable et l'optimisation des avantages pour le consommateur qui, conformément à l'article 13, paragraphe 2, doivent être visés par les mécanismes de récupération des coûts ou les méthodologies de tarification rendues obligatoires. L'objectif de promotion de la concurrence, ainsi que de concurrence non faussée ou entravée dans le secteur des communications électroniques est également évoqué par l'article 8 de la directive (pt. 35).

L'obligation de fixer annuellement les prix et de communiquer ces prix

La Cour de justice considère qu'une ARN peut imposer à l'opérateur, désigné comme disposant d'une puissance significative sur un marché donné et soumis à une obligation d'orientation des prix en fonction des coûts, de fixer annuellement ses prix sur la base des données les plus actuelles et de lui communiquer, pour vérification, ces prix ainsi que les éléments les justifiant préalablement à leur application. L'arrêt pallie ainsi le silence de la directive sur l'étendue du pouvoir des ARN. En revanche, la directive prévoit expressément que les obligations imposées par l'ARN doivent être "fondées sur la nature du problème constaté, proportionnées et justifiées au regard des objectifs énoncés à l'article 8 de la directive-cadre" (directive 2002/21/CE du Parlement européen et du Conseil, du 7 mars 2002, relative à un cadre réglementaire commun pour les réseaux et services de communications électroniques). De surcroît, ces obligations ne peuvent être imposées qu'après la consultation prévue aux articles 6 et 7 de la directive-cadre. Afin d'apprécier l'adéquation au problème et la proportionnalité des obligations, il convient de tenir compte, ainsi que l'Avocat général l'a souligné, des particularités des marchés des communications électroniques et, spécialement, de "leur évolution rapide, due aux développements techniques" (pt. 46). Dès lors, l'obligation d'adaptation annuelle de prix préalablement fixés s'avère idoine pour respecter les exigences de la directive. La Cour de justice considère en revanche que l'ARN peut imposer de nouvelles obligations sans avoir recours à une nouvelle analyse de marché si celle-ci ne s'avère pas nécessaire. La Cour de justice laisse cependant au juge national le soin d'apprécier si une nouvelle analyse aurait été nécessaire.

Devant le juge national, l'opérateur en cause a contesté une violation de la liberté d'entreprise consacrée par l'article 16 de la Charte des droits fondamentaux. Pour la Cour, l'obligation d'imposer à un opérateur d'actualiser annuellement ses prix et de les soumettre à un contrôle périodique, constitue une ingérence dans l'exercice du droit garanti par l'article 16 de la Charte. Toutefois, cette ingérence peut être justifiée par les objectifs d'intérêt général poursuivis par l'ARN qui sont notamment ceux de la promotion de la concurrence et du "soutien des intérêts des citoyens de l'Union" (sic !), qui implique d' "empêcher les opérateurs concernés de maintenir des prix à un niveau excessivement élevé, ou de comprimer les prix, au détriment des utilisateurs finals". Encore faut-il que le test de proportionnalité soit satisfait ce qui, là encore, revient au juge national.

L'obligation d'adaptation imposée après que l'opérateur a commencé à appliquer les prix en fonction des coûts

La Cour de justice interprète l'article 13, paragraphe 3, de la directive "Accès" en ce sens que, lorsqu'une obligation d'orientation des prix en fonction des coûts a été imposée à un opérateur, cet opérateur peut se voir imposer une obligation d'adaptation des prix avant ou après qu'il a commencé à les appliquer.

Une nouvelle fois, ce sont les objectifs de l'article 8, paragraphe 2, de la directive-cadre qui sont convoqués par la Cour de justice (efficacité économique, concurrence durable, profits des utilisateurs finaux) pour justifier l'étendue du pouvoir reconnu aux ARN. Celles-ci ne pourraient obliger les opérateurs à orienter leurs prix en fonction des coûts si elles pouvaient demander à l'opérateur concerné de justifier intégralement ses prix et, si nécessaire, en exiger l'adaptation, uniquement dans l'hypothèse où ces prix sont déjà appliqués.

F. Martucci

Concurrences N° 2-2018, pp. 168-169

CJUE, 11 févr. 2015, bpost c/ Institut belge des services postaux et des télécommunications (IBPT), aff. C-340/13

La Cour de justice de l'Union européenne estime qu'un système de rabais quantitatifs par expéditeur, mis en place par un prestataire de service postal universel, n'est pas contraire à l'obligation de non-discrimination prévue à l'article 12 de la directive 97/67/CE

Saisie sur renvoi préjudiciel par la Cour d'appel de Bruxelles dans le cadre d'un litige opposant le prestataire du service postal universel en Belgique (bpost) à l'autorité belge de régulation des services postaux et des télécommunications (IBPT), la Cour de justice était appelée à se prononcer sur l'interprétation de l'article 12 de la directive 97/67/CE du Parlement européen et du Conseil du 15 décembre 1997 concernant des règles communes pour le développement du marché intérieur des services postaux de la Communauté et l'amélioration de la qualité du service, telle que modifiée par la directive 2006/6/CE du Parlement européen et du Conseil du 20 février 2008.

Bpost contestait devant la juridiction de renvoi l'amende de 2 250 000 euros que l'IBPT lui avait infligée pour avoir méconnu l'obligation de non-discrimination, découlant de l'article 12 de la directive 97/67/CE, lors de la modification, en 2010, de son système de remises pour les tarifs conventionnels concernant les services de distribution d'envois publicitaires adressés et d'envois administratifs. Les tarifs conventionnels sont des tarifs spéciaux par rapport au tarif standard payé par le grand public. Ils résultent d'une convention passée entre bpost et les clients concernés laquelle peut prévoir des remises prenant la forme de rabais quantitatifs, accordés en fonction du volume d'envois postaux généré pendant une certaine période, ou de rabais opérationnels, qui visent à rétribuer certaines opérations de routage et constituent la contrepartie des coûts évités par le prestataire de service universel.

Avant 2010, les intermédiaires, qui regroupent le courrier émanant de plusieurs expéditeurs, pouvaient agréger les volumes de courrier traité pour différents clients afin d'obtenir des rabais quantitatifs plus importants. Puis, bpost, qui entendait lutter contre les abus du modèle "par agrégation" (certains intermédiaires agrégeaient le courrier émanant de différents expéditeurs sans effectuer aucune tâche préparatoire, afin d'obtenir artificiellement un niveau élevé de remises quantitatives), a imposé un modèle "par expéditeur" en vertu duquel les intermédiaires bénéficient de rabais quantitatifs calculés en fonction des volumes respectifs de courrier de chacun de leurs clients pris séparément. Or, l'IBPT considérait que ce système opérait une discrimination entre les plus grands expéditeurs et les intermédiaires, puisque ces derniers ne pouvaient plus bénéficier des remises quantitatives les plus élevées, alors qu'ils déposaient des volumes d'envois groupés comparables à ceux des expéditeurs les plus importants. Selon le régulateur belge, le modèle "par expéditeur" violait l'article 12 de la directive 97/67/CE modifiée dont les quatrième et cinquième tirets précisent que les "tarifs sont transparents et non discriminatoires" et que "lorsqu'ils appliquent des tarifs spéciaux, par exemple pour les services aux entreprises, aux expéditeurs d'envois en nombre ou aux intermédiaires chargés de grouper les envois de plusieurs utilisateurs, les prestataires de service universel respectent les principes de transparence et de non-discrimination en ce qui concerne tant les tarifs proprement dits que les conditions qui s'y rapportent. Les tarifs s'appliquent, tout comme les conditions y afférentes, de la même manière tant dans les relations entre les tiers que dans les relations entre les tiers et les prestataires du service universel fournissant des services équivalents (...)".

Les intermédiaires et les expéditeurs ne sont pas dans une situation comparable au regard de l'objectif poursuivi par les rabais quantitatifs

Devant se prononcer sur l'interprétation de ces dispositions, la Cour de justice rappelle que "le principe général d'égalité de traitement, qui fait partie des principes fondamentaux du droit de l'Union, exige que des situations comparables ne soient pas traitées de manière différente et que des situations différentes ne soient pas traitées de manière égale, à moins qu'un tel traitement ne soit objectivement justifié" (CJCE, 19 octobre 1977, *Ruckdeschel*, aff. jtes 117/76 et 16/77, Rec. p. 1753, pt 7; CJUE, 17 décembre 2014, *Almer Beheer et Daedalus Holding*, aff. C-441/12, non publié au Recueil, pt 47). Si la Cour reconnaît que le modèle "par expéditeur" introduit une différence de traitement entre les expéditeurs et les intermédiaires, elle considère néanmoins que celle-ci ne peut constituer une discrimination prohibée par l'article 12 de la directive 97/67/CE que si, d'une part, les expéditeurs et les intermédiaires se trouvent dans une situation comparable sur le marché de la distribution postale et si, d'autre part, aucun objectif légitime n'est susceptible de justifier cette différence de traitement. La Cour précise que le système de rabais quantitatif par expéditeur mis en place par bpost vise à augmenter la demande dans le domaine des services postaux afin de faire face à la concurrence du courrier électronique. Or, les expéditeurs et les intermédiaires ne sont pas dans une situation comparable au regard de cet objectif, puisque les expéditeurs, qui se trouvent à l'origine des envois postaux, sont les seuls à même d'augmenter le volume du courrier confié à bpost. Ces deux catégories de clients n'étant pas dans la même situation au regard de l'objectif d'augmentation de la demande dans le domaine des services postaux, la Cour en conclut que l'application du système de rabais quantitatif par expéditeur ne constitue pas une discrimination prohibée par l'article 12 de la directive 97/67/CE.

La cour de justice écarte l'application de la jurisprudence *deutsche post* au cas d'espèce

Enfin, la Cour s'attache à bien distinguer les faits de l'affaire en cause au principal de ceux ayant donné lieu à l'arrêt *Deutsche Post dans lequel elle avait jugé que l'article 12 de la directive 97/67/CE s'oppose à ce que soit refusé aux intermédiaires regroupant les envois postaux de plusieurs expéditeurs le bénéfice des tarifs spéciaux que le prestataire national du service postal universel accorde aux expéditeurs eux-mêmes (CJCE, 6 mars 2008, Deutsche Post*, aff. jtes C-287/06 à C-292/06, Rec. p. I-1243). En effet, cette dernière affaire concernait non pas des rabais quantitatifs, mais des rabais opérationnels qui correspondaient aux coûts évités par le prestataire du service postal universel en raison de la prise en charge par les clients professionnels de certaines opérations relevant du service de la distribution postale. Il n'y avait pas lieu, dès lors, de traiter différemment les intermédiaires et les grands expéditeurs puisqu'ils étaient dans une situation comparable au regard de l'objectif poursuivi par la Deutsche Post lors de la mise en place de ces rabais opérationnels.

J.-P. Kovar

Concurrences N°2-2015, pp. 170-171

Aut. conc., avis n° 11-A-05 du 8 mars 2011 relatif à une demande d'avis de l'Autorité de régulation des communications électroniques et des postes (ARCEP) portant sur le troisième cycle d'analyse des marchés de gros du haut débit et du très haut débit

L'Autorité de la concurrence rend un avis sur le dispositif de régulation envisagé par l'ARCEP concernant les marchés de gros du haut débit et du très haut débit

---

L'allègement de la régulation dans le secteur de l'internet haut débit

L'Autorité de la concurrence se félicite tout d'abord du succès du dégroupage et du développement de la concurrence sur le marché de détail du haut débit dans les zones denses. La clientèle résidentielle bénéficie aujourd'hui d'offres innovantes comme par exemple les offres multiservices incluant l'audiovisuel *("triple play")*, à des prix attractifs. De plus, dans les zones les plus denses du territoire français, l'opérateur historique, Orange, fait jeu égal avec les opérateurs alternatifs, Free et SFR. Dès lors, si l'Autorité de la concurrence considère que les obligations de comptabilisation des coûts et de séparation comptable, qui peuvent faciliter le contrôle *ex post* par l'Autorité de la concurrence d'éventuelles pratiques de ciseau tarifaire doivent être maintenues, elle estime que, dans ces zones denses devenues concurrentielles, le maintien d'obligations tarifaires *ex ante*, notamment l'obligation d'orienter les tarifs vers les coûts, ne semble plus se justifier.

En revanche, la position de l'opérateur historique demeurant forte dans les zones moins denses ainsi qu'auprès de la clientèle professionnelle, une action soutenue de l'ARCEP est considérée comme justifiée.

Dans son communiqué de presse du 9 mars 2011, l'ARCEP a souligné qu'elle étudierait la suggestion de l'Autorité de la concurrence visant à l'allègement des obligations pesant sur France Télécom sur le marché de gros des offres haut débit activées pour les zones caractérisées par une concurrence vive et pérenne. Concernant les zones moins denses, l'ARCEP va plus loin que l'Autorité de la concurrence, dans la mesure où elle entend renforcer les obligations pesant sur France Télécom.

L'instauration d'une clause de rendez-vous pour évaluer la régulation du déploiement de la fibre optique

L'Autorité de la concurrence rappelle que la paire de fils de cuivre de France Télécom sera à terme remplacée par de nouveaux réseaux en fibre optique jusqu'à l'abonné, permettant ainsi de fournir des services à très haut débit. L'Autorité de la concurrence propose sur ce point la fixation d'une clause de rendez-vous à mi-parcours de l'analyse des marchés, soit à dix-huit mois, afin d'apprécier si le dispositif actuel de régulation est suffisant ou, éventuellement, de le compléter par des obligations, symétriques ou asymétriques, de fourniture d'offres de gros sur les réseaux en fibre optique.

En réponse, l'ARCEP estime qu'il n'est pas opportun d'imposer des obligations asymétriques ne portant que sur la fibre optique déployée par France Télécom. Toutefois, elle considère qu'il serait nécessaire d'envisager l'imposition de remèdes asymétriques complémentaires si la mise en œuvre concrète des principes posés ne permet pas l'émergence d'un marché concurrentiel et conclut ainsi qu'elle va étudier l'introduction d'une clause de rendez-vous dans son projet de régulation.

Les évolutions positives concernant la montée en débit

L'Autorité de la concurrence est également revenue sur la question de la montée en débit à l'occasion de la consultation publique lancée par l'ARCEP sur l'accès à la sous-boucle locale cuivre, c'est-à-dire le tronçon de la boucle locale cuivre reliant le sous-répartiteur à l'abonné.

Pour mémoire, l'Autorité de la concurrence a rendu un avis fin 2009 (avis n° 09-A-57), dans lequel elle relevait plusieurs risques relatifs au financement par les collectivités territoriales de la modernisation du réseau téléphonique de France Télécom, à savoir (i) que la concurrence régresse dans les zones rurales et périurbaines en raison du recul du dégroupage, (ii) que les appels d'offres des collectivités territoriales soient biaisés en raison de la position particulière détenue par France Télécom et (iii) que le déploiement de la fibre optique soit découragé et qu'ainsi ces zones n'aient pas accès au très haut débit.

Dans le présent avis, l'Autorité de la concurrence constate que l'ARCEP a pris en compte les préoccupations de l'Autorité de la concurrence dans ses travaux et le schéma envisagé semble pouvoir y répondre.

Enfin, l'Autorité de la concurrence souligne que la modernisation du réseau téléphonique ne constitue qu'une des réponses possibles pour accroître les débits sur le territoire, le déploiement d'une nouvelle boucle locale demeurant, lorsque cela est possible, la meilleure solution, aussi bien au niveau technologique que concurrentiel. L'Autorité de la concurrence ne précise pas davantage ce point, de sorte qu'on ne sait si elle vise essentiellement l'hypothèse d'une nouvelle boucle locale en fibre optique ou si elle inclut les possibilités de boucles locales hertziennes (Wimax, par exemple).

L'ARCEP s'est félicitée de l'avis de l'Autorité de la concurrence sur ce sujet et a précisé, en outre, qu'elle enrichira son projet de régulation relatif à la montée en débit à l'aune des observations formulées par les acteurs qui se sont exprimés à l'occasion de la consultation publique, laquelle s'est achevée le 8 mars 2011.

La séparation fonctionnelle de france télécom

L'Autorité de la concurrence rappelle que, en application des directives de révision du "paquet télécom" adoptées à la fin de l'année 2009, l'ARCEP disposera bientôt de la possibilité d'"*imposer à une entreprise verticalement intégrée l'obligation de confier ses activités de fourniture en gros des produits concernés à une entité économique fonctionnellement indépendante. Cette entité économique fournit des produits et services d'accès à toutes les entreprises, y compris aux autres entités économiques au sein de la société mère, aux mêmes échéances et conditions, y compris en termes de tarif et de niveaux de service, et à l'aide des mêmes systèmes et procédés*". Ce statut consisterait donc à créer des entités distinctes entre les activités de gestion des infrastructures et celles de prestations de services aux utilisateurs. L'Autorité de la concurrence considère qu'une telle mesure peut apporter des garanties importantes concernant le bon fonctionnement des marchés et alléger également le contrôle de l'opérateur régulé. Si l'Autorité de la concurrence n'invite pas l'ARCEP à mettre en œuvre cette séparation fonctionnelle immédiatement, considérant qu'il est "*prématuré de se prononcer sur l'opportunité de recourir à un tel instrument dans le secteur des communications électroniques* ", elle rappelle que cela fait désormais partie de la boîte à outils de l'ARCEP, cette dernière étant encouragée à entamer des travaux préalables à son utilisation éventuelle.

Dans son communiqué publié le lendemain, l'ARCEP ne semble pour l'instant pas envisager une telle séparation fonctionnelle dans la mesure où elle a précisé qu' "*une telle mesure n'est envisageable, à titre exceptionnel, qu'en cas d'échec de remèdes plus proportionnés* ", concluant qu'il s'agit d'un "*outil de dernier recours* ".

J.-P. Tran Thiet, H. Lallemand
Concurrences N°2-2011, pp. 196-197

Concurrences +

Orion Berg, Haut-débit et très haut-débit : L'Autorité de régulation des communications électroniques et des postes adopte le cadre de la régulation ex ante du haut-débit et du très haut-débit fixe pour la période 2017-2020 (ARCEP), 14 décembre 2017, Concurrences N° 1-2018, Art. N° 85962, pp. 171-172.

Alain Ronzano, Internet : L'Autorité de la concurrence invite l'ARCEP à anticiper, en termes de régulation asymétrique, l'émergence d'un marché du très haut débit distinct du marché du haut débit, 15 avril 2014, Concurrences N° 3-2014, Art. N° 68240.

ARCEP, déc. n° 2011-1453 du 20 déc. 2011 prononçant une sanction à l'encontre de la société La Poste, en application de l'article L. 5-3 du code des postes et des communications électroniques

L'ARCEP sanctionne l'opérateur chargé du service universel pour l'absence d'offre relative à l'envoi de petits objets à un prix abordable

Dans une décision en date du 20 décembre 2011, l'Autorité de Régulation des Communications Électroniques et des Postes (ARCEP) a prononcé à l'encontre de La Poste une amende d'un montant d'un million d'euros pour méconnaissance de ses obligations de service public. Le régulateur sanctionne La Poste pour n'avoir proposé aucune offre permettant d'envoyer de petits objets à un prix abordable. Cette décision mérite d'être soulignée car c'est la première fois que l'ARCEP sanctionne La Poste pour non-respect de ses obligations règlementaires.

Les obligations de la poste en matière de service universel

Les obligations de La Poste en matière de service universel résultent essentiellement de l'article L. 1 du code des postes et des communications électroniques (CPCE) et de la directive n° 97/67/CE en date du 15 décembre 1997. Le premier texte dispose notamment que "le service universel comprend des offres [...] d'envois postaux d'un poids inférieur ou égal à 2 kg " et que "ces services sont offerts à des prix abordables pour tous les utilisateurs ". Ce même article précise que doivent, par exemple, être considérés comme envois postaux, "les livres, les catalogues, les journaux, les périodiques et les colis postaux contenant des marchandises avec ou sans valeur commerciale ". La directive prévoit, quant à elle, que le service universel doit être "abordable", "correspondre aux besoins des utilisateurs" et prescrit également que "chaque État membre adopte les mesures nécessaires pour que le service universel comprenne au minimum les prestations suivantes : la levée, le tri, le transport et la distribution des envois postaux jusqu'à 2 kg" (chapitre 2, article 3, point 4).

Ces dispositions obligent donc La Poste à proposer une offre d'envois postaux d'un poids maximum de 2 kg, à un prix abordable.

La non-conformité des offres commerciales proposées par la poste pour l'envoi de petits objets avec ses obligations résultant du service universel

La Poste prend en charge les envois de correspondances et de marchandises au moyen de plusieurs types d'offres.

L'offre "Lettre" est l'offre de base qui, de par son prix et ses conditions d'utilisation, s'inscrit dans le cadre du service universel. Elle est cependant réservée aux seules correspondances définies à l'article L. 1 CPCE comme "un envoi postal ne dépassant pas 2 kg et comportant une communication écrite sur un support matériel, à l'exclusion des livres, catalogues, journaux ou périodiques". La Poste n'autorise plus depuis 2006 le recours à cet offre pour l'envoi de petits objets correspondant pourtant à la définition de correspondance (DVD, clés USB, etc.), pratique tolérée jusqu'alors. Les usagers ont, à partir de ce moment là, été orientés vers des offres plus onéreuses, telles que "Colissimo".

La Poste dispose également d'une offre "Lettre Max", qui ne relève pas du service universel, destinée à l'envoi de petites marchandises avec ou sans valeur commerciale et, depuis décembre 2008, de l'offre "Mini Max", dans le cadre du service universel, destinée aux envois de marchandises d'un poids inférieur à un kilogramme et d'une épaisseur inférieure à deux centimètres.

Suite aux alertes d'associations de consommateurs et d'entreprises du e-commerce, et après une mise en demeure adressée par l'ARCEP le 28 juillet 2010, cette dernière a notifié à La Poste, le 29 octobre 2011, un grief consistant en l'absence d'offre abordable pour l'envoi d'objets de faible valeur de plus de deux centimètres d'épaisseur et de plus d'un kilogramme de poids dans des conditions d'envoi proches de l'offre "Lettre".

L'ARCEP constate que La Poste n'a pas pris, suite à sa mise en demeure, les mesures afin de respecter les dispositions de l'article L. 1 du CPCE relatives à la fourniture d'une offre abordable pour des envois postaux de plus de deux centimètres d'épaisseur et de moins de 2 kg. L'ARCEP estime que ce manquement a eu des conséquences dommageables pour les utilisateurs, dans la mesure où ceux désirant envoyer des petits objets, de faible valeur, de plus de deux centimètres d'épaisseur et d'un poids compris entre un et deux kilogrammes, doivent se reporter sur "Colissimo", sans disposer d'une offre abordable, alors même que cette dernière est imposée par la loi et existe dans plusieurs pays européens. En outre, La Poste a tiré avantage de ce manquement, dans la mesure où cela a conduit les utilisateurs à se reporter sur l'offre "Colissimo".

E. Guillaume, S. Daboussy

Concurrences N° 1-2012, p. 216

Concurrences +

Hubert Delzangles, Sebastien Martin, Communications électroniques : L'Autorité de régulation des communications et des postes publie un avis n° 2018-0710 sur le projet d'arrêté relatif aux objectifs de qualité de service fixé à La Poste pour 2018, 2019 et 2020 au titre de l'offre de service universel que La Poste est tenue d'assurer (La Poste), 10 juillet 2018, Concurrences N° 4-2018, Art. N° 88301, p. 179.

Emmanuel Guillaume, Pierre-Edouard Pivois, Postes : L'Autorité de régulation des communications électroniques et des Postes rend son avis sur le coût du service universel postal comprenant les coûts de transport et de distribution de la presse (La Poste), 7 juillet 2015, Concurrences N° 1-2016, Art. N° 77548, pp. 194-196.

Hubert Delzangles, Sebastien Martin, Service postal universel : L'ARCEP propose des modifications au ministre concernant les objectifs de qualité devant être respectés par l'opérateur de service universel postal, janvier 2015, Concurrences N° 1-2015, Art. N° 71437, pp. 202-203.

Hubert Delzangles, Sebastien Martin, Service postal : L'ARCEP rend un avis sur les offres de tarifs d'envois de colis relevant du service universel, 4 février 2014, Concurrences N° 2-2014, Art. N° 66031, p. 179.

Hubert Delzangles, Sebastien Martin, Communications électroniques : L'Autorité de régulation des communications électroniques et des postes rend un avis favorable sur les projets de modifications du catalogue des prestations relevant du service universel postal, 10 septembre 2013, Concurrences N° 1-2014, Art. N° 63236, p. 196.

Hubert Delzangles, Sebastien Martin, Télécommunications - Postes - Courrier national : L'ARCEP rend un avis favorable sous réserve à la mise en œuvre des évolutions tarifaires pour le courrier national relevant du service universel, 13 novembre 2012, Concurrences N° 1-2013, Art. N° 50771, pp. 194-195.

Hubert Delzangles, Secteur postal : L'ARCEP rend un avis favorable à l'augmentation des tarifs du service universel relatifs aux envois de presse (La Poste), 22 avril 2012, Concurrences N° 3-2012, Art. N° 48630, p. 217.

Hubert Delzangles, Sebastien Martin, Secteur postal: L'ARCEP rend un avis défavorable concernant certaines évolutions tarifaires pour les envois de colis relevant du service universel postal (La Poste), 13 janvier 2012, Concurrences N° 2-2012, Art. N° 45801, pp. 152-153.

Jean-Philippe Kovar, Postes: Le gouvernement précise les modalités de financement et de mise en œuvre de certaines missions de La Poste dans le cadre du service universel postal (Décrets des 5 et 25 mars 2007), 5 mars 2007, Concurrences N° 2-2007, Art. N° 13529, pp. 181-182.

Stéphane Rodrigues, Service postal universel : Le gouvernement définit les caractéristiques du service universel postal ainsi que les droits et obligations de La Poste au titre de ses missions de service public des envois postaux (Décret du 5 janvier 2007), 5 janvier 2007, Concurrences N° 1-2007, Art. N° 12905, pp. 165-166.

Antoine Gosset-Grainville, Secteur public financier: La Commission européenne examine les missions de service public de La Poste (Banque Postale), 21 décembre 2005, Concurrences N° 1-2006, Art. N° 1006, p. 203.

CE, 24 juil. 2009, Orange France et SFR, n° 324642 et 324687

Le Conseil d'État valide la méthode appliquée par l'ARCEP pour définir les terminaisons d'appel, mais censure la solution appliquée à l'un des opérateurs mobiles

Dans cet arrêt, le Conseil d'État s'est prononcé sur l'encadrement tarifaire des terminaisons d'appel vocal imposé par l'ARCEP aux opérateurs mobiles de métropole pour la période du 1er juillet 2009 au 31 décembre 2010. La haute juridiction administrative valide les principes mis en œuvre par l'ARCEP mais censure le maintien d'un plafond tarifaire plus élevé au bénéfice de Bouygues Telecom à compter du 1er juillet 2010. L'arrêt, qui amorce une évolution vers un contrôle plus poussé au lieu du contrôle restreint pratiqué jusque-là, n'est cependant pas dénué d'ambiguïté sur l'intensité du contrôle exercé par le Conseil d'État sur les décisions du régulateur.

Le principe acquis de la régulation des charges de terminaison d'appel mobile

La terminaison d'appel vocal mobile est une prestation de gros que se fournissent les trois opérateurs de téléphonie mobile, qui vise à acheminer l'appel téléphonique de l'appelant vers le téléphone mobile de l'appelé. On dit ainsi que l'opérateur de l'appelé "termine" les appels de l'opérateur de l'appelant sur son réseau. L'opérateur de l'appelé facture cette prestation à l'opérateur de l'appelant. Ce dernier répercute ensuite cette charge sur ses propres abonnés.

L'ARCEP estime que chaque opérateur détient un monopole sur la terminaison d'appel vers son réseau puisque chaque opérateur n'a aucune solution alternative au réseau de ses concurrents lorsqu'il souhaite acheminer l'appel vers leurs abonnés. Cette situation encourage des comportements abusifs puisque chaque opérateur est incité à facturer à ses concurrents un tarif de terminaison d'appel élevé de façon à maximiser ses recettes et augmenter artificiellement leurs coûts. Les charges de terminaison d'appel mobile font donc l'objet d'un encadrement tarifaire. La situation est la même dans les autres pays de l'UE, la Commission ayant invité les régulateurs à œuvrer pour baisser le niveau de ces charges dans un cadre harmonisé (Recommandation du 7 mai 2009 sur le traitement réglementaire des tarifs de terminaison d'appels fixe et mobile dans l'UE, JOCE n° L. 124 du 20 mai 2009, p. 67. Voir chronique Régulations, Concurrences, n° 3-2009, p. 132). Notons qu'un mouvement similaire avait été engagé pour les terminaisons d'appel sur les réseaux fixes.

Du fait de leur monopole, les trois opérateurs mobiles de France métropolitaine sont donc, en principe, tenus depuis 2004 d'orienter vers les coûts leur tarif de terminaison d'appel. Dans la réalité, l'ARCEP a imposé une baisse progressive de ces tarifs au moyen d'un encadrement pluriannuel dont participe la décision attaquée qui définit cet encadrement pour la période du 1er juillet 2009 au 31 décembre 2010.

Les décisions de régulation de l'ARCEP étant des "décisions administratives d'organismes collégiaux à compétence nationale", les recours à leur encontre sont portés directement devant le Conseil d'État (Article R. 311-1, 4° du Code de justice administrative). Ce dernier a déjà été saisi à deux reprises par UFC Que choisir contre les décisions antérieures de l'ARCEP encadrant les terminaisons d'appel mobile des trois opérateurs mobiles métropolitains. UFC Que choisir avait tenté d'obtenir sans succès une baisse des plafonds tarifaires imposés par l'ARCEP (Conseil d'État, 5 décembre 2005, n° 277441 et 19 mai 2008, n° 311197). Cette fois le recours a été initié par SFR et Orange contre l'avantage tarifaire octroyé par le régulateur à Bouygues Telecom qui bénéficie depuis 2004 d'une "asymétrie tarifaire" lui permettant de pratiquer des tarifs plus élevés que ses concurrents sur sa terminaison d'appel.

L'arrêt donne d'abord l'occasion au Conseil d'État de réaffirmer que le principe même de la régulation des terminaisons d'appel mobile ne saurait être remis en cause.

SFR invoquait ainsi l'inutilité de reconduire la régulation ex ante sur les terminaisons d'appel, le droit commun de la concurrence devant suffire à assurer une concurrence efficace. L'argument avait peu de chance de prospérer tant la nécessité d'une régulation ex ante des terminaisons d'appel fait l'objet d'un consensus, tant au niveau communautaire que national (L'objectif étant d'ailleurs clairement affiché de ramener le niveau des terminaisons d'appel mobile au plus bas, voire proche de zéro (l'ARCEP évalue le coût réel de la terminaison d'appel entre 1 centime d'euro et 2 centimes d'euro par minute)). Le principe même du monopole détenu par chaque opérateur sur sa terminaison d'appel a d'ailleurs déjà été validé par le Conseil d'État dans une décision précédente (Conseil d'État, UPC France, 29 décembre 2006, n° 288251. La décision concerne les réseaux fixes mais la solution est transposable pour les réseaux mobiles). Sur le plan pratique, seul le régulateur sectoriel dispose des outils adéquats pour procéder au contrôle ex ante de l'orientation vers les coûts, lequel suppose des modélisations technico-économiques complexes pour lesquelles le contrôle ex post des autorités de concurrence est inadapté.

La validation des principes d'évaluation des coûts uilisés par l'ARCEP

Les requérants contestaient les choix méthodologiques opérés par l'ARCEP qui ont pour effet de réduire les coûts de référence et donc, mécaniquement, d'obliger les opérateurs à baisser leur niveau de terminaison d'appel. La décision attaquée substitue en effet à la méthode des coûts complets appliquée jusque-là, la méthode des coûts incrémentaux de long terme. L'adoption de cette méthode par l'ARCEP est en ligne avec les préconisations de la Commission publiées en mai 2009 (Recommandation du 7 mai 2009, préc.).

Le Conseil d'État valide les principes méthodologiques appliqués par l'ARCEP au terme d'un contrôle restreint limité à l'erreur manifeste s'agissant des mesures prises pour assurer une concurrence efficace et ceci en ligne avec sa décision UPC France du 29 décembre 2006 précitée.

La validation du modèle de l'"opérateur efficace"

Le Conseil d'État valide d'abord la référence par l'ARCEP aux coûts d'un "opérateur efficace" en vue d'imposer les plafonds tarifaires aux opérateurs mobiles. Cette référence était contestée par les requérants puisqu'elle réduit d'autant le niveau des coûts pertinents et, par voie de conséquence, le plafond tarifaire imposé aux opérateurs.

En définissant un "modèle d'opérateur mobile efficace", l'ARCEP souhaitait éviter que les opérateurs mobiles puissent recouvrer via leurs charges de terminaison d'appel des surcoûts liés à leurs possibles inefficacités. Sur la base d'un contrôle minimum, le Conseil d'État valide donc l'utilisation de ce modèle d'"opérateur efficace" au regard de l'objectif de promotion de l'efficacité économique qui guide l'action du régulateur. Comme le souligne le juge administratif, ce modèle d'"opérateur efficace" n'est d'ailleurs pas purement théorique puisqu'il est mis en cohérence avec les coûts historiques des opérateurs. Le Conseil d'État confirme que la détermination des coûts pertinents résulte d'un choix de régulation qui peut conduire à écarter certains coûts supportés par les opérateurs mais considérés comme liés à des inefficacités.

La validation de la méthode incrémentale

La méthode incrémentale est moins favorable aux opérateurs que la méthode des coûts complets utilisée jusque-là, car elle tient compte exclusivement des coûts liés à la fourniture de l'incrément, à l'exclusion de tous les autres coûts. Elle comprend uniquement les coûts efficients qui n'auraient pas été supportés si le service en cause n'avait pas été fourni ("coûts évités").

Les requérants contestaient l'emploi de la méthode des coûts incrémentaux de long terme, critiquant notamment l'imprécision du modèle retenu par l'ARCEP et le refus de prendre en compte certains coûts. Le Conseil d'État écarte ces moyens en reprenant à son compte la motivation de l'ARCEP aux termes de laquelle cette méthode reflète mieux que la précédente la façon dont les opérateurs envisagent leurs propres coûts, qu'elle contribue à faire converger les charges de terminaison d'appel mobile vers les terminaisons d'appel fixe et à réduire les déséquilibres concurrentiels entre opérateurs de petite et grande taille.

Le Conseil d'État constate ensuite que les principes d'évaluation de la méthode des coûts incrémentaux de long terme ont fait l'objet d'une consultation publique au cours de laquelle les opérateurs ont été éclairés sur les principes utilisés par l'ARCEP.

Le juge administratif souligne enfin qu'à supposer même certains coûts écartés à tort par l'ARCEP, les opérateurs n'en subissent aucune conséquence concrète puisque les plafonds imposés par l'ARCEP sont en toute hypothèse supérieurs à l'évaluation la plus élevée des coûts incrémentaux de long terme, laissant donc subsister une marge au profit des opérateurs au moins de façon transitoire.

Le Conseil d'État refuse donc de procéder au réexamen du raisonnement économique appliqué par l'ARCEP, se limitant à constater l'absence d'erreur manifeste d'appréciation dans la décision attaquée.

Remise en cause partielle de l'asymétrie tarifaire accordée à Bouygues Télécom

Le recours d'Orange et SFR visait à remettre en cause l'asymétrie tarifaire octroyée à Bouygues Télécom et maintenue par la décision attaquée jusqu'au 31 décembre 2010. L'opérateur bénéficie depuis 2004 de tarifs de terminaison d'appels plus élevés, mais qui ont été progressivement rapprochés de ceux de ses concurrents. Ainsi, l'ARCEP avait imposé pour la période du 1er juillet 2009 au 30 juin 2010, un plafond tarifaire de 4,5 c€/mn pour Orange et SFR et 6 c€/mn pour Bouygues Télécom. Ces plafonds étaient ramenés respectivement à 3 c€/mn et 4 c€/mn pour le deuxième semestre 2010.

Initialement, l'asymétrie tarifaire accordée à Bouygues Télécom a été justifiée par l'attribution de fréquences dégradées et son arrivée plus tardive sur le marché. La décision attaquée maintient l'asymétrie mais, cette fois, en raison des déséquilibres de trafic entre l'opérateur et ses concurrents. Bouygues Télécom ayant le parc de clientèle le plus petit, ses abonnés émettent plus d'appels vers les autres opérateurs qu'ils n'en reçoivent. Bouygues Télécom supporte donc un déficit financier puisque le montant des charges de terminaison d'appel payées à ses concurrents est supérieur au montant qu'il leur facture.

Le Conseil d'État confirme le principe même de l'asymétrie tarifaire partielle et transitoire au profit de Bouygues Télécom. On notera que cette fois cette validation intervient sur la base "des pièces du dossier" et d'une analyse plus poussée des éléments qui motivent la compensation tarifaire accordée à Bouygues Télécom.

En revanche, le Conseil d'État annule la décision attaquée en ce qui concerne le niveau du plafond tarifaire imposé à Bouygues Télécom pour le deuxième semestre 2010 que le juge administratif trouve trop favorable. Cette annulation résulte d'un contrôle approfondi du raisonnement adopté par l'ARCEP. Sur la base des éléments chiffrés relevés pendant l'analyse de marché (trafic prévisible, niveau des coûts incrémentaux), le Conseil d'État estime qu'à compter du 1er juillet 2010 le plafond tarifaire accordé à Bouygues Télécom irait au-delà d'une simple compensation du déficit financier qu'il supporte. Le juge administratif considère au final que cette asymétrie tarifaire serait "manifestement disproportionnée" au regard des objectifs de régulation pour la période postérieure au 1er juillet 2010.

La décision n'est donc pas dénuée d'ambiguïté. La démarche du Conseil d'État s'apparente à l'exercice d'un contrôle approfondi du raisonnement économique du régulateur en lieu et place du contrôle de l'erreur manifeste. Cette évolution a été récemment préconisée par Mme Béatrice Bourgeois-Machureau, rapporteur public dans le cadre de deux recours formés contre les décisions de régulation de l'ARCEP (Conclusions du 19 juin 2009, affaires n° 310452 et 310454, Société 118 218 Le Numéro et Télégate 118 000 et n° 310453, Association des Renseignements pour Tous). Il n'en reste pas moins que le Conseil d'État maintient l'adverbe "manifestement" qui, en principe, renvoie plutôt au contrôle restreint.

Cette ambiguïté marque peut-être l'hésitation du Conseil d'État face à un contrôle plus poussé des décisions du régulateur qui le conduirait à s'immiscer plus activement dans le processus de régulation mis en œuvre par l'ARCEP.

J.-P. Tran Thiet, O. Berg

Concurrences N° 4-2009, pp. 187-189

3.1.3 Information et données

ARCEP, déc. n° 2014-0433-RDPI du 8 avril 2014 relative à la mise en place d'une collecte d'informations sur les conditions techniques et tarifaires de l'interconnexion et de l'acheminement de données

L'Autorité de régulation des communications électroniques et des postes actualise sa décision relative à la collecte d'informations sur l'interconnexion et l'acheminement de données sur Internet

Constatant que les prestations d'interconnexion et d'acheminement de données étaient au cœur du fonctionnement technique de l'Internet, l'ARCEP avait mis en place en 2012 un dispositif de "surveillance" des marchés concernés prévoyant la collecte de données auprès des acteurs (décision n°2012-0366 de l'ARCEP du 29 mars 2012 relative à la mise en place d'une collecte d'informations sur les conditions techniques et tarifaires de l'interconnexion et de l'acheminement de données). Le recours contre cette décision a été rejeté par le Conseil d'État (cf. Concurrences n° 4-2013, p. 159 – Arrêt du Conseil d'État du 13 juillet 2013).

La décision du 29 mars 2012 prévoyait que la fréquence et le niveau de détail des informations collectées pourraient être adaptés suite aux retours d'expérience des premiers cycles de collecte d'informations. Entre temps, l'ARCEP a également mené une enquête administrative concernant les conditions d'interconnexion entre Illiad et Google. (cf. Concurrences n° 4-2013, p. 161 – Décision n° 2013-0987 de l'ARCEP du 16 juillet 2013, clôturant l'enquête administrative ouverte en application de l'article L. 32-4 du code des postes et des communications électroniques, relative aux conditions techniques et financières d'acheminement du trafic entre diverses sociétés).

La décision en date du 8 avril 2014 vient actualiser la décision du 29 mars 2012 relative à la collecte d'informations sur l'interconnexion et l'acheminement de données sur Internet.

Notons qu'une première décision, ayant le même contenu que la décision commentée, avait été adoptée par l'ARCEP, en formation plénière, le 18 mars 2014. Suite à la modification de l'article L. 130 du Code des Postes et des Communications Électroniques ("CPCE") par l'ordonnance n° 2014-329 du 12 mars 2014, une nouvelle décision, qui abroge la décision du 18 mars 2014 a été adoptée le 8 avril 2014 par l'ARCEP en formation de règlement des différends, de poursuite et d'instruction.

Le dispositif de collecte de données mis en place en 2012 est maintenu pour ce qui concerne les acteurs déjà identifiés : d'une part, les opérateurs de communication électroniques déclarés auprès de l'ARCEP, qui ont l'obligation de répondre tous les semestres à un questionnaire et, d'autre part, les opérateurs de communications électroniques qui disposent d'une relation d'interconnexion de données avec au moins un opérateur de la catégorie précédente et les fournisseurs de services de communication au public en ligne, lesquels sont soumis à des obligations allégées en matière de communication d'informations.

La décision du 4 avril 2014 ajoute les indicateurs de capacité au nombre des informations collectées. En effet, l'ARCEP constate que les capacités d'interconnexion contractuellement fixées entre les acteurs (capacités négociées), ne sont pas nécessairement installées dans leur totalité. En outre, les capacités réellement disponibles après paramétrage matériel et logiciel (capacités paramétrées), peuvent être "significativement plus faibles" que les capacités négociées. C'est pourquoi, l'ARCEP demandera désormais aux acteurs mettant en œuvre un paramétrage matériel ou logiciel de préciser, dans leurs réponses au questionnaire, "aussi bien les capacités installées que les capacités paramétrées et ce, dans leurs valeurs minimales et maximales atteintes sur la pér

iode, ainsi que leurs valeurs moyennes".

Par ailleurs, la décision prévoit que l'ARCEP pourra, de manière ponctuelle et sur la base d'une décision prise au titre de l'article L. 32-4 du CPCE, recueillir des informations permettant d'apprécier l'ampleur de la saturation d'une interconnexion pour le trafic de données et son étendue dans le temps.

Enfin, dans sa décision du 8 avril 2014, l'ARCEP allège et simplifie le questionnaire de collecte d'informations en réduisant notamment le nombre de données à renseigner en ce qui concerne notamment le nombre de partenaires avec lesquels les opérateurs entretiennent des relations d'interconnexion.

J.-P. Tran Thiet, O. Berg
Concurrences N° 3-2014, p. 180

CE, 10 juil. 2013, AT&T Global Network Services France e.a., n° 360397 et n° 360398

Le Conseil d'État confirme la légalité de la décision de l'ARCEP du 29 mars 2012 relative à la collecte d'informations sur les conditions techniques et tarifaires de l'interconnexion et l'acheminement de données

L'arrêt du Conseil d'État du 10 juillet 2013 a pour origine les recours en annulation pour excès de pouvoir formés par les sociétés AT&T Global Network Services France SAS, AT&T Global Network Services LLC, Verizon France et MCI Communications Services contre la décision de l'Autorité de régulation des communications électroniques et des postes (ARCEP) du 29 mars 2012 relative à la collecte d'informations sur les conditions techniques et tarifaires de l'interconnexion et de l'acheminement de données.

Dans son arrêt du 10 juillet 2013, le Conseil d'État rejette les recours et confirme la légalité de la décision du 29 mars 2013. Ce faisant, il confirme la compétence de l'ARCEP pour procéder à la collecte des informations concernées, y compris auprès de sociétés établies hors de France.

Le Conseil d'Etat confirme la compétence de l'ARCEP pour recueillir des données y compris auprès d'opérateurs ou fournisseurs de services non établis en France

Dans sa décision du 29 mars 2012, l'ARCEP a instauré un dispositif de collecte de données d'interconnexion et d'acheminement de données entre les acteurs de l'Internet. Cette mesure faisait suite aux propositions en matière de neutralité de l'Internet, publiées par l'ARCEP le 30 septembre 2010. Le régulateur français y constatait que les activités d'interconnexion et d'acheminement de données, au cœur du fonctionnement de l'Internet, étaient fondées sur des usages complexes et hétérogènes ainsi que des contrats souvent non écrits et non publics. L'ARCEP estimait donc nécessaire une collecte d'informations en vue d'obtenir une connaissance approfondie et actualisée de ces marchés.

Le dispositif de collecte d'informations mis en place par l'ARCEP concerne deux catégories d'acteurs.

D'une part, les opérateurs de communications électroniques déclarés auprès de l'ARCEP se voient imposer une obligation de répondre à un questionnaire périodique semestriel (catégorie 1).

D'autre part, sont soumis à des obligations allégées les autres opérateurs de communications électroniques qui disposent d'une relation d'interconnexion de données avec au moins un opérateur de catégorie 1 et les fournisseurs de services de communication au public en ligne ("FSCPL") qui disposent, pour l'acheminement de données, d'une relation directe avec au moins un opérateur de catégorie 1 et qui ont effectué une démarche active afin que leurs services ou contenus soient utilisés ou consultés par des utilisateurs finals situés en France (catégorie 2). Cette dernière condition est entendue de façon relativement large par la décision du 29 mars 2013 puisque disposer notamment d'un site Internet utilisant le domaine "fr" ou tout autre domaine de premier niveau correspondant au territoire français, ou proposer des contenus en français, suffit à caractériser une telle "démarche active". Ces acteurs de catégorie 2 peuvent faire l'objet d'une collecte d'informations ciblée et ponctuelle lorsque l'ARCEP estime nécessaire de vérifier ou compléter les informations recueillies auprès des personnes de catégorie 1.

Le Conseil d'État écarte d'abord le moyen, invoqué par les requérants, tiré des limites de l'article L. 36-6 du Code des postes et communications électroniques ("CPCE") qui fixe une liste de domaines pour lesquelles l'ARCEP dispose d'un pouvoir réglementaire. Il rejette également l'argument similaire, fondé sur le point a) du 2 de l'article D. 98-11 du CPCE qui définit les informations que l'ARCEP peut demander aux opérateurs déclarés pour vérifier le respect des règles générales s'imposant à leur activité (conditions de permanence, de qualité, de disponibilité des réseaux, respect des prescriptions techniques, de celles exigées par la santé, l'environnement ou l'ordre public, etc.). Le juge administratif estime que l'ARCEP pouvait mettre en place le dispositif concerné de collecte d'informations sur la base, d'une part, de ses pouvoirs généraux de collecte d'informations et d'enquêtes nécessaires à l'exercice de ses missions (article L. 36-13 du CPCE) et, d'autre part, de ses pouvoirs de collecte, auprès des opérateurs déclarés, des informations nécessaires pour s'assurer du respect des objectifs de régulation et auprès des FSCPL, des informations concernant les conditions techniques et tarifaires d'acheminement du trafic appliquées à leurs services (article L. 32-4 du CPCE).

Les sociétés requérantes contestaient également la compétence de l'ARCEP pour recueillir des informations auprès d'opérateurs non établis en France. Le moyen est écarté par le Conseil d'État qui considère que "si, comme le font valoir les sociétés requérantes, certains des opérateurs de communications électroniques et des personnes fournissant un service de communication au public en ligne auprès desquels l'ARCEP envisage de recueillir des informations complémentaires en vertu de l'article 2 de la décision attaquée peuvent ne pas être établis en France, cette circonstance est dénuée d'incidence sur la compétence que tient l'ARCEP des dispositions des articles L. 36-13 et L. 32-4 pour recueillir des informations nécessaires à l'exercice de ses missions". Le Conseil d'État ajoute que l'article 2 de la décision du 29 mars 2012 ne vise que des opérateurs ou fournisseurs disposant d'une relation d'interconnexion ou d'acheminement des données avec au moins un opérateur déclaré en France et que les informations en cause se rapportent ainsi à l'exercice par l'ARCEP des missions qui lui ont été dévolues par la loi.

Enfin, le Conseil d'État estime, que la décision de l'ARCEP, contrairement à ce que soutiennent les sociétés requérantes, n'a ni pour objet ni pour effet de mettre en place une régulation ex ante des marchés de l'interconnexion et de l'acheminement de données. Le Conseil d'État écarte, par voie de conséquence, le moyen tiré de la méconnaissance du f) du paragraphe 5 de l'article 8 de la directive 2002/21/CE du Parlement européen et du Conseil du 7 mars 2002, dans sa rédaction issue de la directive modificative 2009/140/CE du Parlement européen et du Conseil du 25 novembre 2009, selon lesquels les autorités réglementaires nationales ne peuvent "imposer des obligations de réglementation ex ante que lorsqu'il n'y a pas de concurrence efficace et durable". S'il est vrai que la collecte de données mise en place par l'ARCEP constitue une charge pour les opérateurs et les FSCPL concernés, il est difficile d'assimiler ce dispositif à la mise en œuvre d'un dispositif de régulation ex ante comprenant, d'une façon générale, des limitations à la liberté commerciale et tarifaire des opérateurs régulés.

Le Conseil d'Etat écarte les autres moyens invoqués par les requérants

Les sociétés requérantes soutenaient que les mesures de collectes mises en place par la décision attaquée méconnaissaient l'exigence de proportionnalité résultant de l'article L. 32-4 du CPCE.

Le Conseil d'État écarte ce moyen et juge que la collecte d'informations, telle que prévue dans la décision du 29 mars 2012, est nécessaire et proportionnée.

Le Conseil d'État considère que les informations devant être transmises à l'ARCEP dans le cadre de la collecte périodique sont "en nombre limité, simples à renseigner pour les personnes concernées, et exigées selon une fréquence semestrielle". Par ailleurs, le Conseil d'État relève que l'ARCEP a pris en compte les objections formulées par les opérateurs, lors de la consultation publique qui s'est déroulée de 2011 à 2012, afin d'adapter le périmètre et la fréquence des informations collectées auprès des opérateurs. Enfin, le Conseil d'État note qu'il ressort des pièces du dossier que près de cinquante opérateurs ont transmis à l'ARCEP les informations requises dans le questionnaire joint à la décision attaquée au titre du second semestre de l'année 2012, sans signaler de difficulté particulière. Certes, l'obligation de communiquer l'intégralité des données visées dans la décision du 29 mars 2012 pourrait représenter une charge importante pour des opérateurs de taille modeste. Ces opérateurs pourraient donc s'appuyer sur les marges de souplesse prévues par la décision du 29 mars 2012 en limitant leur réponse à un nombre déterminé de relations d'interconnexion et, pour les acteurs de catégorie 2, en excluant la communication d'informations liées à des relations d'interconnexion non susceptibles de produire des effets significatifs sur la fourniture de services de communication au public en ligne aux utilisateurs finals situés en France.

Les requérants soutenaient également que les termes utilisés par la décision du 29 mars 2012 méconnaissaient l'objectif de valeur constitutionnelle de clarté et d'intelligibilité de la loi. Le Conseil d'État rejette ce moyen en considérant que "les dispositions de l'article 2 de la décision attaquée mentionnant les personnes physiques ou morales qui "détiennent" un système autonome désignent sans ambiguïté les personnes qui contrôlent de fait ce système".

Enfin, le Conseil d'État écarte le moyen tiré de la méconnaissance des principes de sécurité juridique et de confiance légitime et de l'absence de mesures transitoires en considérant que "eu égard à l'objet et à la portée de la décision attaquée, les sociétés requérantes ne sauraient soutenir que le principe de confiance légitime était de nature à faire obstacle à son intervention, non plus que cette intervention aurait dû être accompagnée de mesures transitoires". On peut y voir la réaffirmation implicite de l'impossibilité, maintes fois réaffirmée par le Conseil d'État, d'invoquer le principe de confiance légitime dans des situations où l'application du droit communautaire n'est pas en jeu (jurisprudence constante, encore illustrée très récemment par deux décision, n° 344021 du 28 juin 2013 et n° 363322 du 25 juillet 2013).

J.-P. Tran Thiet, O. Berg, L. Ghebali

Concurrences N°4-2013, p. 160

Aut. conc., avis n° 11-A-20 du 15 déc. 2011 relatif aux modalités de communication des données relatives aux sites radioélectriques des opérateurs mobiles

L'Autorité de la concurrence recommande à l'Agence nationale des fréquences (ANFR) de prendre des précautions afin que les opérateurs n'aient pas connaissance de la stratégie de déploiement de leurs concurrents et afin que les nouveaux entrants ne soient pas défavorisés

---

Saisie par le ministre de l'économie, l'Autorité de la concurrence a rendu un avis, le 16 décembre 2011, concernant les échanges d'informations qui interviennent sous l'égide de l'Agence nationale des fréquences (ANFR). Elle identifie deux risques concurrentiels majeurs attachés, d'une part, à une procédure d'échanges d'informations entre utilisateurs de fréquence pour permettre à l'ANFR d'autoriser l'implantation d'un site radioélectrique (procédure dite "COMSIS") et, d'autre part, à la publication de certaines données sur internet (*via* une application dénommée "Cartoradio"). L'Autorité préconise par conséquent des aménagements pour y remédier.

Les systèmes de diffusion d'informations relatives aux sites radioélectriques des opérateurs mobiles mis en œuvre dans le cadre des missions de l'ANFR

L'objet de la saisine du ministre de l'économie était notamment de savoir quelle incidence pourrait avoir, sur la concurrence entre opérateurs de téléphonie mobile, la communication de données détenues par l'ANFR, relatives aux sites radioélectriques des opérateurs mobiles.

L'ANFR a notamment pour missions de coordonner l'implantation sur le territoire national des stations radioélectriques de toute nature, afin d'assurer la meilleure utilisation des sites disponibles, mais aussi de veiller au respect des valeurs limites d'exposition du public aux champs électromagnétiques.

Dans cette optique, et dans le cadre d'études de compatibilité qu'elle mène, l'ANFR recueille, auprès des opérateurs mobiles, différentes informations relatives à leurs sites radioélectriques, avant de leur délivrer un accord administratif, et communique une partie de ces données au public au titre de la mission qui lui incombe de diffusion des documents relatifs aux stations radioélectriques.

Afin d'assurer cette mission d'information du public, l'ANFR a créé une application dénommée "Cartoradio", disponible sur internet, présentant une cartographie générale des implantations d'antennes relais et permettant un accès à un certain nombre de leurs caractéristiques, telles que le numéro d'identification de la station, le nom de l'exploitant et les bandes de fréquences utilisées.

Les informations véhiculées par l'application Cartoradio sont recueillies par l'ANFR au moyen de la "COMSIS". Cette procédure consiste à recueillir, pour chaque nouvelle installation ou modification, un dossier de demande comportant l'ensemble des caractéristiques techniques de l'installation.

Les opérateurs de téléphonie mobile sont amenés, de manière hebdomadaire, à avoir connaissance de l'ensemble des informations transmises dans le cadre de cette procédure, dans la mesure où l'étude de compatibilité effectuée par l'ANFR et les autres affectataires, pour la délivrance de son autorisation, se fait avec le concours des opérateurs.

Deux risques concurrentiels majeurs identifiés : une possibilité pour les opérateurs de téléphonie mobile de connaître les stratégies de déploiement de leurs concurrents et une asymétrie d'information susceptible de créer des barrières à l'entrée

Les préoccupations concurrentielles dont fait part l'Autorité concernent principalement les échanges de données entre opérateurs, permis par la procédure COMSIS. En effet, soulignant que l'analyse concurrentielle des diffusions de données permises par l'application Cartoradio doit nécessairement se faire à l'aune de celle de la procédure COMSIS, l'Autorité relève que les effets potentiellement restrictifs de concurrence induits par ladite application ne peuvent être appréciés qu'au regard des gains d'efficience qu'elle génère. Dans cette perspective, de tels gains pourraient être justifiés par l'objectif d'information du public, sous réserve que les restrictions engendrées demeurent indispensables et proportionnées. Tout en rappelant qu'elle ne saurait se substituer à l'ANFR dans cette mise en balance, l'Autorité insiste tout de même sur le caractère relativement récent des données publiées sur le site Cartoradio. C'est donc essentiellement l'échange d'informations mis en œuvre dans le cadre de la procédure COMSIS qui retient l'attention de l'Autorité.

Dans son analyse, elle rappelle les critères retenus par la jurisprudence et les lignes directrices de la Commission européenne relatives aux accords de coopération horizontale pour apprécier la licéité concurrentielle des échanges d'informations entre concurrents. En particulier, l'Autorité insiste sur la prise en compte des caractéristiques du marché concerné (nombre d'entreprises, intensité de la compétition, nature des produits, etc.), la nature des informations échangées qui ne doivent pas permettre d'identifier la stratégie des concurrents (notamment le fait que les données doivent être collectées *a posteriori* et avec un délai suffisant par rapport à leur constatation, leur degré de publicité et leur niveau d'agrégation), les caractéristiques du système d'échange (en particulier la fréquence des échanges) et l'utilisation faite des informations.

Partant, l'Autorité identifie plusieurs préoccupations concurrentielles propres à la procédure COMSIS, telles que le nombre limité d'acteurs sur le marché de la téléphonie mobile, le fait que les données transmises aux opérateurs ne sont pas anonymes ou la circonstance que lesdites données sont prospectives, permettant ainsi de prévoir l'implantation d'un site jusqu'à 20 mois avant sa mise en service réelle. De plus, la nature même des informations transmises a alerté l'Autorité. En effet, même si elles ne concernent pas les tarifs ou les éléments de la politique de leurs concurrents, elles donnent des indications importantes sur les réseaux déployés. Or, la connaissance des choix "géomarketing" des autres opérateurs, cumulée aux éléments susmentionnés, peut s'avérer particulièrement néfaste sur le marché de la téléphonie mobile dans la mesure où *"les opérateurs mobiles tendent aujourd'hui de plus en plus à se démarquer, au-delà des aspects tarifaires et commerciaux, par la qualité et la couverture du réseau déployé"*. Qui plus est, l'ensemble de ces risques concurrentiels revêt une acuité particulière eu égard au contexte du déploiement des réseaux de quatrième génération devant intervenir dans les prochains mois.

Les propositions de l'Autorité de la concurrence pour aménager le dispositif actuel

L'Autorité ne remet pas en cause les études de compatibilité de l'ANFR mais propose d'aménager le dispositif actuel de la manière suivante: (i) limiter la possibilité pour chaque opérateur d'accéder à des informations stratégiques de ses concurrents, afin qu'il détermine sa politique de déploiement de façon autonome, (ii) permettre aux nouveaux entrants d'accéder au même niveau d'information en leur permettant d'accéder à ces données consolidées et, (iii) concilier l'information du public avec ces préoccupations.

J.-P. Tran Thiet, H. Lallemand
Concurrences N°1-2012, pp. 204-205

CJUE, 5 mai 2011, Deutsche Telekom, aff. C-543/09

La Cour de Justice se prononce sur l'obligation, pour une entreprise qui attribue des numéros de téléphone, de fournir à ses concurrents l'ensemble des données en sa possession pour établir un annuaire de renseignement

Un opérateur peut-il invoquer les dispositions de directives européennes pour s'opposer à une législation nationale favorisant le développement de la concurrence? La question préjudicielle posée par le Bundesverwaltungsgericht est l'occasion de rappeler quelle est la marge de manœuvre dont disposent les États membres pour répondre aux exigences fixées par le droit de l'Union européenne.

Deux sociétés exploitant des services de renseignements par Internet ou par téléphone ont recours aux données que leur fournit, contre rémunération, Deutsche Telekom (DT). Cette dernière ne leur ayant transmis qu'une partie des données en sa possession, les deux sociétés ont déposé une plainte devant l'autorité de régulation allemande. Pour les sociétés requérantes, DT devait fournir toutes les données qui étaient en sa possession. DT considérait en revanche qu'il n'était tenu de transmettre que les données correspondant aux numéros de téléphone qu'il a directement attribué. Son obligation ne pouvait donc pas s'étendre aux données similaires qu'il a récoltées auprès d'autres opérateurs, pour créer son propre annuaire.

Le 11 septembre 2006, la Bundesnetzagentur, en application de la législation nationale, a ordonné à DT de mettre à la disposition des requérants toutes les données à sa disposition, y compris celles qu'elle a recueilli auprès des autres fournisseurs de services téléphoniques. Pour DT, cette législation est contraire au droit de l'Union européenne. En effet, la directive 2002/22 relative au service universel (JO L 108, p. 51) autorise uniquement les États membres à imposer aux entreprises attribuant des numéros de téléphone à des abonnés de mettre à la disposition de toute autre entreprise qui en fait la demande les seules données relatives à leurs propres abonnés.

Pour trancher le litige, le juge allemand a estimé nécessaire de demander à la Cour de justice de se prononcer à titre principal sur la possibilité offerte par le droit de l'Union européenne aux États membres d'imposer aux entreprises concernées de mettre à disposition toutes les données afférentes aux services de renseignements téléphoniques qui sont à leur disposition. Il demande également quelle place doit être accordée au consentement, tant de la part de l'émetteur que de la part du titulaire, pour transmettre ces données.

Sur l'aspect principal de la question préjudicielle, le juge de l'Union européenne affirme que l'obligation née de la directive "service universel" porte "uniquement sur les données relatives aux propres abonnés des entreprises concernées" (pt 30). Néanmoins, elle considère qu'il ne s'agit que de règles minimales propres à assurer l'objectif fixé par cette directive qui est de mettre, à la disposition du public, au moins un annuaire ou un service complet de renseignements téléphoniques. Cet objectif étant dès lors minimaliste, les États membres peuvent fixer des objectifs plus ambitieux et, en l'occurrence, avoir le plus d'annuaires ou de services de renseignements possibles. Dans une certaine mesure, on peut estimer que le droit de l'Union ne vise pas à protéger des opérateurs qui détiennent des données essentielles car cela pourrait restreindre la concurrence. À cet égard, ce litige n'est pas sans rappeler la célèbre affaire Magill (CJCE, 6 avril 1995, Radio Telefis Eireann et Independent Television Publications Ltd contre Commission, aff. C-241/91) où les requérants s'étaient vus condamnés pour abus de position dominante pour n'avoir pas accepté de partager les informations qu'ils détenaient.

La seconde partie de la question préjudicielle visait à savoir si la transmission des données relatives aux numéros de téléphone devait être subordonnée à un consentement. La Cour de justice estime que la réponse à cette question est différente selon que l'on se place du côté du titulaire du numéro de téléphone ou de celui de l'opérateur. Pour le titulaire, les données téléphoniques ayant un caractère personnel, la directive 2002/58 concernant leur traitement oblige les États membres à informer les abonnés de leur utilisation dans des annuaires et à leur permettre de consentir avant leur exploitation. Néanmoins, à partir du moment où le consentement a été exprimé, il n'a pas à être recherché une nouvelle fois, et ce même si l'abonné dispose d'un droit à la rectification des données qui s'accompagne de la possibilité de retirer son consentement. Pour l'opérateur, la Cour affirme qu'aucune disposition de cette directive n'offre de droit pour une entreprise à refuser la publication de données à caractère personnel relatives à ses abonnés. Cette solution n'est pas étonnante dans la mesure où les opérateurs ne peuvent invoquer un quelconque droit de propriété sur les données personnelles de leurs abonnés. DT devra donc transmettre, dès qu'une demande en ce sens lui sera faite, l'ensemble des données qu'il a en sa possession. Les seules qu'il pourra ne pas transmettre sont celles pour lesquelles ses propres abonnés ont refusé toute publication.

En France, le Code des postes et des communications électroniques prévoit des dispositions similaires. Les opérateurs ne sont obligés de communiquer leurs données qu'en cas de demande faite pour l'édition de l'annuaire universel ou la fourniture d'un service universel de renseignements. Il se peut donc très bien qu'une même affaire voit le jour, si un opérateur sollicite France Télécom, opérateur chargé de ces deux obligations de service universel, pour obtenir l'ensemble des informations et que ce dernier refuse.

H. Delzangles

Concurrences N°3-2011, pp. 193-194

Aut. conc., avis n° 10-A-13 du 14 juin 2010 relatif à l'utilisation croisée des bases de clientèle

L'Autorité de la concurrence rend un avis sur l'utilisation croisée de bases de clientèle et la mise sur le marché d'offres de convergence

Cet avis résulte d'une jonction entre la saisine pour avis du 4 juillet 2008 du ministre de l'Économie et l'auto-saisine de l'Autorité du 14 décembre 2009. À l'instar d'autres avis rendus récemment en matière de communications électroniques, l'Autorité émet des préconisations qui dépassent le seul droit de la concurrence pour entrer dans le champ de la régulation.

L'Autorité analyse deux types de pratiques regroupées sous l'appellation de "*cross-selling*" par lesquelles les opérateurs mettent à profit la position détenue sur un marché pour promouvoir leurs propres produits ou services sur un marché voisin : l'utilisation croisée de bases de clientèle et les ventes couplées. Ces pratiques prennent une acuité singulière sur les marchés des communications électroniques, du fait du mouvement de consolidation des acteurs dont la stratégie repose aujourd'hui sur le modèle d'"opérateur intégré" capable de proposer des offres "multiservices" combinant téléphonie fixe, mobile, Internet haut débit et/ou audiovisuel.

Les risques d'abus de position dominante associés au "*cross-selling*"

La première partie de l'avis expose les principes dégagés par la pratique décisionnelle des autorités de concurrence et par la jurisprudence en matière de pratiques de "*cross-selling*". L'avis rappelle que ces comportements ne sont susceptibles de créer des distorsions de concurrence que lorsque l'entreprise détient une position dominante sur l'un des marchés de produits ou de services concernés. La qualification de ce type d'abus est délicate puisque la position dominante, l'abus, voire les effets d'éviction interviennent sur des marchés distincts. Ainsi, seules des "circonstances particulières"démontrant un lien entre la position dominante et l'abus peuvent justifier une application de l'article 102 du TFUE à ces comportements. Comme en témoigne une affaire récente, la Cour d'appel de Paris exerce un contrôle rigoureux sur la démonstration par l'Autorité de la concurrence de ces "circonstances particulières".

S'agissant de l'utilisation croisée des bases de clientèle, comme l'indique l'avis, la pratique décisionnelle et la jurisprudence ont concerné, jusque-là, l'utilisation abusive d'informations privilégiées acquises dans le cadre de monopole historique (notamment EDF ou France Télécom). L'avis souligne que l'analyse concurrentielle reste la même pour des informations acquises dans le cadre d'une simple position dominante. Pour l'Autorité, la démonstration doit alors s'attacher à déterminer si ces informations ont été acquises au moyen d'une concurrence par les mérites et si elles sont accessibles ou reproductibles par des concurrents aussi efficaces. On notera sur ce dernier point la proximité du raisonnement adopté avec les conditions exigées pour qualifier une "facilité essentielle".

L'Autorité rappelle ensuite la pratique décisionnelle et la jurisprudence relatives aux ventes couplées. La ligne de distinction passe essentiellement entre, d'une part, les "ventes couplées pures" ou "ventes liées" qui résultent de l'obligation d'acheter deux ou plusieurs services sans justification technique et sans que l'achat séparé ne soit possible, ventes le plus souvent présumées anticoncurrentielles lorsque le vendeur est en position dominante sur le produit "liant" et d'autre part, les "ventes groupées mixtes" où une remise est proposée pour l'achat groupé des produits mais l'achat séparé reste possible, plus facilement compatibles avec la concurrence.

Enfin, l'Autorité examine les justifications possibles des pratiques par l'entreprise dominante.

Le "*cross-selling*" peut ainsi, en premier lieu, permettre de réduire les coûts d'acquisition de nouveaux clients pour le produit ou service lié: la prospection se fait sur une base de clientèle déjà constituée et déjà connue (coûts de recrutement réduits, ciblage plus efficace) et le couplage permet de réaliser les économies d'échelles. Reste ensuite à déterminer si ces gains éventuels contrebalancent effectivement les restrictions de concurrence entraînées par les pratiques (notamment le verrouillage de la clientèle). En second lieu, l'opérateur dominant peut éventuellement invoquer le droit d'utiliser le "*cross-selling*" en vue de défendre ses parts de marché face aux concurrents. Mais comme le note l'Autorité, cette "exception d'alignement" est très rarement admise par les autorités de concurrence.

Les offres couplées proposées par les opérateurs intégrés et leur impact sur le marché

L'avis constate que tous les opérateurs intégrés proposent déjà des offres "triple play" associant téléphonie fixe, accès à Internet haut débit et accès à un bouquet de chaînes de télévision. À la date de l'avis, seul Bouygues Telecom avait déjà lancé une offre "quadruple play" associant également de la téléphonie mobile au "triple play", alors que SFR et France Télécom avaient seulement annoncé leur intention de lancer leurs propres offres dans le courant du mois de juin.

L'Autorité note que Bouygues Telecom et SFR ont activement recouru au "*cross-selling*" (utilisations croisées de leurs données clients, avantages octroyés aux consommateurs pour la souscription d'offres convergentes, utilisation des boutiques pour vendre indifféremment des services mobiles ou Internet...). France Télécom a, quant à elle, déclaré s'être abstenue pour le moment de mettre en œuvre le croisement de ses bases de clientèle, hormis quelques rares expérimentations. Cette attitude prudente s'explique sans doute par les fortes parts de marché que détient le groupe France Télécom sur les marchés de la téléphonie mobile et l'accès Internet haut débit.

Selon l'Autorité, le "*cross-selling*" mis en œuvre par les opérateurs ne semble pas avoir produit d'effets sur le marché de la téléphonie mobile. En revanche, même si elle reste prudente, l'Autorité conclut que l'attractivité tarifaire des offres couplées proposées par SFR et Bouygues Telecom peut, au moins pour partie, expliquer la bonne performance récente de ces acteurs sur le marché du haut débit.

Les risques liés à la généralisation du modèle "d'opérateur universel" et les marges de manœuvre de France Télécom

L'avis constate donc la généralisation d'un modèle "d'opérateur universel", actif à la fois sur les marchés fixes et mobiles, caractérisé par l'utilisation du "*cross-selling*" et l'émergence d'offres de convergence technique [9] et/ou commerciale. Or, ce modèle comporte des risques en termes de concurrence lorsqu'il est mis en œuvre par des acteurs dominants. L'Autorité tente donc de circonscrire les marges de manœuvre dont disposent les opérateurs dominants dans le cadre du "*cross-selling*".

L'analyse suppose donc au préalable de délimiter les marchés pertinents concernés et d'évaluer la position des différents acteurs.

Comme le constate l'avis, l'exercice n'est pas simple pour les services haut débit puisque plusieurs segmentations sont possibles : offres multiservices/offres fournissant le seul accès à Internet ou offres subordonnées à un abonnement téléphonique/offres non subordonnées à un tel abonnement. L'avis retient finalement une définition large d'un marché des offres haut débit à destination des particuliers et professionnels, sans exclure une segmentation future plus fine. Ensuite, l'Autorité ne tranche pas véritablement la délimitation géographique des marchés. Elle n'exclut pas deux marchés géographiques distincts pour les zones dégroupées et non dégroupées, compte tenu de la capacité réduite des opérateurs alternatifs à se différencier sur ces dernières, notamment pour les offres de télévision par ADSL. La situation est plus claire pour la téléphonie mobile qui constitue un marché distinct.

Tant pour la téléphonie mobile que pour l'accès Internet haut débit, les DOM constituent des marchés distincts de la métropole.

En métropole, l'Autorité estime que France Télécom est susceptible de détenir une position dominante sur le marché du haut débit, situation qui pourrait éventuellement être remise en cause pour les zones dégroupées et notamment les offres haut débit multiservices incluant des services audiovisuels pour lesquels les opérateurs alternatifs semblent avoir acquis une part de marché équivalente à l'opérateur historique. En revanche, si Orange semble maintenir sa position prééminente sur la téléphonie mobile (entre 42 et 45 % de parts de marché), il ne s'agirait pas pour autant, selon l'Autorité, d'une position dominante.

Dans les DOM, la situation est plus tranchée puisque le groupe France Télécom reste susceptible de disposer d'une position dominante tant pour l'accès Internet haut débit que pour la téléphonie mobile, à l'exception de la zone Réunion-Mayotte, susceptible d'être dominée par SRR, filiale de SFR.

L'avis s'attache donc surtout à circonscrire les marges de manœuvre de France Télécom dans la mise en œuvre de pratiques de "*cross-selling*".

En métropole, l'Autorité estime que l'utilisation croisée par France Télécom de ses bases de clientèle mobile pour promouvoir ses offres haut débit et inversement ne crée pas, en première analyse, de risque anticoncurrentiel, estimant que les données relatives à ces clients ont été acquises par France Télécom en fonction de ses mérites et que les autres opérateurs disposent de données équivalentes sur leurs propres clients. Tel n'est pas le cas, en revanche, pour la base d'abonnés à la téléphonie fixe, issue de l'ancien monopole public, dont l'utilisation pour la promotion d'offres mobiles ou haut débit risque, selon l'Autorité, de perturber la concurrence.

Dans les DOM, l'Autorité indique que cette marge de manœuvre doit être nécessairement très limitée pour l'opérateur historique, ainsi que pour SRR, compte tenu de leurs positions dominantes respectives. Les risques d'éviction des opérateurs de taille plus modeste sont en effet plus importants qu'en métropole.

L'avis est plus réservé sur la possibilité pour France Télécom de pratiquer à la fois l'utilisation croisée des bases de clientèle et des ventes couplées sous la forme d'offres de convergence commerciale ou technique. Les inquiétudes exprimées par l'Autorité tiennent essentiellement au risque de "contamination" du marché du haut débit par le manque de concurrence structurel affectant le marché de la téléphonie mobile.

Les offres de convergence risquent d'abord de rendre encore plus difficile les changements d'opérateurs en cumulant les barrières propres à la téléphonie mobile (notamment de longues durées d'engagement) et celles de l'accès Internet haut débit (interruption de la connexion pendant le délai de raccordement à une nouvelle ligne).

Les offres de convergence présentent ensuite un risque de verrouillage des membres d'un même foyer susceptibles de migrer vers le même opérateur pour tous leurs besoins (par exemple, celui qui fournit l'abonnement Internet) et de renforcer artificiellement les effets de club au profit des opérateurs de plus grande taille.

Enfin, l'Autorité insiste sur les risques d'éviction des opérateurs qui ne seraient pas en mesure de répliquer des offres de convergence en raison des barrières à l'entrée sur le marché mobile. L'avis rappelle le faible développement des MVNOs et les difficultés qu'aura Free pour proposer de telles offres de convergence lors du déploiement de son réseau en l'absence d'une offre d'itinérance sur les réseaux 3G des opérateurs en place.

Les préconisations finales

L'Autorité refuse de se prononcer, de façon générale, sur la possibilité pour France Télécom de commercialiser des offres de convergence. Elle se limite à quelques indications sur les critères dont elle sera susceptible de tenir compte dans le cadre du bilan concurrentiel de ces offres: leur impact sur les coûts de changement d'opérateur et les effets de club, le niveau des remises de couplage octroyées, le nombre de clients concernés par ces remises, la réalité des gains d'efficacité procurés par la convergence.

L'Autorité émet quelques préconisations qui vont au-delà d'une analyse *ex post* des pratiques. Elle se prononce d'abord clairement en faveur d'une prestation d'itinérance 3G au bénéfice de Free sur les réseaux des autres opérateurs mobiles, sans préciser les moyens juridiques et réglementaires qui permettraient d'imposer une telle prestation en cas de refus des opérateurs en place. Elle recommande ensuite la mise en place de mesures visant à améliorer la fluidité des marchés concernés, en améliorant les conditions d'engagement (dont les durées pourraient par exemple être synchronisées pour les services offerts en convergence), en instaurant une standardisation des services proposés ainsi qu'une portabilité unique des services convergents. Comme le note l'Autorité, de telles mesures relèveraient sans doute de la compétence du législateur.

J.-P. Tran Thiet, O. Berg

Concurrences N°3-2010, pp. 164-166

Concurrences+

Alain Ronzano, Cross selling : L'Autorité de la concurrence annonce avoir décidé de s'autosaisir pour avis sur la question de l'utilisation croisée de bases de clientèle, 14 décembre 2009, Concurrences N° 1-2010, Art. N° 64991.

3.1.4 Obligations des opérateurs

CE, 9 oct. 2015, Bouygues Télécom, n° 379579 et 384231

Le Conseil d'État se prononce sur les conditions de partage des réseaux mobiles et sur l'exécution du contrat d'itinérance nationale conclu entre deux opérateurs de téléphonie mobile

Par deux arrêts n° 379579 et n° 384231 du 9 octobre 2015, le Conseil d'État revient sur les conditions de partage des réseaux mobiles et, en particulier, sur l'exécution du contrat d'itinérance nationale conclu entre Free Mobile ("Free") et Orange. D'une part, il confirme que l'Autorité de régulation des communications électroniques et des Postes ("ARCEP") n'était pas compétente en 2014 pour modifier ou mettre un terme audit contrat d'itinérance. D'autre part, il entérine la méthodologie de mesure, par l'ARCEP, du taux de couverture de la population et de la qualité des services de téléphonie mobile, pour contrôler le respect des obligations imposées aux opérateurs.

Le 28 juillet 2000, l'Autorité de régulation des télécommunications – prédécesseur de l'ARCEP – avait approuvé le principe de l'attribution de licences mobiles 3G à quatre opérateurs (article 17 du cahier des charges en annexe 1 à la décision n° 00-835, p. 13). Cette décision, à une époque où n'existaient que trois opérateurs mobiles 2G, marquait la volonté de voir apparaître un nouvel entrant sur le marché des communications électroniques, en particulier pour la technologie 3G.

Par décision du 12 janvier 2010 (n° 2010-0043), l'ARCEP a autorisé Free à utiliser des fréquences pour établir et exploiter son réseau mobile 3G. Cette autorisation est soumise au respect par Free de plusieurs obligations. En premier lieu, Free est tenu de déployer son propre réseau couvrant, sur le territoire métropolitain, 27 % de la population à l'ouverture du service début 2012, 75 % début 2015 et enfin 90 % début 2018 (article 1.4.1 du cahier des charges figurant en annexe 1 à la décision n° 2010-0043, p. 11). Deuxièmement, l'opérateur doit publier chaque année les cartes de couverture du territoire par ses services (article 1.4.3). Troisièmement, Free a l'obligation de respecter une certaine qualité du service téléphonique au public ainsi que des services SMS et données. Par exemple, l'opérateur doit réussir à établir, maintenir et terminer dans des conditions normales 90 % des communications téléphoniques à l'intérieur des bâtiments (article 1.5.1).

Par accord du 3 mars 2011 (ci-après le "contrat d'itinérance"), Orange accepte d'accueillir, moyennant rémunération, les communications électroniques des clients de Free sur ses réseaux mobiles 2G et 3G sur tout le territoire national jusqu'en 2018, date d'échéance prévue par ce contrat ou dès 2016, correspondant à la période de résiliation ouverte aux parties au terme du contrat. Ce droit à l'itinérance deFree répondait à une obligation réglementaire, pour ce qui concerne la technologie 2G. Orange et Free ont contractuellement choisi d'étendre cette itinérance à la technologie 3G.

Dans l'affaire n° 379579, par courrier du 3 février 2014, Bouygues Télécom a demandé à l'ARCEP qu'elle définisse les modalités d'extinction de l'itinérance dont bénéficie Free sur le réseau d'Orange. En l'absence de réponse, Bouygues Télécom, par requête n° 382945, a formé un recours contre cette décision implicite de rejet. Par courrier du 5 mai 2014, Bouygues Télécom a de nouveau interpellé le régulateur des communications électroniques et demande, en outre, d'enjoindre aux parties au contrat d'itinérance d'en réduire le périmètre géographique et la durée. Par décision du 22 mai 2014, l'ARCEP s'est déclaré incompétente, en l'état des dispositions du Code des Postes et des Communications électroniques (CPCE) pour se prononcer sur la question. Par requête du 22 juillet 2014, Bouygues Télécom a demandé au Conseil d'État (i) d'annuler pour excès de pouvoir la décision par laquelle l'ARCEP se déclare incompétente et refuse d'intervenir, et (ii) d'enjoindre à cette dernière de définir, dans un délai de trois mois, les modalités d'extinction du contrat d'itinérance.

Dans l'affaire n° 384231, par courrier du 5 mai 2014, Bouygues Télécom a demandé au régulateur qu'il cesse de prendre en compte les communications liées à l'itinérance sur le réseau d'un opérateur hôte, dans sa méthode de contrôle des obligations souscrites par l'opérateur accueilli. En l'absence de réponse, par requête du 4 septembre 2014, Bouygues Télécom a formé un recours pour excès de pouvoir contre les décisions implicites de rejet de l'ARCEP et demandé au Conseil d'État d'enjoindre à cette dernière de faire abstraction des trafics liés aux accords d'itinérance, dans sa méthode de contrôle des obligations des opérateurs. Bouygues Télécom invoquait le fait que ces trafics pourraient fausser les résultats des contrôles, donc la consistance des obligations de couverture et de qualité imposées dans les autorisations délivrées par l'ARCEP.

Sur les pouvoirs de l'ARCEP, concernant l'accord d'itinérance Free-Orange

Dans l'affaire n° 379579 (après jonction avec l'affaire n° 382945), le Conseil d'État confirme que les dispositions du CPCE alors en vigueur ne permettaient pas à l'ARCEP de modifier ou mettre un terme à une convention d'itinérance existante. Toutefois, le Conseil d'État rappelle aussitôt que l'ARCEP est compétente, au titre de sa mission de régulation, pour contrôler le respect par les opérateurs de leurs obligations légales et réglementaires, et pour en sanctionner les éventuels manquements. En effet, l'ARCEP doit veiller à l'exercice d'une concurrence effective et loyale, et promouvoir, lorsque cela est approprié, une concurrence par les infrastructures (art. L. 32-1 CPCE). L'ARCEP contrôle également le respect par les opérateurs des obligations issues des décisions d'attribution de fréquences. Dès lors, l'ARCEP ne pouvait se déclarer incompétente pour examiner les conditions du contrat d'itinérance Orange-Free, à la lumière de l'évolution de la situation concurrentielle sur le marché des services de téléphonie mobile. Par conséquent, le rejet implicite de la demande de Bouygues Télécom et la décision par laquelle le régulateur se déclare incompétent sont annulées.

Certes, le Conseil d'État, eu égard aux motifs ci-dessus rappelés (absence de disposition du CPCE permettant une telle décision), conclut qu'il ne peut imposer à l'ARCEP de modifier ou d'annuler le contrat, sur le fondement de l'article L. 911-1 du Code de justice administrative. Dès lors, la demande deBouygues Télécom tendant à ce que l'ARCEP reçoive injonction de définir les modalités d'extinction du contrat d'itinérance a été rejetée. Cependant, Bouygues Télécom ayant obtenu avec succès l'annulation des décisions de l'ARCEP, l'État se voit condamné à verser une somme de 3 000 euros à Bouygues Télécom, au titre des dispositions de l'article L. 761-1 du Code de justice administrative.

Depuis lors, l'entrée en vigueur de la loi Macron du 6 août 2015 (Art. 122) a accru les pouvoirs de l'ARCEP. Le nouvel article L. 34-8-1-1, alinéa 3, du CPCE donne compétence à l'ARCEP pour demander aux opérateurs, si cela est nécessaire à la réalisation des objectifs de la régulation, la modification ou l'extinction de leurs conventions de partage de réseaux mobiles. À ce titre, et en anticipation du vote de la loi Macron, l'ARCEP a lancé en juillet 2015 une analyse approfondie des accords d'itinérance. Le contrat Orange-Free n'est pas le seul concerné, est aussi visé l'accord de mutualisation SFR-Bouygues Télécom, par lequel ces deux entreprises s'étaient engagées à mutualiser leurs réseaux mobiles 2G, 3G et 4G sur une zone correspondant à 57 % de la population – hors grandes agglomérations et zones blanches –, incluant une prestation d'itinérance pour les clients de SFR sur le réseau de Bouygues Télécom. L'ARCEP élabore actuellement des lignes directrices sur le partage des réseaux mobiles afin, d'une part, de définir son cadre d'analyse et, d'autre part, de préciser ses modalités d'application aux deux accords précités (Communiqué de presse de l'ARCEP du 16 octobre 2015). L'ARCEP soumettra ces lignes directrices à consultation publique fin 2015 et prévoit de les adopter, après avis de l'Autorité de la concurrence, au premier trimestre 2016.

Comme le confirment les travaux parlementaires lors de l'élaboration de la loi Macron, l'augmentation des pouvoirs de l'ARCEP vise à mettre en œuvre les recommandations émises par l'Autorité de la concurrence dans son avis n° 13-A-08 du 11 mars 2013. Dans cet avis, l'Autorité recommandait que le contrat d'itinérance nationale Orange-Free ne se prolonge pas au-delà d'une échéance raisonnable: 2016 – date d'expiration du droit à l'itinérance 2G qui correspond aussi à la fenêtre de résiliation ouverte aux parties – ou 2018 – échéance prévue par ce contrat (Avis n° 13-A-08 du 11 mars 2013 relatif aux conditions de mutualisation et d'itinérance sur les réseaux mobiles, § 228).

Sur la méthodologie utilisée pour contrôler le respect des obligations des opérateurs

Dans l'affaire n° 384231, le Conseil d'État reconnaît à l'ARCEP "un large pouvoir d'appréciation", que le juge de l'excès de pouvoir ne peut censurer qu'en cas d'erreur de fait ou de droit, d'erreur manifeste d'appréciation ou de détournement de pouvoir. Au terme de son contrôle "restreint", il rejette la requête de Bouygues Télécom.

Le Conseil d'État constate, en effet, que la décision de l'ARCEP du 25 mars 2014 qui définit sa méthodologie de contrôle (ci-après la "décision méthodologie"), concerne bien le respect, par les opérateurs, "des conditions relatives au déploiement de leur réseau propre"; par suite, cette décision de l'ARCEP s'est bien inscrite, "par son objet même", dans les objectifs énoncés par l'article L. 32-1 du CPCE. S'agissant des modalités de contrôle prévues par la décision méthodologie, le Conseil d'État, au terme d'une succession d'affirmations, ne relève pas d'erreur susceptible d'affecter la légalité de la décision de l'ARCEP. Il considère, en substance, que ni l'article L. 42-1 du CPCE, ni la décision d'autorisation du 12 janvier 2010 ne peuvent fonder un moyen d'illégalité à l'encontre de la décision méthodologie et que, si l'obligation de couverture doit effectivement être vérifiée hors réseau d'itinérance, rien n'impose aux opérateurs de respecter un "taux de charge minimum" pour leur réseau propre. S'agissant de l'obligation de publication annuelle de cartes de couverture, le Conseil d'État admet que la décision méthodologie puisse prendre en compte l'éventuelle itinérance dont peut bénéficier un opérateur. Enfin, s'agissant de l'obligation de mesure de la qualité du service, le Conseil d'État ne voit pas d'objection à ce que la décision méthodologie puisse inclure les services proposés par un opérateur au moyen d'une éventuelle itinérance.

Partant, la méthodologie retenue par le régulateur est exempte d'erreur et doit être entérinée.

J.-P. Tran Thiet, O. Berg, E. Xueref-Poviac
Concurrences N°1-2016, pp. 193-194

CE, 11 juin 2014, TDF, Towercast et MR5, n° 363920

Le Conseil d'État valide la décision de l'Autorité de régulation des communications électroniques et des postes portant sur la régulation du marché de gros de la diffusion de la TNT pour les années 2012 à 2015

Depuis 2006, l'Autorité de régulation des communications électroniques et des postes (ARCEP) soumet à une régulation ex ante le marché de gros amont des services de diffusion hertzienne terrestres de programmes télévisuels en mode numérique (ARCEP, déc. n° 06-0160 du 6 avril 2006 portant sur la définition du marché pertinent de gros des offres de diffusion hertzienne terrestre de programmes télévisuels et sur la désignation d'un opérateur exerçant une influence significative sur ce marché; déc. n° 06-0161 du 6 avril 2006 portant sur les obligations imposées à TDF en tant qu'opérateur exerçant une influence significative sur le marché pertinent de gros des offres de diffusion hertzienne terrestre de programmes télévisuels; déc. n° 2009-0484 du 11 juin 2009 portant sur la définition du marché pertinent de gros des offres de diffusion hertzienne terrestre de programmes télévisuels en mode numérique, sur la désignation d'un opérateur exerçant une influence significative sur ce marché et sur les obligations imposées à cet opérateur sur ce marché).

À l'issue du deuxième cycle de régulation (2009-2012), l'ARCEP a pris une nouvelle décision, le 11 septembre 2012, déclarant pertinent le marché de gros amont des offres de diffusion hertzienne terrestre de programmes télévisuels et désignant la société TDF comme le seul opérateur exerçant une influence significative sur ce marché (ARCEP, déc. n°2012-1137 du 11 septembre 2012 portant sur la définition du marché pertinent de gros des services de diffusion hertzienne terrestre de programmes télévisuels en mode numérique, sur la désignation d'un opérateur exerçant une influence significative sur ce marché et sur les obligations imposées à cet opérateur sur ce marché). Elle a également imposé différentes obligations à TDF, en particulier l'obligation de faire droit à toute demande raisonnable d'accès des opérateurs alternatifs à des éléments de réseau ou à des ressources qui y sont associées permettant la fourniture de prestations sur le marché en cause, l'obligation de l'informer de la signature de conventions d'offres d'accès pour ses offres de gros et de lui transmettre ces conventions, l'obligation d'offrir sur les sites de diffusion dits "non-réplicables" les offres de gros et l'accès aux ressources associées à des tarifs reflétant les coûts correspondants, avec un encadrement tarifaire pluriannuel, l'obligation de mettre en conformité les conventions en vigueur qui ne respecteraient pas les termes de la décision ainsi que l'obligation de ne pas pratiquer de tarifs d'éviction pour des offres de gros et l'accès aux ressources associées sur les sites "réplicables", et de ne pas pratiquer de tarifs excessifs sur les sites "réplicables" qui n'ont pas été répliqués par un opérateur tiers.

La décision n° 2012-1137 du 11 septembre 2012 a fait l'objet de trois recours en excès de pouvoir formés par la société TDF, un autre opérateur de radiodiffusion (Towercast) et un multiplexe (MR5). Par un arrêt du 11 juin 2014, le Conseil d'État rejette ces recours et confirme la légalité de la décision attaquée.

Les sociétés requérantes soulevaient, à l'appui de leurs recours, plusieurs moyens de légalité externe tirés du non-respect de la règle de quorum, du manque de transparence de la procédure, de l'absence de consultation de la Commission européenne et de l'insuffisance de motivation de la décision. Le Conseil d'État écarte ces moyens aux motifs que les cinq membres de l'ARCEP étaient bien présents lors de la séance au cours de laquelle la décision contestée a été adoptée, qu'une consultation publique sur le projet de décision a été organisée par le régulateur, que la Commission européenne a été informée de ce projet de décision et que l'autorité de régulation n'était pas tenue de détailler davantage les critères retenus pour définir la liste des sites "non réplicables" ou les conditions dans lesquelles sont susceptibles d'être appliquées aux contrats en cours les obligations définies par la décision litigieuse.

Le Conseil d'Etat valide le principe même d'une régulation ex ante du marché en cause

S'agissant de la légalité interne, la société TDF contestait, en premier lieu, la possibilité pour l'ARCEP de décider de mesures de régulation ex ante sur le marché considéré. L'article L. 37-1 du code des postes et des communications électroniques (CPCE) prévoit que l'ARCEP détermine, après avis de l'Autorité de la concurrence, les marchés du secteur des communications électroniques pertinents sur lesquels elle souhaite imposer ex ante des obligations particulières aux opérateurs identifiés comme exerçant une influence significative. Elle doit tenir "*le plus grand compte*" des recommandations et lignes directrices de la Commission européenne pour l'application de ces dispositions (Art. D. 301 du CPCE). L'article 15 de la directive "cadre" du 7 mars 2002 prévoit, en effet, qu'il appartient à la Commission d'adopter une recommandation sur les marchés de produits et de services dans le secteur des communications électroniques, recensant les marchés dont les caractéristiques peuvent justifier l'imposition d'obligations réglementaires et de publier des lignes directrices sur l'analyse du marché et l'évaluation de la puissance de marché (directive n° 2002/21/CE du Parlement européen et du Conseil du 7 mars 2002 relative à un cadre réglementaire commun pour les réseaux et services de communications électroniques, JOCE n° L 108 du 24 avril 2002, p. 33). Si la première recommandation "marchés pertinents" prise par la Commission européenne, sur ce fondement, mentionnait le marché de gros des "*services de radiodiffusion, destinés à livrer un contenu radiodiffusé aux utilisateurs finaux*" (marché n° 18) parmi les marchés pertinents de produits et de services dans le secteur des communications électroniques susceptibles d'être soumis à une régulation ex ante (Commission européenne, recommandation n° 2003/311/CE du 11 février 2003 concernant les marchés pertinents de produits et de services dans le secteur des communications électroniques susceptibles d'être soumis à une réglementation ex ante conformément à la directive 2002/21/CE du Parlement européen et du Conseil relative à un cadre réglementaire commun pour les réseaux et services de communications électroniques, JOUE n° L 114 du 8 mai 2013, p.45), ce marché a été retiré de la liste des marchés régulables de la seconde recommandation "marchés pertinents" (Commission européenne, recommandation n° 2007/879/CE du 17 décembre 2007 concernant les marchés pertinents de produits et de services dans le secteur des communications électroniques susceptibles d'être soumis à une réglementation ex ante conformément à la directive "cadre", JOUE n° L 344 du 28 décembre 2007). Comme le rappelle le Conseil d'État, la circonstance que le marché de gros des "*services de radiodiffusion, destinés à livrer un contenu radiodiffusé aux utilisateurs finaux*" a été retiré de la liste des marchés régulables recensés par la Commission européenne "*n'est pas de nature à faire obstacle à l'exercice par l'ARCEP des pouvoirs dont elle dispose sur le fondement des dispositions du code des postes et des communications électroniques procédant à la transposition des directives européennes, de déterminer, au regard notamment des obstacles au développement d'une concurrence effective, si le marché en cause est susceptible de faire l'objet d'une régulation ex ante*" (cons. 19). Les autorités de régulation nationales peuvent identifier d'autres marchés régulables que ceux recensés dans la recommandation "marchés pertinents" (cons. 17 de la recommandation n° 2007/879/CE du 17 décembre 2007) et si la Commission a retiré le marché de gros des "*services de radiodiffusion, destinés à livrer un contenu radiodiffusé aux utilisateurs finaux*" de la liste des marchés pertinents, c'est avant tout parce que l'hétérogénéité des situations de marché dans les États membres et du développement de la concurrence entre plateformes ne permettait pas de définir une politique commune de régulation.

Toutefois, un marché qui n'est pas recensé dans la recommandation "marchés pertinents" ne peut être considéré comme un marché régulable que si trois conditions sont réunies. L'autorité de régulation nationale doit constater "*la présence de barrières élevées et non provisoires à l'entrée*", "*une structure de marché qui ne présage pas d'évolution vers une situation de concurrence effective au cours de la période visée*" et "*l'incapacité du droit de la concurrence à remédier à lui seul à la ou au défaillances (...) du marché*" (point 2 de la recommandation n° 2007/879/CE du 17 décembre 2007). Or, le Conseil d'État considère, à la lumière des avis du Conseil supérieur de l'audiovisuel (CSA, avis n° 2012-12 du 5 juin 2012 à l'Autorité de régulation des communications électroniques et des postes sur un projet de décision portant sur la définition du marché pertinent de gros des offres de diffusion hertzienne terrestre de programmes télévisuels, sur la désignation d'un opérateur exerçant une influence significative sur ce marché et sur les obligations imposées à cet opérateur sur ce marché) et de l'Autorité de la concurrence (Autorité de la concurrence, avis n° 12-A-13 du 8 juin 2012 relatif à une demande d'avis de l'ARCEP en application de l'article L. 37-1 du code des postes et des communications électroniques, portant sur l'analyse des marchés de gros amont des services de diffusion hertzienne terrestre de programmes audiovisuels), que "*le marché de gros amont des services de diffusion hertzienne terrestre de programmes télévisuels en mode numérique est caractérisé par l'existence de barrières naturelles, économiques, administratives et géographiques à l'entrée, par une structure qui ne présage pas d'évolution vers une situation de concurrence effective à l'horizon du cycle de régulation envisagé dans la décision attaquée et par l'incapacité du droit de la concurrence à remédier à lui seul aux défaillances de marché*" et que l'ARCEP a "*fait une exacte application de l'article L. 37-1 du code des postes et des communications électroniques en estimant que ce marché était, en raison des obstacles au développement d'une concurrence effective qui s'y manifestent, susceptible de faire l'objet d'une régulation ex ante*" (cons. 24). Il insiste, en particulier, sur "*la difficulté de répliquer l'infrastructure nécessaire à la diffusion des programmes en mode numérique*" en raison de contraintes naturelles (du fait de l'implantation géographique ou des caractéristiques exceptionnelles de certains sites), économiques (compte tenu des coûts fixes élevés de certains équipements nécessaires à la diffusion et des économies d'échelle que permet la mutualisation des infrastructures dont dispose la société TDF) et administratives (résultant des règles applicables en matière d'urbanisme, d'environnement ou d'aménagement du territoire) qui sont autant de barrières d'accès au marché (cons. 21). Le Conseil d'État souligne également qu'"*en l'absence de régulation ex ante conduisant notamment à des obligations de comptabilisation des coûts et de séparation comptable, la mise en évidence d'éventuelles pratiques d'abus de position dominante se révèlerait difficile; que l'absence de régulation ex ante sur le marché considéré serait susceptible de se traduire, dans un contexte marqué par le déploiement de nouveaux multiplexes, c'est-à-dire de sociétés chargées de la diffusion des signaux émis par plusieurs chaînes sur une même fréquence, et le renouvellement de plusieurs contrats de diffusion pour les multiplexes existants, par une multiplication des saisines de l'Autorité de la concurrence, soulevant les mêmes questions de concurrence pour un très grand nombre de sites de diffusion; que la seule intervention ex post de cette Autorité, après instruction de ces saisines, n'apparaît pas constituer un remède adapté aux difficultés de concurrence susceptibles de se poser*" (cons. 23).

Le Conseil d'État valide les obligations ex ante imposées à l'opérateur historique

Les sociétés requérantes critiquaient, en second lieu, les obligations imposées à TDF par la décision litigieuse. Il était reproché à l'ARCEP d'avoir commis des erreurs de droit en procédant à une distinction entre sites "non-réplicables" – soumis à des obligations tarifaires et non-tarifaires plus contraignantes – et sites "réplicables", ainsi qu'en fixant la liste des quatre-vingt-deux sites "non-réplicables" figurant en annexe de la décision litigieuse. L'article 8 de la décision n° 2012-1137 du 11 septembre 2012 impose, en effet, à la société TDF l'obligation d'offrir, sur les sites dits "non-réplicables", les services de gros amont de diffusion hertzienne terrestre de programmes télévisuels en mode numérique à des tarifs reflétant les coûts correspondants, avec un encadrement tarifaire pluriannuel. La distinction entre les sites "réplicables" et "non-réplicables" n'est pas due à la décision contestée. Elle a été introduite par l'ARCEP dans la décision n° 2009-0484 du 11 juin 2009 afin de remédier au constat, apparu à l'issue du premier cycle de régulation (2006-2009), d'un degré de concurrence relativement faible sur le marché en cause. L'ARCEP a considéré que le déploiement d'infrastructures alternatives à celle de l'opérateur historique (TDF) dépendait fortement de la typologie des sites nécessaires à la diffusion de la TNT.

Dans l'arrêt commenté, le Conseil d'État juge que l'ARCEP a fait, en distinguant les sites "non-réplicables" des sites "réplicables", une exacte application des articles 7, § 2 et 8, § 1 de la directive "cadre" du 7 mars 2002 qui habilitent les autorités de régulation nationales à trouver les solutions les plus appropriées pour traiter, comme en l'espèce, des types particuliers de situation sur le marché. Cette distinction répond, en effet, "*à des particularités du marché de gros amont des services de diffusion hertzienne terrestre de programmes télévisuels en mode numérique, tenant aux caractéristiques du réseau des sites de diffusion détenus par l'opérateur historique*" (cons. 29). La liste des sites "non-réplicables", annexée à la décision attaquée, a été établie par l'ARCEP, après réexamen de la situation de l'ensemble des sites qui avaient été antérieurement qualifiés comme tels, en retenant les sites bénéficiant d'un emplacement exceptionnel à la localisation remarquable, ceux sur lesquels le pylône servant de support aux antennes de diffusion atteint ou dépasse une hauteur de 100 mètres et ceux qui présentent des caractéristiques exceptionnelles de nature à faire obstacle à leur duplication, tenant à des difficultés d'accès, à des particularités climatiques, à la taille ou à la puissance des antennes requises. Le Conseil d'État estime qu'en procédant ainsi, l'ARCEP "*a recensé les sites dont il est raisonnable de penser qu'ils ne pourront se prêter à une duplication par un opérateur alternatif, au cours de la période considérée, pour des raisons objectives tenant à leur localisation ou à leurs caractéristiques intrinsèques et pour lesquels, en conséquence, la promotion d'une concurrence par les infrastructures ne peut constituer une mesure appropriée*" (cons. 33). Il indique, par ailleurs, que "*l'appréciation du caractère 'non-réplicable' des sites est portée ex ante par l'ARCEP au vu des critères retenus et des éléments recueillis dans le cours de l'instruction préalable à la décision attaquée et que si des circonstances exceptionnelles venaient à rendre possible en fait la réplication de quelques sites pourtant considérés comme 'non-réplicables' par la décision attaquée, cette circonstance ne serait pas de nature à remettre en cause la méthode d'examen et les critères retenus par l'ARCEP non plus que le principe des obligations imposées par la décision attaquée pour les sites 'non-réplicables', mais conduirait seulement, ainsi que le rappelle la décision attaquée, à modifier la liste des sites 'non-réplicables' pour en retrancher les sites effectivement répliqués*" (cons. 34). En outre, le fait que les installations de la société TDF n'aient pas été qualifiées d'infrastructures essentielles par la Cour d'appel de Paris (CA Paris, 21 mai 2002, SA Télédiffusion de France, BOCCRF n° 12 du 22 août 2002) est jugé sans influence sur la légalité de la décision litigieuse (cons. 30).

Enfin, le Conseil d'État considère que l'ARCEP n'a pas méconnu les dispositions du code des postes et des communications électroniques en imposant à la société TDF de pratiquer sur les sites "non-réplicables" des tarifs reflétant les coûts correspondants et en la soumettant, à ce titre, à un encadrement pluriannuel tarifaire (cons. 38). Ces obligations tarifaires se justifient par le monopole de fait dont TDF bénéficie sur les offres de gros amont de services de diffusion hertzienne terrestre de programmes télévisuels sur les sites "non-réplicables" qui ne sont pas susceptibles de faire l'objet d'une concurrence fondée sur les infrastructures.

Pour le reste, le Conseil d'État juge que l'obligation imposée à TDF de proposer aux opérateurs une offre d'hébergement de leurs équipements de diffusion au sol à l'extérieur des bâtiments de l'opérateur historique, sauf lorsque l'hébergement qu'il propose à l'intérieur de ses bâtiment peut être fourni dans des conditions techniques et tarifaires respectant les principes d'efficacité, de non-discrimination et de concurrence effective et loyale, est bien proportionnée à la réalisation des objectifs poursuivis par l'autorité de régulation (cons. 41). Il estime également que l'ARCEP n'a pas commis d'erreur de droit en imposant à la société TDF des obligations d'information, et notamment la transmission au régulateur des conventions des offres d'accès conclues avec les autres opérateurs pour ses offres de gros amont de diffusion hertzienne terrestre de programmes télévisuels. Cette obligation, qui figurait déjà dans la décision n° 2009-0484 du 11 juin 2009, a été allégée par la décision attaquée qui ne prévoit plus la transmission systématique de ces conventions, mais uniquement à la demande de l'autorité de régulation. La décision n° 2012-1137 du 11 septembre 2012 a également ajouté une obligation tenant à ce que TDF publie, pour chacun de ses sites, un certain nombre d'informations actualisées par le biais d'un outil informatique. Pour la Haute juridiction, cette nouvelle obligation, prise sur le fondement des articles L. 38 et D. 301 du CPCE en réponse à une demande formulée par les opérateurs alternatifs, est bien "*de nature à permettre à ces derniers de développer leur offre dans des conditions de transparence suffisantes*" et n'a pas un caractère disproportionné (le coût engendré pour la société TDF étant pour partie compensé par le fait qu'elle rendra inutile la réalisation d'études techniques préalables demandées par les opérateurs alternatifs). Le Conseil d'État considère, par ailleurs, que l'obligation faite à TDF de fournir les prestations relatives aux offres de gros amont de diffusion hertzienne terrestre de programmes télévisuels dans des conditions non discriminatoires, lui imposant ainsi d'appliquer à elle-même les conditions de l'offre globale de diffusion qu'elle vend aux opérateurs alternatifs ne disposant d'aucune infrastructure de diffusion, est la stricte application du principe de non-discrimination énoncé à l'article 8, § 5 de la directive "cadre" du 7 mars 2002 (cons. 46). Surtout, le Conseil d'État juge que l'ARCEP a pu imposer à TDF de prendre les mesures nécessaires pour s'assurer que les conventions en vigueur qui ne respectent pas la décision litigieuse soient mises en conformité dans un délai de deux mois, sans porter une atteinte illégale aux principes de liberté contractuelle et de sécurité juridique. En effet, l'ARCEP tient nécessairement des dispositions de l'article 8, § 2 de la directive "cadre" du 7 mars 2002 et des articles L. 32-1 et L. 38 du CPCE *"le pouvoir d'enjoindre à un opérateur exerçant une influence significative sur un marché du secteur des postes et des communications électroniques de modifier des contrats en cours d'exécution passés par cet opérateur, lorsque la modification de ces contrats répond à un motif d'intérêt général suffisant lié à l'impératif d'ordre public tenant à l'établissement d'une concurrence effective et loyale sur le marché"* (cons. 49). Il lui incombe, par ailleurs *"de prévoir, pour des motifs de sécurité juridique, les mesures transitoires qui seraient, le cas échéant, nécessaires"*. La Haute juridiction considère que *"l'application immédiate des obligations imposées à la société TDF résultant de la décision attaquée est justifiée par la situation concurrentielle sur le marché pertinent considéré et par l'impératif tenant au développement d'une concurrence effective sur ce marché"* et *"que ce motif d'intérêt général est, en l'espèce, de nature à justifier que ces obligations, édictées pour trois ans en vertu des dispositions applicables du code des postes et des communications électroniques, puissent être mises en œuvre immédiatement, sans que leur effet se trouve reporté à l'expiration des situations contractuelles en cours"* (cons. 50). L'ARCEP a adopté des mesures transitoires suffisantes, compte tenu des impératifs en présence qu'il lui appartenait de concilier, en faisant connaître à TDF les obligations envisagées, dans le cadre de la consultation publique sur le projet de décision, et en lui laissant un délai de deux mois à compter de l'entrée en vigueur de la décision contestée pour mettre en conformité les situations contractuelles en cours avec les dispositions de celle-ci (cons. 51).

J.-P. Kovar

Concurrences N°3-2014, pp. 171-174

Concurrences +

Francesco Martucci, Marché de gros amont: La Cour d'appel de Paris estime que la régulation sectorielle du marché de gros amont de la diffusion hertzienne terrestre n'a pas pour objet ou pour effet de neutraliser la position dominante sur le marché (TDF), 21 décembre 2017, Concurrences N° 2-2018, Art. N° 86958, pp. 169-170.

Laurent Binet, Audiovisuel: L'Autorité de régulation des communications électroniques et des Postes adopte sa décision d'analyse du marché de gros des services de diffusion audiovisuelle hertzienne terrestre, 15 décembre 2015, Concurrences N° 1-2016, Art. N° 77545, pp. 199-200.

Laurent Binet, Télédiffusion: L'Autorité de la concurrence rend un avis sollicité par l'Autorité de régulation des communications électroniques et des Postes sur le fonctionnement du marché des services de diffusion hertzienne terrestre de programmes audiovisuels (Marché de gros amont des services de diffusion hertzienne), 24 juillet 2015, Concurrences N° 4-2015, Art. N° 76509, p. 199.

Alain Ronzano, Avis : L'Autorité de la concurrence se déclare favorable au maintien d'une régulation ex ante du marché de gros amont des services de diffusion de la TNT et suggère, à l'instar de l'ARCEP, un allègement des obligations pesant sur le leader historique de l'hébergement d'antennes sur sites pylônes (TDF), 24 juillet 2015, Concurrences N° 4-2015, Art. N° 76629.

Alain Ronzano, Diffusion hertzienne terrestre: L'Adlc est favorable à un maintien de la régulation ex ante du marché de gros des services de diffusion hertzienne terrestre de programmes télévisuels, et invite l'Arcep à donner une véritable impulsion à la concurrence sur ce marché, 12 juin 2012, Concurrences N° 3-2012, Art. N° 56226.

Alain Ronzano, Renforcement de la régulation: La Commission approuve le renforcement de la régulation du marché de gros des services de radiodiffusion en France, 11 juin 2009, Concurrences N° 3-2009, Art. N° 57005.

Jean-Paul Tran Thiet, Diffusion audiovisuelle: L'ARCEP lance le processus de révision de la régulation du marché de gros des services de diffusion audiovisuelle (Consultation ARCEP), 18 novembre 2008, Concurrences N° 1-2009, Art. N° 23451, pp. 203-204.

Communiqué de presse de l'ARCEP du 12 mars 2013

Le président de l'ARCEP informe le Procureur de la République de Paris d'un manquement possible à l'obligation de déclaration en tant qu'opérateur de communications électroniques en France

Dans un communiqué de presse du 12 mars 2013, l'Autorité de régulation des communications électroniques et des postes (ci-après ARCEP) annonce que son président a informé le Procureur de la République du manquement possible de la société Skype Communications S.à.r.l. de se déclarer en tant qu'opérateurs de communications électroniques en France. Cette faculté est explicitement prévue par l'article L. 36-10 du Code des postes et communications électroniques (CPCE) dès lors que les faits sont susceptibles de recevoir une qualification pénale.

L'exercice en France d'une activité d'opérateur de communications électroniques est libre, sous réserve d'une déclaration préalable prévue à l'article L. 33-1 du CPCE. Le non-respect de cette obligation expose le contrevenant à des poursuites pénales en vertu de l'article L. 39 du CPCE qui prévoit une peine d'emprisonnement d'un an et une amende de 75 000 €. Les personnes morales peuvent également être déclarées responsables de cette infraction et encourir les sanctions du code pénal, soit une amende égale au quintuple de celle prévue pour les personnes physiques par la loi qui réprime l'infraction (en l'espèce, 375 000 €), l'interdiction, pour une durée de cinq ans au plus, d'exercer directement ou indirectement une ou plusieurs activités professionnelles ou sociales et l'affichage de la décision prononcée ou la diffusion de celle-ci soit par la presse écrite, soit par tout moyen de communication au public par voie électronique.

Selon le communiqué de presse, cette qualification d'"opérateur de communications électroniques" résulterait des services proposés par le groupe Skype permettant aux internautes situés en France d'appeler, depuis leur ordinateur ou leur *smartphone*, des numéros fixes et mobiles situés en France ou à l'étranger. L'ARCEP estime qu'un tel service consiste à fournir "un service téléphonique au public" lequel est défini à l'article L. 32 7° comme un "*service permettant au public de passer et de recevoir, directement ou indirectement, des appels nationaux ou nationaux et internationaux, en composant un ou plusieurs numéros du plan national ou international de numérotation téléphonique*". L'ARCEP semble donc estimer qu'en fournissant les services concernés, Skype est fournisseur au public de "services de communications électroniques", c'est-à-dire de "*prestations consistant entièrement ou principalement en la fourniture de communications électroniques*" (article L. 32 6° du CPCE), les "communications électroniques" étant à leur tour définies à l'article L. 32 1° du même code comme "*les émissions, transmissions ou réceptions de signes, de signaux, d'écrits, d'images ou de sons, par voie électromagnétique*". Skype entre donc, pour l'ARCEP, dans le champ de l'obligation de déclaration préalable prévue à l'article L. 33-1 du CPCE.

Comme le rappelle l'ARCEP, la qualité d'"opérateur de communications électroniques" implique certaines obligations notamment l'acheminement et la localisation des appels d'urgence (article D. 98-8 du CPCE) et la mise en place de moyens nécessaires aux autorités habilitées pour procéder à des interceptions de correspondances (article D. 98-7 du CPCE). Les opérateurs de communications électroniques sont plus largement soumis au contrôle de l'ARCEP qui vérifie le respect des prescriptions du CPCE. Ils sont soumis à des obligations pécuniaires notamment des taxes administratives. La qualité d'opérateur ouvre également des droits comme l'accès et l'interconnexion, la possibilité d'utiliser des fréquences radioélectriques ou de se voir attribuer des ressources en numéros.

Dans le cas de Skype, la difficulté provient du fait que les services en cause sont proposés au moyen d'un logiciel. On comprend que sont visés par l'ARCEP, non pas les services "logiciel à logiciel", mais les services "mixtes" permettant à un internaute d'utiliser le logiciel de Skype pour appeler un utilisateur du réseau téléphonique public.

Il reviendra au Procureur de la République de décider ou non de donner suite aux poursuites et, s'il le pense justifié, de renvoyer Skype devant les juridictions pénales.

J.-P. Tran Thiet
Concurrences N°2-2013, p. 160

CE, 4 juil. 2012, Association française des opérateurs de réseaux et services de télécommunications, AFORST, n° 334062 et 347163

Le Conseil d'État valide la pratique de l'ARCEP dans le domaine des sanctions

---

Par différentes décisions prises en 2005 et 2006, l'ARCEP a désigné France Télécom (FT) comme opérateur exerçant une influence significative sur le marché et lui a imposé diverses obligations conformément aux articles L. 32-1, 37-1 et 38 du code des postes et communications électroniques (CPCE).

Suite à la publication des comptes de France Télécom en 2006 l'association française des opérateurs de réseaux et services de télécommunications (AFORST) a saisi le directeur général de l'ARCEP le 4 septembre 2008. Elle lui a demandé de mettre en demeure FT conformément à l'article L. 36-1 CPCE de "justifier intégralement les coûts correspondants à ses tarifs de gros à compter du 1er janvier 2006, d'adapter ces tarifs pour l'avenir et d'assurer, par un avenant aux contrats d'accès et d'interconnexion conclus avec les opérateurs alternatifs, le reversement des sommes que l'association requérante estime avoir été indûment perçues".

Le chef du service juridique de l'ARCEP a ouvert la procédure de sanction. Voyant que FT s'était conformée à ses obligations, le directeur général de l'ARCEP a, le 17 juin 2009 décidé qu'il n'y avait pas lieu de poursuivre la procédure de sanction. Cette décision a fait l'objet d'un recours gracieux de la part de l'AFORST rejeté par l'ARCEP le 24 septembre 2009. Par lettre du 29 octobre 2010, l'AFORST a de nouveau saisi l'ARCEP d'une demande de mise en demeure de FT de procéder à une révision de ses tarifs à la baisse afin d'assurer le respect du principe d'orientation des tarifs vers les coûts. Cette demande fut implicitement rejetée. L'AFORST a donc demandé au Conseil d'État l'annulation pour excès de pouvoir non seulement de la décision du 17 juin 2009 mais aussi de la dernière décision implicite de l'ARCEP. Ce recours a donné l'occasion au Conseil d'État de préciser certains éléments relatifs à la procédure de sanctions contenue dans les articles L. 36-1 et suivants du CPCE et de confirmer l'étendue du pouvoir discrétionnaire de l'autorité de régulation dans le cadre de la mise en œuvre du pouvoir de sanction.

En premier lieu, le Conseil d'État précise que l'article L. 36-11 du CPCE oblige l'ARCEP à motiver les décisions prises sur son fondement (sanction ou refus de sanction) mais cela n'impose pas "que les décisions qui ne donnent pas suite à une plainte comportent une réponse détaillée à l'ensemble des griefs soulevés par l'auteur de la plainte". L'article 5 de la loi du 11 juillet 1979 relative à la motivation des actes administratifs confirme cette solution tout en précisant qu'à la demande de l'intéressé, formulée dans les délais de recours, ce qui n'a pas été le cas, les motifs de la décision implicite de rejet devront lui être communiqués.

En deuxième lieu, sur le fond, le Conseil d'État confirme sa lecture classique de l'article L. 36-11. Selon lui, dans les cas où les manquements d'un exploitant cessent avant qu'une mise en demeure lui ait été adressée ou à la suite d'une telle mise en demeure, l'ARCEP ne peut que mettre un terme à la procédure. D'ailleurs, selon le Conseil, les directives 2002/19/CE et 2002/21/CE du 7 mars 2002 "n'impliquent pas que l'article L. 36-11 doive être interprété comme habilitant l'ARCEP à enjoindre à un exploitant ou à un fournisseur de réparer, au bénéfice d'opérateurs concurrents, les conséquences des manquements tarifaires qui ont été régularisés au cours de l'instruction de la procédure de sanction". De même, "une telle interprétation ne saurait non plus découler du principe d'effectivité de la régulation concurrentielle garanti par le droit de l'Union européenne".

En troisième lieu, la juridiction suprême confirme sa jurisprudence classique sur l'opportunité des poursuites (voir CE, 28 juillet 2000, Société Cooper Communication, Req., n° 199773) en estimant que, d'office ou saisi sur plainte, il appartient à l'ARCEP de décider des suites à y donner. Dans ce cadre, l'autorité dispose d'un large pouvoir d'appréciation et le juge n'exerce qu'un contrôle de l'erreur manifeste d'appréciation. Pour autant, conformément à sa jurisprudence en la matière, ce dernier encadre quand même la décision par des éléments indicatifs comme la prise en compte de "la gravité des manquements allégués au regard de la législation ou de la réglementation qu'elle est chargée de faire appliquer, du sérieux des indices relatifs à ces faits, de la date à laquelle ils ont été commis, du contexte dans lequel ils l'ont été et, plus généralement, de l'ensemble des intérêts généraux dont elle a la charge".

Le Conseil d'État rejette donc l'ensemble des moyens avancés par l'AFORST et confirme avec cet arrêt que les dispositions relatives aux sanctions dans le CPCE ne visent qu'à rétablir la concurrence et n'ont pas pour objet d'indemniser les préjudices commerciaux supportés par les opérateurs alternatifs.

H. Delzangles

Concurrences N° 4-2012, p. 158

CE, 4 juin 2012, BT France, n° 351976

Le Conseil d'État se prononce une nouvelle fois sur la procédure de l'article 7 de la directive "cadre"

La procédure tirée des articles 7 et 16 de la directive dite "cadre" 2002/21/CE du 7 mars 2002 est probablement la plus caractéristique de l'action de régulation mise en œuvre par les autorités nationales. Pour autant, cette intervention normative sur le marché des communications électroniques se fait en concertation avec d'autres autorités de régulation au sens large du terme (Autorité de la concurrence, Commission européenne, autorités de régulation d'autres États membres). Il s'agit donc d'une forme d'inter-régulation (terme défini comme le processus visant à faire intervenir l'expertise d'une ou de plusieurs autorités indépendantes dans le but de produire un acte participant à la régulation des activités d'un secteur en voie de libéralisation).

Il résulte en effet de la directive "cadre" transposée dans le code des postes et communications électroniques (articles 37-1 et suivants) une procédure de régulation en trois étapes.

Tout d'abord, l'Autorité de régulation des communications électroniques et des postes (ARCEP) détermine les marchés du secteur des communications électroniques pertinents.

Ensuite, elle analyse l'état et l'évolution envisageable de la concurrence et établit la liste des opérateurs réputés exercer une influence significative sur chacun des marchés (est réputé exercer une telle influence tout opérateur qui, pris individuellement ou conjointement avec d'autres, se trouve dans une position équivalente à une position dominante). Ces deux étapes se font après avis de l'Autorité de la concurrence.

Enfin, au regard de ces données, l'ARCEP fixe pendant une durée limitée et en les motivant les obligations des opérateurs réputés exercer une influence significative sur un marché dont la liste est établie à l'article L. 38 du code. Les projets de mesure visant à soumettre le ou les opérateurs à certaines obligations doivent, selon l'article D. 303 du code, faire l'objet d'une consultation publique, d'une consultation de la Commission européenne et des autorités compétentes des autres États membres de l'Union européenne.

Dans une décision du 14 juin 2011 l'ARCEP a déclaré pertinent le marché de gros des offres d'accès haut débit et très haut débit activées livrées au niveau infranational qui comprend entre autres celles destinées à la clientèle professionnelle. Elle désigne dans le même acte France Télécom en tant qu'opérateur exerçant une influence significative sur le marché et lui impose diverses obligations. Ainsi, selon l'article 14 de la décision, France Télécom doit offrir, sur l'ensemble du territoire national, les prestations de gros d'accès haut débit activées livrées sur DSL au niveau infranational à destination d'une clientèle professionnelle ainsi que les prestations associées à des tarifs reflétant les coûts correspondants. Par ailleurs, l'opérateur ne doit pas pratiquer un tarif d'éviction pour ses offres de gros d'accès haut débit activées livrées sur DSL au niveau infranational à destination d'une clientèle professionnelle.

La société BT France, concurrent de l'opérateur historique, conteste la décision de l'ARCEP devant le Conseil d'État en tant qu'elle maintient l'obligation pour France Télécom de ne pas pratiquer des tarifs d'éviction. Cette mesure aurait pour effet, selon la requérante, de perpétuer une distorsion de concurrence à son détriment sur le marché de détail des offres d'accès haut débit à destination de la clientèle professionnelle. Pour ce faire, la société avance deux moyens de procédure et un moyen de fond que le juge va rejeter tout en apportant certaines indications intéressantes.

En premier lieu, l'entreprise met en avant le défaut de consultation de l'Autorité de la concurrence. Le Conseil d'État relève que si l'ARCEP doit consulter l'Autorité de la concurrence avant les décisions définissant les marchés pertinents et désignant les opérateurs exerçant une influence significative sur un marché, elle n'est pas tenue de le faire avant l'édiction des obligations mises à la charge de ces opérateurs. Si l'ARCEP consulte l'Autorité de la concurrence, comme en l'espèce, sur les obligations à mettre en œuvre, elle doit le faire dans des conditions régulières. En revanche, le parallélisme des formes ne joue pas, selon le Conseil d'État, dans la mesure où l'ARCEP conserve la faculté d'apporter au projet, après consultation, toutes les modifications qui lui paraissent utiles, même substantielles, sans être tenue de saisir à nouveau l'organisme. Si l'ARCEP ferait mieux de consulter une nouvelle fois l'Autorité de la concurrence en cas de modification substantielle du projet initial et hors cas d'urgence, ceci pour profiter des bienfaits de l'inter-régulation, la solution du Conseil d'État est assez logique, d'autant plus que les avis de l'Autorité de la concurrence ne lient pas l'ARCEP.

En second lieu, la requérante met en cause la consultation de la Commission européenne. Conformément à la procédure des articles 7 et 16 de la directive "cadre" transposée par le code, lorsqu'une autorité de régulation nationale a l'intention de prendre une mesure qui impose des obligations réglementaires spécifiques à une entreprise exerçant une influence significative sur un marché pertinent, elle informe et met à disposition de la Commission, de l'Organe des régulateurs européens des communications électroniques et des autorités réglementaires nationales des autres États membres le projet de mesure ainsi que les motifs sur lesquels la mesure est fondée. En outre, l'autorité de régulation nationale tient le plus grand compte des observations formulées dans ce cadre.

En l'espèce, l'ARCEP a informé le 26 avril 2011 la Commission européenne du projet de décision contesté. Un mois plus tard, cette dernière a émis des observations. Or, il résulte de la décision contestée que l'ARCEP n'a pas suivi ces observations et a indiqué les raisons pour lesquelles elle estimait, malgré les doutes exprimés par la Commission, que la situation concurrentielle sur le marché considéré justifiait de maintenir une telle obligation. Dès lors, selon le Conseil d'État, l'ARCEP n'a pas méconnu le cadre réglementaire en vigueur. Cette conclusion se justifie aisément de deux façons. D'une part, préciser qu'une autorité doit tenir le plus grand compte des avis émis n'implique pas qu'elle soit obligatoirement tenue de les suivre. D'autre part, une lecture attentive de l'article 7 de la directive "cadre" indique que le législateur européen a prévu une procédure de blocage des mesures par la Commission européenne dans certains cas précis: lorsqu'elles visent à définir un marché pertinent sous certaines conditions ou lorsqu'elles désignent ou non une entreprise comme disposant d'une puissance significative sur un marché et qu'il pourrait y avoir une incompatibilité avec le droit de l'Union. Dès lors, si les institutions n'ont pas prévu un système de blocage des projets d'obligations, il n'y a pas lieu de considérer que les observations de la Commission dussent être impérativement respectées. L'ARCEP dispose donc sur ce point d'une certaine autonomie conformément au droit de l'Union.

En dernier lieu, la Société BT France avance l'argument de l'atteinte au principe de libre concurrence contenu, entre autres, dans les articles L. 420-2 du code de commerce et 102 du Traité sur le fonctionnement de l'Union européenne. Cette idée consiste à dire que l'ARCEP, par sa décision, aurait mis France Télécom dans une position où elle serait nécessairement amenée à abuser de sa position dominante. On reconnaît ici la théorie de l'abus automatique de position dominante à l'origine de la condamnation de quelques réglementations nationales au début des années 1990 (voir, par exemple, CJCE, 13 décembre 1991, *RTT* c/ *GB INNO BM SA*, aff. C-18/88).

Le Conseil d'État y répond après avoir repris les missions particulières de l'ARCEP en termes de développement de l'emploi, de l'investissement, de l'innovation et de la compétitivité. Il justifie aussi la "politique" menée par l'ARCEP en précisant qu'elle a défini, depuis 2005, un cadre de régulation ayant pour objet de favoriser le développement de la concurrence sur le marché de gros du haut débit, en estimant que l'existence d'un fonctionnement concurrentiel sur ce marché était la condition nécessaire d'un fonctionnement satisfaisant sur les marchés de détail. Le Conseil d'État valide donc la pertinence de l'action de l'ARCEP qui a imposé à France Télécom les obligations précitées. Il estime en effet "qu'eu égard à la part de marché conséquente conservée par France Télécom sur le marché professionnel au regard de ses concurrents, de l'ordre de 75 % dans la zone où deux offreurs alternatifs sont actifs, et supérieure à 90 % dans la zone où un seul offreur alternatif est actif, et compte-tenu du degré limité de concurrence sur le marché de gros considéré, l'ARCEP a pu, sans erreur d'appréciation, estimer que la suppression de l'obligation de ne pas pratiquer des tarifs d'éviction aurait été de nature à permettre à France Télécom de réduire excessivement ses prix sur la zone dégroupée, au risque d'entraîner à court terme la disparition des offres concurrentes et la reconstitution d'un monopole de fait de l'opérateur historique".

Ce faisant le Conseil d'État conforte l'analyse de l'ARCEP mais exerce par la même occasion un contrôle entier de son action alors que le choix des obligations imposées à un opérateur exerçant une influence significative sur un marché relève d'un pouvoir normalement discrétionnaire de l'autorité de régulation et est, sauf à distinguer opportunité de la mesure et choix de la mesure, soumis à un contrôle de l'erreur manifeste (CE, 29 décembre 2006, *Société UPC France*, req. n° 288251).

H. Delzangles, S. Martin
Concurrences N°3-2012, pp. 204-205

CE, 16 nov. 2011, Ciel et Terre e.a., n° 344972

Le Conseil d'État confirme la légalité du décret du 9 décembre 2010 suspendant l'obligation d'achat de l'électricité produite par certaines installations photovoltaïques

---

La loi du 10 février 2000 relative à la modernisation et au développement du service public de l'électricité a institué une obligation d'achat de l'électricité issue des installations photovoltaïques, tout en renvoyant au pouvoir réglementaire la fixation des tarifs de rachat. Des tarifs avantageux ont ainsi été mis en place pour soutenir et accélérer le développement de cette filière.

Ces dernières années ont toutefois été marquées par une succession de modifications des conditions d'achat de l'électricité photovoltaïque visant à tenir compte d'une baisse très significative du prix des panneaux solaires. Notamment, un nombre très important de demandes a été déposé après l'annonce faite par le Gouvernement en septembre 2009 de l'imminence d'une baisse significative des tarifs de rachat. Le Rapport "Charpin" remis au Gouvernement en juillet 2010 estimait que les objectifs contraignants assignés à la France en terme de développement d'énergie radiative du soleil, prévus pour 2020, seraient en réalité atteints dès 2013.

Fort de ce constat, le Gouvernement a ainsi pris la décision d'user de la faculté offerte par l'article 10 de la loi du 10 février 2000 de suspendre cette obligation d'achat par décret, pour une durée maximale de dix ans, lorsque celle-ci ne répond plus aux objectifs de la programmation pluriannuelle des investissements de production d'électricité.

C'est dans ce contexte qu'est intervenu le décret n° 2010-1510 du 9 décembre 2010 suspendant l'obligation d'achat de l'électricité produite par certaines installations utilisant l'énergie radiative du soleil. Il suspend pour une durée de trois mois l'obligation de conclure un contrat d'achat de l'électricité produite par certaines installations photovoltaïques. L'article 5 de ce décret impose en outre le dépôt d'une nouvelle demande complète de raccordement (DCR) pour les installations entrant dans le champ de la suspension, ce qui a pour conséquence que les projets concernés perdent leur droit aux anciens tarifs de rachat et relèveront des nouveaux tarifs (arrêté du 4 mars 2011), moins avantageux.

Le décret a provoqué de vives réactions de la part des opérateurs du secteur. Ainsi, trente huit recours en annulation ont été formés devant le Conseil d'État, assortis pour certains de demandes de suspension, toutes rejetés faute d'urgence (CE, 28 janvier 2011, Société Ciel et terre et autres, n° 344973).

Par un arrêt du 16 novembre 2011, le Conseil d'État a rejeté ensuite au fond l'ensemble des requêtes et confirmé ainsi la légalité du décret.

La suspension de l'obligation d'achat est justifiée au regard des objectifs de la programmation pluriannuelle des investissements

Le Conseil d'État se prononce en premier lieu sur le moyen tiré de la violation de l'article 10 de la loi du 10 février 2000, prévoyant la possibilité de suspension de l'obligation de conclure un contrat d'achat lorsque "cette obligation ne répond plus aux objectifs de la programmation pluriannuelle des investissements".

La directive n° 2009/28/CE du 23 avril 2009 avait en effet imposé à la France d'atteindre un objectif de 23 % d'énergie renouvelable d'ici 2020. Pour ce faire, un arrêté du 15 décembre 2009 relatif à la programmation pluriannuelle des investissements de production d'électricité a fixé un objectif de puissance totale installée pour les installations d'énergie radiative du soleil de 5.400 MW en 2020, avec une étape intermédiaire à 1.100 MW en 2012.

Les requérants estimaient que l'appréciation de ces objectifs ne devait se faire qu'au regard de la capacité des installations déjà mises en service, s'élevant à 800 MW, et qu'en tout état de cause, ces objectifs ne constituaient pas un plafond mais plutôt un plancher.

Or, pour le Conseil d'État, le Gouvernement n'a commis aucune erreur d'appréciation en prenant en compte, non seulement la capacité des installations déjà en service, mais également la puissance potentielle des installations faisant objet d'une demande en cours d'instruction, estimée à 5.375 MW, dans la mesure où il a écarté la part des installations qui, statistiquement, n'aboutissent pas à une mise en service. Cette interprétation est d'ailleurs conforme à la lettre même de l'article 10 de la loi de 2000, constituant la base légale de la suspension, qui, faisant référence à des "objectifs", implique nécessairement la prise en compte des années futures.

Dès lors, l'objectif prévu de 1.100 MW pour fin 2012 étant déjà largement dépassé, l'obligation d'achat ne répondait plus aux objectifs de la programmation pluriannuelle des investissements et la condition posée par l'article 10 de la loi du 10 février 2000 pour la mise en œuvre de la suspension s'en trouvait remplie.

Ce sont encore les objectifs définis par cette programmation pluriannuelle des investissements qui permettent au Conseil d'État de valider l'exclusion du champ de la suspension des installations d'une puissance inférieure ou égale à 3 KW, qui ne concerne que les particuliers. Le rapporteur public a ainsi relevé que les producteurs d'électricité de ces projets appartiennent à "un segment de marché spécifique" et se trouvent dans une situation différente des producteurs dont les installations ont une puissance très nettement supérieure, car, notamment, ils ne participent que marginalement à la réalisation des objectifs de la programmation pluriannuelle des investissements.

L'intérêt général à redéfinir les conditions d'achat prime sur l'intérêt particulier des producteurs

L'intervention du décret moratoire a été justifiée par le développement des installations photovoltaïques dont les tarifs de rachat avantageux se répercutent directement sur le coût de l'électricité pour le consommateur au travers de la contribution au service public de l'électricité qui lui est facturée et vient compenser le surcoût supporté par l'acheteur obligé par rapport au prix de marché. Pour le Conseil d'État, il existe bien "un intérêt général à redéfinir les conditions d'achat de l'électricité issue des énergies renouvelables".

Les requérants avaient aussi soutenu que le décret portait atteinte au principe de sécurité juridique, aucune période transitoire n'ayant été prévue. Le Conseil d'État rejette le moyen, en estimant que le décret ne peut être regardé "comme ayant entrainé une atteinte excessive aux intérêts en cause" et ainsi ne méconnait pas le principe de sécurité juridique.

D'une part, le décret, qui ne prévoit la suspension de l'obligation de conclure un contrat d'achat que pour une durée de trois mois, a eu des effets très limités dans le temps.

D'autre part, cette suspension était seulement partielle puisqu'elle distinguait selon le degré d'avancement de la demande, ce qui pouvait être regardé, ainsi que le rapporteur public l'a souligné, comme un régime transitoire limitant l'incidence de la suspension.

De plus, en subordonnant le maintien de l'obligation de conclure un contrat d'achat aux conditions antérieures, pour les installations ayant fait l'objet d'une acceptation de la proposition technique et financière de raccordement au réseau avant le 2 décembre 2010, à la mise en service des installations dans un délai au moins égal à neuf mois à compter de la publication du décret, prorogé le cas échéant des délais nécessaires à la réalisation des travaux de raccordement, le pouvoir réglementaire a laissé selon les juges, "un délai raisonnable".

Les producteurs d'électricité ne peuvent se prévaloir d'une situation juridiquement constituée sur la base d'une simple demande de contrat

La loi du 12 juillet 2010 dite "Grenelle 2" (article 88) est venue préciser que les contrats d'achat d'électricité régis par l'article 10 de la loi du 10 février 2000 sont "des contrats administratifs qui ne sont conclus et n'engagent les parties qu'à compter de leur signature", tout en disposant que ces dispositions ont un caractère interprétatif.

Les requérants soutenaient que les producteurs d'électricité pouvaient se prévaloir de contrats légalement conclus dès le dépôt de leur demande de contrat d'achat et bénéficier ainsi du tarif en vigueur au jour de cette demande. Le Conseil d'État balaye cette argumentation.

En examinant ce moyen, le rapporteur public a mis l'accent sur le fait générateur de l'achat de l'électricité, constitué non par la demande de raccordement, mais par la mise en service de l'installation. Les étapes postérieures à cette demande, "tant pour ce qui est de l'acceptation de la proposition tarifaire de raccordement, qui peut induire des modifications techniques et financières non négligeables du projet, que pour ce qui est des travaux effectifs conduisant à la mise en service", revêtent en effet un caractère substantiel.

Dès lors, aucune relation contractuelle n'est nouée avec le producteur avant la signature du contrat, de sorte que ce dernier ne peut se prévaloir d'un quelconque tarif d'achat acquis avant cette date. Une nouvelle demande, entrainant l'application d'un nouveau tarif, peut donc être exigée.

Ce raisonnement, repris dans l'arrêt à plusieurs reprises, permet au Conseil d'État de rejeter plusieurs moyens invoqués par les demandeurs.

En premier lieu, l'arrêt précise que les requérants ne peuvent se prévaloir d'une "espérance légitime" au sens de l'article 1er du premier protocole additionnel de la CEDH. Ils ne peuvent en effet se fonder sur une base juridique suffisamment solide pour estimer bénéficier d'un droit acquis à la conclusion du contrat à des conditions tarifaires inchangées.

En second lieu, de la même manière, le Conseil d'État rejette le moyen tiré de la violation du principe de non-rétroactivité des actes administratifs. En effet, il relève que les producteurs pour lesquels l'obligation de conclure un contrat d'achat d'électricité a été suspendue ne pouvaient être regardés comme étant placés "dans une situation juridiquement constituée avant la signature d'un tel contrat". L'obligation de déposer une nouvelle demande complète de raccordement pouvait donc être imposée, sans que les requérants ne puissent arguer de l'application rétroactive d'un régime qui leur serait défavorable.

Les producteurs étaient en mesure de prévoir l'intervention du décret moratoire et la remise en cause des tarifs applicables

Les requérants invoquaient la violation du «principe de confiance légitime», principe général du droit communautaire susceptible d'être invoqué par tout opérateur économique auprès duquel une autorité nationale a fait naître, à l'occasion de la mise en œuvre du droit de l'Union, des espérances fondées. Dans le domaine des énergies nouvelles, la France met effectivement en œuvre le droit communautaire. Il était soutenu ici que le décret, en suspendant l'obligation de conclure un contrat d'achat d'électricité et en imposant une nouvelle demande de raccordement, avait eu pour effet de mettre fin de façon brutale aux "espérances fondées" que la puissance publique avait fait naître.

Toutefois, selon le Conseil d'État, "il ne ressort pas des pièces du dossier qu'un opérateur prudent et avisé n'aurait pas été mis en mesure de prévoir la suspension provisoire de l'obligation d'achat et la remise en cause des tarifs applicables aux installations pour lesquelles un contrat n'aurait pas encore été signé", de sorte que les requérants ne peuvent se prévaloir du principe de confiance légitime.

Ainsi, la haute juridiction met en avant la circonstance que la faculté offerte au Gouvernement de suspendre l'obligation d'achat figurait dès l'origine dans la loi du 10 février 2000, et présentait donc un caractère prévisible, dès lors que les objectifs de la programmation pluriannuelle des investissements se trouvaient atteints.

E. Guillaume, S. Daboussy
Concurrences N°1-2012, pp. 214-216

CA Paris, ch. 5-5, 14 mai 2009, France Telecom et Orange Sports c/ Free et Neuf Cegetel, RG 09/03360

La Cour d'appel de Paris infirme le jugement du Tribunal de commerce sur les ventes subordonnées

Dans un jugement du 23 février 2009, le Tribunal de commerce de Paris avait jugé que l'offre Orange Foot constituait une vente subordonnée prohibée par l'article L. 122-1 C. Consom. Le Tribunal avait fait injonction sous astreinte à France Télécom de cesser de subordonner l'abonnement à Orange Foot (devenu depuis l'offre "Orange Sports") à la souscription d'un abonnement Internet Orange. Un collège d'experts avait également été désigné pour évaluer le préjudice subi par les demandeurs, Free et Neuf Cegetel.

L'affaire avait fait grand bruit, ce jugement contribuant à remettre en cause la stratégie de France Télécom fondée sur l'exclusivité entre la fourniture d'accès à Internet et la distribution de contenus et services.

Dans son arrêt du 14 mai 2009, la Cour d'appel de Paris infirme le jugement du 23 février 2009 tirant les conséquences d'un arrêt de la CJCE du 23 avril 2009 intervenu en cours d'instance (CJUE, 23 avril 2009, Affaires jointes C-261/07 Total Belgium VTB-VAB NV c/ Total Belgium NV et C-299/07 Galatea BVBA c/ Sanoma Magazines Belgium NV).

Dans cette affaire, la CJCE s'est en effet prononcée dans le cadre d'un renvoi préjudiciel sur la conformité de la législation belge relative aux pratiques commerciales déloyales avec la directive 2005/29/CE sur les pratiques commerciales déloyales (Directive 2005/29/CE du 11 mai 2005 relative aux pratiques commerciales déloyales des entreprises vis-à-vis des consommateurs dans le marché intérieur et modifiant les directives 84/550/CE, 97/7/CE, 98/27/CE et 2002/65/CE du parlement européen et du Conseil et le règlement (CE) n° 2006/2004 du Parlement européen et du Conseil ("directive sur les pratiques commerciales déloyales"); JO L 149 du 11 juin 2005, p. 22-39). Dans des termes quelque peu différents de l'article L. 122-1 C. Consom. *(à la différence du texte français, l'"offre conjointe" définie par l'article 54 de la loi belge du 14 juillet 1991 vise les acquisitions "liées" de produits ou services mêmes identiques et non la subordination)*, la législation belge pose également une interdiction générale de toute "offre conjointe" effectuée par un vendeur à un consommateur, assortie de quelques exceptions limitativement énoncées.

Le débat s'est donc recentré devant la Cour sur la compatibilité de l'article L. 122-1 C. Consom. avec le droit communautaire et la conformité de l'offre Orange Sports avec les critères posés par la directive 2005/29/CE.

Selon SFR et Free, l'offre Orange Sports devait être invalidée au regard des critères énoncés par la directive 2005/29/CE en raison principalement de l'obligation faite aux consommateurs de résilier leurs abonnements auprès des fournisseurs d'accès à Internet concurrents de France Télécom en vue de s'abonner à l'offre Orange Sports. Pour les deux opérateurs, il s'agirait là d'une "*contrainte*" qui amènerait les consommateurs "*à prendre une décision qu'ils n'auraient par prise autrement*" au sens de la directive précitée.

La Cour d'appel rejette les arguments de SFR et Free au terme d'une application orthodoxe du droit communautaire.

Tout d'abord, la directive 2005/29/CE est une directive d'harmonisation totale, c'est-à-dire que, dans le cadre de sa transposition, les États membres n'ont aucune marge de manœuvre pour ajouter des obligations ne figurant pas dans le texte. Dès lors que la directive énumère limitativement les pratiques promotionnelles qui doivent être prohibées en raison de leur caractère déloyal, les États membres sont soumis à une obligation claire et inconditionnelle de respecter le champ des interdictions édictées. Après examen, la Cour d'appel constate que les offres subordonnées prohibées par l'article L. 122-1 C. Consom. ne sont pas au nombre des *"pratiques réputées déloyales en toutes circonstances"* énumérées de manière exhaustive à l'annexe I de la directive et qui, seules, excluent une appréciation au cas par cas des comportements en cause. Dans la mesure où, nonobstant les aménagements jurisprudentiels limités qui ont pu être apportés au fil du temps par les tribunaux français (notamment les exceptions à la prohibition lorsque les produits vendus constituent un produit unique ou que les offres en cause relèvent d'un usage commercial constant), l'article L. 122-1 pose une interdiction générale et préventive des ventes subordonnées, indépendamment des circonstances de l'espèce, la Cour estime qu'il se heurte au régime de la directive 2005/29/CE et ce. Lors de la transposition de la directive, la France aurait dû supprimer cette interdiction absolue figurant à l'article L. 122-1 C. Consom. Cette transposition est d'ailleurs intervenue tardivement dans la loi du 3 janvier 2008 (Loi n°2008-3 du 3 janvier 2008 pour le développement de la concurrence au service des consommateurs, JORF n°003 du 4 janvier 2008, p. 258) alors que le délai de transposition s'est achevé le 12 juin 2007 (Voir l'article 19 de la directive 2005/29/CE).

La Cour d'appel rappelle ensuite les principes applicables en matière d'effet direct des directives. Étant donné que le litige au principal oppose deux personnes privées, il n'est pas possible pour France Télécom de se référer aux dispositions de la directive pour exciper de l'illégalité de l'article L. 122-1 C. Consom. L'absence d'effet direct horizontal est toutefois compensée par le principe d'interprétation conforme du droit communautaire, rappelé par la Cour d'appel. Cette dernière interprète ainsi l'article L. 122-1 C. Consom. de façon à assurer la pleine effectivité de la directive 2005/29/CE. Telle était d'ailleurs la demande formulée par France Télécom qui sollicitait de la Cour d'appel qu'elle constate l'absence de caractère déloyal de l'offre, compte tenu des circonstances de l'espèce.

La Cour d'appel apprécie donc la validité de l'offre Orange Sports au regard des critères énoncés par la directive 2005/29/CE permettant déterminer son caractère "déloyal". La Cour d'appel estime que SFR et Free échouent à démontrer le caractère trompeur ou agressif de l'offre au sens de la même directive. Qu'aucun élément ne permet de conclure qu'elle serait contraire à la diligence professionnelle. Enfin, la Cour d'appel refuse de considérer que l'obligation pour le consommateur de souscrire un abonnement Internet auprès d'Orange pour bénéficier de la chaîne Orange Sports serait constitutive de l'exercice d'une "contrainte" au sens de l'article 8 de la directive 2005/29/CE. Le fondement juridique tiré du droit de la consommation est ainsi écarté et ne permettra pas de faire sanctionner la vente liée.

On relèvera qu'en écartant l'application de l'article L. 122-1 C. Consom., la Cour d'appel de Paris ne se prononce pas sur l'application éventuelle des règles de concurrence, voire de l'application d'une régulation ex ante. Il appartiendra aux autorités compétentes (Autorité de la concurrence, voire ARCEP ou CSA) de décider si elles entendent faire usage de leurs compétences en la matière, d'office ou sur plainte et de procéder à un examen critique, au regard des règles qu'elles sont chargées de faire respecter, de l'assertion de la Cour d'appel, selon laquelle, "*tous les FAI s'efforcent d'enrichir le contenu de leurs offres pour les rendre plus attractives par […] l'acquisition de droits exclusifs sur des contenus audiovisuels, cinématographiques ou sportifs événementiels"* et *"qu'il résulte nécessairement de cette configuration du marché, et en particulier de la structure de l'offre, que le consommateur moyen qui s'apprête à souscrire un abonnement ADSL se détermine, précisément, en considération des services qui y sont associés et, partant, des capacités de différenciation de ces dernières par rapport aux offres concurrentes".*

J.-P. Tran Thiet, O. Berg
Concurrences N°3-2009, pp. 132-133

Concurrences+

Orion Berg, Relations d'exclusivité: L'Autorité de la concurrence rend un avis sur les relations d'exclusivité entre activités d'opérateurs de communications électroniques et activités de distribution de contenus et de services (Orange Sports), 7 juillet 2009, Concurrences N° 3-2009, Art. N° 28032.

Alain Ronzano, Pratique commerciale déloyale: La Cour d'appel de Paris estime que la stratégie commerciale de l'ancien opérateur historique ne constitue pas une «pratique commerciale déloyale» (France Telecom / Orange), 15 mai 2009, Concurrences N° 3-2009, Art. N° 56964.

Alain Ronzano, Exécution provisoire: La Cour d'appel de Paris refuse de lever l'injonction du Tribunal de commerce condamnant sous astreinte une pratique unilatérale (Orange), 31 mars 2009, Concurrences N° 2-2009, Art. N° 58524.

Jean-Paul Tran Thiet, Orion Berg, Télécommunications - Souscription d'un abonnement internet: Le Tribunal de commerce de Paris ordonne à France Télécom de cesser de subordonner l'abonnement au programme Orange Foot à la souscription d'un abonnement internet haut débit auprès d'Orange (Free et Neuf Cegetel c/ France Télécom et Orange Sports), 23 février 2009, Concurrences N° 2-2009, Art. N° 25920, pp. 193-194.

Alain Ronzano, Vente liée: Le Tribunal de commerce de Paris rend un jugement sur l'exclusivité portant sur la vente liée d'un abonnement à une chaîne de télévision sportive (Orange Sport), 23 février 2009, Concurrences N° 2-2009, Art. N° 58326.

Aut. conc., avis n° 09-A-42 du 7 juil. 2009 sur les relations d'exclusivité entre activités d'opérateurs de communications électroniques et activités de distribution de contenus et de services

L'Autorité de la concurrence rend un avis sur les relations d'exclusivité entre activités d'opérateurs de communications électroniques et activités de distribution de contenus et de services

La décision a pour origine une demande d'avis du ministre de l'économie, de l'industrie et de l'emploi à la suite du plan gouvernemental "France Numérique 2012" qui recommandait la saisine du Conseil de la concurrence. Le ministre interroge l'Autorité sur la compatibilité avec les règles de concurrence des exclusivités d'accès par lesquelles certains fournisseurs d'accès à Internet (FAI) réservent à leurs abonnés des contenus très attractifs. La saisine pour avis établit également un lien avec les conditions de concurrence sur les marchés amont de la télévision payante. Le ministre invite enfin l'Autorité à se prononcer sur l'opportunité d'un cadre juridique spécifique en vue d'encadrer ces exclusivités et/ou imposer un droit d'accès à certains contenus.

L'avis intervient dans un contexte particulier puisque des plaintes portant sur les pratiques et marchés concernés sont en cours d'instruction par l'Autorité de la concurrence.

Par ailleurs, la Cour d'appel de Paris a finalement donné raison à Orange sur le terrain du droit de la consommation autorisant l'opérateur à réserver la chaîne Orange Sports à ses seuls abonnés Internet (Cour d'appel de Paris, 14 mai 2009, Chronique Concurrences-3, 2009). Tirant les conséquences d'un arrêt récent de la CJCE, les magistrats ont ainsi validé l'offre Orange Sports au regard de la directive 2005/29/CE sur les pratiques commerciales déloyales.

L'avis, pris après consultation de l'ARCEP et du CSA, marque la volonté d'encourager les opérateurs de communications électroniques à animer la concurrence sur les marchés de la télévision payante tout en limitant les risques de distorsions sur les marchés avals du haut et très haut débit. La mise en œuvre des solutions préconisées suscite néanmoins quelques interrogations.

Les positions prééminentes détenues par Orange et Canal Plus sur les marchés concernés

L'avis dresse d'abord un état des lieux des marchés concernés rappelant que la chaîne de valeur de la télévision payante se structure autour de trois niveaux de marchés qui restent dominés par le groupe Canal+, l'entrée récente d'Orange n'ayant pas réellement remis en cause cette suprématie.

En amont, les éditeurs de chaînes achètent les droits de diffusion auprès des détenteurs de droits audiovisuels, cinématographiques et sportifs. L'Autorité note que la position prépondérante de Canal+ sur ces deux derniers segments est avérée, estimée à 54% de parts de marché en valeur sur les droits sportifs, et résultant pour les droits cinématographiques des accords conclus entre Canal+ et les principales "majors". Au niveau intermédiaire, l'offre des éditeurs de chaînes thématiques payantes rencontre la demande des distributeurs de bouquets ("marché de gros de la télévision payante"). Canal+ est un acteur prépondérant de ce marché de gros que ce soit en tant qu'éditeur, compte tenu de l'importance de l'audience et du budget afférent aux chaînes éditées par Canal+, ou en tant que distributeur incontournable pour les chaînes, compte tenu de son parc significatif d'abonnements au détail. Enfin, Canal+ domine largement le marché aval de la distribution de télévision payante aux consommateurs.

S'appuyant pour l'essentiel sur l'analyse produite par l'ARCEP, l'avis constate qu'Orange occupe pour sa part une position prépondérante sur le marché de détail du haut débit en raison notamment de son intégration au groupe France Télécom présent sur l'ensemble de la chaîne de valeur de la téléphonie fixe, du haut et très haut débit.

Les effets positifs de l'entrée d'Orange et des autres FAI sur les marchés de la télévision payante

L'Autorité estime que les bénéfices liés à l'entrée de nouveaux acteurs sur les marchés de contenu de la télévision payante l'emportent sur ses éventuelles conséquences négatives.

En amont, l'entrée de nouveaux acheteurs est susceptible de garantir un meilleur financement des détenteurs de droits. L'avis souligne ainsi l'impact positif de la participation d'Orange au dernier appel d'offres lancé par la Ligue de Football Professionnelle (LFP) pour les matchs de la Ligue 1 qui a permis à la LFP de maintenir sa rémunération au niveau de l'appel d'offres précédent. De nouveaux acheteurs de contenus constituent également une source de financement supplémentaire de la production cinématographique.

L'arrivée d'un nouvel acheteur comporte inversement le risque de maintenir la rémunération des ayants-droits détenant un monopole – à l'instar de la LFP – à un niveau artificiellement élevé, surtout si l'acheteur dispose comme Orange d'une puissance financière significative. Néanmoins, pour l'Autorité, les consommateurs auront plus à gagner d'un schéma comprenant plusieurs acheteurs, générateur de plus de concurrence sur le marché aval de la distribution de chaînes, quitte à maintenir des coûts d'acquisition élevés, qu'au maintien d'un monopsone à seule fin de faire contrepoids à la puissance des ayants-droits. Une concurrence par les prix plus dynamique sur le marché aval devrait en effet empêcher les acheteurs de répercuter automatiquement ces coûts d'acquisition élevés sur les consommateurs.

En aval, les consommateurs devraient tirer profit de l'entrée des FAI sur le marché des contenus audiovisuels. Cette entrée devrait en effet inverser la tendance à l'augmentation des prix des abonnements aux offres de télévision payante constatée postérieurement à la fusion entre Canal+ et TPS et ce, en dépit des engagements obtenus par les autorités de concurrence lors du contrôle *ex ante de l'opération. L'Autorité note que l'arrivée d'Orange a également permis le développement d'une offre de qualité intermédiaire ("modérément premium") entre les chaînes sans contenus exclusifs des FAI et les offres premium exclusives haut de gamme proposées par Canal+. Enfin, l'entrée des FAI permet d'étendre la visibilité des contenus au-delà de la seule fenêtre de la télévision payante.*

Les barrières à l'entrée sur les marchés de la télévision payantes

Si la pénétration par un nouvel acteur du marché de gros de la télévision payante est souhaitable, elle se heurte selon l'Autorité, à deux types de barrières à l'entrée dues au schéma contractuel en vigueur entre Canal+ et les éditeurs de chaînes.

D'une part, le manque de transparence affectant les contrats d'exclusivité conclus entre Canal+ et les chaînes les plus attractives. Tout nouvel entrant manque en effet de visibilité sur les dates de fin d'exclusivité libérant les différentes chaînes de leur partenariat avec Canal+.

D'autre part, pour acquérir des droits même non exclusifs, ce nouvel entrant doit compenser les chaînes pour la perte de leur prime d'exclusivité auprès de Canal+. Or, la valeur de cette prime est difficile à évaluer puisqu'elle n'est pas détaillée dans les accords avec Canal+ s'agissant de son montant et de son éventuelle variation en fonction du support de diffusion. L'obligation pour un entrant de compenser intégralement cette prime d'exclusivité constitue donc un facteur dissuasif même si l'Autorité ne peut manquer de relever qu'Orange dispose d'une capacité financière non négligeable pour surmonter l'obstacle, compte tenu notamment de ses revenus liés à l'abonnement téléphonique. L'Autorité émet en revanche des doutes sur la viabilité actuelle d'un modèle où la prime d'exclusivité serait compensée collectivement par plusieurs FAI faisant l'acquisition des droits de diffusion à titre non exclusif.

Le rejet par l'Autorité du modèle de double exclusivité en réponse à ces barrières à l'entrée

L'Autorité exprime sa défaveur à la pérennisation du modèle dit de double exclusivité revendiqué par Orange en réponse aux problèmes de concurrence identifiés sur le marché de la télévision payante. Dans ce modèle, le FAI réserve à ses propres abonnés l'exclusivité de contenus, de chaînes ou de bouquets de chaînes. Un tel modèle se distingue notamment du modèle d'auto-distribution par lequel le distributeur de bouquets se réserve l'exclusivité de certaines chaînes mais distribue son offre sur plusieurs plates-formes (satellite, TV sur ADSL, fibre optique).

Pour l'Autorité, le modèle de double exclusivité est néfaste à plusieurs titres.

Il enferme d'abord le consommateur au sein d'un *"écosystème fermé"* dans lequel il ne peut plus avoir accès à tous les contenus attractifs sauf en payant beaucoup plus cher pour obtenir un "accès universel" aux contenus. Le consommateur serait, en quelque sorte, captif d'un opérateur en raison des contenus que ce dernier aurait acquis à titre exclusif.

Il comporte ensuite le risque de déstabiliser le marché du haut débit puisque les consommateurs sont susceptibles de changer d'opérateur haut débit pour accéder à certains contenus exclusifs et non pour le mérite des services d'opérateur de télécoms fournis par ce dernier. L'Autorité admet qu'en l'état, les données disponibles ne permettent pas de conclure à une captation effective par Orange de la clientèle haut débit de ses concurrents du fait des offres récentes fondées sur la double exclusivité. L'Autorité estime néanmoins que la stratégie d'Orange ne peut s'expliquer que par la volonté de capter les abonnés des autres FAI ou de verrouiller ses propres abonnés haut débit. Il serait ainsi plus rationnel qu'Orange auto-distribue ses chaînes chez un FAI alternatif pour toucher au moins le prix de l'abonnement plutôt que de ne rien toucher du tout en interdisant toute auto-distribution.

La généralisation du modèle de double-exclusivité pourrait également conduire, à terme, à la constitution d'un duopole entre Canal+/SFR d'un côté, et Orange de l'autre. L'Autorité est en effet convaincue que Free et Bouygues Télécom ne sont pas en mesure de concurrencer Orange ou Canal+ sur le marché de l'acquisition de contenus et donc de s'intégrer verticalement en amont.

Enfin, ce modèle risque d'affecter la concurrence sur le segment naissant du très haut débit.

L'Autorité rejette donc au regard des règles de concurrence le modèle validé par la Cour d'appel de Paris sur le terrain du droit de la consommation dans l'affaire Orange Sports précitée.

Les recommandations de l'Autorité

L'Autorité estime nécessaire une intervention du législateur à double-niveau.

L'Autorité préconise en premier lieu de limiter la double exclusivité pratiquée par les FAI – en réalité, seul Orange est aujourd'hui concerné – dans sa durée et dans son champ pour qu'à terme, vienne s'y substitue le modèle de l'auto-distribution. Ce dernier modèle apparaît en effet à l'Autorité comme la solution la plus équilibrée. Elle permettrait à Orange de garder la maîtrise commerciale de l'abonné et de valoriser la marque associée à ses chaînes tout en assurant leur diffusion la plus large. Surtout, en dissociant plates-formes et contenus, l'auto-distribution permettrait aux consommateurs d'avoir accès à tous les contenus les plus attractifs sans être prisonniers d'un seul FAI. L'Autorité reconnaît elle-même que le succès de ce modèle suppose que les FAI concurrents respectent strictement le cahier des charges qui serait imposé par Orange pour le transport de ses chaînes, situation qui est loin d'être acquise.

L'Autorité admet qu'il conviendrait de consentir à Orange une période transitoire avant la mise en place du modèle de l'auto-distribution en raison notamment de la période d'apprentissage qui lui serait nécessaire pour stabiliser les services interactifs associés à ses chaînes. Une phase transitoire serait légitime pour éviter qu'Orange soit contrainte de demander à ses concurrents de diffuser une chaîne non encore aboutie sur le plan technologique. La double exclusivité transitoire "tolérée" par l'Autorité apparaît cependant singulièrement réduite. Ainsi, l'Autorité la limite à une durée de l'ordre de un à deux ans et souhaite que son champ soit restreint à *"ce qui est réellement nouveau", notamment, selon l'avis, aux "services interactifs associés à des flux linéaires" ou aux "programmes innovants en linéaire venant enrichir la gamme des offres intermédiaires pour lesquels il y aurait besoin de tester le marché". La mise en œuvre d'une telle exclusivité semble loin d'être évidente en raison notamment de la difficulté de définir ce qui relève ou ne relève pas de "l'innovation" ainsi que de la segmentation qui serait ainsi opérée au sein des offres proposées par Orange.*

L'Autorité recommande *en second lieu de mettre en place une régulation du marché de gros des chaînes payantes. L'Autorité pointe un partage inéquitable de la valeur entre distributeurs de contenus et opérateurs de réseaux susceptibles de décourager ces derniers à investir. Orange souligne que ce déséquilibre touche au premier chef les services interactifs développés par les opérateurs de réseaux lesquels profitent aux distributeurs de contenus. L'avis souligne qu'il est aussi susceptible de diminuer les incitations à investir des opérateurs de réseaux dans le déploiement de la fibre.*

L'Autorité souhaite donc une évolution des conditions prévalant sur le marché de gros des chaînes payantes :

- Plus grande transparence des conditions contractuelles entre Canal+ et les éditeurs de chaînes : notamment, qu'elles fassent apparaître clairement les montants correspondant à l'exclusivité pour chaque support et en particulier pour les réseaux FTTx ; le caractère excessif ou non de la prime d'exclusivité devant être examiné par l'Autorité ;

- Possibilité pour les opérateurs ADSL d'intégrer dans leurs bouquets contre redevance raisonnable et non disproportionnée les chaînes pour lesquelles un distributeur de télévision payante détient une exclusivité contractuelle sans avoir pris le risque industriel associé à l'édition de la chaîne ;

- A l'instar du projet de régulation des offres de Sky envisagé par le régulateur britannique de l'audiovisuel et des télécoms, l'Ofcom, exiger de Canal+ la mise à disposition sur le marché de gros de "*certaines chaînes sans lesquelles une offre ne serait que difficilement attractive*" ; cette mesure pérenniserait et étendrait les engagements pris par Canal+ lors de la fusion de CanalSatellite avec TPS.

Là encore, la mise en œuvre des mesures envisagées est susceptible de soulever certaines questions. Contrairement à la situation anglaise, il n'apparaît pas que ces mesures soient envisagées comme du ressort d'une autorité sectorielle alors pourtant qu'elles requièrent une régulation tarifaire complexe, notamment pour déterminer le niveau "acceptable" des primes d'exclusivité consenties par Canal+ ou le tarif de mise à disposition des chaînes aux FAIs. Cette évaluation est peu adaptée aux procédures *ex post* voire de règlements de différends. Le périmètre exact des chaînes et services que Canal+ devrait mettre à disposition des FAI reste également à définir. Comme le souligne l'avis, l'Ofcom a lui-même délimité le champ des chaînes et services devant être mis sur le marché par Sky en fonction de certains critères notamment du caractère innovant ou non des services en cause.

Enfin, l'Autorité souligne elle-même qu'une régulation efficace des marchés concernés devra s'articuler avec un contrôle accru par l'ARCEP sur la comptabilité analytique de France Télécom en vue de faire apparaître les flux financiers entre les différentes activités de l'opérateur historique. Il s'agirait d'éviter que les revenus provenant du monopole ne soient utilisés pour fausser la concurrence sur les marchés de contenus.

O. Berg
Concurrence N°3-2009, concurrences.com

Concurrences +

Alain Ronzano, Pratique commerciale déloyale: La Cour d'appel de Paris estime que la stratégie commerciale de l'ancien opérateur historique ne constitue pas une «pratique commerciale déloyale» (France Telecom / Orange), 15 mai 2009, Concurrences N° 3-2009, Art. N° 56964.

Jean-Paul Tran Thiet, Orion Berg, Ventes subordonnées: La Cour d'appel de Paris infirme le jugement du Tribunal de commerce sur les ventes subordonnées (France Telecom et Orange Sports/Free et Neuf Cegetel), 14 mai 2009, Concurrences N° 3-2009, Art. N° 28155, pp. 132-133.

Alain Ronzano, Exécution provisoire: La Cour d'appel de Paris refuse de lever l'injonction du Tribunal de commerce condamnant sous astreinte une pratique unilatérale (Orange), 31 mars 2009, Concurrences N° 2-2009, Art. N° 58524.

Jean-Paul Tran Thiet, Orion Berg, Télécommunications - Souscription d'un abonnement internet: Le Tribunal de commerce de Paris ordonne à France Télécom de cesser de subordonner l'abonnement au programme Orange Foot à la souscription d'un abonnement internet haut débit auprès d'Orange (Free et Neuf Cegetel c/ France Télécom et Orange Sports), 23 février 2009, Concurrences N° 2-2009, Art. N° 25920, pp. 193-194.

Alain Ronzano, Vente liée: Le Tribunal de commerce de Paris rend un jugement sur l'exclusivité portant sur la vente liée d'un abonnement à une chaîne de télévision sportive (Orange Sport), 23 février 2009, Concurrences N° 2-2009, Art. N° 58326.

CE, 11 juil. 2007, Syndicat Professionnel Union des Aéroports Français e.a., n° 290714 e.a.

Le Conseil d'État valide la fixation de plafond de redevances pour l'occupation du domaine par les opérateurs de réseaux de télécommunications

L'une des dimensions essentielles de la régulation d'un marché ouvert à la concurrence est la mise en place d'égalités de compétitivité quant à l'environnement de chacun des acteurs: aucun ne doit pouvoir bénéficier d'un avantage de position résultant de l'histoire ou du comportement des autorités publiques notamment. La mise ne place d'un level playing field, d'un terrain de jeu entièrement plan pour chacun des acteurs est sans doute la tache la plus délicate qui soit pour les autorités nationales, et d'autant plus qu'il s'agit d'un des nombreux secteurs dans lesquels la connexion entre la recherche et la décision administrative ne se fait pas ou mal. Il n'est pas toujours sûr que ceux qui décideraient entièrement conscience de l'importance de leur décision, poursuivant des fins immédiates qui n'ont pas grand rapport avec la concurrence sur un marché.

Il en va ainsi en matière de télécom pour ce qui concerne l'implantation des divers câbles de transmission de données de toute nature. L'opérateur historique dispose évidemment d'un avantage majeur par l'existence d'un réseau, mais les besoins des nouveaux opérateurs portent sur de nouveaux moyens modernes de transmission, tandis que le coût de ces réseaux peut inciter des opérateurs publics à les installer puis à les louer à des opérateurs de contenu. Dans tous les cas, le coût de l'implantation de ces réseaux physiques sera un élément essentiel de formation du prix, et pour certaines localisations – centre villes importants, liaisons longue distance entre deux bassins d'activité – présentera une valeur commerciale immense. La tentation est grande, en ces temps de disette budgétaire, pour les collectivités, de taxer (littéralement) ce genre d'usage du sol, avec parfois des tentations d'excès les apparentant à la fixation des licences UMTS à un niveau invraisemblable, sous prétexte que les opérateurs sont riches et que ce qu'autorise l'administration n'a pas de prix...

De ce fait, pour éviter des dérives, le gouvernement avait décidé de fixer un plafond à la fixation du niveau de redevances d'usage du domaine public par une collectivité territoriale le plus souvent lorsqu'elle autorise le passage d'un câble (ou d'un fourreau). La première version de ce plafond avait cependant été fixée par un décret du 30 mai 1997, qui les plaçait à un niveau excessivement élevé, susceptible de créer des distorsions de concurrence (les collectivités les mieux placées au regard de la topologie d'un réseau pouvant capter une rente rendant par ailleurs difficile l'entrée de nouveaux opérateurs). Un nouveau décret mieux construit a été adopté en conséquence de l'annulation du précédent (sur tous ces points, cette revue, même chronique, 1/06), et il a passé cet été victorieusement l'épreuve du contentieux. En effet, à la requête du syndicat professionnel union des aéroports français et autres, le Conseil d'État a rejeté plusieurs recours contestant ces plafonds.

Il a notamment fondé sa décision sur les principes fixés par la directive 2002/20/CE du Parlement européen et du Conseil, du 7 mars 2002, relative à l'autorisation de réseaux et de services de communications électroniques, qui prévoit notamment que "les États membres veillent à ce que, lorsque une autorité compétente examine : - une demande en vue de l'octroi de droits pour permettre la mise en place de ressources sur, au-dessus ou au-dessous de propriétés publiques ou privées à une entreprise autorisée à fournir des réseaux de communications publics, ou - une demande en vue de l'octroi de droits pour permettre la mise en place de ressources sur, au-dessus ou au-dessous de propriétés publiques à une entreprise autorisée à fournir des réseaux de communications électroniques non publics, elle : - agisse sur la base de procédures transparentes et accessibles au public, appliquées sans discrimination et sans retard et - respecte les principes de transparence et de non-discrimination lorsqu'elle assortit de tels droits de certaines conditions". Il a ce faisant considéré que le décret respectait ces exigences, et notamment a considéré que les différences de niveau entre les plafonds (de 30 à 3 000 euros selon le lieu de passage des câbles) étaient justifiées. Il a, à cette fin, estimé que les redevances d'usage avaient valablement pris en compte les avantages offerts par chaque type de domaine : son étendue (intérêt d'un tracé dépendant d'un opérateur unique) son accessibilité (ce qui semble viser en réalité plutôt la situation au regard des personnes des services) sa sécurité (installation en site propre comme sur les chemins de fer par exemple) l'unicité de gestionnaire (réduisant les coûts commerciaux) l'économie du coût de construction (pré-aménagement de certaines infrastructures).

Ces éléments sont conformes à ce qu'on pouvait escompter, compte tenu des évolutions de la jurisprudence en matière de redevances domaniales, de plus en plus proches des exigences de formation d'un prix. L'apparente disproportion entre les différents plafonds a notamment été validée au vu de leurs caractéristiques, s'agissant d'ailleurs non pas de redevances, dont il est difficile d'imaginer qu'elles pourraient être mille fois plus élevées dans certains cas, mais de plafonds, de leur niveau, où il s'agit d'envisager des solutions extrêmes par nature peu vraisemblables.

L'intérêt de cet arrêt est cependant moins dans son contenu, très classique, que dans la réflexion à laquelle il devrait inciter quant aux conditions d'ouverture des marchés. Il s'agit en effet ici de la première vague de libéralisation de la concurrence sur les télécommunications, ouverte par la loi de 96. Il aura fallu attendre douze ans et deux contentieux majeurs pour savoir quel serait l'encadrement des redevances. C'est pourtant une variable essentielle de la prise d e décisions d'investissement, qui a ainsi été affecté par une incertitude durable, qui, peut-être, a suspendu, retardé ou renchéri bien des projets. On voit qu'on ne le doit qu'à la méthode et aux instruments retenus: certes, l'administration (l'arrêt le précise d'ailleurs) a largement consulté et pris les avis réglementaires requis; mais il s'agit tout de même d'un acte unilatéral, non motivé, normatif et indiscutable sinon au contentieux, difficile à faire évoluer dans le carcan procédural qui l'enserre. Il aurait pourtant été possible de prévoir dans la loi le principe d'une limitation, et de renvoyer à l'ARCEP (ou à tout autre acteur indépendant de la régulation qu'on aurait pu créer à cette fin) le soin de discuter, tester, recommander, et sans doute de ne pas créer de plafond, inutilement provocateur, mais simplement d'inciter à la modération en publiant des recommandations; le marché aurait trouvé ainsi sous cette férule compréhensive mais ferme son équilibre, et ceux qui auraient entendu s'affranchir des lignes tracées par l'ARCEP l'auraient fait à leur risque et péril, un juge pouvant censurer une redevance excessive, seul le contrevenant prenant le risque contentieux, et pas le marché dans son ensemble, comme ce fut le cas depuis douze ans. On n'ignore pas que cette voie est quasiment impossible à suivre, la libre administration des collectivités territoriales rendant délicate la mise en place d'un pouvoir de régulation de leurs décisions financières. Mais ce n'est qu'une illustration supplémentaire de l'obsolescence de notre appareil normatif, qui ne peut que lentement et mal prendre en compter les exigences de fonctionnement d'un marché régulé, et qui réclament impérieusement une refonte de nos modes d'interventions sur les marchés.

T. Tuot
Concurrences N° 1-2008, p. 183

ARCEP, déc. n° 06-0639 du 30 nov. 2006 précisant les conditions de mise à disposition des listes d'abonnés et d'utilisateurs à des fins d'édition d'annuaires universels ou de fourniture de services universels de renseignements

L'ARCEP impose les conditions selon lesquelles les opérateurs doivent mettre à la disposition des éditeurs d'annuaires et des fournisseurs de services de renseignements téléphoniques leurs listes d'abonnés

C'est le 8 mars 2007 que le Ministre délégué à l'Industrie a homologué, par un arrêté publié au JORF le 24 mars, la décision n° 06-0639 de l'ARCEP du 30 novembre 2006 dont l'objet est de préciser les conditions de mise à disposition par les opérateurs de services de communications électroniques de leurs listes d'abonnés et d'utilisateurs, afin de permettre l'édition d'annuaires universels ou la fourniture de services universels de renseignements. Certes, le Code des postes et des communications électroniques (CPCE) impose déjà aux opérateurs, depuis plusieurs années, de céder leurs listes d'abonnés et d'utilisateurs.

Un bilan loin d'être satisfaisant

Pour autant, le bilan de ces cessions est loin d'être satisfaisant. Ainsi, selon le tableau de bord mensuel de l'annuaire universel publié par l'ARCEP – dont un des objectifs est d'inciter, par un surcroît de transparence, les opérateurs à céder leurs listes – seuls 2,4% des abonnés à des offres de téléphonie mobile étaient inscrits au 5 avril 2007 sur les listes d'abonnés des principaux opérateurs mobiles référencés. 70% des abonnés fixes des opérateurs référencés dans ce tableau de bord sont, à la même date, inscrits dans de telles listes.

Or, cette situation ne résulte majoritairement pas de la volonté des abonnés de ne pas être inscrits dans de telles listes mais soit d'un défaut d'information des abonnés (et notamment des abonnés mobiles, dont l'inscription sur lesdites listes ne peut se faire qu'à leur demande expresse : système dit d'opt-in), soit d'un défaut de cession effective des listes en cause aux éditeurs d'annuaires ou de services de renseignements téléphoniques.

L'objectif d'exhaustivité loin d'être atteint

L'objectif d'exhaustivité des services d'annuaires et de renseignements téléphoniques est donc loin d'être atteint. Par ailleurs, plusieurs règlements de différends ont été portés devant l'ARCEP au cours des derniers mois, concernant tant l'identification des bénéficiaires des cessions de ces listes que la tarification de ces cessions (décisions n° 06-1179 du 28 novembre 2006 et n° 06-0510 du 18 mai 2006). Au demeurant, la CJCE et le Conseil de la concurrence ont également eu à connaître, au cours des dernières années, des pratiques mises en œuvre par certains opérateurs dans le secteur des services de renseignements téléphoniques.

Ainsi, et bien que l'ARCEP eût publié, dès le mois de décembre 2004, des lignes directrices visant à harmoniser les pratiques du secteur en la matière, une nécessité de clarification – voire d'encadrement – apparaissait nécessaire.

Le décret abroge les lignes directrices

C'est à cette nécessité qu'entend répondre la décision n° 06-0689 de l'Autorité. Cette décision abroge les lignes directrices précitées et vient régir très précisément les conditions dans lesquelles ces mises à disposition devront désormais intervenir. S'il n'est pas possible, dans le cadre de la présente chronique, de détailler l'ensemble des obligations imposées par l'Autorité à cet égard, deux points retiendront tout particulièrement l'attention : il s'agit des informations que doivent contenir ces listes, ainsi que les conditions tarifaires de leur cession. Contenu des listes d'abonnés et d'utilisateurs S'agissant, en premier lieu, du contenu des listes d'abonnés et d'utilisateurs, l'ARCEP rompt avec l'approche souple qu'elle avait adoptée dans ses lignes directrices, lesquelles distinguaient entre les données devant impérativement être recueillies et celles dont la collecte demeurait facultative. L'Autorité impose désormais aux opérateurs non seulement le contenu détaillé des informations susceptibles d'être renseignées par les abonnés mais, plus encore, le format exact de ces listes (et des champs à compléter). Afin de permettre aux opérateurs d'intégrer ces nouvelles obligations, elles n'entreront en vigueur que 9 mois après la publication de l'arrêté d'homologation soit, en pratique, le 25 décembre 2007.

Par ailleurs, et pour faciliter la mise en œuvre de ces obligations renforcées, l'ARCEP a également prévu que le recueil, auprès des abonnés d'ores et déjà référencés, des nouvelles données les concernant liées à des champs devenus obligatoires doit intervenir à l'initiative des abonnés.

Enfin, et afin d'éviter que le temps passé au recueil de ces informations ne puisse dissuader les prospects de souscrire à un nouveau service entraînant l'affectation d'un numéro, l'ARCEP a pris le soin de préciser qu'il était envisageable que les opérateurs ne recueillent initialement que certaines données minimales, dès lors que les abonnés concernés se verront offrir, par un moyen aisé, permanent, gratuit et immédiatement accessible, la possibilité de compléter ou modifier les informations les concernant.

«Révolution» des modalités de tarification

En second lieu, la décision de l'Autorité est venue "révolutionner" les modalités de tarification de la mise à disposition des listes d'abonnés. En effet, si, dans son principe, cette tarification se doit, aux termes du CPCE, de refléter le coût du service rendu, l'ARCEP a encadré, avec un très grand niveau de détail, les coûts pertinents à prendre en compte, ainsi que les modalités selon lesquelles les opérateurs devront, chaque année, les répartir entre les cessionnaires de leurs listes.

S'agissant, ainsi, des coûts susceptibles d'être pris en compte, l'Autorité les a classés, de manière synthétique, en trois catégories: les coûts de recueil des informations (première catégorie); les coûts d'élaboration et de maintenance des listes d'abonnés (deuxième catégorie); les coûts de mise à disposition des listes (troisième catégorie).

Les coûts de recueil des informations sont, ainsi, uniquement les coûts spécifiques à la réalisation des listes d'annuaire. En particulier, et comme le Conseil de la concurrence l'avait lui-même estimé dans sa décision du 26 juin 2002, les coûts liés à la constitution du fichier commercial utilisé pour ses besoins propres par l'opérateur (dont une partie des informations recouvre celles exigées au titre des listes d'annuaires, comme les noms, prénoms et adresse) ne sauraient être pris en compte. Il en va, selon l'ARCEP, de même des coûts tenant à l'information des abonnés sur le droit dont ils disposent de figurer dans les annuaires.

S'agissant du coût des développements informatiques, l'Autorité a précisé qu'ils ne sauraient être pris en compte qu'en proportion du nombre d'inscrits effectifs sur les listes en cause (et donc pas au regard du nombre total d'abonnés). Cette précision, particulièrement importante pour les opérateurs de téléphonie mobile compte tenu du mécanisme d'opt-in dont disposent leurs abonnés, impose donc aux opérateurs de dimensionner ces développements au plus près du nombre prévisible d'inscrits sur leurs listes. À défaut, ils risquent de ne pas pouvoir répercuter sur les acquéreurs de leurs listes les coûts excédentaires qu'ils auront engagés (et ce afin de ne pas rémunérer leurs inefficacités éventuelles).

Quant à la dernière catégorie de coûts liée à la transmission effective de la liste, l'Autorité a précisé qu'elle doit être indépendante de la fréquence et du nombre de mise à jour des listes dont bénéficient leurs cessionnaires. L'objectif ainsi poursuivi par l'ARCEP est d'encourager ces mises à jour régulières et, partant, de garantir l'exactitude et l'exhaustivité des informations fournies aux utilisateurs des annuaires et des services de renseignements téléphoniques.

S'agissant, enfin, des modalités selon lesquelles les opérateurs doivent recouvrer ces coûts pertinents, l'Autorité a imaginé un système complexe dont on peut craindre qu'il suscitera de nombreux débats. En effet, cette tarification doit être annuelle et s'articuler autour de deux termes distincts. Le premier a trait aux prestations de transmission des listes d'abonnés et d'utilisateurs. Ainsi, selon l'Autorité, chaque opérateur doit facturer annuellement à tous les cessionnaires de ses listes une somme fixe (et indépendante du nombre de mises à jour) rémunérant ces prestations.

Quant au second terme, il doit, selon l'Autorité, rémunérer l'usage effectif (calculé en nombre de recherches – ou requêtes selon la terminologie retenue par l'Autorité), par chaque bénéficiaire, des listes d'abonnés en cause. Ainsi, l'ensemble des coûts pertinents (non pris en compte dans le cadre du premier terme) doit être réparti, chaque année, au prorata de l'usage effectif qu'aura fait chaque bénéficiaire des listes en cause. Remarque importante, les prorata ainsi réalisés doivent tenir compte des usages résultant des cessions "commerciales" des listes, ainsi que des usages internes de l'opérateur (à des fins statistiques ou marketing par exemple).

En pratique…

En pratique, il incombera à chaque acquéreur de communiquer à chaque opérateur, entre le 1er et le 15 novembre de l'année n, ses prévisions de requêtes sur ses listes pour la période du 1er novembre de l'année n au 31 octobre de l'année n+1, ainsi que le nombre de requêtes qu'il aura réellement enregistrées au cours de la période du 31 octobre de l'année n-1 au 1er novembre de l'année n. Ces informations permettront ainsi à chaque opérateur, au regard du nombre total de requêtes prévisionnels au titre de l'année n+1 (comprenant donc ses propres requêtes internes), de répartir ses coûts pertinents au titre de l'année n+1 entre chaque bénéficiaire, ainsi que de procéder aux régularisations au titre de l'année n, à la lumière des usages effectivement constatés.

Evaluation du nouveau régime

On le voit, le système ainsi mis en place va s'avérer particulièrement lourd à gérer, tant pour les opérateurs que pour les cessionnaires de leurs listes. Certes, les principes posés par l'Autorité devraient garantir à ces derniers de s'acquitter d'une rémunération calculée au plus près de l'utilisation qu'ils en feront effectivement. Pour autant, le mécanisme de prévisions / régularisations mis en place n'est pas sans soulever des questions: au-delà du fait que tous les bénéficiaires seront à la merci – et sans visibilité – des régularisations rendues nécessaires par des prévisions trop optimistes de l'un d'entre eux (conduisant donc à faire supporter à tous les opérateurs une rémunération complémentaire), les conditions dans lesquelles ces régularisations interviendront ne sont pas définies par l'ARCEP, cette dernière se contentant de préciser que des remboursements pourront intervenir si l'écart constaté entre le montant prévisionnel et celui définitif est "suffisamment significatif pour le justifier".

En définitive, et pour louable que soit l'objectif poursuivi par l'Autorité et la nécessité de son intervention, il n'est pas certain que cette décision mettra un terme aux nombreux différends qui ont émaillé le secteur au cours des dernières années.

J.-P. Tran Thiet, S. Justier

Concurrences N° 2-2007, pp. 165-167

3.1.5 Neutralité du net

ORECE, 30 août 2016, Lignes directrices pour l'application par les régulateurs nationaux des règles européennes relatives à la neutralité du net

L'Organe des régulateurs européens des communications électroniques publie ses lignes directrices pour l'application du règlement sur la neutralité du net

Le 30 août 2016, et conformément aux dispositions de l'article 5(3) du règlement (UE) 2015/2120 du Parlement européen et du Conseil du 25 novembre 2015 établissant des mesures relatives à l'accès à un Internet ouvert (ci-après le "Règlement"), l'Organe des régulateurs européens des communications électroniques (ci-après "l'ORECE") a publié, après consultation des parties intéressées et en étroite coopération avec la Commission, "*des lignes directrices pour la mise en œuvre des obligations incombant aux autorités réglementaires nationales*" à savoir la surveillance de l'application et du respect des règles visant à garantir un traitement égal et non discriminatoire du trafic, dans le cadre de la fourniture de services d'accès à l'Internet conformément aux articles 3 et 4 du Règlement (cf. *Concurrences* n° 1-2016, pp. 191-192 et n° 3-2016, pp. 148-150).

Le 6 juin 2016, l'ORECE avait mis en consultation son projet de lignes directrices sur la mise en œuvre du Règlement par les Autorités de Régulation Nationales (ci-après "ARN"), afin de recueillir les avis des acteurs concernés, laquelle consultation s'est clôturée le 18 juillet 2016. Le nombre de contributions reçues à cette occasion, près de 500 000, est sans précédent et significatif en terme de variété puisque de nombreuses catégories de parties intéressées ont contribué à cette consultation : société civile, institutions publiques, experts indépendants, fournisseurs d'accès à Internet (ci-après "FAI"), fournisseurs de contenus et d'applications.

Les obligations des régulateurs nationaux précisées

Les lignes directrices de l'ORECE viennent préciser les obligations des régulateurs nationaux dans l'application du règlement. Les régulateurs sont amenés à jouer un rôle de gardien de la neutralité du net, en veillant à son respect par les opérateurs et en sanctionnant le cas échéant leurs écarts de conduite. Les lignes directrices viennent préciser que certaines pratiques ne sont proscrites que pour autant qu'elles conduisent à contourner le principe de neutralité du net, et feront l'objet d'analyses au cas par cas.

À cet égard, sont plus particulièrement visées les pratiques de "*services spécialisées*" consistant en "*des services autres que des services d'accès à l'internet qui sont optimisés pour des contenus, des applications ou des services spécifiques, ou une combinaison de ceux-ci, lorsque l'optimisation est nécessaire pour que les contenus, les applications ou les services satisfassent aux exigences correspondant à un niveau de qualité spécifique*". Dans un premier temps, les lignes directrices de l'ORECE apportent quelques exemples de ce qui pourrait correspondre à un service spécialisé : lVoLTE (service de voix de haute qualité sur réseau mobile) ou la diffusion linéaire de TV sur IP avec des exigences spécifiques en matière de qualité de service pourraient être considéré comme étant un service spécialisé. L'ORECE considère alors que de tels services peuvent être autorisés pourvu qu'ils répondent aux exigences strictes du règlement (définies au paragraphe 5 de l'article 3). Pour qu'un service spécialisé soit conforme au règlement, il doit répondre à des exigences spécifiques en matière de niveau de qualité de service et en matière de capacité. Les lignes directrices de l'ORECE préconisent que les autorités de régulation évaluent si le niveau de qualité spécifique est objectivement nécessaire et ne peut être garanti autrement. À défaut, ces services ne seraient pas autorisés. Si le service répond à ces exigences, l'ARN devra aussi évaluer le niveau d'exigence en matière de capacité. S'agissant de la capacité du réseau, l'ORECE préconise que l'ARN obtienne des informations des FAI sur la manière dont ils assurent une capacité suffisante, et sur l'ampleur du service spécialisé offert, afin d'évaluer précisément la pratique de gestion de trafic. Les lignes directrices précisent également que l'ARN peut évaluer l'existence d'une capacité suffisante en effectuant des mesures du service d'accès à Internet. Cette analyse devrait permettre aux ARN d'évaluer si la qualité générale de l'accès à Internet est réduite par la fourniture de certains services spécialisés en particulier.

Par ailleurs, les lignes directrices apportent des précisions complémentaires s'agissant de la pratique du "*zero rating*", laquelle correspond à celle utilisée par certains FAI consistant à ne pas déduire du forfait de données d'un client le trafic associé à une certaine application ou catégorie d'applications. Par exemple, si un service d'accès à Internet ne facture pas le client pour le trafic associé à une certaine application de musique en continu ou à toutes les applications de musique en continu, alors le FAI applique un "*zero rating*" à ces applications. Autrement dit, les données consommées dans l'emploi de ces applications ne sont pas comptabilisées dans le forfait associé au service d'accès à Internet. Les lignes directrices de l'ORECE examinent différents exemples de "*zero rating*", et donnent une orientation sur leur admissibilité dans le cadre du règlement. Les lignes directrices de l'ORECE expliquent en effet que certaines pratiques sont clairement interdites, notamment celles qui bloquent ou ralentissent toutes les applications une fois que l'utilisateur atteint son plafond de consommation de données, à l'exception d'applications qui bénéficieraient du "*zero rating*". D'autres sont moins claires et devront être évaluées par l'ARN selon un certain nombre de critères définis dans les lignes directrices. À cet égard, les autorités de régulation devront en particulier examiner si les pratiques contournent les principaux objectifs du règlement, à savoir garantir un traitement égal et non discriminatoire du trafic mais également assurer la continuité du fonctionnement de l'écosystème de l'Internet en tant que moteur de l'innovation. Les autorités de régulation devront aussi examiner l'ampleur de la pratique (par ex. le nombre d'utilisateurs finals abonnés à un tel service) et la mesure dans laquelle les utilisateurs finals ont accès à des offres alternatives et/ou à d'autres FAI.

Comme on le voit, si cette régulation de la neutralité du net est dévolue aux ARN, les lignes directrices donnent aux régulateurs nationaux une feuille de route claire dans l'application du règlement: elles ont un rôle de supervision, d'intervention et de suivi en ayant l'obligation de soumettre à la Commission européenne et à l'ORECE un rapport annuel de leurs conclusions concernant la mise en œuvre de ces règles.

Dans ce cadre, l'ARCEP a annoncé qu'elle allait prochainement lancer plusieurs chantiers parallèles, visant notamment à recenser les pratiques des opérateurs sur les réseaux français, à améliorer leur détection (notamment *via* la participation des utilisateurs finaux), à mettre en conformité, le cas échéant, les pratiques constatées et, enfin, à coopérer avec ses homologues européens pour parvenir à une mise en œuvre cohérente du cadre sur le territoire de l'Union. À compter de 2017, un rapport annuel de mise en œuvre du règlement sera établi par l'ARCEP.

J.-P. Tran Thiet
Concurrences N°4-2016, pp. 172-173

Concurrences +

Alexandre Martin, Orion Berg, Neutralité du net: L'Organe des régulateurs européens des communications électroniques adopte un avis relatif à l'application du règlement européen et de ses lignes directrices sur la neutralité du net (L'évaluation de l'application du règlement et des lignes directrices sur la neutralité du net), 6 décembre 2018, Concurrences N° 1-2019, Art. N° 89353, pp. 186-188.

Jean-Paul Tran Thiet, Orion Berg, Laetitia Ghebali, Neutralité du net :L'Organe des régulateurs européens des communications électroniques (ORECE) présente son projet de lignes directrices pour l'application du règlement sur la neutralité du net, 1er septembre 2016, Concurrences N° 3-2016, Art. N° 80658, pp. 148-150.

Jean-Paul Tran Thiet, Orion Berg, Neutralité de l'Internet: Le BEREC - organisation des régulateurs européens dans le domaine des communications électroniques - considère qu'il n'y a pas lieu de légiférer dans l'immédiat sur la neutralité de l'internet (Net neutrality), novembre 2010, Concurrences N° 4-2010, Art. N° 33042, p. 220.

Règlement (UE) 2015/2120 du Parlement européen et du Conseil du 25 nov. 2015 établissant des mesures relatives à l'accès à un internet ouvert et modifiant la directive 2002/22/CE concernant le service universel et les droits des utilisateurs au regard des réseaux et services de communications électroniques et le règlement (UE) n° 531/2012 concernant l'itinérance sur les réseaux publics de communications mobiles à l'intérieur de l'Union, JOUE 2015, L 310/1

L'Union européenne adopte un règlement établissant le principe de la neutralité de l'Internet et prévoyant la suppression des frais d'itinérance

À la suite de l'accord trouvé entre les trois institutions de l'Union européenne le 30 juin 2015, officiellement adopté par le Conseil le 1er octobre 2015 et par le Parlement européen le 27 octobre 2015, le règlement (UE) 2015/2120 du Parlement européen et du Conseil établissant des mesures relatives à l'accès à un Internet ouvert et modifiant la directive 2002/22/CE concernant le service universel et les droits des utilisateurs au regard des réseaux et services de communications électroniques et le règlement (UE) n° 531/2012 concernant l'itinérance sur les réseaux publics de communications mobiles à l'intérieur de l'Union (ci-après "le Règlement") a été publié le 26 novembre 2015 au Journal Officiel de l'Union européenne.

Ce Règlement définit, pour la première fois à l'échelle de l'Union européenne, des "*règles communes nécessaires pour garantir un accès à un Internet ouvert*" (considérant 34 du Règlement). En outre, ce Règlement prévoit également la diminution des frais d'itinérance dans l'Union européenne à partir du 30 avril 2016 ainsi que leur suppression à compter du 15 juin 2017.

L'établissement de règles communes visant à garantir la neutralité de l'internet

Comme le soulignait l'ARCEP dans son état des lieux du cadre de la régulation de la neutralité de l'Internet (cf. *Concurrences* n° 4-2015, p. 197), ce Règlement consacre, pour la première fois dans la législation de l'Union européenne, le principe de la neutralité de l'Internet. Ce principe requiert un ensemble de "*règles communes destinées à garantir le traitement égal et non discriminatoire du trafic dans le cadre de la fourniture de services d'accès à l'Internet et les droits connexes des utilisateurs finals*" (article 1 du Règlement). Il convient toutefois de noter que la notion de "neutralité de l'Internet" ne figure pas expressément dans le Règlement mais est remplacée par la notion de "garantie à l'accès à un Internet ouvert".

Le principe de la neutralité de l'Internet sera également consacré prochainement dans la législation française dans le cadre de la loi "*pour une République numérique*" (Cf. *Concurrences* n° 4-2015, p.197). Sur ce point, conformément à l'avis rendu par le Conseil d'État le 3 décembre 2015 (Conseil d'État, 3 décembre 2015, n° 390741), le projet de loi a été amendé, avant d'être déposé devant l'Assemblée Nationale le 9 décembre, et renvoie désormais aux dispositions du Règlement pour la définition de ce principe (article 19 du Projet de loi pour une République numérique – Neutralité de l'Internet), "*afin de consolider l'approche harmonisée de la neutralité de l'Internet retenue au niveau européen*" (exposé des motifs du projet de loi pour une République numérique).

Le Règlement constate que "*des pratiques de gestion du trafic qui bloquent ou ralentissent des applications ou des services spécifiques ont une incidence sur un nombre important d'utilisateurs finals*" (considérant 3 du Règlement). Face à ce constat, le Règlement définit donc, dans son article 3, un ensemble de règles destinées à garantir l'accès à un Internet ouvert.

Cet article prévoit tout d'abord que "*les utilisateurs finals ont le droit d'accéder aux informations et aux contenus et de les diffuser, d'utiliser et de fournir des applications et des services et d'utiliser les équipements terminaux de leur choix, quel que soit le lieu où se trouve l'utilisateur final ou le fournisseur, et quels que soient le lieu, l'origine ou la destination de l'information, du contenu, de l'application ou du service, par l'intermédiaire de leur service d'accès à l'Internet*", sous réserve de la légalité de ces contenus, applications et services (article 3(1) du Règlement). Aucun accord entre les fournisseurs d'accès à l'Internet et les utilisateurs finals ne saurait limiter l'exercice de ce droit.

L'article 3(3) du Règlement prévoit ensuite que "*les fournisseurs de services d'accès à l'Internet traitent tout le trafic de façon égale et sans discrimination, restriction ou interférence, quels que soient l'expéditeur et le destinataire, les contenus consultés ou diffusés, les applications ou les services utilisés ou fournis ou les équipements terminaux utilisés*". Ce principe est nuancé par la possibilité donnée aux fournisseurs de services d'accès à Internet d'appliquer des "*mesures raisonnables de gestion du trafic*". Pour être réputées raisonnables, ces mesures doivent être "*transparentes, non-discriminatoires et proportionnées*", et ne doivent pas être fondées "*sur des considérations commerciales, mais sur des différences objectives entre les exigences techniques en matière de qualité de service de certaines catégories spécifiques de trafic*". Des mesures discriminatoires visant à bloquer, ralentir, modifier, restreindre, perturber ou dégrader des contenus, des applications ou des services ne peuvent être mises en place que (i) pour se conformer à la législation européenne ou nationale, (ii) pour préserver l'intégrité et la sûreté du réseau, (iii) ou pour prévenir une congestion imminente du réseau et atténuer les effets d'une congestion exceptionnelle ou temporaire du réseau. Cette nouvelle réglementation semble donc permettre, *a priori*, une forme de différenciation tarifaire validée par la Cour de cassation dans l'affaire des prestations payantes d'interconnexion sur Internet (cf. *Concurrences* n° 3-2015, p. 161 – Cass. com., 12 mai 2015, *Cogent c/ France Télécom*, n° 14-10.792), pour autant que les conditions énumérées ci-dessus soient remplies. On notera, sur ce point, que la condition portant sur l'existence de "*différences objectives*" fondées sur des "*exigences techniques*" et l'absence de "*préoccupations commerciales*" risque fort d'être génératrice de contentieux.

Par ailleurs, le Règlement prévoit que les fournisseurs de communications électroniques au public peuvent proposer des services optimisés pour des contenus, des applications ou des services spécifiques. Ces services font l'objet d'un encadrement législatif strict. Tout d'abord, l'optimisation de ces services doit être nécessaire pour assurer que les contenus, applications ou services "*satisfassent aux exigences correspondant à un niveau de qualité spécifique*". En outre, de tels services ne peuvent être proposés ou facilités "*que si les capacités du réseau sont suffisantes pour les fournir en plus des services d'accès à l'Internet fournis*". Enfin, ces services ne doivent pas être proposés en remplacement des services d'accès à Internet et ne doivent pas non plus être proposés "*au détriment de la disponibilité ou de la qualité générale des services d'accès à l'Internet pour les utilisateurs finals*" (article 3(5) du Règlement). Là aussi, on voit mal comment le juge pourra former sa conviction sans recourir à de nombreuses expertises.

L'article 4 du Règlement précise ensuite les mesures de transparence garantissant l'accès à un Internet ouvert, notamment dans les contrats conclus par les fournisseurs de services d'accès à l'Internet et dans le traitement des réclamations des utilisateurs finals.

L'article 5 du Règlement prévoit que les autorités réglementaires nationales (en France, l'ARCEP) sont en charge de la surveillance de l'application des mesures prévues dans le Règlement relatives à la garantie de l'accès à un Internet ouvert. À cette fin, cet article dispose que les autorités réglementaires nationales peuvent "*imposer des exigences concernant des caractéristiques techniques, des exigences minimales de qualité du service et d'autres mesures adéquates et nécessaires à un ou plusieurs fournisseurs de communications électroniques au public*". L'Organe des régulateurs européens des communications électroniques (l'ORECE) doit également adopter des lignes directrices pour la mise en œuvre des obligations incombant aux régulateurs nationaux dans le courant de l'été 2016.

Enfin, il incombe aux États membres de déterminer les sanctions applicables – celles-ci devant être effectives, proportionnées et dissuasives – et les mesures nécessaires pour assurer la mise en œuvre de ces dispositions européennes. Ces mesures doivent être notifiées à la Commission européenne au plus tard le 30 avril 2016 (article 6 du Règlement).

La suppression des frais d'itinérance au plus tard en juin 2017

Le Règlement constate qu'à ce jour il n'existe pas de réseau mobile couvrant l'ensemble des États membres. Par conséquent, les opérateurs de télécommunications achètent des services d'itinérance de gros aux opérateurs de télécommunication des autres États membres ou échangent des services d'itinérance de gros avec ces opérateurs afin de permettre aux usagers de téléphones mobiles de pouvoir appeler et être appelés lorsqu'ils se déplacent dans un autre État membre.

Par conséquent, le Règlement prévoit la mise en place d'un nouveau mécanisme de fixation des prix de détail pour les services d'itinérance réglementés dans l'Union européenne dont l'objectif est de supprimer les frais d'itinérance. Cela signifie que l'utilisation d'un téléphone mobile lors de déplacements dans l'Union européenne sera facturée sans frais supplémentaires par rapport au prix de détail national. Cette mesure s'appliquera tant aux appels, qu'à l'envoi de SMS/MMS et pour l'utilisation de services de données. Les frais d'itinérance doivent être supprimés au plus tard le 15 juin 2017.

Les institutions de l'Union européenne ont prévu des règles particulières visant à prévenir d'éventuels abus. Ainsi, les fournisseurs de services d'itinérance sont autorisés à appliquer une "*politique d'utilisation raisonnable*" afin de lutter contre les pratiques par lesquelles un client en itinérance utiliserait les services de télécommunications dans un État membre autre que celui dans lequel est établi son fournisseur national à des fins autres que des déplacements périodiques.

En outre, dans un souci de viabilité des modèles tarifaires nationaux, le Règlement a prévu la possibilité d'autoriser la facturation de frais supplémentaires, dans des circonstances particulières et exceptionnelles. En effet, lorsqu'un fournisseur de services d'itinérance n'est pas en mesure de couvrir l'ensemble des coûts réels et prévisionnels afférents à la fourniture de services d'itinérance sur la base des recettes réelles et prévisionnelles de la fourniture de ces services, il peut solliciter, sans retard, une autorisation auprès de l'autorité règlementaire nationale.

Enfin, le Règlement a mis en place un dispositif de tarifs transitoires à compter du 30 avril 2016, durant lequel les fournisseurs de services d'itinérance pourront appliquer des frais supplémentaires par rapport au prix de détail national.

L'adoption de ce Règlement constitue une étape majeure de la stratégie de création d'un marché unique numérique en Europe, telle que présentée par la Commission européenne dans une Communication en date du 5 mai 2015 (cf. *Concurrences* n° 3-2015, p. 159). *Ces mesures doivent être complétées par une révision du cadre réglementaire de l'Union européenne sur les télécommunications en 2016 portant notamment sur une coordination du spectre radioélectrique au niveau de l'Union européenne.*

J.-P. Tran Thiet, O. Berg, E. Xueref-Poviac, L. Ghebali

Concurrences N°1-2016, pp. 191-192

Cass. com., 12 mai 2015, Cogent c/ France Télécom, n° 14-10.792

La Cour de cassation rejette le pourvoi formé dans l'affaire des prestations payantes d'interconnexion sur Internet et valide la solution adoptée par l'Autorité de la concurrence

Dans un arrêt rendu le 12 mai 2015, la chambre commerciale de la Cour de cassation a rejeté le pourvoi formé par *Cogent* contre l'arrêt de la Cour d'appel de Paris rejetant son recours visant à annuler la décision de l'Autorité de la concurrence ("l'Autorité") relative à des pratiques mises en œuvre dans le secteur des prestations d'interconnexion (Cf. *Concurrences* n° 4-2012, p. 159 – Décision n° 12-D-18 du 20 septembre 2012).

Le fonctionnement du marché de l'interconnexion a l'internet

Le litige qui opposait *Cogent* et *France Télécom* mettait en jeu le le fonctionnement du marché de l'interconnexion à l'Internet.

Comme le rappelle l'Autorité dans sa décision n° 12-D-18 précitée, les opérateurs de transit, ou transitaires, tels que *Cogent* assurent la connexion entre, d'un côté, les utilisateurs finals du réseau Internet, c'est-à-dire les clients abonnés des fournisseurs d'accès à Internet ("FAI"), et, de l'autre, les prestataires de la société de l'information ("PSI"), qui sont des fournisseurs de services ou de contenus.

Les prestations fournies dans le cadre de la relation entre *Cogent* (opérateur de transit) et *France Télécom*(FAI), objet du présent litige, constituent des prestations d'interconnexion au sens de l'article L. 32, 9° du Code des Postes et des Communications électroniques ("CPCE") qui définit l'interconnexion comme "*la liaison physique et logique des réseaux ouverts au public exploités par le même opérateur ou un opérateur différent, afin de permettre aux utilisateurs d'un opérateur de communiquer avec les utilisateurs du même opérateur ou d'un autre, ou bien d'accéder aux services fournis par un autre opérateur. Les services peuvent être fournis par les parties concernées ou par d'autres parties qui ont accès au réseau. L'interconnexion constitue un type particulier d'accès mis en œuvre entre opérateurs de réseaux ouverts au public*".

On distingue deux types d'accords d'interconnexion entre les FAI et les PSI. D'une part, les accords dits de "transit", payants, par lesquels un opérateur fournisseur propose une connectivité globale à un opérateur client et achemine son trafic. D'autre part, les accords dits de "*peering*", en principe gratuits, qui permettent à deux opérateurs de s'échanger le trafic qu'ils s'adressent mutuellement. Les accords de*peering* sont traditionnellement mis en place entre deux opérateurs de profil similaire. Comme le souligne l'ARCEP dans son avis, rendu à la demande de l'Autorité dans le cadre de ce litige (Avis de l'ARCEP n° 2011-1241 – octobre 2011), l'apparition de dissymétries de trafic entre certains acteurs a cependant conduit à la mise en place d'accords de *peering* payants.

La décision d'engagements de l'autorité et les recours successifs de cogent

Pour rappel, *Cogent*, un opérateur de transit américain assurant l'interconnexion entre des PSI et des FAI, avait saisi l'Autorité en mai 2011 d'une plainte pour abus de position dominante contre *France Télécom*. Les deux opérateurs avaient conclu des accords de *peering* gratuit. À la date de la saisine, *Cogent* avait pour client le site *MegaUpload* (fermé depuis janvier 2012), ce qui entraînait une forte augmentation du trafic vers le réseau de *France Télécom* et un grand déséquilibre par rapport au trafic envoyé vers *Cogent*par *France Télécom*. *Cogent* reprochait à *France Télécom* de refuser d'ouvrir gratuitement de nouvelles capacités d'interconnexion pour connecter ses clients, tels que *MegaUpload*, aux abonnés d'*Orange*.

Parmi l'ensemble des griefs soulevés par *Cogent* dans sa plainte, l'Autorité n'avait retenu que les préoccupations de concurrence relatives à d'éventuelles pratiques d'éviction par ciseau tarifaire. Afin de répondre à ces préoccupations de concurrence, *France Télécom* avait alors proposé des engagements visant à formaliser les relations techniques et commerciales entre *Orange* et sa marque Open Transit. Par décision du 20 septembre 2012, l'Autorité avait accepté ces engagements et les avait rendus obligatoires.

Cogent a formé un recours contre cette décision d'engagements, et a demandé à la Cour d'appel de Paris de constater (i) que l'Autorité a rejeté, comme non établies, les pratiques qu'elle dénonçait sans avoir respecté les conditions posés par les articles L. 462-8 et L. 464-6 du code de commerce, (ii) que l'Autorité n'était pas habilitée, en vertu du droit de l'Union européenne, à constater l'absence de violation de l'article 102 du Traité sur le Fonctionnement de l'Union européenne et (iii) que l'Autorité, en ne lui communiquant pas l'ensemble des éléments du dossier, ne l'a pas mise en mesure de sauvegarder ses intérêts juridiques. Par un arrêt en date du 19 septembre 2013, la Cour d'appel de Paris a rejeté le recours de *Cogent* et a ainsi confirmé la décision d'engagements de l'Autorité (CA Paris, Pôle 5, ch. 5-7, 19 décembre 2013, n° 2012/19484).

Cogent a ensuite formé un pourvoi contre cet arrêt, formulant des moyens similaires à ceux développés en appel et écartés par la Cour d'appel de Paris. La Chambre commerciale a rejeté l'ensemble de ces moyens. S'agissant tout d'abord de la décision de l'Autorité de ne pas poursuivre la procédure en ce qui concerne certaines des pratiques dénoncées par *Cogent*, la Chambre commerciale considère que la Cour d'appel a "*justement retenu que la décision critiquée n'était pas constitutive d'un non-lieu partiel et ne s'inscrivait pas dans le champ d'application des articles L. 462-8 et L. 464-6 du code de commerce*". S'agissant ensuite de l'accès au dossier, la Chambre commerciale considère que, dans la mesure où les échanges entre l'Autorité et la Commission n'avaient pas été utilisés par les services d'instruction ni opposés aux parties concernées par l'affaire, le défaut de communication de tels échanges ne portait pas atteinte aux intérêts de la requérante. La Chambre commerciale considère également que la Cour d'appel de Paris a justement retenu que "*l'infrastructure essentielle invoquée par les sociétés Cogent concernant les ports d'interconnexion au réseau domestique de la société France Télécom n'était pas caractérisée*". S'agissant enfin de la validation des engagements par l'Autorité, la Cour de cassation considère que la Cour d'appel "*a pu déduire, sans être tenue de procéder à d'autres recherches, que les engagements acceptés par l'ADLC, qui avaient pour objet d'y remédier, étaient en lien avec la préoccupation de concurrence identifiée*".

La confirmation du droit à facturer de nouvelles capacités d'interconnexion dans le cadre des accords de *peering*

En rejetant le pourvoi de *Cogent*, la Cour de cassation confirme la solution dégagée par l'Autorité relative à l'encadrement des accords d'interconnexion en cas d'apparition de dissymétries de trafic entre les acteurs, comme dans le présent litige.

Dans cette affaire, l'Autorité n'avait pas considéré comme illégale la facturation de l'ouverture de capacités supplémentaires mais avait exigé une formalisation des conditions d'interconnexion entre*France Télécom* et *Cogent* afin d'améliorer la transparence relative aux activités d'interconnexion à Internet.

Ainsi, tout en reconnaissant la possibilité d'une "monétisation" des accords de *peering*, cette décision rappelle la nécessité d'un encadrement des relations d'interconnexion, et ce d'autant plus que les prestations d'interconnexion ne font pas l'objet d'une régulation *ex ante* par l'ARCEP. À cet égard, comme le rappelle l'ARCEP dans son avis précité, rendu à la demande de l'Autorité dans cette affaire, si les modalités des accords de *peering* relèvent de la libre négociation commerciale, les opérateurs doivent respecter les dispositions du CPCE régissant l'interconnexion et notamment son article L. 34-8, II, selon lequel tout refus d'interconnexion doit être motivé. En outre, l'ARCEP rappelle, dans son rapport sur la neutralité de l'Internet, que parmi ses propositions formulées en septembre 2010, elle recommandait que les offres d'interconnexion payantes des FAI soient proposées à tous les acteurs de manière transparente et non discriminatoire (ARCEP, rapport au Parlement et au Gouvernement sur la neutralité de l'Internet, septembre 2012). Afin d'apprécier le caractère non-discriminatoire des modalités d'interconnexion, l'ARCEP a adopté une décision de collecte périodique d'informations sur les marchés de l'interconnexion (Cf. *Concurrences* n° 3-2014, p. 180 – décision n° 2014-0433 du 8 avril 2014 modifiant la décision n° 2012-0366 de l'ARCEP du 29 mars 2012 relative à la mise en place d'une collecte d'informations sur les conditions techniques et tarifaires de l'interconnexion et de l'acheminement de données).

Notons par ailleurs qu'un accord, conclu le 30 juin 2015 entre le Parlement européen, le Conseil et la Commission européenne sur le projet de réglementation "continent connecté", pourrait avoir un impact sur la solution dégagée par l'Autorité et confirmée par la Cour de cassation dans la présente affaire. En effet, comme indiqué dans le communiqué de presse de la Commission européenne, cet accord consacre, "*pour la première fois, le principe de la "neutralité du net" dans la législation de l'UE*" (Communiqué de presse de la Commission européenne du 30 juin 2015 – IP/15/5265). Cet accord prévoit que "*les fournisseurs de services Internet ne seraient pas autorisés à bloquer ou ralentir les vitesses d'Internet pour certains services pour des raisons commerciales*" (Communiqué de presse du Parlement européen – 30 juin 2015). Il est également prévu qu'un "*opérateur serait néanmoins en mesure d'offrir des services spécialisés (par exemple l'amélioration de la qualité d'Internet nécessaire pour certains services), mais seulement à condition que cela n'ait pas un impact sur la qualité générales d'Internet*". La version finale du texte n'est pas encore disponible, le texte convenu devant encore être formellement approuvé par le Parlement européen et par le Conseil des ministres avant de pouvoir entrer en vigueur. Toutefois, au vu des seuls éléments publiquement disponibles dans les communiqués de presse des institutions européennes relatifs à la neutralité de l'Internet, il semblerait que la nouvelle réglementation pourrait permettre une forme de différenciation tarifaire, limitant ainsi le champ de l'interdiction de bloquer ou de ralentir le trafic sur Internet.

J.-P. Tran Thiet, O. Berg, L. Ghebali

Concurrences N°3-2015, pp. 161-162

Concurrences +

Alain Ronzano, Ciseau tarifaire : La Cour de cassation rejette le pourvoi d'une entreprise spécialisée dans l'interconnexion du transit sur Internet et valide la procédure d'engagements retenue à l'égard de l'opérateur télécom historique (Cogent/Orange), 12 mai 2015, Concurrences N° 3-2015, Art. N° 75325.

3.2 Contentieux

3.2.1 Contrôle juridictionnel

CE, 29 déc. 2006, UPC France, n° 288251

Le Conseil d'État procède à un "contrôle approfondi" des décisions de l'ARCEP, y compris de la définition des marchés et des parts de marché des différents opérateurs

Par un arrêt rendu le vendredi 29 décembre 2006, le Conseil d'État est venu affirmer qu'il procède à un examen approfondi des décisions de l'ARCEP en matière de délimitation de marchés et d'appréciation de l'influence – dominante ou non – d'un opérateur sur ce marché.

Dans cette affaire, le Conseil d'État avait été saisi d'une demande d'annulation pour excès de pouvoir de la décision par laquelle l'ARCEP avait déclaré pertinent le marché de gros de la terminaison d'appel géographique sur le réseau fixe de UPC France, avait désigné la requérante comme opérateur exerçant une influence significative sur ce marché et lui avait imposé, notamment, de ne pas pratiquer de tarifs excessifs.

Après avoir examiné de façon détaillée la façon dont l'ARCEP avait défini le marché de gros de la terminaison d'appel vers les numéros géographiques des abonnés de UPC France et, en particulier, après avoir écarté la substituabilité des appels vers les numéros non géographiques, le Conseil d'État a validé l'approche adoptée par l'ARCEP dans sa décision pour définir le marché pertinent. De la même façon a-t-il validé la position dominante détenue par UPC France sur ce marché et approuvé les obligations (essentiellement celle de ne pas pratiquer de tarifs excessifs) imposées par l'ARCEP.

Sans retracer l'histoire de l'étendue du contrôle effectué par le juge administratif sur les décisions de l'administration comportant une part d'appréciation discrétionnaire, notamment en matière d'administration économique, on rappellera que, progressivement, le Conseil d'État l'a renforcée, intégrant le contrôle de la qualification juridique des faits (CE, 4 avril 1914, Gomel, n° 55125, Rec. Leb. p. 488), puis celui de l'erreur manifeste d'appréciation, autrement dénommé "contrôle restreint" (CE, 13 novembre 1953, Denizet, Rec. Leb. p. 489), avant d'en arriver au "contrôle normal", lequel désigne en fait un contrôle approfondi au cours duquel le juge procède à un examen détaillé de la motivation des actes administratifs et peut y substituer sa propre appréciation.

On savait déjà, depuis les décisions intervenues le 23 avril 2003 et le 25 février 2005 (n° 247866 et n° 233063, concernant toutes deux France Télécom), que le Conseil d'État avait décidé d'exercer un contrôle "normal" sur les décisions de l'ARCEP imposant à l'opérateur historique une modification de son offre de référence. Ces décisions tranchaient avec la jurisprudence traditionnelle du Conseil d'État, lequel n'exerce, en principe, qu'un contrôle restreint – donc limité à l'erreur manifeste d'appréciation – sur les questions de tarification et de coût.

On sait désormais, depuis cet arrêt UPC France, que ce contrôle normal s'exerce également sur les définitions de marché et sur l'appréciation de l'influence exercée par tel ou tel opérateur sur ledit marché.

Ce faisant, le Conseil d'État marque l'attention qu'il porte, dans un secteur de régulation économique où l'égalité des conditions de concurrence doit être préservée et où, accessoirement, l'application uniforme du droit européen doit être assurée, à surveiller de façon approfondie l'exercice de ses prérogatives par une autorité administrative indépendante.

Une autre raison justifie que l'approche soit approuvée. On comprendrait mal que l'ARCEP, qui est soumise à deux ordres de juridictions dans l'exercice de ses missions, se retrouve exposée à un contrôle approfondi de la Cour d'appel de Paris dans ses décisions de règlement de différend (lesquelles peuvent comporter des analyses économiques destinées à apprécier le caractère raisonnable ou non d'une demande), alors quelle ne ferait l'objet que d'un contrôle restreint par le Conseil d'État lorsqu'il aurait à connaître de ses décisions de régulation.

T. Tuot
Concurrences N° 1-2007, p. 158

Cass. com., 12 déc. 2006, société Western Télécom / France Telecom, n° 05-19.610

La Cour de cassation dénie à l'ARCEP le droit de présenter des observations sur le pourvoi formé contre l'arrêt rendu à la suite du recours formé contre l'une de ses décisions

L'arrêt rendu par la chambre commerciale de la Cour de cassation le 12 décembre 2006 mérite certainement de retenir l'attention à plus d'un titre. Toutefois, dans le cadre de la présente chronique nous nous bornerons à en mentionner un aspect: le fait que la Cour de cassation était appelée une nouvelle fois à se prononcer sur la possibilité pour une autorité de régulation, en l'espèce l'ARCEP, à présenter des observations sur le pourvoi formé contre l'arrêt rendu à la suite du recours formé contre l'une de ses décisions de règlement de différend (pour d'autres aspects, v. not. infra chron. Régulations, note T. T.).

Rappelons brièvement les données du problème. Dans le cadre de ses compétences de règlement des différends entre opérateurs, l'ARCEP est appelée à rendre des décisions qui peuvent faire l'objet d'un recours en réformation ou en annulation devant la Cour d'appel de Paris. Devant cette dernière, l'ARCEP peut, à l'instar des parties, déposer des observations écrites et présenter des observations orales qui sont soumises à la procédure contradictoire. L'une des questions qui se posaient devant la Cour de cassation était de savoir si, dans le cadre d'un pourvoi formé par l'une des parties, l'ARCEP pouvait présenter des observations. La réponse de la chambre commerciale est claire: "attendu qu'aucun texte ni principe n'habilite l'ARCEP à présenter des observations sur le pourvoi formé contre l'arrêt rendu à la suite du recours formé contre l'une de ses décisions. que ces observations sont irrecevables".

La solution n'est en fait pas nouvelle. Elle avait déjà été affirmée par la même chambre dans un arrêt du 22 février 2005 au sujet des observations présentées par la CRE (Cass. com. 22 févr. 2005, n° 04-12.618; M. Lombard, Concurrences n° 2-2005, p. 96; P.-A. Jeanneney, La Cour de cassation refuse d'entendre les observations de la Commission de régulation de l'énergie, D. 2005, Jur. p. 1835). Pour autant, elle suscite des interrogations. En dehors de la question de savoir si, avant de déclarer ses observations irrecevables – irrecevabilité qui semble avoir été soulevée d'office par la chambre commerciale – celle-ci n'aurait pas dû offrir à l'ARCEP la possibilité de donner son point de vue (en ce sens, P.-A. Jeanneney, préc.), nous formulerons trois brèves remarques.

Tout d'abord, il importe de relever la diversité des solutions apportées par les juridictions sur cette question. En effet, d'une part, si la chambre commerciale a, à deux reprises, déclaré irrecevable la présentation d'observations, par les régulateurs, une fois pour la CRE et une fois pour l'ARCEP, la 1re chambre civile a, de son côté admis à deux reprises, au moins implicitement, de telles observations de l'ART à l'époque (v. Cass. 1ère civ., 14 nov. 2000, Sté Copper Communications, D. 2000, IR p. 305; 5 mars 2002, Sté Spacetel Communications, n° 00-12.972). L'on ne saurait dire s'il s'agit là d'une réelle divergence de jurisprudence (en ce sens, v. P.-A. Jeanneney, préc.), ou la simple conséquence du fait que, le moyen n'ayant pas été soulevé par les parties ou d'office devant la 1re chambre civile, cette dernière n'a pas eu à se prononcer explicitement sur ce point. Toujours est-il que dans deux cas des observations ont pu être déposées et dans deux autres elles furent rejetées. D'autre part, la solution retenue en l'espèce par la Haute juridiction judiciaire n'est pas identique à celle qu'applique le Conseil d'État pour les recours dirigés contre des décisions d'autorités administratives indépendantes. Il y a ainsi fort à parier que, à l'occasion de recours dirigés contre les décisions de règlement des différends du CSA – qui relèvent de la compétence du Conseil d'État, autre divergence... – celui-ci sera autorisé à présenter des observations devant le juge administratif.

Ensuite, l'on peut s'interroger sur la portée de la solution dégagée par la chambre commerciale sur la possibilité pour le Conseil de la concurrence de présenter des observations devant la même chambre de la Cour de cassation. En effet, si depuis l'origine le Conseil de la concurrence peut présenter des observations écrites devant la Cour d'appel de Paris, depuis le 1er janvier 2006 (v. décret n° 2005-1667 du 27 déc. 2005 modifiant le décret n° 87-849 du 19 oct. 1987) il peut également présenter des observations orales à l'audience, à l'instar des autorités sectorielles de régulation. La question de la présentation d'observations devant la Cour de cassation dans le cadre d'un pourvoi ne s'est à ce jour jamais posée, mais, sauf revirement, et en l'absence de texte habilitant spécifiquement le Conseil, on voit mal comment le raisonnement appliqué par la chambre commerciale à l'ARCEP ne sera pas transposé au Conseil de la concurrence. A moins de considérer que, quand le droit communautaire est en jeu, l'article 15 du règlement n° 1/2003, accordant un rôle d'amicus curiae aux autorités nationales, puisse être interprété comme constituant un texte habilitant le Conseil à présenter de telles observations. La lettre du texte n'interdit pas cette interprétation, mais ce n'était probablement pas sa vocation initiale.

Enfin, cette jurisprudence pose au moins deux questions, que l'on ne peut que mentionner dans le cadre de la présente étude. D'une part, on peut se demander si cette décision est vraiment justifiée sur le fond. En effet, a-t-on vraiment évalué les avantages et inconvénients de la présentation de telles observations? A-t-on tiré toutes les conséquences de la nature juridique des autorités de régulation dont il est question ici? D'autre part, cette décision, parmi d'autres, illustre la diversité de règles et de procédures suivies ou applicables aux autorités de marché, qu'elles aient une compétence générale ou sectorielle. Une réflexion d'ensemble sur ces sujets et une convergence des cadres juridiques méritéraient d'être engagées (v. pour une premier bilan, le rapport sur les autorités administratives indépendantes par P. Gélard, Office parlementaire d'évaluation de la législation, 15 juin 2006).

C. Lemaire
Concurrences N°1-2007, pp. 151-153

3.2.2 Sanction

CE, 15 avril 2016, Guadeloupe Téléphone Mobile et autres, n° 390759

Le Conseil d'État valide le retrait des autorisations d'exploiter les réseaux 2G et 3G prononcé à l'encontre des trois sociétés de téléphonie mobile qui avaient préalablement été mises en demeure de respecter leurs obligations de déploiement du réseau

La décision du Conseil d'État Société Guadeloupe Téléphone Mobile et autres met fin à un litige dont l'issue (qui semble inéluctable) a été retardée par l'évolution de l'organisation de l'Autorité de régulation des communications électroniques et des postes (ARCEP) elle-même.

L'historique du litige

Les 3 juin et 16 décembre 2008, l'ARCEP avait attribué aux sociétés Guadeloupe Téléphone Mobile, Guyane Téléphone mobile et Martinique Téléphone Mobile, trois filiales du groupe UTS NV, opérateur historique des Antilles néerlandaises, des autorisations d'exploitation du réseau mobile.

Ces autorisations étaient constitutives de droits d'usage de fréquences (ou bandes de fréquences radioélectriques du réseau mobile) sur les bandes 2G (900 MHz et 1800 MHz) et 3G (900 MHz et 2100 MHz) des territoires ultramarins.

En application de l'article L. 42 du code des postes et communications électroniques (CPCE), l'ARCEP a prévu des contreparties au droit d'usage des fréquences, à savoir le paiement de redevances d'utilisation et une obligation de couverture géographique des réseaux mobiles 2G et 3G. Plus précisément, au terme d'un délai de cinq ans, le régulateur exigeait une couverture de la population à hauteur de 70 % sur les réseaux 2G et 3G.

Bien avant l'expiration de ce délai, dès 2010, une procédure de sanction a été ouverte contre les trois sociétés autorisées.

Le 30 novembre 2011, l'Autorité a mis en demeure les sociétés de respecter les conditions de couverture de leur territoire. L'ARCEP reprochait aux trois sociétés de n'avoir fourni aucun élément justifiant d'un commencement de déploiement des réseaux 2G et 3G. Un délai d'un an était alors laissé aux sociétés antillaises pour satisfaire leurs obligations.

Aucune sanction n'a été prise par l'ARCEP à l'issue de ce délai et, le 5 juillet 2013, le Conseil constitutionnel a censuré l'article L. 36-11 du CPCE, fondement du pouvoir de sanction de l'ARCEP, au motif que l'absence de séparation des fonctions de poursuite et de sanction de l'Autorité était contraire au principe d'impartialité (Cons. const. 5 juillet 2013, Numéricâble et autre, n° 2013-331 QPC).

Cette décision, applicable à l'ensemble des procédures en cours devant l'ARCEP, offrit un léger répit aux trois sociétés pour lesquelles les poursuites devaient être interrompues.

L'ordonnance du 14 mars 2014 (Ordonnance n° 2014-329 du 12 mars 2014 relative à l'économie numérique) et le décret du 3 août 2014 (Décret n° 2014-867 du 1er août 2014 relatif à la procédure de sanction de l'Autorité de régulation des communications électroniques et des postes) ont réorganisé le pouvoir de sanction de l'ARCEP, créant au sein de l'autorité, une formation de poursuite distincte de la formation de sanction, pour se conformer à l'exigence constitutionnelle d'impartialité.

Dans ce nouveau cadre institutionnel, la formation de règlement des différends, de poursuite et d'instruction (FRDPI) de l'ARCEP, a, le 7 octobre 2014, à nouveau mis en demeure les trois sociétés titulaires d'autorisations d'exploitation des réseaux mobiles dans les territoires ultramarins de respecter leurs obligations : payer les redevances d'utilisation des bandes de fréquences et assurer la couverture du réseau.

Ces décisions imposaient un calendrier pour le déploiement des réseaux, avec plusieurs échéances, dont la dernière était fixée au 15 janvier 2016 et concernait la couverture 3G.

Sans attendre l'arrivée de cette dernière échéance, le 19 mai 2015, l'ARCEP prononçait le retrait des droits d'utilisation des fréquences attribuées aux sociétés Guadeloupe Téléphone Mobile, Guyane Téléphone mobile et Martinique Téléphone Mobile (Déc. du 19 mai 2015, nos 2015-0592-FR, 2015-0593-FR, 2015-0593-FR).

Les sociétés sanctionnées contestaient alors ces décisions par trois recours pour excès de pouvoir formés devant le Conseil d'État, compétent en premier et dernier ressort (article R. 311-1 du code de justice administrative). Le Conseil d'État a joint ces requêtes et rejeté les trois recours par une décision unique ; il avait déjà rejeté, en référé, la demande de suspension des décisions de sanction déposée sur le fondement de l'article L. 521-1 du code de justice administrative (CE, Ord., 28 juillet 2015, Guadeloupe Téléphone Mobile et autres, n° 390765).

La légalité des sanctions pour non-respect des obligations visées dans la mise en demeure

Le Conseil d'État juge que les dispositions de l'article L. 36-11 du CPCE relatives aux sanctions "n'ont pas pour effet d'interdire à la formation restreinte de l'Autorité de régulation des communications électroniques et des postes de sanctionner un manquement à une obligation intermédiaire fixée dans une mise en demeure, et notamment, compte tenu des circonstances de l'espèce et de la gravité du manquement, de prononcer sans attendre l'expiration de la dernière échéance prévue dans la mise en demeure initiale, la sanction de retrait des droits d'utilisation de fréquences".

Cette solution se fonde sur le texte même de l'article L. 36-11 du CPCE qui autorise l'ARCEP à sanctionner un exploitant de réseau ou un fournisseur de services de communications électroniques s'il ne s'est pas conformé aux obligations intermédiaires définies dans la mise en demeure qui lui a été préalablement adressée (article L. 36-11-II du CPCE).

Pour le Conseil d'État, le comportement des trois sociétés d'une part, et la rareté de la ressource en cause d'autre part, justifiaient de retirer les autorisations d'utilisation des bandes de fréquences sans attendre la dernière échéance fixée dans la mise en demeure de l'ARCEP.

L'inertie des sociétés sanctionnées

La gravité du manquement des sociétés Guadeloupe Téléphone Mobile, Guyane Téléphone mobile et Martinique Téléphone Mobile tient à leur inertie : on comprend à la lecture de l'arrêt que les sociétés n'ont, depuis 2008, concrètement rien fait pour déployer les réseaux 2G et 3G dans leurs périmètres respectifs. Ainsi, non seulement elles ne respectaient pas la dernière mise en demeure du 7 octobre 2014, mais elles n'avaient pas non plus commencé à exécuter les autorisations délivrées en 2008.

Le rapporteur public Xavier Domino rappelle que les sociétés requérantes ont fait valoir avoir "effectué un certain nombre de démarches pour déployer un réseau opérationnel: conclusion de conventions de mise à disposition des points hauts d'EDF, de contrats de bail relatifs à des sites aux fins de réaliser les aménagements en vue d'y installer des antennes relais, d'interconnexion avec France Télécom, déclarations auprès de l'Agence nationale des fréquences (ANFR), contrat avec des prestataires de services, entrée de SEM au capital des sociétés" (conclusions sur l'arrêt commenté).

L'ARCEP défendait sa décision sur l'ancienneté des manquements et l'absence de circonstances de fait susceptibles de justifier l'inaction des opérateurs. Cela fait plus de 7 ans que les premières autorisations de fréquences 2G et 3G ont été attribuées et plus de 5 ans que la première échéance de déploiement n'a pas été respectée. Ainsi outre l'absence de preuve des sociétés portant sur le déploiement effectif des réseaux 2G et 3G depuis sept ans, le régulateur soulignait "qu'aucun élément objectif ne saurait justifier un tel retard, les technologies étant matures et des offres de services étant disponibles, d'autres opérateurs étant d'ailleurs parvenus, dans les territoires concernés, à atteindre leurs obligations de déploiement 2G et 3G" (conclusions précitées).

La rareté des ressources en cause

Le Conseil d'État a examiné la situation du marché qui se caractérise par une "demande accrue d'attributions de telles fréquences. Il évoque également les intérêts en cause: "[...] la nécessité d'améliorer le déploiement de réseaux mobiles dans les départements en cause et [...] l'intérêt général qui s'attache à une gestion efficace du spectre radioélectrique".

La rapporteur public précise, se fondant à cet égard sur la consultation publique menée de juillet à septembre 2013 par le Gouvernement et l'ARCEP, que "les fréquences en bande 900 MHz, 1800 MHz et 2100 MHz se raréfient dans les départements de la Guyane, de la Guadeloupe et de la Martinique". L'inaction des sociétés sanctionnées apparaît donc d'autant plus grave que le marché est saturé.

C'est aussi ce qui justifiait pour l'ARCEP de ne pas attendre la dernière échéance sachant que les sociétés seraient, selon toute vraisemblance, en défaut vis-à-vis des obligations rappelées dans la mise en demeure de 2014.

Le Conseil d'État rejette en effet le moyen des requérants selon lequel "l'Autorité aurait fait une inexacte application de ces dispositions [relatives au pouvoir de sanction] en prononçant à leur encontre une sanction qui a eu pour effet de les priver de la possibilité de se mettre en conformité avec la mise en demeure dont elles avaient fait l'objet".

Sur ce point, le rapporteur public Xavier Domino ajoute que "la possibilité de fixer un échéancier a pour seul objet de préciser à l'opérateur intéressé le calendrier de mise en conformité, et non de lui permettre de s'exonérer du respect des obligations qui lui incombent dès la première échéance". Il ajoute que "dans l'hypothèse où, dès la première échéance, l'ARCEP constate un défaut de mise en conformité avec les obligations édictées, rien ne justifie [...] que l'Autorité attende la dernière échéance pour prononcer une sanction à l'encontre de l'opérateur contrevenant". En un mot, "manquer cette première marche peut bien vouloir dire en effet que les autres deviennent inatteignables" (concl. préc.).

En exerçant un contrôle normal sur les sanctions prononcées par l'ARCEP, le juge considère, en conséquence, que la sanction des retraits de droits de fréquence des sociétés ne revêt pas un "caractère disproportionné".

E. Guillaume
Concurrences N° 4-2016, pp. 173-174

ARCEP, form. restreinte, déc. n° 2016-0504-FR du 14 avril 2016 portant sanction à l'encontre de la société Lycamobile en application de l'article L. 36-11 du code des postes et communications électroniques

L'Autorité de Régulation des Communications Électroniques et des Postes (ARCEP) sanctionne un opérateur de téléphonie mobile pour non-respect de ses obligations en matière de financement du service universel des communications électroniques

La sanction infligée à l'opérateur de téléphonie mobile Lycamobile témoigne de la volonté de l'Autorité de faire assurer le bon fonctionnement et la pérennité du système de financement du service universel. Sont en effet en jeu tant les besoins des usagers que l'égalité des conditions de concurrence auxquelles doivent faire face les opérateurs de télécommunications.

Le mécanisme de financement du service universel des communications électroniques

La définition du service universel figure dans la directive 2002/22/CE dite "service universel" et, en droit national, à l'article L. 35-1 du code des postes et des communications électroniques (CPCE). Son champ d'application a été récemment réduit par la loi Macron (loi n° 2015- 990 du 6 août 2015 pour la croissance, l'activité et l'égalité des chances économiques) et se limite désormais principalement au raccordement et au service téléphonique de qualité à un prix abordable. Les prestations de service universel sont réalisées par le ou les opérateur(s) désigné(s) par le ministre en charge des communications électroniques selon les modalités prévues à l'article L. 35-2 du CPCE. Depuis 2005, France Télécom, devenue Orange, est chargée d'assurer le service universel (arrêté du 31 octobre 2013 portant désignation de l'opérateur chargé de fournir les prestations "raccordement" et "service téléphonique" de la composante du service universel prévue au 1° de l'article L. 35-1 du code des postes et des communications électroniques). En vertu de l'article L. 35-3 du CPCE, l'ARCEP a pour mission d'évaluer annuellement les coûts nets imputables aux obligations de service universel. Ce montant correspond à la charge que supporte le prestataire au titre du service universel mais tient également compte de l'avantage qu'il retire sur le marché de la réalisation de ces obligations. Ces charges font l'objet d'une compensation financière si elles présentent un caractère excessif. À ce titre, la directive européenne prévoit la possibilité pour les États membres soit d'instaurer un fonds abondé directement par les opérateurs de communications électroniques, soit de prendre en charge directement ce financement. En France, la compensation des charges induites pour le prestataire se fait sous la forme d'un fonds de service universel des communications électroniques crée dès 1997 (article L. 35-3 III du CPCE).

Sa gestion comptable et financière est assurée par la Caisse des dépôts et consignations qui dispose pour ce faire d'un compte spécifique. Ce fonds est directement alimenté par les opérateurs dont le chiffre d'affaires annuel réalisé au titre des services de communications électroniques est supérieur à 5 millions d'euros (article R. 20-39 du CPCE). Les opérateurs qui n'atteignent pas ce seuil sont exonérés de contribution au financement du service universel. La part respective de chaque opérateur au financement du service universel est proportionnelle au chiffre d'affaires réalisé. Ainsi, au titre de l'année 2016, l'ARCEP a publié une liste de 73 opérateurs débiteurs d'une contribution provisionnelle dont le montant variait de 147 euros à 4,47 millions euros (ARCEP, décision n° 2015-1441 du 24 novembre 2015 fixant les contributions provisionnelles des opérateurs au financement du service universel des communications électroniques pour l'année 2016). Le financement du service a lieu chaque année en deux étapes. Dans un premier temps, l'ARCEP fixe le montant dont doit s'acquitter chaque opérateur sous forme d'une contribution provisionnelle. Ce montant, égal à la moitié de la dernière contribution définitive connue, fait l'objet de deux versements, les 15 janvier et 15 septembre de l'année considérée. Dans un second temps, l'ARCEP rend public le solde définitif dû par chacun au plus tard le 30 avril de la deuxième année suivant l'année considérée (article R. 20-39 du CPCE). À ces montants s'ajoutent les frais de gestion du fonds qui sont également répartis entre tous les opérateurs contributeurs.

La procédure d'instruction suivie par l'arcep en cas de défaillance d'un opérateur contributeur

Depuis sa mise en place, le système de financement contributif fonctionne de manière satisfaisante : le défaut de paiement de la contribution due par un opérateur constituait une situation inédite.

La société Lycamobile est un opérateur de réseau mobile virtuel (MVNO) déclaré auprès de l'ARCEP depuis 2011 et spécialisé dans la vente de carte SIM prépayées destinées aux appels internationaux. Son activité d'opérateur “exploitant un réseau de communications électroniques ouvert au public ou fournissant au public un service de communications électroniques” soumet la société, sous réserve du niveau de son chiffre d'affaires, au paiement d'une contribution au financement du service universel. Or, au vu du chiffre d'affaires réalisé en 2011 et 2012 par Lycamobile, la société était redevable de contributions au fonds de service universel (article L. 32 15° du CPCE) pour ces mêmes années. Par deux décisions édictées en 2013 et 2014, l'ARCEP avait donc fixé le montant de la contribution définitive due par l'opérateur pour les exercices 2011 et 2012, soit les sommes de 17 261 et de 123 043 euros (ARCEP, décisions n° 2013-0590 et n° 2014-0533). Fin 2013, l'ARCEP avait également fixé la part de contribution provisionnelle devant être versée par Lycamobile pour l'année 2014 à 17 261 euros (ARCEP, décision n° 2013-1406).

La Caisse des dépôts et consignations, gestionnaire du fonds et chargée en vertu de l'article R. 20-41 du CPCE de veiller au recouvrement des sommes dues par les opérateurs de télécommunications, a constaté l'absence de paiement par Lycamobile des contributions susvisées dans les délais impartis. Conformément à l'article R. 20-43 du CPCE, l'opérateur a donc été mis en demeure de procéder au paiement de ces contributions pour les années 2011, 2012 et 2014 auxquelles s'ajoutaient des intérêts moratoires. Faute d'exécution dans le délai de trois semaines imparti par les textes, l'opérateur a été considéré comme défaillant.

Les services de l'ARCEP ont par la suite adressé plusieurs courriers à l'opérateur au cours des années 2014 et 2015 en lui rappelant ses obligations en matière de financement du service universel et en lui indiquant que sa défaillance était effectivement constatée. L'opérateur n'ayant pas réagi, l'ARCEP a ouvert une procédure de sanction. En effet, l'article L. 36-11 du CPCE prévoit que l'autorité peut sanctionner les exploitants de réseau et les fournisseurs de services notamment en cas de manquement aux dispositions législatives et réglementaires qu'elle a pour mission de faire respecter.

L'instruction est alors menée par la formation de règlement des différends, de poursuite et d'instruction (RDPI) de l'ARCEP composée de quatre des sept membres du collège. Dans le cadre de cette procédure, le rapporteur a adressé deux questionnaires successifs à l'opérateur pour lui permettre d'expliquer ses manquements. La société Lycamobile s'est toutefois contentée, selon l'ARCEP, d'une réponse lacunaire évoquant les difficultés de trésorerie du groupe.

En application de la procédure prévue à l'article L. 36-11 du CPCE, la formation RDPI a mis en demeure Lycamobile de justifier du respect de ses obligations au plus tard à la date du 15 octobre 2015. Les sommes dues par l'opérateur s'élevaient à 157 565 euros majorés des intérêts à compter de la décision de mise en demeure datée du 16 septembre 2015. L'opérateur n'ayant pas donné suite, le rapport d'instruction a conclu à l'absence de justification du respect de l'obligation de financement du service universel concernant les contributions définitives des années 2011 et 2012 et la contribution provisionnelle de l'année 2014.

Par une décision du 27 janvier 2016, l'Autorité a notifié à l'opérateur les griefs reprochés (ARCEP, décision n° 2015-1120-RDPI).

La sanction infligée à l'opérateur pour non-respect de ses obligations de contribution

À ce stade de la procédure, le dossier d'instruction est alors confié à la formation restreinte, dite de sanction, de l'Autorité. En effet, l'ordonnance n° 2014-329 du 12 mars 2014 prévoit désormais qu'une formation composée des trois membres restants du collège est chargée d'adopter les décisions de sanction. Cette organisation vise à garantir une séparation suffisante des fonctions de poursuite et de jugement à la suite de la décision du Conseil constitutionnel censurant les dispositions relatives au pouvoir de sanction de l'Autorité (Conseil constitutionnel, 5 juillet 2013, n° 2013-331 QPC).

Bien qu'elle y ait été invitée par la formation restreinte, la société Lycamobile n'a pas consulté le dossier, ni formulé d'observations écrites. Les parties (Lycamobile et l'ARCEP) ont toutefois pu présenter leurs observations au cours d'une audition contradictoire prévue à l'article L. 36-11 III. Dans ce cadre, le représentant de la formation d'instruction a indiqué que l'opérateur avait depuis lors procédé à un versement partiel de 18 516,93 euros. Lycamobile a en outre affirmé avoir effectué un virement complémentaire de 114 737,59 euros la veille de cette audition. Enfin, postérieurement à l'audition, la société a adressé des observations écrites justifiant les versements évoqués et explicitant les difficultés de gestion financière auxquelles elle avait été confrontée.

La décision de sanction de la formation restreinte met dans un premier temps l'accent sur l'impact que génère toute défaillance d'un opérateur sur le financement du service universel. Elle souligne à ce titre qu'"in fine, si les sommes dues par l'opérateur défaillant ne sont pas recouvrées, il revient à l'ensemble des autres opérateurs contributeurs de les prendre en charge". Dès lors, les manquements réguliers de la société Lycamobile sont de nature à fragiliser le mécanisme de contribution collective. La formation relève par ailleurs que malgré les versements effectués, au demeurant tardifs, l'opérateur reste redevable de la somme de 27 229,29 euros. Elle ajoute que les arguments relatifs aux difficultés de trésorerie "ne sauraient, en tout état de cause, soustraire la société Lycamobile au respect de ses obligations en matière de contribution au financement du service universel".

Tenant compte de l'ensemble des circonstances de l'espèce, l'Autorité estime qu'il apparaît proportionné de prononcer une sanction pécuniaire de 100 000 euros et de rendre publique la présente décision sur son site Internet pendant un délai d'un mois. La formation restreinte se réserve toutefois le droit de prononcer une sanction pécuniaire plus sévère en cas de réitération par l'opérateur du comportement reproché. L'article L. 36-11 III du CPCE lui permet en effet de décider la suspension totale ou partielle ou le retrait temporaire du droit d'établir un réseau ou de fournir un service de communications électroniques et de prononcer une sanction pécuniaire pouvant aller jusqu'à 3 ou 5 % du chiffre d'affaires de l'opérateur mis en cause.

Faute de disposer de précédents, il est difficile d'apprécier le degré de sévérité de la sanction prononcée contre l'opérateur récalcitrant. On relève néanmoins que celle-ci s'élève à environ 0,5 % du chiffre d'affaires de la société Lycamobile (17,3 millions d'euros en 2014), alors que d'après la décision, la formation d'instruction avait recommandé une sanction pécuniaire équivalent à 0,1 % de ce chiffre d'affaires.

Au regard des quelques sanctions prononcées par l'ARCEP ces dernières années pour d'autres types de manquements, la présente décision ne paraît toutefois pas emprunte d'une grande sévérité. En effet, l'Autorité a déjà prononcé une sanction de 5 millions d'euros à l'encontre de deux sociétés du groupe Numericable, ce qui correspondait également à 0,5 % de leur chiffre d'affaires cumulé (ARCEP, décision n° 2011-1469 du 20 décembre 2011). Dans de rares cas, l'ARCEP a également prononcé le retrait d'autorisations d'utilisation des fréquences attribuées à des opérateurs (ARCEP, décisions n° 2015-0592, n° 2015-0593 et n° 2015-0594), de même que la suspension d'une autorisation portant attribution d'un préfixe de sélection (ARCEP, décision n° 06-0475).

On constate malgré tout dans la sanction prononcée par l'ARCEP, qui équivaut aux deux tiers du montant de la contribution due, la volonté de ne pas laisser reléguer au second rang les dettes de financement du service universel des télécommunications.

E. Guillaume, P.-E. Pivois

Concurrences N° 3-2016, pp. 150-152

CJUE, 22 janv. 2015, T-Mobile Austria, aff. C-282/13

La Cour de justice de l'Union européenne estime qu'une entreprise peut bénéficier d'une droit de recours contre une décision d'une autorité réglementaire nationale susceptible d'affecter la position de l'entreprise en question sur le marché

Dans un arrêt C-282/13 du 22 janvier 2015, la Cour a précisé, en réponse à une question préjudicielle, les droits des entreprises concurrentes dans l'hypothèse d'une procédure de cession de fréquences de télécommunications par une autorité réglementaire nationale ("ARN").

La Commission européenne avait autorisé, en décembre 2012, en application du règlement de l'UE sur les concentrations, l'acquisition de la branche autrichienne de téléphonie mobile d'Orange par Hutchison 3G. Cette opération de concentration impliquait de procéder à la modification de la structure de leur actionnariat et à la cession de certaines fréquences. Or, la législation nationale autrichienne imposait à ces sociétés d'obtenir l'autorisation de la commission autrichienne de contrôle des télécommunications, ci-après la "TCK".

En sa qualité de concurrent, mais aussi de tiers intéressé au cours de la procédure de concentration devant la Commission européenne, T-Mobile Austria avait exprimé la crainte que la modification envisagée ne porte atteinte à sa propre situation économique, et avait demandé à la TCK de se voir reconnaître le statut de partie à la procédure. Ce statut lui aurait permis, en effet, de pouvoir être entendue de façon formelle et d'avoir la possibilité de former un recours au fond contre la décision finale d'autorisation de la TCK. Cette-dernière refusa cependant de faire droit à sa demande.

La qualité de personne "*affectée*"

C'est dans le cadre du recours introduit par T-Mobile Austria contre ce refus, devant la Cour administrative d'appel autrichienne, que la Cour a eu à se prononcer sur la question préjudicielle de savoir si une entreprise, concurrente des parties à une procédure d'autorisation de cession de tels droits, pouvait être qualifiée de personne "*affectée*" par une décision d'une ARN, au sens de l'article 4, § 1 de la "directive-cadre" (directive 2002/21/CE du Parlement européen et du Conseil du 7 mars 2002 relative à un cadre réglementaire commun pour les réseaux et services de communications électroniques) qui impose aux États membre de prévoir un droit de recours devant un organisme juridictionnel afin de protéger les droits que les utilisateurs et les entreprises tirent de l'ordre juridique de l'Union.

La Cour indique que la notion d'entreprise "*affectée*" ne fait pas l'objet d'une définition au terme de la directive-cadre. Cependant, elle considère que l'impératif de conférer une protection juridictionnelle effective, dont procède l'article 4 de la directive-cadre, doit s'appliquer aux utilisateurs et aux entreprises qui peuvent tirer des droits de l'ordre juridique de l'Union, notamment des directives sur les communications électroniques, et qui sont atteints dans ces droits par une décision d'une ARN.

La Cour avait déjà appliqué un tel raisonnement dans son arrêt C-426/05 du 21 février 2008, *Tele2 Telecommunication*, concernant les obligations réglementaires sectorielles imposées par une ARN à certains opérateurs (dits "puissants") sujets à des analyses de marché. Elle avait jugé que tous les opérateurs du marché concerné pouvaient être considérés comme des opérateurs affectés, puisqu'ils étaient bénéficiaires potentiels des droits créés par ces obligations.

S'agissant, en l'espèce, d'une procédure relative à la cession de droits d'utilisation de radiofréquences, l'article 5, § 6 de la directive "autorisation" (directive 2002/20/CE du Parlement européen et du Conseil, du 7 mars 2002, relative à l'autorisation de réseaux et de services de communications électroniques) était par ailleurs applicable. Cet article impose aux ARN de veiller à ce que la concurrence ne soit pas faussée du fait d'une cession ou de l'accumulation de droits d'utilisation de radiofréquences.

La Cour a estimé que la procédure d'autorisation de cession de radiofréquences visait à sauvegarder la concurrence et que, de ce fait, une entreprise fournissant des réseaux ou des services de communications électroniques en concurrence directe avec les parties à la procédure devait effectivement être considérée comme "*affectée*" par la décision de l'ARN, dès lors que cette dernière pouvait modifier la position de l'entreprise en question sur le marché. Corrélativement, l'entreprise en question doit se voir reconnaître le droit de formuler un recours contre une telle décision.

En conclusion, la Cour a jugé que la cession des droits d'utilisation de radiofréquences d'Orange et Hutchison 3G modifiait les quotes-parts respectives de la dotation en radiofréquences de ces entreprises, et avait, par conséquent, une incidence sur la position de leur concurrente T-Mobile Austria. Cette-dernière devait donc se voir reconnaître le statut d'entreprise "*affectée*", et bénéficier d'un droit de recours contre la décision de la TCK.

J.-P. Tran Thiet, O. Berg, E. Xueref-Poviac
Concurrences N°2-2015, pp. 168-169

ARCEP, déc. n° 2011-1469 du 20 déc. 2011 prononçant une sanction à l'encontre des sociétés Numericable SAS et NC Numericable, en application de l'article L. 36-11 du code des postes et des communications électroniques

L'ARCEP prononce une lourde sanction en raison du retard dans l'exécution d'une décision de règlement de différend qui avait obligé un premier opérateur à mettre en conformité ses relations contractuelles avec un second opérateur

Que devaient faire les sociétés Numericable suite à une décision de règlement des différends leur donnant tort ? C'est, en substance, la question à laquelle l'Autorité de régulation des communications électroniques et des postes tente d'apporter une réponse dans sa décision n° 2011-1469 du 20 décembre 2011.

Par une décision n° 2010-1179 rendue le 4 novembre 2010 (cf. J.-P. Tran Thiet et O. Berg, "Accès aux infrastructures de génie civil : L'ARCEP étend ses compétences de règlement de différend aux infrastructures passives", *Concurrences* n° 1-2011, n° 34349, pp. 171-172), l'Autorité avait réglé un différend entre France Telecom et les sociétés Numericable SAS et NC Numericable. Faisant droit à l'essentiel des demandes de la première, elle a obligé les secondes, dans le cadre des opérations de déploiement et de maintenance de réseaux en fibre optique faites en application des contrats de cession, à mettre en conformité les modalités opérationnelles d'accès aux infrastructures de génie civil avec les modalités opérationnelles prévues dans l'"offre d'accès aux installations de génie civil de France Telecom pour les réseaux Fttx". Cette décision, notifiée à chacune des parties le 8 novembre 2010, aurait dû être mise en application au plus tard le 8 janvier 2011. Cependant, alors que France Telecom a transmis aux sociétés Numericable, le 7 janvier 2011, des projets d'avenants aux quatre contrats de cession visant à adapter les contrats conformément à la décision de l'ARCEP, celles-ci ont refusé de consentir à une telle modification. Le 21 octobre 2011 l'Autorité de régulation des communications électroniques et des postes a donc ouvert, à l'encontre des sociétés NC Numericable et Numericable SAS, une procédure pour défaut d'exécution de la décision du 4 novembre 2010.

Au cœur de ce nouveau contentieux, se trouve l'opposition des parties sur la manière dont il convient d'exécuter une décision de règlement des différends prise par une autorité de régulation sectorielle. Pour les sociétés Numericable, la décision de l'ARCEP n'impose nullement la conclusion d'avenants ou de nouveaux contrats. Selon elles et à la différence de ce que pense et propose France Telecom, la situation contractuelle ne nécessite pas de modification. Ce faisant, les sociétés Numericable ont refusé de consentir à toute modification des contrats de cession et, malgré la tenue d'une réunion entre les parties prenantes au mois de mai 2011 où les sociétés Numericable ont présenté à France Telecom la méthodologie qu'elles souhaitaient mettre en œuvre pour appliquer la décision de l'Autorité, celles-ci ont indiqué qu'elles ne formaliseraient aucun écrit relatif aux nouvelles modalités d'intervention dans le génie civil en l'absence d'une indemnisation de la part de France Telecom.

Pour trancher le litige, l'Autorité se prononce, dans un premier temps, sur les obligations découlant de sa décision précédente puis, dans un second temps, sur la qualification du comportement des sociétés Numericable.

Obligations à la charge de Numericable découlant de la décision n° 2009-1779

Pour déterminer les obligations pesant sur les sociétés Numericable, l'Autorité reprend sa décision de 2009, avant de regarder sil existe des éléments pouvant justifier le non-respect de ces obligations.

De manière on ne peut plus explicite, l'Autorité affirme que la décision n° 2010-1179 ne peut "donner lieu à aucune difficulté d'interprétation quant aux obligations qu'elle posait, qu'il s'agisse des modifications contractuelles attendues ou du délai dans lequel celles-ci devaient intervenir". En effet, comme elle le fait remarquer, les modalités devant être modifiées étaient explicitement et limitativement indiquées dans l'article 1 de sa décision. Pour mémoire, il appartenait aux sociétés Numericable de revoir les modalités relatives "aux déclarations précédant toute intervention sur le génie civil de France Telecom, aux principes généraux des commandes, à la fourniture de la documentation préalable, à la phase d'études, à la commande d'accès, à la phase de travaux, aux prestations complémentaires pendant la phase étude et/ou la phase de travaux, à l'exception de la prestation d'accompagnement pour accéder aux chambres sécurisées, et à la maintenance [...]".

En défense, pour justifier leur refus d'accepter les modifications contractuelles proposées par France Telecom, les sociétés Numericable avancent plusieurs arguments. Elles considèrent, d'une part, qu'il n'appartient pas à l'Autorité d'imposer des modifications contractuelles lorsqu'elle fait usage de ses prérogatives en matière de règlement des différends. Cependant, dans un arrêt en date du 23 juin 2011, la Cour d'appel de Paris a, au contraire, considéré que "la mission régulatrice confiée par la loi à l'ARCEP lui donne notamment le pouvoir d'imposer aux opérateurs relevant de son autorité des prescriptions et des injonctions ayant une incidence sur la conclusion, le contenu ou l'exécution de leurs conventions et de restreindre ainsi, pour des motifs d'ordre public économique, le principe de liberté contractuelle dont ils bénéficient".

Les sociétés Numericable estiment, d'autre part, que les avenants proposés par France Telecom ne sont pas conformes à la décision prise par l'Autorité. Toutefois, pour cette dernière, si les avenants avaient contenu des stipulations que les sociétés considéraient comme non conformes, il leur incombait de proposer à France Telecom les amendements qu'elles jugeaient adéquats. Or, elle constate que les sociétés Numericable n'ont jamais cherché à discuter avec France Telecom du contenu des modifications à apporter aux contrats de cession.

Les sociétés Numericable ont enfin avancé, à plusieurs reprises, que toute modification contractuelle était en pratique impossible du fait des contentieux pendants devant plusieurs juridictions. En effet, elles ont intenté, d'une part, un recours contre la décision de l'Autorité elle-même, devant la Cour d'appel de Paris puis devant la Cour de cassation, et, d'autre part, des actions en indemnités devant le tribunal de commerce de Paris et la chambre de commerce internationale. Cependant, quel que soit le type de recours ou leur issue, l'existence de procédures distinctes ne saurait justifier un refus d'exécution de la décision dans la mesure où aucun recours n'a d'effet suspensif.

Pour l'Autorité, il apparait donc que les sociétés Numericable ont délibérément et de manière constante dénaturé les obligations parfaitement claires qui leur incombaient aux termes de la décision n° 2010-1179, sans pouvoir avancer de justification pertinente.

Les conséquences des manquements de Numericable

L'exécution de la décision n° 2010-1179 imposait que les sociétés Numericable consentent à la modification des contrats de cession. En conséquence, elles ont manqué à leurs obligations. Prenant appui sur l'article L. 36-11 qui permet à l'Autorité de prononcer "une sanction pécuniaire dont le montant est proportionné à la gravité du manquement et aux avantages qui en sont tirés" et sur les modifications apportées par la directive n° 2009/140, lesquelles précisent que les sanctions prononcées par les autorités de régulation nationales doivent avoir un caractère dissuasif, l'ARCEP inflige une sanction financière d'un montant global de 5 millions d'euros aux sociétés Numericable (1 860 000 euros pour la société NC Numericable et 3 140 000 euros pour la société Numericable SAS).

Une telle sanction signifie que l'Autorité a estimé que le retard d'exécution de sa décision était entièrement imputable aux sociétés Numericable. Pour elle les sociétés ont, pendant plus de 10 mois, refusé délibérément et sans raison valable, toute modification de leurs contrats de cession.

L'Autorité ne fait donc pas droit aux demandes des sociétés Numericable pour échapper au prononcé de la sanction financière à leur encontre. Alors même qu'elles ont fait valoir qu'elles ont démontré leur volonté constante d'appliquer de bonne foi la décision n° 2010-1179, et que le "retard pris dans l'exécution de la décision n'est imputable ni à une mauvaise volonté de [leur] part ni à des manœuvres ou refus d'exécution de [leur] fait", qu'elles estiment s'être entièrement conformées à leur obligation d'exécution de la décision depuis le 29 novembre, l'Autorité décide de prononcer une sanction estimant que le retard qui leur est imputable constitue un manquement grave et délibéré. Comme elle le rappelle, il existe une importance toute particulière qui s'attache à l'exécution, dans les délais, des décisions de règlement de différend et qui justifie que l'Autorité puisse sanctionner le moindre retard d'un opérateur à l'égard de cette exécution.

In fine, il ne reste qu'à Numericable, en l'absence d'annulation par la juridiction civile de la décision initiale, d'introduire un recours devant le Conseil d'État pour tenter d'obtenir la réduction du montant de l'amende.

H. Delzangles, S. Martin
Concurrences N°1-2012, pp. 205-206

ARCEP, avis n° 2008-1175 du 4 nov. 2008 sur la demande d'avis du Conseil de la concurrence portant sur les pratiques de France Télécom, Orange France et Apple Europe sur le secteur de la distribution de la téléphonie mobile (iPhone) ; Cons. conc., déc. n° 08-MC-01 du 17 déc. 2008 relative à des pratiques mises en œuvre dans la distribution des iPhones

Le Conseil de la concurrence suspend l'exclusivité accordée par Apple à Orange pour la commercialisation de l'iPhone

Le 18 septembre 2008, Bouygues Telecom a saisi le Conseil de la concurrence de pratiques mises en œuvre par les sociétés France Télécom, Orange France et Apple Europe sur le marché de la distribution et de la vente de smartphones. Bouygues Telecom s'est plaint du refus opposé par Apple de lui accorder la qualité de distributeur agréé pour la vente de son terminal iPhone. Dans sa plainte, Bouygues Telecom a dénoncé le système de distribution sélective mis en place par Apple avec Orange France en pointant un certain nombre de restrictions anticoncurrentielles susceptibles de constituer une entente prohibée par les articles 81 du Traité CE et L. 420-1 du Code de commerce. Bouygues a sollicité, dans ce cadre, une série de mesures conservatoires alléguant l'atteinte grave et immédiate résultant des pratiques dénoncées.

L'essentiel de la plainte de Bouygues Telecom porte sur le modèle contractuel d'exclusivité à double-niveau accordée par Apple à Orange qui en fait l'opérateur de réseau et le grossiste exclusifs pour la distribution de l'iPhone sur le marché français.

La légitimité de principe du partenariat entre Orange et Apple

Le Conseil – comme l'ARCEP dans l'avis qu'elle a rendu sur demande du Conseil – replace le partenariat entre Orange et Apple dans le contexte du développement des services de convergence et des nouveaux relais de croissance qu'ils apportent aux opérateurs mobiles.

L'autorité de concurrence et l'autorité de régulation soulignent ainsi la très forte maturité du marché français de la téléphonie mobile. Le jeu concurrentiel y est essentiellement animé par l'acquisition des clients des opérateurs concurrents, la recherche de nouveaux relais de croissance en valeur et, dans une certaine mesure également, par la conquête de jeunes primo-accédants. À cet égard, le choix du terminal et son prix public constituent des éléments déterminants pour capter la clientèle. Les études démontrent en effet que les consommateurs ne valorisent un terminal que subventionné.

Le développement des services d'internet mobile et la forte demande de consommation de contenu en mobilité (l'ARCEP souligne ainsi les nombreuses offres d'abondance data destinées au grand public proposées depuis 2007 par les trois opérateurs mobiles) expliquent le développement des smartphone, catégorie spécifique de terminaux configurés pour la navigation sur internet (clavier et/ou écran tactile) et concentrant les fonctionnalités d'appareils en principe distincts (GPS, consoles de jeux, appareil photo, lecteur vidéo/MP3...).

L'iPhone mis sur le marché par Apple est une forme particulièrement aboutie de smartphone, optimisé pour la navigation sur Internet et dont le particularisme est d'intégrer l'iPod (l'iPhone bénéficie d'un accès exclusif à la plate-forme de musique en ligne d'Apple, iTunes Store). Il n'est donc pas étonnant qu'Orange se soit positionnée en vue d'un partenariat avec Apple permettant à l'opérateur mobile de proposer une offre associant un service d'Internet mobile tarifé sur la base forfait avec un terminal fortement attractif. Dans son avis, l'ARCEP reconnaît ainsi explicitement la rationalité économique du partenariat Orange/Apple. L'ARCEP souligne ainsi que ce dernier permet de cibler "un segment de clientèle sensible au terminal dans son choix d'opérateur et présentant également des taux élevés d'usage de services multimédia, ce qui en fait un segment de clientèle à forte valeur".

Le partenariat contribue à rigidifier le marché de détail de la téléphonie mobile

L'ARCEP qualifie le partenariat entre Orange et Apple de "peu commun" : il permet de générer au profit d'Orange des services exclusifs associés à la technologie détenue par Apple, Orange a conçu des forfaits spécifiques liés à l'iPhone et la durée de l'exclusivité (5 ans assortie d'une clause de sortie au bout de 3 ans) est très supérieure aux pratiques usuelles (de 3 à 6 mois pour un terminal donné). L'ARCEP note toutefois que le lancement de l'iPhone par Orange en 2007 a conduit SFR à lancer sa propre gamme Illimythics comprenant un forfait Internet mobile illimité ce qui tendrait à démontrer que le partenariat entre Orange et Apple a pu aussi avoir un effet d'animation sur le marché.

Pour l'ARCEP c'est l'atteinte que l'exclusivité serait susceptible de porter à la fluidité du marché de détail de la téléphonie mobile et des terminaux qui doit au final déterminer l'appréciation du caractère anticoncurrentiel du partenariat considéré. Pour l'ARCEP, l'exclusivité est en effet susceptible d'augmenter artificiellement les coûts de changement d'opérateur pour les clients souhaitant faire fonctionner leur iPhone sur un réseau autre que celui d'Orange, d'une part, en raison du simlockage des iPhones proposés par Orange aux consommateurs (les iPhones sont verrouillés sur le réseau d'Orange y compris lorsqu'ils sont proposés sans forfait de communications) et, d'autre part, du fait de l'atteinte possible à l'interopérabilité de l'iPhone avec les réseaux des autres opérateurs mobiles (l'iPhone fonctionnant jusque là sous un système d'exploitation spécifique, la musique achetée sur la plate-forme de musique en ligne d'Apple ne pourrait être transférée sur un autre smartphone fonctionnant sous un autre système d'exploitation. Le Conseil constate néanmoins que l'instruction n'a pas à ce stade établi l'existence de problèmes d'interopérabilité. Comme souligné ci-après, Apple a renoncé à la protection d'iTunes Store par un DRM). L'ARCEP semble, en revanche, plus prudente sur l'existence, dans le cas d'espèce, des conditions nécessaires à l'octroi de mesures conservatoires. D'une part, elle souligne que la réalité des pratiques identifiées mériterait d'être vérifiée dans le cadre d'une instruction plus approfondie. D'autre part, elle considère que les dernières données de marché disponibles ne permettent pas de mettre en lumière un effet réel d'éviction au détriment de Bouygues Telecom. Seule la démonstration que l'exclusivité serait a priori de nature à avoir un effet sur le marché pourrait justifier, selon l'ARCEP, le prononcé de mesures conservatoires.

Le Conseil a, en dépit de ces réserves, estimé que les conditions d'une atteinte grave et immédiate aux intérêts des consommateurs et du secteur étaient en l'espèce réunies.

Les éléments retenus par le Conseil pour caractériser tant les effets restrictifs de concurrence qui résulteraient de l'exclusivité accordée à Orange que l'atteinte grave et immédiate qu'elle générerait au détriment des consommateurs semblent inégalement convaincants.

Le bien fondé des arguments du Conseil sur l'existence de distorsions sensibles de concurrence

En premier lieu, le Conseil estime que les positions respectives d'Apple sur le marché des baladeurs numériques et du téléchargement payant de musique en ligne pourraient lui attribuer un effet de levier sur le marché des terminaux mobiles. Une telle analyse nous semble contestable au regard des éléments relevés par le Conseil lui-même dans sa décision. Ainsi, le Conseil constate lui-même que la part de marché d'Apple sur un éventuel marché des smartphones – que le Conseil se refuse en l'état à identifier comme un marché spécifique au sein de la catégorie plus large des terminaux mobiles – ne dépasserait pas 17,3 % au troisième 2008, Nokia étant toujours le leader. Le Conseil souligne également le lancement effectif ou programmé de plusieurs "iPhone killers". Ces éléments sont corroborés par l'ARCEP qui souligne dans son avis que l'attractivité de l'iPhone ne se traduit pas, en l'état, en leadership de volumes sur le marché des smartphones et que d'autres concurrents sont également en croissance forte sur ce segment (enfin, par un communiqué du 6 janvier 2009, Apple a officiellement renoncé à protéger par un dispositif de gestion des droits numériques (DRM) le téléchargement en ligne de la musique proposée sur iTunes Store).

Ensuite, tant au stade de l'analyse de la position de l'acheteur et de la situation de la concurrence sur le marché concerné, qu'au stade de l'examen de l'atteinte grave et immédiate, le Conseil estime que l'exclusivité est de nature à renforcer la prééminence d'Orange sur le marché de détail de la téléphonie mobile. Il considère en outre que la généralisation d'une telle exclusivité (en l'occurrence par SFR) pourrait provoquer des effets d'éviction à l'égard de Bouygues Telecom. Pourtant, ainsi qu'il a été mentionné, l'ARCEP relève explicitement que les données ne permettent pas, en l'état, d'observer une mise en danger immédiate de l'équilibre financier de Bouygues Telecom. Notamment, si des pics de portabilité sortante vers Orange ont été constatés au moment du lancement de l'iPhone, l'ARCEP indique que le nombre de numéros portés vers SFR était également en augmentation à la même période, laquelle correspondait au demeurant à une période de pointe en matière de conquête de clientèle (fêtes de fin d'année). En toute hypothèse, l'ARCEP indique que les données de portabilité ne sont pas un indicateur très fiable du churn (rotation des consommateurs entre les opérateurs) dans la mesure où seule une faible part des résiliations (10 %) fait l'objet d'une demande de portage de numéro mobile. S'agissant d'un éventuel effet cumulatif, le Conseil reconnaît lui-même qu'il est encore prématuré de se prononcer sur les contrats négociés par SFR avec d'autres constructeurs puisque, notamment, les durées d'exclusivité des accords envisagés ne sont pas connues. Enfin, le Conseil souligne lui-même qu'il est encore tôt pour tirer des conclusions de l'évolution des parts de marché en ventes nettes d'Orange entre le deuxième et le troisième trimestre 2008 même si l'iPhone représente une part non négligeable des ventes nettes d'Orange sur la période juillet/septembre 2008.

En revanche, à l'instar de la position adoptée par l'ARCEP, il semble difficile de contester le fait que l'exclusivité d'Orange sur l'iPhone est de nature à introduire un nouveau facteur de rigidité sur le marché de détail des services de téléphonie mobile. L'ensemble du schéma mis en place par Orange et Apple vise en effet à neutraliser toute possibilité de contourner l'exclusivité accordé à Orange. Les contrats conclus entre Orange et Apple et les contrats proposés par chacune de ces sociétés aux distributeurs agréés organisent un verrouillage complet du système : obligation pour les distributeurs agréés auprès d'Apple de s'approvisionner en iPhone auprès d'Orange, obligation pour Orange d'acheter l'iPhone auprès d'Apple, mécanisme d'alerte destiné à éviter toute importation parallèle de l'iPhone. Enfin, le consommateur qui souhaite acquérir un iPhone "nu" hors forfait et sans engagement de durée, est contraint de demander le desimlockage de la carte SIM contre une somme de 100 euros. Un tel système contribue ainsi à rigidifier encore plus un marché de détail de la téléphonie mobile caractérisé par le plus faible taux de prépayé en Europe et par des engagements longs d'une durée de 12 à 24 mois. Cette rigidité résulte sans doute d'une pression concurrentielle quasi-inexistante exercée sur les trois opérateurs "historiques" de réseau, en raison du faible développement des MVNO et du report de l'attribution d'une 4ème licence mobile. Il est donc légitime pour le Conseil de s'inquiéter des effets que pourrait avoir la conclusion par SFR de partenariats similaires qui favoriseraient un cloisonnement vertical du marché augmentant d'autant des coûts de changement d'opérateur déjà élevés. C'est donc au final pour prévenir une accentuation irrémédiable des facteurs de rigidité du marché au détriment des consommateurs que le Conseil intervient pour suspendre le partenariat concerné.

La légitimité des mesures conservatoires

Dans le cas d'espèce, on voit mal en quoi les pratiques dénoncées feraient peser un risque grave et immédiat sur l'entreprise plaignante. Sur ce point, le Conseil a lui-même insisté, dans son Rapport annuel 2007 consacré aux mesures conservatoires, sur l'exigence que l'atteinte concernée mette en péril l'existence même de l'entreprise. Le Conseil rappelle également qu'une atteinte seulement hypothétique ne saurait justifier le prononcé de mesures conservatoires (rapport p. 76 et 77). Certes, comme le souligne le Conseil dans ce même Rapport, sa pratique décisionnelle et la jurisprudence de la Cour d'appel montrent qu'"une certaine marge d'aléa est compatible avec le caractère immédiat de l'atteinte, dès lors que celle-ci existe en puissance et que toutes les conditions de sa réalisation sont réunies". On pourrait néanmoins rétorquer que ces derniers cas se sont plutôt limités jusque là à prévenir soit des pratiques commises par un opérateur historique lors d'étapes clés d'ouverture du marché (par exemple, pour le haut-débit, décision 02-MC-03), soit des pratiques commises par un opérateur dominant sur un marché ouvert mais très peu concurrentiel (décision 04-MC-02).

Mais dans le cas d'espèce, les mesures conservatoires ont été accordées sur le fondement d'une atteinte grave et immédiate à la situation du secteur et aux intérêts des consommateurs, autres fondements possibles mentionnés par l'article 464-1, alinéa 2, du Code de commerce. Sur ce point, la décision du Conseil de la concurrence paraît plus facile à justifier, même s'il n'est pas certain qu'elle emportera l'adhésion du juge.

Rappelons que le marché de détail de la téléphonie mobile ne fait l'objet d'aucune régulation par l'ARCEP. Cette dernière limite en effet son action dans le cadre de la régulation ex ante aux marchés de gros de la terminaison d'appel vocal et de la terminaison SMS. Cette attitude est cohérente avec la réglementation européenne qui tend à limiter progressivement le nombre de marchés régulés. C'est ainsi que si la fourniture en gros d'itinérance internationale a donné lieu à un règlement européen (CE) n°717/2007 du Parlement européen et du Conseil du 27 juin 2007, le projet français de régulation du marché de gros de l'accès et du départ d'appel sur les réseaux mobiles qui devait déboucher sur des obligations imposées aux trois opérateurs mobiles concernant l'accueil de MVNO sur leur réseau a été suspendu en 2005. L'analyse de ce marché français de gros a de nouveau été reportée en 2006, dans l'attente des résultats de l'attribution de la 4ème licence mobile. En l'état, ce marché reste placé sous la surveillance de l'ARCEP, mais ne fait toujours l'objet d'aucune régulation ex ante. Ce mouvement général de désengagement progressif des régulateurs au profit des autorités de concurrence de droit commun a été à la base du deuxième "paquet" des directives télécoms adopté en 2002. Il ne rend que plus légitime une intervention accrue du Conseil et, prochainement, de l'Autorité de la concurrence.

Comme l'a souligné le Conseil, dont les compétences ne sont donc pas affectées – au contraire – par les limitations progressives du champ d'action du régulateur, ces marchés de gros doivent être analysés, du point de vue du droit de la concurrence, en relation avec les obstacles existant sur les marchés de détail. À cet égard, dans le cadre de sa mission consultative sur l'analyse de marché, le Conseil a pu constater, qu'en dépit des efforts entrepris par l'ARCEP dans le cadre de la régulation des marchés de gros, le marché de détail de la téléphonie mobile restait encore caractérisé par une fluidité insuffisante et des coûts de changement de fournisseur élevés (avis 07-A-05 du 19 juin 2007, relatif à une demande d'avis de l'ARCEP dans le cadre de la procédure d'analyse du marché de gros de la terminaison d'appel vocal sur les réseaux mobiles). La mise en œuvre de la portabilité du numéro effective depuis mai 2007 a contribué dans une certaine mesure à réduire cette rigidité. Néanmoins, la situation est encore loin d'être satisfaisante. Aussi, est-ce finalement le seul argument qui puisse justifier que le Conseil contribue, dans le cadre d'une procédure d'urgence, complémentaire à l'intervention ex ante de l'ARCEP (Le Conseil insiste ainsi sur cette complémentarité dans son Rapport annuel 2007, p. 52.), à prévenir l'aggravation des facteurs de rigidité sur le marché de détail de la téléphonie mobile. La Cour d'appel de Paris aura à s'interroger sur les limites d'une telle intervention.

J.-P. Tran Thiet

Concurrences N° 1-2009, pp. 200-202

Concurrences +

Laurence Nicolas-Vullierme, Mesures conservatoires: La Cour de cassation casse, un mois après l'acceptation des engagements, l'arrêt de la Cour d'appel de Paris relatif aux mesures conservatoires pour défaut de base légale (iPhones), 16 février 2010, Concurrences N° 2-2010, Art. N° 31200, pp. 65-66.

Jean-Paul Tran Thiet, Orion Berg, Télécommunications - Exclusivité abusive: La Cour de cassation casse et annule l'arrêt de la Cour d'appel de Paris dans l'affaire des contrats de distribution exclusive des smartphones (iPhones), 16 février 2010, Concurrences N° 2-2010, Art. N° 31572, pp. 149-150.

Alain Ronzano, Contrat d'exclusivité: La Cour de cassation rappelle sévèrement à l'ordre l'Autorité de la concurrence et de la Cour d'appel de Paris dans une affaire portant sur l'exclusivité de la vente d'un téléphone (iPhone), 16 février 2010, Concurrences N° 2-2010, Art. N° 65323.

Christophe Lemaire, Simon Naudin, Engagements : L'Autorité de la concurrence et la Commission européenne prennent plusieurs décisions en matière d'engagements (iPhones; Téléphériques de la Grande Motte; Itas Tim/TDF; EDF), 11 janvier 2010, Concurrences N° 2-2010, Art. N° 31153, pp. 138-139.

Alain Ronzano, Engagements : L'Autorité de la concurrence accepte et rend obligatoires les engagements pris dans une affaire concernant la vente exclusive d'un téléphone mobile (iPhone), 11 janvier 2010, Concurrences N° 2-2010, Art. N° 64556.

Alain Ronzano, Engagements : L'Autorité de la Concurrence reçoit des engagements dans une affaire concernant l'exclusivité de vente d'un téléphone mobile (Apple / Orange), 29 octobre 2009, Concurrences N° 1-2010, Art. N° 64858.

Laurence Nicolas-Vullierme, Echanges d'informations : La Cour d'appel de Paris, sur renvoi après cassation, reprend la motivation du Conseil de la concurrence sur les échanges d'informations et ne fait pas droit à la demande d'annulation de la décision du Conseil de la concurrence octroyant des mesures conservatoires («Téléphonie mobile» ; iPhones), 11 mars 2009, Concurrences N° 2-2009, Art. N° 26015, pp. 108-109.

Dominique Ferré, Karine Biancone, Obligation d'exclusivité : La Cour d'appel de Paris se prononce sur le caractère anticoncurrentiel d'obligations d'exclusivité sur le marché des services de téléphonie mobile (Iphone), 4 février 2009, Concurrences N° 2-2009, Art. N° 29596.

Alain Ronzano, Exclusivité de fourniture : La Cour d'appel de Paris confirme la suspension de l'exclusivité de la distribution d'un modèle de smartphone par un opérateur (Orange / iPhone), 4 février 2009, Concurrences N° 2-2009, Art. N° 58236.

Jean-Bernard Blaise, Alain Ronzano, Joseph Vogel, Exclusivité de la distribution : Brève réaction au commentaire du 4 février 2009 relatif à la suspension de l'exclusivité de la distribution de l'iPhone par la Cour d'appel de Paris (Orange / iPhone), 4 février 2009, Concurrences N° 2-2009, Art. N° 58239.

Laurence Nicolas-Vullierme, Télécommunications - Mesures conservatoires : Le Conseil de la concurrence affirme que l'exclusivité d'Orange sur l'iPhone est de nature à introduire un nouveau facteur de rigidité dans un secteur qui souffre déjà d'un déficit de concurrence (iPhones), 17 décembre 2008, Concurrences N° 1-2009, Art. N° 23384, pp. 112-113.

Alain Ronzano, Distribution exclusive : Le Conseil de la concurrence met fin à l'accord d'exclusivité conclu entre un opérateur mobile et un fabricant de smartphone pour la commercialisation d'un modèle (Orange / Apple), 17 décembre 2008, Concurrences N° 1-2009, Art. N° 53862.

3.2.3 Règlement des différends

CA Paris, ch. 5-7, 23 juin 2011, NC Numericable SA et Numericable SAS c/ France Télécom SA, RG 2010/23690

La Cour d'appel de Paris confirme la compétence de règlement de différend de l'ARCEP s'agissant des infrastructures passives

La Cour d'appel de Paris a rejeté le recours formé par les sociétés Numericable à l'encontre de la décision de règlement de différend de l'ARCEP du 4 novembre 2010 (V., Concurrences N°1-2011, p.171). L'ARCEP y faisait droit à la majeure partie des demandes de France Télécom visant à modifier les conditions opérationnelles dérogatoires dont bénéficiait Numericable pour l'accès au génie civil de l'opérateur historique. L'extension de la compétence de l'ARCEP aux infrastructures passives de télécommunications, ici les fourreaux souterrains de France Télécom, avait particulièrement retenu l'attention. (Les infrastructures sont dites "passives" lorsqu'elles sont dépourvues d'équipements actifs de télécommunication par opposition aux infrastructures "actives" qui comprennent de tels équipements).

Dans son recours, Numericable contestait cette extension, reprochant à l'ARCEP d'avoir excédé sa compétence en se prononçant sur une convention qui ne relevait pas de l'accès à un réseau de communications électroniques. En particulier, selon Numericable, la notion de "réseau de communications électroniques", telle que définie par les textes actuellement en vigueur, ne couvrait pas les infrastructures passives permettant l'exploitant d'un tel réseau. La Cour d'Appel de Paris écarte cette objection, estimant que le génie civil de France Télécom figure "au nombre des ressources d'un réseau de communications électroniques".

La Cour note que ni le Code des Postes et communications électroniques, ni les directives du "deuxième paquet télécom" ne fournissent de liste limitative des moyens et ressources permettant l'acheminement des communications électroniques et pouvant, de ce fait, constituer un réseau de communications électroniques. La Cour souligne également que la directive cadre telle que modifiée par le "troisième paquet" ajoute expressément au nombre des ressources pouvant constituer un tel réseau "les éléments de réseau qui ne sont pas actifs".

La Cour d'appel de Paris ne va cependant pas jusqu'à énoncer que la compétence de l'ARCEP serait légalement fondée par le seul fait qu'une infrastructure permettrait de fournir des services de communications électroniques. Comme nous le soulignions dans notre commentaire de la décision de l'ARCEP, une telle approche ouvrirait le champ à une régulation de l'accès à l'ensemble des infrastructures susceptibles d'héberger des équipements de télécommunications (égouts, réseaux d'électricités ou de chauffage, voies ferrées, etc). Elle serait excessive et contraire à la lettre et à l'esprit des textes applicables. En l'espèce, la Cour d'appel prend soin de souligner que l'infrastructure passive en question est "détenue" par un opérateur, en l'occurrence l'opérateur historique qui fait l'objet d'une régulation ex ante depuis 2008. Ce lien, maintenu par la Cour d'appel de Paris, entre une infrastructure passive et un opérateur de réseau ou de services devrait exclure la compétence de l'ARCEP pour les détenteurs d'infrastructures passives n'exerçant aucune activité de communications électroniques.

J.-P. Tran Thiet, O. Berg

Concurrences N° 3-2011, pp. 194-195

Cass. com., 14 déc. 2010, Société française de radiotéléphone (SFR) c/ France Télécom, n° 09-67371

La Cour de cassation étend la rétroactivité des décisions de règlement de différend

Par une décision rendue le 14 décembre 2010, à la demande de la Société française de radiotéléphone (SFR), la chambre commerciale de la Cour de cassation a cassé et annulé partiellement un arrêt en date du 26 mai 2009 de la Cour d'appel de Paris, confirmant une décision n° 2008-0839 de l'Autorité de régulation des communications électroniques et des postes (ARCEP), du 24 juillet 2008, statuant sur un règlement de différend entre Neuf Cegetel et France Télécom.

Elle a estimé que "*le pouvoir conféré à l'ARCEP de préciser, au titre de la procédure de règlement des différends, les conditions équitables, d'ordre technique et financier, dans lesquelles l'interconnexion ou l'accès doivent être assurés, s'étend à l'ensemble de la période couverte par le différend dont elle se trouve saisie, peu important la date de son émergence entre les parties*".

Cet arrêt présente une portée considérable sur l'articulation des pouvoirs du régulateur des télécommunications, statuant en règlement de différend, avec ceux qu'il exerce dans le cadre de ses pouvoirs de régulation asymétrique.

En effet, parmi ses pouvoirs de régulation asymétrique, dans le cadre de ses analyses de marchés, se trouve celui d'imposer des obligations aux opérateurs "*réputés exercer une influence significative sur un marché du secteur des communications électroniques*" (ci-dessous désignés "opérateurs puissants"), obligations parmi lesquelles peut se trouver celle de "*pratiquer des tarifs reflétant les coûts correspondants*".

Par ailleurs, sur le fondement de l'article L 36-8 du Code des postes et des communications électroniques (CPCE), l'ARCEP peut être saisie d'un différend "*en cas de* [...] *désaccord sur la conclusion ou l'exécution d'une convention d'interconnexion ou d'accès à un réseau de communications électroniques*". "*Sa décision est motivée et précise les conditions équitables, d'ordre technique et financier, dans lesquelles l'interconnexion ou l'accès doivent être assurés*".

Dans l'espèce en cause, le désaccord, formalisé le 4 février 2008, portait sur des tarifs d'accès pour lesquels France Télécom était soumis à obligation d'orientation vers les coûts en vertu d'une décision de l'ARCEP de mai 2005, la requérante ayant estimé que les tarifs qui lui avaient été appliqués par des conventions successives signées par les sociétés aux droits desquelles elle venait en octobre 2005, puis en juillet 2007, ne respectaient pas cette obligation. La requérante demandait le remboursement des tarifs indûment perçus par France Télécom depuis mai 2005.

La pratique de l'ARCEP et la jurisprudence de la Cour d'appel de Paris avaient déjà admis antérieurement que la décision de règlement de différend pouvait conduire le régulateur à ordonner, le cas échéant, le remboursement des sommes indûment perçues par l'opérateur puissant en violation de son obligation d'orientation des tarifs vers les coûts.

De même, il était admis que la décision rendue par le régulateur, fixant les tarifs applicables dans le cadre de la convention dont l'exécution était contestée, puisse avoir un caractère rétroactif, mais seulement depuis le début de la période litigieuse, lequel devait avoir été manifesté par un désaccord entre les parties. Ce désaccord pouvait avoir été simplement manifesté par des réserves émises par le cocontractant au moment de la conclusion de la convention d'accès ou d'interconnexion.

En l'espèce, la Cour d'appel de Paris avait suivi l'ARCEP, qui avait estimé que le désaccord sur le point en litige n'avait pas été formulé avant le 4 février 2008, et n'avait donc considéré comme recevable (et, en l'espèce, partiellement fondée) la demande de modification des tarifs et de remboursement du trop-perçu qu'à compter de cette date.

En estimant recevables les conclusions tendant à définir les conditions dans lesquelles l'interconnexion ou l'accès doivent être assurées et, par suite, les demandes de remboursement de la différence entre les tarifs appliqués et ceux que le régulateur estimera applicables lors de sa décision de règlement de différend, en étendant "*la période couverte par le différend*", indépendamment de "*son émergence entre les parties*", la décision de la Cour de cassation laisse une marge d'action a posteriori considérable au demandeur et accroît l'insécurité juridique des relations entre opérateurs. Elle complexifie également la tâche du régulateur, auquel il sera très difficile de définir, avec des années de retard, quel aurait été le tarif effectivement "orienté vers les coûts", et s'il peut être estimé différent de celui résultant de l'offre tarifaire de l'opérateur puissant et qui était applicable aux conventions contestées a posteriori.

En revanche, cette décision aura l'effet bénéfique de conduire le régulateur à utiliser plus régulièrement les pouvoirs qu'il tient de l'article D 311 du CPCE, qui lui permettent de demander aux opérateurs "puissants" de "respecter un encadrement pluriannuel des tarifs ou de justifier intégralement leurs tarifs et, si nécessaire, en exiger l'adaptation".

J. Adda

Concurrences N° 1-2011 pp. 170-171

Chapitre 4

ÉNERGIE

4.1 Prix et tarifs

4.1.1 Tarifs réglementés

CE, 18 mai 2018, ENGIE et ANODE, n° 413688 et 414656

Le Conseil d'État annule partiellement les sanctions prononcées par le Conseil supérieur de l'audiovisuel

Par une décision très attendue dans le domaine des tarifs réglementés de vente (ci-après TRV) dans le secteur énergétique français, le Conseil d'État a statué sur la décision de fixation des tarifs réglementés d'électricité le 18 mai 2018 (CE, 18 mai 2018, *ENGIE et ANODE*, req. 413688, 414656). Cette décision vient une dizaine de mois après celle, en Assemblée, du 19 juillet 2017, ayant conclu à l'incompatibilité des tarifs réglementés de gaz avec le droit de l'Union européenne (CE Ass., 19 juillet 2017, *ANODE*, n° 370321 ; voir F. Martucci, *Concurrences*, n° 4-2017, pp. 169 et s.). Le juge administratif français avait, à l'époque, statué après avoir posé une question préjudicielle à la Cour de justice de l'Union européenne (ci-après CJUE) portant sur l'interprétation de la directive 2009/73/CE du Parlement européen et du Conseil du 13 juillet 2009 concernant des règles communes pour le marché intérieur du gaz naturel (CJUE, 7 sept. 2016, *ANODE*, aff. C-121/15, voir E. Guillaume, *Concurrences*, n° 4-2016, pp. 176 et s., S. Rodrigues, *Concurrences*, n° 4-2016, pp. 196 et s.). Le contexte de l'affaire *ENGIE et ANODE* de 2018 ne s'arrête pas là. En effet, le 20 avril 2010, la Cour de justice de l'UE avait déjà statué sur les prix de fourniture du gaz en Italie et fixé les grands principes généraux de la question (CJUE, 20 avril 2010, *Federutility e.a.*, aff. C-265-08).

Le premier arrêt du Conseil d'État sur le cas français avait ébranlé le système général des tarifs réglementés du gaz en juillet 2017. En estimant que la réglementation tarifaire contestée entravait la réalisation du marché intérieur et méconnaissait donc le droit de l'UE, le juge laissait partiellement en suspens la question des TRV de l'électricité. En effet, même s'il a considéré que "*toutefois, à la différence de l'électricité qui, en application de l'article L 121-1 du code de l'énergie, est un 'produit de première nécessité' faisant l'objet d'un approvisionnement sur 'l'ensemble du territoire national', le gaz auquel d'autres sources d'énergie sont substituables, ne constitue pas un bien de première nécessité*", le juge n'a laissé entrouverte qu'une fenêtre de tir assez étroite. Dès lors, certains ont considéré en toute logique que les tarifs d'électricité n'étaient pas forcément compatibles avec le droit de l'UE, (voir F. Martucci, *Concurrences*, n° 4-2017, pp. 169 et s. ; intervention de P. de Ladoucette reprise *in Les Echos*, 28 nov. 2017, *Tarifs de l'énergie : les concurrents d'EDF mettent la pression sur l'État* ; *La suppression des tarifs réglementés de vente d'électricité, pertinences et modalités*, Groupe de travail d'experts indépendants mandatés par l'ANODE, novembre 2017, 112 pp.). La proportionnalité de la mesure vis-à-vis de l'objectif à atteindre était notamment questionnée. Le Conseil d'État a tranché dans une décision du 18 mai 2018 qui rappelle les conditions pour qu'une réglementation des tarifs de l'électricité puisse être admise au regard de la directive (I), puis analyse en détail ces dernières : l'intérêt économique général de la mesure (II) et sa proportionnalité (III). L'inconventionnalité partielle décidée par le juge n'aura finalement que très peu de conséquences.

Rappel des conditions posées par le droit de l'Union européenne

Le Conseil d'État entame, tout d'abord, l'analyse des conditions posées par le droit de l'UE en évoquant l'article 106§2 du TFUE qui permet aux entreprises chargées d'un service d'intérêt économique général (ci-après SIEG), soumises par principe aux règles du traité et spécifiquement au droit de la concurrence, d'y échapper si la mise en œuvre de ces derniers fait échec, en droit ou en fait, à la mission particulière qui leur a été impartie. Par ailleurs, l'article 3 §1 et 2 de la directive 2009/72/CE du Parlement européen et du Conseil du 13 juillet 2009 relative à des règles communes pour le marché intérieur de l'électricité précise dans le même sens que "*Les États membres* (...) *veillent à ce que les entreprises d'électricité, sans préjudice du paragraphe 2, soient exploitées conformément aux principes de la présente directive, en vue de réaliser un marché de l'électricité concurrentiel, sûr et durable sur le plan environnemental, et s'abstiennent de toute discrimination pour ce qui est des droits et des obligations de ces entreprises*". Le même article en son §2, précise aussi que: "*en tenant pleinement compte des dispositions pertinentes du traité, en particulier de son article 86* [actuel 106 TFUE], *les États membres peuvent imposer aux entreprises du secteur de l'électricité, dans l'intérêt économique général, des obligations de service public qui peuvent porter sur* (...) *le prix de la fourniture* (...). *Ces obligations sont clairement définies, transparentes, non discriminatoires et vérifiables et garantissent aux entreprises d'électricité de la Communauté un égal accès aux consommateurs nationaux* (...)".

Ensuite, le juge administratif reprend la jurisprudence *Federutility,* du 20 avril 2010, dans laquelle la Cour de justice a estimé que l'exigence d'une libre fixation du prix de fourniture du gaz découle de la finalité même et de l'économie générale de la directive. Pour autant, la directive, comparable en ses termes à celle relative à l'électricité, "*permet une intervention des États membres sur la fixation du prix de fourniture du gaz naturel au consommateur final, à condition que cette intervention poursuive un intérêt économique général* (...), *ne porte atteinte à la libre fixation des prix de la fourniture du gaz naturel que dans la seule mesure nécessaire à la réalisation d'un tel objectif d'intérêt économique général et, par conséquent, durant une période nécessairement limitée dans le temps et soit clairement définie, transparente, non discriminatoire, contrôlable, et garantisse aux entreprises de gaz naturel de l'Union européenne un égal accès aux consommateurs*".

Enfin, le Conseil d'État rappelle les termes de l'affaire *ANODE* du 7 septembre 2016 et les trois conditions à satisfaire pour apprécier la conventionalité de la mesure, qui résultent de l'interprétation de la Cour de justice. Selon cette dernière, les TRV constituent une entrave à la réalisation d'un marché intérieur qui ne peut être admise "*qu'à la triple condition qu'elle réponde à un objectif d'intérêt économique général, qu'elle ne porte atteinte à la libre fixation des prix que dans la seule mesure nécessaire à la réalisation de cet objectif et notamment durant une période limitée dans le temps et, enfin, qu'elle soit clairement définie, transparente, non discriminatoire et contrôlable*".

La poursuite d'un objectif d'intérêt économique général

Le juge administratif apprécie le fait que les directives 2009/72 et 2009/73 sont, pour ce qui concerne l'affaire en cause, rédigées en des termes identiques. Dès lors, la réglementation des prix de vente de l'électricité figurant aux article L. 337-4 à L. 337-9 du Code de l'énergie ne peut être regardée que comme une entrave à la réalisation du marché intérieur de l'énergie prévue par la directive 2009/72.

En revanche, les États membres, conformément notamment au protocole n° 26 sur les services d'intérêt général annexé au TUE à partir du Traité de Lisbonne, disposent d'un large pouvoir discrétionnaire dans la détermination de l'intérêt économique général. Ce dernier peut consister, comme confirmé par la Cour de justice dans l'affaire *ANODE*, "*notamment en l'objectif de maintenir les prix à un niveau raisonnable ou celui d'assurer la sécurité de l'approvisionnement ainsi que la cohésion territoriale*".

L'argument du caractère raisonnable du prix avait déjà été soulevé dans le cadre de l'affaire de juillet 2017, mais rejeté. En revanche, à propos de la stabilité, le juge avait estimé que "*alors même que, dans un contexte de volatilité des prix du marché de gros du gaz, la stabilité du prix acquitté par le consommateur final pourrait être admise comme justification d'une entrave au développement de la concurrence sur le marché de détail du gaz, la règlementation tarifaire contestée ne peut être regardée comme visant cet objectif, dès lors qu'elle ne garantit pas que les coûts d'approvisionnement pris en compte dans le calcul des tarifs réglementés de vente soient indexés sur des variables plus stables que le prix du marché de gros*". Cette possibilité de justifier une entrave au développement de la concurrence a été utilisée dans l'affaire de mai 2018. Comme le précise le Conseil d'État, dans un contexte de forte volatilité des prix, pour "*un produit de première nécessité non substituable, l'objectif de stabilité des prix est également de nature à justifier une entrave au développement de la concurrence sur le marché de détail de l'électricité*". Le ministre, avait, de son côté, avancé le fait que les TRV avaient pour objet de maintenir le prix de fourniture à un niveau stable et raisonnable et de protéger le consommateur. Le Conseil d'État répond dans ce cadre, au terme d'un raisonnement approfondi, que la nouvelle méthode par "*empilement des coûts*" ne peut être regardée comme visant à garantir au consommateur un prix raisonnable de fourniture, preuve en est que la majorité des offres de marché sont sensiblement inférieures aux tarifs réglementés de vente de l'électricité. En revanche, la méthode de calcul garantit aux consommateurs un prix plus stable que celui du marché, estime le juge dans le domaine de l'électricité, à la différence de ce qu'il avait décidé dans le secteur gazier en 2017.

Dès lors, le seul motif de la garantie d'une stabilité pour les prix, sans apprécier les autres motifs d'intérêt général invoqués qu'étaient la sécurité de l'approvisionnement ainsi que la cohésion territoriale, suffit à justifier l'entrave à la réalisation d'un marché intérieur de l'électricité concurrentiel. Dès lors, la question peut légitimement être posée de savoir si, dans le cas du gaz, une nouvelle réglementation ne peut pas être envisagée en étant justifiée par la stabilité des prix. En effet, c'est bien la question de la méthode de calcul qui était en cause dans l'affaire *ANODE* de 2017, notamment son incapacité à garantir, mieux que les offres de marché en vigueur, la stabilité des prix. Pour autant, et même si les tarifs réglementés du gaz existent toujours à l'heure actuelle, on ne voit pas comment, à court terme, les pouvoirs publics pourraient, après l'interprétation de la directive 2009/73 faite par la CJUE, continuer sur une logique de tarifs réglementés.

Le Conseil d'État, appréciant globalement les tarifs réglementés de vente d'électricité, estime qu'ils sont proportionnés sur certains éléments et disproportionnés sur d'autres. Il en déduit donc, dans ce dernier cas, l'inconventionnalité partielle de la décision du 27 juillet 2017.

En premier lieu, le juge estime que les mesures sont nécessaires à la réalisation de l'objectif d'intérêt économique général et qu'elles sont clairement définies, transparentes, contrôlables et non discriminatoires. D'une part, le juge se demande, en dehors du cas particulier des zones non interconnectées dont la situation géographique justifie une intervention de l'État, si l'objectif de stabilité des prix ne peut pas être atteint par une mesure moins contraignante qu'une réglementation générale des prix. Il ressort de l'instruction que les prix du marché de gros de l'électricité sont soumis à une très forte volatilité, difficile à anticiper et qui peut à tout moment influer sur le prix du marché de détail. Par ailleurs, les prix réglementés font office de référence dans la mesure où les prix de marchés y sont indexés lorsque les offres garantissent une formule de prix sur deux ou trois ans. Dès lors, "*la suppression des tarifs réglementés risquerait ainsi d'entraîner une augmentation de la volatilité des prix*". Eu égard à ces éléments, le Conseil d'État conclut au fait que la réglementation générale du prix est proportionnée à l'objectif de stabilité de ces derniers.

D'autre part, il résulte des articles L. 121-5 et 337-6 du Code de l'énergie que l'obligation de service public consistant à assurer la fourniture d'électricité aux clients bénéficiaires des TRV est précisément définie, transparente et contrôlable. Cependant, explique le juge, si cette obligation ne pèse que sur *EDF* et les entreprises locales de distribution dans leur zone de desserte, "*et non sur l'ensemble des entreprises opérant dans le secteur de l'électricité, les fournisseurs alternatifs sont libres de proposer les prix de leur choix et peuvent en conséquence proposer à leurs clients des tarifs alignés sur les tarifs réglementés de vente dont la méthodologie de calcul garantit par ailleurs leur contestabilité. La réglementation contestée ne peut dès lors être regardée comme discriminatoire*". Il est permis de ne pas adhérer à un tel raisonnement, semble-t-il assez forcé. En effet, la CJUE estimait, dans l'affaire *ANODE*, s'agissant de la non-discrimination, que: "*l'article 3, paragraphe 2, de la directive 2009/73 permet l'imposition des obligations de service public de manière générale 'aux entreprises opérant dans le secteur du gaz' et non à certaines entreprises en particulier. De plus, l'article 3, paragraphe 1, de cette directive prévoit que les États membres 's'abstiennent de toute discrimination pour ce qui est des droits et des obligations' des entreprises de gaz naturel. Dans ce cadre, le système de désignation des entreprises chargées d'obligations de service public ne peut exclure a priori aucune des entreprises opérant dans le secteur de la distribution du gaz (voir, en ce sens, arrêt du 19 juin 2008, Commission/France, aff., C-220/07). Il appartient à la juridiction de renvoi d'apprécier si une telle exigence* [est remplie] (...)". Une lecture stricte de ces deux points de la réponse à la question préjudicielle permet de mettre fortement en cause le principe de non-discrimination dans le contexte français.

En second lieu, le Conseil d'État estime que deux éléments du cadre juridique ne répondent pas au principe de proportionnalité et annule donc la décision en tant qu'ils sont incompatibles avec la directive 2009/72. D'une part, il s'agit des bénéficiaires de la réglementation contestée. Il résulte du cadre juridique français que les TRV s'appliquent uniquement aux petits consommateurs du territoire métropolitain définis comme ceux dont la puissance souscrite est inférieure ou égale à 36 kilovoltampères ainsi qu'aux consommateurs situés dans les zones non interconnectées au réseau métropolitain continental. Or, précise le juge administratif, il résulte de la directive telle qu'interprétée par la CJUE que "*l'exigence de proportionnalité n'est pas respectée si les tarifs réglementés de vente bénéficient de manière identique aux particuliers et aux entreprises*". Dès lors, sur le territoire métropolitain, le critère retenu n'est pas pertinent, surtout dans le cas des sites non résidentiels appartenant à des grandes entreprises. Ainsi, la réglementation contestée, par ces critères de bénéfice des TRV, va au-delà de ce qui est nécessaire pour atteindre les objectifs d'intérêt économique général poursuivis. D'autre part, la réglementation en cause a un caractère permanent. Si le juge européen avait estimé, sans aucun doute dans l'affaire *Federutility*, que le principe de proportionnalité impliquait un caractère nécessairement temporaire de l'atteinte à la libre fixation des prix, elle n'a paradoxalement pas exclu, dans l'affaire *ANODE* en 2016, la possibilité d'un TRV permanent s'il respecte ce dernier principe. Le Conseil d'État, de son côté, estime que la réglementation contestée ne prévoit aucune limitation dans le temps des TRV, même si une révision annuelle est envisagée. Selon lui, ce caractère permanent est disproportionné par rapport à l'objectif d'intérêt économique général de stabilité des prix. Sur ce point aussi la réglementation française est incompatible avec le droit de l'Union européenne et doit être annulée.

Pour conclure, la décision du 27 juillet 2017 est annulée en ce qu'elle n'est pas proportionnée dans la détermination de ses destinataires ni dans son caractère permanent. Le pouvoir réglementaire devra donc mieux déterminer à l'avenir les bénéficiaires des TRV et, comme il ressort de l'arrêt, un réexamen périodique de la nécessité et des modalités de l'intervention publique sur les prix, autrement dit une obligation purement procédurale de motivation de l'acte. Pour le reste, les TRV restent en vigueur afin de garantir l'objectif d'intérêt économique général de la stabilité des prix, même s'ils sont, comme souligné par le juge, supérieurs à la grande majorité des offres de marché. Le juge français a exploité à son maximum les propos de la CJUE dans l'affaire *ANODE* lorsqu'elle estime que "*le protocole n° 26 reconnaît de manière explicite le rôle essentiel et le large pouvoir discrétionnaire des autorités des États membres dans la fourniture, l'exécution et l'organisation des services d'intérêt économique général*" et que "les obligations de service public devraient être définies au niveau national". Ainsi, la stabilité des prix qui n'a jamais été évoquée par la CJUE, devient le motif d'intérêt économique général qui permet de considérer que les TRV peuvent, sous réserve de proportionnalité, perdurer dans le domaine de l'électricité et non dans le domaine du gaz, en l'état. Pour autant, depuis l'affaire *ANODE* de 2017, les TRV du gaz sont encore en vigueur et le secteur de l'électricité est, en ce qui concerne les clients résidentiels, concentré à environ 84 % entre les mains de l'opérateur historique. L'objectif européen d'un marché de l'énergie concurrentiel n'est pas encore en vue. Pour le reste, il est possible de renvoyer aux conclusions de Francesco Martucci (*Concurrences*, n° 4-2017, pp. 169 et s.), notamment sur la proposition de directive sur les règles communes pour le marché intérieur de l'électricité, encore en plein processus législatif, qui risque de restreindre les possibilités de justification des TRV.

H. Delzangles, S. Martin

Concurrences N° 3-2018, pp. 176-178

Concurrences +

Francesco Martucci, Tarifs réglementés : Le Conseil d'État juge les tarifs réglementés de vente du gaz incompatibles avec le droit de l'Union européenne (Association nationale des opérateurs détaillants en énergie), 19 juillet 2017, Concurrences N° 4-2017, Art. N° 85031, pp. 169-172.

Alain Ronzano, Question préjudicielle : Le Conseil d'État constate que les tarifs réglementés de vente de gaz naturel ne poursuivent aucun objectif d'intérêt économique général et juge leur maintien contraire au droit de l'Union (Association nationale des opérateurs détaillants en énergie), 19 juillet 2017, Concurrences N° 4-2017, Art. N° 85266.

Emmanuel Guillaume, Pierre-Edouard Pivois, Tarifs réglementés de vente d'électricité : Le Conseil d'État fait droit, par deux décisions rendues le 15 juin 2016, aux demandes de l'Association Nationale des Opérateurs Détaillants en Énergie (ANODE) en annulant totalement l'arrêté du 28 juillet 2014 et partiellement l'arrêté du 30 octobre 2014 tous deux relatifs aux tarifs réglementés de vente d'électricité (ANODE), 1er septembre 2016, Concurrences N°3-2016, Art. N°80661, pp. 154-156.

Francesco Martucci, Tarifs réglementés: Le Conseil d'État annule une nouvelle fois les arrêtés fixant les tarifs réglementés de vente (Association nationale des opérateurs détaillants en énergie), 30 décembre 2013, Concurrences N° 1-2014, Art. N°63200, p. 191.

Emmanuel Guillaume, Simon Daboussy, Energie - Gaz: Le Conseil d'État suspend l'arrêté du 29 septembre 2011 relatif aux tarifs réglementés de vente de gaz naturel fourni à partir des réseaux publics de distribution de l'opérateur historique (Association nationale des opérateurs détaillants en énergie), 16 février 2012, Concurrences N° 1-2012, Art. N° 42337, pp. 208-210.

CE, Ass., 19 juill. 2017, ANODE, n° 370321

Le Conseil d'État juge les tarifs réglementés de vente du gaz incompatibles avec le droit de l'Union européenne

Le 19 juillet 2017, le Conseil d'État a annulé le décret n° 2013-400 du 16 mai 2013 modifiant le décret n° 2009-1603 du 18 décembre 2009 relatif aux tarifs réglementés de vente de gaz naturel. Il a statué après avoir posé une question préjudicielle à la Cour de justice relative à l'interprétation de la directive 2009/73/CE du Parlement européen et du Conseil du 13 juillet 2009 concernant des règles communes pour le marché intérieur du gaz naturel (CJUE, 7 sept. 2016, *ANODE*, aff. C-121/15, voir E. Guillaume,*Concurrences* n° 4 -2016, pp. 176-178; S. Rodrigues, *Concurrences* n° 4-2016, pp. 196-197).

La jurisprudence de la Cour de justice

Selon l'arrêt *ANODE* du 7 septembre 2016, "*bien qu'il ne résulte d'aucune disposition de la directive 2009/73 que le prix de fourniture du gaz naturel devrait être fixé exclusivement par le jeu de l'offre et de la demande, cette exigence découle de la finalité même et de l'économie générale de cette directive, qui a pour objectif de poursuivre la réalisation d'un marché intérieur du gaz naturel entièrement et effectivement ouvert et concurrentiel dans lequel tous les consommateurs peuvent choisir librement leurs fournisseurs et dans lequel tous les fournisseurs peuvent fournir librement leurs produits à leurs clients*" (CJUE, aff. C-121/15, précité, point 26). En conséquence, toute intervention publique sur les prix de vente du gaz naturel constitue une entrave à la réalisation d'un marché intérieur de l'énergie (*Ibid.*, point 27) et est contraire à l'objectif de réalisation d'un marché ouvert et concurrentiel consacré par l'article 3, paragraphe 1, de la directive 2009/73. Cependant, a ajouté la Cour de justice, une entrave peut être justifiée par des motifs d'intérêt général. C'est ainsi que l'objet de l'article 3, paragraphe 2, de la directive 2009/73 prévoit que les États membres peuvent imposer aux entreprises, dans l'intérêt général économique, des obligations de service public relatives notamment au prix de la fourniture. La Cour de justice ajoute dans l'arrêt de 2016 qu'il convient d'interpréter l'article 3, paragraphe 2, de la directive 2009/73 à la lumière des dispositions du droit primaire relatives aux services d'intérêt économique général. Aussi sont mobilisés non seulement l'article 106, paragraphe 2, TFUE, mais également les articles 14 TFUE et 36 de la Charte des droits fondamentaux de l'Union européenne. En vertu de l'article 106, paragraphe 2, TFUE, les entreprises chargées de la gestion de services d'intérêt économique général sont soumises aux règles du marché intérieur, dans les limites où l'application de ces règles ne fait pas échec à l'accomplissement en droit ou en fait de la mission particulière qui leur a été impartie.

Les tarifs réglementés de vente du gaz constituent ainsi des entraves qui peuvent être justifiés dans la mesure où ils permettent l'accomplissement par une entreprise d'une mission de service d'intérêt économique général.

Dans l'arrêt de 2016, la Cour de justice a dès lors fait application de la jurisprudence *Federutility e.a.*(CJUE, 20 avril 2010, *Federutility e.a.*, aff. C-265/08). Pour que des tarifs réglementés de vente du gaz soient compatibles avec l'article 3, paragraphe 2, de la directive précitée, tel qu'interprétée à la lumière de l'article 106, paragraphe 2, TFUE, trois conditions doivent être remplies. Les tarifs poursuivent un objectif d'intérêt économique général. Ils respectent le principe de proportionnalité. Ils prévoient des obligations de service public clairement définies, transparentes, non discriminatoires et contrôlables et garantir un égal accès des entreprises de gaz de l'Union aux consommateurs. Dans l'arrêt *ANODE*, la Cour de justice a interprété ces conditions en fonction des éléments fournis par le Conseil d'État, laissant néanmoins à ce dernier la tâche d'apprécier la compatibilité du décret avec la directive.

L'application par le Conseil d'Etat

Après avoir rappelé les dispositions du droit de l'Union appliquées en l'espèce (points 5 et 6), le Conseil d'État a apprécié la compatibilité des articles L. 445-1 à L. 445-4 du Code de l'énergie avec les objectifs poursuivis par la directive 2009/73/CE. De manière fidèle, il rappelle les conditions dégagées dans l'arrêt*Federutility* et explicitées par l'arrêt *ANODE*. Le point 9 résume l'interprétation de la directive 2009/73/CE ainsi donnée par la Cour de justice: "*d'une part, les articles L. 445-1 à L. 445-4 du code de l'énergie, en imposant à certains fournisseurs de proposer au consommateur final la fourniture de gaz naturel à des tarifs réglementés, constituent une entrave à la réalisation d'un marché du gaz naturel concurrentiel prévue par cette directive et, d'autre part, que cette règlementation des prix de la fourniture du gaz naturel ne saurait être admise qu'à la triple condition qu'elle réponde à un objectif d'intérêt économique général, qu'elle ne porte atteinte à la libre fixation des prix que dans la seule mesure nécessaire à la réalisation de cet objectif et notamment durant une période limitée dans le temps et, enfin, qu'elle soit clairement définie, transparente, non discriminatoire et contrôlable*".

Dans l'esprit des articles 14 TFUE et du Protocole n° 26, le Conseil d'État rappelle le "*large pouvoir discrétionnaire*" dont disposent les États membres "*dans la détermination de l'intérêt économique général poursuivi par la règlementation des prix de fourniture du gaz naturel, qui peut consister notamment en l'objectif de maintenir ces prix à un niveau raisonnable ou celui d'assurer la sécurité de l'approvisionnement ainsi que la cohésion territoriale*" (point 11). En l'espèce, le ministre a avancé trois objectifs d'intérêt économique général que le Conseil d'État examine successivement.

Premièrement, il est avancé que "*l'obligation pour les fournisseurs historiques de proposer aux consommateurs la fourniture du gaz à un prix réglementé viserait à garantir la sécurité de l'approvisionnement de la France en gaz, laquelle résulterait de la conclusion de contrats à long terme par les fournisseurs historiques*". Pour le Conseil d'État, la réglementation des tarifs n'est pas apte à garantir la sécurité de l'approvisionnement français en gaz naturel pour une double raison. D'une part, en 2013, le principal fournisseur historique s'approvisionnait certes par le biais de contrats à long terme, mais cela résultait d'un "*état de fait*" et n'était nullement la conséquence d'une obligation mise à sa charge par la loi ni par le contrat de service public prévu par l'article L. 121-46 du Code de l'énergie.

En droit, rien n'imposait au fournisseur historique de "*s'approvisionner par le biais de contrats à long terme ni exclusivement, ni même à hauteur d'une part clairement quantifiée des besoins liés à l'approvisionnement de ses clients ayant souscrit aux tarifs réglementés*". Certes, le nouveau contrat conclu en 2015 prévoit que ce fournisseur couvre "*intégralement les besoins de ses clients bénéficiant des tarifs réglementés avec des contrats long terme*", cette clause ne peut être prise en compte en l'espèce par le Conseil d'État pour apprécier la légalité d'un acte antérieur. Il demeure que tout consommateur est libre d'opter pour une offre de marché d'un fournisseur alternatif s'approvisionnant de manière prépondérante à court terme. C'est pourquoi, "*aucune disposition ni aucune obligation contractuelle ne garantit le volume de la demande de gaz fournie aux tarifs réglementés par le biais de contrats à long terme*".

Deuxièmement, le ministre allègue l'objectif de cohésion territoriale pour justifier la réglementation tarifaire au motif que celle-ci garantirait une harmonisation des prix sur l'ensemble du territoire national. En pratique, il existe une différence des tarifs d'accès aux réseaux de transport du gaz entre les différentes zones du territoire ainsi qu'une congestion des capacités de transport de gaz du Nord vers le Sud de la France. Néanmoins, l'harmonisation ne s'applique qu' "*au sein de chacune des vingt-quatre zones de desserte des différents fournisseurs proposant des tarifs réglementés, en laissant subsister entre ces zones des différences de tarifs importantes*" (point 13) alors qu'entre ces zones subsistent des différences de tarifs importantes. Le Conseil d'État en tire très logiquement la conclusion que les tarifs réglementés ne favorisent pas l'harmonisation du prix du gaz sur l'ensemble du territoire national. En conséquence, ils ne sont pas aptes à réaliser l'objectif de cohésion territoriale avancé.

Troisièmement, le ministre soutient que les tarifs réglementés ont pour objectif de "*garantir un prix raisonnable de la fourniture du gaz puisqu'elles prévoient la couverture de l'ensemble des coûts supportés par les fournisseurs historiques, quel que soit leur niveau, et qu'elles s'appliquent de manière permanente, et non pendant les seules périodes durant lesquelles ce prix serait excessif*" (point 14). Selon le Conseil d'État, "*dans un contexte de volatilité des prix du marché de gros du gaz, la stabilité du prix acquitté par le consommateur final pourrait être admise comme justification d'une entrave au développement de la concurrence sur le marché de détail du gaz*". Cependant, en l'état actuel, les tarifs réglementés ne garantissent pas que "*les coûts d'approvisionnement pris en compte dans le calcul des tarifs réglementés de vente soient indexés sur des variables plus stables que le prix du marché de gros*" (point 14).

En conséquence, "*il résulte de ce qui précède que l'entrave à la réalisation d'un marché du gaz naturel concurrentiel que constitue la réglementation tarifaire contestée ne poursuit aucun objectif d'intérêt économique général. Dès lors, les dispositions législatives du code de l'énergie contestées sont incompatibles avec les objectifs poursuivis par la directive 2009/73/CE, sans qu'il soit besoin de s'interroger sur le caractère proportionné de la règlementation qu'elles prévoient. Il suit de là que ces dispositions ne pouvaient, sans méconnaître les objectifs de cette directive, servir de base légale au décret attaqué*" (point 15).

La modulation des effets de l'arrêt dans le temps

Le Conseil d'État est confronté à une difficulté de taille en ce qu'il doit tirer les conséquences de l'annulation ce qui peut poser la question de la modulation dans le temps des effets de l'arrêt. La question s'avère au demeurant délicate, le Conseil d'État s'étant écarté de la solution préconisée par le rapporteur public. Le point 16 résume le problème. Un acte administratif annulé est, en principe, réputé n'être jamais intervenu. Cependant, "*s'il apparaît que cet effet rétroactif de l'annulation est de nature à emporter des conséquences manifestement excessives en raison tant des effets que cet acte a produits et des situations qui ont pu se constituer lorsqu'il était en vigueur, que de l'intérêt général pouvant s'attacher à un maintien temporaire de ses effets, il appartient au juge administratif – après avoir recueilli sur ce point les observations des parties et examiné l'ensemble des moyens, d'ordre public ou invoqués devant lui, pouvant affecter la légalité de l'acte en cause – de prendre en considération, d'une part, les conséquences de la rétroactivité de l'annulation pour les divers intérêts publics ou privés en présence et, d'autre part, les inconvénients que présenterait, au regard du principe de légalité et du droit des justiciables à un recours effectif, une limitation dans le temps des effets de l'annulation*". Le Conseil d'État peut donc déroger au principe de l'effet rétroactif de son arrêt en décidant, sous réserve des actions contentieuses engagées à la date de sa décision prononçant l'annulation contre les actes pris sur le fondement de l'acte en cause, "*que tout ou partie des effets de cet acte antérieurs à son annulation devront être regardés comme définitifs ou même, le cas échéant, que l'annulation ne prendra effet qu'à une date ultérieure qu'il détermine*" (point 16).

La question s'avère d'autant plus épineuse qu'est en cause en l'espèce une violation du droit de l'Union européenne. Dans son office de juge de droit commun du droit de l'Union, le Conseil d'État doit garantir l'effectivité de ce droit. Aussi n'est-ce "*qu'à titre exceptionnel et en présence d'une nécessité impérieuse*" que la modulation est admise. Le Conseil d'État souligne: "*En effet, dans son arrêt 'Association France Nature Environnement' du 28 juillet 2016 (affaire C-379/15), la Cour de justice de l'Union européenne a dit pour droit qu'une juridiction nationale peut, lorsque le droit interne le permet, exceptionnellement et au cas par cas, limiter dans le temps certains effets d'une déclaration d'illégalité d'une disposition du droit national qui a été adoptée en méconnaissance d'une directive, à la condition qu'une telle limitation s'impose par une considération impérieuse et compte tenu des circonstances spécifiques de l'affaire dont elle est saisie, lorsqu'elle est convaincue, ce qu'elle doit démontrer de manière circonstanciée, qu'aucun doute raisonnable n'existe quant à l'interprétation et l'application des conditions posées par sa jurisprudence à une telle limitation*" (point 16).

En l'espèce, le Conseil d'État tient tout d'abord compte d'une circonstance singulière. Au point 17, il constate que "*l'annulation prononcée par la présente décision a en principe pour conséquence de faire revivre rétroactivement les dispositions du décret du 18 décembre 2009, dans sa rédaction antérieure à sa modification par le décret attaqué, jusqu'à leur abrogation par le décret du 30 décembre 2015 relatif à la codification de la partie réglementaire du code de l'énergie*". La situation absurde qui serait ainsi créée conduit le juge à considérer que, parce qu'elles ont été abrogées par le décret du 30 décembre 2015, les dispositions du décret du 18 décembre 2009 n'ont pas vocation à être remises en vigueur: il est donc fait obstacle à ce que l'annulation prenne effet à une date postérieure à la date de cette abrogation. Tenant compte des demandes des requérants et des parties intervenantes, le Conseil d'État décide: "*eu égard aux incertitudes graves qu'une annulation rétroactive ferait naître sur la situation contractuelle passée de plusieurs millions de consommateurs et de la nécessité impérieuse de prévenir l'atteinte au principe de sécurité juridique qui en résulterait, il y a lieu de prévoir, à titre exceptionnel, que les effets produits par le décret attaqué sont, sous réserve des actions contentieuses déjà engagées à la date de la présente décision, regardés comme définitifs*". En effet, ce sont, données de la CRE à l'appui, plus de neuf millions de consommateurs qui sont concernés pour avoir conclu ou tacitement reconduit leurs contrats de fourniture entre le 18 mai 2013, date de l'entrée en vigueur du décret attaqué, et le 31 décembre 2015.

Et les tarifs réglementés de l'électricité

Il serait prématuré de conclure à la mort des tarifs réglementés en général, de l'électricité, en particulier. En suivant les conclusions du rapporteur public, le point 13 de l'arrêt souligne : "*toutefois, à la différence de l'électricité qui, en application de l'article L. 121-1 du code de l'énergie, est un " produit de première nécessité " faisant l'objet d'un approvisionnement " sur l'ensemble du territoire national ", le gaz, auquel d'autres sources d'énergie sont substituables, ne constitue pas un bien de première nécessité*". Faut-il en déduire que les tarifs réglementés de l'électricité sont compatibles avec le droit de l'Union ? Rien n'est moins sûr. En effet, la précision faite par le Conseil d'État concerne uniquement la justification des tarifs réglementés par l'objectif de cohésion territoriale. Cela signifie uniquement qu'il n'est pas exclu que, pour l'électricité, parce qu'il s'agit d'un "*produit de première nécessité*", cet objectif puisse justifier la réglementation tarifaire. On ne saurait préjuger cependant du contrôle de proportionnalité que le juge doit fournir. Un doute demeure donc en attendant que le Conseil d'État se prononce sur les tarifs réglementés d'électricité.

En tout état de cause, le sort des tarifs réglementés de l'électricité est étroitement lié au *Winter Package*présenté par la Commission européenne en novembre 2016 (proposition de directive du Parlement européen et du Conseil concernant des règles communes pour le marché intérieur de l'électricité, COM(2016) 864). Il ressort de l'article 5 de la proposition de directive que le principe est celui de la libre détermination des prix par les fournisseurs. Ce n'est qu'à titre d'exception, et parce que justifié par un objectif d'intérêt économique général, que les États membres pourraient recourir à des interventions publiques dans la fixation des prix pour la fourniture d'électricité aux clients résidentiels vulnérables ou en situation de précarité énergétique. Ces interventions ne devraient pas aller au-delà de ce qui est nécessaire à la réalisation de l'intérêt économique général qu'elles poursuivent, être limitées dans le temps et proportionnées en ce qui concerne leurs bénéficiaires. À la lecture de la proposition, il s'avère que ces tarifs réglementés ne devraient concerner que les clients vulnérables et sont liés à la précarité énergétique. Des doutes demeurent cependant et, le 15 septembre 2017, la présidence estonienne a présenté une version légèrement modifiée de la directive, laissant un furtif sursis aux tarifs réglementés.

F. Martucci

Concurrences N° 4-2017, pp. 169-172

Concurrences +

Hubert Delzangles, Sebastien Martin, Tarifs réglementés : Le Conseil d'État annule partiellement la décision de fixation des tarifs réglementés de vente d'électricité (ENGIE et ANODE), 18 mai 2018, Concurrences N° 3-2018, Art. N° 87788, pp. 173-176.

Alain Ronzano, Question préjudicielle : Le Conseil d'État constate que les tarifs réglementés de vente de gaz naturel ne poursuivent aucun objectif d'intérêt économique général et juge leur maintien contraire au droit de l'Union (Association nationale des opérateurs détaillants en énergie), 19 juillet 2017, Concurrences N° 4-2017, Art. N° 85266.

Emmanuel Guillaume, Pierre-Edouard Pivois, Tarifs réglementés de vente d'électricité : Le Conseil d'État fait droit, par deux décisions rendues le 15 juin 2016, aux demandes de l'Association Nationale des Opérateurs Détaillants en Énergie (ANODE) en annulant totalement l'arrêté du 28 juillet 2014 et partiellement l'arrêté du 30 octobre 2014 tous deux relatifs aux tarifs réglementés de vente d'électricité (ANODE), 1er septembre 2016, Concurrences N° 3-2016, Art. N° 80661, pp. 154-156.

Francesco Martucci, Tarifs réglementés : Le Conseil d'État annule une nouvelle fois les arrêtés fixant les tarifs réglementés de vente (Association nationale des opérateurs détaillants en énergie), 30 décembre 2013, Concurrences N° 1-2014, Art. N° 63200, p. 191.

Emmanuel Guillaume, Simon Daboussy, Energie - Gaz : Le Conseil d'État suspend l'arrêté du 29 septembre 2011 relatif aux tarifs réglementés de vente de gaz naturel fourni à partir des réseaux publics de distribution de l'opérateur historique (Association nationale des opérateurs détaillants en énergie), 16 février 2012, Concurrences N° 1-2012, Art. N° 42337, pp. 208-210.

CJUE, 7 sept. 2016, ANODE, aff. C-121/15

La Cour de justice de l'Union européenne, saisie d'un recours préjudiciel à propos de la réglementation française relative aux tarifs réglementés de vente du gaz naturel, donne une interprétation de la directive 2009/73, dont l'objectif est la réalisation d'un marché intérieur de gaz naturel ouvert à la concurrence

Ce recours préjudiciel a été présenté par le Conseil d'État dans le cadre d'un recours engagé par l'Association nationale des opérateurs détaillants en énergie (ANODE) contre le décret n° 2013-400 du 16 mai 2013 relatif aux TRV du gaz naturel. Par la voie de l'exception, l'ANODE soutenait que les articles L. 445-1 à L. 445-4 du code de l'énergie, qui portent sur les TRV de gaz naturel, méconnaissent les objectifs de la directive 2009/73.

Comme le rappelle le Conseil d'État, "*la règlementation française impose au fournisseur historique ainsi que, pour les parties du territoire qu'elles desservent, aux entreprises locales de distribution et pour certains clients raccordés au réseau de transport, à la société Total Energie Gaz, de proposer au consommateur final la fourniture de gaz naturel à des tarifs réglementés ; que cependant, des offres concurrentes aux tarifs réglementés sont librement proposées par l'ensemble des fournisseurs, historique comme alternatifs*" (CE, 15 décembre 2014, ANODE, n° 370321).

Le Conseil d'État demande à la CJUE si une réglementation de ce type constitue, par sa nature même, une entrave à la réalisation d'un marché intérieur de gaz naturel ouvert et concurrentiel, mentionnée à l'article 3, § 1 de la directive 2009/73 et, dans la positive, si la poursuite des objectifs de la sécurité d'approvisionnement et de la cohésion territoriale peuvent éventuellement justifier une telle intervention.

Une réglementation relative à la fixation des TRV de gaz naturel constitue, par sa nature même, une entrave à la réalisation d'un marché intérieur de gaz naturel ouvert et concurrentiel

Pour répondre à la première question préjudicielle, la CJUE commence par rappeler que, "*bien qu'il ne résulte d'aucune disposition de la directive 2009/73 que le prix de fourniture du gaz naturel devrait être fixé exclusivement par le jeu de l'offre et de la demande, cette exigence découle de la finalité même et de l'économie générale de cette directive, qui a pour objectif de poursuivre la réalisation d'un marché intérieur du gaz naturel entièrement et effectivement ouvert et concurrentiel dans lequel tous les consommateurs peuvent choisir librement leurs fournisseurs et dans lequel tous les fournisseurs peuvent fournir librement leurs produits à leurs clients*".

Ensuite, la Cour rappelle sa jurisprudence *Federutility* selon laquelle une mesure d'intervention publique sur les prix de vente du gaz naturel constitue, par sa nature même, une entrave à la réalisation d'un marché intérieur du gaz concurrentiel (CJUE, Gde Chambre, 20 avril 2010, *Federutility et autres c/ Autorità per l'energia elettrica e il gas*, C-265/08).

Comme le souligne la Cour, la réglementation française instaure "*des prix régulés qui ne sont aucunement le résultat d'une libre détermination découlant du jeu de l'offre et de la demande sur le marché*".

La Cour en déduit qu'une réglementation de ce type "*affecte nécessairement le jeu concurrentiel*" et "*s'oppose à l'objectif de réalisation d'un marché du gaz naturel ouvert et concurrentiel prévu à l'article 3, paragraphe 1, de la directive 2009/73*".

La Cour rejette les arguments soutenus par le Gouvernement français. En effet, la circonstance que la réglementation française n'empêche ni le fournisseur historique ni les fournisseurs alternatifs de proposer des offres à des prix inférieurs aux TRV "*n'est pas susceptible de remettre en question la constatation que l'intervention étatique en cause au principal affecte le jeu de la concurrence*". Sur ce point, l'Avocat général a souligné qu'"*une telle réglementation donne lieu à une rupture d'égalité des opérateurs de marché*" et crée "*deux segments sur le marché, à savoir un segment 'régulé'* (...) *et un segment libre*", ce qui est contraire à l'objectif de la réalisation d'un marché intérieur du gaz naturel ouvert et concurrentiel (conclusions de l'Avocat général, M. Mengozzi sur CJUE, 7 septembre 2016, *ANODE*, prèc.).

Par conséquent, en réponse à la première question posée, la CJUE indique que "*l'article 3, paragraphe 1, de la directive 2009/73 doit être interprété en ce sens que l'intervention d'un État membre consistant à imposer à certains fournisseurs, parmi lesquels le fournisseur historique, de proposer au consommateur final la fourniture de gaz naturel à des tarifs règlementés constitue, par sa nature même, une entrave à la réalisation d'un marché de gaz naturel concurrentiel*".

Une telle entrave n'est toutefois pas en elle-même contraire au droit communautaire

Appliquant les critères de sa jurisprudence *Federutility*, la Cour rappelle qu'une intervention étatique sur la fixation du prix de fourniture du gaz naturel au consommateur final peut être admise dans le cadre de la directive 2009/73, si trois conditions sont réunies. Pour ce faire, l'intervention étatique doit poursuivre un objectif d'intérêt économique général, respecter le principe de proportionnalité et, prévoir des obligations de service public clairement définies, transparentes, non discriminatoires, contrôlables et garantir un égal accès des entreprises de gaz de l'Union aux consommateurs (CJUE, 20 avril 2010, prèc.).

Sur l'existence d'objectifs d'intérêt économique général

Dans le respect du droit de l'Union européenne, les États membres sont libres de définir les objectifs d'intérêts économique général qu'ils veulent poursuivre en imposant des obligations de service public et peuvent "*tenir compte d'objectifs propres à leur politique nationale*" (CJUE, 20 avril 2010, *Federutility*, prèc.). À cette fin, ils doivent opérer une conciliation entre l'objectif de libéralisation et les autres objectifs poursuivis par la directive 2009/73.

Dans le cadre du renvoi préjudiciel, le Conseil d'État s'est référé aux objectifs de sécurité d'approvisionnement et de cohésion territoriale, comme objectifs d'intérêt économique général poursuivis par la réglementation française fixant les TRV du gaz naturel.

La CJUE considère que, sous réserve que les deux autres conditions soient également remplies, les objectifs de sécurité d'approvisionnement et de cohésion territoriale constituent des objectifs d'intérêt économique général qui pourraient justifier une intervention étatique portant sur les prix de fourniture du gaz naturel.

Sur le respect du principe de proportionnalité

À l'intention des juridictions nationales, la CJUE fixe une grille de lecture pour déterminer si le principe de proportionnalité est respecté.

Premièrement, la CJUE rappelle que "*le respect du principe de proportionnalité implique* [...] *que la mesure en cause soit susceptible de garantir la réalisation de l'objectif d'intérêt économique général envisagé*". En l'absence d'éléments précis sur ce point, la Cour renvoie au Conseil d'État le soin de déterminer si la fixation des TRV du gaz naturel est apte à réaliser les objectifs de sécurité de l'approvisionnement et de cohésion territoriale.

Deuxièmement, le principe de proportionnalité implique que la durée de l'intervention étatique sur les prix soit "*limitée à ce qui est strictement nécessaire à l'objectif poursuivi*" (CJUE, 20 avril 2010, *Federutility*, prèc.).

La Cour relève que la réglementation française sur les TRV du gaz naturel "*ne prévoit aucune limitation de la durée de l'obligation de proposer aux clients finals la fourniture de gaz naturel à des prix réglementés, ce qui confère à cette obligation un caractère permanent*". La révision périodique du niveau des tarifs ne constitue pas une limitation dans le temps car cette révision ne concerne pas le principe même de l'intervention étatique sur les prix. Il appartiendra au Conseil d'État de déterminer si la fixation des TRV par l'État, qui a un caractère permanent, respecte le principe de proportionnalité.

Troisièmement, "*la méthode d'intervention mise en œuvre* [par l'État membre] *ne doit pas aller au-delà de ce qui est nécessaire pour atteindre l'objectif d'intérêt économique général*". Cette condition implique de vérifier que la réglementation en cause est nécessaire pour atteindre les objectifs poursuivis et qu'il n'existe pas d'autres mesures moins contraignantes.

Dans sa jurisprudence *Federutility*, la CJUE a jugé que "*l'exigence de nécessité requiert d'identifier, en principe, la composante du prix du gaz sur laquelle une intervention serait nécessaire afin d'atteindre l'objectif envisagé par l'intervention étatique*". En d'autres termes, l'intervention étatique doit être limitée aux composantes du prix qui seraient susceptibles d'être influencées à la hausse par la poursuite des objectifs d'intérêt économique général.

Pour l'Avocat général M. Mengozzi, la méthode de calcul des TRV du gaz naturel, fondée sur la couverture des coûts complets, "*fait nécessairement prendre en considération des coûts* [...] *qui ne sont pas susceptibles d'être influencés à la hausse par la poursuite de l'objectif d'intérêt économique général*". Ainsi, l'Avocat général "*doute de la compatibilité*" de cette méthode de calcul avec le principe de proportionnalité. Il appartiendra au Conseil d'État de trancher ce point.

Quatrièmement, le principe de proportionnalité doit être apprécié au regard du champ d'application personnel de la mesure étatique, à savoir les bénéficiaires des TRV du gaz naturel.

En l'espèce, la Cour constate que "*la réglementation en cause au principal prévoit que, à partir du 1er janvier 2016, les bénéficiaires de la fourniture à prix régulé sont les ménages et les entreprises qui consomment moins de 30 000 kWh/an*". Elle renvoie ensuite au Conseil d'État le soin d'apprécier "*si un tel système, qui semble bénéficier de manière identique aux clients domestiques et aux petites et moyennes entreprises, respecte l'exigence de proportionnalité en ce qui concerne le champ d'application personnel de la mesure, au regard des objectifs de la sécurité d'approvisionnement et de la cohésion territoriale*".

Sur la condition relative aux obligations de service public

Pour être compatible, l'intervention étatique doit respecter une dernière condition. En effet, celle-ci doit "*prévoir des obligations de service public clairement définies, transparentes, non discriminatoires et contrôlables et garantir un égal accès des entreprises de gaz de l'Union aux consommateurs*".

S'agissant du caractère non discriminatoire de la réglementation française, la Cour indique que l'article 3, § 2 de la directive 2009/73 permet d'imposer des obligations de service public "*de manière générale "aux entreprises opérant dans le secteur du gaz" et non à certaines entreprises en particulier*". Elle en déduit qu'un mécanisme de désignation des entreprises chargées d'obligations de service public "*ne peut exclure a priori aucune des entreprises opérant dans le secteur de la distribution du gaz*". Or, comme il a été rappelé précédemment, les TRV du gaz naturel ne s'appliquent qu'à certains opérateurs du secteur. Le Conseil d'État devra également se prononcer sur ce point.

Cette grille de lecture élaborée par la CJUE permettra au Conseil d'État de déterminer si la fixation des TRV du gaz naturel par l'État est compatible avec le droit de l'Union européenne.

E. Guillaume

Concurrences N°4-2016, pp. 176-178

Concurrences +

Stéphane Rodrigues, Énergie: La Cour de justice de l'Union européenne rend un arrêt particulièrement riche pour l'interprétation du régime des obligations de service public, notamment en matière tarifaire, dans le domaine de l'énergie, en application de la directive 2009/73/CE relative au marché intérieur du gaz naturel (ANODE), 7 septembre 2016, Concurrences N°4-2016, Art. N°82004, pp. 196-197.

CE, 15 juin 2016, ANODE, n° 383722 et 386078

Le Conseil d'État fait droit, par deux décisions rendues le 15 juin 2016, aux demandes de l'Association Nationale des Opérateurs Détaillants en Énergie (ANODE) en annulant totalement l'arrêté du 28 juillet 2014 et partiellement l'arrêté du 30 octobre 2014 tous deux relatifs aux tarifs réglementés de vente d'électricité

Saisi en premier ressort sur requêtes de l'ANODE, le Conseil d'État était une nouvelle fois invité à se prononcer sur les modalités de fixation des tarifs réglementés de vente d'électricité. Les deux décisions du même jour censurent, pour des motifs différents, les dispositions prises en la matière par les ministres chargés de l'Énergie et de l'Économie.

Les règles applicables à la fixation des tarifs réglementés de vente d'électricité

Depuis le 1er juillet 2007, le marché de l'électricité est entièrement libéralisé. Les tarifs réglementés de vente (TRV) pratiqués par les opérateurs historiques (*EDF* et les entreprises locales de distribution) coexistent avec les offres de marché proposées par les fournisseurs alternatifs. Ces TRV étaient jusqu'alors fixés par les ministres chargés de l'Énergie et de l'Économie après avis de la Commission de régulation de l'énergie (CRE). Depuis le 7 décembre 2015, la CRE fixe elle-même les tarifs, sous réserve de l'opposition de l'un des ministres compétents (article L. 337-4 du code de l'énergie).

Les tarifs réglementés sont organisés en catégories définies en fonction de la tension de raccordement et de la puissance souscrite par le client. Coexistent ainsi les tarifs "bleu", résidentiels ou non, les tarifs "jaune" et les tarifs "vert".

Le principe de fixation des tarifs initialement retenu était celui de la couverture complète des coûts supportés par EDF et les ELD et de la prise en compte d'une marge raisonnable (article 4 de la loi n° 2000-108 du 10 février 2000). Plus précisément, les tarifs devaient alors être calculés "*de manière à couvrir les coûts de production, les coûts d'approvisionnement, les coûts d'utilisation des réseaux publics de transport et de distribution et les coûts de commercialisation* (…) *ainsi qu'une marge raisonnable*" (article 3 du décret n° 2009-975 du 12 août 2009).

Un régime transitoire de fixation des tarifs a ensuite été instauré par la loi n° 2010-1488 du 7 décembre 2010 (loi NOME) supprimant le principe de couverture complète des coûts à l'article 4 de la loi n° 2000-108 du 10 février 2000 précitée.

Ce régime transitoire s'appliquait aux tarifs jaune et vert (consommateurs professionnels qui souscrivent une puissance supérieure à 36 kVA) jusqu'à leur disparition au 31 décembre 2015. Il s'appliquait au tarif bleu jusqu'à l'entrée en vigueur du nouveau régime (décret n° 2014-1250 du 28 octobre 2014 modifiant le décret du 12 août 2009) selon lequel, désormais, les tarifs sont calculés en tenant compte de l'addition du prix d'accès régulé à l'électricité nucléaire historique, du coût du complément à la fourniture d'électricité incluant la garantie de capacité, des coûts d'acheminement de l'électricité, des coûts de commercialisation et, enfin, d'une rémunération normale du capital. L'objectif de cette nouvelle méthode, comme du régime transitoire, est d'assurer, à terme, la convergence tarifaire entre le tarif réglementé et l'offre de marché.

En l'occurrence, le premier arrêt commenté fait application du régime transitoire et le second du nouveau régime instauré par le décret du 28 octobre 2014 (méthode de détermination des coûts "par empilement").

Le Conseil d'État était saisi d'un premier recours pour excès de pouvoir dirigé contre l'arrêté du 28 juillet 2014 abrogeant les dispositions de l'arrêté du 26 juillet 2013 en vertu desquelles les barèmes du tarif bleu devaient être augmentés de 5 % en moyenne à compter du 1er août 2014. La suppression de cette hausse programmée avait pour conséquence le maintien des tarifs prévus par l'arrêté initial. Le second recours de l'ANODE était dirigé contre l'arrêté du 30 octobre 2014 fixant les tarifs réglementés applicables du 1er novembre 2014 au 31 juillet 2015.

L'idée portée par ces deux recours était que la fixation à un niveau insuffisant des tarifs réglementés de vente fait obstacle à ce que les tarifs proposés sur le marché puissent être regardés comme compétitifs.

L'annulation par le Conseil d'Etat de l'arrêté du 28 juillet 2014 et de l'arrêté du 30 octobre 2014 en ce qui concerne les tarifs bleu résidentiels et vert

La première décision relative à l'arrêté du 28 juillet 2014 fait d'abord état des règles qui s'imposaient aux ministres pour la fixation des tarifs réglementés. Ainsi, chaque tarif devait permettre au moins la couverture des coûts moyens complets des opérateurs, prendre en compte une estimation de l'évolution de ces coûts sur la période tarifaire à venir et, enfin, être ajusté par une modulation de rattrapage en cas d'écart significatif entre les coûts complets constatés et ce tarif sur la période tarifaire écoulée.

L'arrêt constate ensuite que l'arrêté du 26 juillet 2013 avait prévu une augmentation de 5 % (pourcentage ajustable) des tarifs bleu au 1er août 2014 afin de compenser l'insuffisance de la hausse initiale au regard des exigences de convergence progressive entre les TRV et le marché. Les ministres étaient ainsi tenus de prendre un nouvel arrêté fixant ces tarifs à compter du 1er août 2014 et respectant le niveau moyen de cette hausse.

Or, l'arrêté du 28 juillet 2014 a abrogé les dispositions de l'arrêté du 26 juillet 2013, trois jours seulement avant l'échéance que ce texte avait fixée. Il supprimait l'augmentation de 5 % dont les fournisseurs pouvaient avoir anticipé les effets pour la fixation de l'évolution de leurs propres tarifs, comme le relève le Conseil d'État. Il ajoute que dans ces circonstances particulières, au regard de l'importance du niveau des tarifs bleu pour l'activité des fournisseurs, il y a lieu de considérer que cette abrogation tardive porte atteinte au principe de sécurité juridique. Ce motif justifie l'annulation de l'arrêté. On relèvera que le rapporteur public avait conclu au rejet de cette requête, pour irrecevabilité, estimant que l'arrêté d'abrogation ne faisait pas grief (Conclusions du rapporteur public Mme Emilie Bokdam-Tognetti sur le présent arrêt). Madame Bokdam-Tognetti considérait en effet que l'abrogation ne signifiait pas report ou abandon de l'augmentation; celle-ci pouvant être prise en compte plus tard au titre du rattrapage des coûts (cf. ci-dessous).

L'arrêté du 30 octobre 2014 avait pour sa part déjà été soumis au Conseil d'État dans le cadre d'un référé-suspension. La demande de suspension avait été rejetée pour défaut d'urgence, mais le juge avait déjà estimé que l'absence de rattrapage pour le tarif vert était de nature à faire naître un doute sérieux sur la légalité de l'arrêté (Conseil d'État, 7 janvier 2015, n° 386076).

Bien que les tarifs en cause ne soient plus soumis au principe de couverture des coûts complets constatés des fournisseurs historiques, il incombait aux ministres de procéder aux rattrapages tarifaires induits par les écarts observés au cours de la période tarifaire écoulée, en l'occurrence depuis l'arrêté du 26 juillet 2013. Cette obligation, dite de rattrapage, résulte de la jurisprudence du Conseil d'État élaborée à l'époque de la méthode de couverture des coûts comptables et confirmée depuis (Conseil d'État, 1er juillet 2010, *Poweo*, n° 321595). La modulation doit avoir lieu dans l'hypothèse où le tarif précédent aurait été sous-évalué ou surévalué.

L'arrêt constate l'insuffisance de la hausse de rattrapage pour le tarif bleu résidentiel: 0,9 % alors qu'une hausse d'environ 4 % était nécessaire pour compenser l'écart entre les tarifs et les coûts complets constatés d'*EDF*. De même, l'absence de hausse tarifaire au titre du rattrapage pour le tarif vert, alors qu'une hausse de 2,4 % aurait été justifiée, est constitutive d'une erreur manifeste d'appréciation. En revanche, le niveau des tarifs bleu non résidentiel et jaune est validé par le juge. Le Conseil d'État prononce ainsi l'annulation partielle de l'arrêté attaqué, en tant qu'il n'a pas fixé à un niveau plus élevé les tarifs réglementés bleu résidentiel et vert.

Les conséquences de l'annulation sur la fixation des tarifs réglementés de vente d'électricité

Chacune des requêtes de l'ANODE invitait le Conseil d'État à faire usage du pouvoir qu'il tire de l'article L. 911-1 du code de justice administrative en enjoignant aux ministres compétents de prendre des arrêtés conformes aux règles applicables. Le Conseil d'État fait droit à cette demande et juge que les présentes décisions "*impliquent nécessairement*" que soient pris de nouveaux arrêtés.

L'annulation de l'arrêté du 28 juillet 2014 oblige les ministres de l'Énergie et de l'Économie à prendre un nouvel arrêté fixant à titre rétroactif les tarifs applicables pour la période du 1er août au 31 octobre 2014. En effet, à la date à laquelle se prononce le Conseil d'État, l'arrêté du 30 octobre 2014 prenant effet au 1er novembre 2014 est réputé en vigueur. L'annulation partielle de l'arrêté du 30 octobre 2014 implique quant à elle que les tarifs bleu résidentiel et vert fassent l'objet d'un nouvel arrêté pour la période comprise entre le 1er novembre 2014 et le 31 juillet 2015. Un nouvel arrêté avait en effet déjà fixé les tarifs applicables à compter du 1er août 2015.

Le Conseil d'État laisse un délai de trois mois aux ministres pour adopter de nouveaux arrêtés.

Les prescriptions du Conseil d'État relatives au niveau des hausses tarifaires à répercuter rétroactivement varient d'une décision à l'autre. Dans sa première décision, le juge administratif rappelle que les ministres devront faire application des principes gouvernant la fixation des tarifs et prescrit une hausse moyenne minimum de 5 % pour l'ensemble des tarifs bleu. Dans sa seconde décision, le Conseil d'État indique simplement que la fixation des nouveaux tarifs bleu résidentiel et vert devra tenir compte des hausses tarifaires édictées par les arrêtés ultérieurs et des hausses tarifaires antérieures qui seront fixées rétroactivement par l'arrêté pris pour la période du 1er août au 31 octobre 2014.

L'annulation simultanée de ces arrêtés devrait inévitablement conduire à une augmentation rétroactive de la facture des particuliers. Dès le lendemain de la décision, la ministre chargée de l'Énergie a en effet annoncé une hausse moyenne d'une trentaine d'euros par foyer échelonnée sur une période de dix-huit mois (*LeMonde.fr*, 16 juin 2016).

E. Guillaume, P.-E. Pivois

Concurrences N°3-2016, pp. 154-156

Concurrences +

Hubert Delzangles, Sebastien Martin, Tarifs réglementés : Le Conseil d'État annule partiellement la décision de fixation des tarifs réglementés de vente d'électricité (ENGIE et ANODE), 18 mai 2018, Concurrences N° 3-2018, Art. N° 87788, pp. 173-176.

Francesco Martucci, Tarifs réglementés : Le Conseil d'État juge les tarifs réglementés de vente du gaz incompatibles avec le droit de l'Union européenne (Association nationale des opérateurs détaillants en énergie), 19 juillet 2017, Concurrences N° 4-2017, Art. N° 85031, pp. 169-172.

Alain Ronzano, Question préjudicielle : Le Conseil d'État constate que les tarifs réglementés de vente de gaz naturel ne poursuivent aucun objectif d'intérêt économique général et juge leur maintien contraire au droit de l'Union (Association nationale des opérateurs détaillants en énergie), 19 juillet 2017, Concurrences N° 4-2017, Art. N° 85266.

Francesco Martucci, Tarifs réglementés : Le Conseil d'État annule une nouvelle fois les arrêtés fixant les tarifs réglementés de vente (Association nationale des opérateurs détaillants en énergie), 30 décembre 2013, Concurrences N° 1-2014, Art. N° 63200, p. 191.

Emmanuel Guillaume, Simon Daboussy, Energie - Gaz : Le Conseil d'État suspend l'arrêté du 29 septembre 2011 relatif aux tarifs réglementés de vente de gaz naturel fourni à partir des réseaux publics de distribution de l'opérateur historique (Association nationale des opérateurs détaillants en énergie), 16 février 2012, Concurrences N° 1-2012, Art. N° 42337, pp. 208-210.

CE, 11 avril 2014, ANODE, n° 365219

Le Conseil d'État annule l'arrêté du 20 juillet 2012 en ce qui concerne les tarifs "bleu" et "jaune"

L'association ANODE continue une série de recours contentieux contre les arrêtés ministériels fixant les tarifs énergétiques (voir pour le gaz, par exemple, cette Concurrences, Chronique Régulation, n° 1-2014, p. 191 à propos de CE, 30 décembre 2013, ANODE, n° 369574, 369575) cette fois-ci dans le domaine de l'électricité. Le Conseil d'État fait partiellement droit à sa demande en annulant l'arrêté du 20 juillet 2012 en tant qu'il n'a pas fixé à un niveau plus élevé les tarifs réglementés "bleu" et "jaune" de l'électricité et adresse une injonction aux ministres compétents de prendre, dans le délai de deux mois, un nouvel acte fixant une augmentation rétroactive sur la période en cause.

De façon assez classique désormais, cette affaire traduit un rapport de forces entre quatre acteurs ayant chacun un intérêt légitime à faire valoir : le législateur qui fixe les grands principes du calcul des tarifs réglementés de vente de l'électricité ; la Commission de régulation de l'énergie qui donne son avis sur la proposition ministérielle et qui estime généralement que cette dernière est sous-estimée ; le gouvernement qui fixe des tarifs artificiellement bas pour ne pas alourdir le poste de dépenses énergétiques du consommateur ; le juge qui exerce un contrôle de l'erreur manifeste d'appréciation de la conformité de l'arrêté aux prescriptions législatives.

Ce dernier, saisi par l'ANODE de la légalité de l'ensemble des tarifs "bleu", "jaune" et "vert", conclue notamment à une sous-estimation du coût des deux premiers (2.) et peut, selon les moyens du requérant, éclaircir la question du cadre réglementaire et législatif en vigueur actuellement (1.).

La précision du cadre réglementaire et législatif en vigueur pour le calcul des tarifs

Les dispositions du code de l'énergie (CE) telles qu'elles résultent de l'ordonnance n° 2011-504 du 9 mai 2011, la loi du 7 décembre 2010 portant nouvelle organisation du marché de l'électricité et le décret du 12 août 2009 relatif aux tarifs réglementés de vente d'électricité forment le cadre juridique applicable au cas d'espèce. Selon l'article L. 337-6 CE, "dans un délai s'achevant au plus tard le 31 décembre 2015, les tarifs réglementés de vente d'électricité sont progressivement établis en tenant compte de l'addition du prix d'accès régulé à l'électricité nucléaire historique, du coût du complément à la fourniture d'électricité qui inclut la garantie de capacité, des coûts d'acheminement de l'électricité et des coûts de commercialisation ainsi que d'une rémunération normale". Aux termes de l'article 3 du décret du 12 août 2009, "la part fixe et la part proportionnelle de chaque option ou version tarifaire sont chacune l'addition d'une part correspondant à l'acheminement et d'une part correspondant à la fourniture qui sont établies de manière à couvrir les coûts de production, les coûts d'approvisionnement, les coûts d'utilisation des réseaux publics de transport et de distribution et les coûts de commercialisation, que supportent pour fournir leurs clients Électricité de France et les distributeurs non nationalisés (...), ainsi qu'une marge raisonnable. La part correspondant à l'acheminement est déterminée en fonction du tarif d'utilisation des réseaux publics en vigueur applicable à l'option ou à la version concernée. La part correspondant à la fourniture couvre les coûts de production, d'approvisionnement et de commercialisation supportés par Électricité de France et les distributeurs non nationalisés pour fournir les clients ayant souscrit à cette option ou version".

D'une part, le Conseil d'État précise, selon une formule désormais classique dans le domaine du gaz, la grille de calcul des coûts la plus pertinente. Ainsi, il incombe aux ministres "de répercuter dans les tarifs qu'ils fixent, de façon périodique, les variations, à la hausse ou à la baisse, des coûts moyens complets de l'électricité distribuée par Électricité de France et les entreprises locales de distribution". Pour ce faire, il leur appartient "à la date à laquelle ils prennent leur décision, pour chaque tarif, premièrement, de permettre au moins la couverture des coûts moyens complets des opérateurs afférents à la fourniture de l'électricité à ce tarif, tels qu'ils peuvent être évalués à cette date, deuxièmement, de prendre en compte une estimation de l'évolution de ces coûts sur la période tarifaire à venir, en fonction des éléments dont ils disposent à cette même date, et troisièmement, d'ajuster le tarif s'ils constatent qu'un écart significatif s'est produit entre tarif et coûts, du fait d'une surévaluation ou d'une sous-évaluation du tarif, au moins au cours de la période tarifaire écoulée".

D'autre part, le juge apprécie l'article L. 337-6 CE à la lumière des travaux préparatoires de la loi du 7 décembre 2010 et précise que le législateur a eu l'intention d'organiser, sur une période transitoire s'achevant fin 2015, "une convergence tarifaire propre à résorber l'écart structurel existant (...) entre le niveau des tarifs réglementés de l'électricité et les coûts de fourniture de l'électricité distribuée à un tarif de marché", tout en respectant les critères énoncés par le juge ci-dessus. Il s'agit bien là de l'objectif même de la réalisation d'un marché concurrentiel ne connaissant, à terme, plus de prix réglementé.

Après avoir précisé ces éléments et estimé que le défaut de prise en compte par la Commission de régulation de l'énergie (CRÉ) des éléments comptables produits par les distributeurs non nationalisés n'avait pas d'incidence sur l'arrêté attaqué, le juge rejette l'argument selon lequel la loi du 7 décembre 2010 aurait implicitement abrogé le décret du 12 août 2009 ce qui précise le cadre réglementaire dans lequel les ministres compétents devront s'inscrire pour déterminer les tarifs annulés par la même décision.

L'annulation des tarifs "bleu" et "jaune" en ce qu'ils n'ont pas été fixés à un niveau plus élevé

Dans la deuxième partie de sa décision le Conseil d'État se prononce, au regard des éléments précisés sur le cadre réglementaire et législatif, sur la légalité des trois tarifs en cause.

D'une part, il s'appuie sur les pièces du dossier et, ce qu'il convient de souligner, notamment sur l'avis rendu par la CRÉ le 19 juillet 2012, qui n'est pas sérieusement contesté par la défense, pour considérer que les tarifs "bleu" et "jaune" sont manifestement inférieurs au niveau auquel ils auraient dû être fixés en application des principes précédents. Il estime en effet que "seule une augmentation de 4,6 % en moyenne, de la part production du tarif "bleu" aurait pu permettre de couvrir les coûts de production d'EDF". De plus, en s'appuyant sur l'avis du régulateur, le juge estime que des augmentations réglementaires de 2 % des tarifs ne permettent pas de "répercuter les hausses prévisionnelles des coûts de production pour l'année 2012 afférents à la fourniture de l'électricité à ces tarifs, telles qu'elles étaient évaluées par la Commission [de régulation de l'énergie] à la date de l'arrêté attaqué à hauteur de 5,7 % pour le tarif "bleu" et 2,6 % pour le tarif "jaune" et n'assurent donc pas convergence voulue par le législateur avec les coûts de fourniture de l'électricité distribuée à un tarif de marché. Or, la défense n'avance pas le fait que les tarifs en cause auraient pris en compte une éventuelle baisse des coûts d'EDF sur l'année à venir. Le juge conclue donc que ces derniers sont manifestement sous-estimés par rapport au niveau auquel ils auraient dû être fixés et annule l'arrêté en ce qui les concerne.

A contrario, d'autre part, le Conseil d'État relève que l'augmentation du tarif "vert" de l'ordre de 2 % est conforme à la grille de lecture précédente dans la mesure où aucun rattrapage par rapport au précédent arrêté tarifaire n'était nécessaire et qu'était répercutée intégralement dans ce tarif la hausse prévisionnelle des coûts de production, des coûts de transport et de distribution. Il convient quand même de noter que le Conseil d'État estime, de façon assez étonnante au regard de la problématique émergente du calcul du coût de l'énergie à sa juste valeur, que "si les ministres disposaient d'estimations sur les coûts des investissements nécessaires à la maintenance des centrales de production nucléaire à l'horizon 2025, ils n'ont pas entaché leur décision d'erreur manifeste d'appréciation en ne tenant pas compte de ces estimations pour majorer l'évaluation, opérée par la commission, des coûts comptables prévisionnels de l'opérateur pour la période tarifaire à venir".

Pour terminer, saisi d'une demande d'injonction, le juge estime naturellement que la décision d'annulation partielle implique nécessairement que soit pris un nouvel arrêté pour la période comprise entre le 23 juillet 2012 et le 31 juillet 2013. Il prescrit donc aux ministres compétents de prendre, dans un délai de deux mois, un nouvel arrêté fixant une augmentation rétroactive sur la période des tarifs en cause qui soit conforme aux principes énoncés par sa décision sans l'assortir d'une astreinte.

H. Delzangles, S. Martin

Concurrences N° 3-2014, pp. 181-183

CRE, 22 mai 2014, Délibération portant décision sur la tarification des prestations annexes réalisées par les gestionnaires de réseaux de distribution de gaz naturel

La Commission de régulation de l'énergie se prononce sur la tarification des prestations annexes réalisées par les gestionnaires de réseaux de distribution de gaz naturel

En France, les gestionnaires des réseaux de distribution (GRD) de gaz naturel sont en charge de l'acheminement du gaz naturel sur les réseaux de distribution jusqu'aux clients finals pour le compte de leurs utilisateurs.

En complément des prestations d'acheminement, les GRD peuvent réaliser des prestations annexes, sur demande des fournisseurs et clients finals. Ces prestations annexes sont financées, soit par le tarif d'utilisation des réseaux publics de distribution, soit couvert en tout ou partie par un tarif propre fixé directement par la CRE. Ce sont ces prestations et les tarifs liés qui font l'objet de la délibération du 22 mai 2014 commentée.

En effet, l'article L. 452-2 du code de l'énergie dispose qu'il appartient à la CRÉ de fixer "*les méthodologies utilisées pour établir les tarifs des prestations annexes réalisées exclusivement*" par les GRD. En outre, l'article L. 452-3 du code de l'énergie prévoit que la CRÉ délibère sur les évolutions tarifaires des prestations annexes "*avec, le cas échéant, les modifications de niveau et de structure des tarifs qu'elle estime justifiées au vu notamment de l'analyse et de la comptabilité des opérateurs et de l'évolution prévisible des charges de fonctionnement et d'investissements*". Le même article précise que ces délibérations peuvent être prises à la demande des GRD eux-mêmes.

Par deux précédentes délibérations des 28 juin 2012 et 25 avril 2013, la CRÉ avait déjà pu fixer les principes d'élaboration et de tarification des prestations annexes réalisées à titre exclusif par les GRD de gaz naturel, ainsi que les évolutions en niveau et en structure de ces prestations.

Dans sa délibération du 22 mai 2014, prise à l'issue d'une consultation publique – dont elle a, à chaque fois, tenu compte – et après avis préalable du Conseil supérieur de l'énergie, la CRÉ a procédé, en application du code de l'énergie et de ses délibérations précitées, à la fois à la mise à jour des prestations annexes et de leurs tarifs ainsi qu'à la mise en place de nouvelles prestations annexes souhaitées par certains GRD.

La mise à jour des prestations annexes réalisées exclusivement par les GRD

La délibération du 22 mai 2014 a été l'occasion pour la CRÉ de revenir sur le champ des prestations annexes réalisées exclusivement par les GRD ainsi que de se prononcer sur des demandes de mise à jour.

Déjà, dans sa délibération du 28 juin 2012, la CRÉ avait fait le vœu d'une plus forte homogénéisation, en termes de définition et de niveau de prix, des catalogues de prestations de l'ensemble des GRD, c'est-à-dire GRDF ainsi que les entreprises locales de distribution (ELD).

Dans sa délibération du 22 mai 2014, la CRÉ revient sur le régime général applicable aux prestations annexes. Elles doivent être réalisées dans des conditions transparentes et non discriminatoires. La CRÉ précise que, lorsque les prestations annexes sont réalisées sur devis, il appartient au GRD de préciser les coûts standards de main d'œuvre et les tarifs figurant dans un canevas technique pour les opérations standard ou de coûts réels, tout en admettant qu'il soit possible de majorer le tarif indiqué pour les prestations réalisées en urgence. Par ailleurs, le GRD a l'obligation de communiquer le catalogue à toute personne qui en fait la demande. Enfin, la CRÉ indique qu'il est possible de proposer de nouvelles prestations, à titre expérimental. Dans ce cas, le GRD doit notifier à la CRÉ le contenu et le tarif de la prestation ainsi que la durée de la période d'expérimentation. Celle-ci dispose ensuite d'un délai de deux mois pour s'opposer. En l'absence d'opposition, l'opérateur peut inscrire la prestation, pour une durée d'un an renouvelable une fois, en précisant son caractère expérimental.

La délibération du 22 mai 2014 est également l'occasion pour la CRÉ de préciser le contenu du "tronc commun" des prestations annexes.

En premier lieu, figure dans le tronc commun les "*prestations essentielles au bon fonctionnement du marché*", déjà définies dans par la CRÉ dans sa délibération du 28 juin 2012. Au titre de ces prestations, facturées à l'acte : les mises en services, les interventions pour impayées ainsi que les relevés spéciaux. À côté, la CRÉ considère que les changements de fournisseur et les mises hors service constituent également des prestations essentielles mais devant être considérées "de base", c'est-à-dire dont le coût est couvert en totalité par le tarif d'utilisation des réseaux publics de distribution.

En deuxième lieu, le tronc commun comporte des "*prestations obligatoires*" ayant fait l'objet de la délibération du 25 avril 2013. Ces prestations obligatoires doivent être proposées par tous les GRD en respectant les règles d'homogénéisation définies dans cette délibération de 2013 dont notamment, à nouveau, des "*prestations de base*" telles que la continuité de l'acheminement, l'information d'une interruption de service ou encore la mise à disposition d'un numéro d'urgence et de dépannage. Dans ce même bloc des prestations obligatoires s'intègrent des "*prestations payantes*", facturées à l'acte, telles que la coupure à la demande du client, la vérification des données de comptage ou encore la production d'un duplicata.

En troisième lieu, le tronc commun inclut également des "*prestations optionnelles*", variant selon les GRD. Citons par exemple la dépose du compteur ou le déplacement d'un agent assermenté. Lorsque ces prestations optionnelles sont proposées, la CRÉ considère qu'elles doivent respecter les règles d'homogénéisation qu'elle a définies dans sa délibération du 25 avril 2013.

C'est sur le fondement de ce régime que la CRÉ se prononce, dans sa délibération du 22 mai 2014, sur l'adaptation de certaines prestations annexes.

Par exemple, à la demande de GRDF, la CRÉ accepte une modification de la prestation "mise en service avec déplacement" pour les clients à relève semestrielle afin de prendre en compte de nouveaux seuils de facturation, justifiée par des motifs logistiques. En effet, selon le seuil de facturation, des équipes de tailles différentes sont conduites à intervenir sans que la répartition actuelle soit optimale. La CRÉ accepte cette demande et relève que la prestation visée étant intégrée au "*tronc commun*", la modification s'appliquera à tous les GRD. En revanche, la CRÉ refuse toute modification de la prestation la demande du client, dépose du compteur, etc.), que les tarifs devront alors être alignés sur ceux des GRD de gaz naturel mono-énergie.

La mise en place de nouvelles prestations annexes

Dans sa délibération du 28 mai 2014, la CRÉ est, enfin, amenée à se prononcer sur de nouvelles prestations annexes à la demande de GRDF et des ELD. En la matière, comme pour la mise à jour des prestations et des tarifs, la CRÉ a tenu compte de l'avis des contributeurs à la consultation publique qui a eu lieu du 20 février 2014 au 20 mars 2014. Cinq nouvelles prestations ont ainsi été autorisées par la CRÉ.

En premier lieu, à la demande de GRDF, la CRÉ approuve la création d'une prestation, à titre expérimentale, d'"*accompagnement du client en situation de danger grave immédiat (DGI)*" pour les installations intérieures de gaz à usage domestique. La CRÉ relève en effet que s'il existe une telle prestation en cas de diagnostic réalisé à l'initiative du fournisseur ou du client final alors que son installation est inactive ou sur le point d'être mise en service, il n'en n'existe pas lorsque l'installation est en service. La CRÉ relève qu'une telle prestation permettra d'améliorer la sécurité des installations intérieures à usage domestique et permettra à GRDF de renforcer la fidélisation des clients gaz. Sur le tarif applicable, elle valide le principe d'une prestation payante mais, analysant les coûts de cette prestation, elle revoit à la baisse le tarif proposé par GRDF.

En deuxième lieu, toujours à la demande de GRDF, la CRÉ admet la création d'une prestation "*Formation technique réseau et distribution*" destinée au personnel des fournisseurs. L'objet de cette prestation de formation, destinée au personnel des fournisseurs (managers et commerciaux notamment), devrait être de permettre aux participants d'acquérir les bases techniques de la distribution du gaz naturel jusqu'à la livraison au sein des postes de détente des clients. Après avoir vérifié que le tarif proposé par GRDF couvrait bien les coûts, la CRÉ constate que cette prestation relève du domaine concurrentiel : elle n'est pas délivrée exclusivement par un GRD mais peut l'être par n'importe quel opérateur économique qualifié. En conséquence, la CRÉ souligne que la prestation devra être clairement identifiée en tant que prestation concurrentielle dans le catalogue de GRDF et qu'il appartiendra à ce dernier de tenir une comptabilité analytique dissociée pour éviter toute subvention croisée avec les activités sous monopole.

En troisième lieu, encore à la demande de GRDF, la CRÉ valide, après modification, la création d'une prestation "*Communication à un tiers des données de consommation gaz au point de livraison d'un client*". À cet égard, la CRÉ observe que, pour des raisons techniques, GRDF n'est pas en mesure actuellement de fournir à un tiers des informations relatives à l'activité d'un client, telle que sa consommation au point de livraison. En effet, le système Omega développé par GRDF permet seulement de donner un accès aux fournisseurs qui ont signé un contrat d'acheminement avec GRDF ou aux clients qui ont signé un contrat de livraison direct avec GRDF. Or la CRÉ relève que la nouvelle prestation est devenue nécessaire pour mettre en œuvre l'article 2 du décret n° 2004-183 du 18 février 2004 selon lequel tout utilisateur d'ouvrages peut autoriser les opérateurs gaziers à communiquer à des tiers des informations relatives à son activité. La nouvelle prestation doit donc permettre à un tiers mandaté par un client d'obtenir ponctuellement les quantités de gaz naturel consommées au point de livraison. Si la CRÉ valide cette prestation en y introduisant quelques modifications relatives aux modalités d'accès, elle rappelle néanmoins que, conformément à la directive 2012/27 UE du 25 octobre 2012 relative à l'efficacité énergétique et à l'article L. 121-98 du code de la consommation, le consommateur doit pouvoir accéder gratuitement à ses données de consommation. En conséquence, elle estime que la nouvelle prestation devra être considérée comme une prestation de base non facturée.

En quatrième lieu, à la demande de deux ELD, la CRÉ valide la création de "*prestations relatives à l'injection de bio méthane*" dans les réseaux de distribution, prestations identiques à celles réalisées par GRDF à quelques exceptions près. À cet égard, la CRÉ considère qu'il convient d'intégrer ces nouvelles prestations dans le tronc commun en tant que prestations optionnelles. Il en résulte que, à l'avenir, si un GRD souhaite la proposer, il devra respecter les règles d'homogénéisation fixées par la CRÉ dans sa délibération du 22 mai 2014. Parmi ces règles, on peut évoquer notamment un intitulé et un descriptif de prestation communs, une précision des modalités pratiques de réalisation de la prestation et des tarifs alignés sur ceux de GRDF. Par ailleurs, la CRÉ rend obligatoire, pour l'ensemble des GRD, l'étude détaillée préalable à l'entrée dans la file d'attente, étape de la procédure de gestion des réservations de capacité d'injection de bio méthane dans les réseaux de gaz.

En cinquième et dernier lieu, la CRÉ valide la création de la "*prestation journées d'information du personnel des fournisseurs*" à la demande de Réseau GDS. La CRÉ relève que cette prestation est semblable à celle déjà proposée par GRDF. Elle estime en conséquence que, à l'instar de ce qui est pratiqué par GRDF, la prestation devra s'accompagner de la remise d'un document de support à ses participants mais également que la description de la prestation devra mentionner que ces prestations ne se substituent pas à l'accompagnement des fournisseurs nouveaux entrants sur le réseau du GRD.

E. Guillaume, S. Daboussy
Concurrences N°3-2014, pp. 186-189

CE, 30 déc. 2013, ANODE, n° 369574 et 369575

Le Conseil d'État annule une nouvelle fois les arrêtés fixant les tarifs réglementés de vente

Nouvel épisode dans le feuilleton des tarifs du gaz: le Conseil d'État a, une nouvelle fois, annulé les tarifs réglementés de vente du gaz naturel fixés par deux arrêtés du 15 avril 2013.

Le Conseil d'État a fait droit à la requête en annulation de l'Association nationale des opérateurs détaillants en énergie (ANODE) introduite à l'encontre de deux arrêtés du 15 avril 2013 fixant les tarifs réglementés de vente du gaz naturel pour la période du 20 juillet au 31 décembre 2012. Ces deux arrêtés méconnaissent en effet le principe d'égalité.

Le Conseil d'État commence par rappeler le principe d'égalité. Celui-ci "ne s'oppose pas à ce que l'autorité investie du pouvoir réglementaire règle de façon différente des situations différentes ni à ce qu'elle déroge à l'égalité pour des raisons d'intérêt général, pourvu que la différence de traitement qui en résulte soit, dans l'un comme l'autre cas, en rapport avec l'objet de la norme qui l'établit et ne soit pas manifestement disproportionnée au regard des motifs susceptibles de la justifier". En l'espèce, les tarifs réglementés de vente en distribution publique de gaz naturel dont les barèmes sont fixés par les arrêtés du 15 avril 2013, diffèrent, dans leur part variable et pour les plus gros consommateurs, selon que les locaux raccordés sont ou non à usage d'habitation. Pour le Conseil d'État, "les dispositions de l'article L. 445-3 du code de l'énergie précité ne font pas, par elles-mêmes, obstacle à une différenciation tarifaire entre catégories d'utilisateurs dès lors qu'elles se bornent à imposer que les tarifs couvrent globalement les coûts moyens complets de chaque fournisseur". Toutefois, en l'espèce, les consommateurs résidentiels et les consommateurs non résidentiels de gaz ne sont pas placés dans des situations différentes, au regard de l'objet de l'arrêté en raison notamment des caractéristiques du gaz naturel ainsi que de l'absence de différence intrinsèque dans le coût de fourniture entre ces deux catégories de consommateurs. L'arrêt constate ensuite l'absence de motifs d'intérêt général suffisants qui permettrait de justifier la différence de traitement. Il n'est en particulier aucune justification de politique sociale à l'écart de tarifs établi par l'arrêté dans la mesure où la loi prévoit elle-même l'existence d'un tarif spécial de solidarité.

Le Conseil d'État annule dès lors les deux arrêtés du 15 avril 2013 qui avaient été pris pour tirer les conséquences d'une précédente annulation! Le 30 janvier 2013, le Conseil d'État avait déjà annulé les arrêtés fixant les tarifs réglementés de vente du gaz naturel estimant que les tarifs ne permettaient pas de couvrir les coûts complets moyens de GDF Suez, alors que le code de l'énergie exige que ces coûts soient couverts (CE, n° 352206, n° 363571, Nos 362165, 362774).

La solution retenue le 30 décembre 2013 ne surprend pas. Elle s'inscrit dans la continuité de l'arrêt en date du 2 octobre 2013. Le Conseil d'État avait déjà censuré les barèmes des tarifs réglementés de vente du gaz naturel fixés par l'arrêté du 22 décembre 2011 à la suite d'une saisine de ce requérant d'habitude "énergétique" qu'est devenue l'ANODE (CE, 2 octobre 2013, ANODE, n° 357037). Il avait annulé l'arrêté fixant les tarifs réglementés de vente de gaz naturel au motif d'une méconnaissance du principe d'égalité et selon une motivation analogue.

F. Martucci

Concurrences N° 1-2014, p. 191

Concurrences +

Hubert Delzangles, Sebastien Martin, Tarifs réglementés : Le Conseil d'État annule partiellement la décision de fixation des tarifs réglementés de vente d'électricité (ENGIE et ANODE), 18 mai 2018, Concurrences N° 3-2018, Art. N° 87788, pp. 173-176.

Francesco Martucci, Tarifs réglementés : Le Conseil d'État juge les tarifs réglementés de vente du gaz incompatibles avec le droit de l'Union européenne (Association nationale des opérateurs détaillants en énergie), 19 juillet 2017, Concurrences N° 4-2017, Art. N° 85031, pp. 169-172.

Alain Ronzano, Question préjudicielle : Le Conseil d'État constate que les tarifs réglementés de vente de gaz naturel ne poursuivent aucun objectif d'intérêt économique général et juge leur maintien contraire au droit de l'Union (Association nationale des opérateurs détaillants en énergie), 19 juillet 2017, Concurrences N° 4-2017, Art. N° 85266.

Emmanuel Guillaume, Pierre-Edouard Pivois, Tarifs réglementés de vente d'électricité : Le Conseil d'État fait droit, par deux décisions rendues le 15 juin 2016, aux demandes de l'Association Nationale des Opérateurs Détaillants en Énergie (ANODE) en annulant totalement l'arrêté du 28 juillet 2014 et partiellement l'arrêté du 30 octobre 2014 tous deux relatifs aux tarifs réglementés de vente d'électricité (ANODE), 1er septembre 2016, Concurrences N° 3-2016, Art. N° 80661, pp. 154-156.

Emmanuel Guillaume, Simon Daboussy, Energie - Gaz : Le Conseil d'État suspend l'arrêté "*rétablissement à la suite d'une coupure pour impayé*" dans un sens risquant de dégrader les conditions de service. Elle rejette aussi une demande portant sur une "*précision rédactionnelle sur les prestations de raccordement des clients à relève semestrielle et non semestrielle*" au motif que les impacts potentiels de cette modification sur les coûts de raccordement imposent une analyse approfondie de la CRÉ.

La mise à jour des tarifs des prestations annexes

Dans sa délibération du 22 mai 2014, la CRÉ revient aussi sur les principes de tarification des prestations annexes, c'est-à-dire la méthodologie applicable, qu'il lui appartient de définir en application des articles L. 452-2 et -3 du code de l'énergie.

La CRÉ avait, déjà dans ses délibérations du 28 juin 2012 et du 25 avril 2013, posé quelques grands principes applicables à la tarification. Les deux plus importants sont, d'une part, la mutualisation des coûts des prestations annexes dans les tarifs d'utilisation des réseaux publics de distribution et, d'autre part, l'homogénéisation des catalogues des prestations et des tarifs. Le principe de mutualisation des coûts permet que des prestations annexes soient facturées à des tarifs inférieurs à leurs coûts de réalisation puisqu'une partie de ces coûts peut être couverte par les tarifs d'utilisation des réseaux publics de distribution. La CRÉ estime en effet qu'une stricte couverture des coûts aurait des conséquences financières importantes pour les fournisseurs et les clients finals qui verraient certains tarifs de prestations fortement augmenter (jusqu'à doubler ou tripler).

Une fois fixés, les tarifs des prestations annexes des GRD peuvent évoluer selon deux modalités différentes.

Pour les GRD biénergies (assurant la distribution de l'électricité et du gaz) dont les tarifs sont alignés sur ceux des prestations en électricité, les tarifs évoluent chaque année par application de la formule d'indexation définie par la CRÉ pour les GRD d'électricité. Pour les GRD mono-énergies et les biénergies dont les tarifs sont alignés sur ceux de GRDF, les tarifs évoluent au 1er juillet de chaque année, selon des formules mathématiques d'indexation, déjà définies par la CRÉ dans ses délibérations précédentes.

Dans sa délibération du 28 mai 2014, la CRÉ se prononce sur la mise à jour des formules d'indexation. Elle relève que, sur les trois indices pris en compte, la série de l'indice de production de l'industrie française pour le marché français a fait l'objet d'une suspension et d'un remplacement par une série équivalente par l'INSEE. La CRÉ procède donc au remplacement de la série retenue et substitue, à la base 2005, la base 2010.

En application de cette modification, la CRÉ donne les nouvelles formules d'indexation à prendre en compte à compter du 1er juillet 2014 pour GRDF, les GRD mono-énergies et les GRD biénergies dont les tarifs sont alignés sur ceux de GRDF.

À côté, la CRÉ indique, hors formule, les tarifs de neuf prestations du tronc commun (mise en service avec déplacement, changement du compteur de gaz, etc.) assurées par certains GRD.

Enfin, la CRÉ précise, pour les GRD biénergies dont les tarifs sont alignés sur des GRD électricité mais qui offrent des prestations du tronc commun pour lesquelles il n'existe pas d'équivalent en électricité (la CRÉ fixe la liste des prestations concernées : coupure à *du 29 septembre 2011 relatif aux tarifs réglementés de vente de gaz naturel fourni à partir des réseaux publics de distribution de l'opérateur historique (Association nationale des opérateurs détaillants en énergie), 16 février 2012, Concurrences N° 1-2012, Art. N° 42337, pp. 208-210.*

CE, 30 janvier 2013, ANODE, n° 352206 ; n° 353356 ; n° 363571 ; CE, 30 janvier 2013, Société GDF Suez, n° 362165

Le Conseil d'État annule les arrêtés du 27 juin 2011, du 18 juillet 2012 et du 26 septembre 2012 relatifs aux tarifs réglementés de vente de gaz naturel fourni à partir des réseaux publics de distribution par l'opérateur historique

Les trois décisions du Conseil d'État du 30 janvier 2013 s'inscrivent dans une longue série d'annulations d'arrêtés fixant les tarifs réglementés de vente de gaz naturel fourni à partir des réseaux publics de distribution de GDF Suez.

L'application des formules tarifaires prévues par les arrêtés du 9 décembre 2010 et du 22 décembre 2011 aurait dû respectivement conduire à une hausse globale moyenne des tarifs du gaz de 7 %, 4 % et 6 % dans les arrêtés tarifaires du 27 juin 2011, du 18 juillet 2012 et du 26 septembre 2012. Pourtant, ces trois arrêtés, dont l'Association nationale des opérateurs détaillants en énergie (ANODE) et la société GDF Suez viennent d'obtenir l'annulation devant le Conseil d'État, limitaient respectivement l'augmentation des tarifs à 3 %, 2 % et 2 %.

Le contexte des décisions

La fixation des tarifs réglementés de vente de gaz a tout d'abord été encadrée par deux décisions avant-dire droit du Conseil d'État de 2006 et 2007 (CE, 7 juillet 2006, *Société Poweo* et *Fédération française de combustibles, carburants et chauffage*, nos 289012 et 289776; CE, 26 janvier 2007, *Société Poweo*, n° 296191). Le Conseil y énonce la nécessité pour les ministres compétents de fixer les barèmes des tarifs à un niveau égal ou supérieur aux coûts complets moyens supportés pour la fourniture de ce gaz par chacun des distributeurs. Le Conseil nuance toutefois cette affirmation en indiquant que les ministres ne sont pas tenus de répercuter intégralement les variations de ces coûts car ils peuvent tenir compte – dans les limites fixées par la loi – de la situation économique générale pour moduler l'évolution du prix de vente du gaz en distribution publique.

Par la suite, le Conseil d'État a précisé qu'il appartient aux ministres compétents de fixer les barèmes des tarifs réglementés de manière à couvrir les tarifs des coûts moyens complets des opérateurs, de prendre en compte une estimation de l'évolution de ces coûts sur l'année à venir et d'ajuster ces tarifs s'ils constatent qu'un écart significatif s'est produit (CE, 10 décembre 2007, *Société Poweo* et *Fédération française de combustibles, carburants et chauffage*, nos 289012 et 289776; CE, 10 décembre 2007, *Syndicat professionnel des entreprises locales gazières et autres*, nos 275093 et 275655; CE, 10 décembre 2007, *Société Poweo*, n° 296191).

Depuis lors, l'application de ces principes dégagés par la jurisprudence a conduit le Conseil d'État à donner systématiquement raison aux requérants qui demandent la suspension ou l'annulation des arrêtés tarifaires lorsque ces arrêtés ont fixé des tarifs à un niveau très inférieur à celui qui aurait résulté de la formule tarifaire alors en vigueur

(CE, ordonnance, 28 novembre 2011, ANODE, n° 353554; CE, 10 juillet 2012, ANODE, n° 353356; CE, ordonnance, 29 novembre 2012, n° 363572).

Le Conseil d'État veille ainsi scrupuleusement au respect de l'article L. 445-3 du code de l'énergie qui dispose que les tarifs réglementés du gaz naturel doivent couvrir l'ensemble des coûts à l'exclusion de toute subvention, de l'article 3 du décret n° 2009-1603 du 18 décembre 2009 qui dispose que les tarifs doivent couvrir à la fois les coûts d'approvisionnement en gaz naturel et les coûts hors approvisionnement, et de l'article 4 du même décret qui précise que la formule tarifaire traduit les coûts d'approvisionnement du fournisseur et les coûts hors approvisionnement afin de calculer le coût moyen de fourniture du gaz naturel à partir duquel sont fixés les tarifs réglementés.

L'annulation des arrêtés

Dans les trois décisions, le Conseil d'État suit le même raisonnement que dans ses précédentes décisions d'annulation d'arrêtés tarifaires illégaux.

Le Conseil d'État commence par rappeler les dispositions de l'article L. 445-3 du code de l'énergie et les termes des articles 3 à 6 du décret n° 2009-1603 du 18 décembre 2009, qui imposent de prendre en compte les coûts d'approvisionnement et les coûts hors approvisionnement lors de la détermination des barèmes de tarifs de gaz naturel et lors de la fixation des tarifs eux-mêmes.

Il invoque ensuite les arrêtés des ministres chargés de l'économie et de l'écologie du 9 décembre 2010 et du 22 décembre 2011, pris en application du décret n° 2009-1603 du 18 décembre 2009, qui arrêtent les formules tarifaires applicables en l'espèce et sur la base desquels sont déterminés les tarifs réglementés de vente hors taxe du gaz naturel fourni à partir des réseaux publics de distribution de la société GDF Suez, à partir d'un calcul de ses coûts d'approvisionnement en gaz. En vertu de ces dispositions, le Conseil d'État rappelle dans un considérant de principe que "*s'il appartient aux ministres chargés de l'économie et de l'énergie, après avis de la Commission de régulation de l'énergie, de modifier la formule tarifaire prévue par l'article 4 du décret du 18 décembre 2009, dès lors qu'elle ne traduit plus correctement les coûts du fournisseur, et notamment ses coûts d'approvisionnement en gaz naturel, il leur incombe en revanche, lorsqu'ils révisent les barèmes des tarifs réglementés de vente du gaz naturel, en application de l'article 5 du même décret, de s'assurer que le niveau des tarifs qui en résulte permet de couvrir le coût moyen complet de fourniture du gaz naturel, tel qu'il est déterminé par l'application de la formule fixée par arrêté et, le cas échéant, de compenser l'écart, s'il est significatif, qui s'est produit entre tarifs et coût, au moins au cours de l'année écoulée, en vérifiant en outre s'il y a lieu de prendre en compte une estimation de l'évolution de ce coût sur l'année à venir, en fonction des éléments dont ils disposent à la date de leur décision*".

Enfin, en se fondant sur les avis rendus par la Commission de régulation de l'énergie (CRE) sur chaque arrêté tarifaire, le Conseil note que les arrêtés du 27 juin 2011, du 18 juillet 2012 et du 26 septembre 2012 auraient dû respectivement conduire à une hausse de 7 %, 4 % et 6 % des tarifs de gaz naturel. Dès lors, en cantonnant cette hausse à 3 %, 2 % et 2 %, les ministres auteurs des arrêtés, qui n'avaient pas préalablement modifié les formules tarifaires applicables, ont commis une erreur de droit.

Le Conseil d'État annule ainsi les arrêtés litigieux, sans qu'il soit besoin d'examiner les autres moyens des requêtes.

Les conséquences de l'annulation

L'annulation des arrêtés du 27 juin 2011, du 18 juillet 2012 et du 26 septembre 2012 implique que soient adoptés de nouveaux arrêtés relatifs aux tarifs réglementés de vente de gaz naturel fourni à partir des réseaux publics de distribution de GDF Suez.

Également saisi de conclusions à fins d'injonction, le Conseil d'État enjoint alors aux ministres chargés de l'économie et de l'environnement de prendre, dans le délai d'un mois à compter de la notification de la décision, de nouveaux arrêtés tarifaires conformes aux principes rappelés dans les décisions, pour couvrir rétroactivement les périodes concernées par l'annulation.

Après la suspension de l'arrêté du 26 septembre 2012, préalablement décidée par une ordonnance du juge des référés du Conseil d'État du 29 novembre 2012, les ministres avaient déjà adopté une nouvelle formule tarifaire dans un arrêté en date du 21 décembre 2012. Cet arrêté prévoit une nouvelle formule d'indexation devant permettre de modifier les tarifs de façon à couvrir les coûts d'approvisionnement en gaz naturel du fournisseur.

E. Guillaume
Concurrences N° 2-2013, p. 166

CRE, Délibération du 11 juil. 2012 portant avis sur le projet d'arrêté relatif aux tarifs réglementés de vente de l'électricité

La Commission de régulation de l'énergie émet un avis défavorable sur le projet d'arrêté pour ce qui concerne les tarifs jaunes et bleus de vente d'électricité

La Commission de régulation de l'énergie a, encore une fois pourrait-on dire, émis un avis partiellement négatif sur le projet d'arrêté relatif aux tarifs réglementés de vente de l'électricité par l'opérateur historique (voir l'avis de la Commission de régulation de l'énergie du 9 août 2007 sur le projet d'arrêté relatif aux prix de vente de l'électricité, JORF n° 188 du 15 août 2007, et l'arrêt du Conseil d'État s'appuyant sur l'avis de la CRE, CE, 1er avril 2010, *Société Poweo*, Req., n° 321595 ; pour un avis positif, voir la délibération du 28 juin 2011 portant avis sur le projet d'arrêté relatif aux tarifs réglementés de vente de l'électricité, JORF n° 0150 du 30 juin 2011). Selon elle, si les tarifs verts (Grandes entreprises, P ≥ 250 kVA) n'appellent pas de remarque, en revanche, les tarifs jaunes (PME-PMI, 36 kVA ≤ P ≤ 250 kVA) ne couvrent pas les coûts prévisionnels de l'année 2012 et les tarifs bleus (résidentiels et petits professionnels P ≤ 36 kVA) ne couvrent ni les coûts constatés en 2011 ni les coûts prévisionnels de 2012, méconnaissant ainsi les textes législatifs et réglementaires. Pour autant, l'arrêté du 20 juillet 2012 relatif aux tarifs de vente d'électricité est sensiblement identique au projet soumis à l'avis de la CRE.

L'article L 337-5 du code de l'énergie pose le principe de couverture des coûts par les tarifs réglementés. Pour le compléter, l'article 3 du décret n° 2009-75 du 12 août 2009 précise que ces derniers sont établis de manière à couvrir les coûts de production, les coûts d'approvisionnement, les coûts d'utilisation des réseaux publics de transport et de distribution et les coûts de commercialisation que supportent EDF et les distributeurs non nationalisés pour fournir leurs clients ainsi qu'une marge raisonnable.

Dans son avis du 27 juillet 2009 (n° 09-A-43) le Conseil de la concurrence avait, d'ailleurs, mis en avant le fait que le non-respect du principe de couverture des coûts "conduirait, dans un marché complètement ouvert à la concurrence, à fausser le jeu de la concurrence en créant une barrière à l'entrée des nouveaux opérateurs".

Après avoir dressé un panorama fort intéressant du contexte tarifaire actuel, la Commission de régulation de l'énergie a analysé en détail le respect, ou non, du principe de couverture des coûts.

En premier lieu, la CRE précise qu'au 31 décembre 2011 94 % des sites résidentiels (94 % en volume) et 86 % des sites non résidentiels (56 % en volume) étaient encore fournis aux tarifs réglementés de vente, ce qui démontre le faible degré d'ouverture du marché. Elle relève aussi que les tarifs ont augmenté en Euros courants sur les dix dernières années. En revanche, il en va tout à fait autrement en Euros constants (sauf pour le tarif vert). Ainsi, par exemple, le tarif bleu résidentiel a augmenté de 9,7 % en Euros courants alors qu'il a diminué de 9,6 % en Euros constants ce qui permet de voir sous un nouvel angle la part des dépenses énergétiques dans le budget des ménages. La CRE précise, pour terminer sur les éléments contextuels, que la hausse envisagée permet de répercuter intégralement dans tous les tarifs réglementés la hausse du TURPE (Tarif d'utilisation du réseau public de transport et de distribution d'électricité visant à couvrir l'ensemble des coûts supportés par les gestionnaires de ces réseaux, augmentation de 0,8 % pour le tarif bleu).

En deuxième lieu, la CRE se lance dans l'analyse de la couverture des coûts de production du fournisseur EDF. Pour rappel, l'article L. 337-6 du code de l'énergie prévoit que "dans un délai s'achevant au plus tard le 31 décembre 2015 les tarifs réglementés de vente d'électricité sont progressivement établis en tenant compte de l'addition du prix d'accès régulé à l'électricité nucléaire historique, du coût du complément à la fourniture d'électricité qui inclut la garantie de capacité, des coûts d'acheminement de l'électricité et des coûts de commercialisation ainsi que d'une rémunération normale".

D'une part, la CRE estime que, en prenant pour base la valeur historique des actifs pour la détermination des capitaux engagés et en tenant compte du taux de rémunération des capitaux d'EDF, la hausse tarifaire proposée couvre les coûts constatés de production 2011 pour les tarifs verts et jaunes mais ne le permet pas pour les tarifs bleus. Selon elle, il faudrait une évolution tarifaire de 4,6 % pour couvrir les coûts constatés de production en 2011 alors que le gouvernement propose une hausse de 2 %.

D'autre part, le mouvement tarifaire avancé ne permet pas non plus de couvrir les coûts de production prévisionnels pour 2012 pour les tarifs jaunes et bleus. Avant de calculer ces derniers, la CRE a constaté qu'en comparant les coûts de production prévisionnels communiqués par EDF pour les années 2009 à 2011 aux coûts de production constatés il ressort un écart de l'ordre de 10 %. En retenant cette donnée, la CRE a reconstitué la chronique des coûts de production constatés entre 2006 et 2011 et noté une augmentation annuelle moyenne de l'ordre de 6 %. Elle a donc considéré pertinent d'appliquer cette hausse moyenne aux coûts de production de 2011 afin de déduire une estimation des coûts de production prévisionnels pour l'année 2012. La CRE en a donc déduit un ordre de grandeur des hausses qui pourraient se révéler nécessaires pour couvrir les coûts prévisionnels de l'opérateur historique en 2012. L'évolution tarifaire est estimée pour lestarifs bleus à 5,7 % et pour les tarifs jaunes à 2,6 % alors que le projet propose une augmentation globale de 2 %.

Sur cette base, en troisième lieu, la CRE développe une analyse concurrentielle. L'article L. 337-6 du code de l'énergie prévoit, comme évoqué précédemment, que les tarifs réglementés de vente de l'électricité doivent être construits de telle sorte qu'un fournisseur alternatif puisse, au plus tard le 31 décembre 2015, proposer une offre compétitive par rapport à ces derniers. C'est le principe de la contestabilité des tarifs qui vise, par la réglementation des prix en tant que mesure de régulation concurrentielle *ex ante*, à permettre à un fournisseur entrant de proposer une offre de marché compétitive.

La CRE a donc analysé le coût moyen d'approvisionnement d'un fournisseur alternatif (sans prendre en considération les garanties bancaires ou délais de paiement éventuels pour participer au dispositif ARENH) pour le comparer à la part de production moyenne des tarifs réglementés de vente, ceci afin d'évaluer la contestabilité des tarifs réglementés.

Elle estime donc, pour prendre l'exemple du tarif bleu résidentiel, qu'avec un prix de marché de base de 48 Euros/MWh, la hausse nécessaire du tarif réglementé de vente devrait être de 3 % pour en assurer la contestabilité en 2012. Avec un prix de marché de base de 56 Euros/MWh la hausse nécessaire atteint 4,3 %. Après avoir fait le même calcul pour l'année 2013, la CRE en déduit sans surprise que le projet envisagé par le gouvernement ne permet pas d'assurer la contestabilité en moyenne des clients dans aucune des trois couleurs pour 2012.

Dès lors, pour reprendre la logique concurrentielle, non seulement certains tarifs proposés ne permettent pas la couverture des coûts de l'opérateur historique, mais en plus ils n'offrent aucune opportunité aux fournisseurs alternatifs de venir concurrencer l'opérateur historique sur les prix à l'horizon 2013 et peut-être 2015. La méconnaissance de l'article L. 337-6 du code de l'énergie est donc flagrante. Certes, la politique publique gouvernementale de réduction de la facture énergétique des ménages et des entreprises est aisément compréhensible.

Néanmoins, la question se pose de savoir combien de temps ce double langage d'ouverture à la concurrence et d'interventionnisme tarifaire pourra être tenu face aux institutions européennes. En outre, les arrêtés ne sont bien évidemment pas à l'abri d'une contestation contentieuse, l'exemple du gaz est révélateur à ce sujet. Pour terminer, la récurrence des avis négatifs de la CRE permet, au-delà du mérite de donner un point de vue contradictoire et éclairant sur la politique tarifaire française, de tirer aussi certaines conclusions sur la place de l'expert indépendant dans le processus décisionnel énergétique.

H. Delzangles

Concurrences N°4-2012, pp. 163-164

CE, 10 juil. 2012, ANODE, n° 353356

Le Conseil d'État annule l'arrêté du 29 septembre 2011 relatif aux tarifs réglementés de vente de gaz naturel fourni à partir des réseaux publics de distribution de l'opérateur historique

Composée de plusieurs fournisseurs alternatifs, l'association nationale des opérateurs détaillants en énergie (ANODE) avait demandé en octobre 2011 la suspension de l'arrêté du 29 septembre 2011 relatif aux tarifs réglementés de vente de gaz naturel fourni à partir des réseaux publics de distribution de GDF Suez en tant que celui-ci n'appliquait pas la formule tarifaire prévue par l'arrêté du 9 décembre 2010.

Par une ordonnance du 28 novembre 2011, le juge des référés du Conseil d'État avait suspendu l'arrêté et enjoint aux ministres chargés de l'économie et de l'énergie de se prononcer à nouveau sur la fixation des tarifs réglementés de vente du gaz naturel dans un délai d'un mois (cf. *Concurrences* n° 1-2012, p. 208). Un nouvel arrêté a été alors adopté le 22 décembre, fixant les tarifs réglementés de vente du gaz naturel applicable à compter du 1er janvier 2012. En parallèle, deux requêtes en excès de pouvoir avaient été enregistrées au secrétariat du contentieux du Conseil d'État les 13 et 21 octobre, respectivement présentées par la société anonyme GDF Suez et pour l'ANODE, qui tendaient, d'une part, à l'annulation de l'arrêté du 29 septembre 2011 et, d'autre part, à ce qu'il soit enjoint aux ministres de prendre un nouvel arrêté fixant rétroactivement un nouveau barème de tarifs.

Par un arrêt du 10 juillet 2012, le Conseil d'État a annulé cet arrêté.

Les moyens retenus

Reprenant la motivation de son ordonnance du 28 novembre 2011, le Conseil d'État vise tout d'abord l'article L. 445-3 du code de l'énergie selon lequel les "*tarifs réglementés de vente du gaz naturel sont définis en fonction des caractéristiques intrinsèques des fournitures et des coûts liés à ces fournitures*". Ces tarifs réglementés doivent couvrir l'ensemble des coûts à l'exception des subventions.

Le Conseil d'État se réfère également au décret n° 2009-1603 du 18 décembre 2009 relatif aux tarifs réglementés et notamment à son article 3 qui énonce que les tarifs réglementés couvrent les coûts d'approvisionnement en gaz naturel et les coûts hors approvisionnement. L'article 4 du décret ajoute sur ce point que, pour chaque fournisseur, "*une formule tarifaire traduit la totalité des coûts d'approvisionnement en gaz naturel et des coûts hors approvisionnement et permet de déterminer le coût moyen de fourniture du gaz naturel, à partir duquel sont fixés les tarifs réglementés de vente de celui-ci, en fonction des modalités de desserte des clients concernés*".

En application de ces dispositions, une formule tarifaire avait été fixée par un arrêté des ministres chargés de l'économie et de l'énergie du 9 décembre 2010. Depuis lors, les tarifs réglementés de vente hors taxes du gaz naturel fourni à partir des réseaux publics de distribution de GDF Suez étaient déterminés en fonction de cette formule tarifaire.

Dans ce cadre, le Conseil d'État juge qu'il appartient aux ministres compétents de s'assurer que la formule tarifaire soit modifiée dès lors qu'elle ne traduit plus correctement les coûts du fournisseur, et notamment ses coûts d'approvisionnement en gaz naturel.

Lorsqu'ils révisent les barèmes des tarifs réglementés de vente du gaz naturel, il incombe également aux ministres de vérifier que le niveau des tarifs issus de la formule tarifaire permet bien de couvrir le coût moyen complet de fourniture du gaz naturel et de compenser l'écart, s'il est significatif, qui s'est éventuellement produit entre tarifs et coûts. En fonction des éléments dont ils disposent à la date de l'arrêté, les ministres peuvent avoir à anticiper l'évolution du coût pour l'année à venir et prendre en compte cette estimation dans la fixation des barèmes.

Se fondant une nouvelle fois sur l'avis de la Commission de régulation de l'énergie (CRE) du 29 septembre 2011, le Conseil d'État relève que l'application de la formule tarifaire arrêtée en 2010 aurait dû conduire à une hausse des tarifs variant de 8,8 % à 10 % selon les tarifs. Or, l'arrêté du 29 septembre 2011 a maintenu les tarifs pour les clients résidentiels et petits clients professionnels et a seulement augmenté les tarifs applicables aux autres clients de 4,9 % en moyenne. Les juges observent que l'arrêté du 29 septembre 2011 fixe les tarifs à un niveau très inférieur à celui qui aurait résulté de la formule tarifaire alors en vigueur.

Les conséquences de l'arrêt

L'annulation de l'arrêté du 29 septembre 2011 par le Conseil d'État implique que soit adopté un nouvel arrêté relatif aux tarifs réglementés de vente du gaz naturel fourni à partir des réseaux publics de distribution de GDF Suez. L'acte annulé s'étant appliqué sur une courte période, le Conseil d'État n'a pas dérogé au principe de l'effet rétroactif de l'annulation. En outre, le Conseil d'État a implicitement mais nécessairement considéré que l'annulation créait un vide juridique, sans faire revivre l'arrêté précédent, il a considéré que l'exécution de sa décision supposait d'édicter un nouvel arrêté à portée rétroactive, fixant de nouveaux tarifs applicables entre le 1er octobre et le 31 décembre 2011 inclus. Comme dans l'ordonnance du juge des référés du 28 novembre 2011, il est accordé un délai d'un mois aux ministres chargés de l'économie et de l'énergie à compter de la notification de l'arrêt pour prendre un nouvel arrêté. L'injonction faite aux ministres n'est pas accompagnée d'une astreinte.

Les ministres ont ainsi saisi la CRE pour avis sur un projet d'arrêté fixant de façon rétroactive les tarifs réglementés de vente de gaz naturel en distribution publique de GDF Suez pour la période du 1er octobre 2011 au 1er janvier 2012. Dans ce nouvel arrêté, la hausse des tarifs envisagés par rapport à ceux fixés par l'arrêté du 27 juin 2011 est de 10 % en moyenne pour les clients résidentiels et petits professionnels avec un contrat individuel et de 8,8 % en moyenne pour les autres consommateurs.

Dans sa délibération du 26 juillet 2012, la CRE constate que le barème en annexe du projet d'arrêté permet aux tarifs de GDF Suez de couvrir les coûts d'approvisionnement estimés par la formule tarifaire en vigueur au 1er octobre 2011 et respecte la décision du Conseil d'État. La CRE a donc émis un avis favorable quant au projet d'arrêté soumis, pour une application entre le 1er octobre et le 31 décembre 2011 inclus.

E. Guillaume

Concurrences N° 4-2012, pp. 166-167

Comm. eur., communiqué IP/12/542 du 31 mai 2012, tarifs réglementés du gaz naturel en France pour les consommateurs non résidentiels, avis motivé complémentaire ; Comm. eur., communiqué IP/12/595 du 12 juin 2012, tarifs réglementés de l'électricité en France

La Commission européenne valide sous conditions des aides d'État présentes dans les tarifs réglementés de l'électricité et demande de modification des tarifs réglementés du gaz naturel pour les consommateurs non résidentiels

Au niveau européen, les prix de vente de l'énergie s'entendent comme devant résulter d'une rencontre entre l'offre et la demande sur un marché libre. En conséquence, le système français des tarifs réglementés de l'électricité et du gaz est dans la ligne de mire de la Commission européenne depuis plusieurs années.

En 2006, la Commission européenne a ainsi adressé une mise en demeure et un avis motivé à la France pour défaut de transposition de la directive 2003/54/CE concernant les règles communes pour le marché intérieur de l'électricité. Elle reprochait à la France de généraliser les tarifs réglementés de vente d'électricité à l'ensemble des clients, de n'autoriser qu'EDF et les distributeurs non nationalisés (DNN) à vendre de l'électricité à ces tarifs, et enfin de maintenir les tarifs à un niveau particulièrement bas, en dessous des prix de marché. Cette procédure d'infraction a finalement été clôturée en janvier 2012.

En 2007, la Commission européenne a également lancé une enquête sur les tarifs réglementés de vente de l'électricité pour les moyennes et grandes entreprises et sur le tarif réglementé transitoire d'ajustement au marché (TaRTAM). Elle soupçonnait ces tarifs de constituer des aides d'État. En 2009, cette enquête a été étendue à la suite de la décision de la France de prolonger le TaRTAM jusqu'en 2010 et de l'ouvrir à de nouveaux bénéficiaires.

La Commission européenne vient d'annoncer la validation sous conditions des aides d'État présentes dans les tarifs réglementés de l'électricité en France, dans un communiqué de presse du 12 juin 2012 (I.).

Par ailleurs, on observera que le marché du gaz n'a pas davantage échappé au contrôle de la Commission européenne dans la mesure où, dans un communiqué de presse du 31 mai 2012, elle annonce avoir demandé à la France de réviser son système de tarifs réglementés pour les consommateurs non résidentiels (II.).

La validation sous conditions des aides d'Etat présentes dans les tarifs réglementés de l'électricité

Depuis le 1er juillet 2007, le marché de l'électricité et du gaz naturel sont pleinement ouverts à la concurrence. Toutefois, les fournisseurs historiques, EDF pour l'électricité et GDF-Suez pour le gaz, sont tenus de proposer des offres aux tarifs réglementés, fixés par l'administration, alors que les autres fournisseurs ne proposent que des offres de marché. D'une manière générale, ces tarifs réglementés de vente restent inférieurs aux prix de marché.

Un tarif réglementé particulier, le tarif transitoire d'ajustement du marché de l'électricité (TaRTAM), appelé "tarif de retour" par la Commission européenne, a été institué pour permettre à tout consommateur final d'électricité qui a exercé son éligibilité, c'est-à-dire souscrit une offre de marché, de revenir au tarif réglementé de vente. La loi n° 2010-607 du 7 juin 2010 autorisant les petits consommateurs domestiques et non domestiques d'électricité et de gaz naturel à accéder ou à retourner au tarif réglementé a d'ailleurs prorogé de six mois le TaRTAM du 1er juillet 2010 au 1er janvier 2011. Ce système induisait ainsi une pérennisation dans le temps des tarifs réglementés, alors que jusque-là on s'orientait vers leur mise en extinction.

Sous la pression de la Commission européenne, notamment, le Gouvernement a nommé une commission d'experts présidée par Paul Champsaur pour formuler des propositions d'organisation du marché de l'électricité. Celles-ci ont été reprises par la loi n° 2010-1488 du 7 décembre 2010 portant nouvelle organisation du marché de l'électricité (dite loi Nome) et son décret d'application, le décret n° 2011-466 du 28 avril 2011 fixant les modalités d'accès régulé à l'électricité nucléaire historique.

Cette loi prévoit que: (i) les fournisseurs bénéficient d'un accès régulé à l'électricité nucléaire historique (ARENH) d'EDF à un prix qui en reflète les coûts complets; (ii) les tarifs réglementés de vente de l'électricité pour les grandes et moyennes entreprises (les tarifs verts et jaunes) s'éteindront au plus tard au 31 décembre 2015; (iii) le TaRTAM est supprimé et (iv) les tarifs réglementés de vente d'électricité seront construits, au plus tard le 31 décembre 2015, par addition des coûts d'approvisionnement en électricité, du prix d'accès régulé à l'électricité nucléaire historique et du coût du complément de la fourniture intégrant la garantie de capacité, des coûts d'acheminement, des coûts de commercialisation ainsi que d'une rémunération raisonnable.

Dans son communiqué de presse du 12 juin 2012, la Commission européenne confirme l'existence d'aides d'État dans les tarifs réglementés de l'électricité pour les entreprises (tarifs dits verts et jaunes) et dans le TaRTAM, aujourd'hui abrogé. Elle annonce les valider, sous réserve que la France respecte les conditions suivantes:

"*(i) l'introduction d'un accès régulé des concurrents à l'électricité nucléaire du parc historique de l'entreprise EDF ('ARENH') sous la limite d'un plafond de 100 térawattheure;*

(ii) le maintien du prix de l'ARENH à son niveau actuel de 42 euros par MWh jusqu'à l'approbation par la Commission d'un projet de méthodologie à soumettre par la France pour en fixer le prix;

(iii) l'orientation progressive vers les coûts chaque année après l'été 2012 puis la disparition effective des tarifs standards verts et jaunes fin 2015".

La Commission européenne relève également que "*compte tenu de la position prépondérante qu'occupe l'entreprise EDF sur le marché de l'électricité en France, les aides consenties via des tarifs réglementés pouvaient jouer un rôle à titre transitoire pour limiter le pouvoir de marché dont dispose l'opérateur historique*". En revanche, les tarifs appliqués aux ménages et aux petites entreprises (tarifs bleus) n'entraient pas dans le champ de l'enquête et ne sont donc pas ici concernés.

Si la procédure engagée par la Commission à l'encontre du système français des tarifs réglementés de l'électricité est close, tel n'est pas le cas des tarifs réglementés du gaz.

La modification à venir des tarifs réglementés du gaz naturel pour les consommateurs non residentiels

Dans son communiqué de presse du 31 mai 2012, la Commission européenne annonce officiellement avoir demandé à la France "de mettre sa législation nationale sur les tarifs réglementés du gaz naturel pour les clients finaux non résidentiels en conformité avec les règles de l'Union". Sont visés les tarifs réglementés concernant les professionnels, les administrations et les grands sites industriels.

Or, la persistance de ces tarifs se heurte à l'objectif des instances communautaires d'établir un véritable marché intérieur européen de l'énergie d'ici 2014, garantissant une réelle liberté de choix des fournisseurs. En effet, la Commission estime que la fixation de tarifs pour les clients finaux non résidentiels par l'État français "*constitue un obstacle pour les nouveaux venus sur le marché*".

Une procédure d'infraction avait déjà été ouverte en 2006 pour ces motifs par la Commission européenne. Toutefois, n'étant toujours pas convaincue par les explications transmises par les autorités françaises, elle vient d'adresser un avis motivé complémentaire.

Elle reproche tout d'abord à la législation française relative aux tarifs réglementés du gaz naturel pour les clients finaux non résidentiels de ne pas être limitée dans le temps. Elle dénonce également l'absence de "*caractère proportionné qui* [doit] *caractériser tout système de tarif réglementé comme rappelé par l'arrêt Federutility de la Cour de Justice de l'UE de 2010*".

Dans cet arrêt, la Cour admet la possibilité pour un État membre d'adopter une réglementation déterminant le niveau du prix de fourniture du gaz naturel, même après le 1er juillet 2007, date de la pleine ouverture à la concurrence de ce secteur, sous réserve qu'elle soit justifiée par l'existence d'un intérêt économique général et qu'elle respecte le principe de proportionnalité (CJUE, 20 avril 2010, *Federutility e. a. c/ Autorità per l'energia elettrica e il gas*, aff. C-265/08).

Or, le respect du principe de proportionnalité impose que l'intervention de l'État membre soit "limitée, pour ce qui concerne sa durée, à ce qui est strictement nécessaire pour atteindre l'objectif qu'elle poursuit afin, notamment, de ne pas pérenniser une mesure qui, par sa nature même, constitue une entrave à la réalisation d'un marché intérieur du gaz opérationnel" (point 35 de l'arrêt). De plus, l'exigence de proportionnalité doit également être appréciée "au regard du champ d'application personnel de la mesure et, plus précisément, de ses bénéficiaires" (point 40 de l'arrêt).

Dans la lignée de cet arrêt, la Commission européenne relève dans son communiqué de presse du 31 mai 2012 que "*les dispositions doivent servir un objectif précis et s'assurer que la législation n'aille pas au-delà de ce qui est nécessaire pour atteindre l'objectif d'intérêt économique général poursuivi*".

Elle en conclut que "*dans le cas français, l'application de la protection des prix pour l'ensemble des consommateurs non résidentiels, indépendamment de leur taille et de leur situation, s'avère disproportionnée*". Il appartient donc à la France de mettre sa législation en conformité dans un délai de deux mois, à l'issue duquel la Commission pourra saisir la Cour de Justice.

E. Guillaume, S. Daboussy

Concurrences N° 3-2012, pp. 206-207

CE, 10 déc. 2007, Syndicat Professionnel des Entreprises Locales Gazières e.a., n° 27509 e.a.; CE, 10 déc. 2007, Société Poweo et Fédération Française des combustibles, carburants et chauffage (FF3C), n° 289012 et 289776; CE, 10 déc. 2007, Société Poweo, n° 296191

Le Conseil d'Etat juge que le gouvernement doit fixer des tarifs qui couvrent les coûts complets de GDF

Le 10 décembre dernier, le Conseil d'État a rendu trois décisions concernant les différents recours initiés par la société Poweo et la Fédération Française des combustibles, carburants et chauffage (FF3C) à l'encontre de trois arrêtés du ministre chargé de l'Économie et de l'Industrie, respectivement en date du 12 novembre 2004, du 29 décembre 2005 et du 28 avril 2006 relatifs au prix de vente du "*gaz combustible vendu à partir des réseaux publics de distribution*" (c'est-à-dire le tarif réglementé de gaz applicable pour les clients résidentiels et les professionnels consommant moins de 4 Gigawattheures par an). Les requérantes demandaient l'annulation des arrêtés précités sur le fondement, d'une part, de la violation des dispositions des articles L. 420-1, L. 420-2 et L. 420-5 du Code de commerce et de l'article 82 du Traité CE et, d'autre part, pour méconnaissance des dispositions relatives à l'organisation du marché du gaz.

Dans le cadre de ces procédures, le Conseil d'État a, par le biais de deux décisions avant dire droit rendues respectivement le 7 juillet 2006 et le 26 janvier 2007, décidé de surseoir à statuer et a demandé au Conseil de la concurrence, ainsi que l'y autorise l'article L. 462-3 du Code de commerce, de lui fournir tous les éléments nécessaires à l'appréciation des moyens soulevés par les requérants, et notamment si les prix de vente du gaz en distribution publique permettent ou non à Gaz de France (GDF) de couvrir les coûts supportés au titre de cette fourniture (voir Concurrences n° 3-2006).

Dans son avis rendu le 3 juillet dernier (avis n° 07-A-08 du 27 juillet 2007), le Conseil de la concurrence a conclu, au terme d'une analyse économique particulièrement fouillée, que sur l'essentiel des périodes examinées les tarifs de vente imposés par les arrêtés en cause ont été fixés à un niveau trop bas pour garantir à GDF une totale couverture de ses coûts.

En revanche, le Conseil de la concurrence a estimé que la pratique de ces prix réglementés ne peut être qualifiée de pratique de prix prédateurs au sens des dispositions nationales et communautaires prohibant les abus de position dominante. En effet, le prix de vente du gaz demeure supérieur aux coûts variables de l'opérateur. En outre, eu égard au contexte réglementaire, aucune stratégie d'éviction ne peut être imputée à GDF, celle-ci ne maîtrisant pas le niveau des tarifs réglementés et ne pouvant choisir les personnes bénéficiant de ces tarifs. De même, il n'est pas possible selon le Conseil de retenir un grief de prix abusivement bas (article L. 420-5 du Code de commerce) puisque cette incrimination, selon le Conseil, ne vise qu'à étendre le grief de prédation à des entreprises non dominantes. Dans le cas présent, GDF étant archi-dominant et la prédation n'ayant pu être établie par ailleurs, on ne saurait donc lui attribuer une quelconque pratique de prix abusivement bas.

Enfin, le Conseil considère que les circonstances de l'espèce ne permettent pas d'inférer une quelconque perturbation durable du marché car c'est l'activité de monopole qui est déficitaire et financée par les activités concurrentielles et non l'inverse (cf. décision

00-D-47 du 22 novembre 2000 – Citélum – pour plus de détails sur les conditions d'articulation d'un tel grief).

Incidemment, on relèvera que dans le cadre de cet avis, le Conseil de la concurrence émet, certes avec des réserves, l'hypothèse selon laquelle, depuis le 1er juillet 2007, date à laquelle tous les consommateurs sont devenus éligibles, il n'existerait plus qu'un seul marché pertinent pour la fourniture du gaz naturel: "*il apparaît vraisemblable que les ventes de gaz naturel aux particuliers et aux professionnels, hormis les très gros consommateurs qui se fournissaient déjà au marché libre avant 2004, constituent un même marché, sans distinguer selon que les ventes sont réalisées aux tarifs réglementés ou aux conditions du marché libre.*" Cette assertion est pour le moins étonnante, dans la mesure où elle est contredite par le Conseil de la concurrence lui-même qui, dans le présent avis, distingue un "*segment marché réglementé*", dans lequel il distingue d'ailleurs "deux sous-segments correspondant à un marché des clients non-éligibles et un autre pour les clients éligibles n'ayant pas exercé les droits que leur confère leur éligibilité". Gageons que l'état réel de l'ouverture du marché et les évolutions réglementaires récentes inciteront le Conseil à revoir son analyse sur ce point.

Sur la base de cet avis, le Conseil d'État n'a procédé qu'à l'annulation d'un seul arrêté, en l'espèce celui en date du 29 décembre 2005. Cette solution peut surprendre eu égard au constat général du Conseil de la concurrence selon lequel sur la période 2004-2006, l'activité de vente de gaz aux tarifs réglementés est globalement déficitaire. Pour justifier sa décision, le Conseil d'État, qui, dans le cadre de ces procédures, ne se livre qu'à un contrôle de l'erreur de droit et de l'erreur manifeste d'appréciation, explique que si le Conseil de la concurrence a pu se livrer à une analyse ex post des faits pour parvenir à ses conclusions, le Conseil d'État se doit d'apprécier la légalité d'une décision administrative à la date à laquelle elle a été prise, au regard des éléments de droit et de fait existant à cette date.

Selon la Haute Juridiction, il résulte des principes fixés par la réglementation applicable (en l'espèce l'article 7 de la loi n° 2003-8 du 3 janvier 2003 et l'article 2 du décret du 20 novembre 1990) que les tarifs réglementés de vente en distribution publique ne peuvent être inférieurs aux coûts moyens complets de chaque opérateur. Aussi, pour satisfaire à cette obligation, il appartient aux ministres compétents, à la date à laquelle ils prennent leur décision, premièrement, de permettre au moins la couverture par les tarifs des coûts moyens complets des opérateurs tels qu'ils peuvent être évalués à cette date, deuxièmement, de prendre en compte une estimation de l'évolution de ces coûts sur l'année à venir, en fonction des éléments dont ils disposent à cette même date, et, troisièmement, d'ajuster ces tarifs s'ils constatent qu'un écart significatif s'est produit entre tarifs et coûts, du fait d'une sous-évaluation des tarifs, au moins au cours de l'année écoulée, afin de compenser cet écart dans un délai raisonnable.

L'application de cette grille d'analyse conduit à considérer qu'aucune erreur manifeste d'appréciation ne peut être reprochée au ministre s'agissant des tarifs fixés par les arrêtés du 12 novembre 2004 et du 28 avril 2006.

À l'inverse, pour ce qui concerne celui du 29 décembre 2005, le Conseil d'État constate que les mécanismes tarifaires prévus par ce texte ne permettent pas à GDF de couvrir ses coûts complets, ni de procéder à un rattrapage des écarts importants constatés sur une période d'un an avant son adoption. Enfin, cet arrêté n'autorise pas de manière suffisante, la prise en compte des prévisions – disponibles à cette date – d'évolution des coûts. En conséquence, le Conseil d'État annule partiellement (seul l'article 1 est annulé) et rétroactivement l'arrêté. Ce faisant, il rejette la demande du ministre visant à ce que les effets de cette annulation soient modulés dans le temps, l'annulation n'étant pas, à son sens, de nature à emporter des conséquences manifestement excessives. Du fait de cette annulation, le ministre chargé de l'énergie devrait désormais davantage être guidé par des considérations d'ordre économique que politique lors de la fixation des tarifs réglementés de vente de gaz, ce dont on ne pourra que se féliciter.

Outre qu'un tel mode de fixation des tarifs permettrait de garantir le respect des principes posés par les textes, il aurait également l'avantage de faire disparaître les distorsions de concurrence qu'implique l'existence de tarifs réglementés inférieurs aux coûts totaux moyens de l'opérateur historique. En effet, par construction, ces tarifs sont nécessairement inférieurs au prix du marché, dissuadant de facto les clients d'exercer leur éligibilité. Les clients n'ayant aucun intérêt à exercer leur éligibilité et GDF ayant le monopole de fourniture de ces tarifs, les opérateurs alternatifs ne peuvent pénétrer le marché, sauf à encourir des pertes significatives. À cet égard, l'adoption dans le cadre de la récente loi sur les tarifs réglementés de gaz et d'électricité d'un mécanisme de réversibilité pour les clients résidentiels ne paraît pas de nature à permettre de lever totalement cette barrière à l'entrée pour les fournisseurs concurrents de l'opérateur historique. Cette mesure pourrait même avoir un effet inverse à celui escompté. Ainsi, plutôt que d'encourager les clients à exercer leur éligibilité, ceux-ci étant sûrs de pouvoir bénéficier à nouveau des tarifs réglementés s'ils devaient être insatisfaits de leur choix, la réversibilité pourrait, en réalité, se traduire uniquement par le retour dans le giron de l'opérateur historique des rares clients résidentiels ayant fait le choix de la concurrence. La détermination à leur juste niveau des tarifs réglementés de vente du gaz est donc indispensable au bon fonctionnement du marché.

Pour autant, le dernier arrêté adopté (arrêté du 27 décembre 2007 – JORF n° 303 du 30 décembre 2007, texte n° 22) fait craindre que ce message n'ait pas été correctement entendu. Certes, le ministre a consenti une hausse des tarifs de gaz en distribution publique. Cependant celle-ci, selon la CRE consultée pour avis "*ne permet pas d'assurer que les tarifs couvrent les coûts moyens complets de Gaz de France au 1er janvier 2008, dans une conjoncture qui laisse, de surcroît, présager des prix futurs du baril de pétrole supérieurs aux prix intégrés dans le calcul des coûts matière au 1er janvier 2008, à parité euro/dollar constante*" (Avis en date du 27 décembre 2007 sur l'évolution des tarifs de vente de gaz en distribution publique de Gaz de France au 1er janvier 2008 - *JORF* n° 303 du 30 décembre 2007, texte n° 177). Ainsi, alors que selon la CRE, la hausse aurait dû être au minimum de 0,257 centime d'euro par Kilowattheures, le ministre l'a limitée à 0,173 centime d'euro par Kilowattheures, faisant fi de l'avis défavorable rendu par la CRE. À cet égard, on soulignera que la CRE avait déjà rendu un avis défavorable sur les propositions tarifaires qui lui avaient été soumises dans le cadre de l'adoption des trois précédents arrêtés. À chaque fois, elle avait invoqué différents éléments pour justifier son opposition, notamment, les risques de distorsion de concurrence ainsi que l'absence de couverture des évolutions des coûts d'approvisionnement. De manière étonnante, le Conseil d'État n'a pas pris en compte ces avis pour fonder ses décisions. Plus osé encore, le Conseil d'État n'a pas considéré qu'en ignorant purement et simplement l'argumentation de la CRE, le gouvernement ne commettait aucune erreur manifeste d'appréciation. D'où il ressort que le gouvernement peut ignorer les prises de positions de la CRE, sans avoir à justifier pourquoi il y substitue ses propres priorités et, comme le Conseil d'État n'effectue qu'un contrôle restreint, on peut fermer le ban…

Sans doute soucieuse de voir ses positions mieux suivies, la CRE a pris soin, dans son dernier avis, de se référer expressément aux critères définis par le Conseil d'État à l'occasion des arrêts du 10 décembre 2007. Pour autant, on constate que le ministre n'a pas plus pris en considération cette nouvelle recommandation, ce qui ne manque pas de surprendre. Soit les services du ministère ont une analyse économique différente de celle de la CRE s'agissant de la possibilité pour GDF d'assurer la couverture de ses coûts moyens complets avec les tarifs proposés, et dans ce cas il serait utile qu'ils en fassent état, soit le gouvernement a décidé que le respect des dispositions de l'article 7 de la loi n° 2003-8 du 3 janvier 2003 et de l'article 2 du décret du 20 novembre 1990, ne relève pas ou plus de ses priorités. Auquel cas, il appartiendra encore, tôt ou tard, au Conseil d'État d'examiner si cela encourt ou non sa censure.

J.-P. Tran Thiet, V. Jaunet
Concurrences N° 1-2008, pp. 186-187

Concurrences +

Alain Ronzano, Énergie - Tarifs reglementés: Le Conseil d'État annule un arrêté relatifs fixant le prix de vente du gaz à un niveau manifestement trop bas (Syndicat Professionnel des Entreprises Locales Gazières, Poweo), 10 décembre 2007, Concurrences N° 1-2008, Art. N° 55126.

Aut. conc., 21 janvier 2019, Avis n° 19A01 concernant un projet de décret relatif au dispositif d'accès régulé à l'électricité nucléaire historique (ARENH) - Aut. conc., 25 mars 2019, Avis n° 19A07 relatif à la fixation des tarifs règlementés de vente d'électricité)

L'Autorité de la concurrence rend un premier avis défavorable sur le projet d'évolution du dispositif d'accès régulé à l'électricité nucléaire historique et un second avis défavorable sur le projet d'évolution des tarifs réglementés de vente d'électricité intégrant le nouveau dispositif d'accès à l'électricité nucléaire

L'Autorité de la concurrence (l'"Autorité") a rendu deux avis concernant la régulation du marché de l'électricité.

Dans son avis du 21 janvier 2019, l'Autorité était consultée par le gouvernement sur un projet de décret portant modification de l'ARENH. Dans son avis du 25 mars 2019, l'Autorité s'est saisie d'office du projet du ministre de l'Économie de modifier par arrêté les tarifs réglementés de vente d'électricité (TRVE) intégrant le nouveau dispositif ARENH. Les deux questions sont liées entre elles, le nouveau dispositif d'accès à l'ARENH ayant une incidence directe sur la détermination des TRVE.

Le nouveau dispositif d'accès à l'ARENH (Avis n° 19-A-01)

Les objectifs de la réforme de l'ARENH

La mise en place de l'ARENH par la loi n° 2010-1488 du 7 décembre 2010 portant organisation des marchés de l'électricité (la "loi *NOME*") visait à corriger une défaillance de marché liée à la prépondérance de la production électronucléaire dans la production d'électricité française.

En pratique, l'ARENH permet aux fournisseurs alternatifs de disposer d'un droit d'accès à de l'électricité produite par le parc nucléaire historique d'Électricité de France ("*EDF*") à un tarif régulé, dans la limite d'un plafond global fixé à 100 TWh/an.

L'ARENH devait ainsi permettre (i) aux consommateurs de continuer à bénéficier de la compétitivité du parc nucléaire, (ii) tout en stimulant la concurrence tant sur le marché aval de la fourniture d'électricité (iii) que sur le marché amont en favorisant les investissements dans de nouvelles capacités de production.

La Commission de régulation de l'énergie (la "CRE") a annoncé, le 29 novembre 2018, que la demande d'ARENH pour l'année 2019 excédait le plafond légal de 100 TWh/an. L'accès à l'ARENH allait donc devoir être rationné. Le projet de décret soumis à l'Autorité vise à modifier les modalités d'accès à l'ARENH : une nouvelle répartition de la demande d'ARENH sur trois guichets et renforcer la symétrie entre *EDF* et ses concurrents quant à l'accès à l'ARENH en obligeant *EDF* à prendre en compte, lors de l'élaboration de ses prix de détail, un prix de transfert de l'électricité nucléaire de base équivalente à celui de ses concurrents (ARENH rationné).

Cette approche permettrait d'assurer la contestabilité effective des tarifs d'*EDF* sur le marché de détail. En effet, tous les concurrents, y compris *EDF*, seraient placés dans la même situation et "*réputés acheter de l'électricité en base dans les mêmes conditions*". Cette régulation serait conforme au droit de la concurrence dans la mesure où elle permettrait de prévenir la mise en œuvre d'un ciseau tarifaire par *EDF* entre les tarifs qu'il facture à ses concurrents pour l'accès à l'ARENH et les tarifs de détail sur le marché de l'électricité.

L'avis défavorable de l'Autorité

L'Autorité émet un avis défavorable sur les dispositions du projet de décret visant à renforcer la symétrie entre *EDF* et ses concurrents qui obligerait *EDF* à répliquer la contrainte du plafonnement de l'ARENH dans la construction de ses offres sur le marché aval.

L'Autorité estime en substance que le projet de décret va trop loin dans les limitations imposées à *EDF* concernant sa politique tarifaire et commerciale.

Elle rappelle d'abord que ni le Code de l'énergie ni le droit de la concurrence n'imposent une "*mise en équivalence*" d'*EDF* et ses concurrents. Pour l'Autorité, les dispositions relatives à l'ARENH ont pour seul objectif l'approvisionnement des fournisseurs alternatifs en électricité d'origine nucléaire aux mêmes conditions qu'*EDF* pour leur permettre de bénéficier de la "rente nucléaire". Le dispositif de l'ARENH ne prévoit pas de restreindre l'accès d'*EDF* à ses propres capacités de production même en cas de dépassement du plafond des capacités dédiées à l'ARENH.

L'Autorité souligne que l'accès à des conditions équivalentes mentionné à l'article L. 336-1, alinéa 2, du Code de l'énergie vise uniquement les conditions tarifaires de l'ARENH et non les conditions liées au volume ou encore au rationnement de l'ARENH.

L'Autorité reproche essentiellement au projet de décret d'opérer une confusion sur le sens même de la notion de "*contestabilité*" des tarifs. L'Autorité rappelle qu'en droit de la concurrence, les prix d'un opérateur dominant sont "*contestables*" dès lors qu'ils couvrent les coûts qu'il supporte pour les produits ou services concernés. Cela implique qu'un concurrent aussi efficace que l'opérateur dominant pourrait reproduire les offres de cet opérateur dominant. Le référentiel utilisé pour déterminer la "*contestabilité*" est donc en principe la structure de coûts de l'opérateur dominant et non celui de ses concurrents. Cette approche est la meilleure garante de la prévisibilité pour l'opérateur dominant lors de l'élaboration de ses tarifs puisqu'il lui est difficile de connaître les coûts de ses concurrents.

Or, pour assurer la "contestabilité" effective des tarifs d'*EDF*, le projet de décret l'oblige à intégrer dans ses offres de détail les mêmes contraintes que ses concurrents lorsqu'ils s'approvisionnent à l'ARENH. Cela revient à l'obliger, indirectement, à tenir compte des coûts de ses concurrents pour déterminer l'élaboration de ses offres de détail. Selon l'Autorité cette approche est étrangère au droit de la concurrence. Il s'agirait en quelque chose d'une "*contestabilité*" qui serait propre à la régulation sectorielle de l'électricité.

Si l'Autorité estime qu'il ne lui appartient pas de se prononcer sur l'interprétation du droit sectoriel de l'électricité, elle souligne toutefois que cette approche risque d'entraîner des conséquences nuisibles sur la concurrence dans le secteur, tant pour les concurrents que pour les consommateurs.

Les effets du rationnement sur les offres de marché

Le projet de décret prévoit que *EDF* devrait limiter son recours à l'électricité en base au prix de l'ARENH dans ses offres de marché dans les mêmes proportions que ses concurrents confrontés au rationnement de l'ARENH. Cela permettrait d'éviter un phénomène de ciseau tarifaire des concurrents qui sont obligés de s'approvisionner sur les marchés de gros dont les prix ont sensiblement augmenté au cours des dernières années.

L'Autorité désapprouve cette limitation imposée à *EDF*. Elle considère en effet que les dispositions du projet de décret n'ont vocation à s'appliquer qu'aux offres réglementées d'*EDF* dans la mesure où il résulte des directives de libéralisation du marché de l'électricité, qu'en dehors de l'ARENH, la détermination des prix sur les marchés dépend uniquement de l'offre et de la demande. Elle rappelle par ailleurs que le phénomène de "*ciseau tarifaire*" auquel peuvent être confrontés certains fournisseurs alternatifs ne constitue pas nécessairement un abus de position dominante imputable à *EDF*.

L'Autorité souligne qu'en dehors de l'obligation pour *EDF* de restituer "*la compétitivité du parc électronucléaire français*" aux consommateurs sous la forme des TRVE, et aux concurrents sous la forme de l'ARENH, *EDF* reste libre de déterminer ses prix. L'Autorité rappelle également que les fournisseurs alternatifs ne s'approvisionnent pas exclusivement auprès d'*EDF* ou peuvent avoir sous-estimé leurs besoins au titre de l'ARENH. Or, rien n'interdit dans ces cas de figure à *EDF* "*d'utiliser l'espace économique que lui procure l'écart entre ses propres couts de production et les coûts d'approvisionnement sur les marchés de gros pour proposer des offres à des prix inférieurs à ceux de ses concurrents*".

Les effets du rationnement sur les tarifs réglementés

Les dispositions du projet de décret auront une incidence directe sur la construction des TRVE qui intègrent le coût de l'accès régulé à l'électricité nucléaire. Dans l'avis n° 19-A-01, l'Autorité considère d'abord que la légalité du projet de décret est incertaine sur ce point puisque les éléments de calcul ne figurent pas clairement dans le texte. Elle estime ensuite que le projet de décret serait contraire aux objectifs fixés par la loi *NOME* selon lequel les TRVE ont comme objectif de restituer aux consommateurs la "*compétitivité du parc électronucléaire français*". La mise en œuvre du rationnement de l'ARENH par un décret et la modification des TRVE par arrêté (voir ci-après) pourraient ne pas respecter la hiérarchie des normes. Elle estime enfin qu'il existe des incertitudes sur la méthodologie et sur la mise en œuvre pratique du rationnement de l'ARENH et de ses effets sur les TRVE.

L'incidence du nouveau dispositif sur les tarifs règlementés (Avis n° 19-A-07)

Par sa délibération n° 2019-028 du 7 février 2019, la CRE a proposé une augmentation sensible des TRVE. Cette hausse vise à limiter les effets des TRVE sur le marché de détail compte tenu du rationnement des volumes de l'ARENH. En l'absence d'opposition des ministres chargés de l'Économie et de l'Énergie, cette proposition sera réputée adoptée. L'Autorité s'est saisie d'office du projet d'arrêté à la suite de la lettre du ministre l'informant de l'intention du gouvernement de modifier les TRVE.

Comme pour l'avis n° 19-A-01 relatif à l'ARENH, l'Autorité émet un avis défavorable sur le projet de texte estimant que la "*méthode retenue par la CRE se fonde sur une interprétation de l'article R. 337-5 du code de l'énergie qui ne peut trouver de justification dans la référence aux principes du droit de la concurrence, et s'avère particulièrement pénalisante pour les consommateurs*".

Le dispositif de l'ARENH et les TRVE sont intrinsèquement liés. En effet, conformément à l'article L. 337-6 du Code de l'énergie, les TRVE sont construits par l'empilement de six composantes : (i) le coût de l'accès régulé à l'électricité nucléaire historique, (ii) le coût du complément d'approvisionnement au prix du marché, (iii) le coût de la garantie de capacité, (iv) les coûts d'acheminement, (v) les coûts de commercialisation et (vi) la rémunération normale de l'activité de fourniture. À ces composantes s'ajoute une marge raisonnable.

La hausse envisagée porte sur les coûts de l'énergie et d'approvisionnement, les autres composantes restant inchangées. Comme l'explique l'Autorité, l'augmentation résulte essentiellement "*d'un choix méthodologique du régulateur consistant (i) à réduire la part du nucléaire au prix de l'ARENH* [...] *(ii) à considérer que l'énergie en base correspondante est réputée achetée sur le marché au titre du complément d'approvisionnement et (iii) à fixer pour cette part une méthode de détermination du prix d'achat sur le marché différente de celle utilisée pour le complément de fourniture ordinaire*".

La compatibilité de la hausse avec la définition des TRVE

L'article L. 3375 du Code de l'énergie dispose que "[l]*es tarifs réglementés de vente d'électricité sont définis en fonction de catégories fondées sur les caractéristiques intrinsèques des fournitures, en fonction des coûts mentionnés à l'article L. 3376*".

Il existe dix sous-catégories de TRVE. Ces souscatégories sont construites sur la base d'une modélisation théorique des profils de consommation et comprennent des proportions différentes entre l'électricité en base nucléaire (droit à l'ARENH) et la consommation résiduelle couverte par la tarification du complément d'approvisionnement.

La proposition de la CRE conduit, selon l'Autorité, à réduire les droits à l'ARENH de chaque sous-catégorie au *prorata* de l'écrêtement résultant du dépassement du plafond de l'ARENH. Cette méthodologie conduit à une augmentation sensible de l'ensemble des TRVE en réduisant la part d'ARENH dans chaque sous-catégorie. Le solde (*"complément d'approvisionnement en énergie consécutif à l'écrêtement de l'ARENH"*) est fourni à un prix spécifique plus élevé que le complément d'approvisionnement normal.

Selon l'Autorité, la méthode proposée *"conduit à modifier des éléments soumis à des contraintes d'ordre législatif"* puisque la composition des sous-catégories est déterminée par la loi et ne peut donc être modifiée par arrêté. En outre, l'Autorité constate que la mise en place du dispositif entraînera vraisemblablement une marge supplémentaire au profit d'*EDF*. L'Autorité doute que ce surcoût puisse être qualifié de *"coût"* et qu'en toute hypothèse, il résulte d'une contrainte extérieure qui s'impose aux fournisseurs alternatifs.

Les conséquences de la hausse pour les consommateurs

Alors que l'objectif de la mise en place des TRVE était de restituer aux consommateurs *"la compétitivité du parc électronucléaire français"*, l'Autorité estime que les modalités de la hausse proposée par la CRE conduiront "à transférer vers EDF une partie des bénéfices de l'efficacité du parc électronucléaire que la loi entend réserver aux consommateurs". En effet, l'incidence du rationnement de l'ARENH pèsera principalement sur les clients utilisant les TRVE.

L'Autorité indique que le surcoût pour les clients d'*EDF* devrait être de l'ordre de 500 à 600 millions d'euros TTC. Le bénéfice pour *EDF* devrait quant à lui se situer autour de 480 millions d'euros HT. Les fournisseurs alternatifs dont les offres sont indexées sur les TRVE devraient également profiter, dans une moindre mesure, de ce transfert compte tenu de l'augmentation globale des prix alors qu'ils continuent à s'approvisionner à l'ARENH pour partie.

Selon l'Autorité, cet effet d'aubaine pour *EDF* et les fournisseurs alternatifs ayant des offres indexées sur les TRVE est susceptible d'entraîner des distorsions entre les opérateurs. Ces opérateurs pourront en effet utiliser les gains de marge liés à la hausse des TRVE pour financer des promotions et gagner des parts de marché aux dépens de nouveaux entrants ou de leurs concurrents dont les offres ne sont pas indexées sur les TRVE.

Conclusion

L'Autorité appelle de ses vœux une redéfinition de la régulation du secteur de l'électricité. Selon elle, *"les difficultés entraînées par l'atteinte du plafond de l'ARENH sont le symptôme des limites du dispositif existant de régulation du marché de l'électricité français, actuellement soumis à des injonctions contradictoires"*.

En effet, l'atteinte du plafond de l'ARENH interroge sur l'efficacité de la régulation existante alors que ce dispositif transitoire arrivera à son terme le 31 décembre 2025. L'Autorité note que les fournisseurs alternatifs ont d'ores et déjà demandé sa pérennisation et son déplafonnement, *"en considérant que la concurrence sur le marché de détail ne pourra être assurée, au-delà de 2025, que par une régulation plus forte du parc électronucléaire historique"*.

Le déplafonnement de l'ARENH contribuerait à réduire la pression sur les TRVE dont les conditions de mise en œuvre sont strictement encadrées dans le cadre du nouveau paquet énergie. En revanche, un tel déplafonnement sans prévoir de mécanismes d'incitations à l'investissement ne sera vraisemblablement pas sans incidence sur la structure de la concurrence sur le marché de l'électricité.

L'Autorité rappelle qu'elle avait plaidé pour le développement d'un marché oligopolistique de l'électricité dans lequel évoluerait des opérateurs intégrés. Cependant, ce modèle n'a pu émerger compte tenu de l'incapacité de l'ARENH à "*inciter les fournisseurs alternatifs à investir dans des moyens de production*". Elle estime toutefois que l'arrivée de *Total* par l'acquisition de *Direct Energie* en 2018 "*pourrait modifier la physionomie des différents marchés de l'énergie*".

O. Berg, A. Martin
Concurrences N° 3-2019, pp. 172

4.1.2 ARENH

Aut. conc., avis n° 17-A-01 du 8 févr. 2017 concernant un projet de décret portant modification de certaines dispositions réglementaires relatives à l'accès régulé à l'électricité nucléaire historique (ARENH)

L'Autorité de la concurrence rend un avis sur un projet de décret relatif à l'accès régulé à l'électricité nucléaire historique

Le 21 mars 2017, a été publié le décret n° 2017-369 relatif aux modalités d'accès régulé à l'électricité nucléaire historique (*JORF* du 23 mars 2017) adopté après que l'Autorité de la concurrence a rendu son avis en février dernier. C'est pour remédier à un risque de dévoiement du dispositif de l'ARENH que le pouvoir réglementaire est intervenu. Le décret apporte des modifications dont l'Autorité de la concurrence a apprécié l'impact en termes d'enjeu concurrentiel.

L'enjeu concurrentiel de l'ARENH

La première question est celle du délai dans lequel les fournisseurs transmettent une demande d'ARENH à*EDF*. Initialement fixé à 45 jours, il est porté à 40 jours. Pendant cette période, contrairement à *EDF*, les fournisseurs alternatifs ne peuvent proposer des offres établies à partir d'un approvisionnement type ARENH et complément marché. Suivant le vœu exprimé par la Commission de régulation de l'électricité (CRE), la réduction du délai apporte de la souplesse aux fournisseurs alternatifs, ce qui est apprécié par l'ADLC (point 23).

Le décret complète le mode de calcul des pénalités dues par les fournisseurs au cas où leur demande d'ARENH apparaîtrait surévaluée. En principe, les fournisseurs alternatifs doivent payer des compléments de prix en cas de demandes excédentaires (CP1) et, le cas échéant, excessives (CP2). Dans le premier cas, CP1 désigne le coefficient qui permet de neutraliser les gains réalisés par un fournisseur qui, après avoir demandé une quantité excédentaire d'ARENH au regard de son portefeuille de clients, procède à une revente sur les marchés de gros. Dans le second cas, le coefficient CP2 procède d'une logique incitative : il s'agit d'inviter les fournisseurs alternatifs à mieux prévoir leurs volumes de ventes en fonction de l'évolution anticipée de leur parc de clients. Il s'applique lorsque l'écart entre le volume prévisionnel et le volume effectivement réalisé excède une certaine marge de tolérance. Le décret a complété le mode de calcul des pénalités dues par les fournisseurs au cas où leur demande d'ARENH apparaîtrait surévaluée. Le calcul de CP2 doit désormais prendre en compte les cas de force majeure et des cas d'ouverture d'une procédure de liquidation ou de redressement judiciaire des consommateurs du fournisseur (situations qu'il n'a pu anticiper). Avant le décret, n'était prise en compte que l'interruption de la fourniture de services ; désormais, la CRE pourra prendre en considération la baisse brutale de consommation à la suite de l'ouverture d'une procédure collective. Il est aussi prévu qu'à présent, il faut tenir compte des cas de fournisseurs relevant de sociétés juridiquement liées afin de prévenir un risque de surévaluation de la pénalité. L'idée est ainsi de tirer les conséquences de l'organisation en groupe de société : l'idée est celle d'une consolidation, si une entreprise d'un groupe fait une demande excessive alors qu'une autre fait une demande inférieure aux droits ARENH qui lui reviennent, il convient de compenser les deux volumes de sorte que si la somme n'est pas excessive, la pénalité est évitée.

Le pouvoir réglementaire est parti du constat de risque de dévoiement de l'ARENH. Celui-ci tient à la circonstance que le cadre réglementaire permettait un contournement du caractère annuel de l'ARENH pour profiter des évolutions infra-annuelles des prix du marché. Le dévoiement tient à l'absence d'application de la clause de monotonie, lorsque le fournisseur n'a pas fait de demande d'ARENH lors du guichet précédent. Il convient de rappeler que l'ARENH est fondé sur le principe de cessions d'énergies annuelles. Les fournisseurs alternatifs peuvent formuler leur demande deux fois par an, à l'occasion de deux guichets se tenant les 16 novembre et 16 mai. À chaque guichet, les fournisseurs peuvent ajuster leurs demandes annuelles afin de suivre l'évolution du portefeuille de clientèle, en respectant une clause dite "de monotonie". Selon cette clause, "lorsqu'un fournisseur augmente sa demande d'ARENH entre deux guichets successifs, il ne peut pas la réduire au guichet suivant et, à l'inverse, lorsqu'il diminue sa demande d'ARENH entre deux guichets successifs, il ne peut pas l'augmenter au guichet suivant" (point 8). Il s'agit d'éviter que les fournisseurs alternatifs ne procèdent à des arbitrages saisonniers puisque le prix de l'électricité varie selon les saisons. Le décret remédie à des cas non prévus jusque-là concernant les situations dans lesquelles la demande pour la période précédant la période en cours est nulle ou lorsqu'il n'existait pas d'accord-cadre. Auparavant, les fournisseurs formulaient une demande au 1er janvier suivie d'une réduction au 1er juillet; désormais, la demande d'annuelle d'ARENH réalisée au 1er janvier peut être maintenue pendant 12 mois.

Le plafond de l'ARENH

Dans son avis, l'Autorité revient sur la question soulevée dans la CRE dans une délibération du 19 janvier 2017 (Délibération de la CRE du 19 janvier 2017 portant avis sur le projet de décret modifiant la partie réglementaire du code de l'énergie portant sur les modalités d'accès régulé à l'électricité nucléaire historique). La question est relative à l'application du plafond lorsque la somme des demandes d'ARENH dépasse le plafond annuel de 100 TWh, conformément aux dispositions de l'article L. 336-2 du code de l'énergie. Or, l'article R. 336-6-1 du code de l'énergie prévoit que "*le plafond d'ARENH est le volume global maximal d'électricité nucléaire historique pouvant être cédé pour les petits et grands consommateurs par période de livraison*". Pour la CRE, il est nécessaire "*pour mesurer le niveau global d'ARENH livré sur une année donnée, de prendre en compte les demandes effectuées à tous les guichets entraînant une livraison physique sur l'année considérée*".

Pour l'Autorité, un problème découle effectivement de la juxtaposition des périodes de livraison. En effet, l'appréciation du dépassement du plafond de 100 TWh pour l'année N, "*trois périodes de livraison doivent être prises en compte: celle de juillet de l'année N-1 (pour la partie empiétant sur l'année calendaire N), celle de janvier de l'année N et celle de juillet de l'année N (pour la partie empiétant sur l'année calendaire N)*". L'Autorité ajoute: "*une telle différence n'est potentiellement pas neutre pour les acteurs du marché. Notamment, il convient de s'interroger, en cas d'atteinte du plafond, à la fois sur les demandes susceptibles de faire l'objet d'un prorata (intégralité des demandes concernées ou nouvelles demandes uniquement) et, si un prorata devait être appliqué, sur une possible contradiction avec la clause de monotonie (cette clause imposant de maintenir une demande monotone par rapport à la demande précédemment réalisée, la situation d'atteinte du plafond ne ferait que s'aggraver)*" (point 41).

L'avenir de l'ARENH

Dans son avis, l'Autorité revient sur la question essentielle de l'avenir de l'ARENH après 2025. Le dispositif actuel n'est prévu en effet que jusqu'en 2025. Une nouvelle fois, l'Autorité demande au gouvernement de préciser sa volonté quant à l'avenir de l'ARENH. Elle estime en effet "*compte tenu des très longs délais à prévoir pour des investissements dans la production d'électricité de base, a fortiori pour des volumes censés se substituer à l'ARENH, le silence actuel des pouvoirs publics semble plaider dans le sens d'une prorogation implicite du dispositif, si l'on veut préserver la capacité des producteurs alternatifs à animer le marché*" (point 42).

Estimant 2025 très proche, l'Autorité fustige l'absence de prise de position dont elle considère qu'elle est préjudiciable pour l'ensemble des acteurs du système, tant l'opérateur historique, les fournisseurs alternatifs que les consommateurs bénéficiant de l'ARENH. En effet, le prix est tributaire de la durée des dispositifs. L'Autorité ne marque pas sa préférence pour l'ARENH. Elle conclut l'avis en estimant qu'il existe d'autres dispositifs. Elle appelle simplement une prise de position, gage de stabilité du marché. La réforme initiée par le paquet Énergie de la Commission en novembre 2016 pourrait constituer l'occasion de prendre position.

F. Martucci
Concurrences N°148-149

4.1.3 Achats d'électricité

CE, 12 avril 2012, Syndicat national des producteurs d'énergie photovoltaïque, n° 337528

Le Conseil d'État annuelle partiellement les arrêtés tarifaires en matière d'énergie photovoltaïque

À l'automne 2009, le Gouvernement a annoncé une modification à la baisse des tarifs fixés par l'arrêté du 10 juillet 2006 fixant les conditions d'achat de l'électricité produite par les installations utilisant l'énergie radiative du soleil.

Ainsi, un premier arrêté du 12 janvier 2010 est venu abroger cet arrêté de 2006 (Arrêté du 12 janvier 2010 portant abrogation de l'arrêté du 10 juillet 2006 fixant les conditions d'achat de l'électricité produite par les installations utilisant l'énergie radiative du soleil). Par un second arrêté du même jour, complété par un arrêté rectificatif du 15 janvier 2010, l'État a fixé de nouveaux tarifs d'achat de l'électricité photovoltaïque (Arrêté du 12 janvier 2010 fixant les conditions d'achat de l'électricité produite par les installations utilisant l'énergie radiative du soleil).

L'article 3 de ce second arrêté prévoit que c'est la date de demande complète de raccordement au réseau public par le producteur qui détermine les tarifs applicables, et non plus la date de demande complète de contrat d'achat comme c'était le cas sous l'empire de l'arrêté du 10 juillet 2006.

Ces nouveaux tarifs devaient s'appliquer aux installations dont la mise en service n'était pas intervenue avant la date de publication de ce nouvel arrêté, soit le 15 janvier 2010. Ils pouvaient donc concerner des projets pour lesquels un producteur avait déposé antérieurement une demande complète de contrat d'achat sur la base de l'arrêté du 10 juillet 2006.

Un dispositif transitoire concernant les projets en cours d'instruction à la date d'entrée en vigueur des nouveaux tarifs de janvier 2010 a été établi par deux arrêtés du 16 mars 2010 (*Arrêté du 16 mars 2010 fixant les conditions d'achat de l'électricité produite par certaines installations utilisant l'énergie radiative du soleil; Arrêté du 16 mars 2010 relatif aux conditions d'achat de l'électricité produite par certaines installations utilisant l'énergie radiative du soleil*).

Ils apportent quelques modifications à l'arrêté du 12 janvier 2010 et, surtout, rétablissent le bénéfice des conditions d'achat résultant de l'arrêté du 10 juillet 2006 pour certaines des installations non mises en service avant le 15 janvier 2010.

Ces deux arrêtés du 16 mars 2010 ont déjà fait l'objet de plusieurs référés suspension qui ont été rejetés par le Conseil d'État pour défaut d'urgence, les sociétés requérantes n'ayant pas rapporté la preuve d'un "*lien entre le changement tarifaire et les pertes de chiffre d'affaires alléguées*" (CE, ord., 18 juin 2010, *Société Aria Invest*, n° 339382; CE, ord., 13 août 2010, *SAEML Enjoy Montpellier*, n° 342223).

Par un arrêt du 12 avril 2012, publié au *recueil Lebon*, le Conseil d'État vient de se prononcer au fond sur la légalité des quatre arrêtés intervenus en janvier et mars 2010 en rejetant les recours pour excès de pouvoir formés par de nombreux producteurs d'électricité photovoltaïque.

Parmi les nombreux moyens soulevés contre ces actes administratifs, deux retiennent l'attention: celui relatif à la conformité de la validation législative à la Convention européenne des droits de l'homme (CEDH) (I.) et celui relatif au principe d'égalité (II.).

La conformité de la validation législative à la CEDH et ses conséquences

Afin de prévenir les risques d'annulation contentieuse, les deux arrêtés du 12 janvier 2010 et l'arrêté rectificatif du 15 janvier 2010 ont fait l'objet d'une validation législative par l'article 88-IV de la loi du 12 juillet 2010 dite Grenelle II.

Précisément, ce dernier prévoit que, sous réserve des décisions de justice passées en force de chose jugée, ces arrêtés sont validés "*en tant qu'ils seraient contestés par les moyens tirés, d'une part, d'une irrégularité de consultation, d'autre part, de l'application immédiate de nouvelles règles tarifaires aux demandes de contrat d'achat formulées sous l'empire de l'arrêté du 10 juillet 2006 fixant les conditions d'achat de l'électricité produite par les installations utilisant l'énergie radiative du soleil*".

En l'espèce, les requérants soulevaient l'inconventionalité de cette disposition au regard de l'article 6, § 1 de la CEDH. On observera qu'un an plus tôt, le Conseil d'État avait déjà refusé de transmettre une question prioritaire de constitutionnalité portant sur l'article 88-IV de loi du 12 juillet 2010 (CE, 19 janvier 2011,*EARL Schmittseppel*, n° 343389).

Dans son arrêt du 12 avril 2012, le Conseil d'État observe tout d'abord que, compte tenu de l'effet d'aubaine créé par le maintien des tarifs fixés par l'arrêté du 10 juillet 2006 alors que les coûts de production de l'électricité solaire baissaient fortement, l'annonce par le Gouvernement en septembre 2009 de la réduction prochaine de ces tarifs, a provoqué un afflux massif de demandes de contrats d'achat au tarif en vigueur, faisant craindre un coût important pour les consommateurs finals qui supportent la contribution au service public de l'électricité.

Il constate ensuite que cette validation législative n'a pas remis en cause le principe même de l'obligation d'achat d'électricité: "*elle n'a pas eu pour effet de supprimer ni donc de remettre en cause la substance du droit dont disposent les producteurs d'énergie radiative du soleil de bénéficier de l'obligation d'achat de l'électricité d'origine photovoltaïque à un tarif très supérieur à celui du marché* [...]".

Le Conseil d'État relève enfin que, conformément à sa volonté "*clairement exprimée*" depuis la loi du 13 juillet 2005 de programme fixant les orientations de la politique énergétique, le législateur s'est réservé la possibilité d'"*aménager les modalités d'exercice* [de l'obligation d'achat] *en fixant ce tarif à un niveau plus adapté au coût de la production de cette électricité et à la rémunération normale des capitaux immobilisés*".

Il en conclu que l'article 88-IV de la loi du 12 juillet 2010 répond à un impérieux motif d'intérêt général et est conforme à l'article 6, § 1 de la CEDH. Par conséquent, le moyen invoqué par les producteurs, tiré de la méconnaissance du principe de non-rétroactivité des actes administratifs par les deux arrêtés du 12 janvier 2010 est écarté par le Conseil d'État.

Le Conseil d'État a également écarté ce moyen, s'agissant du premier arrêté du 16 mars 2010, au motif que "d'une part, l'arrêté du 12 janvier 2010, dont l'arrêté attaqué réitère l'application, a été validé en tant qu'il serait contesté par des moyens tirés de l'application immédiate de nouvelles règles tarifaires et que, d'autre part, les autres dispositions de l'arrêté attaqué ne comportent aucun caractère rétroactif".

Enfin, dès lors que le second arrêté du 16 mars 2010 a "partiellement abrogé les dispositions rétroactives des arrêtés du 12 janvier 2010" et "que les arrêtés des 12 et 15 janvier 2010 [ont] été validés [...], il ne peut être utilement fait grief à l'arrêté du 16 mars 2010 de ne pas les avoir modifiés plus largement en tant qu'ils avaient une portée rétroactive ou de ne pas avoir prévu certaines mesures transitoires".

Du fait de cette validation législative, le Conseil d'État n'a donc pas eu à statuer sur le moyen tiré de la méconnaissance du principe de non-rétroactivité des actes administratifs. Ce moyen aurait vraisemblablement été rejeté, en tout état de cause. Dès lors que les demandes de contrat d'achat présentées avant la baisse des tarifs n'avaient pu donner lieu à la conclusion d'un contrat, en l'absence d'acceptation formalisée par la signature d'EDF, l'application des nouveaux tarifs à ces demandes n'avait aucun caractère rétroactif: un administré n'a, selon une jurisprudence constante, aucun droit au maintien de la réglementation, y compris tarifaire. La baisse des tarifs, appliquée aux demandes de contrats déposées antérieurement, ne portait donc pas d'atteinte à une situation juridiquement constituée. Ce sont les règles tarifaires en vigueur le jour de la conclusion du contrat qui doivent s'appliquer: elles sont incorporées au contrat à ce moment-là seulement.

La violation du principe d'égalite par certaines dispositions des arrêtés

Les producteurs requérants soutenaient que les conditions d'achat de l'électricité, telles que fixées par les arrêtés des 12 janvier et 16 mars 2010, méconnaissent le principe d'égalité.

Pour mémoire, les conditions d'achat de l'électricité produite à partir d'énergies renouvelables sont précisées par l'article L. 314-7 du code de l'énergie, qui prévoit que les tarifs d'achat prennent en compte les coûts de production, incluant les coûts d'investissement et d'exploitation évités par EDF ou par les distributeurs non nationalisés, auxquels peut s'ajouter une prime correspondant à la contribution des installations à la réalisation des objectifs de la politique énergétique française.

L'article L. 314-7 du code de l'énergie précise également que "le niveau de cette prime ne peut conduire à ce que la rémunération des capitaux immobilisés dans les installations bénéficiant de ces conditions d'achat excède une rémunération normale des capitaux, compte tenu des risques inhérents à ces activités et de la garantie dont bénéficient ces installations d'écouler l'intégralité de leur production à un tarif déterminé".

Après avoir rappelé ces principes, le Conseil d'État admet que l'arrêté du 12 janvier 2010, tel que modifié par l'arrêté du 15 janvier 2010, pouvait prévoir une modulation des tarifs d'achat en fonction de la rentabilité prévisible des installations et de leur contribution aux objectifs de la politique énergétique française sans méconnaitre le principe d'égalité.

Précisément, le Conseil d'État juge que les auteurs de cet arrêté pouvaient "prévoir des conditions tarifaires plus avantageuses au profit des installations intégrées au bâti présentant une complexité particulière, en raison du coût plus élevé des investissements nécessaires et de celui de leur maintenance, et moduler le tarif de certaines installations en fonction de la zone géographique, du fait soit du coût de l'investissement, soit de l'ensoleillement constaté et donc des bénéfices susceptibles d'être retirés de l'installation, sans être tenus d'appliquer une telle modulation à toutes les catégories d'installations".

En revanche, l'usage d'un bâtiment n'ayant pas par lui-même une incidence sur la rentabilité prévisible des installations ou sur leur contribution aux objectifs légaux, la modulation des tarifs d'achat fondée sur ce critère est jugée irrégulière.

Par conséquent, le Conseil d'État a annulé l'arrêté du 12 janvier 2010 "en tant seulement que son annexe 1 prévoit un tarif spécifique pour les installations bénéficiant de la prime d'intégration au bâti situées sur un bâtiment à usage principal d'habitation, d'enseignement ou de santé et que son annexe 2, pour le bénéfice de la prime d'intégration au bâti, excepte les bâtiments à usage principal d'habitation de la condition d'installation au moins deux ans après la date d'achèvement du bâtiment".

De façon symétrique, les articles 2 et 4 de l'arrêté du 16 mars 2010 relatif aux conditions d'achat de l'électricité produite par certaines installations utilisant l'énergie radiative du soleil ont également été annulés dans la mesure où ils prévoyaient également une différenciation des conditions d'achat en fonction de l'usage du bâtiment accueillant les installations de production.

"*Eu égard à la portée de l'annulation prononcée*", le Conseil d'État a considéré qu'il n'y avait pas lieu d'en différer les effets. Celle-ci a donc un caractère rétroactif. Elle reste néanmoins sans conséquence sur les contrats en cours faisant application des tarifs annulés. En effet, les tarifs ont été intégrés aux contrats et l'annulation d'une mesure réglementaire reste sans effet sur les actes non réglementaires qui ont créé des droits définitivement; c'est le cas des contrats d'achat dès lors qu'ils n'ont pas été attaqués en justice dans le délai légal. La jurisprudence administrative est constante à cet égard.

Par ailleurs, l'annulation partielle a été réalisée d'une manière qui évite toute mesure d'exécution, l'arrêté du 12 janvier 2010 ayant été modifié directement par le juge.

E. Guillaume, S. Daboussy
Concurrences N°3-2012, pp. 213-215

CE, 21 mars 2012, EDF, n° 349415

Le Conseil d'État annule l'article 8 de l'ordonnance n° 2011-504 du 9 mai 2011 portant codification de la partie législative du code de l'énergie

---

Par un arrêt du 21 mars 2012 (req. n° 349415, à paraître au Lebon), le Conseil d'État vient d'annuler l'article 8 de l'ordonnance n° 2011-504 du 9 mai 2011 portant codification de la partie législative du code de l'énergie.

Les origines de l'article 8 de l'ordonnance du 9 mai 2011

L'électricité photovoltaïque fait l'objet d'une obligation d'achat au bénéfice des producteurs éligibles qui concluent un contrat d'achat avec EDF ou les entreprises locales de distribution dans leur zone de desserte exclusive.

Ce contrat est un contrat administratif comme le rappelle expressément l'avant dernier alinéa de l'article 10 de la loi n° 2000-108 du 10 février 2000 dans sa rédaction issue de l'article 88-III de la loi du 12 juillet 2010 dite "Grenelle II". Ce dernier dispose que "*les contrats régis par le présent article sont des contrats administratifs qui ne sont conclus et qui n'engagent les parties qu'à compter de leur signature. Le présent alinéa à un caractère interprétatif*".

Compte tenu de la mention expresse de son caractère interprétatif, cet alinéa a une portée rétroactive.

La partie législative du code de l'énergie a ensuite été adoptée par l'ordonnance n° 2011-504 du 9 mai 2011.

Dans ce cadre, le premier alinéa de l'article L.314-7 du code de l'énergie codifie l'avant dernier alinéa de l'article 10 de la loi du 10 février 2000 dans sa version issue de l'article 88-III de la loi Grenelle II.

Toutefois, le premier alinéa de l'article L. 314-7 du code de l'énergie ne reprend pas la précision selon laquelle ces dispositions ont un caractère interprétatif.

En outre, le Gouvernement a entendu préciser, à l'article 8 de l'ordonnance du 9 mai 2011, que "Les dispositions du premier alinéa de l'article L. 314-7 du code de l'énergie ne sont pas applicables aux contrats d'achat d'électricité conclus avant le 14 juillet 2010".

Par cette disposition, on peut supposer que le Gouvernement a cru tirer les conséquences d'un arrêt par lequel le Tribunal des conflits avait jugé que "*la qualification de contrats administratifs conférée par la loi du 12 juillet 2010 aux contrats conclus entre la société EDF et les producteurs autonomes d'électricité, avec une portée rétroactive, alors qu'un litige était en cours entre eux*", était contraire au droit à un procès équitable garanti par l'article 6, § 1 la convention européenne de sauvegarde des droits de l'homme et des libertés fondamentales (T. confl. 13 décembre 2010, n° 3800, publié au Lebon ; à ce propos, voir R. Peylet, "Le Code de l'énergie", *RFDA*, 2011, p. 905). Pourtant l'arrêt du Tribunal des conflits n'a nullement entendu soustraire à la requalification administrative prononcée par la loi les contrats conclus avant l'entrée en vigueur de la loi du 12 juillet 2010 mais uniquement les contentieux contractuels engagés avant cette date.

À la faveur d'un recours en annulation initié par EDF, le Conseil d'État a eu à se prononcer sur la légalité de l'article 8 de l'ordonnance du 9 mai 2011.

L'annulation de l'article 8 de l'ordonnance du 9 mai 2011 et ses conséquences

En vertu de l'article 92, I de la loi du 12 mai 2009 de simplification et de clarification du droit et d'allègement des procédures, le Gouvernement devait codifier, en matière d'énergie, les textes en vigueur sous réserve des modifications nécessaires pour assurer leur conformité à la hiérarchie des normes.

Toutefois, le Conseil d'État a rappelé qu'il lui appartenait d'apprécier cette conformité à la hiérarchie des normes "*à la date de cette codification*". Le Gouvernement n'était donc pas habilité à modifier des dispositions législatives pour le passé, "*indépendamment de toute codification*", pour en garantir la conformité à la hiérarchie des normes.

Le Gouvernement ayant méconnu l'habilitation législative qui lui était confiée, le Conseil d'État a annulé l'article 8 de l'ordonnance du 9 mai 2011 pour ce motif.

Cet arrêt remarqué comporte plusieurs conséquences en pratique.

Dans sa décision, le Conseil d'État constate que faute de mentionner qu'elles ont un caractère interprétatif, les dispositions du premier alinéa de l'article L. 314-7 du code de l'énergie ne disposent que pour l'avenir et ne sont applicables qu'aux contrats conclus à compter de l'entrée en vigueur de l'ordonnance, soit le 1er juin 2011.

Les contrats d'obligation d'achat conclus antérieurement au 1er juin 2011 ou les litiges dans lesquels une partie prétend être titulaire d'un contrat avant cette date demeurent ainsi régis par l'article 10 de la loi du 10 février 2000 modifiée.

Ainsi en définitive, qu'ils aient été conclus avant ou après le 1er juin 2011, les contrats d'obligation d'achat sont des contrats administratifs qui n'engagent les parties qu'à compter de leur signature.

Le juge administratif est donc le seul juge compétent pour en connaitre.

On notera d'ailleurs que le Tribunal des conflits a récemment confirmé que la qualification de contrat administratif conférée par l'article 10 de la loi du 10 février 2000 dans sa rédaction issue de l'article 88-III de la loi Grenelle II n'est pas contraire à la CEDH, dès lors qu'elle s'applique aux contrats pour lesquels un contentieux n'a été engagé qu'après la promulgation de la loi Grenelle II, c'est-à-dire après le 14 juillet 2010 (T. confl. 5 mars 2012, *Baryflor*, n° 3843, à paraitre au Lebon).

E. Guillaume, S. Daboussy

Concurrences N°2-2012, pp. 156-157

4.1.4 Ciseau tarifaire

Cons. conc., déc. n°07-D-43 du 10 déc. 2007 relative à des pratiques mises en œuvre par Électricité de France

Le Conseil de la concurrence participe à la libéralisation du marché de la fourniture d'électricité aux petits professionnels et aux clients résidentiels en France

Le 10 décembre 2007, le Conseil de la concurrence fermait le dossier Électricité de France ouvert suite à une plainte déposée par Direct Énergie le 22 février 2007 en acceptant et en rendant obligatoires des engagements proposés par EDF. Précédemment, le Conseil avait prononcé le 28 juin dernier des mesures conservatoires (décision 07-MC-04) visant à remédier à un effet de ciseau tarifaire existant entre les offres de gros d'EDF aux opérateurs alternatifs (notamment Direct Énergie) et certaines de ses offres de détail (en particulier, EDF Pro, Électricité Pro, Mon Contrat Électricité).

Dans cette affaire, le Conseil a utilisé le dispositif mesures conservatoires/engagements (dispositions de l'article L. 464-2 du Code de commerce) de façon plus prégnante. En effet, le dispositif était tout simplement inscrit dans la décision de mesures conservatoires (article 3). EDF s'est conformé à la procédure en proposant une série d'engagements le 13 juillet 2007, soumis à consultation publique le 19 juillet. Le 15 septembre, le Conseil avait reçu 21 observations de tiers intéressés, complétées par un avis complémentaire de la Commission de régulation de l'énergie du 20 septembre. Dix mois se sont écoulés entre la saisine de Direct Énergie et la décision du Conseil de la concurrence.

Marchés pertinents et spécificité du secteur électrique en France

Dans ce secteur, le Conseil identifie trois marchés pertinents. En amont, le marché de production comprend l'électricité produite en France et celle importée grâce aux interconnexions avec d'autres pays. Au niveau intermédiaire, est défini le marché de la vente d'électricité en gros sur lequel les producteurs nationaux et les importateurs vendent des quantités physiques à d'autres fournisseurs et à certains consommateurs finals (grands comptes). Enfin, en aval, on retrouve le marché de détail sur lequel les fournisseurs offrent leurs services à des clients (sites raccordés en basse tension), professionnels dont la puissance souscrite n'excède pas 36 kVA (éligibles depuis le 1er juillet 2004) et résidentiels (éligibles depuis le 1er juillet 2007). On notera à ce stade que chacun des segments de ces marchés pertinents peut par ces caractéristiques propres constituer un marché pertinent.

Le marché de production comprend deux types de moyens de production. Les technologies de production à coût fixe élevé et à coût variable faible comme l'hydroélectricité "au fil de l'eau" et le nucléaire sont utilisées pour fournir une production appelée en permanence, dite de base. Les technologies à coût fixe plus faible et coût variable relativement plus élevé fournissent la production dite de semi-base ou de pointe. Les opérateurs alternatifs ne sont pas présents sur le segment du nucléaire et ne représentent que 6 % des capacités installées pour les filières de semi-base et de pointe.

Le marché de détail présente côté demande une structure atomistique (marché de masse composé de demandes difficilement individualisables). L'énergie ne constitue qu'environ

50 % du prix sur ce marché, les autres composantes étant l'acheminement, la distribution et les coûts commerciaux (7 à 12 %). Ce marché se scinde en deux parties : d'un côté, la fourniture à tarifs réglementés fixés par les pouvoirs publics, et de l'autre le marché sur lequel les consommateurs ont fait jouer leur éligibilité (environ 17 % des volumes consommés). Sur cette dernière partie, EDF détient environ 60 % des volumes livrés aux clients finals, GDF 17 % à 20 %, Poweo 12,5 %, Direct Énergie 11 % et Electrabel 0,2 %. La libéralisation s'est accompagnée de la création d'un marché intermédiaire de gros sur lequel les fournisseurs alternatifs s'alimentent principalement pour leurs besoins de base. Les produits échangés sont soit des blocs de base (puissance permanente), soit des blocs de pointe. Les transactions se déroulent selon trois modes : de gré à gré (OTC, *over the counter*), sur la bourse de l'énergie Powernext pour les produits dits spots (marché quotidien d'enchères pour livraison sur les 24 heures de la journée du lendemain) ou pour des produits à termes (échanges d'un trimestre, d'une année ou de trois ans), et lors de transactions bilatérales. Par ailleurs, EDF met aux enchères 5 400 MW dans le cadre des centrales virtuelles (VPP virtual power plants) : les alternatifs disposent ainsi d'un droit de tirage dont la réservation est mise aux enchères. L'OTC représente 80 % de l'approvisionnement des alternatifs, les VPP 15 % et 5 % revient à Powernext. Conséquemment, le prix de détail des fournisseurs alternatifs est très fortement corrélé avec les prix de gros sur le marché intermédiaire : seul EDF qui dispose des moyens de production aptes à couvrir ses ventes au détail peut s'affranchir de l'influence du marché intermédiaire (notamment en matière de tarification). Au total, EDF dispose bel et bien d'une position dominante sur le secteur, renforcée par l'existence d'un manque de liquidité sur le marché intermédiaire et par la prédominance du nucléaire dans le parc de production.

Le Conseil observe par ailleurs que "*les activités de transport et de distribution relevant de monopoles naturels, seule l'activité de commercialisation est susceptible de s'ouvrir à la concurrence*". En outre, il estime que, vu les barrières à l'entrée existantes, la concurrence sur le segment nucléaire (plus particulièrement la fourniture d'énergie de base) a peu de chance d'émerger tandis qu'une concurrence demeure possible sur le segment de fourniture d'électricité en pointe. Il constate par ailleurs que "*les champs ouverts à la concurrence (...) sont limités, du côté de la demande, par l'attraction qu'exercent ces tarifs réglementés inférieurs aux prix de marché sur la clientèle de masse qui forme la cible théorique des concurrents d'EDF*".

Eléments sur les engagements proposés

Les engagements proposés par EDF le 13 juillet porte sur "*la mise en place d'un mécanisme d'approvisionnement en électricité de base de long terme pour les fournisseurs alternatifs, de nature à leur permettre de concurrencer effectivement EDF sur les marchés avals en France, et en particulier sur le marché "de masse", qui regroupe les petits clients professionnels et les clients résidentiels*". Ils comportaient initialement huit conditions : mise à disposition d'une puissance de 1 500 MW (environ 10 TWh par an), une durée contractuelle de dix à quinze ans, une quantité individuelle par contrat multiple de 10 MW, deux périodes distinctes (2008-2010, livraisons progressives au choix de l'acquéreur, après 2011, livraison fonction de la quantité contractuelle et d'un coefficient égal au rapport entre la puissance moyenne observée et la puissance nucléaire du parc de production nucléaire REP), quatre termes de prix (P1 prix en période 1 aux alentours de 36 €/MWh, P2 prix proportionnel révisé annuellement représentatif des coûts variables du parc de production nucléaire ERP d'EDF, P3 prix mensuel d'exploitation/maintenance du parc de production ERP révisé annuellement, P4 prix d'accès à la capacité proposé par l'acquéreur par appel d'offres représentant en quelques sortes un prix de réservation/ accès aux capacités), un prix de réserve fixé par EDF (prix moyen actualisé de chaque contrat), une clause de prix complémentaire neutralisant l'opportunité d'une revente du contrat sur le marché de gros et visant à préserver l'effet utile du dispositif (concurrence effective sur les marchés avals), un appel d'offres unique réservé aux alternatifs pour l'attribution des capacités.

Les objectifs du Conseil de la concurrence

Dans son examen des engagements proposés, le Conseil de la concurrence a poursuivi trois objectifs spécifiques à l'espèce : vérification de "*la capacité de la proposition d'EDF à mettre fin au risque de ciseau détecté*", refus de retenir une approche "*consistant à imposer à EDF des obligations de nature diverse mais dont l'objectif commun serait concrètement de permettre à ses rivaux de concurrencer ses offres aux tarifs réglementés*", tenir compte de la "dimension *raisonnablement prévisible du marché dédié*".

Le Conseil a sur ces bases tenu à la modification de certains éléments des engagements concernant la détermination du prix envisagé, la clause de prix complémentaire, les modalités d'attribution et de livraisons des quantités mises à disposition, le fonctionnement des appels d'offres et les conditions de transferts de droits et obligations rattachés aux contrats. On relèvera notamment le passage à trois appels d'offres distincts (premier trimestre 2008, deuxième trimestre 2008 et deuxième trimestre 2009) au lieu d'un avec un transfert des quantités non attribuées lors des premiers appels aux suivants. EDF propose par ailleurs une sorte d'enchère ascendante ouverte : chaque enchérisseur peut à tout moment positionner son offre par rapport à celles des autres et la réviser en conséquence. En outre, aucun groupe ne pourra acheter plus de 66 % des quantités totales offertes. EDF s'engage également à permettre le transfert de tout ou partie des droits et obligations attribués à des acquéreurs à l'issue de l'appel d'offres créant ainsi un marché secondaire sur lequel ces droits et obligations seront valorisés. Enfin, la durée des engagements est divisée en deux périodes : la première de cinq ans avec un prix fixe progressif (de 36,80 €/MWh en 2008 jusqu'à 47,20 €/MWh en 2012), la seconde de dix ans avec un prix couvrant le coût de développement de la centrale EPR d'EDF. Sur ce point, les acquéreurs auront la possibilité de se désengager des livraisons de seconde période soit en n'exerçant pas leur option, soit en cédant tout ou partie de leurs contrats.

L'appréciation des engagements

L'appréciation des engagements a notamment porté sur la résorption du ciseau tarifaire entre prix de gros d'EDF et ses prix sur le marché aval, et sur les quantités mises à disposition par EDF sur le marché intermédiaire. S'agissant du test de ciseau tarifaire, le Conseil a utilisé un test classique visant à comparer les coûts supportés par un opérateur alternatif (prix de gros du marché intermédiaire) aux tarifs de détail de l'opérateur dominant à savoir EDF : ce type de test vise à savoir si un concurrent aussi efficace que l'opérateur dominant est capable de répliquer les offres de cet opérateur. En l'espèce, un débat s'est ouvert sur le choix des offres de détails d'EDF et sur l'éventuelle prise en compte des offres réglementées par les pouvoirs publics. Le Conseil écarte toute référence à ces tarifs réglementés dans son analyse même si on ne saurait nier leur importance sur la structure des tarifs sur la partie libre du marché. Il invoque deux arguments. Tout d'abord, "*le comportement d'EDF sur la partie réglementée du marché ne fait pas l'objet de la présente procédure*". Ensuite, il ajoute qu'une intervention sur ces prix réglementés (modification ou suppression) "*implique des mesures de régulation qui excèdent manifestement la seule résolution des préoccupations de concurrence énoncées par le Conseil*". C'est là que réside la seule limitation aux pouvoirs de régulation du Conseil de la concurrence : en cas de ciseau tarifaire, il ne peut agir que sur les lames qui relèvent du droit fondant sa compétence. Les offres fixées par les pouvoirs publics à l'image des tarifs réglementés de l'électricité échappent à son contrôle. Il convient à cet égard de faire clairement la distinction entre des tarifs fixés par les pouvoirs publics et les tarifs homologués par les pouvoirs publics mais initiés par les entreprises régulées. Ces derniers sont très clairement soumis au contrôle du Conseil du fait qu'ils sont à l'initiative de l'entreprise concernée.

Trois offres de détail d'EDF sur le marché libre ont été testées : EDF Pro (qui n'est plus proposé à ce jour mais qui continue d'exister sur le marché par le biais des renouvellements de contrats), Électricité Pro et Mon Contrat Électricité. Sur la base d'un approvisionnement sur le marché intermédiaire à 36 €/MWh (prix le plus bas proposé par EDF valable uniquement pour la première année des engagements), la CRE conclut que seule l'offre EDF Pro "*assurerait en moyenne une marge positive*". On remarquera que chaque offre entraîne une marge négative pour un certain pourcentage des clients finals (10 % pour Mon Contrat Électricité, 71 % pour Électricité Pro et 83 % pour EDF Pro). Cependant, le Conseil rappelle que les engagements d'EDF doivent permettre "*à ces concurrents de proposer une offre dont la viabilité n'est pas appréciée au regard de certains clients finals particuliers, mais bien par rapport à l'ensemble du portefeuille de clients d'un concurrent aussi efficace qu'EDF*". Ainsi, les profits dégagés sur certains clients finals doivent au moins compenser les pertes subies sur d'autres.

Le Conseil estime que les éléments et justifications apportées par EDF sur les différents chiffrages garantissent que "*les engagements proposés par EDF sont de nature, pour la première année de livraison, à satisfaire à l'exigence de concurrence effective*" et à supprimer l'existence de ciseau tarifaire. Le Conseil précise cependant que pour les périodes à venir il se réserve "*la possibilité de rouvrir la procédure, en application de l'article L. 464-2 du Code de commerce, si les conditions de fourniture définies par EDF en vertu des engagements apparaissent, à l'avenir, de nature à produire à nouveau un effet de ciseau tarifaire au regard des offres d'EDF sur le marché pertinent*". Par ailleurs, le Conseil précise qu'il demande à EDF "un engagement de résultat" sur l'absence à moyen/long terme de ciseau tarifaire étant donné l'absence de données précises et certaines pour le calculer aujourd'hui.

S'agissant des quantités mises à disposition sur le marché intermédiaire, EDF propose 1 500 MW, soit une puissance totale de 10,5 TWh. Ce montant représente deux fois la taille actuelle du marché pertinent et près de quatre fois la quantité servie par les fournisseurs alternatifs.

Considérations finales

Le Conseil considère que les engagements proposés par EDF répondent à ses préoccupations de concurrence et sont à la fois crédibles et vérifiables. Il estime que ces engagements permettent la création "*d'un nouveau mode d'approvisionnement, spécifiquement dédié aux fournitures au détail par les opérateurs alternatifs sur le marché des consommateurs petits professionnels et résidentiels*". Le prix de ce mode d'approvisionnement assure l'existence d'une concurrence effective sur le marché de détail ainsi que la réplicabilité des offres d'EDF.

La décision du Conseil étonnera par la durée des engagements (quinze ans) même si on peut l'estimer raisonnable au regard des caractéristiques structurelles du secteur électrique et la hauteur des investissements nécessaires à la constitution d'un outil de production. Par contre, la méthode, le principe et le raisonnement ne sont pas sans rappeler les affaires du secteur des télécommunications (Décisions 00-MC-01, 05-D-59, 04-D-18). Le Conseil prouve avec cette décision son efficacité de régulateur économique et ses capacités de résolution rapide (10 mois environ) de problèmes purement sectoriels. Ceci est encourageant à l'aube du basculement du secteur des communications électroniques vers le droit commun.

D. Lescop
Concurrences N°1-2008, p. 188

Concurrences +

Alain Ronzano, Engagements: Le Conseil de la concurrence accepte les engagements de l'opérateur historique sur le marché de l'ingénierie, du conseil et du contrôle technique d'installations téléphoniques réalisées sur le domaine privé et met fin à la procédure engagée par un concurrent (Solutel / France Télécom), 7 octobre 2008, Concurrences N° 1-2009, Art. N° 53611.

Alain Ronzano, Engagements: Le Conseil de la concurrence obtient du distributeur historique d'électricité de substantiels engagements, mais limités à la création d'un marché de gros d'électricité, spécifiquement "dédié" aux fournitures au détail par les opérateurs alternatifs sur le marché des consommateurs petits professionnels et résidentiels qui ont exercé leur éligibilité (EDF), 10 décembre 2007, Concurrences N° 1-2008, Art. N° 54994.

Laurent Flochel, Electricité: Le Conseil de la concurrence accepte la demande de mesures conservatoires contre EDF pour pratique de ciseau tarifaire (Direct Energie), 28 juin 2007, Concurrences N° 3-2007, Art. N° 13878, pp. 101-102.

Denis Lescop, Electricité: Le Conseil de la concurrence prononce des mesures conservatoires à l'encontre de l'opérateur historique d'énergie (Direct Energie), 28 juin 2007, Concurrences N° 3-2007, Art. N° 13920, pp. 154-156.

Laurent Flochel, Accès à une infrastructure essentielle: Le Conseil de la concurrence accepte la demande de mesures conservatoires contre France Télécom dans une affaire relative aux conditions d'accès à l'infrastructure essentielle (Solutel), 7 juin 2007, Concurrences N° 3-2007, Art. N° 13880, p. 103.

Alain Ronzano, Mesures conservatoires: Le Conseil de la concurrence refuse de faire application de la procédure d'engagements de l'article L. 464-1 du code de commerce, préférant s'en tenir au prononcé de mesures conservatoires (Solutel), 7 juin 2007, Concurrences N° 3-2007, Art. N° 56939.

Christophe Lemaire, Mesures conservatoires: Le Conseil de la concurrence prononce des mesures conservatoires "qui lui apparaissent nécessaires" mais non demandées et mêle le prononcé de mesures conservatoires et la procédure d'engagements (KalibraXE - Solutel - Direct Energie), 25 avril 2007, Concurrences N° 3-2007, Art. N° 13866, p. 144.

Anne Wachsmann, Electricité: Le Conseil de la concurrence enjoint EDF de définir les conditions de résiliation de ses contrats (KalibraXE), 25 avril 2007, Concurrences N° 3-2007, Art. N° 13876, pp. 99-101.

Alain Ronzano, Electricité: Le Conseil de la concurrence enjoint un opérateur historique de clarifier les conditions de sortie de ses contrats de fourniture et poursuit son instruction sur la présence de clauses d'exclusivité dans lesdits contrats (KalibraXE), 25 avril 2007, Concurrences N° 3-2007, Art. N° 57323.

Cons. conc., déc. n° 07-MC-04 du 28 juin 2007 relative à une demande de mesures conservatoires de la société Direct Energie

Le Conseil de la concurrence prononce des mesures conservatoires à l'encontre de l'opérateur historique d'énergie

C'est à la veille de l'ouverture totale du marché de l'électricité le 1er juillet 2007 que le Conseil a prononcé ses troisièmes mesures conservatoires de l'année. Elles font suite à une saisine du 22 février 2007 de Direct Energie, fournisseur alternatif d'électricité et filiale du groupe Louis Dreyfus. La plainte, assortie d'une demande de mesures conservatoires, concernait quatre pratiques mises en œuvre par EDF sur les marchés de gros de la production et de la fourniture d'électricité : existence d'un ciseau tarifaire entre les prix de détails d'EDF et ses prix de gros ; prix de gros discriminatoires au regard des conditions réservés aux activités aval d'EDF ; refus d'une offre d'approvisionnement en électricité de long terme (15 ans) sur la base des coûts du parc nucléaire ; refus d'une offre d'accès non discriminatoire et transparent aux allocations de capacité de production nucléaire d'EDF.

Le Conseil n'a retenu que la première pratique pour les mesures conservatoires. Il écarte d'ores et déjà les pratiques de refus faute d'éléments probants. Cependant, il juge nécessaire de poursuivre l'instruction au fond en ce qui concerne les pratiques de discrimination.

Les dysfonctionnements du marché de l'électricité Le Conseil s'est livré dans sa décision à une description très pédagogique du fonctionnement relativement complexe des marchés de l'électricité. Le lecteur apprendra notamment que le nucléaire représente près de 80 % de la production totale d'électricité en France. Il découvrira également que la demande est satisfaite par empilement des moyens de production par ordre de coût variable croissant (production éolienne et centrales hydroélectriques au fil de l'eau, puis centrales nucléaires, centrales à charbon, centrales au fioul, les barrages et enfin les turbines à combustion). Il comprendra que le prix de l'électricité s'égalise au coût marginal du dernier moyen de production utilisé : ainsi, si la demande excède la production du parc nucléaire, le prix du nucléaire est supérieur à son coût marginal. Ce système permet d'ailleurs à la production nucléaire de couvrir ses coûts fixes très élevés.

Des investissements lourds

Le secteur distingue deux types de moyens de production : les moyens de base produisant en permanence toute l'année une certaine puissance (principalement les centrales nucléaires) les moyens de semi-base ou pointe (éolien, hydraulique, centrale autres que nucléaires). Ces deux moyens se différencient de par leur niveau d'investissement : 3,1 milliards d'€ pour une centrale nucléaire contre 200 millions d'€ pour une centrale à cycle combiné au gaz. La construction d'une centrale nucléaire requiert par ailleurs une autorisation publique. Ces deux éléments constituent pour les concurrents d'EDF de réelles barrières à l'entrée dans la production d'énergie nucléaire. En conséquence, aucun concurrent ne prévoit à ce jour d'investir dans des moyens de production de base. Les concurrents s'intéressent donc à la production de semi-base ou de pointe.

Définitions des marchés

Selon une pratique décisionnelle "bien établie", le Conseil distingue trois catégories de marchés pertinents : le marché de la production d'électricité, le marché intermédiaire de la vente d'électricité en gros (éventuellement séparable en produits de base et pointe), et en aval un marché de la fourniture d'électricité aux petits professionnels ayant exercé leur éligibilité. Sur le marché de la vente d'électricité en gros, les producteurs nationaux et les importateurs vendent aux revendeurs (fournisseurs qui revendent aux clients finals ou négociants et acteurs financiers qui revendent en gros à d'autres opérateurs) ou aux gros consommateurs. Les transactions s'organisent de gré à gré (principalement), sur les bourses de l'énergie (Powernext en France) ou sous forme de contrats sur mesure (gros consommateurs).

Des problèmes de liquidité

Le Conseil relève deux principaux dysfonctionnements. Il observe tout d'abord que le marché de vente en gros souffre "d'un manque de liquidité particulièrement sensible pour les transactions à terme". Ainsi, il n'existe aucune transaction dont le terme dépasse trois ans. Des échéances supérieures à un an sont par ailleurs relativement rares selon l'ANODE (Association Nationale des Opérateurs Détaillants en Electricité). Ce phénomène serait lié à des limites structurelles comme la domination d'EDF sur le marché de la production. La mise en place d'un système de centrales virtuelles (Engagement pris dans le cadre de la décision de la Commission du 7 février 2001 autorisant la concentration EDF/EnBW) (point 30 et suivant) n'a que très peu amélioré la liquidité du marché.

Des prix de gros mal fondés

S'agissant de la formation des prix, le Conseil constate que les prix observés sur Powernext "jouent un rôle directeur dans les relations contractuelles d'EDF". Or, la CRE (Commission de régulation de l'énergie) estime que "le volume des transactions sur Powernext reste limité au regard des volumes échangés entre acteurs". Cet effet est amplifié par la création par la loi du 7 décembre 2006 (loi n° 2006-1537 relative au secteur de l'énergie, JORF n° 284 du 8 décembre 2006, p. 18531) d'un tarif réglementé transitoire d'ajustement de marché (TarTAM). Le Conseil déduit donc que les prix de Powernext "ne constitue pas une référence robuste pour les ventes à terme". Une large part des transactions fonde ainsi leur prix sur un référent peu représentatif au regard de la faiblesse des volumes d'échanges et de la liquidité observés sur Powernext.

Coexistence d'une offre libre et d'un tarif réglementé Le marché de détail de la fourniture d'électricité aux petits professionnels est ouvert à la concurrence depuis le 1er juillet 2004. Il se caractérise par l'existence d'une offre réglementée assurée par EDF (tarifs "Bleus") et par une offre libre assurée par les opérateurs alternatifs et EDF ("EDF Pro" jusqu'au 2 avril 2007 puis "Electricité Pro"). Or, l'écart tarifaire entre ces deux types d'offres ne cesse de se creuser en raison d'une évolution plus lente des tarifs réglementés. Selon la CRE, ce phénomène constitue une entrave au développement de la concurrence sur le marché de détail : il explique probablement la présence toute relative des concurrents (environ 12 % du marché des clients ayant exercé leur éligibilité).

Le ciseau tarifaire

Le Conseil considère qu'EDF est "susceptible de détenir une position dominante" sur le marché de la production d'électricité, celui de la vente en gros, et celui de la fourniture d'électricité aux petits professionnels. Avant de démontrer la possible existence d'un ciseau tarifaire entre les prix de gros d'EDF et ses tarifs sur le marché de détail, le Conseil répond à un élément soulevé par la défendante: EDF considère que l'électricité de base achetée et revendue en l'état "ne constitue ni un bien ou un service "intermédiaire" au sens de la jurisprudence, ni à proprement parler une matière première destinée à être transformée".

Le Conseil écarte l'argument en observant que "la prestation au client final est sur le plan commercial et financier tout autre que celle qui a fait l'objet de l'échange marchand sur le marché de gros". Ainsi, même si l'électricité est revendue en l'état, c'est-à-dire sans transformation physique notable, elle entre dans le processus de création d'offres sur le marché de détail distinctes de celles existant sur le marché de gros. La qualification d'un bien comme intermédiaire ne se limite donc pas à sa seule et éventuelle transformation physique: elle s'apprécie grâce à un ensemble d'éléments permettant de différencier ou non la prestation amont de la prestation aval.

L'autonomie commerciale d'EDF en débat

EDF estime que le ciseau tarifaire ne saurait être de son fait. En effet, elle observe que le problème des concurrents tient à l'existence de tarifs réglementés fixés par les pouvoirs publics. Les opérateurs sur le marché libre doivent convaincre leurs clients de faire jouer leur éligibilité et donc de renoncer au tarif réglementé: ils sont en concurrence non pas avec EDF mais avec les tarifs réglementés. Même si EDF augmentait les tarifs de son offre non réglementée, le ciseau perdurerait. On retrouve là l'argument présenté par Deutsche Telekom dans l'affaire qui l'opposait à la Commission (Comm. CE, 21 mai 2003, Deutsche Telekom, JOUE n° L. 263 du 14 octobre 2003).

L'autonomie commerciale d'EDF, tant sur le marché de détail que sur le marché de gros, est au centre du débat. Le Conseil rejette l'argument d'EDF sur le marché de détail et estime que la seule existence des tarifs réglementés ne retire pas à EDF son autonomie dans la formulation de ses offres sur le marché libre. Par ailleurs, un ciseau comporte deux lames: les tarifs de détail ne sont pas le seul levier d'action. Sur le marché de gros, le Conseil recourt au même raisonnement. La détermination des prix de gros, en référence aux prix observés sur Powernext, ne peut suffire à démontrer la perte d'autonomie commerciale d'EDF: "si EDF a librement contracté avec Direct Energie, c'est donc qu'EDF avait un intérêt économique (...)". Par ailleurs, l'offre négociée entre EDF et Direct Energie correspond à des ventes d'électricité à prix ferme sur cinq ans, produit qui n'existe pas sur Powernext et "pour lequel il n'existe donc pas de prix de marché".

Le Conseil démontre par ailleurs que les concurrents d'EDF n'ont d'autres sources d'approvisionnement qu'EDF sur le marché intermédiaire de la vente en gros. Il estime en effet que les investissements dans des moyens de production propres et les produits en gros offerts sur Powernext ne constituent à l'heure actuelle pas des solutions alternatives effectives à la prestation d'EDF sur le marché intermédiaire.

Le test

Le Conseil présente deux tests de ciseau tarifaire : l'un produit par la saisissante et affiné par la CRE, l'autre par le Commissaire du Gouvernement. Le premier tente de vérifier qu'un fournisseur alternatif s'approvisionnant sur le marché est en mesure de concurrencer l'offre EDF Pro. Le test reconstitue un prix de gros sur la base d'observations de prix sur Powernext. Le test du Commissaire du Gouvernement compare l'offre de détail d'EDF aux éléments connus de coûts supportés par Direct Energie, hors coûts de commercialisation. L'idée sous jacente est de savoir si la marge ainsi calculée peut couvrir les coûts de commercialisation et garantir une marge bénéficiaire à l'opérateur.

Le premier test n'est pas conforme à la jurisprudence en ce qu'il tient compte de prix moyens observés. Par ailleurs, le test doit permettre de savoir si les prix pratiqués par l'opérateur dominant créent un ciseau tarifaire à l'encontre d'opérateurs aussi efficaces que lui. En l'espèce, le test proposé par le Commissaire du Gouvernement permet une première évaluation. En effet, la seule source d'efficacité disponible pour les opérateurs concurrents réside dans les coûts de commercialisation. Le test montre que la marge résiduelle (hors coûts de commercialisation) est négative dans certains cas et très faible dans d'autres : on peut ainsi présumer que dans certains cas au moins, un opérateur aussi efficace qu'EDF ferait face à une marge négative. Le Conseil conclut très logiquement que l'ensemble des éléments du dossier permettent de considérer qu'EDF est "susceptible d'avoir mis en œuvre une pratique de ciseau tarifaire, constitutif d'un abus de position dominante", prohibé par les articles L. 420-2 du Code de commerce et 82 CE.

Les mesures conservatoires

Conformément à l'article L. 464-1 du Code de commerce, le Conseil fonde ses mesures conservatoires sur l'existence d'une atteinte grave et immédiate ainsi que d'un lien de causalité direct entre la pratique en cause et les dommages subis. En l'espèce, il démontre un lien direct entre la pratique et les dommages subis par Direct Energie (notamment l'impossibilité de prospecter de nouveaux clients et ses pertes nettes), et par le secteur (nombre réduit de concurrents sur le marché des petits professionnels, posture d'attente des acteurs). Par ailleurs, le Conseil relève que l'éviction des concurrents intervient dans le contexte de l'ouverture totale du marché de l'électricité à la concurrence le 1er juillet 2007 : l'effet de ciseau constaté sur le marché des petits professionnels est susceptible d'exister également sur le marché des consommateurs résidentiels. L'entrée des concurrents sur le marché résidentiel paraît donc en partie compromise. L'imminence de l'ouverture complète du marché renforce ainsi l'urgence de la situation.

Imbrication des mesures conservatoires et des engagements Le Conseil prononce donc deux mesures conservatoires à l'encontre d'EDF. La première enjoint à EDF de transmettre au Conseil de la concurrence, dans un délai de deux mois, une proposition de fourniture d'électricité en gros permettant aux fournisseurs alternatifs de concurrencer effectivement les offres de détail d'EDF aux consommateurs d'électricité sur le marché libre. Cette première injonction vise expressément à faire cesser le ciseau tarifaire et à poser les bases du développement de la concurrence sur le marché libre. Elle a par ailleurs une portée générale puisqu'elle concerne l'ensemble du marché libre et pas seulement le marché des petits professionnels. Le Conseil a sur ce point une réelle action de régulateur économique sur le secteur de l'électricité.

Le Conseil enjoint également à EDF de négocier de bonne foi avec Direct Energie un contrat transitoire d'approvisionnement en gros à un prix reflétant ses coûts complets de production jusqu'à la mise en place de la première injonction. Cette deuxième injonction s'attaque à l'urgence de la situation et met en place un dispositif transitoire. On remarquera que sa portée n'est pas générale. Les autres concurrents ne bénéficieront donc pas du dispositif transitoire, ce qui pourrait procurer un réel avantage concurrentiel à Direct Energie.

Enfin, l'article 3 de la décision du Conseil rappelle à EDF la procédure d'engagements. Il impose par ailleurs à EDF une contrainte temporelle : les engagements devront être transmis au Conseil au plus tard le 14 juillet 2007. Le Conseil montre par ce dernier article que les procédures d'engagements et les mesures conservatoires ne sont pas exclusives l'une de l'autre. Les deux procédures apparaissent en l'espèce complémentaires : les mesures conservatoires assurent la transition entre la résolution d'une situation d'urgence et la mise en place d'engagements par l'entreprise. Par ailleurs, étant donné la jurisprudence "option 3" dans le secteur de l'Internet haut débit et ses 120 millions d'€ d'amendes la mesure conservatoire peut même inciter fortement à la prise d'engagements et permettre une résolution rapide et efficace des affaires (Voir Cons. conc., déc. n° 00-MC-01 du 18 février 2002 relative à une demande de mesures conservatoires présentée par la société 9 Télécom Réseau, BOCCRF n° 5 du 21 avril 2000 ; Cons. conc., déc. n° 04-D-18 du 13 mai 2004 concernant l'exécution de la décision n° 00-MC-01, BOCCRF n° 7 du 6 septembre 2004, et sur recours CA Paris, 1ère ch. H, 11 janvier 2005, France Télécom, contre déc. n° 04-D-18, BOCCRF n° 6 du 23 janvier 2005 ; Voir ég. Cons. conc., déc. n° 05-D-59 du 7 novembre 2005 relative à des pratiques mises en œuvre par la société France Télécom dans le secteur de l'Internet haut débit).

D. Lescop

Concurrences N° 3-2007, pp. 154-156

Concurrences +

Alain Ronzano, Engagements : Le Conseil de la concurrence accepte les engagements de l'opérateur historique sur le marché de l'ingénierie, du conseil et du contrôle technique d'installations téléphoniques réalisées sur le domaine privé et met fin à la procédure engagée par un concurrent (Solutel / France Télécom), 7 octobre 2008, Concurrences N° 1-2009, Art. N° 53611.

Denis Lescop, Énergie - Electricité - Tarifs de gros : Le Conseil de la concurrence participe à la libéralisation du marché de la fourniture d'électricité aux petits professionnels et aux clients résidentiels en France (Direct Energie), 10 décembre 2007, Concurrences N° 1-2008, Art. N° 15417, p. 188.

Alain Ronzano, Engagements : Le Conseil de la concurrence obtient du distributeur historique d'électricité de substantiels engagements, mais limités à la création d'un marché de gros d'électricité, spécifiquement "dédié" aux fournitures au détail par les opérateurs alternatifs sur le marché des consommateurs petits professionnels et résidentiels qui ont exercé leur éligibilité (EDF), 10 décembre 2007, Concurrences N° 1-2008, Art. N° 54994.

Laurent Flochel, Electricité : Le Conseil de la concurrence accepte la demande de mesures conservatoires contre EDF pour pratique de ciseau tarifaire (Direct Energie), 28 juin 2007, Concurrences N° 3-2007, Art. N° 13878, pp. 101-102.

Laurent Flochel, Accès à une infrastructure essentielle : Le Conseil de la concurrence accepte la demande de mesures conservatoires contre France Télécom dans une affaire relative aux conditions d'accès à l'infrastructure essentielle (Solutel), 7 juin 2007, Concurrences N° 3-2007, Art. N° 13880, p. 103.

Alain Ronzano, Mesures conservatoires : Le Conseil de la concurrence refuse de faire application de la procédure d'engagements de l'article L. 464-1 du code de commerce, préférant s'en tenir au prononcé de mesures conservatoires (Solutel), 7 juin 2007, Concurrences N° 3-2007, Art. N° 56939.

Christophe Lemaire, Mesures conservatoires : Le Conseil de la concurrence prononce des mesures conservatoires "qui lui apparaissent nécessaires" mais non demandées et mêle le prononcé de mesures conservatoires et la procédure d'engagements (KalibraXE - Solutel - Direct Energie), 25 avril 2007, Concurrences N° 3-2007, Art. N° 13866, p. 144.

Anne Wachsmann, Electricité : Le Conseil de la concurrence enjoint EDF de définir les conditions de résiliation de ses contrats (KalibraXE), 25 avril 2007, Concurrences N° 3-2007, Art. N° 13876, pp. 99-101.

Alain Ronzano, Electricité : Le Conseil de la concurrence enjoint un opérateur historique de clarifier les conditions de sortie de ses contrats de fourniture et poursuit son instruction sur la présence de clauses d'exclusivité dans lesdits contrats (KalibraXE), 25 avril 2007, Concurrences N° 3-2007, Art. N° 57323.

4.2 Réseaux

4.2.1 Organisation générale

Loi N° 2010-1488 du 7 déc.2010 portant nouvelle organisation du marché de l'électricité, JORF n° 284 du 8 déc. 2010, p. 21467

Le Parlement adopte la loi portant nouvelle organisation du marché de l'électricité

Le 24 novembre 2010, l'Assemblée nationale a adopté, sans modification, en deuxième lecture, le projet de loi modifié par le Sénat portant nouvelle organisation du marché de l'électricité, dite "loi NOME", publiée au *Journal officiel* le 8 décembre 2010.

Cette loi s'inscrit dans le cadre de la libéralisation des marchés européens de l'électricité, qui ont été totalement ouverts à la concurrence par les directives communautaires de 1996 (Directive 96/92/CE du Parlement européen et du Conseil du 19 décembre 1996 concernant des règles communes pour le marché intérieur de l'électricité), 2003 (Directive 2003/54/CE du Parlement européen et du Conseil du 26 juin 2003 concernant des règles communes pour le marché intérieur de l'électricité et abrogeant la directive 96/92/CE) et 2009 (Directive 2009/72/CE du Parlement européen et du Conseil du 13 juillet 2009 concernant des règles communes pour le marché intérieur de l'électricité et abrogeant la directive 2003/54/CE), transposées en droit français par la loi en date du 10 février 2000 (Loi n° 2000-108 du 10 février 2000 relative à la modernisation et au développement du service public de l'électricité) et ses modifications successives.

Cette loi, dont l'objectif est de favoriser le développement de la concurrence sur le marché français de l'électricité, est également une réponse à la Commission européenne, qui a adressé à la France, le 12 décembre 2006, un avis motivé la mettant en demeure de transposer correctement en droit français les règles européennes et ouvert, le 13 juin 2007, une procédure de contrôle au titre des aides d'État, portant sur les tarifs réglementés jaune et vert, à savoir les tarifs les plus bas appliqués aux grandes et moyennes entreprises (L'enquête ne couvre pas les tarifs "bleu" (applicables principalement aux consommateurs résidentiels et aux petites entreprises)), et le TARTAM (tarif réglementé transitoire d'ajustement au marché) (Le TARTAM a été établi par la loi N° 2006-1537 du 7 décembre 2006 afin de permettre aux consommateurs passés au marché libre de revenir à titre temporaire à un tarif réglementé, dont le prix de vente est intermédiaire entre les tarifs réglementés et les prix sur le marché libre). Le Premier ministre François Fillon avait alors écrit, mi-septembre 2009, à Neelie Kroes (commissaire européenne à la concurrence de 2004 à 2010) et à Andris Piebalgs (commissaire européen à l'énergie à la même époque) afin de leur présenter les principaux éléments de ce qui n'était alors qu'un projet. Dans leur réponse, les deux commissaires avaient souligné l'importance qu'ils attachent à une "*non-existence de restrictions à l'exportation de l'électricité concernée par le dispositif*" d'accès régulé à la base, "*qui seraient incompatibles avec la libre circulation des marchandises*". Les mesures particulièrement visées étaient celles visant à réserver aux clients établis en France le bénéfice de l'accès à l'électricité produite par EDF à prix préférentiel (voir *Concurrences* N° 4-2009, pages 191-192).

Préalablement à l'élaboration du projet de loi, une commission avait été créée, sous la présidence de Paul Champsaur. Cette commission a préconisé la suppression des tarifs jaune et vert mais le maintien du tarif bleu (Voir *Concurrences* N° 3-2009, pages 135-136). Elle a également, pour animer la concurrence sur les fournitures aux entreprises, pris position en faveur d'un accès à l'électricité nucléaire d'EDF, au coût de revient, pour les fournisseurs alternatifs à l'opérateur historique.

Dans sa version finalement adoptée, la loi NOME poursuit trois objectifs principaux : la préservation des tarifs réglementés de vente de l'électricité pour les ménages et les petites entreprises (tarif bleu), le maintien d'une incitation à l'investissement et le développement de la concurrence par l'introduction d'un droit d'accès, pour les fournisseurs alternatifs, à l'électricité nucléaire produite par EDF, avec un prix de cette électricité fixé par l'État dans la limite d'un volume global de 120 TWh par an, pendant quinze ans. Cette loi contient également de nombreuses dispositions, dont certaines ne feront l'objet que d'une brève présentation dans la présente chronique.

L'instauration de l'accès régulé à l'électricité nucléaire historique (ARENH)

Alors que le marché de l'électricité a été libéralisé, un constat s'impose : les concurrents d'EDF n'ont pas réussi jusqu'alors à proposer des offres compétitives par rapport à celles d'EDF qui continue à disposer d'une part de marché de 96 %. Les nouveaux entrants ont plaidé que cette situation résultait du fait qu'EDF est propriétaire de l'ensemble du parc nucléaire français, ce qui lui permet de bénéficier de coûts de production très bas.

L'article 1er de la loi NOME organise le régime juridique de l'ARENH. Cet accès, mis en place à titre transitoire, mais pour quinze ans tout de même, est ouvert aux fournisseurs concurrents d'EDF, à des conditions économiques qui devront être équivalentes à celles d'EDF, autrement dit aux conditions économiques de production d'électricité des centrales nucléaires.

Le dispositif de l'ARENH sera effectivement mis en place après l'entrée en vigueur d'un décret en Conseil d'État, pris après avis de la CRE. Ce décret précisera notamment :

"1° Les obligations qui s'imposent à Électricité de France et aux fournisseurs bénéficiant de l'accès régulé à l'électricité nucléaire historique en application des II et III, et les méthodes d'identification et de comptabilisation des coûts mentionnés au VII ;

2° Les conditions dans lesquelles la Commission de régulation de l'énergie calcule et notifie les volumes et propose les conditions d'achat de l'électricité cédée dans le cadre de l'accès régulé à l'électricité nucléaire historique en application du présent article et les conditions dans lesquelles les ministres chargés de l'économie et de l'énergie arrêtent ces conditions d'achat."

Même avant l'adoption de ce décret, les dispositions de la loi NOME nous donnent quelques indications. Tout d'abord, ce dispositif s'achèvera le 31 décembre 2025. Quant au volume global maximal d'électricité nucléaire historique destiné à être cédé, s'il doit être déterminé par arrêté des ministres chargés de l'Économie et de l'Énergie, après avis de la CRE (modalités de calcul précisées à l'article 1, IV de la loi), la loi lui fixe un plafond légal maximal de 100 TWh par an, ce qui équivaut à environ 20 % de la production actuelle.

Le prix auquel EDF devra céder l'électricité, aux fournisseurs de consommateurs finals sur le territoire métropolitain continental ou de gestionnaires de réseaux pour leurs pertes, sera arrêté: (i) pendant trois ans, par les ministres chargés de l'énergie et le l'économie après avis motivé de la CRE et toute décision des ministres passant outre l'avis motivé de la CRE devra être motivée; (ii) ensuite, toujours par les ministres chargés de l'Économie et de l'Énergie, mais sur proposition de la CRE, la décision étant réputée acquise en l'absence d'opposition de l'un des ministres dans un délai de trois mois suivant la réception de la proposition de la CRE. Ce prix sera réexaminé chaque année afin d'assurer "une juste rémunération" à EDF.

Pour mémoire, certains députés ont exprimé, lors des débats parlementaires, la crainte que cette loi ait pour conséquence une augmentation des tarifs pour les consommateurs d'environ 11 %, et ce, dès l'année 2011, en raison notamment de la disparition des tarifs vert et jaune, ainsi que du TARTAM. Le gouvernement avait alors répondu que l'absence de régulation aurait inévitablement conduit à un alignement des prix et des tarifs français sur des références européennes, 30 % plus élevées en moyenne.

La situation réelle n'en demeure pas moins délicate: EDF estime que le MWh devrait lui être acheté environ 42 €, afin de couvrir le coût des investissements nécessaires au maintien et au développement de son parc de production, ses concurrents plaident pour un tarif de l'ordre de 35 €, qu'EDF juge confiscatoire. Le président de la CRE, de son côté, a émis l'opinion qu'un prix supérieur à 39 € irait à l'encontre de l'objectif d'une concurrence accrue, dans la mesure où les coûts d'approvisionnement des concurrents d'EDF seraient trop élevés pour leur permettre d'élaborer des offres compétitives (auditions de monsieur Philippe de Ladoucette, président de la CRE, à la Commission des affaires économiques de l'Assemblée nationale du mercredi 12 mai 2010 et à la Commission économique du Sénat le 23 juin 2010).

Enfin, la loi contient une clause en vertu de laquelle les fournisseurs qui accèdent à la rente nucléaire devront justifier d'un portefeuille de clients équivalent sur le territoire national. Cette disposition, comme cela est précisé ci-dessus, pourrait se révéler en délicatesse avec le droit communautaire.

Une évolution des tarifs réglementés et la fin du TARTAM

La loi NOME prévoit de faire évoluer le système des tarifs réglementés, maintenus pour les petits clients, mais disparaissant progressivement pour les clients les plus importants (suppression pour les grandes et moyennes entreprises à partir 31 décembre 2015). À partir de 2015, les prix pour ces tarifs réglementés seront alors fixés par la CRE.

Quant au TARTAM, qui devait prendre fin au 31 décembre 2010, il est prolongé jusqu'à la date de mise en place effective du dispositif d'accès régulé à l'électricité nucléaire.

Une diminution de la prise en charge des coûts de raccordement: un frein au développement des énergies renouvelables?

Les énergies renouvelables sont également concernées par la loi NOME. Ainsi, les producteurs d'électricité photovoltaïque devront désormais payer l'intégralité du coût des raccordements au réseau alors que, jusque-là, ERDF ne faisait payer que 60 % des coûts de raccordement (article 11 de la loi NOME). Cette disposition a été prise en raison de l'augmentation des demandes de raccordement, du fait du développement des énergies renouvelables, ce qui entraînait une charge financière très lourde pour ERDF.

Une CRE réorganisée et aux compétences élargies

La loi NOME réorganise la CRE, dont le collège ne va plus compter que cinq membres, à savoir un président et quatre commissaires, au lieu de neuf. Le mandat des commissaires est de six ans et n'est pas renouvelable. À cet égard, la loi NOME précise également les modalités de nomination des commissaires : le président est nommé par décret, deux membres le sont par décret après avis des commissions du Parlement compétentes en matière d'énergie et enfin un membre l'est par le président de l'Assemblée nationale et le dernier par celui du Sénat.

Par ailleurs, les compétences de la CRE sont élargies : la loi NOME confère un rôle d'arbitre et de gendarme du partage de la rente nucléaire, fixant les prix et réglant les litiges entre fournisseurs. Plus précisément, l'article 16 de ladite loi dispose que la CRE propose les prix (après l'expiration de la première période de trois ans, comme on l'a vu *supra*), calcule les droits et contrôle l'ARENH. En outre, elle surveillera les transactions effectuées par les fournisseurs et devra s'assurer qu'il existe une cohérence entre, d'une part, les volumes d'électricité nucléaire historique bénéficiant de l'accès régulé et, d'autre part, la consommation des consommateurs finals. Enfin, la CRE devra également s'assurer que les offres sont cohérentes, y compris en ce qui concerne les garanties de capacités effectuées par les producteurs, négociants et fournisseurs, notamment vers les consommateurs finals, et le cas échéant leurs conditions d'approvisionnement par l'ARENH.

La CRE aura également son rôle dans le suivi de l'efficacité de ce nouveau dispositif législatif puisque le gouvernement doit présenter au Parlement, avant le 31 décembre 2015, puis tous les cinq ans, sur la base de rapports de la CRE et de l'Autorité de la concurrence, un rapport sur l'ARENH.

Protection du consommateur

L'article 18 de la loi NOME modifie l'article L. 121-89 du Code de la consommation en réduisant à vingt et un jours le délai de résiliation en cas de changement de fournisseur. De plus, le consommateur doit recevoir la facture de clôture dans un délai de quatre semaines à compter de la résiliation du contrat et doit être remboursé du trop-perçu éventuel dans un délai maximal de deux semaines après l'émission de la facture de clôture.

Taxes communale et départementale sur la consommation finale d'électricité

L'article 23 institue, au sein du Code général des collectivités territoriales (article L. 2333-2 et suivants), une taxe communale sur la consommation finale d'électricité au profit des communes ou, selon le cas, au profit des établissements publics de coopération intercommunale ou des départements qui leur sont substitués, au titre de leur compétence d'autorité organisatrice de la distribution publique d'électricité. Cet article crée également au profit des départements une taxe départementale sur la consommation finale d'électricité au sein du Code général des collectivités territoriales.

J.-P. Tran Thiet, H. Lallemand
Concurrences N°1-2011, pp. 172-175

CJCE, 17 juil. 2008, ASM Brescia SpA c/ Comune di Rodengo Saiano, aff. C-347/06

La CJCE éclaire les conditions dans lesquelles il est possible de mettre fin de manière anticipée à une concession de distribution de gaz

On sait que l'un des grands silences des directives sur le gaz et l'électricité – silence qui est sans doute la plus grande source d'inquiétude d'EDF et dans une moindre mesure de GDF Suez, sans parler des affres des collectivités territoriales réputées être les autorités concédantes – concerne les concessions de distribution.

Les concessions de distribution, fiction contractuelle et trou noir des directivers gaz & électricité

Armée de certitudes nombreuses dans le domaine de la concurrence, la Commission semble n'en avoir jamais connu pour ce qui regarde la gestion des réseaux de distribution, effrayée, peut être, pour une fois, par les conséquences considérables et difficilement prévisibles qu'aurait une remise en cause générale de la situation actuelle. En théorie, en effet, dans le cas français, qui n'est pas isolé, les communes ont librement choisi un opérateur – à quelques exceptions près (les derniers DNN), EDF ou GDF – qu'en tant qu'autorité concédante elles contrôlent et dont elles peuvent demain choisir de se passer. Dans la pratique, depuis 1946, EDF et GDF ont le monopole presque intégral de la gestion de la distribution, et rares sont les établissements de coopération intercommunale compétents en matière d'électricité réellement capables d'entretenir un rapport de concédant à concessionnaire conforme à l'idée qu'on peut s'en faire.

Reste que cette fiction contractuelle (doublée d'une immense fiction financière, celle de la valeur des concessions, dont on peut s'étonner qu'en ces périodes de disette des finances publiques, nul n'ait encore songé à les valoriser utilement ...) a des contreparties heureuses: des réseaux de qualité, bien entretenus, efficacement gérés sur le plan technique grâce à l'unité de vue et à l'expérience du gestionnaire. Il est permis de penser que les rédacteurs des directives ont hésité à poser le principe de la nécessaire remise en concurrence des concessions, toutes conclues sans que les communes aient jamais eu voix au chapitre, en constatant d'une part qu'aucun concurrent ne se risquerait, d'autre part que le gain pour le consommateur risquait d'être assez marginal, la pression raisonnable de la régulation devant à moindre frais permettre d'obtenir les nécessaires baisses de tarif supprimant les excédents trop confortables d'un monopole peu habitué à rendre compte de l'usage et de la justification des sommes prélevées via ses tarifs.

L'intervention de la Cour à titre prejudicielle

La CJCE, saisie d'une question préjudicielle italienne, dans un litige opposant une commune au concessionnaire, vient d'apporter un éclairage intéressant sur les conditions dans lesquelles une concession peut prendre fin. La juridiction italienne était saisie d'un litige dans lequel la résiliation anticipée de la concession devait être différée en vertu de la réglementation, pour faciliter le dénouement des relations contractuelles, et demandait à al cour si le retard du dénouement de ces relations posait un problème de concurrence, reculant la date où un nouvel appel à concurrence pourrait être lancé.

En premier lieu, la CJCE a rappelé que les directives n'avaient rien dit sur la mise en concurrence des concessions, (en l'espèce la 2003/55 sur le gaz), et que, par suite, il n'y a avait aucune obligation de résilier les concessions en cours pour lancer des appels d'offre. Elle n'a, ce faisant, pas été rechercher si un principe quelconque du droit de la concurrence l'imposait, et, à supposer qu'elle ait eu cette tentation, a renoncé à imposer par la voie jurisprudentielle ce que les Etats n'ont pas souhaité inscrire dans les directives. Du modèle britannique de concurrence intégrale sur tous les segments du marché, y compris la distribution et le comptage, elle n'a retenu que l'adage selon lequel Discretion is the best part of valour...

Elle a ensuite – et il s'agit là d'une pierre d'attente qui le moment venu sera utile – posé le principe très raisonnable selon lequel la concurrence ne doit pas être assuré au prix de la destruction du service qui y est soumis. Elle a en effet admis que, alors même que le différé de la résiliation entraîne un différé de remise en concurrence, il peut être renoncé – sur le fondement de dispositions réglementaire le prévoyant – pour une période transitoire plus longue que celle initialement prévue à mettre fin aux relations contractuelles rompues par anticipation pour réallouer la concession si ce différé a pour but de faciliter le dénouement des relations, tant au point de vue des exigences de service public que du point de vue économique.

Il y a urgence, pour les concessionnaires, à accepter de discuter l'évolution et les nouvelles limites esquissees par cet arrêt

On peut voir là la validation de pratiques destinées à respecter, plus généralement, les droits du concessionnaire au moment de la terminaison du contrat (on peut ainsi penser, dans le même ordre d'idée, que la compensation des investissements non rentabilisés en raison de leur réalisation tardive par un concessionnaire non renouvelé serait aussi validée – c'est précisément un mécanisme de ce type qui vient d'être mis en place pour la sortie des concessions hydrauliques).

Cet arrêt donne ainsi une perspective paisible à l'inéluctable examen du rôle et des limites de la concurrence en matière de réseau : l'urgence, pour les concessionnaires, n'est plus de défendre leurs positions acquises, mais d'accepter, sur des bases raisonnables que cet arrêt contribue à esquisser, d'en discuter l'évolution et les nouvelles limites.

T. Tuot

Concurrences N° 4-2008

CRE, Délibération du 14 juin 2006 relative aux principes, applicables à Électricité de France, de tenue de comptes séparés, pour les activités de fourniture aux clients éligibles et de fourniture aux clients non éligibles; Cons. conc., avis n° 05-A-19 du 20 oct. 2005 relatif aux principes à respecter pour l'établissement par EDF d'une comptabilité séparée pour les clientèles éligibles et non éligibles

La Commission de régulation de l'énergie et le Conseil de la concurrence approuvent les principes de séparation comptable proposés par EDF

On sait déjà que EDF, en tant qu'opérateur intégré, doit tenir des comptes séparés pour ses activités de transport et de distribution, et une autre comptabilité séparée pour ses activités situées en dehors du secteur de l'électricité. L'article 19, § 3 de la directive du 26 juin 2006, repris à l'article 25 de la loi du 10 février 2000, modifiée, impose également à EDF de tenir, pour ses activités de fourniture, des comptes séparés pour sa clientèle éligible et pour sa clientèle non éligible. Cette obligation a pour objet de vérifier que l'opérateur historique, qui continue à disposer du monopole de la fourniture aux clients non éligibles, ne se livre à aucune discrimination, ni à aucune subvention croisée entre les périmètres de ces deux activités.

En application de ces dispositions, EDF a proposé à la CRE, le 4 mars 2005, des principes de séparation comptable. C'est sur ces principes que la CRE, après avoir recueilli l'avis du Conseil de la concurrence, a pris position dans sa délibération du 14 juin 2006. Le Conseil de la concurrence, dans un avis rendu le 20 octobre 2005, avait formulé trois réserves sur cette proposition d'EDF:

La première concernait la délimitation du périmètre des "clients éligibles". EDF a décidé de regrouper dans cette catégorie tous les clients répondant aux critères fixés par la directive, c'est-à-dire tous les utilisateurs autres que les consommateurs individuels. Cependant, ainsi que cela a été expliqué dans plusieurs chroniques précédentes (voir notamment Concurrences n° 1-2005, p. 155; n° 2-2005, p. 101; n° 4-2005, p. 124; n° 2-2006, p. 151), bon nombre de ces clients prétendument éligibles n'ont pas fait jouer leur "droit" à l'éligibilité et continuent d'être régis par les tarifs réglementés. Le Conseil de la concurrence a donc souhaité que ces clients, approvisionnés dans le cadre du "service public de fourniture de l'électricité assuré par EDF à un prix tarif, fixé par décret" soient regroupés avec les clients non éligibles. Une telle distinction entre ventes libres et ventes au tarif "aurait apporté des informations plus utiles aux autorités de concurrence pour effectuer les contrôles souhaités" ajoutait le Conseil de la concurrence. Le Conseil aurait pu ajouter – comme la CRE le relève dans sa décision – que la catégorisation proposée par EDF conduit à considérer comme éligibles les entreprises locales de distribution (distributeurs non nationalisés) qui bénéficient pourtant du "tarif de cession" fixé par le décret n° 2005-63 du 27 janvier 2005. La seconde portait sur les modalités d'affectation des capitaux permanents entre les différentes entités comptables faisant l'objet de la séparation. Sans entrer dans le détail du mécanisme proposé et de l'argumentation développée, on relèvera que le Conseil de la concurrence a notamment critiqué le fait que le fonds de roulement est affecté selon une clé de répartition qui est certes cohérente avec celle retenue pour les actifs, mais qui ne tient aucun compte des délais de règlement pratiqués par les clients respectifs, ce qui conduit à "créer artificiellement des besoins de transfert de capitaux permanents [...] obscurcit la clarté comptable de la construction et risque de masquer d'éventuelles distorsions de concurrence". Le grief formulé sur ce point par le Conseil de la concurrence ne fait l'objet que de brefs développements, ce qui ne livre pas le détail de l'argumentation. Il semble, cependant, que la critique sous-jacente porte sur deux aspects. En premier lieu, les critères d'affectation retenus conduisent à doter très généreusement le poste "production", au détriment des deux activités de commercialisation ("clients éligibles" et "clients non éligibles") qui se retrouvent ainsi en besoin structurel de financement. En second lieu, les clients résidentiels ayant des délais de paiement plus rapides que les professionnels, le compte "clients éligibles" (regroupant – comme il a été expliqué au point précédent – tous les professionnels, qu'ils aient ou non fait jouer leur éligibilité) devrait avoir un plus grand besoin de financement que le poste "clients non éligibles". In fine, cette répartition conduirait à créer des besoins de financement que le Conseil de la concurrence considère comme artificiel, pour les deux postes clients, et plus particulièrement s'agissant de la clientèle professionnelle.

La troisième réserve concernait les prix de cession interne de l'énergie, entre la production et les deux entités commerciales faisant l'objet de la séparation comptable. EDF a valorisé ces achats en retenant le prix spot journalier sur le marché Powernext. Ce choix est apparu très contestable au Conseil de la concurrence, à la fois par ses conséquences économiques et en raison des limites qu'il impose aux possibilités de contrôle. Le Conseil de la concurrence considère, en effet, que cette référence est dénuée de pertinence économique (on rappellera que Powernext ne retrace qu'une petite minorité des transactions sur le marché de gros, que la référence à un prix moyen journalier n'a que peu à voir avec les conditions dont bénéficient effectivement les entreprises et que le prix spot est sans commune mesure avec les coûts d'EDF dont l'essentiel de la production est d'origine nucléaire). Le Conseil de la concurrence s'oppose donc à une méthode qui conduit à générer artificiellement des bénéfices très substantiels au niveau de la production et, par voie de conséquence, des pertes importantes au niveau de la commercialisation (notamment pour ce qui concerne les clients non éligibles, mais également pour la catégorie des éligibles, dans la mesure où elle inclut des clients qui demeurent régis par les tarifs réglementés). Comme l'explique le Conseil de la concurrence en recourant à la litote, "le choix de prix plus conformes à la situation économique réelle aurait pu permettre de détecter d'éventuelles atteintes à la concurrence sur le marché de la fourniture d'électricité".

La CRE n'a tenu compte que partiellement des critiques émises par le Conseil de la concurrence : elle retient la troisième, sur le mode de valorisation du prix de cession interne de l'électricité, mais ignore les deux autres, aussi bien celle qui concernait l'inclusion, dans la catégorie des clients éligibles, de ceux qui n'ont pas fait jouer leur éligibilité et demeurent donc régis par les tarifs réglementés, que celle qui touchait aux modalités d'affectation des capitaux permanents entre les différentes catégories de clients. Au final, la seule modification qu'elle impose à EDF est de valoriser le prix de cession interne de l'énergie en fonction de ses coûts de production et non en retenant le prix spot journalier moyen constaté sur Powernext.

Quels enseignements tirer de cette opération de séparation comptable? L'intention est louable qui vise à fournir des éléments d'appréciation fort utiles aux autorités européennes et nationales de concurrence. Deux critiques peuvent cependant être émises. D'abord, sur la lenteur d'une procédure qui a conduit à des prises de position dont le moins qu'on puisse en dire est qu'elles sont intervenues sans précipitation : les principes de base ont été communiqués par EDF en mars 2005, le Conseil de la concurrence a émis son avis en octobre de la même année et la CRE a adopté sa décision en juin 2006, soit quinze mois au total pour prendre définitivement position sur la méthode proposée par EDF. Les questions soulevées étaient fort complexes, mais s'agissant d'une opération de séparation comptable censée disparaître en juillet 2007 – date à laquelle, sauf modification de la législation européenne, tous les clients seront devenus éligibles – on ne peut que regretter une telle lenteur. En second lieu et surtout, on peut trouver étonnant que la CRE écarte sans la moindre motivation deux des réserves émises par le Conseil de la concurrence. Certes, la troisième, qualifiée de "principale" par le Conseil lui-même, a été suivie par la CRE, mais on aurait pu s'attendre à ce que le régulateur sectoriel explique pourquoi il n'a pas entendu suivre l'autorité de concurrence sur les deux autres griefs. En particulier, on comprend mal pourquoi la CRE ne s'est pas ralliée à la critique portant sur le fait que regrouper avec les clients éligibles tous ceux qui ont refusé de faire usage de leur éligibilité, ne permet pas aux autorités de régulation et de concurrence d'avoir une idée précise de la rentabilité, pour EDF, des clients qui ont réellement fait le choix du marché libre.

J.-P. Tran Thiet

Concurrences N° 3-2006, pp. 153-154

4.2.2 Fourniture

CE, 9 oct. 2015, Union nationale des entreprises d'électricité et de gaz, n° 370057

Le Conseil d'État précise la compétence de la Commission de régulation de l'électricité pour fixer les règles concernant les conditions de raccordement aux réseaux publics de distribution d'électricité

Le 9 octobre 2015, le Conseil d'État s'est prononcé sur la compétence de la Commission de régulation de l'électricité pour fixer les règles des procédures de traitement des demandes de raccordement aux réseaux publics de distribution d'électricité. L'Union nationale des entreprises d'électricité et de gaz a demandé l'annulation pour excès de pouvoir de la délibération de la CRE du 25 avril 2013 portant décision sur les règles d'élaboration des procédures de traitement des demandes de raccordement aux réseaux publics de distribution d'électricité et le suivi de leur mise en œuvre.

La compétence pour fixer les délais de procédure

La requérante contestait la compétence de la CRE pour fixer des règles relatives au délai dans lequel les demandes sont introduites. Elle a invoqué des dispositions du code de l'énergie.

En premier lieu, l'article L. 322-8 de ce code dispose que "[s]ans préjudice des dispositions du septième alinéa du I de l'article L. 2224-36 du code général des collectivités territoriales, un gestionnaire de réseau de distribution d'électricité est, dans sa zone de desserte exclusive, notamment chargé, dans le cadre des cahiers des charges de concession et des règlements de service des régies : 1° De définir et de mettre en œuvre les politiques d'investissement et de développement des réseaux de distribution afin de permettre le raccordement des installations des consommateurs et des producteurs (...) 4° D'assurer, dans des conditions objectives, transparentes et non discriminatoires, l'accès à ces réseaux ; 5° De fournir aux utilisateurs des réseaux les informations nécessaires à un accès efficace aux réseaux, sous réserve des informations protégées par des dispositions législatives ou règlementaires (...)".

En second lieu, l'article L. 341-3 du code de l'énergie prévoit que "[l]es méthodologies utilisées pour établir les tarifs d'utilisation des réseaux publics de transport et de distribution d'électricité sont fixées par la Commission de régulation de l'énergie (....) / (...) Elle peut prévoir (...) des mesures incitatives appropriées, tant à court terme qu'à long terme, pour encourager les gestionnaires de réseaux de transport et de distribution à améliorer leurs performances (...)".

Le Conseil d'État se reporte toutefois à l'article L. 134-1 du même code en vertu duquel "[d]ans le respect des dispositions législatives et règlementaires, la Commission de régulation de l'énergie précise, par décision publiée au Journal officiel de la République française, les règles concernant : / 1° Les missions des gestionnaires de réseaux publics de transport et de distribution d'électricité en matière d'exploitation et de développement des réseaux ; / 2° Les conditions de raccordement aux réseaux publics de transport et de distribution d'électricité (...)".

Au considérant n° 3, le Conseil d'État cite expressément les dispositions contestées par la requérante : "le paragraphe 2.5. de l'annexe 1 de la délibération attaquée prévoit notamment que "*Les procédures de traitement des demandes de raccordement définissent le délai maximum dans lequel la proposition technique et financière doit être transmise au demandeur à partir de la date de réception de la demande de raccordement complète, ou, le cas échéant, de la date de réception des derniers éléments complétant la demande. Ce délai peut dépendre du niveau de tension et du type d'utilisateur, mais ne doit pas dans tous les cas excéder trois mois*". La CRE ajoute "*qu'en cas de dépassement par le gestionnaire de réseau du délai maximum de transmission au demandeur de la proposition technique et financière, une pénalité peut être due par le gestionnaire de réseaux au demandeur de raccordement, selon les modalités prévues par les mesures incitatives fixées en application de l'article L. 341-3 du code de l'énergie. Cette pénalité n'est pas, dans tous les cas, exclusive d'autres recours devant les juridictions compétentes. Lorsque des pénalités sont prévues par les mesures incitatives fixées en application de l'article L. 341-3 du code de l'énergie, les procédures de traitement des demandes de raccordement doivent faire apparaître de façon visible et détaillée les montants et les modalités de versement de ces pénalités*".

Pour le Conseil d'État, il ressort clairement de l'article L. 341-3 du code de l'énergie que la CRE "est compétente pour préciser les règles concernant les conditions de raccordement aux réseaux publics de distribution d'électricité". Le juge considère que déterminer un délai maximum de remise d'une proposition technique et financière au demandeur est l'une des conditions de raccordement au sens de l'article L. 341-3 du code de l'énergie. C'est pourquoi la CRE est en droit de fixer un délai de trois mois sans excéder la compétence que lui a conférée le législateur. De surcroît, elle est également compétente pour assortir l'obligation de respecter le délai d'une pénalité de retard ; cette pénalité n'est pas, insiste le Conseil d'État, une sanction ; elle constitue le prolongement du pouvoir de fixer des délais.

La compétence pour fixer les règles relatives aux raccordements indirects

La requérante a également contesté le paragraphe 4 de l'annexe 1 de la délibération qui fixe "les principes applicables aux raccordements indirects des installations de production aux réseaux publics de distribution d'électricité" dans lequel elle qualifie de "réseau privé de distribution d'électricité" "le réseau auquel est raccordé ou doit être raccordé une installation de production indirectement raccordée à un réseau public de distribution d'électricité". La CRE ajoute qu'elle prévoit que, dans cette hypothèse, "le gestionnaire du réseau public de distribution transmet au demandeur et au "gestionnaire du réseau privé" une convention de raccordement, laquelle constitue dès lors un engagement contractuel tripartite".

Pour le Conseil d'État, aucune disposition du code de l'énergie ne fait obstacle à ce que "le raccordement d'une installation de production aux réseaux publics de distribution d'électricité s'opère par l'intermédiaire de la mise à disposition du producteur demandeur du raccordement des installations de raccordement au réseau public d'un autre producteur". C'est pourquoi la CRE est compétente pour préciser les règles concernant les conditions de raccordement indirect des installations de production aux réseaux publics de distribution d'électricité.

F. Martucci

Concurrences N°1-2016, pp. 185-186

CE, 20 mars 2013, Sieil, Sipperec, n° 346971 et 346972 ; CE, 20 mars 2013, Sieil, Sipperec et Association "Robin des bois", n° 354321, 356816, 357500, 357501 et 357502

Le Conseil d'État valide une partie des textes relatifs aux dispositifs de comptage intelligent

Alors que le thème des Smart Grids, notamment l'installation de 35 millions de nouveaux compteurs Linky d'ici 2020, est au cœur de l'activité de la CRE, plusieurs requêtes ont été déposées dans l'optique d'annuler le bloc de textes relatifs aux dispositifs de comptage intelligents. Le premier recours porte sur le décret du 31 août 2010 relatif aux dispositifs de comptage sur les réseaux publics d'électricité. Le second porte sur la décision du 28 septembre 2011 de généralisation des "compteurs intelligents" de type "Linky", révélée par le discours prononcé le même jour par le ministre chargé de l'Industrie, de l'Énergie et de l'Économie numérique, et sur l'arrêté du 4 janvier 2012 pris en application du décret du 31 août 2010.

La légalité du décret du 31 août 2010

Une première requête en annulation a été déposée par le syndicat intercommunal d'énergie d'Indre-et-Loire (SIEIL) et par le syndicat intercommunal de la périphérie de Paris pour l'électricité (SIPPEREC) à l'encontre du décret du 31 août 2010 relatif aux dispositifs de comptage sur les réseaux publics d'électricité. Le Conseil d'État, dans son arrêt du 20 mars 2013 rejette le recours. Pour autant, comme le soulignait le rapporteur public Frédéric Aladjidi dans ses conclusions, l'un des moyens avancés s'avérait assez délicat.

Il est vrai que la majeure partie des moyens ne posaient pas de réel problème. Par exemple, l'absence de publication de la proposition de la CRE du 12 février 2009, même si elle est contraire à l'article 32 de la loi du 10 février 2000, n'a pas d'incidence sur la légalité du décret à partir du moment où, conformément à la jurisprudence Danthonny (CE, Ass., 23 déc. 2011, M. Danthony, req. n° 335033), cette irrégularité n'a pas eu d'influence sur le contenu du texte ni privé les administrés d'aucune garantie.

En revanche, l'éventuel vice de procédure tenant à l'absence de nouvelle proposition de la CRE et l'absence de consultation ultérieure du Conseil supérieur de l'énergie à l'issue de l'entrée en vigueur de la directive du 13 juillet 2009 et de la loi du 3 août 2009 est, selon le rapporteur public beaucoup plus problématique. La question posée est celle de savoir si les modifications de la situation de fait ou de droit entre la délibération de la CRE du 12 février 2009 et le décret contesté auraient nécessité une nouvelle proposition de décret et une nouvelle consultation du Conseil supérieur de l'énergie.

Le rapporteur public demande un certain pragmatisme avant tout formalisme. Il considère que la CRE a très certainement anticipé le contenu de la directive et que cette dernière n'a apporté que des évolutions minimes sur la question en cause. La Haute juridiction rejoint Frédéric Aladjidi en estimant que la directive de 2009 a repris les objectifs de celle de 2003 sur le déploiement de systèmes intelligents de mesure. Selon son analyse, le texte ne comporte que très peu d'éléments substantiellement nouveaux. Après avoir détaillé dans l'arrêt ces éléments nouveaux, la Haute juridiction décide donc que "le simple fait de prévoir explicitement la possibilité d'une expérimentation préalable au déploiement des 'compteurs intelligents', laquelle pouvait être mise en œuvre indépendamment de la modification du droit de l'Union européenne sur ce point, ne constituait pas un changement dans les circonstances de droit nécessitant que la Commission de régulation de l'énergie adopte une nouvelle proposition de décret, ni que le Conseil supérieur de l'énergie soit à nouveau saisi pour avis".

Après avoir apprécié les huit moyens invoqués par les requérants sur la légalité interne le Conseil d'État décide qu'il n'y a pas lieu d'annuler le décret du 31 août 2010. Cela lui permettra aussi de rejeter les moyens tirés de l'illégalité du décret du 31 août 2010 demandés par la voie de l'exception lors du recours en annulation contre l'arrêté du 4 janvier 2012 pris sur son fondement.

En effet, l'association "Robin des bois", avec trois autres requérants, l'association "UFC Que choisir", le SIEIL et le SIPPEREC, ont demandé l'annulation pour excès de pouvoir de l'arrêté du 4 janvier 2012 du ministre chargé de l'Industrie, de l'Énergie et de l'Économie numérique. Cette requête est jointe à celle de l'association "Robin des bois", demandant spécifiquement l'annulation de la décision du 28 septembre 2011 de généralisation des "compteurs intelligents" de type "Linky", révélée par le discours prononcé le même jour par le même ministre.

Le discours du ministre

Le juge se penche sur la requête dirigée contre la décision qui aurait été révélée par le discours du ministre chargé de l'Énergie. Ce dernier a en effet indiqué la volonté du Gouvernement de retenir les dispositifs de comptage intelligent de type "Linky".

Le Conseil d'État estime sans surprise que le discours n'a révélé aucune décision susceptible de faire l'objet d'un recours. En effet, comme le souligne le rapporteur public, il n'y a pas ici de cas où l'absence de formalisation ultérieure d'une décision administrative permet de l'attaquer alors qu'elle n'est qu'implicite. Si le requérant souhaite attaquer le principe même du déploiement des compteurs c'est le décret du 31 août qui devrait être visé. S'il souhaite mettre en cause le déploiement du compteur dit "Linky" la requête aurait dû être dirigée, comme cela a été fait, contre l'arrêté du 4 janvier 2012. Le juge estime donc assez naturellement ce moyen irrecevable avant de passer à l'examen de l'arrêté du 4 janvier 2012.

La légalité de l'arrêté du 4 janvier 2012

L'arrêté du 4 janvier 2012 a été très critiqué dans la presse spécialisée, notamment par les associations de consommateurs. On se souvient que ces dernières reprochaient au dispositif réglementaire de n'avoir pas été évalué préalablement de façon probante, de n'avoir pas retenu le système de l'enregistrement des données en continu (enregistrement de la consommation en continu et non pas à intervalles de temps réguliers) tout comme celui de l'affichage déporté (boîtiers d'affichage qui permettraient aux clients, en plus d'une consultation sur Internet, de suivre leur consommation depuis chez eux, lorsque leurs compteurs sont peu accessibles ou hors du foyer) et, globalement, d'avoir été conçus exclusivement dans l'intérêt des gestionnaires de réseaux. Le juge se penche donc sur les motifs d'illégalité reprenant notamment ces critiques et dirigés contre l'arrêté du 4 janvier 2012. Peu lui semblent dignes d'intérêt même s'ils sont légion. Nous n'en reprendront que les principaux.

D'une part, les moyens de légalité externe, tenant au respect du quorum devant la CRE et devant le Conseil supérieur de l'énergie sont infondés et rejetés. De même, le juge écarte le moyen tiré de l'incompétence de l'autorité ayant pris l'arrêté fixant prétendument des règles relatives au régime de propriété des dispositifs de comptage. On se souvient que la propriété des compteurs Linky a fait l'objet d'âpres débats au printemps 2013 entre ERDF et la FNCCR (Fédération nationale des collectivités concédantes et régies) sur la question de savoir s'il s'agissait, ou non, de biens de retour ou de reprise. Le juge quant à lui précise seulement que l'arrêté "se borne à déterminer les fonctionnalités des dispositifs de comptage devant être déployés, à préciser les conditions d'interopérabilité de ces dispositifs de comptage et à prescrire les modifications à apporter aux documentations techniques de référence des gestionnaires de réseaux". L'arrêté n'est donc pas édicté par une autorité incompétente en ce qu'il n'emporte aucune règle relative au régime de propriété.

D'autre part, le juge se prononce sur certains moyens de légalité interne qui ne posent pas non plus grande difficulté.

Il écarte en premier lieu le moyen fondé sur le principe de précaution de la Charte de l'environnement. L'article 5 de la Charte précise que "lorsque la réalisation d'un dommage, bien qu'incertaine en l'état des connaissances scientifiques, pourrait affecter de manière grave et irréversible l'environnement, les autorités publiques veillent, par application du principe de précaution et dans leurs domaines d'attributions, à la mise en œuvre de procédures d'évaluation des risques et à l'adoption de mesures provisoires et proportionnées afin de parer à la réalisation du dommage". Il convient de rappeler que le Conseil d'État a récemment défini les modalités de son contrôle du respect du principe de précaution par les actes déclaratifs d'utilité publique à l'occasion d'un contentieux relatif à une ligne électrique aérienne très haute tension (CE, 12 avril 2013, Association coordination interrégionale Stop THT et autres, req. n° 342409). De façon assez classique et grâce à la formule consacrée, notamment dans le contentieux des antennes relais (CE 30 janvier 2012, Société Orange France, n° 344992) il estime ici qu'il ne "ressort pas des pièces du dossier que des éléments circonstanciés feraient apparaître, en l'état des connaissances scientifiques, des risques, même incertains, de nature à faire obstacle au déploiement de dispositifs de comptage dont les caractéristiques sont fixées par l'arrêté attaqué". En outre, il précise que les rayonnements électromagnétiques n'excèdent aucun seuil fixé par la réglementation, qu'elle soit nationale, européenne ou internationale. Le juge en déduit donc que le Gouvernement n'avait pas à procéder à une évaluation des risques des effets de ces rayonnements ou à adopter des mesures provisoires ou proportionnées.

La haute juridiction écarte aussi, en deuxième lieu, un certain nombre de moyens sans réellement s'attarder. Il en va ainsi du moyen tiré de la méconnaissance de l'article 8 de la Convention d'Arrhus du 25 juin 1998 relatif à la participation effective du public à un stade approprié. Elle considère de façon constante (CE, 28 décembre 2005, Association citoyenne intercommunale des populations concernées par le projet d'Aérodrome de Notre-Dame-des-Landes, req. n° 267287) que ce dernier n'a pas d'effet direct. Il en va de même du moyen tiré de la méconnaissance du droit de propriété et de la libre administration des collectivités territoriales. Elle considère en effet, que l'arrêté ne fixe aucune règle relative à la propriété des dispositifs de comptage et que l'obligation de mise en conformité des cahiers des charges des concessions ne découle pas de l'arrêté mais de l'article L 341-4 du code de l'énergie, ce qui n'est donc pas contraire à l'article 72 de la Constitution. De la même manière, elle écarte le moyen tiré de l'inconventionnalité de l'arrêté. Si la directive du 13 juillet 2009 fixe le principe du déploiement de dispositifs de comptage intelligents et le calendrier correspondant, l'arrêté, eu égard à son objet tout à fait différent et limité, n'est pas illégal en ce qu'il impliquerait un déploiement prématuré. Pour terminer, le juge rejette aussi le moyen tiré de la méconnaissance de la loi du 6 janvier 1978 relative à l'informatique, aux fichiers et aux libertés. Cependant, il laisse une certaine porte ouverte en précisant qu'il "n'est pas soutenu que les dispositions de cet arrêté méconnaîtraient, par elles-mêmes, celles de la loi". En revanche la lecture des conclusions du rapporteur public laisse moins optimiste sur l'éventualité qu'un tel moyen prospère.

En troisième lieu, la haute juridiction porte le débat sur l'éventuel caractère insuffisant du recueil des données au regard des éléments précisés dans l'article 18 de la loi du 3 août 2009 de programmation relative à la mise en œuvre du Grenelle de l'environnement. Les requérants estimaient que le "pas de temps", autrement dit l'intervalle d'enregistrement, allant de 10 à 30 minutes, n'était pas assez fin pour permettre la réactivité nécessaire, par exemple pour réaliser des effacements de consommation prévus par la loi Grenelle. Le rapporteur public explique techniquement que l'arrêté rend "possible de telles techniques de gestion des décalages offre-demande en période de pointe puisqu'il y est prévu que les nouveaux compteurs permettent, à distance, le réglage de puissance souscrite, la déconnexion et autorisent la connexion, l'utilisateur pouvant, en local, en cas de déconnexion suite à un dépassement de la puissance souscrite de se connecter à nouveau. Par ailleurs, ils intègrent au moins un contact pilotable à partir d'un des calendriers tarifaires, ce qui permet de faire davantage dépendre ceux-ci du coût réel de l'électricité et donc, à nouveau, de limiter la consommation en période de pointe. Comme, pour le reste, les textes précités n'imposent pas un enregistrement des données "en continu", qui serait au demeurant techniquement complexe et coûteux mais simplement "en temps réel", les pas de temps retenus n'apparaissent pas contestables". Le Conseil d'État suit cette logique subtile de distinction entre temps réel et temps continu et déduit, avec une vision téléologique des choses, que ce "pas de temps" ne méconnaît donc pas les dispositions de la loi Grenelle.

En dernier lieu, le juge s'appuie sur l'article L 322-8 du code de l'énergie qui précise en substance que: "un gestionnaire de réseau de distribution d'électricité est, dans sa zone de desserte exclusive, notamment chargé, (...) d'exercer les activités de comptage pour les utilisateurs raccordés à son réseau, en particulier la fourniture, la pose, le contrôle métrologique, l'entretien et le renouvellement des dispositifs de comptage et d'assurer la gestion des données et toutes missions afférentes à l'ensemble de ces activités". Dès lors, si le gestionnaire doit installer et entretenir les compteurs tout en gérant les données collectées, il ne lui incombe pas, selon la Haute juridiction, d'installer un afficheur déporté permettant de consulter les données enregistrées par les dispositifs de comptage. Comme l'explique le rapporteur public, les textes ne sont pas précis et ce qui importe, finalement, c'est "que l'interface locale de communication électronique prévue par le décret permette de développer des matériels dédiés ou des applications sur ordinateurs, téléphones ou tablettes qui assurent une mise en forme pertinente de l'ensemble des données (...)". Les textes n'étant pas "contraignants sur le canal technique qui doit être utilisé, un simple site Internet pouvant suffire". C'est exactement cette vision minimaliste que les requérants reprochent aux textes, mais la responsabilité en incombe au législateur, européen ou français, ayant laissé cette marge de manœuvre au pouvoir réglementaire. Dès lors, en excluant l'installation d'un tel afficheur, l'arrêté n'a pas méconnu le code de l'énergie.

Par conséquent, la haute juridiction a, dans ces décisions du 20 mars 2013, validé une partie du corps de textes portant la première pierre du dispositif de comptage intelligents en France. Pour autant, la technicité de ce domaine, les intérêts en présence et les problématiques soulevées ne manqueront très certainement pas de continuer à occuper les juges du Palais Royal dans les prochaines années.

H. Delzangles, F. Martucci
Concurrences N°3-2013, pp. 155

CE, 3 mai 2011, Voltalis, n° 331858

Le Conseil d'État estime que la délibération de la CRE du 9 juillet 2009 sur l'intégration des effacements diffus au sein du mécanisme d'ajustement fait grief et l'annule partiellement

Afin de maîtriser la demande d'énergie, le mécanisme des effacements diffus, encore au stade de l'expérimentation juridique et financière, peut être décrit comme la proposition faite par des opérateurs d'électricité aux consommateurs de réduire leur puissance disponible en période de pointe, en échange de tarifs préférentiels, ceci afin de mieux gérer la distribution. Lorsque les clients d'un fournisseur consomment plus que ce que celui-ci avait prévu, Réseau de transport d'électricité (RTE) a la charge de résoudre le déséquilibre. Pour ce faire il peut solliciter l'offre d'un opérateur d'effacement diffus consistant à baisser la consommation des clients d'un autre fournisseur afin de résoudre le déséquilibre du système.

La délibération de la CRE du 5 décembre 2007, avait fixé des règles transitoires de mise en œuvre des effacements diffus, consistant à agréger des effacements de consommation auprès des consommateurs raccordés au réseau public de distribution en vue de contribuer à assurer l'équilibre global entre la production et la consommation d'énergie électrique. La CRE avait invité, par la même occasion, l'ensemble des opérateurs à procéder à une concertation sur les éventuelles modalités d'intégration des effacements diffus dans les mécanismes de régulation du marché de l'électricité devant déboucher sur une expérimentation concrète de cette technique. Les discussions entre opérateurs n'ayant amené aucun consensus, par une délibération du 18 juin 2009, la CRE a approuvé la prolongation des règles transitoires de mise en œuvre de l'expérimentation et indiqué qu'elle formulerait des recommandations sur les modalités de développement et de généralisation des mécanismes d'effacements diffus ainsi que sur la valorisation économique des offres d'ajustements. Ces recommandations ont pris la forme d'une délibération du 9 juillet 2009, contestée par la SA VOLTALIS, opérateur d'effacement diffus.

Le Conseil d'État constate que cette dernière délibération a fourni l'occasion à la CRE d'inviter RTE à définir, en concertation avec les acteurs concernés, les modalités de la contractualisation par les opérateurs d'effacement diffus d'une capacité d'effacement des consommateurs raccordés aux réseaux publics de distribution d'électricité et de rémunération de ce service à son juste prix.

Cependant, au-delà de cette incitation, la délibération de la CRE a fixé le principe selon lequel il appartiendrait à l'opérateur d'effacement diffus de rémunérer les fournisseurs dont les clients ont accepté de réduire temporairement leur consommation d'énergie pour l'électricité injectée par ces fournisseurs dans le réseau électrique et valorisée par l'opérateur d'effacement diffus. Cette mention est sans aucun doute impérative selon le Conseil d'État en ce qu'elle détermine l'un des paramètres essentiels de l'équilibre économique du mécanisme d'effacement diffus. Elle doit donc être regardée comme faisant grief et s'oppose par conséquent à la fin de non-recevoir avancée par la CRE.

Après avoir à juste titre déclaré impérative cette recommandation de la CRE, sous forme de délibération, le Conseil d'État a, dans la continuité de la jurisprudence *Duvignères* (CE, Sect., 18 décembre 2002), apprécié sa légalité. Pour ce faire il examine l'article 15 de la loi du 10 février 2000 relative à la modernisation et au développement du service public de l'électricité assez pauvre sur la question de la rémunération des opérateurs d'effacements diffus. Pour sa part, la CRE considère que, dans le silence du texte, il appartient au régulateur d'expliciter l'économie générale de l'article 15 de la loi et d'indiquer la manière dont la rémunération des opérateurs d'effacement pouvait être prise en compte au sein du mécanisme d'ajustement. Selon le Conseil d'État, la CRE tenterait ainsi de justifier sa vision du principe de préséance économique impliquant, d'une part, "un classement des offres en fonction de leur contribution économique au surplus social et, d'autre part, que la mesure du surplus social rend nécessaire un reversement du prix de l'énergie effacée au fournisseur qui l'a injectée". Il estime qu'il ne résulte d'aucune disposition de la loi que l'appréciation économique d'une offre puisse porter sur ses effets indirects sur la collectivité. Ainsi, la déduction de la CRE ayant conduit à une obligation pour les opérateurs d'effacement diffus de rémunérer les fournisseurs dont les clients ont accepté de réduire temporairement leur consommation est annulée dans la délibération du 9 juillet 2011 pour méconnaissance de la portée de la loi. Si la CRE a eu une interprétation extensive de la loi, ce que le Conseil d'État censure, la question reste posée de savoir comment assurer la rémunération de l'énergie effacée.

H. Delzangles, S. Martin
Concurrences N°3-2011, pp. 198-199

CRE, Délibération du 20 juil. 2006 relative aux principes de tenue des comptes séparés pour les activités de fourniture aux clients éligibles et de fourniture aux clients non éligibles applicables à Gaz de France; Cons. conc., avis n° 06-A-12 du 30 juin 2006 relatif à l'établissement par GDF d'une comptabilité séparée pour la clientèle éligible et la clientèle non-éligible

La CRE fixe les conditions de la séparation comptable imposée à GDF entre sa clientèle éligible et sa clientèle non éligible

---

À peine plus d'un mois après avoir délibéré sur les conditions dans lesquelles EDF devait établir des comptes séparés pour ses activités de fourniture d'électricité aux clients éligibles, d'une part, et aux clients non éligibles, d'autre part (voir Concurrences n° 3-2006, p. 152), la CRE a adopté le 20 juillet 2006 une délibération relative aux mêmes problématiques concernant le secteur du gaz, et plus particulièrement GDF. En effet, en application de l'article 17 de la directive 2003/55/CE du 26 juin 2003 concernant des règles communes pour le marché intérieur du gaz naturel et abrogeant la directive 98/30/CE, toute entreprise qui fournit en gaz à la fois des clients éligibles et des clients non éligibles est tenue d'établir des comptes séparés pour ses activités de fourniture selon les deux catégories précitées de clients. Cette obligation a été transposée en droit français à l'article 8 de la loi n° 2003-8 du 3 janvier 2003 modifiée par la loi n° 2004-803 du 9 août 2004.

Le projet présenté par GDF, examiné par le Conseil de la concurrence pour avis le 30 juin 2006, a soulevé quatre réserves de la part de la CRE.

En premier lieu, la CRE, considère que les périmètres comptables proposés par GDF doivent être revus. En effet, en vertu des obligations de séparation comptable qui pèsent déjà sur elle en tant qu'entreprise verticalement intégrée dans le secteur du gaz, GDF avait déjà distingué dans ses comptes cinq périmètres: transport, stockage, distribution, autres activités et activités hors gaz naturel. Afin de respecter l'obligation de séparation comptable entre ses activités de fourniture aux clients éligibles et celles de fourniture aux clients non éligibles, GDF proposait de scinder le poste "autres activités", qui correspond aux opérations de fourniture, en deux sous-périmètres, respectivement intitulés "fourniture aux clients non éligibles" et "autres activités". La sous-partie intitulée "autres activités", obtenue par différence avec la précédente, devait permettre d'apprécier les charges et les produits liés à l'activité de fourniture aux clients éligibles. La CRE a estimé qu'une telle organisation n'était pas satisfaisante car elle conduisait à accoler à l'activité de fourniture de gaz aux clients éligibles des opérations ne s'y rattachant aucunement. Aussi, la CRE a-t-elle invité GDF à scinder l'actuel périmètre "autres activités" en trois sous-parties, la première correspondant à la fourniture aux clients non éligibles, la deuxième à la fourniture aux clients éligibles et la dernière regroupant l'ensemble des opérations ne relevant pas de la fourniture aux clients finals (direction générale, gestion financière,...). Sur le plan de la cohérence, une telle solution ne peut être qu'approuvée.

La deuxième critique de la CRE, qui reprend l'une des observations formulées par le Conseil de la concurrence, porte sur la répartition du coût du gaz. GDF souhaitait reprendre, s'agissant de la fourniture aux clients non éligibles, la formule de calcul du coût du gaz utilisée pour l'évolution des tarifs de vente finale aux clients des distributions publiques. La CRE comme le Conseil s'y opposent car, dans de telles conditions, l'évolution des cours du gaz, principal facteur de coût, ne serait pas répercutée dans un délai raisonnable, cette formule de calcul ne prévoyant la prise en compte de l'évolution des prix du gaz qu'à intervalle trimestriel, faisant courir le risque de voir le système mis en place perdre toute efficacité.

En troisième lieu, la CRE impose à GDF d'établir les coûts des liaisons et de l'utilisation des terminaux méthaniers sur la base des tarifs ART (tarifs d'utilisation des réseaux de transport et de distribution) et ATTM (tarifs d'accès aux terminaux méthaniers) définis par la CRE.

En dernier lieu, rejoignant l'analyse développée par le Conseil de la concurrence dans son avis, la CRE constate que la comptabilité dissociée proposée par GDF ne permet pas de répartir les coûts entre les clients alimentés au tarif réglementé (c'est-à-dire non seulement les clients non éligibles, mais également les clients éligibles ayant choisi de ne pas exercer leur droit à l'éligibilité) et les clients se fournissant sur le marché. Il est vrai que, étant donné les principes gouvernant l'éligibilité en France, seule une telle distinction est pertinente pour apprécier l'existence d'éventuelles subventions croisées. Rappelons, à cet égard, que l'obligation figurant à l'article 17 de la directive vise à s'assurer de l'absence de subventions croisées entre les activités de fourniture des clients pour lequel le monopole perdure (cas normalement des seuls clients non éligibles) et celles désormais libéralisées (en toute logique, il s'agit de l'approvisionnement des clients éligibles puisque seuls ces derniers disposent du droit de choisir leur fournisseur). Pour autant, dans le cas français, la ligne de partage à prendre compte est différente, les clients éligibles pouvant choisir de ne pas exercer leur éligibilité. Dans ce cas, ils continuent alors à être approvisionnés selon un tarif réglementé par leur fournisseur historique (selon les statistiques avancées par le Conseil de la concurrence dans son avis, au 1er janvier 2006, 89% des clients éligibles n'avaient pas exercé leur éligibilité). Dès lors, pour répondre à l'objectif poursuivi par la directive, la séparation comptable devrait s'organiser entre, d'une part, les clients éligibles ayant exercé leur éligibilité (i.e. clients alimentés selon les prix de marché) et, d'autre part, les clients non éligibles et les clients éligibles n'ayant pas exercé leur éligibilité (i.e. clients bénéficiaires du tarif réglementé et ne disposant pas du choix de leur fournisseur). La CRE, partageant pleinement cette vision, estime nécessaire que GDF soit en mesure de procéder à une telle répartition et l'invite, en conséquence, à prendre les mesures qui lui permettront de satisfaire à cet objectif pour les résultats de l'exercice 2006.

Si cette prise de position de la CRE paraît particulièrement opportune pour l'efficacité de la régulation, elle n'en demeure pas moins surprenante au regard des principes qu'elle a retenus lors de l'adoption de sa délibération concernant EDF (voir Concurrences n° 3-2006, p. 152). En effet, dans cette délibération, et alors que le Conseil avait déjà mis en exergue cette problématique dans l'avis qu'il avait rendu à cette occasion, la CRE avait choisi de passer outre et s'était montrée satisfaite d'une simple séparation entre clients éligibles et non éligibles. On ne peut donc que regretter, pour la cohérence de la régulation du secteur de l'énergie, que des règles différentes s'appliquent pour l'électricité et le gaz.

Les conditions d'adoption de la présente délibération amènent également à s'interroger sur le devenir de cette obligation de séparation comptable. Une fois encore, on doit constater que l'opérateur historique, seul susceptible de fournir les informations nécessaires à la mise en œuvre de cette obligation, s'est bien gardé de se conformer avec diligence aux obligations pesant sur lui en la matière (tel avait déjà été le cas d'EDF et, dans le secteur des communications électroniques, de semblables retards ont été observés de la part de France Télécom). Ainsi, alors que la loi avait été adoptée le 9 août 2004, GDF n'a présenté sa proposition de principes de tenue des comptes séparés que le 29 juillet 2005. Observons, néanmoins, que le retard enregistré ne saurait être uniquement imputable à GDF puisque la CRE a mis près de 9 mois avant de saisir le Conseil de la concurrence d'une demande d'avis. Ces délais sont d'autant plus préjudiciables pour l'effectivité de la régulation qu'à compter du 1er juillet 2007, l'ensemble des consommateurs, qu'ils soient domestiques ou professionnels, seront éligibles, ce qui risque de rendre l'obligation de séparation comptable précitée sans objet. Toutefois, eu égard aux nouveaux critères de découpage posés par la CRE, une réflexion sur un aménagement de cette obligation afin d'en prolonger la durée d'application pourrait être envisagée. En effet, les tarifs réglementés ayant vocation à être maintenus au delà de l'échéance du 1er juillet 2007, la dichotomie entre clients au tarif réglementé et clients au prix de marché demeurera, nonobstant la disparition des clients non éligibles. Comme le relève le Conseil de la Concurrence "au plan concurrentiel, cette situation signifie qu'une part importante de la clientèle apparaît captive, à moyen terme, de l'opérateur historique, alors que celui dispose par ailleurs d'avantages non contestables à moyen terme par de nouveaux fournisseurs" (pt. 32).

Ce constat a d'ailleurs conduit le Conseil de la concurrence a recommandé fortement à GDF, indépendamment de l'existence d'une quelconque obligation, de mettre à profit les travaux qui viennent d'être réalisés pour distinguer ses dépenses commerciales selon le type de clientèle concernée. Ainsi, selon le Conseil, GDF pourrait se prémunir face à d'éventuelles contestations de ses concurrents s'agissant de certaines pratiques de défense ou de conquête de parts de marché, tout en facilitant la tâche des autorités de concurrence en cas de contentieux. Si la CRE n'a pas repris à son compte cette proposition dans sa délibération, celle-ci semble, en revanche, avoir reçu un écho favorable auprès du législateur. En effet, le rapport déposé le 4 octobre dernier par M. Ladislas Poniatowski au nom de la Commission des affaires économiques du Sénat propose d'insérer dans le projet de loi sur le secteur de l'énergie, en discussion à l'heure où la présente chronique est rédigée, un nouvel article visant à imposer aux opérateurs historiques, électriques et gaziers, une obligation de séparation comptable entre la fourniture aux clients ayant exercé leur éligibilité et ceux ne l'ayant pas exercé (article additionnel après l'article 2 septies du projet de loi après examen devant l'Assemblée nationale). Une telle modification législative présenterait un double avantage: elle garantirait la pertinence de cette obligation de séparation comptable au regard des spécificités françaises et elle rétablirait une uniformité de régulation entre les secteurs électriques et gaziers.

Délibération de la CRE du 20 juillet 2006 relative aux principes de tenue des comptes séparés pour les activités de fourniture aux clients éligibles et de fourniture aux clients non éligibles applicables à Gaz de France; Cons. conc., avis n° 06-A-12 du 30 juin 2006

J.-P. Tran Thiet, V. Jaunet
Concurrences N° 4-2006, p. 135

Concurrences+

Alain Ronzano, Énergie - Gaz: La CRE se prononce à son tour sur la séparation comptable des clientèles éligibles et non éligibles de GDF, 20 juillet 2006, Concurrences N° 4-2006, Art. N° 56728.

Alain Ronzano, Énergie - Gaz: Le Conseil de la concurrence invite GDF à maintenir des comptes séparés en fonction de la clientèle au-delà du 1er juillet 2007 en distinguant les clients au tarif public des clients ayant opté pour les prix du marché libre, 30 juin 2006, Concurrences N° 4-2006, Art. N° 55644.

4.2.3 Infrastructures

CJUE, 21 déc. 2011, Enel Produzione, aff. C-242/10

La Cour de justice valide la législation nationale selon laquelle les opérateurs qui possèdent des installations considérées comme essentielles à la satisfaction des besoins de la demande en électricité des services d'appel sont dans l'obligation de présenter des offres sur les marchés nationaux de l'électricité aux conditions préalablement établies par l'autorité de régulation nationale

La libéralisation progressive des marchés soulève souvent la problématique des sujétions particulières pesant sur les opérateurs historiques. En effet, ces derniers, révélant une volonté concurrentielle aiguisée, contestent bien souvent les législations qui visent à leur faire supporter des obligations importantes. Tel est le cas du litige opposant Enel à AEEG, l'autorité de régulation italienne de l'énergie.

À l'origine de la question préjudicielle posée à la Cour de justice de l'Union européenne, se trouve une réglementation nationale obligeant les producteurs d'énergie électrique, disposant d'installations essentielles au fonctionnement du réseau, à respecter, dans la formulation des offres de fourniture d'électricité, des règles établies par la société gestionnaire du réseau de transport et de distribution. Enel, qui est l'opérateur historique italien dans ce domaine et qui possède des installations considérées comme essentielles, soutient que le système introduit par la réglementation attaquée, l'obligeant à mettre à disposition des quantités d'énergie pour le fonctionnement de certains services, échappe au jeu de l'offre et de la demande. Pour l'opérateur, une telle réglementation serait contraire aux objectifs du droit de l'Union et aux dispositions de la directive n° 2003/54 qui, selon lui, prévoirait, pour parvenir à l'uniformisation des législations des différents États membres, que la production et l'offre d'énergie électrique s'inscrivent dans un contexte de libre concurrence et non en suivant un modèle dirigiste.

D'un point de vue technique, la décision adoptée le 29 avril 2009 par l'AEEG prévoit que le propriétaire d'une installation essentielle est tenu de présenter, pour les quantités et pendant la période au cours de laquelle son installation est considérée comme essentielle, des offres sur les différents marchés soumises à des contraintes de prix (sur le marché du jour d'avant, "MJA", et sur le marché infra-journalier, "MI", les offres de vente doivent être faites à un prix égal à zéro et les offres d'achat sans indication de prix ; et sur le marché des services d'appel, "MSA", les offres doivent être égales au prix de l'électricité vendue sur le marché du jour d'avant). En somme, du fait de cette réglementation, aucun producteur n'a la faculté d'offrir un prix librement déterminé en ce qui concerne les quantités et les heures pour lesquelles ses installations ont été jugées essentielles.

La question préjudicielle oblige le juge de l'Union à s'interroger sur la compatibilité des mesures prises par le régulateur italien avec la directive n° 2003/54. Cette directive assure la mise en œuvre, dans le secteur de l'électricité, des libertés fondamentales consacrées par le traité. Plus précisément, "la question posée doit être comprise comme visant à apprécier si la directive n° 2003/54 doit être interprétée en ce sens qu'elle s'oppose à une réglementation nationale qui impose aux opérateurs qui possèdent des installations ou des groupements d'installations considérés comme essentiels à la satisfaction des besoins de la demande en électricité des services d'appel, l'obligation de présenter des offres sur les marchés nationaux de l'électricité aux conditions préalablement établies par cette autorité" (pt 37). Pour répondre à cette question, la Cour relève d'une part que l'article 3 de la directive permet aux États d'imposer aux entreprises du secteur de l'électricité, dans l'intérêt économique général, des obligations de service public qui peuvent porter sur la sécurité, y compris la sécurité d'approvisionnement, la régularité, la qualité et le prix de la fourniture. D'autre part, elle note aussi que dans le cadre de la libéralisation du marché de l'électricité, les autorités de régulation ont été chargées de missions spécifiques afin d'assurer la concurrence effective et le fonctionnement efficace sur ce marché. Or, comme cela existe dans d'autres services d'intérêt économique général, de tels objectifs peuvent être atteints grâce à l'imposition d'obligations de service public aux entreprises du secteur, dans la mesure où une telle intervention poursuit un objectif d'intérêt économique général, respecte le principe de proportionnalité, et que lesdites obligations sont clairement définies, transparentes, non discriminatoires et contrôlables, tout en garantissant aux entreprises un égal accès aux consommateurs nationaux.

Pour déterminer la compatibilité de la réglementation italienne, il appartient donc au juge de l'Union de s'assurer du respect de l'ensemble de ces conditions.

La législation poursuit-elle un objectif d'intérêt économique général? L'objectif de la réglementation nationale est de répondre à des préoccupations de sécurité du réseau et de protection du consommateur qui sont des objectifs visés par la directive n° 2003/54. L'organisation du système et le régime applicable aux propriétaires des installations essentielles poursuit donc un objectif d'intérêt économique général.

La législation respecte-elle le principe de proportionnalité? À cet égard, le juge constate, d'une part, que la réglementation nationale a un champ d'application restrictif. En effet, les mesures ne s'appliquent qu'aux seuls opérateurs disposant d'installations essentielles. Dès lors, cette situation tient compte de la place particulière qu'occupent ces installations sur le marché. Une installation essentielle représente, tout d'abord, un élément indispensable à la résolution des différents problèmes d'approvisionnement puisqu'il est impossible de stocker la production électrique. Mais une telle installation est, également, un avantage pour les opérateurs qui bénéficient d'une véritable position stratégique sur le marché. D'autre part, la Cour souligne que les mesures en cause ont été adoptées à la suite du constat du manque d'efficacité du système en vigueur jusqu'alors. Celui-ci ne permettait pas, du fait d'une définition défaillante des capacités essentielles de production, de répondre efficacement aux besoins des consommateurs, tout en n'éliminant pas les situations de position dominante de certains opérateurs sur le marché.

Reste alors pour le juge à déterminer si la législation ne va pas au-delà de ce qui est nécessaire. À cet égard, la Cour note, tout d'abord, que la législation italienne prévoit que le principal gestionnaire de réseau est compétent pour déterminer le nombre d'heures et la puissance des installations qualifiées d'essentielles. Celui-ci ne prend en considération les unités et les installations uniquement pendant des plages horaires et pour les quantités pour lesquelles l'installation de production est réputée essentielle à la sécurité du réseau. Ceci signifie que les opérateurs ne sont pas soumis à des obligations de service public en permanence et, par ailleurs, que les autres quantités, qui ne sont pas considérées comme essentielles, peuvent être offertes par le producteur sur le marché, au prix qu'il souhaite. Ensuite, le juge de l'Union relève que l'énergie mise à disposition sur le MSA n'apparaît pas rémunérée sur la base de tarifs totalement étrangers aux valeurs du marché puisqu'il est prévu que cette énergie sera payée au prix moyen du marché correspondant à la zone de localisation de l'installation de production. En outre, le régime des installations essentielles apparaît comme disposant d'une certaine flexibilité. Le juge souligne en effet que les propriétaires d'installations essentielles ont la possibilité de déroger à la réglementation applicable aux installations essentielles. Les textes leur reconnaissent la possibilité de conclure un des contrats approuvés par l'AEEG avec le gestionnaire de réseau. Dans ce cadre, le propriétaire d'installations essentielles s'engage, contre le paiement d'une prime, à rendre disponibles certaines capacités de production en les offrant à l'achat et à la vente à des prix déterminés à l'avance par l'AEEG. La Cour note d'ailleurs qu'Enel a opté pour un tel mécanisme alternatif. Enfin, elle prend soin de souligner que le régime des installations essentielles, selon les déclarations des autorités italiennes, n'est pas destiné à avoir un caractère permanent et qu'il pourra être abandonné lorsque des interventions structurelles auront été réalisées et auront permis d'améliorer l'efficacité de la gestion des services d'appel en réduisant la concentration du pouvoir de marché local de ces installations.

Les obligations de service public ont-elles été correctement établies? À cet égard, le juge de l'Union prend en compte le fait que les conditions et les critères selon lesquels le gestionnaire de réseau peut qualifier d'essentielle une installation sont établis de manière préalable par la loi. Cette dernière prévoit également que le gestionnaire doit publier chaque année la liste énumérant lesdites installations. Il est également tenu de transmettre, en particulier à l'AEEG et aux propriétaires d'installations essentielles, un rapport indiquant, premièrement, les raisons justifiant l'inscription des installations sur la liste, deuxièmement, les périodes de l'année et les circonstances dans lesquelles chacune de ces installations s'avérera indispensable à la sécurité du réseau, troisièmement, les principaux paramètres de fonctionnement prévus et, quatrièmement, une estimation de l'utilisation probable des installations de production au cours des périodes pendant lesquelles celles-ci pourraient s'avérer indispensables pour assurer la gestion sûre du réseau électrique. Enfin, le régime s'appliquant sans distinction à tous les opérateurs qui, au cours d'une période donnée, possèdent une ou plusieurs installations essentielles n'a pas de caractère discriminatoire.

Pour l'ensemble de ces raisons, la Cour de justice considère que la législation italienne est conforme aux obligations posées par la directive n° 2003/54. En d'autres termes, les États peuvent imposer aux producteurs d'énergie électrique, qui possèdent des installations considérées, selon les critères définis par l'autorité de régulation nationale, comme essentielles pour satisfaire aux besoins en électricité de la population, des obligations de service public, notamment celle de présenter des offres sur les marchés nationaux de l'électricité aux conditions préalablement établies par cette autorité.

H. Delzangles, S. Martin
Concurrences N°1-2012, pp. 206-208

4.2.4 Energies renouvelables

CE, 1er juil. 2010, Société Bioenerg, n° 333275; Loi n° 2010-788 du 12 juil. 2010 portant engagement national pour l'environnement, dite "Grenelle 2", JORF n° 160 du 13 juil. 2010, p. 12905; Décret n° 2010-1510 du 9 déc. 2010 suspendant l'obligation d'achat de l'électricité produite par certaines installations utilisant l'énergie radiative du soleil, JORF n° 286 du 10 déc. 2010, p. 21598; TC., 13 déc. 2010, Société Green Yellow c/ EDF, n° 3800

Le Conseil d'État, le gouvernement et le législateur se prononcent en matière d'énergie solaire photovoltaïque

Les projets en matière d'électricité produite par des installations utilisant l'énergie radiative du soleil, couramment désignée "électricité photovoltaïque", ont connu un développement extrêmement vigoureux ces derniers temps en France. Ainsi, selon les chiffres du tableau de bord éolien-photovoltaïque du troisième trimestre 2010 publié par le Commissariat général au développement durable, 720 MWc étaient raccordés au réseau au 30 septembre 2010, ce qui représente une augmentation de 137 % par rapport au 31 décembre 2009.

Cet accroissement remarquable des capacités de production en matière d'énergie solaire photovoltaïque s'est fait dans un cadre juridique en constante évolution. Ainsi, au cours de l'année 2010, la qualification juridique des contrats d'achat d'électricité a connu plusieurs revirements, les tarifs d'achat de l'électricité photovoltaïque ont connu de baisses successives et le gouvernement a fini par suspendre l'obligation d'achat de l'électricité produite par certaines installations photovoltaïques.

La qualification juridique des contrats d'achat d'électricité a connu des revirements successifs

La loi n° 2000-108 du 10 février 2000 relative à la modernisation et au développement du service public de l'électricité prévoit une obligation pour EDF et les distributeurs non nationalisés de conclure un contrat pour l'achat de l'électricité produite à partir de sources d'énergies renouvelables par les producteurs qui en font la demande et qui remplissent certaines conditions. Cette obligation concerne ainsi notamment les contrats d'achat de l'électricité photovoltaïque.

Au cours de l'année 2010, la question de la nature juridique de ces contrats (acte de droit public ou de droit privé) a fait l'objet d'une ordonnance de référé du tribunal administratif de Lyon, suivie d'un arrêt du Conseil d'État, d'une réforme législative, puis d'un arrêt du Tribunal des conflits.

L'arrêt du Conseil d'Etat, *Société Bioenerg*, du 1er juillet 2010

Le tribunal administratif de Lyon, statuant dans le cadre d'une procédure de référé, avait rejeté par une ordonnance du 13 octobre 2009 comme portée devant un ordre de juridiction incompétent la demande de la société Bioenerg tendant à la suspension des décisions d'EDF qui lui refusaient la signature d'un contrat d'achat d'électricité. La requérante a saisi le Conseil d'État d'un recours en cassation contre cette ordonnance, qui a été rejeté.

Dans son arrêt du 1er juillet 2010, le Conseil d'État a considéré que: "un contrat conclu entre personnes privées est en principe un contrat de droit privé; qu'il en va toutefois autrement dans le cas où l'une des parties au contrat agit pour le compte d'une personne publique; que, si en vertu des dispositions précitées de l'article 8 de la loi du 10 février 2000 relatives aux contrats conclus entre Électricité de France et les producteurs d'électricité retenus à la suite d'un appel d'offres, Électricité de France et les producteurs concernés contribuent au service public de l'électricité, et plus particulièrement à l'objectif de réalisation de la programmation pluriannuelle des investissements de production arrêtée par le ministre chargé de l'énergie, les contrats en cause ne peuvent être regardés comme conclus pour le compte d'une personne publique, alors que la production d'électricité ne relève de l'État ou d'une autre personne publique, ni par nature ni par détermination de la loi, et est au contraire une activité économique exercée par des entreprises privées; qu'Électricité de France n'exerce donc dans ce domaine aucune mission pour le compte d'une personne publique et n'est pas placée, pour la mission de service public à laquelle elle contribue, sous l'autorité de l'État ou d'une autre personne publique; qu'au surplus, à supposer que le contrat soit soumis à un régime exorbitant du droit commun, ce qui ne peut résulter des seules conditions relatives à sa passation, cette circonstance serait en tout état de cause sans incidence, s'agissant d'un contrat entre deux personnes privées; qu'il résulte de ce qui précède que le contrat en cause dans le litige est un contrat de droit privé" (no 333275, conclusions Collin, *RJEP* janvier 2011).

Ainsi, pour le Conseil d'État, les contrats d'achat d'électricité conclus entre EDF et les producteurs d'électricité retenus à la suite d'un appel d'offres, en application des dispositions de l'article 8 de la loi du 10 février 2000, sont normalement des contrats de droit privé qui relèvent de la compétence des juridictions judiciaires.

La loi dite "Grenelle 2"

L'article 88, III, 3° de la loi N° 2010-788 du 12 juillet 2010 portant engagement national pour l'environnement dite "Grenelle 2" est venu compléter l'article 10 de la loi du 10 février 2000 pour préciser que "*les contrats régis par le présent article sont des contrats administratifs qui ne sont conclus et qui n'engagent les parties qu'à compter de leur signature*" et que "*le présent alinéa a un caractère interprétatif*".

Ainsi, en application de cette loi, les contrats d'achat d'électricité conclus par EDF en application de l'article 10 de la loi du 10 février 2000 sont qualifiés d'administratifs. De manière étonnante, les contrats conclus à l'issue d'un appel d'offres en application de l'article 8 de cette même loi ne sont pas inclus dans le champ de cette modification législative et restent donc des contrats de droit privé en application de la décision *Bioenerg* du Conseil d'État, ce qui apparaît peu cohérent.

L'arrêt du tribunal des conflits, *Société Green Yellow*, du 13 décembre 2010

Des sociétés ont assigné EDF devant le tribunal de commerce de Paris aux fins de voir juger que des contrats d'achat d'électricité avaient été formés dès réception par EDF de leurs demandes complètes de contrat d'achat. Ce litige ayant révélé une question de compétence entre les deux ordres de juridiction, le Tribunal des conflits a eu à en connaître, après intervention d'un arrêté du conflit pris par le préfet de Paris.

Pour le Tribunal des conflits, qui a repris sur ce point la solution posée par le Conseil d'État dans l'arrêt *Bioenerg*, le contrat d'achat d'électricité conclu entre EDF et un producteur autonome d'électricité relève du droit privé dès l'instant où il est conclu entre deux personnes de droit privé dont aucune n'agit pour le compte d'une personne publique. Le Tribunal ajoute que la loi Grenelle 2 est donc venue changer rétroactivement la nature des contrats visés à l'article 10 de la loi du 10 février 2000 et, par suite, la juridiction compétente pour en connaître.

La juridiction en conclut, en se fondant sur le droit au procès équitable garanti par l'article 6 de la Convention européenne des droits de l'homme, que "*en l'espèce, la qualification de contrats administratifs conférée par la loi du 12 juillet 2010 aux contrats conclus entre la société EDF et les producteurs autonomes d'électricité, avec une portée rétroactive, alors qu'un litige était en cours entre eux, n'est justifiée par aucun motif impérieux d'intérêt général*" et que le litige en cause relève de la juridiction judiciaire. Cette décision, qui n'applique pas de façon immédiate aux litiges en cours une loi de procédure, pour un motif tiré de la CEDH, marque un changement de jurisprudence important.

Ainsi, pour les litiges engagés avant le 14 juillet 2010, date d'entrée en vigueur de la loi Grenelle 2, qui se rapportent à un contrat d'achat prévu par l'article 10 de la loi du 10 février 2000, le juge judiciaire demeure compétent. En revanche, les contrats ou projets de contrats pour lesquels un contentieux n'était pas encore engagé à cette même date sont désormais incontestablement administratifs par détermination de la loi: l'article 88 de la loi Grenelle 2 s'applique alors pleinement puisque le droit au procès équitable n'est plus en cause. Il en découle que les deux ordres de juridiction auront dans les prochains mois à statuer sur des litiges du même type, mais soumis à des règles différentes. Les litiges en cours au 14 juillet seront examinés par le juge judiciaire, les litiges engagés à partir de cette date relèveront du juge administratif qui devra appliquer l'article 10 de la loi du 10 février 2000 dans le dernier état de sa rédaction.

L'évolution des tarifs d'achat de l'électricité photovoltaïque

Dès 2009, face à l'accroissement du nombre des projets photovoltaïques et à la baisse importante des coûts des installations, le gouvernement a annoncé qu'un arrêté fixant à la baisse les tarifs de rachat de l'électricité photovoltaïque devait intervenir au cours de l'année 2010. Cette annonce a déclenché une "bulle spéculative" qui s'est développée tout particulièrement dans les deux derniers mois de 2009, au cours desquels s'est produite une véritable explosion des projets, car les investisseurs ont cherché à bénéficier *in extremis* des tarifs très élevés encore vigueur, avant que l'État ne les réduise. Alors qu'EDF avait reçu 3 000 demandes au cours du mois de décembre 2008, elle en a reçu 21 500 au cours du mois de décembre 2009.

Ainsi, le 12 janvier 2010 est intervenu un premier arrêté fixant les conditions d'achat de l'électricité produite par les installations utilisant l'énergie radiative du soleil. Le tarif d'achat de l'électricité a été réduit principalement pour les installations intégrées à des bâtiments autres que les bâtiments d'habitation, d'enseignement et de santé. Par ailleurs, l'arrêté a prévu que les projets peu avancés devraient faire l'objet d'une nouvelle demande d'achat de l'électricité aux nouvelles conditions tarifaires. Un second arrêté a été adopté le même jour pour abroger le précédent arrêté tarifaire qui datait du 10 juillet 2006.

Un dispositif transitoire pour les projets en cours d'instruction à la date d'entrée en vigueur des nouveaux tarifs de janvier 2010 a été instauré par l'arrêté du 16 mars 2010 fixant les conditions d'achat de l'électricité produite par certaines installations utilisant l'énergie radiative du soleil. Ces mesures ont été adoptées pour permettre à certains projets de continuer à bénéficier des anciens tarifs, alors même que les règles prévues par l'arrêté du 12 janvier 2010 les auraient privés de cette possibilité.

À la suite du dépôt de plusieurs recours en annulation, le Parlement a adopté l'article 88-IV de la loi Grenelle 2 qui prévoit que :

"Sous réserve des décisions de justice passées en force de chose jugée, sont validés l'arrêté du 12 janvier 2010 portant abrogation de l'arrêté du 10 juillet 2006 fixant les conditions d'achat de l'électricité produite par les installations utilisant l'énergie radiative du soleil telles que visées au 3° de l'article 2 du décret N° 2000-1196 du 6 décembre 2000, l'arrêté du 12 janvier 2010 fixant les conditions d'achat de l'électricité produite par les installations utilisant l'énergie radiative du soleil telles que visées au 3° de l'article 2 du décret n° 2000-1196 du 6 décembre 2000 et l'arrêté du 15 janvier 2010 le modifiant, en tant qu'ils seraient contestés par les moyens tirés, d'une part, d'une irrégularité de consultation, d'autre part, de l'application immédiate de nouvelles règles tarifaires aux demandes de contrat d'achat formulées sous l'empire de l'arrêté du 10 juillet 2006 fixant les conditions d'achat de l'électricité produite par les installations utilisant l'énergie radiative du soleil telles que visées au 3° de l'article 2 du décret N° 2000-1196 du 6 décembre 2000" (Par une décision en date du 19 janvier 2011, le Conseil d'Etat a considéré qu'il n'y avait pas lieu à renvoyer au Conseil constitutionnel la question prioritaire de constitutionalité soulevée contre cette disposition législative par un requérant demandant l'annulation des arrêtés de janvier et mars 2010).

Un arrêté est intervenu le 31 août 2010 pour substituer de nouveaux tarifs à ceux prévus par l'arrêté du 12 janvier. Seuls les tarifs applicables aux installations domestiques d'une puissance inférieure à 3 kWc restent inchangés, tous les autres sont revus à la baisse. Cette nouvelle décision du gouvernement a été justifiée par la nécessité de poursuivre l'action contre les projets spéculatifs conçus pour exploiter l'effet d'aubaine tarifaire et par la constante diminution des coûts des équipements photovoltaïques.

La suspension de l'obligation d'achat de l'électricité produite par certaines installations photovoltaïques

Cette suspension est prévue par le décret N° 2010-1510 du 9 décembre 2010 dont les principales dispositions sont les suivantes. L'article 1er prévoit que l'obligation de conclure un contrat d'achat de l'électricité produite par les installations utilisant l'énergie radiative du soleil est suspendue pour trois mois, à compter de l'entrée en vigueur du décret.

Toutefois, sont exclues de cette suspension deux catégories d'installations :

- celles d'une puissance de moins de 3 kW – ce sont ici principalement les installations domestiques qui sont visées (article 2) ;
- celles pour lesquelles le producteur a notifié au gestionnaire de réseau son acceptation de la proposition technique et financière avant le 2 décembre 2010 (article 3).

L'article 5 du décret prévoit enfin que "à l'issue de la période de suspension mentionnée à l'article 1er, les demandes suspendues devront faire l'objet d'une nouvelle demande complète de raccordement au réseau pour bénéficier d'un contrat d'obligation d'achat".

Une concertation a été organisée par le gouvernement avec la filière photovoltaïque française, avec pour objectif d'élaborer un nouveau cadre de régulation. La conduite des travaux de concertation a été confiée à Jean-Michel Charpin, inspecteur général des Finances, et Claude Trink, ingénieur général des Mines.

E. Guillaume
Concurrences N°1-2011, pp. 175-176

Aut. conc., déc. n° 09-MC-01 du 8 avril 2009 relative à la saisine au fond et à la demande de mesures conservatoires prononcées par la société Solaire Direct

L'Autorité de la concurrence prononce à nouveau des mesures conservatoires à l'encontre d'EDF

Presque deux ans après le prononcé de mesures conservatoires à l'encontre d'EDF (Cons. conc., déc. n° 07-MC-04 du 28 juin 2007), l'Autorité de concurrence poursuit l'œuvre de régulation du Conseil dans le secteur électrique en s'intéressant ici aux énergies renouvelables. En effet, suite à une plainte assortie d'une demande de mesures conservatoires de Solaire Direct en date du 19 mai 2008, elle a enjoint à EDF de mettre fin à une série de pratiques mises en œuvre sur le marché de l'offre de services aux particuliers souhaitant devenir producteurs d'énergie photovoltaïque.

Dans sa saisine, Solaire Direct reprochait à EDF d'utiliser sa position dominante sur les marchés de l'électricité pour pénétrer le marché émergent de l'énergie solaire (électricité photovoltaïque) et évincer les concurrents de ses filiales. Quatre pratiques étaient dénoncées : entretien d'une confusion sur le rôle d'EDF dans la filière photovoltaïque, mise à disposition de la base de données clients d'EDF, ainsi que divers avantages et bénéfices conférés à sa filiale EDF ENR (EDF Énergies nouvelles réparties), enfin verrouillage du marché amont des équipements photovoltaïques.

L'Autorité n'a retenu qu'une partie des pratiques pour les mesures conservatoires. Elle écarte les pratiques de verrouillage du marché amont des équipements photovoltaïques en constatant que les difficultés d'approvisionnement rencontrées par Solaire Direct s'imposent à l'ensemble des acteurs de la filière.

Concernant la première des pratiques dénoncées, elle rejette également les allégations de la plaignante concernant l'utilisation frauduleuse par EDF de sa position d'acheteur d'électricité et celles relatives aux retards de raccordement au réseau, qui sont dus à la forte croissance des demandes. Cependant, elle juge nécessaire de poursuivre l'instruction au fond en ce qui concerne toutes les autres pratiques.

L'organisation du secteur : obligation d'achat, mesures incitatives et omnipresence d'EDF

La filière de l'énergie photovoltaïque est un secteur émergent en forte expansion. Une série de mesures incitatives en faveur des producteurs d'énergie photovoltaïque a dopé son développement :

- une obligation d'achat de l'électricité produite pour des installations d'une puissance inférieure à 12 MW imposée à EDF et aux entreprises locales de distribution (ci-après ELD) dans le cadre de l'exécution de leur mission de service public (loi n° 2000-108 du 10 février 2000, décret n° 2000-1196 du 6 décembre 2000 et arrêté du 10 juillet 2006);
- un prix d'achat fixé à 30 cent. €/kWh HT pour la métropole pour une durée de 20 ans à compter de l'installation des équipements (arrêté du 10 juillet 2006);
- une prime additionnelle de 25 cent. €/kWh HT lorsque les éléments de production de l'électricité photovoltaïque se substituent à l'un des éléments de construction assurant une fonction technique ou architecturale essentielle à la construction. Au total, le tarif de l'électricité ainsi rachetée peut atteindre une valeur cinq fois plus élevée que les tarifs du marché de détail;
- un crédit d'impôt sous certaines conditions;
- un taux de TVA à 5,5 % sur les équipements et travaux d'installation de production d'énergies renouvelables.

De nombreuses entreprises opèrent sur ce marché en offrant notamment des offres "clés en main" aux particuliers et professionnels. Ces offres permettent la mise en place de solutions photovoltaïques (4 à 10 MW) et des installations résidentielles et tertiaires (à partir de 2 MW). Elles répondent à un besoin exprimé par la clientèle d'une offre groupée comprenant toute une série de prestations: fourniture, installations, suivi, maintenance et exploitation des équipements, prise en charge des démarches administratives, financement.

Dans cette filière, EDF se montre omniprésente et paraît incontournable pour les concurrents:

- le raccordement des unités de production d'énergie photovoltaïques (donc des clients des concurrents) est demandé à ERDF, filiale d'EDF et gestionnaire du réseau de distribution depuis janvier 2008;
- EDF et les autres ELD achètent l'électricité photovoltaïque produite par les clients des concurrents (loi du 10 février 2000);
- EDF intervient directement dans la filière photovoltaïque grâce à deux filiales, EDF Énergies Nouvelles (EDF EN, productrice d'électricité verte) et EDF Énergies Nouvelles Réparties (EDF ERN, productrice d'énergies renouvelables sur le lieu de consommation des clients entreprises, particuliers ou collectivités), en concurrence directe avec la plaignante.

L'existence des différentes filiales d'EDF, notamment ERDF, provient de la mise en œuvre de l'exigence de séparation juridique des activités de fourniture et de distribution d'électricité (Directive 2003/CE du 26 juin 2003 concernant des règles communes pour le marché intérieur de l'électricité et abrogeant la directive 96/92/CE, transposée en France par la loi n° 2004-803 du 9 août 2004). ERDF est ainsi soumis à une obligation de non discrimination.

EDF entretient des liens étroits avec sa filiale EDF ENR. Cette dernière a, en effet, fait le choix de confier par contrat à sa maison-mère la commercialisation de ces offres et la promotion de son activité. EDF mobilise à cette fin deux divisions, d'une part la division "particuliers et professionnels" (DPP), d'autre part la division "services d'éco-efficacité énergétique" (DS3E). La DPP apporte des prospects à EDF ENR grâce à ses téléopérateurs du "3929" prodiguant notamment le "Conseil Énergie Solaire", plateforme dont l'objectif est de *"promouvoir les vertus de l'énergie solaire en transmettant aux particuliers des informations générales et pratiques sur cette énergie renouvelable"*. Par ailleurs, EDF ENR confie une partie de la commercialisation de son offre (particuliers hors construction neuve) à Photon Power Technologies qu'elle détient à 51 %.

Au total, EDF accorde à sa filiale EDF ENR opérant dans le secteur concurrentiel et émergent de l'énergie photovoltaïque, des avantages conséquents :

- immatériels : adossement au groupe EDF, porteur d'une image de marque forte liée à ses missions de services publics (renforcé par la proximité des logos et des sigles), accès à la base de données clients de l'opérateur historique (accords avec la DPP), Bleu Ciel (marque commerciale déposée recouvrant toute la gamme des offres commerciales destinées aux clients résidentiels et utilisant notamment les canaux commerciaux de la DPP et de la DS3E) ;
- matériels : personnels qualifiés, infrastructures et moyens de deux divisions commerciales (DPP et DS3E), fonds pour la création de supports promotionnels (dépliants et guide photovoltaïques distribués lors de salons et dans les boutiques Bleu Ciel), la lettre "Bleu Ciel" (support d'information et d'actualité de la marque Bleu Ciel d'EDF envoyée avec la facture de consommation d'électricité à tous les clients d'EDF bénéficiant ou non des tarifs réglementés), fonds publicitaires.

L'analyse concurrentielle

Selon l'Autorité de concurrence, deux marchés sont susceptibles d'être affectés par les pratiques dénoncées : le marché de la fourniture d'électricité aux clients bénéficiant des tarifs réglementés (recevant la lettre Bleu Ciel d'EDF) sur lequel EDF détient incontestablement une position dominante (90-95 % du marché au 31 août 2008), le marché connexe de l'offre de service aux particuliers souhaitant devenir producteurs d'électricité photovoltaïque sur lequel EDF ne détient de position remarquable. Les points 93 à 95 de la décision établissent sans équivoque la susceptible existence d'un lien de connexité étroit entre ces deux marchés.

L'analyse concurrentielle débute par un rappel de principe (point 97 de la décision) : *"La pratique décisionnelle du Conseil, qui ne méconnaît pas l'intérêt d'une diversification des activités des opérateurs historiques, susceptible, dans certaines circonstances, de stimuler la concurrence sur les marchés, a néanmoins et de manière constante recommandé que soit effectué un suivi vigilant d'un tel processus et appelé à une appréciation concrète de ses conséquences en fonction de la structure des marchés concernés"*. À cela, s'ajoute un rappel du principe de séparation *["étanche entre les activités liées au monopole et celles relatives à la diversification"* et plus spécifiquement une séparation *"à la fois juridique, matérielle, comptable, financière et commerciale"*.

L'Autorité soulève une série d'éléments tendant à montrer qu'EDF a maintenu intentionnellement une confusion entre les activités des différentes entités du groupe : activités concurrentielles et réglementées regroupées sous la marque Bleu Ciel, utilisation du numéro 3929 à des fins de prospections pour le compte d'EDF ENR, confusion des logos, des sigles et des marques, communication institutionnelle ne différentiant pas les différentes activités (rappel à l'ordre de la CRE à ce sujet par communiqué de presse le 2 février 2009), choix de canaux de distribution internes au groupe (DPP et DS3E) pour les offres photovoltaïques d'EDF ENR. S'agissant du numéro 3929, l'instruction a révélé que la plateforme assurait également une fonction de relation client pour les particuliers bénéficiant des tarifs réglementés (gestion de factures, niveau de consommation, conseils...). Plus précisément, le 3929 renvoie au serveur vocal de l'offre de services Bleu Ciel d'EDF !

Cette confusion entre les activités réglementées et concurrentielles aurait notamment eu pour effet direct de permettre à EDF ENR de remplir 80 % de son objectif annuel pour 2008 (point 111 de la décision). Elle est donc susceptible de fausser le jeu de la concurrence notamment sur le marché connexe de l'offre de service aux particuliers souhaitant devenir producteurs d'électricité photovoltaïque en violation des articles 82 CE et L. 420-2 C. com.

L'Autorité estime également que l'utilisation par les téléopérateurs du 3929 de la base de données de EDF, comportant des informations détenues exclusivement par l'opérateur historique est susceptible de conférer indûment à EDF ENR un avantage au détriment de ses concurrents sur le marché connexe en cause en violation des articles 82 CE et L. 420-2 C. com. En cela, l'Autorité (point 134 de la décision) suit la position du Conseil dans son avis n° 00-A-03 : "*considérant [...] que le fichier des abonnés au service public de l'électricité, constitué et géré par EDF dans l'exercice de son monopole légal, par son caractère exhaustif et la nature des renseignements techniques, financiers et commerciaux, qu'il comporte, représente une source d'informations à la fois précieuse et exclusive et confère à EDF, dans le contexte nouveau de l'ouverture du marché, un avantage important sur ses concurrents [...] considérant, cependant, qu'EDF est actuellement seul détenteur d'une information globale, à la fois nominative et statistique, portant sur l'ensemble des consommateurs français d'électricité, éligibles et non éligibles, ce qui lui procure un avantage substantiel pour l'efficacité de sa prospection commercial [...] si l'avantage ainsi conféré à EDF sur le marché de la fourniture d'électricité ainsi que pour la proposition d'"offres globales", découle de sa position historique, à tout le moins l'établissement public doit-il* s'interdire d'en faire bénéficier ses filiales et les sociétés dans lesquelles il détient des participations ainsi que les entreprises cotraitantes ou sous traitantes œuvrant en aval sur des marchés concurrentiels" (soulignement ajouté).

Concernant certains moyens matériels et humains qu'EDF met à disposition de sa filiale EDF ENR, l'Autorité rappelle que cette mise à disposition "*de moyens tirés de l'activité de monopole pour le développement d'activités relevant du champ concurrentiel, sans contreparties financières reflétant la réalité des coûts, peut caractériser une pratique anticoncurrentielle (décision 2001/354/CE de la Commission européenne du 20 mars 2001 dans l'affaire Deutsche Post)*". En l'espèce, elle considère que seule une instruction au fonds permettra de vérifier l'existence de ces contreparties.

Les mesures conservatoires

Conformément à l'article L. 464-1 C. com., l'Autorité fonde ses mesures conservatoires sur l'existence d'une atteinte grave et immédiate issus des pratiques en cause. À nouveau à ce stade, elle réaffirme certains principes. Au point 170 de la décision, elle précise : "*des pratiques anticoncurrentielles émanant d'un opérateur historique susceptibles de fausser le libre jeu sur un marché émergent, connexe de celui sur lequel il détient une position dominante héritée de son monopole légal, intervenant lors d'une étape clé de développement de ce marché, peuvent causer une atteinte grave et immédiate aux intérêts des concurrents, au secteur et, in fine, aux consommateurs finals*".

La gravité des pratiques alléguées découle d'une série d'éléments à présent classiques en la matière: restriction de l'accès à un marché connexe et émergent aux détriments des concurrents d'une filiale de l'opérateur historique, entrave et perturbation durable du développement du marché dans un contexte de forte croissance, effet structurant. À ces éléments de gravité s'ajoute la responsabilité particulière de l'opérateur historique détenteur d'une mission de service public lorsqu'il adresse directement ou par l'intermédiaire de filiales des marchés concurrentiels, émergents ou connexes. Enfin, les divers positions et rappels du Conseil de la concurrence dans ses avis, de la Commission européenne et de la CRE renforcent la gravité des faits: EDF ne pouvait ignorer la position et les principes posés par les différents régulateurs.

L'immédiateté nécessaire au prononcé de mesures conservatoires ressort de trois éléments: l'émergence du marché, son fort développement récent (indiquant un risque d'irréversibilité des effets des pratiques renforcé par la durée de 20 ans du contrat de rachat d'électricité photovoltaïque), enfin le fait que dans cet environnement 80 % de l'objectif annuel pour 2008 d'EDF ERN provient des pratiques alléguées.

L'Autorité a donc décidé d'enjoindre à EDF de mettre fin aux pratiques entretenant la confusion entre son activité de fournisseur d'électricité aux tarifs réglementés et les activités concurrentielles de sa filiale EDF ENR (articles 1 à 3 de la décision) et de ne plus mettre à disposition de sa filiale des moyens non reproductibles par ses concurrents sur le marché connexe de l'offre de service aux particuliers souhaitant devenir producteurs d'électricité photovoltaïque (article 4 de la décision).

Considérations finales

Cette nouvelle intervention confirme la position forte adoptée par le régulateur de droit commun dans le secteur électrique. Cependant, l'affaire semble d'une portée plus générale et n'aurait probablement pas dû se cantonner à la seule filière photovoltaïque. La confusion entretenue par EDF entre ses activités réglementées et ses activités concurrentielles, notamment au moyen de la marque Bleu Ciel, impacte l'ensemble des marchés électriques ouverts à la concurrence. Il en va de même pour la mise à disposition de ses filiales de la base de données de l'opérateur historique ou encore d'autres moyens matériels et immatériels. La question sous jacente dans cette affaire est simple: est-ce que la mise à disposition de ressources ou de moyens tirés d'une activité réglementée (mission de service public ou monopole légal) par un opérateur à une filiale ou une activité du champ concurrentiel est interdite *per se*? Si oui, l'étanchéité, c'est-à-dire la séparation, entre activités réglementées et activités concurrentielles se doit d'être complète. Dans ce cas, peut-on autoriser la mise en place de contrats de distribution et de promotions commerciales entre opérateur et filiales? La règle de raison prévaut en la matière et il convient de rechercher des effets anticoncurrentiels potentiels ou réels, durables et structurants pour les marchés concernés. Cependant, de telles pratiques n'ont-elles pas toujours ce type d'effets?

La décision appelle un dernier commentaire sur la procédure. Dans l'affaire *Direct Energie* (Cons. conc., déc. n° 07-MC-04 du 28 juin 2007), le Conseil a utilisé de façon innovante et surtout incitative la complémentarité des mesures conservatoires et de la procédure d'engagements: les mesures conservatoires assurent la transition entre la résolution d'une situation d'urgence et la mise en place d'engagements par l'entreprise. L'imbrication des deux procédures permet une réponse rapide et adéquate aux préoccupations de concurrence tout en laissant le temps à l'entreprise et au secteur d'analyser les engagements proposés. En l'espèce, un tel dispositif aurait permis d'économiser trois mois à la procédure de mesures conservatoires tout en produisant des effets identiques (prononcé d'injonctions et rejet de la proposition d'engagements).

D. Lescop

Concurrences N° 2-2009, pp. 190-192

Concurrences +

Anne Wachsmann, Bastien Thomas, Subventions croisées - Engagements: L'Autorité de la concurrence se concentre sur la politique de communication commerciale d'EDF et la séparation de ses activités de service public de celle de ses filiales intervenant dans le secteur concurrentiel (Solaire Direct), 8 avril 2009, Concurrences N° 3-2009, Art. N° 27533, pp. 92-94.

Alain Ronzano, Privation de la procédure d'engagements: L'Autorité de la concurrence prive l'entreprise électrique historique du bénéfice de la procédure d'engagements et lui enjoint de mettre fin aux pratiques introduisant une confusion entre ses activités réglementées et les activités concurrentielles de sa filiale de production d'électricité photovoltaïque (Solaire Direct / EdF), 8 avril 2009, Concurrences N° 3-2009, Art. N° 56679.

Alain Ronzano, Engagements: L'Autorité de la concurrence obtient des engagements du fournisseur historique d'électricité concernant sur la promotion de l'activité de services de ses filiales dans la filière solaire photovoltaïque (EdF), 8 avril 2009, Concurrences N° 2-2009, Art. N° 57672.

4.2.5 SIEG

CE, 31 juil. 2009, Electricité de Strasbourg, n° 307223

Le Conseil d'État se prononce sur la compétence de la CRE pour l'évaluation des charges du service public de l'électricité

Par arrêt du 31 juillet 2009 (CE 31 juillet 2009, n° 307223), suivant une requête de la SA Électricité de Strasbourg, le Conseil d'État est venu rappeler les limites de la compétence de la CRE à l'égard de la détermination du montant des charges liées à la fourniture du service public. La requête visait l'annulation des décisions par lesquelles la CRE avait évalué le montant prévisionnel des charges supportées par la SA Électricité de Strasbourg, pour les années 2007 et 2008. On rappellera que ces charges, qui découlent de l'accomplissement de missions de service public (raccordement des abonnés non rentables, tarifs préférentiels pour certains consommateurs défavorisés, etc.), sont compensées via le fonds du service public de l'électricité (FSPE), dont la gestion est confiée à la Caisse des dépôts et consignations. La CRE évalue chaque année le montant prévisionnel à compenser sur la base de la comptabilité fournie par les opérateurs ayant supporté ces charges l'année précédente. Le montant prévisionnel issu de l'évaluation est transmis au ministre chargé de l'énergie qui adopte un arrêté fixant définitivement le montant des charges à compenser. La CRE notifie ensuite ce montant aux opérateurs concernés. Les entreprises qui, comme Électricité de Strasbourg, supportent de telles charges et, d'un autre côté, collectent après des consommateurs finals les contributions au FSPE sont intéressées au premier chef par ces évaluations qui permettent de déterminer le niveau de la compensation à laquelle elles peuvent prétendre. La requérante contestait la décision de la CRE, tant sur sa légalité externe (défaut de fixation par le ministre) que sur la légalité interne (mode de calcul de la CRE). Le Conseil d'État a annulé les décisions de la CRE sur le premier terrain. Faisant application des dispositions de la loi 2000-108 du 10 février 2000 (2° du b) du I de l'article 5) et du décret n° 2004-90 du 28 janvier 2004, il constate qu'en absence d'arrêté du ministre intervenu pour les années 2007 et 2008, la CRE ne pouvait pas notifier de montant prévisionnel à Électricité de Strasbourg. Le Conseil rejette l'argument tiré par la CRE de ce que, pour ce qui concerne la fixation de la contribution annuelle, l'absence de décision du ministre une année donnée conduit au maintien du taux de l'année passée. En effet, s'agissant de l'évaluation annuelle des charges de service public, aucun mécanisme de reconduction tacite n'est prévu par la loi. La compétence de la CRE est limitée par la loi, rappelle le Conseil d'État : le régulateur ne peut procéder à la notification du montant des charges de service public que postérieurement à l'adoption de l'arrêté par le ministre. En exécution de l'arrêt rendu, le ministre devra donc prendre un arrêté fixant le montant des charges prévisionnelles de service public pour les années 2007 et 2008.

J.-P. Tran Thiet, E. Guillaume

Concurrences N° 1-2010, pp. 170-171

CJCE, 7 juin 2005, Vereniging voor Energie, Milieu en Water e.a., aff. C-17/03

La CJCE considère que sauf dérogation accordée par la Commission, une réservation de capacités est incompatible avec le droit communautaire

Saisie d'une demande de décision préjudicielle, la Cour de justice des Communautés européennes a été amenée à se prononcer, pour la première fois, sur les avantages accordés aux opérateurs historiques, pour l'accès aux infrastructures d'interconnexion entre États, à raison de contrats pluriannuels de fourniture d'électricité. Dans le cadre d'un litige opposant, devant une juridiction néerlandaise, trois distributeurs d'électricité au gestionnaire du réseau national de transport, les requérantes reprochaient à ce dernier d'avoir prioritairement alloué, dans un contexte de congestion du réseau de transport transfrontalier, les capacités d'interconnexion, et donc in fine d'importation d'électricité aux Pays-Bas, à l'entreprise chargée de services d'intérêt économique général (SIEG) antérieurement à l'ouverture à la concurrence du marché national de l'électricité. Le gestionnaire estimait, quant à lui, que cette allocation prioritaire était justifiée par la nécessité d'assurer l'exécution des contrats pluriannuels d'importation précédemment conclus en vue d'assurer les SIEG alors confiés à cette entreprise. Dans ce contexte, la juridiction néerlandaise a demandé à la Cour, en substance, de préciser si la mesure prise par le gestionnaire du réseau de transport pouvait être justifiée au regard de l'article 86 paragraphe 2 du Traité instituant la Communauté européenne et, dans la négative, si cette mesure était conforme au principe de non-discrimination posé par la directive 96/92/CE du 19 décembre 1996 concernant des règles communes pour le marché intérieur de l'électricité.

La Cour, usant du pouvoir dont elle dispose sur la base de sa jurisprudence, a inversé l'ordre de ces deux questions et a tout d'abord examiné la conformité de l'allocation prioritaire accordée par le gestionnaire du réseau de transport avec les dispositions de la directive précitée. Dans un premier temps, la Cour a précisé que les articles 7 paragraphes 5 et 16 de la directive ne se bornent pas à interdire les seules discriminations d'ordre technique, mais visent de manière générale toute discrimination en matière d'accès au réseau, de sorte que ces dispositions trouvent pleinement à s'appliquer au cas d'espèce. Sur cette base, la Cour a considéré que la différence de traitement pratiquée par le gestionnaire du réseau néerlandais de transport contrevenait au principe de non-discrimination ainsi posé.

Dans un second temps, la Cour a examiné si la discrimination en cause pouvait être justifiée au regard des autres dispositions de la directive. En particulier, la Cour a relevé que son article 24 prévoit que les États membres, lorsque des engagements ou des garanties d'exploitation accordés avant l'entrée en vigueur de la directive risquent de ne pas pouvoir être honorés en raison des dispositions de celle-ci, peuvent demander à bénéficier d'un régime transitoire. Le gouvernement néerlandais soutenait sur ce fondement que l'existence de contrats pluriannuels de fourniture conclus antérieurement à l'entrée en vigueur de la directive justifiait qu'il soit dérogé au principe de non-discrimination posé par ce texte, en allouant prioritairement les capacités d'interconnexion disponibles à l'entreprise en cause. En effet, il estimait que, sans un tel traitement différencié, la poursuite de l'exécution des engagements souscrits par cette entreprise aurait été compromise. Cependant, la Cour a rappelé que l'article 24 de la directive ne s'applique que dans la mesure où les dérogations ont été préalablement approuvées par la Commission européenne, les États membres devant avoir formulé leurs demandes dans le délai maximal d'un an à compter de l'entrée en vigueur de la directive. A cet égard, la Cour a constaté qu'aucune demande de dérogation de ce type n'avait été formulée dans ce délai par les Pays-Bas. En conséquence, la Cour a estimé que, en l'absence de respect de la procédure prévue à l'article 24, la mesure prise par le gestionnaire du réseau national de transport n'était pas conforme à la directive, sans qu'il soit alors besoin répondre à la première question préjudicielle.

Cette première application jurisprudentielle est, semble-t-il, susceptible d'avoir des implications en France, en particulier au regard des dispositions encadrant le transport transfrontalier. D'un point de vue contextuel, tout comme dans le cas des Pays-Bas, les interconnexions entre la France et certains de ses voisins européens sont congestionnées. Il s'agit notamment des capacités disponibles dans les relations avec l'Italie, l'Espagne, voire le Royaume-Uni. Comme dans le cas des Pays-Bas, mais avec la différence notable qu'il s'agit alors de contrats d'exportation, la Commission de Régulation de l'Energie a fixé, à plusieurs reprises par le passé, des modalités d'attribution des capacités de transit transfrontalier qui tenaient compte en priorité des besoins résultant de l'exécution de contrats à long terme conclus avant l'entrée en vigueur de la directive. Tel est le cas du transit avec l'Italie (délibérations de la Commission du 14 décembre 2000 et du 13 décembre 2001, communiqués communs de la Commission et du régulateur italien en date du 26 novembre 2002 et du 28 décembre 2004) et du transit avec l'Espagne (Position commune de la Commission et du régulateur espagnol en date du 13 janvier 2005).

Au vu de l'arrêt de la Cour, dès lors que de telles allocations prioritaires n'ont pas été autorisées par la Commission européenne en application de l'article 24 de la directive, elles ne sont pas conformes à ce texte et sont donc susceptibles d'être contestées sur ce fondement. Ce risque est d'autant plus réel que cet arrêt a été rendu sur la base de la réglementation communautaire applicable à l'époque des faits, c'est-à-dire au regard des dispositions de la directive 96/92/CE du 19 décembre 1996. Une nouvelle étape a par la suite été franchie avec l'adoption le 26 juin 2003 de la directive 2003/54/CE abrogeant la directive 96/92/CE du 19 décembre 1996 et du règlement CE n° 1228/2003 sur les conditions d'accès au réseau pour les échanges transfrontaliers d'électricité. Or, la dérogation qui était ouverte, à titre transitoire et sous réserve d'un aval de la Commission, par l'article 24 de la directive 96/92/CE du 19 décembre 1996, n'a été reprise ni dans la directive 2003/54/CE, ni dans le règlement CE n° 1228/2003.

J.-P. Tran Thiet

Concurrences N° 3-2005, pp. 129-130

4.2.6 Transport

CE, 28 nov. 2012, Direct Énergie e.a., n° 330548

Le Conseil d'État annule la troisième version des tarifs d'utilisation du réseau public de transport d'électricité

Dans un arrêt du 28 novembre 2012, le Conseil d'État a annulé une décision du 5 juin 2009 du ministre de l'Écologie, de l'énergie, du développement durable et de l'aménagement du territoire et de la ministre de l'Économie, de l'industrie et de l'emploi approuvant les tarifs d'utilisation des réseaux publics de transport et de distribution d'électricité proposés par la Commission de Régulation de l'Énergie (CRE) le 26 février 2009, ainsi que la décision tacite d'approbation de ces tarifs en date du 5 mai 2009.

Pour mémoire, la société Direct Énergie et le Syndicat intercommunal de la périphérie de Paris pour l'électricité et les réseaux de communication (SIPPEREC) avaient introduit des recours tendant à l'annulation des décisions susmentionnées, en d'autres termes de la troisième version du tarif d'utilisation des réseaux publics de transport et de distribution de l'électricité (TURPE).

Les requérants contestaient d'abord la procédure suivie par la CRE et les ministres concernés en vue d'adopter le TURPE 3 dans la mesure où la CRE n'avait pas procédé à une nouvelle consultation publique à l'issue de la décision d'opposition du 19 décembre 2008 et n'avait pas donné suite à la demande de certains opérateurs de réunir un groupe de travail sur la prise en compte des provisions pour renouvellement constitués par ERDF. Le Conseil d'État avait rejeté ces moyens dans son arrêt du 28 mars 2012.

Les requérants contestaient également la méthodologie retenue par la CRE pour procéder au calcul du coût moyen pondéré du capital, coût notamment pris en compte dans le cadre de la rémunération du capital investi lors de l'évaluation du TURPE et qui, selon eux, entraînait une surévaluation du TURPE. Il était reproché à la CRE d'avoir calculé le coût moyen pondéré du capital en considérant que tous les actifs régulés avaient été financés par des fonds propres ou de la dette alors que ces actifs avaient en grande partie été financés par le recours à du passif non financier. Par conséquent, les actifs ne feraient supporter, selon les requérants, aucune charge financière à la société ERDF.

Par des décisions des 28 mars et 23 mai 2012, le Conseil d'État, considérant que ce point relevait d'une "question technique", avait demandé à un commissaire aux comptes de lui fournir un avis sur, d'une part, la façon de déterminer le coût moyen pondéré du capital lorsque les actifs d'une société comprennent des biens qui sont la propriété du concédant et qui ont pour contrepartie à son passif des comptes spécifiques aux concessions et sur, d'autre part, les retraitements à opérer en cas de passage d'une approche comptable des charges de capital à une approche économique, fondée sur le coût moyen du capital investi (v. notre chronique, *Concurrences* n° 2-2012, pp. 159 et 160).

Dans son arrêt du 28 novembre 2012, le Conseil d'État rejette le moyen d'illégalité visant les tarifs d'utilisation du réseau public de transport d'électricité. Il relève qu'un compte de régulation des charges et des produits avait été établi pendant la période d'application du précédent tarif pour mesurer l'écart entre les prévisions réalisées au moment de l'élaboration du tarif et des charges et produits effectivement constatés pendant sa période d'application, pour certains postes préalablement identifiés et qu'il a donc été tenu compte de l'écart constaté pour fixer le tarif applicable pendant une période postérieure. La haute juridiction administrative considère ainsi que la CRE n'a méconnu aucune obligation de transparence et n'a commis aucune erreur manifeste d'appréciation.

Une méthode erronée du calcul du coût moyen pondéré du capital

Concernant les tarifs d'utilisation des réseaux publics de distribution d'électricité, la loi du 10 février 2000 relative à la modernisation et au développement du service public de l'électricité dispose notamment que "*les tarifs d'utilisation du réseau public de transport et des réseaux publics de distribution applicables aux utilisateurs sont calculés de manière non discriminatoire, afin de couvrir l'ensemble des coûts supportés par les gestionnaires de ces réseaux, y compris les coûts résultant de l'exécution des missions et des contrats de service public*". Quant au décret du 26 avril 2001 relatif aux tarifs d'utilisation des réseaux publics de transport et de distribution d'électricité, son article 2 prévoit que "*les tarifs d'utilisation des réseaux publics sont calculés à partir de l'ensemble des coûts de ces réseaux, tels qu'ils résultent de l'analyse de coûts techniques, de la comptabilité générale des opérateurs, y compris les comptes séparés des activités de transport et de distribution*". Ces coûts comprennent notamment la rémunération du capital investi.

Pour fixer les tarifs d'utilisation des réseaux publics de distribution d'électricité, les charges de capital sont déterminées comme la somme de la rémunération des actifs en service et du montant des amortissements relatifs aux immobilisations autres que celles qui ont été réalisées par les concédants avant le 31 décembre 2004, diminuée du montant des actifs financés par le concédant. À partir du 1er janvier 2006, cette méthode a été substituée à une précédente méthode consistant à évaluer le montant des charges de capital comme la somme des dotations aux amortissements et aux provisions pour renouvellement, des charges liées aux dettes financières et de la rémunération des capitaux propres, déduction faite de la trésorerie.

Or, le Conseil d'État considère que cette méthode, retenue par la CRE et les ministres, est "*erronée*".

En effet, la CRE a évalué le coût moyen pondéré du capital "*comme si le passif de la société ERDF avait été composé à 40% de capitaux propres et à 60% de dettes*", sans prendre en compte les comptes spécifiques des concessions, soit les droits des concédants de récupérer gratuitement les biens au terme du contrat de concession, ainsi que les provisions pour renouvellement des immobilisations.

Les effets de l'annulation des tarifs d'utilisation des réseaux publics de distribution d'électricité

En principe, l'annulation a pour effet de rendre à nouveau immédiatement applicables, pour l'utilisation des réseaux publics de distribution d'électricité, les tarifs établis par la décision du 23 septembre 2005. Toutefois, dans la mesure où ces tarifs ne seraient pas de nature à satisfaire à l'exigence de couverture des coûts complets supportés par le gestionnaire des réseaux, cette annulation ne prendra effet qu'au 1er juin 2013. Dans l'intervalle, la CRE devra proposer de nouveaux tarifs de distribution, en d'autres termes une nouvelle version du TURPE 3, qui s'appliquera rétroactivement sur la période 2009-2013 et se substituera ainsi au tarif annulé par la décision objet de la présente chronique.

En outre, la position que le Conseil d'État a adoptée dans cette affaire devrait avoir un impact sur la fixation du TURPE 4. Le Gouvernement a d'ores et déjà indiqué qu'il souhaitait que le TURPE 4, en cours d'élaboration par la CRE, préserve la capacité des gestionnaires de réseaux à réaliser les investissements nécessaires pour réussir la transition énergétique et garantisse la qualité et la sécurité de l'approvisionnement électriques de nos concitoyens.

On retiendra au final que cette affaire a conduit le Conseil d'État à entrer dans le détail des allocations comptables, afin de déterminer dans quelle mesure les coûts liés aux infrastructures utilisées par ERDF dans le cadre de concessions de service public devaient ou non être pris en compte dans la détermination du TURPE.

J.-P. Tran Thiet, O. Berg
Concurrences N°1-2013, pp. 189-190

Aut. conc., déc. n° 11-D-09 du 8 juin 2011 relative à des pratiques mises en œuvre par EDF et RTE dans le secteur de l'électricité

L'Autorité de la concurrence s'estime incompétente pour connaitre de certaines pratiques du gestionnaire du réseau de transport de l'électricité et constate l'absence d'éléments suffisamment probants pour caractériser un abus de position dominante ou de dépendance économique de la part de l'opérateur historique

---

Le Syndicat National des Producteurs Indépendants d'Électricité Thermique (ci-après SNPIET) a saisi l'Autorité de la concurrence de pratiques du gestionnaire du réseau public de transport Réseau de transport d'Électricité (ci-après RTE), et d'Électricité de France (ci-après EDF) qui selon ses dires s'apparentaient à une "*tentative de monopolisation du marché*" constitutive d'abus répréhensibles au titre de l'article L. 420-2 du Code de commerce.

En premier lieu, le syndicat reprochait à RTE d'avoir posé, dans ses appels d'offres de 2005 et 2007 en vue de la constitution de réserves rapide et complémentaire d'électricité, des conditions qui auraient eu pour effet d'empêcher ses membres de soumissionner. En deuxième lieu, le SNPIET faisait valoir qu'à l'occasion de ces appels d'offres, EDF avait proposé des prix prédateurs.

En troisième lieu et en dehors du cadre particulier des appels d'offres de RTE, il était reproché à EDF de proposer des conditions financières et des techniques abusives dans le cadre de la négociation des contrats d'achat d'énergie avec les producteurs indépendants.

L'Autorité de la concurrence, par une décision du 8 juin 2011, s'estime incompétente pour connaitre des pratiques de RTE en cause et constate l'absence d'éléments suffisamment probants pour caractériser un abus de position dominante ou de dépendance économique de la part d'EDF.

Eléments de contexte

L'Autorité de la concurrence rappelle qu'au regard des exigences techniques du réseau, il est indispensable de conserver en permanence un équilibre entre l'offre et la demande en électricité sur le territoire national mais également sur l'ensemble du système interconnecté européen. Un déséquilibre entre l'offre et la demande aurait pour conséquence de provoquer un "*black-out*" c'est-à-dire un effondrement du système électrique.

Depuis l'ouverture à la concurrence du marché de l'électricité, chaque fournisseur est responsable de la couverture des besoins de ses clients. Toutefois, des rééquilibrages de très court-terme sont requis et ces opérations relèvent de la responsabilité de RTE en application de l'article 15 de la loi du 10 février 2000, aujourd'hui codifié dans le Code de l'énergie. RTE dispose de plusieurs outils pour garantir un équilibre permanent des flux d'électricité.

Les services systèmes

La mise en place des services systèmes intervient automatiquement dès qu'une rupture de l'équilibre entre la production et la consommation apparait sur le réseau. À ce titre, RTE fait appel à des réserves d'électricité, réserves qualifiées de "*primaires*" ou "*secondaires*".

L'injection sur le réseau d'électricité issue de la réserve primaire est activée par les différents producteurs d'énergie raccordés au réseau. Ces ajustements interviennent dans un délai de 15 à 30 secondes. L'appel à la réserve secondaire intervient alors dans le but de rétablir la fréquence à sa valeur d'origine de 50Hz.

Les actions manuelles d'ajustement

Les services systèmes ne permettent cependant pas de faire face à l'arrêt d'une tranche nucléaire de 1.500 MW et RTE doit mettre en place des actions manuelles pour rétablir l'équilibre des flux d'électricité par le biais de sa réserve dite "*tertiaire*". Si cette réserve a pour fonction de compenser l'éventuelle insuffisance de la réserve secondaire, elle permet également une reconstitution des réserves primaire et secondaire.

En vue de la constitution de cette réserve tertiaire, RTE a instauré un marché du "*mécanisme d'ajustement*". Au sein de ce marché, des offres d'ajustement sont proposés à RTE. Il s'agit principalement d'offres émanant de producteurs d'électricité qui proposent à RTE de modifier leur production pour équilibrer les flux. Ces producteurs communiquent leur prix ainsi que les conditions techniques de leurs offres à RTE. L'Autorité relève que le gestionnaire porte un intérêt tout particulier au délai de mise en œuvre (ci-après DMO) de la ressource.

Il existe deux types d'offres d'ajustement : les offres fondées sur des moyens non-contractualisés – la loi impose en effet aux producteurs de mettre à la disposition de RTE toute leur capacité non utilisée – ainsi que les offres fondées sur des moyens contractualisés. Ces derniers visent à assurer à RTE un volume disponible avec certitude ce que ne permet pas les moyens non-contractualisés. En l'espèce, la saisine du SNPIET ne concernait que les moyens contractualisés.

Dans sa décision, l'Autorité de la concurrence rappelle que RTE contractualise avec les producteurs français des "*réserves rapides et complémentaires*" en vue de la constitution de la réserve tertiaire. À ce titre, RTE organise des appels d'offres distincts pour les réserves rapides et pour les réserves complémentaires. En effet, chaque type de réserve est soumis à des caractéristiques techniques propres (telles que la brièveté du DMO, la puissance mobilisable ou encore la fréquence d'utilisation).

Dans sa saisine, le SNPIET se plaignait des conditions de deux appels d'offres lancés par RTE, le premier en octobre 2005, le second en novembre 2007. À l'occasion du premier appel d'offres, RTE n'avait reçu aucune réponse et le contrat conclu auparavant avec EDF en vue de la fourniture de ces réserves a dû être prolongé. Lors du second appel d'offres, EDF a remporté la totalité du contrat pour la réserve rapide et la réserve complémentaire.

L'examen des pratiques mises en œuvre par RTE et EDF

Après avoir souligné que le droit communautaire est applicable au cas d'espèce dès lors que les pratiques mises en cause auraient pour effet, si elles étaient avérées, d'affecter de façon sensible le commerce entre États membres, l'Autorité de la concurrence examine successivement les pratiques de RTE et d'EDF.

L'incompétence de l'autorité concernant les appels d'offres lancés par RTE

RTE soutenait que les faits invoqués à son encontre n'étaient pas relatif à une activité économique et, à titre subsidiaire, que ces faits ne relevaient pas de la compétence de l'Autorité.

L'activité économique exercée par RTE

Dans sa décision du 8 juin 2011, l'Autorité de la concurrence rappelle que la mission d'équilibrage des flux d'électricité dévolue à RTE se traduit par la fourniture de services d'équilibrage matérialisé par la conclusion de contrats conclus avec les responsables de l'équilibre. Or, une rémunération est alors perçue en contrepartie de la réalisation du service ce qui démontre pour l'autorité l'existence d'une activité économique de RTE en matière d'équilibrage.

Ainsi, selon l'Autorité de la concurrence, l'activité d'approvisionnement de l'énergie permettant l'activité de fourniture de service d'équilibrage constitue bien une "*activité de production, de distribution ou de service*" au sens du Code de commerce ainsi qu'une activité d'"*entreprise*" au regard des termes du Traité sur le fonctionnement de l'Union européenne.

La mission générale de service public exercée par RTE

RTE soutenait toutefois que l'Autorité n'était pas compétente pour connaître de la saisine dès lors que les pratiques contestées concernaient "*des décisions ou actes portant sur l'organisation du service public ou mettant en œuvre des prérogatives de puissance publique*", arguant de la jurisprudence du Tribunal des conflits (TC, 4 mai 2009, *Société Éditions Jean-Paul Gisserot c/ Centre des monuments nationaux*, C3714).

L'Autorité se range à la démonstration de RTE. Elle souligne, en effet, que la loi du 10 février 2000 a confié une mission de service public de gestion du réseau de transport de l'électricité à RTE et qu'à ce titre, des prérogatives exorbitantes de droit commun, comme un pouvoir de réglementation, lui ont été accordées. L'Autorité s'inscrit dans la lignée de la jurisprudence du Tribunal des Conflits en qualifiant de mission de service public la mission d'équilibrage du réseau (TC, 26 avril 2004, *Conseil supérieur consultatif des comités mixtes à la production,* C3379).

De ce fait et dès lors que les appels d'offres contestés relèvent également de l'organisation du service public, l'Autorité de la concurrence se déclare incompétente pour se prononcer sur les pratiques de RTE mises en cause dans la saisine du SNPIET.

Sur les pratiques alléguées à l'encontre d'edf

L'Autorité relève en premier lieu que les faits contestés à l'occasion de l'appel d'offres d'octobre 2005 étaient prescrits. Ensuite, elle concentre son analyse sur l'appel d'offres de novembre 2007 au sujet duquel le SNPIET faisait notamment valoir que les prix proposés par EDF constituaient des prix prédateurs. Enfin, l'Autorité traite du comportement d'EDF dans la négociation des contrats d'achat d'énergie des membres du SNPIET, qui était également critiqué.

Sur les prix predateurs

L'Autorité rappelle qu'il n'est pas possible d'analyser le caractère prédateur d'un prix sans en avoir, au préalable, défini le marché pertinent.

La détermination de ce marché faisait l'objet d'une discussion entre les parties. Le SNPIET faisait valoir que le marché pertinent était celui de l'appel d'offres de 2007 alors qu'EDF soulignait que le marché concerné était le marché de gros français de l'électricité.

Dans sa décision du 8 juin 2011, l'Autorité de la concurrence rappelle que le marché pertinent est "le lieu où se rencontrent l'offre et la demande de produits ou de services qui sont considérés par les acheteurs ou les utilisateurs comme substituables entre eux, mais non substituables aux autres biens et services offerts". Elle relève ensuite que les logiques économiques du marché de gros sont très différentes de celles mises en œuvre à l'occasion des appels d'offres.

Ainsi, l'Autorité démontre, en se fondant sur des exemples précis tels que l'identité des demandeurs ou la nature des produits échangés, que le marché des appels d'offres lancés par RTE ne peut être assimilé au marché de gros de l'électricité. L'Autorité conclut toutefois que si le marché pertinent est bien le marché des appels d'offres, il est nécessaire de distinguer au sein de ce marché, l'appel d'offres pour la réserve rapide ainsi que l'appel d'offres pour la réserve complémentaire en raison des spécificités techniques de chaque offre.

Le SNPIET faisait alors valoir que les prix proposés par EDF dans le cadre des deux appels d'offres de 2007 avaient été minorés et ne permettaient pas de compenser les surcoûts engendrés par cette activité. À ce titre, ils constituaient des prix prédateurs.

L'Autorité de la concurrence relève que "la prédation peut être définie comme la pratique par laquelle une entreprise en position dominante fixe ses prix à un niveau tel qu'elle subit des pertes ou renonce à des profits à court terme dans le but d'évincer ou de discipliner un ou plusieurs concurrents [...] afin ultérieurement de remonter ses prix pour répercuter ses pertes". La notion de sacrifice volontaire constitue donc un des éléments constitutifs de la prédation.

Après avoir constaté que sur le marché pertinent, EDF était en situation de position dominante, l'Autorité de la concurrence s'interroge sur la méthode pertinente permettant de qualifier un prix de prédateur. Elle décide de reprendre la méthode utilisée par la Commission européenne pour déterminer la prédation, trois conditions doivent être remplies: (i) l'entreprise a sacrifié des bénéfices (ii) réduisant la probabilité d'une concurrence (iii) sans qu'elle ne puisse justifier de gains d'efficacité qui l'emporteraient sur les effets anticoncurrentiels.

Appliqué au cas de l'espèce, l'Autorité de la concurrence relève qu'EDF avait calculé l'opportunité de soumissionner aux appels d'offres lancés par RTE au regard de la valorisation potentielle de ses capacités énergétiques sur le marché de gros: EDF avait donc comparé les bénéfices qu'elle pouvait obtenir, d'une part, en soumissionnant aux appels d'offres, et d'autre part, en vendant cette énergie disponible sur le marché de l'électricité. À ce titre, EDF a proposé le prix minimal lui permettant de compenser les sommes qui aurait été obtenues en vendant l'électricité sur le marché de gros. L'Autorité relève qu'EDF n'a donc pas sacrifié ses bénéfices en soumissionnant. Ces éléments ont notamment été mis en lumière à la suite de la communication par EDF de notes internes de calcul de valorisation.

En conséquence, l'Autorité de la concurrence relève que la saisine du SNPIET sur ce point n'est pas accompagnée d'éléments probants permettant d'apprécier le caractère prédateur des prix d'EDF à l'occasion des appels d'offres en vue de la constitution des réserves rapides et complémentaires. Cette analyse est subsidiairement corroborée par une analyse postérieure de la Commission de régulation de l'énergie.

Sur le déséquilibre des contrats d'achat d'energie proposés par EDF

Les producteurs membres du SNPIET ont bénéficié, sur le modèle de ce qui se fait aujourd'hui en matière d'énergies renouvelables, d'une obligation d'achat de leur production par EDF. À l'expiration des contrats d'obligation d'achat, EDF a proposé à ces sociétés un nouveau contrat.

Selon le syndicat, EDF aurait alors inséré dans les contrats d'achat de l'énergie électrique des clauses techniques injustifiées et une prime trop faible. Pour répondre aux moyens soulevés, l'Autorité de la concurrence se devait, une nouvelle fois, de déterminer le marché pertinent.

Le SNPIET soulignait dans sa plainte que le marché concerné demeurait le marché de l'"*extrême pointe*" à savoir un marché correspondant au quatrième niveau le plus élevé de consommation d'énergie. L'Autorité ne suit toutefois pas le raisonnement du syndicat. Elle considère, d'une part, que la distinction entre les périodes de pointe et les périodes d'extrême pointe est sujette à débats, et d'autre part, qu'un matériel de production identique est utilisé lors de ces deux périodes. L'Autorité relève donc, comme elle y était invitée par EDF, que le marché pertinent correspond au marché de gros français de l'électricité.

Après avoir de nouveau constaté qu'EDF était dans une position dominante sur ce marché de gros, l'Autorité devait examiner, à la demande du SNPIET, si EDF abusait de cette position dominante et d'une situation de dépendance économique des membres du syndicat.

Concernant l'abus de position dominante, l'Autorité souligne qu'aucun texte n'oblige EDF à acheter l'électricité produite par ses concurrents, en dehors de l'électricité produite par des sources d'énergie renouvelable, et que le SNPIET n'apporte pas d'éléments permettant de qualifier un abus de position dominante. Elle relève d'ailleurs que des producteurs autonomes exploitant des installations similaires à celles des adhérents du SNPIET ont accepté de signer les contrats proposés par EDF, ce qui tend à démontrer le caractère parfaitement acceptable des conditions proposées.

Concernant l'abus de dépendance économique, l'Autorité relève que les situations de dépendance doivent être analysées au cas par cas. Ainsi, elle vérifie si les membres du SNPIET se sont trouvés dans l'impossibilité de céder leur énergie à un opérateur autre qu'EDF. Or, l'Autorité constate que les producteurs indépendants ont toujours la possibilité de revendre leur production sur le marché de gros français, de soumissionner à des appels d'offres tels que ceux proposés par RTE ou encore d'exporter leur production hors du territoire national. À ce titre, l'Autorité relève que les producteurs indépendants n'ont pas suffisamment anticipé la suppression de l'obligation d'achat de l'électricité qui pesait sur EDF et que l'opérateur historique ne pouvait en être tenu pour responsable.

En conséquence, l'Autorité de la concurrence déclare irrecevable la saisine du syndicat en tant qu'elle est dirigée contre RTE et rejette les allégations à l'encontre d'EDF comme étant dépourvues d'éléments probants.

E. Guillaume, S. Daboussy
Concurrences N°3-2011, pp. 199-202

Concurrences+

Frédéric Marty, Abus d'exploitation et abus d'éviction : L'Autorité de la concurrence rejette la saisine d'un syndicat de producteurs indépendants d'énergie quant à des pratiques mises en œuvre par le gestionnaire du réseau de transport de l'électricité sur des marchés d'équilibrage et par l'opérateur historique sur ces mêmes marchés (EDF et RTE), 8 juin 2011, Concurrences N° 3-2011, Art. N° 37361, pp. 110-115.

Jean-Philippe Kovar, Compétence : L'Autorité de la concurrence précise l'étendue de sa compétence à l'égard du gestionnaire du réseau de transport de l'électricité (EDF et RTE), 8 juin 2011, Concurrences N° 3-2011, Art. N° 38201, pp. 213-214.

Alain Ronzano, Abus d'exploitation : L'Autorité de la concurrence dédouane l'entreprise historique d'électricité d'un certain nombre de pratiques anticoncurrentielles et recourt, pour écarter les allégations de prix prédateurs, à un test de coûts reposant sur la couverture du coût d'opportunité pertinent (EDF), 8 juin 2011, Concurrences N° 3-2011, Art. N° 54668.

CRE, Délibération du 26 juil. 2011 portant décision sur les règles d'élaboration de la procédure de traitement des demandes de raccordement des nouvelles interconnexions au réseau public de transport d'électricité

La CRE adopte une décision sur la mise en œuvre des principes de transparence, d'objectivité et de non-discrimination pour la procédure de traitement des demandes de raccordement au réseau

Afin de connecter physiquement une installation au réseau public d'électricité et de pouvoir y injecter ou y soutirer une certaine puissance, le raccordement est un préalable obligatoire. Dès lors, dans un souci d'ouverture du marché européen de l'énergie, les régulateurs nationaux doivent garantir un accès transparent et non-discriminatoire aux interconnexions.

Conformément au droit de l'Union européenne (article 17 du règlement n° 174/2009 du Parlement européen et du Conseil du 13 juillet 2009 sur les conditions d'accès au réseau pour les échanges transfrontaliers d'électricité, *JOUE*, n° L. 211, du 14 juillet 2009, p. 15), l'article L. 134-1 du Code de l'énergie prévoit en son huitième point que la CRE précise les règles concernant les conditions de raccordement aux réseaux publics des nouvelles interconnexions. Ces dernières doivent être entendues comme une "ligne de transport qui traverse ou enjambe une frontière séparant des États membres et qui relie les réseaux de transport nationaux" (article 2 du règlement n° 174/2009).

Le gestionnaire du réseau public de transport entretient ce dernier et est responsable de son développement afin de permettre le raccordement des producteurs et, le cas échéant, l'interconnexion avec les réseaux des autres pays européens. Par conséquent, la CRE se doit de faire respecter les principes d'objectivité, de non-discrimination et de transparence dans la procédure de raccordement au réseau qui doit être adoptée par le gestionnaire pour mener à bien sa mission. C'est l'objet même de la délibération du 26 juillet 2011 portant décision sur les règles d'élaboration de la procédure de traitement des demandes de raccordement des nouvelles interconnexions au réseau public de transport d'électricité.

Cette délibération fait suite à une consultation des acteurs du marché de l'électricité au cours des mois d'avril 2009 et de mai 2010 sur le fondement de l'ancien cadre réglementaire. Le 30 septembre 2010, une délibération de la CRE portant communication sur ce sujet a été édictée et prévoyait déjà que les règles d'allocation et de gestion de la capacité d'interconnexion devaient respecter, entre autres, les principes de transparence, d'optimisation et de non-discrimination.

La délibération du 26 juillet 2011 arrête une décision sur quatre points principaux de la procédure de traitement des demandes de raccordement des nouvelles interconnexions au réseau public de transport d'électricité, dont certains font l'objet de précisions techniques dans les annexes. Ces dernières concernent les principes d'élaboration ainsi que la liste des informations relatives au suivi de la mise en œuvre de la procédure de traitement des demandes.

En premier lieu, la CRE se penche sur l'élaboration de la procédure. Elle confirme qu'afin d'assurer un traitement respectant les principes de transparence, d'objectivité et de non-discrimination, donc de permettre aux investisseurs d'être informés, le gestionnaire du réseau public doit publier une procédure de traitement des demandes de raccordement des nouvelles interconnexions. De même, les investisseurs potentiels, avec les représentants des différentes catégories d'utilisateurs des réseaux et les gestionnaires de réseaux publics de distribution devront être consultés lors de l'élaboration ou de l'éventuelle modification des projets de procédures de traitement. La publication de la première procédure de traitement doit intervenir au plus tard six mois après la notification de la décision de juillet 2011 au gestionnaire.

En deuxième lieu, la CRE aborde de façon générale le thème du contenu minimum de la procédure de traitement des demandes. La procédure doit définir et décrire les étapes de l'instruction d'une demande de raccordement depuis l'éventuelle pré-étude jusqu'à la mise en exploitation de ce raccordement. La procédure doit préciser la nature des études nécessaires pour établir la proposition de raccordement et, le cas échéant, les conventions de raccordement et d'exploitation. Afin de garantir un minimum de sécurité juridique, la procédure indique les engagements du gestionnaire en termes de délais de traitement de la demande et de coûts et délais de mise à disposition des ouvrages du réseau public de transport.

Afin de mettre en œuvre ces deux premiers éléments, l'annexe 1 de la décision précise les principes d'élaboration de la procédure et fixe un contenu minimum que devra traiter la procédure publiée par le gestionnaire. Sans en faire une liste exhaustive, on peut y trouver, d'abord, des précisions sur l'obligation pour le gestionnaire de proposer un schéma de raccordement de moindre coût et réalisable; l'opportunité pour le demandeur d'énoncer ses choix ou préférences de solutions de raccordement; l'obligation pour le gestionnaire de préciser les critères objectifs et non discriminatoires qu'il utilise pour déterminer s'il peut satisfaire la demande. Ensuite, sont abordés de façon très précise les thèmes de l'information mise à disposition des futurs demandeurs, de la demande de raccordement et de la convention éventuelle. De même, la procédure doit aborder les éléments relatifs à la mise en service de la nouvelle interconnexion comme la convention d'exploitation, la réalisation du raccordement et sa mise en exploitation. Enfin, la CRE rappelle que tout refus d'instruire une demande, de transmettre une proposition technique et financière ou de produire une convention de raccordement doit être motivé et notifié au demandeur ainsi qu'à elle-même. Bien évidemment les critères de refus doivent être objectifs, non discriminatoires et transparents et ne peuvent être fondés que sur des motifs techniques tenant à la sécurité, à la sûreté ou à la qualité du fonctionnement des réseaux.

En troisième lieu, la Commission envisage l'information des investisseurs, ou de toute personne qui en fait la demande, sur la procédure de traitement des demandes de raccordement. Elle oblige donc le gestionnaire à inclure cette dernière dans la documentation technique de référence et à faciliter son accès sur demande.

En dernier lieu, sont précisées les obligations du gestionnaire sur la communication des informations relatives à la mise en œuvre de la procédure de traitement des demandes à l'autorité de régulation de l'énergie. La CRE doit en effet disposer d'une information régulière sur le traitement des demandes de raccordement afin de s'assurer que la procédure en question permette au gestionnaire d'accomplir ses missions dans les conditions du Code de l'énergie. Dès lors, le gestionnaire est tenu de transmettre annuellement au régulateur, dans le cadre de son bilan, les données et les éléments d'analyse nécessaires à ce suivi dont l'annexe 2 énumère le contenu minimum. Afin d'optimiser les conditions d'accès au réseau, la CRE demande, entre autres, des informations sur le nombre de propositions techniques et financières qui n'ont pas été transmises dans les délais et les principales causes de retards dans ces transmissions. De même, le gestionnaire doit aussi analyser les éventuelles difficultés rencontrées dans la mise en œuvre de la procédure et celles qui ont pu susciter l'insatisfaction des demandeurs.

Les nouvelles interconnexions au réseau public de transport d'électricité, autrement dit l'amélioration des conditions d'accès au réseau pour les échanges transfrontaliers d'électricité, constituent, selon les institutions de l'Union, un des préalables à la mise en œuvre d'une concurrence équitable. La délibération de la CRE semble apporter une contribution procédurale non négligeable afin de sortir de la situation que décrivait la Commission dans sa communication du 10 janvier 2007 montrant que les règles et mesures en vigueur n'étaient pas suffisantes pour faire tomber les barrières à l'entrée sur les marchés et que les exigences en matière de transparence n'étaient pas harmonisées entre les États membres.

H. Delzangles, S. Martin
Concurrences N°4-2011, pp. 191-192

CoRDiS de la CRE, déc. du 29 avril 2011 sur le différend qui oppose la SICAE de la Somme et du Cambraisis à la société GRTgaz, concernant l'application des contrats relatifs à l'interface entre les opérateurs de transport et de distribution, aux prestations

Le Comité de règlement des différends et des sanctions de la Commission de régulation de l'énergie sanctionne le gestionnaire du réseau de transport du gaz naturel pour non respect de son obligation de transparence tout en précisant la charge des travaux de raccordement appartenant à chacune des parties au contrat de raccordement

LeCoRDiS (Comité de règlement des différends et des sanctions est chargé d'exercer les missions confiées à la Commission de régulation de l'énergie en matière de sanctions et de règlement des différends relatifs à l'accès aux réseaux et aux infrastructures ou à leur utilisation, aussi bien en matière d'électricité que de gaz naturel) a été saisi d'un différend inhabituel qui oppose un gestionnaire du réseau de transport de gaz naturel – GRTgaz – à l'un des distributeurs non nationalisés par la loi n° 43-628 du 8 avril 1946, – la société d'intérêt collectif agricole de la Somme et du Cambraisis (SICAE) – concernant des difficultés nées à l'occasion du raccordement d'un nouveau réseau de distribution de gaz concédée à cette dernière.

En effet, la SICAE s'est vu concéder, après mise en concurrence, par les communes d'Herbécourt, de Hangest-en-Santerre et de Marcelcave la construction et la gestion de réseaux de distribution de gaz naturel sur leur territoire, ce qui implique notamment que les nouveaux réseaux de distribution soient raccordés au réseau de transport de gaz naturel, de GRTgaz en l'occurrence.

Pour la première fois, le CoRDiS a eu l'occasion de rappeler GRTgaz à son obligation générale de transparence qui est le corollaire du droit d'accès non discriminatoire au réseau public de transport de gaz naturel prévu à l'article 2 de la loi du 3 janvier 2003, aujourd'hui codifié au Code de l'énergie. Cette obligation découle d'ailleurs des directives 2003/55/CE du 26 juin 2003 et 2009/73/CE du 13 juillet 2009 concernant des règles communes pour le marché intérieur du gaz naturel.

Au regard de ces textes, le CoRDiS "invite" donc GRTgaz "à établir et à rendre public, dans les meilleurs délais et dans le cadre du dispositif de concertation gaz tel qu'institué par la Commission de régulation de l'énergie dans sa délibération du 18 septembre 2008, un projet de procédure de raccordement permettant aux utilisateurs potentiels du réseau de transport de disposer de l'ensemble des informations nécessaires à leur raccordement".

Ainsi, à l'image de ce qui existe déjà en matière de raccordement aux réseaux publics d'électricité ou au réseau de distribution du gaz, GRTgaz devrait dorénavant disposer d'une procédure de traitement des demandes de raccordement, même si le Comité l'y a seulement invité sans reprendre ce point dans le dispositif de sa décision.

Après avoir rappelé cette obligation générale, le CoRDiS répond aux différentes demandes formulées par les deux sociétés concernant l'exécution des trois conventions de raccordement, à raison d'une par commune, qui les lient. Le comité procède à une interprétation littérale des conditions générales et particulières de ces contrats pour rappeler les parties à leurs obligations respectives. Cependant, cette analyse lui permet de souligner de manière précise le manque de transparence dans les informations fournies par GRTgaz.

Ainsi, s'agissant de l'alimentation des postes de livraison, tout en estimant que la SICAE s'est engagée contractuellement à effectuer les travaux de génie civil selon les spécifications de GRTgaz, le CoRDiS considère que le gestionnaire du réseau de transport a manqué à son obligation de transparence en "*ne justifiant pas sur la base d'éléments objectifs les raisons pour lesquelles seule l'alimentation électrique des postes de livraison au moyen de lignes fixes dédiées serait acceptable*".

Par ailleurs, la convention de raccordement pour la commune d'Hangest-en-Santerre prévoyait que si l'installation d'un réchauffeur au niveau du poste de raccordement s'avérait nécessaire la charge afférente à son installation incomberait à la SICAE. Malgré ses demandes tendant à ce que lui soit notamment communiquées les conditions objectives qui rendent nécessaire l'installation de l'équipement et une justification de ses caractéristiques, la SICAE s'est vue objecter par GRTgaz le secret des affaires. Le CoRDiS relève à cet égard un manquement du gestionnaire de transport à son obligation de transparence et relève que la confidentialité "*ne saurait justifier, dans le présent cas, le refus de communiquer toute information relative au réchauffeur*". Pour le comité, "*une telle pratique reviendrait, en effet, à vider de sa substance son obligation de transparence*".

De la même manière, s'agissant de la rémunération des coûts d'exploitation et de maintenance des branchements, même lorsque ceux-ci sont réglés par un forfait annuel convenu au préalable, GRTgaz reste tenu de justifier le mode de calcul du montant facturé sur la base d'éléments objectifs.

Ainsi, le gestionnaire du réseau de transport se doit de justifier toutes les conditions de raccordement qu'il impose de manière précise et objective.

En définitive, par cette décision, le CoRDiS rappelle GRTgaz au respect de son obligation générale de transparence, à tous les stades de sa relation avec les utilisateurs, afin de garantir un libre accès au réseau de transport de gaz naturel.

E. Guillaume, S. Daboussy

Concurrences N°3-2011, pp. 202-203

Concurrences +

Emmanuel Guillaume, Pierre-Edouard Pivois, Maintien de la certification: La Commission de régulation de l'énergie (CRE) décide de maintenir la certification de l'un des deux gestionnaires de réseaux de transport (GRT) de gaz en France (Délibération N°2017-176), 20 juillet 2017, Concurrences N°4-2017, Art. N°85376.

Jean-Philippe Kovar, Transport de gaz: La Commission de régulation de l'énergie met à jour le tarif d'utilisation des réseaux de transport de gaz naturel, 29 janvier 2014, Concurrences N°2-2014, Art. N°66021, pp. 174-175.

Hubert Delzangles, Sebastien Martin, Électricité - Gaz naturel: La Commission de régulation de l'énergie rend son rapport sur le respect du code de bonne conduite et l'indépendance des gestionnaires de réseaux de transport et de distribution d'énergie, 28 juin 2012, Concurrences N°3-2012, Art. N°48595, pp. 210-212.

Emmanuel Guillaume, Simon Daboussy, Énergie – Gaz: Le Comité de règlement des différends et des sanctions de la Commission de régulation de l'énergie sanctionne le gestionnaire du réseau de transport du gaz naturel pour non respect de son obligation de transparence tout en précisant la charge des travaux de raccordement appartenant à chacune des parties au contrat de raccordement (SICAE de la Somme et du Cambraisis/GRTgaz), 29 avril 2011, Concurrences N°3-2011, Art. N°38124, pp. 202-203.

4.3 Contentieux

CE, 7 févr. 2018, Ateliers de construction mécanique de Marigny [ACMM], n° 399683

Le Conseil d'État juge que le Comité de règlement des différends et des sanctions (CoRDIS) est compétent pour sanctionner un fournisseur d'électricité pour non-respect de son obligation d'achat d'électricité et précise que le moratoire institué sur cette obligation par le décret du 9 décembre 2010 ne s'applique pas au cas où le gestionnaire de réseau a proposé une convention de raccordement sans formaliser de proposition technique et financière, dès lors que cette convention lui a été notifiée avant le 2 décembre 2010

Par sa décision *Ateliers de construction mécanique de Marigny* (*ACMM*) du 7 février 2018, le Conseil d'État a jugé que le Comité de règlement des différends et des sanctions (CoRDIS) de la Commission de régulation de l'énergie (CRE) était compétent pour examiner une demande de sanction formée par un producteur d'électricité contre un fournisseur d'électricité (en l'espèce *EDF*) en raison du non-respect par ce dernier de l'obligation d'achat d'électricité à laquelle il est tenu en vertu de l'article L. 314-1 du Code de l'énergie. En l'occurrence, le Conseil d'État a confirmé la décision du CoRDIS de ne pas sanctionner*EDF*, dès lors notamment que le moratoire sur l'obligation d'achat institué par le décret du 9 décembre 2010 était applicable faute de notification de la convention de raccordement avant le 2 décembre 2010, alors même qu'*ACMM* pouvait se prévaloir d'une convention de raccordement exécutoire. Pour ce faire, le Conseil d'État s'est, au préalable, lui-même reconnu compétent pour connaître du recours en annulation contre le refus du CoRDIS de prononcer une sanction.

Cadre juridique et factuel

L'article 10 de la loi n° 2000-108 du 10 février 2000 relative à la modernisation et au développement du service public de l'électricité a institué le dispositif d'obligation d'achat de l'électricité, désormais codifié à l'article L. 314-1 du Code de l'énergie. En application de ce dispositif, la société *EDF* et les entreprises locales de distribution chargées de la fourniture d'électricité sont tenues de conclure, en cas de demande d'un producteur d'électricité, un contrat pour l'achat de l'électricité produite par ce dernier, à l'aide d'une installation dont la liste et les caractéristiques sont précisées par décret, à un prix incitatif défini par arrêté, le surcoût étant financé par la contribution au service public de l'électricité.

Alors que, à la fin des années 2000, le nombre de projets en cours avait déjà permis d'atteindre les objectifs fixés par le Grenelle de l'environnement pour 2012 au point de compromettre le financement du dispositif, le Premier ministre a décidé, par le décret n° 2010-1510 du 9 décembre 2010, de suspendre pour une durée de trois mois à compter du 10 décembre 2010 (date de son entrée en vigueur) l'obligation de conclure un contrat d'achat de l'électricité produite par les installations d'une puissance installée inférieure ou égale à 12 mégawatts utilisant l'énergie radiative du soleil. Le moratoire ainsi institué par le décret du 9 décembre 2010 n'est toutefois pas applicable, en vertu de son article 3, *"aux installations de production d'électricité issue de l'énergie radiative du soleil dont le producteur a notifié au gestionnaire de réseau, avant le 2 décembre 2010, son acceptation de la proposition technique et financière de raccordement au réseau"*.

Dans le cadre d'un projet de centrale photovoltaïque alors éligible au dispositif d'obligation d'achat, la société *Ateliers de construction mécanique de Marigny* (*ACMM*) a demandé, le 30 août 2010, au gestionnaire de réseau *ERDF* (devenue *Enedis*) son raccordement au réseau public de distribution d'électricité. *ERDF* a accusé réception de la demande d'*ACMM*, confirmé la complétude de celle-ci le 31 août 2010 puis a communiqué à *ACMM*, le 18 novembre 2010, une offre de raccordement comprenant une convention de raccordement et une convention d'exploitation. Ce faisant, *ERDF* a directement communiqué à *ACMM* une offre de raccordement incluant une convention de raccordement, sans lui communiquer de proposition technique et financière. Cette possibilité est ouverte par la procédure de traitement des demandes de raccordement telle que décrite par le gestionnaire de réseau, dont le point 9.1.2 précise que pour les installations de production dont le montant de la contribution au coût du raccordement est déterminé définitivement au moment de l'établissement de l'offre de raccordement et lorsque les délais de réalisation des travaux de raccordement sont maîtrisés, *"la convention de raccordement est directement envoyée et vaut offre de raccordement"*. En l'occurrence, la société *ACMM* a renvoyé à *ERDF*, le 3 décembre 2010, un exemplaire signé des conventions de raccordement et d'exploitation ainsi que l'acompte exigé.

ERDF a toutefois refusé de raccorder le projet de la société *ACMM* à son réseau, estimant que le moratoire institué par le décret du 9 décembre 2010 y faisait obstacle. La société *ACMM* a alors saisi le CoRDIS du différend l'opposant à *ERDF* sur le fondement de l'article L. 134-19 du Code de l'énergie, aux termes duquel le CoRDIS *"peut être saisi en cas de différend: 1° Entre les gestionnaires et les utilisateurs des réseaux publics de transport ou de distribution d'électricité* (...)". Par une décision du 2 juillet 2012, confirmée par un arrêt de la cour d'appel de Paris du 19 septembre 2013, le CoRDIS a réglé le différend à l'avantage de la société *ACMM*, en considérant qu'*ERDF* ne pouvait s'opposer à l'exécution de la convention de raccordement conclue avec *ACMM* en invoquant le moratoire sur l'obligation d'achat prévu par le décret du 9 décembre 2010. Par suite, les travaux de raccordement ont été réalisés et l'installation de la société *ACMM* a été mise en service le 8 février 2013.

La société *ACMM* s'est alors trouvée confrontée au refus de la société *EDF* de conclure un contrat d'achat d'électricité au tarif en vigueur à la date de sa demande de raccordement. Derechef, la société *ACMM* s'est vu opposer le moratoire institué par le décret du 9 décembre 2010. Le producteur a alors décidé de saisir à nouveau le CoRDIS, mais cette fois d'une demande de sanction à l'encontre d'*ERDF* et d'*EDF* sur le fondement de l'article L. 134-25 du Code de l'énergie, et non d'une demande de règlement des différends sur le fondement de l'article L. 134-19 de ce code. Par une décision du 24 février 2016, le membre désigné par le CoRDIS pour examiner cette demande s'est estimé compétent pour en connaître et l'a néanmoins rejetée, en considérant notamment que c'est à bon droit qu'*EDF* avait opposé à la société*ACMM* le moratoire prévu par le décret du 9 décembre 2010. C'est cette décision que la société *ACMM* a déférée au Conseil d'État.

Le Conseil d'Etat est competent pour connaitre d'un recours pour excès de pouvoir contre un refus du CoRDIS de prononcer une sanction

Si les décisions prises par le CoRDIS en matière de règlement des différends relèvent de la compétence de la cour d'appel de Paris en vertu de l'article L. 134-24 du Code de l'énergie, le Conseil d'État est quant à lui compétent, en application de l'article L. 134-34 de ce code, pour connaître des recours de pleine juridiction dirigés contre les "*décisions de sanction*" du CoRDIS.

Par sa décision du 7 février 2018, le Conseil d'État s'est également reconnu compétent, pour la première fois, pour statuer sur un recours dirigé contre une décision du CoRDIS refusant de prononcer une sanction. Dans ce cas, la compétence du Conseil d'État ne procède pas de l'article L. 134-34 du Code de l'énergie, propre aux décisions de sanction du CoRDIS, mais de l'article R. 311-1 du Code de justice administrative, aux termes duquel "*Le Conseil d'État est compétent pour connaître en premier et dernier ressort: (...) 4° Des recours dirigés contre les décisions prises par les organes des autorités suivantes, au titre de leur mission de contrôle ou de régulation: (...) la Commission de régulation de l'énergie*". Saisi d'un recours contre une décision du CoRDIS refusant de prononcer une sanction, le Conseil d'État statue donc comme juge de l'excès de pouvoir et non comme juge de pleine juridiction comme c'est le cas lorsqu'il statue sur une décision de sanction du CoRDIS.

Cette solution n'a rien de surprenant, dans la mesure où elle s'inscrit logiquement dans la lignée des décisions déjà rendues par le Conseil d'État à propos de refus de prononcer une sanction ou de donner suite à une plainte décidés par d'autres autorités administratives indépendantes (s'agissant de la CNIL: CE, 28 mars 1997, *Solana,* n° 182912, au *Recueil* et CE, 19 juin 2017, *M. A*, n° 398442, aux Tables; s'agissant de l'ARCEP: CE, 4 juillet 2012, *Association française des opérateurs de réseaux de télécommunications*, n° 334062, aux Tables; s'agissant de l'ACPR : CE, 7 déc. 2016, *Nefertari*, n° 390062).

Le CoRDIS est competent pour examiner une demande de sanction contre EDF pour non-respect de l'obligation d'achat

Dès lors qu'il était compétent pour en connaître, le Conseil d'État a pu examiner, au fond, la demande de la société *ACMM* tendant à l'annulation de la décision par laquelle le membre du CoRDIS a refusé de prononcer une sanction contre *ERDF* et *EDF*. Si le Conseil d'État a confirmé sans difficulté le refus du membre du CoRDIS de sanctionner *ERDF* (cons. 4), c'est au prix d'importantes précisions qu'il a confirmé le refus de sanctionner *EDF*. Plutôt que de confirmer ce refus au motif que le CoRDIS n'était en tout état de cause pas compétent pour prendre une telle sanction, le Conseil d'État a jugé que le CoRDIS était bien compétent pour examiner la demande de sanction formée par *ACMM* à l'encontre d'*EDF*, puis a validé le bien-fondé de sa décision refusant de prononcer une sanction.

Pour juger que le CoRDIS était compétent pour examiner la demande de sanction formée par la société*ACMM*, le Conseil d'État a retenu une interprétation littérale de l'article L. 134-25 du Code de l'énergie, qui fonde le pouvoir de sanction du CoRDIS en ces termes: "*Le Comité de règlement des différends et des sanctions peut (...) sanctionner les manquements mentionnés aux titres Ier et II du présent livre et aux livres III et IV qu'il constate de la part des gestionnaires de réseaux publics de transport ou de distribution d'électricité, des gestionnaires de réseaux fermés de distribution d'électricité, des opérateurs des* *ouvrages de transport ou de distribution de gaz naturel ou des exploitants des installations de stockage de gaz naturel ou des installations de gaz naturel liquéfié ou des exploitants de réseaux de transport et de stockage géologique de dioxyde de carbone ou des utilisateurs de ces réseaux, ouvrages et installations, y compris les fournisseurs d'électricité ou de gaz naturel, dans les conditions fixées aux articles suivants*".

Au regard de cette disposition, le Conseil d'État a jugé, d'une part, qu'*EDF* entrait dans le champ d'application du pouvoir de sanction du CoRDIS, au motif qu'elle constituait un "*utilisateur du réseau en sa qualité de fournisseur d'électricité*" (cons. 5). C'est donc la qualité de "*fournisseur d'électricité*" d'*EDF* qui justifie qu'elle soit regardée comme un "*utilisateur*" du réseau au sens de l'article L. 134-25 du Code de l'énergie, tout fournisseur d'électricité étant un utilisateur du réseau (mais pas l'inverse) aux termes dudit article. D'autre part, le Conseil d'État a précisé que le non-respect de l'obligation d'achat constituait un manquement susceptible d'être sanctionné par le CoRDIS, l'article L. 314-1 qui prévoit cette obligation étant inclus dans le livre III visé par l'article L. 134-25 du code (cons. 5). Il en résulte qu'*EDF*, comme d'ailleurs tout fournisseur d'électricité, est susceptible d'être sanctionnée par le CoRDIS pour non-respect de l'obligation d'achat d'électricité.

Cette solution peut se justifier par le souci d'éviter un angle mort de la régulation. En effet, dès lors que le CoRDIS s'estime incompétent pour connaître des litiges relatifs à l'obligation d'achat lorsqu'il est saisi au titre de son pouvoir de règlement des différends sur le fondement de l'article L. 134-19 du Code de l'énergie (CoRDIS, 8 juillet 2011, *Soproder*, n° 67-38-11, *JO*, 23 septembre 2011, n° 116), ce qu'a confirmé la cour d'appel de Paris (CA Paris, 4 oct. 2012, *Soproder*, n° 2011/16011, n° 2011/16015), le Conseil d'État considère que le CoRDIS doit pouvoir être saisi d'un tel litige au titre de son pouvoir de sanction sur le fondement de l'article L. 134-25 dudit code. Il n'en demeure pas moins qu'en définitive, le périmètre d'intervention du CoRDIS diffère selon qu'il est saisi au titre de son pouvoir de règlement des différends ou de son pouvoir de sanction.

En somme, après que le Tribunal des conflits a jugé que les litiges relatifs au raccordement au réseau de transport et de distribution d'électricité d'une installation de production d'électricité d'origine photovoltaïque relevaient de la compétence du juge judiciaire, le contrat de raccordement n'étant pas l'accessoire du contrat d'achat qui lui a un caractère administratif en vertu de l'article L. 314-7 du Code de l'énergie (Trib. conf., 8 juill. 2013, *SEEP c/ ERDF*, n° C3906, au *Recueil*), la décision du Conseil d'État du 7 février 2018 a pour effet de scinder encore davantage une même opération économique et technique déjà divisée en deux plans contractuels et juridictionnels.

Ce schéma institutionnel et procédural complexe et peu lisible, du moins aux yeux des investisseurs et des opérateurs régulés, est la conséquence de la lecture étroite du champ de l'article L. 314-7 opérée par le Tribunal des conflits.

En l'absence de formalisation de proposition technique et financière, l'exception au moratoire prévue à l'article 3 du decret du 9 decembre 2010 vaut aussi pour les conventions de raccordement notifiees au gestionnaire de reseau avant le 2 decembre 2010

Après avoir jugé que le CoRDIS était compétent pour examiner la demande de sanction à l'encontre d'*EDF*, le Conseil d'État a confirmé le bien-fondé du refus du membre désigné par le CoRDIS d'y donner suite.

En particulier, le Conseil d'État a retenu, sur conclusions contraires du rapporteur public, une interprétation orthodoxe du champ d'application de l'exclusion du moratoire sur l'obligation d'achat tel que défini à l'article 3 du décret du 9 décembre 2010 (cons. 8). Le Conseil d'État, tout d'abord, a assimilé la convention de raccordement à la proposition technique et financière pour l'application de l'article 3 du décret du 9 décembre 2010. Bien que cet article ne prenne en considération que la proposition technique et financière, il aurait été inéquitable d'écarter de la dérogation au moratoire les conventions de raccordement notifiées avant la limite du 2 décembre 2010.

Ensuite, le Conseil d'État a relevé qu'*ACMM* n'avait pas notifié à *ERDF* la convention de raccordement avant le 2 décembre 2010 (cons. 9). Le moratoire sur l'obligation d'achat institué par l'article 1er du décret du 9 décembre 2010 lui était donc applicable et *EDF* ne pouvait signer un contrat d'obligation d'achat, nonobstant la validité de la convention de raccordement.

EDF est un tiers au regard de la décision du CoRDIS réglant le différend entre le producteur d'électricité et le gestionnaire de réseau

En outre, le Conseil d'État a précisé que la société *ACMM* ne pouvait se prévaloir, à l'appui de sa demande de sanction à l'encontre d'*EDF*, de la décision du 2 juillet 2012 par laquelle le CoRDIS lui a donné raison dans son différend l'opposant à *ERDF* pour le raccordement de son installation au réseau (cons. 7). Dès lors qu'*EDF* n'était pas partie à cette procédure de règlement de différend et qu'elle est un tiers au regard de la décision rendue par le CoRDIS à cet égard, aucune obligation ne saurait incomber à *EDF* en exécution de cette décision. Par suite, le CoRDIS ne saurait prononcer une sanction à l'encontre d'*EDF* pour non-respect de la décision rendue par le CoRDIS au titre de son pouvoir de règlement des différends entre le producteur d'électricité et le gestionnaire de réseau.

Ainsi, le raccordement au réseau constitue un préalable nécessaire mais insuffisant pour le bénéfice de l'obligation d'achat d'électricité.

E. Guillaume, G. Léonard

Concurrences N°2-2018, pp. 171-173

Concurrences +

Emmanuel Guillaume, Énergie solaire photovoltaïque : Le Comité de règlement des différends et des sanctions (CoRDiS) de la commission de régulation de l'électricité écarte l'application du décret moratoire aux conventions de raccordement signées entre les 2 et 10 décembre 2010 (Ardennes Energy et Solareo, Ateliers de Construction Mécanique de Marigny / Électricité Réseau Distribution de France), 2 juillet 2012, Concurrences N° 4-2012, Art. N° 49556, pp. 164-165.

CoRDiS de la CRE, 21 mars 2012, Cap Solar Mazan c/ Electricité Réseau Distribution France (ERDF), n° 251-38-11 ; CoRDiS de la CRE, 21 mars 2012, Cap Solar Montélimar c/ Electricité Réseau Distribution France (ERDF), 257-38-11 (projet "Bren") ; CoRDiS de la CRE, 21 mars 2012, Cap Solar 82 c/ Electricité Réseau Distribution France (ERDF), n° 254-38-11 ; CoRDiS de la CRE, 21 mars 2012, V-Score c/ Electricité Réseau Distribution France (ERDF), n° 253-38-11 ; CoRDiS de la CRE, 21 mars 2012, Zamenhof Energy c/ Electricité Réseau Distribution France (ERDF), n° 255-38-11 (projet "Saint-Donat") ; CoRDiS de la CRE, 21 mars 2012, Zamenhof Energy c/ Electricité Réseau Distribution France (ERDF), n° 256-38-11 (projet "Perrenot Bren")

Le Comité de règlement des différends et des sanctions (CoRDiS) de la CRE refuse de qualifier la délivrance ou l'absence de délivrance d'une proposition technique et financière de décision administrative et de faire bénéficier les producteurs de la dérogation à la suspension de l'obligation d'achat

"*Face au développement incontrôlé de la filière photovoltaïque en 2010*" (Délibération de la CRE du 3 mars 2011, JO du 5 mars 2011) résultant de l'afflux massif de demandes de contrats d'obligation d'achat, le Gouvernement a adopté le décret n° 2010-1510 du 9 décembre 2010 qui suspend l'obligation d'achat de l'électricité photovoltaïque pour une durée de trois mois (*Concurrences* n° 1-2012, p. 214).

Pour les demandes en cours d'instruction, l'article 3 du décret prévoit que seuls les projets pour lesquels le producteur a accepté une proposition technique et financière (PTF) de raccordement au réseau avant le 2 décembre 2010 peuvent bénéficier des tarifs de rachat en vigueur avant cette date.

Il convient de préciser que l'accord du producteur, matérialisé par la signature de la PTF et du devis accompagnés d'un chèque d'acompte, intervient à la date de réception par le gestionnaire du réseau public (CoRDiS, 12 décembre 2011, Différend qui oppose la société Centrale solaire de Colombiers à la société ERDF ; CoRDiS, 19 décembre 2011, Différend qui oppose la société Foncière Solarvoltaic à la société ERDF).

En revanche, ne peuvent bénéficier des tarifs antérieurs, les producteurs qui ont effectué une demande de raccordement mais qui n'ont pas reçu de PTF ou ne l'avait pas encore accepté à la date du 1er décembre 2010.

Certains producteurs, dont les projets entrent dans le champ d'application du décret "moratoire", ont saisi le Comité de règlement des différends et des sanctions (CoRDiS) de la Commission de régulation de l'énergie (CRE) afin qu'il constate l'illégalité du refus implicite de leur demande de PTF qui serait né du silence gardé pendant plus de trois mois par le gestionnaire de réseau et qu'il écarte les dispositions du décret du 9 décembre 2010.

Par six décisions du 21 mars 2012, le CoRDiS refuse de faire bénéficier les producteurs de la dérogation à la suspension de l'obligation d'achat (II.) et considère que ni la délivrance, ni l'absence de délivrance d'une PTF ne constituent des décisions administratives (I.).

Le refus du CoRDIS de qualifier de décision administrative la délivrance ou l'absence de délivrance d'une PTF

En application de l'article 8.2.1 de sa documentation technique de référence, ERDF, gestionnaire de la majeure partie du réseau public de distribution, dispose de trois mois pour transmettre une PTF au producteur qui demande à raccorder une installation. Ce délai court à compter de la réception de la demande complète de raccordement.

Les producteurs soutenaient devant le Comité que, conformément au régime des décisions administratives, le silence gardé ERDF au-delà de ce délai de trois mois vaudrait décision implicite de rejet de la demande de raccordement.

Le CoRDiS vérifie tout d'abord si ce délai de transmission a été respecté par ERDF.

Dans sa décision du 21 mars 2012 relative au différend opposant la société V-Score à la société ERDF, le CoRDiS relève que le gestionnaire de réseaux a effectivement transmis la PTF dans le délai de trois mois.

En revanche, dans les cinq autres décisions du même jour, le CoRDiS constate qu'ERDF a méconnu sa documentation technique de référence dans la mesure où aucune PTF n'a été délivrée aux producteurs ni dans le délai de trois mois, ni postérieurement.

Ensuite, le CoRDiS écarte l'argument des producteurs selon lequel le silence gardé par ERDF pendant plus de trois mois suite à une demande de PTF ferait naître une décision implicite de refus. Pour ce faire, il se fonde sur deux motifs.

Premièrement, le CoRDiS estime que, contrairement à ce que soutenaient les producteurs, la délibération de la CRE du 11 juin 2009 portant décision sur les règles d'élaboration des procédures de traitement des demandes de raccordement aux réseaux publics de distribution d'électricité et le suivi de leur mise en œuvre "*n'implique nullement la naissance d'une décision implicite de refus dans la cas où la société ERDF ne respecte pas le délai de trois mois* [...]".

Le CoRDiS avait déjà eu l'occasion de préciser qu'"aucune obligation de résultat, quant au respect de ce délai, n'est mise à la charge de la société ERDF. Le non-respect du délai maximum de trois mois pour la remise d'une proposition technique et financière par la société ERDF, si regrettable qu'il soit, ne permet pas, dans le silence des textes, d'affirmer qu'à l'expiration de ce délai naît une proposition technique et financière implicite susceptible d'être acceptée par le pétitionnaire candidat au raccordement" (décision du 22 juin 2011 relative au différend opposant la société Vol-V Solar à la société ERDF).

Deuxièmement, le CoRDiS observe que la loi n° 2000-321 du 12 avril 2000 relative aux droits des citoyens dans leurs relations avec les administrations ne s'applique pas à ERDF. En effet, sont considérées comme des autorités administratives au sens de cette loi "*les administrations de l'État, les collectivités territoriales, les établissements publics à caractère administratif, les organismes de sécurité sociale et les autres organismes chargés de la gestion d'un service public administratif*" (article 1er). Or, comme le relève le CoRDiS, ERDF gère un service public industriel et commercial. Elle "*n'entre donc dans aucune de ces catégories*" et "*n'a pas, non plus, décidé de se soumettre volontairement à cette loi*".

Le CoRDiS en conclut, avant de rejeter les demandes des producteurs, que "ni la délivrance, ni l'absence de délivrance d'une proposition technique et financière ne constituent des décisions administratives".

Le refus du CoRDIS de faire bénéficier les producteurs de la dérogation à la suspension de l'obligation d'achat

Afin de conserver les tarifs antérieurs, les six producteurs demandaient au CoRDiS d'ordonner à ERDF de leur délivrer une PTF réputée acceptée avant le 2 décembre 2010 puis de décider que le délai qui leur était imparti pour la mise en service de leur installation est réputé n'avoir commencé qu'à compter du 1er décembre 2010.

En effet, il résulte d'une lecture combinée des articles 3 et 4 du décret n° 2010-1510 du 9 décembre 2010 qu'échappent à la suspension de l'obligation d'achat les installations photovoltaïques pour lesquelles une PTF a été acceptée avant le 2 décembre 2010 et dont la mise en service est intervenue dans un délai de dix-huit mois à compter de la notification de cette acceptation.

ERDF soutenait pour sa part que le CoRDiS était incompétent pour faire droit à cette demande et ne pouvait que la rejeter dans la mesure où le gestionnaire de réseau n'avait d'autre choix que de respecter les dispositions du décret du 9 décembre 2010.

Le CoRDiS constate tout d'abord que le décret du 9 décembre 2010 est devenu définitif depuis l'arrêt*Société Ciel et Terre et autres* du Conseil d'État qui rejette l'ensemble des recours tendant à son annulation (CE, 16 novembre 2011, n° 344972).

Ensuite, dans sa décision du 21 mars 2012 relative au différend opposant la société V-Score à la société ERDF, le CoRDiS relève que la société V-Score n'a pas notifié au gestionnaire de réseau son acceptation de la PTF avant le 2 décembre 2010.

Par une interprétation combinée des articles 1er, 3 et 5 du décret du 9 décembre 2010, il en déduit que son projet entrait donc dans le champ d'application du décret et qu'il lui appartenait de déposer une nouvelle demande complète de raccordement à l'issue de la période de suspension.

Dans les autres décisions de règlement du même jour, le CoRDiS constate que les producteurs n'ont pas reçus de PTF de la part de la société ERDF avant le 2 décembre 2010. Systématiquement, il en déduit qu'"*il n'*[était] *pas possible de considérer qu'une telle proposition* [ait] *pu être acceptée et renvoyée dans ce délai*".

Il appartenait ainsi également à ces producteurs de déposer une nouvelle demande complète de raccordement pour bénéficier d'un contrat d'obligation d'achat conformément à l'article 5 du décret du 9 décembre 2010.

Enfin, dans la mesure où aucune PTF n'a été acceptée avant le 2 décembre 2010, les demandes des producteurs tendant à ce que le CoRDiS décide que le délai de dix-huit mois pour la mise en service de leur installation soit réputé n'avoir commencé qu'à compter du 1er décembre 2010, sont sans objet.

E. Guillaume, S. Daboussy
Concurrences N° 3-2012, pp. 212-213

CoRDiS de la CRE, déc. du 21 janv. 2011 sur le différend qui oppose la société Nicodis à la société Électricité Réseau Distribution France (ERDF)

Le CoRDiS de la CRE se déclare incompétent pour connaître d'une demande de règlement de différend tendant à obtenir le bénéfice d'un tarif d'achat de l'électricité

En application de l'article 38 de la loi N° 2000-108 du 10 février 2000 relative à la modernisation et au développement du service public de l'électricité, le Comité de règlement des différends et des sanctions (CoRDiS) est chargé d'exercer les missions confiées à la Commission de régulation de l'énergie en matière de sanctions et de règlement des différends relatifs à l'accès aux réseaux et aux infrastructures ou à leur utilisation.

La société Nicodis a saisi le CoRDiS d'une demande tendant à ce qu'il enjoigne à ERDF, gestionnaire du réseau public de distribution d'électricité, d'attester par écrit que sa demande en vue d'obtenir une proposition technique et financière de raccordement pour son projet d'installation de production photovoltaïque "*intégrée au bâti*" était bien complète au 18 décembre 2009. Cette attestation devait permettre à ladite société de bénéficier des tarifs d'achat de l'électricité prévus par l'arrêté du 10 juillet 2006 fixant les conditions d'achat de l'électricité produite par les installations utilisant l'énergie radiative du soleil telles que visées au 3° de l'article 2 du décret N° 2000-1196 du 6 décembre 2000.

L'arrêté du 10 juillet 2006, qui prévoyait des tarifs d'achat très favorables aux producteurs, a été abrogé par un arrêté du 12 janvier 2010, un nouvel arrêté daté du même jour prévoyant des tarifs largement revus à la baisse. Toutefois, un dispositif transitoire pour les projets en cours d'instruction à la date d'entrée en vigueur des arrêtés de janvier 2010 a été instauré par un arrêté du 16 mars 2010. Ces mesures ont été adoptées pour permettre à certains projets de continuer à bénéficier des anciens tarifs, alors même que les règles prévues par l'arrêté du 12 janvier 2010 les auraient privés de cette possibilité.

Ainsi, si le CoRDiS avait fait droit à la demande de la société Nicodis, cela lui aurait permis de justifier le bénéfice des tarifs avantageux de juillet 2006 en lieu et place de ceux, inférieurs, de janvier 2010.

Cependant, le Comité ne s'est pas intéressé au fond de l'affaire. En effet, il s'est estimé, à juste titre, incompétent pour connaître du différend en cause.

Au visa de l'article 38 de la loi du 10 février 2000, le CoRDiS indique qu'"il ressort des termes mêmes de la loi qu'un différend n'entre dans la compétence du Comité de règlement des différends et des sanctions, laquelle est une compétence d'attribution, qu'à une double condition, tenant, l'une à la qualité des personnes qu'un différend oppose, et l'autre, à l'objet du différend". Ainsi, pour le Comité, "il ne suffit donc pas qu'un différend oppose un gestionnaire de réseau à un utilisateur pour que le comité soit compétent pour le trancher. Encore faut-il que l'objet du différend corresponde à l'une des catégories limitativement énoncées par la loi".

Or, au cas de l'espèce, la société Nicodis, utilisatrice du réseau public de distribution, s'oppose à ERDF sur une question qui n'est pas liée à l'accès au réseau, sachant que le projet a déjà fait l'objet d'une convention de raccordement signée. L'attestation demandée à ERDF concernant sa demande de PTF était uniquement destinée à obtenir des tarifs d'achat d'électricité plus avantageux. Le litige né du refus d'ERDF de délivrer cette attestation ne concernait donc pas l'accès à son réseau. Selon le CoRDiS, "*la circonstance que la société ERDF refuse de délivrer à la société Nicodis une attestation faisant apparaître la date du 18 décembre 2009 comme celle à laquelle la demande de raccordement présentée par la société Nicodis était complète, lui permettant ainsi de bénéficier pour l'achat de l'électricité produite du tarif édicté par l'arrêté du 10 juillet 2006, ne suffit pas pour que le différend les opposant soit regardé comme lié à l'accès au réseau*".

Par conséquent, le Comité se déclare incompétent pour connaître de cette demande.

E. Guillaume
Concurrences N°2-2011, p. 198

CoRDiS de la CRE, déc. du 22 oct. 2010 sur le différend opposant la société Direct Energie à la société ERDF relatif au contrat GRD-F

Le CoRDiS impose la modification de la clause des contrats GRD-F relative à la charge des impayés

Par une décision en date du 22 octobre 2010, le CoRDiS (Comité de règlements des différends et des sanctions), qui exerce les compétences de la CRE (Commission de régulation de l'énergie) en matière de sanctions et de règlement des différends relatifs à l'accès aux réseaux et aux infrastructures ou à leur utilisation, a contraint ERDF à supporter le coût des impayés correspondant à l'acheminement dans le cadre des contrats uniques.

À titre liminaire, il convient de revenir brièvement sur le contexte juridique de ce litige: la loi de libéralisation du marché de l'électricité de 2000 [**1**] prévoit, en son article 22, VIII, la possibilité pour un client final de conclure avec son fournisseur un seul contrat, dit "contrat unique", englobant (i) la fourniture de l'électricité et (ii) la distribution ou l'accès au réseau d'électricité. Si le client ne souhaite pas opter pour le "contrat unique", il doit alors conclure deux contrats distincts: l'un avec un fournisseur, l'autre avec le distributeur pour l'accès au réseau local (contrat CARD pour "contrat d'accès au réseau de distribution").

Dans l'hypothèse du "contrat unique", il revient au fournisseur de conclure avec le gestionnaire du réseau un contrat GRD-Fournisseur (GRD-F) qui définit les obligations et les responsabilités des trois parties. Dans cette hypothèse, le fournisseur facture au client non seulement la part de fourniture d'électricité, dont il conserve le produit, mais également l'acheminement, partie qui sera reversée au distributeur. Or, les contrats GRD-F en vigueur à l'époque des faits et conclus par les fournisseurs avec ERDF stipulaient que le fournisseur "*recouvre les sommes dues auprès du client, et assume le risque financier de non-paiement de celui-ci pour l'intégralité de la facture*".

L'un des fournisseurs d'électricité, Direct Énergie, a constaté une augmentation considérable des impayés de ses clients et a cessé de payer toute somme due à ERDF le 3 décembre 2009 "*faute de pouvoir faire face à la charge financière que représentent les impayés de ses clients au titre de la part acheminement*". Le fournisseur alternatif a par conséquent saisi le CoRDiS, contestant notamment le droit pour ERDF de lui faire supporter la part des impayés correspondant à l'acheminement.

Le CoRDiS a tout d'abord considéré que lorsque les fournisseurs "réalisent des tâches ou supportent des coûts pour le compte du gestionnaire de réseau auprès du client final, [ils] doivent être placés dans une situation équivalente à celle du gestionnaire de réseau dans le cadre d'un contrat CARD". S'agissant de la stipulation contractuelle litigieuse, et plus précisément de sa partie relative à la charge des impayés, le CoRDiS a estimé que la loi de 2000 susmentionnée ne peut être interprétée comme imposant au seul fournisseur la charge des impayés relatifs à la partie couvrant l'acheminement. Il conclut que "pour reverser au gestionnaire de réseau les sommes dues au titre de l'utilisation du réseau, le fournisseur doit les avoir préalablement recouvrées auprès du client final", sauf à établir que le fournisseur n'a pas été suffisamment diligent pour obtenir le paiement des sommes concernées. Par conséquent, le CoRDiS a imposé à ERDF de modifier le contrat GRD-F en ce sens, et ce, dans un délai de deux mois. Affaire à suivre, car ERDF a formé un recours en annulation devant la Cour d'appel de Paris contre la décision du CoRDiS.

J.-P.Tran Thiet, H. Lallemand
Concurrences N° 1-2011, p. 177

Cour d'appel de Paris, Gaz de France c/ Altergaz, 23 janv. 2007, RG 06/06163

La Cour d'appel de Paris considère que l'accès des tiers au stockage doit comporter des modalités de cession du gaz détenu par le précédent titulaire de droits de stockage transparentes et objectives qu'il appartient à la CRE d'enjoindre à l'opérateur de stockage de fixer

---

La société Altergaz, nouvel entrant sur le marché de la fourniture du gaz, a demandé à bénéficier de capacités de stockages détenues par Gaz de France afin de pouvoir sécuriser l'approvisionnement de ses futurs clients.

On sait en effet que, faute de production nationale, un opérateur ne peut ajuster sa fourniture aux consommations de ses clients qu'en recourant, à partir d'un approvisionnement étranger dimensionné au mieux de ses capacités de prévision, à des stockages permettant des injections supplémentaires à bref délai. Seuls les deux opérateurs historiques, Gaz de France (avec 13 stockages) et Total (avec deux stockages) disposent de telles infrastructures1, vitales en raison de l'usage important qui est fait en France du gaz pour le chauffage, entraînant une forte saisonnalité de la consommation. Pour un nouvel entrant, disposer de stockage est essentiel, l'incapacité à fournir étant désastreuse d'abord en termes commerciaux (il n'y aura jamais d'interruption, en principe, mais le client saura que le fournisseur a été défaillant), financiers ensuite, les écarts se payant au prix fort, et pouvant même être sanctionnés.

Le caractère stratégique du stockage

On mesure toute l'importance du stockage dans ce contexte. Avant de commencer l'année gazière (qui débute le 1er avril) Altergaz se fondant sur les livraisons prévisionnelles à ses clients futurs qui restaient à conquérir a donc demandé, dans le cadre de l'accès des tiers au stockage à bénéficier de capacités de GDF. La CRE a statué sur le refus qui a été opposé à Altergaz, sur le fondement des seules dispositions de la loi du 3 janvier 2003 (articles 30-1 et sq., introduits en 2004 par la loi du 9 août pour transcrire la directive de 2003 posant le principe de l'accès des tiers au stockages), le décret régissant l'ATS (Décret 2006-1034 du 21 août 2006 relatif à l'accès aux stockages souterrains de gaz naturel; JO du 23 août 2006, p 12370, cette chronique, 4/06) n'étant pas encore paru.

Elle avait alors considéré que la loi subordonnant l'accès des tiers à la conclusion d'un contrat de fourniture, Altergaz ne pouvait se plaindre d'un refus d'accès fondé sur le caractère prévisionnel des besoins de stockage allégués. Même si l'on comprend la position d'Altergaz, qui souhaite réduire les risques en se dotant préventivement de capacités de stockages, on comprend bien que la généralisation de ce type de demande aboutirait à des réservations purement spéculatives (y compris pour en priver les concurrents) qui laisseraient les stockages inemployés sans aucun bénéfice pour les consommateurs. C'est, du reste, la solution retenue par le décret du 21 août 2006.

Altergaz, sans doute convaincue de la solidité de la décision, ne s'est pas pourvue à son encontre. C'est Gaz de France qui l'a fait, critiquant une autre partie de la décision. Une des questions subalternes au litige était en effet celle de la transmission du stock de gaz détenu par un opérateur pour approvisionner un client au nouveau fournisseur de ce client si ce dernier a résilié son premier contrat. Il est nécessaire que le fournisseur quitté ne garde pas la capacité de stockage concernée n'ayant plus le contrat qui en est le support, ni donc le gaz qu'il y a stocké; et le nouveau fournisseur est le candidat naturel à l'emploi de ce gaz.

Principe de valorisation à un coût historique de constitution du stock

Mais à quelles conditions? La CRE imposait par sa décision à Gaz de France de préciser les conditions de revente, en imposant comme principe une valorisation à un coût historique de constitution du stock, et en exigeant que les conditions de rachat, transparentes objectives et non discriminatoires comme il se doit, fussent rendues publiques dans un délai de 15 jours (particulièrement important, puisque son non respect est la condition légale de déclenchement d'une éventuelle procédure de sanction pour non respect des décisions de la CRE). Gaz de France a saisi la Cour d'appel de Paris afin d'obtenir réformation de cette partie du jugement, que par son arrêt du 23 janvier 2007 la Cour a intégralement rejeté.

La Cour a en premier lieu écarté l'argument de gaz de France faisant grief à la CRE d'avoir usé de façon irrégulière de son pouvoir réglementaire. Par sa généralité, et son caractère détaillé, l'injonction faite à GDF de publier de nouvelles conditions de cession de gaz en imposant une méthode de calcul ressemblait en effet à un arrêt de règlement, alors que le pouvoir de la CRE en la matière, est, comme pour toutes les autorités administratives indépendantes, limité et supplétif.

Mais la Cour a constaté que ces modalités de règlement du différend étaient seules de natures à vider la querelle d'Altergaz et à donner au différend la solution "technique, économique et financière" qu'exige l'article 38 de la loi du 10 février 2000, et qu'elles ne constituaient en rien un usage du pouvoir réglementaire de la Commission.

Elle a parallèlement écarté le grief d'incompétence, GDF estimant que seul un décret en Conseil d'État pouvait déterminer ces prix de cession. La Cour rétorque que le décret du 21 août ne contenant aucune disposition en cette matière, la CRE pouvait légalement intervenir, motif discutable (le décret n'avait pas été pris quand la CRE a statué, et l'incompétence n'est pas un vice à géométrie variable qui cesserait d'affecter un acte si celui-ci intervient dans le silence de la norme adéquate; mais le premier argument purge ce défaut, la Cour ayant commencé par rappeler que de toute façon la CRE n'es pas intervenue dans le domaine réglementaire, le silence du décret devant ainsi être interprété comme fondant non la compétence réglementaire de la CRE par défaut, mais la nécessité pour elle de suppléer en tant qu'autorité de règlement de différend au silence du pouvoir réglementaire).

Enfin, la décision de la Cour rappelle de façon plus classique que les limitations à la liberté contractuelle dont se plaignait GDF sont légalement fondées par des motifs d'intérêt général.

Le règlement des différends, un moyen de poursuivre la régulation par d'autres voies

L'intérêt de cette décision résulte non seulement dans la confirmation d'une assez grande communauté de vue entre le régulateur et son juge sur la fonction de règlement des différends, qui n'est pas un procès mais bien un moyen de poursuivre la régulation par d'autres moyens, dans le cadre d'une graduation des pouvoirs (de l'influence par le débat à la sanction en passant par le pourvoir de décision et celui de trancher les différends), permettant ainsi au régulateur de "normer" les comportements en généralisant par des injonctions les leçons tirées d'un cas particulier, mais aussi dans le cruel démenti qu'il inflige au législateur, dont la parfaite méconnaissance de l'équilibre du système l'a conduit à en briser les potentialités par la séparation complète entre la fonction de régulation et celle de règlement de différend.

On se rappelle (cette chronique, N° 1-2007) que la loi du 8 décembre 2006 a confié le règlement des différends à un collège séparé, composé de deux conseillers d'État et de deux conseillers à la Cour de cassation3.Il est à peu près exclu que cette structure saisisse les enjeux de marché des décisions qu'elle aura à prendre, et soit à même de concevoir pareil arrêt de règlement pour épauler les efforts de régulation, sauf à disposer du soutien actif des services du régulateur - qui, s'il est accordé, mettra à néant le prétexte d'indépendance invoqué pour créer cette séparation. Il reste à espérer que le législateur reviendra sur ses errements et restaurera la fonction régulatrice qu'il a si inutilement endommagée, alors qu'elle était (une fois n'est pas coutume) citée en exemple par la Commission et par la plupart de nos partenaires.

J.-P. Tran Thiet

Concurrences N°2-2007, pp. 162-163

CRE, déc. du 8 mars 2006 se prononçant sur un différend qui oppose Altergaz à Gaz de France (accès aux stockages)

La Commission de régulation de l'énergie adopte son premier règlement

Depuis que la CRE est devenue compétente pour réguler le secteur gazier, il était assez étonnant qu'elle n'ait pas été saisie de demande de règlement de différends. On ne s'attendait certes pas à ce que la proverbiale et regrettable timidité des consommateurs français envers les opérateurs historiques cède d'un coup, mais on pouvait espérer que sur un marché un peu moins archaïque que celui de l'électricité – pluralité d'opérateurs, acceptation, par les plus gros consommateurs au moins, d'une sensibilité du prix aux variations du marché mondial des hydrocarbures – les demandes viendraient d'autant plus rapidement sur le bureau de la CRE que Gaz de France n'a jamais joué autant qu'EDF de sa position d'opérateur historique de service public qu'on ne doit pas fâcher. Mais trois ans auront été nécessaires pour qu'une première décision soit prise, délai dont il serait aventureux d'y voir la preuve de la vertu de Gaz de France, réelle, mais pas au point de laisser croire qu'aucun client n'avait de motif de mécontentement...

L'affaire Altergaz concerne non l'accès aux réseaux, qui fournit le gros des règlements de différends dans le domaine de l'électricité, mais une particularité du marché du gaz, l'accès aux stockages. Ils appartiennent pour l'essentiel à l'opérateur historique, et sont à la fois un instrument de sécurité – du réseau et du pays – et un avantage compétitif exceptionnel, permettant de faire face à des variations soudaines de la demande, notamment là où elle est saisonnalisée (production d'électricité et chauffage), et de servir de nouveaux clients sans attendre. Aussi bien la Commission européenne comme la CRE ont-elles dès le départ porté une attention particulière aux conditions techniques et tarifaires de l'accès des tiers aux stockages (ATS).

La loi reconnaît (à l'article 30-2 de la loi du 3 janvier 2003) un droit d'accès aux stockage garanti, qui est le pendant de l'obligation légale qui est faite à tout fournisseur de détenir les stocks nécessaires pour l'approvisionnement de ses clients – il ne faut en effet pas que la souscription de contrats sans couverture physique suffisante aboutisse à faire supporter au seul gestionnaire de réseau les écarts entre gaz effectivement injecté et soutirages, qui ne peuvent, comme dans l'électricité, être compensés par des ajustements immédiats de production et ultérieurs de prix.

La société Altergaz, concurrent nouveau venu sur le marché, ayant des ambitions commerciales affichées, a voulu se prémunir de tout risque en demandant à Gaz de France en tant qu'opérateur des stockages de lui réserver des quantités correspondant à ses objectifs commerciaux. Gaz de France a refusé, en faisant valoir qu'il lui incombait de reconnaître le droit d'ATS du demandeur lorsqu'il aurait effectivement souscrit des contrats avec des clients. Altergaz a saisi la CRE de ce refus, estimant qu'il constituait une barrière à l'accès au marché – on comprend que la société estime que Gaz de France abuse de sa position, car l'opérateur historique ne souffre d'aucune incertitude, dans la mesure où il est structurellement capable d'alimenter la France entière, alors que le nouveau venu subit un certain aléa. La CRE renvoie le demandeur à se pourvoir devant le conseil de la concurrence s'il estime être victime d'un tel abus de position dominante, illustrant ainsi au passage la spécificité du système français (le régulateur britannique aurait, lui, pu statuer sur ce point). Pour le reste, elle donne tort au demandeur en constatant que Gaz de France n'est légalement débiteur du droit d'accès des tiers au stockage que pour les contrats d'approvisionnements effectivement conclus, et non au titre de prévisions d'activité – raisonnement imparable, que vient colorer une traditionnelle pique de la CRE envers la lenteur du processus réglementaire, le décret devant mettre en œuvre l'ATS, prévu depuis 2004 comme quelques dizaines d'autres n'étant toujours pas paru, et, au surplus, s'avérant en l'espèce inutile.

Altergaz donne toutefois l'occasion à la CRE de faire usage de son pouvoir d'injonction envers Gaz de France, sur un point pour lequel une clarification des pratiques sera nécessaire. Un stockage ne peut en effet demeurer vide, ni le gaz qui y entre être retiré par le propriétaire lorsqu'il cesse d'exercer le droit d'accès: un fournisseur qui perd un client ne peut pas récupérer les mètres cubes qu'il a dû stocker pour garantir l'approvisionnement de son client. Il faut donc expliciter les conditions dans lesquelles le fournisseur suivant qui lui succèdera pourra racheter le gaz stocké. Ces conditions n'étaient pas fixées par Gaz de France, qui se voit intimer de les énoncer et de les publier dans un délai de quinze jours.

Au total, une très grande continuité s'observe, toutes choses égales par ailleurs, entre l'activité de règlement de différends sur le marché de l'électricité et sur celui du gaz, ce qui ne saurait surprendre. Le vrai changement viendra peut être de l'irruption sur la scène de quelques millions de consommateurs personnes physiques, mais le scepticisme est ici aussi permis...

T. Tuot

Concurrences N°2-2006, pp. 152-153

CRE, déc. n° 04-38-01 du 6 mai 2004, Safhloa c/EDF CRE, déc. n° 04-38-02 du 25 mai 2004, RTE c/ Cerestar CRE, déc. n° 04-38-03 du 27 mai 2004, SARL de la Torre c/ EDF CRE, déc. n° 04-38-04 du 3 juin 2004, Sté Pouchon Cogen c/EDF CRE, déc. n° 04-38-05 du 4 juin 2004, Clariant Huningue c/SAEML Hunélec CRE, déc. n° 04-38-08 du 22 juil. 2004, JMF Immo c/EDF CA Paris, 1ère ch. H, 8 juin 2004, sur le différend opposant la SARL Cogé de Kerverzet à Électricité de France (EDF)

La Commission de régulation de l'énergie promeut les objectifs du régulateur par sa jurisprudence 2004 en matière de règlement de différends

La CRE n'a rendu au cours de l'année 2004 que six décisions au fond; son activité de règlement de différend s'est même interrompue depuis le mois de juillet 2004. Au surplus, aucune décision n'a été rendue dans le domaine du gaz. L'élargissement de l'éligibilité aux usagers professionnels depuis le 1er juillet 2004 n'a donc eu, à ce jour, aucun effet sur l'activité contentieuse du régulateur. On trouvera ci-dessous un bref aperçu des principaux apports des décisions prises cette année et de celui des arrêts de la Cour d'appel de Paris statuant sur certaines décisions de la CRE

Compétence et procédure

Dès les premiers litiges dont elle eut à connaître, la CRE a vu contester sa compétence. La Cour d'appel de paris a confirmé la conception de la CRE sur ce point par une décision du 24 février 2004, frappée d'un recours en cassation qui devrait bientôt faire l'objet d'une décision. Par un arrêt du 24 février 2004 SINERG, la Cour, saisie par EDF, a écarté trois irrecevabilités dans des termes voisins de ceux de la décision contestée de la CRE. EDF estimait que la décision de la CRE avait donné une portée rétroactive aux dispositions gouvernant sa compétence, mais la cour rétorque que la "loi nouvelle régit immédiatement les effets des situations juridiques non définitivement réalisées ayant pris naissance avant son entrée en vigueur". EDF soutenait ensuite une exception de compétence exclusive du juge administratif pour connaître des litiges relatifs aux travaux publics: la cour constate que la loi de 2000 n'a pas porté atteinte aux dispositions de la loi du 28 pluviôse an VIII, mais organisé une compétence complémentaire qui peut s'exercer concurremment. Enfin, EDF soutenait qu'elle ne pouvait avoir, avant la loi de 2000, la qualité de Gestionnaire de réseau de distribution au sens que lui donne cette loi. De façon constructive mais cohérente avec ce qui précède, la Cour constate qu'EDF était un gestionnaire de réseau au sens fonctionnel du terme, la loi lui ayant confié cette mission dès 1946

Ce n'est pour autant pas une conception impérialiste de sa compétence que retient la CRE. Elle a en effet confirmé à de nombreuses reprises qu'elle n'a pas de compétence pour accorder réparation d'un préjudice, qui relève du juge du contrat qu'elle n'est pas (6 mai 2004, Safhloa c/EDF; 3 juin 2004, Société Pouchon Cogen c/EDF; 4 juin 2004, Clariant Huningue c/SAEML Huningue), y compris lorsque cette réparation prend la forme d'intérêts de retard, seuls ceux prévus au contrat, à l'exclusion donc de ceux au taux légal prévus par le code civil, pouvant être servis (25 mai 2004, RTE c/Cerestar). Cette solution a été confirmée très clairement par la Cour d'appel de Paris (6 avril 2004, Eurotunnel c/RTE). La CRE respecte d'ailleurs autant la compétence des autres régulateurs que celle des juridictions. Elle a été ainsi souvent amenée à entendre des critiques fondées sur ce que le comportement d'un gestionnaire de réseau serait un abus de position dominante: elle a systématiquement décliné toute compétence pour connaître de telles conclusions et a invité les demandeurs qui les exposaient à saisir, s'ils s'y croyaient fondés, le Conseil de la concurrence (26 mai 2004, Sarl de la Torre et 4 juin 2004, Clariant Huningue c/SAEML Huningue). Apparemment, aucune saisine de ce type n'a encore eu lieu.

Pour donner une solution complète au litige, la CRE peut adresser des injonctions, qui peuvent être assorties de mesures conservatoires de toute nature (6 mai 2004, Safhloa): en l'espèce, tolérer un fonctionnement à une puissance plus élevée jusqu'au renforcement du réseau qu'appelle la décision de la CRE. Les destinataires de ces injonctions ne sont pas seulement les gestionnaires de réseaux, mais aussi les utilisateurs (26 mai 2004, RTE c/ Cerestar). L'existence de ce pouvoir d'injonction a été contestée par EDF en tant que gestionnaire du réseau de distribution, dans la décision du 3 juin 2004 Société Pouchon Cogen c/EDF. EDF y estimait que la CRE n'avait pas le pouvoir d'imposer à EDF de réaliser des travaux de raccordement. La CRE a déduit de l'article 40 de la loi de 2000 fixant les termes de sa compétence de règlement de différends que dès lors qu'elle pouvait sanctionner l'inexécution au terme d'un délai d'une de ses décisions fixant les conditions techniques et financières d'un règlement de différend, elle détenait nécessairement un tel pouvoir d'injonction.

Enfin, l'arrêt SINERG cité plus haut est venu confirmer que l'article 6§1 de la CEDH s'appliquait aux procédures de règlement de différend devant la CRE, censurant une décision pour s'être fondée sur un moyen que la CRE avait soulevé d'office sans en informer les parties. La CRE a donc de plus en plus souvent besoin de répondre préventivement à des critiques procédurales, par la pratique de la clôture de l'instruction (à la date de l'envoi des convocations) pour déterminer les pièces exclues du débat, avec faculté de réouverture à l'audience (25 mai 2004, RTE c/Cerestar), par la vérification de la neutralité du rapporteur (27 mai 2004, Sarl de la Torre c/EDF), par l'exclusion du débat entre parties des informations commercialement sensibles produites par un demandeur qu'elle estime ne pouvoir soumettre au contradictoire (4 juin 2004, Clariant Huningue c/SAEML Huningue).

Principes du droit d'accès au réseau

Le principe de non-discrimination a connu une illustration nouvelle. La société Cerestar, à la suite d'une modification de ses conditions de raccordement due à un changement dans ses conditions d'approvisionnement, avait refusé de signer le nouveau contrat que lui proposait RTE. Après avoir confirmé la position de RTE, fondée sur la définition légale en vigueur du réseau qu'il gère, la CRE impose à la société de signer un contrat – ne pouvant, peut-on comprendre, accepter qu'un utilisateur s'exonère de la solidarité entre utilisateurs du réseau via le tarif que celui-ci incarne.

La décision du 30 octobre 2003, SARL Cogé de Kerverzet c/EDF étend le principe de transparence assez loin en amont de la décision de procéder au raccordement. C'est ici la non- utilisation d'une information que le gestionnaire de réseau détenait et, par suite, le caractère imprécis d'une étude préparatoire à la proposition de raccordement que la CRE juge irrégulière. La Cour d'appel de Paris, par une décision du 8 juin 2004 rendue sur le recours d'EDF, a entièrement validé cette position. Un raisonnement identique est tenu dans la décision Safhloa, où est critiquée la non- utilisation au stade de l'étude exploratoire des informations sur l'insuffisance du réseau. Dans le même esprit, la décision du 26 mai 2004 Sarl de la Torre condamne un comportement dilatoire.

Dernier exemple de condamnation de retards et de manquement à l'obligation de transparence dans la décision du 3 juin 2004, Société Pouchon Cogen c/EDF : refus complet du gestionnaire de donner la moindre information en arguant tant de leur confidentialité que de leur inutilité. La CRE établit par ailleurs dans cette décision que le principe de transparence doit aussi conduire le gestionnaire à examiner tous les scenarii de raccordement. La CRE rappelle, dans un domaine voisin, que le gestionnaire doit justifier, d'abord auprès de l'utilisateur, ensuite devant elle, de tous les coûts qu'il entend facturer (SARL Cogé de Kerverzet). Il convient de noter que la Cour d'appel de Paris a validé cette méthode de détermination de la solution financière au litige que doit donner la CRE, notant au passage (dans son arrêt du 8 juin 2004) qu'en procédant ainsi la CRE n'inflige pas une sanction ni n'indemnise un préjudice, mais se borne à faire usage de ses compétences. Tout en validant la procédure d'instruction (étude exploratoire, puis proposition technique et financière), la CRE a cependant rappelé que les gestionnaires de réseaux étaient tenus d'adresser une proposition de convention de raccordement assortie d'un devis à tout utilisateur, même en cas de défaut d'accord sur la proposition technique et financière. Subordonner l'envoi de la convention à cet accord est ajouter à la loi une condition qui n'y figure pas (26 mai 2004, Sarl de la Torre).

Tarification

S'agissant de la tarification, la CRE a validé par la décision du 4 juin 2004, Clariant Huningue c/SAEML Huningue l'adoption d'un tarif provisoire par un gestionnaire de réseau, en estimant qu'il avait obligation non d'appliquer les textes antérieurs, mais de mettre en œuvre les principes nouveaux, communautaires et législatifs, gouvernant les tarifs. La CRE s'attache à vérifier que le tarif provisoire ainsi applicable en l'attente de son propre tarif recouvre les coûts du gestionnaire, n'est pas discriminatoire, et est porté à la connaissance des utilisateurs.

Principe d'indépendance des législations

Une décision de la CRE est venue éclairer le principe d'indépendance des législations gouvernant d'une part le raccordement aux réseaux dans le cadre de l'organisation des marchés de l'énergie, dominé par le droit d'accès aux réseaux des utilisateurs, et, d'autre part, le raccordement comme élément du droit de l'urbanisme, dominé par le primat de la régularité de l'utilisation des sols conditionnant le raccordement aux réseaux.

Dans le litige tranché par la décision du 22 juillet 2004, JMF Immo c/EDF, un maire avait mis en demeure EDF de ne pas raccorder un lotissement dont la SCI qui le réalisait n'avait pas respecté sur deux points la réglementation applicable à son projet. La SCI a saisi la CRE du refus d'accès au réseau qu'EDF lui avait opposé, et la CRE a constaté que, dans cette hypothèse, le gestionnaire de réseau ne pouvait qu'appliquer la décision du maire et ne disposait d'aucune marge de manœuvre pour apprécier s'il convenait de procéder au raccordement. La CRE se réserve le droit d'écarter du débat une décision du maire qui serait manifestement illégale (rappelant ainsi son audacieuse décision PEMAR de 2002, où elle rappelait que le principe de légalité lui faisait obligation de ne pas appliquer un acte illégal) et constate que ce n'est pas le cas en l'espèce

L'élargissement de ses compétences au marché du gaz ne devrait pas modifier sensiblement le paysage jurisprudentiel qu'elle a dessiné, tandis que sa proximité avec l'ensemble des acteurs de marché semble assurer une bonne diffusion de ses orientations, bien prises en compte par les gestionnaires de réseaux, qui trouvent dans les décisions les moyens d'améliorer le fonctionnement du service public, comme l'illustre la relative rareté des contentieux.

T. Tuot

Concurrences N° 1-2005, pp. 121-123

CE, 18 mars 2019, UFC-Que Choisir, n° 410628

Le Conseil d'État se prononce sur la conventionalité de la procédure suivie devant le CoRDiS de la CRE en cas de refus de mise en œuvre d'une sanction (UFC-Que Choisir)

Saisi par une association de consommateurs d'une décision de refus du membre désigné par le CoRDiS de la CRE de faire suite à une plainte déposée à l'encontre d'*ENEDIS*, gestionnaire du réseau de transport d'électricité, le Conseil d'État a, d'une part, considéré que le moyen tiré de la violation du principe d'impartialité posé par l'article 6§1 de la Convention européenne de sauvegardes des droits de l'Homme et des libertés fondamentales était inopérant à l'encontre d'une telle décision et, d'autre part, que les critiques formulées à l'encontre des liens existants entre *ENEDIS* et *EDF* (société mère) étaient toutes infondées.

Le contexte

L'article L. 134-25 du Code de l'énergie, dans sa rédaction issue de l'article 2 de l'ordonnance n° 2016-1725 du 15 décembre 2016 relative aux réseaux fermés de distribution, dispose que le Comité de règlement des différends et des sanctions ('CoRDiS') de la Commission de régulation de l'énergie ('CRE') "*peut soit d'office, soit à la demande du ministre chargé de l'énergie, de l'environnement, du président de la Commission de régulation de l'énergie, d'une organisation professionnelle, d'une association agréée d'utilisateurs ou de toute autre personne concernée, sanctionner les manquements mentionnés aux titres Ier et II du présent livre et aux livres III et IV qu'il constate de la part des gestionnaires de réseaux publics de transport ou de distribution d'électricité, des gestionnaires de réseaux fermés de distribution d'électricité, des opérateurs des ouvrages de transport ou de distribution de gaz naturel ou des exploitants des installations de stockage de gaz naturel ou des installations de gaz naturel liquéfié ou des exploitants de réseaux de transport et de stockage géologique de dioxyde de carbone ou des utilisateurs de ces réseaux, ouvrages et installations, y compris les fournisseurs d'électricité ou de gaz naturel, dans les conditions fixées aux articles suivants*".

C'est sur ce fondement que, par lettre du 25 juin 2014, l'association UFC-Que Choisir a saisi le CoRDiS d'une demande de sanction à l'encontre de la société *Électricité Réseau Distribution France*, devenue *ENEDIS*, pour divers motifs tirés de la violation des règles de séparation entre un gestionnaire de réseau et sa société-mère, ou bien encore du droit de la concurrence.

Le membre désigné par le président du CoRDiS en application de l'article R. 134-30 du Code de l'énergie ayant refusé de faire droit à une telle demande par décision du 17 mars 2017, l'association a saisi le Conseil d'État d'un recours pour excès de pouvoir à l'encontre de sa décision.

Sur le contrôle du juge

Par un arrêt du 7 février 2018, le Conseil d'État a confirmé sa compétence en premier et dernier ressort pour connaître d'un recours pour excès de pouvoir contre une décision par laquelle le membre désigné par le CoRDIS de la CRE refuse, sur le fondement de l'article R. 134-33 du Code de l'énergie, de donner suite à une demande de sanction formée par cette commission (CE, 7 févr. 2018, *Ateliers de construction mécanique de Marigny,* req. n° 399.683).

Le Conseil d'État fait application de sa jurisprudence opérant un contrôle restreint sur les motifs de telles décisions, se limitant à l'erreur manifeste d'appréciation.

Sur le principe d'impartialité

La notion d'"*accusation en matière pénale*" au sens de l'article 6§1 de Convention européenne de sauvegarde des droits de l'homme et des libertés fondamentales ('CESDH') s'applique à un large éventail de sanctions administratives. La violation d'un tel article trouve notamment à s'appliquer aux organes des autorités de régulation économique dotés d'un pouvoir de sanction (v. par ex. CE, Ass., 3 déc. 1999, *Didier,* req. n° 207.434 ; CE, 4 févr. 2005, *GSD gestions et Gautier,* req. n° 269.001 ; CE, Sect., 27 oct. 2006, *Parent,* req. n° 276.069).

La Cour européenne des droits de l'Homme, dans une interprétation *in abstracto* des termes de la CESDH, considère que le respect de son article 6§1 implique une stricte séparation entre l'entité qui instruit la procédure de sanction et celle qui prononce ladite sanction (v. en ce sens : 11 juin 2009, *Dubus c/ France,* aff 5242/04). Le Conseil d'État juge quant à lui que le respect de ces dispositions implique seulement que les fonctions soient séparées. Les fonctions d'accusation, d'instruction et de jugement peuvent ainsi être exercées au sein de la même autorité, pourvue que différents organes en soient chargés (CE, Ass., 3 déc. 1999, *Didier,* req. n° 207.434 ; CE, Ass., 21 déc. 2012, *Groupe Canal* Plus et Vivendi Universal, req. n° 353.856).

En l'espèce, l'association requérante faisait valoir que le membre du CoRDiS qui avait instruit sa demande de sanction ne pouvait, sans entacher sa décision d'un défaut d'impartialité, se prononcer lui-même sur les suites à y donner.

Le Conseil d'État a cependant rejeté une telle prétention en indiquant très clairement que "*la décision par laquelle le membre désigné dans les conditions prévues à l'article R. 134-30 du code de l'énergie décide, au vu de l'instruction, qu'il n'y a pas lieu à mise en demeure ou à notification de griefs ne présente pas le caractère d'une sanction et ne peut conduire au prononcé d'une sanction. Dès lors, les stipulations de l'article 6 de la convention ne peuvent être utilement invoquées à son encontre*'. Le Conseil d'État a par la suite ajouté qu"*en tout état de cause, la circonstance que ce soit la même personne qui, après avoir été chargée de l'instruction de la plainte, décide, au vu de cette instruction, qu'il n'y a pas lieu de donner suite à la saisine ne saurait, par elle-même, traduire un manquement à l'impartialité*".

Cet ajout paraît opportun. En effet, dès lors que, dans sa fonction disciplinaire, le Cordis ne peut se prononcer, qu'il sanctionne ou relaxe la personne poursuivie, qu'à la condition d'avoir été saisi par l'autorité distincte chargée d'instruire la plainte, la compétence de cette dernière, au vu du résultat de ses investigations, pour classer la plainte ou de lui donner une suite ne saurait être contestée en soi au regard du principe d'impartialité. Le principe de l'opportunité des poursuites à un caractère général et le classement constitue donc une prérogative normale de l'autorité en charge de l'instruction. Ce qui peut être contesté le cas échéant au regard de l'impartialité, en revanche, c'est la décision de classement, au cas par cas.

Les problématiques de séparation au sein d'un opérateur verticalement intégré

Sur le fond, l'association invoquait plusieurs moyens de légalité critiquant les liens entre la société *ENEDIS*, gestionnaire du réseau de distribution, et sa société-mère *EDF*, opérateur économique sur le marché concurrentiel de la fourniture d'électricité.

Par un premier moyen, l'association requérante reprochait au CoRDiS d'avoir rejeté sa demande tendant à ce que soient modifiés les statuts d'*ENEDIS* afin d'étendre à l'ensemble des personnels exerçant une fonction de direction au sein de la société l'interdiction faite aux membres du directoire d'exercer une responsabilité directe ou indirecte dans la gestion d'activités de production ou de fourniture d'électricité.

Sans surprise, le Conseil d'État a jugé que les dispositions des articles L. 111-65 et L. 111-66 du Code de l'énergie se suffisent à elles-mêmes et n'imposent pas aux sociétés gestionnaires de réseaux de distribution d'inclure dans leurs statuts une clause réitérant l'interdiction de cumul qu'elles énoncent entre la responsabilité de la gestion des activités de distribution et la gestion des activités de production ou de fourniture.

Dans un second moyen, plus polémique, l'association requérante faisait grief au CoRDiS d'avoir rejeté sa demande tendant à ce que la politique de versement de dividendes de la société *ENEDIS* à *EDF*, ainsi que la convention par laquelle elle a confié la gestion de sa trésorerie à *EDF* soient sanctionnées au motif que ces pratiques seraient constitutives de subventions croisées.

Après avoir rappelé que l'interdiction des subventions croisées ne vaut que pour l'exercice simultané, au sein d'une entité unique, d'activités de transport, de distribution et de fourniture et trouve sa traduction dans les obligations de séparation comptable, le Conseil d'État a successivement jugé :

"les pratiques de versement de dividendes et de gestion de sa trésorerie mises en œuvre par la société ENEDIS sont sans lien avec l'obligation de séparation comptable entre l'activité de fourniture aux tarifs réglementés et celle de la fourniture à des conditions de marché qui s'impose à Electricité de France et aux entreprises locales de distribution en vertu de l'article L. 111-84 du code de l'énergie" ;

"l'obligation de tenir un compte séparé au titre de l'activité de gestion des réseaux de distribution prévue par cet article pour ces mêmes fournisseurs, lorsqu'une telle activité n'est pas exercée par une entreprise distincte, est sans objet à l'égard de la société ENEDIS, qui est une entité juridique distincte de la société EDF".

Enfin, répondant à l'argumentation de l'association requérante tirée de ce que la société *EDF* s'immisçait dans la gestion de sa filiale en méconnaissance des dispositions de l'article L. 111-61 du Code de l'énergie et de l'article 26 paragraphe 2 sous c) de la directive du 13 juillet 2009, le Conseil d'État a rappelé qu'il n'est pas interdit à un gestionnaire de réseau, lorsqu'il est membre d'un groupe verticalement intégré, de recourir aux services de sa société-mère pourvu que le service lui soit fourni aux conditions de marché selon des modalités ne portant pas atteinte à son indépendance.

Or, en l'espèce, le Conseil d'État a considéré :

- que la convention du 8 avril 2009 par laquelle la société *ENEDIS* a confié la gestion de sa trésorerie à la société *EDF* interdit à cette dernière de s'ingérer dans la gestion et la disposition des fonds de sa filiale et, dans les faits, qu'une telle ingérence n'est pas démontrée ;

- qu'aucune ingérence n'est davantage caractérisée dans le cadre des conventions de groupe conclues dans le domaine des systèmes d'information entre ces deux entités, les entités régulées du groupe *EDF* n'y étant pas partie.

E. Guillaume, M. Perche.
Concurrences N° 2-2019, pp. 167-168.

Chapitre 5

TRANSPORTS

5.1 Transport ferroviaire

5.1.1 Organisation générale

CE, A.G., avis n° 394425 du 8 mars 2018 sur un projet de loi pour un nouveau pacte ferroviaire

Le Conseil d'État donne son avis sur le projet de loi pour un nouveau pacte ferroviaire

Après avoir confié en octobre 2017 une mission à M. Jean-Cyril Spinetta, afin de dresser un diagnostic global de l'état de la situation du système ferroviaire, lequel a été remis le 15 février 2018, le Gouvernement a considéré qu'il y avait urgence à agir. Il a donc proposé, au Conseil des ministres du 28 février 2018, un "*nouveau pacte ferroviaire*" construit autour de quatre axes d'évolution :

- concernant l'organisation du groupe *SNCF*, notamment pour ce qui est de la forme juridique des entités le composant ;
- concernant les conditions de recrutement et de gestion des agents du groupe public ferroviaire ;
- concernant la performance de la *SNCF*, en particulier pour la gestion de la dette, des biens affectés aux services conventionnés ou encore de l'information du voyageur et de la billettique ;
- concernant l'ouverture à la concurrence du transport ferroviaire.

Ce "pacte" a été construit afin que le Gouvernement puisse être habilité à légiférer par ordonnance sur le fondement de l'article 38 de la Constitution. Le projet de loi contient huit articles. Les articles 1er à 5 prévoient les ordonnances dont l'objet est de "*faire évoluer le groupe public ferroviaire, pour l'adapter au nouveau contexte dans lequel doit s'inscrire son intervention et pour renforcer sa performance*" et de "*définir les conditions de l'ouverture à la concurrence du marché, en étroite articulation avec la transposition et la déclinaison des textes européens issus principalement du quatrième paquet ferroviaire,* [et en particulier la directive (UE) 2016/2370 du 14 décembre 2016 modifiant la directive 2012/34/UE en ce qui concerne l'ouverture du marché des services nationaux de transport de voyageurs par chemin de fer ou les dispositions du pilier "technique" du quatrième paquet ferroviaire]". L'article 6 comprend des dispositions relatives à l'Autorité de régulation des activités ferroviaires et routières. Les articles 7 et 8 prévoient des mesures de coordination et les ordonnances contenant diverses mesures de nature à renforcer la lisibilité, l'intelligibilité et l'effectivité de la loi et fixent le délai de dépôt des projets de loi de ratification des ordonnances précitées.

Saisi le 26 février 2018 de ce projet de loi pour un nouveau pacte ferroviaire, l'Assemblée générale du Conseil d'État a pu donner son avis sur les dispositions relatives au régulateur ainsi que sur celles relatives aux autres aspects de la réforme.

L'avis du Conseil d'Etat sur les dispositions relatives à l'Autorité de régulation des activités ferroviaires et routières

Dans le projet de loi, est prévu un article 6 ainsi rédigé: "*I. L'article L. 2133-8 du code des transports est complété par un alinéa ainsi rédigé: 'Elle dispose d'un délai de deux mois à compter de la transmission d'un projet de texte pour rendre son avis. À titre exceptionnel, et sur demande du Premier ministre, ce délai est réduit à deux semaines.' II. Dans les conditions prévues à l'article 38 de la Constitution, et dans un délai de six mois à compter de la publication de la présente loi, le Gouvernement est autorisé, afin de sécuriser l'établissement des redevances d'infrastructure liées à l'utilisation du réseau ferré national et de renforcer leur prévisibilité, à prendre par ordonnance toute mesure relevant du domaine de la loi pour modifier les modalités de fixation de ces redevances et de consultation de l'Autorité de régulation des activités ferroviaires et routières, ainsi que les critères qu'elle prend en compte et la portée de son avis*".

Le Conseil d'État estime, tout d'abord pour ce qui concerne l'alinéa 1er, "*que, si le principe d'un délai imposé à l'Arafer pour rendre ses avis relève du domaine de la loi, en revanche la fixation de la durée de ce délai revient au pouvoir réglementaire, y compris pour la réduction de ce délai en cas de nécessité*". Cet élément de l'avis laisse à supposer que le Conseil d'État sera attentif à ce que le régulateur dispose de délais suffisants pour mener à bien sa mission. Or si un délai de deux mois peut paraître correct, tel n'est pas le cas du délai de quinze jours. En pareil cas, on peut estimer que le régulateur n'aura pas les moyens de procéder à une étude exhaustive et ne pourra que se concentrer sur des aspects généraux ou sur des aspects quantitativement réduits.

Ensuite, le Conseil d'État revient sur l'intention du Gouvernement de modifier les conditions dans lesquelles s'exerce le pouvoir consultatif de l'Arafer sur la fixation des redevances d'infrastructure liées à l'utilisation du réseau ferré national.

Aujourd'hui, l'article L. 2133-5 C. trans. en vigueur est rédigé ainsi:

"*I.- L'Autorité de régulation des activités ferroviaires et routières émet un avis conforme sur la fixation des redevances d'infrastructure liées à l'utilisation du réseau ferré national au regard :*

1° Des principes et des règles de tarification applicables sur ce réseau, prévus à l'article L. 2111-25 ;

2° De la soutenabilité de l'évolution de la tarification pour le marché du transport ferroviaire, et en considération de la position concurrentielle du transport ferroviaire sur le marché des transports ;

3° Des dispositions du contrat, mentionné à l'article L. 2111-10, conclu entre l'État et SNCF Réseau.

Lorsque, notamment en application d'une convention de délégation de service public prévue aux articles L. 2111-11 et L. 2111-12, les redevances sont fixées conformément à des dispositions tarifaires sur l'application desquelles l'Autorité de régulation des activités ferroviaires et routières s'est déjà prononcée dans les conditions et selon les modalités prévues aux quatre premiers alinéas, l'avis visé au premier alinéa est réputé obtenu.

II.- Sauf dans le cas prévu à l'article L. 5352-2, l'Autorité de régulation des activités ferroviaires et routières émet un avis conforme sur la fixation des redevances relatives à l'accès aux gares de voyageurs et aux autres installations de service ainsi qu'aux prestations régulées qui y sont fournies, au regard des principes et des règles de tarification applicables à ces installations. Lorsque les redevances sont fixées pour une période pluriannuelle, l'Autorité de régulation des activités ferroviaires et routières émet son avis pour la période concernée et en cas de modifications".

La volonté exprimée par le Gouvernement de modifier cette prérogative du régulateur a beaucoup fait réagir. En particulier, le président de l'Arafer, Bernard Roman, a rappelé l'importance du pouvoir d'avis conforme du régulateur sur la tarification ferroviaire: "*Cet avis juridiquement contraignant est un outil clé pour que l'Arafer puisse exercer sa mission : valider en amont les tarifs d'accès au réseau ferré afin de garantir que le tarif proposé par SNCF Réseau, entreprise actuellement en monopole, est transparent et équitable, au bénéfice de tous les acteurs du secteur, opérateurs ferroviaires, autorités organisatrices de transport et les usagers. Ce pouvoir, dont dispose la majorité des autorités de régulation françaises et européennes dans la plupart des secteurs industriels régulés (électricité, télécom, etc.), est la condition d'un développement équilibré du secteur du transport ferroviaire. Les menaces qui pèsent aujourd'hui sur l'avis conforme de l'Arafer sont incompatibles avec la réussite de l'ouverture à la concurrence du marché de transport de voyageurs*" (cf. communiqué de presse du 27 mars 2018, disponible sur le site Internet de l'ARAFER).

Dans son avis, le Conseil d'État est venu défendre le rôle de la régulation indépendante dans le secteur ferroviaire. En effet, bien qu'admettant l'utilité d'habiliter le Gouvernement – dont l'objectif de sécurisation des redevances d'infrastructure liées à l'utilisation du réseau ferré national est tout à fait légitime –à faire évoluer les modalités de fixation de ces redevances, le Conseil d'État affirme clairement qu'"*il ne serait pas conforme à la directive (UE) 2012/34, modifiée par la directive (UE) 2016/2370 du 14 décembre 2016, de limiter le rôle de l'Arafer à la seule vérification de la prise en compte, par le tarif de redevances d'utilisation d'infrastructures liées à l'utilisation du réseau ferré national, du contrat conclu entre l'État et SNCF Réseau en application de l'article L. 2111-10 du code des transports. Le régulateur sectoriel prévu par la directive doit, en effet, pouvoir se prononcer, en vertu du paragraphe 6 de son article 56, sur l'application de tous les principes de tarification de l'infrastructure posés par cette directive*".

L'avis du Conseil d'Etat sur les dispositions relatives aux autres aspects de la réforme ferroviaire

Les observations apportées par le Conseil d'État sur les autres dispositions se révèlent être d'une moindre portée.

Sur le délai dans lequel doivent être prises des ordonnances sur le fondement de ces cinq habilitations, le Conseil d'État constate "*que ce délai de six mois est relativement court pour préparer et adopter cinq ordonnances, mais qu'il s'impose compte tenu de la nécessité de transposer avant la fin de l'année la directive 2012/34/UE telle qu'elle a été modifiée par la directive (UE) 2016/2370 du 14 décembre 2016, et de prendre dans le même temps les mesures liées à cette transposition, qui sont nécessaires pour s'adapter à l'ouverture à la concurrence du transport ferroviaire de voyageurs*".

Sur les dispositions du projet de loi autorisant le Gouvernement à prendre par ordonnance certaines mesures permettant de transformer le système de transport ferroviaire français, le Conseil d'État, afin de permettre à l'exécutif de mener à bien la concertation entreprise avec l'ensemble des acteurs du secteur ferroviaire, et en particulier les organisations syndicales et patronales ou les autorités organisatrices de transport mais aussi les représentants des usagers et clients, *"est d'avis de définir l'habilitation avec une précision suffisante, mais d'une manière assez ouverte pour ne pas être excessivement contraignante au stade de la rédaction de l'ordonnance"*.

Sur le projet du Gouvernement de modifier par ordonnance des dispositions constituant déjà une mesure de transposition de la directive 2012/34/UE, le Conseil d'État n'apporte aucun commentaire.

En conclusion, le fait que le Gouvernement ait rendu public cet avis doit être interprété comme un signe favorable aux recommandations du Conseil d'État et en particulier pour le maintien des prérogatives de l'Arafer.

H. Delzangles, S. Martin
Concurrences N°2-2018, pp. 177-178

ARAFER, déc. n° 2019-003, 31 janv. 2019 relative aux règles de séparation comptable de l'EPIC SNCF Mobilités

L'ARAFER valide, après avis de l'ADLC, les règles comptables présentées par l'opérateur en charge des services de transport ferroviaire sur le réseau ferré national (SNCF Mobilités)

Depuis le 1er janvier 2015, l'EPIC *SNCF Mobilités* s'organise autour de cinq branches d'activités. *Voyages SNCF* propose des prestations de transport ferroviaire de voyageurs en France et en Europe et regroupe les activités de TGV mais aussi les filiales *Eu rostar, Thalys* et *Lyria*. La branche *SNCF Logistics* regroupe *Fret SNCF* mais aussi ses filiales de transport de marchandises telles que *Naviland Cargo* ou *VFLI*. Une branche de *SNCF Mobilités* englobe ce que l'on pourrait dénommer 'train conventionné' avec les activités du Transilien, des Trains express régionaux et des Trains d'équilibre du territoire. Une branche est constituée par l'entreprise Keolis. Enfin, la dernière branche correspond aux activités de *SNCF Gares et Connexions*. La loi n° 2015-515 du 27 juin 2018 pour un nouveau pacte ferroviaire maintient l'essentiel mais prévoit toutefois quelques changements quant à l'organisation du groupe public ferroviaire puisqu'il sera scindé en trois sociétés anonymes à capitaux publics (correspondant aux trois EPIC actuels) à partir du 1er janvier 2020 et que l'entité *SNCF Gares & Connexions* sera rattachée à la société anonyme *SNCF Réseau* à la même date.

En vertu de l'article L. 2133-4 C. trans., *'L'Autorité de régulation des activités ferroviaires et routières approuve, après avis de l'Autorité de la concurrence, les règles de la séparation comptable prévue aux articles L. 2122-4,* L. 2123-1-*1, L. 2144-1 et L. 2144-2, les règles d'imputation, les périmètres comptables et les principes régissant les relations financières entre les activités comptablement séparées, qui sont proposés par les opérateurs. Elle veille à ce que ces règles, périmètres et principes ne permettent aucune discrimination, subvention croisée ou distorsion de concurrence. Les modifications de ces règles, périmètres et principes sont approuvées dans les mêmes conditions'*. À ce titre, *SNCF Mobilités* est soumis aux obligations de séparation comptable pour ce qui est de l'exploitation d'installations de services prévues (cf. article L. 2123-1-1 du Code des transports), pour le transport ferroviaire de marchandises et de personnes (cf. article L. 2144-1 du Code des transports) et à l'égard des activités de transport conventionné de personnes (cf. article L. 2144-2 du Code des transports).

Ce n'est pas la première fois que le régulateur ferroviaire se penche sur la séparation comptable de l'opérateur ferroviaire public français. D'ailleurs, l'ARAFER, dans le cadre de sa décision n° 2015-010 du 22 avril 2015, avait refusé d'approuver les règles de séparation comptable pour l'activité de fourniture de services de transport ferroviaire de fret de *SNCF Mobilités*. Le refus était notamment motivé par le fait que le document transmis par la *SNCF* n'excluait pas les installations de service du champ de la séparation comptable présentée pour cette activité de transport de marchandises, le référentiel de séparation comptable présenté ne comportait pas de règle propre à garantir l'équilibre financier de l'activité et à prévenir de ce fait le risque de subvention croisée et de distorsion de concurrence et ce référentiel ne comportait pas de règle de rémunération de l'endettement propre à refléter la réalité de la situation financière de l'activité et de ses perspectives économiques. De plus, dans la décision n° 2016-220 du 13 décembre 2016, le régulateur ferroviaire avait, une nouvelle fois, refusé de donner son approbation car *SNCF Mobilités* ne s'était encore pas conformée à plusieurs de ses recommandations, notamment celles relatives aux périmètres de séparation comptable.

Depuis lors, l'Autorité a adopté une décision n° 2017-101 du 27 septembre 2017 dans laquelle elle est venue préciser tout à la fois les règles concernant les périmètres de chacune des activités comptablement séparées, les règles d'imputation comptable applicables ainsi que les principes déterminant les relations financières entre ces activités.

Dans la décision n° 2019-003 du 31 janvier 2019, qui fait suite à la saisine du 4 juin 2018 de *SNCF Mobilités*, l'ARAFER a procédé à l'analyse du nouveau document de règles de séparation comptable, conformément à ce que prévoit l'article L. 2133-4 du Code des transports, à la lumière des préconisations fixées dans la décision n° 2017-101 du 27 septembre 2017.

Si l'Autorité approuve les règles de la séparation comptable prévue aux articles L. 2123-1-1, L. 2144-1 et L. 2144-2 du Code des transports, les périmètres, les règles d'imputation ainsi que les principes régissant les relations financières entre activités comptablement séparées soumis par *SNCF Mobilités* dans sa saisine en date du 31 octobre 2018, il n'en reste pas moins que cette décision est importante. Comme le rappelle l'Autorité de la concurrence, saisie par l'ARAFER conformément aux dispositions de l'article L. 2133-4 du Code des transports, dans son avis particulièrement éclairant rendu le 23 janvier 2009, *'Lorsqu'une entreprise détenant une position dominante sur un marché exerce à la fois des activités d'intérêt général et des activités ouvertes à la concurrence, le contrôle du respect des règles de la concurrence nécessite que soit opérée une séparation claire entre ces deux types d'activité, de manière à empêcher que les activités en concurrence ne puissent bénéficier pour leur développement des conditions propres à l'exercice des missions d'intérêt général, au détriment des entreprises opérant sur les mêmes marchés. Les autorités de concurrence considèrent généralement que la séparation des comptes constitue une condition nécessaire à l'exercice du contrôle du respect des règles de la concurrence'* (cf. Cons. conc., avis n° 98-A-05 relatif à l'ouverture à la concurrence du marché de l'électricité).

Le contexte particulier de l'ouverture à la concurrence rajoute à l'intérêt de cette décision. On peut rappeler, s'il en était besoin, que les entreprises ferroviaires d'autres États membres de l'Union européenne pourront concurrencer les services domestiques de transport ferroviaire de voyageurs de *SNCF Mobilités* dès décembre 2020. Ces services non conventionnés sont aujourd'hui exploités par *SNCF Mobilités* quasi-exclusivement à l'aide de trains aptes à la grande vitesse circulant sur des lignes à grande vitesse ou sur des lignes classiques sous les marques TGV, InOui et Ouigo. Il sera possible pour un opérateur alternatif de commander des sillons ferroviaires sur ces lignes auprès du gestionnaire d'infrastructure *SNCF Réseau* à partir du 1er janvier 2019. Même si l'ouverture à la concurrence pour les services conventionnés est éventuellement plus lointaine, en 2023 au plus tard, la prise en compte de cet élément est également essentielle.

Nous analyserons donc cette décision du régulateur ferroviaire, en nous appuyant sur les éléments donnés par l'avis de l'Autorité de la concurrence, en nous intéressant successivement aux périmètres de séparation comptable, aux règles d'imputation comptable et aux principes régissant les relations financières entre activités comptablement séparées. Nous mettrons en lumière, dans chaque cas, les principales hypothèses susceptibles de soulever des difficultés soulignées par l'organe chargé de veiller à la concurrence.

Les périmètres de séparation comptable

Les périmètres de séparation comptable proposés par *SNCF Mobilités* distinguent tout d'abord trois grands blocs, à savoir les activités de gestion des installations de service, les activités de transport ferroviaire de voyageurs et les activités de transport ferroviaire de marchandises. Par ailleurs, une distinction est opérée au sein des activités de gestion des installations de service entre, d'une part, le périmètre de séparation comptable des activités de gestion des gares de voyageurs et, d'autre part, le périmètre des autres activités de gestion des installations de service. De même, au sein du périmètre des activités de transport ferroviaire de voyageurs, sont distinguées les activités de transport ferroviaire de voyageurs librement organisées (comme les services TGV) et les activités de transport ferroviaire de voyageurs conventionnées pour lesquelles chaque convention établie avec une autorité organisatrice de transport donne lieu à l'établissement d'un compte séparé. Enfin, le document de séparation comptable de *SNCF Mobilités* prévoit de regrouper les autres activités de *SNCF Mobilités* non prévues par le Code des transports au sein du périmètre isolé 'Autres activités' et regroupe les fonctions communes support au sein de l'EPIC, les activités de gestion immobilière et foncière des biens à vocation non ferroviaire et toute autre activité que développerait l'EPIC *SNCF Mobilités* sans lien avec les activités précédentes.

Le périmètre tel qu'il est déterminé dans les règles de séparation comptable présentées le 31 octobre 2018 par l'opérateur est conforme aux exigences du régulateur. Il respecte les recommandations de l'ARAFER qui, dans sa décision n° 2016-220, avait demandé à *SNCF Mobilités* que le compte relatif *SNCF Gares & Connexions* corresponde bien à l'intégralité de l'activité de gestion des gares de voyageurs.

Il faut néanmoins souligner que certains points des règles de séparation comptable soumises par *SNCF Mobilités* le 31 octobre 2018 ont soulevé des interrogations.

Ainsi, premièrement, pour ce qui est de l'activité de transport ferroviaire de marchandises, l'opérateur a prévu des '*locations éventuelles du matériel roulant ferroviaires marginales réalisées dans le cadre de l'optimisation du parc de matériel roulant ferroviaire*'. L'Autorité accepte cette possibilité pour que du matériel normalement affecté à une branche puisse de manière ponctuelle être utilisé par une autre branche dans la mesure où ces activités complémentaires demeurent effectivement limitées et ne viennent pas compromettre une présentation adéquate des résultats de l'activité de transport ferroviaire de marchandises, ce que l'Autorité devra vérifier dans les comptes de résultats. Il s'agit là d'un risque important pour la concurrence. Comme le souligne l'Autorité de la concurrence, *'Selon l'importance de ces services de location de matériel roulant, l'inclusion de cette activité pourrait soulever des risques de distorsion de la concurrence en faussant la perception des véritables résultats économiques ou financiers des activités de fourniture de services de fret de SNCF Mobilités'*. C'est pourquoi elle invite, d'une part, l'ARAFER à s'assurer concrètement que cette dérogation ne compromet pas une présentation adéquate des résultats, lui permettant d'identifier des distorsions de concurrence telles que des transferts indus entre les activités de l'opérateur ferroviaire pouvant constituer des subventions croisées. D'autre part, pour pallier tout risque de cette nature, elle propose que l'activité de location de matériel roulant puisse être incluse dans le périmètre 'Autres activités', au même titre que les activités annexes de Fret SNCF de location de son patrimoine immobilier.

Deuxièmement, pour les activités non incluses dans un périmètre de séparation comptable, *SNCF Mobilités*indique que certains éléments, tels les capitaux propres ou les frais financiers, sont comptabilisés sur des lignes distinctes du compte correspondant au périmètre des 'Autres activités', sans toutefois être très précis. L'Autorité de régulation des activités ferroviaires veillera, à la réception des comptes séparés de *SNCF Mobilités*, à l'exhaustivité du compte des 'Autres activités'.

Troisièmement, les règles de séparation comptable soumises à l'Autorité traitent exclusivement de la séparation comptable de l'activité d'exploitation de services de transport ferroviaire de marchandises exercée au sein de l'EPIC *SNCF Mobilités*. En d'autres termes, l'opérateur se contente d'affirmer que les comptes correspondant aux activités de transport ferroviaire de marchandises seront consolidés au niveau du groupe *SNCF Mobilités*. À cet égard, l'Autorité rappelle que *SNCF Mobilités* à l'obligation de produire des comptes consolidés de cette activité et doit donc analyser les activités des sociétés entrant dans le champ de la consolidation, afin d'identifier celles qui exercent une activité de transport ferroviaire de marchandises.

Les règles d'imputation comptable

Concernant les règles d'imputation comptable, le cadre présenté par *SNCF Mobilités* prévoit les principes généraux d'imputation. Plus précisément, il établit une règle générale selon laquelle les ressources propres aux différentes missions des activités comptablement séparées seront directement affectées aux différents périmètres de séparation comptable. S'il n'y a pas de lien d'affectation clair en raison d'une utilisation partagée par plusieurs activités de l'entreprise, les éléments seront imputés dans les comptes de l'activité comptablement séparée utilisatrice à titre principal, à charge pour celle-ci de refacturer aux autres activités utilisatrices comptablement séparées les prestations réalisées pour leur compte.

Ici aussi, *SNCF Mobilité* a indiqué avoir prévu quelques exceptions aux principes généraux soulèvent certaines difficultés. À titre principal, l'opérateur prévoit que les actifs financés au moyen de subventions publiques, dans le cadre des conventions de service public, soient affectés à l'activité comptablement séparée de transport ferroviaire de voyageurs ayant fait l'objet du financement par une autorité publique et non pas à l'activité utilisatrice à titre principal. L'Autorité admet cette dérogation *'dans la mesure où, d'une part, elle reflète la réalité contractuelle de l'engagement entre l'autorité organisatrice de transport et SNCF Mobilités et, d'autre part, qu'elle évite de créer un transfert de fonds publics, prohibé par l'article L. 2144-2 du code des transports, d'une activité de transport de voyageurs conventionné à une autre*'. L'ARAFER précise néanmoins qu'elle s'assurera que l'autorité organisatrice de transport à l'origine du financement bénéficie du revenu de la location de cet actif par le biais d'une diminution de la compensation de service public qu'elle verse à *SNCF Mobilités*.

L'Autorité de la concurrence soulève, par ailleurs, un autre problème. Dans le cas d'une utilisation mutualisée d'un actif, *SNCF Mobilités* fait référence à une méthode générale de refacturation des prestations internes en renvoyant à des critères et ces différentes clés de répartition sans les préciser clairement, se contentant de donner certains exemples tels que le temps de main-d'œuvre, la surface utile occupée ou encore les recettes voyageurs. L'absence de définition suffisamment précise des clés de répartition, pourtant déterminantes du point de vue de l'analyse concurrentielle, présente le risque que les tarifs de certaines de ces prestations facturées à ses concurrents soient différents des tarifs internes que *SNCF Mobilités* s'applique à elle-même.

Les principes régissant les relations financières entre activités comptablement séparées

Dans les règles de séparation comptable présentées, *SNCF Mobilités* a posé certains principes pour organiser les rapports financiers entre différentes activités comptablement séparées. Ainsi, il est prévu que les actifs dédiés aux installations de service et leurs subventions reçues dans le cadre des conventions de service public de transport ferroviaire sont inscrits au bilan de l'activité comptablement séparée de gestion de l'installation de service correspondante. Un tel mécanisme de rétrocession garantit que les financements publics en cause soient exclusivement réservés à l'usage défini par les autorités organisatrices dans les conventions de service public de transport ferroviaire de voyageurs. Pour ce qui est de la valorisation de ces relations financières, il ressort, d'une part, que les seuils déterminés par l'opérateur sont similaires à ceux qu'utilisent les commissaires aux comptes et, d'autre part, ils évitent des ajustements pour des transactions sans impact financier significatif.

L'Autorité considère qu'au stade de l'examen des règles de séparation comptable qui lui sont soumises, le traitement comptable ainsi proposé apparait acceptable, dès lors notamment qu'il permet de refléter la réalité des relations contractuelles entre le transporteur ferroviaire et les autorités organisatrices. L'Autorité rappelle toutefois la nécessité de s'assurer que les comptes séparés de *SNCF Mobilités*permettent de justifier que les subventions versées par une autorité organisatrice servent à financer des actifs ne pouvant être utilisés qu'aux fins de fournir des prestations pour les besoins des activités de transports de voyageurs conventionnées et non des activités ouvertes à la concurrence.

Dans son avis, l'Autorité de la concurrence relève un hiatus que l'ARAFER n'a pas repris. L'autorité consultative rappelle que *SNCF Mobilités* doit garantir l'auditabilité et la traçabilité. Il ressort des règles présentées par l'opérateur que celui-ci a adopté une formalisation centralisée pour répondre à ces exigences. En réalité, tel que cela ressort des recommandations du régulateur ferroviaire, la formalisation centralisée ne doit pas empêcher de garantir l'auditabilité et la traçabilité des relations financières entre les activités comptablement séparées. L'Autorité de la concurrence propose par conséquent que les règles concernant la formalisation centralisée des protocoles précisent les garanties apportées pour favoriser l'auditabilité et la traçabilité des relations financières internes. À ce titre, elle suggère que *SNCF Mobilités*désigne l'instance de gouvernance en charge de la validation des documents résultant de la formalisation centralisée des protocoles, distincte du comité d'audit, qui s'assure de leur traçabilité avec les comptes séparés.

En conclusion, on peut remarquer que, dans le cadre de son instruction, le régulateur n'a pas vérifié les applications pratiques chiffrées des règles de séparation comptable soumises par *SNCF Mobilités* car elle réserve cette analyse au moment du contrôle des comptes. Ces derniers devront être transmis à l'Autorité au plus tard le 30 juin 2019. À ce moment-là, l'ARAFER pourra s'assurer, concrètement, de l'effectivité des règles de séparation comptable qu'elle vient de valider.

S. Martin, H. Delzangles
Concurrences N° 2-2019, pp. 175-178

Concurrences +

Alain Ronzano, EPIC : L'Autorité de la concurrence approuve les règles de séparation comptable soumises à l'ARAFER par un EPIC (SNCF), 23 janvier 2019, Concurrences N° 2-2019, Art. N° 89562.

ARAFER, Avis 2019-028 du 9 mai 2019 sur le projet d'ordonnance relative à la nouvelle SNCF

L'ARAFER examine l'impact du projet d'ordonnance relative à la nouvelle organisation de l'opérateur ferroviaire historique sur le système ferroviaire dans la perspective de l'ouverture à la concurrence des services de transport domestiques de voyageurs

Sur la base des conclusions du rapport de M. Jean-Cyril Spinetta de février 2018, le Gouvernement s'était engagé dans la voie d'une nouvelle réforme du système ferroviaire avec les objectifs affichés de construire une nouvelle organisation pour l'opérateur historique et de rechercher une meilleure efficacité de ce système, notamment en faisant évoluer les conditions de recrutement et de gestion de l'emploi au sein du groupe public ferroviaire, tout ceci dans le contexte de l'ouverture à la concurrence des services de transport ferroviaire de voyageurs. Cette réforme a abouti à l'adoption de la loi n° 2018-515 du 27 juin 2018 pour un nouveau pacte ferroviaire (*JORF* n° 0147 du 28 juin 2018), laquelle a fixé non seulement les modalités d'ouverture à la concurrence des services de transport ferroviaire de voyageurs mais aussi acté la transformation des établissements publics industriels et commerciaux (EPIC) *SNCF*, *SNCF Mobilités* et *SNCF Réseau* en sociétés anonymes (SA) à capitaux publics à compter du 1er janvier 2020. Le législateur a toutefois laissé le Gouvernement agir par voie d'ordonnances pour parachever cette réforme. Le projet d'ordonnance dont a été saisie l'ARAFER, objet du présent commentaire, vise à assurer la transformation du groupe public ferroviaire ainsi que des filiales en un groupe public unifié conformément à la rédaction de l'article L. 2101-1 du Code des transports valable à compter du 1er janvier 2020.

L'analyse de l'Autorité entend examiner l'impact des dispositions proposées sur le bon fonctionnement du système ferroviaire dans la perspective de l'ouverture à la concurrence des services de transport domestiques de voyageurs, en particulier en ce qui concerne l'indépendance du gestionnaire d'infrastructure (I) et la nouvelle structure du groupe public unifié (II). Le régulateur saisi l'occasion pour regretter également que la "*vision du système ferroviaire*" se révèle absente du projet d'ordonnance (III).

L'analyse relative à l'indépendance du gestionnaire d'infrastructure

La nouvelle architecture institutionnelle de l'opérateur historique français a été déterminée en conformité avec les prescriptions du droit de l'Union européenne. En effet, la directive 2012/34/UE du Parlement européen et du Conseil du 21 novembre 2012 établissant un espace ferroviaire unique européen (*JOUE* L 343, 14 décembre 2012, p. 32–77) autorise expressément la possibilité pour un gestionnaire d'infrastructure d'appartenir à une entreprise verticalement intégrée. Toutefois, pour répondre aux exigences européennes, le gestionnaire d'infrastructure doit nécessairement être indépendant. L'ARAFER, dans le présent avis, cherche à déterminer si cet impératif est atteint par le projet d'ordonnance. Pour le régulateur, le gouvernement aurait pu aller plus loin.

Pour commencer, l'Autorité considère qu'il serait préférable de prévoir, *ex ante*, l'ensemble des garanties d'indépendance de nature à assurer l'impartialité de *SNCF Réseau*. Il ressort ensuite de son analyse que les dispositions du projet d'ordonnance, tant en ce qui concerne la composition du conseil d'administration de *SNCF Réseau* et ses modalités de gouvernance que, plus généralement, les missions confiées à la holding *SNCF* et leurs conditions d'exercice, sont insuffisantes pour assurer la pleine sauvegarde de l'indépendance du gestionnaire d'infrastructure.

La composition du conseil d'administration du gestionnaire du réseau ferré national présente un risque d'atteinte à son indépendance car, en vertu du nouvel article L. 2111-15 du Code des transports, le conseil d'administration de *SNCF Réseau* comprend un tiers de membres qui sont nommés sur proposition de la société nationale *SNCF*. "*L'Autorité considère* [...] *que la présence d'une part significative de membres du conseil d'administration nommés par l'assemblée générale sur proposition de la société nationale SNCF, holding du groupe public unifié intéressée au résultat de l'entreprise ferroviaire SNCF Voyageurs, est susceptible de porter atteinte* per se *à l'indépendance du gestionnaire d'infrastructure*". Pour éviter ces risques pour l'indépendance, le régulateur recommande que le conseil d'administration de *SNCF Réseau* comprenne également des personnalités qualifiées présentant des garanties d'indépendance et choisies en raison de leurs compétences en matière économique, technique, financière ou de développement durable.

L'avant-dernier alinéa du nouvel article L. 2111-15, qui organise les modalités de vote au sein du conseil d'administration de *SNCF Réseau*, dispose que "*les statuts de la société SNCF Réseau précisent la liste des résolutions du conseil d'administration de la société SNCF Réseau relatives à la stratégie financière, organisationnelle et opérationnelle,* [...] *qui ne peuvent être adoptées sans le vote favorable de la majorité des membres nommés par l'assemblée générale, autres que ceux proposés par l'État*". Pour l'ARAFER, cette disposition ne permet pas de garantir l'indépendance du gestionnaire d'infrastructure à plusieurs titres et devrait être modifiée. En premier lieu, les membres du conseil d'administration nommés par l'assemblée générale sur proposition de la société nationale *SNCF* bénéficie ainsi d'une capacité de blocage sur certaines décisions stratégiques, lesquelles peuvent, en deuxième lieu, se révéler nombreuses du fait de l'imprécision de l'expression "*résolutions* [...] *relatives à la stratégie financière, organisationnelle et opérationnelle*". En troisième lieu, cela confère un rôle à la société nationale *SNCF* dans la définition de la stratégie financière, organisationnelle et opérationnelle du gestionnaire d'infrastructure. En quatrième lieu, les membres du conseil d'administration nommés par l'assemblée générale des actionnaires sur proposition de la société nationale *SNCF* pourront prendre part à toutes les décisions, y compris si elles portent sur les fonctions essentielles.

Sur un autre registre, alors qu'à l'heure actuelle l'article L. 2111-16 du Code des transports prévoit que l'Autorité peut s'opposer à la nomination du président du conseil d'administration de l'établissement public *SNCF Réseau* en raison de l'insuffisance de garanties d'indépendance, le premier alinéa de l'article L. 2111-16 tel qu'il pourrait être modifié ne prévoit pas l'intervention de l'Autorité dans le processus de désignation du président du conseil d'administration de la société *SNCF Réseau*. Cela est d'autant plus surprenant que le deuxième alinéa de l'article L. 2111-16 modifié dispose quant à lui que "*la nomination, le renouvellement et la révocation du directeur général de la société SNCF Réseau sont préalablement soumis à l'avis conforme de l'Autorité*" et que cette dernière "*peut s'opposer à la nomination ou au renouvellement d'une personne au poste de directeur général, ou le cas échéant de président-directeur général*" ainsi qu'à sa révocation. Pour l'ARAFER, le président du conseil d'administration de la société *SNCF Réseau* étant un dirigeant au même titre que le directeur général ou le président-directeur général, il devrait être désigné selon une procédure équivalente à celle prévue pour le directeur général, ou celle prévue pour le président-directeur général.

Le projet d'ordonnance, dans la nouvelle rédaction de l'article L. 2102-1 du Code des transports, prévoit l'exercice par la société nationale *SNCF* des "*fonctions mutualisées, exercées au bénéfice de l'ensemble du groupe public unifié*" sans toutefois en préciser les contours. Pour l'Autorité, le silence des dispositions du Code des transports quant au périmètre des fonctions mutualisées constitue un risque pour l'autonomie organisationnelle et décisionnelle de *SNCF Réseau* car la société nationale *SNCF* pourrait s'immiscer dans l'exercice des missions du gestionnaire d'infrastructure au profit des sociétés *SNCF Voyageurs* ou *SNCF Fret* à travers l'exercice de certaines fonctions mutualisées stratégiques. Dès lors, l'ARAFER préconise que les fonctions dévolues à la société nationale *SNCF* au bénéfice du groupe public unifié soient réduites au strict minimum de manière pour ne pas porter atteinte à l'indépendance du gestionnaire d'infrastructure.

De manière plus générale, l'Autorité réaffirme que le gestionnaire d'infrastructure doit disposer de garanties d'indépendance concrètes vis-à-vis de l'opérateur historique dans les choix opérationnels et stratégiques en particulier pour celles qui ont un impact sur l'exercice des fonctions essentielles dont il a la charge. Or, dans la mesure où la loi n° 2018-515 du 27 juin 2018 pour un nouveau pacte ferroviaire vise à renforcer l'intégration du gestionnaire d'infrastructure au sein du groupe public unifié les risques en matière de gestion et protection des informations confidentielles que traite *SNCF Réseau* sont d'autant plus prégnants. Ainsi, comme elle a pu le formuler dans son avis n° 2017-059 du 21 juin 2017 relatif au projet de plan de gestion des informations confidentielles de *SNCF Réseau*, l'Autorité réaffirme la nécessité de perfectionner le plan de gestion, notamment pour ce qui est de la formation des managers ou l'extension du dispositif d'alerte aux entités extérieures au gestionnaire d'infrastructure.

Enfin, pour terminer sur ce point, l'Autorité relève différentes lacunes et imprécisions du projet d'ordonnance qui suscitent des interrogations sur la gouvernance effective des entités du groupe public. D'abord, l'article 1er de la loi pour un nouveau pacte ferroviaire prévoit que les statuts initiaux des différentes sociétés *SNCF* seront fixés par décret en Conseil d'État, ce qui offrira à l'Autorité la possibilité de se prononcer sur les modalités de fonctionnement des différentes entités composant le groupe public unifié et, ainsi, de s'assurer en particulier du respect de l'indépendance du gestionnaire d'infrastructure et du gestionnaire des gares. Toutefois, cet article prévoit que ces décrets pourront, par la suite, être modifiés selon les règles prévues par le Code de commerce permettant ainsi, éventuellement, que les dispositions initiales puissent être défaites à la discrétion de l'assemblée générale extraordinaire des actionnaires. Ensuite, le projet d'ordonnance ne comporte aucune disposition relative à la composition et au fonctionnement des organes de gouvernance du gestionnaire de gares alors même que le législateur a prévu le rattachement de la filiale en charge des gares à la société *SNCF Réseau*. En conséquence, l'Autorité préconise que le projet d'ordonnance soit complété afin de prévoir qu'elle soit amenée à rendre un avis conforme sur la nomination, le renouvellement et la révocation du directeur général et du président du conseil d'administration du gestionnaire de gares.

L'étude de la nouvelle structure du groupe public unifié

L'ARAFER commence par considérer que le périmètre des activités objet des transferts n'est pas exhaustif. Le projet d'ordonnance prévoit en effet que l'activité de gestion de gares de voyageurs soit confiée à *SNCF Réseau*. En revanche, il ne traite pas des autres activités de gestion d'installations de service et, en tout état de cause, celles-ci ne font pas l'objet d'une création de filiale dédiée à cette activité, comme cela est le cas pour la gestion des gares de voyageurs. Pour le régulateur, dans l'optique d'une ouverture à la concurrence des services de transport ferroviaire, l'accès aux centres de maintenance dans des conditions transparentes et non discriminatoires constitue un enjeu majeur pour les nouveaux entrants. Il serait donc préférable d'affecter ces installations à une nouvelle filiale en charge spécifiquement de leur gestion.

Par ailleurs, pour l'ensemble des opérations de transfert prévues par l'article 17 du projet d'ordonnance, le périmètre des activités transférées est défini par rapport aux comptes "dissociés" de l'actuel EPIC *SNCF Mobilité*. Faute de définition légale, ces comptes dissociés devraient correspondre aux comptes de gestion de l'opérateur de transport ferroviaire, qui sont liés aux périmètres opérationnels des différentes entités. L'Autorité estime qu'il serait préférable que l'ordonnance fasse référence à des comptes séparés, afin de garantir une meilleure assise juridique.

Dans le cadre de la constitution de la société en charge de l'activité de fourniture des services de transport de fret ferroviaire, l'EPIC *SNCF Mobilités* transfèrera les biens, droits et obligations des activités relatives à la fourniture des services de transport ferroviaire de fret. Par exception aux autres transferts prévus dans ce projet d'ordonnance, la dette financière ne sera pas transférée. Si l'Autorité comprend l'impossibilité de transférer ce bilan à une nouvelle entité et de créer, de fait, une société présentant dès l'origine des capitaux propres négatifs, la solution qui consiste en une absence de transfert de dette, même temporaire, peut s'apparenter à un apurement de cette dette historique par *SNCF Mobilités* et soulève la question des aides d'État pour cette activité en concurrence dont il appartiendra à la Commission européenne d'apprécier la compatibilité avec le droit de l'Union européenne.

Le projet d'ordonnance prévoit que les protocoles internes en vigueur au 31 décembre 2019 acquièrent valeur contractuelle. L'Autorité juge nécessaire que la partie de l'article 21 du projet d'ordonnance relative aux protocoles soit précisée. L'instruction menée par l'Autorité ne lui a pas permis de clarifier le devenir des protocoles actuels entre *SNCF Mobilités* et son activité Gares & Connexions pour s'assurer que ces protocoles ne s'appliqueront plus en cas de changement d'exploitant d'un service public de transport ferroviaire de voyageurs desservant la gare ou d'exploitant des prestations en gare.

Enfin, le projet d'ordonnance modifie l'article L. 2101-1 du Code des transports en prévoyant que la société nationale *SNCF* consolide par intégration globale la société *SNCF Réseau* ainsi que la filiale chargée de la gestion des gares de voyageurs, confirmant, s'il en était besoin, la volonté affirmée de constituer un groupe intégré et du rôle essentiel attribué à la société holding. Au vu des multiples enjeux soulevés tant par l'indépendance du gestionnaire d'infrastructure que par l'ouverture à la concurrence, l'Autorité s'étonne de l'importance accordée à cette question de technique comptable.

L'absence de mise en perspective à l'égard du système ferroviaire

Partant de l'idée selon laquelle le projet d'ordonnance parachève la mise en œuvre de la loi n° 2018-515 du 27 juin 2018, il modifie l'article L. 2102-1 du Code des transports relatif aux missions de la société nationale *SNCF* pour inscrire que "[s]*ans préjudice des missions mentionnées à l'article L. 2111-9 et exercées directement ou indirectement par la société SNCF Réseau, la société nationale SNCF assure également :* [...] *2° des missions transversales nécessaires au bon fonctionnement du système de transport ferroviaire national.*"

Cela confirme que les missions transversales instaurées au bénéfice de l'ensemble du secteur ferroviaire occupent une place primordiale. Comme le constate l'ARAFER, "*l'éclatement de leur exercice sans répartition claire et sans cadrage opérationnel entre la société nationale SNCF et la société SNCF Réseau ne permet pas d'atteindre l'efficience recherchée par le législateur. Par ailleurs, le projet d'ordonnance n'apporte aucune précision quant au périmètre des missions transversales qui incombent à la société nationale SNCF. Cette absence de délimitation précise est d'autant plus préjudiciable qu'elle constitue un recul par rapport à la rédaction en vigueur de l'article L. 2102-1 du code des transports, qui détaille les missions relevant de l'EPIC de tête, soit les missions en matière de gestion de crise et de préservation de la sûreté des personnes, des biens et du réseau ferroviaire, et de la sécurité ainsi qu'en matière de coordination des acteurs pour la mise en accessibilité du système de transport ferroviaire national aux personnes handicapées ou à mobilité réduite*".

Outre cette imprécision du périmètre des missions transversales, le régulateur critique le maintien par le gouvernement des missions transversales dans le giron de la société nationale *SNCF*, et ce sans cadre précis et prédéterminé. On le comprend, l'Autorité regrette en somme "*qu'aucune vision 'système' ne semble avoir guidé le projet d'ordonnance et qu'aucun cadrage nouveau ne vienne guider la réalisation de ces missions d'intérêt général*". Cela crée un véritable risque que les entreprises ferroviaires entrantes sur le marché se plaignent de frein quant à l'accès au réseau ferré national ou à la disponibilité et à la configuration des équipements de contrôle-commande embarqués. L'Autorité préconise à tout le moins que la loi définisse clairement le rôle de la *SNCF* à l'égard des missions transversales.

Pour finir, dans le cadre d'une appréciation globale, l'Autorité s'interroge sur le rôle de l'État à l'égard des transports ferroviaires dans la perspective de l'entrée en vigueur de l'ensemble de ces nouvelles mesures et de l'ouverture à la concurrence du secteur des transports domestiques de voyageurs. Elle rappelle l'article L. 2100-2 du Code des transports, selon lequel "*L'État veille à la cohérence et au bon fonctionnement du système de transport ferroviaire national. Il en fixe les priorités stratégiques nationales et internationales*". Ce faisant, le régulateur souhaite attirer l'attention des décideurs publics afin qu'ils n'oublient pas que le succès de la réforme repose aussi sur le respect des engagements qu'il a pris, notamment en matière d'investissements.

S. Martin, H. Delzangles
Concurrences N° 3-2019, pp. 178

5.1.2 Gares

CE, 3 oct. 2016, SNCF Mobilités, n° 389643

Le Conseil d'État valide l'avis défavorable de l'Autorité de régulation des activités ferroviaires et routières portant sur le projet de redevances des prestations fournies dans les gares de voyageurs

SNCF Mobilités, établissement public industriel et commercial chargé de l'exploitation du réseau faisant partie du groupe SNCF, demandait l'annulation de l'avis du 17 février 2015 de l'Autorité de régulation des activités ferroviaires et routières (ARAFER) donné sur le projet de redevances des prestations fournies par Gares & Connexions, branche autonome de SNCF Mobilités, dans les gares de voyageurs (avis n° 2015-005 du 17 février 2015).

Dans la décision commentée du 3 octobre 2016, le Conseil d'État rejette ce recours pour excès de pouvoir en effectuant un contrôle normal de l'avis de l'autorité de régulation.

Le cadre juridique général du litige

Partie intégrante du réseau ferroviaire, les infrastructures de services (les gares de voyageurs principalement), désormais appelées depuis l'intervention du décret n° 2016-1468 du 28 octobre 2016, "installations de service", et les services eux-mêmes, doivent être accessibles aux entreprises ferroviaires autorisées à exploiter des services de transport dans des conditions équitables et non-discriminatoires (article L. 2122-9 du code des transports transposant les dispositions de l'article 13 de la directive 2012/34/UE du 21 novembre 2012).

Gares & Connexions, qui assure au sein de SNCF Mobilités la gestion et le développement des gares ferroviaires de voyageurs, fournit aux entreprises ferroviaires des prestations dans les gares de voyageurs: (i) un "service de base" regroupant l'usage des installations aménagées pour la réception des passagers, la sécurité, l'information, l'accessibilité et l'entretien des gares et (ii) des "prestations complémentaires" qui concernent notamment le préchauffage des trains et la mise à disposition d'espaces en gare, de locaux commerciaux et de services (décret n° 2012-70 du 20 janvier 2012 relatif aux gares de voyageurs et aux autres infrastructures de services du réseau ferroviaire). Concrètement, ces prestations sont facturées à SNCF Mobilités lui-même qui exploite les marques TGV et Intercités, à d'autres filiales du groupe (Eurostar, Thalys, Lyria), mais aussi aux commerces en gares, aux autres entreprises ferroviaires (Thello, Deutsche Bahn) et aux régions, responsables des TER.

Les redevances perçues sont fixées sur une base annuelle en principe, pour chaque horaire de service. Ainsi, chaque année, Gares & Connexions établit en vertu de l'article 14-1 du décret n° 2003-194 du 7 mars 2003 relatif à l'utilisation du réseau ferroviaire un document de référence des gares de voyageurs précisant les prestations régulées rendues dans les gares, les conditions dans lesquelles elles sont rendues et les tarifs des redevances.

La fixation des redevances, encadrée par les textes, entre dans le champ du contrôle de l'ARAFER qui est chargée d'émettre un avis conforme sur le projet qui lui est soumis en application de l'article L. 2133-5 du code des transports.

En l'occurrence, l'ARAFER a émis un avis défavorable sur le projet de redevances relatives aux prestations régulées proposées par Gares & Connexions dans les gares de voyageurs figurant dans le document de référence des gares de voyageurs pour l'horaire de service 2016.

La recevabilité du recours dirigé contre l'avis conforme défavorable de l'ARAFER et le contrôle normal du Conseil d'Etat

Le contrôle de la légalité de l'avis de l'ARAFER par le Conseil d'État n'allait pas de soi. En dépit des tempéraments apportés par le Conseil d'Etat à cette règle (par exemple: CE, 29 octobre 2013, Vidon, n° 346569), on sait que les avis, mêmes conformes, ne peuvent pas être directement contestés (CE, 26 octobre 2001, M. et Mme Eisenchteter, n° 216471).

On sait également qu'en principe, sauf s'ils revêtent "le caractère de dispositions générales et impératives ou de prescriptions individuelles dont l'Autorité pourrait ultérieurement censurer la méconnaissance", les avis des autorités de régulation ne peuvent pas faire l'objet de recours (Conseil d'État, 11 octobre 2012, Casino Guichard-Perrachon, n° 357193).

Cette solution s'appliquait aux avis de l'ARAFER avant la décision du Conseil d'État du 30 janvier 2015 où il a alors admis de connaître d'un avis de l'autorité de régulation et d'exercer sur cet acte un contrôle normal (CE, 30 janvier 2015, Région Provence-Alpes-Côte d'Azur, n° 374022).

En l'occurrence, le Conseil d'État admet implicitement de contrôler l'avis négatif émis par l'ARAFER sur le projet de redevances inclus dans le document de référence des gares de voyageurs et considère donc qu'il s'agit d'une décision faisant grief. Il est vrai que cet avis conforme défavorable empêchait SNCF Mobilités de mettre en œuvre son projet de redevances tel qu'il l'avait présenté à l'ARAFER et devait donc pouvoir être contesté au moins par l'établissement public.

On remarquera enfin qu'il s'agit d'un contrôle normal, et non limité à celui de l'erreur manifeste d'appréciation, ce qui ressort de la motivation de l'arrêt et du fichage retenu au recueil Lebon.

Les règles de fixation des redevances relatives à l'accès aux infrastructures de services

Les règles de calcul des redevances d'accès aux services proposés en gares de voyageurs pour les entreprises ferroviaires sont fixées dans les décrets n° 2012-70 du 20 janvier 2012 (modifié récemment par le décret n° 2016-1468 du 28 octobre 2016) et n° 2003-194 du 7 mars 2003.

Les principes de fixation des redevances en question ne présentent pas d'originalité notable. Les redevances perçues en contrepartie des prestations d'accès aux infrastructures de service sont alignées sur les coûts de la prestation, majorés d'un "bénéfice raisonnable" pour SNCF Mobilités (article L. 2122-13 du code des transports alors applicable – cette règle figure désormais à l'article 3 du décret n° 2012-70 du 20 janvier 2012 relatif aux gares de voyageurs et aux autres infrastructures de services du réseau ferroviaire modifié par le décret n° 2016-1468 du 28 octobre 2016).

Les prévisions de charges sont effectuées sur la base des coûts constatés et des objectifs de performance et de productivité pour la gestion des gares de voyageurs (article 13-1 du décret du 7 mars 2003). Figurent parmi les charges à prendre en compte le coût des capitaux engagés (emprunts et intérêts, coût d'immobilisation des capitaux propres).

En règle générale, des modulations tarifaires sont possibles "dans des conditions équitables, transparentes et non discriminatoires [et] à condition que cette modulation reflète une différence objective de coût de la prestation régulée ou qu'elle incite à une utilisation optimale des ressources" (article 3 du décret n° 2012-70 du 20 janvier 2012). D'autres modulations spécifiques sont possibles. Par exemple, s'agissant de la mise à disposition d'espaces en gare qui constitue une prestation régulée complémentaire du service de base proposé par Gares & Connexions, la redevance doit être calculée par référence aux charges, mais peut faire l'objet de modulations pour tenir compte des spécificités d'une gare tenant notamment à l'importance du flux de voyageurs et donc à la clientèle potentielle.

Le Conseil d'Etat valide entièrement l'avis de l'ARAFER

Plusieurs moyens étaient soulevés par SNCF Mobilités. Outre ceux portant sur la légalité externe de l'avis (motivation insuffisante, instruction insuffisante), les moyens développés par l'établissement public tendaient à faire reconnaître la méconnaissance par l'ARAFER des principes de fixation des redevances précités.

Dans son avis du 17 février 2015, l'autorité de régulation avait en effet notamment considéré que le projet soumis par Gares & Connexions "n'affich[ait] pas les objectifs de performance et de productivité avec une précision nécessaire à la compréhension des redevances", que le coût moyen pondéré du capital pris en compte était "excessif" et que le gestionnaire ne précisait pas les justifications du système de modulation des redevances.

Le Conseil d'État valide en tous points l'avis défavorable de l'ARAFER.

En particulier, le juge administratif a considéré que, même s'ils ne sont pas contraignants, les objectifs de performance et de productivité pour la gestion des gares de voyageurs (pris en compte dans le montant des redevances), doivent figurer avec précision dans le document de référence établi par Gares & Connexions; il sanctionne ainsi le manque de transparence du projet de Gares & Connexions. Ce manque de transparence est également au cœur du grief de l'ARAFER portant sur le système de modulation tarifaire pour les redevances pour la mise à disposition d'espaces en gare; le Conseil d'État relève que le gestionnaire n'avait effectivement pas fourni de justifications suffisantes au régulateur. En outre, l'arrêt confirme l'analyse détaillée du régulateur sur les coûts d'immobilisation du capital, qualifiés "d'excessifs".

Cet arrêt confirme donc l'appréciation du régulateur. Le recours devant le Conseil d'État n'ayant pu être traité avant l'horaire de service concerné (2016), Gares & Connexions n'avait eu d'autre choix que de se conformer à l'avis de l'ARAFER en lui soumettant un nouveau projet de redevances. Celui-ci avait émis, à la fin de l'année 2015, peu de temps avant la période concernée, un avis favorable sur les redevances relatives aux prestations régulées fournies par Gares & Connexions dans les gares de voyageurs (avis n° 2015-044 du 2 décembre 2015).

E. Guillaume, P.E. Pivois
Concurrences N° 1-2017, pp. 206-208

ARAFER, juil. 2016, Étude thématique sur la gestion des gares ferroviaires de voyageurs en France

L'Autorité de régulation des activités ferroviaires et routières donne son avis dans une étude thématique sur la gestion des gares ferroviaires de voyageurs en France

La question de l'indépendance du gestionnaire de l'infrastructure essentielle vis-à-vis des utilisateurs, bien connue dans le domaine de la régulation de l'énergie mais plus compliquée à mettre en œuvre dans le secteur des transports ferroviaires, est désormais au cœur des préoccupations récentes de l'Autorité de régulation des activités ferroviaires et routières. Cette dernière vient de rendre au gouvernement une Étude thématique sur la gestion des gares ferroviaires de voyageurs en France en juillet 2016. Selon l'article 29 de la loi du 4 août 2014 portant réforme ferroviaire le gouvernement remet, dans un délai de deux ans au Parlement un rapport sur "la gestion des gares de voyageurs ainsi qu'aux modalités et à l'impact d'un transfert à SNCF Réseau ou à des autorités organisatrices de transport. Ce rapport étudie aussi la possibilité de créer un établissement public reprenant l'intégralité des missions de Gares & Connexions et qui serait intégré au sein du groupe public ferroviaire". Le régulateur du secteur a donc contribué à ce débat en publiant son étude et ses recommandations sur le sujet qui sont sans équivoque.

Pour rappel, la loi n° 82-1153 du 30 décembre 1982 d'orientation des transports intérieurs (LOTI) a remis en dotation à l'établissement public nouvellement créé, SNCF, les biens immobiliers antérieurement concédés, y compris les gares de voyageurs. La loi n° 97-135 du 13 février 1997 créant Réseau ferré de France, afin de se mettre en conformité avec la directive 91/440/CE du 29 juillet 1991 imposant une séparation à tout le moins comptable entre le gestionnaire de l'infrastructure et l'exploitant de services de transports, a transféré à ce nouvel établissement public en pleine propriété l'ensemble des biens constitutifs de l'infrastructure ferroviaire et les immeubles non affectés à l'exploitation des services de transport ferroviaire. Mais le décret n° 97-445 du 5 mai 1997, s'il précise que le transfert concerne les quais de gares de voyageurs, y compris leurs ouvrages de couverture, plates-formes, escaliers, rampes et ascenseurs, dispose que les gares de voyageurs restent du domaine de la SNCF. En 2015, RFF devient SNCF Réseau et SNCF Mobilités prend en charge ces dernières compétences détenues par l'entreprise ferroviaire historique SNCF.

La directive 2012/34/UE établissant un espace ferroviaire unique européen exige, pour les exploitants de gares de voyageurs se trouvant sous le contrôle direct ou indirect d'une entité qui a également des activités sur des marchés nationaux de services de transport ferroviaire et y dispose d'une position dominante, de bénéficier d'une indépendance organisationnelle et décisionnelle vis-à-vis de cette entreprise. Néanmoins, cette indépendance peut s'accommoder de la mise en place de divisions distinctes au sein d'une même entité juridique. À ce stade, il convient de noter que le cadre juridique européen relatif aux transports est beaucoup moins exigeant que celui portant sur l'énergie. La directive n° 2009/72/CE impose, quant à elle, que les gestionnaires de réseau de transport et de distribution d'électricité soient juridiquement et fonctionnellement séparés des autres activités de l'entreprise verticalement intégrée, sans pour autant être séparés patrimonialement. Par conséquent, les missions de gestion des gares de voyageurs, en France, ont été confiées à une direction autonome de SNCF Mobilités, dénommée

Gares & Connexions. Cette direction dispose de comptes distincts et présente des garanties d'indépendance à l'égard de SNCF Mobilités (décret n° 2015-138 du 10 février 2015). Cette situation n'est quand même pas satisfaisante au regard de l'ARAFER. Le régulateur, dans son avis du 8 juin 2016 n° 2016-094, a précisé que l'indépendance requise n'est pas garantie dans la mesure où le gestionnaire des gares a un budget qui est lié aux arbitrages internes de la SNCF et que cette nouvelle direction dépend du concours des services de SNCF Mobilités pour assurer les prestations en gare. En effet, il résulte de l'étude que moins de 10 % des 17 000 agents travaillant quotidiennement dans les gares dépendent de Gares & Connexions.

L'étude de l'ARAFER est d'autant plus importante dans la mesure où l'adoption du quatrième paquet ferroviaire devrait être actée avant la fin de l'année 2016. Ce dernier, qui consacre le principe de l'ouverture à la concurrence des services régionaux et nationaux de transport ferroviaire, autrement dit un marché ouvert à compter de 2012, impose évidemment de s'orienter vers une solution n'engendrant pas de risque d'atteinte à la concurrence. À ce titre, l'ARAFER se concentre dans cette étude sur les gares de voyageurs dont elle décrit en premier lieu les particularités économiques et les problèmes de ce modèle à la française avant de formuler les objectifs de la réforme envisagée, les scénarios possibles et des recommandations sans équivoque.

Les particularités économiques des gares de voyageurs et les problèmes qui en découlent

L'ARAFER décrit les principales caractéristiques économiques des gares. Il s'agit d'une infrastructure essentielle au cœur d'une intermodalité croissante mais aussi d'un marché biface. Cette situation particulière est l'une des causes des problèmes que soulève l'ARAFER pour la gestion des gares en France.

Les particularités économiques des gares de voyageurs

En premier lieu, les gares de voyageurs sont à l'évidence des infrastructures essentielles. Ces dernières sont définies par deux critères et désignent des "installations ou des équipements indispensables pour assurer la liaison avec les clients et/ou permettre à des concurrents d'exercer leurs activités et qu'il serait impossible de reproduire par des moyens raisonnables" (CA Paris, 9 septembre 1997). En effet les gares sont indispensables dans la mesure où elles permettent d'embarquer et de débarquer les voyageurs et d'accéder aux autres services qui y sont offerts (billetterie, restauration, etc.). Elles ne sont pas dupliquables eu égard à l'importance des investissements, aux économies d'échelle et à leur situation souvent stratégique en centre-ville. Comme le reconnaît l'article L. 2123-3-1 du code des transports cette qualité d'infrastructures essentielles légitime l'existence d'un droit d'accès pour les entreprises ferroviaires dans des conditions équitables, non discriminatoires et transparentes. Or, il existe un risque que le gestionnaire des gares, dans le cas où il est intégré à un opérateur de transports, "refuse ou dégrade l'accès à cette infrastructure pour les autres entreprises ferroviaires et, ce faisant, leurs conditions d'accès au marché aval des services de transport ferroviaires de voyageurs" (p. 7). Ce risque est présent dans la situation française dans la mesure où Gares & Connexions n'est qu'une branche de SNCF Mobilités.

En deuxième lieu, les gares de voyageurs ont aussi la particularité d'être au centre de l'intermodalité pour le transport de voyageurs. En effet, elles sont souvent des interfaces entre le transport ferroviaire et le transport urbain (trams, bus, métro, etc.). La présence de filiales de SNCF Mobilités comme Keolis dans le secteur du transport public, EffiaStationnement pour le stationnement en gare, IDVroom sur le secteur du covoiturage et la récente ouverture du marché du transport interurbain par autocar (loi du 6 août 2015 pour la croissance, l'activité et l'égalité des chances économiques) sur lequel Ouibus est un des acteurs, complexifient encore la chose. Par conséquent, selon l'ARAFER, "l'intégration horizontale entre le transport ferroviaire, le transport urbain et le transport interurbain par autocar et l'intégration verticale des activités de transport de voyageurs et de gestion des gares ferroviaires et routières au sein de SNCF Mobilités font courir des risques d'atteinte à la concurrence sur des marchés connexes au marché du transport ferroviaire de voyageurs" (p. 8).

En troisième lieu, les gares de voyageurs constituent un marché biface. Ce dernier est défini selon la littérature économique reprise par l'ARAFER comme "un marché où un intermédiaire permet à des vendeurs et des acheteurs d'agir (...). Cette notion décrit une organisation de marché différente de la relation contractuelle verticale classique dans laquelle le fournisseur et l'acheteur sont en relation directe (...). Les marchés biface présentent trois caractéristiques importantes: la plateforme est une entreprise multi-produit, qui offre des services différents sur chaque côté du marché et ce à des prix différents; elle génère des externalités entre les différentes faces du marché, c'est-à-dire que les bénéfices des utilisateurs d'une face du marché dépendent du nombre d'utilisateurs présents sur l'autre face du marché et la plateforme détient un pouvoir de marché bilatéral, c'est-à-dire qu'elle établit les prix sur les deux faces du marché" (p. 9). La caractéristique biface de ce marché a évidemment des conséquences sur l'affectation des recettes commerciales et n'est pas neutre du point de vue de la concurrence. En effet, soit les recettes commerciales sont cumulées aux redevances d'accès et permettent de couvrir les charges liées à l'infrastructure, soit les premières participent à la couverture des charges de l'infrastructure, ce qui est susceptible de réduire les redevances en gare demandées aux opérateurs ferroviaires et donc de faciliter l'accès des nouveaux entrants. Le gestionnaire doit donc tenir compte du caractère biface du marché à l'heure de l'élaboration de sa tarification, d'autant plus lorsque les recettes du secteur non régulé sont importantes du fait de la fréquentation et de la taille de la gare. À ce titre, l'ARAFER insiste sur l'importance de ne pas privilégier les gares les plus importantes en délaissant celles qui peuvent être considérées comme moins rentables (p. 19).

Après avoir évoqué les principales caractéristiques du marché des gares, l'ARAFER fait un état des lieux tout à fait instructif sur les situations des gares en Europe (p. 10 et s.). En se basant sur le quatrième rapport sur le suivi de l'évolution du marché ferroviaire de la Commission européenne de juin 2014, l'ARAFER analyse les données relatives aux 22 000 gares recensées dans l'Union européennes et classées selon leur intérêt, national (128 en France), régional et local. On apprend qu'en France le nombre de gares par habitant ou par kilomètre carré est en-deçà de la moyenne européenne. Par ailleurs, trois modèles de gestion sont recensés: les pays dans lesquels les gares appartiennent au gestionnaire d'infrastructures (par exemple en Espagne ou au Royaume-Uni); les pays dans lesquels les gares sont détenues par des filiales de l'opérateur dominant mais aussi par d'autres exploitants ou des gestionnaires d'infrastructures verticalement intégrés à une entreprise ferroviaire (par exemple l'Allemagne ou la Finlande); la situation particulière à la France et à la Belgique, pays dans lesquels les gares sont la propriété de l'opérateur historique (à l'exception des quais pour la France). Cette dernière situation, sur une infrastructure essentielle analysée comme biface et au cœur de l'intermodalité, engendre des problèmes pour lesquels l'ARAFER proposera quelques recommandations.

Les problèmes soulevés par l'ARAFER

L'ARAFER constate dans son étude que la répartition du patrimoine entre SNCF Réseau et Gares & Connexions génère des coûts et des dysfonctionnements opérationnels. Elle propose donc, en substance, d'affecter le patrimoine en gare à une même entité et de permettre au gestionnaire de réseau de maîtriser ses moyens de production sans avoir à recourir à une délégation de la part de l'opérateur historique de transport.

En premier lieu, l'ARAFER souligne la particularité de la situation française (en Europe seuls la Suède et la Finlande partagent cette conception) de la dualité de propriétaires pour un ensemble foncier qui semble unique. S'il existe une redevance gares revenant à Gares & Connexions et une redevance quais abonnée à SNCF Réseau, la gestion du patrimoine ne correspond pas à cette logique. En effet, SNCF Réseau délègue la gestion de son patrimoine en gare à Gares & Connexions qui en assure la maintenance et les aspects opérationnels conformément à une Convention de services en gare. Cette convention crée une situation de double marginalisation (deux pouvoirs de marché successifs) qui ne peut que pénaliser le consommateur final sur lequel la charge financière sera répercutée. Par ailleurs, la multitude des interlocuteurs pose problèmes à l'heure d'investir, qu'il s'agisse de la prise de décision ou du choix du maître d'ouvrage et des financeurs.

En deuxième lieu l'ARAFER souligne les multiples activités de Gares et Connexions. Cette direction de SNCF Mobilités gère des activités régulées (la redevance d'accès représente environ 54 % du chiffre d'affaires total), des activités non régulées de mise à disposition d'espaces commerciaux (entre 11 et 15 % du chiffre d'affaires total), mais aussi le patrimoine gare de SNCF Réseau (environ 6 % du chiffre d'affaires total) ainsi que des technigares (entretien et maintenance des bâtiments représentant environ 14 % du chiffre d'affaires total).

En troisième lieu, et par voie de conséquence, le régulateur met l'accent sur un modèle organisationnel et tarifaire opaque. D'une part, pour la gestion des 3 000 gares françaises, Gares & Connexions doit recourir à de nombreux prestataires de SNCF Mobilités. Mais ces agents mutualisent les activités avec celles de SNCF Mobilités (activités voyageurs telles que "Voyages SNCF") ce qui peut engendrer un risque d'atteinte à la concurrence. Cet enchevêtrement d'acteurs et d'interfaces et la difficulté de collecter des informations fiables sur ces activités qui en résulte porte aussi atteinte à la bonne détermination des redevances en gare qui s'appuient sur la prévision des coûts encourus. Selon l'ARAFER, SNCF Réseau ne dispose aussi que de très peu d'informations sur le coût réel d'exploitation de son patrimoine en gare (p. 14). D'autre part, la complexité du modèle tarifaire est source d'inefficacité selon le régulateur. L'article 31, § 7 de la directive de 2012 précise que "la redevance imposée pour l'accès aux voies dans le cadre des installations de service (…) et la fourniture de services dans ces installations, ne dépasse pas le coût de leur prestation majoré d'un bénéfice raisonnable". Les clés de répartition des charges entre les transporteurs et les autres occupants des gares (qu'ils soient régulés comme la vente de billets ou non comme des espaces commerciaux par exemple) est définie dans un document de référence des gares que l'ARAFER décrit comme complexe, manquant de transparence et difficile à appréhender (p. 15). Par ailleurs, les clefs de répartition des charges entre activités régulées et non régulées, si elles sont simples à appréhender, manquent de suivi précis de la part de Gares & Connexions et sont amenées à évoluer dans le temps du fait de travaux éventuels en gare. Pour finir, les tarifs sont difficilement prévisibles pour les opérateurs du fait de leur calcul annuel. Le montant des redevances est volatile lorsqu'il y a des investissements en gares ou lorsque le trafic évolue. Le modèle tarifaire est aussi jugé peu incitatif à la maîtrise des charges d'investissements sur le périmètre régulé (p. 16).

Les objectifs d'une réforme et les recommandations de l'ARAFER

Après avoir présenté les différents objectifs de la réforme envisagée, l'ARAFER étudie les différents scénarios possibles et recommande deux d'entre eux.

Les objectifs de la réforme envisagée

Selon le régulateur, les objectifs d'une réforme tiennent en trois points que sont l'amélioration de l'efficacité de la gestion des gares, l'accompagnement de l'ouverture à la concurrence et une autonomie du financement des investissements en gare.

En premier lieu, l'ARAFER souligne qu'il conviendrait, au regard de l'organisation actuelle des gares, d'affecter leur patrimoine à une même entité et de permettre au gestionnaire des gares de maîtriser ses moyens de production sans recourir à une délégation à l'opérateur historique. Par ailleurs, elle insiste sur l'opportunité d'une régulation incitative et réitère donc ses recommandations d'élaborer des tarifs pluriannuels pour les gares de voyageurs et de mettre en place des indicateurs de performance afin d'aboutir à un système de régulation incitative (voir respectivement l'avis du 8 juin 2016 et les règlements des différends relatif aux gares des 3 février et 13 mai 2015; voir aussi p. 16 et 18).

En deuxième lieu, l'objectif réside dans la préparation et l'accompagnement de l'ouverture à la concurrence. À ce titre, l'ARAFER met en garde contre d'éventuelles pratiques discriminatoires non tarifaires qui pourraient résider dans une dégradation de l'information donnée aux opérateurs entrants ou dans l'attribution d'emplacements pour leurs services de billettique à l'écart des flux de voyageurs, par exemple (p. 20). Un autre risque de pratique anti-concurrentielle pourrait venir de l'obligation de transmission d'informations par les opérateurs entrants à SNCF Mobilités (plans de transports par exemple) qui serait susceptible de les utiliser afin de mener une stratégie d'éviction. Dès lors, le positionnement du gestionnaire de réseau et son indépendance organisationnelle et fonctionnelle sont des éléments garantissant l'ouverture à la concurrence. Par ailleurs, souligne le régulateur "Il est d'autant plus nécessaire d'être vigilant sur le positionnement du gestionnaire des gares que ces installations sont des lieux d'échanges intermodal indispensables à la production d'offres dites "sans couture" et que Gares & Connexions est intégré à un opérateur multimodal. Or, cette situation présente des risques d'atteinte à la concurrence sur des marchés connexes à celui des services de transport ferroviaire de par les effets de levier dont elle permet de bénéficier" (p. 21).

En troisième lieu, l'ARAFER constate que le niveau des investissements s'est accru depuis 2010. Le gestionnaire d'infrastructure prévoit d'ailleurs de poursuivre ses efforts. Néanmoins, l'objectif d'une réforme serait d'autonomiser le financement des investissements en gares. Or, il convient de réaliser des investissements visant à développer les activités non régulées. Si les comptes de Gares & Connexions font apparaître un niveau d'endettement limité, cette direction devrait, selon l'ARAFER, amplifier son effort grâce à ce levier afin de stimuler les activités non régulées dans les gares. Mais l'intégration de Gares & Connexions dans SNCF Mobilités contraint la première à des arbitrages internes dictés par des objectifs de maîtrise de l'endettement au niveau de l'ensemble de l'établissement public SNCF ce qui peut faire craindre une certaine autolimitation sur ce point.

L'analyse des scenarios possibles et les recommandations de l'ARAFER

Avant toute chose, le régulateur aborde la question particulière des gares mono-transporteurs. Elle estime, dans ce cas, que "la gare est en quelque sorte attachée au service public local" (p. 23). Dès lors, l'ARAFER propose que les gares, mise à disposition des autorités organisatrices, fassent l'objet d'une délégation d'exploitation organisée par ces dernières. Cette solution impose que les appels d'offres respectent les principes de la concurrence, notamment la mise à disposition de l'information pertinente dans un niveau de détail suffisant et compatible avec la forme de l'allotissement retenue. Après avoir abordé le cas particulier de la gestion des gares mono-transporteurs, l'ARAFER envisage plusieurs scenarios dont les deux derniers ont ses faveurs.

En premier lieu, l'ARAFER se penche sur le scénario portant sur le maintien de la situation actuelle. Ce dernier est rapidement évacué, conformément à l'esprit du législateur dégagé de l'article 29 de la loi du 4 août 2014, dans la mesure où la séparation entre le gestionnaire des gares et les activités de transport de personnes n'est pas assez nette (voir en ce sens le rapport du 10 mars 2009 de la Sénatrice Fabienne Keller et l'avis du 8 juin 2016 de l'ARAFER). Il en résulte un fort risque de discrimination et de dissémination d'informations confidentielles en raison de la porosité entre les deux acteurs. La solution n'est donc pas envisageable, tout comme celle, évoquée rapidement, du scénario visant à rattacher le gestionnaire des gares au sein de l'EPIC de tête SNCF.

En deuxième lieu, l'idée de la création d'une filiale de SNCF Mobilités est envisagée, à l'image de ce qui a été fait dans le secteur de l'électricité. Selon le régulateur ce scénario imposerait d'établir une "muraille de Chine" permettant de garantir l'indépendance du gestionnaire de réseau faute de quoi des risques d'atteinte à la concurrence sont envisageables. Cette solution nécessiterait aussi la mise en place de plans de protection de la confidentialité de l'information, sans réelle garantie de réussite. Dès lors, la création d'une filiale, qu'elle soit rattachée à SNCF Mobilités ou qu'elle soit commune entre cette dernière et SNCF Réseau n'est pas, selon le régulateur de nature à assurer un accompagnement efficace du secteur vers l'ouverture à la concurrence et ne sera pas retenue.

En troisième lieu, la création d'un EPIC au sein du groupe public ferroviaire est qualifiée d'alternative crédible. Cette solution permettrait de garantir l'autonomie juridique financière du gestionnaire des gares par l'attribution de la personnalité morale. Le gestionnaire pourrait aussi bénéficier d'une autonomie opérationnelle et décisionnelle si ses ressources sont suffisantes pour la réalisation de ses missions. Cette alternative imposerait toutefois de ne pas inclure de représentants de SNCF Mobilités au sein du conseil de surveillance de l'EPIC créé et de lui transférer certains actifs comme les bâtiments historiquement affectés à SNCF Mobilités et ceux des gares appartenant à SNCF Réseau. Pour autant, l'ARAFER montre relativement peu d'engouement vis-à-vis de ce scénario dans son étude.

En quatrième lieu, il serait possible de transférer à SNCF Réseau la gestion des gares, ce qui garantirait l'indépendance du gestionnaire de réseau dès lors qu'il n'y aurait plus de lien direct avec l'opérateur historique. Cette solution permettrait de réunir entre les mêmes mains la gestion des gares et des quais et de créer un guichet unique pour l'accès des entreprises ferroviaires aux infrastructures de services et à la majorité des installations. Néanmoins, souligne l'ARAFER, cette solution "ferait peser des contraintes importantes sur les investissements du gestionnaire des gares. En effet, SNCF Réseau est confronté à la nécessité d'accentuer ses efforts pour rénover le réseau et en renforcer la sécurité" (p. 27). Ce scénario, en l'absence de trajectoire financière claire de SNCF Réseau et de contrat pluriannuel avec l'État est pour l'instant assez aléatoire.

En dernier lieu, l'ARAFER propose deux solutions qu'elle juge pertinentes et qui seront retenues explicitement dans ses recommandations. Il s'agit, d'une part, de la création d'une filiale de SNCF Réseau. Cela permettrait d'identifier clairement et de façon autonome la gestion des gares sous forme de personne morale de droit privé. L'indépendance du gestionnaire de réseau vis-à-vis de l'opérateur historique serait aussi garantie sans que le système de gouvernance ne soit trop compliqué à mettre en place. Même si cette solution ne garantit pas complètement l'autonomie financière, dès lors que le gestionnaire des gares serait comptablement consolidé avec SNCF Réseau, une gestion pluriannuelle et suffisamment à l'abri des arbitrages de l'État pourraient être envisageables. L'ARAFER conseille aussi en ce sens l'ouverture du capital à des investisseurs tiers comme les régions, afin d'inscrire la gestion dans une logique de rigueur. D'autre part, le régulateur recommande aussi l'idée de la création d'une société anonyme à capitaux publics. Ce dernier scénario garantirait une indépendance juridique, patrimoniale et décisionnelle sans que la question de la gouvernance ne pose problème. Elle permettrait en outre de définir une "politique d'investissement indépendante des contraintes de SNCF Réseau et de SNCF Mobilités (...). Cette forme juridique lui permettrait de diversifier les sources de financement (emprunt ou augmentation de capital) ". Tout comme certaines autres solutions, le transfert des actifs en gare de SNCF Réseau seraient nécessaires, le cas échéant par le biais d'un contrat de concession avec l'État.

Pour conclure, si ces deux dernières solutions sont idéales au regard du droit de la concurrence et de la position affichée par la Commission européenne, il convient aussi de considérer qu'elles ne feront pas l'unanimité en France au sein du gouvernement et de l'opérateur historique. On sait quel est l'attachement à un modèle visant à conserver les diverses activités au sein d'une structure disposant de la personnalité morale de droit public. Pour autant, l'enjeu est de taille au regard non seulement de l'ouverture à la concurrence mais aussi de l'attractivité des gares, de leur intermodalité croissante et du potentiel de développement des services non régulés.

H. Delzangles, S. Martin
Concurrences N° 4-2016, pp. 178-182

ARAF, déc. n° 2015-028 du 15 juil. 2015 portant sur la demande formée par le Syndicat des transports d'Île-de-France dans le cadre d'un différend l'opposant à SNCF Réseau et à la branche Gares & Connexions de SNCF Mobilités relatif aux prestations rendues par SNCF Réseau dans les gares de voyageurs

L'Autorité de régulation des activités ferroviaires impose davantage de transparence quant au calcul des redevances d'accès aux gares

Depuis sa création en 2010, l'Autorité de régulation des activités ferroviaires (ci-après "l'ARAF") accompagne le secteur ferroviaire dans son ouverture progressive à la concurrence. L'ARAF, dont la mission est de contribuer au bon fonctionnement du service public et des activités concurrentielles au bénéfice des usagers et des clients du transport ferroviaire, dispose d'un pouvoir de régulation ex-ante lui permettant de prévenir la mise en œuvre de pratiques discriminatoires de nature à entraver l'accès des entreprises aux infrastructures ferroviaires.

Ainsi, l'article L. 2134-2 du Code des transports précise que l'ARAF peut être saisie par tout candidat à des capacités d'infrastructure, tout gestionnaire d'infrastructure ou tout exploitant d'installation de service dès lors qu'elle s'estime victime d'un traitement inéquitable, d'une discrimination ou de tout autre préjudice liés à l'accès au réseau ferroviaire. Le Syndicat des transports d'Ile-de-France (STIF), autorité organisatrice de transport de la région Ile-de-France, qui fait partie des entités visées par l'article L. 2134-2 du Code des transports, a saisi l'ARAF, le 17 juillet 2014, pour régler un différend l'opposant à SNCF Réseau et à la branche de SNCF Mobilités, Gares & Connexions, chargée de gérer les gares de voyageurs (environ 400 en Ile-de-France) (sur l'organisation de l'établissement public SNCF, voir Concurrences n° 1-2014, pp. 198-200).

Au nombre des principaux griefs invoqués par le STIF à l'encontre de SNCF Réseau et de Gares & Connexions, figuraient le manque général de transparence, qui empêche la bonne compréhension des redevances facturées et la visibilité à moyen terme des redevances que le STIF serait conduit à verser, les règles d'affectation des charges entre activités, ainsi que le niveau de rémunération des capitaux investis et l'utilisation faite de la capacité d'autofinancement. Il est intéressant de noter que la satisfaction de certaines de ces demandes impliquait notamment une modification du document de référence du réseau (ci-après "DRR"), et principalement son annexe portant sur les gares.

Le document de référence des gares de voyageurs est établi annuellement par le directeur des gares de SNCF Mobilités conformément aux dispositions de l'article 14-1 du décret n° 2003-194 du 7 mars 2003 relatif à l'utilisation du Réseau Ferré National. Ce document est ensuite transmis à SNCF Réseau pour être annexé au DRR, lequel est publié par SNCF Réseau. Ce document précise, pour chaque gare de voyageurs du réseau ferré national, les prestations régulées qui y sont rendues, les conditions dans lesquelles elles sont rendues, notamment les horaires et périodes pendant lesquels elles sont fournies, et les tarifs des redevances associées ainsi que, en annexe, les conditions générales du contrat conclues avec les entreprises ferroviaires pour l'utilisation des gares et de toutes infrastructures de service. Il concerne aussi bien les prestations régulées offertes par Gares & Connexions que celles relevant de SNCF Réseau.

SNCF Réseau soutenait que l'ARAF ne pouvait, à l'occasion d'un règlement de différend, enjoindre de modifier le document de référence des gares, compte tenu du caractère réglementaire de ce document. D'après SNCF Réseau, les pouvoirs de l'ARAF se limiteraient à la précision des conditions techniques et financières nécessaires au règlement du différend en cause, et excluraient toute modification d'un acte réglementaire.

Après l'audience publique du 9 juin 2015, au cours de laquelle les deux parties ont fait valoir leurs observations, le collège de l'ARAF, après en avoir délibéré, a admis la recevabilité de la demande du STIF et adopté, le 15 juillet dernier, la décision n° 2015-028.

S'agissant de l'étendue et de la portée de son pouvoir de règlement des différends, l'ARAF rappelle que celui-ci, sans préjudice des compétences des autorités nationales de concurrence, lui permet d'assurer "le suivi de la situation de la concurrence sur les marchés des services ferroviaires et, en particulier, [...] de prévenir toute discrimination". L'Autorité peut notamment vérifier "si le document de référence du réseau contient des clauses discriminatoires ou octroie au gestionnaire de l'infrastructure des pouvoirs discrétionnaires pouvant être utilisés à des fins de discrimination à l'égard des candidats". En outre, il est rappelé que l'Autorité peut adopter, de sa propre initiative, "les mesures appropriées pour corriger toute discrimination à l'égard des candidats, toute distorsion du marché et toute autre évolution indésirable sur ces marchés". Par conséquent, l'Autorité est nécessairement investie, à l'occasion du règlement d'un différend, du pouvoir d'enjoindre au gestionnaire d'infrastructure de modifier le document de référence du réseau (§ 53 de la décision).

L'ARAF a ainsi enjoint à SNCF Réseau, entre autres, de baisser substantiellement le taux de rémunération des capitaux investis; d'améliorer la transparence de ses comptes; de publier et renforcer ses engagements en matière de productivité et de performance, via des mécanismes d'incitation à définir en concertation avec les acteurs du secteur; de modifier ses méthodes d'amortissement, notamment pour ce qui concerne les grandes halles voyageurs et les ascenseurs et escaliers mécaniques; de retenir, pour l'affectation des charges entre transporteurs dans certaines gares franciliennes, une facturation au prorata de la surface des quais utilisée par Transilien.

Cette décision vient de faire l'objet d'un recours devant la Cour d'appel de Paris.

Il est à noter que les missions et tâches de l'ARAF ont sensiblement été renforcées depuis. La loi n° 2015-990 du 6 août 2015 pour la croissance, l'activité et l'égalité des chances économiques (dite loi "Macron") a notamment ouvert une nouvelle ère pour le régulateur, en élargissant ses compétences aux activités de transport par autocar et aux autoroutes. L'ARAF deviendra donc l'Autorité de régulation des activités ferroviaires et routières, l'Arafer. Ces dispositions renforceront le pouvoir de régulation de l'ARAF dans le secteur.

J.-P. Tran Thiet, O. Berg, E. Xueref-Poviac
Concurrences N° 4-2015, pp. 205-206

ARAF, déc. n° 2013-014 du 9 juil. 2013 relative à la tenue des comptes séparés de l'activité de gestion des gares de voyageurs par la SNCF

L'ARAF approuve sous réserves la version 2 du référentiel de séparation comptable de l'activité de gestion des gares de l'opérateur historique

L'article L. 2123-1 du code des transports, issu de l'ordonnance n° 2010-1307 du 28 octobre 2010, impose à l'activité de gestion des gares, lorsqu'elle est exercée par la SNCF, de faire l'objet d'une comptabilité séparée de celle de l'exploitation des services de transport. Conformément à l'article L. 2133-4 du même code également crée par l'ordonnance précitée, il incombe à l'Autorité de régulation des activités ferroviaires (ARAF), après avis de l'Autorité de la concurrence, d'approuver "les règles de séparation comptable notamment prévue aux articles L. 2122-4, L. 2123-1, L. 2144-1 et L. 2144-2, les règles d'imputation, les périmètres comptables et les principes régissant les relations financières entre les activités comptablement séparées, qui sont proposés par les opérateurs. Elle veille à ce que ces règles, périmètres et principes ne permettent aucune discrimination, subvention croisée ou distorsion de concurrence. Les modifications de ces règles, périmètres et principes sont approuvées dans les mêmes conditions".

Par une décision n° 2012-017 du 18 juillet 2012, l'ARAF a publié les règles relatives à la séparation comptable de l'activité de gestion des gares de voyageurs auxquelles doit se conformer l'opérateur historique français (cf. Concurrences n° 4-2012, p. 167). L'accent était mis sur la nécessité d'une plus grande transparence comptable et sur la prévention du risque de subventionnement croisé entre la branche Gares & Connexions et les autres activités de la SNCF. Poursuivant l'objectif de transparence, l'autorité a rappelé qu'elle estimait nécessaire de réunir, au sein d'un document unique et autonome, l'ensemble des règles de séparation comptable. Elle a émis plusieurs critiques concernant l'impôt sur les sociétés et les dividendes internes, ainsi que les frais financiers et les redevances d'entreprise et de groupe facturés à Gare & Connexion par "Fonction Transverses" et insistait en dernier lieu sur les principes généraux devant régir la tarification de l'utilisation des gares par les entreprises concurrentes, dans le référentiel de séparation comptable.

À la suite de cette décision et partant des principes et règles dégagés par l'ARAF, la SNCF a, par courriers des 17 et 31 octobre 2012, transmis pour approbation à l'Autorité, en application de l'article L. 2133-4 du code des transports une version 1 du "Référentiel de séparation comptable de l'activité Gares & Connexions". Ce référentiel a été approuvé par une décision de l'ARAF n° 2012-023 du 7 novembre 2012.

Par courrier en date du 7 décembre suivant, la SNCF a transmis pour approbation à l'Autorité un nouveau "Référentiel de séparation comptable de l'activité Gares & Connexions" dans sa version 2 comportant des modifications sur trois points principaux :

- le rattachement à la branche Gares & Connexions et l'intégration dans le périmètre comptable de gestion des gares de l'activité d'entretien et de maintenance du patrimoine immobilier de la SNCF et de RFF réalisée par les Agences Bâtiments Energie (ABE) (précédemment rattachées à la branche SNCF Infra) ;
- la prise en compte dans les règles de séparation comptable de modifications apportées au document de référence des gares (DRG) pour l'horaire de service 2014 ;

- la modification de certaines règles de gestion de la SNCF figurant en annexe du référentiel.

Par sa décision n° 2013-014 du 9 juillet 2013, commentée ici, l'ARAF approuve ce nouveau référentiel comptable, tout en déplorant la communication tardive de ces règles comptables modifiées destinées à être appliquées dès janvier 2013, avec des réserves et recommandations.

Les difficultés liées à l'intégration des ABE dans le périmetre comptable de gestion des gares de voyageurs au regard de la prévention du risque de subventions croisées

L'ARAF veille à ce que la délimitation des différents périmètres comptables par la SNCF soit suffisamment rigoureuse pour rendre compte des coûts objectifs de fonctionnement et d'investissement des activités régulées lui incombant. Il incombe en l'espèce à l'ARAF de s'assurer que le périmètre comptable de gestion des gares de voyageurs n'intègre pas de prestations étrangères à l'accès des entreprises ferroviaires concurrentes aux gares de voyageurs, dont le coût serait répercuté sur ces dernières.

La seconde version du Référentiel de séparation comptable de l'activité Gares & Connexions, présentée à l'ARAF pour approbation, reflète la décision de la SNCF d'intégrer les ABE dans sa branche Gare & Connexions à compter du 1er janvier 2013.

L'Autorité estime ne pas être compétente pour discuter ce choix stratégique, qui se justifie par la volonté de rapprocher les ABE des gares, leur principal donneur d'ordre. Les ABE, chargées de l'entretien et de la maintenance des gares de voyageurs et des autres bâtiments du parc immobilier de la SNCF et de RFF, réalisent en effet près de 47 % de leur chiffre d'affaires en gares.

L'ARAF affirme en revanche sa compétence pour apprécier et approuver la mise en œuvre des nouvelles règles de séparation comptable après redéfinition du périmètre de service de gestion des gares de voyageurs. À ce titre, elle identifie trois risques pouvant conduire à des subventions croisées : le risque de l'adossement au service de gestion des gares d'une activité ABE déficitaire, le risque de subventions croisées dans le cadre de la facturation des prestations des ABE hors des gares (53 % de son activité) et le risque d'une éventuelle dégradations des comptes des ABE dans le futur.

L'Autorité souligne les difficultés financières des ABE, dont les capitaux propres étaient au 31 décembre 2012 négatifs de près de 30 millions d'euros et la marge opérationnelle négative de plus de 6 millions d'euros. Elle s'inquiète, en conséquence, de l'impact du niveau élevé de capitaux propres négatifs sur le bilan de la branche Gares & Connexions et d'une perspective de dégradation du ratio dette nette/marge opérationnelle, qui doit rester inférieur ou égal à 4 en vertu de la décision de l'Autorité n° 2012-023 du 7 novembre 2012. En outre, elle encourage la SNCF à adopter des mesures prévenant ce risque de dégradation financière en proposant deux pistes : la conclusion d'engagements de compétitivité ou la mise en œuvre de garanties à moyen terme de volumes d'activités commandés aux ABE par les autres entités de la SNCF.

Visant toujours à prévenir le risque de subventionnement croisé, l'ARAF estime nécessaire que les activités des ABE réalisées hors gares, donc hors du domaine régulé, fassent l'objet d'une facturation transparente et justifiée afin d'écarter ce risque. Elle invite la SNCF à faire mention de cette facturation et des modalités de suivi des produits et charges des ABE dans les règles de séparation comptable de Gares & Connexions.

Enfin, l'Autorité rappelle ce qu'elle considère comme une nécessité d'établir pour chaque gare de voyageurs d'intérêt national une comptabilité transparente des prestations réalisées par les ABE afin de garantir le suivi des flux financiers entre les gares et elles.

Le contrôle des modifications apportées au document de référence des gares relatives à l'accès au réseau des entreprises concurrentes au regard des principes de libre concurrence et de non-discrimination

Aux termes de l'article 14-1 du décret n° 2003-194, "le directeur des gares établit chaque année un document de référence des gares de voyageurs", lequel "précise pour chaque gare de voyageur du réseau ferré national, les prestations régulées qui y sont rendues, les conditions dans lesquelles elles sont rendues, notamment les horaires et périodes pendant lesquelles elles sont fournies, et les tarifs et redevances associées".

Conformément à cette disposition, la SNCF avait saisi l'ARAF le 4 octobre 2012 sur le projet de document de référence des gares (DRG) établi pour l'horaire de service 2014. L'Autorité avait émis un avis défavorable (n° 2012-025 du 14 novembre 2012) au regard de l'article L. 2122-9 du code des transports, selon lequel "Les entreprises ferroviaires autorisées à exploiter des services de transport ont, dans des conditions équitables et sans discrimination, un droit d'accès à l'ensemble du réseau ferroviaire, y compris pour l'accès par le réseau aux infrastructures de services, ainsi que, lorsqu'il n'existe pas d'autre possibilité d'accès dans des conditions économiques raisonnables, aux services que ces infrastructures permettent de leur fournir". L'Autorité avait relevé, dans son avis, plusieurs dispositions discriminatoires et anti-concurrentielles à l'égard des nouveaux entrants sur le marché, dont trois d'entre elles font l'objet d'un nouvel examen par la décision commentée.

En premier lieu, le DRG prévoyait, dans la catégorie "autres prestations" une prestation individualisée pour "le passage des Contrôles Automatiques Banlieue (CAB) dans les gares de la région Ile-de-France" par les voyageurs non munis de titres de transport à tarification Ile-de-France. Constatant que cette prestation n'est pas individualisée par le décret n° 2012-70 précité et considérant qu'elle constitue non une prestation en leur faveur mais une contrainte pour les entreprises ferroviaires autre que Transilien, celle-ci ne peut faire l'objet d'une facturation. Respectant cette exigence, le nouveau référentiel, dans sa version 2, prévoit que cette prestation sera retirée à compter du service horaire 2014 et ne sera donc plus facturée aux entreprises ferroviaires.

En deuxième lieu, l'Autorité avait, dans son avis n° 2012-025, pointé du doigt le rôle de la plateforme de services aux entreprises ferroviaires (PSEF), rattachée à la direction générale de la SNCF, lequel intervient dans l'instruction des demandes soumises par les entreprises ferroviaires ou candidats autorisés pour bénéficier d'un accès aux gares de voyageurs et aux services qui y sont fournis. Ceci soulevait une difficulté liée à la confidentialité des informations mises à sa disposition et un risque de suspicion des tiers quant à de possibles discriminations ou comportements anti-concurrentiels. Dans la nouvelle configuration comptable soumise à l'ARAF, cette prestation n'est plus proposée par la PSEF, mais par le Guichet d'accès aux Gares pour les Entreprises Ferroviaires (GGEF), rattaché à Gare & Connexions. Elle comprend la mise à disposition et l'entretien des bâtiments, espaces, équipements et services nécessaires à l'accueil des voyageurs et à leur accès aux trains, la gestion opérationnelle des flux de voyageurs dans la gare, l'assistance aux personnes handicapées ou à mobilité réduite jusqu'aux trains ou encore la mise à disposition d'informations aux voyageurs, visuelles et sonores, pour l'accès aux trains. Si le rattachement du GGEF à Gare & Connexions donne satisfaction à l'ARAF, cette dernière constate toutefois que cette modification n'est pas prise en compte dans le référentiel comptable soumis à son contrôle.

Enfin, l'ARAF constate la non-conformité de la règle PI 11 "prestations services de gares", en ce qu'elle prévoit quatre catégories de gares pour les TER, contrairement à l'article 13-1 du décret n° 2003-19 créé par l'article 13 du décret n° 2012-70 du 20 janvier 2012, aux termes duquel "Pour la détermination des redevances relatives aux biens et services en gare gérés (…), les gares de voyageurs sont réparties en trois catégories (…)" : les gares de voyageurs d'intérêt national, d'intérêt régional et d'intérêt local lesquelles se distinguent par leur niveau de fréquentation en fonction des seuils établis par arrêté du ministre en charge des Transports du 9 juillet 2012 portant application de l'article 13-1 du décret n° 2003-194 du 7 mars 2003 relatif à l'utilisation du réseau ferré national.

La réiteration de l'exigence d'une transparence accrue

Dans sa délibération n° 2012-017 du 18 juillet 2012, l'ARAF soulignait la nécessité que le référentiel de séparation comptable soit clair et pérenne. Elle recommandait que les règles de séparation comptable constituant "la base de la tarification de l'accès aux gare de voyageurs" soient réunies dans un document unique et durable, offrant un cadre normatif stable pour le calcul des redevances en gare. Dans la décision commentée, l'Autorité réitère ce vœu en désapprouvant l'actualisation annuelle envisagée par la SNCF des règles de gestion annexées à ce référentiel. Le renouvellement annuel d'une procédure d'approbation de ces règles accroît l'incertitude économique, en réduisant la visibilité de ces règles à moyen et long terme pour les concurrents.

Dans leurs avis et décisions respectifs des 29 septembre et 19 octobre 2011, l'Autorité de la concurrence et l'ARAF avaient estimé nécessaire l'audit des comptes des activités régulées entreprises par Gares & Connexions, par un organisme indépendant extérieur à la SNCF. L'ARAF se félicite dans sa décision que cette recommandation ait été suivie par la SNCF dont les comptes de l'activité de gestion des gares de voyageurs sont désormais annuellement attestés par un commissaire au compte avant leur publication. Elle invite toutefois à ce que cette procédure de contrôle soit expressément énoncée au sein du référentiel de séparation comptable.

E. Guillaume, S. Daboussy

Concurrences N°4-2013, p.165

Aut. conc., avis n° 11-A-15 du 29 sept. 2011 sur un projet de décret relatif aux gares de voyageurs et autres infrastructures de services du réseau ferroviaire ; Aut. conc., avis n° 11-A-16 du 29 sept. 2011 relatif au projet de séparation des comptes de l'activités gares de voyageurs au sein de la SNCF

L'Autorité de la concurrence rend son avis sur le projet de décret relatif aux gares de voyageurs et sur le projet de séparation des comptes de l'activité gare de voyageurs au sein de la SNCF

L'Autorité de la concurrence a rendu, le 29 septembre 2011, deux avis concernant l'activité gares de voyageurs de la SNCF. Ces avis sont rendus dans un contexte d'ouverture à la concurrence du transport de voyageurs par chemin de fer.

L'autorité s'est prononcée, par un avis n°11-A-15, sur le projet de décret, pris en application de l'article L. 2123-3 du Code des transports qui prévoit qu'"*un décret en Conseil d'État précise pour les gares et toutes autres infrastructures de service la nature des prestations minimales ou complémentaires dont toute entreprise ferroviaire autorisée à réaliser des services de transport peut demander la fourniture et les principes de tarification applicables à ces prestations*".

Le second avis, n°11-A-16, est quant à lui relatif à la mise en œuvre de l'obligation légale d'établissement des comptes séparés pour l'activité gares de voyageurs, prévue à l'article L. 2123-1 du même Code, qui dispose qu'"*à compter du 1er janvier 2011, la gestion des gares, lorsqu'elle est effectuée par la Société nationale des chemins de fer français, fait l'objet d'une comptabilité séparée de celle de l'exploitation des services de transport. Aucune aide publique versée à l'une de ces activités ne sera versée à l'autre*".

Confirmant le sens de l'avis rendu par l'ARAF le 15 juin 2011 sur le projet de décret, l'Autorité de la concurrence pointe l'insuffisante séparation entre la SNCF et l'entité gestionnaire des gares, malgré les changements prévus par le projet de décret. Elle se montre particulièrement sévère en considérant que le projet de décret examiné "*n'apporte pas de modification substantielle au modèle organisationnel mis en place par l'opérateur historique : il ne fait que l'entériner, sans autre ambition*".

En effet, la SNCF, chargée de "gérer, de façon transparente et non discriminatoire, les gares de voyageurs [...] et de percevoir à ce titre auprès des entreprises ferroviaires, toute redevance" (article L. 2141-1 du Code des transports), s'est déjà dotée d'une branche dédiée, Gares & Connexions, opérationnelle depuis le 1er janvier 2010.

Ainsi, l'Autorité de la concurrence plaide pour l'instauration, à moyen terme, d'une séparation juridique entre la SNCF et Gares & Connexions, calquée sur celle opérée pour les réseaux de transport et de distribution en matière d'électricité et de gaz. Elle considère que le choix, fait par la SNCF et qui va être entériné par le décret examiné, de créer en son sein une branche en charge de la gestion des gares de voyageurs, est insuffisant et, en l'état, justifierait un pouvoir d'intervention du régulateur sectoriel accru.

En attendant cette séparation juridique, que l'Autorité appelle de ses vœux dans les deux à trois ans à venir, elle formule des recommandations, tant sur le plan fonctionnel que financier.

Une séparation fonctionnelle entre la SNCF et l'entité gestionnaire des gares à approfondir

L'Autorité de la concurrence met l'accent sur la nécessité d'accroître l'autonomie accordée à l'entité gestionnaire des gares, Gares & Connexions.

Pour que la séparation fonctionnelle soit effective, il importe de renforcer l'autonomie des dirigeants de Gares & Connexions par rapport au conseil d'administration de l'opérateur historique ainsi que leur pouvoir de gestion du patrimoine des gares et de décider de la politique d'investissements de l'entité. Le renforcement des impératifs de confidentialité revêt également une importance particulière.

Le nécessaire accroissement de l'autonomie des dirigeants de gares & connexions

En premier lieu, le projet de décret soumis à l'Autorité de la concurrence instaure une procédure de nomination du directeur des gares, dirigeant de Gares & Connexions, par le conseil d'administration de la SNCF.

L'autorité relève que "la nomination et la révocation du directeur des gares restent soumises à l'appréciation du conseil d'administration de la SNCF et de son président, ce qui ne peut caractériser une véritable autonomie", et regrette ainsi que la solution retenue par le projet de décret s'écarte de celle prévue par le Code des transports concernant le directeur du service gestionnaire des trafics et des circulations, nommé par le premier Ministre sur proposition du Ministre des transports après l'avis de l'ARAF, lui garantissant ainsi une réelle indépendance.

Même si l'Autorité de la concurrence se montre insatisfaite, il peut être souligné que la solution retenue par le projet de décret se rapproche de celle qui prévaut en matière d'électricité, où les dirigeants des sociétés ERDF et RTE sont nommés par leur conseil de surveillance, dans lesquels l'actionnaire EDF est largement représenté, sans que l'autonomie dont ceux-ci bénéficient s'en trouve réellement affectée en pratique.

En second lieu, l'Autorité de la concurrence examine les capacités d'action dont dispose le dirigeant de Gares & Connexions.

Elle rappelle, dans son avis relatif au projet de séparation des comptes de l'activité gares de voyageurs au sein de la SNCF, que la majeure partie des biens qui composent le patrimoine des gares de voyageurs appartient au domaine public de l'État. La SNCF n'est donc pas propriétaire, mais dispose d'un large pouvoir de gestion sur ceux-ci, en vertu de l'article L. 2141-13 du Code des transports. Ainsi, il serait logique que Gares & Connexions, qui se voit transférer la gestion d'une partie de ces biens, puisse bénéficier d'un pouvoir de gestion comparable à celui de la SNCF.

Or, l'Autorité relève que le dirigeant de Gares & Connexions bénéficie d'une délégation de pouvoir pour des opérations dont le montant n'excède pas 15 millions d'euros au total. Cette limitation quant au montant a pour conséquence de laisser à la SNCF l'impulsion des opérations les plus importantes. Cette limite apparait inadaptée, selon les termes de l'avis, eu égard aux projets d'envergure et aux programmes d'investissement projetés pour les gares de voyageurs.

De même, le projet de décret prévoit la validation par le seul conseil d'administration de la SNCF du programme d'investissements présenté par l'entité gestionnaire des gares.

L'Autorité considère qu'ainsi la SNCF n'est pas suffisamment encadrée dans la mesure où les redevances d'usage que versent les entreprises ferroviaires usagers des gares sont notamment liées aux investissements.

Il est donc proposé d'encadrer le pouvoir accru dont devrait disposer le directeur des gares en matière de politique d'investissements, d'une part, en soumettant les projets au filtre d'un comité spécifique d'engagements au sein de l'entité, dans lequel la SNCF serait représentée, et d'autre part, en accentuant les compétences des instances de concertation prévues par le projet de décret. L'ARAF avait également de son côté, dans son avis du 15 juin 2011, insisté sur la nécessité de cette concertation préalable.

Le renforcement des impératifs de confidentialite

Se pose ici la question de la détention et de l'usage au sein de la SNCF d'informations sensibles concernant les opérateurs concurrents. En effet, ces derniers bénéficient d'un guichet unique, appelé la "*plateforme de service aux entreprises ferroviaires*", pour l'ensemble de leurs demandes d'accès à une infrastructure essentielle de la SNCF (dont les gares). Ce service, rattaché à la direction générale de la SNCF, répercute ensuite les demandes aux interlocuteurs concernés, dont Gares & Connexions.

Pour l'Autorité, le projet de décret propose un niveau de garantie nettement insuffisant s'agissant de la confidentialité de ces informations.

Le projet de décret met en place une obligation de confidentialité des informations à caractère industriel ou commercial communiquées par les entreprises ferroviaires, qui ne revêt toutefois pas de caractère particulièrement contraignant en l'absence de sanction notamment pénale, ce qu'a déploré l'ARAF dans son avis du 15 juin dernier.

L'Autorité de la concurrence rejoint sur ce point la position du régulateur en considérant qu'il importe que les personnels et la SNCF elle-même soient soumis à des obligations spécifiques de confidentialité, assorties de sanctions.

Plus précisément, concernant l'interface entre la SNCF et les entreprises ferroviaires, elle estime que, non seulement, celle-ci ne présente pas les garanties de confidentialité suffisantes mais qu'elle a surtout pour effet "*de priver Gares & Connexions du premier contact direct avec ses clients*" alors qu'il importe qu'elle ait "*la maitrise de la totalité de la relation commerciale*".

L'exigence d'une indépendance financière encadrée de l'entité gestionnaire des gares

Si l'analyse des comptes de Gares & Connexions révèle son manque d'autonomie vis-à-vis de la SNCF, l'Autorité relève que l'entité gestionnaire des gares ne doit pas rester pour autant sans contrôle, notamment en ce qui concerne la fixation de la redevance, et recommande une intervention accrue de l'ARAF.

L'examen des comptes séparés révèle une absence totale d'autonomie financière

Dans son avis relatif au projet de séparation des comptes de l'activité gares de voyageurs au sein de la SNCF, l'Autorité de la concurrence pointe tout d'abord le dispositif de comptes séparés, estimant que son périmètre mériterait d'être étendu, notamment en ce qui concerne les activités liées à l'accueil et à la vente des billets, partie intégrante du droit de l'accès en gare.

Dans un second temps, l'autorité procède à l'analyse des comptes de résultat et du bilan de Gares & Connexions, qui révèlent une situation financière fragile.

Elle relève que "l'entité ne peut pas en pratique, être considérée comme disposant de son autonomie financière, mais dépend totalement des concours de sa maison mère pour exercer et développer son activité. D'un point de vue opérationnel, les comptes séparés ainsi établis ne s'apparentent pas à une entreprise indépendante ayant une structure financière équilibrée, ce qu'ils devraient être". L'autorité fait ainsi le parallèle avec la situation de TIGF, filiale de Total en charge du transport du gaz dans le quart Sud-ouest de la France, dont le bilan en 2006 était marqué par une faiblesse des fonds propres, un fonds de roulement négatif et une absence de trésorerie, mettant le gestionnaire de réseau dans une situation de dépendance vis-à-vis de sa maison mère.

Face à cette absence d'autonomie financière de Gares & Connexions, l'Autorité de la concurrence recommande d'abord la mise en place d'une convention pluriannuelle régissant les relations financières, de manière à formaliser les concours accordés par la SNCF à l'entité gestionnaire des gares et à déterminer clairement les modalités de financement des investissements et des avances de trésorerie. En outre, il est conseillé au régulateur de procéder régulièrement à des audits extérieurs des comptes séparés pour évaluer la pertinence du dispositif.

Un contrôle accru de l'ARAF apparait nécessaire en matière de tarification

Si l'analyse des comptes de Gares & Connexions révèle son manque d'autonomie vis-à-vis de la SNCF, l'Autorité de la concurrence estime que l'entité gestionnaire des gares ne doit pas rester pour autant sans contrôle, notamment en ce qui concerne la fixation de la redevance, et recommande donc une intervention accrue de l'ARAF en la matière.

Le projet de décret dresse une liste de critères de modulation pouvant être combinés lors de la fixation de la redevance pour les prestations d'accès aux infrastructures de service. L'Autorité de la concurrence note que le projet de décret offre la possibilité aux gestionnaires d'infrastructures d'intégrer l'ensemble des modulations de critères possibles.

L'Autorité, comme l'avait fait l'ARAF en juin dernier, insiste sur le risque d'une mise en œuvre discrétionnaire de ces critères. La modulation de ceux-ci pourrait en effet être utilisée à des fins anticoncurrentielles. Elle préconise donc la mise en place d'un contrôle *a priori* par le régulateur sectoriel afin de déterminer si les critères mis en œuvre sont "*justifiés, proportionnées et transparents, de sorte qu'ils n'induisent pas une distorsion de concurrence entre les entreprises ferroviaires*".

Plus largement, l'Autorité préconise que le régulateur dispose "de pouvoirs de contrôle ex ante des coûts répercutés aux entreprises ferroviaires afin de garantir leur caractère transparent, objectif et non discriminatoire" et qu'il puisse "intervenir ex post pour vérifier la réalisation des investissements programmés et s'assurer de la sincérité des coûts intégrés dans la base de charges au titre de la dotation aux investissements".

Les recettes commerciales doivent davantage bénéficier aux entreprises ferroviaires

Selon l'Autorité de la Concurrence, suivant l'ARAF, le projet de décret prévoit un système dans lequel les recettes provenant de la valorisation commerciale des gares ne participent qu'insuffisamment à la couverture des coûts des activités régulées. La SNCF serait donc susceptible de récupérer des bénéfices, dans la mesure où l'entité gestionnaire des gares n'est qu'une branche au sein de l'opérateur historique.

Ce système ne permet pas de faire bénéficier les entreprises ferroviaires d'un allègement du montant de la redevance dont elles doivent s'acquitter, par l'affectation des recettes commerciales au périmètre régulé, alors même que leur activité, par l'accroissement du trafic, aura une incidence sur ces recettes.

L'ARAF a considéré que, dans le contexte de développement de la concurrence, il importe d'intéresser les entreprises ferroviaires aux résultats des activités commerciales. L'Autorité de la concurrence rappelle en effet qu'une diminution des redevances devrait faciliter l'entrée sur le marché de nouvelles entreprises et ainsi entrainer un accroissement du nombre de voyageurs, attirant de nouveaux clients potentiels pour toutes les activités commerciales dans les gares. Dès lors, l'Autorité de la concurrence en conclut qu'"*une affectation au moins partielle des recettes commerciales à la baisse des redevances*" serait souhaitable, et ce également afin de limiter les risques de subventions croisées.

Cette prise de position de l'Autorité n'apparaît pas totalement cohérente, en matière ferroviaire, avec ses recommandations dans le domaine aéroportuaire où elle a soutenu, comme la Cour des comptes, une évolution en sens inverse décidée par l'État du système de la "caisse unique" vers celui de la "double caisse", en vue de retirer notamment les activités commerciales des gestionnaires d'aéroports du périmètre des services aéroportuaires régulées (Cf. Avis n° 10-A-04 du 22 février 2010, p. 36, points 193 et 194).

Pour finir, s'agissant encore de l'affectation des recettes commerciales à la baisse des redevances, l'Autorité de la concurrence note que celle-ci pourra corrélativement avoir pour effet d'entraîner une augmentation des loyers des commerces en gare.

Enfin, le décret prévoit un alignement du montant de la redevance "pour mise à disposition d'espaces adaptés aux opérations de vente de titres de transport» sur le montant des loyers versés par les concessionnaires des espaces de commerce non régulés qui sont notamment fixés en fonction du prix de l'immobilier du périmètre autour de la gare. L'autorité relève que le montant élevé de ces redevances pourrait avoir un effet dissuasif.

E. Guillaume, S. Daboussy
Concurrences N°4-2011, pp. 192-195

Aut. conc., avis n° 09-A-55 du 4 nov. 2009 sur le secteur du transport public terrestre de voyageurs

L'Autorité de la concurrence se prononce, à l'occasion d'une saisine d'office, pour une séparation plus stricte entre la mission de gestion des gares ferroviaires et les autres activités de la SNCF

L'Autorité de la concurrence se prononce, à l'occasion d'une saisine d'office, pour une séparation plus stricte entre la mission de gestion des gares ferroviaires et les autres activités de la SNCF (Aut. conc., avis n° 09-A-55 du 4 novembre 2009 sur le secteur du transport public terrestre de voyageurs)

Le nouvel article L. 462-4 du Code de commerce, résultant de l'ordonnance n° 2008-1161 du 13 novembre 2008 portant modernisation de la régulation de la concurrence, prévoit que l'Autorité de la concurrence peut prendre l'initiative de donner un avis, rendu public, sur toute question concernant la concurrence.

Pour la première fois, l'Autorité de la concurrence s'est saisie d'office en mai 2009 afin d'examiner le secteur des transports publics terrestres de voyageurs (cf. décision n° 09-SOA-01 du 18 mai 2009). Par un avis n° 09-A-55 du 4 novembre 2009, elle se prononce en faveur d'une séparation renforcée de l'activité de gestion des gares au sein de la SNCF. Par cet avis, l'Autorité de la concurrence formule des propositions allant bien au-delà de ce que le législateur a effectivement décidé un mois plus tard.

Le constat : la place essentielle des gares ferroviaires dans un contexte d'ouverture à la concurrence

Sans surprise, l'Autorité de la concurrence confirme la place essentielle des gares ferroviaires dans le secteur du transport terrestre de voyageurs. L'Autorité souligne ainsi que les gares ferroviaires "paraissent" pouvoir présenter les caractéristiques d'infrastructures essentielles au transport ferroviaire, dans la mesure où elles sont indispensables pour pouvoir offrir un service ou un produit sur un marché amont, aval ou complémentaire de celui sur lequel se trouvent ces infrastructures, et ne sont pas réplicables dans des conditions acceptables. De façon plus spécifique, l'Autorité souligne que les gares constituent des "pôles d'échanges essentiels", puisqu'elles représentent des nœuds de lignes de transport, réunissant en un même lieu les lignes ferroviaires, des lignes de bus, des parcs de stationnement, des services de locations de voitures ou de vélos, etc. Dans la chaîne de transports, les gares sont donc l'un des éléments fondamentaux de l'intermodalité.

En France, le statut des gares n'a guère connu d'évolutions au cours des dernières décennies. Certes, afin d'assurer la transposition de la directive 91/440 du 29 juillet 1991 relative au développement de chemins de fer communautaires, la loi du 13 février 1997 a introduit une séparation entre la propriété et la gestion de l'infrastructure ferroviaire, confiées à l'établissement public "Réseau ferré de France" (RFF), et la fourniture des services de transport ferroviaire, restant assurée par la SNCF. Pour autant, cette loi prévoit expressément (cf. Art. 5) que les gares sont exclues du transfert d'infrastructures à RFF, celles-ci demeurant des dépendances du domaine public "remises en dotation" à la SNCF (cf. Art. 19 de la loi du 30 décembre 1982 d'orientation des transports intérieurs – "LOTI").

Or, conformément à la directive 2007/58 du 23 octobre 2007 ("3ème paquet ferroviaire"), la loi n° 2009-1503 du 8 décembre 2009 relative à l'organisation et à la régulation des transports ferroviaires prévoit que, "à compter du 13 décembre 2009, les entreprises ferroviaires exploitant des services de transport international de voyageurs peuvent, à cette occasion, assurer des dessertes intérieures à condition que l'objet principal du service exploité par l'entreprise ferroviaire soit le transport de voyageurs entre des gares situées dans des États membres de l'Union européenne différents" (nouvel Art. 17-2 de la loi LOTI). Certes, dans un premier temps, cette réforme ne devrait guère affecter l'utilisation des gares françaises, aucun concurrent de la SNCF n'ayant envisagé de débuter des activités de desserte intérieure en France au 13 décembre 2009 (cf. Les Échos du 11 décembre 2009 – "Faute de combattants, l'ouverture à la concurrence du transport de voyageurs sur les liaisons internationales ne débouchera pas sur un grand soir ferroviaire"). Mais on peut raisonnablement penser que, dans les prochaines années, les opérateurs mettront en œuvre ces nouvelles dispositions, et souhaiteront donc avoir accès aux gares françaises afin de pouvoir, à l'occasion d'un trajet international, assurer des dessertes intérieures sur le territoire français : par exemple, un opérateur assurant une liaison entre Bruxelles et Lyon pourra transporter des passagers entre Lille et Lyon, et pourra donc non seulement accéder à ces gares, mais aussi y installer des équipements et des services afin de répondre aux besoins de ses clients. Anticipant cette prochaine réalité, l'Autorité de la concurrence formule alors des exigences plus contraignantes que celles découlant de la nouvelle législation française.

Les recommandations : assurer un accès aux gares françaises dans des conditions plus concurrentielles

Parmi les recommandations formulées par l'Autorité, qui visent notamment à encadrer la stratégie de diversification de la SNCF, à développer les informations relatives au transport ferroviaire ou à favoriser l'allotissement dans les appels d'offres de transport public urbain, deux recommandations retiendront plus particulièrement l'attention, dans la mesure où elles apparaissent nettement plus contraignantes que la loi votée par le parlement quelques semaines après la publication de l'avis n° 09-A-55.

D'une part, l'Autorité de la concurrence se prononce "pour une séparation plus nette de la mission de gestion des gares". Sur ce point, la loi du 8 décembre 2009 prévoit que, "à compter du 1er janvier 2011, la gestion des gares, lorsqu'elle est effectuée par la Société nationale des chemins de fer français, fait l'objet d'une comptabilité séparée de celle de l'exploitation des services de transport. Aucune aide publique versée à l'une de ces activités ne peut être affectée à l'autre" (nouvel Art. 17-1 de la loi LOTI). En pratique, cette évolution a été anticipée par la SNCF dès avril 2009, puisqu'elle a créé en son sein une nouvelle branche dédiée à la gestion et à l'aménagement des gares, appelée "Gares & Connexions". Dès le 1er janvier 2010, la création de cette nouvelle branche doit s'accompagner en outre pour toutes les gares d'une séparation comptable, "Gares & Connexions" étant dotée d'un bilan et d'un compte de résultats propres.

Malgré cette évolution, anticipée par la SNCF par rapport aux nouvelles exigences légales, l'Autorité de la concurrence constate que "le fait que la SNCF n'ait pas rendu Gares & Connexions plus indépendant des activités concurrentielles de l'EPIC, en filialisant par exemple cette activité comme cela a été le cas en Allemagne, et que cette entité soit placée sous l'autorité directe du président de la SNCF, n'apparaît pas de nature à offrir des garanties suffisantes de transparence dans la gestion des gares reposant sur d'autres facteurs que la seule bonne volonté de l'opérateur historique" (point 122).

Dès lors, l'Autorité recommande l'instauration d'une "*séparation plus aboutie*", reposant par exemple sur une séparation de propriété, une séparation juridique ou une séparation fonctionnelle qui ne se limiterait pas à la séparation comptable. En pratique, il est souligné que "*la mise en place d'un dispositif transitoire instaurant une séparation fonctionnelle, dans un premier temps, et évoluant progressivement vers une séparation plus marquée, juridique ou patrimoniale, devrait être envisagée*" (point 193). Une séparation plus nette entre les activités de gestion des gares et les activités de transport devrait notamment, aux yeux de l'Autorité, contribuer à garantir une répartition plus impartiale de l'espace au sein des gares entre les services de la SNCF et ceux de ses futurs concurrents.

D'autre part, l'Autorité de la concurrence estime que la tarification de l'accès en gare doit être orientée vers les coûts, du fait du caractère d'infrastructure essentielle des gares. Elle constate que, à l'heure actuelle, le système de tarification instauré par "Gares & Connexions" est fondé sur des coûts qui ne font l'objet d'aucune vérification extérieure et indépendante.

Certes, la loi du 8 décembre 2009 crée l'"Autorité de régulation des activités ferroviaires" (ARAF), nouvelle autorité administrative indépendante, dotée de la personnalité morale, chargée de concourir au bon fonctionnement du service public et des activités concurrentielles de transport ferroviaire. Aux termes de la nouvelle loi, cette autorité veille en particulier à ce que les conditions d'accès au réseau ferroviaire par les entreprises ferroviaires n'entravent pas le développement de la concurrence, assure une mission générale d'observation des conditions d'accès au réseau et peut, à ce titre, formuler toute recommandation (cf. Art. 11). Constituée de 7 membres, nommés pour 6 ans, l'ARAF dispose en outre d'un pouvoir de sanction et de règlement des différends entre les opérateurs.

L'Autorité de la concurrence déplore que l'ARAF, à la différence de l'ARCEP ou de la CRE, n'intervienne pas directement sur les questions tarifaires, puisque "*savoir ce que coûte effectivement une gare donnée n'est pas actuellement au nombre*" des missions de l'ARAF. Dès lors, l'Autorité de la concurrence recommande que l'ARAF soit dotée d'un pouvoir d'examen *ex ante* des tarifs d'accès aux gares au regard des coûts. Selon l'Autorité, une telle évolution devrait permettre l'instauration des conditions permettant de garantir une véritable concurrence, sans que l'opérateur historique ne puisse profiter de sa position au détriment des nouveaux opérateurs.

E. Guillaume

Concurrences N° 1-2010, pp. 182-183

Concurrences +

Régis Pihéry, Saisine d'office: L'Autorité de la concurrence se saisit d'office pour la première fois afin de rendre un avis sur l'ouverture prochaine du secteur ferroviaire à la concurrence (Transport terrestre de voyageurs), 18 mai 2009, Concurrences N° 3-2009, Art. N° 29644.

Alain Ronzano, Transport ferroviaire: L'Autorité de la concurrence fait usage pour la première fois de la faculté d'auto-saisine pour avis à propos de l'inter modalité des transports au sein des futures gares ferroviaires (transport public terrestre de voyageurs), 18 mai 2009, Concurrences N° 3-2009, Art. N° 56966.

Alain Ronzano, Libéralisation des services ferroviaires: L'Autorité de la concurrence rend un avis dans lequel elle se penche sur l'ouverture à la concurrence du transport ferroviaire de voyageurs, 3 septembre 2008, Concurrences N° 1-2010, Art. N° 64960.

5.1.3 Gestionnaire d'infrastructures

ARAFER, déc. n° 2016-167 du 19 juil. 2016 relative à l'établissement de mécanismes incitatifs à la bonne utilisation des capacités d'infrastructure

L'Autorité de régulation des activités ferroviaires et routières met en place des mécanismes incitatifs pour favoriser l'utilisation efficace des capacités d'infrastructures

À l'occasion de plaintes déposées par des opérateurs ferroviaires dans le cadre de demandes de règlements de différend, l'Autorité avait pu observer que le gestionnaire de l'infrastructure comme les opérateurs sollicitant ou détenant des sillons ferroviaires pouvaient adopter des comportements peu compatibles avec les exigences d'une utilisation optimale de l'infrastructure. De ce constat, l'Autorité a souhaité la mise en place d'un mécanisme regroupant des mesures incitatives visant à améliorer ces pratiques.

Le constat

Selon les dispositions en vigueur de l'article 21 du décret du 7 mars 2003 modifié relatif à l'utilisation du réseau ferroviaire, les opérateurs souhaitant demander des sillons doivent présenter leurs demandes soit avant mi-avril de l'année du nouvel horaire de service débutant à mi-décembre (commandes dites "au lot") soit à compter de la publication de l'horaire de service (commandes dites "en adaptation" et de dernière minute). Pour la seconde période, les demandes présentées sont traitées dans la capacité disponible à l'issue du traitement des demandes présentées au lot.

Par ailleurs, l'article 25 du décret du 7 mars 2003 permet à SNCF Réseau de supprimer des sillons attribués "en cas d'urgence et de nécessité absolue, motivée par une défaillance rendant l'infrastructure momentanément inutilisable, pendant le temps nécessaire à la remise en état des installations" ou en cas de non-utilisation d'un sillon. Il est prévu également qu'il puisse modifier ou supprimer des sillons "pour permettre l'exécution sur l'infrastructure ferroviaire de travaux d'entretien non programmés lors de l'élaboration de l'horaire de service" ou encore pour accorder une priorité à des transports nécessaires aux besoins de la défense. La faculté pour SNCF Réseau de modifier ou de supprimer des sillons dans certaines circonstances limitativement énumérées est très étendue dans la mesure où le gestionnaire de l'infrastructure reste maître de l'appréciation du caractère d'urgence et de la nécessité absolue rendant nécessaire une modification ou une suppression de sillon à la suite d'une défaillance de l'infrastructure. De même, il apprécie de manière discrétionnaire la nécessité de réaliser des travaux non programmés.

Cet état du droit soulève deux difficultés. Tout d'abord, comme l'a exposé l'Autorité dans ses décisions de règlement de différend n° 2014-016, 2014-017, 2014-018 et 2014-019 du 15 juillet 2014, un nombre significatif de sillons-jours fait l'objet de suppressions ou de modifications par SNCF Réseau, bien que ceux-ci aient été attribués fermes, et ce en raison de l'instabilité des capacités réservées pour la réalisation de travaux. Ensuite, il apparaît qu'une large majorité des sillons créés au lot est retravaillée en cours d'horaire de service car, d'une part, les opérateurs font des demandes de restitution ou de modification portant sur des sillons-jours attribués au lot et, d'autre part, parce qu'ils font de nouvelles demandes pendant la phase d'adaptation, voire en "dernière minute".

Cette situation que l'on peut à tout le moins qualifier d'insatisfaisante peut s'expliquer par différents facteurs. Premièrement, la qualité des sillons attribués au lot peut ne pas satisfaire l'opérateur qui en a fait la demande, ce qui l'oblige alors à faire des demandes complémentaires en cours d'horaire de service afin d'obtenir une meilleure réponse de la part de SNCF Réseau. Deuxièmement, certaines demandes de modification ou de création de sillons en cours d'horaire de service seraient faites dans le but d'obtenir avant l'échéance de la levée de précarité une solution à un sillon à l'étude. Troisièmement, le calendrier prévu par les textes européens n'est pas compatible avec les contraintes de certains trafics de fret. Une partie des demandes faites en cours d'horaire de service fera donc inévitablement l'objet de modifications de la part du demandeur. Quatrièmement, les capacités réservées pour les travaux sont considérées comme surestimées et fiabilisées trop tardivement.

Cette situation a ainsi poussé l'Autorité, en premier lieu, à préconiser aux parties prenantes d'améliorer leurs comportements. D'une part, SNCF Réseau pourrait améliorer la planification et la gestion des travaux afin, a minima, que les modifications des capacités liées aux travaux n'affectent pas ou peu les sillons attribués et ne nuisent donc pas au développement du transport ferroviaire. D'autre part, les opérateurs ne devraient commander que ce qui est nécessaire, restituer au plus tôt ce qui n'est plus nécessaire et utiliser effectivement les capacités réservées, dans le but notamment d'optimiser l'usage du réseau et de ne pas en bloquer l'accès.

En second lieu, l'Autorité considère que l'absence de disposition règlementaire de nature incitative s'appliquant à l'attribution des sillons, d'une part, et le maintien de comportements préjudiciables au bon fonctionnement du système ferroviaire tant de la part de SNCF Réseau que des entreprises ferroviaires et des autres candidats, d'autre part, se révèle néfaste. C'est pourquoi l'Autorité a adopté un mécanisme qui se veut pérenne et, le cas échéant, évolutif, comprenant des incitations réciproques, sur le fondement de l'article L. 2132-5 du code des transports, visant à préciser les règles relatives aux conditions d'accès au réseau ferroviaire.

Le mécanisme

Le périmètre des mécanismes incitatifs

L'Autorité a voulu un mécanisme incitatif ayant vocation à s'appliquer à toutes les actions réalisées par SNCF Réseau et les candidats sur des sillons attribués fermes, que ce soit en réponse aux demandes déposées au lot ou aux demandes effectuées en cours d'horaire de service. Les actions qui donnent lieu à une pénalisation portent sur les suppressions ou les modifications importantes de sillons à l'initiative de SNCF Réseau, et les restitutions et les modifications effectuées par les candidats. En sont donc exclus les sillons créés en cours d'horaire de service. Le périmètre du mécanisme incitatif devra cependant être étendu à toutes les évolutions relatives à un même sillon-jour, quelle que soit sa date de création, à l'issue de la première année de fonctionnement, soit à partir de l'horaire de service 2020.

Les mécanismes incitatifs visant à améliorer les pratiques de SNCF Réseau

L'objectif du mécanisme n'est pas d'interdire tout retrait ou modification de sillons à l'initiative de SNCF Réseau du fait d'une évolution de la programmation des travaux, cette possibilité étant permise par la règlementation, mais d'en limiter le nombre et les impacts sur les utilisateurs du réseau, notamment en les anticipant.

Pour cela, l'Autorité entend inciter SNCF Réseau à ne pas faire droit à des demandes de capacités travaux effectuées au cours de l'horaire de service en dehors de la capacité résiduelle et, si la modification d'un sillon déjà attribué est strictement nécessaire, à proposer une solution adaptée permettant au demandeur de fournir la prestation à son client. Pour ce faire, l'Autorité a choisi de recourir à la mise en œuvre de deux pénalités : l'une en cas de suppression et l'autre en cas de modification importante d'un sillon-jour, ce qui correspond à un écart horaire à l'origine et/ou à destination ou un allongement du temps de trajet supérieur à 5 minutes pour un transport de voyageurs ou à 30 minutes pour un transport de fret ou l'allongement de l'itinéraire à 10 kilomètres pour un transport de voyageurs ou à 50 kilomètres pour un transport de fret.

Le système de pénalités proposé par l'Autorité repose sur un barème kilométrique car cela présente l'avantage essentiel de corréler la pénalité avec la distance du parcours concerné, qui est elle-même la principale source de coûts pour les candidats. En cas de modification importante, la pénalité sera, si la modification intervient 4 mois avant la réalisation de l'opération de transport de 0.5 euros par train-kilomètre (ci-après €/tr-km), si elle intervient entre deux et quatre mois avant, de 1 €/tr-km, si elle intervient entre la veille et deux mois avant, de 2 €/tr-km. En cas de suppression, la pénalité sera, si la décision intervient 4 mois avant la réalisation de l'opération de transport, de 2 €/tr-km, si elle intervient entre deux et quatre mois avant, de 4 €/tr-km, si elle intervient entre la veille et deux mois avant, de 8 €/tr-km.

Les mécanismes incitatifs visant à améliorer les pratiques des candidats

Pour l'Autorité, il est important que chaque utilisateur de capacités réserve seulement ce qui lui est nécessaire, confirme au plus tôt ce qui lui est indispensable et utilise effectivement ce qui lui a été attribué.

Pour cela, l'Autorité préconise, ici aussi, l'utilisation d'un barème distinct pour le voyageur et pour le fret pour prendre en compte la différence de modèles économiques entre ces activités. Pour chaque demande de modification ou de restitution d'un sillon fret intervenue entre 2 mois et 22 jours avant l'opération de transport, la pénalité sera de 0,25 €/tr-km, entre 21 et 10 jours avant de 0,5 €/tr-km et entre 9 jours jusqu'à la veille de 1 €/tr-km. Pour chaque demande de modification ou de restitution d'un sillon voyageur fret intervenue entre 4 et 2 mois avant l'opération de transport, la pénalité sera de 0,5 €/tr-km, entre 2 mois et 22 jours avant de 0,5 €/tr-km et entre 21 jours jusqu'à la veille de 1 €/tr-km.

L'articulation du dispositif avec le document de référence du réseau

Pour éviter toute ambiguïté, l'Autorité pose certains éléments relatifs à l'articulation entre le dispositif qu'elle établit et le document de référence réseau. En particulier, la pénalisation de SNCF Réseau en cas de modification ou de suppression de sillons-jours fermes ne se substitue pas au dispositif d'indemnisation des conséquences dommageables de la modification ou de la suppression d'un sillon-jour ferme prévu par l'article 25 du décret n° 2003-194 du 7 mars modifié.

Le suivi des mécanismes incitatifs et l'évolution du dispositif

Selon l'Autorité, le bon fonctionnement du dispositif nécessite que la transmission de plusieurs données ou indicateurs soit réalisée par SNCF Réseau à un rythme régulier, a minima tous les ans. Au-delà des informations déjà fournies par le gestionnaire de l'infrastructure ferroviaire, elle sollicite que lui soient fournies de multiples informations et, sans être exhaustif, notamment le nombre de modifications importantes mais aussi non importantes de sillons-jours effectuées par SNCF Réseau en cours d'horaire de service, en fonction des motifs invoqués et du délai de prévenance, le nombre de suppressions de sillons-jours effectuées par SNCF Réseau en cours d'horaire de service, en fonction des motifs invoqués et du délai de prévenance ou encore le nombre de restitutions de sillons-jours effectuées par chaque demandeur de sillons, en fonction des motifs invoqués et du délai de prévenance.

Pour finir, l'Autorité considère qu'au terme de ce suivi, ou le cas échéant à la demande émanant d'un ou plusieurs acteurs, elle pourrait être amenée à modifier, après consultation, les mécanismes retenus.

On peut penser que les acteurs du secteur ferroviaire peuvent être intéressés par une telle initiative. Le caractère réciproque des engagements devrait assurer son efficacité. Reste qu'il faudra un peu de temps pour savoir si les comportements de chaque partie prenante évoluent dans le bon sens.

H. Delzangles, S. Martin
Concurrences N° 4-2016, pp. 185-186

CA Paris, 17 déc. 2015, ARAFER, RG 14/17695

La Cour d'appel de Paris valide le mécanisme incitatif d'allocation des sillons

---

Statuant au titre de sa compétence d'annulation et de réformation des décisions, qu'elle exerce en application de l'article L. 2134-3 du code des transports, la Cour d'appel de Paris a rendu, le 17 décembre 2015, une série d'arrêts (n° 2014/17695, ° 2014/17688, n° 2014/17680 et n° 2014/17660) validant plusieurs décisions de l'Autorité de régulation des activités ferroviaires (ARAF) relatives au règlement de différends qui opposaient quatre entreprises ferroviaires au gestionnaire des infrastructures ferroviaires. Pendant la procédure, l'ARAF est devenue l'ARAFER depuis l'ajout du domaine routier dans son champ de compétences par la loi n° 2015-990 du 6 août 2015 et *SNCF Réseau* est venue aux droits de *Réseau Ferré de France* en raison de la réorganisation du système ferroviaire par la loi n° 2014-872 du 4 août 2014 portant réforme ferroviaire.

Dans le cadre de son rôle de gestionnaire d'infrastructures ferroviaires, *SNCF Réseau* a pour mission d'assurer l'accès à l'infrastructure ferroviaire du réseau national, en répartissant les sillons c'est-à-dire les créneaux de circulation sur un itinéraire donné, demandés par les entreprises ferroviaires.

Un sillon est défini à l'article L. 2122-3 du code des transports comme la capacité d'infrastructure du réseau ferré national requise pour faire circuler un train donné d'un point à un autre, au cours d'une période donnée ; la capacité d'infrastructure correspond, selon le même article, à la possibilité de programmer des sillons sollicités pour un segment de l'infrastructure pendant une certaine période.

SNCF Réseau se voit donc confier la mission d'allouer ces sillons aux entreprises qui en font la demande. Le gestionnaire d'infrastructures fixe également le niveau des redevances dont les entreprises ferroviaires doivent s'acquitter pour utiliser les sillons qui leur ont été accordés. Chaque année, le gestionnaire d'infrastructures publie un "document de référence du réseau", décrivant les caractéristiques de l'infrastructure mise à disposition des entreprises ferroviaires, les tarifs des prestations offertes, les règles de répartition des capacités et les informations nécessaires à l'exercice des droits d'accès au réseau (article L. 2122-5 du code des transports).

Les entreprises ferroviaires qui souhaitent utiliser les infrastructures ferroviaires doivent ainsi en faire la demande auprès de *SNCF Réseau* et verser un acompte de réservation de 20 %. Ces entreprises sont alors en principe assurées de pouvoir utiliser ces sillons dit sillons fermes. Cependant, le gestionnaire de réseau a la possibilité de supprimer ou de modifier le sillon alloué, sans indemnisation systématique de l'entreprise concernée.

En effet, en vertu des conditions générales du contrat d'utilisation de l'infrastructure, ce n'est que lorsque la responsabilité de *SNCF Réseau* est engagée dans la suppression du sillon jour ferme qu'une indemnisation est envisageable.

À l'inverse, lorsqu'un transporteur qui a réservé un sillon entend le restituer moins de deux mois avant la date effective d'utilisation (c'est-à-dire avant le créneau qui avait été réservé), il est tenu au paiement intégral de la redevance de réservation.

Face à des suppressions tardives de sillons leur ayant été attribués, quatre transporteurs ferroviaires, parmi lesquels la société *VFLI*, ont demandé au gestionnaire de réseau de suspendre la redevance de réservation qui leur avait été notifiée. Le gestionnaire a rejeté cette demande. La société *VFLI*, ainsi que les trois autres entreprises ferroviaires, a demandé à l'Autorité de régulation :

- à titre principal, à être exonérée de la redevance de réservation, jusqu'à ce que *SNCF Réseau* mette en place un dispositif incitatif à destination des entreprises, de respect des sillons alloués ;
- à titre subsidiaire, d'enjoindre au gestionnaire de réseau de mettre en place des mesures incitatives au respect des sillons alloués.

Par une décision n° 2013-019 en date du 1er octobre 2013, l'ARAF a rejeté la demande principale de *VFLI*mais enjoint au gestionnaire de réseau d'adopter deux systèmes "incitatifs" au respect des sillons :

- l'un à destination du gestionnaire lui-même afin de l'inciter à proposer des sillons alternatifs en cas de suppression des sillons alloués fermes. Après concertation des entreprises du secteur, l'ARAFER a décidé de mettre en place un système de pénalités financières applicable au gestionnaire de réseau en cas de modification ou suppression des sillons préalablement alloués ;
- l'autre à destination des entreprises ferroviaires, en les incitant à restituer leurs sillons inutilisés dans les plus brefs délais. Il s'agit ici de favoriser une utilisation effective optimale des sillons et d'éviter que certaines entreprises bloquent volontairement des sillons pour empêcher ses concurrents de les utiliser.

On relèvera que ces deux systèmes sont uniquement incitatifs du point de vue de l'utilisation des capacités d'infrastructures du réseau car il s'agit bien de pénaliser financièrement l'entité visée.

SNCF Réseau a formé un recours devant la Cour d'appel de Paris contre cette décision. Plusieurs moyens de légalité externe étaient en cause mais on présentera ici seulement les moyens de légalité interne analysés par la Cour d'appel.

SNCF Réseau estimait en substance que l'ARAFER avait méconnu l'article L. 2134-2 du code des transports en adoptant, dans le cadre d'un règlement de différend, des mesures règlementaires illégales et susceptibles d'être qualifiées de sanctions disproportionnées. La Cour d'appel a rejeté l'argumentaire d'appel du gestionnaire de réseau en considérant que l'ARAFER pouvait légalement émettre une mesure de nature règlementaire, dans le cadre d'un règlement de différend, et que cette mesure ne présentait, en outre, pas de caractère disproportionné.

La nature du pouvoir de l'ARAFER en matière de règlement des différends

SNCF Réseau considérait que l'ARAFER n'était pas en mesure d'adopter des mesures de nature règlementaire dans le cadre d'un règlement de différend.

Le gestionnaire de réseau avançait que le régulateur ne pouvait prononcer, au titre de la procédure de règlement de différend, que des mesures visant à préciser les conditions techniques et financières posées par les textes en vigueur. Selon les gestionnaires, la décision attaquée de l'ARAFER avait méconnu les dispositions de l'article L. 2134-2 du code des transports relatif au règlement de différend.

Cependant, suivant l'interprétation de la Cour, cet article confère à l'ARAFER deux pouvoirs distincts :

- d'une part, celui de préciser les conditions d'ordre technique et financier de règlement du différend ;
- d'autre part, celui de fixer les modalités d'accès au réseau et ses conditions d'utilisation.

La Cour relève qu'il s'agit d'un pouvoir double relativement original, détenu également par le Comité de règlement des différends et des sanctions (CoRDIS), qui intervient pour résoudre les litiges entre gestionnaires et utilisateurs des réseaux publics d'électricité et de gaz naturel en application de l'article L. 134-20 du code de l'énergie et dont s'inspire l'article L. 2134-2 du code des transports pour l'ARAFER.

En outre, les travaux parlementaires relatifs à cet article, cités par la Cour d'appel, précisent que l'Autorité peut substituer "sa décision à celle de l'auteur de l'acte en cause".

La directive n° 2012/34/CE du Parlement européen et du Conseil du 21 novembre 2012 établissant un espace ferroviaire unique européen conforte cette interprétation, ainsi que le relève la Cour d'appel de Paris : son article 56 précise que l'organisme de contrôle peut enjoindre au gestionnaire de l'infrastructure de modifier une décision, conformément aux lignes directrices qu'il fixe lui-même. En enjoignant à *SCNF Réseau* de mettre en place un dispositif incitatif conformément aux lignes directrices qu'elle a elle-même fixées, l'ARAFER a agi conformément aux dispositions communautaires.

Selon *SNCF Réseau*, l'Autorité ne pouvait lui ordonner la mise en œuvre de mesures incitatives dans le cadre d'un règlement de différend, dès lors qu'elle n'est habilitée à prendre des mesures normatives que par l'article L. 2131-7 du code des transports qui ne concerne pas cette compétence de règlement de différend. *SNCF Réseau* invoquait au soutien de sa thèse une jurisprudence constante du Conseil constitutionnel relative aux conditions dans lesquelles d'autres autorités administratives que le premier ministre ou le chef de l'État (à titre subsidiaire) peuvent prendre des mesures d'ordre règlementaire.

En effet, et pour citer René Chapus, "s'il n'y a qu'un législateur, il existe une pluralité de détenteurs du pouvoir réglementaire" (*Droit administratif général*, Tome 1, 15ème édition, p. 649). En principe, un texte est nécessaire pour investir une autorité administrative d'un pouvoir règlementaire. L'article 21 de la Constitution du 4 octobre 1958 prévoit que le pouvoir règlementaire général est partagé entre le chef de l'État et le chef du Gouvernement, ce dernier disposant de la compétence de principe. Cette règle est cependant susceptible d'aménagement. Le Conseil constitutionnel a ainsi jugé que si l'article 21 confère au premier ministre "l'exercice du pouvoir règlementaire à l'échelon national", il ne fait pas obstacle à ce que le législateur confie à une autre autorité le soin de prendre des mesures d'application d'une loi, dès lors que l'habilitation législative ne concerne que des mesures de portée limitée par leur champ d'application et par leur contenu (Cons. const., 18 septembre 1986, n° 86-217 DC Liberté de communication; Cons. const., 17 janvier 1989, n° 88-248 DC, Liberté de communication).

La Cour estime, en prenant garde de rappeler "qu'il n'appartient qu'au Conseil constitutionnel de statuer sur la constitutionnalité de dispositions légales", que "la faculté pour l'ARAF de fixer, dans le cadre du règlement d'un différend, des modalités ou des conditions d'accès au réseau, n'apparaît pas contraire à la jurisprudence ainsi rappelée". D'une part, le pouvoir de l'ARAFER est strictement encadré par l'article L. 2134-2 du code des transports, puisqu'il est "subordonné au règlement des litiges et donc à une plainte d'un opérateur" ; d'autre part, l'objet de la décision que l'ARAFER a la possibilité de prendre est limité aux "modalités d'accès au réseau et à ses conditions d'utilisation".

En déclarant qu'il lui incombe, en vertu de l'article L. 2134-2 du code des transports de "vérifier si les mesures prononcées, quelle que soit leur nature, s'avèrent nécessaires et proportionnées au règlement des litiges en cause", la cour précise que ces mesures "peuvent être purement individuelles, mais peuvent également avoir une portée générale, au-delà du cas particulier, notamment si elles concernent un contrat-type ou un document de référence du réseau". Compte tenu du principe de non-discrimination, exigeant que toutes les entreprises ferroviaires placées dans la même situation soient traitées par le gestionnaire de réseau de la même façon, la cour rappelle l'effet *erga omnes* à l'égard de tous ses partenaires que comporte nécessairement toute injonction faite au gestionnaire de réseau de modifier une clause d'un contrat type ou d'un document de référence du réseau.

Après avoir écarté le moyen de *SNCF Réseau* selon lequel l'ARAF aurait indument usé de son pouvoir de sanction, l'Autorité n'ayant, d'après la Cour, pas fait usage de son pouvoir de sanction en enjoignant à *RFF*de créer un système incitatif, la juridiction d'appel se penche sur la proportionnalité des mesures incitatives prévues par l'ARAF.

Le caractère nécessaire et proportionnel des mesures prononcées

SNCF Réseau contestait aussi la proportionnalité du dispositif incitatif par rapport à l'objectif poursuivi de règlement du différend. La cour d'appel souligne qu'aucune hiérarchie des procédures n'étant imposée à l'ARAF, il ne pouvait lui être reproché d'avoir utilisé une méthode plutôt qu'une autre pour adopter les mesures faisant l'objet du litige.

Elle précise que le caractère nécessaire de l'adoption du régime incitatif litigieux résulte de ce que *SNCF Réseau* n'a jamais mis en place un tel système, alors que l'autorité de régulation lui en avait fait la demande à plusieurs reprises.

Concernant le caractère proportionnel du dispositif, la Cour relève que le principe de proportionnalité s'apprécie par rapport aux deux objectifs poursuivis par l'ARAFER : inciter *SNCF Réseau* à ne pas supprimer ou modifier des sillons attribués fermes, et inciter les entreprises demandant des sillons à restituer le plus tôt possible les sillons qui ne leur sont pas nécessaires. La Cour considère que les mesures adoptées sont tout à fait adaptées au règlement du litige en cause.

S'agissant du système visant le gestionnaire de réseau, les pénalités sont graduées selon deux facteurs :

- la gravité du manquement du gestionnaire de réseau ; les suppressions de sillons étant quatre fois plus pénalisées que les modifications importantes ;
- le délai entre la date de modification ou de suppression du sillon et la date d'utilisation effective du sillon.

En outre, les pénalités sont calculées selon un barème kilométrique, pour prendre en considération le fait que "la distance du parcours impacté étant elle-même source de coûts pour l'entreprise".

À l'égard des entreprises ferroviaires, l'ARAFER a prévu, pour encourager les demandeurs de sillons à une utilisation efficace des sillons et dissuader les surréservations volontaires, un système de pénalités dont l'intensité varie selon la date de restitution plus ou moins tardive des sillons inutilisés.

L'absence d'égalité des peines encourues par *SNCF Réseau* et par les entreprises ferroviaires, que dénonçait le gestionnaire, s'explique par la différence de situation du gestionnaire de réseau par rapport aux entreprises ferroviaires. La Cour relève en effet que *SNCF Réseau* joue un rôle clé dans l'ouverture du fret ferroviaire à la concurrence.

La suppression de sillons par le gestionnaire impacte systématiquement l'entreprise ferroviaire alors que la restitution tardive de sillons inutilisés par une entreprise n'a qu'un impact éventuel sur la concurrence (les concurrents de l'entreprise concernée n'étant pas nécessairement intéressés par les sillons réservés mais inutilisés).

La Cour d'appel de Paris conclut à la proportionnalité et à l'adéquation du dispositif incitatif et rejette ainsi le recours en annulation de *SNCF Réseau*.

E. Guillaume, P.-E. Pivois

Concurrences N°1-2016, pp. 206-208

Aut. conc., avis n°14-A-09 du 11 juil. 2014 relatif au projet de séparation comptable de l'activité infrastructure de la SNCF

L'Autorité de la concurrence rend son avis sur le projet de séparation comptable de l'activité infrastructure de l'opérateur historique

L'autorité de la concurrence a rendu, le 11 juillet 2014, un avis n° 14-A-09 relatif au projet de séparation comptable de l'activité infrastructure de la SNCF. Elle a été amenée à se prononcer en application de l'article L. 2133-4 du code des transports, qui dispose que "*l'autorité de régulation des activités ferroviaires approuve, après avis de l'autorité de la concurrence, les règles de la séparation comptable prévue aux articles L. 2122-4, L. 2123-1, L. 2144-1 et L. 2144-2, les règles d'imputation, les périmètres comptables et les principes régissant les relations financières entre les activités comptablement séparées, qui sont proposés par les opérateurs*".

Précisément, les articles L. 2122-4 du code des transports et 6 de la directive 2012/34/UE établissant un espace ferroviaire européen imposent une séparation comptable entre les activités de gestion de l'infrastructure ferroviaire et de services de transport. À ce titre, la SNCF a saisi l'autorité de régulation des activités ferroviaires (ARAF) afin que cette dernière approuve le "*référentiel de séparation comptable de l'activité d'infrastructure*", dont l'élaboration et l'adoption est nécessaire compte tenu de l'organisation actuelle des activités d'exploitation et de gestion de l'infrastructure ferroviaire en France.

C'est donc sur saisine de l'ARAF que l'autorité de la concurrence a rendu l'avis commenté.

Le contexte de l'avis: Le partage entre la SNCF et RFF des activités d'exploitation et de gestion du réseau ferré national

L'autorité de la concurrence se prononce sur le projet de séparation comptable de l'activité d'infrastructure de la SNCF en exposant tout d'abord l'organisation du système ferroviaire français à la date où l'avis est rendu.

En premier lieu, l'Autorité rappelle que les dispositions de la loi n°97-135 du 13 février 1997 semblent de prime abord établir un cloisonnement strict entre les activités afférentes à l'infrastructure ferroviaire et celles relatives aux services de transport: alors que Réseau ferré de France (RFF) assume les premières, la SNCF prend en charge les secondes.

En réalité, ce partage des activités d'exploitation et de gestion du réseau national n'est que partiel. Certes, RFF est bien investie de la qualité de gestionnaire du réseau national, conformément aux dispositions de l'article L. 2111-9 du code des transports. Ainsi, l'Autorité rappelle que l'entreprise a pour mission de répartir les sillons du réseau ferré national et de veiller à la bonne gestion de ce dernier. Toutefois, le gendarme français de la concurrence met également en évidence le rôle significatif de la SNCF dans la gestion de l'infrastructure ferroviaire. En sa qualité de gestionnaire d'infrastructure délégué, elle exerce en effet les missions de gestion du trafic et des circulations et d'entretien du réseau ferré pour le compte de RFF, en vertu de l'article L. 2111-9 précité.

En second lieu, l'autorité de la concurrence analyse les modalités concrètes d'exercice de l'activité infrastructure par la SNCF. Celles-ci sont confiées à Infra, l'une des cinq branches d'activité de la SNCF, qui assure concomitamment des activités sous monopole légal et des activités en concurrence. En effet, alors que les missions de gestion du trafic et des circulations et d'entretien du réseau national lui sont confiées à titre exclusif, Infra intervient également sur le marché concurrentiel du renouvellement et du développement de l'infrastructure ferroviaire.

L'étude de ce schéma organisationnel particulier permet à l'autorité de la concurrence de mettre en évidence les enjeux concurrentiels et la nécessité de la séparation comptable de l'activité infrastructure de la SNCF.

Le contenu de l'avis

Le principe de séparation comptable entre les activites d'infrastructure et de services de transport réaffirmé

Dans la continuité de ses avis n° 11-A-16 (cf. *Concurrences* n° 4-2011, p. 192) et n° 13-A-14 (relatif au projet de loi portant réforme ferroviaire), l'autorité de la concurrence souligne les enjeux concurrentiels du principe de séparation comptable.

Selon cette dernière, la particularité des activités exercées par la SNCF, notamment par sa branche Infra, est de nature à engendrer des distorsions de concurrence. En effet, un double risque de subvention croisée est encouru, tant à l'échelon de l'EPIC SNCF qu'au sein de la branche Infra elle-même.

D'une part, la SNCF exerce à la fois des activités d'infrastructure sous monopole et prend en charge des services concurrentiels de transport ferroviaire. Dans ce contexte, le risque d'orientation de ressources tirées des premières vers les secondes existe, ce qui serait de nature à créer un avantage concurrentiel artificiel au bénéfice de la SNCF vis-à-vis de ses concurrents.

D'autre part, des pratiques identiques sont susceptibles d'être commises au niveau de la seule branche Infra. En effet, des transferts de ressources issues des activités sous monopole légal pourraient être opérés vers les activités d'infrastructure concurrentielles de développement et de renouvellement du réseau. S'en suivrait alors une entrave sérieuse à l'objectif de développement de la concurrence sur certains marchés d'infrastructure ouverts à la concurrence, dans la mesure où ces subventions croisées pourraient empêcher ou à tout le moins nuire à l'émergence de concurrents de la SNCF.

L'autorité de la concurrence tire les conséquences de ce raisonnement en affirmant que les périmètres des activités d'infrastructure sous monopole légal doivent être isolés des autres périmètres d'activités concurrentielles exercées par la SNCF, tant en ce qui concerne Infra que ses autres branches d'activités.

L'insuffisance de la proposition de la SNCF quant à la séparation des périmetres comptables au sein de la branche infra

L'analyse du référentiel par l'autorité de la concurrence l'amène à dresser un constat d'insuffisance de séparation des périmètres comptables au sein de la branche Infra.

Tout d'abord, l'autorité de la concurrence énonce qu'elle ne peut que se borner à formuler des recommandations générales, à la lumière desquelles le projet de séparation élaboré par la SNCF devra être examiné par l'ARAF. En effet, elle déplore, outre le caractère sommaire du dossier de saisine, que le projet de séparation comptable se fonde sur les règles de gestion préexistantes et applicables à l'ensemble de l'EPIC SNCF. Or, l'Autorité rappelle que la fixation de règles, périmètres et principes comptables particuliers, clairs et détaillés est nécessaire préalablement à l'établissement de comptes séparés. En l'état, elle ne se considère donc pas en mesure de remplir la mission qui lui est confiée par l'article L. 2133-4 du code des transports.

Par ailleurs, l'autorité de la concurrence procède à l'étude du référentiel en lui-même et vérifie s'il permet d'atteindre l'objectif de séparation des périmètres comptables

Sur l'examen des périmetres comptables proposés

L'autorité de la concurrence constate que préalablement à l'élaboration du projet de séparation comptable, la branche Infra faisait déjà l'objet de comptes de gestion dissociés, rendus publics depuis 2011. L'objectif conjoint de ces derniers et du référentiel est d'opérer une séparation comptable entre la branche Infra et le reste de l'EPIC SNCF.

Or, bien que cet objectif soit atteint selon l'Autorité, ledit dispositif ne permet pas de dissocier les périmètres comptables spécifiques, afférents aux activités du gestionnaire d'infrastructure délégué sous monopole légal d'une part et aux activités d'infrastructure ouvertes à la concurrence d'autre pArt. Cette dissociation n'est en particulier pas réalisée au sein même de la branche Infra.

Afin d'y parvenir, l'Autorité formule plusieurs recommandations. Elle préconise d'abord de détailler et d'expliquer les clés de répartition des différentes catégories de charges supportées par la branche Infra, afin de préciser à quelles activités de cette dernière ou à quelles prestations fournies par les autres domaines d'activité de la SNCF elles se rapportent. Enfin, l'autorité de la concurrence propose d'appliquer à l'ensemble d'Infra la même comptabilité détaillée que celle tenue pour la Direction de la circulation ferroviaire (DCF), qui est l'une de ses composantes, en charge des missions de gestion du trafic et des circulations.

Sur les flux financiers existants entre les differents périmetres d'activité à controler

L'autorité de la concurrence distingue deux types de flux financiers à contrôler afin de prévenir les pratiques anticoncurrentielles que la séparation comptable a pour objet de prévenir.

Premièrement, l'Autorité vise les flux financiers afférents aux prestations fournies à Infra par d'autres entités internes à la SNCF. Ces dernières correspondent à des activités mutualisées pour l'ensemble des branches d'activités de l'EPIC, afin de fournir des prestations internalisées au meilleur coût.

Le risque pointé par l'avis est celui d'une surfacturation des prestations fournies par les entités internes à la SNCF: celle-ci aurait pour effet d'engendrer des subventions croisées entre les différents types d'activités assumées par l'EPIC. Afin de prévenir ce risque, l'autorité de la concurrence recommande de garantir les principes de facturation, pour que ces prestations ne donnent pas lieu à des transferts anticoncurrentiels de ressources. De plus, un contrôle de la corrélation entre les coûts effectivement supportés par les branches d'activités prestataires et les versements effectués par Infra est préconisé.

Dans un second temps, l'Autorité évoque le mécanisme de versement de dividendes internes par les branches du groupe SNCF lorsque leur situation nette est positive. Ce dernier implique lui aussi un risque de subvention croisée, dans la mesure où les excédents d'exploitations d'Infra pourraient être orientés vers des activités de l'EPIC ouvertes à la concurrence. Afin de le pallier, l'avis préconise la mise en place d'un mécanisme de traçabilité de l'origine du résultat net de la branche Infra. Il permettrait d'identifier quelle part de ce dernier est liée aux activités d'infrastructure sous monopole prises en charge par cette branche.

En conclusion, l'autorité de la concurrence ne formule que de simples recommandations mais l'ARAF devra les prendre en compte lorsqu'elle examinera le projet de séparation comptable de l'activité d'infrastructure de la SNCF.

Il est à noter que cet avis ne présente qu'un intérêt de court terme, comme le souligne elle-même l'Autorité. Les recommandations formulées se rapportent en effet à une organisation des activités d'infrastructure qui sera bouleversée dès l'entrée en vigueur de la loi portant réforme ferroviaire récemment adoptée par le Parlement, le 1er janvier 2015.

E. Guillaume, S. Daboussy
Concurrences N°4-2014, pp. 228-230

CJUE, 3 oct. 2013, Commission c/ Italie, aff. C-369/11

La Cour de justice de l'Union européenne condamne l'Italie pour ne pas avoir assuré l'indépendance du gestionnaire d'infrastructure ferroviaire

Cette affaire s'inscrit dans une série de recours en manquement introduits par la Commission à l'encontre de différents États membres de l'Union européenne pour mauvaise transposition de la directive 91/440/CEE du Conseil du 29 juillet 1991 relative au développement des chemins de fer communautaires et de la directive 2001/14/CE du Parlement européen et du Conseil du 26 février 2001 concernant la répartition des capacités d'infrastructure ferroviaire, la tarification de l'infrastructure ferroviaire et la certification en matière de sécurité (CJUE, 8 novembre 2012, Commission c/ Grèce, aff. C-528/10; 25 octobre 2012, Commission c/ Portugal, aff. C-557/10; 28 février 2013, Commission c/ Hongrie, aff. C-473/10; 28 février 2013, Commission c/ Espagne, aff. C-483/10; 28 février 2013, Commission c/ Autriche, aff. C-555/10; Commission c/ Allemagne, aff. C-556/10; 18 avril 2013, Commission c/ France, aff. C-625/10; 30 mai 2013, Commission c/ Pologne, aff. C-512/10; 11 juillet 2013, Commission c/ République tchèque, aff. C-545/10; 11 juillet 2013, Commission c/ Slovénie, aff. C-627/10; 11 juillet 2013, Commission c/ Luxembourg, aff. C-412/11, non publiés au Recueil).

L'article 4, § 1 de la directive 2001/14/CE établit une répartition des compétences entre les États membres et le gestionnaire de l'infrastructure en matière de tarification de l'accès à l'infrastructure ferroviaire. Les États membres doivent mettre en place un cadre pour la tarification de l'accès à l'infrastructure et peuvent adopter des règles de tarification spécifiques, tout en respectant l'indépendance de gestion du gestionnaire de l'infrastructure. Il incombe à ce dernier de déterminer la redevance pour l'utilisation de l'infrastructure et de procéder à son recouvrement (cette tâche qui ne constitue pas une "fonction essentielle" au sens de l'annexe II de la directive 91/440/CEE pouvant être déléguée à des opérateurs non indépendants ou à toute autre entité). En outre, l'article 30, § 1 prévoit que les États membres doivent instituer un organisme de contrôle indépendant du gestionnaire d'infrastructure et des entreprises ferroviaires chargé, entre autres, de contrôler la conformité des redevances fixées par le gestionnaire de l'infrastructure aux exigences de la directive.

En Italie, le gestionnaire de l'infrastructure – Rete Ferroviaria Italiana SpA (RFI) filiale du groupe public Ferrovie dello Stato Italiane (FS) qui comprend également Trenitalia SpA, la principale entreprise ferroviaire opérant sur le marché transalpin – est chargé de la liquidation des redevances d'accès au réseau et de leur recouvrement sur la base des tarifs fixés par le ministre des Infrastructures et des Transports. La redevance due pour l'accès à l'infrastructure ferroviaire est établie par décret du ministre sur rapport motivé du gestionnaire de l'infrastructure, sur avis du comité interministériel de la programmation économique et en accord avec la conférence permanente des rapports entre l'État, les régions et les provinces autonomes de Trente et de Bolzano pour les services relevant de leur compétence. Sur le fondement de ce décret, le gestionnaire de l'infrastructure procède au calcul de la redevance que les entreprises ferroviaires doivent acquitter pour l'utilisation de l'infrastructure ainsi qu'à son recouvrement. Enfin, l'Ufficio per la Regolazione dei Servizi Ferroviari (URSF) est l'organisme de contrôle au sens de l'article 30, § 1 de la directive 2001/14/CE.

À l'appui de son recours en manquement, la Commission invoquait deux griefs relatifs à l'incompatibilité de la législation italienne avec les articles 4, § 1 et 30, § 1 de la directive qui imposent aux États membres d'assurer l'indépendance du gestionnaire d'infrastructure et de l'organisme de contrôle.

L'indépendance du gestionnaire d'infrastructure

La Commission reprochait, en premier lieu, à la législation italienne de ne pas respecter l'exigence de l'indépendance de gestion du gestionnaire de l'infrastructure prévue à l'article 4, § 1 de la directive 2001/14/CE en laissant au ministre le pouvoir de fixer le niveau des tarifs d'accès au réseau.

Dans une précédente affaire concernant l'indépendance du gestionnaire d'infrastructure espagnol, la Cour de justice avait déjà eu l'occasion de préciser la signification exacte de l'expression "détermination de la redevance" figurant à l'article 4, § 1 (CJUE, 28 février 2013, Commission c/ Espagne, aff. C-483/10, non encore publié au Recueil). Elle avait donné au terme "détermination" un sens plus large que celui de "liquidation" considérant que cette dernière opération n'était qu'une étape de la procédure de perception des redevances visée par le terme "recouvrement". La Cour s'était fondée sur une interprétation téléologique de la directive dont l'un des objectifs est d'assurer l'indépendance de gestion du gestionnaire d'infrastructure qui "doit faire usage du système de tarification en tant qu'instrument de gestion". La directive 2001/14/CE prévoit en effet, dans son considérant 12, que les systèmes de tarification et de répartition des capacités doivent inciter les gestionnaires de l'infrastructure à optimiser l'utilisation de l'infrastructure ferroviaire dans le cadre défini par les États membres. Or, ces gestionnaires ne sauraient parvenir à une telle optimisation au moyen du système de tarification si leur rôle devait se limiter à calculer le montant de la redevance dans chaque cas concret, en appliquant une formule fixée au préalable par décision ministérielle. Ils doivent disposer d'une certaine marge de manœuvre lors de la fixation du montant des redevances.

La Cour de justice confirme, en l'espèce, l'interprétation extensive de l'article 4, § 1 de la directive 2001/14/CE en considérant que "dès lors que la décision du ministre concernant la fixation des redevances d'accès à l'infrastructure s'impose au gestionnaire de l'infrastructure, il convient d'en conclure que la législation italienne ne permet pas d'assurer l'indépendance de ce dernier" (pt. 46). Elle en déduit que la législation en cause ne satisfait pas aux exigences de l'article 4, § 1.

L'indépendance de l'organisme de contrôle

La Commission reprochait, en second lieu, à la législation italienne de ne pas respecter l'article 30, § 1 de la directive 2001/14/CE qui oblige les États membres à "instituer un organisme de contrôle (...) indépendant des gestionnaires d'infrastructure, des organismes de tarification, des organismes de répartition et des candidats, sur le plan organisationnel, juridique, décisionnel et pour tout ce qui est décisions en matière financière". Selon elle, le fait que l'organisme de contrôle italien (l'URSF) soit composé de fonctionnaires du ministère des Infrastructures et des Transports, qui apporte un appui technique au ministère de l'Économie dans l'exercice de ses fonctions d'actionnaire du groupe public FS, créé un conflit d'intérêts. En effet, ces fonctionnaires seraient nécessairement amenés à tenir compte des intérêts commerciaux de Trenitalia, filiale de FS, dans le cadre de leur activité de contrôle alors même qu'ils sont tenus d'assurer un traitement non discriminatoire aux concurrents de l'entreprise ferroviaire publique.

La Cour de justice rappelle que l'article 30, § 1 de la directive 2001/14/CE prévoit expressément que l'organisme de contrôle peut être le ministère chargé des Transports. Il en résulte, par conséquent, que "la Commission ne peut pas se prévaloir du seul fait que l'URSF fait partie de ce ministère pour conclure qu'il n'est pas indépendant" (pt. 64). La Cour considère toutefois que l'objectif d'indépendance de l'organisme de contrôle "doit primer sur le fait que ce dernier peut appartenir à un ministère" (pt. 65) et reconnaît que les fonctionnaires du ministère des Infrastructures et des Transports "se trouvent dans une position délicate puisqu'ils travaillent au sein de l'organisme de contrôle, alors qu'ils relèvent hiérarchiquement de ce ministère".

Mais la Cour écarte le grief tiré de la violation de l'article 30, § 1 au motif "que les arguments invoqués par la Commission revêtent tous un caractère général et sont pour l'essentiel focalisés sur le fait que l'URSF est une entité qui fait partie du ministère, alors même qu'une telle appartenance n'est pas interdite par la directive 2001/14" (pt. 67). Or, la Commission n'a pas apporté les éléments de preuve permettant d'établir l'absence d'indépendance de l'organisme de contrôle. Il lui incombe en effet, dans le cadre d'une procédure en manquement, d'établir l'existence du manquement allégué (CJCE, 26 avril 2005, Commission c/ Irlande, aff. C-494/01, Rec. p. I-3331, pt. 41, CJCE, 6 octobre 2009, Commission c/ Finlande, aff. C-335/07, Rec. p. I-9459, pt 46; CJUE, 28 février 2013, Commission c/ Allemagne, aff. C-556/10, non encore publié au Recueil, pt. 66).

Il est à noter que la loi n° 27 du 24 mars 2012 portant conversion en loi, avec modifications, du décret-loi n° 1, du 24 janvier 2012, relatif à des dispositions urgentes pour la concurrence, le développement des infrastructures et la compétitivité, créé l'Autorità di regolazione dei transporti en remplacement de l'URSF dotée d'attributions étendues en matière de transports ferroviaires.

J.-P. Tran Thiet

Concurrences N°1-2014, pp. 197-198

CJUE, 25 oct. 2012, Commission / Portugal, aff. C-557/10

La Cour de justice protège l'indépendance de gestion des entreprises ferroviaires de l'ingérence politique

Par un arrêt en date du 25 octobre 2012, la Cour de justice de l'UE constate que le Portugal a manqué aux obligations imposées par des directives du paquet ferroviaire (directives modifiées: n° 91/440/CEE du Conseil, du 29 juillet 1991, relative au développement de chemins de fer communautaires; n° 2001/14/CE du Parlement européen et du Conseil, du 26 février 2001, concernant la répartition des capacités d'infrastructure ferroviaire, la tarification de l'infrastructure ferroviaire et la certification en matière de sécurité). Dans cette affaire, la Commission européenne a avancé deux griefs distincts d'inégale importance. Il n'est pas nécessaire de s'attarder sur le second grief dans la mesure où il n'a pas été contesté par le Portugal. A titre de rappel, l'article 7, paragraphe 3, de la directive n° 91/440 ainsi que l'article 6, paragraphe 1, de la directive n° 2001/14/CE imposent à l'État membre de prévoir les conditions pour que les comptes du gestionnaire d'infrastructure soient en équilibre, ce qui n'était manifestement pas le cas de la législation portugaise.

La Cour de justice est plus explicite sur le premier grief. La Commission a reproché au Portugal de soumettre l'entreprise publique de transport ferroviaire CP Comboios de Portugal, à une tutelle et une supervision du gouvernement, en violation de l'article 5, paragraphe 3, de la directive n° 91/440/CEE. En se référant aux conclusions de son avocat général (pt. 28), la Cour de justice commence par rappeler une évidence, mais les lieux communs sont parfois persistants, "les directives nos 91/440 et 2001/14 n'imposent pas la privatisation des chemins de fer". Ainsi que l'affirme l'article 3 de la directive n° 91/440, l'"entreprise ferroviaire" peut être "toute entreprise à statut privé ou public". Rien n'empêche dès lors que l'opérateur historique appartienne au secteur public. En revanche, l'indépendance de gestion des entreprises ferroviaires doit être garantie conformément aux dispositions de la section II de la même directive. Ces entreprises doivent être "dotées d'un statut d'indépendance selon lequel elles disposent notamment d'un patrimoine, d'un budget et d'une comptabilité séparés de ceux des États", précise l'article 4, paragraphe 1, de la directive n° 91/440. La législation portugaise prévoyait que tout achat ou cession d'actions par l'opérateur historique, qui a conservé un statut entièrement public, était subordonné à une autorisation préalable du ministre des transports. La Cour de justice n'éprouve guère de difficultés à considérer ce système d'autorisation préalable comme attentatoire à la liberté de gestion consacrée par la directive n° 91/440 dont l'article 5, paragraphe 3, admet tout au plus l'établissement par les États membres de lignes directrices de politique générale du transport ferroviaire. La directive n° 91/440 est ainsi interprétée en ce sens qu'elle exclut l'exercice par le gouvernement d'une quelconque influence sur les décisions individuelles des entreprises ferroviaires relatives à la cession ou à l'acquisition d'actifs. La Cour de justice ajoute, au point 39 de l'arrêt que, "en subordonnant toute décision individuelle d'acquisition ou de cession de participations au capital de sociétés à une approbation du gouvernement, la législation portugaise a soumis [l'opérateur historique] à un contrôle externe de nature politique qui ne correspond aucunement ni aux modalités ni aux moyens d'action et de contrôle mis à la disposition des actionnaires d'une société par actions de droit privé". En conséquence, le manquement du Portugal est caractérisé en ce que le gouvernement a gardé un rôle déterminant dans les procédures décisionnelles internes des entreprises ferroviaires qui n'est pas compatible avec la liberté reconnue à l'entreprise de transport ferroviaire de prendre des décisions concernant les actifs qu'elle gère (pt. 40). Dans l'esprit du paquet ferroviaire, le statut d'exploitant indépendant est ainsi censé "rendre les transports par chemin de fer efficaces et compétitifs par rapport aux autres modes de transport", en permettant aux entreprises ferroviaires de se comporter selon des modalités commerciales et de s'adapter aux nécessités du marché. S'il ne constitue pas une solution de principe, l'arrêt participe de ce mouvement du droit de l'Union visant à promouvoir une dissociation stricte entre les fonctions que l'État assume tant en qualité de pouvoir politique, d'un côté, et d'entreprise publique, de l'autre. Cette dissociation est une expression du principe de neutralité, consacré par l'article 345 TFUE, du droit de l'Union à l'égard du régime de propriété dans les États membres. La neutralité signifie la reconnaissance au profit des États membres de la liberté de disposer d'entreprises publiques; cependant, celle-ci doivent être gérées dans les seules conditions du marché lesquelles seraient faussées par une ingérence politique. L'arrêt du 25 octobre 2012 présente ainsi un intérêt en ce qu'il permet de dresser des passerelles entre les dispositions du droit de l'Union traçant les contours communautaires de l'action marchande de l'État. La formulation employée au point 39 rappelle ainsi celle de la jurisprudence relative aux "actions spécifiques": constitue une restriction à la libre circulation des capitaux le fait pour l'État de disposer d'actions exorbitantes du droit commun d'entreprises privatisées, restriction qui peut être justifiée par des raisons impérieuses d'intérêt général proportionnées par rapport au but poursuivi. Le droit de la régulation ferroviaire peut ainsi être rapproché des libertés de circulation. Il s'apparente également au droit de la concurrence puisque la logique du même point 39 de l'arrêt est celle du recours à un standard – l'actionnaire d'une société par actions de droit privé – à l'aune duquel est apprécié le comportement de l'État; la démarche rappelle bien entendu le test de l'investisseur privé en économie de marché. Le droit de la régulation ferroviaire s'inscrit ainsi pleinement dans le marché intérieur. Dresser de telles passerelles disciplinaires n'est pas un exercice spéculatif; il s'agit avant tout de dégager l'esprit général, et le sens de l'interprétation en découlant, qui imprègne les dispositions du droit de l'Union relatives à la régulation ferroviaire.

F. Martucci
Concurrences N° 1-2013, pp. 195-196

ARAF, avis n° 2011-006 du 23 mars 2011 sur le projet de décret relatif au service gestionnaire du trafic et des circulations et portant diverses dispositions ferroviaires; déc. n° 2011-010 du 3 mai 2011 se prononçant sur une demande de règlement de différend opposant la société Euro Cargo Rail à la SNCF et à RFF portant sur des activités de fret en gare de Cerbère

L'Autorité de régulation des activités ferroviaires se prononce sur les rapports entre le gestionnaire du réseau, l'opérateur historique et les tiers

---

Conformément aux dispositions du Code des transports, l'Autorité de régulation des activités ferroviaires a été saisie pour se prononcer sur un projet de décret relatif au service gestionnaire du trafic et des circulations. Dans le même temps, son collège devait examiner un différend opposant Euro Cargo Rail à la SNCF et à RFF portant sur cette même question de la gestion opérationnelle de l'infrastructure. Comme le relève l'avis du 23 mars 2011, les dispositions législatives applicables à la gestion du trafic et des circulations (articles L. 2123-4 et s. du Code des transports) et les relations qui en découlent entre l'opérateur historique, à travers la Direction de la circulation ferroviaire (DCF), et l'établissement public RFF, propriétaire et gestionnaire du réseau ferroviaire français, "forment un cadre d'action complexe tant au plan opérationnel qu'au plan juridique". L'avis du 23 mars et la décision adoptée par l'autorité le 3 mai 2011 font écho à cette situation et à ces difficultés.

Dans l'avis, l'autorité se prononce à la fois sur les dispositions du décret et sur son cadre général. Sur ce dernier aspect, elle juge que le projet de décret est nettement insuffisant. Pour elle, certains points montrent les faiblesses du texte qui lui était présenté. Ainsi, des éléments essentiels, tels que la définition des missions, le périmètre et la gestion des personnels ou les risques pénaux, ne sont pas examinés alors qu'ils permettraient de démêler les rapports entre les différents acteurs. Elle considère également que le projet n'est pas assez ambitieux. En effet, elle doute de "la capacité d'un décret à définir a priori, dans des conditions satisfaisantes et de manière exhaustive, l'ensemble des dispositions nécessaires pour garantir une séparation effective de la DCF et de la SNCF". En d'autres termes, elle estime que la situation actuelle n'est pas acceptable et que les dispositions du projet de décret n'apportent pas de correctif approprié.

Parmi les préconisations émises sur les articles du projet, l'autorité cherche principalement à ce que des modifications soient apportées pour "clarifier le rôle des acteurs concernés, RFF, DCF et SNCF, notamment en confortant RFF dans son rôle de donneur d'ordre pour le compte duquel travaille la DCF [et en] assurant une réelle autonomie de la DCF par rapport à la SNCF". Dans ce contexte, l'autorité estime que le projet de décret ne répond pas à l'objectif de créer, au sein de la SNCF, un service spécialisé agissant pour le compte et selon les objectifs définis par RFF et gérant les missions de gestion du trafic et des circulations sur le réseau ferré national. Elle émet donc un avis défavorable. Pour l'autorité, il est "urgent" qu'il soit procédé au "rapprochement physique et organisationnel de la DCF et de RFF". Cela représenterait un véritable "gage d'indépendance et de rationalisation administrative et financière dans le cadre d'une ouverture croissante à la concurrence du secteur ferroviaire".

Le différend entre Euro Cargo Rail et la SNCF, en gare de Cerbère, est un bon exemple du disfonctionnement dont le manque de cohérence du système est la cause. En l'espèce, Euro Cargo, entreprise de fret concurrente de la SNCF, se plaignait de certains comportements des agents de Fret SNCF. Ces derniers, en exerçant des fonctions incombant au gestionnaire du réseau, disposent de l'opportunité de nuire à l'activité des autres prestataires. Puisqu'une telle mission pèse sur le gestionnaire d'infrastructure, les agissements de la SNCF sont susceptibles de constituer une entrave à l'accès au réseau. En pratique, la situation est redevenue normale suite à la saisine de l'autorité. RFF a ordonné à la DCF de reprendre en charge la mission de gestion de l'infrastructure. Dès lors, puisque la SNCF et RFF se sont engagés à respecter l'organisation normale de cette activité, l'autorité a considéré que la demande du requérant était satisfaite et qu'elle n'avait donc pas à sanctionner l'opérateur historique et le gestionnaire de réseau.

Ce différend est symptomatique des difficultés posées par le système actuel d'organisation des activités liées à la gestion de l'infrastructure. En donnant la propriété du réseau ferroviaire français à RFF, en ne lui donnant pas les moyens matériels ou humains pour assurer sa mission première de gestionnaire du réseau et en l'obligeant à conclure un contrat de délégation avec l'opérateur historique, les risques sont multiples et les difficultés se développeront avec l'ouverture à la concurrence et la montée en puissance des nouveaux opérateurs ferroviaires entrant sur le marché. On peut craindre que tout cela ne reste pas simplement au stade des hypothèses d'école tant on perçoit, notamment à travers le projet de décret, la faible volonté des pouvoirs publics pour faire véritablement évoluer cette situation.

H. Delzangles, S. Martin
Concurrences N° 3-2011, pp. 203-204

CJUE, 18 avril 2013, Commission européenne c/ République française, aff. C-625/10

La Cour de justice condamne la France pour manquement à ses obligations découlant du droit de l'Union dans le domaine du transport ferroviaire

La Cour de justice de l'Union européenne (ci-après CJUE) a condamné la France le 18 avril 2013 pour manquement à ses obligations découlant du droit de l'Union dans le domaine du transport ferroviaire.

La Commission européenne avait déposé un recours en manquement le 29 décembre 2010 à l'encontre de la France et de plusieurs autres États membres de l'Union européenne. Elle reprochait à la France d'avoir manqué aux obligations qui lui incombent en vertu des articles 6, paragraphe 3 de la directive 91/440 et de l'article 14, paragraphe 2 de la directive 2001/14. Elle se fondait pour cela sur le fait que, bien que le gestionnaire de l'infrastructure, Réseau Ferré de France (ci-après RFF), soit un organisme indépendant de la SNCF, en charge de l'exploitation des services ferroviaires, la SNCF n'en resterait pas moins investie de certaines fonctions essentielles en matière d'attribution des sillons.

Conformément aux conclusions de l'avocat général présentées le 13 décembre 2012, la CJUE a donné raison à la Commission européenne en ce qui concerne l'insuffisance d'indépendance de l'entité chargée de l'attribution des sillons. La Cour s'est toutefois prononcée au regard de la situation de la règlementation française applicable à l'époque, qui a été modifiée depuis lors et doit encore être réformée prochainement.

La France condamnée pour l'absence d'indépendance juridique de la Direction des Circulations Ferroviaires (DCF)

La CJUE a tout d'abord rappelé que la directive 91/440 avait initié la libéralisation du transport ferroviaire en visant à assurer l'accès équitable et non discriminatoire des entreprises ferroviaires à l'infrastructure. C'est, selon la Cour, pour garantir un tel accès que l'article 6, paragraphe 3 de la directive précitée a imposé aux États membres de prendre les mesures nécessaires pour que les “fonctions essentielles”, énumérées à l'annexe II de la directive, soient confiées à des entités ou à des entreprises qui ne sont pas elles-mêmes fournisseurs de services de transport ferroviaire.

Sont considérées comme des fonctions essentielles: la préparation et l'adoption des décisions concernant la délivrance de licences aux entreprises ferroviaires, l'adoption des décisions concernant la répartition des sillons (y compris la définition et l'évaluation de la disponibilité de ceux-ci), ainsi que l'attribution de sillons individuels, l'adoption des décisions concernant la tarification de l'infrastructure et le contrôle du respect des obligations de service public requises pour la fourniture de certains services.

La Cour a jugé qu'il ressortait de cette énumération qu'une entreprise ferroviaire ne peut se voir confier la réalisation d'études techniques d'exécution nécessaires à l'instruction des demandes de sillons effectuées en amont de la prise de décision et à l'attribution des sillons de dernière minute.

En effet, d'une part ces études participent à la définition et à l'évaluation de la disponibilité des sillons et, d'autre part, l'attribution de sillons de dernière minute constitue une attribution de sillons individuels prévue à l'annexe II de la directive 91/440.

La Cour en déduit que ces fonctions doivent par conséquent être confiées à un organisme indépendant. À ce titre, l'article 14 de la directive 2001/14 précise que les entités chargées des fonctions de répartition des sillons sont indépendantes sur les plans juridique, organisationnel et décisionnel.

La CJUE s'est alors penchée sur l'indépendance de l'entité en charge des circulations.

Depuis 1997 et la création de RFF, la gestion du réseau est organiquement séparée des activités de transport prises en charge par la SNCF. Cependant, RFF n'étant pas en mesure de gérer seule les infrastructures, l'entité délègue notamment la gestion de la circulation à la Direction des circulations ferroviaires (DCF, entité de la SNCF).

La France soutenait que son indépendance était assurée dans la mesure où les fonctions essentielles de la DCF sont encadrées par RFF, seul responsable de l'attribution des sillons. Elle faisait également valoir que l'article 14 de la directive de 2001 ne devait pas s'appliquer étant donné qu'il existe un gestionnaire de l'infrastructure indépendant, RFF et que la DCF, bien qu'intégrée dans le fournisseur de transport ferroviaire, restait indépendante sur le plan fonctionnel.

Cet argumentation a été écartée par la Cour, qui a jugé que l'indépendance du gestionnaire de l'infrastructure doit être vérifiée "même lorsque ce gestionnaire est indépendant des entreprises de transport ferroviaire, dès lors que des fonctions essentielles restent attribuées à une entreprise ferroviaire". Par conséquent, la DCF reste soumise aux exigences des deux directives précitées.

Or selon les juges européens, cette dernière, bien que supervisée par RFF, est chargée de fonctions essentielles et est intégrée au sein de l'entreprise ferroviaire, la SNCF. Elle devrait par conséquent être indépendante de la SNCF sur les plans juridique, organisationnel et décisionnel.

La Cour a jugé, de manière assez laconique, que la DCF ne bénéficiait pas d'une personnalité juridique distincte de celle de la SNCF, et que le critère de l'indépendance juridique n'étant pas rempli, il n'était pas nécessaire d'examiner les critères d'indépendance organisationnelle et décisionnelle. Elle a donc accueilli le grief invoqué par la Commission européenne.

La condamnation de la CJUE au regard de la règlementation française actuelle et future

Le Gouvernement français faisait valoir que la transposition de l'article 6 paragraphe 3 et de l'annexe II de la directive 91/440 était pleinement achevée depuis l'adoption du décret n° 2011-891 du 26 juillet 2011 relatif au service gestionnaire du trafic et des circulations et portant diverses dispositions en matière ferroviaire pris en application de la loi n° 2009-1503 du 8 décembre 2009 relative à l'organisation et à la régulation des transports ferroviaires et portant diverses dispositions relatives aux transports.

La Commission avait quant à elle soutenu que ce nouveau décret ne dotait toujours pas la DCF d'une indépendance juridique.

La CJUE ne s'est pas prononcée sur cette question puisqu'elle a rappelé qu'en vertu d'une jurisprudence constante, "l'existence d'un manquement doit être appréciée en fonction de la situation de l'État membre telle qu'elle se présentait au terme du délai fixé dans l'avis motivé et les changements intervenus par la suite ne sauraient être pris en compte par la Cour". Or, le décret du 26 juillet 2011 a été adopté postérieurement au terme du délai imparti par la Commission dans son avis motivé du 9 octobre 2009. La question de la conformité de la règlementation française actuelle au droit de l'Union européenne n'est donc pas tranchée.

L'organisation du système ferroviaire français va en tout état de cause être modifiée prochainement dans le cadre de la réforme du secteur ferroviaire présentée au Conseil des ministres le 29 mai dernier. Le nouveau groupe ferroviaire public devrait être constitué de trois établissements publics :

- un EPIC de tête "mère" qui assurera le contrôle et le pilotage stratégiques, la cohérence économique, l'intégration industrielle et l'unité sociale de l'ensemble du groupe public ;
- deux EPIC "filles" qui seront respectivement en charge de la gestion intégrée des infrastructures (actuellement répartie entre RFF, SNCF et la DCF) et de l'exploitation ferroviaire.

L'accès non discriminatoire au réseau serait assuré grâce à la nomination par l'État, après avis de l'ARAF, du président du gestionnaire d'infrastructure, au renforcement des prérogatives de l'ARAF et à l'adoption d'un code du réseau s'imposant à toutes les entreprises ferroviaires.

Le gestionnaire des infrastructures devrait donc être doté de moyens indiscutablement suffisants pour assurer la gestion du réseau, sans avoir à déléguer certaines missions à la SNCF. Même si les deux EPIC "filles" seront chapeautés par un même EPIC "mère", leur indépendance devrait être tout de même être garantie.

E. Guillaume, S. Daboussy
Concurrences N° 3-2013, p. 161

5.1.4 Cabotage

CE, 30 janv. 2015, Région Provence-Alpes-Côte d'Azur, n° 374022

Le Conseil d'État valide l'analyse de l'Autorité de régulation des activités ferroviaires sur le premier service de cabotage consécutif

Le Conseil d'État a rendu, le 30 janvier 2015, un arrêt Région Provence-Alpes-Côte d'Azur (req. n° 374022) relatif à l'avis de l'autorité de régulation des activités ferroviaires (ARAF) portant sur l'impact du service de transport de voyageurs envisagé par l'entreprise ferroviaire Thello entre Milan, Gênes, Monaco, Nice et Marseille, sur l'équilibre économique du contrat de service public liant la région Provence-Alpes-Côte d'Azur et la société nationale des chemins de fer (SNCF).

Le contexte de l'arrêt : le cabotage consécutif et la compétence de l'ARAF pour en limiter la portée

Les directives européennes du 29 juillet 1991 (91/440/CE) et du 23 octobre 2007 (2007/58/CE), refondues dans la directive du 21 novembre 2012 (2012/34/UE) consacrent le principe de l'ouverture à la concurrence des activités ferroviaires de transport de passagers.

La directive de 2012 encadre le cabotage consécutif et prévoit, à ses articles 10 et 11, un droit d'accès aux infrastructures ferroviaires pour les entreprises qui entendent exploiter un service international de transport de voyageurs : "au cours d'un service international de transport de voyageurs, les entreprises ferroviaires ont le droit de prendre et de déposer des voyageurs dans toute gare située sur le trajet international, y compris dans les gares situées dans un même État membre".

Cette directive permet cependant aux États membres de limiter le droit d'accès à ces infrastructures lorsque le service international est de nature à porter atteinte à l'équilibre économique d'un contrat de service public.

En application de ce texte, le code des transports français prévoit que l'ARAF est compétente pour se prononcer sur la possibilité, pour des entreprises ferroviaires internationales, de bénéficier de cet accès aux infrastructures.

Pour ce faire, l'article L. 2121-12 accorde à l'ARAF une compétence pour délivrer deux avis : le premier, obligatoire, vise à s'assurer que l'objet principal du contrat est bien international et le second, facultatif et à la demande de l'un des protagonistes, pour examiner l'atteinte à l'équilibre économique du contrat de service public.

Sur le fondement de cet article, l'ARAF a rendu, le 27 février 2013, une décision cadre énonçant les critères au regard desquels elle entend examiner le caractère principalement international de l'objet du service d'une part, et d'autre part son incidence sur l'équilibre économique du contrat de service public.

Saisie par l'entreprise Thello d'un dossier relatif à un projet de service que cette société souhaite ouvrir entre Milan et Marseille, l'ARAF s'est prononcée, le 9 juillet 2013 (avis n° 2013-013), en faveur de l'objet principalement international de ce service.

L'ARAF a ensuite été saisie par la région Provence-Alpes-Côte d'Azur d'une demande tendant à ce qu'elle examine l'incidence du service proposé par l'entreprise Thello sur l'équilibre économique du contrat de service public la liant à son exploitant, la SNCF.

Dans un avis du 8 octobre 2013 (n° 2013-022), l'ARAF a considéré que le service projeté par l'entreprise Thello ne portait pas d'atteinte à l'équilibre économique de ce contrat de service public.

Sur le fondement de l'article L. 2133-1 du code des transports qui prévoit que les décisions de l'ARAF en la matière sont susceptibles de recours devant le Conseil d'Etat, la région Provence-Alpes-Côte d'Azur a saisi le juge administratif d'un recours pour excès de pouvoir contestant la régularité et le bien-fondé de l'avis de l'ARAF du 8 octobre 2013.

L'arrêt du 30 janvier 2015 : la validation de l'analyse de l'ARAF sur le cabotage consécutif

Le Conseil d'État, dans sa décision du 30 janvier 2015, a examiné successivement les moyens de la région Provence-Alpes-Côte d'Azur contestant le caractère international de la liaison proposée et l'application au projet envisagé des critères de l'atteinte à l'équilibre économique du contrat de service public.

La validation du caractère international du projet de service de l'entreprise Thello

L'avis n'a pas à se prononcer sur le caractère international du service proposé

La région Provence-Alpes-Côte d'Azur contestait tout d'abord le second avis de l'ARAF du 8 octobre 2013 en ce qu'il ne se prononçait pas à nouveau sur le caractère international du projet de la société Thello.

Le Conseil d'État a rejeté ce moyen en considérant que, dès lors que l'ARAF avait dû, en application du code des transports, se prononcer sur le caractère international du projet, elle n'avait pas l'obligation d'examiner à nouveau ce critère dans le cadre de son second avis.

Le Conseil d'État clarifie ainsi la portée de l'article L. 2121-12 du code des transports en jugeant que les deux avis que rend l'ARAF sur le cabotage consécutif sont distincts, et qu'à l'occasion de l'examen de l'atteinte à l'équilibre économique du contrat, l'autorité n'a pas l'obligation de se prononcer à nouveau sur le caractère international du service proposé.

L'avis examinant l'atteinte à l'équilibre économique du contrat de service public n'est pas pris en application de l'avis portant sur le caractère international du projet

La région Provence-Alpes-Côte d'Azur soulevait également, dans le cadre de son recours contre le second avis de l'ARAF, l'illégalité du premier qui validait le caractère international du service proposé par la société Thello.

Le Conseil d'État a jugé que le second avis de l'ARAF sur l'équilibre économique du contrat n'était pas pris en application du premier sur le caractère international du service. Partant, il a considéré que l'illégalité de l'avis du 9 juillet 2013 ne pouvait être soulevée à l'occasion du recours contre la seconde décision.

Le Conseil d'État confirme ici le caractère distinct de ces deux avis, qui ne peuvent être contestés qu'à l'occasion de recours séparés.

La validation du test de l'atteinte à l'équilibre économique du contrat de service public

Après avoir relevé que l'avis expose de façon suffisamment précise les considérations de droit et de fait qui ont conduit l'Autorité à estimer que le projet de service de la société Thello n'était pas de nature à porter atteinte à l'équilibre économique du contrat de service public conclu entre la région Provence-Alpes-Côte d'Azur et la SNCF, le Conseil d'État se prononce sur quelques aspects de l'examen opéré par l'ARAF.

En premier lieu, le Conseil d'Etat examine le respect, par l'ARAF, des critères et de la méthode d'analyse qu'elle avait elle-même fixé dans sa décision cadre du 27 février 2013. Il juge qu'ayant fait référence à cette précédente décision et suivi le raisonnement qu'elle y avait développé, l'ARAF avait justement apprécié l'absence d'atteinte à l'équilibre économique du contrat de service public.

En deuxième lieu, le Conseil d'État apprécie le critère de la substituabilité des services de transport régionaux exploités par la SNCF avec le service envisagé par la société Thello. Ce critère est en effet analysé par l'ARAF dans sa décision du 8 octobre 2013 afin d'envisager une éventuelle atteinte à l'équilibre économique du contrat de service public.

La décision commentée a ici validé la méthodologie de segmentation de l'activité adoptée par l'ARAF, qui conclut à un impact de projection minime sur les recettes globales annuelles de la SNCF, évalué à 0,15 %. Cet impact reste très inférieur aux aléas habituellement rencontrés par les parties dans la gestion d'un tel contrat de service public.

Le Conseil d'Etat a ainsi jugé que "compte tenu des tarifs proposés par l'entreprise Thello, significativement plus élevés que le plein tarif des offres de la SNCF, l'ARAF a pu à bon droit estimer que ceux-ci n'inciteront pas les voyageurs à se reporter sur le nouveau service".

En troisième lieu, la région Provence-Alpes-Côte d'Azur soutenait qu'auraient dû être pris en compte dans le test de l'équilibre économique du contrat, les coûts liés à la modification du cadencement des trains régionaux de la SNCF rendue nécessaire par la mise en place du service proposé par l'entreprise Thello.

Le Conseil d'État a validé l'appréciation faite par l'ARAF, qui a considéré que ces coûts étaient la conséquence nécessaire du droit d'accès accordé à la société Thello, indépendamment du fait que ce service comporte ou non des dessertes de cabotage.

Ainsi, le Conseil d'État a jugé que ces coûts ne devaient pas être pris en compte dans l'évaluation de l'atteinte à l'équilibre économique du contrat de service public liant la région Provence-Alpes-Côte d'Azur à la SNCF.

E. Guillaume, S. Daboussy
Concurrences N° 2-2015, pp. 177-179

5.1.5 Prix et redevances

ARAF, Avis n° 2015-020 du 10 juin 2015 relatif à la fixation des redevances d'infrastructure liées à l'utilisation du réseau ferré national pour l'horaire de service 2016

L'Autorité de régulation des activités ferroviaires revient sur les réserves émises à propos de la tarification applicable pour l'horaire de service 2016

En début d'année, dans l'avis n° 2015-004 du 3 février 2015, l'ARAF avait donné un avis favorable sur la tarification des prestations minimales publiée dans le document de référence du réseau ferré national pour l'horaire de service 2016. Cependant, cet avis avait été assorti de plusieurs réserves qui obligeaient le gestionnaire de l'infrastructure à "revoir sa copie" tant en ce qui concerne la tarification applicable pour l'horaire de service 2016 que pour l'horaire de service applicable à l'horizon 2018. Dans son avis n° 2015-020, l'Autorité est amenée à se prononcer sur les réponses apportées par SNCF Réseau, ce qui lui permet donc de revenir sur ces réserves et, en particulier, sur celles formulées au titre de la tarification applicable pour l'horaire de service 2016.

En premier lieu, dans son avis du 3 février, l'Autorité avait critiqué l'égalisation des redevances de circulation entre différents trains. En d'autres termes, elle avait reproché à SNCF réseau d'avoir considéré, pour chaque activité, que les coûts marginaux d'entretien, d'exploitation et de renouvellement d'une unité de trafic supplémentaire de ces différents types de circulation étaient égaux. Pour l'ARAF, cela est discutable, du fait notamment des différences de vitesse et de tonnage qui caractérisent chaque circulation. SNCF Réseau, n'étant pas en mesure d'apporter d'éléments de justification suffisants pour défendre cette mesure, a été obligée de renoncer à cette évolution pour 2016 et, par conséquent, de rétablir la différenciation tarifaire appliquée aux redevances pour chaque type de circulations.

En deuxième lieu, l'Autorité avait demandé à SNCF Réseau de présenter une proposition de réajustement du barème de la redevance pour l'usage des installations de traction électrique. Plus précisément, le reclassement par SNCF Réseau de la redevance pour l'usage des installations de traction électrique en prestation minimale était jugé insatisfaisant, dans la mesure où il n'était pas justifié. Afin de lever ces réserves, SNCF Réseau présente un projet dans lequel l'opérateur se propose de distinguer deux types de redevances relatives aux installations de traction électrique. Même si elle constate que ce projet présente certaines limites méthodologiques, l'Autorité considère qu'un tel système permet "de rompre avec la logique d'une augmentation uniforme des redevances de réservation et des redevances d'accès". Elle note tout de même que "Cette situation ne saurait cependant perdurer" et qu'il est nécessaire que "SNCF Réseau [mette] en conformité la tarification des installations de traction électrique avec les principes économiques énoncés à l'article 31.3 de la directive 2012/34/UE dans le cadre de la révision complète du modèle de coûts à l'horizon 2018" afin d'éviter tout risque de discrimination entre activités.

En troisième lieu, l'avis de février exprimait des réserves concernant les compensations versées par l'État pour la couverture du coût direct des circulations fret. L'Autorité, consciente que l'État ne s'acquittait pas de l'intégralité des sommes dues à la SNCF à ce titre, souhaitait que le gestionnaire de réseau puisse établir une proposition de tarification qui respecte le principe de couverture du coût direct, conformément aux obligations posées par la directive 2012/34/UE. Ici, SNCF Réseau propose une augmentation des redevances pour le fret en attendant la signature du contrat prévu entre SNCF Réseau et l'État en application de l'article L 2111-10 du code des transports, dans lequel seront contenues les perspectives d'évolution de la tarification fret ainsi que la compensation fret assumée par l'État. Pour le régulateur, cette proposition n'est pas satisfaisante car, une fois encore, cette solution n'est pas pérenne. En conséquence de quoi, il maintient sa réserve, tout en considérant qu'une levée de la réserve pourra être possible en fonction des dispositions qui seront prises dans le cadre du contrat pluriannuel liant SNCF Réseau et l'État et à la vue de la loi de finances pour 2016.

Pour finir, on soulignera que l'ARAF a également donné son avis sur des réserves émises dans la perspective de l'horaire de service 2018. Plus spécifiquement, elle s'est intéressée à la révision du modèle de coûts et son application à l'ensemble des activités. Dans son avis n° 2015-004 du 3 février 2015, l'Autorité a fortement critiqué la méthode de détermination des redevances de circulation, du fait de l'utilisation partielle d'un modèle de coûts établi sur des bases de plus en plus datées et des choix d'indexation retenus. Si SNCF Réseau précise que les travaux de révision du modèle de coûts ont été lancés et qu'ils devraient aboutir début 2016, des contraintes techniques liées, en particulier, aux délais de l'étude à réaliser et du lancement de la consultation publique sur les évolutions tarifaires à l'été 2015, ne permettent pas la mise en œuvre des améliorations demandées par l'Autorité concernant les coûts marginaux d'entretien avant l'horaire de service 2018.

Cet avis laisse apparaître tout à la fois la complexité du contrôle d'un opérateur intégré dans le secteur ferroviaire et la grande vigilance dont fait preuve le régulateur pour assurer cette mission difficile.

H. Delzangles, S. Martin

Concurrences N° 3-2015, pp. 168-169

Concurrences +

Sebastien Martin, Hubert Delzangles, Accès aux centres d'entretien : L'Autorité de régulation des activités ferroviaires et routières use de tous ses pouvoirs pour assurer un contrôle des redevances relatives aux prestations régulées fournies dans les installations de maintenance pour l'horaire 2016 (SNCF Mobilités), 12 mars 2018, Concurrences N° 3-2018, Art. N° 87840, pp. 180-181.

CJUE, 13 févr. 2014, Commission européenne c/ République de Bulgarie, aff. C-152/12

La Cour de justice de l'Union européenne précise les possibilités offertes aux États pour percevoir des majorations des redevances

Dans l'arrêt du 13 février 2014, le juge de l'Union devait se pencher sur un recours introduit par la Commission, le 29 mars 2012, à l'encontre de la Bulgarie. L'institution gardienne des traités européens reprochait à l'État membre d'avoir manqué à ses obligations en permettant l'introduction de plusieurs cotisations pour le calcul des redevances exigibles auprès des opérateurs de transport au titre de l'accès au réseau ferroviaire.

En vertu des règles posées par la directive 2001/14, il appartient aux États, directement ou par la voie de leur gestionnaire d'infrastructure, d'établir l'ensemble des tarifications et notamment les redevances pour l'utilisation de l'infrastructure (cf. Art. 4). Le droit de l'Union précise à cet égard que "les redevances perçues pour l'ensemble des prestations minimales et l'accès par le réseau aux infrastructures de services sont égales au coût directement imputable à l'exploitation du service ferroviaire" (Art. 7) et que pour "procéder au recouvrement total des coûts encourus par le gestionnaire de l'infrastructure et, si le marché s'y prête, [l'État peut] percevoir des majorations sur la base de principes efficaces, transparents et non discriminatoires, tout en garantissant une compétitivité optimale, en particulier pour le transport ferroviaire international de marchandises" (Art. 8).

Pour la Commission, la Bulgarie n'a pas respecté ce cadre dans la mesure où elle a inclus, dans le calcul des redevances perçues au titre des prestations minimales et de l'accès aux infrastructures, les rémunérations du personnel et les cotisations de sécurité sociale. Selon l'Autorité, de telles charges ne peuvent être considérées comme directement imputables à l'exploitation du service ferroviaire, conformément aux dispositions de l'article 7 de la directive 2001/14.

À cet égard, il faut noter que ni la directive 2001/14, ni aucune autre disposition du droit de l'Union, ne comportent de définition de la notion de "coût directement imputable à l'exploitation du service ferroviaire". Le législateur a donc, selon la Cour de justice, reconnu en faveur des États membres une réelle marge d'appréciation pour appliquer cette notion en droit interne. Il s'ensuit que le juge de l'Union doit, en l'espèce, vérifier si la réglementation bulgare permet d'inclure dans le calcul des redevances perçues des éléments qui ne sont manifestement pas directement imputables à l'exploitation du service ferroviaire.

À cet égard, la Cour note que "l'article 1er du barème des redevances d'infrastructure perçues par le gestionnaire de l'infrastructure prévoit que les redevances d'infrastructure comprennent les droits de réservation de capacités de l'infrastructure ferroviaire et les droits de passage sur l'infrastructure ferroviaire, ces derniers droits incluant les redevances d'utilisation du réseau ferroviaire, des installations électriques, des caténaires et des équipements d'approvisionnement en énergie ainsi que des systèmes de régulation et de sécurité de la circulation". Par ailleurs, "[s]elon l'article 7.2 du document de référence, la méthode de tarification est fondée sur les coûts marginaux d'entretien de l'infrastructure ferroviaire, déterminés à l'aide d'une approche économétrique. L'article 7.3.2 de ce document (...) prévoit que la perception des redevances d'accès doit permettre de couvrir les coûts liés à l'entretien courant et aux réparations de l'infrastructure ferroviaire. Ces coûts représentent les travaux de réparations courants des lignes ferroviaires, des gares, des équipements, des dispositifs de sécurité, des systèmes d'approvisionnement en énergie et de télécommunication ainsi que de l'exploitation de l'infrastructure ferroviaire et sont pris en compte hors amortissement". Le juge relève également que les coûts liés à la construction et au développement de l'infrastructure ferroviaire sont financés par le budget de l'État.

Il ressort de ces constatations que la Bulgarie a entendu fixer des coûts en fonction de l'utilisation et de l'entretien du réseau ferroviaire. Dès lors, si des coûts qui seraient liés à la signalisation, à la gestion du trafic, à la maintenance et aux réparations sont susceptibles d'être considérés comme étant en partie directement imputables à l'exploitation du service ferroviaire dans la mesure où ils peuvent varier, au moins partiellement, en fonction du trafic, tel n'est pas le cas des coûts qui sont le cœur du litige. Les coûts d'exploitation liés à la rémunération du personnel ou aux cotisations de sécurité sociale n'ont manifestement aucun rapport direct avec l'exploitation du service ferroviaire, dans la mesure où ils ne sont pas déterminés en fonction de l'usure réelle de l'infrastructure qui est imputable au trafic.

En conséquence, la Cour de justice juge que le grief de la Commission est fondé et condamne donc la République de Bulgarie pour manquement en raison de la violation de la directive 2001/14. Une telle solution offre davantage de sécurité juridique pour les États et leurs gestionnaires de réseau pour déterminer les redevances relatives aux infrastructures ferroviaires. D'une part, tant que la directive ne sera pas plus précise, les autorités nationales seront compétentes pour élaborer les méthodes de calcul de ces redevances. D'autre part, dans la mesure où elles choisissent d'instaurer des redevances pour assurer l'entretien et la réparation de l'infrastructure, elles ne peuvent intégrer les rémunérations du personnel et les cotisations de sécurité sociale qui ne varient pas en fonction de l'usure réelle de l'infrastructure. Mais, il ressort de cet ensemble que les États membres pourraient intégrer des coûts relatifs au personnel. Ces derniers peuvent être directement imputables à l'exploitation du service ferroviaire, mais encore faut-il que l'autorité nationale ait préalablement conçu les redevances de manière à intégrer légitimement (et logiquement) de tels coûts.

H. Delzangles, S. Martin
Concurrences N° 2-2014, p. 180

ARAF, avis n° 2010-010 du 8 déc. 2010 relatif aux dispositions tarifaires prévues par le projet de contrat de délégation de service public de la ligne LGV Sud Europe Atlantique entre Tours et Bordeaux

L'Autorité de régulation des activités ferroviaires rend son premier avis en matière de redevance liée à l'utilisation du réseau ferré national

---

L'Autorité de régulation des activités ferroviaires (ARAF), créée par la loi N° 2009-1503 du 8 décembre 2009 relative à l'organisation et à la régulation des transports ferroviaires, a rendu son premier avis le 8 décembre 2010. Il est "*relatif aux dispositions tarifaires prévues par le projet de contrat de délégation de service public de la ligne LGV Sud Europe Atlantique entre Tours et Bordeaux*".

Cet avis a été rendu en application du premier alinéa de l'article L. 2133-5 du Code des transports qui dispose que: "L'Autorité de régulation des activités ferroviaires émet un avis conforme sur la fixation des redevances d'infrastructure liées à l'utilisation du réseau ferré national, au regard des principes et des règles de tarification applicables sur ce réseau, tels qu'ils résultent notamment de l'article L. 2111-25.

Lorsque, notamment en application d'une convention de délégation de service [...], les redevances sont fixées conformément à des dispositions tarifaires sur l'application desquelles l'Autorité de régulation des activités ferroviaires s'est déjà prononcée dans les conditions et selon les modalités prévues à l'alinéa précédent, l'avis visé à cet alinéa est réputé obtenu".

Cet avis est mentionné comme opposable au délégataire et à RFF, ce dernier étant chargé par le contrat d'approuver le projet de tarification établi par le délégataire.

L'ARAF cristallise ainsi les tarifs applicables à cette ligne concédée conformément à l'article précité, tarification qui sera reprise dans le document de référence du réseau. Au regard de la durée du contrat, qui porte sur les années 2016-2060, l'Autorité estime cependant que "*la conformité de dispositions tarifaires est difficile à apprécier de ce fait, notamment au regard d'évolutions législatives et réglementaires vraisemblables sur cette période*".

Toutefois, l'Autorité ne s'est prononcée que sur les dispositions tarifaires pour lesquelles les éléments transmis sont suffisants, à savoir celles concernant les redevances liées aux prestations minimales et à l'utilisation du réseau de distribution d'énergie électrique de traction. Le dispositif de son avis rappelle ainsi que "*toute autre redevance établie par le délégataire sur la LGV SEA, qu'elle concerne d'autres segments de marché ou d'autres prestations complémentaires, est soumise à l'avis conforme de l'Autorité*".

Dans son avis, l'ARAF procède en deux temps pour constater la conformité à la réglementation des dispositions tarifaires de la délégation de service public.

Tout d'abord, sans motiver sa décision, l'Autorité déclare les points contrôlés conformes aux dispositions des articles 4 à 7 du décret n° 97-446 du 5 mai 1997 ayant pour objet de préciser la nature, l'objet et les modalités de calcul des redevances relatives aux prestations minimales.

Ensuite, l'Autorité s'attache à vérifier que ces dispositions tarifaires respectent les quatre grands principes que sont la transparence, la non-discrimination, la soutenabilité et la relation aux coûts.

Ainsi, elle relève dans un premier temps que les dispositions tarifaires prévues au contrat permettent aux entreprises ferroviaires de calculer clairement, par le biais d'un barème, le montant des redevances, ce qui est conforme au principe de transparence.

Dans un deuxième temps, l'Autorité observe que, dès lors que le barème des redevances prévoit des "*tarifs strictement proportionnels aux trains.km ou aux sillons.km*", les dispositions tarifaires respectent le principe de non-discrimination.

Dans un troisième temps, elle rappelle que les redevances doivent être directement liées aux différents coûts de l'infrastructure. En effet, la nécessaire relation entre les redevances du réseau ferroviaire et les coûts d'infrastructure ressort d'une part du principe même de la concession de service public, et d'autre part des obligations réglementaires propres au réseau ferroviaire. Le montant des redevances "*ne peut excéder le montant nécessaire à la couverture des dépenses de toutes natures liées à la conception, à la construction, à l'exploitation, à l'entretien, au renouvellement ou à l'extension de l'infrastructure, ainsi qu'à l'amortissement et à la juste rémunération des capitaux investis par le délégataire*" (article 26 al. 4 du décret N° 2006-1534 du 6 décembre 2006).

L'Autorité relève ainsi que, pour que l'équilibre de la concession soit satisfait, il est nécessaire d'obtenir "*une subvention de l'ordre de 4,5 milliards d'euros sur un total d'emplois de l'ordre 8,2 milliards d'euros*". Eu égard à l'importance de cette subvention, les redevances perçues par le délégataire resteront donc moins importantes que le coût total des infrastructures sur toute la durée de la concession.

Par conséquent, pour l'Autorité, le principe de relation aux coûts est respecté dans le projet de contrat.

En dernier lieu, le principe de la soutenabilité des redevances, "*c'est-à-dire la capacité du marché à supporter les niveaux de redevances arrêtés par le délégataire*", n'appelle pas plus de commentaires de la part de l'Autorité puisqu'il est nécessairement respecté par l'existence même de candidats à la concession prêts à prendre le risque du trafic.

En conclusion, l'ARAF rend un avis conforme sur les dispositions tarifaires du projet de contrat de concession de la LGV SEA.

E. Guillaume
Concurrences N°2-2011, pp. 199-200

Gouv. fr., ord. n° 2019-183 du 11 mars 2019 relative au cadre de fixation des redevances liées à l'utilisation de l'infrastructure ferroviaire ainsi qu'à l'élaboration et à l'actualisation du contrat entre l'État et SNCF Réseau

Le gouvernement poursuit la transformation du système de transport ferroviaire, dans le contexte du quatrième paquet ferroviaire européen, en adoptant un nouveau cadre de fixation des tarifs d'utilisation des infrastructures ferroviaires (SNCF Réseau)

Le quatrième paquet ferroviaire, adopté par le Parlement européen et le Conseil de l'Union européenne en 2016, parachève la création de l'espace ferroviaire unique européen, qui a été initiée par la libéralisation des services de fret ferroviaire et de transport international de voyageurs, intervenue en 2007 et 2010. En particulier, la directive n° 2016/2370 du Parlement et du Conseil du 14 décembre 2016 transforme la gouvernance des gestionnaires d'infrastructure et ouvre les services nationaux de transport de voyageurs à la concurrence.

Contexte

La transposition des textes du quatrième paquet ferroviaire en droit français a été assurée par l'intermédiaire de la loi n° 2018-515 du 27 juin 2018 pour un nouveau pacte ferroviaire, qui a pour objet principal d'habiliter le Gouvernement à prendre par ordonnance des mesures qui relèvent d'ordinaire du domaine de la loi. Par une ordonnance n° 2018-1135 du 12 décembre 2018, le Gouvernement a ainsi adopté des mesures renforçant l'indépendance des gestionnaires d'infrastructures et défini des règles relatives à la passation et l'exécution des contrats de service public de transport ferroviaire de voyageurs. Le Gouvernement a aussi adopté une deuxième ordonnance, le 11 mars dernier, dont l'apport principal est la révision du cadre de fixation des tarifs d'utilisation des infrastructures.

La pluriannualité des redevances d'infrastructure

En premier lieu, l'article 33 de la loi du 27 juin 2018 habilitait le gouvernement à prendre toute mesure pour '*modifier les modalités, les critères et la procédure de fixation des redevances d'infrastructure liées à l'utilisation du réseau ferré national, en prévoyant le cas échéant leur pluriannualité*' et '*mieux coordonner l'élaboration et la révision du contrat mentionné à l'article L. 2111-10 du code des transports avec la procédure de fixation de ces redevances*'.

Sur ce fondement, l'article 1er de l'ordonnance modifie l'article L. 2111-25 du Code des transports et impose le principe d'une fixation pluriannuelle des redevances d'infrastructure par *SNCF Réseau*, sur une période de trois ans. Le tarif des redevances était auparavant fixé annuellement, la tarification pluriannuelle, sur une période maximale de cinq ans, n'étant qu'une simple possibilité offerte au gestionnaire d'infrastructure (aux termes des articles 9 du décret n° 97-446 du 5 mai 1997 et L. 2111-25 du Code des transports).

L'objectif de ces dispositions est de renforcer la prévisibilité du montant des redevances d'infrastructure. Selon l'avis n° 2019-008 du 20 février 2019 rendu par l'Autorité de régulation des activités ferroviaires et routières (ARAFER) sur le projet d'ordonnance, la tarification pluriannuelle, qui devrait permettre aux nouveaux entrants d'anticiper les conditions d'exploitation des services ferroviaires, favorisera leur entrée sur le marché. L'article 1er s'inscrit donc pleinement dans l'objectif d'ouverture à la concurrence des services de transport ferroviaire de voyageurs.

En outre, l'article 1er de l'ordonnance mentionne que '*la tarification pluriannuelle des redevances est élaborée de manière à ce qu'elle s'applique à compter de l'horaire de service suivant l'entrée en vigueur du contrat prévu à l'article L. 2111-10, ou de son actualisation*'.

Ces dispositions visent, aux termes de l'étude d'impact du projet de loi du 27 juin 2018, à '*garantir l'effectivité du contrat conclu entre l'État et le gestionnaire d'infrastructure en application de l'article L. 2111-10 du Code des transports*'. Le contrat décennal précité met en œuvre la politique de gestion du réseau ferroviaire et la stratégie de développement de l'infrastructure ferroviaire, dont l'État fixe les orientations. À ce titre, il définit notamment la trajectoire financière de *SNCF Réseau*, et, dans ce cadre, les principes appliqués pour la détermination de la tarification de l'infrastructure. Dans ce contexte, l'article 1er de l'ordonnance du 11 mars 2019 assure une articulation cohérente entre la tarification des redevances et la trajectoire financière tracée dans le contrat décennal passé entre l'État et le gestionnaire d'infrastructure.

La communication des données des entreprises ferroviaires au gestionnaire d'infrastructure

Par ailleurs, l'article 1er de l'ordonnance, qui modifie également l'article L. 2122-4-2 du Code des transports, encadre les modalités de communication au gestionnaire d'infrastructure des données techniques, statistiques, comptables, économiques et financières des entreprises ferroviaires, en vue de l'établissement du barème des redevances.

Sur demande du gestionnaire d'infrastructure, l'ARAFER peut se faire communiquer les données '*strictement nécessaires à l'établissement des redevances d'infrastructure au regard des segments de marché et des modulations tarifaires envisagées par le gestionnaire d'infrastructure*', sans que les entreprises ferroviaires ne puissent opposer le secret des affaires aux demandes de transmission. Alors que le projet d'ordonnance prévoyait initialement une transmission directe des données des candidats au gestionnaire d'infrastructure, il a été in fine décidé, sur recommandation de l'ARAFER, de confier au régulateur sectoriel un rôle de tiers de confiance. Les entreprises ferroviaires communiquent directement leurs données sensibles à l'ARAFER, qui transmet des données agrégées et anonymisées au gestionnaire d'infrastructure.

Il résulte de l'avis de l'ARAFER que cette dernière, en suggérant la modification visée ci-dessus, a souhaité éviter que les entreprises ferroviaires ne soient contraintes de transmettre leurs données stratégiques 'à un gestionnaire d'infrastructure en position de monopole et faisant de surcroît partie d'une entreprise verticalement intégrée comportant l'entreprise ferroviaire historique'. Cette motivation a de quoi étonner car elle semble mettre en doute l'application effective des règles de gouvernance qui s'imposent au gestionnaire d'infrastructure.

Ce nouveau dispositif s'accompagne d'une extension des pouvoirs de règlement des différends et de sanction de l'ARAFER : l'article L. 1264-7 du Code des transports, modifié par l'article 1er de l'ordonnance, soumet désormais à sanction administrative le manquement aux obligations de communication d'informations prévues par l'article L. 2122-4-2.

L'avis rendu par l'ARAFER sur la fixation des redevances d'infrastructure

Enfin, l'article 33 de la loi du 27 juin 2018 habilitait le gouvernement à prendre toute mesure pour '*définir la procédure permettant au gestionnaire d'infrastructure de lever les réserves partielles ou totales de l'Autorité de régulation des activités ferroviaires et routières sur ses propositions de redevances d'infrastructure, notamment le délai qui lui est imparti pour saisir l'autorité d'un nouveau projet, qui ne peut excéder trois mois à compter de l'avis de l'autorité, ainsi que les règles applicables en matière de tarification dans le cas où il n'aurait pu obtenir un avis conforme de l'autorité en temps utile avant le début de l'horaire de service concerné*'. Cette habilitation résulte d'une suggestion formulée par le Conseil d'État dans son avis rendu sur le projet de loi pour un nouveau pacte ferroviaire, dans le but de sécuriser l'établissement des redevances d'infrastructure.

L'article L. 2133-5 du Code des transports prévoit désormais que, dans l'hypothèse où l'ARAFER émet un avis défavorable sur un projet de tarification, le gestionnaire doit soumettre un nouveau projet dans un délai à préciser par voie réglementaire. En l'absence d'avis favorable dans un délai qui reste également à définir par le pouvoir réglementaire, le gestionnaire publie la tarification applicable sur la base de la dernière tarification ayant fait l'objet d'un avis favorable de l'autorité. En pareille hypothèse, l'évolution du montant des redevances par rapport à cette dernière tarification ne saurait excéder l'évolution prévue de l'indice des prix à la consommation au cours de l'année suivant l'horaire de service de cette tarification. L'article L. 2133-5 prévoit enfin que la tarification déterminée et publiée dans les conditions précitées s'applique pour toute la durée de l'horaire de service.

E. Guillaume, R. Roussel.

Concurrences N° 2-2019, pp. 173-175

Concurrences+

Emmanuel Guillaume, Pierre-Edouard Pivois, Redevances : Le Conseil d'État valide l'avis défavorable de l'Autorité de régulation des activités ferroviaires et routières portant sur le projet de redevances des prestations fournies dans les gares de voyageurs (SNCF Mobilités), 3 octobre 2016, Concurrences N° 1-2017, Art. N° 83356, pp. 206-208.

5.2 Transport routier

5.2.1 Organisation générale

Loi n° 2015-990 du 6 août 2015 pour la croissance, l'activité et l'égalité des chances économiques, JORF n°0181 du 7 août 2015

Le Parlement adopte la loi Macron libéralisant le transport routier interurbain de personnes

La loi n° 2015-990 du 6 août 2015 pour la croissance, l'activité et l'égalité des chances économiques, mieux connue sous le nom du ministre de l'Économie et des Finances, libéralise le secteur du transport routier interurbain de personnes.

Le nouvel article L. 3111-17 du code des transports dispose ainsi que "les entreprises de transport public routier de personnes établies sur le territoire national peuvent assurer des services réguliers interurbains".

Il est donc désormais permis à une entreprise de proposer librement au public des services réguliers de transport par autocars reliant plusieurs villes, comme l'avait recommandé l'Autorité de la concurrence dans son avis du 27 février 2014 (*Avis n° 14-A-05 du 27 février 2014 relatif au fonctionnement concurrentiel du marché du transport interrégional régulier par autocar*).

Les avantages supposés de cette mesure ont été largement mis en avant et commentés: il s'agit de permettre le développement concurrentiel d'une offre de service de transport moins coûteuse que le rail et de favoriser la création de liaisons interurbaines qui n'étaient pas nécessairement assurées par le train.

L'état des lieux du secteur avant la loi Macron

Avant la loi Macron, les seuls autocars autorisés à transporter du public et exploiter des dessertes intérieures relevaient soit du service public de transport de personnes soit du cabotage.

La LOTI (loi n° 83-1153 du 30 décembre 1982 d'orientation des transports intérieurs), codifiée sur ce point aux articles L. 1221-1 et suivants du code des transports, organise le service public de transport non urbain de personnes.

En vertu de l'article L. 1221-3, "l'exécution du service public de transport de personnes réguliers et à la demande est assurée, pour une durée limitée (...), soit en régie par une personne publique sous forme d'un service public industriel et commercial, soit par une entreprise ayant passé à cet effet une convention avec l'autorité organisatrice".

Si le service de transport n'est pas assuré en régie, les transporteurs sont choisis par l'autorité organisatrice des transports au terme d'une procédure de publicité et de mise en concurrence (marché public ou délégation de service public). On notera que la loi n° 2015-991 du 7 août 2015 portant nouvelle organisation territoriale de la République a modifié l'article L. 3111-1 du code des transports et fait de la région l'autorité organisatrice de transport interurbain à compter du 1er janvier 2017 (la région n'avait auparavant cette compétence que pour les lignes d'intérêt régional).

De la même manière, les "*autorités organisatrices de la mobilité*" (les anciennes autorités organisatrices de transport urbain), les communes et leurs groupements essentiellement, organisent le service public de transport public urbain (articles L. 1231-1 et suivants du code des transports). Elles peuvent ainsi choisir une entreprise d'autocars au terme d'une procédure de publicité et de mise en concurrence.

À côté du service public de transport routier, le législateur avait permis, à la fin de l'année 2009, sous l'impulsion communautaire, d'autoriser les entreprises de transport à pratiquer le cabotage routier (loi n° 2009-1503 du 8 décembre 2009 relative à l'organisation et à la régulation des transports ferroviaires, transposant le règlement n° 1073/2009 du Parlement européen et du Conseil du 21 octobre 2009).

Cette pratique assez marginale désigne, dans le cadre d'un service régulier international de transport de voyageurs, les dessertes effectuées au sein d'un même État membre. Ainsi, l'État peut autoriser une entreprise de transport routier exploitant une ligne internationale à effectuer plusieurs arrêts sur le territoire national.

Le cabotage devait être autorisé par l'État au terme d'une procédure dont l'Autorité de la concurrence avait relevé le caractère contraignant (cf. avis précité). En outre, les dessertes intérieures pouvaient être limitées, voire interdites, dès lors que leur existence compromettait l'équilibre économique d'un contrat de service public de transport de personnes.

La loi Macron n'a pas modifié l'organisation actuelle du service public des transports routiers urbain et non urbain et ne remet pas en cause la possibilité pour l'État d'autoriser le cabotage.

La création libre de liaisons sur lesquelles tous les arrêts sont distants de plus de 100 kilomètres

Les articles L. 3111-17 à L. 3111-25 du code des transports, créés par la loi Macron, organisent le nouveau marché du transport interurbain de personnes.

Ces dispositions autorisent la création, sans autorisation ni déclaration préalable, de liaisons interurbaines sur lesquelles tous les arrêts sont distants d'au moins 100 kilomètres. Elles sont d'application immédiate.

Pour créer de tels services, les entreprises établies en France devront, si ce n'est pas déjà le cas, remplir les conditions de capacité financière et professionnelle prévues par le décret n° 85-891 du 16 août 1985 relatif aux transports urbain et non urbain de personnes (inscription au registre des entreprises de transport par route, autorisation d'exercer la profession, délivrance d'une licence), mais ce texte, d'application générale, n'opère pas une régulation économique du secteur.

D'ailleurs, la durée d'adoption de la loi Macron aura permis aux transporteurs routiers, confiants dans l'issue de la loi, de se préparer à la libéralisation du secteur. Ainsi par exemples, *Isilines*, filiale de*Transdev*, *Ouibus*, filiale de *SNCF* ou encore *Flixbus*, leader allemand des services d'autocars, ont créé les premières liaisons sur lesquelles tous les arrêts sont distants d'au moins 100 kilomètres.

Le ministre de l'Économie et des Finances, Emmanuel Macron, et le secrétaire d'État chargé des transports, de la mer et de la pêche, Alain Vidalies, ont annoncé qu'un mois après l'entrée en vigueur de la loi, 274 autocars assurent chaque jour 104 lignes nationales et internationales et que le nombre de passagers s'élève à près de 250 000 personnes (communiqué de presse du 28 septembre 2015 n° 861). La création de 100 lignes supplémentaires est annoncée d'ici la fin de l'année 2016.

La création encadrée et surveillée des liaisons comportant des arrêts distants de 100 kilomètres ou moins

Les liaisons comportant des arrêts de 100 kilomètres ou moins seront autorisées mais soumises à déclaration préalable auprès de l'autorité de régulation.

Il ne s'agit donc pas nécessairement de liaisons courtes. La liaison doit être déclarée, même si elle relie deux ville situées à 600 kilomètres d'écart dès lors que l'autocar s'arrête deux fois (départ et arrivée compris) sur 100 kilomètres ou moins.

De telles lignes ne peuvent pas dans l'immédiat être exploitées puisque les dispositions de l'article L. 3111-17 du code des transports, opérant la libéralisation du secteur, n'entreront en vigueur qu'à une date fixée par décret et au plus tard le 1er novembre prochain.

Évaluant les conséquences potentielles de l'ouverture du marché du transport routier de personnes sur le marché du transport ferroviaire, l'Autorité de la concurrence avait recommandé de retenir une distance de 200 kilomètres. Au-dessus de ce seuil, l'Autorité de la concurrence estimait que le train et le bus ne constituaient pas des services substituables (et donc concurrents) mais plutôt complémentaires.

C'est finalement le seuil de 100 kilomètres, défendu par l'Assemblée Nationale, moins protecteur à première vue des intérêts des collectivités territoriales et de la SNCF, qui a été retenu par le législateur.

Le législateur a confié à l'ARAF, qui devient l'ARAFER (Autorité de Régulation des Activités Ferroviaires et Routières), la nouvelle mission de régulation du secteur routier.

Le second alinéa de l'article L. 3111-18, complété par l'article L. 3111-9, prévoit qu'en-deçà du seuil de 100 kilomètres, l'autorité organisatrice de transport peut, dans un délai de deux mois suivant la déclaration précitée, saisir l'ARAFER d'un projet d'interdiction ou de limitation du service, si celui-ci est susceptible de porter une atteinte substantielle à l'équilibre économique de la ou des lignes de service public de transport concurrencées, ou à l'équilibre économique du contrat de service public de transport concerné. L'ARAFER rend alors son avis sur ce projet, dans un délai de deux mois, qu'elle peut prolonger d'un mois. Dans le silence de l'ARAFER, son avis est réputé favorable.

C'est ainsi l'ARAFER qui contrôlera l'absence de risque de bouleversement de l'économie des services de transports organisés par les collectivités.

Le développement des infrastructures routières

Le développement du service de transport routier devrait rapidement conduire à la saturation des gares routières existantes. Les gares actuelles sont trop peu nombreuses et inadaptées à l'augmentation du nombre de voyageurs comme à l'augmentation du trafic d'autocars.

Un important chantier de développement des gares routières (création et amélioration) est ainsi en cours de préparation.

Cela implique dans un premier temps d'actualiser les règles applicables en matière de création, d'aménagement et d'exploitation des gares routières de voyageurs. À cet effet, l'article 10 de la loi Macron complète l'article L. 1213-3-1 du code des transports et prévoit que "*le schéma régional de l'intermodalité comporte un schéma régional des gares routières, qui indique la localisation des gares routières et définit les éléments principaux de leurs cahiers des charges*".

En outre, l'article 12 de la loi Macron donne la possibilité au Gouvernement de prendre par ordonnance toute mesure permettant d'adapter le cadre juridique relatif aux gares routières, actuellement régies par l'ordonnance n° 45-2497 du 24 octobre 1945 sur les gares routières de voyageurs.

Le ministre a annoncé que le développement des gares routières (création et amélioration) ne serait pas financé par des fonds publics; les transporteurs espèrent quant à eux naturellement une participation des acteurs publics sous une forme à déterminer.

Ainsi, les modalités de développement des infrastructures – au premier rang desquelles leur financement – restent encore à préciser.

E. Guillaume, P.-E. Pivois
Concurrences N°4-2015, pp. 201-202

5.2.2 Lignes de transport

CE, 4 oct. 2017, Région Pays de la Loire, n° 400552

Le Conseil d'État précise la notion de "ligne de transport régulier"

Après avoir rendu des premiers arrêts relatifs au contrôle par l'Autorité de régulation des activités ferroviaires et routières des demandes d'interdiction ou de limitation des services par autocars (CE, 23 déc. 2016, Région Aquitaine Limousin Poitou Charentes, n°399081, cf. Emmanuel Guillaume, Mélodie Lenglart, Equilibre économique du service public: Le Conseil d'État juge légal un avis de l'Autorité de régulation des activités ferroviaires et routières qui est défavorable au projet de la région Aquitaine-Limousin-Poitou-Charentes de limiter un service de liaisons en autocars proposé par une société au motif qu'il concurrencerait des lignes de TER, Concurrences, n° 2-2017, Art. n° 83964, pp. 178-180 et CE, 20 mars 2017, Région Aquitaine-Limousin-Poitou-Charentes, n° 401751, cf. Hubert Delzangles et Sébastien Martin, Ouverture de lignes d'autocars: Le Conseil d'État valide la méthode de l'Autorité de régulation des activités ferroviaires et routières pour contrôler les demandes d'interdiction ou de limitation des services routiers par autocar (Région Aquitaine-Limousin-Poitou-Charentes), Concurrences, n° 3-2017, Art. n° 84614, pp. 151-153), le Conseil d'État était invité par la requête de la région Pays de la Loire à apporter de nouvelles précisions sur ce pouvoir du régulateur des transports (CE, 4 oct. 2017, Région Pays de la Loire, n° 400552). Pour comprendre les enjeux de cette nouvelle solution jurisprudentielle, nous commencerons par revenir sur l'avis rendu par l'ARAFER qui est à l'origine du recours puis nous étudierons l'arrêt rendu par la cour suprême de l'ordre administratif.

À l'origine du recours formé par la collectivité organisatrice de transport, la société Eurolines avait fait deux déclarations portant sur un service régulier interurbain de transport par autocar entre Angers et Nantes (D2015-068 et D2015-078) réparti sur deux lignes de longue distance distinctes. En réponse, la Région Pays de la Loire avait saisi l'Autorité de deux projets de décision d'interdiction de ces services déclarés par la société Eurolines au motif que l'exploitation de la liaison porterait une atteinte substantielle à l'équilibre économique de la ligne TER Angers-Nantes qu'elle organise au titre du service public régional de transport ferroviaire. Dans l'avis n° 2016-040 du 5 avril 2016 relatif au projet de décision de la Région Pays de la Loire d'interdiction des services déclarés par la société Eurolines sur la liaison entre Angers et Nantes, l'ARAFER, conformément à l'article L. 3111-19 du Code des transports ("L'Autorité de régulation des activités ferroviaires et routières émet un avis sur le projet d'interdiction ou de limitation du service de l'autorité organisatrice de transport dans un délai de deux mois à compter de la réception de la saisine. L'autorité de régulation peut décider de prolonger d'un mois ce délai, par décision motivée. À défaut d'avis rendu dans ces délais, l'avis est réputé favorable. Lorsqu'elle estime qu'il est nécessaire de limiter un service, l'Autorité de régulation des activités ferroviaires et routières propose à l'autorité organisatrice de transport la mise en place à cet effet de règles objectives, transparentes et non discriminatoires"), avait émis un avis favorable sur le projet d'interdiction de la Région des Pays-de-la-Loire, sous réserve que cette interdiction se limite à un autocar de cinquante places pour chacun des horaires déclarés. Selon le régulateur, cette décision permettait à l'opérateur de conserver la possibilité de proposer une offre complète sur l'ensemble des horaires déclarés (le service déclaré initialement par la société Eurolines proposait d'exploiter la liaison avec deux autocars de cinquante places à chaque horaire) tout en réduisant l'atteinte à l'équilibre économique de la ligne TER à un niveau qui ne puisse être regardé comme substantiel.

Le recours formé par la Région Pays de la Loire donne l'occasion au juge administratif, d'une part, de poser pour la première fois les caractéristiques d'une ligne de transport régulier et, d'autre part, d'apporter des précisions sur la manière dont le régulateur doit analyser l'atteinte à l'équilibre économique de la ligne de service public qui est concurrencée.

Les caractéristiques d'une ligne de transport régulier

La région faisait grief à l'autorité de régulation, tout d'abord, d'avoir fait porter son appréciation de l'existence d'une atteinte substantielle à l'équilibre économique sur la ligne TER Nantes – Angers – Le Mans plutôt que d'avoir, comme l'autorité organisatrice de transport l'y invitait, analysé le seul segment Nantes – Angers de la ligne TER correspondant aux services déclarés par la société Eurolines.

Ainsi, le Conseil d'État devait-il se prononcer sur la marge de manœuvre dont le régulateur des transports dispose pour déterminer les éléments d'analyse pour apprécier si les services "assurant une liaison dont deux arrêts sont distants de 100 kilomètres ou moins [faisant] l'objet d'une déclaration auprès de l'Autorité de régulation des activités ferroviaires et routières (...) portent, seuls ou dans leur ensemble, une atteinte substantielle à l'équilibre économique de la ligne ou des lignes de service public de transport susceptibles d'être concurrencées ou à l'équilibre économique du contrat de service public de transport concerné" (cf. article L. 3111-18 du Code des transports). Plus précisément, le juge administratif devait préciser quelles sont les caractéristiques d'une ligne de transport régulier qui doivent être prises en compte par l'Autorité de régulation des activités ferroviaires et routières pour que cette dernière puisse apprécier l'équilibre économique des services de transport organisés par une région.

De manière solennelle, le juge administratif déclare qu'au sens de l'article L. 3111-18 du Code des transports "une ligne de transport régulier se caractérise par une autonomie de fonctionnement résultant de ses conditions d'exploitation, faisant l'objet d'un traitement comptable spécifique dans le cadre de la convention de service public". C'est un élément essentiel car, comme le Conseil d'État le rappelle, "l'exploitation d'un service de transport par autocar n'est susceptible d'être limitée ou interdite par l'autorité organisatrice de transport que si cette exploitation conduit à porter une atteinte substantielle à l'équilibre économique non d'un simple segment de ligne de transport, mais d'une ligne dans son ensemble, voire de plusieurs lignes".

En l'espèce, la région soutenait qu'en faisant porter son appréciation de l'existence d'une atteinte substantielle à l'équilibre économique sur la ligne TER Nantes – Angers – Le Mans, sans le faire à l'égard de la ligne Angers - Nantes qui en serait distincte, l'ARAFER aurait commis une erreur de fait. L'arrêt, il faut le préciser, valide la démarche du régulateur mais ne rejette pas en tant que tel le point de vue de l'autorité organisatrice de transport. Si le juge administratif rejette ce moyen ce n'est que dans la mesure où la collectivité organisatrice de transport "n'apporte aucun élément de nature à établir que [la liaison Angers – Nantes] constituerait, au regard de ses conditions d'exploitation et de son traitement comptable, une ligne de transport pour l'application des dispositions de l'article L. 3111-18 du code des transports".

Une fois la liaison Nantes – Angers – Le Mans qualifiée comme ligne de transport régulier, il restait encore à revenir sur l'analyse de l'atteinte à l'équilibre économique de cette ligne de service public.

L'analyse de l'atteinte à l'équilibre économique de la ligne de service public concurrencée

À cet égard, le cas d'espèce a offert l'opportunité au Conseil d'État d'aller plus loin sur l'appréciation du caractère substantiel de l'atteinte à l'équilibre économique. Depuis plusieurs mois maintenant, le juge administratif affirme que cette appréciation nécessite de prendre en considération non seulement les recettes commerciales, mais aussi l'ensemble des recettes procurées à l'exploitant ferroviaire, et notamment le montant de la compensation versée par la collectivité publique organisatrice de transport au titre de ce service (CE, 23 déc. 2016, n° 399081, Région Aquitaine Limousin Poitou Charentes, préc. ou CE, 20 mars 2017, n° 401751, Région Aquitaine Limousin Poitou Charentes, préc.).

En l'espèce, le juge administratif explique "qu'il appartient à l'Autorité d'apprécier l'existence d'une atteinte à l'équilibre économique d'une ligne de transport, pour l'application de l'article L. 3111-18 du code des transports, au regard des circonstances propres à chaque espèce". Ainsi, "si l'Autorité doit, dans son analyse de l'atteinte à l'équilibre économique de la ligne de service public qui est concurrencée, tenir compte des effets cumulés de l'ensemble des services proposés qui sont susceptibles de la concurrencer, elle ne peut prendre en considération que les services qui ont fait l'objet d'une déclaration et non ceux qui, faute de déclaration, ne peuvent être mis en œuvre". Dans l'avis n° 2016-040 du 5 avril 2016 relatif au projet de décision de la Région Pays de la Loire d'interdiction des services déclarés par la société Eurolines sur la liaison entre Angers et Nantes, l'ARAFER avait fait état des services de la société FlixBus France concernant la liaison Angers – Le Mans et surtout avait bien pris en compte, dans son analyse, l'effet cumulés des services d'autocar proposés par les deux sociétés.

Si de nouveaux contentieux relatifs à la mise en place des liaisons régulières interurbaines par autocar peuvent toujours voir le jour, il faut constater que jusqu'à présent les arrêts donnent raison au régulateur. Ceci est assurément le meilleur des arguments en faveur de la régulation sectorielle.

H. Delzangles, S. Martin

Concurrences N° 1-2018, pp. 179-181

CE, 20 mars 2017, Région Aquitaine-Limousin-Poitou-Charentes, n° 401751

Le Conseil d'État valide la méthode de l'Autorité de régulation des activités ferroviaires et routières pour contrôler les demandes d'interdiction ou de limitation des services routiers par autocar

Après avoir contrôlé les premiers avis rendus par l'Autorité de régulation des activités ferroviaires et routières (cf., pour l'arrêt du Conseil d'État, Emmanuel Guillaume, Mélodie Lenglart, "Equilibre économique du service public: Le Conseil d'État juge légal un avis de l'Autorité de régulation des activités ferroviaires et routières qui est défavorable au projet de la région Aquitaine-Limousin-Poitou-Charentes de limiter un service de liaisons en autocars proposé par une société au motif qu'il concurrencerait des lignes de TER (Région Aquitaine-Limousin-Poitou-Charentes)", 23 décembre 2016, *Concurrences*, n° 2-2017, Art. n° 83964, pp. 178-180, et, pour les avis rendus par l'Arafer, Hubert Delzangles, Sebastien Martin, "Transports routiers : L'Autorité de régulation des activités ferroviaires et routières rend ses premiers avis dans le cadre de la procédure d'avis conforme pour interdire ou limiter les services par autocar librement organisés (FlixBus; Frethelle)", 17 février 2016, *Concurrences*, n° 2-2016, Art. n° 79021, pp. 195-196), le Conseil d'État, dans un arrêt du 20 mars 2017, a de nouveau été invité à se prononcer sur le contrôle opéré par le régulateur des transports sur les projets d'interdiction ou de limitation de services réguliers interurbains de voyageurs par autocar lorsqu'ils sont exécutés entre des arrêts dont la liaison est assurée sans correspondance par un service régulier de transport organisé par une autorité organisatrice de transport. Cette nouvelle solution mérite néanmoins l'attention du lecteur, comme l'indique la publication au recueil Lebon, car la solution du juge porte sur un élément nouveau que sont les lignes directrices relatives à l'instruction des demandes d'interdiction ou de limitation des services routiers sur les liaisons régulières interurbaines par autocar inférieures ou égales à 100 kilomètres adoptées par l'Arafer dans sa décision n° 2015-039 du 21 octobre 2015.

En l'espèce, la société *Starshipper* a déposé auprès de l'Autorité de régulation des activités ferroviaires et routières, le 28 janvier 2016, une déclaration portant sur un service régulier interurbain de transport par autocar entre Brive-la-Gaillarde et Périgueux visant à réaliser depuis chacune de ces villes quatre dessertes par jour du lundi au samedi et deux dessertes le dimanche. La région Nouvelle Aquitaine a saisi l'Autorité d'un projet d'interdiction de ce service. Mais, par un avis n° 2016-070 du 18 mai 2016, l'Autorité a estimé que le service envisagé ne portait pas une atteinte substantielle à l'équilibre économique de la ligne Brive-la-Gaillarde-Périgueux que la région organise au titre du service public des transports express régionaux. Avec cet avis négatif, le projet d'interdiction de la région s'est retrouvé bloqué et l'autorité organisatrice de transport a saisi le Conseil d'État pour demander l'annulation de cet avis pour excès de pouvoir.

Selon les moyens développés par la région, l'Autorité aurait entaché son avis d'une erreur de droit, tout d'abord, en méconnaissant les lignes directrices qu'elle s'était données, puis dans l'analyse de l'atteinte substantielle à l'équilibre économique de la ligne ou des lignes de service public de transport susceptibles d'être concurrencées ou à l'équilibre économique du contrat de service public de transport concerné.

Le Conseil d'État a rejeté la requête de la région Aquitaine-Limousin-Poitou-Charentes, validant ainsi non seulement certains aspects de l'avis rendu par l'Arafer mais également la méthode suivie par le régulateur. Nous reviendrons en premier lieu sur l'appréciation du premier moyen qui met en cause l'analyse de la substituabilité suivie par l'autorité, avant d'étudier le rejet plus classique des autres moyens portant sur l'atteinte à l'équilibre économique du service public.

Validation jurisprudentielle de l'analyse de la substituabilite des services

Pour le Conseil d'État, "*si l'Autorité était tenue de suivre la méthode d'analyse qu'elle s'était ainsi donnée*[reposant sur la décision n° 2015-039 du 21 octobre 2015 par laquelle l'autorité a adopté des lignes directrices] *pour prendre l'avis contesté, il lui incombait, pour porter son appréciation sur le projet d'interdiction du service de la société Starshipper, de prendre en compte l'ensemble des circonstances pertinentes de la situation particulière qui lui était soumise*". On comprend alors que si les lignes directrices constituent un encadrement qui s'impose au régulateur, la mission qui lui est confiée ne lui impose pas, bien au contraire, de cantonner son analyse aux seuls éléments présentés dans les lignes directrices (Pour mémoire, la solution Jousselin du Conseil d'Etat du 19 septembre 2014 (req. n° 364385 : JurisData n° 2014-021036 ; JCP A 2014, act. 759) écarte l'appellation "directive administrative" pour identifier les actes par lesquels une autorité administrative oriente l'exercice d'une compétence lui appartenant au profit des termes "lignes directrices").

Pour bien comprendre, revenons tout d'abord, sur les éléments prévus par les lignes directrices. En vertu de la décision des lignes directrices de 2015, l'analyse de l'Arafer doit suivre les étapes suivantes :

"- Étape 1 : détermination de l'existence d'un service conventionné : Cette étape consistera à vérifier l'existence d'une ligne de service public réalisant sans correspondance la même liaison que celle envisagée dans le cadre d'un service librement organisé, ou une liaison similaire ;

- Étape 2 : analyse de la substituabilité : Cette étape consistera à analyser la substituabilité entre le service conventionné et le service librement organisé, au regard de certaines caractéristiques de l'offre et de la demande. Il s'agira d'apprécier, pour chaque service horaire, si les clients du service conventionné considèrent ou non que le service librement organisé est une offre de transport alternative qu'ils pourraient utiliser, et dans quelle proportion ;

- Étape 3 : estimation du risque d'atteinte à l'équilibre économique : Cette étape permettra de réaliser, à partir de l'analyse de la substituabilité, une estimation quantitative du risque d'atteinte à l'équilibre économique du service conventionné ;

- Étape 4 : appréciation du caractère substantiel du risque d'atteinte : Il s'agira d'apprécier si l'estimation réalisée à l'étape 3 permet de conclure à une atteinte substantielle ou non. Pour cela, les circonstances de chaque espèce seront prises en compte, ainsi que l'objectif de complémentarité des services librement organisés avec les services conventionnés".

En l'espèce, pour le requérant, un problème se pose quant à l'analyse de substituabilité. Il faut préciser que la conclusion de cette analyse doit permettre à l'Arafer de faire la différence entre les services substituables et les services complémentaires pour déterminer si l'analyse a besoin d'être approfondie ou non. Comme le note le Conseil d'État, s'appuyant sur les lignes directrices, "*l'analyse de la substituabilité entre le service conventionné et le service librement organisé au regard de certaines caractéristiques de l'offre et de la demande devait porter sur la comparaison des horaires, les fréquences journalières et hebdomadaires proposées et les temps de parcours*". Cependant, l'Arafer, pour procéder à l'analyse de la substituabilité du projet qui lui était soumis, a souhaité prendre en compte également la localisation des arrêts du service proposé par la société *Starshipper*. Ce faisant l'Autorité est allée au-delà de ce que prévoyaient les lignes directrices.

Au regard de la jurisprudence (cf. CE, Section, 11 déc. 1970, *Crédit foncier de France c/ Mlle Gaupillat et Mme Ader*, req. n° 78880, Rec. p. 750), cette solution ne saurait étonner. En effet, "*dans le cas où un texte prévoit l'attribution d'un avantage sans avoir défini l'ensemble des conditions permettant de déterminer à qui l'attribuer parmi ceux qui sont en droit d'y prétendre, l'autorité compétente peut, alors qu'elle ne dispose pas en la matière du pouvoir réglementaire, encadrer l'action de l'administration, dans le but d'en assurer la cohérence, en déterminant, par la voie de lignes directrices, sans édicter aucune condition nouvelle, des critères permettant de mettre en œuvre le texte en cause, sous réserve de motifs d'intérêt général conduisant à y déroger et de l'appréciation particulière de chaque situation*" (cf. CE Sect., 4 février 2015, *Ministre de l'Intérieur c. M. C.*, req. n° 383267, n° 383268).

Rejet des autres moyens portant sur l'atteinte a l'équilibre économique du service public

Les deux autres moyens, également rejetés par le Conseil d'État, portent sur l'étape 3, l'estimation du risque d'atteinte à l'équilibre économique, et l'étape 4, l'appréciation du caractère substantiel du risque d'atteinte. Le contrôle du juge ici peut être considéré comme classique dans la mesure où il reprend les solutions dégagées notamment par l'arrêt du Conseil d'État du 23 décembre 2016 (cf. CE, *Région Aquitaine-Limousin-Poitou-Charentes*, req. 399081).

Une nouvelle fois, la région critique la méthode retenue par l'Arafer tant sur l'estimation du risque que sur l'appréciation du caractère substantiel de ce risque. Comme en 2016 (cf. Emmanuel Guillaume, Mélodie Lenglart, "Equilibre économique du service public: Le Conseil d'État juge légal un avis de l'Autorité de régulation des activités ferroviaires et routières qui est défavorable au projet de la région Aquitaine-Limousin-Poitou-Charentes de limiter un service de liaisons en autocars proposé par une société au motif qu'il concurrencerait des lignes de TER (Région Aquitaine-Limousin-Poitou-Charentes)", précité), la région soutenait que l'Arafer n'aurait pas dû tenir compte des subventions publiques qu'elle versait, pour déterminer si l'ouverture des lignes d'autocars porterait substantiellement atteinte à l'équilibre économique des lignes de TER. Cependant, comme le confirme le juge, la méthode comparative de "*la perte de recettes commerciales induite par le report de clientèle du service de transport conventionné vers le service déclaré par la société Starshipper avec, d'une part, les recettes commerciales du service de transport organisé par la région, d'autre part, le montant de la compensation versée par la région au titre de ce service*" est tout à fait justifiée (cf. "*qu'en procédant ainsi, l'Autorité n'a entaché son avis d'aucune erreur de droit, dès lors que l'équilibre du service de transport organisé par la région dépend, pour une part importante, des subventions publiques dont il bénéficie*"). On ajoutera que désormais la comparaison relève expressément de la méthode définie dans ses lignes directrices.

Enfin, le Conseil d'État valide l'évaluation des pertes et la conclusion à laquelle parvient l'Arafer. Comme l'avait déjà souligné Emmanuel Guillaume, Mélodie Lenglart, (cf. Emmanuel Guillaume, Mélodie Lenglart, "Equilibre économique du service public: Le Conseil d'État juge légal un avis de l'Autorité de régulation des activités ferroviaires et routières qui est défavorable au projet de la région Aquitaine-Limousin-Poitou-Charentes de limiter un service de liaisons en autocars proposé par une société au motif qu'il concurrencerait des lignes de TER (Région Aquitaine-Limousin-Poitou-Charentes)", précité), "*une autorité organisatrice de transport pourra d'autant moins limiter l'ouverture de liaisons d'autocars sur son territoire lorsqu'elle contribue, par le versement de subventions publiques, à l'équilibre économique des services publics de transport susceptibles d'être concurrencés par ces nouvelles liaisons*". En l'espèce, la perte de recettes maximale liée à la mise en place des liaisons de la société *Starshipper* s'élève à 81 545 euros, ce qui est certes important au regard des recettes commerciales qui s'élèvent à 652 000 euros mais sans commune mesure avec les subventions publiques de 3,6 millions d'euros versées par la région pour le service en cause.

En guise de conclusion, en se rapportant aux avis rendus par l'Arafer, qui, jusqu'à présent, ont été validés par le juge administratif ou non contestés, on peut affirmer qu'il faut un impact pouvant dépasser les 10 % du montant des concours publics versés par l'autorité organisatrice de transport pour être considéré comme substantiel. En effet, dans l'avis 2016-037 du 29 mars 2016 relatif au projet de décision de la Région Aquitaine - Limousin - Poitou-Charentes de limitation du service déclaré par la société *Béarn Pyrénées Voyages* sur la liaison entre Pau et Mont-de-Marsan, l'Arafer a donné un avis favorable pour la limitation d'un service dont l'impact "*peut être estimé dans une fourchette de 7 et à 17 % de la contribution publique affectée à la ligne routière régionale*", tandis que dans l'avis 2016-040 du 5 avril 2016 relatif au projet de décision de la Région Pays de la Loire d'interdiction des services déclarés par la société *Eurolines* sur la liaison entre Angers et Nantes, elle a donné un avis favorable à l'interdiction d'un service dont l'impact "*peut être estimé, (...), entre 4,5 % et 12,5 % de la contribution publique au service conventionnée*". On rappellera que dans l'avis n° 2016-070 du 18 mai 2016 relatif au projet de décision de la Région Aquitaine – Limousin – Poitou-Charentes d'interdiction du service déclaré par la société*Starshipper* sur la liaison entre Brive-la-Gaillarde et Périgueux, à l'origine de l'arrêt du 20 mars 2017, "*l'ordre de grandeur du manque à gagner potentiel* [était] *estimé à environ 7,5 % des recettes sur la ligne TER et 1,4 % de la contribution publique sur ce même périmètre*".

H. Delzangles, S. Martin
Concurrences N°3-2017, pp. 151-153

CE, 23 déc. 2016, Région Aquitaine-Limousin-Poitou-Charentes, n° 399081

Le Conseil d'État juge légal un avis de l'Autorité de régulation des activités ferroviaires et routières qui est défavorable au projet de la région Aquitaine-Limousin-Poitou-Charentes de limiter un service de liaisons en autocars proposé par une société au motif qu'il concurrencerait des lignes de TER

À cette occasion, le Conseil d'État valide la méthode retenue par l'ARAFER pour vérifier si l'ouverture de la ligne d'autocars porte ou non une atteinte substantielle à l'équilibre économique du service public de transport déjà organisé par l'autorité organisatrice de transport et susceptible d'être concurrencé.

Contexte du litige

L'article 5 de la loi n° 2015-990 du 6 août 2015 pour la croissance, l'activité et l'égalité des chances économiques, qui a inséré les articles L. 3111-17 et suivants dans le Code des transports, a entendu ouvrir à la concurrence les services de transport public de personnes par autocar. Ainsi, en application de l'article L. 3111-17 du Code des transports, toute entreprise de transport public routier de personnes établie sur le territoire national peut assurer des "services réguliers interurbains". Selon l'article L. 3111-21 du Code des transports, les services interurbains comprennent les "services qui ne sont pas intégralement inclus dans le ressort territorial d'une autorité organisatrice de mobilité, au sens de l'article L. 1231-1", c'est-à-dire d'une commune, d'un groupement de communes, de la métropole de Lyon ou d'un syndicat mixte de transport, ainsi que les "services exécutés dans la région d'Ile-de-France sur une distance supérieure à [40 kilomètres]". Le caractère régulier du service signifie que le service interurbain est exécuté "selon une fréquence et sur un trajet préalablement déterminés" (article R. 3111-37, 4° du Code des transports).

Le législateur a cherché à concilier l'ouverture à la concurrence de ces services avec les intérêts des services publics de transport déjà organisés et susceptibles d'être concurrencés. Ainsi, la loi n° 2015-990 a pour objet "de permettre à des entreprises de pouvoir, de leur propre initiative, assurer des dessertes entre villes françaises, tout en donnant une priorité aux services de transport actuellement organisés par les pouvoirs publics dans le cadre de contrats de service public" (Assemblée nationale, Rapport n° 2498 du 19 janvier 2015, p. 133).

Il en résulte que l'ouverture d'un service assurant une liaison dont deux arrêts sont distants de 100 kilomètres ou moins est soumise à une déclaration préalable auprès de l'ARAFER, qui la publie sans délai (article L. 3111-18 du Code des transports). En outre, les autorités organisatrices de transport, c'est-à-dire, selon l'article L. 1221-1 du Code des transports, l'État, les collectivités territoriales ou les groupements de collectivités territoriales, peuvent interdire ou limiter les services réguliers interurbains. Toutefois, elles ne peuvent prendre une telle décision qu'après avis conforme de l'ARAFER.

Selon l'article L. 3111-18, deux conditions de fond doivent être réunies pour qu'une autorité organisatrice de transport puisse interdire ou limiter les services réguliers interurbains déclarés à l'ARAFER. D'une part, ces services doivent être exécutés entre des arrêts dont la liaison est assurée sans correspondance par un service régulier de transport organisé par l'autorité organisatrice de transport elle-même. D'autre part, les services que l'autorité organisatrice de transport entend interdire ou limiter doivent porter, "seuls ou dans leur ensemble, une atteinte substantielle à l'équilibre économique de la ligne ou des lignes de service public de transport susceptibles d'être concurrencées ou à l'équilibre économique du contrat de service public de transport concerné".

C'est dans ce contexte que la société FlixBus France a déclaré un service régulier interurbain le 29 octobre 2015 à l'ARAFER, qui consiste à assurer deux dessertes aller-retour par jour entre Limoges et Brive-la-Gaillarde. En tant qu'autorité organisatrice de transport, la région Aquitaine-Limousin-Poitou-Charentes (depuis lors rebaptisée région Nouvelle-Aquitaine) a saisi l'ARAFER d'un projet de décision visant à limiter le service déclaré à une desserte aller-retour par jour entre ces deux villes.

L'avis de l'ARAFER

Dans un avis du 17 février 2016 (n° 2016-019), l'ARAFER a considéré que la première condition visée par L. 3111-18 du Code des transports était remplie. En effet, la région organisait, dans le cadre d'une convention conclue avec SNCF Mobilités, un service régulier de transport sans correspondance entre Limoges et Brive-la-Gaillarde via deux lignes du TER Limousin.

En revanche, au titre de la seconde condition, l'ARAFER a estimé, contrairement à ce que soutenait la région, que le service déclaré par FlixBus France ne portait pas d'atteinte substantielle à l'équilibre économique de ces deux lignes de TER conventionnées par la région.

Pour parvenir à cette analyse, l'ARAFER a appliqué la méthode d'appréciation qu'elle a dégagée dans ses lignes directrices issues de la décision n° 2015-039 du 21 octobre 2015. Selon ces lignes directrices, la notion d'"atteinte substantielle à l'équilibre économique" doit être analysée en trois étapes (1- analyser la substituabilité entre le service conventionné et le service régulier interurbain librement conventionné afin d'apprécier le report de clientèles qu'induirait l'exploitation du nouveau service; 2- estimer quantitativement le risque d'atteinte à l'équilibre économique du service conventionné pouvant en résulter; 3- apprécier le caractère substantiel de cette atteinte).

Ainsi, dans le cadre de l'avis n° 2016-019, l'ARAFER a considéré que les liaisons déclarées par la société FlixBus France pouvaient être regardées comme faiblement substituables avec les liaisons conventionnées en ce qui concerne les voyageurs fréquents et en partie substituables pour les voyageurs occasionnels.

Pour apprécier l'atteinte substantielle que porterait le service déclaré à l'équilibre économique du service conventionné par la région, l'ARAFER a comparé la perte de recettes commerciales pour le service conventionné du fait d'un report de clientèles vers le service déclaré avec la structure de couverture des coûts du service conventionné. Plus particulièrement, elle a pris en compte à la fois les recettes commerciales générées par le service conventionné et la contribution d'exploitation versée par la région Aquitaine-Limousin-Poitou-Charentes à celui-ci. L'ARAFER a considéré que, compte tenu du poids prépondérant de la contribution d'exploitation versée par la région, la structure des coûts ne serait pas significativement modifiée par l'exploitation du service de transport par autocars déclaré.

Par conséquent, l'ARAFER a rendu un avis défavorable sur le projet de limitation de la région Aquitaine-Limousin-Poitou-Charentes.

La validation par le Conseil d'Etat de la méthode retenue par l'ARAFER

Le recours en annulation déposé par la région Aquitaine-Limousin-Poitou-Charentes contre l'avis de l'ARAFER a été jugé recevable par le Conseil d'État, ce qui est logique au vu de sa jurisprudence récente (CE, 3 octobre 2016, SNCF Mobilités, n° 389643 ; voir sur ce point : E. Guillaume, P.-E. Pivois, Redevances : Le Conseil d'État valide l'avis défavorable de l'Autorité de régulation des activités ferroviaires et routières portant sur le projet de redevances des prestations fournies dans les gares de voyageurs [SNCF Mobilités], 3 octobre 2016, Concurrences n° 1-2017, Art. n° 83356, pp. 206-208).

Sur le fond, il convient d'abord de relever que le Conseil d'État exerce un contrôle normal sur l'appréciation de l'ARAFER relative à l'existence d'une atteinte substantielle à l'équilibre économique des services organisés par l'autorité organisatrice de transport. L'étendue de son contrôle est d'ailleurs identique lorsqu'il est saisi de recours en annulation contre des avis émis par l'ARAFER sur d'autres fondements (sur le fondement de l'article 2121-12 du Code des transports : CE, 30 janvier 2015, n° 374022, précité ; sur le fondement de l'article 2133-5 du même code : CE, 3 octobre 2016, n° 389643, précité).

L'enjeu du litige portait ici sur l'appréciation de la condition tenant à l'atteinte substantielle à l'équilibre économique d'un service public de transport.

En effet, la région soutenait que l'ARAFER aurait dû s'en tenir, pour déterminer si l'ouverture des lignes d'autocars porterait substantiellement atteinte à l'équilibre économique des lignes de TER, aux seules pertes commerciales qui en résulteraient pour le service conventionné, sans tenir compte des subventions publiques qui lui sont versées.

Toutefois, le Conseil d'État a validé la méthode appliquée par l'ARAFER et a considéré qu'elle n'avait pas commis d'erreur de droit en tenant compte du "montant de la compensation versée par la région au titre [du service public de transport qu'elle organise]".

En définitive, le Conseil d'État a considéré "qu'au regard du montant des subventions publiques versées par la région, qui finance à hauteur de 13 millions d'euros les lignes ferroviaires concernées, dont les recettes commerciales s'élèvent à 1,1 million d'euros, l'Autorité a pu, sans commettre d'erreur d'appréciation, estimer que les services déclarés par la société FlixBus France n'étaient pas susceptibles de porter une atteinte substantielle à l'équilibre économique du service de transport organisé par la région requérante".

Ensuite, la région a également tenté de remettre en cause les estimations de l'ARAFER relatives aux pertes de recettes commerciales qu'engendrerait, pour le service de TER, l'ouverture des liaisons envisagées par la société FlixBus France. Elle n'a toutefois pas convaincu le juge qui relève que "l'avis attaqué s'appuie sur une analyse circonstanciée et motivée de la substituabilité du service envisagé par la société FlixBus France avec celui qu'organise la région".

Enfin, la région reprochait à l'ARAFER d'avoir pris en compte, sans le motiver dans son avis, le fait que les liaisons déclarées par la société FlixBus s'inscrivaient dans le cadre de l'exploitation de lignes de longue distance. Le Conseil d'État aurait pu écarter ce grief lapidairement, dès lors qu'il porte sur une appréciation subsidiaire de l'ARAFER ; il a néanmoins rejeté ce moyen après avoir relevé que l'avis "prend notamment en compte, à juste titre, pour évaluer le report des voyageurs sur le nouveau service, la circonstance que les liaisons déclarées par la société FlixBus France s'inscrivent dans le cadre de l'exploitation de lignes de longue distance". En conclusion, il résulte de cette jurisprudence qu'une autorité organisatrice de transport pourra d'autant moins limiter l'ouverture de liaisons d'autocars sur son territoire lorsqu'elle contribue, par le versement de subventions publiques, à l'équilibre économique des services publics de transport susceptibles d'être concurrencés par ces nouvelles liaisons. À cet égard, on notera que le Conseil d'État a dégagé la même solution dans une autre décision rendue le même jour qui portait sur un recours en annulation contre l'avis de l'ARAFER n° 2016-023 du 8 mars 2016 relatif au projet de décision de la région Aquitaine-Limousin-Poitou-Charentes visant à interdire la liaison envisagée par la société FlixBus France entre Niort et Poitiers (CE, 23 décembre 2016, n° 399723).

E. Guillaume, M. Lenglart
Concurrences N° 2-2017, pp. 178-180

ARAFER, avis n° 2016-019 du 17 fév. 2016 relatif au projet de décision de la Région Aquitaine-Limousin-Poitou-Charentes de limitation du service déclaré par la société FlixBus France sur la liaison entre Limoges et Brive-la-Gaillarde ; ARAFER, avis n° 2016-020 du 17 fév. 2016 relatif au projet de décision du Syndicat mixte de l'aéroport de Beauvais-Tillé d'interdiction du service déclaré par la société Frethelle sur la liaison entre cet aéroport et Paris ; ARAFER, avis n° 2016-021 du 17 fév. 2016 relatif au projet de décision du Syndicat mixte de l'aéroport de Beauvais-Tillé d'interdiction du service déclaré par la société FlixBus France sur la liaison entre cet aéroport et Paris ; ARAFER avis n° 2016-022 du 8 mars 2016 relatif au projet de décision de la Région Provence-Alpes-Côte d'Azur d'interdiction des services déclarés par la société FlixBus France sur les liaisons entre Marseille et Toulon, Marseille et Hyères, et Aubagne et Toulon ; ARAFER avis n° 2016-023 du 8 mars 2016 relatif au projet de décision de la Région Aquitaine-Limousin-Poitou-Charentes d'interdiction du service déclaré par la société FlixBus France sur la liaison entre Niort et Poitiers

L'Autorité de régulation des activités ferroviaires et routières rend ses premiers avis dans le cadre de la procédure d'avis conforme pour interdire ou limiter les services par autocar librement organisés

Ce n'est pas moins de cinq avis que l'Autorité de régulation des activités ferroviaires et routières a rendu dans le cadre de la procédure d'avis conforme créée par la loi n° 2015-990 du 6 août 2015 pour la croissance, l'activité et l'égalité des chances économiques (JORF n° 0181 du 7 août 2015, p. 13537).

Au-delà du caractère nécessairement novateur de ces avis, ces derniers offrent surtout la possibilité de dégager les premières tendances qui se dessinent derrière une décision en faveur ou en défaveur d'un projet d'une autorité organisatrice de transport de limiter ou d'interdire un service de transport de voyageurs par autocar.

Nous commencerons par rappeler les éléments de droit et d'analyse sur lesquels repose cette compétence consultative du régulateur avant de revenir plus spécifiquement sur les avis rendus en ce début d'année 2016.

Les éléments de la procédure d'avis conforme

En vertu du deuxième alinéa de l'article L. 3111-18 du code des transports, "[u]ne autorité organisatrice de transport peut, après avis conforme de l'Autorité de régulation des activités ferroviaires et routières, dans les conditions définies à l'article L. 3111-19, interdire ou limiter les services mentionnés au premier alinéa du présent article lorsqu'ils sont exécutés entre des arrêts dont la liaison est assurée sans correspondance par un service régulier de transport qu'elle organise et qu'ils portent, seuls ou dans leur ensemble, une atteinte substantielle à l'équilibre économique de la ligne ou des lignes de service public de transport susceptibles d'être concurrencées ou à l'équilibre économique du contrat de service public de transport concerné".

Pour rendre un avis, l'Autorité de régulation procède en deux temps. Tout d'abord, elle recherche l'existence d'une liaison assurée sans correspondance par un service organisé par l'autorité organisatrice de transport. Comme elle le souligne, il s'agit là de la première condition posée par le deuxième alinéa de l'article L. 3111-18 du code des transports et il lui appartient de s'assurer qu'elle est satisfaite. On notera à cet égard que s'il faut qu'une liaison sans correspondance soit assurée, cela ne signifie pas que le contrôle du régulateur se limite à cette seule liaison. En effet, il tiendra compte, dans son analyse, de l'ensemble des liaisons, autrement dit avec et sans correspondance, du service public de transport qui sont impactées par la mise en place d'un service de transport de voyageurs par autocar organisé librement.

Ensuite, elle va vérifier que l'offre de service par autocar porte une atteinte substantielle à l'équilibre économique du service public organisé par l'autorité organisatrice de transport, ou à tout le moins une partie de celui-ci. Pour cela, elle commence par un examen préalable de la substituabilité des services déclarés avec les prestations organisées dans le cadre du service public. Les premières décisions relèvent que l'ARAFER se place du point de vue de la demande pour regarder les temps de parcours, puis, les horaires proposés par chacun des services et, enfin, les caractéristiques des lignes. C'est au regard de l'ensemble des caractéristiques respectives des services que les liaisons par autocar librement déclarées seront regardées comme substituables ou non avec le service public. Pour finir, l'ARAFER évalue l'impact économique des services déclarés. Cette analyse se révèle complexe car, comme elle le souligne, “Faute de recul sur le report qui peut être constaté du rail vers la route, à ce stade du développement du marché du transport routier de voyageurs, les seules estimations susceptibles d'être avancées se fondent sur les retours d'expérience observés dans des situations similaires”. Pour mener son évaluation, elle s'appuie donc sur l'étude d'impact annexée au projet de loi pour la croissance et l'activité, laquelle estime “que 25 % des clients des services de transport par autocar devraient être des passagers qui n'auraient pas voyagé en l'absence de ce mode de transport”. Ainsi, pour les 75 % restant, il s'agirait de clients que l'autocar aurait “détournés” du service public. En définitive, le régulateur propose de retenir des estimations hautes mais “particulièrement prudentes”, notamment parce qu'il considère “peu probable que les capacités d'un autocar destiné à un service de longue distance soient saturées durablement par une clientèle de courte distance”. Quoi qu'il en soit, il tiendra compte de l'ensemble des éléments précédents pour déterminer si l'atteinte à l'équilibre économique des lignes de service public de transport concernées peut être regardée, ou non, comme substantielle.

Les premiers avis rendus par l'ARAFER

Des cinq premiers avis rendus par l'ARAFER, il est possible de mettre en évidence un certain nombre de correspondances qui mériteront toutefois d'être affinées avec le temps.

Au final, le régulateur a rendu deux avis favorables et trois avis défavorables. Plusieurs éléments ressortent de chacun de ces deux groupes. Il faut, au préalable, souligner que les avis favorables ont été rendu à propos d'une même liaison entre l'aéroport de Beauvais-Tillé et la gare routière sise boulevard Pershing, porte Maillot, à Paris, assurée par autocar dans le cadre d'un contrat de délégation de service public. Pour ce qui concerne les avis défavorables, les liaisons de service public concernées étaient différentes mais présentaient tout de même le point commun d'être organisées par des régions dans le cadre de conventions avec la SNCF relatives aux trains express régionaux.

Dans les hypothèses des avis favorables, l'autorité de régulation estime, au regard des horaires, de la fréquence et des lieux des dessertes, que "le projet de service routier librement organisé peut être regardé comme parfaitement substituable au service conventionné". En revanche, lorsqu'elle a rendu des avis défavorables, il ressort que les liaisons déclarées par la société FlixBus France "peuvent tout au plus être regardées comme faiblement substituables avec le service conventionné pour les voyageurs fréquents et en partie substituables pour les voyageurs occasionnels". En effet, dans ces derniers cas de figure, les difficultés soulevées par les autorités organisatrices de transport étaient limitées tandis que le service par autocar librement organisé correspondait à des liaisons (très) longues distances.

Par ailleurs, il résulte des avis défavorables que l'atteinte à l'équilibre économique du service public ne peut être regardée comme substantielle notamment en raison de la structure de couverture des coûts, laquelle est "caractérisée par le poids prépondérant de la contribution d'exploitation versée par la Région, [et] ne serait pas significativement modifiée par l'exploitation des services de transport par autocar déclarés". Dans le cas des avis favorables, au contraire, l'atteinte à l'équilibre économique du service public est nécessairement substantielle dans la mesure où, si la demande n'augmente pas, "la perte de recettes commerciales se traduirait par une diminution d'autant du résultat d'exploitation du contrat, qui deviendrait négatif". Il faut ajouter, nous semble-t-il, la circonstance particulière du service public en cause dans lequel l'équilibre financier du contrat est assuré sans subvention d'exploitation versée par l'autorité organisatrice de transport.

En guise de conclusion, on rappellera, d'une part, que seul l'avis favorable rendu par l'autorité de régulation permet à l'autorité organisatrice d'adopter la décision. D'autre part, le code des transports prévoit une possibilité pour les parties intéressées de contester l'avis de l'ARAFER devant le juge. Ce dernier pourrait donc aussi avoir son rôle à jouer et pourrait faire évoluer la manière dont l'autorité de régulation exerce cette compétence consultative obligatoire.

H. Delzangles, S. Martin

Concurrences N° 2-2016, pp. 195-196

5.2.3 Gares

Aut. conc., avis n° 16-A-01 du 15 janv. 2016 concernant un projet d'ordonnance relative aux gares routières et emplacements d'arrêts

L'Autorité de la concurrence rend un avis sur le projet d'ordonnance relative aux gares routières et emplacements d'arrêts

L'Autorité de la concurrence, après s'être saisie d'office le 26 février 2013, avait rendu, un an plus tard, un avis relatif au fonctionnement concurrentiel du marché du transport interrégional régulier par autocar (cf. Avis n° 14-A-05 du 27 février 2014) dans lequel, après avoir fait un examen du secteur, elle avait adressé un certain nombre de recommandations (cf. H. Delzangles, S. Martin, "Transports routiers: L'Autorité de la concurrence demande davantage de concurrence et de régulation sur le marché de transport par autocar", mai 2014, *Concurrences* n° 2-2014, Art. n° 66037, pp. 184-187). Selon l'autorité, pour que le marché puisse se développer efficacement et équitablement, il était nécessaire d'améliorer les conditions d'accès au marché, les informations relatives au marché et aux gares et la régulation sectorielle. En particulier, dans la mesure où les gares routières de voyageurs constituent une composante essentielle du service de transport, elle estimait qu'à moyen terme, il fallait modifier le cadre réglementaire afin de reconnaître, au profit des opérateurs, un droit d'accès aux gares dans des conditions transparentes et non discriminatoires, opposable à tout gestionnaire de ces infrastructures.

Suite à cet avis, l'article 12 de la loi n° 2015-990 du 6 août 2015 pour la croissance, l'activité et l'égalité des chances économiques (JORF n° 0181 du 7 août 2015 p. 13537) a habilité le Gouvernement pour prendre, par voie d'ordonnance, des mesures dans trois cadres. Tout d'abord, il devait agir "afin de modifier et codifier les règles applicables en matière de création, d'aménagement et d'exploitation des gares routières de voyageurs, ainsi que des autres points d'arrêt routier, par les personnes publiques et privées, définir les principes applicables en matière d'accès à ces gares par les entreprises de transport public routier de personnes, modifier les règles applicables en matière de police dans ces gares pour garantir de l'accès celles-ci à l'ensemble des usagers, notamment les personnes handicapées et à mobilité réduite ainsi que les cyclistes, et des opérateurs, de façon à assurer leur participation effective au développement et au bon fonctionnement du transport routier de personnes et à favoriser l'intermodalité, notamment avec les modes de déplacement non polluants". Ensuite, il lui appartenait de "Confier à l'Autorité de régulation des activités ferroviaires et routières la compétence de préciser les règles d'accès, d'en contrôler le respect et de prononcer des sanctions [et de] définir les conditions dans lesquelles cette même autorité peut être saisie en cas de différend portant sur l'accès à ces gares ou sur leur utilisation". Saisie par la directrice générale de la concurrence, de la consommation et de la répression des fraudes du projet d'ordonnance relative aux gares routières et aux emplacements d'arrêts, l'Autorité de la concurrence a rendu, en application de l'article L. 462-2 du code de commerce, un avis favorable dans lequel elle estime que les mesures, à quelques exceptions près, sont tout à fait pertinentes (cf. "Le projet d'ordonnance rejoint l'ensemble des recommandations et mises en garde faites par l'Autorité, de façon convaincante et proportionnée en termes d'intervention publique dans la sphère économique") pour atteindre l'objectif qu'elle avait fixé dans son avis de 2014, à savoir que le marché du transport interrégional régulier par autocar puisse se développer efficacement et équitablement. Il en va ainsi du nouveau cadre réglementaire des gares routières et des emplacements d'arrêts et en particulier des importants pouvoirs confiés au régulateur sectoriel, l'ARAFER, ou du cadre de régulation "asymétrique".

Le nouveau cadre réglementaire des gares routières et des emplacements d'arrêts

En définissant ce nouveau cadre, le Gouvernement obtient un satisfecit de la part de l'Autorité de la concurrence pour qui "l'approche retenue est adaptée, car couvrant, de manière claire et proportionnée, l'essentiel des aménagements routiers dont l'accès est nécessaire, dans des conditions harmonisées, aux services d'autocars interurbains et à leur développement".

Il faut rappeler que l'ordonnance prévoit trois degrés de réglementation en lieu et place du régime d'autorisation préalable par le ministre des Transports (articles 3 et 32 de l'ordonnance de 1945) préexistant jusqu'alors. Le premier, le plus léger, se contente de prévoir une obligation de déclaration d'un exploitant unique à l'ARAFER. Il concerne les emplacements d'arrêts, les gares routières d'initiative privée non intermodales et les gares d'initiative publique qui n'ont pas fait l'objet de demandes d'accès par autocaristes tiers. Le deuxième, qualifié par l'autorité de "régulation symétrique complète", impose, en plus de l'obligation de déclaration d'un exploitant unique clairement identifié, une obligation de tenir une comptabilité séparée et une obligation de publication d'une offre de référence dans laquelle se retrouvent les conditions transparentes, objectives et non discriminatoires, d'accès à l'infrastructure. Ce régime concerne les gares routières d'initiative publique qui ont fait l'objet d'une demande d'accès de la part d'un transporteur privé, ainsi que les gares d'initiative privée présentant des enjeux d'intermodalité. Le troisième, qualifié de régulation "asymétrique" ou "renforcée", offre la possibilité à l'ARAFER d'imposer certaines obligations supplémentaires aux acteurs disposant de positions privilégiées.

La seule remarque de l'Autorité de la concurrence se rapporte à des imprécisions quant au déclencheur de l'entrée de l'aménagement concerné dans le régime de la régulation symétrique, ainsi que sur la façon dont les gares routières ou emplacements d'arrêts "assurent" ou non "la desserte d'une installation ou d'une infrastructure ferroviaire, fluviale, maritime ou aérienne".

Les importants pouvoirs de l'ARAFER

Pour l'Autorité, il est particulièrement intéressant que l'ARAFER se voit confier une panoplie complète d'outils (cf. pouvoir réglementaire "supplétif" ou "dérivé" pour préciser ou moduler dans le détail la réglementation sectorielle applicable; pouvoir de règlement des différends entre parties intéressées par l'accès et l'utilisation de ces aménagements; droit d'information; pouvoir de contrôle et de sanction étendu en cette matière) pour assurer sa mission.

En dehors de la recommandation en faveur du rallongement de certains des délais, l'Autorité exprime surtout, dans ce cadre des prérogatives confiées à l'ARAFER, une importante réserve concernant l'extension du pouvoir de règlement de différend ouvert à la saisine de parties qui ne sont pas directement concernées par l'accès aux infrastructures tels que des ministres, des associations d'usagers... Pour elle, sans parler de l'absence d'équivalent chez d'autres acteurs de la régulation sectorielle ou économique, cette forme de pouvoir de règlement des différends pose des problèmes notamment en termes de compétences du régulateur sectoriel ("Cette extension dénature à l'évidence la procédure de règlement des différends, en en étendant la mise en œuvre à des tiers. Elle change également la portée de l'examen qu'effectue l'ARAFER dans ce cadre et pourrait avoir des conséquences sur les procédures à suivre"). Le Gouvernement a entendu la critique et a supprimé de l'ordonnance les dispositions relatives à cet aspect du pouvoir de règlement des différends.

Le cadre de régulation "asymétrique"

Pour assurer la régulation "asymétrique" ou "renforcée" qui permet d'encadrer l'activité des acteurs disposant de positions privilégiées, l'ARAFER se voit reconnaître la possibilité de fixer des obligations à toute personne exerçant un contrôle sur l'exploitation de gares routières ou d'emplacements d'arrêt, tout exploitant de ces aménagements ou tout fournisseur de services à destination des entreprises de transport public routier dans ces aménagements, exerçant une influence significative sur un marché du secteur des transports de personnes.

Ce pouvoir, "clairement inspiré du pouvoir de régulation asymétrique dont dispose l'ARCEP pour la régulation des marchés de communications électroniques (Art. L. 37-1 à L. 38-4 du code des postes et communications électroniques)" consiste à pouvoir réviser les règles d'accès, revoir l'organisation de l'aménagement pour maximiser l'usage de ses capacités, mettre fin à des pratiques d'entraves injustifiées, proposer des solutions de désaturation en dehors de l'aménagement concerné…

Pour l'Autorité de la concurrence, "une importante question se pose concernant le caractère facultatif ou obligatoire de l'usage de ce pouvoir par le régulateur". Selon elle, il faudrait prévoir que l'ARAFER utilise ce pouvoir "en tant que de besoin", préconisant un recours facultatif à ce niveau de réglementation et, ce faisant, privilégier l'action symétrique, autrement dit le deuxième niveau de réglementation. Le Gouvernement n'ayant pas modifié l'ordonnance sur ce point, on peut penser qu'il appartiendra à l'ARAFER de prendre position sur cette question dans les mois à venir.

Pour conclure, l'ordonnance a été publiée au journal officiel du 31 janvier 2016 (cf. Ordonnance n° 2016-79 du 29 janvier 2016 relative aux gares routières et à la recodification des dispositions du code des transports relatives à l'Autorité de régulation des activités ferroviaires et routières, JORF n° 0026 du 31 janvier 2016). À n'en pas douter, les premières mesures de l'ARAFER seront attendues. On rappellera en effet que l'offre de service de transport par autocar s'est démultipliée alors même que les infrastructures d'accueil existantes s'avèrent très insuffisantes comme, par exemple, à Bordeaux, où il n'existe aucune gare routière digne de ce nom…

H. Delzangles, S. Martin

Concurrences N°2-2016, pp. 193-195

CJUE, 28 févr. 2013, Commission européenne c/ République fédérale d'Allemagne, aff. C-556/10

La Cour de justice rejette dans son intégralité le recours introduit par la Commission européenne contre l'Allemagne pour infraction à la directive 91/440, en raison de l'insuffisante séparation entre l'opérateur d'infrastructure et l'opérateur de transport

Saisie, par une requête de la Commission européenne, d'un recours en manquement (article 258 du TFUE) contre la République fédérale d'Allemagne le 26 novembre 2010, la Cour de justice de l'Union européenne a rejeté l'ensemble des griefs invoqués par la Commission.

La décision de la Cour s'inscrit dans le cadre de la libéralisation du secteur des transports ferroviaires dans l'Union européenne qui tend à imposer une indépendance entre gestionnaires d'infrastructures ferroviaires et fournisseurs de services de transports ferroviaires. Tel fut l'un des objectifs essentiels de la directive 91/440/CEE du Conseil du 29 juillet 1991 relative au développement de chemins de fer communautaires, telle que modifiée par la directive 2001/12/CE et de la directive 2001/14/CE du Parlement européen et du Conseil du 26 février 2001 concernant la répartition des capacités d'infrastructure ferroviaire, la tarification de l'infrastructure ferroviaire et la certification en matière de sécurité. Il résulte de ces directives un ensemble d'obligations à la charge des États afin que soit garanti un accès équitable et non discriminatoire aux infrastructures ferroviaires. Les États membres doivent assurer que les fonctions considérées comme "essentielles" pour permettre cet accès sont bien exercées par des gestionnaires indépendants, définir un cadre de tarification et de répartition des capacités qui incite les gestionnaires à optimiser l'utilisation de leur infrastructure et mettre en place un organisme de contrôle.

Arguant du non-respect de ces obligations de transposition, la Commission a introduit un recours en manquement contre l'Allemagne. En substance, la Commission reproche à l'Allemagne de ne pas avoir pris les mesures nécessaires pour assurer l'indépendance du gestionnaire de service et de ne pas avoir doté l'organisme de contrôle de pouvoirs d'enquête et de sanctions. Par ailleurs, elle estimait que l'État allemand avait manqué à ses obligations en n'adoptant pas de mesures d'incitation à réduire les coûts, et en ne transposant pas correctement les dispositions relatives à la tarification.

La contestation de l'indépendance du gestionnaire d'infrastructure

Dans le modèle allemand, certaines fonctions essentielles, au sens de la directive, sont assurées par la Deustche Bahn Netz AG (DB Netz), société appartenant à la holding ferroviaire Deutsche Bahn AG (DB AG) qui détient également des entreprises de transport ferroviaire, notamment DB Bahn Fernverkehr et DB Bahn Regio qui assurent, respectivement, du trafic longue distance et régional en Allemagne.

La Commission, s'appuyant sur une interprétation extensive de l'article 6 de la directive 91/440, a estimé que l'Allemagne avait manqué à son obligation d'assurer une indépendance juridique et économique de l'entité gestionnaire des infrastructures.

Sans remettre totalement en cause le schéma allemand qui intègre le gestionnaire dans une société holding ferroviaire, la Commission européenne dénonce l'absence de mesures spécifiques susceptibles de garantir l'indépendance organisationnelle et décisionnelle dudit gestionnaire, en se fondant sur les critères élaborés par ses soins en 2006. Ces critères imposent notamment que l'indépendance fasse l'objet d'un contrôle de la part d'une autorité indépendante, que des dispositions légales ou contractuelles relatives à l'indépendance soient adoptées et que les règles relatives aux organes de direction, aux administrateurs et au personnel permettent la manifestation de cette indépendance.

La CJUE réfute l'analyse de la Commission à bien des égards. Elle rappelle que l'article 6 de la directive 91/440 dispose que l'indépendance est garantie par une simple séparation comptable et que cette séparation peut se faire au sein d'une même entreprise au moyen de "divisions organiques distinctes". Néanmoins, la CJUE souligne également que la directive 2001/14 exige bien que les entités chargées des fonctions de tarification et de répartition soient indépendantes sur le plan juridique, organisationnel et décisionnel.

À rebours de cette analyse, la CJUE constate que les deux entités disposent d'une personnalité juridique distincte ainsi que d'organes et de ressources propres. Elle estime également que les critères sur lesquels se fonde la Commission ne sauraient prévaloir dans la mesure où l'annexe qui les comporte est dépourvue de valeur juridique contraignante. Elle affirme également qu'une analyse par analogie avec les dispositions concernant le marché intérieur de l'électricité et le marché intérieur du gaz naturel est dépourvue de pertinence. Elle conclut donc que ni la directive 91/440, ni la directive 2001/14 ne précise les critères relatifs à l'indépendance. Ainsi, la seule absence de transposition de critères sans force juridique ne permet pas de conclure à l'absence d'indépendance décisionnelle de DB Netz.

La contestation du modèle de tarification

La Commission reprochait aussi à l'Allemagne de ne pas avoir adopté dans sa législation une tarification claire reposant soit sur le principe des coûts directs (article 7, paragraphe 3 de la directive 2011/14) soit sur le principe des coûts totaux (article 8, paragraphe 1 de la même directive). Elle a néanmoins considéré que l'Allemagne avait opté pour le principe des coûts totaux sans se conformer à l'ensemble des conditions découlant de l'article 8 (un test de capacité aurait notamment dû être effectué).

La CJUE rappelle que l'article 4, paragraphe 1 de la directive 2001/14 impose simplement aux États membres d'établir un cadre relatif à la tarification. La détermination de la redevance et celle de son recouvrement incombent aux gestionnaires de l'infrastructure qui disposent d'une nécessaire marge de manœuvre.

La CJUE estime également que la directive instaure simplement un minimum qui correspond au coût directement imputable à l'exploitation du service ferroviaire (article 7, paragraphe 3 de la directive 2011/14) et un maximum qui résulte des coûts totaux encourus par le gestionnaire de l'infrastructure (article 8, paragraphe 1 de la même directive). Entre les deux, elle considère que la redevance peut varier, si bien que la législation allemande qui permet le recouvrement total des coûts encourus et qui laisse au gestionnaire la possibilité d'effectuer une différenciation, est conforme au droit communautaire. Elle estime également que les conditions spécifiques de l'article 8, qui imposent notamment la réalisation d'un test de capacité, ne doivent être appliquées que si l'État membre, au vu des caractéristiques du marché, procède au recouvrement total des coûts de l'infrastructure par des majorations.

Au vu de ces éléments, la CJUE estime que le modèle de tarification allemand est bien conforme au droit communautaire.

Les mesures d'incitation à réduire les coûts

La Commission, qui se fonde sur les dispositions de l'article 6, paragraphe 2 de la directive 2001/14, estime que l'Allemagne n'incite en rien le gestionnaire de l'infrastructure à limiter les coûts liés au service d'infrastructure et le niveau des redevances d'accès.

Face à cette argumentation, l'État allemand a notamment fait valoir la présence d'une convention de prestation et de financement dit "LuFV", contrat pluriannuel prévu par ledit article 6, qui constitue à son sens un mécanisme incitatif.

La CJUE, tout en rappelant les principes de l'article 6 de la directive 2001/14, qui imposent que les comptes du gestionnaire soient équilibrés et que des mesures d'incitation à la réduction des coûts et des redevances soient prises, fonde principalement son analyse sur l'appréciation de la LuFV. Elle considère notamment que la LuFV qui impose des exigences qualitatives prévoit à la fois une limitation des subventions versées par l'État et l'obligation pour les gestionnaires d'infrastructure de recourir à des moyens financiers propres.

La Cour estime que la directive n'exige en rien que des mesures distinctes soient prises pour réduire les coûts d'une part et les redevances d'accès d'autre pArt. La Cour en déduit donc que les mesures découlant de la LuFV incitent bien le gestionnaire de l'infrastructure à réduire les coûts et, indirectement, à diminuer le niveau des redevances, si bien que l'argumentation de la Commission ne saurait prospérer.

Les compétences de l'organisme de contrôle

La Commission reprochait à l'Allemagne de ne pas permettre à l'organisme de contrôle de remplir son rôle de surveillance dans la mesure où cet organisme ne bénéficie pas du pouvoir autonome d'interroger les opérateurs ferroviaires et de leur infliger des sanctions.

La CJUE rappelle que l'article 30, paragraphe 4 de la directive 2001/14 ne prévoit qu'une simple habilitation à demander des renseignements. La CJUE se fonde sur l'économie générale des directives 2001/14 et 91/440 pour considérer que ces textes ne créent pas une obligation pour les États membres de mettre en place un système permettant à l'organisme de contrôle d'obtenir des renseignements, de procéder à des enquêtes ou de prévoir des sanctions. Là encore, la CJUE rejette l'argumentation de la Commission.

J.-P. Tran Thiet
Concurrences N°2-2013, p. 173

ARAF, déc. n° 2012-019 du 3 oct. 2012 portant sur la demande de règlement de différend formée par la société Euro Cargo Rail à l'encontre de Réseau Ferré de France et relative aux conditions de fourniture et de facturation du courant de traction sur le réseau ferré national

L'ARAF précise les règles relatives aux conditions de fourniture et de facturation de l'électricité de traction aux entreprises ferroviaires

La société Euro Cargo Rail (ECR), en tant qu'entreprise ferroviaire a passé un contrat d'utilisation du réseau ferré national géré par Réseau Ferré de France (RFF) pour ses activités de transport de fret. Ce contrat prévoyait au titre de prestation complémentaire la fourniture de courant de traction. Les entreprises ferroviaires, et notamment les nouveaux entrants, peuvent en effet se fournir en courant de traction de manière indirecte par le biais du gestionnaire d'infrastructure lorsqu'ils ne remplissent pas les conditions de l'accès au marché classique de l'électricité. Cette prestation est subordonnée au paiement à RFF d'une redevance de fourniture d'électricité (RFE). Contrairement aux redevances des prestations dites minimales de RFF (accès au réseau, réservation, circulation), le barème des prestations complémentaires n'est pas établi par arrêté interministériel mais directement par RFF. Il est calculé à partir du tarif de l'électricité, du trafic de l'entreprise et de facteurs de conversion permettant d'estimer la consommation en fonction du trafic.

C'est cette prestation qui est à l'origine du litige. ECR conteste les conditions de fixation du tarif de la RFE sur le réseau ferré national, conditions qu'elle estime non transparentes, discriminatoires et anticoncurrentielles. ECR a ainsi saisi l'Autorité de régulation des activités ferroviaires (ARAF), sur le fondement des dispositions de l'article L. 2134-2 du code des transports, d'une demande de règlement de différend enregistrée le 14 mai 2012. ECR demande à l'ARAF d'enjoindre à RFF de rendre publique et transparente la structure de ses coûts, de fixer le tarif de la RFE sur une base annuelle dans le document de référence du réseau (DDR) à partir de 2013 sur la base de la consommation réelle de chaque entreprise ferroviaire et enfin de cesser de communiquer à la SNCF des informations sur sa consommation d'énergie.

L'ARAF était ainsi appelée à se prononcer sur les principes tarifaires applicables à RFF en ce qui concerne ses prestations complémentaires et notamment lorsqu'il fournit du courant de traction aux utilisateurs du réseau.

Bien que la question de la fourniture d'électricité ne relève pas directement du marché ferroviaire réglementé, l'ARAF s'est estimée compétente dans la mesure où la fourniture du courant de traction "*est essentielle au bon fonctionnement des activités concurrentielles de transport de fret sur le réseau ferré national*". Elle rattache ainsi la fourniture et la facturation du courant de traction par le gestionnaire d'infrastructure au problème de l'accès au réseau et s'autorise à en préciser les conditions.

Par dérogation au principe de libre fixation des prix, l'Autorité impose à RFF une obligation d'information et de proportionnalité. Dans cette décision, elle rappelle les exigences de transparence des tarifs qui découlent du principe de sécurité juridique et confirme la nécessaire régulation du tarif de la RFE dans un objectif de non-discrimination.

Des exigences de transparence au nom du principe de sécurité juridique

Au nom du principe de la libre fixation des prix, RFF ne s'estimait jusqu'à présent lié par aucune obligation d'information des utilisateurs sur sa formule tarifaire déterminant la RFE, dans la mesure où la fourniture d'énergie est devenue une activité ouverte à la libre concurrence et soumise de ce fait à la seule loi de l'offre et de la demande. ECR reprochait à cette situation un manque de sécurité juridique face à une redevance susceptible d'évoluer plusieurs fois dans l'année sans justification et sans publication préalable.

L'Autorité fait droit aux revendications d'ECR et retient une obligation de transparence à la charge de RFF, conformément à l'article 2-II du décret n° 2012-70 du 20 janvier 2012 qui impose au gestionnaire de fournir les prestations complémentaires "*dans des conditions transparentes*".

De plus, le prix de l'électricité fourni par RFF doit avoir les caractéristiques d'un "*prix contractuel, déterminé ou déterminable*" afin d'assurer un minimum de prévisibilité aux entreprises ferroviaires dans leur propre activité de fourniture de services de fret.

L'ARAF précise en quoi consiste cette obligation de transparence: RFF doit non seulement publier les règles tarifaires applicables à la RFE et en décrire le contenu dans le DRR mais il doit aussi en justifier le montant aux utilisateurs.

L'article L. 2122-5 du code des transports prévoit déjà que le gestionnaire d'infrastructure publie chaque année le DDR qui décrit outre les caractéristiques de l'infrastructure, les règles de répartition des capacités et les informations nécessaires à l'exercice des droits d'accès au réseau, les tarifs des prestations offertes.

RFF devra ainsi publier dans ce même document la structure des coûts supportés au titre de sa fourniture d'électricité, c'est à dire le coût d'achat de l'électricité auprès de son fournisseur ainsi que le détail de ses frais de gestion et de maîtrise d'ouvrage. Les frais de gestion correspondent aux frais résultant des délais de paiement des factures de fourniture d'énergie par les entreprises ferroviaires et les frais de personnel.

RFF pourra faire valoir le caractère confidentiel de certaines informations tarifaires, notamment le volume d'électricité acheté auprès de son fournisseur et sur la base duquel est négocié le prix d'achat. Si ces informations sont protégées par la loi, RFF pourra justifier directement le tarif de la RFE auprès de l'ARAF dans le cadre de la préparation de l'avis obligatoire qu'elle doit rendre sur le DRR au titre de l'article L. 2133-6 du code des transports. Cet avis obligatoire peut entraîner la modification du DDR s'il ne respecte pas la règlementation applicable.

L'Autorité note également que RFF a déjà lancé un appel d'offres auprès de ses fournisseurs afin de proposer dès le DRR 2013 un tarif annuel fixe de la redevance de fourniture d'électricité de traction Cette obligation de transparence et de publicité permettra de contrôler la fixation du prix suivant un principe de non-discrimination et de libre concurrence.

L'encadrement du prix de l'électricité de traction dans un objectif de non-discrimination

Malgré la libéralisation du secteur de l'énergie, dans les faits, les nouveaux entrants sur le marché ferroviaire de transport de marchandises n'ont souvent pas d'autres choix que de se fournir auprès de RFF. En attendant de respecter les conditions d'accès au marché libre, à savoir être entièrement équipés de compteurs et disposer d'un historique suffisamment fiable de leur consommation des 12 derniers mois, ils sont soumis au tarif imposé par RFF, en situation de quasi-monopole. Prenant en compte cet état de fait, l'ARAF revient préciser le barème de calcul de la redevance pris en ces deux éléments: les charges réelles de RFF et la consommation des entreprises ferroviaires.

Rappel de l'obligation de la facturation sur la base des charges réelles

Le prix des prestations complémentaires et notamment de la fourniture d'électricité de traction est règlementé depuis le décret n° 2003-194 relatif à l'utilisation du réseau ferré national.

L'article 3 du décret dans sa version antérieure au décret n° 2012-70 et applicable jusqu'en 2013, impose une rémunération égale au coût du service lorsque celui-ci est rendu par un fournisseur en situation de monopole.

La version applicable à partir de 2014 qualifie les prestations complémentaires de "*prestations régulées*". Celles-ci donnent lieu, lorsqu'elles sont proposées par un seul fournisseur, à la perception d'une redevance liée au "*coût de la prestation calculée d'après le degré d'utilisation réelle*", selon la même formulation que celle utilisée à l'article L. 2122-13 du code des transports.

Du fait de l'impossibilité temporaire pour les nouveaux entrants de se fournir directement en électricité sur le marché libre, RFF doit proposer un prix de revente d'électricité, étranger à tout objectif de bénéfices. Il doit ainsi refacturé l'électricité qu'il achète sur le marché sur la base des seules charges qu'il supporte effectivement à ce titre, compte tenu de la consommation effectives des entreprises fournies.

En l'espèce, l'ARAF considère qu'il n'est fait état d'aucune preuve de manquement de RFF à cette obligation de refacturation sur la base des seules charges supportées. En revanche, l'ARAF constate qu'il est dérogé au principe de la consommation réelle sans justification valable.

Censure du principe de la méthode de facturation estimée

L'ARAF estime que la méthode de facturation sur la base d'estimation, actuellement employée par RFF, est contraire au principe de non-discrimination consacré par l'article 3-II du décret n° 2003-194 dans sa rédaction antérieure au décret n° 2012-70.

En effet, le calcul de la consommation électrique de chaque entreprise est effectué à partir d'un taux de conversion fixe appliqué au total de la distance parcourue sur le réseau sans que soit pris en compte les caractéristiques spécifiques de la circulation de chaque entreprise ferroviaire utilisatrice du réseau (les horaires, les itinéraires suivis, la masse du convoi ou encore le type de locomotive).

Or, l'Autorité rappelle ainsi que "*le traitement identique de situations différentes ne peut se justifier que par des raisons objectives*".

Le principe doit donc désormais être une facturation sur la base de la consommation réelle des engins moteurs totalement équipés de compteurs ou seulement partiellement équipés à partir de 2015.

À défaut d'équipement des engins, RFF doit à tout le moins améliorer son modèle d'estimation de la consommation dans un objectif d'incitation à une meilleure gestion de la consommation électrique des entreprises ferroviaires. Il lui est accordé pour cela un délai de 3 ans, sans astreinte.

En revanche, l'Autorité réserve le cas particulier de la consommation de l'opérateur historique qui représente environ 90 % de la consommation totale sur le réseau. Étant donné l'importance de sa part dans la consommation totale, la consommation de la SNCF est estimée en retranchant de la consommation totale d'électricité sur le réseau ferré national d'une part la somme des estimations de consommation des entreprises ferroviaires et d'autre part une estimation des pertes par effet joule sur le réseau. En l'absence d'alternatives plus satisfaisantes à l'heure actuelle, l'Autorité décide que la méthode de calcul utilisée par RFF est la plus efficace et la plus proportionnée au regard de l'objectif de non-discrimination. La SNCF pourra donc continuer de se fournir auprès du fournisseur de son choix sans équiper son parc de locomotive de compteurs.

Par cette décision, l'ARAF accompagne, conformément à sa mission, le processus de libéralisation du secteur en régulant les régimes transitoires tels que celui de la fourniture d'électricité de traction aux nouveaux entrants par le gestionnaire de réseau afin de leur permettre de s'adapter aux règles du marché.

E. Guillaume, S. Daboussy
Concurrences N°1-2013, pp. 197-198

Aut. conc., avis n° 09-A-55 du 4 nov. 2009 sur le secteur du transport public terrestre de voyageurs

L'Autorité de la concurrence se prononce, à l'occasion d'une saisine d'office, pour une séparation plus stricte entre la mission de gestion des gares ferroviaires et les autres activités de la SNCF

Le nouvel article L. 462-4 du Code de commerce, résultant de l'ordonnance n° 2008-1161 du 13 novembre 2008 portant modernisation de la régulation de la concurrence, prévoit que l'Autorité de la concurrence peut prendre l'initiative de donner un avis, rendu public, sur toute question concernant la concurrence.

Pour la première fois, l'Autorité de la concurrence s'est saisie d'office en mai 2009 afin d'examiner le secteur des transports publics terrestres de voyageurs (cf. décision n° 09-SOA-01 du 18 mai 2009). Par un avis n° 09-A-55 du 4 novembre 2009, elle se prononce en faveur d'une séparation renforcée de l'activité de gestion des gares au sein de la SNCF. Par cet avis, l'Autorité de la concurrence formule des propositions allant bien au-delà de ce que le législateur a effectivement décidé un mois plus tard.

Le constat: la place essentielle des gares ferroviaires dans un contexte d'ouverture à la concurrence

Sans surprise, l'Autorité de la concurrence confirme la place essentielle des gares ferroviaires dans le secteur du transport terrestre de voyageurs. L'Autorité souligne ainsi que les gares ferroviaires "*paraissent*" pouvoir présenter les caractéristiques d'infrastructures essentielles au transport ferroviaire, dans la mesure où elles sont indispensables pour pouvoir offrir un service ou un produit sur un marché amont, aval ou complémentaire de celui sur lequel se trouvent ces infrastructures, et ne sont pas réplicables dans des conditions acceptables. De façon plus spécifique, l'Autorité souligne que les gares constituent des "*pôles d'échanges essentiels*", puisqu'elles représentent des nœuds de lignes de transport, réunissant en un même lieu les lignes ferroviaires, des lignes de bus, des parcs de stationnement, des services de locations de voitures ou de vélos, etc. Dans la chaîne de transports, les gares sont donc l'un des éléments fondamentaux de l'intermodalité.

En France, le statut des gares n'a guère connu d'évolutions au cours des dernières décennies. Certes, afin d'assurer la transposition de la directive 91/440 du 29 juillet 1991 relative au développement de chemins de fer communautaires, la loi du 13 février 1997 a introduit une séparation entre la propriété et la gestion de l'infrastructure ferroviaire, confiées à l'établissement public "Réseau ferré de France" (RFF), et la fourniture des services de transport ferroviaire, restant assurée par la SNCF. Pour autant, cette loi prévoit expressément (cf. Art. 5) que les gares sont exclues du transfert d'infrastructures à RFF, celles-ci demeurant des dépendances du domaine public "*remises en dotation*" à la SNCF (cf. Art. 19 de la loi du 30 décembre 1982 d'orientation des transports intérieurs – "LOTI").

Or, conformément à la directive 2007/58 du 23 octobre 2007 ("3ème paquet ferroviaire"), la loi n° 2009-1503 du 8 décembre 2009 relative à l'organisation et à la régulation des transports ferroviaires prévoit que, "*à compter du 13 décembre 2009, les entreprises ferroviaires exploitant des services de transport international de voyageurs peuvent, à cette occasion, assurer des dessertes intérieures à condition que l'objet principal du service exploité par l'entreprise ferroviaire soit le transport de voyageurs entre des gares situées dans des États membres de l'Union européenne différents*" (nouvel Art. 17-2 de la loi LOTI). Certes, dans un premier temps, cette réforme ne devrait guère affecter l'utilisation des gares françaises, aucun concurrent de la SNCF n'ayant envisagé de débuter des activités de desserte intérieure en France au 13 décembre 2009 (cf. *Les Échos* du 11 décembre 2009 – "Faute de combattants, l'ouverture à la concurrence du transport de voyageurs sur les liaisons internationales ne débouchera pas sur un grand soir ferroviaire"). Mais on peut raisonnablement penser que, dans les prochaines années, les opérateurs mettront en œuvre ces nouvelles dispositions, et souhaiteront donc avoir accès aux gares françaises afin de pouvoir, à l'occasion d'un trajet international, assurer des dessertes intérieures sur le territoire français : par exemple, un opérateur assurant une liaison entre Bruxelles et Lyon pourra transporter des passagers entre Lille et Lyon, et pourra donc non seulement accéder à ces gares, mais aussi y installer des équipements et des services afin de répondre aux besoins de ses clients. Anticipant cette prochaine réalité, l'Autorité de la concurrence formule alors des exigences plus contraignantes que celles découlant de la nouvelle législation française.

Les recommandations : assurer un accès aux gares françaises dans des conditions plus concurrentielles

Parmi les recommandations formulées par l'Autorité, qui visent notamment à encadrer la stratégie de diversification de la SNCF, à développer les informations relatives au transport ferroviaire ou à favoriser l'allotissement dans les appels d'offres de transport public urbain, deux recommandations retiendront plus particulièrement l'attention, dans la mesure où elles apparaissent nettement plus contraignantes que la loi votée par le parlement quelques semaines après la publication de l'avis n° 09-A-55.

D'une part, l'Autorité de la concurrence se prononce "*pour une séparation plus nette de la mission de gestion des gares*". Sur ce point, la loi du 8 décembre 2009 prévoit que, "*à compter du 1er janvier 2011, la gestion des gares, lorsqu'elle est effectuée par la Société nationale des chemins de fer français, fait l'objet d'une comptabilité séparée de celle de l'exploitation des services de transport. Aucune aide publique versée à l'une de ces activités ne peut être affectée à l'autre*" (nouvel Art. 17-1 de la loi LOTI). En pratique, cette évolution a été anticipée par la SNCF dès avril 2009, puisqu'elle a créé en son sein une nouvelle branche dédiée à la gestion et à l'aménagement des gares, appelée "Gares & Connexions". Dès le 1er janvier 2010, la création de cette nouvelle branche doit s'accompagner en outre pour toutes les gares d'une séparation comptable, "Gares & Connexions" étant dotée d'un bilan et d'un compte de résultats propres.

Malgré cette évolution, anticipée par la SNCF par rapport aux nouvelles exigences légales, l'Autorité de la concurrence constate que "*le fait que la SNCF n'ait pas rendu Gares & Connexions plus indépendant des activités concurrentielles de l'EPIC, en filialisant par exemple cette activité comme cela a été le cas en Allemagne, et que cette entité soit placée sous l'autorité directe du président de la SNCF, n'apparaît pas de nature à offrir des garanties suffisantes de transparence dans la gestion des gares reposant sur d'autres facteurs que la seule bonne volonté de l'opérateur historique*" (point 122).

Dès lors, l'Autorité recommande l'instauration d'une "*séparation plus aboutie*", reposant par exemple sur une séparation de propriété, une séparation juridique ou une séparation fonctionnelle qui ne se limiterait pas à la séparation comptable. En pratique, il est souligné que "*la mise en place d'un dispositif transitoire instaurant une séparation fonctionnelle, dans un premier temps, et évoluant progressivement vers une séparation plus marquée, juridique ou patrimoniale, devrait être envisagée*" (point 193). Une séparation plus nette entre les activités de gestion des gares et les activités de transport devrait notamment, aux yeux de l'Autorité, contribuer à garantir une répartition plus impartiale de l'espace au sein des gares entre les services de la SNCF et ceux de ses futurs concurrents.

D'autre part, l'Autorité de la concurrence estime que la tarification de l'accès en gare doit être orientée vers les coûts, du fait du caractère d'infrastructure essentielle des gares. Elle constate que, à l'heure actuelle, le système de tarification instauré par "Gares & Connexions" est fondé sur des coûts qui ne font l'objet d'aucune vérification extérieure et indépendante.

Certes, la loi du 8 décembre 2009 crée l'"Autorité de régulation des activités ferroviaires" (ARAF), nouvelle autorité administrative indépendante, dotée de la personnalité morale, chargée de concourir au bon fonctionnement du service public et des activités concurrentielles de transport ferroviaire. Aux termes de la nouvelle loi, cette autorité veille en particulier à ce que les conditions d'accès au réseau ferroviaire par les entreprises ferroviaires n'entravent pas le développement de la concurrence, assure une mission générale d'observation des conditions d'accès au réseau et peut, à ce titre, formuler toute recommandation (cf. Art. 11). Constituée de 7 membres, nommés pour 6 ans, l'ARAF dispose en outre d'un pouvoir de sanction et de règlement des différends entre les opérateurs.

L'Autorité de la concurrence déplore que l'ARAF, à la différence de l'ARCEP ou de la CRE, n'intervienne pas directement sur les questions tarifaires, puisque "*savoir ce que coûte effectivement une gare donnée n'est pas actuellement au nombre*" des missions de l'ARAF. Dès lors, l'Autorité de la concurrence recommande que l'ARAF soit dotée d'un pouvoir d'examen *ex ante* des tarifs d'accès aux gares au regard des coûts. Selon l'Autorité, une telle évolution devrait permettre l'instauration des conditions permettant de garantir une véritable concurrence, sans que l'opérateur historique ne puisse profiter de sa position au détriment des nouveaux opérateurs.

E. Guillaume
Concurrences N°1-2010, pp. 182-183

Concurrences+

Régis Pihéry, Saisine d'office : L'Autorité de la concurrence se saisit d'office pour la première fois afin de rendre un avis sur l'ouverture prochaine du secteur ferroviaire à la concurrence (Transport terrestre de voyageurs), 18 mai 2009, Concurrences N° 3-2009, Art. N° 29644.

Alain Ronzano, Transport ferroviaire : L'Autorité de la concurrence fait usage pour la première fois de la faculté d'auto-saisine pour avis à propos de l'inter modalité des transports au sein des futures gares ferroviaires (transport public terrestre de voyageurs), 18 mai 2009, Concurrences N° 3-2009, Art. N° 56966.

Alain Ronzano, Libéralisation des services ferroviaires : L'Autorité de la concurrence rend un avis dans lequel elle se penche sur l'ouverture à la concurrence du transport ferroviaire de voyageurs, 3 septembre 2008, Concurrences N° 1-2010, Art. N° 64960.

5.3 Autorité

5.3.1 Pouvoirs

CE, 16 févr. 2018, Union des transports publics et ferroviaires, n° 403508

Le Conseil d'État retient que l'article L. 2132-7 C. trans. permet à l'Autorité de régulation des activités ferroviaires et routières, sous le contrôle du juge, de demander aux entreprises ferroviaires de voyageurs et de marchandises la transmission des informations qu'elle estime utiles à l'exercice de ses missions, sous réserve de ne pas faire peser une charge excessive sur ces opérateurs

La loi n° 2015-990 du 6 août 2015 pour la croissance, l'activité et l'égalité des chances économiques a profondément transformé l'autorité chargée de la régulation du secteur ferroviaire. Désormais rebaptisée Autorité de régulation des activités ferroviaires et routières (Arafer), en raison de l'extension de son champ de compétence aux domaines des services réguliers non urbains de transport routier de personnes et des concessions autoroutières, elle a été dotée de nouveaux pouvoirs de collecte d'informations auprès des opérateurs du secteur ferroviaire.

Le cadre juridique

L'article L. 2135-2 C. trans., dans sa version antérieure à la loi du 6 août 2015, octroyait déjà au régulateur un droit d'accès à la comptabilité des gestionnaires d'infrastructure, des entreprises ferroviaires et de la SNCF, aux informations économiques, financières et sociales nécessaires, et lui permettait de recueillir toutes informations utiles auprès des acteurs du secteur ferroviaire.

Ces dispositions, aujourd'hui codifiées à l'article L. 1264-2 C. trans., ont été complétées d'un nouvel article L. 2132-7 (anciennement article L. 2131-9), résultant de la transposition de l'article 56 de la directive n° 2012/34/UE du 21 novembre 2012 établissant un espace ferroviaire unique européen. L'article L. 2132-7 C. trans. permet à l'Arafer de "recueillir des données, procéder à des expertises et mener des études et toutes actions d'information nécessaires dans le secteur ferroviaire". Le régulateur peut en outre, "par une décision motivée, prévoir la transmission régulière d'informations par les gestionnaires d'infrastructure, les exploitants d'infrastructures de service, les entreprises ferroviaires et la SNCF".

Ainsi, la loi du 6 août 2015 a doté l'Arafer d'un pouvoir de collecte d'informations semblable à celui dont disposent la Commission de régulation de l'énergie (en vertu de l'article L. 134-18 du Code de l'énergie), l'Autorité de régulation des communications électroniques (en application de l'article L. 32-4 du Code des postes et des communications électroniques) et le Conseil supérieur de l'audiovisuel (en vertu de l'article 19 de la loi du 30 septembre 1986 relative à la liberté de communication) pour l'exercice de leurs missions.

Sur le fondement des articles L. 1264-2 et L. 2132-7 C. trans., l'Arafer a demandé aux entreprises ferroviaires de transport de voyageurs et de marchandises, par une décision n° 2016-052 en date du 13 avril 2016, de lui transmettre de manière périodique certaines informations relatives à l'utilisation des infrastructures ferroviaires, aux caractéristiques de l'offre de transport, à la fréquentation des services et aux résultats économiques et financiers de ces entreprises.

Estimant que la demande de l'Arafer faisait peser une charge excessive sur les opérateurs du secteur ferroviaire, l'Union des transports publics et ferroviaires (UTP) a sollicité l'annulation de la décision du 13 avril 2016 auprès du Conseil d'État.

La teneur du pouvoir de collecte d'informations

Par la décision commentée, le Conseil d'État a précisé la teneur du pouvoir de collecte d'informations conféré à l'Arafer par l'article L. 2132-7 C. trans..

Il a d'abord souligné l'objet distinct des articles L. 1264-2 et L. 2132-7 C. trans..

L'article L. 1264-2, qui accorde à l'Arafer un droit d'accès à la comptabilité et aux informations financières, économiques et sociales d'opérateurs déterminés, s'inscrit dans le cadre des missions de contrôle et d'enquête du régulateur du réseau ferroviaire. Dans la mesure où ce droit d'accès se rattache aux pouvoirs de sanction de l'Arafer, son exercice nécessite nécessairement une identification précise des opérateurs concernés et ne peut s'effectuer qu'à titre ponctuel.

Au contraire, l'article L. 2132-7 C. trans. peut fonder un acte de nature réglementaire par lequel l'Arafer impose à l'ensemble des opérateurs du réseau ferroviaire "une obligation générale de transmission régulière et spontanée d'informations" (conclusions G. Odinet). L'Arafer pouvait donc fonder la décision attaquée sur ces dispositions.

L'UTP soutenait également que la décision de l'Arafer méconnaissait les dispositions de l'article L. 2132-7 C. trans., au motif que les informations demandées n'étaient pas seulement d'ordre statistique. L'association alléguait en outre que l'Arafer aurait exigé la production d'informations pour l'accomplissement de missions dont elle n'est pas investie par la loi.

Le Conseil d'État a précisé ensuite l'étendue du pouvoir de collecte d'informations de l'Arafer. Le second alinéa de l'article L. 2132-7 C. trans., qui prévoit que ses destinataires fournissent au régulateur des "informations statistiques" relatives au secteur ferroviaire, ne restreint pas le champ d'application du premier alinéa de l'article. Par ces dispositions l'autorisant à solliciter la communication régulière d'informations, l'Arafer a été investie d'une "compétence large pour analyser le secteur ferroviaire", afin d'exercer les missions prévues à l'article L. 2131-1 C. trans. (conclusions G. Odinet). En l'espèce, le Conseil d'État a retenu que les informations relatives à l'utilisation des infrastructures, à la teneur de l'offre de transport, à la fréquentation des services et aux résultats économiques et financiers des entreprises ferroviaires se rapportaient à l'analyse du secteur ferroviaire par le régulateur.

L'encadrement du pouvoir de collecte d'informations

L'intérêt principal de la décision commentée réside dans l'encadrement du pouvoir de collecte d'informations que l'Arafer tient de l'article L. 2132-7 C. trans..

L'UTP arguait que les informations exigées par l'Arafer étaient disproportionnées au regard des missions dont elle est investie par le C. trans..

Le Conseil d'État a retenu que si les dispositions de l'article L. 2132-7 C. trans. permettent à l'Arafer "de demander la transmission d'informations qu'elle estime utiles à l'exercice de ses missions", une telle demande ne saurait toutefois pas faire peser "une charge excessive sur les opérateurs". Tel n'a pas été le cas en l'espèce: les informations dont la transmission était demandée étaient en nombre raisonnable, simples à renseigner et exigées selon une fréquence trimestrielle ou annuelle.

Il résulte de l'arrêt commenté que le pouvoir de collecte d'informations de l'Arafer n'est pas discrétionnaire. Alors même que la décision imposant la transmission d'informations doit être motivée, aux termes de l'article L. 2132-7 C. trans., elle ne saurait en outre "créer pour les opérateurs concernés une charge excessive au regard de l'intérêt qu'à la détention de ces informations pour l'Arafer" (conclusions G. Odinet).

Ce contrôle de proportionnalité fait écho à celui que le Conseil d'État avait déjà opéré par sa décision AT&T Global Network Services France du 10 juillet 2013 (n° 360397), relative au mécanisme de collecte semestrielle d'informations mis en œuvre par l'ARCEP auprès des opérateurs de communications électroniques. La Haute juridiction avait alors précisé que l'ARCEP ne pouvait procéder au recueil d'informations que "de manière proportionnée aux besoins liés à l'accomplissement de ses missions", conformément aux dispositions prévues à l'article L. 32-4 du Code des postes et des télécommunications électroniques. Dans ses conclusions sur la décision commentée, le Rapporteur public G. Odinet précise que cette exigence de proportionnalité doit désormais s'imposer comme une "règle générale d'administration" à l'ensemble des autorités de régulation dans l'exercice de leur pouvoir de collecte d'informations, et ce même en l'absence de disposition expresse en ce sens. C'est donc au travers de ce prisme que la régularité des demandes de communication d'informations formulées par les autorités de régulation investies d'un tel pouvoir (dont, en particulier, l'Arafer, l'ARCEP, la CRE et le CSA) devra être analysée.

E. Guillaume, R. Roussel
Concurrences N° 2-2018, pp. 175-176

ARAF, déc. n° 2012-011 du 9 mai 2012 portant sur la demande formée par la société Europorte Channel dans le cadre d'un différend l'opposant à RFF relatif aux prestations de "sûreté" sur le faisceau de Calais-Frethun

L'Autorité de régulation des activités ferroviaires se déclare incompétente pour régler un différend portant sur l'instauration d'une redevance par le gestionnaire du réseau

Le 20 janvier 2012, l'Autorité de régulation des activités ferroviaires a enregistré une demande de règlement d'un différend un peu spéciale présentée par la société Europorte Channel. Cette dernière reprochait au gestionnaire du réseau ferroviaire, RFF, d'avoir institué une redevance relative aux prestations de sûreté sur le site du terminal de Calais-Frethun.

Comme le décrit le document de référence du réseau, "la prestation de sûreté contient la détection de la présence éventuelle de migrants à bord du train, la surveillance par le poste de vidéosurveillance et le gardiennage de la rame après contrôle et jusqu'au départ du train. Elle ne couvre pas la fourniture du matériel aux douanes dans le cadre de leur mission liée à la détection d'explosifs, ni les coûts liés aux mesures de protection en cas d'alerte liée à la suspicion de présence d'explosifs (rame de sable ou autre solution à venir). Seuls les trains de fret à l'export vers la Grande Bretagne empruntant le site de Calais-Frethun sont concernés par cette redevance".

En somme, RFF a instauré une redevance pour assurer la prise en charge de ces prestations. C'est donc cette redevance qu'Europorte Channel conteste en arguant à titre principal "*que la redevance en cause visant à compenser, dans le cadre de l'exercice d'une mission régalienne de l'État, les coûts des contrôles renforcés d'immigration mis à la charge de la SNCF par l'État* [...] *ne peut être reliée à l'utilisation du réseau ferré national* [et] *que* [...] *la SNCF* [...] *a abandonné contractuellement ces missions de sûreté assumées historiquement sans que cet abandon repose sur une évolution conforme du contexte institutionnel et réglementaire*".

Reste que la question principale à laquelle l'autorité devait répondre était celle de savoir si elle était compétente pour connaître du litige. S'appuyant sur l'article L. 2134-2 du code des transports, selon lequel "*toute personne autorisée à demander des capacités d'infrastructure ferroviaire ou tout gestionnaire d'infrastructure peut saisir l'Autorité de régulation des activités ferroviaires dès lors qu'il s'estime victime d'un traitement inéquitable, d'une discrimination ou de tout autre préjudice liés à l'accès au réseau ferroviaire*", l'Autorité de régulation des activités ferroviaires a donc, tour à tour, examiné les conditions tenant à la qualité du demandeur, celles tenant au préjudice subi par le demandeur puis celles tenant à l'accès au réseau.

La condition tenant à la qualité du demandeur ne pose pas de difficulté puisqu'Europorte Channel est une entreprise ferroviaire, autorisée à ce titre à demander des capacités d'infrastructures.

Celle tenant au préjudice subi par le demandeur est également validée dans la mesure où, comme l'autorité le souligne, Europorte Channel "*s'estime victime*" d'un préjudice, avant de préciser qu'"*en tout état de cause, il apparait que l'introduction d'une redevance ferroviaire affectant une entreprise ferroviaire, cliente d'Europorte Channel, peut potentiellement causer un préjudice à cette dernière*".

En revanche, l'Autorité estime que cette prestation ne relève pas de l'accès au réseau ferroviaire national mais de l'accès au "système" du tunnel sous la Manche pour lequel l'Autorité n'est pas compétente et que la condition tenant à l'accès au réseau n'est pas remplie. Selon elle, "*bien que la prestation soit réalisée sur une infrastructure de services réputée appartenir au réseau ferré national et décrite dans le document de référence du réseau,* [...] *cette prestation est motivée par la réalisation des mesures de sûreté relatives au passage des trains de marchandises empruntant le tunnel sous la Manche vers le Royaume-Uni*".

L'autorité rejette donc la demande présentée par la société Europorte Channel au motif qu'elle a été portée devant une autorité incompétente pour en connaître. Néanmoins, elle se prononce sur les faits portés à sa connaissance. Certains commentaires visent à éclaircir la situation. D'autres au contraire laissent le lecteur dubitatif. Concernant les premiers, l'autorité considère que les prestations et redevances en cause dans le différend devraient être intégrées en priorité dans le document de référence Eurotunnel et ne devraient être mentionnées dans le document de référence du réseau ferré français qu'autant que cela soit nécessaire à la pleine information des entreprises ferroviaires. Pour les seconds, l'autorité juge que "*la redevance prévue par RFF n'induit pas de discrimination entre les entreprises ferroviaires*" et que "*la tarification de la prestation pour 2012 semble effectivement correspondre aux coûts supportés par RFF*". Elle va ensuite encore plus loin et conteste d'une part "*la pertinence de confier à RFF une telle responsabilité de contrôle compte tenu de l'intervention parallèle des services des douanes*" et d'autre part la clarté des "*bases légales applicables à ces contrôles* [...], *ainsi que les modalités juridiques de prise en charge et de répartition des frais afférents, [ou celle de] la propriété et la jouissance des diverses parcelles du site de Calais-Frethun*".

Si l'action de la société Europorte Channel pouvait apparaître saugrenue au regard des critères d'un règlement de différend par une autorité de régulation, la décision de l'Autorité de régulation des activités ferroviaires n'en reste pas moins étrange. On ne peut qu'approuver la déclaration d'incompétence rendue par l'autorité s'agissant d'un litige portant sur l'imposition d'une nouvelle redevance et non pas d'un différend concernant l'accès d'un opérateur au réseau. On peut en revanche s'interroger sur la motivation de celle-ci lorsqu'elle estime nécessaire d'exprimer son opinion sur des éléments relatifs à la légalité du dispositif mis en œuvre par RFF.

H. Delzangles
Concurrences N°3-2012, pp. 216-217

Loi n° 2009-1503 du 8 déc. 2009 relative à l'organisation et à la régulation des transports ferroviaires et portant diverses dispositions relatives aux transports, JORF n° 285 du 9 déc. 2009, p. 21226

Le législateur crée l'Autorité de régulation des activités ferroviaires

La loi n° 2009-1503 du 8 décembre 2009 (ci-dessous ORTF) a notamment pour objet de compléter l'ouverture à la concurrence du secteur ferroviaire. Seuls, ses aspects concernant l'organisation et la régulation des transports ferroviaires (les titres I et III) seront examinés, après un bref rappel de l'état du droit antérieur.

Un processus progressif d'ouverture à la concurrence

Le processus d'ouverture à la concurrence de ce secteur a été initié par la directive européenne 91/440/CEE, complétée par les directives du 19 juin 1995 respectivement 95/18/CE concernant les licences des entreprises ferroviaires et 95/19/CE concernant la répartition des capacités d'infrastructure ferroviaire et la perception de redevances d'utilisation de l'infrastructure.

Les trois paquets ferroviaires

Il s'est poursuivi avec le premier paquet ferroviaire constitué de trois directives adoptées en 2001, dont l'objet était notamment d'établir des droits d'accès au réseau trans-européen de fret ferroviaire (RTEFF) et, au plus tard à partir de 2008, à l'ensemble du réseau ferroviaire européen, pour les services de fret internationaux.

Puis le deuxième paquet ferroviaire, adopté en 2004 visait à accélérer l'intégration juridique et technique de l'espace ferroviaire européen, notamment en complétant les principes de l'interopérabilité et en ouvrant le marché du fret international.

Ce processus présente de nombreuses similarités avec celui qu'ont connu d'autres secteurs d'économie de réseaux, initialement en monopole, et notamment celui des télécommunications.

En France, la transposition du premier paquet ferroviaire a ouvert dans un premier temps à la concurrence les services internationaux de fret ferroviaire sur les lignes du réseau trans-européen.

Le cadre juridique qui en résultait a été défini essentiellement, pour les aspects de régulation qui nous intéressent ici, par la loi n° 97-135 du 13 février 1997 qui crée l'établissement public «Réseau ferré de France» en vue du renouveau du transport ferroviaire, et les décrets du 5 mai 1997 n° 97-444 et n° 97-446 relatifs respectivement aux missions et aux statuts de Réseau ferré de France et aux redevances d'utilisation du réseau ferré national, ainsi que le décret n° 2003-194 du 7 mars 2003 relatif à l'utilisation du réseau ferré national.

La transposition du deuxième paquet ferroviaire s'est traduite notamment :

- pour ce qui concerne la directive 2004/49/CE, par la création de l'établissement public de sécurité ferroviaire (EPSF), par la loi du 5 janvier 2006 relative à la sécurité et au développement des transports et ses décrets d'application ;
- pour ce qui concerne la directive 2004/51/CE, qui a étendu le droit d'accès des entreprises ferroviaires titulaires d'une licence à l'ensemble du réseau d'abord pour le fret international puis pour tout type de fret, par une modification du décret n° 2003-194 du 7 mars 2003 par le décret n° 2005-1633 du 20 décembre 2005 et par une modification [8] de la loi d'orientation des transports intérieurs [9] (LOTI) pour mettre fin au monopole de la SNCF en ce qui concerne les services de marchandises dès le 31 mars 2006.

Il résulte de cet édifice, d'une part, une séparation de principe (mais encore très imparfaite) des entités assurant l'exploitation des services ferroviaires du gestionnaire de l'infrastructure, et d'autre part l'ouverture de l'accès au réseau ferré national aux entreprises ferroviaires sous réserve qu'elles soient titulaires de licences délivrées par le ministre chargé des transports et d'un certificat de sécurité délivré par l'Établissement public de sécurité ferroviaire (EPSF) et qu'elles disposent de capacités d'infrastructure délivrées par le gestionnaire du réseau ferré national, Réseau ferré de France (RFF).

Aux fins de respecter la transparence et la non discrimination, les principes et procédures pour l'accès aux infrastructures ferroviaires françaises sont décrites dans un document prévu par le décret du 7 mars 2003 relatif à l'utilisation du réseau ferré national, intitulé "le document de référence du réseau ferré national" (DRR) et publié chaque année par RFF.

Les litiges entre les entreprises ferroviaires et le gestionnaire d'infrastructures, relatifs notamment au contenu du document de référence du réseau, à la répartition et à la tarification des capacités d'infrastructure ou à l'exercice du droit d'accès au réseau peuvent faire l'objet d'un recours administratif auprès du ministre chargé des transports. Ces recours sont instruits par la mission de contrôle des activités ferroviaires (MCAF) instituée par l'article 29 du décret 2003-194, mais dont les pouvoirs sont limités. Les difficultés de l'ouverture à la concurrence, notamment dans l'allocation des sillons sont recensées dans le rapport 2008 de la MCAF publié le 27 février 2009.

Le troisième paquet ferroviaire est composé de deux directives et d'un règlement.

La directive 2007/58/CE prévoit notamment l'ouverture à la concurrence, au plus tard en 2010, des services ferroviaires de transport international de passagers, avec possibilité, appelée "droit de cabotage consécutif", de prendre et de laisser des voyageurs en cours de route dans un même pays. Cette ouverture impose l'institution d'un dispositif de régulation efficace, à même de garantir l'accès libre et non discriminatoire au réseau ferré national de toutes les entreprises ferroviaires.

Les enjeux du projet de loi

Le projet de loi qui a débouché sur l'adoption de la loi ORTF visait, pour les aspects qui nous intéressent ici, à sécuriser le cadre juridique pour faciliter les investissements ferroviaires, à transposer la directive 2007/58/CE et à corriger la mauvaise transposition des dispositions des trois paquets ferroviaires adoptés depuis 1991, insuffisances de transposition relevées par la Commission européenne dans une mise en demeure adressée le 24 juin 2008 à 25 États membres dont la France pour mauvaise transposition.

En outre, le 8 octobre 2009, la Commission a adressé à 21 États dont la France, un avis motivé, qui reprend l'essentiel des griefs adressés dans sa mise en demeure de 2008.

Le premier grief concerne la séparation réalisée par la loi du 13 février 1997 entre le gestionnaire du réseau ferroviaire, RFF, et l'entreprise historique, la SNCF, jugée insuffisante au regard des objectifs de la directive 91/440/CEE, ces deux entités n'étant pas pleinement indépendantes sur les plans "juridique, organisationnel et décisionnel".

En effet, la loi 97-135 impose à RFF de déléguer nombre de ses activités de gestion du réseau – travaux, octroi des autorisations d'utilisations du réseau, gestion de l'infrastructure – à la SNCF, qualifiée de "gestionnaire d'infrastructure délégué". Mais les services de la SNCF assumant cette fonction de gestionnaire d'infrastructure délégué restant dépendants du reste de l'entreprise, celle-ci est susceptible d'être en situation de conflit d'intérêts au sens du droit de la concurrence.

Le deuxième grief concerne la tarification ferroviaire française. La détermination des redevances ferroviaires acquittées par les entreprises utilisant le réseau n'est pas effectuée de façon indépendante par le gestionnaire du réseau, RFF, mais relève du secrétariat d'État chargé des transports, en méconnaissance des directives.

Le troisième grief est relatif à l'absence d'une autorité de contrôle et de régulation, véritablement indépendante de toutes les entreprises ferroviaires, chargée de veiller à l'absence de discrimination en tranchant les litiges et, le cas échéant, en imposant des sanctions. La MCAF, ne jouissant pas d'une réelle indépendance, puisqu'elle est placée auprès du secrétariat d'État chargé des transports, qui est également l'autorité de tutelle de la SNCF, entreprise publique détenue à 100 % par l'État et ne disposant pas de réels pouvoirs coercitifs.

La loi du 8 décembre 2009

Pour assurer la transposition de la directive 2007/58/CE, et tenter de répondre aux critiques formulées par la Commission, la loi ORTF étend le droit d'accès au réseau ferroviaire pour les services de transport international de passagers, clarifie la séparation entre la gestion de l'infrastructure ferroviaire et l'exploitation des services de transport, et met en place d'une Autorité de régulation des activités ferroviaires aux pouvoirs étendus.

L'extension du droit d'accès au réseau

Le titre Ier du projet prévoit diverses dispositions relatives à l'ouverture à la concurrence des services de transports ferroviaires.

L'article 1er regroupe des dispositions qui modifient la LOTI pour compléter les principes d'ouverture à la concurrence des services de transport ferroviaire contenus dans les directives européennes du premier paquet ferroviaire.

Le 1° de l'article 1er permet notamment l'accès de l'État et des autres personnes publiques compétentes aux informations et données économiques nécessaires à l'établissement et la mise en œuvre de leur politique en matière ferroviaire, tout en assurant la protection du secret des affaires. Le 2° du même article facilite, par la reconnaissance mutuelle les procédures d'autorisation de mise en exploitation commerciale d'un véhicule de transport ferroviaire ou guidé.

Surtout, le 6° de l'article 1er de la loi modifie pour l'essentiel la section 1 du chapitre I er du titre II de la loi n° 82-1153 du 30 décembre 1982 d'orientation des transports intérieurs (LOTI). L'intitulé de cette section est modifié, devenant "De l'organisation du transport ferroviaire et du service public ferroviaire", et son contenu réaffirme les principes du droit d'accès au réseau contenus dans le décret n° 2003-194 du 7 mars 2003 relatif à l'utilisation du réseau ferré national, et en les étendant et les précisant.

Précisions sur l'exercice du droit d'accès aux infrastructures de réseau et de services

L'article 17-1 de la LOTI, introduit par le b) du 6° de l'article 1er de la loi ORTF, définit notamment en son paragraphe I le réseau ouvert aux entreprises ferroviaires et l'étend au-delà du réseau ferré national à toutes les lignes qui lui sont reliées et relèvent du champ des directives "paquets ferroviaires".

Il affirme en son paragraphe II le principe de séparation comptable de la gestion de l'infrastructure ferroviaire et de l'exploitation des services de transport des entreprises ferroviaires, en l'étendant, à compter du 1er janvier 2011, à la gestion des gares, lorsqu'elle est effectuée par la Société nationale des chemins de fer français. Les concours publics ne peuvent être transférés d'une activité à l'autre. Le paragraphe III impose aux entreprises ferroviaires d'identifier clairement dans leur comptabilité les opérations relevant de l'activité fret par rapport à celles de voyageurs.

Le paragraphe IV de cet article réaffirme, pour les entreprises ferroviaires autorisées à exploiter des services de transport, le principe d'un droit d'accès dans des conditions équitables et sans discrimination "à l'ensemble du réseau ferroviaire", en l'étendant "y compris pour l'accès par le réseau aux infrastructures de services, ainsi que, lorsqu'il n'existe pas d'autre possibilité d'accès dans des conditions économiques raisonnables, aux services que ces infrastructures permettent de leur fournir". Il impose une clarification des relations entre l'entreprise ferroviaire et le gestionnaire de la gare ou de l'infrastructure par la passation d'un contrat et la perception d'une redevance et interdit, en principe, le transfert des capacités de l'infrastructure disponible par le bénéficiaire à une autre entreprise ou un autre service. Est toutefois prévue la possibilité pour d'autres personnes que les entreprises ferroviaires d'être autorisées à demander l'attribution de sillons en vue de les mettre à la disposition d'une entreprise ferroviaire. Cette mise à disposition des sillons qui leur sont attribués à une entreprise ferroviaire ne constitue pas un transfert prohibé.

Cette interdiction de transfert de capacités risque de poser des difficultés aux entreprises en cas de fusion ou de rapprochement. La situation peut être rapprochée de celle des autorisations d'utilisation de fréquences en matière de communications électroniques qui ne pouvaient être transférées, avant que ne soit institué, pour certaines fréquences du moins, un marché secondaire. À terme, un assouplissement de ces règles est certainement nécessaire.

Le paragraphe V impose la publication par les gestionnaires d'infrastructure d'un document de référence de leur réseau à l'attention des entreprises ferroviaires.

Les paragraphes VI et VII prévoient la possibilité pour une entreprise ferroviaire ou un demandeur de sillons de conclure avec un gestionnaire d'infrastructure un accord-cadre portant sur les capacités d'infrastructure susceptibles de lui être offertes pendant plusieurs années.

Ouverture du réseau aux services internationaux de transport de voyageurs

L'article 17-2, introduit dans la LOTI, ouvre, à compter du 13 décembre 2009, les dessertes intérieures à la concurrence des services de transport international de voyageurs, c'est-à-dire qu'il met en place la possibilité de prendre et de déposer des voyageurs dans des gares françaises situées sur le trajet d'un service international à condition que ces dessertes intérieures ("cabotage consécutif") présentent un caractère accessoire au regard de l'ensemble du trajet et qu'elles ne portent pas atteinte à l'équilibre économique d'un contrat de service public. Il suffit donc qu'une de ces conditions ne soit pas remplie pour pouvoir s'opposer à ce cabotage.

Eu égard au caractère délicat de l'appréciation de telles conditions, susceptible de compromettre l'accès libre et non discriminatoire au réseau ferré national de toutes les entreprises ferroviaire, et conformément à l'article 1er de la directive 2007/58/CE, c'est à l'Autorité de régulation qu'est confiée la mission de se prononcer par un avis motivé, dans des conditions prévues par un décret en Conseil d'État, sur le caractère accessoire de ces dessertes intérieures ou l'atteinte éventuelle à l'équilibre économique d'un contrat de service public.

Tentatives de clarification de la séparation entre la gestion de l'infrastructure ferroviaire et l'exploitation des services de transport de la SNCF

La loi ORTF s'est efforcée de clarifier les relations entre RFF et la SNCF pour répondre aux griefs des entreprises ferroviaires alternatives et de la Commission européenne. En effet, dès lors que la SNCF endosse à la fois le rôle de gestionnaire d'infrastructure délégué et d'entreprise ferroviaire, une inévitable suspicion plane sur le caractère non discriminatoire et équitable de l'attribution aux entreprises "nouveaux entrants" des sillons nécessaires à leur activité.

L'introduction dans la LOTI d'un article 17-3, qui réaffirme le rôle de RFF en tant que gestionnaire du réseau ferré national et qui rappelle que RFF et les titulaires des contrats de partenariat ou de conventions de délégation de service public mentionnés dans la loi du 13 février 1997 ont qualité de gestionnaire d'infrastructure, ne constitue pas une véritable clarification dès lors que l'article n'indique pas qu'ils sont seuls à détenir cette qualité.

La vraie réforme sur ce point a été introduite par deux nouveaux paragraphes dans l'article 24 de la LOTI en obligeant la SNCF à créer un service spécialisé, séparé du reste de l'entreprise et regroupant l'ensemble des agents en lien avec la production des sillons, en charge de la gestion des trafics et des circulations "dans des conditions assurant l'indépendance des fonctions essentielles ainsi exercées garantissant une concurrence libre et loyale et l'absence de toute discrimination".

Afin de garantir l'indépendance de ce service, ses agents ne peuvent recevoir d'instruction que du directeur, lequel "ne reçoit aucune instruction qui soit de nature à remettre en cause ou à fausser cette indépendance et veille au caractère non discriminatoire des décisions prises pour l'exécution de ses missions", et les conditions de nomination ou de fin anticipée des fonctions de ce directeur sont assorties de garanties et notamment soumises à l'avis l'Autorité de régulation des activités ferroviaires. Pour répondre aux problèmes récurrents, soulignés par les nouveaux entrants, d'atteinte à la confidentialité des données commerciales, la divulgation hors de ce service d'informations dont la communication serait de nature à porter atteinte aux règles d'une concurrence libre et loyale et de non-discrimination est pénalement réprimée. Le budget de ce service, distinct de celui de la SNCF, sera financé par RFF.

La séparation structurelle des fonctions reste toutefois imparfaite puisque le service qui exerce partiellement des fonctions de régulation demeure au sein de l'entreprise ferroviaire. Certes la loi a mis en place un luxe de précautions pour en assurer l'étanchéité. Toutefois, seule, la pratique dira si l'effectivité de cette indépendance dans une entreprise à la culture aussi forte que la SNCF peut être assurée.

La tarification des prestations

La question de la tarification de l'usage des infrastructures de réseau et de services sera l'un des principaux enjeux pour les acteurs du secteur. Dans l'état du droit antérieur, deux reproches principaux étaient faits dans ce domaine par la Commission : la détermination de ces redevances était effectuée par le secrétariat d'État chargé des transports ; les redevances étaient inférieures aux coûts marginaux d'utilisation de l'infrastructure, contrairement à l'obligation posée par l'article 7 (3) de la directive 2001/14/CE, et le gestionnaire d'infrastructure n'avait pas été incité à réduire les coûts de fourniture de l'infrastructure et le niveau des redevances d'accès, en infraction aux dispositions de l'article 6 (2) de la directive 2001/14/CE.

La loi ORTF (dans son article 15 V) s'efforce de répondre au premier grief en donnant compétence au régulateur pour donner un avis conforme sur le tarif des péages. Elle prévoit également la possibilité de soumettre au régulateur les négociations tarifaires entre le gestionnaire d'infrastructure et un demandeur de sillons. L'autorité peut s'opposer, dans un délai de deux mois à compter de leur réception, à ces propositions de tarifs si elles présentent un caractère discriminatoire.

La loi impose également la transparence et la prévisibilité des coûts. Ainsi, les gestionnaires d'infrastructure devront décrire dans le document de référence de leur réseau à l'attention des entreprises ferroviaires "les caractéristiques de l'infrastructure mise à disposition des entreprises ferroviaires, les tarifs des prestations offertes, les règles de répartition des capacités, ainsi que les informations nécessaires à l'exercice des droits d'accès au réseau" (article 17-1-V). Et l'article 2-2 de la loi modifie la loi 97-135 pour imposer la fixation pluriannuelle des "principes d'évolution" des redevances liées à l'utilisation du réseau ferré national, perçues par RFF.

Sur le montant des redevances, la loi impose, pour les prestations complémentaires ou connexes offertes par un seul fournisseur, qu'elles soient calculées "d'après le degré d'utilisation réelle". Pour les gares et toutes autres infrastructures de services, la loi renvoie à un décret en conseil d'État de fixer, "en tant que de besoin, les principes de tarification applicables à ces prestations". Elle modifie également l'article 13 de la loi n° 97-135, qui encadre le calcul des redevances perçues par RFF pour l'utilisation du réseau ferré national, en précisant qu'il tient également compte "lorsque le marché s'y prête, de la valeur économique, pour l'attributaire du sillon, de l'utilisation du réseau ferré national et respecte les gains de productivité réalisés par les entreprises ferroviaires".

Toutefois, les principales modifications de la structure de la tarification des infrastructures, visant à améliorer la transposition de la directive 2001/14/CE, ont été mises en place antérieurement à l'adoption de la loi, par le décret n° 2008-1204 du 20 novembre 2008 modifiant le décret n° 97-446 du 5 mai 1997 relatif aux redevances d'utilisation du réseau ferré national à la suite du rapport confié au Conseil Général des Ponts et Chaussées et à l'Inspection Générale des Finances. Au-delà de la réponse juridique, et des nécessaires outils techniques pour quantifier les coûts d'infrastructure et évaluer la valeur économique réelle des sillons, la question de l'actualisation de ces tarifs, qui doivent rester supportables pour les différents segments de marché concernés et permettre toutefois de résorber la dette de RFF, garde un caractère politique.

Une autorité de régulation aux pouvoirs étendus

La régulation des activités ferroviaires est confiée à une autorité publique indépendante, dotée de la personnalité morale, l'Autorité de régulation des activités ferroviaires (ARAF).

Son objectif est de concourir "au bon fonctionnement du service public et des activités concurrentielles de transport ferroviaire, au bénéfice des usagers et clients des services de transport ferroviaire".

Tant dans sa composition, dans les conditions de nomination de ses membres que dans ses attributions, certaines caractéristiques de cette nouvelle autorité de régulation sont inspirées de ses grandes sœurs en charge de réguler l'ouverture à la concurrence d'autres activités de réseau antérieurement en monopole, comme l'Autorité de régulation des communications électroniques et des postes (ARCEP) ou la Commission de régulation de l'énergie (CRE).

Toutefois, certains de ses pouvoirs apparaissent plus étendus.

Une autorité publique indépendante en partie calquée sur les autorités en charge de la régulation d'autres secteurs sortant du monopole

Nomination et statut des membres

L'ARAF est composée de sept membres nommés pour un mandat de six ans non renouvelable, par décret "en raison de leur compétence en matière ferroviaire, économique ou juridique, ou pour leur expertise en matière de concurrence". Toutefois, seul le président est un membre permanent. Trois des membres autres que le président sont désignés respectivement par les présidents de l'Assemblée nationale, le président du Sénat et le président du Conseil économique, social et environnemental. Par rapport à leurs homologues de l'ARCEP ou de la CRE, on se réjouira que l'expertise en matière de concurrence puisse être prise en compte.

La règle de quorum, qui était fixée dans le projet de loi à cinq membres, a été ramenée par amendement à 4 membres présents sur 7 – soit la majorité simple. Les règles d'incompatibilité, de déport et d'irrévocabilité du mandat visant à protéger l'indépendance des membres sont celles traditionnelles des autorités administratives (ou des autorités publiques) indépendantes. Toutefois, des dérogations aux règles d'irrévocabilité des membres ont été prévues, sous le contrôle du collège, en cas de manquement aux règles d'incompatibilité, ou en cas de manquement grave aux obligations auxquelles ils sont soumis ou encore en cas d'empêchement constaté par le collège.

Des missions centrées sur le respect de l'accès équitable au réseau

Les missions de l'ARAF consistent essentiellement à veiller au bon fonctionnement du service public et des activités concurrentielles de transport ferroviaire, au bénéfice des usagers et clients des services en cause, et notamment à ce que les conditions d'accès au réseau par les entreprises ferroviaires n'entravent pas le développement de la concurrence. L'Autorité veille au respect du principe de l'accès équitable et non discriminatoire aux capacités d'infrastructure sur le réseau et aux différentes prestations associées et assure une mission d'observation des conditions d'accès au réseau ferroviaire.

Des pouvoirs étendus

Outre qu'elle est associée, à la demande du ministre chargé des transports, "à la préparation de la position française dans les négociations ou les actions de coopération internationales dans les domaines du transport ferroviaire et participe à la représentation française dans les organisations internationales et communautaires compétentes en ce domaine", l'ARAF est consultée "sur les projets de textes réglementaires relatifs à l'accès au réseau ferroviaire, à la conception, la réalisation et l'utilisation des infrastructures et des matériels de transport ferroviaire".

Surtout, l'ARAF dispose d'un pouvoir réglementaire supplétif (article 14), et émet de nombreux avis, notamment tarifaires (article 15). Elle dispose également de pouvoirs de règlements de différends (article 16) et de sanctions (article 17) que son collège exerce pleinement.

Un pouvoir réglementaire dérivé

Ce pouvoir réglementaire dérivé s'exerce, conformément aux règles définies par le Conseil constitutionne], dans le respect des dispositions législatives et réglementaires.

Alors que le projet de loi donnait au régulateur compétence pour préciser, en tant que de besoin, les règles concernant les conditions de raccordement au réseau, les conditions techniques et administratives d'accès au réseau et de son utilisation, les périmètres des activités comptablement séparées, le Sénat a complété ce pouvoir en prévoyant la possibilité pour l'ARAF de préciser les règles concernant "les conditions d'accès aux services présentant un caractère de facilités essentielles et leurs conditions d'utilisation". Cette modification permettra à l'ARAF, pour garantir pleinement le bon fonctionnement de la concurrence, de préciser les conditions d'accès à certaines prestations directement associées à l'utilisation du réseau, comme les services d'accès aux gares et aux systèmes d'informations des voyageurs, de garage, de remisage, d'entretien ou de préchauffage du matériel roulant.

Cette extension des pouvoirs de l'ARAF est d'autant plus significative qu'elle lui donne compétence (sous le contrôle du juge administratif devant lequel ses décisions prises dans l'exercice de son pouvoir réglementaire pourront être contestées) pour qualifier tel service de facilité essentielle.

Enfin, bien que ce pouvoir réglementaire soit soumis à homologation du ministre chargé des transports, celui-ci doit se prononcer dans les deux mois, et à défaut, sera réputé avoir homologué la décision. Enfin, il devra motiver un éventuel refus d'homologation. Les conditions d'édiction du pouvoir réglementaire de l'ARAF sont donc plus respectueuses de son indépendance que celles existant dans le domaine des communications électroniques.

Des pouvoirs d'avis étendus

Outre qu'elle donne les avis tarifaires rappelés ci-dessus, l'Autorité autorise l'entrée en vigueur des accords-cadres, approuve les règles de la séparation comptable, elle est consultée sur les projets de textes réglementaires relatifs à l'accès au réseau ferroviaire, et émet un avis sur la nomination et la cessation anticipée des fonctions de directeur du service spécialisé gestionnaire des trafics et des circulations de la Société nationale des chemins de fer.

Enfin, les parlementaires lui ont ajouté le pouvoir d'émettre un avis motivé sur le document de référence du réseau dans un délai de deux mois suivant sa publication. Or ce document est la clé de voûte des relations entre les gestionnaires d'infrastructure et les entreprises ferroviaires.

Une compétence de règlement de différends

Si le législateur a peu amendé les compétences de règlements de différend du régulateur par rapport au projet de loi, il leur a toutefois ajouté (I de l'article 16 de la loi) une précision selon laquelle l'ARAF devait veiller à ce qu'aucun traitement inéquitable ou discriminatoire ne résulte de l'intervention de l'Établissement public de sécurité ferroviaire, y compris pour ce qui concerne le libre accès aux gares. Une disposition a également été ajoutée afin d'imposer au directeur de l'EPSF de notifier sa décision à l'auteur de la saisine et à l'ARAF dans un délai maximum de deux mois.

Pour le reste, le pouvoir de règlement de différends de l'ARAF est comparable à celui d'autres autorités de régulation, garantes d'un traitement non discriminatoire dans l'accès des tiers au réseau.

Ainsi, l'ARAF peut être saisie par toute personne autorisée à demander des capacités d'infrastructure ferroviaire ou tout gestionnaire d'infrastructure "dès lors qu'il s'estime victime d'un traitement inéquitable, d'une discrimination ou de tout autre préjudice liés à l'accès au réseau ferroviaire". Ces réclamations portent sur huit matières principales :

- au contenu du document de référence du réseau ;
- à la procédure de répartition des capacités d'infrastructures, et aux décisions afférentes ;
- aux conditions particulières qui lui sont faites ou aux redevances à acquitter en application de la tarification ferroviaire ;
- à l'exercice du droit d'accès au réseau,
- à la surveillance exercée en matière de sécurité ferroviaire
- à la fourniture des prestations minimales, complémentaires ou connexes liées à l'infrastructure ainsi qu'à l'accès aux infrastructures de services, y compris les gares,
- à l'exécution des accords-cadres mentionnés aux VI et VII de l'article 17-1 de la loi n° 82-1153 précitée ainsi que des contrats d'utilisation de l'infrastructure ;
- à la création de services intérieurs de transport de voyageurs effectués lors d'un service international de transport de voyageurs.

La décision de l'ARAF précise les conditions d'ordre technique et financier de règlement du différend dans le délai qu'elle accorde. Lorsque c'est nécessaire pour le règlement du différend, l'autorité fixe, de manière objective, transparente, non discriminatoire et proportionnée, les modalités d'accès au réseau et ses conditions d'utilisation.

L'Autorité peut également, en cas d'atteinte grave et immédiate aux règles régissant l'accès au réseau ou à son utilisation, et après avoir entendu les parties en cause, ordonner, le cas échéant sous astreinte, les mesures conservatoires nécessaires.

Elle se prononce, dans un délai de deux mois maximum à compter de la réception de l'ensemble des pièces utiles à l'instruction. Mais son pouvoir est plus étendu que celui du régulateur des communications électroniques et des postes en ce que sa décision peut être assortie d'astreintes.

Enfin les décisions de règlements de différends de l'ARAF peuvent, bien qu'il s'agisse d'une autorité publique administrative, et conformément à ce qui avait été admis par le Conseil constitutionnel pour l'ARCEP, faire l'objet d'un recours devant la Cour d'appel de Paris.

Ce recours n'est pas suspensif. Mais le juge peut ordonner le sursis à exécution de la décision, si celle-ci est susceptible d'entraîner des conséquences manifestement excessives ou s'il est survenu, postérieurement à sa notification, des faits nouveaux d'une exceptionnelle gravité.

Enfin, l'arrêt de la Cour d'appel peut faire l'objet d'un pourvoi en cassation, dans le délai d'un mois suivant sa notification.

Un pouvoir de sanction

L'ARAF dispose d'un pouvoir de "sanctionner les manquements qu'elle constate de la part des acteurs du secteur du transport ferroviaire", soit d'office, soit à la demande "de l'autorité administrative compétente, d'une organisation professionnelle, d'un gestionnaire d'infrastructure, d'une entreprise ferroviaire ou de toute autre personne concernée". Les possibilités de saisine sont donc largement ouvertes.

Les conditions dans lesquelles s'exerce ce pouvoir de sanction sont très proches de celles prévues pour les autres autorités administratives indépendantes dotées d'un pouvoir de sanction et s'inscrivent dans le cadre fixé par le Conseil constitutionnel.

Les manquements susceptibles d'être sanctionnés sont ceux, commis par un gestionnaire d'infrastructure ou une entreprise ferroviaire aux "obligations lui incombant, au titre de l'accès au réseau ou de son utilisation, et notamment en cas de méconnaissance par un gestionnaire d'infrastructure ou une entreprise ferroviaire d'une règle édictée par l'autorité" dans le cadre de son pouvoir réglementaire dérivé (article 14 de la loi) ou d'une décision relative à l'autorisation d'entrée en vigueur des accords-cadres prévus entre les entreprises ferroviaires et le gestionnaire d'infrastructure, ou d'une décision approuvant les règles de la séparation comptable (III et IV de l'article 15), ou d'une décision de règlement de différends (article 16 de la loi), enfin, en cas de manquement aux obligations de communication des documents et informations qui permettent à l'Autorité d'exercer ses contrôles.

Il revient à des agents habilités de constater les manquements reprochés.

Toutefois, dans tous les cas, l'Autorité ne peut sanctionner qu'après avoir mis en demeure l'organisme intéressé de se conformer à ses obligations dans un délai qu'elle détermine et seulement si l'intéressé ne s'est pas conformé à cette mise en demeure dans le délai imparti

La procédure respecte les règles classiques dans ce domaine en droit de la régulation : respect du contradictoire, notification des griefs, droit d'accès au dossier, observations écrites et orales, respect du secret d'affaires, huis clos, délibéré hors la présence des agents ayant constaté les manquements (séparation instruction et décision), délai de prescription de cinq ans.

Les sanctions peuvent être une interdiction temporaire d'accès à tout ou partie du réseau ferroviaire pour une durée n'excédant pas un an, ou une sanction pécuniaire, dont le montant proportionné notamment à la gravité du manquement, ne peut toutefois excéder 3 % du chiffre d'affaires hors taxes ou 150 000 euros, porté à 5 % en cas de récidive ou 375 000 euros.

Les parlementaires ont précisé que les sommes correspondantes sont versées à l'Agence de financement des infrastructures de transport de France.

Les décisions de sanction sont soumises au contrôle de pleine juridiction du Conseil d'État en premier et dernier ressort.

Interaction avec d'autres autorités administratives ou juridictionnelles

L'article 27 organise la coopération entre l'ARAF et l'Autorité de la concurrence (demandes d'avis, saisines croisées, communication de saisine), selon des modalités identiques à celles existant pour l'ARCEP.

L'article 28 permet aux juridictions de consulter l'ARAF pour bénéficier de son expertise pour les affaires entrant dans le champ de compétence de l'autorité, ainsi que sur des affaires dont cette dernière a eu à connaître. L'inscription dans la loi de ce dispositif est une novation, bien que l'invitation d'autorités de régulation comme amicus curiae ait déjà été pratiquée par les juridictions, notamment commerciales.

L'obligation faite au président de l'ARAF d'informer le procureur de la République des faits qui lui semblent de nature à faire naître l'action pénale, est un mécanisme d'information qui existe pour plusieurs autres autorités de régulation économique.

Les moyens de l'ARAF

Les articles 19 à 21 organisent l'ARAF, (services placés sous l'autorité du président, rôle du secrétaire général, etc.), en réaffirmant l'impartialité des membres et agents de l'Autorité, leur soumission au secret professionnel et le principe de l'autonomie financière de l'Autorité.

Pour l'accomplissement de ses missions, l'ARAF se voit reconnaître (article 22) un droit d'accès à la comptabilité des gestionnaires d'infrastructure et des entreprises ferroviaires, et ses agents habilités, un pouvoir de procéder "aux enquêtes nécessaires à l'accomplissement des missions confiées à l'autorité". Les articles 23 à 25 encadrent ces pouvoirs d'enquête ainsi que ceux des agents de l'autorité en constatations de manquement.

L'article 26 de la loi confie à l'ARAF la responsabilité d'établir chaque année un rapport d'activité, adressé au Gouvernement et au Parlement, qui porte à la fois sur l'application des dispositions relatives à l'accès au réseau ferroviaire et à son utilisation, sur l'instruction des réclamations et sur l'observation de l'accès au réseau, et dans lequel elle "évalue les effets de ces décisions sur les conditions d'accès au réseau ferroviaire et sur les conditions de son utilisation".

L'ARAF, dont le siège sera au Mans, disposera d'une cinquantaine de collaborateurs et d'un budget de fonctionnement annuel de huit millions d'euros.

Observations finales

L'adoption de la loi, malgré les incontestables améliorations apportées par le Parlement, laisse de nombreuses questions imparfaitement résolues. En outre, plusieurs décrets seront nécessaires pour compléter et préciser l'ensemble des dispositifs.

En ce qui concerne l'institution de l'ARAF, l'existence d'une autorité indépendante dotée d'importants pouvoirs est un progrès considérable.

Par l'articulation de ses pouvoirs d'avis, réglementaires, de règlement de différends et de sanctions, le régulateur pourra jouer un rôle décisif sur le contrôle du document de référence du réseau ferré national, sur la question importante de la tarification de l'accès aux voies, ou sur l'appréciation des conditions auxquelles est soumis le cabotage consécutif.

Ainsi, il devrait contribuer à améliorer l'ouverture à la concurrence, mais aussi donner de la visibilité aux acteurs afin de relancer l'investissement dans le secteur ferroviaire.

Toutefois, le choix d'un collège relativement nombreux (7 membres), mais dont seul le président exerce sa fonction à plein temps, associé à la réduction du quorum à 4 présents [50], risque de ralentir la prise de décisions, sinon de susciter des interrogations sur sa légitimité. Un collège plus resserré, mais permanent aurait sans doute été préférable.

Par ailleurs, la question la plus sensible reste celle du caractère imparfait de la séparation introduite par la loi ORTF entre la Direction des Circulations Ferroviaires de la SNCF qui assurera pour le compte de RFF la gestion des circulations, et la SNCF entreprise ferroviaire. Il n'est pas certain que la solution adoptée par la loi permette de convaincre les nouveaux entrants qui se plaignaient du défaut d'étanchéité entre la "S.N.C.F. Infra" et la S.N.C.F. entreprise concurrente et des problèmes récurrents de confidentialité des données commerciales subséquents. Comme le relevait le rapporteur de la loi, le mérite du compromis trouvé était d'ouvrir la voie à "une évolution ultérieure". Cette évolution reste à préciser.

Loi n° 2009-1503 du 8 décembre 2009 relative à l'organisation et à la régulation des transports ferroviaires et portant diverses dispositions relatives aux transports, JORF n° 285 du 9 décembre 2009, p. 21226

J. Adda

Concurrences N° 1-2010, pp. 174-181

5.3.2 Contrôle

CJUE, 9 nov. 2017, CTL Logistics, aff. C-489/15

La Cour de justice de l'Union européenne estime que le juge ordinaire ne peut contrôler le caractère équitable des redevances pour l'utilisation de l'infrastructure ferroviaire

La Cour de justice de l'Union européenne est venue préciser les délicats rapports entre le régulateur et le juge dans le secteur ferroviaire. En Allemagne, une entreprise de transport ferroviaire (*CTL Logistics*) utilise l'infrastructure ferroviaire gérée par l'entreprise publique agréée *DB Netz*. Cette dernière met à disposition l'infrastructure ferroviaire des clients avec lesquels elle a conclu un "*contrat d'utilisation d'infrastructure*". Sur le modèle d'un contrat-type sont conclus des contrats individuels. *DB Netz* fixe la tarification de prix des sillons que *CTL Logistics* a contestée en saisissant directement le juge civil qui, en vertu du droit allemand, est habilité à trancher le litige contractuel en équité. La juridiction allemande de renvoi s'est dès lors demandée si le droit de l'Union s'oppose à l'application d'une réglementation nationale, prévoyant un contrôle du caractère équitable des redevances pour l'utilisation de l'infrastructure ferroviaire, au cas par cas, par les juridictions ordinaires, et la possibilité, le cas échéant, de modifier le montant de ces redevances, indépendamment de la surveillance exercée par l'organisme de contrôle. Plus précisément, la question s'est posée de l'interprétation de la directive 2001/14/CE du Parlement européen et du Conseil, du 26 février 2001, concernant la répartition des capacités d'infrastructure ferroviaire et la tarification de l'infrastructure ferroviaire (*JOUE* 2001, L 75, p. 29, modifiée par la directive 2004/49/CE du Parlement européen et du Conseil, du 29 avril 2004, *JOUE* 2004, L 220, p. 16).

Interprétation téléologique

S'il n'est pas rare que la directive soit dévoyée par le législateur de l'Union en ce que certaines dispositions de cet instrument normatif d'harmonisation sont si précises qu'elles s'apparentent à celles d'un règlement, d'autres dispositions demeurent quant à elles évasives. Tel est le cas en l'espèce puisqu'aucune disposition de la directive 2001/14/CE ne traite spécifiquement de la question posée. Aussi, dans les interstices laissés par la directive, le droit national se déploie au gré de l'autonomie procédurale. C'est dès lors à l'aune des objectifs et au gré des principes de la directive qu'il convient de se prononcer.

La Cour de justice consacre quelques développements (points 36 à 43) aux objectifs de la directive tels que révélés par les considérants. Outre l'accès non discriminatoire à l'infrastructure et la garantie d'une concurrence équitable, l'arrêt met en exergue l'objectif de l'indépendance du gestionnaire de l'infrastructure précédemment consacré (CJUE, 28 février 2013, *Commission c/ Hongrie*, aff. C-473/10, point 47 ; CJUE, 18 avril 2013, *Commission c/ France*, aff. C-625/10, point 49). L'indépendance n'est cependant qu'un moyen pour le gestionnaire d'atteindre un autre objectif consacré par la Cour de justice, à savoir assurer une utilisation efficace de l'infrastructure ferroviaire dont l'arrêt tire une conclusion essentielle en termes d'autonomie. Il est en effet "*souhaitable* (...) *de laisser une certaine marge de manœuvre aux gestionnaires d'infrastructure*" (CJUE, 28 fév. 2013, *Commission c/ Espagne*, aff. C-483/10, point 44 ; CJUE, 28 février 2013, *Commission c/ Allemagne*, aff. C-556/10, point 82). Cette exigence d'efficacité se justifie d'autant plus que l'infrastructure ferroviaire demeure un monopole. Enfin, l'utilisation équitable et non discriminatoire de l'infrastructure ferroviaire exige la mise en place d'un organisme de réglementation, chargé de surveiller l'application des règles pertinentes applicables du droit de l'Union et d'agir comme organisme de recours, nonobstant la possibilité d'un contrôle juridictionnel.

La Cour de justice revient ensuite sur les "principes matériels" énoncés dans la directive 2001/14 (points 44 à 54) dans le cadre desquels les États membres veillent à ce que les systèmes de tarification et de répartition des capacités de l'infrastructure ferroviaire respectent les principes énoncés dans cette directive. L'arrêt insiste sur le principe découlant de la concurrence équitable : la non-discrimination entre les entreprises ferroviaires. Aussi le système de tarification doit-il assurer un traitement similaire à des entreprises ferroviaires effectuant des prestations semblables en prévoyant la perception de redevances équivalentes et non discriminatoires. Ce principe cardinal posé, la non-discrimination n'empêche pas une autonomie nationale, au contraire ; outre le pouvoir d'appréciation des États membres pour transposer et appliquer la directive, le gestionnaire du réseau doit disposer aussi d'un "*certain pouvoir d'appréciation propre*" (point 51). Ce pouvoir n'en demeure pas moins encadré par la Cour de justice qui tire de la directive une série de précisions. Tout d'abord, il convient de fixer à l'avance et de manière transparente les principes et les niveaux de tarification en publiant un document de référence. Ensuite, le gestionnaire du réseau peut percevoir des droits d'annulation dans la mesure où ceux-ci encouragent une utilisation efficace des capacités (point 52) car "*une utilisation optimale de l'infrastructure ferroviaire entraînera une réduction des coûts de transport pesant sur la société*" (point 53). Le point 54 de l'arrêt énonce alors qu'"*il convient de relever que, selon le considérant 35 de cette directive, un système de tarification émet des signaux économiques pour les utilisateurs, et qu'il est important que ces signaux soient cohérents et incitent les utilisateurs à prendre des décisions rationnelles*". Or, ajoute la Cour, "*ces incitations ne peuvent avoir l'effet envisagé que si le gestionnaire de l'infrastructure dispose effectivement de la possibilité d'adapter son comportement commercial aux conditions du marché*". En conséquence, "*la directive 2001/14 reconnaît un certain pouvoir d'appréciation au gestionnaire de l'infrastructure, afin qu'il réalise les objectifs poursuivis par cette directive. La prise en compte de ces objectifs se traduit dans la fixation et le contrôle uniformes de tous les types de redevances, notamment des droits perçus au titre des capacités demandées, mais non utilisées*". Autrement dit, même si le gestionnaire du réseau agit par un instrument de marché – la conclusion d'un contrat –, il dispose d'un certain pouvoir d'appréciation pour atteindre les objectifs de la directive. Ce pouvoir comporte la faculté de tirer les conséquences de la non-utilisation par une entreprise des sillons demandés dès lors que cela ne méconnaît pas le principe de non-discrimination.

Enfin, la Cour de justice revient sur les "principes procéduraux" énoncés par la directive 2001/14. Il faut entendre par là la mise en place d'un organisme de réglementation, chargé de surveiller l'application de ces règles du droit de l'Union et d'agir comme organisme de recours, nonobstant la possibilité d'un contrôle juridictionnel. Il pèse sur les États membres l'obligation d'instituer un tel organisme pour permettre à une entreprise s'estimant victime d'un traitement discriminatoire ou de tout autre préjudice. Cet organisme doit disposer de pouvoirs de contrôle impliquant l'adoption de décisions contraignantes qui, conformément à la directive, sont soumises à un contrôle juridictionnel.

L'incompatibilité avec la directive du rôle des tribunaux civils

En vertu du droit allemand tel que précisé par la jurisprudence nationale, le juge civil dispose du pouvoir de contrôler les redevances fixées par le gestionnaire d'infrastructures et d'adopter ses propres décisions, après une appréciation effectuée *ex aequo et bono*. L'entreprise disposerait donc du droit de saisir le juge civil pour que celui-ci apprécie le caractère équitable de la redevance fixée par le gestionnaire et, le cas échéant, réduise le montant de cette redevance au titre d'une appréciation en équité et cela avec effet *ex tunc*. La Cour de justice considère que le droit allemand est incompatible avec la directive. L'arrêt s'avère d'une motivation particulièrement abondante puisque sept arguments sont avancés.

En premier lieu, permettre au juge civil de statuer en équité, dans chaque cas particulier, s'oppose au principe de non-discrimination consacré par la directive d'autant que le juge se prononce en fonction de critères posés par le droit allemand qui ne sont pas prévus par la directive. En conséquence, l'application du principe d'équité par les juridictions allemandes est en contradiction avec les principes énoncés par la directive 2001/14, notamment avec le principe d'égalité de traitement des entreprises de transport ferroviaire (point 76).

En deuxième lieu, le système allemand méconnaît la directive en ce qu'il ne permet pas de respecter les exigences en termes d'indépendance du gestionnaire de l'infrastructure. Cette indépendance induit une certaine marge de manœuvre pour la détermination du montant des redevances. Ces dernières constituent en effet un instrument de gestion permettant au gestionnaire d'optimiser l'utilisation de l'infrastructure.

En troisième lieu, confier au juge civil la fonction de veiller au caractère non discriminatoire des redevances revient à nier la compétence exclusive conférée à l'organisme de contrôle par la directive. Cette exclusivité se justifie par la volonté de garantir "*l'unicité du contrôle*" (point 87) qui serait remise en cause par la faculté laissée à chaque juge civil de se prononcer en équité, au cas par cas.

En quatrième lieu, le risque est trop important de discriminations inhérentes à la casuistique du contrôle du juge civil en équité, à laquelle l'intervention d'une juridiction suprême ne saurait remédier que trop tardivement. Quant à la solution consistant pour le gestionnaire à tirer les conséquences d'une décision rendue par le juge civil en équité en modifiant les redevances pour les autres opérateurs, cela revient à nier l'indépendance du gestionnaire et serait en contradiction avec leur mission telle que conçue par la directive.

En cinquième lieu, la fixation en équité de nouvelles redevances par le juge civil revient à remettre en cause le caractère contraignant, pour toutes les parties concernées, des décisions prises par l'organisme de contrôle. En effet, les jugements rendus par les juridictions civiles, le cas échéant sur la base des critères fixés par la réglementation relative au calcul des redevances, produisent un effet limité aux seules parties aux litiges portés devant ces juridictions.

En sixième lieu, n'est pas compatible avec la directive la circonstance qu'en vue d'un règlement amiable dans le cadre de la procédure civile, une solution puisse être trouvée entre le gestionnaire et l'utilisateur sans la participation de l'organisme de contrôle.

En septième lieu, l'intervention du juge civil n'est pas compatible avec l'objectif de la directive consistant à inciter les gestionnaires à optimiser l'utilisation de leur infrastructure.

Cela permet en effet au gestionnaire de percevoir un montant au titre des capacités ferroviaires demandées, mais non utilisées. Que le juge civil puisse, au cas par cas, réduire le montant des redevances pour des raisons d'équité est susceptible de porter atteinte à l'intérêt qu'il y a à contribuer à une utilisation optimale des infrastructures au moyen d'une mesure d'organisation appropriée ou d'une annulation d'une demande de réservation de capacité la plus précoce possible.

Compte tenu de l'ensemble de ces éléments, la Cour de justice interprète la directive 2001/14/CE en ce sens qu'elle s'oppose à une réglementation nationale qui prévoit un contrôle du caractère équitable des redevances pour l'utilisation de l'infrastructure ferroviaire, au cas par cas, par les juridictions ordinaires, et la possibilité, le cas échéant, de modifier le montant de ces redevances, indépendamment de la surveillance exercée par l'organisme de contrôle. Ainsi, la Cour de justice tempère le pouvoir du juge national en vue de protéger les prérogatives dévolues au régulateur. Le principe d'une protection juridictionnelle effective, fût-il constitutionnel, ne saurait induire ce que l'avocat général qualifie d' "*excès de protection*", incompatible avec les prescriptions et les objectifs de cette directive. L'office du juge national n'est pas nécessairement la panacée dans la construction d'un marché intérieur.

F. Martucci
Concurrences N°1-2018, pp. 176-178

ARAFER, déc. n° 2016-100 du 15 juin 2016 relative à la transmission d'informations par les concessionnaires d'autoroute et par les sociétés visées à l'article L. 122-32 du code de la voirie routière

L'Autorité de régulation des activités ferroviaires et routières dresse la liste des informations qu'elle entend recueillir de la part des concessionnaires d'autoroute

La loi n° 2015-990 du 6 août 2015 pour la croissance, l'activité et l'égalité des chances économiques (JORF n°0181 du 7 août 2015, page 13537) a confié de nouvelles missions à l'Autorité de régulation des activités ferroviaires et routières à l'égard des concessionnaires d'autoroutes. En effet, le législateur a chargé l'Autorité de la régulation des tarifs de péage autoroutier ou de la concurrence effective et loyale lors de la passation de certains marchés de travaux, fournitures ou services passé par un concessionnaire d'autoroute pour les besoins de la concession.

Ces nouvelles compétences exercées depuis le 1er février 2016 doivent permettre, en particulier, à l'Autorité de veiller "au bon fonctionnement du régime des tarifs de péage autoroutier" (article L. 122-7 du code de la voirie routière), d'émettre un avis "sur les projets de modification de la convention de délégation, du cahier des charges annexé ou de tout autre contrat lorsqu'ils ont une incidence sur les tarifs de péage ou sur la durée de la convention de délégation" et "sur tout nouveau projet de délégation" (article L. 122-8 du code de la voirie routière) et d'établir "au moins une fois tous les cinq ans, un rapport public portant sur l'économie générale des conventions de délégation" ainsi qu'"annuellement une synthèse des comptes des concessionnaires" (article L. 122-9 du code de la voirie routière). Dans cette optique, l'Autorité se doit de disposer des données des acteurs pour mener à bien sa mission et c'est pourquoi les articles L. 122-31 et suivants du code de la voirie routière ou l'article L. 1264-2 du code des transports lui confèrent le droit de recueillir un certain nombre d'informations. L'ARAFER a donc adopté le 15 juin 2016 une décision de recueil de données, laquelle, bien évidemment, ne contraint pas le régulateur pour formuler des demandes d'informations ultérieures.

À cette fin, l'Autorité envisage de collecter diverses informations mentionnées selon une fréquence annuelle, à l'exception de certaines portant sur les trafics et la congestion, qu'elle prévoit de demander de manière trimestrielle. Par ailleurs, l'Autorité précise qu'elle sollicite la transmission d'informations à compter de l'exercice 2015 afin de produire une première synthèse annuelle des comptes qu'elle transmettra au Parlement en 2016 (elle précise également qu'elle désire disposer d'un minimum d'éléments rétrospectifs pour être en mesure de conduire une analyse pertinente).

La décision dresse des listes spécifiques d'informations pour contrôler le régime des tarifs de péage autoroutier, pour réaliser les synthèses annuelles des comptes, pour assurer le suivi annuel des taux de rentabilité interne de chaque concession et pour établir les rapports publics portant sur l'économie générale des conventions de délégation. Dans la mesure où l'ensemble de ces données doit *in fine*répondre à l'objectif de transparence et d'information des usagers, des décideurs publics et des acteurs du secteur, l'Autorité précise que les données qui lui seront transmises seront utilisées dans ce cadre dans le respect du secret des affaires.

Pour veiller au bon fonctionnement du régime des tarifs de péage autoroutier, L'Autorité prévoit notamment de recueillir les grilles tarifaires approuvées par l'autorité concédante, tous les éléments nécessaires à la compréhension du fonctionnement du régime des tarifs de péage autoroutier et à la bonne application des clauses contractuelles ou encore le compte rendu d'exécution de la concession prévu par le cahier des charges annexé à la convention de concession.

Pour établir les synthèses annuelles des comptes, l'Autorité demande à ce que lui soient transmis les comptes sociaux et leurs annexes approuvés de la société concessionnaire, les comptes consolidés et leurs annexes du groupe constitué par la société concessionnaire et l'ensemble de ses filiales ainsi que le rapport du conseil d'administration du concessionnaire présenté à l'assemblée générale ordinaire d'approbation des comptes et les rapports des commissaires aux comptes pour l'année échue.

Pour assurer le suivi annuel des taux de rentabilité interne de chaque concession, l'Autorité entend recueillir une note précisant, au 31 décembre de l'année concernée, le "coût des capitaux investis par la société" au sens de l'article L. 122-31. Cette note de calcul précisera la méthodologie de calcul du coût moyen pondéré du capital de la société concernée et toutes les hypothèses sous-jacentes nécessaires à la bonne compréhension dudit calcul.

Enfin, pour établir les rapports publics portant sur l'économie générale des conventions de délégation, les concessionnaire d'autoroutes devront faire parvenir à l'Autorité de nombreux documents tels que les comptes propres de la concession, les cartographies (caractéristiques et localisation) du réseau exploité par la société (km linéaires, km de voies de circulation), des diffuseurs, échangeurs, aires de repos/services et ouvrages d'art présents sur le réseau exploité, les données de trafic sur l'ensemble du réseau de la société et plusieurs indicateurs relatifs à la congestion ou à la qualité de service (délais d'intervention, qualité/état de la chaussée et des ouvrages).

Pour conclure, bien que la décision ne le précise pas, si un concessionnaire d'autoroute ne se conforme pas à cette décision, le collège de l'Autorité de régulation des activités ferroviaires et routières pourra le mettre en demeure, dans un délai qu'il détermine, de lui faire parvenir les informations nécessaires. En cas de non-respect de la mise en demeure dans le délai fixé ou fournit des renseignements incomplets ou erronés, le collège de l'autorité pourra alors décider de l'ouverture d'une procédure de sanction. En fonction de la gravité du manquement, le concessionnaire récalcitrant pourrait être condamné à une sanction pécuniaire, dont le montant est proportionné à la gravité du manquement, à la situation de l'intéressé, à l'ampleur du dommage et aux avantages qui en sont tirés.

H. Delzangles, S. Martin
Concurrences N°3-2016, pp. 160-161

ARAFER, déc. n° 2016-011 du 3 févr. 2016 portant règlement du différend entre la Région Auvergne-Rhône-Alpes et SNCF Réseau relatif à la répartition des capacités par le gestionnaire d'infrastructure

L'Autorité de régulation des activités ferroviaires et routières rend une décision relative à la demande de répartition des capacités introduite auprès du gestionnaire d'infrastructure

L'Autorité de régulation des activités ferroviaires et routières (ARAFER) a été saisie, en juillet 2015, par la Région Auvergne et la Région Rhône-Alpes, composant une Région unique Auvergne-Rhône-Alpes depuis le 1er janvier 2016 ("la Région"), d'un différend avec SNCF Réseau, portant sur la mise en œuvre de la procédure de répartition des capacités des sillons ferroviaires. Le différent portait précisément sur l'étape de structuration de l'horaire de service dite de "phase de structuration de la capacité du graphique" telle que précisée dans le chapitre 4 du document de référence du réseau de SNCF Réseau. La Région s'estimait victime d'un préjudice, lié à l'accès au réseau, constitué par l'allongement du temps de parcours sur la ligne TER Lyon-Chambéry de 8 minutes, le décalage des horaires de 20 minutes sur les lignes TER Chambéry-Bourg Saint Maurice et Chambéry-Modane et la suppression de certains arrêts sur la ligne TER Saint-André-le-Gaz-Grenoble.

Echanges préalables entre les parties

Dans le cadre de la phase de structuration de la capacité du graphique pour l'horaire de service 2015, la branche Voyages de SNCF Mobilités avait adressé à SNCF Réseau une expression de besoins tendant à la systématisation des arrêts TGV en gare de Lyon Saint-Exupéry tandis que la Région avait adressé à SNCF Réseau une expression de besoins visant à systématiser la desserte de quatre arrêts sur la ligne TER Lyon – Grenoble. SNCF Réseau avait décidé, de systématiser la desserte de la gare TGV Lyon Saint-Exupéry pour l'horaire de service 2015 ; cette modification de la trame horaire entraînant la réorganisation de certains sillons empruntés par les trains TER Rhône-Alpes.

S'agissant de la structuration de la capacité du graphique pour les services des années 2016 et 2017, SNCF Réseau avait fait part à la Région et à SNCF Mobilités de son souhait d'une stabilisation de la trame entre les services pour ces deux années. SNCF Réseau avait proposé une solution alternative afin de rétablir un niveau de service équivalent sur les lignes TER, sans toutefois parvenir à retrouver le niveau de service garanti par l'horaire de 2014. La Région contestait cette solution et demandait le rétablissement du niveau de service garanti en 2014.

L'Autorité ordonne l'engagement d'une procédure de concertation en vue de définir une procédure d'élaboration de la trame horaire

La Région soutenait que la phase de concertation en amont, s'agissant notamment de l'étape de pré-construction du graphique en vue de l'établissement de l'horaire de service, n'avait été ni transparente ni équitable, les critères d'appréciation censés guider l'élaboration de la trame ayant été imprécis et dépourvus de caractère impératif.

Il est apparu que l'annonce de modifications sur la trame régionale pour l'horaire de 2014 avait été anormalement tardive, faisant ainsi obstacle à ce que des discussions utiles se tiennent suffisamment en amont entre SNCF Réseau, SNCF Mobilités et la Région. La trame horaire systématique, qui avait été reconduite pour les horaires de service 2016 et 2017 n'avait pas fait l'objet de davantage de concertation.

Sur ce point, l'ARAFER rappelle que l'efficacité du processus de répartition des sillons dépend directement de la qualité des travaux préparatoires effectués par le gestionnaire de l'infrastructure lors de la phase de programmation des capacités. L'étape de structuration est dès lors essentielle en ce qu'elle préfigure les conditions d'accès au réseau des différents acteurs, notamment l'ordre de traitement des demandes de capacités lors de la construction de l'horaire de service. L'ARAFER fait notamment référence au document de référence du réseau de SNCF Réseau qui précise que la construction de l'horaire de service doit avoir pour principal objectif d'apporter des réponses appropriées, au plus proche des besoins, et d'assurer la meilleure adéquation possible des demandes telles que formulées, tout en tenant compte des contraintes fortes du réseau (voir DRR, 4.2.3.2).

Si l'ARAFER n'a pas fait droit aux demandes de la Région de rétablir le niveau de service 2014 pour les horaires de service suivants (2016 et 2017), elle a néanmoins imposé à SNCF Réseau d'engager, et ce au plus tard un mois à compter de la notification de la décision, une concertation avec l'ensemble des candidats à l'accès au réseau afin de répondre à leurs préoccupations légitimes. L'ARAFER a considéré que cette concertation, qui devra être achevée dans un délai de six mois, portera notamment sur (i) l'association des parties prenantes dès le début et tout au long de la phase de concertation, (ii) la transparence du processus d'instruction garantissant une égalité de traitement des demandeurs de sillons, (iii) la procédure d'élaboration de la trame horaire systématique et notamment, la définition de critères d'appréciation des besoins en cas de conflit de sillons non résolu, (iv) le respect du calendrier d'établissement de la trame horaire.

Dans le délai d'un mois suivant le terme de la concertation, SNCF Réseau rendra compte à l'Autorité du déroulement de cette concertation et de ses résultats.

L'ARAFER a par ailleurs, précisé que l'horaire de service est établi annuellement, mais pas au-delà. Il s'ensuit qu'au terme d'un horaire de service donné, le document de référence du réseau, acte réglementaire établi par le gestionnaire du réseau ferré national, est frappé de caducité et cesse de produire ses effets. En ce sens, il est rappelé que la Région ne dispose d'aucun droit acquis à ce que le niveau de service garanti par un horaire de service donné soit reconduit sur un horaire de service ultérieur.

J.-P. Tran Thiet, O. Berg, E. Xueref-Poviac
Concurrences N° 2-2016, pp. 197-198

5.3.3 Règlement des différends

ARAF, déc. n° 2012-011 du 9 mai 2012 portant sur la demande formée par la société Europorte Channel dans le cadre d'un différend l'opposant à RFF relatif aux prestations de "sûreté" sur le faisceau de Calais-Frethun

L'Autorité de régulation des activités ferroviaires se déclare incompétente pour régler un différend portant sur l'instauration d'une redevance par le gestionnaire du réseau

Le 20 janvier 2012, l'Autorité de régulation des activités ferroviaires a enregistré une demande de règlement d'un différend un peu spéciale présentée par la société Europorte Channel. Cette dernière reprochait au gestionnaire du réseau ferroviaire, RFF, d'avoir institué une redevance relative aux prestations de sûreté sur le site du terminal de Calais-Frethun.

Comme le décrit le document de référence du réseau, "la prestation de sûreté contient la détection de la présence éventuelle de migrants à bord du train, la surveillance par le poste de vidéosurveillance et le gardiennage de la rame après contrôle et jusqu'au départ du train. Elle ne couvre pas la fourniture du matériel aux douanes dans le cadre de leur mission liée à la détection d'explosifs, ni les coûts liés aux mesures de protection en cas d'alerte liée à la suspicion de présence d'explosifs (rame de sable ou autre solution à venir). Seuls les trains de fret à l'export vers la Grande Bretagne empruntant le site de Calais-Frethun sont concernés par cette redevance".

En somme, RFF a instauré une redevance pour assurer la prise en charge de ces prestations. C'est donc cette redevance qu'Europorte Channel conteste en arguant à titre principal "*que la redevance en cause visant à compenser, dans le cadre de l'exercice d'une mission régalienne de l'État, les coûts des contrôles renforcés d'immigration mis à la charge de la SNCF par l'État* [...] *ne peut être reliée à l'utilisation du réseau ferré national* [et] *que* [...] *la SNCF* [...] *a abandonné contractuellement ces missions de sûreté assumées historiquement sans que cet abandon repose sur une évolution conforme du contexte institutionnel et réglementaire*".

Reste que la question principale à laquelle l'autorité devait répondre était celle de savoir si elle était compétente pour connaître du litige. S'appuyant sur l'article L. 2134-2 du code des transports, selon lequel "toute personne autorisée à demander des capacités d'infrastructure ferroviaire ou tout gestionnaire d'infrastructure peut saisir l'Autorité de régulation des activités ferroviaires dès lors qu'il s'estime victime d'un traitement inéquitable, d'une discrimination ou de tout autre préjudice liés à l'accès au réseau ferroviaire", l'Autorité de régulation des activités ferroviaires a donc, tour à tour, examiné les conditions tenant à la qualité du demandeur, celles tenant au préjudice subi par le demandeur puis celles tenant à l'accès au réseau.

La condition tenant à la qualité du demandeur ne pose pas de difficulté puisqu'Europorte Channel est une entreprise ferroviaire, autorisée à ce titre à demander des capacités d'infrastructures.

Celle tenant au préjudice subi par le demandeur est également validée dans la mesure où, comme l'autorité le souligne, Europorte Channel "s'estime victime" d'un préjudice, avant de préciser qu'"en tout état de cause, il apparait que l'introduction d'une redevance ferroviaire affectant une entreprise ferroviaire, cliente d'Europorte Channel, peut potentiellement causer un préjudice à cette dernière".

En revanche, l'Autorité estime que cette prestation ne relève pas de l'accès au réseau ferroviaire national mais de l'accès au "système" du tunnel sous la Manche pour lequel l'Autorité n'est pas compétente et que la condition tenant à l'accès au réseau n'est pas remplie. Selon elle, "bien que la prestation soit réalisée sur une infrastructure de services réputée appartenir au réseau ferré national et décrite dans le document de référence du réseau, [...] cette prestation est motivée par la réalisation des mesures de sûreté relatives au passage des trains de marchandises empruntant le tunnel sous la Manche vers le Royaume-Uni".

L'autorité rejette donc la demande présentée par la société Europorte Channel au motif qu'elle a été portée devant une autorité incompétente pour en connaître. Néanmoins, elle se prononce sur les faits portés à sa connaissance. Certains commentaires visent à éclaircir la situation. D'autres au contraire laissent le lecteur dubitatif. Concernant les premiers, l'autorité considère que les prestations et redevances en cause dans le différend devraient être intégrées en priorité dans le document de référence Eurotunnel et ne devraient être mentionnées dans le document de référence du réseau ferré français qu'autant que cela soit nécessaire à la pleine information des entreprises ferroviaires. Pour les seconds, l'autorité juge que "la redevance prévue par RFF n'induit pas de discrimination entre les entreprises ferroviaires" et que "la tarification de la prestation pour 2012 semble effectivement correspondre aux coûts supportés par RFF". Elle va ensuite encore plus loin et conteste d'une part "la pertinence de confier à RFF une telle responsabilité de contrôle compte tenu de l'intervention parallèle des services des douanes" et d'autre part la clarté des "bases légales applicables à ces contrôles [...], ainsi que les modalités juridiques de prise en charge et de répartition des frais afférents, [ou celle de] la propriété et la jouissance des diverses parcelles du site de Calais-Frethun".

Si l'action de la société Europorte Channel pouvait apparaître saugrenue au regard des critères d'un règlement de différend par une autorité de régulation, la décision de l'Autorité de régulation des activités ferroviaires n'en reste pas moins étrange. On ne peut qu'approuver la déclaration d'incompétence rendue par l'autorité s'agissant d'un litige portant sur l'imposition d'une nouvelle redevance et non pas d'un différend concernant l'accès d'un opérateur au réseau. On peut en revanche s'interroger sur la motivation de celle-ci lorsqu'elle estime nécessaire d'exprimer son opinion sur des éléments relatifs à la légalité du dispositif mis en œuvre par RFF.

H. Delzangles

Concurrences N° 3-2012, pp. 216-217

ARAF, déc. n° 2011-016 du 8 juil. 2011 portant sur la demande formée par la société Novatrans dans le cadre d'un différend l'opposant à RFF et à la société Combiwest relatif aux modalités de modification d'un sillon

L'ARAF donne des précisions concernant le déroulement, devant elle, de la procédure de règlement des différends

À l'occasion d'une décision relative à un différend entre la société Novatrans et RFF portant sur l'octroi d'un sillon ferroviaire à Combiwest, l'ARAF rappelle certaines règles, classiques en matière de règlement des différends (voir également L. Grard, "Primat de la libre concurrence dans la première décision de l'Autorité de régulation des activités ferroviaires", Revue de droit des transports n° 10, Octobre 2011, comm. 143).

En l'espèce, le litige trouve son origine dans l'octroi de sillons entre Lyon et Rennes. Deux entreprises de transport combiné ont sollicité des sillons auprès de RFF, gestionnaire de l'infrastructure ferroviaire. Il s'avère qu'à l'issue de la phase d'attribution, RFF en a octroyé un sur cette liaison pour chacune des entreprises. Toutefois, Combiwest a, après cette attribution, demandé la modification de son sillon pour arriver plus tôt à Rennes, ce qui a été accepté par RFF. Cette modification a eu pour conséquence que Combiwest se retrouvait avec le premier sillon horaire de la journée, alors que c'est Novatrans qui profitait de cet avantage avant la modification. Celle-ci estime donc avoir subi un préjudice en raison de la différence de traitement opérée par RFF entre elle et son concurrent. Se fondant sur l'article L. 2134-2 du Code des transports ("toute personne autorisée à demander des capacités d'infrastructure ferroviaire ou tout gestionnaire d'infrastructure peut saisir l'Autorité de régulation des activités ferroviaires dès lors qu'il s'estime victime d'un traitement inéquitable, d'une discrimination ou de tout autre préjudice liés à l'accès au réseau ferroviaire"), Novatrans a saisi l'ARAF pour lui demander l'annulation de la modification du sillon de Combiwest et la sanction de RFF pour la procédure suivie lors de cette modification. Au cours de la procédure, Novatrans a décidé de se rétracter sur le premier point, RFF ayant accepté d'instruire une demande de modification de son sillon. Elle a en revanche maintenu ses demandes relatives. à l'instruction de la modification du sillon de Combiwest.

Dans sa décision du 8 juillet, l'autorité n'a fait droit à aucune des demandes de Novatrans. Pour le régulateur, les demandes formées par la société "n'ont pas été discutées utilement [...] avec RFF ou Combiwest". Se retrouve ici l'idée selon laquelle l'autorité chargée du règlement des différends doit, avant toute chose, s'assurer qu'il existe bien un différend entre les parties. Il est donc nécessaire que ces dernières, avant de saisir l'autorité, aient procédé à des échanges afin que l'autorité puisse s'assurer qu'il existe bien un conflit entre les parties et qu'elles sont dans l'incapacité de le résoudre seules. Par ailleurs, l'ARAF estime que la procédure suivie n'est pas irrégulière tout en relevant néanmoins que les règles l'encadrant mériteraient d'être adaptées. Elle note en effet que les mesures concernant la communication des informations relatives à la demande de sillons sont contradictoires. En l'occurrence, si certaines imposent la transmission de toutes ces informations à l'ensemble des demandeurs, d'autres soumettent RFF au respect de la confidentialité des informations reçues. Pour l'Autorité, la réglementation doit être adaptée afin que l'obligation de confidentialité ne puise plus être mise à mal.

Placée dans le cadre du règlement des différends, la solution de l'ARAF ne saurait surprendre. Néanmoins, la rédaction des dispositions du Code des transports relative à la compétence de l'autorité laisse la place à une interprétation plus large. Plus qu'un différend entre deux parties, l'objet de l'article L. 2134-2 peut être interprété comme visant à protéger une partie qui s'estimerait lésée. Dans une espèce comme celle-ci, l'ARAF aurait certainement pu se prononcer sur le préjudice subi par Novatrans du fait de la modification d'un sillon ferroviaire proche de celui qui lui était octroyé. Mais elle a préféré avoir une lecture stricte du cadre de ses compétences relatives au règlement des différends.

H. Delzangles, S. Martin
Concurrences N° 4-2011, p. 195

Biographies

Joëlle Adda

Joëlle Adda est actuellement juge à New-York au Tribunal du Contentieux Administratif des Nations Unies après avoir été professeur invité à l'Université de l'Iowa. Elle a été auparavant Présidente du Tribunal administratif de Lille (2014-2017) et présidente de la 5ème Chambre de la Cour administrative d'appel de Paris. Elle est diplômée de l'école nationale d'administration (ENA). Elle a été commissaire du gouvernement et rapporteur au Tribunal administratif de Versailles (1989-1994), rapporteur à la Cour des comptes (1994-1996), rapporteur et commissaire du gouvernement à la Cour administrative d'appel de Paris (1996-2000 et 2002-2005), expert auprès du service juridique de la Commission européenne (2000-2002), directrice juridique de l'ARCEP (2005-2009), présidente assesseur de la deuxième chambre de la Cour administrative d'appel de Paris (2009-2010), directrice juridique de la société du Grand Paris (2010-2013).

Orion Berg

Orion Berg est avocat au sein du cabinet White and Case à Paris. Il est spécialisé en droit de la concurrence et en régulation notamment dans les secteurs fortement régulés comme les télécoms et l'énergie. Ses domaines d'intervention sont les pratiques anticoncurrentielles, le contrôle des concentrations, les aides d'Etat et le droit de l'UE. Il assiste également les clients sur les questions d'investissements étrangers en France. Il enseigne au sein du master II droit et régulation des marchés de l'Université Paris Dauphine.

Jean Cattan

Jean Cattan est le conseiller du président de l'Arcep. Il est également chargé d'enseignements (Sciences Po Paris, Ena, Paris 2, Dauphine et autres). Il est docteur en droit public.

Simon Daboussy

Après plus de 9 ans passés au sein de l'équipe «Droit public» de Baker and McKenzie Paris, Simon Daboussy est désormais associé au sein du cabinet AdDen Méditerranée. Il conseille tant des personnes publiques que des entreprises privées en matière de droit de la commande publique, notamment en cas de différends liés à l'exécution des engagements contractuels. Il a par ailleurs développé une expertise particulière en droit de la régulation et de l'énergie. Dans ce domaine, il assiste les différents acteurs en matière d'obligation d'achat, de raccordement aux réseaux publics et de concessions de distribution d'énergie tant en conseil qu'en contentieux. Il intervient également en matière de droit de l'urbanisme et en droit administratif général.

Hubert Delzangles

Hubert Delzangles est Professeur agrégé de droit public à Sciences Po Bordeaux. Il est également responsable du Master Expertise en affaires publiques, Droit public des affaires à Sciences Po Bordeaux, Université de Bordeaux. Il est ùembre du Centre de recherches et de documentation européennes et internationales (CRDEI, Université de Bordeaux) et également directeur scientifique de la chaire TRENT "Transitions énergétiques territoriales".

Laetitia Ghebali

Laetitia Ghebali est chargée de mission au sein de la direction des affaires juridiques de la Commission de régulation de l'énergie. Elle est également déléguée à la protection des données de la Commission de régulation de l'énergie. Auparavant, elle a été avocate au sein de l'équipe concurrence, Europe et régulation du cabinet White and Case pendant plusieurs années. Elle est diplômée de l'École normale supérieure de Cachan en droit, économie et gestion. Elle a obtenu l'agrégation d'économie et de gestion en 2008.

Emmanuel Guillaume

Emmanuel Guillaume est Associé du département Droit Public/Environnement de Baker McKenzie à Paris. Il est également Conseiller d'État. Emmanuel Guillaume a une grande connaissance des secteurs de la télécommunication, des médias, de l'énergie et des transports ainsi qu'une expérience juridique très riche tant au plan national qu'international, notamment en droit public des affaires, en réglementation des activités de réseau et en droit de l'environnement. Sa pratique du monde de l'entreprise et du secteur public constitue une expérience unique qu'il met au service de nos clients pour le management juridique de leurs grands projets. A la sortie de l'ENA, il a débuté sa carrière dans l'administration, à la fois au Conseil d'État, en tant que membre de la Section du contentieux (rapporteur puis commissaire du Gouvernement) et de la Section des travaux publics, et comme Conseiller juridique de plusieurs ministères (Poste et Télécommunications, Environnement). Il a été en charge, sur le plan juridique, de dossiers stratégiques comme celui du Tunnel sous la Manche, pour le compte du Gouvernement français (1985-1986). Il a également collaboré étroitement avec la direction générale de l'Aviation civile au moment de l'ouverture à la concurrence du ciel français (1985-1989), en tant que rapporteur au CSAM. Directeur juridique et fiscal de France Télécom pendant la décennie 90, il a été jusqu'en 2001, l'un des artisans de la mutation de France Télécom, à l'origine service national monopolistique, en société cotée opérant sur des marchés concurrentiels en France et à l'étranger.

Vincent Jaunet

Vincent Jaunet, ancien élève de l'ESSEC et titulaire d'un DESS de Droit des Affaires – DJCE de l'Université de Paris II Assas, a exercé de 2003 à 2007 au sein de l'équipe Europe, Concurrence et Réglementations Economiques de CMS Bureau Francis Lefebvre. En 2007, il a intégré White & Case LLP au sein de la practice Antitrust & Regulatory. Depuis fin 2008, il est avocat associé au sein du cabinet Magenta qu'il a fondé avec Sylvain Justier. Spécialisé en droit de la concurrence et en droit de la régulation, Vincent Jaunet intervient tant en conseil qu'en contentieux. il assiste fréquemment ses clients en matière de contrôle des concentrations. Il a également développé une expertise en droit de l'énergie et intervient fréquemment dans le secteur des télécoms. Il dispose aussi d'une pratique importante en droit de la consommation, ainsi que dans les domaines relatifs au traitement des données à caractère personnel.

Intervenant en droit de la concurrence, il assiste fréquemment ses clients en matière de contrôle des concentrations, notamment des acteurs du monde bancaire et financier. Il a également développé une expertise en droit de l'énergie. Il intervient fréquemment dans le secteur des télécoms et dispose aussi d'une pratique importante en droit de la consommation, ainsi que dans les domaines relatifs au traitement des données à caractère personnel.

Sylvain Justier

Sylvain Justier, diplômé d'un DESS de Droit des Affaires – DJCE de l'Université de Rennes I, a débuté sa carrière chez CMS Francis Lefebvre Avocats en janvier 2001 dans l'équipe Europe, Concurrence et Réglementations Econo¬miques, équipe dans laquelle il était devenu Counsel en 2006. En 2007, il a rejoint la practice Antitrust & Regula¬tory du cabinet White & Case LLP. Il est désormais associé fondateur du cabinet Magenta. Il dispose d'une pratique importante en droit de la concurrence et traite de nombreux dossiers antitrust devant les autorités de concurrence et les juridictions nationales : assistance lors d'opérations de visite et saisie et contestation de ces opérations, représentation d'entreprises en demande et en défense dans le cadre d'affaires d'ententes ou d'abus de position dominante, contentieux indemnitaires liés à des pratiques anticoncurrentielles. Il intervient également en contrôle des concentrations, pratiques restrictives de concurrence et concurrence déloyale. Il jouit par ailleurs d'une expertise reconnue dans plusieurs secteurs régulés, tout particulièrement ceux des télécoms et du transport ferroviaire. Au-delà des dossiers antitrust traités dans ces secteurs, il intervient sur toutes les problématiques réglementaires que rencontrent ses clients et les assiste, notamment, dans le cadre de procédures de sanctions ou de règlement de différends devant les régulateurs sectoriels (ARCEP, ARAFER...).

Jean-Philippe Kovar

Il dispose d'une pratique importante en droit de la concurrence et traite de nombreux dossiers antitrust devant les autorités de concurrence et les juridictions nationales :

assistance lors d'opérations de visite et saisie et contestation de ces opérations, représentation d'entreprises en demande et en défense dans le cadre d'affaires d'ententes ou d'abus de position dominante, contentieux indemnitaires liés à des pratiques anticoncurrentielles. Il intervient également en contrôle des concentrations, pratiques restrictives de concurrence et concurrence déloyale.

Hélène Lallemand

Avocate depuis 2010, Hélène Lallemand exerce au sein du département Concurrence du bureau parisien du cabinet Freshfields Bruckhaus Deringer depuis 2016. Elle est diplômée de l'Université Paris I Panthéon-Sorbonne et de HEC Paris.

Christophe Lemaire

Christophe Lemaire est Maître de conférences à l'Ecole de droit de la Sorbonne - Université Paris 1 Panthéon-Sorbonne, où il enseigne le droit de la concurrence et de la régulation et codirige le Master II Droit économique de l'Union européenne. Il est également avocat, associé du cabinet Ashurst à Paris, responsable du département droit de l'Union européenne et droit de la concurrence. Il a également été rapporteur permanent et conseiller aux affaires européennes auprès du Conseil de la concurrence (devenu Autorité de la concurrence).

Mélodie Lenglart

Mélodie Lenglart est conseiller juridique au sein du groupe GRDF. Elle travaillait auparavant pour le cabinet Baker and McKenzie Paris ainsi que pour EDF. Elle est diplômée d'un master II en droit européen des affaires de l'Université Paris II Panthéon-Assas.

Guillaume Léonard

Inscrit au barreau de Paris depuis janvier 2018, Guillaume Léonard est ancien étudiant de l'Université de Georgetown University (Washington DC), diplômé de Sciences Po Strasbourg, de l'Université de Strasbourg et de la Freie Universität de Berlin. Il a enseigné le droit administratif à l'Université Paris I Panthéon-Sorbonne en qualité de chargé de travaux dirigés. Guillaume Léonard est avocat, collaborateur, il exerce au sein de l'équipe Droit public du cabinet Bredin Prat. Il intervient sur toutes les questions impliquant des personnes morales de droit public et des entreprises publiques, en matière réglementaire et contractuelle. Son activité est également dédiée au traitement des problématiques auxquelles sont confrontés les opérateurs économiques dans les secteurs réglementés et régulés.

Denis Lescop

Denis Lescop, Docteur habilité à diriger des recherches en sciences économiques, est Directeur des programmes Bachelor et MSc de Montpellier Business School. Ancien rapporteur au Conseil de la Concurrence et responsable des études économiques à l'Autorité de Régulation des Télécoms (ART), ses recherches portent sur les nouvelles formes de concurrence et leurs impacts sur l'architecture des industries et les politiques publiques. Ses analyses se concentrent sur les secteurs des télécoms, de l'Internet et des nouvelles technologies de l'information et de la communication.

Martine Lombard

Docteur en droit, agrégée de droit public, Martine Lombard est professeure à l'Université Paris Panthéon-Assas, spécialisée en droit public de l'économie. Professeure à l'Université de Strasbourg, puis en fonction à Air France dont elle fut directrice des affaires juridiques jusqu'en 1993, elle fut ensuite professeure à l'Université de Paris Dauphine puis à l'Université Panthéon-Assas, avocate au barreau de Paris jusqu'en 2003, présidente des jurys des concours d'entrée à l'ENA en 2008, membre du Conseil supérieur de la magistrature de 2011 à 2015. Depuis lors, elle siège au collège de l'Autorité de régulation des communications électroniques et des postes (Arcep) et exerce certaines responsabilités d'enseignement.

Alexandre Martin

Alexandre Martin est avocat au sein de White & Case Paris. Il est notamment spécialisé en droit de la régulation, droit des pratiques anticoncurrentielles, droit des aides d'Etat et droit des concentrations. Il est diplômé de l'Institut d'études politiques de Strasbourg, du master économie du droit de l'Université de Nanterre et du master Droit européen des affaires de l'Université Paris II Panthéon-Assas.

Sébastien Martin

Sébastien Martin est Maître de conférences de droit public à l'Université de Bordeaux et directeur scientifique de la Chaire «Régulation des jeux d'argent et de hasard». Il s'intéresse au droit public économique, au droit du marché intérieur, au droit de la concurrence et au droit de la régulation. Il est également spécialisé en droit des transports, depuis sa thèse sur les transformations contemporaines des services publics de transport, et en droit des jeux.

Francesco Martucci

Francesco Martucci est agrégé des Facultés de droit et professeur de droit public à l'Université Paris II Panthéon-Assas, directeur du Master 2 Droit européen du marché et de la régulation et membre du Haut Comité Juridique de la Place Financière de Paris. Il est spécialisé en droit de l'Union européenne et s'intéresse particulièrement au droit économique européen. Il travaille ainsi sur l'Union économique et monétaire, sur le droit du marché intérieur, sur le droit de la concurrence (en particulier aides d'Etat et services d'intérêt économique général).

Michaël Perche

Michaël Perche est avocat au sein du département droit public / droit de l'environnement du cabinet Baker McKenzie à Paris. Il est diplômé de l'Université Paris II Panthéon-Assas et de l'ESSEC Business School.

Pierre-Édouard Pivois

Pierre-Édouard Pivois est responsable du pôle réglementation et droit des sociétés au sein du groupe Aéroports de Paris. Il était auparavant avocat au sein du cabinet Baker McKenzie Paris. Il est diplômé des Universités Paris I Panthéon-Sorbonne et Paris II Panthéon-Assas.

Julie Rondu

Julie Rondu est docteur en droit de l'Université de Strasbourg où elle enseigne. Elle est spécialisée en droit de l'Union européenne.

Roman Roussel

Roman Roussel est avocat au sein du cabinet Baker McKenzie Paris. Il est spécialisé en droit public des affaires et en droit de l'Union européenne. Il est diplômé de l'Université Paris II Panthéon-Sorbonne et de la London School of Economics. Avant de rejoindre Baker & McKenzie en 2017, il a effectué plusieurs stages, notamment au sein du Parlement européen, du cabinet Baker McKenzie, à Radio France et à la Cour administrative d'appel de Versailles.

Jean-Paul Tran Thiet

Jean-Paul Tran Thiet, ancien haut fonctionnaire français et européen, a occupé plusieurs postes importants à Paris et Bruxelles tels que conseiller au cabinet du vice-président de la Commission européenne, chef de secteur au Secrétariat général aux affaires européennes, conseiller, puis directeur-adjoint du cabinet de deux ministres des affaires européennes, conseiller du Premier ministre. Après cette carrière publique, il a rejoint le Barreau de Paris en tant qu'avocat spécialisé en droit européen et droit de la concurrence. Il a fondé le cabinet JPTT & Partners en 2016. Il est spécialisé en droit européen, de la concurrence et des secteurs régulés.

Thierry Tuot

Thierry TUOT, conseiller d'Etat, est président adjoint de la section de l'intérieur. Il est également président du CoRDiS de la Commission de régulation de l'énergie (CRE). Diplômé de l'Institut d'études politiques de Paris, ancien élève de l'ENA (promotion Diderot), Thierry Tuot entre au Conseil d'Etat en 1986. Il devient Président de la 10ème chambre de la section du contentieux du Conseil d'Etat de 2008 à 2016. Il a été membre de l'Autorité de la concurrence entre 2009 et 2014 et Président de la commission des sanctions de l'autorité de régulation des jeux en lignes de 2010 à 2016. Monsieur Tuot a été directeur général de la CRE de 2000 à 2003 et chargé de différentes missions auprès du ministre en charge de l'énergie. Il est également président d'honneur de l'association française de droit de l'énergie (AFDEN) et enseigne le droit de la régulation à l'Université Dauphine PSL.

Emily Xueref-Poviac

Emily Xueref-Poviac est avocate au sein du cabinet Clifford Chance Paris. Elle est spécialisé en droit français et européen de la concurrence dans les domaines du contrôle des concentrations et des contentieux antitrust, notamment dans les secteurs de la grande distribution, des services financiers, de l'énergie, de l'électronique et des médias.

Table des matières

1.2 Les pouvoirs des autorités de régulation

1.2.1 Décision

1.2.2 Sanction

1.2.3 Droit souple

1.2.4 Recours

1.2.5 Données

CHAPITRE 2. AUDIOVISUEL ET PRESSE

2.1 Organisation du marché

2.1.1 Accès au marché

2.1.2 Passage en diffusion gratuite

2.1.3 Prix

2.2 Rôle des autorités

2.2.1 Statut

2.2.2 Pouvoirs

CHAPITRE 3. COMMUNICATIONS ÉLECTRONIQUES ET POSTALES

3.1 Organisation du marché

3.1.1 Accès au réseau

3.1.2 Prix

3.1.3 Information et données

3.1.4 Obligations des opérateurs

3.1.5 Neutralité du net

3.2. Contentieux

3.2.1 Contrôle juridictionnel

3.2.2 Sanction

3.2.3 Règlement des différends

Chapitre 4. Énergie

4.1 Prix et tarifs

4.1.1 Tarifs réglementés

4.1.2 ARENH

4.1.3 Achats d'électricité

4.1.4 Ciseau tarifaire

4.2 Réseaux

4.2.1 Organisation générale

4.2.2 Fourniture

4.2.3 Infrastructures

4.2.4 Energies renouvelables

4.2.5 SIEG

4.2.6 Transport

4.3 Contentieux

Chapitre 5. Transports

5.1 Transport ferroviaire

5.1.1 Organisation générale

5.1.2 Gares

5.1.3 Gestionnaire d'infrastructures

5.1.4 Cabotage

5.1.5 Prix et redevances

5.2 Transport routier

5.2.1 Organisation générale

5.2.2 Lignes de transport

5.2.3 Gares

Concurrences
Revue des droits de la concurrence

Revue Concurrences

Revue trimestrielle dédiée aux droits interne et européen de la concurrence

Concurrences est une revue universitaire trimestrielle dédiée aux droits interne et européen de la concurrence. Créée en 2004 par Laurence Idot, Frédéric Jenny et Nicolas Charbit, la revue est un forum de discussions entre universitaires, magistrats et praticiens du droit de la concurrence. Son rayonnement en dehors du champ des spécialistes est tel que plusieurs personnalités publiques de premier plan ont publié des points de vue dans ses colonnes : Jacques Attali, Elie Cohen, François Hollande, Christine Lagarde, Emmanuel Macron, Nicolas Sarkozy...

COMITÉ SCIENTIFIQUE ET COMITÉ INTERNATIONAL

Le Comité scientifique, présidé par Laurence Idot assure l'indépendance de la revue et sélectionne les articles soumis à la revue sur des critères de rigueur de la démonstration et d'objectivité. Le Comité international, présidé par Frédéric Jenny, contribue à la diffusion de la revue à l'international et à l'organisation des conférences hors de l'Europe.

CONTRIBUTEURS

Plus de 1500 contributeurs provenant de 15 pays ont publié dans la revue Concurrences. Ces contributeurs sont universitaires, magistrats ou représentants d'autorités de concurrence, avocats ou conseils juridiques, tous spécialisés en droit ou en économie de la concurrence.

VERSION ÉLECTRONIQUE

Depuis 2004, Concurrences a publié 40 numéros totalisant 15 000 articles (au 1er mai 2019). La version électronique reprend l'intégralité des articles parus dans la version imprimée depuis 2004 ainsi qu'environ 20 % d'articles supplém-entaires. Ce supplément électronique correspond à des contributions publiées exclusivement sur le site de la revue notamment en raison de leur ampleur : actes de colloques, articles de fond, contributions économiques...

www.ingramcontent.com/pod-product-compliance
Lightning Source LLC
LaVergne TN
LVHW010631051026
849532LV00001B/26
9791094201237